Santa Teresa d'Ávila

Obras completas

Santa Teresa d'Ávila

Obras completas

Tradução feita a partir da 16ª edição do Editorial Monte Carmelo, preparada por Tomás Álvarez

Paulinas

Dados Internacionais de Catalogação na Publicação (CIP)
(Câmara Brasileira do Livro, SP, Brasil)

Teresa, de Ávila, Santa, 1515-1582
  Santa Teresa d'Ávila : obras completas / [tradução Jaime A. Clasen]. -- São Paulo : Paulinas, 2018. -- (Coleção Biblioteca Paulinas : espiritualidade)

  Título original: Santa Teresa : obras completas "Tradução feita a partir da 16ª edição do Editorial Monte Carmelo, preparada por Tomás Álvarez"
  ISBN 978-85-356-4344-2

  1. Espiritualidade 2. Santos cristãos - Biografia 3. Teresa, de Ávila, Santa, 1515-1582 4. Teresa, de Ávila, Santa, 1515-1582 - Produção literária I. Álvarez, Tomás. II. Título. III. Série.

17-09504   CDD-282.092

Índice para catálogo sistemático:
1. Santas : Igreja Católica : Biografia e obra 282.092

Título original: *Santa Teresa: obras completas*
© 2001 by Editorial Monte Carmelo, Burgos (España).

Direção-geral: *Flávia Reginatto*
Conselho editorial: *Dr. Antonio Francisco Lelo*
Dr. João Décio Passos
Ma. Maria Goretti de Oliveira
Dr. Matthias Grenzer
Dra. Vera Ivanise Bombonatto

Editora responsável: *Vera Ivanise Bombonatto*
Tradução: *Jaime A. Clasen*
Copidesque: *Mônica Elaine G. S. da Costa*
Coordenação de revisão: *Marina Mendonça*
Revisão: *Equipe Paulinas*
Gerente de produção: *Felício Calegaro Neto*
Capa e diagramação: *Manuel Rebelato Miramontes*

1ª edição – 2018
3ª reimpressão – 2024

Nenhuma parte desta obra poderá ser reproduzida ou transmitida por qualquer forma e/ou quaisquer meios (eletrônico ou mecânico, incluindo fotocópia e gravação) ou arquivada em qualquer sistema ou banco de dados sem permissão escrita da Editora. Direitos reservados.

Cadastre-se e receba nossas informações
paulinas.com.br
Telemarketing e SAC: 0800-7010081

Paulinas
Rua Dona Inácia Uchoa, 62
04110-020 – São Paulo – SP (Brasil)
📞 (11) 2125-3500
✉ editora@paulinas.com.br

© Pia Sociedade Filhas de São Paulo – São Paulo, 2018

*Nada te perturbe, nada te espante,
tudo passa, Deus não muda,
a paciência tudo alcança;
quem a Deus tem, nada lhe falta:
só Deus basta.*

Santa Teresa d'Ávila

SUMÁRIO DAS OBRAS

Livro da vida 43

Caminho de perfeição 425

Castelo interior 611

As fundações 813

As relações 1051

Conceitos do amor de Deus 1133

Exclamações da alma a Deus 1183

Constituições 1213

Modo de visitar os conventos 1247

Poesias 1269

Certame sobre as palavras "Busca-te em mim" e resposta a um desafio 1317

Pensamentos, apontamentos, memoriais 1329

Avisos 1355

INTRODUÇÃO GERAL

A autora e seu retrato

Ao fazer o prólogo para a primeira edição das *Obras* da Madre Teresa de Jesus, no distante ano de 1588, seu primeiro editor, frei Luís de León, confessava não ter conhecido pessoalmente a autora. Mas estava seguro de possuir um bom retrato dela em suas filhas e em seus escritos.

Estou de acordo com frei Luís. Felizmente, porém, as filhas e os filhos de Madre Teresa nos legaram dois retratos diretos da Santa. O primeiro, e melhor, se deve à pluma de sua predileta carmelita Maria de São José (Salazar). O outro, menos primoroso, se deve ao pincel italiano de frei Juan de la Miseria.

Transcrevemos aqui o primeiro dos dois: um delicioso esboço biográfico da Madre Fundadora, feito por Maria de São José em seu "Libro de Recreaciones" (*Livro de Recreações*), escrito para distração das carmelitas de Lisboa por volta de 1585/1586. Anterior, portanto, ao famoso prólogo de frei Luís de León.

Escreve assim a monja carmelita:

> Era esta santa de estatura mediana, antes grande que pequena; teve em sua mocidade fama de muito formosa, e até em sua última idade o mostrava ser. Seu rosto não era nada comum, mas extraordinário, e de sorte que não se pode dizer redondo nem aquilino; era bem proporcionado, sendo a fronte larga e igual e muito formosa, as sobrancelhas de cor ruivo escuro com alguma semelhança de negro, largas e um pouco arqueadas; os olhos negros, vivos e redondos, não muito grandes, mas muito bem postos; o nariz redondo e reto em direção dos lacrimais, diminuindo para cima até igualar com as sobrancelhas, formando um agradável sobrecenho, a ponta

redonda e um pouco inclinada para baixo, as narinas arqueadas e pequenas e todo ele não muito desviado do rosto.

Mal se pode pintar com pluma a perfeição que em tudo tinha: a boca, de tamanho muito bom; o lábio superior delgado e reto, o debaixo grosso e um pouco caído, de muito linda graça e cor; e assim a tinha no rosto, pois sendo já de idade e com muitas enfermidades, dava grande contentamento olhá-la e ouvi-la, porque era muito aprazível e graciosa em todas as suas palavras e ações.

Era mais corpulenta do que magra e em tudo bem proporcionada: tinha mãos muito lindas, ainda que pequenas; no rosto, ao lado esquerdo, tinha três lunares levantados como verrugas pequenas, paralelos uns aos outros, começando de baixo, da boca, o que era maior, e o outro entre a boca e o nariz, o último no nariz, mais embaixo do que em cima.

Era em tudo perfeita... (*Livro de Recreações*, oitava recreação).

Marcos biográficos

Seu nome de família foi Teresa de Ahumada. Filha de Alonso Sánchez de Cepeda e Beatriz de Ahumada. Ele era de Toledo, ela de Olmedo. Instalados em Ávila, onde Teresa nasceu em 28 de março de 1515. Família numerosa: "Éramos três irmãs e nove irmãos", lembra ela (*Vida* 1, 3).

Ambiente familiar sensível às letras e à cultura, Teresa aprende a ler e escrever em idade muito precoce, talvez em torno dos "seis ou sete anos" (V. 1, 1). Vivaz e com olhos espreitadores, é impossível que ela não observasse por essa mesma época o nervosismo provocado em casa pelo pleito de fidalguia iniciado por seu pai e tios na chancelaria de Valladolid, e que certo dia se muda para Ávila, quase às portas da casa, com o inevitável acossamento de escrivães, juízes e testemunhas.

Na vida de Teresa se sucedem três grandes jornadas.

Vive na casa paterna até os 20 anos: Teresa menina, adolescente e jovem assiste sucessivamente à morte de sua mãe, à partida de vários irmãos rumo às Índias e ao processo de lenta dissolução do lar.

Aos 20 anos opta pela vida religiosa, muito a contragosto de seu pai. Foge de casa numa manhã de outono – 1.11.1535 – e entra no mosteiro das carmelitas da Encarnação, fora dos muros da cidade. Viverá nele 27 anos, numa comunidade monástica numerosa – cerca de 180 monjas –, suportando e superando o trauma de uma enfermidade grave, que marca seu físico para toda a vida e, sobretudo, entrando no alto-mar da vida espiritual. Em torno dos 40 anos de idade, Teresa sente que é introduzida numa zona de experiência mística, que não só muda o rumo de sua vida, mas também a define e dá espessura humana e cristã à sua pessoa.

Aos 47 anos de idade, Teresa inicia sua terceira jornada: sai da Encarnação, funda o Carmelo de São José e, pouco depois, empreende sua tarefa de fundadora andarilha. Viaja de carroça ou em lombo de mula até Medina e Valladolid, até Alba de Tormes e Salamanca, até Beas e Sevilha em Andaluzia, até Soria e Burgos... Para descansar finalmente em seu leito de morte em Alba de Tormes (4 de outubro de 1582).

É nestes últimos anos que se dilata seu horizonte visual e espiritual. Não só graças ao emaranhado geográfico de suas correrias de fundadora, mas também por sua renascida sensibilidade para com os problemas da Europa e das Índias Ocidentais, seu vivo interesse pelas coisas da cristandade e da Igreja, seu conhecimento dos estratos sociais daquela Espanha, mistura de glória e de misérias. São os anos em que Teresa estabelece inúmeras amizades e relações humanas em todos os níveis e estamentos da sociedade.

Para sua obra de reforma e para seu magistério espiritual, Teresa tem a sorte de associar-se à pessoa e à sabedoria de frei João da Cruz, ao mesmo tempo "filho e pai de sua alma".

A escritora

Se não é excepcional, é absolutamente singular em sua época a entrada de Teresa na constelação de grandes mestres da escrita.

Leitora apaixonada desde seus anos juvenis, Teresa é um bom exemplar de escritora autodidata. Desde as leituras edificantes do *Flos sanctorum*, passa para as fantasiosas novelas de cavalaria e destas para os "bons livros" – como ela diz. "Bons livros" eram as obras de escritores espirituais, felizmente bons mestres da pluma, cinzeladores do bom romance na nascente literatura castelhana. Teresa lê traduções da patrística: *Cartas* de São Jerônimo, *Morais* de São Gregório, *Confissões* de Santo Agostinho. Lê livros da última época medieval: *A imitação de Cristo* de Tomás de Kempis e as

Meditações da vida de Cristo do cartuxo Landulfo de Saxônia. Lê também obras dos melhores escritores do seu tempo: Luís de Granada, Pedro de Alcântara, Juan de Ávila, Francisco de Osuna, Bernardino de Laredo, Bernabé de Palma...

Apartada da Universidade, será esse florão de bons mestres que se converterá em claustro universitário da futura doutora. A eles Teresa deverá a sua preparação remota para a tarefa literária e doutrinal que enfrentará na última terça parte de sua vida, a partir de 1560, quando já está com 45 anos. Ao mesmo tempo em que escreve, contará neste mesmo período com o assessoramento imediato de letrados, teólogos e mestres espirituais, entre os mais representativos de seu tempo.

Teresa é escritora desde os 45 anos até os 67. As últimas páginas, transbordantes de frescor e elegância de estilo juvenil, ela escreve alguns meses antes de morrer: capítulo 31 do *Livro das fundações*, no qual conta a acidentada fundação do Carmelo de Burgos.

Os livros

Uma rápida olhada no índice da presente edição permite abarcar o arco da produção literária de Teresa, em sua variedade de gêneros literários e de níveis doutrinais:

- páginas narrativas nas *Fundações*;
- introspectivas em *Vida e Relações*;
- um livro pedagógico e outro de teologia mística: *Caminho* e *Castelo interior*;
- textos normativos e jurídicos: *Modo de visitar os conventos* e *Constituições* de seus Carmelos;
- uma glosa bíblica a versos selecionados do Cântico dos Cânticos: os *Conceitos do amor de Deus*;
- dois escritos humorísticos: o *Certame* e a *Resposta a um desafio*;
- um livrinho de solilóquios, espécie de saltério íntimo e lírico, ao qual frei Luís de León deu por título *Exclamações da alma*;
- um pequeno florilégio de poemas: líricos, místicos, festivos;

- e, por fim, um copioso epistolário, que, por suas dimensões, requereu volume à parte nesta mesma coleção.

Cronologicamente, não é fácil fixar o ponto de partida da produção literária de Teresa. Sabemos que, muito jovem ainda, pelos seus 14-15 anos, estreou com uma precoce pequena novela de cavalaria, que, obviamente, teve de terminar no fogo para evitar a reação de Dom Alonso.

Mais tarde, nos albores de sua vida mística, Teresa redigiu uma ou várias "confissões gerais" de sua vida para os primeiros exigentes assessores de seu espírito. Páginas escritas por volta dos seus 40-43 anos de idade. Também perdidas.

Seu primeiro escrito consistente que chegou até nós é, provavelmente, um poema, que começa: "Ó formosura que excedeis / a todas as formosuras...", escrito por volta de 1560. Ou talvez antes. Mais ou menos coetâneo dele é o primeiro escrito introspectivo de Teresa: sua *Relação 1ª*, datada de 1560.

Pouco depois, na primavera de 1562, nasce sua obra mestra, o livro da *Vida*, que será reelaborado em forma definitiva três anos mais tarde, em 1565. Com ele, a escritora chegava ao pleno domínio da escrita, tocando inesperadamente o zênite de sua inspiração literária. No ano seguinte, 1566, escreve o *Caminho de Perfeição* e, sucessivamente, as outras obras maiores: as *Fundações*, a partir de 1573; o *Castelo interior*, em 1577; e várias peças menores das quais ignoramos a data de composições: *Exclamações*, *Conceitos* e muitos de seus poemas.

Só pelo fim de sua vida, Teresa pensou em "publicar". Até esse momento, seus escritos eram divulgados no abrigo da intimidade, copiados pelas monjas de seus Carmelos, com uma tênue onda de expansão entre leitores e teólogos amigos. Inclusive entre leitoras amigas e inimigas, como Dona Maria de Mendoza e a princesa de Eboli. Entre os senhores da Inquisição, como Dom Gaspar de Quiroga.

Em 1579 Teresa envia uma cópia do *Caminho* ao seu amigo Dom Teutônio de Bragança para que o publique nas prensas de Évora (Portugal). A impressão se chocará com numerosas dificuldades e só verá a luz em 1583, alguns meses após a morte da autora.

A grande fortuna editorial chegou para seus escritos em 1588, quando o mestre agostiniano frei Luís de León preparou a sua edição; ele fez a sua apresentação à sociedade com uma maravilhosa carta-prólogo.

Com a edição de frei Luís, feita em Salamanca, na tipografia de G. Fóquel, Madre Teresa e suas obras ingressavam definitivamente no patrimônio cultural do Ocidente.

CRONOLOGIA TERESIANA

I. Teresa na casa paterna: 1515-1535

Teresa vive seus primeiros vinte anos em família. A sua família é numerosa: os pais, mais doze irmãos e vários domésticos. Reside na cidade de Ávila, com breves intervalos em Gotarrendura. Pouco a pouco a família se desintegra.

1515: 28 de março, nasce em Ávila Teresa de Ahumada, filha de Alonso Sánchez de Cepeda (natural de Toledo) e Beatriz de Ahumada (natural de Olmedo).

4 de abril, Quarta-Feira Santa, Batismo de Teresa na paróquia de São João (Ávila).

Neste mesmo ano, inauguração solene do mosteiro da Encarnação de Ávila em sua localização definitiva.

1518: Nasce Lourenço de Cepeda, irmão de T.

1519: 6 de agosto, inicia-se o pleito de fidalguia do pai e dos tios de T.

1520: Nasce Antônio de Ahumada, irmão de T.

16 de novembro, no pleito de fidalguia dos Cepeda, primeira sentença a favor destes.

1 de dezembro, apelação da sentença anterior.

1521: Nasce Pedro de Ahumada, irmão de T.

Derrota dos comuneiros em Villalar.

1521-1522: Teresa, "com seis ou sete anos de idade" (V. 1, 1), lê com Rodrigo o "Flos Sanctorum".

1522:	26 de agosto, na chancelaria de Valladolid, sentença "definitiva" sobre a fidalguia dos Cepeda.
1523:	Provável data da fuga de T. e Rodrigo para a terra de mouros. Nasce Jerônimo de Cepeda, irmão de T.
	16 de novembro, é publicada a sentença definitiva de Fidalguia de Dom Alonso e seus irmãos.
1525:	Morre, em Olmedo, Dona Teresa de las Cuevas, avó materna de T.
1527:	Nasce Agostinho de Ahumada, irmão de T.
1528:	Nasce Joana de Ahumada, última irmã de T.
	Dezembro (?), morre em Gotarrendura Dona Beatriz, mãe de T. (data do seu testamento: 24 de novembro de 1528).
	Teresa recorre à Virgem (imagem de N. Sra. da Caridade, na ermida de São Lázaro): "Supliquei a ela que fosse minha mãe".
1528-1530:	Crise de adolescência de T., amizades perigosas, leitura de *livros de cavalarias*. Teresa escreve um, que se perdeu.
1531:	Maria de Cepeda, irmã mais velha de T., se casa com Martin de Barrientos e passam a residir em Castellanos de la Cañada. Teresa ingressa interna em Santa Maria das Graças (Ávila).
1932:	Pelo outono, sai enferma de Santa Maria das Graças.
1533:	Primavera, convalescente, passa uma temporada em Hortigosa com seu tio Pedro (lê "bons livros"), e em Castellanos com sua irmã Maria.
1533-1534:	Leitura das *Cartas de São Jerônimo*.
	Teresa opta pela vocação religiosa. Seu pai se opõe.
1534:	Seu irmão Hernando de Ahumada parte para o Peru.
1535:	Rodrigo de Cepeda, irmão de T., parte para a América.
	Antes faz testamento a favor de Teresa, a quem deixa sua legítima materna.

II. Monja carmelita na Encarnação: 1535-1562

Vive 27 anos (desde os 20 até os 47) no mosteiro carmelita da Encarnação, fora dos muros de Ávila. Com breves ausências por enfermidade. Comunidade monástica numerosa: em torno de 200 pessoas, entre religiosas e familiares residentes. Anos de formação. Segunda conversão de Teresa e iniciação na vida mística. Projetos de nova fundação. Mais tarde voltará como priora da comunidade (um triênio: 1571-1574).

1535:	2 de novembro, Teresa foge de casa e entra no mosteiro da Encarnação.
1536:	31 de outubro, carta de dote de Teresa para tomar hábito.
	Nesse mesmo dia T. renuncia à legítima de Rodrigo em favor de sua irmã Joana.
	2 de novembro, Teresa recebe o hábito de carmelita na Encarnação.
1537:	3 de novembro, profissão de Teresa.
1538:	Outono, Teresa gravemente enferma.
	Passa o inverno em Hortigosa e Castellanos de la Cañada. Em Hortigosa lê o *Terceiro Abecedário* de F. de Osuna. Lê também o livro *Los Morales (Moralia)* de São Gregório Magno (comentário ao livro de Jó).
1539:	De abril até agosto, em Becedas, tratamento da curandeira "com grandíssimo tormento nas curas" (V. 4, 6).
	14-15 de agosto, colapso de T.: "deu-me naquela noite um paroxismo que me deixou sem sentidos por quatro dias, pouco menos" (V. 5, 9).
1539-1542:	"Mais de oito meses" totalmente tolhida. Melhorando pouco a pouco "quase três anos" (V. 6, 2). Na enfermaria da Encarnação.
1542:	Grande devoção a São José. Curada graças a ele (V. 6, 5-8).
1543:	Dezembro: "alguns dias", assiste a seu pai enfermo.
	26 de dezembro, (em Ávila, já em 1544), morre Dom Alonso assistido por Teresa.

1544:	Teresa recorre à direção espiritual do P. V. Barrón, O.P., que a faz voltar à prática da oração e à frequência dos sacramentos.
1544-1553:	Teresa luta contra si mesma para prosseguir uma vida espiritual incondicional. Sem conseguir (V. cap. 7).
1546:	18 de janeiro, batalha de Iñaquito (perto de Quito), na qual morre Blasco Núñez Vela e são feridos seus irmãos Antônio e Hernando. 20 de janeiro, Antônio morre em Quito devido aos ferimentos recebidos.
1548:	Verão, Teresa vai ao santuário de Guadalupe em peregrinação.
1551:	Os jesuítas se estabelecem em Ávila. Colégio de São Gil.
1554:	Quaresma (?), conversão de T. diante de um Cristo muito chagado. Lê as *Confissões* de Santo Agostinho. Ampara-se à direção espiritual do jesuíta P. Cetina. Começa uma série de graças místicas (V. cap. 10).
1555:	Sob a direção espiritual do jesuíta P. Juan de Prádanos.
1556:	Viagens a Alba de Tormes e a Villanueva del Aceral.
1557:	Em Aldea del Palo com Dona Guiomar. Inverno, São Francisco de Borja passa por Ávila e escuta T. Primeiro arrebatamento (V. 24, 5).
1558:	Direção do P. Baltasar Alvarez.
1558-1560:	"Dois anos" de tenaz resistência a êxtases e falas místicas.
1559:	Valdés publica o índice de livros proibidos. – "Eu te darei livro vivo" (V. 26, 5).
1560:	29 jun. primeira visão intelectual do Senhor (V. 27, 2). Segue a visão de Cristo ressuscitado (V. 28, 3). Ordena-lhe "fazer figas" para as visões (V. 29, 5). Graça da transverberação (V. 29, 13). Encontro com S. Pedro de Alcântara, em Ávila. Ele a conforta.

Visão espantosa do inferno (V. 32, 1).

Setembro, reunião noturna em sua cela. Decisão de fundar um mosteiro reformado (V. 32, 10).

4 de setembro, D. Álvaro é nomeado bispo de Ávila.

Outono, consulta ao P. Pedro Ibáñez (V. 32, 16).

Escreve a *1ª Relação*.

1561: Novo reitor do Colégio de São Gil, Gaspar de Salazar, S.J. (V. 33, 7). Novo impulso ao projeto de fundação.

12 de agosto, Santa Clara promete ajuda a ela (V. 33, 13).

São José promete ajuda econômica (V. 33, 12).

15 de agosto, Aparição da Virgem e de São José (V. 33, 14).

22 de novembro, Alonso Rodríguez entrega a T. dinheiro de seu irmão Lourenço, de Quito.

23 de dezembro, já chegou a ela o dinheiro enviado por seu irmão Lourenço, de Quito.

"Na noite de Natal", o provincial ordena que ela viaje a Toledo, para a casa de Dona Luísa de la Cerda (V. 34, 1).

1562: Janeiro-julho, em Toledo, na casa de Dona Luísa ("mais de meio ano": V. 35, 1).

Escreve a *2ª Relação*.

Encontro decisivo com o P. Garcia de Toledo (V. 34, 6).

7 de fevereiro, em Roma é expedido o rescrito apostólico para a fundação de São José.

Março, encontro com Maria de Jesus, fundadora do Carmelo de Alcalá (V. 35, 1).

Junho, conclui em Toledo a primeira redação de *Vida* (hoje perdida): cf. epílogo de *Vida*.

14 de abril, carta de São Pedro de Alcântara à Santa sobre a pobreza da fundação.

Julho, regressa a Ávila. Chega a ela o breve de fundação de 7 de fevereiro.

Julho-agosto, São Pedro de Alcântara escreve ao Bispo Dom Álvaro a favor da fundação (V. 35, 2).

10 de agosto, eleição de nova priora na Encarnação.

III. Fundadora do Carmelo reformado: 1562-1582

Últimos vinte anos de sua vida (dos 47 aos 67). Período de plenitude humana e espiritual. Fundadora e escritora. Percorre caminhos de Castela e Andaluzia. Associa São João da Cruz à sua obra. Ampla rede de relações humanas e sociais. Morre em Alba de Tormes.

1562: 24 de agosto, é inaugurado o Carmelo de São José (V. 36, 5).

24/25 de agosto, regresso à Encarnação e "desconto" perante o provincial (V. 36, 12).

26 de agosto, começa a oposição do Conselho da cidade... (V. 36,15).

19 de outubro, morre São Pedro de Alcântara.

5 de dezembro, rescrito apostólico que concede à fundação viver sem renda.

6 de dezembro, morre o P. Geral Nicolás Audet.

Final de 1562 ou princípios de 1563, regresso estável de T. a São José. A licença formal do Provincial, para permanecer em São José data de 22 de agosto de 1563 (V. 36, 17).

1562-1567: Cinco anos de vida "sossegada" em São José (*Fund*. 11).

1563: Escreve a *3ª Relação*.

23 de julho, Maria de Jesus funda o mosteiro da Imagem em Alcalá de Henares.

Frei Juan de San Matías (São João da Cruz) veste o hábito carmelita em Medina.

1564: 21 de maio, é eleito o novo P. Geral da Ordem, João Batista Rossi (Rubeo).

21 de agosto, licença do Núncio A. Crivelli para que T. continue residindo em São José.

1565:   Janeiro, morre em Pasto (Colômbia) Hernando de Ahumada, irmão de T.

2 de março: comutam à Santa o voto de perfeição.

17 de julho, bula de Pio IV, confirmando a pobreza do mosteiro de São José (V. 39, 14).

Final do ano, conclui a nova redação de *Vida*.

1566:   Verão, o franciscano Alonso Maldonado visita o Carmelo de São José (*Fund.* 1, 7).

4 de novembro, nasce em Quito Teresinha, sobrinha da Santa e filha de Lourenço.

1566-1567:   Escreve o *Caminho de perfeição*.

1567:   18 de fevereiro, o P. Geral da Ordem, J. B. Rubeo, chega a Ávila. Inicia a visita canônica à Encarnação. E se encontra com a Santa em São José (F. 2, 2).

27 de abril, Rubeo autoriza T. a fundar novos conventos reformados.

16 de maio, nova carta-patente de Rubeo para que T. funde, exceto em Andaluzia.

13 de agosto, sai de Ávila para fundar o Carmelo de Medina, aonde chega no dia 14.

15 de agosto, inauguração do Carmelo de Medina.

16 de agosto, nova carta-patente de P. Rubeo, que faculta T. a fundar dois conventos de frades contemplativos (não em Andaluzia).

Encontros com São João da Cruz, que veio a Medina cantar sua primeira missa (*Fund.* 3, 17).

1568:   Sai de Medina (janeiro) e chega a Alcalá de Henares, onde visita o convento da Imagem (fevereiro-março)

30 de março, assina em Toledo as escrituras para a fundação do Carmelo de Malagón.

2 de abril, chega a Malagón. Inaugura este Carmelo no dia 11.

19 de maio, viaja a Toledo, Escalona e Ávila, aonde chega no começo de junho.

Gestões fracassadas para fundar em Segura de la Sierra (28 de junho).

Gestões para que Dona Luísa de la Cerda faça chegar o *Livro da Vida* a São João de Ávila em Montilla.

30 de junho, sai de Ávila, visita Duruelo, chega a Medina.

9 de agosto, de Medina a Valladolid, acompanhada por São João da Cruz.

15 de agosto, funda o Carmelo de Valladolid em Rio de Olmos. Informa a frei João da Cruz sobre a vida dos carmelos (*Fund.* 13, 5).

28 de novembro, São João da Cruz inaugura o conventinho de Duruelo.

1569: 22 de fevereiro, viaja de Valladolid a Medina, visita Duruelo e se detém em Ávila.

24 de março, chega a Toledo.

8 de maio, obtém a licença de Gómez Tello Girón.

14 de maio, inaugura o Carmelo de Toledo.

30 de maio, sai para Pastrana, requerida pela Princesa de Eboli. Oito dias nas Descalças Reais de Madri.

23 de junho, inaugura o convento de monjas de Pastrana.

10 de julho, fundação de frades em Pastrana.

21 de julho, traz de Toledo Isabel de São Domingos para priora de Pastrana.

26 de agosto, nomeação de Visitadores Apostólicos para os carmelitas: os dominicanos Pedro Fernández para Castela e Francisco de Vargas para Andaluzia.

1570: 10 de julho, em Pastrana T. assiste à profissão de Ambrósio Mariano e de frei Juan de la Miseria.

Viaja: Medina, Alba de Tormes, Medina, Valladolid, Toledo.

Agosto-setembro, viaja de Toledo para Ávila e Salamanca, aonde chega em 31 de outubro.

1 de novembro, inauguração do Carmelo de Salamanca. Os descalços fundam o colégio de São Cirilo em Alcalá.

2 de novembro, Ana de São Bartolomeu toma o hábito em São José de Ávila.

1571: 25 de janeiro, fundação de Alba de Tormes. São João da Cruz a acompanha.

2 de fevereiro, regressa a Salamanca com Inês de Jesus.

6 de abril, o P. Geral, J. B. Rubeo, nova carta-patente é dada a T. para que continue fundando.

27 de junho, Pedro Fernández visita a Encarnação. Pedirá a T. que aceite o novo priorado do mosteiro.

13 de julho, a Santa renuncia formalmente à Regra mitigada e renova sua profissão em São José de Ávila. Fazem isto também as descalças vindas da Encarnação.

6 de outubro, Pedro Fernández designa a T. a conventualidade de Salamanca.

14 de outubro, começa o seu priorado da Encarnação.

1572: 19 de janeiro, na Encarnação, durante o canto da Salve de sábado, a Virgem aparece no coro (*Rel.* 25).

25 de abril, Jerônimo Gracián recebe o hábito em Pastrana.

Primavera, a Santa traz frei João da Cruz como confessor para Encarnação.

Setembro (?), T. escreve a *Resposta a um desafio*.

18 de novembro, mercê do matrimônio espiritual, ao receber a comunhão da mão de frei João da Cruz (*Rel.* 35).

1573: Começo de fevereiro, vários dias em Alba. Assina uma cópia do *Caminho*.

31 de julho, chega a Salamanca. Dificuldades na aquisição da casa.

25 de agosto, começa a redigir as *Fundações*.

28 de setembro, as monjas de Salamanca se mudam para as casas de Pedro de la Banda (*Fund.* 19, 9).

Os descalços fundaram conventos em Andaluzia com autorização do Visitador Apostólico, mas contrariando ordens do P. Geral. Origem de graves dificuldades daqui por diante.

1574: Janeiro, viaja de Salamanca a Alba.

Março, T. parte para Segovia, acompanhada de São João da Cruz, Juliano de Ávila e A. Gaytán.

19 de março, inauguração do Carmelo de Segovia.

7 de abril, chegam a Segovia as descalças de Pastrana, que abandonam esta fundação.

13 de junho, o Visitador dominicano, F. de Vargas, nomeia o P. Gracián visitador e vigário provincial dos carmelitas de Andaluzia.

13 de agosto, Gregório XIII anula as faculdades dos Visitadores Apostólicos.

22 de setembro, o Núncio N. Ormaneto nomeia reformadores do Carmelo, para Andaluzia o P. F. de Vargas e J. Gracián "in solidum".

Começo de outubro, T. chega à Encarnação para terminar seu priorado.

6 de outubro, termina o seu cargo de priora e ela volta a São José.

Final de dezembro, viaja a Valladolid, por causa de Casilda de Padilla.

1575: 2 de janeiro, projeto de viagem a Beas de Segura (Jaén), passando por Medina, Ávila e Toledo.

13 de janeiro, em Medina, dá o hábito a Jerônima da Encarnação, parente do cardeal Quiroga.

16 de fevereiro, chega a Beas.

24 de fevereiro, inaugura a fundação de Beas. Ali se encontra com o P. Gracián (*Rel.* 39-40).

18 de maio, sai de Beas para Sevilha.

23 de maio, chegada a Córdoba.

24 de maio, em Écija, na ermida de Santa Ana, voto de obediência ao P. Gracián (*Rel.* 40).

26 de maio, chega a Sevilha.

29 de maio, inauguração do Carmelo de Sevilha.

10 de junho, em Alba o P. Domingos Báñez dá a sua aprovação a um manuscrito dos *Conceitos do amor de Deus*.

18 de junho, de Sevilha escreve ao P. Geral.

7 de julho, Domingos Báñez assina sua censura favorável do livro da *Vida*, que desde princípio do ano fora delatado à Inquisição e retido por esta.

12 de agosto, chegam a Sanlúcar e depois a Sevilha os irmãos de T., Pedro e Lourenço, com os três filhos deste, vindos de Quito.

21 de novembro, Gracián apresenta suas cartas-patentes de Visitador no carmelo de Sevilha.

24 de novembro, T. outorga poderes a Ana de Santo Alberto para fundar em Caravaca.

Dezembro, uma ex-noviça do Carmelo de Sevilha delata a Santa e suas monjas à Inquisição.

Em Ávila são aprisionados frei João da Cruz e seu companheiro, e em Sevilha se notifica a T. a ordem de recolher-se num convento.

Teresa escreve a *4ª Relação* para um dos consultores da Inquisição de Sevilha, o jesuíta Rodrigo Alvarez.

1576:   1 de janeiro, Ana de Santo Alberto inaugura o Carmelo de Caravaca.

Janeiro/fevereiro, T. escreve de novo ao P. Geral.

Escreve outra Relação de seu espírito (*6ª Rel.*) para os PP. Rodrigo Álvarez e Enrique Enríquez.

28 de maio, T. sai de Sevilha, de regresso a Castela. Passa por Almodóvar del Campo (8 de junho), Malagón (de 11 a 21 de junho) e Toledo (23 de junho).

Em Sevilha, por ordem de Gracián, T. se deixa retratar por frei Juan de la Miseria.

Agosto, por indicação de Graciano, T. escreve o "Modo de visitar os conventos".

Em Toledo, prossegue a redação das *Fundações*.

1577:   Começo de fevereiro, escreve o *Vejamen (Certame)*.

6-7 de fevereiro, crise de esgotamento por excesso de trabalho.

O médico proíbe que ela escreva com a própria mão.

24 de março, Nicolás Doria recebe o hábito de descalço em Sevilha.

2 de junho, em Toledo, a Madre T. começa o livro das *Moradas*, por ordem de Gracián.

18 de junho, morre em Madri o Núncio N. Ormaneto.

Julho, T. viaja a Ávila para colocar o convento de São José sob a jurisdição da Ordem (*Fund.* epílogo): 27 de julho.

29 de novembro, conclui o *Castelo interior* em São José de Ávila.

Noite de 3 a 4 de dezembro, frei João da Cruz e seu companheiro ficam presos, primeiro em Ávila, depois frei João é levado para ao pequeno cárcere de Toledo.

4 de dezembro, T. escreve ao Rei, pedindo justiça a favor de frei João da Cruz.

24 de dezembro, em São José, T. cai na escada e quebra o braço esquerdo.

1578:   Maio, uma curandeira de Medina cura o braço de T.

23 de julho, o novo núncio F. Sega despoja Gracián de seus poderes.

12 de agosto, Gracián se encontra em Ávila com a Madre Teresa.

17-18 de agosto, frei João da Cruz foge do cárcere.

4-5 de setembro, morre o P. Geral, J. B. Rubeo. A Santa chora essa perda (carta de 15.10.1578).

9 de outubro, os descalços se reúnem em capítulo em Almodóvar, contra o parecer da Santa.

16 de outubro, o núncio F. Sega anula as decisões em Almodóvar e submete os descalços e descalças aos provinciais calçados.

20 de dezembro, Sega e seus assessores dão sentença contra Gracián e lhe dão o colégio de Alcalá como prisão.

1579:   1 de abril, Angel de Salazar é nomeado vigário-geral dos descalços.

6 de junho, véspera de Pentecostes, na ermida de Nazaré (São José de Ávila), T. recebe a ordem dos "Quatro avisos" para os frades descalços (*Rel.* 67).

25 de junho a 3 de julho, T. viaja a Medina e Valladolid.

16-22 de julho, envia a Dom Teutônio o *Caminho de perfeição* e a *Vida de Santo Alberto* para serem publicados em Évora (Portugal).

30 de julho, T. sai de Valladolid e viaja a Medina, Alba e Salamanca, aonde chega em 14 de agosto.

Novembro, viaja de novo a Toledo e Malagón, aonde chega em 24 de novembro.

8 de dezembro, as monjas de Malagón se mudam para o novo convento, edificado sob a direção de T.

1580:   13 de fevereiro, T. sai de Malagón para a fundação de Villanueva de la Jara.

17 de fevereiro, permanece três dias na ermida do Socorro em La Roda.

21 de fevereiro, chega a Villanueva de la Jara.

25 de fevereiro, dá o hábito às beatas fundadoras.

18 de março, T. fere de novo o braço esquerdo.

20 de março, sai de Villanueva de la Jara.

26 de março, chega a Toledo, enferma do coração.

T. se encontra em Toledo com o Cardeal Quiroga (que ainda retém o original de *Vida*).

7-8 de junho, sai de Toledo, passa por Madri, chega a Segóvia no dia 13.

22 de junho, Breve "Pia consideratione", ereção de província para os descalços.

Em Segóvia, o P. Gracián e D. de Yanguas revisam o original das *Moradas* em diálogo com a Santa.

26 de junho, em La Serna, morre Lourenço, irmão de T.

6 de julho, viagem de Segóvia a Ávila.

Agosto, viaja a Medina e Valladolid. Aqui fica gravemente doente.

22 de novembro, morre o P. Pedro Fernández, O.P. em Salamanca.

28 de dezembro, sai de Valladolid para a fundação de Palencia.

1581: 3 de março, em Alcalá de Henares, inicia o Capítulo dos Descalços.

4 de março, Gracián é eleito Provincial.

26 de maio, mudança do Carmelo de Palencia para Nuestra Señora de la Calle.

29 de maio, sai para a fundação de Soria, aonde chega em 2 de junho.

3 de junho, ereção do Carmelo de Soria.

Relação 6ª, dirigida ao Bispo de Osma, Dr. A. Velázquez.

16 de agosto, sai de Soria. Encontra-se com seu antigo confessor, Diego de Yepes, castigado.

23 de agosto, chega a Segóvia.

4-5 de setembro, pernoita em Villacastín, cansadíssima.

6 de setembro, chega a Ávila, onde a elegem priora de São José (dia 10).

Novembro, Pedro de Castro (futuro bispo de Lugo e de Segovia) lê e elogia *Vida* e *Moradas*.

28 de novembro, em Ávila, se encontra com são João da Cruz. Não se decide a ir à fundação de Granada.

1582:   2 de janeiro, sai de Ávila para a fundação de Burgos. Gracián a acompanha. Passa por Medina, Valladolid, Palencia.

20 de janeiro, São João da Cruz e Ana de Jesus fundam o Carmelo de Granada.

24 de janeiro, sai de Palencia.

26 de janeiro, chega a Burgos.

19 de abril, inauguração do Carmelo de Burgos.

7 de maio, Gracián se despede da Santa.

23 de maio, o rio Arlanzón transborda e inunda a casa.

26-27 de julho, sai de Burgos, passa por Palencia, Valladolid, Medina.

20 de setembro, chega a Alba de Tormes, muito enferma.

3 de outubro, recebe os últimos sacramentos.

4 de outubro, pelas 21 horas, morre no carmelo de Alba.

IV. Cronologia dos escritos de Santa Teresa

1560-1563:   primeiras *Relaciones* (*Relações*): 1ª, 2ª e 3ª. Antes, em torno dos 14 anos, T. escreve uma "novela de cavalarias" (perdida). Entre 1555 e 1560 escreve várias *Relações* de sua vida, para os confessores (perdidas).

E numerosas cartas, também perdidas (cf. V. 34, 10; 35, 7).

1562:   Primeira redação de *Vida*, terminada em Toledo em "junho de 1562" (perdida).

1563:   *Libro de la Vida* (*Livro da vida*), 2ª redação. Terminado em final desse ano. O original está em El Escorial.

1566-1567:   *Camino de Perfección* (*Caminho de perfeição*), redações 1ª e 2ª. Original da 1ª em El Escorial. Original da 2ª, nas Carmelitas Descalças de Valladolid. Existem outros três códices da 2ª redação com correções originais da Santa: nas carmelitas de Toledo, Madri e Salamanca.

1567...	*Constituciones* (*Constituições*) das Descalças, primeiro esboço. Reelaborado no primeiro rascunho de *Constituições* de Descalços em Duruelo, 1568 (nenhum autógrafo).
1569:	Primeira série de *Relações* menores ou "mercês": Rel. 8-27. – Só dois originais: Rel. 7 (nas Carmelitas de Medina del Campo) e Rel. 15 (nas Carmelitas de Locarno, Suíça).
1571:	Livro de gastos da comunidade de Medina, mês de agosto. Original nas Carmelitas de Medina del Campo.
1573:	*Respuesta a un desafío* (*Resposta a um desafio*). Data provável: a quaresma desse ano. Importante por conter um texto precoce de frei João da Cruz. Sem autógrafo.
1573:	Renúncia à Regra mitigada: datada de 13 de julho. Original nas Carmelitas Descalças de Calahorra.
1573:	*Libro de las Fundaciones* (*Livro das fundações*), redação dos primeiros capítulos a partir de 25 de agosto, em Salamanca. Original em El Escorial.
1575-1576:	*Relações 4ª e 5ª*, escritas em Sevilha, depois da denúncia da Inquisição. Dupla redação da Rel. 4ª. Uma delas original (ms. de Caprarola, Itália).
1576:	*Modo de visitar los conventos*. Redigido em Toledo pelo verão desse ano. Original em El Escorial.
1576:	Prossegue o *Livro das fundações* (cap. 21-27) em Toledo. Original em El Escorial.
1577:	*Vejamen* (*Certame*). Fevereiro desse ano, em Toledo. Fragmento original nas Carmelitas de Iriépal (Guadalajara).
1577:	*Castillo interior* (*Castelo interior*): começa em Toledo (2.6.1577) e conclui em Ávila (29.11.1577). Original nas Carmelitas OCD de Sevilha.
1579:	*Relação 67*: "quatro avisos aos Descalços" (6 de junho). Original no fólio 96v do *Livro das fundações* (em El Escorial).
1580:	Capítulo 28 das *Fundações*: fundação de Caravaca. Original no *Livro das fundações* em El Escorial.
1581:	*6ª Relação*. Original nas Carmelitas de Madri (Santa Ana).

Instruções à Priora de Soria (por agosto desse ano). Original nas Carmelitas de Barcelona.

1581-1582: Capítulos 29-31 do *Livro das fundações*. Original em El Escorial.

Escritos com datação incerta

Exclamações: frei Luís (Ed. de 1588) supôs que foram escritas em 1569. Não existe o seu original.

Conceitos de amor de Deus: data incerta, mas anterior ao *Castelo interior* (1577). O autógrafo foi posto no fogo pela autora. Texto incompleto.

Poesias: Quase todas de datação incerta. São anteriores à *Vida* (1565) os poemas 6º ("Ó formosura...") e 31 ("Pois nos dais vestido novo"). Conservam-se fragmentos originais dos poemas 11, 17, 27, 29 e 12 (inteiro) nas Carmelitas de Florença e de Savona, Itália.

Escritos oficiais vários para as fundações de Medina, Toledo, Caravaca, Burgos etc.

NOSSA TRADUÇÃO

Quando se faz uma tradução, é preciso fazer algumas opções. Para esta tradução, se tinha à disposição outras traduções para o português. Não foram usadas traduções para outras línguas. Dada a proximidade maior dos idiomas espanhol e português no século 16 do que hoje, uma tradução literal parece ser a melhor opção. Mesmo assim, porém, traduzir é interpretar. Contudo, uma obra como esta deve ser interpretada o mínimo possível. É preciso deixar o texto falar, mesmo que dê a impressão de arcaísmo. Chama-se a atenção para algumas palavras que foram traduzidas literalmente.

Alguns exemplos dessas palavras: (1) *mercê*, do espanhol *merced*. Em geral a palavra é traduzida por "favor", "graça". Mas o que fazer quando Teresa coloca lado a lado: "mercê, favor e graça"? Já que a palavra existe em português no mesmo sentido do espanhol, foi mantida a palavra. (2) O conjunto de palavras: *vontade* e o verbo *querer*. No mais das vezes, são sinônimos de amor e amar. Porém, não dá para traduzir assim, pois causaria conflitos. A Santa também fala da diferença entre vontade e amor (ver no Glossário). (3) Palavras como *potência* e *entendimento*. Se forem traduzidas por *faculdades* e *intelecto*, como acontece com as traduções, remete-se para a escolástica (o que a Santa abominaria) e falsifica-se o pensamento de Teresa. E assim muitas outras palavras.

Outra questão que se considera importante é a citação de textos bíblicos e a referência a eles. Teresa, como toda a Igreja na época, tinha à disposição apenas o texto da Vulgata. Quando a Santa cita um texto, em espanhol, é tradução da Vulgata. Traduzir o texto tomando-o das atuais traduções críticas é deturpar o pensamento da Santa. Na tradução, às vezes, se chama a atenção para isto.

A edição preparada por Tomás Alvarez é uma edição crítica. Para manter a edição crítica em português, é necessária uma tradução literal. Só assim é possível manter todas as notas do original espanhol.

O texto de todos os livros de Teresa está disponível na Internet. Se o leitor quiser fazer uma comparação com o texto original, poderá facilmente localizá-lo. Na introdução a cada livro será indicado onde encontrá-lo na internet.

As notas de rodapé que têm a abreviatura N.E. são do editor. As notas que têm a abreviatura N.T. na chamada são do tradutor.

Para esta tradução preparou-se um *glossário*. As palavras e expressões em itálico estão em espanhol e são traduzidas, conforme o contexto, por algumas das palavras portuguesas que as seguem. A finalidade da lista é a possibilidade de sanar dúvidas. Segue a lista das palavras, indicando passagens onde aparecem. Os exemplos são apenas alguns. Há muitos outros locais em que a palavra é usada. Se permanecer alguma dúvida, sugere-se o dicionário Aulete, disponível na internet (aulete.uol.com.br).

Glossário

a vozes: em voz alta.

abobado: tolo ou aparvalhado, simples (V. 20,21, nota 47).

Acabar com, de: conseguir de, conseguir por si, acontecer (V. 8,2, nota 14; V. 8,11; cf. V. 7,2; C. 7,4).

acabar(-se): chegar a, conseguir, concluir, acabar.

acertar: acontecer, suceder, coincidir; combinar.

achegar → *llegar*.

admitir: aceitar, receber.

adonde: aonde; a Santa usa constantemente *adonde* por *donde*, onde; foi mantido na tradução.

algaravia: linguagem ininteligível, confusa, como o árabe falado pelos mouriscos (V. 14,4; 19,1, nota 2; C. 20,5; M. 2,8, nota 14).

andar a braços: lutar corpo a corpo (C. 16,7, nota 7).

Nossa tradução

antojar: antolhar, pôr diante dos olhos, representar-se, imaginar, desejar vivamente (V. 7,7; 13,17; 27,5; M. 6,2,7; 3,12.13).

antojo: aparência enganosa, visão (V. 7,7; M. 6,1,11; 8,3); apetite caprichoso.

aparelhar: preparar, dispor.

aparelho: apoio, disposição, condição (V. 6,2, nota 8).

apertar: insistir, urgir, perseguir, acossar; oprimir.

aposentar: alojar, hospedar, dar pousada.

aproveitar, aproveitado: avantajar, adiantar ou progredir na virtude ou na vida mística, aperfeiçoar (V. 11,5, nota 12; 12,2, nota 8; 10,7...).

atalhar, atalho → V. 13,5, nota 10; 22,11; C. 21,23; M. 53,4.

avaliar → *tasar*.

avisado: discreto, prudente, ajuizado.

brevidade: prontidão, pressa (V. 6,4, nota 13).

cá (*acá*) – a Santa faz diferença entre cá e aqui: cá na terra, em oposição a lá (alhures ou além); "cá" é menos circunscrito que "aqui"; "aqui" se refere a um lugar concreto (V. 10,6; 14,5; 27,4, nota 17; cf. M. V,2,11).

cabida: cabimento, cabida, aceitação, boas relações, permissão.

compadecer: ser compatível.

concertar: arranjar; pôr de acordo, concordar, combinar.

concerto: arranjo, acordo, combinação.

conta: atenção, atenções (V. 30,5); trazer conta: ter cuidado (M. 6,3,3).

correr: envergonhar-se, acovardar-se (também se usa no sentido comum de andar rápido).

corrido: medroso e covarde, preguiçoso, vexado, abatido.

corrimento: covardia, vergonha (M. 6,5,16).

cumprir: ser conveniente (V. 37,10, nota 21).

curiosa: cuidadosa, primorosa, atilada (V. 5,1, nota 1).

dano/danar (*lat.* damnare) tem a conotação de deitar a perder, causar detrimento, pena, mal ou dor, danificar, condenar em juízo. É traduzido comumente por prejuízo/prejudicar, mas nesta tradução *daño* é traduzido sempre por *dano*. Já no tempo de Teresa a palavra causou escrúpulos (cf. V. 17, epígrafe e nota).

dar – na expressão "*no se me dar*": não me preocupar, não me importar.

dar de mão a: deixar, não aceitar, abandonar, não amparar alguém.

dar vozes: clamar, gritar.

declarar: afirmar, explicar (V. 14,7...).

deixar de (sua) mão: abandonar.

deixar(-se): abandonar, afastar (V. 6,9).

derramado: disperso, distraído (V. 11,9, nota 21; C. 28,1).

descansar: ficar aliviado.

desde a (há) pouco: pouco depois.

diante (trazer diante): ter diante, ter presente, lembrar-se.

divertir: distrair, sair do assunto (V. 12,1, nota 2; C. 2,11).

donoso: donairoso (a Santa usa em geral em sentido irônico) (C. 22,5).

em um ser: totalmente (V. 7,16, nota 33); continuamente (V. 5,8, nota 16) – parar em um ser: ter estabilidade (V. 17,6, nota 21; 30,16, nota 41) – estar em um ser: permanecer firme (M. 6,6,5).

embobar: embevecer, distrair, entreter, enlevar; embasbacar, abasbacar (V. 20,21, nota 47; 25,4).

embobecer: estontear, atoleimar, tornar estúpido, embobar (V. 20,21, nota 47).

encerramento: clausura (V. 7,13, nota 7).

entender: ouvir, entender, perceber.

entender em: ocupar-se com algo.

entendimento: inteligência, intelecto.

escusar: desculpar, evitar, eximir.

esforçar: dar ou comunicar forças, infundir ânimo ou valor.

espaço: tem o sentido de período de tempo.

estreitura: estreiteza, austeridade, miséria.

estudo (trazer ~): pôr empenho, cuidado especial (V. pról. 1, nota 4; C. 4,9); esforço, trabalho (V. 18,3).

extremo: fim, exagero, abatimento; em tanto extremo: de tal maneira, extremamente.

fadiga → *fatiga*.

Nossa tradução

fatiga: fadiga, dor, tristeza, aflição.

fatigar: causar fadiga, incômodo, mal-estar; afligir.

Folgar: descansar, ter alívio; *v. rel.*: ter prazer, alegrar-se, gostar. A Santa usa sempre nestes sentidos, sobretudo no sentido de alegrar-se, ter prazer.

gala: vestuário festivo, graça, garbo, o mais seleto de alguma coisa.

gana: grande vontade, desejo de fazer algo (não confundir com "vontade").

gosto → V. 9,9, nota 17; 12,4, nota 10; 14; gostos e ternura → V. 11,13, nota 31.

governar: dirigir, orientar; é usado também para orientar espiritualmente.

graça: em espanhol, *gracia*; em ambas as línguas o sentido é o mesmo; a Santa raramente usa "graça" em sentido teológico, prefere "mercê".

guardar: cumprir o prescrito (V. 7,5, nota 12)

gustar: gostar, provar, saborear, degustar.

harto: farto, bastante; muito. Quando é usado como advérbio, está traduzido por "bastante".

incomportável: insuportável, intolerável, 'insofrível' (V. 7, nota 14; 30,12, nota 30; 32,2).

ir à mão (*ir a la mano a alguien*): contê-lo, moderá-lo, ir contra alguém (V. 30,13; C. 15,3).

jurar: praguejar.

labor: trabalho, lavor; a Santa usa no sentido comum de "trabalho", em sentido positivo; é sempre traduzido por lavor ou labor.

lástima: mágoa, compaixão, dó.

lastimar: magoar.

levantar: acusar, caluniar; inventar.

levar caminho: ser viável, possível.

llegar: chegar, achegar, ater, ficar (é usado muito como verbo transitivo).

mal: dano, ofensa; desgraça, calamidade; enfermidade, doença. Em geral é usado no sentido de doença; raramente mal moral, enquanto oposto ao bem.

manha: destreza, habilidade, astúcia, ardil.

mão → ser em (sua) mão; → deixar de (sua) mão; → ir à mão.

menear: mexer, mover.

mercê (*esp*. merced; *latim* merces, -edis): favor, graça, auxílio.

mostrar: mostrar, ensinar, acostumar (V. 6,3).

negociar: tratar, cuidar de um negócio ou de um assunto, de um problema.

nonada: nada, menos que nada (V. 6,2, nota 7; 15,7, nota 36); rarissimamente a Santa usa "nonada" no sentido de "ninharia" (que é o sentido em que mais se usa em português). Cf. também: V. 20,26.

obrar: agir, atuar, operar, realizar (→ praticar).

oferecer-se: apresentar-se, ocorrer.

oficial: que tem um ofício (carpinteiro etc.), operário.

operação: efeito.

ordenar: dispor, arranjar, organizar.

ordinário: frequente, comum.

parecer-se: manifestar-se, mostrar-se.

parte: ser ~ para: ser causa de, contribuir para, dever-se a (V. 21,9, nota 20; cf. V. 19,2, nota 4; 20, 7).

pena: castigo; aflição, mágoa, dor, tormento, pesar, dificuldade, trabalho; → pluma.

piedade: dó.

plática: prática, conversação, pequeno sermão religioso → *platicar* (= praticar) (V. 25,1.3).

pluma: pena de ave; pena de escrever; → pena.

poner: pôr, colocar; insistir, apresentar; escrever (V. 3,6, nota 8...).

ponto: porção ou quantidade mínima (V. 17,1); momento (V. 17,2, nota 5) – num ponto: de repente, imediatamente (V. 12,6).

pôr → *poner*.

potência(s): são as faculdades mentais; não tem o sentido da filosofia aristotélica.

prática → *plática*; para o conceito atual de "prática" usa-se "obra" (V. 25,1.3).

praticar: conversar, palestrar; para o atual conceito de "praticar", "operar", usa-se "obrar".

puridade: pureza (V. 5,6, nota 10).

querer: mais usado no sentido de 'amar', mas também no sentido de 'desejar'.

regalar-se: alegrar-se, estar feliz.

regalado: feliz, cheio de gozo (V. 3,6, nota 9).

regalo: prazer; vida tranquila; dádiva (V. 9,9, nota 17; 15,4).

reñir: renhir, repreender, ralhar.

romance: língua espanhola ou castelhana.

santiguar: fazer o sinal da cruz, santiguar, santigar (estes dois últimos termos ainda são usados em português).

se não é (*si no es*): a não ser.

sensual: sensível (V. 29,9, nota 21); sensualidade: sensibilidade (V. 3,2, nota 3; 10,2, nota 8; C. 4,13; 6,1; etc.).

ser em (sua) mão: estar ao alcance, ser possível, estar em (seu) poder (V. 29,7, nota 17).

sobrenatural → V. 12,3, nota 11; místico e infuso (V. 12,4, nota 11); definição: V. 14,2; R. 5,3.

sofrer: tolerar, suportar.

sufrir: sofrer, tolerar, suportar; *v. rel.*: ser possível, lícito (V. 13,1, nota 3).

tasar: taxar, medir, avaliar.

ter em algo: ter em conta, em consideração.

tomo: importância (V. 5,1; 18,4; 30,11).

tornar: voltar.

tornar de (si): defender(-se), lutar por (C. 35,3; 36,4).

tornar por: defender, tomar o partido de (C. 15,7).

trabalho: aflição, pena, dificuldade, sofrimento; tem sempre sentido negativo; para "trabalho" como hoje é comumente definido a Santa usa "labor". *No plural*: estreiteza, miséria e pobreza ou necessidade.

tráfico → V. c. 20, n. 27, nota 58.

tratar: tratar, conversar, relacionar-se.

valer: amparar, proteger; ter valor, render; conter.

vontade: faculdade de fazer ou não algo (V. 4,7); potência volitiva (V. 14,2s); amor, carinho, afeição, afeto (V. 30,6; C. 5,14-16; 6,5; 7...); diferença entre vontade e amor (Conc. 6,5).

LIVRO DA VIDA

LIVRO DA VIDA

Introdução

"*A* Vida de Santa Teresa escrita por sua própria mão" é uma autobiografia introspectiva.

Na história da literatura religiosa, ela tem seu melhor antecedente nas *Confissões* de Santo Agostinho. E um contemporâneo na *Autobiografia* de Santo Inácio de Loyola. Embora seja profundamente diferente de ambas.

A necessidade de introspecção e de contar por escrito a própria vida surgiu em Teresa sobre o rescaldo de sua experiência religiosa profunda como exigência imediata das graças místicas que inundam a sua alma por volta dos anos 1555-1560, quando ela oscila entre os 40 e 45 anos de idade.

O insólito dessas experiências, e o incontrolável aumento das mesmas, colocou a carmelita na necessidade de examiná-las para entendê-las e discerni-las. Levou-a a recorrer a teólogos assessores que a ajudassem na tarefa de discernimento. E destes recebeu a ordem de pô-las por escrito para dar um parecer sobre sua procedência.

A partir desse momento, o olhar introspectivo e autoperscrutador acompanhará Teresa até o fim dos seus dias.

Tendo-se posto a escrever, faz um primeiro esforço fracassado: essas suas experiências são refratárias à escrita, irredutíveis a um pobre relato em vocábulos profanos. Teresa mesma confessará mais tarde a causa dessa impotência: ela tinha recebido a "mercê" mística da experiência de Deus; mas ainda não lhe tinha sido concedida a graça de entendê-la e, menos ainda, a de expressá-la e comunicá-la.

Só num segundo momento pôde estender uma breve "relação" de seu drama interior. A esse primeiro esboço – hoje perdido – seguiram logo outro e outro (*Relações* 1ª e 2ª, escritas em 1560 e 1561). Com elas, Teresa tinha superado a barreira do inefável místico. E no repouso do palácio toledano de Dona Luísa de la Cerda, consegue escrever, por fim, o livro. Termina-o na primavera de 1562.

Nesse mesmo ano é inaugurado em Ávila o convento de São José e, no remanso do novo Carmelo, redige de novo o livro, com a intenção expressa de enviá-lo a São João de Ávila. Termina a nova redação em final de 1565, e três anos depois obtém o visto favorável do santo, que lhe devolve o manuscrito desde Montilla. Será esta a única redação a chegar até nós.

O conteúdo do livro: relato ou lição?

As duas coisas: relato e lição espiritual se entrecruzam no livro. Teresa conta a sua vida, mas não se limita a desfiar episódios. A sua narração tem uma tese. É esta tese que dá profundidade e unidade ao seu relato. Sua vida tem sentido porque Deus se faz presente nela, até converter-se no verdadeiro protagonista do vivido e relatado.

A narração autobiográfica se desenvolve em vários planos sobrepostos. Começa com uma série de capítulos (de 1 a 9) que contam a luta de Teresa para abrir passagem na vida. Desde o contexto externo do lar até as crises de sua vida interior e a luta para superar as crises.

A partir do capítulo 10 interrompe o relato para intercalar um pequeno tratado doutrinal, não narrativo. Retoma a exposição autobiográfica no capítulo 23. Mas agora a desloca para um plano interior profundo: sua vida mística, densa de insólitos sucessos: capítulos 23-31.

Segue um terceiro plano, no qual conta o transbordamento de suas graças místicas a favor de uma empresa inesperada: a fundação do Carmelo de São José: capítulos 32-36.

Finalmente, o último olhar na paisagem de suas graças místicas, as recebidas no retiro do novo Carmelo: capítulos 37-40.

A tese do apoio flui ao longo da narração, mas se condensa e desenvolve nos capítulos intercalados antes do relato de suas graças místicas: capítulos 11-21. Neles expõe quatro graus de oração, que são os marcos de sua vida e dão sentido a ela, e descreve a progressiva irrupção de Deus nela.

A edição

Na vida da Santa, o autógrafo de *Vida* foi sequestrado pela Inquisição (1575), que o reteve até que, morta a autora, se projetou editá-lo. Recuperado então o manuscrito original, frei Luís de León se serviu dele para publicar a obra em Salamanca, em 1588.

Atualmente, o autógrafo de *Vida* está guardado na Biblioteca de El Escorial, com o título (não original): "A Vida da Madre Teresa de Jesus escrita por sua própria mão, com uma aprovação do P. Mestre fr. Domingos Báñez, seu confessor e professor catedrático em Salamanca". Dele nos servimos para revisar o texto, que em nossa edição [espanhola] está adaptado à ortografia e fonética modernas.

*

O manuscrito autógrafo de *Vida* foi publicado pelo editorial Monte Carmelo (Burgos, 1999) reproduzido em fac-símile juntamente com a versão paleográfica do mesmo para recuperar, com total fidelidade, a grafia e fonética teresianas: volume 1º, reprodução fac-símile: 412 p.; volume 2º, versão paleográfica: 646 p.

JHS[1]

1. Quisera eu que, como me têm mandado[2] e dada ampla licença para escrever o modo de oração e as mercês que o Senhor me tem feito, ma tivessem dado para que muito pormenorizadamente e com clareza dissesse meus grandes pecados e ruim vida. Teria me dado grande consolo. Mas não o quiseram, antes me ataram muito a este caso. E por isto peço, por amor do Senhor, a quem ler este discurso de minha vida, tenha diante dos olhos que tenho sido tão ruim que não tenho achado santo dos que se tornaram a Deus com quem me consolar.[3] Porque considero que, depois que o Senhor os chamava, não o tornavam a ofender. Eu não só tornava a ser pior, senão que parece que trazia estudo[4] para resistir às mercês que Sua Majestade me fazia, como quem se via obrigada a servir mais e entendia que de si não podia pagar o mínimo do que devia.

2. Seja bendito para sempre, que tanto me esperou, a quem com todo o meu coração suplico me dê graça para que com toda clareza e verdade eu faça esta relação que meus confessores[5] me mandam (e também o Senhor sei eu que o quer faz muitos dias, mas eu não tenho me atrevido)[6] e que seja para glória e louvor seu e para que daqui por diante, conhecendo-

---

1. *JHS*: anagrama clássico ("*Iesus*"), que preside a primeira página de seus livros (assim em *Caminho, Moradas, Fundações, Modo de visitar*) e em suas *Cartas*. – Repetirá o anagrama ao começar o c. 1 e antes do epílogo.

2. "Mandantes" e destinatários do livro são seus "confessores" e conselheiros espirituais. Os mais identificados são: Gaspar Daza (sacerdote diocesano), Baltasar Alvarez (jesuíta), Pedro Ibáñez (dominicano) e Francisco de Salcedo (cavaleiro de Ávila), para a primeira redação; e os dominicanos Garcia de Toledo e Domingos Báñez, para a segunda redação, texto atual do livro.

3. *Dos que se tornaram a Deus* [*de los que se tornaron a Dios*]: santos que foram pecadores convertidos (S. Paulo, a Madalena, Santo Agostinho...). Repetirá várias vezes esse conceito: c. 9, 7; 19, 5.10; 18, 4...

4. *Trazia estudo* [*traía estudio*]: punha empenho, cuidado especial.

5. *Que meus confessores*: repetido no original, por lapso involuntário.

6. Quer dizer, além do "mandato" dos confessores, o livro nasce por impulso interior místico.

-me eles melhor, ajudem a minha fraqueza para que possa servir algo do que devo ao Senhor, a quem sempre louvem todas as coisas, amém.[7]

---

7. É evidente a "intenção" da escritora: escreve sua autobiografia para se fazer conhecer e ajudar. Ao longo do livro aparecerá um segundo objetivo: doutrinar os destinatários do escrito, "engolosinarlos" [atraí-los, afeiçoá-los] (c. 18, 8) e ajudá-los em seu caminho espiritual.

Capítulo 1

Em que trata como começou o Senhor a despertar esta alma em sua infância para coisas virtuosas, e a ajuda que é para isto o fato de os pais serem virtuosos.

1. Ter pais virtuosos e tementes a Deus me bastaria, se eu não fosse tão ruim, com o que o Senhor me favorecia, para ser boa. Meu pai era afeiçoado a ler bons livros[1] e assim os tinha em romance para que seus filhos os lessem. Isto,[2] com o cuidado que minha mãe tinha de fazer-nos rezar e ser devotos de nossa Senhora e de alguns santos, começou a despertar-me na idade, ao meu parecer, de seis ou sete anos. Ajudava-me não ver em meus pais favor senão para a virtude. Tinham muitas.

Meu pai era homem de muita caridade com os pobres e piedade com os enfermos e também com os criados; tanta que nunca se pôde conseguir que ele tivesse escravos,[3] porque deles tinha grande piedade, e estando uma vez em casa uma de um irmão seu, a regalava como a seus filhos. Dizia que a sua piedade não podia sofrer[4] o fato de ela não ser livre. Era de grande verdade. Ninguém nunca o viu jurar nem murmurar. Muito honesto em grande maneira.

---

1. *Bons livros*: no léxico teresiano equivale a "livros espirituais ou de devoção" (cf. c. 3, 4; 3, 7; 4, 7; 6, 4...). [*Em romance*: em espanhol ou castelhano.]

2. *Isto* (esp. *esto*): no original está "estos" [estes]. Nós o consideramos lapso de escrita por contaminação de sibilantes. Frei Luís editou "estos" (p. 27); depois, na lista de erratas corrigiu "esto", e assim publicou na segunda edição de 1589 (p. 27). Entre os "bons livros" da biblioteca de Dom Alonso naqueles anos havia um "*Retablo de la Vida de Cristo*", um "*De officiis*" de Túlio, um Boécio, um "*Tratado de la Misa*", "*Los siete pecados*", "*La conquista de ultramar*", "*Proverbios*" de Sêneca, Virgílio, "*Las Trescientas*" e "*La coronación*" de Juan de Mena e um "*Lunario*". São os títulos que aparecem no "inventário" feito por Dom Alonso em 1507, por ocasião da morte de sua primeira mulher.

3. *Escravos*: provavelmente mouros ou africanos em situação de liberdade limitada. – "Conseguir": em esp. "acabar com".

4. N.T.: *Sofrer* (esp. *sufrir*): suportar, tolerar (cf. c. 6, nota 12). Antes: *a regalava*: ver glossário no final do livro.

2. Minha mãe também tinha muitas virtudes e passou a vida com grandes enfermidades.[5] Grandíssima honestidade. Sendo de farta formosura, nunca se soube que desse ocasião para se notar que fazia caso dela, porque, morrendo com trinta e três anos,[6] já seu traje era como de pessoa de muita idade. Muito aprazível e de farto entendimento. Foram grandes os trabalhos por que passou no tempo em que viveu. Morreu muito cristãmente.

3. Éramos três irmãs e nove irmãos.[7] Todos se pareceram com seus pais, pela bondade de Deus, em ser virtuosos, a não ser eu, ainda que fosse a mais querida de meu pai. E antes que começasse a ofender a Deus, parece *que*[8] tinha alguma razão; porque tenho lástima quando me lembro das boas inclinações que o Senhor me tinha dado e quão mal eu soube aproveitar-me delas.

4. Pois meus irmãos nenhuma coisa me desajudavam a servir a Deus. Tinha um quase de minha idade,[9] ambos nos juntávamos a ler vidas de santos, que era a ele que eu mais queria, ainda que a todos tivesse grande amor e eles a mim. Como via os martírios que por Deus as santas passavam, parecia-me que compravam muito barato o ir gozar de Deus e desejava muito morrer assim, não por amor que eu entendesse ter dele, senão para gozar tão em breve dos grandes bens que lia haver no céu, e juntava-me com este meu irmão a tratar que meio haveria para isto. Combinávamos ir à terra de mouros, pedindo por amor de Deus, para que lá nos decapitassem. E

---

5. Dona Beatriz tinha casado com Dom Alonso aos 14 ou 15 anos de idade. Teve nove filhos ou talvez dez filhos com ele. Mais adiante a Santa fará alusão aos "grandes trabalhos" de Dona Beatriz (c. 1, 2).

6. Teria provavelmente 34 ou 35 anos. Faleceu no final de dezembro de 1528 ou princípio do ano seguinte.

7. As irmãs foram: Maria, Teresa e Joana. Os irmãos: João de Cepeda, Hernando de Ahumada, Rodrigo de Cepeda, João de Ahumada, Lourenço de Cepeda, Antônio de Ahumada, Pedro, Jerônimo e Agostinho de Ahumada.

8. N.T.: É bom lembrar que o *que* em itálico na tradução não consta no original.

9. Este irmão preferido era Rodrigo. Tinha nascido em 1513. Teresa nasceu em 28.3.1515. Chegou até nós a nota escrita por Dom Alonso: "Na quarta-feira, 28 dias do mês de março de mil e quinhentos e quinze anos, nasceu Teresa, minha filha, às cinco horas da manhã, meia hora mais ou menos, que foi a dita quarta-feira quase amanhecida" (*BMC*, t. 2, p. 91).

parece que o Senhor nos dava ânimo em idade tão tenra, se víssemos algum meio, mas o fato de ter pais nos parecia o maior embaraço.[10]

Espantava-nos muito o dizer que pena[11º] e glória era para sempre, no que líamos. Acontecia-nos estar muito tempo tratando disto e gostávamos de dizer muitas vezes: para sempre, sempre, sempre! Em pronunciar isto muito tempo era o Senhor servido que me ficasse nesta infância impresso o caminho da verdade.

5. Como visse que era impossível ir aonde me matassem por Deus, planejávamos ser eremitas; e numa horta que havia em casa procurávamos, como podíamos, fazer ermidas, pondo umas pedrinhas que logo caíam, e assim não achávamos remédio em nada para nosso desejo; que agora me causa devoção ver como Deus me dava tão cedo o que perdi por minha culpa.

6. Fazia esmola como podia, e podia pouco. Procurava solidão para rezar minhas devoções, que eram fartas, em especial o rosário, do qual minha mãe era muito devota, e assim nos fazia sê-lo. Gostava muito, quando jogava com outras meninas, de fazer mosteiros, como se fôssemos monjas, e me parece que desejava sê-lo, ainda que não tanto como as coisas que tenho dito.

7. Eu me lembro que, quando minha mãe morreu, estava com a idade de doze anos, pouco menos.[12] Quando comecei a entender o que tinha perdido, fui aflita a uma imagem de Nossa Senhora e supliquei que

---

10. "Rodrigo de Ahumada", anota Gracián à margem desta passagem em seu exemplar das obras da Santa (Salamanca 1588). – Não só "combinaram (esp. *concertaron*)" a fuga, mas também a empreenderam: "... tomando alguma coisinha para comer, saiu com seu irmão da casa de seu pai, determinados os dois a ir à terra de mouros, onde lhes cortassem as cabeças por Jesus Cristo. E saindo pela porta do Adaja... foram pela ponte em frente, até que um tio dela os encontrou e os levou de volta para casa... O menino se desculpava dizendo que sua irmã o tinha feito tomar aquele caminho" (Ribera, Francisco de. *Vida de la M. Teresa*, I, 4, p. 53).

11. N.T.: *Pena*: no léxico da Santa, "pena" tem sempre acepção de castigo, aflição, mágoa, dor, tormento, dificuldade, trabalho. Ela usa "pluma" para pena de aves (para escrever etc.).

12. Na realidade, estava para fazer os 14 anos, quando sua mãe morreu (final de 1528 ou começo de 1529).

ela fosse minha mãe, com muitas lágrimas.[13] Parece-me que, ainda que fosse feito com simplicidade, que me tem valido; porque conhecidamente tenho achado esta Virgem soberana em quanto me tenho encomendado a ela e, enfim, tornou-me a si.[14]

Fatiga-me agora ver e pensar em quê esteve o não ter eu estado inteira nos bons desejos que comecei.

8. Ó Senhor meu, pois parece que tendes determinado que eu me salve, praza a Vossa Majestade que seja assim; e de fazer-me tantas mercês como me tendes feito, não teríeis por bem – não para meu ganho,[15] mas por vosso acatamento – que não se sujasse tanto a pousada onde tão continuamente havíeis de morar? Fatiga-me, Senhor, ainda dizer isto, porque sei que foi minha toda a culpa; porque não me parece que ficou para vós nada por fazer para que desde esta idade não fosse toda vossa.

Quando vou queixar-me de meus pais, tampouco posso, porque não via neles senão todo bem e cuidado de meu bem.

Pois passando desta idade que comecei a entender[16] as graças de natureza que o Senhor me tinha dado, que segundo diziam eram muitas, quando por elas lhe havia de dar graças, de todas me comecei a ajudar para ofendê-lo, como agora direi.

---

13. Essa imagem sempre foi identificada com a de "Nossa Senhora da Caridade", atualmente na catedral de Ávila.

14. *Me ha tornado a sí*: alusão à sua vocação de carmelita ou à sua "conversão". É este segundo sentido que reafirma na *Rel.* 30, 2.

15. N.T.: *Ganância*: ganho, lucro. Tem em geral o sentido de mérito.

16. *Ender*, escreve Teresa por lapso em vez de "entender". – *Gracias de naturaleza*: alusão à sua beleza e simpatia, das quais é consciente.

Capítulo 2

*Trata como foi perdendo estas virtudes
e que é importante na infância tratar com pessoas virtuosas.*

1. Parece-me que começou a fazer-me muito dano o que agora direi. Considero algumas vezes quanto mal fazem os pais que não procuram que seus filhos vejam sempre, de todas as maneiras, coisas de virtude; porque, sendo tanto minha mãe, como tenho dito,[1] do bom não tomei tanto ao chegar ao uso da razão, nem quase nada, e o mal me danou muito. Ela era afeiçoada a livros de cavalarias[2] e não tomava tão mal este passatempo como eu o tomei para mim, porque não perdia seu labor, senão nos desenvolvíamos[3] para ler neles, e porventura o fizesse para não pensar em grandes trabalhos que tinha, e ocupar seus filhos, para que não andassem em outras coisas perdidos. Isto pesava tanto a meu pai que era preciso estar de sobreaviso para que ele não o visse. Eu comecei a ficar com o costume de lê-los; e aquela pequena falta que nela vi começou a esfriar os meus desejos e começar a faltar nos demais; e parecia-me que não era mau gastar muitas horas do dia e da noite em tão vão exercício, ainda que escondida de meu pai. Isto me embebia tão extremamente que, se não tinha livro novo, não me parecia que tinha contentamento.

2. Comecei a usar roupa de gala e a desejar contentar em parecer bem, com muito cuidado de mãos e cabelo e perfumes e todas as vaidades que nisto podia ter, que eram fartas, por ser muito curiosa.[4] Não tinha má

---

1. Disse isto no c. 1, 2.
2. *Libros de caballerías*: são as novelas fantásticas de seu tempo, ridicularizadas por Cervantes nas primeiras páginas do *Dom Quixote* (I, c. 6). – A própria Teresa chegou a escrever um "livro de cavalarias" (uma dessas novelas) em colaboração com seu irmão Rodrigo: disto dão testemunho F. de Ribera (*Vida de la M. Teresa*, L. I, c. 5, p. 56) e Gracián, em nota a essa passagem de Ribera: "a mesma (Teresa) contou isto a mim". – Deste escrito da Teresa jovem nada chegou até nós.
3. *Desenvolvíemonos*, escreve ela em vez de *desenvolvíamonos*, no sentido de "desembaraçar-se de ocupações": dávamos um jeito para...
4. *Curiosa*: cuidadosa, arrumada. – Em carta de 23.12.1561, ponderando a beleza de uma imagem da Virgem, enviada de Quito por seu irmão Lourenço, escreve: "Se fosse o tempo que eu usava ouro, teria farta inveja da imagem".

intenção, porque não quisera eu que ninguém ofendesse a Deus por minha causa. Durou-me muitos anos, muita curiosidade de limpeza demasiada e coisas que a mim parecia que não eram nenhum pecado. Agora vejo quão mau devia ser.

Tinha alguns primos-irmãos,[5] porque na casa de meu pai outros não tinham permissão[6] para entrar, que eram muito recatados, e prouvera a Deus que o fosse destes também. Porque agora vejo o perigo que é tratar, na idade em que se hão de começar a criar as virtudes, com pessoas que não conhecem a vaidade do mundo, senão que antes despertam para entrar nele. Eram quase de minha idade, pouco maiores que eu. Andávamos sempre juntos. Tinham grande amor a mim, e em todas as coisas que lhes dava contento sustentava prática com eles e ouvia sucessos de suas afeições e criancices nada boas; e o pior foi mostrar-se a alma ao que foi causa de todo o seu mal.

3. Se eu houvesse de aconselhar, diria aos pais que nesta idade tivessem grande conta com as pessoas com quem seus filhos tratam, porque aqui está muito mal, que o nosso natural vai antes para o pior do que para o melhor.

Assim aconteceu comigo, que tinha uma irmã de muito mais idade que eu,[7] de cuja honestidade e bondade – que tinha muita – desta não tomava nada, e tomei todo o dano de uma parenta que tratava muito em casa. Era de tão levianos tratos que minha mãe tinha procurado muito desviar que tratasse em casa; parece que adivinhava o mal que por ela me havia de vir, e era tanta a ocasião que tinha para entrar, que não pôde.[8] A esta que digo me afeiçoei a tratar. Com ela era minha conversação e práticas, porque me ajudava em todas as coisas de passatempo que eu queria, e ainda me punha nelas e dava parte de suas conversas e vaidades.

---
5. *Primos-irmãos*: provavelmente faz alusão aos filhos de Dª Elvira de Cepeda, viúva de D. Hernando Mejía: Vasco (nascido em 1507), Francisco (1508) e Diego (1513).
6. N.T.: *Permissão* (esp. *cabida*: cabimento, aceitação, boas relações, valimento, permissão).
7. *Uma irmã*: "Chamava-se Dª Maria Cepeda", anota Gracián em seu exemplar de "Vida". Era a primogênita de Dom Alonso, em seu primeiro matrimônio. Cerca de nove anos mais velha que Teresa.
8. *Não pôde [no había podido]* evitar ou desviar a parenta. – Tratava-se, provavelmente, de outra filha de Dª Elvira: Inês de Mejía.

Até que tratei com ela, que foi na idade de quatorze anos,[9] e creio que mais (para ter amizade comigo – digo – e dar-me parte de suas coisas), não me parece que tinha deixado Deus por culpa mortal nem perdido o temor de Deus, ainda que tivesse maior da honra.[10] Este teve força para não a perder de todo, nem me parece por coisa nenhuma do mundo que nisto me podia mudar, nem havia amor de pessoa dele que a isto me fizesse render. Assim tivera fortaleza em não ir contra a honra de Deus, como ma dava meu natural para não perder no que me parecia estar a honra do mundo! E não olhava que a perdia por muitas outras vias!

4. Em querer esta de modo vão não tinha limite. Os meios que hão mister para guardá-la, não punha nenhum. Só para não perder-me totalmente tinha grande preocupação.

Meu pai e irmã sentiam muito esta amizade. Dela me repreendiam muitas vezes. Como não podiam tirar a ocasião de ela entrar em casa, não lhes aproveitavam suas diligências, porque minha sagacidade para qualquer coisa má era muita. Espanta-me algumas vezes o dano que faz uma má companhia, e se não tivesse passado por isso, não o poderia crer. Em especial no tempo da mocidade deve ser maior o mal que faz.

Quereria que escarmentassem em mim os pais para mirar muito nisto. E é assim que de tal maneira me mudou esta conversação, que de natural e alma virtuoso não me deixou quase nenhuma,[11] e me parece que imprimia em mim suas condições ela e outra que tinha a mesma maneira de passatempos.

5. Por aqui entendo o grande proveito que faz a boa companhia, e tenho por certo que, se tratasse naquela idade com pessoas virtuosas, teria estado inteira na virtude. Porque se nesta idade tivera quem me ensinasse a temer a Deus, ganharia forças na alma para não cair. Depois, tirado totalmente este temor, ficou-me só o da honra, que em tudo o que fazia

---

9. *De quatorze anos*: Teresa se aproxima dos 16 quando seu pai a leva ao internato de Santa Maria da Graça, para conjurar essa situação.
10. *Temor da honra*: temor de perdê-la. Na realidade, trata-se do "culto da honra ou pundonor", verdadeiro pesadelo psicológico do seu século. Teresa "era tão honrosa", escreverá em seguida (c. 3, 7).
11. *Quase nenhuma* virtude.

me trazia atormentada. Pensando que não se havia de saber, atrevia-me a muitas coisas bem contra ela e contra Deus.

6. No princípio me fizeram dano as coisas ditas, ao que me parece, e não devia ser sua a culpa, senão minha. Porque depois minha malícia para o mal bastava, junto com o fato de ter criadas, pois para todo mal achava nelas bom apoio; que se alguma fora em aconselhar-me bem, porventura me tivesse aproveitado; mas o interesse as cegava, como a mim a afeição. Além disso, nunca era inclinada a muito mal – porque naturalmente me aborrecia as coisas desonestas –, senão a passatempos de boa conversação, mas posta na ocasião, estava na mão o perigo, e punha nele a meu pai e irmãos. Dos quais[12] me livrou Deus de maneira que fica bem claro que procurava contra a minha vontade que não me perdesse totalmente, ainda que não pudesse ser tão secreto que não houvesse farta quebra de minha honra e suspeita em meu pai.

Porque não me parece que fazia três meses que andava nestas vaidades, quando me levaram a um mosteiro que havia neste lugar,[13] onde eram criadas pessoas semelhantes, ainda que não tão ruins em costumes como eu; e isto com tão grande dissimulação que só eu e algum parente o soube; porque aguardaram pela conjuntura para que não parecesse novidade: porque ter minha irmã se casado e ficar sozinha sem mãe, não era bom.[14]

7. Era tão demasiado o amor que meu pai me tinha e a muita dissimulação minha, que não havia de crer tanto mal de mim, e assim não ficou em desgraça comigo. Como foi breve o tempo, ainda que se entendesse algo, não devia ser dito com certeza.[15] Porque como eu temia tanto a honra, todas as minhas diligências eram em que fosse secreto, e não olhava que não podia ser para quem tudo vê.

Ó meu Deus, que dano faz no mundo ter isto em pouco e pensar que há de haver coisa secreta que seja contra Vós! Tenho por certo que se

---

12. *Dos quais* perigos e ocasiões.
13. *Este lugar* é Ávila, aludida em anonimato ao longo de todo o livro. – *O mosteiro* é "Santa Maria da Graça", de agostinianas, que acolhiam e educavam as jovens "donzelas senhoras de condição".
14. *Minha irmã*: era Dª Maria de Cepeda, casada em janeiro de 1531 com Dom Martim de Gusmán y Barrientos. Deles se falará no c. 3, 3 e c. 4, 6.
15. *Se entendesse algo*: algo fosse percebido. – *certeza*: "certinidad" no original.

escusariam grandes males se entendêssemos que o negócio não está em guardar-nos dos homens, senão em não nos guardarmos de descontentar a Vós.

8. Nos primeiros oito dias senti muito, e mais a suspeita que tive de que se tinha entendido a minha vaidade, do que por estar ali. Porque eu já andava cansada e não deixava de ter grande temor de Deus quando o ofendia, e procurava confessar-me com brevidade. Trazia um desassossego, que em oito dias – e ainda creio menos – estava muito mais contente do que em casa de meu pai. Todas estavam contentes comigo, porque nisto me dava o Senhor graça, em dar contento onde quer que estivesse, e assim era muito querida.[16] E posto que eu estava então já inimicíssima de ser monja, folgava-me de ver tão boas monjas, que eram muito as daquela casa, e de grande honestidade e religião e recato.

Ainda com tudo isto não me deixava o demônio de tentar, e buscar os de fora como me desassossegar com recados. Como não havia lugar, depressa se acabou, e começou minha alma a tornar-se a acostumar no bem de minha primeira idade e vi a grande mercê que Deus faz a quem põe em companhia de bons.

Parece-me que andava Sua Majestade mirando e remirando por onde me podia tornar a si. Bendito sejais vós, Senhor, que tanto me haveis sofrido! Amém.

9. Uma coisa tinha que parece me podia ser alguma desculpa, se não tivesse tantas culpas; e é que era o trato com quem por via de casamento me parecia podia acabar em bem; e informada por aquele com quem me confessava e por outras pessoas, em muitas coisas diziam que não ia contra Deus.

10. Dormia uma monja com as que éramos seculares, e por meio dela parece que o Senhor quis começar a dar-me luz, como agora direi.[17]

---

16. *Muito querida*: aspecto muito destacado entre suas lembranças de infância e adolescência: cf. c. 1, 3.4; 2, 2.7; 3, 3.4.

17. *Uma monja... como direi*: dirá isso no c. 3, 1. Era Dª Maria de Briceño, de Ávila, de uns 33 anos, agostiniana em Santa Maria da Graça desde os 16. Exercerá influência decisiva em Teresa.

Capítulo 3

Em que trata como foi parte a boa companhia para tornar a despertar seus desejos, e por que maneira começou o Senhor a dar-lhe alguma luz sobre o engano que tinha trazido.

1. Pois começando a gostar da boa e santa conversação desta monja, folgava-me em ouvi-la quão bem falava de Deus, porque era muito discreta e santa. Isto, a meu parecer, em nenhum tempo deixei de folgar-me em ouvir. Começou a me contar como ela tinha chegado a ser monja apenas por ler o que diz o evangelho: *Muitos são os chamados e poucos os escolhidos.*[1] Dizia-me o prêmio que o Senhor dava aos que tudo deixam por ele.

Começou esta boa companhia a desterrar os costumes que tinha feito a má e a tornar a pôr em meu pensamento desejos das coisas eternas e a afastar um pouco a grande inimizade que tinha de ser monja, que me tinha sido posta grandíssima. E se via alguma ter lágrimas quando rezava, ou outras virtudes, tinha muita inveja dela; porque era tão rijo o meu coração neste caso que, se lesse toda a Paixão, não choraria uma lágrima. Isto me causava pena.

2. Estive ano e meio neste mosteiro bastante melhorada. Comecei a rezar muitas orações vocais e a procurar que todas me encomendassem a Deus, que me desse o estado em que o havia de servir. Mas também desejava não fosse monja, que este[2] não fosse Deus servido de mo dar, ainda que também temesse casar-me.

Ao cabo deste tempo que estive aqui, já tinha mais amizade de ser monja, ainda que não naquela casa, pelas coisas mais virtuosas que depois entendi que tinham, que pareciam extremas demasiadas; e havia algumas das mais moças que me ajudavam nisto, que se todas fossem de um parecer, muito me aproveitara. Também tinha eu uma grande amiga[3] em outro

---
1. Mt 20,16. Segue imediatamente outra alusão ao Evangelho: Mt 19,28.
2. N.T.: *Este* estado.
3. P. Gracián anotou à margem de seu exemplar: "Chamava-se Joana Juárez".
– Era monja carmelita na Encarnação de Ávila; por este tempo a Santa costumava visitá-

mosteiro, e isto me era parte para eu não ser monja, se o houvesse de ser, senão aonde ela estava. Olhava mais o gosto de minha sensualidade[4] e vaidade que o bem que estava em minha alma. Estes bons pensamentos de ser monja me vinham algumas vezes e logo se afastavam, e não podia persuadir-me a sê-lo.

3. Neste tempo, ainda que eu não estivesse descuidada de meu remédio, andava mais ganhoso o Senhor ao dispor-me para o estado que mais me convinha. Deu-me uma grande enfermidade, que tive de voltar para a casa de meu pai. Ao ficar boa, levaram-me para a casa de minha irmã – que residia numa aldeia[5] – para vê-la, que era extremo o amor que me tinha e, por sua vontade, não sairia de junto dela; e seu marido também me amava muito, pelo menos me mostrava todo regalo, que ainda isto devo mais ao Senhor, que em toda parte sempre o tenho tido, e em tudo ele era servido como a que hoje sou.

4. Estava no caminho um irmão de meu pai, muito avisado e de grandes virtudes, viúvo, a quem também andava o Senhor dispondo para si, que em sua maior idade deixou tudo o que tinha e se tornou frade e acabou de sorte que creio que goza de Deus.[6] Quis que ficasse com ele uns dias. Seu exercício era bons livros em romance, e seu falar era – o mais comumente – de Deus e da vaidade do mundo. Fazia-me ler-lhe e, ainda

---

-la. Destas visitas se lembrava muitos anos mais tarde outra monja do mosteiro: "Eu me lembro de quando a Santa Madre vinha como secular algumas vezes a este convento, e se bem me recordo ela usava uma saia alaranjada com debruns de veludo negro" (cf. *BMC*, t. II, p. 113).

4. *Sensualidade*: no léxico teresiano tem acepção própria e um tanto variada, mas sempre distinta da moderna; equivale à "parte sensitiva ou sensível do composto humano", a "sentidos e sensibilidade" e, inclusive, à "carne enquanto terceiro inimigo da alma" (cf. nesta última acepção: *Vida*, 7, 38, 18; *Fund.* 5, 12.) – A mesma acepção tem o adjetivo *sensual*: cf. *Vida* 8, 5; 10, 2; 12, 1; 29, 9...

5. Refere-se à sua irmã maior Maria de Cepeda, de quem fez o elogio no c. 2, n. 3, casada por volta de janeiro de 1531, pouco antes de Teresa entrar no Santa Maria da Graça; seu cunhado era Dom Martim de Gusmán y Barrientos; moravam em Castellanos de la Cañada, pequena aldeia avilesa de uns 10 lares.

6. Este tio da Santa se chamava Pedro Sánchez de Cepeda (viúvo de Dª Catalina del Aguila), residente na aldeola de Hortigosa, a poucas léguas de Ávila. Homem "espiritual", dado à penitência e leitura piedosa, vivia como um frade, e de fato morreu monge no mosteiro de jerônimos de Guisando.

que não fosse amiga deles,[7] mostrava que sim. Porque nisto de dar contentamento a outros tive extremo, ainda que a mim me causasse pesar; tanto que em outras fosse virtude e em mim tem sido grande falta, porque ia muitas vezes muito sem discrição.

Oh, valha-me Deus, por que termos andava Sua Majestade me dispondo para o estado em que se quis servir de mim, que, sem eu o querer, me forçou para que eu fizesse força! Seja bendito para sempre, amém.

5. Ainda que fossem poucos os dias que aí estive, com a força que faziam em meu coração as palavras de Deus, assim lidas como ouvidas, e a boa companhia, cheguei a ir entendendo a verdade de quando menina,[8] de que não era tudo nada, e a vaidade do mundo, e como acabava em breve, e a temer, se tivesse morrido, de que ia para o inferno. E ainda que não acabasse minha vontade de inclinar-se a ser monja, vi que era o melhor e mais seguro estado. E assim pouco a pouco me determinei a forçar-me para tomá-lo.

6. Nesta batalha estive três meses, forçando-me a mim mesma com esta razão: que os trabalhos e pena de ser monja não podia ser maior que a do purgatório, e que eu tinha bem merecido o inferno; que não era muito estar o que vivesse como em purgatório, e que depois iria direita ao céu, que este era meu desejo.

E neste movimento de tomar estado, mais me parece que me movia um temor servil que amor. Punha-me[9] o demônio que não podia sofrer os trabalhos da religião, por ser tão regalada.[10] Disto me defendia com os trabalhos que Cristo passou, porque não era muito *que* eu passasse alguns por ele; que ele me ajudaria a levá-los – devia pensar –, pois disto último não me lembro. Passei fartas tentações nestes dias.

---

7. Ainda *não era amiga de livros espirituais*: embora não fosse dada a ler livros espirituais. Momentos de transição entre sua afeição às leituras profanas (c. 2, 1) e sua predileção *pelos bons livros* dos quais logo será *amiga* (n. 7), e posteriormente *amicíssima* (6, 4).

8. *La verdad de cuando niña*: alusão às suas meditações infantis que referiu no c. 1, 4. – *Que no todo era nada*: dupla negação, com força afirmativa: "que tudo (o criado) era nada" (cf. 15, 11).

9. *Poníame*: na acepção de "sugerir" (punha-me no pensamento...), acepção de "pôr" (= opor) frequente na Santa (cf. 11, 4; 12, 3; 13 título).

10. *Tan regalada*: amiga de comodidade e regalo (cf. 13, 7: "tão mirada e regalada").

7. Tinham-me dado, com umas calenturas, uns grandes desmaios, visto que sempre tinha bem pouca saúde. Deu-me a vida ter ficado já amiga de bons livros. Lia as *Epístolas* de São Jerônimo,[11] que me animavam, de sorte que me determinei a dizê-lo a meu pai, que quase era como a tomar o hábito, porque era tão honrosa[12] que me parece que não voltaria atrás de maneira alguma, tendo-o dito uma vez. Era tanto o que ele me queria, que de nenhuma maneira o pude acabar com ele,[13] nem bastaram rogos de pessoas que procurei que lhe falassem. O que mais[14] se pôde acabar com ele foi que depois de seus dias faria o que quisesse. Eu já temia a mim e a minha fraqueza não tornasse atrás, e assim não me pareceu que isto me convinha, e procurei-o por outra via, como agora direi.

---

11. Mui provavelmente as leu na versão do bacharel Juan de Molina, "Las epístolas de San Jerónimo con una narración de la guerra de las Germanías", dedicada a Dª Maria Enríquez de Borja, duquesa de Gandía e abadessa do mosteiro de Santa Clara da mesma cidade, em Valência, e publicada por Juan Jofre, 1520, ou talvez em alguma das sucessivas reedições: Valência 1522 e 1526 ou Sevilha, 1532.

12. *Tan honrosa*: tão pundonorosa ou briosa (ou tão escrava da honra em manter a palavra dada). Cf. 31, 23. Acepção mais ampla em *Conc.* 3, 7; 18, 5.

13. N.T.: *Que en ninguna manera lo pude acabar con él*: que de modo algum consegui convencê-lo disso.

14. *Lo que más*: o mais que...

Capítulo 4

Diz como a ajudou o Senhor para forçar-se a si mesma para tomar hábito, e as muitas enfermidades que Sua Majestade começou a dar-lhe.

1. Nestes dias em que andava com estas determinações, tinha persuadido um irmão meu a se tornar frade,[1] dizendo a ele a vaidade do mundo. E combinamos entre nós irmos um dia muito de manhã ao mosteiro onde estava aquela minha amiga, a quem eu tinha muita afeição,[2] posto que já nesta última determinação eu estava de sorte, que a qualquer que pensasse servir mais a Deus ou meu pai quisesse, iria; que mais mirava já o remédio de minha alma, que do descanso nenhum caso fazia dele.

Lembro-me, a todo meu parecer e com verdade, que quando saí da casa de meu pai não creio será mais o sentimento quando morrer.[3] Porque me parece que cada osso se apartava por si de mim, que, como não havia amor de Deus que tirasse o amor do pai e parentes, era tudo me fazendo uma força tão grande que, se o Senhor não me ajudasse, não teriam bastado minhas considerações para ir adiante. Aqui me deu ânimo contra mim, de maneira que o pus em obra.

2. Quando tomei o hábito,[4] logo me deu o Senhor a entender como favorece aos que se fazem força para servi-lo, a qual ninguém não enten-

---

1. *Um irmão meu*: provavelmente Antônio de Ahumada. Assim o afirma F. de Ribera em sua *Vida de la Madre Teresa* (Salamanca, 1590, p. 59), segundo o qual Antônio pediu o hábito de dominicano no mosteiro de Santo Tomás: "Não o receberam ali então... Depois entrou na ordem do bem-aventurado São Jerônimo, e sendo noviço veio a adoecer de maneira que não pôde perseverar" (ibid. p. 60). – Antônio foi para a América, onde morreu em 20 de janeiro de 1546, dos ferimentos recebidos na batalha de Iñaquitos (Equador).
2. Mosteiro da Encarnação de Ávila, onde era carmelita "aquela sua amiga" Joana Juárez: cf. c. 3, n. 2. – Segue uma frase um tanto obscura: "*já eu estava* decidida *de sorte, que a qualquer* mosteiro em que *pensasse servir mais a Deus...*".
3. À margem do seu exemplar Gracián anotou: "*Dia das almas*". Era o ano de 1535, 2 de novembro.
4. Tomou o hábito em 2 de novembro de 1536, depois de um ano de postulantado, aos 21 anos de idade.

dia de mim,[5] senão grandíssima vontade. Na hora[6] me deu tão grande contentamento de ter aquele estado, que nunca jamais me faltou até hoje, e mudou Deus a secura que tinha minha alma em grandíssima ternura. Davam-me deleite todas as coisas da religião, e é verdade que andava, algumas vezes, varrendo em horas que eu costumava ocupar em meu regalo e gala, e lembrando-me de que estava livre daquilo, me dava um novo gozo, que eu me espantava e não podia entender por onde vinha.

Quando me lembro disto, não há coisa que se pusesse diante de mim, por grave que fosse, que duvidasse de acometê-la. Porque já tenho experiência em muitas que, se me ajudo no começo a determinar-me a fazê-lo, que, sendo só por Deus, até começá-lo[7] quer – para que mais mereçamos – que a alma sinta aquele espanto, e quanto maior, se sai com isso, maior prêmio e mais saboroso se faz depois. Ainda nesta vida o paga Sua Majestade por algumas vias que só quem goza disso entende. Isto tenho por experiência, como tenho dito,[8] em muitas coisas bastante graves. E assim jamais aconselharia – se fosse pessoa que houvesse de dar parecer – que, quando uma boa inspiração acomete muitas vezes, se deixe, por medo, de pôr em obra; que se vai desnudamente só por Deus, não há que temer que suceda mal, que poderoso é para tudo. Seja bendito para sempre, amém.

3. Teriam bastado, ó sumo Bem e descanso meu, as mercês que me havíeis feito até aqui, de trazer-me por tantos rodeios vossa piedade e grandeza a estado tão seguro e casa aonde havia muitas servas de Deus, de quem eu pudesse tomar,[9] para ir crescendo em seu serviço. Não sei como hei de passar daqui, quando me lembro da maneira da minha profissão[10] e a grande determinação e contento com que a fiz e o desposório que fiz convosco. Isto não posso dizer sem lágrimas, e haviam de ser de sangue e o meu coração se quebrar, e não era muito sentimento para o que depois vos ofendi.

---

5. *Nadie no entendía de mi*: dupla negação, que reforça a negativa: ninguém imaginava que ela tivesse de forçar a si mesma para viver como monja.
6. *A la hora*: imediatamente, em seguida (cf. 30, 14; 36, 11).
7. *Hasta encomenzarlo*, escreve a Santa, como em outra passagem (19, 2). Seguimos a leitura feita por frei Luís (p. 45), modernizando "comenzarlo", começá-lo.
8. Disse isto no número precedente.
9. N.T.: *Pudesse tomar* exemplo ou incentivo, ou ensinamento.
10. *Minha profissão*: foi em 3.11.1537, aos seus 22 anos.

Parece-me agora que tinha razão de não querer tão grande dignidade, pois tão mal havia de usar dela. Mas Vós, Senhor meu, quisestes ser – quase vinte anos que usei mal desta mercê – o agravado, para que eu fosse melhorada. Não parece, Deus meu, senão que prometi não guardar coisa do que vos tinha prometido, ainda que então não fosse essa minha intenção. Mas vejo tais minhas obras depois, que não sei que intenção tinha, para que mais se veja quem vós sois, Esposo meu, e quem sou eu. Que é verdade, certamente, que muitas vezes me tempera o sentimento de minhas grandes culpas o contento que me dá que se entenda a multidão de vossas misericórdias.[11]

4. Em quem, Senhor, podem assim resplandecer como em mim, que tanto tenho obscurecido com minhas más obras as grandes mercês que me começastes a fazer? Ai de mim, Criador meu, que se quero dar desculpa, nenhuma tenho! Nem tem ninguém a culpa senão eu. Porque se vos pagasse algo do amor que me começastes a mostrar, não o poderia eu empregar em ninguém senão em vós, e com isto se remediava tudo. Pois não o mereci nem tive tanta ventura, valha-me agora, Senhor, a vossa misericórdia.

5. A mudança de vida e dos manjares me causou dano à saúde, ainda que o contento fosse muito, não bastou. Começaram a crescer em mim os desmaios e deu-me um mal de coração tão grandíssimo, que causava espanto a quem me via, e outros muitos males juntos, e assim passei o primeiro ano com farta má saúde, ainda que não me pareça que nele ofendi muito a Deus. E como era o mal tão grave que quase me privava o sentido sempre e algumas vezes de todo ficava sem ele, era grande a diligência do meu pai para buscar remédio; e como não lhe deram os médicos daqui, procurou levar-me a um lugar aonde havia muita fama de que se sanavam ali outras enfermidades, e assim disseram fariam à minha.[12] Foi comigo

---

11. *Multidão de vossas misericórdias*: reminiscência dos salmos (por exemplo, do 50,2, segundo o texto da Vulgata usado pela Santa: "segundo a multidão de tuas misericórdias, apaga a minha iniquidade").

12. *Levaram-me a um lugar*: Becedas, cerca de 14 léguas de Ávila, na serrania de Béjar. Ali residia a famosa curandeira. A Santa permaneceu em Becedas uns três meses.

esta amiga que tenho dito que tinha em casa, que era antiga.[13] Na casa em que era monja não se prometia clausura.[14]

6. Estive quase um ano por lá, e os três meses dele padecendo tão grandíssimo tormento nas curas que me fizeram tão intensas, que não sei como pude sofrê-las; e enfim, ainda que as sofresse, não as pôde sofrer meu sujeito, como direi.[15]

Havia de se começar a cura no princípio do verão, e eu fui no princípio do inverno. Todo este tempo estive em casa da irmã que tenho dito[16] que estava na aldeia, esperando o mês de abril, porque estava perto, e não andar indo e vindo.

7. Quando ia, me deu aquele tio meu, que tenho dito que estava no caminho, um livro: chama-se *Terceiro Abecedário*,[17] que trata de ensinar oração de recolhimento; e posto que neste primeiro ano tinha lido bons livros (que não quis mais usar outros, porque já entendia o dano que me tinham feito),[18] não sabia como proceder em oração nem como recolher-me, e, assim, folguei-me muito com ele e determinei-me a seguir aquele caminho com todas as minhas forças.[19] E como o Senhor já me tinha dado o dom das lágrimas e gostava de ler, comecei a ter momentos de solidão e a confessar-me amiúde e começar aquele caminho, tendo aquele livro por mestre. Porque não achei mestre, digo confessor, que me entendesse, ainda que buscasse, em vinte anos depois disto que digo, que me fez farto dano

---

13. *A amiga que tinha em casa* (no convento) era Joana Juárez (cf. 3, 2 e 4, 1).
14. *Não se prometia clausura* na Encarnação. Repetirá isto mais adiante (7, 3; 36, 8-9). O mosteiro da Encarnação tinha sido fundado como beatério, e as religiosas professavam os três votos, mas não a clausura.
15. Retomará o relato no c. 5, n. 7. – *No las pudo sufrir mi sujeto*: minha natureza ou meu corpo, por contraposição a "pessoa" (cf. 7, 17; 20,12).
16. Maria de Cepeda: cf. 3, 3. Em Castellanos de la Cañada.
17. Faz alusão ao seu tio Pedro S. de Cepeda (cf. c. 3, n. 4). O livro que pôs em suas mãos era a famosa obra do franciscano Francisco de Osuna, intitulada: *Tercera parte del libro llamado Abecedario espiritual*. O exemplar manuseado pela Santa está conservado em São José de Ávila, segundo tradição constante do mosteiro. É, sem dúvida, um dos livros espirituais que mais profunda marca deixou em Santa Teresa.
18. Faz alusão às novelas de cavalarias, recordadas no c. 2.
19. *Aquel camino*: era o caminho da "oração de recolhimento" ensinada pelo livro de Osuna (cf. o princípio deste n.). – Segue: *dom de lágrimas*: cf. c. 11, n. 9. – Neste mesmo número falará de "oração de quietude" e oração de "união": são dois graus superiores de oração, de que tratará nos capítulos 14-15 e 18-22, respectivamente.

para tornar muitas vezes atrás e até para perder-me totalmente; porque ainda me ajudaria a sair das ocasiões que tive para ofender a Deus.

Começou-me Sua Majestade a fazer tantas mercês nos princípios, que ao final deste tempo que estive aqui (que era quase nove meses nesta solidão, ainda que não tão livre de ofender a Deus como o livro me dizia, mas por isto passava eu; parecia-me quase impossível tanta guarda; tinha-a de não fazer pecado mortal, e prouvera a Deus que a tivesse sempre; dos veniais fazia pouco caso, e isto foi o que me destruiu...),[20] começou o Senhor a regalar-me tanto por este caminho, que me fazia mercê de dar-me oração de quietude, e alguma vez chegava à união, ainda que eu não entendesse o que era um nem o outro e o muito que era de apreciar, que creio me fora grande bem entendê-lo. É verdade que durava tão pouco isto de união, que não sei se era Ave-maria;[21] mas ficava com uns efeitos tão grandes que, não tendo neste tempo vinte anos,[22] me parece, trazia o mundo debaixo dos pés, e assim me lembro de que tinha lástima aos que o seguiam, ainda que fosse em coisas lícitas.

Procurava o mais que podia trazer a Jesus Cristo, nosso bem e Senhor, dentro de mim presente, e esta era minha maneira de oração. Se pensava em algum passo,[23] o representava no interior; ainda que mais gostasse de ler bons livros, que era toda a minha recreação; porque Deus não me deu talento para discorrer com o entendimento nem de aproveitar-me com a imaginação, que a tenho tão torpe, que mesmo para pensar e representar em mim – como procurava trazer – a Humanidade do Senhor, nunca acabava. E ainda que por esta via de não poder obrar com o entendimento chegam mais depressa à contemplação se perseveram, é muito trabalhoso e penoso. Porque se falta a ocupação da vontade e o ter em que se ocupar em coisa presente o amor, fica a alma como sem arrimo nem exercício, e dá grande pena a solidão e secura, e grandíssimo combate os pensamentos.

---

20. Este longo parênteses inclui uma das típicas digressões da autora. A frase fica incompleta. Depois dos três pontos, a retoma com as mesmas palavras que tinham iniciado o parágrafo. Eliminado o parêntese, o período flui assim: *começou-me S.M. nestes princípios... que no fim deste tempo em que estive aqui me fazia mercê de dar-me a oração de quietude* (cf. frei Luís, p. 48).
21. *Ave-maria*: o tempo de uma ave-maria (breve tempo: cf. 38,1-10).
22. Estava com cerca de 23 anos de idade.
23. *Algum passo* da Paixão do Senhor.

8. As pessoas que têm esta disposição lhes convém mais pureza de consciência do que àquelas que com o entendimento podem obrar. Porque quem vai discorrendo[24] no que é o mundo e no que deve a Deus e no muito que sofreu e o pouco que lhe serve e o que dá a quem o ama, saca doutrina para defender-se dos pensamentos e das ocasiões de perigos. Mas quem não pode aproveitar-se disto, tem maior e lhe convém ocupar-se muito em lição, pois de sua parte não pode sacar nenhuma.[25]

É tão penosíssima esta maneira de proceder que, se o mestre que ensina insiste em que sem lição,[26] que ajuda muito para recolher (a quem desta maneira procede é necessário, ainda que seja pouco o que lê, mas em lugar da oração mental que não pode ter); digo que se sem esta ajuda o fazem estar muito tempo na oração, que será impossível durar muito nela e lhe fará dano à saúde se insistir, porque é coisa muito penosa.[27]

9. Agora me parece que providenciou o Senhor que eu não achasse quem me ensinasse, porque teria sido impossível – me parece – perseverar dezoito anos que passei este trabalho, e nestes[28] grandes securas, por não poder, como digo, discorrer. E todos estes, se não era acabando de comungar, jamais ousava começar a ter oração sem um livro; que tanto temia minha alma estar sem ele em oração, como se com muita gente fosse pelejar. Com este remédio, que era como uma companhia ou escudo em que havia de receber os golpes dos muitos pensamentos, andava consolada. Porque a secura não era o ordinário, mas era sempre quando me faltava livro, que era logo desbaratada a alma, e os pensamentos perdidos; com isto os começava

---

24. A Santa escreveu: *discorrendo*, deixando inconclusa a frase. Frei Luís transcreveu *discorre* (p. 51). Mas provavelmente a Autora quis dizer "*vai*" *discorrendo*.

25. O sentido é: "quem não é capaz de fazer oração discursiva, tem maior perigo (de distrações); convém que faça oração lendo, pois por si só é incapaz de tirar doutrina".

26. *Lição*: equivale a "leitura", do mesmo modo que na frase anterior.

27. Passagem difícil, pelo longo parênteses e pela acumulação de elipses. Para esclarecer, frei Luís acrescentou um "e": "ajuda muito para recolher a quem desta maneira procede, e lhe é necessário..." (p. 51). O sentido é: "é tão penosa a oração de quem não pode discorrer que, se o mestre espiritual propõe que se faça sem leitura, será impossível durar muito nela". A essa possível atitude do mestre espiritual a Santa contrapõe sua tese sobre a conveniência da leitura: "que ajuda muito à oração, e a quem não pode discorrer (ou meditar), é necessária, embora seja pouco o que lê". – Nesta passagem, "*oração mental*" equivale à meditação (cf. 15, 9).

28. *E nestes* anos.

a recolher e como por afago levava a alma. E muitas vezes, ao abrir o livro, não era mister mais. Outras lia pouco, outras muito, conforme a mercê que o Senhor me fazia.

Parecia a mim, neste princípio que digo, que tendo eu livros e como ter solidão, que não haveria perigo que me sacasse de tanto bem; e creio que com o favor de Deus fosse assim, se tivesse mestre ou pessoa que me avisasse de fugir das ocasiões no princípio e me fizesse sair delas, se entrasse, com brevidade. E se o demônio me acometesse então descobertamente, parecia-me que de maneira alguma tornaria gravemente a pecar; mas foi tão sutil e eu tão ruim, que todas as minhas determinações me aproveitaram pouco, ainda que muitíssimo os dias que servi a Deus, para poder sofrer as terríveis enfermidades que tive, com tão grande paciência como Sua Majestade me deu.

10. Muitas vezes tenho pensado espantada com a grande bondade de Deus, e tem minha alma se regalado de ver sua grande magnificência e misericórdia. Seja bendito por tudo, que tenho visto claro não deixar sem pagar-me, ainda nesta vida, nenhum desejo bom. Por ruins e imperfeitas que fossem minhas obras, este Senhor meu as ia melhorando e aperfeiçoando e dando valor, e os males e pecados logo os escondia. Também nos olhos de quem os tem visto, permite Sua Majestade se ceguem e os tira de sua memória. Doura as culpas. Faz que resplandeça uma virtude que o Senhor mesmo põe em mim quase me fazendo força para que a tenha.

11. Quero tornar ao que me mandaram.[29] Digo que, se houvesse de dizer com pormenor a maneira que o Senhor se relacionava comigo nestes princípios, teria sido preciso outro entendimento que o meu para saber encarecer o que neste caso lhe devo e minha grande ingratidão e maldade, pois tudo isto esqueci. Seja para sempre bendito, que tanto me tem sofrido. Amém.

---

29. *Tornar a lo que me han mandado*: ao relato de sua vida. Lembrar do começo do *Prólogo*, n. 1.

Capítulo 5

Prossegue nas grandes enfermidades que teve e a paciência que o Senhor lhe deu nelas, e como dos males saca bens, segundo se verá numa coisa que lhe aconteceu neste lugar em que foi para curar-se.

1. Esqueci de dizer como no ano do noviciado passei grandes desassossegos com coisas que em si tinham pouca valia; mas culpavam-me sem ter culpa fartas vezes. Eu o levava com farta pena e imperfeição, ainda que com o grande contentamento que tinha de ser monja tudo passasse. Como me viam procurar solidão e chorar por meus pecados algumas vezes, pensavam que era descontentamento, e assim o diziam.

Era afeiçoada a todas as coisas de religião, mas não a sofrer nenhuma que parecesse menosprezo. Folgava-me de ser estimada. Era curiosa[1] em tudo quanto fazia. Tudo me parecia virtude, ainda que isto não me seja desculpa, porque para tudo sabia o que era procurar meu contento, e assim a ignorância não tira a culpa. Alguma tem não estar fundado o mosteiro em muita perfeição; eu, como ruim, ia àquilo que via falto e deixava o bom.

2. Estava uma monja então enferma de grandíssima enfermidade e penava muito, porque eram umas bocas no ventre, que lhe tinham sido feitas de opilações, por onde lançava o que comia. Morreu prestes disso. Via todas temerem aquele mal. A mim fazia grande inveja a sua paciência. Pedia a Deus que, dando-a assim a mim, me desse as enfermidades que fosse servido. Parece-me que não temia nenhuma, porque estava tão posta em ganhar bens eternos, que por qualquer meio me determinava a ganhá-los. E espanto-me porque ainda não tinha – a meu parecer – amor de Deus, como depois que comecei a ter oração parecia-me que o tenho tido, senão uma luz de parecer-me tudo de pouca estima o que se acaba e de muito preço os bens que se podem ganhar com isso, pois são eternos.

---

1. *Era curiosa*: cuidadosa, primorosa, atilada (como o definiu em 2, 2; cf. "curiosamente": 6, 7).

Tão bem me ouviu nisto Sua Majestade que antes de dois anos[2] estava mal, ainda que não o mal daquela sorte, creio que não foi menos penoso e trabalhoso o que durante três anos tive, como agora direi.

3. Chegado o tempo que estava aguardando no lugar que digo que estava com minha irmã para curar-me, levaram-me com farto cuidado de meu regalo meu pai e irmã e aquela monja minha amiga que tinha saído comigo, pois era mui muito o que me queria.[3]

Aqui começou o demônio a descompor minha alma, ainda que Deus sacasse disso farto bem. Estava uma pessoa da igreja, que residia naquele lugar aonde fui curar-me,[4] de bastante boa qualidade e entendimento. Tinha letras, ainda que não muitas. Eu comecei a me confessar com ele, que sempre fui amiga de letras,[5] ainda que grande dano fizessem à minha alma confessores meio letrados, porque não os tinha de tão boas letras como quisera.

Tenho visto por experiência que é melhor, sendo virtuosos e de santos costumes, não ter nenhumas; porque nem eles confiam em si sem perguntar a quem as tenha boas, nem eu confiaria em mim. E bom letrado nunca me enganou. Estoutros tampouco me deviam querer enganar, mas não sabiam mais. Eu pensava que sim e que não era obrigada a mais do que crer neles, como era coisa ampla o que me diziam e de mais liberdade; pois se fosse apertada,[6] eu sou tão ruim que buscaria outros. O que era pecado venial diziam-me que não era nenhum; o que era gravíssimo mortal, que era venial. Isto me fez tanto dano que não é muito dizê-lo aqui para aviso de outras de tão grande mal; que diante de Deus bem vejo que não me é desculpa, que bastavam ser as coisas de seu natural não boas para que eu me guardasse delas. Creio que Deus permitiu, por meus pecados, que eles

---

2. *Antes de dois anos*: provavelmente antes de dois anos a partir de sua profissão religiosa (cerca de 1538: aos 23 anos de idade).

3. *O lugar que digo*: Castellanos de la Cañada; *com minha irmã*: Maria de Cepeda; *minha amiga monja*: Joana Juárez (4, 6; 3, 2; 4, 5); *mui muito*: forma comum de superlativo neste escrito.

4. *Aquele lugar*: Becedas (4, 5).

5. *Letras / letrado*: estudos ou ciência / teólogo ou homem de saber. – *Sempre fui amiga de letras*: amiga do saber, da ciência e dos livros: é uma das suas qualidades humanas. – A seguir: *não ter* (letras) *nenhumas... as tenha boas*: ter ou não ter bons estudos.

6. N.T.: *Coisa ampla... apertada*: se usassem de mais liberdade ou de mais rigor.

se enganassem e enganassem a mim. Eu enganei a outras muitas ao lhes dizer o mesmo que a mim tinham dito.

Durei nesta cegueira creio mais de dezessete anos, até que um padre dominicano,[7] grande letrado, me desenganou em coisas, e os da Companhia de Jesus de tudo me fizeram temer tanto, agravando-me[8] tão maus princípios, como depois direi.

4. Começando, pois, a me confessar com este que digo,[9] ele se afeiçoou em extremo a mim, porque então tinha pouco que confessar para o que depois tive, nem o tinha tido depois de monja. A afeição[10] deste não foi má; mas de demasiada afeição chegava a não ser boa. Tinha entendido de mim que não me determinaria a fazer contra Deus coisa que fosse grave por nenhuma coisa, e ele também me assegurava o mesmo, e assim era muita a conversação. Mas meus tratos então, com o embevecimento de Deus que trazia, o que mais gosto me dava era tratar coisas Dele; e como era tão menina, fazia-lhe confusão ver isto, e com a grande vontade que me tinha, começou a declarar-me sua perdição. E não era pouca, porque tinha quase sete anos que estava em mui perigoso estado, com afeição e trato com uma mulher do mesmo lugar, e com isto dizia missa. Era coisa tão pública, que tinha perdida a honra e a fama, e ninguém ousava lhe falar contra isto.

A mim me fez grande lástima, porque queria muito a ele; que isto tinha eu de grande leviandade e cegueira, que me parecia virtude ser agradecida e ter lei a quem me queria.[11º] Maldita seja tal lei, que se estende até ser contra a de Deus! É um desatino que se usa no mundo, que me desatina; que devemos todo o bem que nos fazem a Deus, e temos por virtude, ainda que seja ir contra Ele, não quebrar esta amizade. Ó cegueira

---

7. *Um padre dominicano*: Vicente Barrón, de quem falará em seguida: 7, 16-17.
8. *Agraviándome*: agravar, encarecer a gravidade de... cf. 8, 11. – Frei Luís transcreve alternativamente "agravando-me" (p. 57), "agravavam" (p. 103).
9. Para evitar que o texto fosse mal entendido, referindo-o ao confessor dominicano, outra mão anotou à margem do original: "Este é o clérigo cura que acima nesta outra página disse".
10. A autora escreve indiferentemente *afeción* e *afición*, com idêntico sentido de afeto, amor, afeição. Transcrevemos modernizando: *afición, aficionar* [afeição, afeiçoar].
11. N.T.: *Ter lei a quem me queria*: pagar com a mesma moeda, corresponder ao amor.

do mundo, fôsseis Vós servido, Senhor, que eu fosse ingratíssima contra todo ele, e contra Vós não fosse um ponto! Mas tem sido tudo ao revés, por meus pecados.

5. Procurei saber e informar-me mais de pessoas de sua casa. Soube mais a perdição, e vi que o pobre não tinha tanta culpa; porque a desventurada da mulher tinha posto feitiços num idolozinho de cobre que lhe tinha rogado que trouxesse por amor dela ao pescoço, e este ninguém tinha sido poderoso de poder tirá-lo dele.

Eu determinadamente não creio que seja verdade isto de feitiços; mas direi isto que vi, para aviso de que se guardem os homens de mulheres que este trato querem ter, e creiam que, pois perdem a vergonha a Deus (que elas mais que os homens são obrigadas a ter honestidade), que nenhuma coisa delas podem confiar; que em troca de levar adiante sua vontade e aquela afeição que o demônio lhes põe, não miram nada. Ainda que eu tenha sido tão ruim, em nenhuma desta sorte eu não caí, nem jamais pretendi fazer mal, nem, ainda que pudesse, quisera forçar a vontade para que ma tivessem, porque me guardou o Senhor disto; mas se me deixasse, teria feito o mal que fazia nos demais, que de mim nenhuma coisa há que confiar.

6. Pois como soube disto, comecei a mostrar-lhe mais amor. Minha intenção era boa, a obra má, pois para fazer bem, por grande que seja, não havia de fazer um pequeno mal. Tratava com ele mui de ordinário de Deus. Isto devia aproveitar a ele, ainda que mais creio que lhe veio ao caso[12] o querer-me muito; porque, para me dar prazer, veio dar-me o idolozinho, o qual mandei lançar logo num rio. Tirado este, começou — como quem desperta de um grande sono — a ir-se lembrando de tudo o que tinha feito naqueles anos; e espantando-se de si, doendo-se de sua perdição, chegou a começar a aborrecê-la. Nossa Senhora devia ajudá-lo muito, pois era muito devoto de sua Conceição, e naquele dia fazia grande festa. Enfim, deixou totalmente de vê-la e não se fartava de dar graças a Deus por lhe ter dado luz.

---

12. N.T.: *Le hizo al caso...*: sobretudo o que o moveu foi...

Ao cabo de um ano em ponto desde o primeiro dia que o vi, morreu. E tinha estado muito ao serviço de Deus, porque aquela afeição grande que me tinha nunca entendi ser má, ainda que pudesse ser com mais puridade;[13] mas também houve ocasiões para que, se não se tivesse muito diante de Deus, teria ofensas suas mais graves. Como tenho dito,[14] coisa que eu entendesse que era pecado mortal não a teria feito então. E parece-me que o ajudava a ter-me amor ver isto em mim; pois creio que todos os homens devem ser mais amigos de mulheres que veem inclinadas à virtude; e também para o que aqui pretendem devem ganhar com eles mais por aqui, segundo depois direi.

Tenho por certo que está em carreira de salvação. Morreu muito bem e muito livre daquela ocasião. Parece que o Senhor quis que por estes meios se salvasse.

7. Estive naquele lugar[15] três meses com grandíssimos trabalhos, porque a cura foi mais dura que pedia minha compleição. Aos dois meses, a poder de medicinas, me tinha quase acabado a vida, e o rigor do mal de coração de que me fui curar era muito mais duro, que algumas vezes me parecia que com dentes agudos me agarravam nele, tanto que se temeu ser raiva. Com a falta grande de virtude[16] (porque nenhuma coisa podia comer, se não era bebida, de grande fastio), calentura muito contínua, e tão gasta, porque quase um mês me havia dado um purgante cada dia, estava tão abrasada, que se me começaram a encolher os nervos com dores tão incomportáveis,[17] que dia e noite nenhum sossego podia ter. Uma tristeza muito profunda.

8. Com este lucro me tornou a trazer meu pai aonde tornaram a ver-me médicos. Todos me desenganaram, que diziam sobre todo este mal, diziam que estava hética.[18] Disto pouco se me dava. As dores eram as que

---

13. *Con más puridad*: com mais pureza e perfeição no afeto. Assim em outras passagens: *Vida* 39, 23; *C* 4, 12.
14. *Como disse* no n. 4.
15. *Aquele lugar*: Becedas (mantendo o anonimato).
16. *Virtude*: na acepção de vigor, força.
17. *Incomportáveis*: intoleráveis (cf. n. 8) ou insuportáveis (cf. n. 10 e 6, 1).
18. *Hética*: tísica (cf. *Fund.* 22, 14: "hética e tísica hidrópica"), tuberculose.

mais me fatigavam, porque eram em um ser[19] desde os pés até a cabeça; porque de nervos são intoleráveis, segundo diziam os médicos, e como todos se encolhiam, certamente – se não o tivesse por minha culpa perdido – era duro tormento.

Neste esforço não estaria mais de três meses, que parecia impossível poder-se sofrer tantos males juntos. Agora me espanto, e tenho por grande mercê do Senhor a paciência que Sua Majestade me deu, que se via claro vir dele. Foi-me de muito proveito para tê-la ter lido a história de Jó nos *Morales* de São Gregório,[20] que parece que o Senhor previu com isto, e tendo começado a ter oração, para que eu o pudesse levar com tanta conformidade. Todas as minhas práticas eram com Ele. Tinha mui ordinário estas palavras de Jó em meu pensamento e as dizia: *Pois recebemos os bens da mão do Senhor, por que não sofremos os males?*[21] Parece que isto me punha esforço.[22º]

9. Veio a festa de nossa Senhora de Agosto,[23] que até então desde abril tinha sido o tormento, ainda que os três últimos meses maior. Dei pressa em confessar-me, que sempre era mui amiga de confessar-me amiúde. Pensaram que era medo de morrer e, para não me dar pena, meu pai não me deixou. Ó amor de carne demasiado, que ainda que seja tão católico pai e tão avisado – que o era bastante, pois não foi ignorância – me pudera fazer grande dano! Deu-me naquela noite um paroxismo[24] que me durou estar sem nenhum sentido quatro dias, pouco menos. Nisto me deram o Sacramento da Unção e cada hora ou momento[25] pensavam que expirava

---

19. *En un ser*: expressão usada pela Santa no duplo sentido de "continuamente" e "totalmente". No presente caso: dores ininterruptas ou então em todo o seu corpo.
20. O famoso livro de São Gregório, *Moralia in Job*, foi usado pela Santa em sua versão castelhana "*Los Morales de San Gregorio, Papa, Doctor de la Iglesia*", obra do licenciado Alonso Álvares de Toledo, editada em Sevilha em 1514 e reeditada em 1527, 1534, 1549... – As carmelitas de São José de Ávila conservam um exemplar desta obra em dois tomos, o segundo dos quais leva esta nota preliminar: "Estes *Morales* são os de nossa Santa Madre, e nas horas de dormir arrimava a eles sua santa cabeça, e alguns sinais que têm fez com suas santas mãos apontando coisas que lhe faziam devoção".
21. Jó 2,10.
22. N.T.: *Me ponía esfuerzo*: me dava forças.
23. Era 15 de agosto de 1539.
24. *Parajismo* [gesto, esgar], escreve sempre a Santa: *Vida* 6, 1; *Moradas* 6, 4.3: colapso, estado de coma ("*desmayo o parajismo*", escreve em M 6, 4.3).
25. Escreve frequentemente "memento" (14, 5; 18, 9; 24, 9).

e não faziam senão dizer-me o Credo, como se alguma coisa entendesse. Às vezes me tinham por tão morta que até cera achei depois nos olhos.[26]

10. A pena de meu pai era grande por não me ter deixado confessar; clamores e orações a Deus, muitas. Bendito seja Ele que quis ouvi-las, que tendo dia e meio aberta a sepultura em meu mosteiro, esperando o corpo lá e feitas as honras[27] em um de nossos frades fora daqui,[28º] quis o Senhor que tornasse a mim.

Logo me quis confessar. Comunguei com fartas lágrimas; mas a meu parecer que não eram com o sentimento e pena de só ter ofendido a Deus, que bastara para salvar-me, se o engano que trazia dos que me tinham dito não eram algumas coisas pecado mortal, que certamente vi depois que eram, não teria me aproveitado. Porque as dores eram incomportáveis, com que fiquei; o sentido pouco, ainda que a confissão inteira, a meu parecer, de tudo o que entendi ter ofendido a Deus; que esta mercê me fez Sua Majestade, entre outras, que nunca, depois que comecei a comungar, deixei coisa por confessar que eu pensasse que era pecado, ainda que fosse venial, que deixasse de confessá-lo. Mas sem dúvida me parece que ia bastante minha salvação[29] se então eu morresse, por ser os confessores tão pouco letrados por uma parte, e por outra ser eu ruim, e por muitas.

11. É verdade, certamente, me parece que estou com tão grande espanto chegando aqui e vendo como parece o Senhor ter-me ressuscitado, que estou quase tremendo entre mim. Parece-me que fora bem, ó alma minha, que olhasses o perigo de que o Senhor te tinha livrado e, já que por amor não o deixavas de ofender, o deixaras por temor que pudesse outras

---

26. "A sepultura estava aberta na Encarnação e estavam esperando o corpo para enterrá-lo, e monjas estavam ali [na casa de D. Alonso] da Encarnação que tinham enviado para estar com o corpo, e tê-la-iam enterrado se seu pai não o impedisse muitas vezes contra o parecer de todos, porque conhecia muito o pulso e não se podia persuadir que estivesse morta; e quando lhe diziam que fosse enterrada, dizia: *esta filha não é para enterrar*". – "Velando-a uma noite destas Lourenço de Cepeda, seu irmão, dormiu, e uma vela que estava sobre a cama acabou-se, e se queimaram os travesseiros e cobertores e colcha da cama, e se ele não despertasse com a fumaça, poderia se queimar ou acabar de morrer a enferma" (Ribera, *Vida*, I, 1).
27. *Feitas as honras* fúnebres: os funerais.
28. N.T.: *Em um de nossos frades*: num convento de frades.
29. N.T.: O sentido é que não havia certeza sobre a salvação

mil vezes matar-te em estado mais perigoso. Creio que não acrescento muitas coisas ao dizer outras mil, ainda que brigue comigo quem me mandou que moderasse o contar meus pecados, e bastante aformoseados vão.

Por amor de Deus lhe peço que de minhas culpas não tire nada, pois se vê mais aqui a magnificência de Deus e o que sofre[30] a uma alma. Seja bendito para sempre. Praza a Sua Majestade que antes me consuma que o deixe eu mais de querer.[31]

---

30. *Lo que (El) sufre* [o que (Ele) sofre]: suporta.
31. Repetirá esta forte invocação no c. 19, 9.

Capítulo 6

Trata do muito que deveu ao Senhor em dar-lhe conformidade com tão grandes trabalhos, e como tomou por medianeiro e advogado o glorioso São José, e o muito que lhe aproveitou.

1. Fiquei destes quatro dias de paroxismo[1] de maneira que só o Senhor pode saber os incomportáveis tormentos que sentia em mim: a língua feita em pedaços de mordida; a garganta, de não ter passado nada e da grande fraqueza que me sufocava, que até a água não podia passar; parecia-me que estava toda desconjuntada; com grandíssimo desatino na cabeça; toda encolhida, feita um novelo, porque nisto parou o tormento daqueles dias, sem poder me menear, nem braço nem pé nem mão nem cabeça, mais que se estivesse morta, se não me meneavam; só um dedo me parece podia menear da mão direita. Pois não havia como chegar a mim, porque tudo estava tão lastimado que não o podia sofrer. Num lençol, uma numa ponta e outra *na outra*,[2] me meneavam.

Isto foi até Páscoa Florida.[3] Só tinha que, se não chegavam a mim, as dores cessavam muitas vezes e, a conto de[4] descansar um pouco, me contava por boa, pois trazia temor que me houvesse de faltar a paciência; e assim fiquei muito contente de ver-me sem tão agudas e contínuas dores, ainda que os fortes frios de quartãs duplas[5] com que fiquei, fortíssimas, os tinha incomportáveis; o fastio muito grande.

---

1. *Cuatro días de "parajismo"*: colapso ou estado de coma: de 15 a 18 de agosto de 1539 (cf. 5, 9).

2. *Una de un cabo y otra* de otro: no original faltam as palavras *de otro*; frei Luís as colocou (p. 65).

3. *Hasta Pascua Florida*: Páscoa da Ressurreição, ou seja, desde 18 de agosto até 6 de abril de 1540: 24/25 anos de Teresa.

4. *A cuento de*: sob a condição de, a título de, no caso de...

5. *Cuartanas dobles*: eram as febres que se repetiam de quatro em quatro dias. Era *dupla*, a quartã que se repetia a cada dois dias com um de intervalo.

2. Dei logo tanta pressa de ir para o mosteiro, que me fiz levar assim.[6] A que esperavam morta, receberam com alma; mas o corpo pior que morto, para dar pena vê-lo. O extremo de fraqueza não se pode dizer, que só os ossos tinha já. Digo que estar assim me durou mais de oito meses; o estar tolhida, ainda que fosse melhorando, quase três anos.[7] Quando comecei a andar de gatinhas, louvava a Deus. Todas passei com grande conformidade e, se não fossem estes princípios, com grande alegria; porque tudo era nonada para mim comparado com as dores e os tormentos do princípio. Estava muito conforme com a vontade de Deus, ainda que me deixasse assim sempre.

Parece-me que toda a minha ânsia de sarar era para estar sozinha em oração como estava acostumada,[8] porque na enfermaria não havia aparelho. Confessava-me mui amiúde. Tratava muito com Deus, de maneira que edificava a todas, e se espantavam com a paciência que o Senhor me dava; porque, se não viesse da mão de Sua Majestade, parecia impossível poder sofrer tanto mal com tanto contento.

3. Grande coisa foi ter-me feito a mercê na oração que me tinha feito, que esta me fazia entender que coisa era amá-lo; porque daquele pouco tempo vi novas em mim estas virtudes, ainda que não fortes, pois não bastaram para sustentar-me na justiça: não tratar mal de ninguém por pouco que fosse, mas o ordinário era escusar toda murmuração; porque trazia muito diante como não havia de querer nem dizer de outra pessoa o que não queria que dissessem de mim. Tomava isto em bastante extremo[9] para as ocasiões que havia, ainda que não tão perfeitamente que algumas vezes, quando mas davam grandes, não quebrassem em algo; mas o contínuo era isto; e assim, as que estavam comigo e me tratavam persuadia tanto

---

6. Seu regresso à Encarnação seria, provavelmente, nesse mesmo mês de agosto de 1539.

7. Totalmente *tolhida, oito meses*: agosto de 1539 a abril de 1540. *Tolhida, mas melhorando*, quase três anos: 1539-1542. Neste ano de 1542 se reintegraria, por fim, à vida de comunidade: em torno dos 27 anos de idade. – A seguir: *tudo era nonada para mim (todo se me hacía nonada)*: "nonada" equivale a "nada" e "menos que nada" (cf. 10, 5; 15, 11), usado alguma vez com função adverbial: "nonada buenas" (2, 2).

8. *Estava acostumada*: no original: *venía mostrada*. – Aparelho (*aparejo*): disposição, condições...

9. N.T.: *Tomaba esto en harto extremo*: levava isto muitíssimo a sério.

a isto que ficaram com o costume. Veio-se a entender que onde eu estava tinham seguras as costas, e nisto estavam com as que eu tinha amizade e parentesco,[10] e ensinava; ainda que em outras coisas tenha bem que dar conta a Deus do mau exemplo que lhes dava.

Praza a Sua Majestade perdoar-me, que de muitos males fui causa, ainda que não com tão danada intenção como depois sucedia a obra.

4. Ficou-me o desejo de solidão; amiga de tratar e falar em Deus,[11] que se eu achasse com quem, mais contento e recreação me dava que toda a polidez[12] – ou grosseria, para melhor dizer – da conversação do mundo; comungar e confessar muito amiúde, e desejá-lo; amicíssima de ler bons livros; um grandíssimo arrependimento em tendo ofendido a Deus, que muitas vezes me recordo que não ousava ter oração, porque temia a grandíssima pena que havia de sentir de tê-lo ofendido, como um grande castigo. Isto me foi crescendo depois em tanto extremo que não sei a quê comparar este tormento. E não era pouco nem muito por temor jamais, mas como me lembrava dos regalos que o Senhor me fazia na oração e o muito que lhe devia, e via quão mal lho pagava, não o podia sofrer,[13] e enojava-me em extremo das muitas lágrimas que pela culpa chorava, quando via minha pouca emenda, que nem bastavam determinações nem fadiga em que me via para não tornar a cair em pondo-me na ocasião. Pareciam-me lágrimas enganosas e parecia-me ser depois maior a culpa, porque via a grande mercê que me fazia o Senhor em me dá-las e tão grande arrependimento. Procurava confessar-me com brevidade[14] e, a meu parecer, de minha parte fazia o que podia para tornar em graça.

Estava todo o dano em não tirar de raiz as ocasiões e nos confessores, que me ajudavam pouco; que, se me dissessem no perigo em que andava e que tinha obrigação de não ter aqueles tratos, sem dúvida creio que se remediara; porque de modo algum sofreria andar em pecado mortal um só dia, se eu o entendesse.

---

10. *Amistad y deudos*, no original (cf. *C.* 26, 9).
11. *Tratar en y hablar en*: tratar de, falar de.
12. *Pulicía*, escreve a Santa: cortesia e boas maneiras sociais.
13. *Sofrer*: suportar, tolerar.
14. *Com brevidade*: com prontidão (cf. 2, 8).

Todos estes sinais de temer a Deus me vieram com a oração, e o maior era ir envolto em amor, porque não se me punha diante o castigo. Todo o que[15] estive tão má, me durou muita guarda de minha consciência quanto a pecados mortais. Oh, valha-me Deus, que desejava eu a saúde para mais servi-lo, e foi causa de todo o meu dano!

5. Pois como me vi tão tolhida e em tão pouca idade e como me tinham deixado os médicos da terra, determinei acudir aos do céu para que me sanassem; pois sempre desejava a saúde, ainda que com muita alegria o tolerasse, e pensava algumas vezes que, se estando boa me havia de condenar, que melhor estava assim; mas ainda pensava que serviria muito mais a Deus com a saúde. Este é nosso engano, não nos deixar totalmente ao que o Senhor faz, que sabe melhor o que nos convém.

6. Comecei a fazer devoções de missas e coisas muito aprovadas de orações, que nunca fui amiga de outras devoções que fazem algumas pessoas, em especial mulheres, com cerimônias que eu não podia sofrer e a elas fazia devoção; depois foi dado a entender que não convinham, que eram supersticiosas. E tomei por advogado e senhor o glorioso São José e encomendei-me muito a ele. Vi claro que assim desta necessidade como de outras maiores de honra e perda de alma este pai e senhor meu me sacou com mais bem que eu sabia pedir-lhe. Não me lembro até agora de ter-lhe suplicado coisa que a tenha deixado de fazer. É coisa que espanta as grandes mercês que Deus me tem feito por meio deste bem-aventurado Santo, dos perigos que me tem livrado, assim de corpo como de alma; que a outros santos parece que o Senhor lhes deu graça para socorrer em uma necessidade, a este glorioso Santo tenho experiência que socorre em todas e que quer o Senhor dar-nos a entender que assim como lhe foi sujeito na terra – que como tinha nome de pai, sendo aio, podia mandar nele –, assim no céu faz quanto lhe pede.

Isto têm visto algumas outras pessoas, a quem eu dizia que se encomendassem a ele, também por experiência; e ainda há[16] muitas que lhe são devotas de novo, experimentando esta verdade.

---

15. *Todo o que...*: todo o tempo que...
16. *Y aun hay muchas*: frase de leitura difícil no autógrafo. Frei Luís editou: "ya ay muchas" (p. 70). Depois, na lista de erratas, corrigiu: "... experiencia ya y muchas...",

7. Procurava eu fazer a sua festa com toda a solenidade que podia, mais cheia de vaidade que de espírito, querendo que fosse feita mui curiosamente e bem, ainda que com boa intenção. Mas isto tinha de mau, se algum bem o Senhor me dava graça para fazer, que era cheio de imperfeições e com muitas faltas. Para o mal e curiosidade e vaidade tinha grande manha e diligência. O Senhor me perdoe.

Quereria eu persuadir a todos a serem devotos deste glorioso Santo, pela grande experiência que tenho dos bens que alcança de Deus. Não tenho conhecido pessoa que deveras lhe seja devota e faça particulares serviços, que não a veja mais aproveitada na virtude; porque aproveita de grande maneira às almas que a ele se encomendam. Parece-me há alguns anos que cada ano em seu dia lhe peço uma coisa, e sempre a vejo cumprida. Se vai algo torcida a petição, ele endireita para mais bem meu.

8. Se fosse pessoa que tivesse autoridade de escrever, de bom grado[17] me alongaria em dizer muito pormenorizadamente as mercês que fez este glorioso Santo a mim e a outras pessoas; mas para não fazer mais do que me mandaram, em muitas coisas serei curta mais do que quisera, em outras mais longa que era preciso; enfim, como quem em todo o bom tem pouca discrição. Só peço por amor de Deus que o prove quem não me crer, e verá por experiência o grande bem que é encomendar-se a este glorioso Patriarca e ter a ele devoção. Em especial, pessoas de oração sempre lhe haviam de ser afeiçoadas; que não sei como se pode pensar na Rainha dos anjos no tempo que tanto passou com o Menino Jesus, que não deem graças a São José pelo bem que neles ajudou. Quem não achar mestre que lhe ensine oração, tome este glorioso Santo por mestre e não errará no caminho. Praza ao Senhor não tenha eu errado em atrever-me a falar nele;[18] porque ainda que publique ser-lhe devota, nos serviços e em imitá-lo sempre tenho faltado.

---

mas na segunda edição (1589) manteve a primeira leitura (p. 57). Por outro lado, a edição intermédia (Barcelona 1588) acolheu parcialmente a correção: "... por experiencia ay muchas..." (p. 24). – Toda a passagem é de grande interesse na história e na teologia da devoção a São José.
    17. N.T.: *De bom grado*: está traduzindo "de buena gana".
    18. *Hablar en él*: hablar de él (como na nota 10).

Pois ele fez como quem é em fazer de maneira que pudesse levantar-me e andar e não estar tolhida; e eu como quem sou, em usar mal desta mercê.

9. Quem diria que havia tão depressa de cair, depois de tantos regalos de Deus, depois de ter começado Sua Majestade a dar-me virtudes, que elas mesmas me despertavam a servi-lo, depois de ter-me visto quase morta e em tão grande perigo de ir condenada, depois de ter-me ressuscitado alma e corpo, que todos os que me viram se espantaram de ver-me viva! Que é isto, Senhor meu! Em tão perigosa vida havemos de viver? Que escrevendo isto estou e me parece que com vosso favor e por vossa misericórdia poderia dizer o que São Paulo, ainda que não com essa perfeição, que *já não vivo eu, senão que vós*, Criador meu, *viveis em mim*,[19] segundo há alguns anos que, pelo que posso entender, me tendes na vossa mão e me vejo com desejos e determinações e de alguma maneira provado por experiência nestes anos em muitas coisas, de não fazer coisa contra vossa vontade, por pequena que seja, ainda que deva fazer fartas ofensas a Vossa Majestade sem o entender. E também me parece que não se me oferecerá coisa por vosso amor, que com grande determinação me deixe de pôr[20] a ela, e em algumas me haveis vós ajudado para que saia com elas, e não quero mundo nem coisa dele, nem me parece que me dá contento coisa que saia de Vós,[21] e o demais me parece pesada cruz.

Bem me posso enganar, e assim será, que não tenho isto que tenho dito; mas bem vedes Vós, meu Senhor, que pelo que posso entender não minto, e estou temendo – e com muita razão – se me haveis de tornar a deixar; porque já sei ao que chega minha fortaleza e pouca virtude em não ma estando vós dando sempre e ajudando para que não vos deixe; e praza a Vossa Majestade que também agora não esteja deixada de vós,[22] parecendo-me tudo isto de mim.

Não sei como queremos viver, pois é tudo tão incerto. Parecia a mim, Senhor meu, já impossível deixar-vos tão de todo; e como tantas vezes vos

---

19. Gl 2,20. – Importante alusão à vivência mística da Santa na época em que compõe o livro.
20. N.T.: *Pôr*: opor.
21. *Cosa que salga de Vos*: coisa (ou nada) fora de vós.
22. N.T.: O verbo *deixar* está sendo usado no sentido e abandonar, afastar.

deixei, não posso deixar de temer, porque, em apartando-vos um pouco de mim, dava com tudo ao chão.

Bendito sejais para sempre, pois ainda que vos deixasse eu a Vós, não me deixastes Vós a mim tão de todo, que não me tornasse a levantar, ao dar-me vós sempre a mão; e muitas vezes, Senhor, não a queria, nem queria entender como muitas vezes me chamais de novo, como agora direi.

Capítulo 7

Trata de que modo foi perdendo as mercês que o Senhor lhe havia feito, e quão perdida vida começou a ter. – Diz os danos que há em não serem muito encerrados os mosteiros de monjas.

1. Pois assim comecei, de passatempo em passatempo, de vaidade em vaidade, de ocasião em ocasião, a meter-me tanto em mui grandes ocasiões e andar tão estragada minha alma em muitas vaidades, que eu já tinha vergonha de em tão particular amizade como é tratar de oração tornar-me a chegar a Deus. E ajudou-me a isto que, como cresceram os pecados, começou-me a faltar o gosto e regalo nas coisas de virtude. Via eu muito claro, Senhor meu, que me faltava isto a mim por faltar eu a Vós.[1]

Este foi o mais terrível engano que o demônio me podia fazer debaixo de parecer humildade, que comecei a ter medo de ter oração, de ver-me tão perdida;[2] e parecia-me que era melhor andar como os muitos,[3] pois em ser ruim era dos piores, e rezar o que estava obrigada e vocalmente, que não

---

1. Ao longo do capítulo a autora fará uma forte autocrítica de seus primeiros anos de vida religiosa. Não se esqueça de que a escreve desde a profundidade de sua experiência mística. Portanto, com olhos novos e coração transbordante. Para orientar a leitura do que segue, oferecemos ao leitor dois pontos de apoio: o primeiro, a palavra da Santa neste mesmo contexto, n. 7: "Fui para curá-lo (a seu pai moribundo), estando mais enferma na alma que ele no corpo, em muitas vaidades, ainda que não de maneira que – enquanto entendia – estivesse em pecado mortal em todo este tempo mais perdido que digo, porque o entendendo, de nenhuma maneira o estivera". – Em segundo lugar, a declaração do P. Báñez no processo de canonização da Madre Teresa (Salamanca): "Na vida que levou na Encarnação em sua mocidade, não entende (o declarante) que houvesse outras faltas nela mais que as comumente encontradas em semelhantes religiosas que se chamam mulheres de bem, e que naquele tempo que tem por certo se distinguiu sempre em ser grande enfermeira e ter mais oração do que a que comumente se usa, ainda que por sua boa graça e donaire tenha ouvido dizer que era visitada por muitas pessoas de diferentes estados: o que ela chorou toda a sua vida, depois que Deus lhe fez mercê de dar-lhe mais luz e ânimo para tratar de perfeição em seu estado. E isto sabe não só por tê-lo ouvido dizer a outros que antes tinham tratado com ela, mas também por relação da mesma Teresa de Jesus" (B.M.C., t. XVIII, p. 6-7).
2. Reitera isto no c. 19, 10.
3. Provável reminiscência evangélica, alusiva a Mt 20,16: "Muitos são os chamados, poucos os escolhidos", ou então a Mt 7,13: "espaçoso é o caminho que leva à perdi-

ter oração mental e tanto trato com Deus a que merecia estar com os demônios, e que enganava a gente, porque no exterior tinha boas aparências.

E assim não é de culpar a casa onde estava, porque com minha manha procurava que me tivessem em boa opinião, ainda que não de advertência fingindo cristandade; porque nisto de hipocrisia e vanglória, glória a Deus, jamais me lembro de tê-lo ofendido que eu entenda;[4] que em vindo-me o primeiro movimento, me dava tanta pena, que o demônio ia com perda e eu ficava com lucro, e assim nisto muito pouco me tem tentado jamais. Porventura se Deus permitisse que fosse tentada nisto tão duramente como em outras coisas, também cairia; mas Sua Majestade até agora me guardou nisto, seja para sempre bendito; antes me pesava muito de que me tivessem em boa opinião, como eu sabia o segredo de mim.

2. Este não me ter por tão ruim vinha que,[5] como me viam tão moça e em tantas ocasiões e apartar-me muitas vezes à solidão para rezar e ler, muito falar de Deus, amiga de fazer pintar a sua imagem em muitas partes e de ter oratório[6] e procurar nele coisas que fizessem devoção, não dizer mal, outras coisas desta sorte que tinham aparência de virtude, e eu que de vã me sabia estimar nas coisas que no mundo costumam ser estimadas, com isto me davam tanta e mais liberdade que às muito antigas, e tinham grande segurança de mim. Porque tomar eu liberdade de fazer coisas sem licença, digo por buracos ou paredes ou de noite, nunca me parece que pudesse acontecer comigo[7] no mosteiro falar desta sorte, nem o fiz, porque me deteve o Senhor com sua mão. Parecia a mim – que com advertência e de propósito olhava muitas coisas – que pôr a honra de tantas em aventura, por ser eu ruim, sendo elas boas, que era muito mal feito; como se fosse bem outras coisas que fazia. Na verdade, não ia o mal de tanto acordo como este fora, ainda que fosse muito.

ção e muitos são os que vão por ele". Abandonar a oração é resignar-se a andar "como os muitos".

4. Nessa mesma época tinha atestado isso de si mesma na *R*. 1, 15.
5. *Venía que*: vinha de que... procedia de...
6. *Tener oratorio*: a cela religiosa da Santa na Encarnação contava com uma segunda peça que lhe servia de oratório. Ainda hoje pode ser parcialmente visto no mosteiro.
7. N.T.: *Pudesse acontecer comigo*: no original, *lo pudiera acabar conmigo*.

3. Por isto me parece que me fez farto dano não estar em mosteiro encerrado; porque a liberdade que as que eram boas podiam ter com bondade (porque não deviam mais, pois não se prometia clausura),[8] para mim, que sou ruim, ter-me-ia certamente levado ao inferno, se com tantos remédios e meios o Senhor com muitas particulares mercês suas não me tivesse sacado deste perigo. E assim me parece que é grandíssimo,[9] mosteiro de mulheres com liberdade, e que mais me parece é passo para caminhar ao inferno as que quiserem ser ruins, que remédio para suas fraquezas. Isto não se tome para o meu,[10] porque há tantas que servem mui deveras e com muita perfeição ao Senhor, que não pode Sua Majestade deixar, segundo é bom, de favorecê-las, e não é dos muito abertos, e nele se guarda toda religião, mas de outros que eu sei e tenho visto.

4. Digo que me faz grande lástima; que o Senhor precise fazer chamamentos particulares – e não uma vez, mas muitas – para que se salvem, segundo estão autorizadas as honras e recreações do mundo, e tão mal entendido aquilo ao que estão obrigadas, que praza a Deus não tenham por virtude o que é pecado, como muitas vezes eu fazia. E há tão grande dificuldade em fazê-lo entender, que é mister que o Senhor ponha mui deveras nisso a sua mão.

Se os pais tomassem meu conselho, já que não querer olhar em pôr suas filhas aonde vão a caminho de salvação, mas com mais perigo que no mundo, que olhem para o que toca à sua honra; e querem mais casá-las mui baixamente do que metê-las em mosteiros semelhantes, se não são muito bem inclinadas – e praza a Deus aproveite – ou se as tenham em sua casa.[11] Porque, se quer ser ruim, não se poderá encobrir senão pouco tempo, e aqui muitíssimo, e enfim o descobre o Senhor; e não só dana a si, mas a todas; e às vezes as pobrezinhas não têm culpa, porque vão pelo que

---

8. Cf. c. 4, nota 13.
9. *Grandíssimo* perigo.
10. *O meu*: alusão ao seu mosteiro da Encarnação, não ao de São José, onde escreve o livro. – O tipo de vida religiosa que se levava na Encarnação nessa época (1540-1550) está refletido na "Visita" do P. Geral ao mosteiro na década dos anos 60 (em que a Santa escreve). Pode-se ver o seu texto íntegro em: Álvarez, Tomás. La visita del P. Rubeo a las carmelitas de la Encarnación de Ávila. *Monte Carmelo* 86 (1978), 5-49.
11. Toda a passagem faz alusão à pressão social da cidade sobre as vocações religiosas.

acham;[12] e é lástima de muitas que querem apartar-se do mundo e, pensando que vão servir ao Senhor e apartar-se dos perigos do mundo, se acham em dez mundos juntos, que nem sabem como se valer nem remediar; que a mocidade e sensualidade e demônio as convida e inclina a seguir algumas coisas que são do mesmo mundo. Vê ali que o tem por bom, à maneira de dizer.

Parece-me como os desventurados dos hereges, em parte, que se querem cegar e fazer entender que é bom aquilo que seguem, e que creem nisso sem crer, porque dentro de si têm quem lhes diga que é mau.

5. Ó grandíssimo mal, grandíssimo mal de religiosos – não digo agora mais mulheres que homens – aonde não se guarda religião,[13] onde num mosteiro há dois caminhos: de virtude e religião, e falta de religião, e todos quase são caminhados por igual; antes disse mal, não por igual, que por nossos pecados caminhasse mais o mais imperfeito; e como há mais dele, é mais favorecido. Usa-se tão pouco o da verdadeira religião, que mais há de temer o frade e a monja que há de começar deveras a seguir totalmente seu chamamento aos mesmos de sua casa, que a todos os demônios; e mais cautela e dissimulação há de ter para falar na amizade que deseja ter com Deus, do que em outras amizades e vontades que o demônio ordena nos mosteiros. E não sei de que nos espantamos que haja tantos males na Igreja, pois os que haviam de ser os modelos para que todos sacassem virtudes têm tão apagado o lavor que o espírito dos santos passados deixaram nas religiões.[14]

Praza à divina Majestade pôr remédio nisto, como vê que é mister, amém.

6. Pois começando eu a tratar estas conversações, não me parecendo – como via que se usavam – que havia de vir à minha alma o dano e a distração que depois entendi que eram semelhantes tratos, parecendo-me que coisa tão geral como é este visitar[15] em muitos mosteiros que não faria

---

12. *Se van por lo que hallan*: se atêm ou adaptam aos costumes das outras.
13. *No se guarda religión*: não se cumpre o exigido pela vida religiosa. – "Guardar" tem sentido de "cumprir o prescrito" (= observância religiosa): cf. 4, 3 ou o c. 35 título. – "Religião" equivale a "vida religiosa": cf. nota 13.
14. *Religiões*: congregações religiosas.
15. *Este visitar*: alude às visitas de seculares às religiosas; conversações no "locutório".

mais mal a mim do que às outras que eu via que eram boas – e não mirava que eram muito melhores, e que o que em mim foi perigo em outras não o seria tanto, que algum eu duvido que deixa de haver, ainda que não seja senão tempo mal gasto –, estando com uma pessoa, bem no princípio do conhecê-la, quis o Senhor dar-me a entender que não me convinham aquelas amizades, e avisar-me e dar-me luz em tão grande cegueira: representando-se Cristo diante de mim com muito rigor, dando-me a entender o que daquilo lhe pesava.[16] Vi-o com os olhos da alma mais claramente do que o poderia ver com os olhos do corpo, e ficou tão impresso em mim, que isto faz mais de vinte e seis anos[17] e me parece que o tenho presente. Fiquei muito espantada e perturbada, e não queria ver mais com quem estava.

7. Fez-me muito dano não saber eu que era possível ver nada se não era com os olhos do corpo, e o demônio que me ajudou a que o cresse assim e fazer-me entender que era impossível e que eu me houvesse antojado[18] e que podia ser o demônio e outras coisas desta sorte, posto que sempre me ficava um parecer-me que era Deus e que não era antojo. Mas, como não era ao meu gosto, eu me fazia desmentir a mim mesma; e eu, como não ousei tratá-lo com ninguém e tornou depois a ter grande importunação assegurando-me que não era mal ver pessoa semelhante nem perdia honra, antes que a ganhava, tornei à mesma conversação e até em outros tempos a outras, porque foram muitos anos os que tomava esta recreação pestilencial; que não parecia a mim – como estava nisso – tão mau como era, ainda que às vezes visse claro que não era bom; mas nenhuma não me fez[19] a distração que esta que digo, porque lhe tive muita afeição.

8. Estando outra vez com a mesma pessoa, vimos vir em direção a nós – e outras pessoas que estavam ali também o viram – uma coisa à ma-

---

16. *Lo que le pesaba* (a Cristo): lhe causava pesadume, entristecia. – Um dos censores corrigiu o original: "o que daquilo *não lhe agradava*". Frei Luís manteve a correção inútil do teólogo censor (p. 80).

17. *Mais de 26 anos*: provavelmente era menos. Escreve em final de 1565, e o sucesso aludido ocorre em torno de 1543: 22 anos?

18. N.T.: "Antojado", "antojo": ver no Glossário.

19. *Nenhuma* (amizade) *não me fez*: dupla negação intensiva: nenhuma pessoa me causou tanta distração como esta.

neira de sapo grande, com muita mais ligeireza que eles costumam andar.[20] Da parte que ele veio não pude eu entender que pudesse haver semelhante sevandija em metade do dia nem nunca a havido,[21] e a operação que fez em mim me parece que não era sem mistério. E tampouco me esqueci disso jamais. Ó grandeza de Deus, e com quanto cuidado e piedade me estáveis avisando de todas as maneiras, e quão pouco me aproveitou a mim!

9. Tinha ali uma monja que era minha parenta,[22] antiga e grande serva de Deus e de muita religião. Esta também me avisava algumas vezes, e não só não acreditava nela, mas desgostava-me com ela e parecia-me que se escandalizava sem ter por quê.

Disse isto para que se entenda minha maldade e a grande bondade de Deus e quão merecido tinha o inferno por tão grande ingratidão; e também porque se o Senhor ordenasse e fosse servido que em algum tempo leia isto alguma monja,[23] escarmentem em mim; e lhes peço eu por amor de nosso Senhor que fujam de semelhantes recreações. Praza a Sua Majestade se desengane por mim alguma de quantas enganei dizendo-lhes que não era mal e assegurando tão grande perigo com a cegueira que eu tinha, que de propósito não as queria eu enganar; e pelo mau exemplo que lhes dei – como tenho dito –[24] fui causa de fartos males, não pensando que fazia tanto mal.

10. Estando eu mal naqueles primeiros dias,[25] antes que soubesse valer-me a mim, me dava grandíssimo desejo de aproveitar aos outros;

---

20. "À esquerda da porta regular de entrada ao mosteiro da Encarnação se conserva, na parte baixa, um reduzido locutório onde é tradição que a Santa viu o sapo de proporções desmedidas, e também a Cristo na forma que acaba de explicar umas linhas mais acima" (nota do P. Silvério).

21. *Nunca la habido*: elipse por "nunca haberla habido" [nunca tê-la havido]. Frei Luís transcreveu: "nunca la ha habido" (p. 81). – Frei Luís modificou também a frase seguinte: *la operación* (= o efeito) *que hizo en mi*". Emendado: "la operación que *se hizo en mi*" [a operação que se fez em mim] (p. 81).

22. *Monja minha parenta*: talvez Joana Juárez, ou talvez Dª Maria Cimbrón, priora do mosteiro durante a enfermidade de Teresa (1539-42), e priora de novo quando Teresa escreve *Vida* (1562-65).

23. Hipótese latente da escritora: que seu escrito possa chegar a ser lido por suas irmãs carmelitas.

24. No c. 6, n. 3.

25. *Naqueles primeiros dias*: alude aos primeiros meses de enferma (1538/39).

tentação mui ordinária dos que começam, ainda que a mim me sucedesse bem.

Como queria tanto a meu pai, desejava-lhe com o bem que me parecia que eu tinha ao ter oração – que me parecia que nesta vida não podia ser maior que ter oração –, e assim por rodeios, como pude, comecei a procurar com que ele a tivesse. Dei-lhe livros para este propósito. Como era tão virtuoso como tenho dito, assentou-se tão bem nele este exercício que em cinco ou seis anos[26] – me parece que seria – estava tão adiante, que eu louvava muito ao Senhor, e dava-me grandíssimo consolo. Eram grandíssimos os trabalhos que tive de muitas maneiras. Todos passava com grandíssima conformidade, ia muitas vezes ver-me, que se consolava em tratar coisas de Deus.

11. Já depois que eu andava tão distraída[27] e sem ter oração, como via que pensava que era a que costumava, não o pude sofrer sem desenganá-lo; porque estive um ano e mais[28] sem ter oração, parecendo-me mais humildade. E esta, como depois direi,[29] foi a maior tentação que tive, que por ela me ia a acabar de perder; que com a oração um dia ofendia a Deus, e tornava outros a recolher-me e apartar-me mais da ocasião.

Como o bendito homem vinha com isto, para mim era duro vê-lo tão enganado pensando que tratava com Deus como costumava, e disse-lhe que eu já não tinha oração, ainda que não a causa. Pus a ele minhas enfermidades por inconveniente; que, ainda que sarasse daquela tão grave, sempre até agora as tive e tenho bem grandes, ainda que de pouco para cá não com tanta força, mas não desaparecem, de muitas maneiras. Em especial tive por vinte anos vômito pelas manhãs, que até depois do meio-dia me acontecia não poder desjejuar; algumas vezes, mais tarde. Depois para cá que frequento mais amiúde a comunhão, é à noite, antes de me deitar, com muito mais pena, que tenho de procurá-lo com plumas e outras coisas, porque, se o deixo, é muito o mal que sinto. E quase nunca estou, a meu parecer, sem muitas dores, e algumas vezes bem graves, em especial no

---

26. *Em 5 ou 6 anos*: de 1538/39 a 1543, ano em que morre D. Alonso.
27. *Distraída*: assim o original e frei Luís (83). Outros leem *destruída*.
28. *Um ano e mais sem ter oração*; cf. 19, 4: "um ano e meio".
29. Dirá em 8, 5; 19, 4.10-15.

coração, ainda que o mal que me tomava mui continuamente é muito de tarde em tarde.[30] Paralisia dura[31] e outras enfermidades de calenturas que costumava ter muitas vezes, me acho boa faz oito anos. Destes males já se me dá tão pouco que muitas vezes me folgo, parecendo-me que em algo se serve o Senhor.

12. E meu pai acreditou que esta era a causa, como ele não dizia mentira e já, conforme o que eu tratava com ele, não havia eu de dizê-la. Disse-lhe, para que melhor acreditasse (pois bem via eu que para isto não havia desculpa), que fazia bastante em poder servir ao coro;[32] e ainda que tampouco fosse causa bastante para deixar coisa que não são necessárias forças corporais para ela, senão só amar e costume; que o Senhor dá sempre oportunidade, se quisermos.

Digo "sempre" porque, ainda que ocasionalmente e até enfermidade em alguns momentos impeça para muitos momentos de solidão, não deixa de haver outros em que há saúde para isto; e na mesma enfermidade e ocasiões é a verdadeira oração, quando é alma que ama, em oferecer aquilo e lembrar-se de quem o passa e conformar-se com isso e mil coisas que se oferecem. Aqui exercita o amor, que não é por força que há de tê-la[33] quando tem tempo de solidão, e o demais não ser oração. Com um pouquinho de cuidado, grandes bens se acham no tempo que com trabalhos o Senhor nos tira o tempo da oração, e assim os tinha eu achado quando tinha consciência boa.

13. Mas ele, com a opinião que tinha de mim e o amor que me tinha, acreditou em tudo; antes teve lástima de mim. Mas como ele estava já em tão subido estado, não estava depois tanto comigo, senão como[34] me tinha visto, ia embora, que dizia que era tempo perdido. Como eu o gastava em outras vaidades, pouco se me dava.

Não foi só a ele, mas também a algumas outras pessoas procurei que tivessem oração. Ainda andando eu nestas vaidades, como as via amigas de

---

30. N.T.: *De tarde em tarde*: De vez em quando.
31. *Perlesía recia*, escreve a Santa; *perlesía* é, em espanhol, *parálisis*, em português: paralisia.
32. *Servir el coro*: intervir na reza coral do Ofício Divino (cf. 31, 23).
33. *Há de tê-la*: há de ter oração...
34. *Como*: uma vez que.

rezar, dizia-lhes como teriam meditação, e era de proveito a elas, e dava-lhes livros. Porque este desejo de que outros servissem a Deus, desde que comecei oração, como disse,[35] o tinha. A mim parecia que, já que eu não servia ao Senhor como o entendia, que não se perdesse o que me tinha dado Sua Majestade a entender, e que o servissem outros por mim. Digo isto para que se veja a grande cegueira em que estava, que me deixava perder a mim e procurava ganhar a outros.

14. Neste tempo deu a meu pai a enfermidade de que morreu, que durou alguns dias. Fui cuidar dele, estando mais enferma na alma que ele no corpo, em muitas vaidades, ainda que não de maneira que – pelo que entendia – estivesse em pecado mortal em todo este tempo mais perdido que digo; porque o entendendo eu, de maneira alguma o estivera.

Passei farto trabalho em sua enfermidade. Creio que lhe servi algo dos que ele tinha passado nas minhas. Estando eu bastante mal, me esforçava, que me faltando ele me faltava todo o bem e regalo, porque em um ser[36] me fazia, tive tão grande ânimo para não mostrar-lhe pena e estar até que morreu como se nenhuma coisa sentisse, parecendo-me que minha alma se arrancava quando via acabar a sua vida, porque queria muito a ele.[37]

15. Foi coisa para louvar ao Senhor a morte que morreu e a gana que tinha de morrer, os conselhos que nos dava depois de ter recebido a extrema-unção, o encarregar-nos que o encomendássemos a Deus e lhe pedíssemos misericórdia para ele e que sempre o servíssemos, que olhássemos que tudo se acaba. E com lágrimas nos dizia a pena grande que tinha de não ter-lhe ele servido, que quisera ser um frade, digo, ter sido dos mais estritos que houvesse.

Tenho por muito certo que quinze dias antes o Senhor lhe deu a entender que não havia de viver; porque antes destes, ainda que estivesse mal, não pensava nisso; depois, tendo muita melhora e dizendo-o os médicos, nenhum caso fazia disso, mas cuidava de preparar a sua alma.

---
35. Disse no n. 10.
36. *Em um ser*: totalmente (cf. c. 5, nota 16).
37. Dom Alonso morreu em 24 de dezembro de 1543, no último dia do ano segundo o cômputo avilense de então. Dois dias depois (26.12.544) se procedeu à abertura do testamento, que tinha sido redigido em 3.12.1543.

16. Foi seu principal mal de dor grandíssima nas costas que jamais o deixava. Algumas vezes lhe apertava tanto, que o atormentava muito. Disse-lhe eu que, pois era tão devoto de quando o Senhor levava a cruz às costas, que pensasse que Sua Majestade queria dar-lhe a sentir algo do que tinha passado com aquela dor. Consolou-se tanto, que parece nunca mais o ouvi queixar-se.

Esteve três dias muito falto do sentido. No dia em que morreu, o Senhor o tornou tão inteiro, que nos espantávamos, e o teve até que na metade do Credo, dizendo-o ele mesmo, expirou. Ficou como um anjo. Assim parecia a mim que ele era – à maneira de dizer – em alma e disposição, que a tinha muito boa.

Não sei para que tenho dito isto, se não é para culpar mais minha ruim vida depois de ter visto tal morte e entender tal vida, que por parecer-me em algo com tal pai a havia eu de melhorar. Dizia seu confessor – que era dominicano, muito grande letrado – que não duvidava de que ia direto ao céu, porque fazia alguns anos que o confessava, e louvava sua pureza de consciência.

17. Este padre dominicano,[38] que era muito bom e temeroso de Deus, me fez farto proveito; porque me confessei com ele, e tomou a fazer bem à minha alma com cuidado e fazer-me entender a perdição que trazia. Fazia-me comungar de quinze em quinze dias. E pouco a pouco, começando a tratar com ele, tratei de minha oração. Disse-me que não a deixasse, que de nenhuma maneira me podia fazer senão proveito. Comecei a tornar a ela, ainda que não a afastar-me das ocasiões, e nunca mais a deixei.

Passava uma vida trabalhosíssima, porque na oração entendia mais minhas faltas. Por um lado me chamava Deus; por outro, eu seguia o mundo. Davam-me grande contento todas as coisas de Deus; mantinham-me atada as do mundo. Parece que queria conciliar estes dois contrários – tão inimigo um do outro – como é vida espiritual e contentos e gostos e passatempos sensuais. Na oração passava grande trabalho, porque não andava o espírito senhor, mas escravo; e assim não me podia encerrar dentro de

---

38. *O P. dominicano*: Vicente Barrón (cf. 5, 3), do convento avilense de Santo Tomás.

mim (que era todo o modo de proceder que levava na oração) sem encerrar comigo mil vaidades.

Passei assim muitos anos, que agora me espanto que sujeito bastou a sofrer[39] que não deixasse um ou o outro. Bem sei que deixar a oração não estava já em minha mão, porque me segurava com as suas aquele que me queria para fazer-me maiores mercês.

18. Oh! Valha-me Deus, se houvera de dizer as ocasiões que nestes anos Deus afastava de mim, e como tornava eu a meter-me nelas, e dos perigos de perder totalmente o crédito que me deu! Eu a fazer obras para descobrir quem era, e o Senhor encobrir os males e descobrir alguma pequena virtude, se tinha, e fazê-la grande aos olhos de todos, de maneira que sempre me tinham em muito.[40] Porque ainda que algumas vezes se transluzissem minhas vaidades, como vissem outras coisas que lhes pareciam boas, não acreditavam.

E era que o Sabedor de todas as coisas já tinha visto que era mister assim, para que nas que depois falei de seu serviço me dessem algum crédito, e mirava sua soberana largueza, não os grandes pecados, mas os desejos que muitas vezes tinha de servi-lo e a pena por não ter fortaleza em mim para pô-lo em obra.

19. Ó Senhor de minha alma, como poderei encarecer as mercês que nestes anos me fizestes! E como no tempo em que eu mais vos ofendia, em breve me dispúnheis com um grandíssimo arrependimento para que gostasse de vossos regalos e mercês! Na verdade, tomáveis, Rei meu, o mais delicado e penoso castigo por meio que para mim podia ser, como quem bem entendia o que me havia de ser mais penoso.[41] Com regalos grandes castigáveis meus delitos.

E não creio que digo desatino, ainda que fosse bom que estivesse desatinada tornando à memória agora de novo minha ingratidão e maldade.

---

39. *Que "sujeito" bastou a "sofrer"*: "sujeito" (cf. c. 4, nota 14) é "que natureza"; "sofrer" é "suportar / resistir". O sentido é: "como eu pude aguentar..."
40. Sobre essa sua ideia de Deus, cf. 4, 10.
41. Hipérbato difícil. Reordenado, seria: "Na verdade, Rei meu, tomáveis por meio o mais delicado e penoso castigo..."

Era tão mais penoso para minha condição receber mercês, quando tinha caído em graves culpas, que receber castigos, que uma delas me parece, certamente, que me desfazia e confundia mais e fatigava, que muitas enfermidades, com outros trabalhos fartos, juntas. Porque o último[42] via que o merecia e parecia-me que pagava algo de meus pecados, ainda que tudo fosse pouco, segundo eles eram muitos; mas ver-me receber de novo mercês, pagando tão mal as recebidas, é um gênero de tormento mais terrível, e creio que para todos os que tiverem algum conhecimento ou amor de Deus, e isto por uma condição virtuosa podemos cá[43] sacar. Aqui eram minhas lágrimas e meu enojo de ver o que sentia, vendo-me de sorte que estava em véspera de tornar a cair, ainda que minhas determinações e desejos então – naquele momento, digo – estivessem firmes.

20. Grande mal é uma alma sozinha entre tantos perigos. Parece-me a mim que se eu tivera com quem tratar tudo isto, que me ajudara a não tornar a cair, sequer por vergonha, já que não a tinha de Deus.

Por isso, aconselharia eu aos que têm oração, em especial no princípio, que procurem amizade e trato com outras pessoas que tratem do mesmo. É coisa importantíssima, ainda que não seja senão ajudar-se uns aos outros com suas orações, quanto mais que há muitos mais ganhos! E não sei eu por que (pois de conversações e vontades humanas, ainda que não sejam muito boas se procuram amigos com quem descansar, e para mais gozar de contar aqueles prazeres vãos) não se há de permitir[44] que quem começar deveras a amar a Deus e a servir a ele, deixe de tratar com algumas pessoas seus prazeres e trabalhos, que de tudo têm os que têm oração. Porque se é de verdade a amizade que quer ter com Sua Majestade, não haja medo de vanglória; e quando o primeiro movimento a acometer, saia dele com mérito. E creio que aquele que tratando com esta intenção o tratar,

---

42. "*Lo postrero*" [o último] são os castigos, enfermidades e trabalhos, em contraposição a "receber mercês".

43. N.T.: *Cá* se refere quase sempre ao âmbito terreno, em contraposição ao "além".

44. *Por que... não se há de permitir*: por causa do longo parênteses alguém apagou o "não" no original. Frei Luís leu "por que se há de permitir" (p. 92).

que aproveitará a si e aos que o ouvirem e sairá mais ensinado; mesmo sem entender como, ensinará[45] a seus amigos.

21. Aquele que de falar nisto tiver vanglória, também a terá em ouvir missa com devoção, se o veem, e em fazer outras coisas que, sob pena de não ser cristão, as há de fazer e não se hão de deixar por medo de vanglória.

Pois é tão importantíssimo isto para almas que não estão fortalecidas em virtude – como têm tantos contrários, e amigos para incitar ao mal – que não sei como o encarecer. Parece-me que o demônio tem usado deste ardil como coisa que mui muito lhe importa: que se escondam tanto de que se entenda que deveras querem procurar amar e contentar a Deus, como incitou que se descubram outras vontades mal honestas, sendo tão usadas, que já parece que se toma por gala e se publicam as ofensas que neste caso se fazem a Deus.

22. Não sei se digo desatinos. Se o são, vossa mercê[46] os rompa; e se não o são, suplico-lhe que ajude a minha simplicidade acrescentando aqui muito. Porque andam já as coisas do serviço de Deus tão fracas que é preciso ajudar-se[47] uns aos outros os que o servem para ir adiante, segundo se tem por bom andar nas vaidades e contentos do mundo. E para isto há poucos olhos; e se alguém começa a dar-se a Deus, há tantos que murmuram, que é preciso buscar companhia para defender-se, até que já estejam fortes em não lhes pesar de padecer; e se não, ver-se-ão em muito aperto.

Parece-me que por isto deviam alguns santos usar ir aos desertos; e é um gênero de humildade não confiar em si, mas crer que para aqueles com quem conversa Deus ajudará, e cresce a caridade ao ser comunicada, e há mil bens que não os ousaria dizer, se não tivesse grande experiência do muito que vai nisto.

Verdade é que eu sou mais fraca e ruim que todos os nascidos; mas creio que não perderá quem, humilhando-se, ainda que seja forte, não o creia de si, e creia nisto quem tem experiência. De mim sei dizer que, se o Senhor não me descobrir esta verdade e der meios para que eu mui

---

45. *Enseñará*: palavra de difícil leitura no original. Frei Luís leu: "sairá mais ensinado assim em entender como em ensinar a seus amigos" (p. 92).
46. *Vossa mercê*: o P. Garcia de Toledo.
47. *Ajudar-se*, no original, *hacerse espaldas*: escudar-se, ajudar-se, apoiar-se.

frequentemente[48] tratasse com pessoas que têm oração, que caindo e levantando ia dar de olhos no inferno. Porque para cair havia muitos amigos que me ajudassem; para levantar-me achava-me tão só que agora me espanto como não estava sempre caída, e louvo a misericórdia de Deus, pois era só quem me dava a mão.

Seja bendito para todo o sempre, amém.

---

48. *Mui frequentemente*: no original, "muy ordinario", mas deve ser: "muy *de* ordinario".

Capítulo 8

Trata do grande bem que lhe fez não se apartar totalmente da oração para não perder a alma, e quão excelente remédio é para ganhar o perdido. – Persuade a que todos a tenham. – Diz como é tão grande ganho e que, ainda que a tornem a deixar, é grande bem usar algum tempo de tão grande bem.[1]

1. Não sem causa tenho ponderado tanto este tempo de minha vida, que bem vejo que não dará a ninguém gosto ver coisa tão ruim; que, certamente, quereria que me aborrecessem os que isto lessem, de ver uma alma tão pertinaz e ingrata com quem[2] tantas mercês lhe tem feito. E quisera ter licença[3] para dizer as muitas vezes que neste tempo faltei a Deus.

2. Por estar arrimada a esta forte coluna da oração, passei este mar tempestuoso quase vinte anos,[4] com estas quedas e com levantar-me e mal – pois tornava a cair – e em vida tão baixa de perfeição, que nenhum caso quase fazia de pecados veniais, e os mortais, ainda que os temesse, não como havia de ser, pois não me apartava dos perigos. Sei dizer que é uma das vidas penosas que me parece que se pode imaginar; porque nem eu gozava de Deus nem trazia contento no mundo. Quando estava nos contentos do mundo, ao me lembrar do que devia a Deus era com pena;[5] quando estava com Deus, as afeições do mundo me desassossegavam. É

---

1. A epígrafe do capítulo anuncia o "elogio da oração". Daí a reiteração do encômio: "grande bem" que é a oração.

2. *Com quem*: elipse, por: "*com aquele que*". Cf. nota 21 neste capítulo: frequente no estilo teresiano.

3. *Ter licença*: alusão ao mandato de escrever (cf. prol. n. 1, nota 2). – Segue-se pontuação flutuante. Frei Luís (p. 95) e outros editores leram: "... licença para dizer as muitas vezes que neste tempo faltei a Deus, por *não* estar arrimada a esta forte coluna da oração". Preferimos outra leitura: porque no original há pontuação depois da palavra "Deus"; e porque ele não (= por "não" estar) é de mão alheia, acrescentado entre linhas.

4. *Quase 20 anos*: alude ao período de baixo tom espiritual, já mencionado (c. 7) e voltará a lembrar: "20 anos quase..." (23, 12). O período aludido abarca aproximadamente desde 1534/35 até 1553/54.

5. N.T.: *Com pena*: com pesar, aflição... "Pena" tem sempre esta acepção nos escritos de Teresa: "Era com pesar que me lembrava do que devia a Deus".

uma guerra tão penosa, que não sei como um mês a pude sofrer, quanto mais tantos anos.

Contudo, vejo claramente a grande misericórdia que o Senhor fez comigo: já que havia de tratar no mundo, que tivesse ânimo para ter oração. Digo ânimo, porque não sei para que coisa de quantas há nele é mister maior do que tratar traição ao rei e saber que o sabe e nunca se retirar de diante dele. Porque, posto que[6] sempre estamos diante de Deus, parece-me a mim que é de outra maneira os que tratam de oração, porque estão vendo que os olha; que poderá ser que os demais estejam alguns dias sem se lembrarem de que Deus os vê.

3. Verdade é que nestes anos houve muitos meses, e creio alguma vez um ano, que me guardava de ofender ao Senhor e me dava muito à oração e fazia algumas e fartas diligências para não vir a ofendê-lo. Porque tudo o que escrevo vai dito com toda verdade, trato agora isto. Mas pouco me lembro destes dias bons, e assim deviam ser poucos, e muito dos ruins. Momentos grandes de oração poucos dias se passavam sem tê-los, se não era estar muito mal e ou muito ocupada. Quando estava mal, estava melhor com Deus; procurava que as pessoas que tratavam comigo o estivessem, e o suplicava ao Senhor; falava muitas vezes nele.

Assim que, se não fosse o ano que tenho dito, em vinte e oito que faz que comecei oração, mais de dezoito passei esta batalha e contenda de tratar com Deus e com o mundo.[7] Nos demais que agora ficam por dizer, mudou-se a causa da guerra, ainda que não tenha sido pequena; mas estan-

---

6. *Puesto que* ["posto que"] equivale a *"aunque"* [se bem que, ainda que, embora].

7. Dados interessantes para a cronologia da vida interior de Santa Teresa: escreve isto provavelmente (primeira redação de *Vida*) em 1562. Começou vida de oração 28 anos antes: 1534. Mais de 18 foram de luta: até 1552/53. Os nove finais, de intensa vida mística: 1553-1562. No entanto, houve um ano longo sem oração: 1542-44 (cf. c. 7, n. 11). – Cotejem-se estes dados com os que ela mesma nos oferece no c. 10, n. 9 ("só faz 27 anos que tenho oração..."); c. 11, n. 8 ("... a tem trazido o Senhor em 4 meses bastante mais adiante que eu estava em 17 anos"); c. 23, n. 12 ("pois a cabo e 20 anos quase que havia que a tinha [oração], não havia saído com lucro... melhor era não tê-la"). Este último texto se refere aos sucessos de 1554; nessa época, aos 18 longos anos de "oração em batalha e contenda" se havia somado já um ano de oração mística. – Contudo, a cronologia da Santa é sempre flutuante.

do, pelo que penso, ao serviço de Deus e com conhecimento da vaidade que é o mundo, tudo tem sido suave, como direi depois.

4. Pois para o que tenho tanto contado é, como já tenho dito,[8] para que se veja a misericórdia de Deus e minha ingratidão; o outro,[9] para que se entenda o grande bem que faz Deus a uma alma que a dispõe para ter oração com vontade, ainda que não esteja tão disposta como é mister, e como se nela perseverasse, por pecados e tentações e quedas de mil maneiras que o demônio ponha, enfim tenho por certo que a leva o Senhor a porto de salvação, como – pelo que agora parece – levou a mim. Praza a Sua Majestade não me torne eu a perder.

5. O bem que tem quem se exercita em oração há muitos santos e bons que o têm escrito,[10] digo oração mental: glória seja a Deus por isso! E quando não fosse isto, ainda que seja pouco humilde, não sou tão soberba que disto ousasse falar.

Do que tenho experiência posso dizer, e é que por males que faça quem a tem começado, não a deixe, pois é o meio por onde pode tornar-se a remediar, e sem ela será muito mais dificultoso. E não o tente o demônio pela maneira que a mim, a deixá-la por humildade; creia que não podem faltar suas palavras,[11] que em nos arrependendo deveras e determinando-se a não ofendê-lo, se torna à amizade que estava e fazer as mercês que antes fazia e às vezes muito mais se o arrependimento o merece.

E quem não a tem começado, por amor do Senhor lhe rogo, não careça de tanto bem. Não há aqui que temer, senão que desejar; porque, quando não for adiante e se esforçar para ser perfeito, que mereça os gostos e regalos que a estes Deus dá, depois de ganhar irá entendendo o caminho para o céu; e se persevera, espero na misericórdia de Deus, que ninguém o

---

8. Disse isso nos n. 1-2, no c. 5, 11 e no final do capítulo anterior.
9. *Lo otro*: equivale a "em segundo lugar".
10. *Muchos... lo han escrito*: alusão aos autores e livros mais lidos por ela (cf. 3, 7; 4, 9; 7, 10.13...), como Osuna (cf. 4, 7), Alonso de Madri (12, 2), Bernardino de Laredo (23, 12), Pedro e Alcântara (30, 2) e certamente o P. Granada, cujos livros recomendará nas *Constituições*, n. 8.
11. Alusão bíblica a Mt 24,35 ("minhas palavras não passarão"), ou então às promessas de Jesus sobre a eficácia da oração (Mt 18,19).

tomou por amigo *que não lhe fosse pago*;[12] pois a oração mental não é outra coisa, no meu parecer, senão tratar de amizade,[13] estando muitas vezes tratando a sós com quem sabemos que nos ama. E se ainda não o amais (porque, para ser verdadeiro o amor e que dure a amizade, hão de se encontrar as condições:[14] a do Senhor já se sabe que não pode ter falta, a nossa é ser viciosa, sensual, ingrata), não podeis acabar convosco[15] de amá-lo tanto, porque não é de vossa condição; mas vendo o muito que vos vai em ter a sua amizade e o muito que vos ama, passais por esta pena de estar muito com quem é tão diferente de vós.

6. Ó bondade infinita de meu Deus, que me parece que vos vejo e me vejo desta sorte! Ó regalo dos anjos, que toda me quereria, quando isto vejo, desfazer em amar-vos! Quão certo é sofrer vós a quem vos sofre[16] que estejais com ele! Oh, que bom amigo fazeis, Senhor meu! Como o ides regalando e sofrendo, e esperais que se faça à vossa condição e enquanto isso sofreis vós a sua! Tomais em conta, meu Senhor, os momentos que vos quer, e com um ponto de arrependimento esqueceis o que vos tem ofendido!

Tenho visto isto claro por mim, e não vejo, Criador meu, por que todo o mundo não procura chegar-se a vós por esta particular amizade: os maus, que não são de vossa condição, para que nos façais bons com que vos sofram estardes com eles sequer duas horas cada dia, ainda que eles não

---

12. As palavras em itálico (*que no se lo pagase*) foram acrescentadas por frei Luís na edição príncipe (p. 98) para completar o sentido. No entanto, não é a ideia de *pagamento*, mas a de *correspondência* que o contexto parece exigir: "ninguém o tomou por amigo, *que não fosse correspondido por ele*, ou: *que primeiro não tenha sido amado por ele*" (cf. 11, 4.12).

13. *Tratar de amistad*: tratar-se em amizade ou como amigos. É a famosa definição teresiana de oração (cf. 11, 12). Daí a espontânea exclamação do número seguinte: "Que bom amigo fazeis!". Cf. 22, 17, ou então *Caminho* 22 e 28, 3. – Ela tinha escrito: "... de amizade e de...". Depois apagou "e de".

14. *Encontrar-se as condições*: combinar, coincidir a maneira de ser de duas ou mais pessoas.

15. *Acabar con vos*: conseguir por ti mesmo.

16. Frei Luís corrigiu: "a quien *no* os sufre [a quem *não* vos sofre]" (p. 99). – A negação "não" adotada por frei Luís tinha sido introduzida no original, provavelmente, pelo P. Báñez. "Sofrer" equivale a "aguentar, suportar". Cf. pouco mais abaixo: "que vos sofram estejais com eles" (n. 6).

estejam convosco, mas com mil revoltas[17] de cuidados e pensamentos de mundo, como eu fazia. Por esta força que fazem a si para querer estar em tão boa companhia, vedes que nisto no princípio não podem mais, nem depois algumas vezes; forçais vós, Senhor, os demônios para que não os acometam e que cada dia tenham menos força contra eles, e as dais a eles para vencer. Sim, que não matais a ninguém – vida de todas as vidas – dos que se confiam a vós e dos que vos querem por amigo; mas sustentais a vida do corpo com mais saúde e a dais à alma.

7. Não entendo isto que temem os que temem começar oração mental, nem sei de que têm medo. Bem faz de pôr o demônio para fazer-nos[18] ele de verdade mal, se com medos me faz não pensar no que tenho ofendido a Deus e no muito que lhe devo e em que há inferno e há glória e nos grandes trabalhos e dores que passou por mim.

Esta foi toda a minha oração e tem sido quando andei nestes perigos, e aqui era meu pensar quando podia; e mui muitas vezes, alguns anos, tinha mais conta desejando que se acabasse a hora que tinha para mim de estar, e escutar quando batia o relógio, do que em outras coisas boas; e fartas vezes não sei que penitência grave poderia ser-me apresentada que não a acometesse de mais bom grado do que recolher-me a ter oração.

E é certo que era tão incomportável a força que o demônio me fazia ou meu ruim costume que[19] não fosse à oração, e a tristeza que me dava ao entrar no oratório, que era preciso ajudar-me com todo meu ânimo (que dizem não o tenho pequeno e se tem visto que Deus mo deu bastante mais que de mulher, mas que o tenho empregado mal) para forçar-me, e enfim me ajudava o Senhor.

E depois que me tinha feito esta força, me achava com mais quietude e regalo que algumas vezes que tinha desejo de rezar.

8. Pois se a coisa tão ruim como eu tanto tempo sofreu o Senhor, e se vê claro que por aqui se remediaram todos os meus males, que pessoa, por mau que seja, poderá temer? Porque por muito que o seja, não o será tantos

---

17. N.T.: *Revolta* tem o sentido de mudança.
18. *Para hacernos*: o "nos" foi acrescentado entre linhas por mão incerta. Frei Luís transcreveu "hacernos" (p. 100).
19. *Que*: para que.

anos depois de ter recebido tantas mercês do Senhor. E quem poderá desconfiar, pois a mim tanto me sofreu, só porque desejava e procurava algum lugar e tempo para que estivesse comigo, e isto muitas vezes sem vontade, por grande força que eu fizesse ou o próprio Senhor fizesse a mim? Pois se aos que não o servem senão que o ofendem lhes está tão bem a oração e lhes é tão necessária, e não pode ninguém achar com verdade dano que possa fazer, que não fora maior o não tê-la, os que servem a Deus e o querem servir, por que o hão de deixar? Por certo, se não é para passar com mais trabalho os trabalhos da vida, eu não o posso entender, e para fechar a Deus a porta para que nela não lhes dê contento. Certamente, deles tenho lástima, pois a seu custo servem a Deus; porque aos que tratam a oração o próprio Senhor lhes faz o custo,[20] pois por um pouco de trabalho dá gosto para que com ele se passem os trabalhos.

9. Porque destes gostos que o Senhor dá aos que perseveram na oração se tratará muito, não digo aqui nada. Só digo que para estas mercês tão grandes que tem feito a mim, é a porta a oração. Fechada esta, não sei como as fará; porque, ainda que queira entrar para regalar-se com uma alma e regalá-la, não há por onde, que a quer só e pura e com gana de recebê-los. Se pusermos muitos tropeços e não pormos nada em tirá-los, como há de vir a nós? E queremos que Deus nos faça grandes mercês!

10. Para que vejam sua misericórdia e o grande bem que foi para mim não ter deixado a oração e lição,[21] direi aqui – pois vai tanto em[22] entender – a bateria que o demônio dá a uma alma para ganhá-la, e o artifício e misericórdia com que o Senhor procura torná-la a Si, e se guardem dos perigos que eu não me guardei. E sobretudo, por amor de nosso Senhor e pelo grande amor com que anda granjeando tornar-nos a si, peço que se guardem das ocasiões; porque, postos nelas, não há que confiar onde tantos inimigos nos combatem e tantas fraquezas há em nós para defender-nos.

11. Quisera eu saber figurar o cativeiro que nestes tempos trazia minha alma, porque bem entendia eu que estava nele, e não acabava de entender em que nem podia crer totalmente que o que os confessores não

---

20. *Fazer o custo*: custear, pagar.
21. *Oración y lección*: oração e leitura.
22. N.T.: *Vai tanto em*: é tão importante.

me agravavam[23] tanto, fosse tão mau como eu o sentia em minha alma. Disse-me um, indo eu a ele com escrúpulo, que ainda que tivesse subida contemplação, não me eram inconvenientes semelhantes ocasiões e tratos.

Isto era já no final, que eu ia com o favor de Deus apartando-me mais dos perigos grandes; mas não me afastava totalmente da ocasião. Como me viam com bons desejos e ocupação de oração, parecia-lhes que fazia muito; mas minha alma entendia que não era fazer o que era obrigada por quem devia tanto.[24] Agora tenho lástima do muito que passou e o pouco socorro que de nenhuma parte tinha, senão de Deus, e a muita saída que lhe davam para seus passatempos e contentos dizendo que eram lícitos.

12. Pois o tormento nos sermões não era pequeno, e era afeiçoadíssima a eles, de maneira que se via alguém pregar com espírito e bem, cobrava um amor particular por ele, sem eu procurar, que não sei quem o punha em mim. Quase nunca me parecia tão mau sermão, que não o ouvisse de bom grado, ainda que pelo dizer dos que o ouviam não pregasse bem. Se era bom, era para mim mui particular recreação.

De falar de Deus ou ouvir dele quase nunca me cansava, e isto depois que comecei a orar. Por um lado, tinha grande consolo nos sermões, por outro, me atormentava, porque ali entendia eu que não era a que havia de ser, com muita parte.[25] Suplicava ao Senhor que me ajudasse; mas devia faltar – pelo que agora me parece – de não pôr em tudo a confiança em Sua Majestade e perdê-la de todo ponto[26] de mim. Buscava remédio; fazia diligências; mas não devia entender que tudo aproveita pouco se, tirada de todo ponto a confiança de nós, não a pomos em Deus.

Desejava viver, pois bem entendia que não vivia, senão que pelejava com uma sombra de morte, e não havia quem me desse vida, e não a podia eu tomar; e quem a podia dar-me tinha razão em não me socorrer, pois tantas vezes me tinha tornado[27] a Si e eu o deixado.

---

23. *Agraviaban*: agravavam, encareciam a gravidade (cf. c. 5, nota 7).
24. *Por quem devia tanto*: por aquele a quem devia tanto.
25. *Con mucha parte*: nem com muito.
26. *De todo punto*: totalmente.
27. N.T.: *Tornado*, voltado, no sentido de chamado de volta.

Capítulo 9

Trata por que meios começou o Senhor a despertar a sua alma e dar-lhe luz em tão grandes trevas e a fortalecer suas virtudes para não o ofender.

1. Pois já andava minha alma cansada e, ainda que quisesse, não a deixavam descansar os ruins costumes que tinha. Aconteceu-me que, entrando um dia no oratório, vi uma imagem que haviam trazido para lá guardar, que tinham ido buscar para certa festa que se fazia na casa. Era de Cristo muito chagado e tão devota que, ao olhar para ela, toda me perturbou de vê-lo tal, porque representava bem o que passou por nós.[1] Foi tanto o que senti de mal ter agradecido aquelas chagas, que o meu coração me parece que se partia, e arrojei-me junto a Ele[2] com grandíssimo derramamento de lágrimas, suplicando-lhe que me fortalecesse já de uma vez para não o ofender.

2. Era eu muito devota da gloriosa Madalena e mui muitas vezes pensava em sua conversão, em especial quando comungava, que, como sabia, estava ali certamente o Senhor dentro de mim, punha-me aos seus pés, parecendo que não eram de desprezar minhas lágrimas.[3] E não sabia o que dizia, pois farto fazia quem por si consentia que eu as derramasse, pois tão depressa me esquecia daquele sentimento. E encomendava-me a esta gloriosa Santa para que me alcançasse perdão.

3. Mas nesta última vez, desta imagem que digo me parece que me aproveitou mais, porque estava já muito desconfiada de mim e punha toda a minha confiança em Deus.[4] Parece-me que lhe disse então que não havia de me levantar dali até que fizesse o que lhe suplicava. Creio que certamente me aproveitou, porque fui melhorando muito desde então.

---

1. *Uma imagem... de Cristo muito chagado*: é difícil identificar essa imagem entre as muitas veneradas pela Santa. Existem duas tradições, uma na Encarnação, e outra em São José de Ávila. – Data do episódio: 1554.
2. *Arrojei-me junto a ele*: no original, *arrojéme cabe El*.
3. Cf. seu testemunho de anos mais tarde: C. 34, 7.
4. É o que acaba de afirmar no c. 8, 12.

4. Tinha este modo de oração: que, como não podia discorrer com o entendimento, procurava representar Cristo dentro de mim, e achava-me melhor – no meu parecer – nas partes[5] onde o via mais só. A mim parecia que, estando sozinho e aflito, como pessoa necessitada havia de admitir a mim. Destas simplicidades tinha muitas.

Em especial, me achava muito bem na oração do Horto. Ali eu era companhia dele. Pensava naquele suor e aflição que ali tinha tido, se podia. Desejava limpar-lhe aquele tão penoso suor. Mas recordo-me que jamais ousava determinar-me a fazê-lo, pois me vinha a lembrança de meus pecados tão graves. Ficava ali com ele o máximo que meus pensamentos me deixavam, porque eram muitos os que me atormentavam. Muitos anos, na maioria das noites, antes de dormir, quando para dormir me encomendava a Deus, sempre pensava um pouco neste passo da oração do Horto, ainda desde que não era monja,[6] porque me disseram que se ganhavam muitos perdões.[7] E tenho para mim que por aqui ganhou mui muito minha alma, porque comecei a ter oração sem saber o que era, e já o costume tão comum me fazia não deixar isto, como não deixar de santigar-me para dormir.

5. Pois tornando ao que dizia do tormento que me davam os pensamentos, isto tem este modo de proceder sem discurso do entendimento, que a alma há de estar muito ganha ou perdida, digo perdida a consideração. Em aproveitando, aproveita muito, porque é em amar. Mas para chegar aqui é muito à sua custa, salvo a pessoas que quer o Senhor muito em breve achegá-las à oração de quietude,[8] que eu conheço algumas. Para as que vão por aqui é bom um livro para depressa se recolherem. A mim aproveitava também ver campo ou água, flores.[9] Nestas coisas achava eu memória[10] do Criador, digo que me despertavam e recolhiam e serviam de

---

5. *De las partes*: nas partes, nos lugares.
6. *Aun desde que no era monja*: já antes de ser monja.
7. *Perdones*: indulgências. Este último vocábulo, muito de sua época, não é usado pela Santa em seus livros.
8. *Oración de quietud*: na terminologia da autora, é um dos primeiros graus de oração mística (cf. 14, 1).
9. *Campo, água, flores*: relacionados com a oração pessoal da Santa e com seu esforço para "recolher-se", quer dizer, para interiorizar a sua oração. Cf. *Relação* 1, 11, escrita pouco antes: "Quando vejo alguma coisa formosa, rica, como água, campos, flores, odores, músicas etc.".
10. *Memória*: lembrança, recordação.

livro; e em minha ingratidão e pecados. Em coisas do céu nem em coisas subidas, era meu entendimento tão grosseiro que jamais por jamais[11] as pude imaginar, até que por outro modo o Senhor as representou a mim.

6. Tinha tão pouca habilidade para com o entendimento representar coisas que, se não fosse o que via, não me aproveitava nada de minha imaginação, como fazem outras pessoas que podem fazer representações aonde se recolhem. Eu só podia pensar em Cristo como homem. Mas é assim que jamais o pude representar em mim, por mais que lesse a sua formosura e visse imagens, mas como quem está cego ou às escuras, que ainda que falasse com uma pessoa e visse que está com ela porque sabe certamente que está ali (digo que entende e crê que está ali, mas não a vê), desta maneira me acontecia quando pensava em nosso Senhor. Por esta causa era tão amiga de imagens.[12] Desventurados os que por sua culpa perdem este bem! Bem parece que não amam o Senhor, porque se o amassem, folgar-se-iam de ver seu retrato, como aqui ainda dá contento ver o de quem se quer bem.

7. Neste tempo me deram as *Confissões* de Santo Agostinho,[13] que parece que o Senhor ordenou, porque eu não as procurei nem nunca as tinha visto. Sou muito afeiçoada a Santo Agostinho, porque o mosteiro onde estive como secular[14] era de sua Ordem e também por ter sido pecador, que nos santos que depois de sê-lo o Senhor tornou a Si achava eu muito consolo, parecendo-me que neles havia de achar ajuda e que como os tinha o Senhor perdoado, podia fazer a mim; salvo que uma coisa me desconsolava, como disse,[15] que a eles só uma vez o Senhor os tinha chamado e não tornavam a cair, e a mim eram já tantas, que isto me fatigava. Mas considerando no amor que me tinha, tornava a animar-me, que de sua misericórdia jamais desconfiei. De mim muitas vezes.

---

11. *Jamás por jamás*: nunca jamais.
12. *Amiga de imagens*: já disse isto em 7, 2; cf. 22, 4: *Rel.* 30; *C.* 26, 9; 34, 11.
13. A Santa pôde ler a versão de Sebastião Toscano, publicada pela primeira vez em Salamanca, em 1554, por Andrés de Portonariis, com o título: "*Las Confesiones de San Agustín, traducidas de latín en romance castellano*". Livro lido pela Santa, provavelmente nesse mesmo ano.
14. Santa Maria da Graça, cf. 2, 6.
15. No prólogo, n. 1.

8. Oh, valha-me Deus, como me espanta a força[16] que teve minha alma, tendo tantas ajudas de Deus! Faz-me estar temerosa o pouco que podia comigo e quão atada me via para não me determinar a dar-me totalmente a Deus.

Como começasse a ler as *Confissões*, parece-me que me via ali. Comecei a encomendar-me muito a este glorioso Santo. Quando cheguei à sua conversão e li como ouviu aquela voz no horto,[17] não me parece senão que o Senhor a deu a mim, segundo sentiu meu coração. Estive por grande momento em que toda me desfazia em lágrimas, e entre mim mesma com grade aflição e fadiga.

Oh, o que sofre uma alma, valha-me Deus, por perder a liberdade que havia de ter de ser senhora, e que tormentos padece! Eu me admiro agora como podia viver em tanto tormento. Seja Deus louvado, que me deu vida para sair de morte tão mortal.

9. Parece-me que ganhou grandes forças minha alma da divina Majestade, e que devia ouvir meus clamores e ter lástima de tantas lágrimas. Começou-me a crescer a afeição de estar mais tempo com ele e a tirar-me dos olhos as ocasiões, porque tiradas, logo voltava a amar a Sua Majestade; que eu bem entendia, no meu parecer, que o amava, mas não entendia em que está o amar deveras a Deus como o havia de entender.

Não me parece que acabava eu de dispor-me a querer servir a ele, quando Sua Majestade me começava a tornar a regalar. Não parece senão que o que outros procuram com grande trabalho adquirir, granjeava o Senhor comigo que eu o quisesse receber, que era já nestes últimos anos dar-me gostos e regalos.[18] Suplicar que mos desse, nem ternura de devoção, jamais a isso me atrevi; só pedia a ele que me desse graça para que não o ofendesse, e me perdoasse meus grandes pecados. Como os via tão grandes, mesmo desejar regalos nem gostos nunca de advertência ousava. Bastante me parece que fazia sua piedade, e com verdade fazia muita misericórdia

---

16. N.T.: *Força* (esp. *reciedumbre*) tem aqui o sentido de "resistência", "teimosia".
17. Nas *Confissões*, livro 8, c. 12. A voz ouvida por Agostinho foi: "tolle et lege", toma e lê.
18. *Gustos y regalos*: termos reservados pela autora para designar quase exclusivamente certas graças ou formas de oração mística. Essa mesma conotação tem o verbo "regalar" das linhas anteriores: cf. 4, 10; 20, 25...

comigo consentindo-me diante de si e trazendo-me à sua presença; pois eu via, se tanto Ele não o procurasse, não viria.

Só uma vez em minha vida me lembro de pedir-lhe[19] gostos, estando com muita secura; e como advertisse o que fazia, fiquei tão confusa que a mesma fadiga de ver-me tão pouco humilde me deu o que me tinha atrevido a pedir. Bem sabia que era lícito pedi-la, mas parecia a mim que o é aos que estão dispostos tendo procurado o que é verdadeira devoção com todas as suas forças, que é não ofender a Deus e estar dispostos e determinados para todo bem.

Parecia-me que aquelas minhas lágrimas eram mulheris e sem força, pois não alcançava com elas o que desejava. Contudo, creio que me valeram; porque, como digo, em especial depois destas duas vezes[20] de tão grande compunção delas e fadiga de meu coração, comecei mais a dar-me à oração e a tratar menos em coisas que me danassem, mesmo se ainda não as deixasse de todo, mas – como digo – foi-me ajudando Deus a desviar-me.

Como não estava Sua Majestade esperando senão algum aparelho em mim, foram crescendo as mercês espirituais da maneira que direi;[21] coisa não usada dá-las o Senhor[22] senão aos que estão em mais pureza de consciência.

---

19. *Pedir-lhe*: ter pedido a ele.
20. *Estas duas vezes*: os episódios dos números 1 e 8.
21. *Da maneira que direi*: anuncia o novo setor do relato, que passará a referir as "mercês espirituais" (místicas): c. 10; c. 21 e ss.
22. N.T.: *Coisa não usada...*: coisa que o Senhor não costumava dar..., algo incomum.

Capítulo 10

Começa a declarar as mercês que o Senhor lhe fazia na oração, e no que nós podemos nos ajudar, e o muito que importa que entendamos as mercês que o Senhor nos faz. – Pede a quem isto envia que daqui por diante seja segredo o que escrever, pois a mandam[1] que diga tão particularmente as mercês que lhe faz o Senhor.

1. Tinha eu algumas vezes, como tenho dito,[2] ainda que com muita brevidade passasse, começo do que agora direi: acontecia-me nesta representação que fazia pôr-me junto a Cristo, que tenho dito,[3] e algumas vezes lendo, vir-me a desoras[4] um sentimento da presença de Deus que de nenhuma maneira podia duvidar que estivesse dentro de mim e eu toda engolfada nele.

Isto não era maneira[5] de visão; creio que a chamam *mística teologia*.[6] Suspende a alma de sorte que toda parecia estar fora de si: ama a vontade, a

---

1. Nova alusão ao mandato inicial de compor o livro (*Prólogo*, 1), insistindo mais nas misericórdias de Deus que nas misérias próprias. – A epígrafe do capítulo alerta o leitor sobre o relato das graças místicas a partir do presente capítulo, que a autora quer que fiquem em segredo: "daqui por diante seja segredo o que escrever". O P. Gracián, íntimo conhecedor da autora, escreveu: "Em todo o tempo que viveu a Madre Teresa nunca seu pensamento nem o meu foi que estes livros fossem impressos e viessem tão a público e nas mãos de todos os que os quisessem ler... Não podia sofrer que as coisas altas de espírito que aqui são declaradas chegassem a bocas de cães murmuradores..., ou a gente engolfada nos vícios, que não lhes parece que pode haver outros deleites maiores que os sensuais" (*BMC*, 18, 10).
2. *Dito* no c. 9, 9 e 4, 7.
3. *Dito* no c. 9, 4. *Junto a Cristo*, no original: *cabe Cristo* [cf. c. 9, 1, nota 2]: junto a Cristo, diante de Cristo.
4. *A deshora*: a desoras, de improviso, inesperadamente (cf. 20, 9).
5. *No era manera de visión*: provável elisão por haplografia, em vez de "*a manera de v.*" Cf. outros casos: 7, 8; 18, 2; 25, 10; 7, 6 e 11, 3. Respeitamos a leitura feita por frei Luís (p. 112).
6. *Mística teologia*: equivale aqui a "experiência mística". A expressão "creio que a chamam" sublinha certa resistência da autora em utilizar termos técnicos da teologia. Observe-se essa mesma reticência no c. 11, 5. Outras menções dessa terminologia: 12, 5 e 18, 2. Nesta última vez com a conotação: "na mística teologia se declara, pois eu não saberei nomear os vocábulos". De fato não voltará a utilizá-los livros nos restantes que escreve.

memória me parece que está quase perdida, o entendimento não discorre,[7] a meu parecer, mas não se perde; mas, como digo, não obra, senão está como espantado do muito que entende, porque quer Deus que entenda que daquilo que Sua Majestade lhe representa nenhuma coisa entende.

2. Primeiro tinha tido muito continuamente uma ternura que em parte algo dela me parece que se pode procurar: um regalo, que nem bem é todo sensual[8] nem bem espiritual. Tudo é dado por Deus; mas parece para isto que nos podemos muito ajudar considerando nossa baixeza e a ingratidão que temos com Deus, o muito que fez por nós, sua Paixão com tão graves dores, sua vida tão aflita; em nos deleitar de ver suas obras, sua grandeza, o que nos ama, outras muitas coisas, que quem com cuidado quiser aproveitar tropeça muitas vezes nelas, ainda que não ande com muita advertência. Se com isto há algum amor, regala-se a alma, enternece-se o coração, vêm lágrimas; algumas vezes parece que as sacamos por força, outras o Senhor parece no-la fazer para não podermos resistir. Parece que Sua Majestade nos paga aquele cuidadozinho com um dom tão grande como é o consolo que dá a uma alma ver que chora por tão grande Senhor; e não me espanto, pois lhe sobra a razão de consolar-se: regala-se ali, folga-se ali.

3. Parece-me bem esta comparação que agora se me oferece: que são estes gozos de oração como devem ser os que estão no céu, que como não viram mais do[9] que o Senhor, conforme ao que merecem, quer que vejam, e veem seus poucos méritos, cada um está contente com o lugar em que

---

7. *No discurre*: não "obra", tinha escrito primeiro. Depois corrigiu "*discurre*" acrescentando entre linhas "*a mi parecer*". Mas se esqueceu de que uma linha abaixo repetia o "como digo, no *obra*". – A correção da Santa não dissipou os escrúpulos teológicos dos editores, desde frei Luís, que em sua segunda edição de *Vida* (1599) anotou à margem desta passagem: "Diz que o entendimento não obra porque, como disse, não discorre de umas coisas em outras, nem tira considerações, porque o tem ocupado então a grandeza do bem que se lhe põe diante; mas na realidade de verdade, obra sim, pois põe os olhos no que se lhe apresenta, e conhece que não o pode entender como é; pois diz 'não obra', isto é, 'não discorre', senão está como espantado do muito que entende, isto é, da grandeza do objeto que vê, não porque entenda muito dele, senão porque vê que é tanto ele em si que não o pode inteiramente entender".

8. *Sensual*: sensível (cf. 3, n. 2, nota 3).

9. *Más de*: mais que.

está, havendo tão grandíssima diferença de gozar a gozar[10] no céu, muito mais que aqui há de uns gozos espirituais a outros, que é grandíssima.

E verdadeiramente uma alma em seus princípios, quando Deus lhe faz esta mercê, já quase lhe parece que não há mais que desejar, e se dá por bem paga de tudo quanto tem servido. E sobra-lhe a razão, que uma lágrima destas que, como digo, quase as procuramos – ainda que sem Deus não se faça coisa –, não me parece a mim que com todos os trabalhos do mundo se pode comprar, porque se ganha muito com elas; e que mais ganho do que ter algum testemunho de que contentamos a Deus? Assim que quem aqui chegar, louve-o muito, conheça-se por muito devedor; porque já parece que o quer para sua casa e escolhido para seu reino, se não torna atrás.

4. Não cure[11] de umas humildades que há, de que penso tratar,[12] que lhes parece humildade não entender que o Senhor lhes vai dando dons. Entendamos bem, como isso é, que no-los dá Deus sem nenhum merecimento nosso, e o agradeçamos a Sua Majestade; porque se não conhecemos que recebemos, não despertamos[13] a amar. E é coisa muito certa que quanto mais vemos que estamos ricos, sobre conhecer que somos pobres, mais aproveitamento nos vem e até mais verdadeira humildade. O demais é acobardar o ânimo a parecer[14] que não é capaz de grandes bens, se em começando o Senhor a dá-los começa ele a atemorizar-se com medo de vanglória.

Creiamos que quem nos dá os bens, nos dará graça para que, em começando o demônio a tentar neste caso, o entenda, e fortaleza para resistir; digo, se andarmos com lhaneza diante de Deus, pretendendo contentar só a Ele e não aos homens.

5. É coisa muito clara que amamos mais a uma pessoa quando muito nos lembramos das boas obras que nos faz. Pois se é lícito e tão meritório que sempre tenhamos memória que temos de Deus o ser e que nos criou

---

10. N.T.: Ou seja, há vários graus de felicidade no céu.
11. *No cure de*: não se preocupe com...
12. *Tratará* dessas humilhações no c. 13, 4.
13. Tinha escrito: *nos despertamos*. Apagou o "nos". Mantemos a leitura de frei Luís (p. 114).
14. *Acobardar el ánimo a parecer*: acobardar o ânimo até parecer ou crer que...

de nonada[15] e que nos sustenta e todos os demais benefícios de sua morte e trabalhos, que muito antes que nos criasse os tinha feito por cada um dos que agora vivem, por que não será lícito que entenda eu e veja e considere muitas vezes que costumava falar em vaidades, e que agora o Senhor me tem dado que não quereria senão falar nele? Eis aqui uma joia que, lembrando-nos de que é dada e já a possuímos, forçosamente convida a amar, que é todo o bem da oração fundada sobre humildade.

Pois o que será quando virem em seu poder outras joias mais preciosas, como têm já recebido alguns servos de Deus, de menosprezo do mundo, e até de si mesmos? Está claro que se hão de ter por mais devedores e mais obrigados a servir, e entender que não tínhamos nada disto, e a conhecer a largueza do Senhor, que a uma alma tão pobre e ruim e de nenhum merecimento como a minha, que bastava a primeira joia destas e sobrava para mim, quis fazer-me com mais riquezas que eu soubera desejar.

6. É mister sacar forças de novo para servir e procurar não ser ingratos; porque com essa condição as dá o Senhor, que se não usarmos bem do tesouro e do grande estado em que põe,[16] no-lo tornará a tomar e ficaremos muito mais pobres, e dará Sua Majestade as joias a quem luzir e aproveitar com elas a si e aos outros.

Pois como aproveitará e gastará com largueza aquele que não entende que está rico? É impossível conforme a nossa natureza – a meu parecer – ter ânimo para coisas grandes quem não entende estar favorecido por Deus. Porque somos tão miseráveis e tão inclinados a coisas da terra, que mal poderá aborrecer de fato tudo o de cá[17] com grande desprendimento quem não entende que tem algum penhor do de lá. Porque com estes dons é onde o Senhor nos dá a fortaleza que por nossos pecados nós perdemos. E mal desejará que se descontentem todos dele e o aborreçam e todas as demais virtudes grandes que têm os perfeitos, se não tem algum penhor do

---

15. N.T.: *Nonada*: palavra que a Santa costuma usar para "nada". Significa também, tanto em espanhol como em português, "insignificância, ninharia". É a soma de "no"+"nada".

16. *Põe*: outra mão corrigiu entre linhas "nos põe". Frei Luís reteve esta segunda leitura (p. 116).

17. N.T.: *Cá* é comumente usado pela Santa no sentido de "cá na terra" em oposição a "lá no céu".

amor que Deus lhe tem, e juntamente fé viva. Porque é tão morto o nosso natural, que vamos ao que presente vemos; e assim estes mesmos favores são os que despertam a fé e a fortalecem. Já pode ser que eu, como sou tão ruim, julgo por mim, que outros haverá que não tenham mais mister da verdade da fé para fazer obras muito perfeitas, que eu, como miserável, de tudo tenho tido mister.

7. Estes,[18] eles o dirão. Eu digo o que tem passado por mim, como me mandam. E se não estiver bem, rompê-lo-á aquele a quem o envio,[19] que saberá melhor entender o que vai mal do que eu; a quem suplico por amor do Senhor, o que tenho dito até aqui de minha ruim vida e pecados o publiquem. Desde agora dou licença, e a todos os meus confessores, que assim o é a quem isto vai. E se quiserem, logo em minha vida; para que não se engane mais o mundo, que pensam que há em mim algum bem. E certo,[20] com verdade digo, pelo que agora entendo de mim, que me dará grande consolo.

Para o que daqui em diante disser, não a dou.[21] Nem quero, se a alguém o mostrarem, que digam quem é por quem passou[22] nem quem o escreveu; pois por isto não me nomeio nem a ninguém, senão escrevê-lo-ei o melhor que puder para não ser conhecida, e assim o peço por amor de Deus. Bastam pessoas tão letradas e graves para autorizar alguma coisa boa,

---

18. *Estes*: quer dizer, "os perfeitos", que precisam apenas da fé. – "*Os perfeitos*" (n. 6): no sentido técnico da teologia espiritual, em contraposição a "principiantes" e "aproveitados".

19. Provavelmente se trata do P. Garcia de Toledo (cf. prólogo da obra). Continuando, tinha escrito: "saberão" e corrigiu para "saberá". Mas a alusão ao grupo de "mandantes" persiste no contexto: "me mandam", "o publiquem". O que está indicando os dois planos de destinatários ou leitores imediatos do livro. – O precedente "rompê-lo-á" faz alusão à hipótese de o livro ser destruído ou "queimado" pelo P. Garcia de Toledo: "ainda que v.m. logo o queime", lembrará no epílogo (40, 23).

20. *Cierto, cierto* é superlativo intensivo ou por repetição: foi muito do agrado da Santa, que o usa em formas variadíssimas e originais: *bien bien* (n. 4); *muchas muchas* (c. 15, n. 2); *muy muy sobrenatural* (c. 20, n. 15); *nada nada* (c. 15, n. 3); *qué de ello, qué de ello, qué de ello* (c. 39, 6); *y cuán vanos, y cuán vanos* (c. 38, n. 18); *ya ya* (c. 16, n. 3); *luego, luego* (c. 28, n. 4); *en fin, en fin* (*Fund.*, c. 7, n. 7) etc.

21. *Não a dou*, no original: *no se la doy*: não dou a licença.

22. *Por quem passou*: a pessoa *por quem passou*. À margem da frase seguinte: *para não ser conhecida e assim o peço por amor de Deus...*, um dos censores – talvez Báñez ou, mais provavelmente, Garcia de Toledo – traçou uma linha vertical, que permite vislumbrar o momento em que começou a assumir a responsabilidade de sua obrigação.

se o Senhor me der graça para dizê-la, que se o for, será sua e não minha, porque eu sem letras nem boa vida nem ser informada de letrado nem de pessoa nenhuma (porque só os que me mandam escrevê-lo sabem que o escrevo, e no presente não estão aqui)[23] e quase furtando o tempo, e com pena porque me estorvo em fiar,[24] por estar em casa pobre e com fartas ocupações...[25] Assim que, ainda que o Senhor me desse mais habilidade e memória, que ainda com esta me pudesse aproveitar do que tenho ouvido e lido, é pouquíssima a que tenho; assim que, se algo bom disser, o quer o Senhor para algum bem; o que for mau será de mim, e vossa mercê o tirará.

Para um nem para o outro, nenhum proveito tem dizer meu nome:[26] em vida está claro que não se há de dizer do bom; em morte não há para quê, senão para que o bem perca a autoridade, e não lhe dar nenhum crédito, por ser dito de pessoa tão baixa e tão ruim.

8. E por pensar vossa mercê[27] fará isto que por amor do Senhor lhe peço e os demais que o hão de ver,[28] escrevo com liberdade; de outra maneira seria com grande escrúpulo, fora de dizer meus pecados, que para isto nenhum tenho; para o demais basta ser mulher para caírem-me as asas,

---

23. *Não estão aqui*: não estão em Ávila os que mandaram que ela escrevesse o livro. Gracián anotou em seu exemplar: "O Mestre frei Domingos Báñez e Garcia de Toledo". A edição fac-símile de V. de la Fuente induziu à leitura errônea: "não está aqui".

24. N.T.: *Me estorvo em fiar*, no original: *me estorbo de filar*: fico impedida de fiar, tecer.

25. O longo período que começa com "porque eu" fica inconcluso. Saltando o inciso diversivo, pode ler-se: "porque eu... se algo bom disser..." – *Por estar em casa pobre...*: escreve estas páginas em São José de Ávila e não no palácio de Dª Luísa (Toledo), onde redigiu a obra pela primeira vez.

26. *Dizer meu nome*: efetivamente, o relato mantém constantemente esse anonimato. Também não menciona outras pessoas e povoados pelo nome. Os únicos personagens mencionados explicitamente serão frei Pedro de Alcântara (27, 3...), são Francisco de Borja "que era duque de Gandia" (24, 3) e São João de Ávila (epílogo 2). – Esta decisão de anonimato frequentemente será explicada como encobrimento ante a inquisição. O contexto do presente capítulo o torna inverossímil. Sem dúvida, "escrevo com liberdade", afirma a autora (n. 8).

27. *Por pensar* que *vossa mercê*: a construção infinitiva com omissão do "que" completivo é frequente na Santa. [Na tradução, o "que" foi muitas vezes introduzido, quando sua ausência pudesse gerar dúvida.] – *Vossa mercê*: Garcia de Toledo.

28. *Os demais que o hão de ver*: antes de tudo, Báñez e Garcia de Toledo; talvez também o P. Ibáñez; e, sem dúvida, são João Ávila. Outro possível leitor-censor é o P. Baltasar Alvarez.

quanto mais mulher e ruim. E assim o que for mais de dizer simplesmente o discurso de minha vida, tome vossa mercê para si – pois tanto me tem importunado escrever alguma declaração das mercês que Deus me faz na oração – se for conforme as verdades de nossa santa fé católica; e se não, vossa mercê o queime logo, que eu a isto me sujeito. E direi o que passa por mim, para que, quando for conforme a isto, poderá fazer a vossa mercê algum proveito; e se não, desenganará minha alma, para que não ganhe o demônio onde me parece que ganho eu; que já sabe o Senhor, como depois direi,[29] que sempre tenho procurado buscar quem me dê luz.

9. Por claro que eu queira dizer estas coisas de oração, será bem obscuro para quem não tiver experiência. Alguns impedimentos direi, que a meu entender o são para ir adiante neste caminho, e outras coisas em que há perigo, do que o Senhor me ensinou por experiência e depois o tratando eu com grandes letrados e pessoas espirituais de muitos anos, e veem que só faz vinte e sete anos[30] que tenho oração, me tem dado Sua Majestade[31] a experiência – andando em tantos tropeços e tão mal este caminho – que a outros em quarenta e sete ou em trinta e sete, que com penitência e sempre virtude[32] têm caminhado por ele.

Seja bendito por tudo e sirva-se de mim, por quem Sua Majestade é, que bem sabe meu Senhor que não pretendo outra coisa nisto, senão que seja louvado e engrandecido um pouquinho de ver que num muladar tão sujo e de mau odor fizesse horto de tão suaves flores. Praza a Sua Majestade que por minha culpa não as torne eu a arrancar e se torne a ser o que era. Isto peço eu por amor do Senhor lhe peça vossa mercê,[33] pois sabe a que sou com mais clareza do que aqui me tem deixado dizer.

---

29. *Depois direi*: no c. 13, 17ss.; 28, 6; 22, 3.

30. *En solos 27 años que ha*: novo indício cronológico. Está escrevendo em 1965. Seu cômputo, portanto, se eleva a cerca de 1538, a seus 23/24 anos de idade (cf. c. 8, nota 6).

31. Por lapso ou titubeio de pluma, no original repete: "me tem dado o Senhor me tem dado Sua Majestade". Mantemos a opção de frei Luís (p. 120).

32. N.T.: *Sempre virtude*: sempre com virtude. – *Muladar*: estrumeira. – *Y se torne a ser lo que era*: e volte a ser o que era.

33. *Vossa mercê*: de novo o P. Garcia de Toledo, dialogante número um na intenção da escritora.

Capítulo 11

Diz em que está a falta de não amar a Deus com perfeição em breve tempo.
– Começa a declarar, por uma comparação que põe, quatro graus de oração.
– Vai tratando aqui do primeiro. – É muito proveitoso para os que começam
e para os que não têm gostos na oração.[1]

1. Pois falando agora dos que começam a ser servos do amor (que não me parece outra coisa nos determinarmos a seguir por este caminho de oração ao que tanto nos amou), é uma dignidade tão grande que me regalo estranhamente em pensar nela. Porque o temor servil[2] logo vai fora, se neste primeiro estado vamos como havemos de ir. Ó Senhor de minha alma e bem meu, por que não quisestes que ao determinar-se uma alma a amar-vos, fazendo o que pode em deixar tudo para melhor se empregar neste amor de Deus, logo gozasse em subir para ter este amor perfeito?[3] Tenho dito mal: havia de dizer e queixar-me porque nós não queremos; pois toda a falta nossa é em não gozar logo de tão grande dignidade, pois ao chegar a ter com perfeição este verdadeiro amor de Deus, traz consigo todos os bens. Somos tão caros e tão tardios em dar-nos totalmente a Deus que, como Sua Majestade não quer que gozemos de coisa tão preciosa, sem grande preço, não acabamos de dispor-nos.

2. Bem vejo que não há com que se possa comparar tão grande bem na terra; mas se fizéssemos o que podemos em não nos apegar à coisa dela,

---

1. A epígrafe adverte que este capítulo "começa a declarar..." os graus de oração. E que o fará servindo-se de "uma comparação": o símile do horto da alma. Essa explicação doutrinal ocupará os c. 11-22, que formarão um "tratadinho" doutrinal inserido em pleno relato biográfico, no ponto crucial em que a narração passa da vida de luta (ascética) da Santa para sua vida mística. Nos últimos graus ("terceira e quarta água"), a exposição vai unindo-se mais de perto com a aventura pessoal da autora; de sorte que os c. 18-22 serão densamente autobiográficos. – O "tratadinho" tem, também, uma intenção polêmica contra uma falsa teoria de iniciação mística muito em voga por aquele tempo (ver os títulos dos c. 12 e 22, no começo e no fim da exposição).

2. *Temor servil*: medo ou temor do castigo, em contraposição ao "temor filial" (vestígios do léxico teológico; cf. 3, 6; 15, 14).

3. Pergunta que a Santa se fará mais vezes. Ver 22, 15.

senão que todo o nosso cuidado e trato fosse no céu, creio eu sem dúvida que muito em breve este bem nos seria dado, se em breve nos dispuséssemos totalmente, como alguns santos fizeram. Mas parece-nos que damos tudo, porque oferecemos a Deus a renda e os frutos e ficamos com a raiz e posse.[4] Determinamo-nos a ser pobres, e é de grande merecimento; mas muitas vezes tornamos a ter cuidado e diligência para que não nos falte não só o necessário senão o supérfluo, e a granjear os amigos que no-lo deem e nos pormos em maior cuidado e porventura perigo, porque[5] não nos falte, que antes tínhamos ao possuir a fazenda.

Parece também que deixamos a honra sendo religiosos ou tendo já começado a ter vida espiritual e a seguir perfeição, e não nos têm tocado num ponto de honra,[6] quando não nos é lembrado que já a temos dado a Deus, e queremos tornar a ficar com ela e tomá-la – como dizem – com as mãos, depois de a ter de nossa vontade,[7] pelo que parece, feito dela Senhor. Assim são todas as outras coisas.

3. Donosa maneira[8] de buscar o amor de Deus! E logo o queremos a mãos-cheias, a modo de dizer. Termos nossas afeições (já que não procuramos efetuar nossos desejos e não acabar de os levantar da terra) e muitas consolações espirituais com isto, não vem bem, nem me parece que se compadece[9] isto com isso outro. Assim que, porque não se acaba de dar junto, não se nos dá por junto este tesouro.[10] Praza ao Senhor que gota a gota no-lo dê Sua Majestade, ainda que seja custando-nos todos os trabalhos do mundo.

---

4. Essa imagem de tipo financeiro (a renda, os frutos, a raiz, a posse) reaparecerá com relativa frequência em suas obras (cf. *C.* 2, 2; 22, 5; até seu último escrito: *R.* 6, 1).

5. *Porque*: para que.

6. *Ponto de honra*: detalhe no imaginário estatuto da honra ou da autoestima. Escreverá mais adiante: "não convém perder ponto em pontos de honra" (37, 10).

7. *De nossa vontade*: voluntariamente. O sentido é: "depois de tê-lo feito voluntariamente senhor de nossa vontade". Frei Luís omitiu "de ella" [dela] (p. 122).

8. *Donosa manera*: irônico. "Donoso" significa, tanto em espanhol como em português, "donairoso, gracioso"; aqui: "bonita maneira".

9. *No viene bien*: não se avém, não combina. – *Ni... se compadece*: não é compatível um com o outro (cf. 13, 8; 37, 8; 40, 4).

10. N.T.: O sentido da frase é: já que não damos tudo de uma vez, o tesouro também não nos é dado de uma vez.

4. Bastante grande misericórdia faz a quem dá graça e ânimo para determinar-se a procurar com todas as suas forças este bem. Porque, se persevera, Deus não se nega a ninguém. Pouco a pouco vai habilitando o ânimo para que saia com esta vitória. Digo ânimo porque são tantas as coisas que o demônio põe diante, no princípio, para que não comecem este caminho de fato, como quem sabe o dano que daqui lhe vem, não só em perder aquela alma senão muitas. Se o que começa se esforça com o favor de Deus a chegar ao cume da perfeição, creio que jamais vai sozinho ao céu; sempre leva muita gente atrás de si. Como a bom capitão, lhe dá Deus quem vá a sua companhia.

Põe-lhes tantos perigos e dificuldades diante,[11] que não é preciso pouco ânimo para não tornar atrás, senão mui muito e muito favor de Deus.

5. Pois falando dos princípios dos que já vão determinados a seguir este bem e a sair com esta empresa (que do demais que comecei a dizer de mística teologia, que creio que se chama assim, direi mais adiante),[12] nestes princípios está todo o maior trabalho; porque são eles os que trabalham dando o Senhor o caudal; que nos outros graus de oração o mais é gozar, posto que primeiros e medianos e últimos,[13] todos levam as suas cruzes, ainda que diferentes; que por este caminho que foi Cristo hão de ir os que o seguem, se não se quiserem perder. E bem-aventurados trabalhos, que ainda aqui na vida tão sobradamente se pagam!

6. Haverei de aproveitar-me de alguma comparação, ainda que eu as quisesse escusar por ser mulher e escrever simplesmente o que me man-

---

11. *Põe-lhes* o demônio (cf. c. 3, 6, nota 8). *Põe-lhes... diante*: põe diante deles, apresenta-lhes.
12. Tinha "começado a dizer" dela no c. 10, n. 1; dela "dirá mais adiante" no c. 12, n. 5. – É digna de nota a insistência com que a Santa se remete de um lugar a outro em matéria de "teologia mística": no c. 10, n. 1, escreve: "como tenho dito" no c. 9, n. 9. Agora, no c. 11, n. 5, escreve de novo: "comecei a dizer" no c. 10, n. 1 e "direi mais adiante" no c. 12, n. 5; e neste último lugar, "comecei a dizer" (nos textos citados) e "depois declararei" nos c. 18-22. Portanto, ao começar esta última passagem (c. 18, n. 2) não terá inibição em escrever: "esta que chamam união e o que é... na mística teologia se declara, que eu os vocábulos não saberei nomear, nem sei entender o que é mente, nem que diferença há entre a alma ou espírito tampouco...".
13. *Primeiros, medianos, postreros*: evita o léxico teológico equivalente: principiantes, aproveitados [ou adiantados], perfeitos.

dam. Mas esta linguagem de espírito é tão má de declarar aos que não sabem letras,[14] como eu, que haverei de buscar algum modo, e poderá ser que na minoria das vezes acerte a que venha bem a comparação. Servirá para dar recreação a vossa mercê[15] de ver tanta torpeza.

Parece-me agora a mim que tenho lido ou ouvido esta comparação – pois como tenho má memória, não sei aonde nem a que propósito, mas para o meu agora contenta-me –:[16] há de fazer conta o que começa, que começa a fazer um horto em terra muito infrutuosa, que produz ervas muito más, para que se deleite o Senhor. Sua Majestade arranca as más ervas e há de plantar as boas. Pois façamos conta que está já feito isto quando se determina a ter oração uma alma e o tem começado a usar. E com a ajuda de Deus havemos de procurar, como bons hortelãos, que estas plantas cresçam e ter cuidado de regá-las para que não se percam, senão que venham a lançar flores que deem de si grande odor para dar recreação a este Senhor nosso, e assim se venha a deleitar muitas vezes nesta horta e a folgar-se entre estas virtudes.

7. Pois vejamos agora da maneira que se pode regar, para que entendamos o que havemos de fazer e o trabalho que nos há de custar, se é maior que o lucro, ou até quanto tempo se há de ter.

Parece-me a mim que se pode regar de quatro maneiras:

- ou tirando água de um poço, que é o nosso grande trabalho;[17]
- ou com nora e alcatruzes, que se tira com um torno; eu o tenho

---

14. *Lenguaje de espíritu* [linguagem espiritual]: expressão técnica que equivale a falar (por experiência?) de coisas espirituais: cf. 12, 5; 14, 8; 23, 16; 27, 6.7; 36, 16. – *Tan malo de declarar a los que no saben letras*: aos que não têm estudos é tão difícil explicar ou exprimir...

15. *Vossa mercê*: Garcia de Toledo.

16. Talvez faça alusão a vagas reminiscências dos salmos e das parábolas evangélicas (Mt 21,33), ou ao jardim ou horto do Cântico dos Cânticos (1,6; 4,12), ou a qualquer outra passagem dos profetas ou dos salmos. – No *Terceiro Abecedário* a Santa tinha certamente lido esta mesma comparação (tr. 4, c. 3). – No entanto, para indagar as origens da presente alegoria teresiana, cf. c. 14, n. 9 de *Vida*.

17. *A nuestro trabajo*: com nosso esforço. A alternativa "con trabajo" ou "sin trabajo ninguno nuestro", sublinha, no símile da rega, as duas vertentes da oração: ascética e mística.

tirado algumas vezes:[18] é com menos trabalho que esta outra maneira e tira-se mais água;

- ou de um rio ou arroio: deste modo se rega muito melhor, que fica mais farta a terra de água e não se tem necessidade de regar tão amiúde, e é menos trabalho do hortelão;
- ou chovendo muito, que o rega o Senhor sem trabalho nenhum nosso, e é sem comparação muito melhor que tudo o que fica dito.

8. Agora, pois, aplicadas estas quatro maneiras de água de que se há de sustentar este horto – porque sem ela perder-se-á – é o que a mim me faz ao caso[19] e tem parecido que se poderá declarar algo de quatro graus de oração, em que o Senhor, por sua bondade, tem posto algumas vezes minha alma. Praza à sua bondade que atine em dizê-lo de maneira que aproveite a uma das pessoas que isto me mandaram escrever,[20] que a tem trazido o Senhor em quatro meses bastante mais adiante do que eu estava em dezessete anos. Tem se disposto melhor, e assim sem trabalho seu rega este vergel com todas estas quatro águas, ainda que a última ainda não a dê senão a gotas; mas vai de sorte que rapidamente se engolfará nela com ajuda do Senhor. E gostarei que se ria, se lhe parecer desatino a maneira do declarar.[21]

9. Dos que começam a ter oração podemos dizer que são os que tiram a água do poço, que é muito a seu trabalho, como tenho dito,[22] que hão de cansar-se em recolher os sentidos, que, como estão acostumados a andar derramados,[23] é farto trabalho. Hão mister de ir se acostumando a que não lhes seja dado nada de ver nem ouvir, e ainda pôr por obra as ho-

---

18. Na casa da Santa havia uma nora: quando ela e Rodrigo fugiram para "terra de mouros", sua mãe "os fazia buscar por toda parte com muita tristeza e medo que tivessem caído numa nora de casa e se afogado" (Ribera, *Vida* da Santa, L. I, c. 4).
19. N.T.: Equivale a: "este é o meu caso".
20. *Una de las personas que me mandaron escribir*: à margem de seu exemplar Gracián anotou: "o P. fr. Pedro Ibáñez". Contudo, o aludido é provavelmente Garcia de Toledo, ambos dominicanos.
21. *A maneira de declarar*: o estilo ou os recursos expositivos da autora.
22. *Como tenho dito*: no n. 7.
23. *Andar derramados* (os sentidos): distraídos no exterior, frequente na Santa (*C*. 28, 1.2; *Moradas* 1, 2, 9).

ras da oração, senão estar em solidão e, apartados, pensar sua vida passada. Ainda que isto todos os primeiros e últimos hão de fazer muitas vezes, há mais e menos de pensar nisto, como depois direi.[24] No princípio ainda dá pena, que não acabam de entender que se arrependem dos pecados: e fazem sim, pois se determinam a servir a Deus tão deveras. Hão de procurar tratar da vida de Cristo, e cansa-se o entendimento nisto.

Até aqui podemos adquirir nós, entende-se com o favor de Deus, que sem este já se sabe que não podemos ter um bom pensamento. Isto é começar a tirar água do poço, e ainda praza a Deus o queira ter. Mas pelo menos não falta para nós, que já vamos tirá-la e fazemos o que podemos para regar estas flores. E Deus é tão bom que, quando pelo que Sua Majestade sabe – porventura para grande proveito nosso –, quer que esteja seco o poço, fazendo o que é em nós como bons hortelãos, sem água sustenta as flores e faz crescer as virtudes. Chamo de "água" aqui as lágrimas e, ainda que não as haja, a ternura e sentimento interior de devoção.

10. Pois, o que fará aqui o que vê que em muitos dias não há senão secura e desgosto e dissabor e tão malgrado para vir tirar a água, que se não se lembrasse de que faz prazer e serviço ao Senhor da horta e olhasse para não perder todo o servido e ainda o que espera ganhar do grande trabalho que é lançar muitas vezes o caldeiro no poço e sacá-lo sem água, deixaria tudo? E muitas vezes lhe acontecerá ainda para isto não se lhe alçar os braços, nem poderá ter um bom pensamento: que este obrar com o entendimento, entendido vai que é o tirar água do poço.

Pois, como digo, o que fará o hortelão? Alegrar-se e consolar-se e ter por grandíssima mercê de trabalhar em horto de tão grande Imperador. E, pois, sabe que o contenta naquilo e seu intento não há de ser contentar-se a si mas a Ele, louvá-lo muito, que faz dele confiança,[25] pois vê que sem pagar-lhe nada tem tão grande cuidado do que lhe encomendou. E ajude-o a levar a cruz e pense que toda a vida viveu nela e não queira aqui seu reino nem deixe jamais a oração. E assim se determine, ainda que para toda a vida lhe dure esta secura, não deixar Cristo cair com a cruz. Tempo virá que lhe será pago por junto. Não haja medo que se perca o trabalho. A bom

---
24. *Depois direi*: no c. 13, 14-15; 15, 6.
25. *Hace de él confianza*: tem confiança nele.

amo serve. Está olhando para ele. Não faça caso de maus pensamentos. Olhe que também os representava o demônio a São Jerônimo no deserto.[26]

11. Seu preço têm estes trabalhos, que, como quem os passou muitos anos (que quando uma gota de água tirava deste bendito poço pensava que Deus me fazia mercê), sei que são grandíssimos e me parece que é mister mais ânimo do que para outros muitos trabalhos do mundo. Mas tenho visto claro que não deixa Deus sem grande prêmio, ainda nesta vida; porque é assim, certamente, que uma hora[27] das que o Senhor me tem dado de gosto de Si depois cá, me parece que ficam pagas todas as angústias que em sustentar-me na oração muito tempo passei.

Tenho para mim que quer o Senhor dar muitas vezes no princípio, e outras no fim, estes tormentos e outras muitas tentações que se oferecem, para provar a seus amadores e saber se poderão beber o cálice[28] e ajudá-los a levar a cruz, antes que ponha neles grandes tesouros. E para bem nosso creio que nos quer Sua Majestade levar por aqui, para que entendamos bem o pouco que somos; porque são de tão grande dignidade as mercês de depois, que quer por experiência vejamos antes nossa miséria primeiro que no-las dê, para que não nos aconteça o que a Lúcifer.[29]

12. Que fazeis vós, Senhor meu, que não seja para maior bem da alma que entendeis que já é vossa e que se põe em vosso poder para seguir-vos por onde fordes até a morte de cruz[30] e que está determinada a ajudar-vos a levá-la e a não deixar-vos só com ela?

Quem vir em si esta determinação, não, não há que temer. Gente espiritual, não há por que se afligir. Posto já em tão alto grau como é querer tratar a sós com Deus[31] e deixar os passatempos do mundo, o mais está feito. Louvai por isso a Sua Majestade e confiai em sua bondade, que nunca

---

26. Alusão da carta do Santo a Eustóquio, na qual lembra a sua luta contra as imaginações dos prazeres, enquanto vivia na solidão do deserto. A Santa leu as *Cartas* de São Jerônimo (3, 7).
27. *Que una hora*: que com uma hora. Assim emendou frei Luís na errata da 1ª edição, e na de 1589, p. 98.
28. Alusão ao evangelho de Mt 20,22.
29. *Lúcifer*, que caiu do céu por soberba (Is 14,12).
30. Reminiscência de Fl 2,4.
31. *Tratar a sós com Deus*: é seu conceito de oração, cf. 8, 5.

faltou a seus amigos. Tapai os vossos olhos de pensar[32] por que dá àquele de tão poucos dias devoção, e a mim não em tantos anos. Creiamos que é tudo para mais bem nosso. Guie Sua Majestade por onde quiser. Já não somos nossos, senão seus. Farta mercê nos faz em querer que queiramos cavar em seu horto e estarmos junto ao Senhor dele, que certamente está conosco. Se quiser que cresçam estas plantas e flores a uns dando água que tiram deste poço, a outros sem ela, que se me dá a mim? Fazei vós, Senhor, o que quiserdes. Não vos ofenda eu. Não se percam as virtudes, se alguma me tendes já dado só por vossa bondade. Padecer quero, Senhor, pois vós padecestes. Cumpra-se em mim de todas as maneiras a vossa vontade. E não praza a Vossa Majestade que coisa de tanto preço como vosso amor se dê a gente que vos serve apenas por gostos.

13. Há de se notar muito – e digo isto porque o sei por experiência – que a alma que neste caminho de oração mental começa a caminhar com determinação e pode acabar consigo de não fazer muito caso nem consolar-se nem desconsolar-se muito porque faltem estes gostos e ternura[33] ou lha dê o Senhor, que tem andado grande parte do caminho. E não tenha medo de tornar atrás, ainda que mais tropece, porque vai começando o edifício em firme fundamento. Sim, pois não está o amor de Deus em ter lágrimas nem estes gostos e ternura, que pela maior parte os desejamos e consolamos com eles, senão em servir com justiça e fortaleza de alma e humildade. Receber, mais me parece a mim isso, que não dar nós nada.[34]

14. Para mulherzinhas como eu, fracas e com pouca fortaleza, me parece que convém, como Deus agora o faz, levar-me com regalos,[35] para que possa sofrer alguns trabalhos que tem querido Sua Majestade que tenha; mas para servos de Deus, homens de tomo, de letras, de entendimento, que vejo fazer tanto caso de que Deus não lhes dá devoção, que me faz desgosto ouvi-lo. Não digo eu que não a tomem, se Deus a der, e a tenham em muito, porque então verá Sua Majestade que convém; mas que quando

---

32. *Tapaos los ojos de pensar*: fechai os olhos (da mente) para não pensar; quer dizer, não penseis.
33. *Gustos y ternura*: repetido algumas linhas mais abaixo. Na acepção mística (cf. 8,5; 9, 9; 10, 2; 25, 11).
34. Hipérbato atrevido. Equivale a "isso mais me parece a mim receber que não dar (= que dar) nós nada".
35. *Regalos*: na acepção de graças místicas (cf. 8, 5; 9, 9).

não a tiverem, que não se fatiguem e que entendam que não é mister, pois Sua Majestade não a dá, e andem senhores de si mesmos. Creiam que é falta. Eu o tenho provado e visto. Creiam que é imperfeição e não andar com liberdade de espírito, senão fracos para acometer.

15. Isto não digo tanto para os que começam (ainda que ponha tanto nisto, porque lhes importa muito começar com esta liberdade e determinação),[36] senão para outros; que haverá muitos que há que começaram e nunca acabam de acabar. E creio que é grande parte este não abraçar a cruz desde o princípio, que andarão aflitos parecendo-lhes que não fazem nada. Em deixando de obrar o entendimento, não o podem sofrer e porventura então engorda a vontade e toma força, e não o entendem eles.

Havemos de pensar que não olha o Senhor nestas coisas, que, ainda que a nós nos pareçam faltas, não são. Já sabe Sua Majestade nossa miséria e baixo natural melhor do que nós mesmos, e sabe que já estas almas desejam sempre pensar nele e amá-lo. Esta determinação é a que quer. Este outro afligimento que nos damos não serve para mais do que inquietar a alma, e se havia de estar inábil para aproveitar uma hora, que esteja quatro. Porque mui muitas vezes (eu tenho grandíssima experiência disso, e sei que é verdade, porque o tenho mirado com cuidado e tratado depois com pessoas espirituais) que[37] vem de indisposição corporal, que somos tão miseráveis que participa esta encarceradinha[38] desta pobre alma das misérias do corpo. E as mudanças do tempo e as voltas dos humores[39] muitas vezes fazem que sem culpa sua não possa fazer o que quer, senão que padeça de todas as maneiras. E quanto mais a querem forçar nestes tempos, é pior e dura mais o mal; senão que haja discrição para ver quando é disto e não afoguem a pobre. Entendam que são enfermos. Mude-se a hora da oração, e fartas vezes será alguns dias. Passem como puderem este desterro, que

---

36. *Comenzar con libertad y determinación*: serão as instruções que dará ao principiante no c. 13, 1 e ss.
37. *Que viene*: esse "que" é redundante.
38. *Esta encarceladita de esta pobre alma*: ressonância da ideia platônica do corpo como cárcere da alma. "Mal hóspede (da alma) este corpo", escreverá no fim deste número. E em seu poema "Vivo sem viver em mim": "este cárcere... em que a alma está metida".
39. *Las vueltas de los humores*: alusão às velhas teorias psicofísicas dos quatro humores do composto humano, e sua vária influência nos estados de ânimo (cf. *Fund.* 4, 2).

farta desventura é de uma alma que ama a Deus ver que vive nesta miséria e que não pode o que quer, por ter tão mau hóspede como este corpo.

16. Disse "com discrição", porque alguma vez o demônio o fará; e assim é bom nem sempre deixar a oração quando há grande distração e perturbação no entendimento, nem sempre atormentar a alma ao que não pode.

Outras coisas há exteriores de obras de caridade e de lição,[40] ainda que às vezes também não esteja para isto. Sirva então ao corpo por amor de Deus, para que outras vezes muitas sirva ele à alma e tome alguns passatempos santos de conversações que o sejam, ou ir ao campo, como aconselhar o confessor. E em tudo é grande coisa a experiência, que dá a entender o que nos convém. E em tudo se serve Deus. Suave é seu jugo,[41] e é grande negócio não trazer a alma arrastada, como dizem, senão levá-la com suavidade[42] para seu maior aproveitamento.

17. Assim que torno a avisar – e ainda que o diga muitas vezes, não tem importância – que importa muito que de securas nem de inquietude e distração nos pensamentos ninguém se aperte nem aflija. Se quiser ganhar liberdade de espírito e não andar sempre atribulado, comece a não se espantar com a cruz, e verá como lhe ajuda também a levá-la o Senhor e com o contento que anda[43] e o proveito que tira de tudo. Porque já se vê que, se o poço não mana, que nós não podemos pôr a água. É verdade que não havemos de estar descuidados para que, quando houver, tirá-la;[44] porque então já quer Deus por este meio multiplicar as virtudes.

---

40. *Lição*: leitura.
41. Alusão a Mt 11,30.
42. *Suavidade*: por lapso, ao mudar de linha, a Santa escreveu "su / suavidad". Mantemos a leitura de frei Luís (p. 134).
43. *Y con el contento que anda*: por "o contento com que anda".
44. *Cuando la haya, sacarla*: frase elíptica: *para que, quando houver* (água), *possamos tirá-la*.

Capítulo 12

Prossegue neste primeiro estado. – Diz até onde podemos chegar com o favor de Deus por nós mesmos, e o dano que é querer, até que o Senhor o faça, subir o espírito a coisas sobrenaturais.[1]

1. O que tenho pretendido dar a entender neste capítulo passado – ainda que me tenha divertido[2] muito em outras coisas por parecer-me mui necessárias – é dizer até o que podemos nós adquirir, e como nesta primeira devoção podemos ajudar-nos algo. Porque ao pensar e esquadrinhar o que o Senhor passou por nós, move-nos à compaixão, e é saborosa esta pena e as lágrimas que procedem daqui. E pensar na glória que esperamos e no amor que o Senhor teve por nós e na sua ressurreição, move-nos ao gozo que nem é totalmente espiritual nem sensual,[3] senão gozo virtuoso e a pena muito meritória. Desta maneira são todas as coisas que causam devoção adquirida com o entendimento em parte, ainda que não podida merecer nem ganhar se Deus não a der. Está muito bem para uma alma que não a tem subido daqui,[4] não procurar ela subir; e note-se muito isto, porque não lhe aproveitará mais de perder.[5]

---

    1. O sentido do capítulo é: trata do primeiro grau de oração. Estabelece a linha diferencial entre este estado e os seguintes: até que ponto o principiante pode chegar com seu esforço; e onde começa a oração infusa, à qual ele não pode elevar-se por suas forças. – No capítulo, insistirá neste segundo ponto: que a oração infusa ou a experiência de Deus não é fruto do esforço humano, mas puro dom de Deus. – Todo o capítulo tem tom polêmico, contra correntes de sua época. Seguirá sendo objeto de polêmica depois de publicado o livro. Frei Luís de León terá de fazer uma longa nota marginal na segunda edição de *Vida* (Salamanca 1599, p. 105-107), diante dos ataques provocados pela primeira edição da obra (cf. a nota 18 deste capítulo). – "Subir o espírito" e "coisas sobrenaturais" são expressões técnicas: ficarão esclarecidas no texto. – No final da epígrafe deste capítulo, uma segunda mão acrescentou no original "e extraordinárias". Embora frei Luís tenha aceitado a correção (p. 135), não a retemos no texto.
    2. *Me he divertido*: em sua acepção etimológica de "distrair", "sair do tema".
    3. *Sensual*: na acepção de "sensível" (cf. 3,2). Fará uma distinção psicológica muito parecida em *C.* 4, 13 e 6, 1, a propósito do amor, entre espiritual e sensível.
    4. *Uma alma que* o Senhor *não tem subido daqui* (= deste primeiro grau de oração a outro superior).
    5. *Mais de perder*: não lhe aproveitará mais que para perder.

2. Pode neste estado fazer muitos atos para determinar-se a fazer muito por Deus e despertar o amor, outros para ajudar a crescer as virtudes, conforme o que diz um livro chamado *Arte de servir a Deus*, que é muito bom e apropriado para os que estão neste estado, porque obra o entendimento.[6] Pode representar-se diante de Cristo e acostumar-se a enamorar-se muito de sua sagrada Humanidade e trazê-lo sempre consigo e falar com ele, pedir a ele para suas necessidades e queixar-se a ele de seus trabalhos, alegrar-se com ele em seus contentos e não se esquecer dele por eles, sem procurar orações compostas, senão palavras conforme a seus desejos e necessidade.[7]

É excelente maneira de aproveitar e muito em breve; e quem trabalhar e trouxer consigo esta preciosa companhia e se aproveitar muito dela e deveras cobrar amor a este Senhor a quem tanto devemos, eu o dou por aproveitado.[8]

3. Para isto não se nos há de dar nada de não ter devoção – como tenho dito –,[9] se não agradecer ao Senhor que nos deixa andar desejosos de contentá-lo, ainda que sejam fracas as obras. Este modo de trazer Cristo conosco aproveita em todos os estados, e é um meio seguríssimo para ir aproveitando no primeiro e chegar em breve ao segundo grau de oração, e para os últimos andar seguros dos perigos que o demônio pode pôr.

4. Pois isto é o que podemos. E quem quiser passar daqui e levantar o espírito a sentir gostos que não lhe são dados,[10] é perder um e o outro,

---

6. *Porque obra el entendimiento*: porque é estado (ou oração) em que o entendimento atua. No fundo destas afirmações está a convicção da autora sobre o duplo modo de "conhecer" que o entendimento tem: ativamente (discorrendo etc.) e passivamente (na contemplação infusa). – O livro aludido algumas linhas antes é do franciscano Alonso de Madri, muito lido no tempo da Santa. Edições em Sevilha 1521, Alcalá 1526, Burgos 1530 e sucessivamente em 1542, 1551, 1555, 1570... Reeditado em 1911 na Nova Biblioteca de Autores Espanhóis e, mais recentemente, por J. B. Gomis, na BAC (Madri 1948).

7. Cf. uma passagem paralela em *C*. 26, 3-6.

8. *Aprovechado*: no sentido de "avantajado, vantajoso", ou na acepção técnica teológica (cf. c. 11, nota 12) e neste cap. n. 3.

9. *Como tengo dicho*: no c. 11, n. 13-14. [Antes: *No se nos ha de dar nada*: não façamos caso, não nos importemos.]

10. *Gustos que no se los dan*: quando não lhe são dados. – "Gostos" em sua acepção técnica de "oração mística" da qual falará no c. 14 (cf. o título).

a meu parecer, porque é sobrenatural;[11] e perdido o entendimento, fica a alma deserta e com muita secura. E como este edifício todo vai fundado em humildade, quanto mais chegados a Deus, mais adiante há de ir esta virtude, e se não, vai tudo perdido. E parece algum gênero de soberba querer nós subir a mais, pois Deus faz demais, segundo somos, em chegar-nos para perto de si.

Não se há de entender que digo isto pelo subir com o pensamento a pensar coisas altas do céu ou de Deus e as grandezas que lá há e sua grande sabedoria; porque, ainda que eu nunca o fizesse (que não tinha habilidade – como tenho dito[12] – e me achava tão ruim, que ainda para pensar coisas da terra me fazia Deus mercê de que entendesse esta verdade, que não era pouco atrevimento, quanto mais para as do céu), outras pessoas se aproveitarão, em especial se têm letras,[13] que é um grande tesouro para este exercício, a meu parecer, se são com humildade. De uns dias para cá o tenho visto por alguns letrados,[14] que há pouco começaram e têm aproveitado mui muito; e isto me faz ter grandes ânsias para que[15] muitos fossem espirituais, como adiante direi.

5. Pois o que digo, "não sobem sem que Deus os suba", é linguagem de espírito.[16] Entender-me-á quem tiver alguma experiência, que eu não o

---

11. *É sobrenatural*: "'sentir gostos' é coisa sobrenatural". – "Sobrenatural, no léxico da Santa, não tem o significado da teologia de hoje. Equivale "grosso modo" a místico e infuso. A Santa mesma nos deu sua definição dez anos mais tarde: "sobrenatural chamo eu o que com indústria nem diligência não se pode adquirir ainda que muito se procure, ainda que se disponha para isso sim" (*Rel.* 5, 3).
12. *Como he dicho*: no c. 9, 5.
13. *Se têm letras*: estudos.
14. *Algunos letrados que ha poco que comenzaron*: "letrados", pessoas com estudos, especialmente teólogos, biblistas, filósofos… Os aludidos aqui coincidem em grande parte com os destinatários do livro: Pedro Ibáñez, Garcia de Toledo, provavelmente Báñez, e algum outro. Sobre o afã da Santa por "espiritualizar os letrados", cf. c. 33, 5-6 e 34, 6ss; e *C.* 3.
15. N.T.: *Para que*: no original "porque".
16. *No suban sin que Dios los suba / es lenguaje de espíritu*: a primeira expressão significa, segundo a autora, fazer um esforço para suspender o discurso (n. 5) ou para sentir "gostos espirituais" (n. 4), sem que Deus passivamente os outorgue ao orante. Era terminologia em uso nos livros lidos pela Santa (*Tercer Abecedario* de Osuna, 9, c. 8; *Subida del Monte Sión* de Bernardino de Laredo, 3, c. 41). – "Linguagem de espírito", ou linguagem espiritual, é a maneira de falar e escrever dos "espirituais" ou místicos (cf. c. 11, nota 13).

sei dizer[17] se por aqui não se entende. Na mística teologia que comecei a dizer,[18] perde de obrar o entendimento,[19] porque Deus o suspende,[20] como depois declararei mais, se souber, e ele me der para isso seu favor. Presumir nem pensar em suspendê-lo nós, é o que digo que não se faça, nem se deixe de obrar com ele, porque ficaremos bobos e frios, nem faremos um nem o outro; que quando o Senhor o suspende e faz parar, dá-lhe de que se espante[21] e se ocupe, e que sem discorrer entenda mais em um "credo"[22] do que nós podemos entender com todas as nossas diligências da terra em muitos anos. Ocupar as potências da alma e pensar fazê-las estar quietas é desatino.

E torno a dizer que,[23] ainda que não se entenda, é de não grande humildade; ainda que não com culpa, com pena sim, que será trabalho perdi-

---

17. No autógrafo: *no lo sé "de" decir*, trata-se de um lapso material ocasionado pela passagem de linha, como em outras ocasiões (c. 13, 14). Na autora é frequentíssimo: "sé decir / saber decir", nunca: "saber 'de' decir". Lembrar a passagem do c. 7, 22: "de mi sé decir que...": frei Luís: "sé decir" (p. 138).
18. *Comecei a dizer*: no c. 11, 5 ou no c. 10, 1. E o *declarará mais* nos c. 18-22.
19. N.T.: *Pierde de obrar el entendimiento*: o entendimento deixa de agir.
20. *Le suspende Dios* (o entendimento): Frei Luís, em sua 2ª edição da *Vida* (p. 105-107), parte dessa expressão para fazer a defesa da autora. Eis sua nota marginal: "Suspender Deus o pensamento ou entendimento de que fala aqui a santa madre, e o chama de Mystica Theologia, é apresentar diante de si grande quantidade de coisas sobrenaturais e divinas e infundir nelas grande cópia de luz para que as veja com uma vista simples e sem discurso, nem consideração nem trabalho. E isto com tanta força que não pode atender a outra coisa, nem divertir-se. E não para o negócio de só ver e admirar, mas passa a luz para a vontade, e torna-se fogo nela que a incendeia em amor. De maneira que quem isto padece tem o entendimento encravado no que vê e espantado com isso, e a vontade ardendo em amor do mesmo, e a memória totalmente ociosa, porque a alma ocupada com o gozo presente não admite outra memória. Pois deste elevamento ou suspensão, que é sobrenatural, quer dizer que nossa alma nele mais propriamente padece, que faz, e diz que ninguém presuma elevar-se desta maneira antes que a elevem, por um lado porque excede toda a nossa indústria e assim será em vão, por outro lado porque será falta de humildade. E avisa disto a santa madre com grande causa, porque há livros de oração que aconselham aos que oram que suspendam o pensamento totalmente e que não figurem na imaginação coisa nenhuma, nem sequer ofeguem, de que sucede ficarem frios e indevotos".
21. *De que se espante*: se assombre ou se admire.
22. *Em um credo*: a duração da reza de um Credo. A Santa segue o uso popular de utilizar o Credo e a Ave-Maria como unidades de medida de tempo (cf. *Vida* 4, 7; 38, 1.10; 15, 7; 30, 16).
23. *Torno a dizer que...*: que "presumir suspender o pensamento" é de pouca humildade. Ela disse isso no n. 4.

do, e fica a alma com um desgostozinho como quem vai saltar e a seguram por trás, pois já parece que empregou a sua força e acha-se sem efetuar o que com ela queria fazer; e no pouco ganho que fica verá quem o quiser olhar este pouquinho de falta de humildade que tenho dito.[24] Porque isto tem excelente esta virtude, que não há obra a quem ela acompanhe, que deixe a alma desgostada.

Parece-me tê-lo dado a entender, e porventura será só para mim. Abra o Senhor os olhos dos que o lerem, com a experiência; que, por pouca que seja, logo o entenderão.

6. Fartos anos estive eu que lia muitas coisas e não entendia nada delas; e muito tempo que, ainda que mo desse Deus, palavra não sabia dizer para dá-lo a entender, que não me tem custado isto pouco trabalho. Quando Sua Majestade quiser, num ponto ensina tudo, de maneira que eu me espanto.

Uma coisa posso dizer com verdade: que, ainda que falasse com muitas pessoas espirituais que quisessem dar-me a entender o que o Senhor me dava, para que o soubesse dizer, e[25] é certo que era tanta a minha torpeza, que pouco nem muito me aproveitava; ou queria o Senhor, como Sua Majestade foi sempre meu mestre (seja por tudo bendito, que farta confusão é para mim poder dizer isto com verdade), que não tivesse a ninguém que agradecer. E sem querer nem pedi-lo (que nisto não tenho sido nada curiosa – porque teria sido virtude sê-lo – senão em outras vaidades), dar-me Deus num ponto a entender com toda clareza e para sabê-lo dizer, de maneira que se espantavam e eu mais que meus confessores, porque entendia melhor minha torpeza. Isto há pouco.[26] E assim o que o Senhor não me tem ensinado não o procuro, se não é o que toca à minha consciência.

7. Torno outra vez a avisar que vai muito em "não subir o espírito se o Senhor não o subir". Que coisa é, se entende logo. Em especial para mulheres é pior, que poderá o demônio causar alguma ilusão; ainda que

---

24. *Que he dicho*: no n. 4.
25. *E é certo* [*y es cierto*]: o "y" é redundante. Frei Luís o omite (p. 140).
26. *Esto ha poco*: faz pouco tempo que a autora está consciente de possuir essa possibilidade de exprimir (escrever) suas experiências profundas. Dará testemunho de sua impotência expressiva no c. 13, 11-12. No c. 17, 5 distinguirá as três etapas de seu processo expressivo-místico: experimentar, entender, exprimir. Cf. c. 30, 4.

tenha por certo que não consente o Senhor fazer dano a quem com humildade procura chegar a Ele, antes sacará mais proveito e lucro por onde o demônio pensar em fazê-lo perder.

Por ser este caminho dos primeiros[27] mais usado, e importam muito os avisos que tenho dado, me tenho alongado tanto. E os terão escrito em outras partes muito melhor, eu o confesso, e que com farta confusão e vergonha o tenho escrito, ainda que não tanta como havia de ter.

Seja o Senhor bendito por tudo, pois a uma como eu quer e consente que fale em coisas suas tais e tão subidas.

---

27. *Este camino de los primeros*: o primeiro grau de oração. "Mais usado": os que chegam a este primeiro grau são mais que os iniciados nos graus sucessivos.

Capítulo 13

Prossegue neste primeiro estado e põe avisos para algumas tentações que o demônio costuma pôr algumas vezes. – Dá avisos para elas. – É muito proveitoso.

1. A mim tem parecido[1] dizer algumas tentações que tenho visto que se têm no princípio, e algumas tido eu, e dar alguns avisos de coisas que me parecem necessárias.

Pois procure-se no princípio andar com alegria e liberdade, que há algumas pessoas que parece que a devoção vai embora delas se se descuidam um pouco. É bom andar com temor de si para não confiar em si pouco nem muito para não se pôr em ocasião onde[2] costuma ofender a Deus, que isto é muito necessário até estar já muito inteiros na virtude; e não há muitos que o possam estar tanto, que em ocasiões aparelhadas a seu natural se possam descuidar, que sempre, enquanto vivemos, também por humildade, é bom conhecer nossa miserável natureza. Mas há muitas coisas aonde se sofre,[3] como tenho dito, tomar recreação também para tornar à oração mais fortes. Em tudo é preciso discrição.

2. Ter grande confiança, porque convém muito não apoucar os desejos, senão crer em Deus que, se nos esforçarmos, pouco a pouco, ainda que não seja logo, poderemos chegar ao que muitos santos com seu favor; que se eles nunca se determinaram a desejá-lo e pouco a pouco a pô-lo por obra, não teriam subido a tão alto estado. Quer Sua Majestade, e é amigo de almas animosas,[4] que vão com humildade e nenhuma confiança de si. E não tenho visto nenhuma destas que fique baixa neste caminho; nem nenhuma alma covarde, com amparo de humildade,[5] que em muitos

---

1. *Hame parecido* conveniente *decir*.
2. *Donde*: tinha escrito *de adonde*. Corrigido no original. Frei Luís já leu "donde" (p. 142).
3. *Se sufre*: se pode, é lícito. – *Como tenho dito* no c. 11, n. 15-16.
4. Equivale a "Deus gosta das almas decididas". Tese reiterada pela autora: cf. C. 41, 8; 23, 4.
5. *Com amparo de...*: sob pretexto de, a título de...

anos ande o que estoutros em muito poucos. Espanta-me o muito que faz neste caminho animar-se a grandes coisas; ainda que logo não tenha forças a alma, dá um voo e chega a muito, ainda que – como avezinha que tem penugem má – canse e fica.

3. Outras vezes trazia eu diante muitas vezes o que diz São Paulo, que *tudo se pode em Deus*.[6] Em mim bem entendia que não podia nada. Isto me aproveitou muito, e o que diz Santo Agostinho: *Dá-me, Senhor, o que me mandas, e manda o que quiseres*. Pensava muitas vezes que não tinha perdido nada São Pedro em lançar-se no mar, ainda que depois temesse. Estas primeiras determinações são grande coisa, ainda que neste primeiro estado seja preciso ir-se mais detendo e atados à discrição e parecer de mestre; mas hão de olhar que seja tal, que não os ensine a ser sapos, nem que se contente com que se mostre a alma a só caçar lagartixas.[7] Sempre a humildade diante, para entender que não hão de vir estas forças das nossas!

4. Mas é mister entendermos como há de ser esta humildade, porque creio que o demônio faz muito dano para não ir muito adiante gente que tem oração, fazendo-os ocupar-se mal com a humildade, fazendo que nos pareça soberba ter grandes desejos e querer imitar os santos e desejar ser mártires. Logo nos diz ou faz entender que as coisas dos santos são para admirar, mas não para fazê-las os que somos pecadores.

Isto também digo eu; mas havemos de mirar qual é de espantar[8] e qual de imitar. Porque não seria bom se uma pessoa fraca e enferma se pusesse em muitos jejuns e penitências ásperas, indo a um deserto aonde nem pudesse dormir nem tivesse o que comer, ou coisas semelhantes. Mas pensar que nos podemos esforçar com o favor de Deus a ter um grande desprezo do mundo, um não estimar a honra, um não estar atado à fazenda; que temos uns corações tão apertados, que parece que nos há de faltar o chão ao querer nos descuidar um pouco do corpo e dar ao espírito; logo

---

6. Sucedem-se duas citações bíblicas e uma de Santo Agostinho: Fl 4,13; *Confissões* 10, 29; Mt 14,29-30.

7. Que o mestre espiritual não os *ensine a ser sapos* (= a caminhar lenta e rasteiramente) nem a *só caçar lagartixas* (= dar importância a minúcias insignificantes); cf. também o n. 5.

8. *Espantar*: admirar.

parece que ajuda ao recolhimento ter muito bem o que é mister, porque os cuidados inquietam a oração.

Disto me pesa a mim, que tenhamos tão pouca confiança em Deus e tanto amor próprio, que nos inquiete esse cuidado. E é assim que aonde está tão pouco medrado o espírito como isto, umas ninharias nos dão tão grande trabalho como a outros coisas grandes e de muito tomo. E em nossa opinião presumimos ser espirituais!

5. Parece-me agora a mim esta maneira de caminhar um querer conciliar corpo e alma para não perder cá o descanso e gozar lá de Deus. E assim será isso se andarmos em justiça e vamos apegados à virtude. Mas é passo de galinha.[9] Nunca com ele se chegará à liberdade de espírito. Maneira de proceder muito boa me parece para o estado de casados, que hão de ir conforme a seu chamamento; mas para outro estado, de nenhuma maneira desejo tal maneira de aproveitar nem me farão crer que é boa, porque a tenho provado, e sempre eu estivera assim se o Senhor por sua bondade não me ensinasse outro atalho.[10]

6. Ainda que nisto de desejos sempre os tive grandes,[11] mas procurava isto que tenho dito: ter oração, mas viver com meu prazer. Creio que se houvera quem me sacasse a voar, mais me tivera posto em que estes desejos fossem com obra. Mas há – por nossos pecados – tão poucos, tão contados, que não tenham discrição demasiada neste caso, que creio que é farta causa para que os que começam não vão mais depressa a grande perfeição. Porque o Senhor nunca falta nem fica por Ele;[12] nós somos os faltos e miseráveis.

7. Também se podem imitar os santos em procurar solidão e silêncio e outras muitas virtudes, que não nos matarão estes negros corpos[13] que tão

---

9. *Es paso de gallina*: "maneira de caminhar" a passo lento, contraposta ao "voar" do n. 6, e à rapidez do "atalho" deste mesmo número.
10. *Atalho*: o da ousada determinação do n. 2. Propô-la-á decididamente em *Caminho* c. 21 e 23. Sobre caminho e atalho cf. *Vida* 22, 11 e *Moradas* 5, 3, 4.
11. Testemunha isto de si insistentemente: c. 6, 9; 30, 17; *Rel.* 1ª e 3ª; *Conc.* 2, 29.
12. N.T.: *Ni queda por El*: apesar de nossas faltas, "ele não deixa de cumprir a sua parte".
13. *Estes negros corpos*: "negros", como adjetivo desqualificador, equivalente a "malfadados". ("Negra vigararia" das cartas; "negros pontos de honra" de *C.* 36, 6; "esta negra honra": *C.* 36, 4).

concertadamente se querem levar para desconcertar a alma,[14] e o demônio ajuda muito a fazê-los inábeis, quando vê um pouco de temor; não quer ele mais para fazer-nos entender que tudo nos há de matar e tirar a saúde; até ter lágrimas nos faz ter medo de cegar. Tenho passado por isto e por isso sei disso; e não sei que melhor vista nem saúde podemos desejar que perdê-la por tal causa.

Como sou tão enferma, até que me determinei a não fazer caso do corpo nem da saúde, sempre estive atada, sem valer nada; e agora faço bem pouco. Mas como quis Deus que entendesse este ardil do demônio, e como me punha diante o perder a saúde, dizia eu: "pouco vai em que eu morra"; se o descanso: "já não preciso de descanso, senão de cruz"; assim outras coisas. Vi claro que em mui muitas, ainda que eu de fato seja bastante enferma, que era minha tentação do demônio ou frouxidão minha; que depois que não estou tão considerada e mimada,[15] tenho muito mais saúde.

Assim que importa muito no princípio de começar oração não intimidar os pensamentos, e creiam-me isto, porque o tenho por experiência. E para que escarmentem em mim, ainda poderia aproveitar dizer estas minhas faltas.

8. Outra tentação é logo mui ordinária, que é desejar que todos sejam muito espirituais, como começam a gostar do sossego e lucro que é. O desejá-lo não é mau; o procurá-lo poderia ser não bom, se não há muita discrição e dissimulação em ser feito de maneira que não pareça que ensinam; porque quem houvera de fazer algum proveito neste caso, é mister que tenha as virtudes muito fortes para que não dê tentação aos outros.

Aconteceu a mim – e por isso o entendo – quando, como tenho dito,[16] procurava que outras tivessem oração, que, como por um lado me viam falar grandes coisas do grande bem que era ter oração, e por outro lado me viam com grande pobreza de virtudes, tê-la eu[17] as trazia tentadas

---

14. *Concertadamente... desconcertar*: é o caminhar calculado e pouco ousado de que vem falando. Sobre ele ironizará nas *Moradas* 2, 5-7.

15. N.T.: *Considerada e mimada* traduz *mirada y regalada*: expressão usada pela Santa para significar a sua (e dos outros) preocupação ou cuidado com a sua saúde delicada.

16. *Como tenho dito* no c. 7, 10ss.

17. *Tê-la eu*: oração.

e desatinadas, e com farta razão! Que depois me têm vindo dizê-lo, porque não sabiam como se podia compadecer[18] um com o outro; e era causa de não ter por mau o que em si não o era, por ver que o fazia eu algumas vezes, quando lhes parecia algo bem de mim.

9. E isto faz o demônio, que parece que se ajuda das virtudes que temos boas para autorizar no que pode o mal que pretende, que, por pouco que seja, quando é numa comunidade, deve ganhar muito; quanto mais que o que eu fazia de mau era mui muito. E assim, em muitos anos só três[19] se aproveitaram do que lhes dizia, e depois que já o Senhor me tinha dado mais forças na virtude, se aproveitaram em dois ou três anos muitas, como depois direi.[20]

E, sem isto, há outro grande inconveniente, que é perder a alma;[21] porque o mais que havemos de procurar no princípio é só ter cuidado de si só, e fazer de conta que não há na terra senão Deus e ela; e isto é o que lhe convém muito.

10. Dá outra tentação (e todas vão com um zelo de virtude que é mister ser entendido e andar com cuidado) de pena dos pecados e faltas que veem nos outros: põe o demônio que é só a pena de querer que não ofendam a Deus e pesar-lhes por sua honra, e logo quereriam remediá-lo. Inquieta isto tanto que impede a oração; e o maior dano é pensar que é virtude e perfeição e grande zelo de Deus.

Deixo as penas que dão pecados públicos – se os tivesse por costume – de uma congregação, ou danos causados à Igreja por estas heresias, onde vemos perder tantas almas; que esta é muito boa,[22] e como é boa, não inquieta. Pois o seguro será da alma que tiver oração descuidar-se de tudo e de todos, e só a si levar em conta e contentando a Deus. Isto convém

---

18. *Compadecer*: ser compatível, compaginar.
19. *Só três*. Gracián anotou em seu exemplar: "Foram Maria de São Paulo, Ana dos Anjos, dona Maria de Zepeda". As três eram carmelitas da Encarnação.
20. Refere-se aos c. 32-36.
21. *Perder el alma*: que a alma saia perdendo. A seguir, *lo más que hemos de procurar*: o que mais havemos de procurar.
22. *Que esta* (pena) *é muito boa*.

mui muito, porque, se houvesse de dizer os erros que tenho visto suceder confiando na boa intenção!...[23]

Pois procuremos sempre olhar as virtudes e coisas boas que virmos nos outros, e tapar seus defeitos com nossos grandes pecados.[24] É uma maneira de agir que, ainda que logo não se faça com perfeição, se vem a ganhar uma grande virtude, que é ter a todos por melhores do que nós, e começa-se a ganhar por aqui com o favor de Deus, que é preciso em tudo e, quando falta, escusadas são as diligências, e suplicar-lhe que nos dê esta virtude, que se fizermos o que está ao nosso alcance, não falta a ninguém.

11. Olhem também este aviso os que discorrem muito com o entendimento, sacando muitas coisas de uma coisa e muitos conceitos; que dos que não podem obrar com ele, como eu fazia,[25] não há que avisar, senão que tenham paciência, até que o Senhor lhes dê em que se ocuparem e luz, pois eles podem tão pouco por si, que o seu entendimento antes os embaraça do que os ajuda.

Pois tornando aos que discorrem, digo que não se lhes vá todo o tempo nisto; porque, ainda que seja muito meritório, não lhes parece – como é oração saborosa – que há de haver dia de domingo,[26] nem momento que não seja trabalhar. Logo lhes parece que é perdido o tempo, e tenho eu por muito ganha esta perda; senão que – como tenho dito –[27] se representem diante de Cristo, e sem cansaço do entendimento se estejam falando e regalando com ele, sem cansar-se em compor razões, senão apresentar necessidades e a razão que tem para não nos sofrer ali: um num tempo e o outro noutro, para que não se canse a alma de comer sempre um manjar. Estes são muito gostosos e proveitosos, se o gosto se usa[28] a comer deles; trazem consigo grande sustento para dar vida à alma, e muitos lucros.

12. Quero me explicar mais, porque estas coisas de oração são todas dificultosas e, se não se acha mestre, muito más de entender; e isto faz que,

---

23. Frei Luís completou o sentido acrescentando: "nunca acabaria" (p. 149).
24. Instrução frequente na ascética teresiana: cf. *Moradas* 5, 3, 11.
25. *Como eu fazia*: como era o meu caso, quando não podia meditar ou orar discursivamente (c. 4, 7).
26. *Dia de domingo*: pausa para descanso.
27. *Como tenho dito* no c. 12, 2.
28. *Se o gosto se usa*: habitua-se ou acostuma-se.

ainda que quisesse abreviar e bastasse para o entendimento bom de quem me mandou[29] escrever estas coisas de oração só tocá-las, minha torpeza não dá lugar para dizer e dar a entender em poucas palavras coisa que tanto importa declarar bem; que como eu passei tanto, tenho lástima dos que começam só com livros,[30] que é coisa estranha quão diferentemente se entende do que depois de experimentado se vê.

Pois tornando ao que dizia,[31] pomo-nos a pensar um passo da Paixão, digamos o de quando estava o Senhor à coluna: anda o entendimento buscando as causas que ali dá a entender, as dores grandes e pena que Sua Majestade teria naquela solidão e outras muitas coisas que, se o entendimento é obrador, poderá tirar daqui. Oh, que se é letrado!...[32] É o modo de oração em que hão de começar e demear e acabar todos, e muito excelente e seguro caminho, até que o Senhor os leve a outras coisas sobrenaturais.

13. Digo "todos", porque há muitas almas que aproveitam mais em outras meditações do que na da sagrada Paixão; que assim como há muitas moradas no céu,[33] há muitos caminhos. Algumas pessoas aproveitam considerando-se no inferno, e outras no céu e se afligem em pensar no inferno, outras na morte. Algumas, se são ternas de coração, se fatigam muito em pensar sempre na Paixão, e se regalam e aproveitam em olhar o poder e grandeza de Deus nas criaturas e o amor que nos teve, que em todas as coisas se representa, e é admirável maneira de proceder, não deixando muitas vezes a Paixão e vida de Cristo, que é de onde nos veio e vem todo o bem.

14. Precisa de aviso o que começa, para olhar no que aproveita mais. Para isto é muito necessário o mestre, se é experimentado; que se não, muito pode errar e trazer uma alma sem entendê-la nem deixá-la a si mesma

---

29. Carinhoso elogio dirigido, provavelmente, a Garcia de Toledo.
30. Cf. seu caso, já referido no c. 4, 7. E sua exclamação "grande mal uma alma só" (7, 20ss.).
31. No n. 11, e antes no c. 12, 2.
32. Outra leitura possível do presente texto: "ou que se é letrado", em alternativa com o orante de "entendimento obrador" ("obrador": ativo, pensador). Frei Luís leu ao seu modo: "ou se é letrado é o modo..." (p. 151), emendando em sua lista de erratas.
33. Reminiscência bíblica: Jo 14,2. Ideia germinal das moradas em seu *Castelo interior*.

entender; porque, como sabe que é grande mérito estar[34] sujeita a mestre, não ousa sair do que lhe manda. Eu topei com almas encurraladas e aflitas por não ter experiência quem as ensinava, que me faziam lástima, e alguma que não sabia já o que fazer de si; porque, não entendendo o espírito, afligem alma e corpo, e estorvam o aproveitamento. Uma tratou comigo, que a tinha o mestre atada oito anos havia[35] que não a deixava sair de próprio conhecimento, e a tinha já o Senhor em oração de quietude, e assim passava muito trabalho.

15. E ainda que isto do conhecimento próprio jamais se há de deixar, nem há alma, neste caminho, tão gigante que não seja preciso muitas vezes tornar a ser criança e a mamar (e isto jamais se esqueça, talvez o diga mais vezes, porque importa muito); porque não há estado de oração tão subido, que muitas vezes não seja necessário tornar ao princípio, e nisto dos pecados e conhecimento próprio,[36] é o pão com que todos os manjares se hão de comer, por delicados que sejam, neste caminho de oração, e sem este pão não se poderiam sustentar; mas há de se comer com medida, que depois que uma alma se vê já rendida e entende claro que não tem coisa boa de si e se vê envergonhada diante de tão grande Rei e vê o pouco que lhe paga do muito que lhe deve, que necessidade há de gastar o tempo aqui, senão irmos a outras coisas que o Senhor põe diante e não é razão para as deixarmos, pois Sua Majestade sabe melhor do que nós do que nos convém comer.

16. Assim que importa muito ser o mestre avisado – digo de bom entendimento – e que tenha experiência. Se com isto tem letras, é grandíssimo negócio. Mas se não se podem achar estas três coisas[37] juntas, as duas primeiras importam mais; porque letrados podem procurar para comunicar-se com eles quando tiverem necessidade. Digo que no princípio, se

---

34. *Estar*: como em outros casos, por lapso material no original, repetiu essa palavra ao passar de linha. Sem intencionalidade literária.
35. *Ocho años había*: fazia já oito anos.
36. A necessidade de insistir no conhecimento próprio será um de seus *slogans* fortes nas *Moradas*: 1, 2 título, e 3, c. 2.
37. *Três coisas juntas*, requeridas para o bom mestre espiritual: que seja "de bom entendimento", "que tenha experiência" e "letras" (= ciência)... então é "grandíssimo negócio". – Na frase seguinte, o sujeito de "podem" e " tiveram" não é "letrados", mas "principiantes" (implícito).

não têm oração, aproveitam pouco letras;[38] não digo que não tratem com letrados, porque espírito que não vá começado em verdade eu mais o quereria sem oração; e é grande coisa letras, porque estas nos ensinam aos que pouco sabemos e nos dão luz e, chegados a verdades da Sagrada Escritura, fazemos o que devemos: de devoções a bobas[39] nos livre Deus.

17. Quero-me declarar mais, que creio que me meto em muitas coisas. Sempre tive esta falta de não me saber dar a entender – como tenho dito[40] – senão a custa de muitas palavras. Começa uma monja a ter oração; se um simples a governa e lhe antoja, fá-la-á entender que é melhor que obedeça a ele do que a seu superior, e sem malícia sua, mas pensando que acerta; porque se não é de religião,[41] parecer-lhe-á ser assim. E se é mulher casada, dir-lhe-á que é melhor, quando há de ocupar-se com sua casa, estar em oração, ainda que descontente o seu marido. Assim que não sabe ordenar o tempo nem as coisas para que vão conforme a verdade. Por faltar a ele a luz, não a dá aos outros ainda que queira. E ainda que para isto pareça não ser preciso letras, minha opinião tem sido sempre e será que qualquer cristão procure tratar com quem tenha boas, se puder, e quanto mais melhor; e os que vão por caminho de oração têm disto maior necessidade, e quanto mais espirituais, mais.

18. E não se engane dizendo que letrados sem oração não são para quem a tem. Eu tenho tratado com muitos,[42] porque de uns anos para cá o tenho mais procurado com a maior necessidade, e sempre fui amiga deles, que ainda que alguns não tenham experiência, não aborrecem ao espírito nem o ignoram; porque na Sagrada Escritura que tratam, sempre acham a verdade do bom espírito. Tenho para mim que pessoa de oração que trate com letrados, se ela não se quer enganar, não a enganará o demônio com ilusões, porque creio que temem[43] em grande maneira as letras humildes e virtuosas, e sabem que serão descobertos e sairão com perda.

---

38. Frase obscura: ao principiante serve pouco o mestre "letrado", se ao mesmo tempo não for homem de oração.
39. N.T.: No original: *de devociones a bobas*.
40. *Como tenho dito*: no n. 12, e já antes, no c. 11, 6.
41. *Se não é de religião*: se não é religioso.
42. N.T.: No original: *Yo he tratado hartos*.
43. *Creio que temem*: os demônios.

19. Tenho dito isto porque há opiniões[44] de que letrados não são para gente de oração, se não têm espírito. Já disse que é mister mestre espiritual; mas se este não é letrado, grande inconveniente é. E será muita ajuda tratar com eles, se forem virtuosos. Ainda que não tenha espírito, me aproveitará, e Deus lhe dará a entender o que há de ensinar e até o fará espiritual para que nos aproveite. E isto não digo sem tê-lo provado e acontecido a mim com mais de dois. Digo que para render-se uma alma totalmente a estar sujeita a só um mestre, que erra muito em não procurar que seja tal, se é religioso, pois há de estar sujeito a seu prelado, que porventura lhe faltarão todas as três coisas – que não será pequena cruz – sem que ele de sua vontade[45] sujeite seu entendimento a quem não o tenha bom. Pelo menos isto não tenho eu podido acabar comigo[46] nem me parece que convém. Pois se é secular, louve a Deus que pode escolher a quem há de estar sujeito, e não perca esta tão virtuosa liberdade; antes esteja sem nenhum até achá-lo, que o Senhor lho dará, estando fundado tudo em humildade e com desejo de acertar. Eu o louvo muito, e as mulheres e os que não sabem letras lhe havíamos sempre de dar infinitas graças, porque há quem com tantos trabalhos tenha alcançado a verdade que os ignorantes ignoramos.

20. Espantam-me[47] muitas vezes letrados, religiosos em especial, que com o trabalho têm ganhado o que sem nenhum, mais do que perguntar, me aproveite a mim. E que há pessoas que não querem aproveitar-se disto! Não apraza a Deus! Vejo-os sujeitos aos trabalhos da religião,[48] que são grandes, com penitências e comer mal, sujeitos à obediência, que algumas vezes me é grande confusão, certamente; com isto, dormir mal, tudo trabalho, tudo cruz. Parece-me que seria grande mal que tanto bem nenhum por sua culpa o perca. E poderá ser que pensemos alguns que estamos

---

44. *Há opiniões*: acerca de se os letrados "não espirituais" podem ser diretores de "gente de oração". No n. 18 tinha enunciado isto assim: "não se engane dizendo que letrados sem oração não são para quem a tem". É um eco das tensões entre "teólogos" e "espirituais" do tempo da Santa. Entre os aludidos figura, provavelmente, São Pedro de Alcântara, que pouco antes (14.4.1562) tinha escrito à Santa uma carta que começava: "... certo que me espantei que vossa mercê (= a M. Teresa) punha em parecer de letrados o que não é de sua faculdade...; na perfeição da vida não se há de tratar senão com os que a vivem..." (BMC, 2, 125-126).
45. *De su voluntad*: voluntariamente, por vontade própria.
46. N.T.: *Acabar comigo*: convencer-me.
47. *Espántanme*: eu me assombro, me admiro [com eles].
48. *Religião*: equivale a vida religiosa, ordem religiosa.

livres destes trabalhos, e no-lo dão guisado, como dizem, e vivendo a nosso prazer, que por ter um pouco de mais oração nos havemos de avantajar a tantos trabalhos.[49]

21. Bendito sejais vós, Senhor, que tão inábil e sem proveito me fizestes! Mas louvo-vos mui muito, porque despertais a tantos que nos despertem. Havia de ser muito contínua a nossa oração por estes que nos dão luz. O que seríamos sem eles entre tão grandes tempestades como agora tem a Igreja? Se tem havido alguns ruins,[50] mais resplandecerão os bons. Apraza ao Senhor tê-los em sua mão e os ajude para que nos ajudem, amém.

22. Muito tenho saído de propósito do que comecei a dizer; mas tudo é propósito para os que começam, que comecem caminho tão alto de maneira que vão postos em verdadeiro caminho. Pois tornando ao que dizia[51] de pensar em Cristo à coluna, é bom discorrer um momento e pensar as penas que ali teve e por que as teve e quem é o que as teve e o amor com que as passou. Mas que não se canse sempre em andar a buscar isto, senão que esteja ali com Ele, acalmado o entendimento. Se puder, ocupá-lo[52] em que olhe que o olha, e o acompanhe e fale e peça e se humilhe e regale com Ele, e lembre-se de que não merecia estar ali. Quando puder fazer isto, ainda que seja no princípio de começar oração, achará grande proveito, e faz muitos proveitos esta maneira de oração; pelo menos o achou minha alma.

Não sei se acerto em dizê-lo. Vossa mercê[53] o verá. Praza ao Senhor acerte a contentá-lo sempre, amém.

---

49. O sentido é: "poderá ser que alguns que estamos livres destes trabalhos..., pensemos que, por ter um pouco mais de oração, havemos de levar vantagem sobre (os letrados, sujeitos a) tantos trabalhos".
50. Provável alusão ao recente caso de Agustín Cazalla, capelão e pregador de Carlos V, castigado no auto de Valladolid de 24.5.1559. Aludido de novo no c. 16, 7.
51. *O que dizia*: nos n. 11-12, antes da digressão dos n. 13-21.
52. *Ocupá-lo*: ocupe-o... e "o acompanhe".
53. *Vossa mercê*: Garcia de Toledo.

Capítulo 14

Começa a declarar o segundo grau de oração, que é já dar o Senhor à alma sentir gostos mais particulares. – Declara-o para dar a entender como são já sobrenaturais. – É bastante de notar.

1. Pois já fica dito com o trabalho que se rega[1] este vergel e quanto à força de braços tirando a água do poço, digamos agora o segundo modo de sacar a água que o Senhor do horto ordenou para que com artifício de um torno e alcatruzes sacasse o hortelão mais água e com menos trabalho, e pudesse descansar sem estar continuamente trabalhando.

Pois este modo, aplicado à *oração que chamam de quietude*,[2] é o que agora quero tratar.

2. Aqui se começa a recolher a alma, toca já aqui coisa sobrenatural,[3] porque de maneira alguma ela pode ganhar aquilo por diligência que faça. Verdade é que parece que algum tempo se tem cansado em andar o torno e trabalhar com o entendimento e enchido os alcatruzes; mas aqui está a água mais alta[4] e assim se trabalha muito menos que em tirá-la do poço. Digo que está mais perto a água, porque a graça dá-se mais claramente a conhecer à alma.

Isto é um recolher-se as potências dentro de si para gozar daquele contento com mais gosto; mas não se perdem nem dormem;[5] só a vontade

---

1. Em boa ordem: "já está dito o trabalho com que...".
2. *Oración que llaman de quietud*: "que chamam" remete à nomenclatura em uso nos livros espirituais lidos por ela, que partilha dessa nomenclatura, sem inventá-la. E sem a intenção crítica que se tem atribuído ao texto. No lugar paralelo das *Moradas*, escreve: "os que eu chamo gostos..., que em outra parte (= em *Vida* e em *Caminho* 31) tenho chamado de oração de quietude..." (*M.* 4, 2, 2).
3. *Sobrenatural*: na acepção já indicada (c. 12, nota 11). Aqui a própria autora dá a sua definição.
4. *Está el agua más alto* (mais alta no poço). "*El agua*" no masculino: "*sacarlo*" (= el agua) [tirá-la]. E no n. 5: "*este agua*".
5. *Las potencias... no se pierden ni se duermen*: passagem da metáfora ao sentido místico: "perder-se" equivale a "suspender-se". As potências "se perdem" no quarto grau de oração, por exemplo, no êxtase. "Dormir" as potências é ficarem absortas ou adorme-

se ocupa de maneira que, sem saber como, se cativa; só dá consentimento para que Deus a encarcere, como quem bem sabe ser cativo de quem ama.[6] Ó Jesus e Senhor meu, o que nos vale aqui vosso amor! Porque este tem ao nosso tão atado que não deixa liberdade para amar naquele ponto outra coisa senão a Vós.

3. As outras duas potências ajudam a vontade para que vá fazendo-se hábil para gozar de tanto bem, posto que[7] algumas vezes, mesmo estando unida a vontade, acontece desajudar bastante; mas então não faça caso delas, senão esteja em seu gozo e quietude; porque, se as quiser recolher, ela e elas perderão, que são então como pombas que não se contentam com a ceva que lhes dá o dono do pombal sem elas trabalharem para isso, e vão buscar de comer por outras partes, e acham tão mal que voltam; e assim vão e vêm para ver se lhes dá a vontade do que goza. Se o Senhor quiser lançar-lhes ceva, detêm-se, e se não, tornam a buscar; e devem pensar que fazem à vontade proveito, e às vezes em querer a memória ou imaginação representar-lhe o que goza, a danará. Pois tenha aviso de haver-se com elas como direi.[8]

4. Pois tudo isto que se passa aqui é com grandíssimo consolo e com tão pouco trabalho, que não cansa a oração, ainda que dure muito tempo; porque o entendimento obra aqui muito passo a passo e tira muito mais água que não tirava do poço.[9] As lágrimas que Deus aqui dá, já vão com gozo; ainda que se sintam, não se procuram.

5. Esta água de grandes bens e mercês que o Senhor dá aqui fazem crescer as virtudes muito mais sem comparação que na oração passada, porque vai já esta alma subindo de sua miséria e já se lhe dá um pouco de

---

cidas; assim, no terceiro grau de oração, que "es sueño de las potencias, que ni del todo se pierden ni entienden cómo obran" (16, 1). Aqui, porém, na oração "de quietude" (2º grau) "no se pierden ni se duermen", quer dizer, nem se suspendem (como no êxtase), nem adormecem; ficam num certo sossego passivo (15, n. 1.6.9): prelúdio da passividade mística.

6. Consentimento para deixar-se encarcerar cativo do amor; eco da poesia amatória, ou talvez do "Cárcere de amor", de Diego de San Pedro.

7. *Pues que*: ainda que.

8. *Direi*: no n. 7 e no c. 15 *passim*.

9. Esse "não" hoje é redundante: *mais água do que tirava do poço*, no primeiro grau de oração.

notícia dos gostos da glória. Creio que isto as faz crescer mais e também chegar mais perto da verdadeira virtude, de onde todas as virtudes vêm, que é Deus; porque começa Sua Majestade a comunicar-se a esta alma e quer que sinta ela como se comunica a ela.

Começa-se logo, em chegando aqui, a perder a cobiça do de cá, e poucas graças![10] Porque vê claro que um momento daquele gosto não se pode ter cá, nem há riquezas nem senhorios nem honras nem deleites que bastem para dar num fecha olho e abre[11] deste contentamento, porque é verdadeiro e contento que se vê que nos contenta. Porque os de cá, por maravilha me parece que entendemos onde está este contento, porque nunca falta um "sim-não".[12] Aqui tudo é "sim" naquele tempo; o "não" vem depois, por ver que se acabou e que não o pode tornar a cobrar nem sabe como; porque se se faz pedaços a penitências e oração e todas as demais coisas,[13] se o Senhor não o quiser dar, aproveita pouco. Quer Deus por sua grandeza que entenda esta alma que está Sua Majestade tão perto dela que já não é preciso enviar-lhe mensageiros, senão falar ela mesma com Ele, e não a vozes, porque está já tão perto que em meneando os lábios a entende.

6. Parece impertinente dizer isto, pois sabemos que Deus sempre nos entende e está conosco. Nisto não há que duvidar que é assim, mas quer este Imperador e Senhor nosso que entendamos aqui que nos entende, e o que faz sua presença, e que quer particularmente começar a obrar na alma, na grande satisfação interior e exterior que lhe dá, e na diferença que, como tenho dito, há deste deleite e contento aos de cá, que parece que enche o vazio que por nossos pecados tínhamos feito na alma. É no muito íntimo dela esta satisfação, e não sabe por onde nem como lhe veio, nem muitas vezes sabe o que fazer nem o que querer nem o que pedir. Tudo parece que

---

10. *Pocas gracias*: expressão popular, documentada por Cobarruvias, p. 653. O *Diccionario de autoridades* a explica assim: "frase com que se explica o que não é digno de agradecimento, o que se faz por obrigação". – No texto teresiano equivale a "não é de estranhar que assim ocorra". – À parte o uso popular, a Santa pôde ler essa expressão em São João de Ávila. – Outros editores acreditam que se trata de um zeugma sintático, pouco usual na Santa: "... perder a cobiça do de cá e (perder) poucas graças (do de lá)".

11. *Un cierra-ojo-abre*: num abrir e fechar de olhos. Momento breve. A Santa usa também: "não dura mais que abrir e fechar os olhos" (22, 15).

12. *Nunca falta un sí-no*: semelhante à nossa expressão "nunca falta um porém".

13. N.T.: *Se se faz...*: mesmo que se faça em pedaços a custo de penitências...

o acha junto e não sabe o que tem achado, nem eu ainda sei como dá-lo a entender, porque para fartas coisas eram mister letras. Porque aqui viria bem dar aqui a entender o que é auxílio geral ou particular[14] – que há muitos que o ignoram –, e como este particular quer o Senhor aqui que quase o veja a alma por vista de olhos,[15] como dizem, e também para muitas coisas que irão erradas. Mas, como o hão de ver pessoas que entendem se há erro, vou descuidada; porque assim de letras como de espírito sei que o posso estar, indo a poder de quem vai, que entenderão e tirarão o que for mal.[16]

7. Pois quereria dar a entender isto, porque são princípios, e quando o Senhor começa a fazer estas mercês, a mesma alma não as entende nem sabe o que fazer de si. Porque, se a leva Deus por caminho de temor, como fez a mim, é grande trabalho, se não há quem a entenda; e lhe é grande gosto ver-se pintada,[17] e então vê claro que vai por ali. E é grande bem saber o que há de fazer, para ir aproveitando em qualquer estado destes. Porque tenho eu passado muito e perdido bastante tempo por não saber o que fazer e tenho grande lástima às almas que se veem sozinhas quando chegam aqui;[18] porque ainda que eu tenha lido muitos livros espirituais, ainda que toquem no que faz ao caso, declaram-se muito pouco, e se não é alma muito exercitada, ainda declarando-se muito, terá bastante que fazer em entender-se.

8. Quereria muito o Senhor me favorecesse[19] para pôr os efeitos que operam na alma estas coisas, que já começam a ser sobrenaturais, para que se entenda pelos efeitos quando é espírito de Deus. Digo "se entenda", conforme ao que cá se pode entender, ainda que sempre seja bom andarmos com temor e recato; que, ainda que seja de Deus, alguma vez poderá

---

14. *Auxílio* (*aujilio*, escreve ela) *general o particular*: clara alusão às duas espécies de graças, discutidas pelos teólogos de seu tempo (Báñez/Molina). *Auxílio* equivale a *graça*. Também em outras passagens (cf. *Moradas* 5, 2, 3 e 3, 1, 2, nota marginal dela mesma). – A frase seguinte: *"E também* seriam necessárias letras *para muitas coisas..."*. – Toda a passagem atesta a alta estima que a Santa professa a letras e letrados.

15. *Por vista de ojos*: com clareza. Mas aqui (como em *Moradas* 7, 1, 6) implica um conhecer por experiência.

16. Nova alusão aos dois ou três destinatários da obra, que desempenharão a função de leitores e censores.

17. *Ver-se pintada*: ver-se descrita ao vivo.

18. Nova alusão à necessidade de mestre, e à insuficiência das leituras.

19. *Quereria muito* "que" *o Senhor me favorecesse.*

transfigurar-se o demônio em anjo de luz,[20] e se não é alma muito exercitada, não o entenderá: e tão exercitada, que para entender isto é mister chegar muito no cume da oração.

Ajuda-me pouco o pouco tempo que tenho, e assim é preciso que Sua Majestade o faça; porque tenho de andar com a comunidade e com outras fartas ocupações (como estou em casa que agora se começa,[21] como depois se verá), e assim é muito sem ter assento o que escrevo, senão a poucos a poucos, e isto o quisera,[22] porque quando o Senhor dá espírito, põe-se com facilidade e melhor: parece como quem tem um modelo diante do qual está tirando aquele lavor;[23] mas se o espírito falta, não há mais concertar esta linguagem que se fosse algaravia,[24] à maneira de dizer, ainda que tenham muitos anos passado em oração. E assim me parece que é grandíssima vantagem, quando o escrevo estar nisso;[25] porque vejo claro que não sou eu quem o diz, que nem o ordeno com o entendimento nem sei depois como o acertei dizer. Isto me acontece muitas vezes.

9. Agora tornemos a nossa horta ou vergel, e vejamos como começam estas árvores a emprenhar-se para florescer e dar depois fruto, e as flores e cravos o mesmo para dar odor. Regala-me esta comparação, porque muitas vezes em meus princípios (e praza ao Senhor tenha eu agora começado a servir a Sua Majestade; digo "princípio" do que direi daqui adiante de minha vida) me era grande deleite considerar ser minha alma um horto e o Senhor que passeava nele. Suplicava-lhe que aumentasse o odor das florzinhas de virtudes que começavam, ao que parecia, a querer sair e que

---

20. Alusão a 2Cor 11,14, como em *M.* 5, 1, 1; e *M.* 6, 3, 16.
21. O Carmelo de São José de Ávila, fundado em 24.8.1562.
22. *Esto quisiérale*: desejaria fazer de outro modo; assento, quer dizer, calma e tempo livre. Pouco antes, *a pocos a pocos*: pouco a pouco, em momentos livres.
23. *Aquellabor*, escreveu ela, por lapso, saltando a duplicação de "la". Frei Luís: "sacando de aquel la labor" (p. 165). ("Labor" é sempre feminino em suas páginas. Daí nossa leitura: "aquella labor"). [Na tradução, todas estas nuanças se perdem. A imagem é: copiar um bordado a partir de um modelo.]
24. *Algaravia*: na acepção popular de então: língua árabe falada pelos mouriscos e ininteligível para as pessoas de Castela. Ou então: barulho e confusão. O sentido é: "se falta o espírito (a graça), é tão difícil falar esta linguagem (cf. c. 11, nota 13) como falar algaravia".
25. *Cuando lo escribo, estar en ello*: estar sob o efeito de uma graça mística no momento de tratar dela. Dado importante, como fonte de inspiração da escritora. Cf. casos concretos: 16, 4.6; 38, 22...

fosse para sua glória e as sustentasse, pois eu não queria nada para mim, e cortasse as que quisesses, que já sabia que haviam de sair maiores. Digo "cortar", porque vêm tempos na alma em que não há memória deste horto: tudo parece estar seco e que não há de haver água para sustentá-lo, nem parece que houve jamais na alma coisa de virtude. Passa-se muito trabalho, porque quer o Senhor que pareça ao pobre hortelão que tudo o que tem tido em sustentá-lo e regá-lo está perdido. Então é o verdadeiro escardear e arrancar pela raiz as ervinhas – ainda que sejam pequenas – que têm ficado más. Conhecendo que não há diligência que baste se Deus nos tira a água da graça, e ter em pouco nosso nada, e ainda menos que nada, ganha-se aqui muita humildade; tornam de novo a crescer as flores.

10. Ó Senhor meu e bem meu! Que não posso dizer isto sem lágrimas e grande regalo de minha alma! Que queirais vós, Senhor, estar assim conosco, e estais no Sacramento[26] (que com toda verdade se pode crer, pois o é, e com grande verdade podemos fazer esta comparação), e se não é por nossa culpa nos podemos gozar convosco, e que vós vos folgais conosco, pois dizeis ser vosso deleite estar com os filhos dos homens![27] Ó, Senhor meu! Que é isto? Sempre que ouço esta palavra me é grande consolo, ainda quando era muito perdida. É possível, Senhor, que haja alma que chegue a que vós a façais mercês semelhantes e regalos, e a entender que vós vos folgais com ela, que vos torne a ofender depois de tantos favores e tão grandes mostras do amor que lhe tendes, que não se pode duvidar, pois se vê clara a obra?

Sim, há, por certo, e não uma vez, mas muitas, que sou eu. E praza a vossa bondade, Senhor, que seja eu só a ingrata e a que haja feito tão grande maldade e tido tão excessiva ingratidão: porque ainda já dela algum bem tirou vossa infinita bondade; e quanto maior mal, mas resplandece o grande bem de vossas misericórdias. E com quanta razão as posso eu para sempre cantar![28]

---

26. *Sacramento*: eucaristia.
27. Alusão bíblica a Pr 8,31. Texto bíblico importante, que citará ao começar seu *Castelo Interior*: 1, 1, 1.
28. Nova alusão bíblica ao salmo 88,2: "cantarei para sempre as misericórdias do Senhor", lema que acompanhará e orlará os mais antigos retratos da Santa por frei Juan de la Miseria.

11. Suplico-vos, Deus meu, seja assim e as cante eu sem fim, já que tendes tido por bem fazê-las tão grandíssimas comigo que espantam os que as veem[29] e a mim me tiram de mim[30] muitas vezes, para poder-vos melhor louvar a vós. Que estando em mim, sem vós, não poderia, Senhor meu, nada, senão tornar a serem cortadas estas flores deste horto, de sorte que esta miserável terra tornasse a servir de muladar como antes. Não o permitais, Senhor, nem queirais que se perca alma que com tantos trabalhos comprastes e tantas vezes de novo a haveis tornado a resgatar e a tirar dos dentes do espantoso dragão.

12. Vossa mercê[31] me perdoe, que saio do propósito; e como falo a meu propósito, não se espante, que é como toma a alma o que se escreve, que às vezes faz bastante de deixar de ir adiante em louvores a Deus, como se lhe representa, escrevendo, o muito que lhe deve. E creio que não fará a vossa mercê malgosto, porque ambos, me parece, podemos cantar uma coisa,[32] ainda que em diferente maneira; porque é muito mais o que eu devo a Deus, porque me tem perdoado mais,[33] como vossa mercê sabe.

---

29. *espantam* aos *que as veem*.
30. *A mí me saca de mí*: me desatina, me faz perder a razão. Em outras passagens: me aliena, me põe em êxtase (cf. 16, 6; 22, 10; 33, 14).
31. *Vossa mercê*: o P. Garcia de Toledo.
32. *Ambos podemos cantar uma* (mesma) *coisa*: os dois, ela e Garcia de Toledo, podem cantar o mesmo salmo das misericórdias: subentende-se, pelas graças recebidas de Deus.
33. Alusão ao episódio evangélico de Maria, a pecadora: Lc 7,47.

Capítulo 15

Prossegue na mesma matéria e dá alguns avisos de como hão de proceder nesta oração de quietude. – Trata de como há muitas almas que chegam a ter esta oração e poucas que passam adiante. – São muito necessárias e proveitosas as coisas que aqui se tocam.

1. Agora tornemos ao propósito.[1] Esta quietude e recolhimento[2] da alma é coisa que se sente muito na satisfação e paz que nela se põe, com grandíssimo contento e sossego das potências e muito suave deleite. Parece-lhe – como não tem chegado a mais – que não lhe resta o que desejar e que de bom grado diria com São Pedro que fosse ali sua morada.[3] Não ousa bulir-se nem menear-se, que de entre as mãos lhe parece que se lhe há de ir-se aquele bem; nem resfolegar algumas vezes não quereria.[4] Não entende a pobrezinha que, pois ela por si não pôde nada para trazer a si aquele bem, que menos poderá detê-lo mais do que o Senhor quiser.

Já tenho dito que neste primeiro recolhimento e quietude não faltam as potências da alma,[5] mas está tão satisfeita com Deus que enquanto aquilo dura, ainda que as duas potências se desbaratem,[6] como a alma está unida com Deus, não se perde a quietude e o sossego, antes ela pouco a pouco torna a recolher o entendimento e memória. Porque, ainda que ela

---

1. Cf. 14, 12, onde reconhece ter "saído de propósito", [do assunto] introduzindo o "autobiográfico" na exposição doutrinal: agora retoma o tema do 2º grau de oração.
2. *Quietud y recogimiento*: neste mesmo número escreverá "este primeiro recolhimento e quietude". Ambos os termos designam o 2º grau de oração (= entrada na oração mística). No *Castelo Interior* distinguirá o "recolhimento místico" (*M*. 4, c. 3) da quietude mística (*M*. 4, c. 1). Em *Caminho*, porém, falará de "recolhimento/recolher-se" na acepção não mística: *C*. 28. Evidentes oscilações do léxico teresiano.
3. Alusão ao episódio evangélico de Mt 17,4.
4. *Resolgar* = *resollar*: resfolegar, respirar. Segue uma dupla negação, que reforça a negativa.
5. *Não faltam as potências*, quer dizer, "não se perdem nem dormem", como disse no c. 14, n. 2: cf. nota 5.
6. *Disbaraten*, escreve a Santa (= disparatem): se desordenem, saiam da razão (cf. 4, 9; 18, 3).

não esteja de todo ponto engolfada, está tão bem ocupada sem saber como, que por muita diligência que elas ponham, não a podem tirar seu contento e gozo, antes muito sem trabalho se vai ajudando para que esta centelhazinha de amor de Deus não se apague.[7]

2. Praza a Sua Majestade me dar graça para que eu dê isto a entender bem, porque há muitas, muitas almas[8] que chegam a este estado e poucas as que passam adiante, e não sei quem tem a culpa. É bem seguro que Deus não falta, que já que Sua Majestade faz mercê que chegue a este ponto, não creio que cessará de fazer muitas mais, se não fosse por nossa culpa. E vai muito em que a alma que chega aqui conheça a dignidade grande em que está e a grande mercê que lhe tem feito o Senhor e como de boa razão não havia de ser da terra, porque já parece que sua bondade a faz vizinha do céu, se não fica por sua culpa; e desventurada será se torna atrás. Eu penso que será para ir para baixo, como eu ia, se a misericórdia do Senhor não me tornara. Porque, pela maior parte, será por graves culpas, a meu parecer, nem é possível deixar tão grande bem sem grande cegueira de muito mal.

3. E assim rogo eu, por amor do Senhor, às almas a quem Sua Majestade fez tão grande mercê de chegarem a este estado, que se conheçam e tenham em muito, com uma humilde e santa presunção para não tornar às panelas do Egito.[9] E se por sua fraqueza e natureza miserável e ruim caírem, como eu fiz, sempre tenham diante o bem que perderam, e tenham suspeita e andem com temor (que têm razão de tê-lo) que, se não tornam à oração, hão de ir de mal a pior. Que esta chamo eu verdadeira queda, a que aborrece o caminho por onde ganhou tanto bem, e com estas almas falo; que não digo que não hão de ofender a Deus e cair em pecados, ainda que fosse razão se guardasse muito deles quem tem começado a receber estas mercês, mas somos miseráveis. O que aviso muito é que não deixe a oração, que ali entenderá o que faz e ganhará arrependimento do Senhor e fortaleza para levantar-se; e creia que, se desta se aparta, que leva, a meu

---

7. *Centellica de amor*: imagem frequente na mística ocidental ("scintilla animae"), também frequente na Santa (29, 11; 39, 23; *Moradas* 6, 1, 11; 6, 2, 4; 6, 3, 8; 6, 4, 3; 6, 7, 11; e em *C*. 28, 8). Às vezes "seta de fogo": V. 39, 10; M. 6, 11, 2; R. 5, 17.

8. *Muchas muchas almas*: repetição intensiva. Sua afirmação das muitas pessoas que chegam e as poucas que passam adiante é reiterada no lugar paralelo de *Moradas* 5, 1, 1-2.

9. Alusão bíblica: Ex 16,3.

parecer, perigo. Não sei se entendo o que digo, porque – como tenho dito[10] – julgo por mim...

4. É, pois, esta oração uma centelhazinha que começa o Senhor a acender na alma do verdadeiro amor seu, e quer que a alma vá entendendo que coisa é este amor com regalo, esta quietude e recolhimento e centelhazinha, se é espírito de Deus e não gosto dado pelo demônio ou procurado por nós. Ainda que a quem tem experiência seja impossível não entender logo que não é coisa que se pode adquirir, senão que este natural nosso é tão ganhoso[11] de coisas saborosas que tudo prova. Mas fica muito frio bem em breve, porque, por muito que queira começar a fazer arder o fogo para alcançar este gosto, não parece senão que lhe lança água para matá-lo...[12] Pois esta centelhazinha posta por Deus, por pequenina que seja, faz muito ruído, e se não a mata por sua culpa, esta é a que começa a acender o grande fogo que lança chamas de si, como direi eu seu lugar,[13] do grandíssimo amor de Deus que faz Sua Majestade que tenham as almas perfeitas.

5. Esta centelha é um sinal ou garantia que Deus dá a esta alma de que a escolhe já para grandes coisas, se ela se aparelha para recebê-las. É grande dom, muito mais do que poderei dizer.

É para mim grande lástima, porque – como digo[14] – conheço muitas almas que chegam aqui, e que passam daqui como hão de passar, são tão poucas, que sinto vergonha em dizê-lo.[15] Não digo que há poucas, que muitas deve haver, que por algo nos sustenta Deus. Digo o que tenho visto. Quereria muito avisá-las que olhem que não escondam o talento, pois parece que Deus as quer escolher para proveito de outras muitas, em especial nestes tempos que são necessários amigos fortes de Deus para sustentar

---

10. Disse-o nos n. 2-3. Seu "aviso" reiterado de não abandonar a oração: 8, 5. – Os três pontinhos são da autora.

11. *Este natural nuestro tan ganoso*: nossa índole ou natureza, tão desejosa de... (cf. 3, 3: "ganhoso o Senhor").

12. De novo, os três pontinhos são da autora, que deixa pendente o sentido, para retomar o tema da centelhazinha. Frei Luís (p. 172) introduziu um longo parênteses, desde "ainda que a quem" até "matá-lo".

13. Dirá no c. 18, 2; 29, 10; 32, 2-3.

14. Faz alusão ao que foi dito no n. 2.

15. Cf. *M.* 5, 1, 2.

os fracos. E os que esta mercê conhecerem em si, tenham-se por tais,[16] se sabem responder com as leis que ainda a boa amizade do mundo pede; e se não – como tenho dito[17] –, temam e tenham medo que não façam a si mal, e praza a Deus que seja só a si!

6. O que há de fazer a alma nos tempos desta quietude, não é mais do que com suavidade e sem ruído. Chamo "ruído" andar com o entendimento buscando muitas palavras e considerações para dar graças deste benefício e amontoar pecados seus e faltas para ver que não o merece. Tudo isto se move aqui, e representa o entendimento, e se agita a memória, que certamente estas potências a mim me cansam às vezes, que tendo pouca memória não a posso subjugar. A vontade, com sossego e cordura, entenda que não se negocia bem com Deus a força de braços, e que estes[18] são uns lenhos grandes postos sem discrição para abafar esta centelha, e conheça-o e com humildade diga: "Senhor, o que posso eu aqui? O que tem que ver a serva com o Senhor, e a terra com o céu?". Ou palavras que se oferecem aqui de amor, fundada muito em conhecer que é verdade o que diz, e não faça caso do entendimento, que é um moedor.[19] E se ela lhe quer dar parte do que goza, ou trabalha para recolhê-lo, que muitas vezes se verá nesta união da vontade e sossego, e o entendimento muito desbaratado,[20] e vale mais que o deixe que não que vá ela atrás dele, digo a vontade, senão esteja ela gozando daquela mercê e recolhida como sábia abelha; porque se nenhuma entrasse na colmeia, senão que para trazer umas às outras fossem todas, mal se poderia lavrar o mel.[21]

---

16. *Ténganse por tales*, quer dizer, considerem-se "amigos fortes de Deus". – Pouco antes: "não escondam o talento", alusão à parábola evangélica dos talentos (Mt 25,25...).

17. Disse-o no n. 3.

18. *Estes*: os braços, quer dizer, o bracejar de nossos raciocínios, identificados aqui com "lenhos verdes" que abafam o fogo da "centelhinha", quer dizer, o amor infuso da vontade. Imagem ampliada no n. 7.

19. *El entendimiento... es un moledor*: "moledor se llama al necio que cansa o fatiga a otro con pesadez" [moedor se chama ao néscio que cansa ou fatiga o outro com pesadume] (*Dicc. de Autoridades*). "Taramela de moinho", chamará ao pensamento em *M.* 6, 1, 13.

20. *Disbaratado*, escreve a Santa (= disparatado): cf. nota 6.

21. A imagem da abelha e do mel aparece em *Caminho*, 28, 7 e *Moradas*, 1, 2, 8.

7. Assim que perderá muito a alma se não tiver aviso nisto; em especial se é o entendimento agudo, pois quando começa a ordenar práticas e buscar razões, em tantinho,[22] se são bem ditas, pensará fazer algo. A razão que aqui há de haver é entender claro que não há nenhuma para que Deus nos faça tão grande mercê, senão só sua bondade, e ver que estamos tão perto, e pedir a Sua Majestade mercês e rogar-lhe pela Igreja e pelos que se têm encomendado a nós e pelas almas do purgatório, não com ruído de palavras, senão com sentimento de desejar que nos ouça. É oração que compreende muito e se alcança mais que por muito relatar o entendimento. Desperte em si a vontade algumas razões que da mesma razão se representarão de ver-se tão melhorada, para avivar este amor, e faça alguns atos amorosos de que fará por quem tanto deve, sem – como tenho dito[23] – admitir ruído do entendimento a que busque grandes coisas. Mais fazem aqui ao caso umas palhinhas postas com humildade (e menos serão que palhas, se as pusermos nós) e mais o ajudarão a acender, que não[24] muita lenha junta de razões muito doutas, a nosso parecer, que num credo[25] a abafarão.

Isto é bom para os letrados que mo mandam escrever; porque, pela bondade de Deus, todos chegam aqui, e poderá ser se lhes vai o tempo em aplicar Escrituras. E ainda que não lhes deixarão de aproveitar muito as letras antes e depois, aqui nestes tempos de oração pouca necessidade há delas, a meu parecer, se não é para entibiar a vontade; porque o entendimento está então, de ver-se perto da luz, com grandíssima claridade, que até eu, sendo a que sou, pareço outra.

8. E é assim que me tem acontecido estando nesta quietude, não entendendo quase coisa que reze em latim, em especial do Saltério, não entender o verso em romance, senão passar adiante em regalar-me de ver o que o romance quer dizer.[26]

---

22. *En tantito*: muito em breve, ou em muito pouca coisa (como em 35, 14: "*tantico*").
23. No n. 6.
24. *Não*: redundante.
25. *En un credo la ahogarán*: em breve tempo, apagarão "a centelhinha" de amor.
26. Santa Teresa não sabia latim, se bem que às vezes compreendesse o significado do Saltério, que ela rezava diariamente em latim. – *Entender versos em romance*: entender o significado castelhano dos versículos (latinos) dos salmos.

Deixemos se houvessem de pregar ou ensinar, que então é bom ajudar-se daquele bem para ajudar os pobres de pouco saber, como eu, que é grande coisa a caridade e este aproveitar almas sempre, indo desnudamente para Deus.

Assim que nestes tempos de quietude, deixar[27] descansar a alma com seu descanso. Quedem-se as letras de lado. Tempo virá que aproveitem ao Senhor e as tenham em tanto, que por nenhum tesouro quisessem tê-las deixado de saber, só para servir a Sua Majestade, porque ajudam muito. Mas diante da Sabedoria infinita, creiam-me que vale mais um pouco de estudo de humildade e um ato dela, que toda a ciência do mundo. Aqui não há que arguir,[28] senão que conhecer o que somos com simplicidade, e com simpleza representar-nos diante de Deus, que quer que se faça a alma boba, como na verdade o é diante de sua presença, pois Sua Majestade se humilha[29] tanto que a sofre junto de si sendo nós o que somos.

9. Também se move o entendimento a dar graças muito compostas; mas a vontade, com sossego, com um não ousar levantar os olhos como o publicano,[30] faz mais ações de graças que quanto o entendimento, transformando a retórica, porventura pode fazer. Enfim, aqui não se há de deixar de todo a oração mental[31] nem algumas palavras ainda vocais, se quisessem alguma vez o poderiam; porque, se a quietude é grande, pode-se mal falar, se não é com muita pena.

Sente-se, a meu parecer, quando é espírito de Deus, ou procurado por nós com começo de devoção que Deus dá e queremos – como tenho

---

27. *Deixar descansar*: deixe (imperativo) descansar.
28. *Arguir*: raciocinar. O termo contém uma alusão ao modo de raciocinar típico daqueles letrados. "Arguir" se dizia tecnicamente da parte da "disputa pública" em que o objetante opunha dificuldades à tese do apresentador, inclusive "aplicando Escrituras" (n. 7).
29. *Se humilha*: Báñez (?) riscou "humilha" e escreveu "humana". Frei Luís (p. 177) transcreveu "humilha". É bíblico esse conceito: São Paulo escreve que Jesus "se humilhou..." (Fl 2,8).
30. Alusão a Lc 18,13.
31. *Oração mental* discursiva; quer dizer, a do primeiro grau (c. 11...).

dito[32] – passar nós a esta quietude da vontade: não faz efeito nenhum, acaba-se depressa, deixa secura.

10. Se é do demônio, alma exercitada parece-me que o entenderá; porque deixa inquietação e pouca humildade e pouco aparelho para os efeitos que faz o de Deus. Não deixa luz no entendimento nem firmeza na verdade. Pode[33] fazer aqui pouco dano ou nenhum, se a alma endereça seu deleite e suavidade, que ali sente, a Deus, e puser nele seus pensamentos e desejos, como fica avisado: não pode ganhar nada o demônio, antes permitirá Deus que com o mesmo deleite que causa na alma perca muito; porque este ajudará a que a alma, como pensa que é Deus, venha muitas vezes à oração com cobiça dele; e se é alma humilde e não curiosa nem interesseira de deleites, ainda que sejam espirituais, mas amiga da cruz, fará pouco caso do gosto que dá o demônio; o que não poderá assim fazer se é espírito de Deus, senão tê-lo em mui muito. Mas coisa que põe o demônio, como ele é todo mentira,[34] vendo que a alma com o gosto e deleite se humilha (que nisto há de ter muito: em todas as coisas de oração e gostos procurar sair humilde), não tornará muitas vezes o demônio, vendo sua perda.

11. Por isto e por outras muitas coisas, avisei eu no primeiro modo de oração, na primeira água,[35] que é grande negociação começar as almas oração começando a se desprender de todo gênero de contentos, e entrar determinadas a só ajudar a levar a cruz a Cristo, como bons cavaleiros que sem soldo querem servir a seu rei, pois o têm bem seguro. Os olhos no verdadeiro e perpétuo reino que pretendemos ganhar. É mui grande coisa trazer isto sempre diante, em especial no princípio; que depois tanto se vê claro,[36] que antes é mister esquecê-lo para viver, que procurá-lo: trazer à memória o pouco que dura tudo e como não é tudo nada e como bagatela se há de estimar o descanso.

---

32. Ou seja: quando é espírito de Deus, e quando é coisa procurada por nós. – *Como tenho dito*: no n. 4.
33. *Pode* o demônio.
34. *El es todo mentira*: eco da palavra de Jesus em Jo 8,44.
35. Cf. c. 11, n. 12-16 e c. 12, n. 3.
36. *Tão claro* se vê. – A seguir, *como não é tudo nada*: dupla negação. Equivale a "a verdade de quando menina, de que não era tudo nada" (3, 5 [cf. aí nota 7]). – *Nonada*: "coisa de pouca importância" (Cobarruvias).

12. Parece que isto é coisa muito baixa, e assim é verdade, que os que estão adiante em mais perfeição teriam por afronta e entre si se correriam[37] se pensassem que porque se hão de acabar os bens deste mundo os deixam, senão que, ainda que durassem para sempre, se alegram de deixá-los por Deus. E quanto mais perfeitos forem, mais; e quanto mais durarem, mais. Aqui nestes está já crescido o amor, e ele é o que obra. Mas para os que começam é coisa importantíssima, e não o tenham por baixo, que é grande bem o que se ganha, e por isso o aviso tanto; que lhes será mister, até aos muito encumeados em oração, alguns tempos os quer Deus provar, e parece que Sua Majestade os deixa. Como já tenho dito[38] e não quereria que isto se esquecesse, nesta vida que vivemos não cresce a alma como o corpo, ainda que digamos que sim, e de verdade cresce. Mas um menino, depois que cresce e ganha grande corpo e já o tem de homem, não torna a decrescer e a ter pequeno corpo; cá quer o Senhor que sim, o que tenho visto por mim, que não o sei por mais.[39] Deve ser para humilhar-nos para nosso grande bem e para que não nos descuidemos enquanto estivermos neste desterro, pois o que mais alto estiver, mais se há de temer e confiar menos em si. Vêm vezes que é mister, para livrar-se de ofender a Deus estes que já estão tão posta sua vontade na sua, que para não fazer uma imperfeição se deixariam atormentar e passariam mil mortes, que para não fazer pecados – segundo se veem combatidos por tentações e perseguições – seja preciso aproveitar-se das primeiras armas da oração e tornem a pensar que tudo se acaba e que há céu e inferno e outras coisas desta sorte.

13. Pois tornando ao que dizia,[40] grande fundamento é, para livrar-se dos ardis e gostos que dá o demônio, começar com determinação de levar caminho de cruz desde o princípio e não os desejar, pois o mesmo Senhor mostrou esse caminho de perfeição dizendo: *Toma tua cruz e segue-me.*[41] Ele é o nosso modelo; não tem que temer quem só para contentá-lo seguir seus conselhos.

---

37. *Se correriam*: se envergonhariam.
38. No c. 13, n. 15.
39. *Por mais*: por outros, ou por ninguém mais.
40. *O que dizia*: no n. 11. – A seguir, *no los desear*: não desejar "gostos".
41. Mt 16,24.

14. No aproveitamento que virem em si entenderão que não é demônio; ainda que tornem a cair, fica um sinal de que esteve ali o Senhor, que é levantar-se depressa, e estas que agora direi:

- quando é espírito de Deus, não há mister de andar rastreando coisas para tirar humildade e confusão, porque o mesmo Senhor a dá de maneira bem diferente da que nós podemos ganhar com nossas consideraçõezinhas, que não são nada em comparação de uma verdadeira humildade com luz que ensina aqui o Senhor, que faz uma confusão que faz desfazer.[42] Isto é coisa muito conhecida, o conhecimento que Deus dá para que conheçamos que nenhum bem temos de nós, e quanto maiores mercês, mais.
- Põe um grande desejo de ir adiante na oração e não a deixar por nenhuma coisa de trabalho que pudesse suceder.
- A tudo se oferece.
- Uma segurança, com humildade e temor, de que há de salvar-se. – Tira logo o temor servil da alma e põe nela o fiel temor muito mais crescido.
- Vê que lhe começa um amor com Deus muito sem interesse seu.
- Deseja momentos de solidão para gozar mais daquele bem.

15. Enfim, para não me cansar, é um princípio de todos os bens, um estar já as flores em termo que não lhes falta quase nada para brotar. E isto verá muito claro a alma, e de nenhuma maneira por então se poderá determinar a que não esteve Deus com ela, até que se torna a ver com quebras e imperfeições, que então tudo teme. E é bom que tema. Ainda que almas haja que lhes aproveita mais crer com certeza que é Deus, que todos os temores que a possam pôr; porque, se de si é amorosa e agradecida, mais a faz tornar a Deus a memória da mercê que lhe fez, que todos os castigos do inferno que a representem. Pelo menos à minha, ainda que tão ruim, isto me acontecia.

---

42. *Hace deshacer*: induz à confusão até ao aniquilamento. – A Santa usa frequentemente o verbo "deshacer = desfazer" no sentido de anelar intensamente, morrer de vontade por uma coisa: "toda me desfaço" (38, 16): "ímpeto grande de desfazer-me por Deus" (33, 15), "o que faz quem não se desfaz toda por vós?" (39, 6).

16. Porque os sinais do bom espírito se irão dizendo, mas como a quem lhe custam muitos trabalhos tirá-los a limpo, não os digo agora aqui. Creio, com o favor de Deus, que nisto atinarei algo; porque, deixado a experiência em que tenho muito entendido, o sei de alguns letrados muito letrados e pessoas muito santas, a quem é razão que se dê crédito, e não andem as almas tão fatigadas, quando chegarem aqui pela bondade do Senhor, como eu tenho andado.

Capítulo 16

Trata do terceiro grau de oração,[1] e vai declarando coisas muito subidas, e o que pode a alma que chega aqui, e os efeitos que fazem estas mercês tão grandes do Senhor. – É muito para levantar o espírito em louvores a Deus e para grande consolo de quem chegar aqui.

1. Venhamos agora a falar da terceira água com que se rega esta horta, que é água corrente de rio ou de fonte, que se rega com muito menos trabalho, ainda que algum dê o de encaminhar a água. Quer o Senhor aqui ajudar o hortelão de maneira que quase Ele é o hortelão e o que faz tudo.

É um *sono das potências*, que nem de todo se perdem nem entendem como obram.[2] O gosto e suavidade e deleite é mais sem comparação que o passado; é o que dá a água à garganta, a esta alma, da graça,[3] que não pode já ir adiante, nem sabe como, nem tornar atrás. Quereria gozar de grandíssima glória. É como um que está, a candeia na mão,[4] que lhe falta pouco para morrer morte que a deseja; está gozando naquela agonia com o maior deleite que se pode dizer. Não me parece que é outra coisa senão um morrer quase de todo a todas as coisas do mundo e estar gozando de Deus.[5]

Eu não sei outros termos como dizê-lo nem como declará-lo, nem então sabe a alma que fazer; porque nem sabe se fala, nem se cala, nem se

---

1. N.E.: Dedica a este terceiro grau de oração os capítulos 16 e 17. Voltará a tratar dele muito de passagem no lugar paralelo de *Moradas* 4, 3, 11; *Rel.* 5, 5; *Conc.* 4, 4; *Fund.* 6, 1.

2. Termos técnicos: "sono das potências", para designar um grau de oração "pré-extática", no qual as potências "não se perdem de todo" (como no êxtase); "como obram": cf. c. 10, 1.

3. Em ordem: "dá a água da graça à garganta desta alma".

4. *"Com" a candeia*, corrigiu um dos censores. Frei Luís admitiu a correção (p. 184). A Santa faz alusão ao uso de seu tempo no modo de administrar a Unção dos enfermos. [Candeia é o mesmo que vela.]

5. *Um morrer... e estar gozando*: recurso ao paradoxo para exprimir a experiência mística. Aqui mesmo: "gozar aquela agonia". – Recurso expressivo abundante em todo o capítulo: "desassossego saboroso" (3), "diz mil desatinos... atinando" (4), "tão saborosa pena" (4), "tormentos... saborosos" (4), "santa loucura celestial" (4), "delgada e pesadíssima cruz" (5)...

ri,⁶ nem se chora. É um glorioso desatino, uma celestial loucura, aonde se desprende a verdadeira sabedoria, e é deleitosíssima maneira de gozar a alma.

2. E foi assim que o Senhor me deu em abundância esta oração creio cinco e até seis anos,⁷ muitas vezes, e que nem eu a entendia nem a soubera dizer; e assim tinha para mim, chegada aqui, dizer muito pouco ou nonada. Bem entendia que não era de todo união de todas as potências e que era mais que a passada, muito claro; mas eu confesso que não podia determinar nem entender como era esta diferença.

Creio pela humildade que vossa mercê⁸ tem tido em querer-se ajudar de uma simpleza tão grande como a minha, me deu o Senhor hoje, acabando de comungar, esta oração, sem poder ir adiante, e me pôs estas comparações e ensinou a maneira de dizê-lo e o que há de fazer aqui a alma; que, certamente, eu me espantei e entendi num ponto.

Muitas vezes estava assim como desatinada e embriagada neste amor,⁹ e jamais tinha podido entender como era. Bem entendia que era Deus, mas não podia entender como obrava aqui; porque de fato de verdade estão quase de todo unidas as potências,¹⁰ mas não tão engolfadas que não obrem. Gostado tenho em extremo de tê-lo agora entendido. Bendito seja o Senhor, que assim me tem regalado!

---

6. *Ni si ría*: a Santa escreveu "*se ría*" por lapso de escrita. Lemos como frei Luís (p. 184). [Para o leitor em língua portuguesa, a diferença é que em "se ría" o "se" é pronome; em "si ría", o "si" é conjunção. Na língua portuguesa tanto a conjunção como o pronome é "se"!]

7. Seriam suas experiências de oração nos anos 1559/1560.

8. Continua fazendo alusão ao P. Garcia de Toledo. Como no n. 6 e no final do capítulo. Aqui aparece não tanto como mandante censor, mas como discípulo necessitado de *ajuda*.

9. *Como desatinada e embriagada em amor*: três imagens de origem psicológica utilizadas no capítulo são: o sono, a embriaguez, a loucura de amor. Dentro desta última, o "desatino". Nos *Conceitos* (4, 3-4) dirá: "embriaguez [*borrachez*] divina", "sonho e embriaguez celestial (em que) fica como coisa espantada e embasbacada [*embobada*] e com um santo desatino". – Em ambas as passagens (de *vida* e de *Conc.*) o "como" ("*como desatinada*", "*como* coisa espantada") não tem função críptica, mas comparativa ou aproximativa.

10. *Unidas as potências*: "unidas" em sua acepção técnica: em união mística com Deus ou com o objeto amado ou contemplado.

3. Só têm habilidade as potências para ocuparem-se todas em Deus. Não parece que nenhuma ousa bulir nem a podemos fazer menear, se com muito estudo[11] não quiséramos divertir-nos, e ainda não me parece que de todo se poderia então fazer. Falam-se aqui muitas palavras em louvores de Deus sem concerto, se o mesmo Senhor não as concerta. Ao menos o entendimento não vale aqui nada. Quereria dar vozes em louvores a alma, e está que não cabe em si; um desassossego saboroso. Já já se abrem as flores, já começam a dar olor. Aqui quereria a alma que todos a vissem e entendessem a sua glória para louvores de Deus, e que a ajudassem a ela, e dar-lhes parte de seu gozo, porque não pode tanto gozar. Parece-me que é como a que diz o Evangelho que queria chamar ou chamava suas vizinhas.[12] Isto me parece que devia sentir o admirável espírito do real profeta Davi, quando tangia e cantava com a harpa em louvores de Deus.[13] Deste glorioso Rei sou eu muito devota e quereria que todos o fossem, em especial os que somos pecadores.

4. Oh, valha-me Deus! Como está uma alma quando está assim! Toda ela quereria que fossem línguas para louvar ao Senhor. Diz mil desatinos santos, atinando sempre a contentar a quem a tem assim. Eu sei pessoa[14] que, não sendo poeta, que lhe acontecia fazer de pronto coplas muito sentidas declarando sua pena bem, não feitas de seu entendimento, senão que, para mais gozar a glória que tão saborosa pena lhe dava, se queixava dela ao seu Deus. Todo o seu corpo e alma quereria que se despedaçasse para mostrar o gozo que com esta pena sente. O que se lhe porá então diante de tormentos, que não lhe fosse saboroso passá-los por seu Senhor?

---

11. *Com muito estudo*: esforço, trabalho.
12. Alude à parábola da moeda perdida: Lc 15,9.
13. Segundo livro dos Reis 6,14. – No calendário litúrgico dos carmelitas, aprovado pelo capítulo geral de 1564, a festividade do Rei Davi figura em 29 de dezembro. Na lista de Santos preferidos, "que ela trazia escrita", figura "o Rei Davi" (Ribera, p. 425). Em seu breviário, a festa de São Davi, rei e profeta, figurava em 30 de dezembro.
14. *Yo sé persona* (conheço uma pessoa): ela mesma. Expressão que utilizará numerosas vezes nas *Moradas* para manter o anonimato (M. 1, 2, 2...). A frase parece um arremedo da usada por São Paulo (2Cor 12,2) para contar o seu arrebatamento "ao terceiro céu". Por essa época (1565) a Santa já tinha composto pelo menos o poema "Ó formosura que excedeis" (carta a Lourenço de Cepeda de 2.1.1577).

Vê claro que não faziam nada[15] os mártires de sua parte em passar tormentos, porque conhece bem a alma que vem de outra parte a fortaleza. Mas, o que sentirá de tornar a ter senso para viver no mundo, e de haver de tornar aos cuidados e cumprimentos dele?

Pois não me parece ter encarecido coisa que não fique baixa neste modo de gozo que o Senhor quer neste desterro que goze uma alma. Bendito sejais para sempre, Senhor! Louvem-vos todas as coisas para sempre! Quereria agora, Rei meu, eu vo-lo suplico, que, quando isto escrevo,[16] não estou fora desta santa loucura celestial por vossa bondade e misericórdia – que tão sem méritos meus me fazeis esta mercê –, que ou estejam todos aqueles com quem eu tratar loucos de vosso amor, ou permitais que não trate eu com ninguém, ou ordenai, Senhor, como não tenha já conta em coisa do mundo ou me tirai dele! Não pode já, Deus meu, esta vossa serva sofrer tantos trabalhos, como o de ver-se sem Vós lhe vêm, que, se há de viver, não quer descanso nesta vida, nem que Vós lho deis! Quereria já esta alma ver-se livre: o comer a mata; o dormir a oprime; vê que se lhe passa o tempo da vida passar em regalos, e que nada já a pode regalar fora de vós;[17] que parece viver contra a natureza, pois já não quereria viver em si, senão em vós.[18]

5. Ó verdadeiro Senhor e glória minha! Que delgada e pesadíssima cruz tendes aparelhada aos que chegam a este estado! Delgada, porque é suave; pesada, porque chegam vezes que não há sofrimento que a sofra, e não quereria jamais ver-se livre dela, se não fosse para ver-se já convosco. Quando se lembra de que não vos tem servido em nada, e que vivendo[19]

---

15. *"Quase" nada*: corrigiu Báñez (?) no original, por escrúpulo teológico. Frei Luís não o seguiu (p. 186).
16. *Quando isto escrevo*: escreve sob os efeitos da graça mística recebida nessa mesma manhã (cf. n. 6). – É o seu melhor recurso literário diante do inefável do tema místico. Recorde-se o que foi dito no c. 14, n. 8, nota 24.
17. *Fora de*: com exceção de.
18. *Vive contra a natureza*: expressão escolástica equivalente a "contra a inclinação natural". – *Não viver em si, mas em vós*: reminiscência da passagem de São Paulo: "eu vivo, mas não eu..." (Gl 2,20). Já o testemunhou de si mesma no c. 6, 9. Tema místico que celebrará em seu poema "Vivo sem viver em mim" (1ª estrofe).
19. *Vivendo*: a Santa escreveu *viendo*. Parece um claro lapso (por haplografia). Assim o entendeu frei Luís, que transcreveu "viviendo" (p. 188). A leitura "viendo [= vendo]" tem sentido difícil. Segue: *cargarse muy más pesada cruz*.

vos pode servir, quereria carregar-se de muito mais pesada cruz e nunca até o fim do mundo morrer. Não tem em nada seu descanso, a troco de fazer-vos um pequeno serviço. Não sabe o que desejar, mas bem entende que não deseja outra coisa senão a vós.

6. Ó filho meu![20] (que é tão humilde, que assim se quer nomear a quem vai isto dirigido e mo mandou escrever), seja só para vós algumas coisas das que vir vossa mercê que saio dos termos;[21] porque não há razão que baste para não me tirar dela, quando me tira o Senhor de mim, nem creio que sou eu a que falo desde esta manhã que comunguei. Parece que sonho o que vejo[22] e não quereria ver senão enfermos deste mal de que estou eu agora. Suplico a vossa mercê que sejamos todos loucos por amor de quem por nós o chamaram. Pois diz vossa mercê que me quer bem, dispondo-se para que Deus lhe faça esta mercê quero que mo mostre, porque vejo muito poucos que não os veja com senso demasiado para o que lhes é conveniente. Já pode ser que tenha mais que todos. Não mo consinta vossa mercê, Padre meu, pois também o és como filho,[23] pois és meu confessor e a quem tenho confiado minha alma. Desengana-me com verdade, que se usam muito pouco estas verdades.

7. Este acordo quereria que fizéssemos os cinco[24] que no presente nos amamos em Cristo, que como outros nestes tempos se juntavam em

---

20. *Oh hijo mío*: dirige-se ao P. Garcia de Toledo. Esta frase foi retocada no original, e quase toda a seguinte apagada, de sorte que se lesse: "Oh Padre mio, a quien esto va dirigido", omitindo "que es tan humilde, que así se quiere nombrar (hijo)". Autora da emenda parece ser a própria Santa, que apagará outra expressão semelhante no final deste n. 6. – Frei Luís preferiu em ambos os casos o texto primitivo (p. 188-189).

21. *Salgo de términos*: "saio dos limites", como "salir de propósito" (cf. 13, 22), mas implicando o "salir de razón" da frase seguinte: "cuando o Señor me saca de mí / e de razón".

22. *Sueño lo que veo*: note-se a relação com o tema do capítulo, "sueño de potencias [sono das potências]". Voltará a dar testemunho dessa sua situação psicológica e espiritual no capítulo final: "hame dado una manera de sueño en la vida, que casi siempre me parece estoy soñando lo que veo" (40, 22; e c. 38, 7).

23. *Também o és como filho*: riscadas pela própria Santa. Cf. nota 19. [Padre equivale, aqui, a pai.]

24. *Los cinco que al presente nos amamos en Cristo*: é o grupo dos íntimos desses anos (1562-1565). O grupo é formado por Garcia de Toledo, F. de Salcedo, D. Báñez... ou talvez P. Ibáñez (ainda vivo), o mestre Daza e Dona Guiomar de Ulloa.

segredo para contra Sua Majestade[25] e ordenar maldades e heresias, procurássemos juntar-nos alguma vez para desenganar uns aos outros, e dizer no que poderíamos emendar-nos e contentar mais a Deus; que não há quem tão bem se conheça a si como conhecem os que nos olham, se é com amor e cuidado de aproveitar-nos.

Digo "em segredo",[26] porque já não se usa esta linguagem. Até os pregadores vão ordenando seus sermões para não descontentar.[27] Boa intenção terão e a obra o será; mas, assim se emendam poucos! Mas, como não são muitos os que pelos sermões deixam os vícios públicos? Sabe o que me parece? Porque têm muito senso os que os pregam. Não estão sem ele, com o grande fogo de amor de Deus, como estavam os Apóstolos, e assim esta chama esquenta pouco. Não digo eu que seja tanta como eles tinham, mas quereria que fosse mais do que vejo. Sabe vossa mercê em que deve ir muito? Em ter já aborrecida a vida e em pouca estima a honra; que não se lhes dava mais – a troco de dizer uma verdade e sustentá-la para glória de Deus – perder tudo, do que ganhar tudo; porque quem deveras tem tudo arriscado[28] por Deus, igualmente leva um que o outro.[29] Não digo eu que sou esta, mas o quereria ser.

8. Ó grande liberdade, ter por cativeiro haver de viver[30] e tratar conforme as leis do mundo! Que como esta se alcance do Senhor, não há escravo que não arrisque tudo para resgatar-se e tornar à sua terra. Pois este é o verdadeiro caminho, não há que parar nele, que nunca acabaremos de

---

25. *Nestes tempos se juntavam em segredo contra S.M.*: provável alusão a Agustín Cazalla e seus adeptos, suspeitos de heresia, condenados no auto de fé de 24.5.1559 (cf. o testemunho de Ana de Jesus nos processos da Santa: BMC, t. 18, p. 471-472).
26. *Digo "em segredo"*: pequena confusão da Santa. "Em segredo" disse que se reuniam outros "para maldades". Não "os cinco".
27. À margem, Báñez anotou com certa ironia: "legant praedicatores" [leiam os pregadores].
28. A Santa usa *arriscado*, quando em espanhol é *arriesgado*. Usará a palavra de novo no n. seguinte. – Antes: "não se lhes dava mais": os apóstolos não se preocupavam.
29. N.T.: Quer dizer: suporta de maneira igual tanto perder como ganhar.
30. *Cativeiro... viver*: a "vida-cárcere" é tema que reaparecerá no poema "Vivo sem viver em mim". Cf. *Vida*, 20, 25; 21, 6: "o cativeiro que trazemos nos corpos"; e *Exc.* 17, 3.

ganhar tão grande tesouro, até que se nos acabe a vida. O senhor nos dê para isto seu favor.

  Rompa vossa mercê isto que tenho dito, se lhe parecer, e tome-o por carta para si, e perdoe-me, que tenho estado muito atrevida.[31]

---

  31. Esta breve conclusão do capítulo sublinha o caráter de certas passagens do livro, escritas a modo de *carta* reservada para o principal destinatário, P. Garcia de Toledo: cf. 10 8. A ele se dirige a recomendação de "queimar" ou rasgar as páginas inconvenientes (ibid. e 40, 23).

Capítulo 17

Prossegue na mesma matéria de declarar este terceiro grau de oração. – Acaba de declarar os efeitos que faz. – Diz o dano[1] que aqui faz a imaginação e memória.

1. Razoavelmente está dito deste modo de oração e o que há de fazer a alma ou, para melhor dizer, faz Deus nela, que é ele que toma já o ofício de hortelão e quer que ela folgue. Só consente a vontade naquelas mercês que goza. E se há de oferecer a tudo o que nela quiser fazer a verdadeira sabedoria, porque é mister ânimo, certamente. Porque é tanto o gozo, que parece que algumas vezes não fica um ponto para acabar a alma de sair deste corpo. E que venturosa morte seria!

2. Aqui me parece vir bem, como a vossa mercê foi dito,[2] deixar-se de todo nos braços de Deus. Se quiser levá-la ao céu, vá; se ao inferno, não tem pena, pois vai com seu Bem; se acabar totalmente a vida, isso quer; se que viva mil anos, também. Faça Sua Majestade como de coisa própria; já não é sua a alma de si mesma; dada está de todo ao Senhor; descuide-se de tudo.

Digo que em tão alta oração como esta, que quando a dá Deus à alma pode fazer tudo isto. E muito mais que estes são os seus efeitos. E entende que o faz sem nenhum cansaço do entendimento. Só me parece que está como espantada[3] de ver como o Senhor se[4] faz tão bom hortelão e não quer que tome ele trabalho nenhum, senão que se deleite em começar a sentir o odor das flores; que numa chegada destas, por pouco que dure, como é tal o hortelão, enfim criador da água, dá-la sem medida, e o que a

---

1. No original, outra mão apagou *daño* [dano] e escreveu *impedimento*. Frei Luís transcreveu *daño* (p. 190).
2. Continua dirigindo-se a Garcia de Toledo. Novas alusões nos números 2 (no final), 4 e 8. – *Como a v.m. se dijo*: provável alusão às conversas espirituais tidas com ele.
3. *Está como espantada* a alma. Referindo-se à mesma alma, escreverá a seguir várias vezes *él* [ele] por *ella* [ela].
4. N.T.: O *se* foi acrescentado na tradução.

pobre da alma com trabalho porventura[5] de vinte anos de cansar o entendimento não tem podido acumular, o faz este hortelão celestial num ponto,[6] e cresce a fruta e amadurece de maneira que se pode sustentar de seu horto, querendo-o o Senhor. Mas não lhe dá licença para repartir a fruta, até que ele esteja tão forte com o que comeu dela que não se vá em gustações[7] e não dando nada de proveito nem pagando-a a quem a der,[8] senão que os mantenha e dê de comer à sua custa, e há de ficar ele porventura morto de fome.

Isto bem entendido vai para tais entendimentos,[9] e saberão aplicá-lo melhor do que eu saberei dizê-lo, e canso-me.

3. Enfim, é que as virtudes ficam agora mais fortes que na oração de quietude passada, que a alma não as pode ignorar,[10] porque se vê outra e não sabe como. Começa a obrar grandes coisas com o odor que dão de si as flores, que quer o Senhor que se abram para que ela veja[11] que tem virtudes, ainda que veja muito bem que não as podia ela – nem tem podido – ganhar em muitos anos, e que naquele pouquinho o celestial hortelão lhas deu. Aqui é muito maior a humildade e mais profunda que a alma fica, que no passado; porque vê mais claro que pouco nem muito fez, senão consentir que lhe fizesse o Senhor mercês e a vontade as abraçasse.

---

5. *Con trabajo por ventura*: talvez com trabalho de... (de novo no final do parágrafo). Os *veinte años de cansar el entendimiento* na oração: alude novamente ao caso pessoal da Santa (cf. 4, 3; 4, 7; 4, 9; etc.).
6. *En un punto*: num momento.
7. *Gustações* [*gustaduras*]: gastar em degustar ou em dar a provar.
8. *Ni pagandosela* (a ela, aquele) *a quien se la diere...* Continua desenvolvendo a imagem-refrão das "gustações".
9. *Bem entendido*, quer dizer, bem explicado ou dado a entender (cf. 19, 13). – *Por tais entendimentos*: bondosa alusão aos "inteligentes letrados" com quem vem dialogando (cf. 15, 16: "letrados muito letrados").
10. *Que a alma não as pode ignorar*: palavras riscadas no original por Báñez (?), que arredondou assim a frase: "porque se vê outra (a alma)". Frei Luís decifrou as palavras riscadas e as manteve em seu texto (p. 192). A correção de Báñez está motivada por um escrúpulo teológico: era arriscado afirmar que a alma possui a certeza de suas próprias virtudes sobrenaturais. Idêntico purismo teológico motivou as três correções que se seguem neste número e no seguinte.
11. *Para que ella vea*: Báñez (?) emendou o "vea" em "crea". Frei Luís adotou a emenda de Báñez (p. 192). Trata-se de ter certeza e evidência ou de não tê-las. A Santa é constante em afirmar que "vê muito bem", "vê mais claro" (neste mesmo n.), ou "se vê claro" (no n. 4).

Parece-me este modo de oração união muito conhecida de toda a alma com Deus, senão que parece que quer Sua Majestade dar licença às potências para que entendam e gozem do muito que obra ali.[12]

4. Acontece algumas e mui muitas vezes, estando unida a vontade (para que veja vossa mercê como pode ser isto, e o entenda quando o tiver; ao menos a mim trouxe-me tonta, e por isso o digo aqui), vê-se claro[13] e entende-se que está a vontade atada e gozando; digo que "se vê claro", e em muita quietude está só a vontade, e está por outro lado o entendimento e memória[14] tão livres que podem tratar de negócios e ocupar-se com obras de caridade.

Isto, ainda que pareça tudo um, é diferente da oração de quietude que disse,[15] em parte, porque ali está a alma que não se quereria bulir nem menear, gozando naquele ócio santo de Maria; nesta oração pode também ser Marta.[16] Assim que está quase obrando juntamente em vida ativa e contemplativa, e ocupar-se em obras de caridade e negócios que convenham ao seu estado, e ler, ainda que não de todo estejam senhores de si, e entendem bem que está a melhor parte da alma noutra ponta. É como se estivéssemos falando com um e por outra parte nos falasse outra pessoa, que nem bem estaremos num nem bem no outro.

É coisa que se sente muito claro e dá muita satisfação e contento quando se tem, e é mui grande aparelho para que, em tendo tempo de solidão ou desocupação de negócios, venha a alma a mui sossegada quie-

---

12. Quer dizer: esta oração é união de toda a alma, mas as potências dela, ainda que unidas, não se suspendem, mas "entendem e gozam" do que Deus "obra" nelas.

13. *Vê-se claro*: Báñez (?) tentou um arranjo destas palavras e depois as apagou. Frei Luís optou por transcrever: "conócese" [se conhece] (p. 193). Situação idêntica na linha seguinte: a Santa reafirma que "se vê claro"; Báñez o risca; frei Luís transcreve "digo que se conoce" (ibid.). – No meio disso tudo está o escrúpulo teológico da certeza do sobrenatural debatida no Concílio de Trento.

14. *Entendimento e memória*: ou então "imaginação e memória", como antecipou no título do capítulo, e de novo nos n. 5 e 6. Em *Moradas* 5, 3, 10 confessará que não sabe "entender as diferenças de potências e imaginação".

15. Disse-o no c. 14, n. 2.

16. O sentido é: *ali* (na oração de quietude: c. 14, 2) *está... em ócio... de Maria*; no entanto, *nesta oração* (do c. 17) *é também Marta*, juntando *vida ativa e contemplativa*. – Alusão à passagem evangélica de Lc 10,38-42. Maria e Marta simbolizam, tradicionalmente, "contemplação e ação".

tude. É um andar como uma pessoa que está em si satisfeita, que não tem necessidade de comer, senão que sente o estômago contente, de maneira que nem a todo manjar arrostaria; mas não tão farta que, se os vê bons, deixe de comer de bom grado. Assim, não lhe satisfaz nem quereria então contento do mundo, porque em si tem o que lhe satisfaz mais: maiores contentos de Deus, desejos de satisfazer seu desejo, de gozar mais, de estar com ele. Isto é o que quer.

5. Há outra maneira de união, que ainda não é inteira união, mas é mais que a que acabo de dizer, e não tanto como a que se tem dito desta terceira água.[17]

Gostará vossa mercê muito, de que o Senhor lhas dê todas se não as tem já, de achá-lo escrito e entender o que é. Porque uma mercê é dar o Senhor a mercê, e outra é entender quê mercê é e quê graça, outra é saber dizê-la e dar a entender como é.[18] E ainda que não pareça ser preciso mais da primeira, para não andar a alma confusa e medrosa e ir com mais ânimo pelo caminho do Senhor levando debaixo dos pés todas as coisas do mundo, é de grande proveito entendê-lo e mercê; que por cada uma é razão que louve muito ao Senhor quem a tem, e quem não, porque a deu Sua Majestade a algum dos que vivem, para que nos aproveitasse a nós.

Agora, pois, acontece muitas vezes esta maneira de união que quero dizer (em especial a mim, que me faz Deus esta mercê desta sorte muito muitas), que colhe Deus a vontade e até o entendimento, a meu parecer, porque não discorre, senão está ocupado gozando de Deus, como quem está olhando e vê tanto que não sabe para onde mirar; um por outro se lhe perde de vista, que não dará sinais de coisa. A memória fica livre, e junto com a imaginação[19] deve ser; e ela, como se vê só, é para louvar a Deus a guerra que dá e como procura desassossegar tudo. A mim cansada me tem

---

17. Distingue, portanto, três maneiras de união: a que acaba de dizer (grau ínfimo: n. 4), outra superior, mas que ainda não é "inteira união" (n. 5) e a união plena ("inteira união") de que falou no c. 16 (= terceira água). *Gostará v.m.*: alusão a Garcia de Toledo.

18. Interessante gradação de "três graças" ou tripla dotação, desde a experiência mística até a expressão literária: *experimentar, entender, exprimir*. Na moderna psicologia correspondem aos três momentos: sentir, entender, comunicar. Parcial coincidência com um texto de Osuna no "Tercer Abecedario", tr. 3, c. 2. Cf. c. 12, nota 24.

19. *Memória... imaginação*: cf. supra, nota 13. *Ela... se vê só*: alusão à imaginação.

e aborrecida a tenho, e muitas vezes suplico ao Senhor, se tanto me há de estorvar, tire-a de mim nestes tempos. Algumas vezes lhe digo: "Quando, meu Deus, há de estar já toda junta minha alma em vosso louvor e não feita em pedaços, sem poder valer-se a si?" Aqui vejo o mal que nos causa o pecado, pois assim nos sujeitou a não fazer o que queremos: de estar sempre ocupados em Deus.

6. Digo que me acontece às vezes[20] – e hoje foi uma, e assim o tenho bem na memória – que vejo desfazer-se minha alma, por ver-se junta onde está a maior parte,[21] e ser impossível, senão que lhe dá tal guerra a memória e imaginação que não a deixam valer; e como faltam as outras potências, não valem, ainda para fazer mal, nada. Farto fazem em desassossegar. Digo "para fazer mal", porque não têm força nem param num ser.[22] Como o entendimento não a ajuda pouco nem muito ao que lhe representa, não para em nada, senão de um em outro, que não parece senão destas mariposinhas das noites, importunas e desassossegadas: assim anda de um lado para outro. Em extremo me parece que vem a propósito esta comparação, porque ainda que não tenha força para fazer nenhum mal, importuna aos que a veem.

Para isto não sei que remédio haja, porque até agora Deus não me deu a entender; que de bom grado o tomaria para mim, que me atormenta, como digo,[23] muitas vezes. Representa-se aqui nossa miséria, e muito claro o grande poder de Deus; pois esta, que fica solta, tanto nos dana e nos cansa, e as outras que estão com Sua Majestade, o descanso que nos dão.

7. O último remédio que tenho achado, ao cabo de ter-me fatigado fartos anos, é o que disse na oração de quietude:[24] que não se faça caso dela

---

20. Vinha dizendo isso no n. 5. – *Hoje foi uma* dessas vezes.
21. Quer dizer, deseja vivamente que toda a sua alma se ache unida (ou reunida) ali onde está a maior parte da alma mesma. No n. 4 tinha garantido "entender bem que está a *melhor parte da alma* na outra ponta...".
22. *Ni paran en un ser*: carecem de estabilidade (cf. c. 5, nota 16). – A seguir: *no para en nada*, aludindo à "memória e imaginação" (cf. c. 14, n. 3: "memória ou imaginação").
23. *Como digo*: no n. 5.
24. *Disse na oração de quietude*: c. 14, 3; c. 15, n. 6, 7 e 9, embora ali pareça referir-se ao entendimento, mas tenha-se em conta o léxico psicológico oscilante da Santa (cf. *Moradas*, 4, c. 1, título). – *Dejarla con su tema, que sólo Dios se "la" puede quitar*:

mais que de um louco, senão deixá-la com sua teima, que só Deus a pode tirar; e, enfim, aqui por escrava fica. Havemos de sofrê-lo com paciência, como fez Jacó a Lia, porque farta mercê nos faz o Senhor que gozemos de Raquel.[25] Digo que "fica escrava", porque, enfim, não pode – por muito que faça – trazer a si as outras potências; antes elas, sem nenhum trabalho, a fazem vir muitas vezes a si. Algumas, é Deus servido de fazer lástima de vê-la tão perdida e desassossegada, com desejo de estar com as outras, e consente Sua Majestade que ela se queime no fogo daquela vela divina, onde as outras estão já feitas pó, perdido o seu natural, quase estando sobrenatural,[26] gozando tão grandes bens.

8. Em todas estas maneiras que desta última água de fonte tenho dito,[27] é tão grande a glória e descanso da alma, que muito sabidamente aquele gozo e deleite participa dele o corpo, e isto muito sabidamente, e ficam tão crescidas as virtudes como tenho dito.[28]

Parece ter querido o Senhor declarar estes estados em que se vê a alma, a meu parecer, o mais que[29] cá se pode dar a entender. Trate-o vossa mercê[30] com pessoa espiritual que haja chegado aqui e tenha letras. Se lhe disser que está bem, creia que Deus lho tem dito e tenha em muito a Sua Majestade; porque, como tenho dito,[31] andando o tempo se folgará muito

---

tema no feminino (la) [em espanhol, *el* tema é *o tema*, em português; *la* tema: é *teimosia, obstinação*].

25. *Lia e Raquel*: alusão a Gênesis 29,16s. Lia e Raquel, como Marta e Maria, simbolizam a vida ativa e a contemplativa.

26. *Casi estando sobrenatural*: uso adverbial do adjetivo "sobrenatural", como fará em outras passagens (cf. 28, n. 2 e 9; 29, 7; e *Moradas* 6, 4, 8). – O "casi" a Santa acrescentou num segundo momento à margem do manuscrito (evidente eco dos escrúpulos de seus teólogos assessores). Frei Luís transcreveu: "casi perdido su ser natural estando sobrenaturalmente" (p. 197). – Na série de imagens: "se queme en el fuego de aquella vela divina", "están hechas polvo", "perdido su ser natural"... se tenta descrever um estado místico à base da comparação com a *mariposa importuna de las noches*, apenas desenvolvida no número anterior, e que depois utilizará no c. 18, n. 14, e mais amplamente nas *Moradas* quintas e sextas.

27. No n. 5. Ver nota 16.

28. No c. 16, 3; e 17, 2-3.

29. *Lo más que acá se puede dar a entender*: Báñez (?) riscou "lo más que" e escreveu no original: "*como acá se puede…*". Frei Luís foi fiel ao original (p. 198).

30. *Vossa mercê*: como no princípio do capítulo, alude a Garcia de Toledo. Inicia assim o epílogo do capítulo, como em outros casos (cf. 16, 8).

31. Nos n. 4 e 5.

de entender o que é, enquanto não lhe der a graça (ainda que a dê de gozá--lo) para entendê-lo. Como lhe tenha dado Sua Majestade a primeira,[32] com o seu entendimento e letras o entenderá por aqui.

Seja louvado por todos os séculos dos séculos por tudo, amém.

---

32. *Como le haya dado S.M. la primera graça*: alude às três graças mencionadas no n. 5 (nota 17).

Capítulo 18

Em que trata do quarto grau de oração.¹ – Começa a declarar por excelente maneira a grande dignidade em que o Senhor põe a alma que está neste estado. – É para animar muito os que tratam oração, para que se esforcem para chegar a tão alto estado, pois se pode alcançar na terra, ainda que não por merecê-lo, senão pela bondade do Senhor. – Leia-se com advertência, porque se declara por muito delicado modo e tem coisas muito de notar.²

1. O Senhor me ensine palavras para que se possa dizer algo da quarta água.³ Bem é mister seu favor, ainda mais que para a passada; porque nela⁴ a alma ainda sente que não está morta de todo, que assim o podemos dizer, pois está no mundo; mas, como disse,⁵ tem sentido para entender que está nele e sentir sua solidão, e aproveita-se do exterior para dar a entender o que sente, nem sequer por sinais.

Em toda a oração e modos dela que fica dito, alguma coisa trabalha o hortelão; ainda que nestas últimas vá o trabalho acompanhado de tanta

---

1. N.E.: Do quarto grau de oração ("quarta água", n. 1) tratará nos c. 18-21. Volta a apoiar-se no símile do horto, do hortelão e da água: "a quarta água" é chuva do céu (11, 7), que tematicamente corresponde à oração ou estado místico de "êxtase" (n. 10-14), embora esse termo só apareça mais adiante (c. 20, 1.28; 21, 12; 28, 9; 29, 14). O tema será mais amplamente desenvolvido nas *Moradas* quintas, sextas e sétimas, e nos c. 5-7 de *Conceitos*.

2. Um dos censores – provavelmente o P. Báñez – riscou no original as palavras *por excelente manera y léase con advertencia, porque se declara por muy delicado modo y tiene cosas mucho de notar*, talvez incomodado pelo autoelogio que contém. Frei Luís não chegou a tanto, todavia, consentiu em omitir o último membro ("porque... notar", p. 198). Contudo, as expressões riscadas constituem um belo exemplo da ingenuidade com que a autora estendia o título dos capítulos de seus livros. Compare-se com as epígrafes dos c. 14, 16, 19, 20, 21, 22, 25 etc. e quase todas as das *Moradas*.

3. *Es menester su favor*: recurso a uma atitude profundamente religiosa, ao entrar no fundo do tema místico. Compare-se com um gesto semelhante no lugar paralelo das *Moradas* 5, 1, 1. Tem intenção mistagógica: não tratar o tema místico de forma doutrinária, mas vivencial.

4. *En ella*: na passada, ou terceira água.

5. *Como disse*: no c. 16, 3 (cf. c. 17, nota 11).

glória e consolo da alma que jamais quereria sair dele, e assim não se sente por trabalho, senão por glória.

Cá[6] não há sentir, senão gozar sem entender o que se goza. Entende-se que se goza um bem, onde juntos se encerram todos os bens, mas não se compreende este bem. Todos os sentidos são ocupados neste gozo, de maneira que não fica nenhum desocupado para poder[7] em outra coisa, exterior nem interiormente.

Antes lhes era dada licença para que, como digo, façam algumas mostras do grande gozo que sentem; cá a alma goza mais sem comparação, e pode-se dar a entender muito menos, porque não fica poder no corpo, nem a alma o tem para poder comunicar aquele gozo. Naquele tempo tudo lhe seria grande embaraço e tormento e estorvo de seu descanso; e digo que se é união de todas as potências, que, ainda que queira – estando nela digo – não pode, e se puder, já não é união.[8]

2. Como é esta que chamam união[9] e o que é, eu não sei dar a entender. Na mística teologia se declara, que eu os vocábulos não saberei nomeá-los, nem sei entender o que é mente, nem que diferença tem da alma ou espírito tampouco;[10] tudo me parece uma coisa, se bem que a alma algumas vezes saia de si mesma, à maneira de um fogo que está ardendo e feito chama, e algumas vezes cresce este fogo com ímpeto; esta chama sobe muito acima do fogo, mas nem por isso é coisa diferente, senão a mesma chama que está no fogo.

Isto vossas mercês entenderão – que eu não o sei mais dizer – com suas letras.[11] O que eu pretendo declarar é o que sente a alma quando está nesta divina união.

---

6. *Acá*: nesta "quarta água". Igual paralelismo entre 3ª e 4ª água será feito mais abaixo: "antes" (3ª água), "cá" (4ª água).
7. *Para poder* ocupar-se.
8. *Não pode* (ocupar-se), *e se puder* ocupar-se ou comunicá-lo...
9. *Esta que llaman unión*: a Santa se refere à nomenclatura em uso, lida por ela mesma nos livros de Osuna, Laredo, Bernabé de Palma. Cf. c. 14, 1: "oración que llaman de quietud"; e 20, 1: "vuelo que llaman de espíritu... y también se llama éxtasis".
10. Sobre a "diferença entre alma e espírito", cf. *Moradas* 7, 1, título e *M.* 7, 2, 9-11.
11. Em boa ordem: "isto vossas mercês entenderão com suas letras, que eu não o sei dizer melhor". Assim frei Luís (p. 200). – Alude aos "letrados" destinatários do livro.

3. O que é união já está entendido, que é duas coisas divididas fazerem-se uma. Ó, Senhor meu, que bom sois! Bendito sejais para sempre! Louvem-vos, Deus meu, todas as coisas, que assim nos amastes, de maneira que com verdade possamos falar desta comunicação que ainda neste desterro tendes com as almas! E ainda com as que são boas é grande largueza e magnanimidade. Enfim, vossa, Senhor meu, que dais como quem sois. Ó, largueza infinita, quão magníficas são vossas obras![12] Espanta a quem não tem ocupado o entendimento em coisas da terra, que não tenha nenhum para entender verdades. Pois que façais a almas que tanto vos têm ofendido mercês tão soberanas, certamente, a mim me acaba o entendimento,[13] e quando chego a pensar nisto, não posso ir adiante. Onde há de ir que não seja tornar atrás? Pois dar-vos graças por tão grandes mercês, não sabe como. Dizendo disparates me remedeio algumas vezes.

4. Acontece-me muitas, quando acabo de receber estas mercês ou Deus começa a fazê-las a mim (que estando nelas já tenho dito que não há poder fazer nada), dizer:

"Senhor, olhai o que fazeis, não esqueçais tão depressa tão grandes males meus; já que para perdoar-me o tendes olvidado, para pôr medida nas mercês vos suplico que vos lembreis. Não ponhais, Criador meu, tão precioso licor em vaso tão quebrado,[14] pois tendes já visto de outras vezes que o torno a derramar. Não ponhais tesouro semelhante aonde ainda não está – como há de estar – perdida totalmente a cobiça de consolações da vida, que o gastará mal gastado. Como dais a força desta cidade e chaves da fortaleza dela a tão covarde alcaide,[15] que ao primeiro combate dos inimigos os deixa entrar dentro? Não seja tanto o amor, ó Rei eterno, que ponhais em aventura joias tão preciosas. Parece, Senhor meu, que se dá ocasião para que se tenham em pouco, pois as pondes em poder de coisa tão ruim, tão baixa, tão fraca e miserável, e de tão pouco tomo, que já que trabalha para não as perder com vosso favor (e não é mister pequeno,

---

12. Reminiscência dos salmos 91,6; 103,24.
13. *A mí me acaba el entendimiento*: vai além de mim, esgota sua capacidade de entender. Ou talvez faça alusão a que "lo saca de sí" [o tira de si] (acerca do êxtase): cf. 16, 6.
14. *Vaso tan quebrado*: reminiscência provável da imagem paulina de 2Cor 4,7.
15. N.T.: *Alcaide* é o nome para comandante de fortaleza ou cidade fortificada.

segundo eu sou), não pode dar com elas a ganhar a ninguém; enfim, mulher, e não boa, senão ruim. Parece que não só se escondem os talentos, senão que se enterram,[16] pondo-os em terra tão astrosa. Não costumais vós fazer, Senhor, semelhantes grandezas e mercês a uma alma, senão para que aproveite a muitas. Já sabeis, Deus meu, que de toda vontade e coração vos suplico e tenho suplicado algumas vezes, e tenho por bem perder o maior bem que se possui na terra, para que as façais Vós a quem com este bem mais aproveite, para que cresça vossa glória".[17]

5. Estas e outras coisas me tem acontecido dizer muitas vezes. Via depois minha necessidade e pouca humildade. Porque bem sabe o Senhor o que convém, e que não havia forças em minha alma para salvar-se, se Sua Majestade com tantas mercês nela não as pusesse.

6. Também pretendo dizer as graças e efeitos que ficam na alma,[18] e que é o que pode por si fazer, ou se é parte para chegar a tão grande estado.

7. Acontece vir este *levantamento de espírito ou juntamento*[19] com o amor celestial: que, a meu entender, é diferente a *união* do *levantamento* nesta mesma união.[20] A quem não tiver provado o último,[21] parecer-lhe-á que não, que sendo tudo um, o Senhor age de maneira diferente; e no cres-

---

16. *Talentos... se enterram*: alusão à parábola dos talentos em Mt 25,14-23. – Sucederam-se três imagens bíblicas: o vaso quebrado, o rei e o fortim, os talentos. – *Tierra tan astrosa*: imagem de sua própria alma. "Astrosa" tem o duplo sentido de "desasseada" e de "infausta" por alusão aos "astros". Cobarruvias a define como "desastrado... que não tem nenhum astro que o favoreça, e vive toda a sua vida miserável, abatido e sem que ninguém na vida nem na morte faça caso dele".

17. Repetirá essa ideia de dar o melhor de si mesma: c. 21, 2: ser dado "aos que mandam" ou "aos reis".

18. Aos "efeitos" que estas graças produzem dedicará parte do c. 20: n. 7ss.

19. N.T.: *Juntamento*: junção, juntura, união.

20. Passagem de pontuação difícil. – Quanto ao léxico usado pela Santa, note-se que "levantamento de espírito", "juntamento com Deus", "voo de espírito" "arroubamento", "suspensão" (cf. n. 12), "elevação e arrebatamento" (cf. c. 20, 1) são termos análogos, que na "linguagem do espírito" da Santa equivalem a "êxtase" (cf. 20, 1), embora com leves diferenças, que ela explica em *Rel.* 5, 7-10 e em *M.* 6, c. 4. – Note-se, além disso, que a expressão "este levantamento" equivale a "o levantamento seguinte, que direi agora" (ver o "isto" com que começa o n. 8, e o c. 17, 5). Contudo, a seguir a Santa se distrai com uma longa digressão, de sorte que até o n. 10 não descreverá "este levantamento" de que agora ia falar.

21. Tinha escrito: "a quien no lo hubiere probado todo". Corrigiu: "a quien no lo hubiere probado lo postrero". Frei Luís completou a correção, omitindo o "lo" (p.

cimento do desprender das criaturas, muito mais no *voo do espírito*. Tenho visto claro ser particular mercê, ainda que, como digo, seja tudo um ou o pareça; mas um fogo pequeno também é fogo como um grande, e já se vê a diferença que há de um ao outro: num fogo pequeno, primeiro que um ferro pequeno se faça brasa, passa muito espaço; mas se o fogo é grande, ainda que seja maior o ferro, em muito pouquinho perde totalmente seu ser, ao parecer.[22] Assim me parece que é nestas duas maneiras de mercês do Senhor, e sei que quem tiver chegado a *arroubamentos* o entenderá bem. Se não o tem provado, parecer-lhe-á desatino, e já pode ser; porque querer uma como eu falar em uma coisa tal e dar a entender algo do que parece impossível até ter palavras com que o começar,[23] não é muito que desatine.

8. Mas creio isto do Senhor (que sabe Sua Majestade que, depois de obedecer, é minha intenção atrair as almas com um bem tão alto) que me há nisso de ajudar. Não direi coisa que não tenha experimentado muito.[24] E é assim que quando comecei esta última água a escrever, que me parecia impossível saber tratar coisa mais que falar em grego, que assim é isso dificultoso. Com isto, o deixei e fui comungar. Bendito seja o Senhor que assim favorece os ignorantes! Ó virtude de obedecer, que tudo podes! Aclarou Deus meu entendimento, umas vezes com palavras e outras me pondo diante como o havia de dizer, que, como fez na oração passada,[25] Sua Majestade parece querer dizer o que eu não posso nem sei.

Isto que digo é inteira verdade, e assim o que for bom é sua a doutrina; o mau, está claro é do pélago dos males, que sou eu. E assim, digo que se houver pessoas que tenham chegado às coisas de oração que o Senhor tem feito mercê a esta miserável – que deve haver muitas – e quisessem

---

203). – Na frase seguinte: "que con ser" [que sendo], o "que" é redundante: já frei Luís o omitiu (p. 203).

22. *Al parecer*: a Santa o acrescentou entre linhas para atenuar a afirmação que precede.

23. *Palavras com que começar* a dizê-lo: alusão ao inefável da experiência mística. [*Não é muito que desatine*: é muito desatino.]

24. É um dos critérios literários, ao escrever de tema espiritual. Cf. *Caminho*, pról. 3.

25. *Na oração passada*: na "quarta água"; c. 16, 2. Nos dois casos se afirma a relação entre "experiência eucarística" e expressão literária.

tratar estas coisas comigo, parecendo-lhes desencaminhadas, que ajudara o Senhor a sua serva para que saísse com sua verdade adiante.

9. Agora, falando desta água que vem do céu para com sua abundância encher e fartar todo este horto de água, se nunca deixara, quando houvesse mister, de dá-lo o Senhor, já se vê que descanso tivera o hortelão. E se não houvesse inverno, senão fosse sempre o tempo temperado, nunca faltariam flores e frutas; já se vê que deleite tivera; mas enquanto vivemos é impossível: sempre há de haver cuidado de quando faltar uma água procurar a outra.[26] Esta do céu vem muitas vezes quando mais descuidado está o hortelão. Verdade é que nos princípios quase sempre é depois de longa oração mental, que de um grau em outro vem o Senhor tomar esta avezinha e pô-la no ninho para que descanse.[27] Como a tem visto voar muito tempo, procurando com o entendimento e vontade e com todas as suas forças buscar a Deus e contentá-lo, quer dar a ela o prêmio ainda nesta vida. E que grande prêmio! que basta um momento para ficarem pagos todos os trabalhos que nela pode haver.

10. Estando assim a alma buscando a Deus, sente com um deleite grandíssimo e suave quase desfalecer toda com uma maneira de desmaio que lhe vai faltando o fôlego[28] e todas as forças corporais, de maneira que, se não é com muita pena, não pode sequer menear as mãos; os olhos se lhe fecham sem querê-los fechar, ou se os tem abertos, não vê quase nada; nem, se lê, acerta a dizer letra, nem quase atina a conhecê-la bem; vê que há letra, mas, como o entendimento não ajuda, não a sabe ler ainda que queira; ouve, mas não entende o que ouve. Assim que dos sentidos não se aproveita nada, se não é para não a acabar de deixar a seu prazer; e assim antes a danam. Falar é por demais, que não atina em formar palavra, nem há força, já que atinasse, para poder pronunciá-la; porque toda a força exterior se perde e se aumenta nas da alma para melhor poder gozar de sua glória. O deleite exterior que sente é grande e muito conhecido.[29]

---

26. *Quando faltar uma água, procurar a outra*: quando faltar a oração mística, recorrer à "oração mental" (primeira água).
27. Volta a comparação da "avezinha" (símbolo da alma). Tinha introduzido-a no c. 13, 2.
28. *Huelgo [fôlego]*: respiração. – Começa aqui a descrição do êxtase (n. 10-14).
29. *Muy conocido*: notório e perceptível. Como no n. seguinte: "cosa tan conocida". Na mesma acepção tem usado o advérbio "conocidamente" (por ex. 1, 7; 17, 8) com

11. Esta oração não faz dano, por longa que seja. Pelo menos a mim nunca me fez, nem me lembro de fazer-me o Senhor nenhuma vez esta mercê, por mal que estivesse, que sentisse mal, antes ficava com grande melhora.[30] Mas que mal pode fazer tão grande bem? É coisa tão conhecida as operações exteriores, que não se pode duvidar que houve grande ocasião, pois assim tirou as forças com tanto deleite para deixá-las maiores.

12. Verdade é que no princípio passa em tão breve tempo – pelo menos a mim assim me acontecia – que nestes sinais exteriores nem na falta dos sentidos não se dá tanto a entender quando passa com brevidade. Mas bem se entende na sobra[31] das mercês que tem sido grande a claridade do sol que tem estado ali, pois assim a tem derretido. E note-se isto, que a meu parecer por longo que seja o espaço de estar a alma nesta suspensão de todas as potências, é bem breve: quando estivesse meia hora, é mui muito; eu nunca, a meu parecer, estive tanto. Verdade é que se pode mal sentir o que se está,[32] pois não se sente; mas digo que de uma vez é muito pouco espaço sem tornar alguma potência em si. A vontade é a que mantém a tela,[33] mas as outras duas potências prestes tornam a importunar. Como a vontade está quieta, torna a suspendê-las e estão outro pouco e tornam a viver.

13. Nisto se pode passar algumas horas de oração e se passam. Porque, começadas as duas potências a embriagar-se e gostar daquele vinho divino, com facilidade se tornam a perder de si para estar muito mais ganhas,[34] e acompanham a vontade e se gozam todas as três. Mas este estar perdidas totalmente e sem nenhuma imaginação em nada – que a meu entender também se perdem totalmente – digo que é breve espaço; ainda que

---

a conotação de perceptível e experimentado.
30. N.T.: *Que sentisse mal... melhora*: por enferma que estivesse, melhorava muito.
31. *La sobra de mercedes*: abundância de graças.
32. N.T.: *Se pode mal sentir...*: é muito difícil calcular o tempo de duração do êxtase.
33. *Mantener la tela*: dizia-se do principal sustentador ou defensor nas justas e torneios. [A palavra espanhola *tela*, neste sentido, vem do plural da palavra latina *telum*, que significa "dardo". Em português não se usa "tela" neste sentido.] Com esta metáfora a Santa exprime o papel prioritário da *vontade* nesta oração. É ela que se mantém em ação, enquanto "as outras potências" momentaneamente desfalecem.
34. *Perder-se e ganhar-se* (= recuperar-se) as potências; ou então *estar perdidas e voltar a si*, é "a linguagem de espírito" já utilizada no c. 14, 2 (ver nota 5) e 16, 1, para indicar que as potências entram no êxtase ou saem dele.

não tão totalmente tornam a si que não podem estar algumas horas como desatinadas, tornando pouco a pouco a colhê-las Deus consigo.

14. Agora venhamos ao interior do que a alma aqui sente. Diga-o quem o sabe, que não se pode entender, quanto mais dizer!

Estava eu pensando quando quis escrever isto, acabando de comungar e de estar nesta mesma oração que escrevo, o que fazia a alma naquele tempo. Disse-me o Senhor estas palavras: *Desfaz-se toda, filha, para pôr-se mais em mim. Já não é ela quem vive, senão eu.*[35] Como não pode compreender o que entende, é não entender entendendo.

Quem o tiver provado entenderá algo disto, porque não se pode dizer mais claro, por ser tão obscuro o que ali passa. Só poderei dizer que se representa estar junto com Deus, e fica uma certeza de que de nenhuma maneira se pode deixar de crer. Aqui faltam todas as potências e se suspendem de maneira que de nenhuma maneira – como tenho dito –[36] se entende que obram. Se estava pensando num passo,[37] assim se perde da memória como se nunca a houvera tido dele. Se lê, no que lia não há recordação, nem parar. Se rezar, tampouco.[38] Assim que esta mariposinha importuna da memória aqui queima as suas asas;[39] já não pode mais bulir. A vontade deve estar bem ocupada em amar, mas não entende como ama. O entendimento, se entende, não se entende como entende; pelo menos não pode compreender nada do que entende. A mim não me parece que entende porque – como digo – não se entende. E não acabo de entender isto!

15. Aconteceu-me a mim uma ignorância no princípio, que não sabia que estava Deus em todas as coisas. E como me parecia estar tão presente, parecia-me impossível. Deixar de crer[40] que estava ali não podia, por parecer-me quase claro que tinha entendido estar ali sua mesma presença. Os que não tinham letras me diziam que estava só por graça. Eu não o

---

35. Cf. o texto paulino em Gl 2,20.
36. Disse isto nos n. 10-13. Cf. n. 1.
37. *Pensando en un paso*: numa passagem evangélica ou da vida de Jesus.
38. Antes: *se reza, tampouco* (provável lapso de escrita). [Os "se" iniciais das frases são conjunções!]
39. *A mariposinha*, imagem da alma, ou da imaginação e memória, já foi introduzida no c. 17, 6.
40. *Creerlo*, tinha escrito, e apagou o "lo".

podia crer; porque, como digo, parecia-me estar presente, e assim andava com pena. Um grande letrado da ordem do glorioso São Domingos[41] me tirou desta dúvida, que me disse estar presente, e como se comunicava conosco, que me consolou bastante.

É de notar e entender que sempre esta água do céu, este grandíssimo favor do Senhor, deixa a alma com grandíssimos lucros, como agora direi.

---

41. *Fr. Vicente Barrón*, anota Gracián em seu exemplar. Falou dele no c. 7, 16s. Do mesmo episódio falará em *Moradas* 5, 1, 10, utilizando a fórmula da teologia tradicional: "estar em todas as coisas por presença e potência e essência", como na *Rel.* 54.

Capítulo 19

Prossegue na mesma matéria. – Começa a declarar os efeitos que faz na alma este grau de oração. – Persuade muito a que não tornem atrás, ainda que depois desta mercê tornem a cair, nem deixem a oração. – Diz os danos que virão de não fazer isto. – É muito de notar e de grande consolação para os fracos e pecadores.[1]

1. Fica a alma desta oração e união com grandíssima ternura, de maneira que se quereria desfazer, não de pena, senão de algumas lágrimas gozosas. Acha-se banhada delas sem senti-lo nem saber quando nem como as chorou; mas dá-lhe grande deleite ver aplacado aquele ímpeto do fogo com água que o faz mais crescer.[2]

Parece isto algaravia,[3] e se passa assim. Tem me acontecido algumas vezes neste grau de oração estar tão fora de mim, que não sabia se era sonho ou se passava na verdade a glória que tinha sentido; e de ver-me cheia de água que sem pena destilava com tanto ímpeto e presteza que parece que jorrava de si aquela nuvem do céu, via que não era senão sonho. Isto no princípio, que passava com brevidade.

2. Fica a alma animosa, que se naquele ponto a fizessem em pedaços por Deus, lhe seria grande consolo. Ali são as promessas e determinações heroicas, a viveza dos desejos, o começar[4] a aborrecer o mundo, o ver muito claro sua vaidade, isto muito mais aproveitada e altamente que nas orações passadas, e a humildade mais crescida; porque vê claro que para aquela

---

1. N.E.: Duplo tema do capítulo: efeitos ou influência deste grau de oração na vida do orante (segundo o prometido no c. 18, 6), e a ordem de não abandonar a oração: compare-se com o título.
2. A imagem de "fogo e água" irmanados será desenvolvida em *Caminho* 19, 8-15, onde insiste no tema paradoxal da água que acende mais e mais o fogo.
3. *Algaravia*: no sentido de linguagem ininteligível (cf. 14, 8, nota 23; e *Caminho* 20, 5).
4. *El encomenzar*, escreve a Santa (como em 4, 2, nota 7). A leitura foi modernizada: "el comenzar", o começar. Texto mal lido pelos editores modernos, que omitem o artigo. Também transcrevem mal a frase seguinte ("*está muy más aprovechada...*" em vez de "*esto muy...*"). Texto bem lido por frei Luís (p. 211).

excessiva mercê e grandiosa não houve diligência sua, nem foi parte[5] para trazê-la nem para tê-la. Vê-se claramente indigníssima, porque em peça onde entra muito sol não há teia de aranha escondida: vê sua miséria. Vai tão fora a vanglória, que não lhe parece que a podia ter, porque já é por vista de olhos o pouco ou nenhuma coisa que pode,[6] que ali não houve quase consentimento, senão que parece, ainda que não quisesse, lhe fecharam a porta a todos os sentidos para que mais pudesse gozar do Senhor. Ela fica só com Ele, o que há de fazer senão amá-lo? Nem vê nem ouve, se não fosse à força de braços: pouco tem a agradecer. Sua vida passada lhe é representada depois e a grande misericórdia de Deus, com grande verdade e sem haver necessidade de andar à caça o entendimento,[7] que ali vê guisado o que há de comer e entender. De si vê que merece o inferno e que a castigam com glória. Desfaz-se em louvores de Deus, e eu me quereria desfazer agora. Bendito sejais, Senhor meu, que assim fazeis de lodo[8] tão sujo como eu, água tão clara que seja para vossa mesa! Sejais louvado, ó regalo dos anjos, que assim quereis levantar um verme tão vil!

3. Fica algum tempo este aproveitamento na alma: pode já, entendendo claro que não é sua a fruta, começar a reparti-la, e não faz falta a si.[9] Começa a dar mostras de alma que guarda tesouros do céu, e a ter desejo de reparti-los com outros, e suplicar a Deus que não seja ela só a rica. Começa a aproveitar aos próximos quase sem entendê-lo nem fazer nada de si; eles o entendem, porque já as flores têm tão crescido o olor, que os faz desejar chegar-se a elas. Entendem que tem virtudes e veem a fruta que é cobiçosa. Quereriam ajudá-la a comer.

Se esta terra está muito cavada com trabalhos e perseguições e murmurações e enfermidades – que poucos devem chegar aqui sem isto – e se está afofada indo muito desprendida de interesse próprio, a água se embe-

---

5. *Nem foi parte*: não participou ou não contribuiu para...
6. *Que puede*: o "que" está apagado no original. Lemos como frei Luís (p. 211).
7. *Andar à caça* (de razões) *o entendimento*.
8. *Lodo*: traduz "pecina", que é a lama do fundo dos rios misturado com material orgânico etc. Aqui tem o sentido de "cieno", "lama" em português, que é a mistura de argila e água.
9. Reaparece a alegoria do horto (11, 6): *repartir a fruta* é comunicar aos outros as graças próprias (cf. 17, 2; e no n. 14 deste capítulo).

be tanto que quase nunca se seca; mas se é terra que ainda está na terra[10] e com tantos espinhos como eu no princípio estava, e ainda não tirada das ocasiões nem tão agradecida como merece tão grande mercê, torna-se a terra a secar.

E se o hortelão se descuida e o Senhor só por sua bondade não torna a querer chover, dai por perdida a horta, que assim me aconteceu algumas vezes; que, certamente, eu me espanto e, se não tivesse passado por mim, não o poderia crer.

Escrevo-o para consolo de almas fracas, como a minha, que nunca desesperem nem deixem de confiar na grandeza de Deus. Ainda que depois de tão encumeadas, como é chegá-las o Senhor aqui, caiam, não esmoreçam, se não se querem perder de todo; que lágrimas tudo ganham: uma água traz outra.[11]

4. Uma das coisas por que me animei – sendo a que sou – a obedecer em escrever isto e dar conta de minha ruim vida e das mercês que me tem feito o Senhor, não o servindo senão o ofendendo, foi esta. Que, certamente, eu quisera aqui ter grande autoridade para que me acreditassem nisto. Ao Senhor suplico que Sua Majestade a dê. Digo que não esmoreça ninguém dos que têm começado a ter oração, dizendo: "Se torno a ser mau, é pior ir adiante com o exercício dela". Eu o creio, se se deixa a oração e não se emenda do mal; mas, se não a deixa, creia que a levará a porto de luz. Fez-me nisto grande bateria[12] o demônio, e passei tanto em parecer-me pouca humildade tê-la, sendo tão ruim, que, como já tenho dito,[13] a deixei ano e meio – pelo menos um ano, que do meio não me lembro bem. E não fora mais, nem foi, que meter-me eu mesma sem ter mister demônios que me fizessem ir ao inferno. Oh, valha-me Deus, que cegueira tão grande! E quão bem acerta o demônio para seu propósito em carregar aqui a mão! Sabe o traidor que alma que tenha com perseverança oração a tem perdida

---

10. N.T.: *Terra que ainda está na terra*: terreno não lavrado, não preparado.
11. *Uma água traz* (consegue) *outra* água. Espécie de axioma teresiano. Aqui quer dizer que a água das lágrimas consegue a água de graças superiores para regar o horto. – No original alguém sublinhou a frase anterior: *lágrimas todo lo ganan*.
12. *Bateria*: guerra.
13. "Um ano e mais", tinha dito no c. 7, 11.

e que todas as quedas que a faz dar a ajudam, pela bondade de Deus, a dar depois maior salto no que é seu serviço: algo lhe vai nisso!

5. Ó Jesus meu! O que é ver uma alma que chegou aqui, caída em um pecado, quando Vós por vossa misericórdia a tornais a dar a mão e a levantais! Como conhece a multidão de vossas grandezas e misericórdias e sua miséria! Aqui é o desfazer-se deveras e conhecer vossas grandezas; aqui o não ousar alçar os olhos; aqui é o levantá-los para conhecer o que vos deve; aqui se faz devota da Rainha do Céu para que vos aplaque; aqui invoca os Santos que caíram depois de tê-los Vós chamado,[14] para que a ajudem; aqui é o parecer que tudo lhe vem abundante o que lhe dais, porque vê que não merece a terra que pisa; o acudir aos Sacramentos; a fé viva que aqui lhe fica de ver a virtude que Deus neles pôs; o louvar-vos porque deixastes tal medicina e unguento para nossas chagas, que não as curam superficialmente, senão que totalmente as tiram.[15] Espantam-se disto. E quem, Senhor de minha alma, não se há de espantar de misericórdia tão grande e mercê tão crescida a[16] traição tão feia e abominável? Que não sei como não se parte o meu coração, quando isto escrevo; porque sou ruim.

6. Com estas lagrimazinhas que aqui choro, dadas por Vós – água de tão mau poço no que é de minha parte – parece que vos faço pagamento de tantas traições, sempre fazendo males e procurando desfazer as mercês que Vós me tendes feito. Ponde Vós nelas, Senhor meu, valor; aclarai água tão turva, sequer para que não dê a algum tentação em lançar juízos, como a mim a tem dado, pensando por que, Senhor, deixais umas pessoas muito santas, que sempre vos têm servido e trabalhado, criadas em religião e sendo, e não como eu que não tinha mais que o nome,[17] e ver claro que não lhes fazeis as mercês que a mim. Bem via eu, Bem meu, que lhes guardais Vós o prêmio para ser-lhe dado junto,[18] e que minha fraqueza tem mister

---

14. É o tema dos "santos pecadores", reiterado na narração: pról. 1; 9, 7 etc.
15. Provável alusão à doutrina luterana, segundo a qual a graça só "cobre", não "tira" (elimina) as chagas do pecado.
16. N.T.: *A*: para, em troca de.
17. Quer dizer: "pessoas... criadas em religião e sendo religiosas de verdade, e não como eu que não tinha mais que o nome de religiosa".
18. N.T.: *Junto*: todo de uma vez.

disto. Já eles, como fortes, vos servem sem isso e os tratais como a gente esforçada e não interesseira.[19]

7. Mas contudo, sabeis vós, meu Senhor, que clamava muitas vezes diante de Vós, desculpando as pessoas que me murmuravam, porque me parecia que lhes sobrava razão. Isto era já, Senhor, depois que me tínheis por vossa bondade para que tanto não vos ofendesse, e eu estava já desviando-me de tudo o que me parecia que vos podia desgostar; que em fazendo eu isto, começastes, Senhor, a abrir vossos tesouros para vossa serva. Não parece *que* esperáveis outra coisa senão que houvesse vontade e aparelho em mim para recebê-los, segundo com brevidade começastes a não só dá-los, senão a querer que entendesse que mos dáveis.

8. Isto entendido, começou a ter-se boa opinião da que todas ainda não tinham bem entendido quão má era, ainda que muito se transluzisse. Começou a murmuração e perseguição bruscamente e, a meu parecer, com muita causa; e assim não tomava com ninguém inimizade, senão suplicava a vós que olhásseis a razão que tinham. Diziam que me queria fazer santa e que inventava novidades não tendo chegado então com grande parte[20] ainda a cumprir toda a minha Regra, nem[21] às muito boas e santas monjas que na casa[22] havia (nem creio *que* chegarei, se Deus por sua bondade não fizer tudo de sua parte), senão antes o era eu para tirar o bom e pôr costumes que não o eram; pelo menos fazia o que podia para pô-los, e no mal podia muito. Assim que sem culpa sua me culpavam. Não digo que eram só monjas, senão outras pessoas; descobriam-me verdades, porque o permitíeis Vós.

9. Uma vez rezando as Horas, como eu algumas *vezes* tinha esta tentação, cheguei ao verso que diz: *Justus es, Domine, e teus juízos;*[23] comecei a pensar quão grande verdade era, que nisto não tinha o demônio força jamais para tentar-me de maneira que eu duvidasse que tendes Vós, meu Senhor, todos os bens, nem em nenhuma coisa da fé, antes me parecia

---

19. *Gente no interesal*, no original: que obra por interesse.
20. *Com grande parte*: faltava muito ainda.
21. N.T.: *Nem* chegar a igualar-se ou alcançar.
22. *Na casa*: na Encarnação de Ávila. – A seguir: *lo era yo [o era eu]*, quer dizer, "era eu parte", na acepção de participar, contribuir para...
23. É o salmo 118,137: "iustus es, Domine, et rectum iudicium tuum".

que quanto mais sem caminho natural iam, mais firme a tinha, e me dava devoção grande: sendo todo-poderoso ficavam conclusas[24] em mim todas as grandezas que fizésseis Vós, e nisto – como digo – jamais tinha dúvida. Pois pensando como com justiça permitíeis a muitas que havia – como tenho dito –[25] mui vossas servas, e que não tinham os regalos e mercês que me fazeis a mim, sendo a que era, respondestes-me, Senhor: *Serve-me tu a mim, e não te metas nisso*. Foi a primeira palavra que entendi falar-me vós, e assim me espantou muito.

Porque depois declararei esta maneira de entender,[26] com outras coisas, não o digo aqui, que é sair do propósito, e creio ter saído bastante: quase não sei o que tenho dito. Não pode ser menos, meu filho,[27] senão que há vossa mercê de sofrer estes intervalos; porque, quando vejo o que Deus me tem sofrido e me vejo neste estado, não é muito perder o tino do que digo e hei de dizer. Praza ao Senhor que sempre sejam esses meus desatinos e que não permita já Sua Majestade que tenha eu poder para ser contra Ele um ponto, antes neste que estou me consuma.[28]

10. Basta já para ver suas grandes misericórdias, não uma senão muitas vezes que tem perdoado tanta ingratidão. A São Pedro uma vez que o foi,[29] a mim muitas; que com razão me tentava o demônio não pretendesse amizade estreita com quem tratava inimizade tão pública. Que cegueira tão grande a minha! Aonde pensava, Senhor meu, achar remédio senão em Vós? Que disparate fugir da luz para andar sempre tropeçando! Que humildade tão soberba inventava em mim o demônio: apartar-me de estar arrimada à coluna e báculo que há de sustentar para não dar tão grande queda![30] Agora me santiguo e não me parece que tenho passado perigo tão perigoso como esta invenção que o demônio me ensinava por via de

---

24. *Conclusas*: incluídas.
25. Refere-se ao que foi dito no n. 6.
26. Declarará isto nos c. 25-27.
27. *Meu filho*: apagado no autógrafo (por Báñez?). Já tinha ocorrido o mesmo no c. 16, 6. Motivo provável: julgar demasiado confidencial a expressão. – O aludido é Garcia de Toledo.
28. Espécie de oração autoimprecatória. Já aflorou no c. 5, 11.
29. Quer dizer: São Pedro foi perdoado depois de ter sido ingrato uma só vez. Continua aludindo ao referido no c. 7, 11.
30. Imagens já utilizadas no c. 8, 2. A seguir: *eu me santiguo*: faço em mim sinais da cruz de assombro (cf. c. 37, 9).

humildade. Punha-me no pensamento que como coisa tão ruim e tendo recebido tantas mercês, havia de achegar-me à oração; que me bastava rezar o que devia, como todas; mas que ainda pois isto[31] não fazia bem, como queria fazer mais; que era pouco acatamento e ter em pouco as mercês de Deus.

Bem era pensar e entender isto; mas pô-lo por obra foi o grandíssimo mal. Bendito sejais Vós, Senhor, que assim me remediastes.

11. Princípio da tentação que fazia a Judas me parece esta, senão que não ousava o traidor tão a descoberto; mas ele viera pouco a pouco a dar comigo aonde deu com ele.[32] Olhem isto, por amor de Deus, todos os que tratam de oração. Saibam que no tempo em que estive sem ela era muito mais perdida minha vida; Mire-se que bom remédio me dava o demônio e que donosa humildade; um desassossego em mim grande. Mas, como havia de sossegar minha alma? Apartava-se a coitada de seu sossego; tinha presentes as mercês e favores; via os contentos daqui ser asco. Como pude passar, me espanto. Era com esperança que nunca eu pensava[33] (pelo que agora me lembro, porque deve ter isto mais de vinte e um anos), deixava de estar determinada de tornar à oração; mas esperava estar muito limpa dos pecados. Oh, que mal encaminhada ia nesta esperança! Até o dia do juízo ma livrava[34] o demônio, para dali levar-me ao inferno.

12. Pois tendo oração e lição[35] – que era ver verdades e o ruim caminho que levava – e importunando o Senhor com lágrimas muitas vezes, era tão ruim que não me podia valer, apartada disto, posta em passatempos com muitas ocasiões e poucas ajudas – e ousarei dizer nenhuma senão para ajudar-me a cair –, o que esperava senão o dito?

---

31. Em ordem correta: "pois ainda isto não fazia bem".
32. Alusões à narração de At 1,18.
33. *Pensava*: este verbo pode ser omitido (assim o fez frei Luís, p. 220), pois a frase reinicia-se depois do parênteses. – *Mais de 21 anos*: escreve isto em 1565 (2ª redação), e os fatos aludidos datam de 1543/1544 (cf. 7, 17).
34. *Livrava*: em sua acepção financeira: "dar carta de livrança ou de ordem de pagamento". Ironiza: o demônio a daria a ela até o dia do juízo.
35. *Lição*: leitura.

Creio que tem muito diante de Deus um frade de São Domingos,[36] grande letrado, que me despertou deste sono; ele me fez, como creio que tenho dito, comungar de quinze em quinze dias; e do mal, não tanto.[37] Comecei a tornar a mim, ainda que não deixasse de fazer ofensas ao Senhor; mas como não tinha perdido o caminho, ainda que pouco a pouco, caindo e levantando, ia por ele; e o que não deixa de andar e ir adiante, ainda que tarde, chega. Não me parece ser outra coisa perder o caminho senão deixar a oração. Deus nos livre, por quem Ele é!

13. Fica daqui entendido – e note-se muito, por amor do Senhor – que ainda que uma alma chegue a fazer-lhe Deus tão grandes mercês na oração, que não confie em si, pois pode cair, nem se ponha em ocasiões de nenhuma maneira. Mire-se muito, que vai muito;[38] que o engano que aqui pode fazer o demônio depois, ainda que a mercê seja certamente de Deus, é aproveitar-se o traidor da mesma mercê no que pode, e[39] a pessoas não crescidas nas virtudes, nem mortificadas, nem desprendidas; porque aqui não ficam fortalecidas tanto que baste, como adiante direi,[40] para pôr-se nas ocasiões e perigos, por grandes desejos e determinações que tenham. Assim é, eu sou essa. Que é excelente doutrina esta, e não minha, senão ensinada por Deus; e assim quereria que pessoas ignorantes, como eu, a soubessem. Porque ainda que esteja uma alma neste estado, não há de confiar em si para sair a combater, porque fará bastante em defender-se. Aqui é preciso ter armas para defender-se dos demônios, e ainda não têm forças para pelejar contra eles e trazê-los debaixo dos pés, como fazem os que estão no estado que direi depois.[41]

14. Este é o engano com que colhe o demônio: que, como se vê uma alma tão chegada a Deus e vê a diferença que há do bem do céu ao da terra

---

36. "Fr. Vicente Barrón", anota Gracián em seu exemplar. Ela já narrou isso no c. 7, 17 e c. 5, 3.

37. *Do mal não tanto*. A modo de exclamação: "dos males o menor". Cf. a mesma expressão em *Caminho* 1, 4.

38. *Vai muito*: importa muito [a frase toda: "presta atenção, pois é muito importante"].

39. Subentende-se: e o traidor (demônio) "engana".

40. Tratará disso no c. 20, 22-29, e c. 21, 11. – Fica suspenso o sentido da frase por estarem apagadas e ilegíveis várias palavras no original. Não foram transcritas por frei Luís (p. 222).

41. Ibid.

e o amor que lhe mostra o Senhor, deste amor nasce confiança e segurança de não cair do que goza; parece-lhe que vê claro o prêmio, que não é possível já em coisa que ainda para a vida é tão deleitosa e suave, deixá-la por coisa tão baixa e suja como é o deleite; e com esta confiança tira-lhe o demônio a pouca que há de ter em si; e, como digo, põe-se nos perigos e começa com bom zelo a dar da fruta sem medida,[42] crendo que já não tem que ter medo de si. E isto não vai com soberba, que bem entende a alma que não pode de si nada, senão de muita confiança de Deus sem discrição, porque não mira que ainda tem penugem má. Pode sair do ninho, e sacá-la Deus; mas ainda não está para voar; porque as virtudes ainda não estão fortes, nem tem experiência para conhecer os perigos, nem sabe o dano que faz confiar em si.

15. Isto foi o que a mim me destruiu. E para isto e para tudo há grande necessidade de mestres e trato com pessoas espirituais. Bem creio que a alma que Deus chega a este estado, se mui totalmente não deixa a Sua Majestade, que não a deixará de favorecer nem a deixará perder. Mas quando, como tenho dito,[43] cair, mire, mire por amor do Senhor que não a engane em que deixe a oração, como fazia a mim com humildade falsa, como já o tenho dito e muitas vezes o quereria dizer.

Confie na bondade de Deus, que é maior que todos os males que podemos fazer, e não se lembra de nossa ingratidão, quando nós, conhecendo-nos, queremos tornar a sua amizade, nem das mercês que nos tem feito para castigar-nos por elas; antes ajudam a perdoar-nos mais depressa, como a gente que já era de sua casa e tem comido, como dizem, de seu pão.

Lembrem-se de suas palavras[44] e olhem o que tem feito comigo, que primeiro me cansei de ofendê-lo, que Sua Majestade deixou de perdoar-

---

42. *Dar la fruta sin tasa* (não só para "gustações") (c. 17, 2, nota 6): equivale, na imagem do "horto", a preocupar-se imprudentemente pelas coisas dos outros. – Reaparece em seguida a imagem da "avezinha", "que ainda tem penugem má" (c. 13, 2; 18, 9).
43. Nos n. 3-5 e 10 deste capítulo; e no c. 7, 11. Da "humildade falsa" disse no n. 4.
44. Alusão às passagens bíblicas em que o Senhor promete o perdão: Ez 33,11; Mt 9,13; Lc 15. – Já a passagem anterior ("comer de seu pão") é reminiscência das palavras de Jesus em Jo 13,18.

-me. Nunca se cansa de dar nem se podem esgotar suas misericórdias; não nos cansemos nós de receber.

Seja bendito para sempre, amém, e louvem-no todas as coisas.

Capítulo 20[1]

Em que trata da diferença que há entre união e arroubamento. – Declara que coisa é arroubamento, e diz algo do bem que tem a alma que o Senhor por sua bondade chega a ele. – Diz os efeitos que faz. – É de muita admiração.[2]

1. Quereria saber declarar com o favor de Deus a diferença que há entre *união* e *arroubamento* ou *elevação* ou *voo* que chamam *de espírito* ou *arrebatamento*, que tudo é um. Digo que estes diferentes nomes tudo é uma coisa, e também se chama *êxtase*.[3] É grande a vantagem que faz à união. Os efeitos muito maiores faz e outras fartas operações, porque a união parece princípio e meio e fim, e o é no interior; mas assim como estes outros fins são em mais alto grau, faz os efeitos interior e exteriormente.[4] Declare-o o

---

1. N.E.: O tema deste capítulo pode ser formulado com a palavra "êxtase". Dentro do estado místico (= união: quarta água), se produz um fenômeno exaltante: arroubo ou êxtase. A exposição passa do doutrinal para o autobiográfico e testemunhal: é a situação que Teresa está vivendo "agora" (n. 9 e 12). Lugares paralelos em seus escritos: *Moradas* 6, c. 4-5; *Conceitos* c. 6; *Rel.* 5, 7-11. Os textos cronologicamente mais próximos de *Vida* são: *Rel.* 1, 2 s; *Rel.*3, 10. Por essa época um dos letrados assessores da Santa escreveu sobre ela um "Ditame": "Em ouvindo falar a Deus com devoção e força, se costuma arrebatar muitas vezes, e procurando resistir, não pode, e fica então tal aos que a veem, que põe grandíssima devoção" (BMC, t. 2, p. 132).

2. No autógrafo está apagada esta última cláusula por um dos letrados assessores.

3. Nova insinuação de que a autora recorre à nomenclatura usada pelos autores espirituais. – Merece ser recordado aqui o elogio que desta doutrina teresiana faz São João da Cruz: "Seria aqui lugar conveniente para tratar das diferentes espécies de êxtases, arroubamentos e sutis voos de espírito, que às almas soem acontecer. Como, porém, meu intento não é outro senão explicar brevemente estas canções... ficarão tais assuntos para quem melhor do que eu saiba tratá-los. Além disso, *a bem-aventurada Teresa de Jesus, nossa Madre, deixou admiráveis escritos sobre estas coisas de espírito*, e, espero em Deus, muito brevemente sairão impressos" (*Cântico espiritual A*, 12,6, passagem transladada intacta para *Cântico B* 13,7 [na tradução, citamos segundo *Obras Completas de São João da Cruz*. Petrópolis, Vozes, 1984, p. 656]). – De fato, o próprio São João da Cruz tinha promovido a edição das obras da Santa no Definitório de 1º de setembro de 1586 (cf. Jerónimo de San José, *Historia del Carmen Descalzo*, t. I, L. 5, c. 13, p. 878-79).

4. O sentido é: "assim" como estes outros fins (arroubamento, voo de espírito etc.) são em mais alto grau, assim fazem efeitos mais avantajados que a simples união.

Senhor, como tem feito o demais, que, certamente, se Sua Majestade não me houvesse dado a entender por que modos e maneiras se pode algo dizer, eu não saberia.[5]

2. Consideremos agora que esta última água, que temos dito,[6] é tão copiosa que, se não é por não consentir a terra, podemos crer que está conosco esta nuvem da grande Majestade cá nesta terra. Mas quando lhe agradecemos por este grande bem, acudido com obras segundo nossas forças, o Senhor colhe a alma, digamos agora, da maneira que as nuvens colhem os vapores da terra, e levanta toda ela (tenho ouvido assim isto que colhem os vapores as nuvens, ou o sol),[7] e sobe a nuvem ao céu e a leva consigo, e começa a mostrar-lhe coisas do reino que lhe tem aparelhado. Não sei se a comparação quadra, mas de fato de verdade isso passa assim.

3. Nestes arroubamentos parece que não anima a alma no corpo, e assim se sente muito sentido faltar dele o calor natural; vai se esfriando, ainda que com grandíssima suavidade e deleite. Aqui não há nenhum remédio de resistir, que na união, como estamos em nossa terra, remédio há: ainda que com pena e força, resistir se pode quase sempre. Cá,[8] no mais das vezes, nenhum remédio há, senão que muitas, sem prevenir o pensamento nem ajuda nenhuma, vem um ímpeto tão acelerado e forte, que vedes e sentis levantar-se esta nuvem ou esta águia caudalosa[9] e colher-vos com suas asas.

4. E digo que se entende e vos vedes levar, e não sabeis onde. Porque, ainda que seja com deleite, a fraqueza de nosso natural faz temer no princípio, e é mister alma determinada e animosa – muito mais que para o que fica dito –[10] para arriscar tudo, venha o que vier, e deixar-se nas mãos de Deus e ir aonde nos levarem, de bom grado, pois vos levam ainda que vos pese. E em tanto extremo, que mui muitas vezes quereria eu resistir,

---

5. Recordem-se os testemunhos do c. 16, 2 e 18, 14.
6. A "quarta água" de que tratam os c. 18-21. Cf. c. 18, 1.19; c. 19, 1.
7. A frase entre parênteses foi acrescentada pela Santa à margem do original. Frei Luís a omitiu (p. 225).
8. *Cá*: nos arroubamentos.
9. *Águia caudalosa*: águia caudal [águia real, que, quando fecha as asas, estas não lhe cobrem a cauda].
10. *O que fica dito*: alude às graças místicas dos capítulos anteriores. – *Arriscar*: cf. 16, 7-8).

e ponho todas as minhas forças, em especial algumas que é em público e outras fartas em segredo, temendo ser enganada. Algumas podia algo, com grande quebrantamento: como quem peleja com um gigante forte, ficava depois cansada; outras era impossível, senão que me levava a alma e ainda quase de ordinário a cabeça atrás dela, sem podê-la ter,[11] e algumas todo o corpo, até levantá-lo.

5. Isto tem sido poucas, porque como uma vez fosse onde estávamos juntas no coro e indo comungar, estando de joelhos, dava-me grandíssima pena, porque me parecia coisa muito extraordinária e que havia de ter logo muita nota;[12] e assim mandei às monjas (porque é agora depois que tenho ofício de Priora) que não o dissessem. Mas outras vezes, como começava a ver que o Senhor ia fazer o mesmo (e uma estando pessoas principais de senhoras, que era a festa da vocação,[13] num sermão), estendia-me no chão e se achegavam para segurar-me o corpo, todavia se reparava. Supliquei muito ao Senhor que não quisesse já dar-me mais mercês que tivessem mostras exteriores; porque eu estava cansada já de andar em tanta conta[14] e que aquela mercê podia Sua Majestade fazer-me sem que se entendesse.

---

11. *Ter*: equivale a deter ou suster (como no n. 7).
12. *Haber mucha nota*: chamar a atenção. Talvez com certa conotação negativa: "nota", em Cobarruvias, indica "infâmia em alguma pessoa". – *Depois que tenho o ofício de priora*: no Carmelo de São José de Ávila, é priora desde princípios de 1563.
13. *Fiesta de la vocación*: festa da advocação ou titular da casa, "São José" (ver o mesmo vocábulo em *Fund.* pról. n. 5). – A graça mística aqui insinuada pela Santa se identifica, muito provavelmente, com uma das duas descritas no Processo de Ávila pela Madre Petronila Bautista: "Outra vez, estando o padre frei Domingos Báñez, dominicano, grave religioso e catedrático da Universidade de Salamanca e confessor da Santa Madre, fazendo uma prática às religiosas deste convento no locutório, a santa madre ficou arroubada; e o dito Padre tirou o capuz e interrompeu a prática, e houve grande silêncio até que voltou a si, e assim o ouviu dizer logo que esta declarante entrou neste convento... Teve muitos arroubos em diversos lugares, e um foi tão grande, no dia do bem-aventurado São José, estando ouvindo missa na grade do coro deste convento, que sentindo ela que lhe parecia que a levantavam, pegou na grade do coro e disse a uma irmã que a segurasse, procurando não ser vista, e mais por estar ali uma pessoa muito espiritual que tinha licença de Sua Santidade para poder entrar neste convento, e então esta pessoa estava junto da Santa Madre" (BMC, t. 19, p. 582).
14. *Andar en tanta cuenta*: andar com tanta cautela e cuidado.

Parece que tem sido por sua bondade servido de ouvir-me, que nunca mais até agora o tenho tido; é verdade que há pouco.[15]

6. É assim que me parecia, quando queria resistir, que desde debaixo dos pés me levantavam forças tão grandes que não sei como o comparar, que era com muito mais ímpeto que estoutras coisas de espírito, e assim ficava feita em pedaços; porque é uma peleja grande e, enfim, aproveita pouco quando o Senhor quer, que não há poder contra seu poder. Outras vezes é servido de contentar-se com que vejamos que nos quer fazer a mercê e que Sua Majestade não deixa de fazê-la, e resistindo-se por humildade, deixa os mesmos efeitos que se de todo se consentisse.

7. Aos que isto faz são grandes: um,[16] mostrar-se o grande poder do Senhor e como não somos parte, quando Sua Majestade quer, de deter tão pouco o corpo como a alma, nem somos senhores disso; senão que, mal que nos pese, vemos que há superior e que estas mercês são dadas por Ele e que nós não podemos nada, e imprime-se muita humildade. E ainda confesso que grande temor me fez; no princípio, grandíssimo; porque[17] ver assim levantar-se um corpo da terra, pois ainda que o espírito o leve atrás de si e seja com suavidade grande se não se resiste, não se perde o sentido; pelo menos eu estava em mim de maneira que podia entender que era levada. Mostra-se uma majestade de que pode fazer aquilo, que arrepia os cabelos,[18] e fica um grande temor de ofender a tão grande Deus; este, envolto em grandíssimo amor que se cobra de novo a quem vemos que o tem tão grande a um verme tão podre, que não parece contentar-se em levar tão deveras a alma a Si, senão que quer o corpo, mesmo sendo tão mortal e de terra tão suja como por tantas ofensas se tem feito.

---

15. *Faz pouco* tempo que cessaram as formas exteriores do êxtase. Escreve no final de 1565 (2ª redação de *Vida*). Voltou a tê-los mais tarde: cf. *Rel.* 15 (êxtase de Salamanca, 1571), *Rel.* 35 (comunhão pelas mãos de são João da Cruz, 1572) e carta a Lourenço de Cepeda, de 17.1.1577, pouco antes de escrever as *Moradas*.

16. *Um* (*lo uno*): em primeiro lugar. (Seguirá a enumeração dos "efeitos" nos n. 8 e 9). O enunciado inicial é: "são grandes os efeitos (do êxtase) naqueles a quem o Senhor faz esta graça".

17. *Porque*: equivale a "por".

18. *Arrepia*: em espanhol: "espeluza", o mesmo que "despeluza" ou "espeluzna" (cf. 38, 19; 39, 3).

8. Também deixa um desapego estranho, que eu não poderei dizer como é. Parece-me que posso dizer que é diferente de alguma maneira – digo, mais que estas outras coisas só de espírito; porque já que estão quanto ao espírito com todo desapego das coisas, aqui parece que o Senhor quer que o próprio corpo o ponha por obra, e faz-se uma estranheza nova para com as coisas da terra, que é muito penosa a vida.

9. Depois dá uma pena, que nem a podemos trazer a nós nem, tendo vindo, se pode afastar. Eu quisera bastante dar a entender esta grande pena e creio que não poderei, mas direi algo se souber. E há de se notar que estas coisas[19] são agora muito recentes, depois de todas as visões e revelações que escreverei; e no tempo em que costumava ter oração, aonde o Senhor me dava tão grandes gostos e regalos, agora, já que isso não cessa algumas vezes, as mais e o mais ordinário é esta pena que agora direi.

É maior e menor. De quando é maior quero agora dizer, porque, ainda que adiante diga destes grandes ímpetos[20] que me davam quando me quis o Senhor dar os arroubamentos, não tem mais que ver, a meu parecer, que uma coisa muito corporal a uma muito espiritual, e creio que não o encareço muito. Porque aquela pena parece, ainda que a sinta a alma, que é em companhia do corpo; ambos parecem participar dela, e não é com o extremo do desamparo que nesta.

Para a qual – como tenho dito[21] – não somos parte, senão muitas vezes a desoras vem um desejo que não sei como se move, e deste desejo, que penetra toda a alma num ponto, se começa tanto a fatigar que sobe muito acima de si e de todo o criado, e Deus a põe tão deserta de todas as coisas que por muito que ela trabalhe, nenhuma que a acompanhe lhe parece que há na terra, nem ela a quereria, senão morrer naquela solidão. Que lhe falem e ela queira fazer toda a força possível para falar, aproveita pouco; que seu espírito, ainda que ela mais faça, não se afasta daquela solidão.

---

19. *Estas dos* [duas] *cosas*, tinha escrito a Santa, fazendo alusão ao "desapego estranho" (n. 8) e à "pena" (n. 9). Depois apagou a palavra "dos", dando maior alcance à afirmação. – De *visões e revelações* escreverá nos c. 27, 28, 29, 32, 38, 39, 40.
20. Destes *ímpetos grandes* falará no c. 29, 8-14.
21. Disse isto neste mesmo número: "pena que não a podemos trazer a nós", quer dizer, não a podemos induzir.

E parecendo-me que Deus está então longíssimo, às vezes comunica suas grandezas por um modo o mais estranho que se pode pensar; e assim não[22] se sabe dizer, nem creio que o crerá nem entenderá senão quem tiver passado por isso; porque não é a comunicação para consolar, senão para mostrar a razão que tem de fatigar-se de estar ausente de bem que em si tem todos os bens.

10. Com esta comunicação cresce o desejo e o extremo de solidão em que se vê, com uma pena tão delgada e penetrante que, ainda que a alma se estivesse posta naquele deserto, que ao pé da letra me parece que se pode então dizer (e porventura o disse o real Profeta estando na mesma solidão, senão que como a santo lhe daria o Senhor sentir de mais excessiva maneira): *Vigilavi, et factus sum sicut passer solitarius in tecto*;[23] e assim, se me representa este verso então que me parece que o vejo em mim, e consola-me ver que têm sentido outras pessoas tão grande extremo de solidão, quanto mais tais.

Assim parece que está a alma não em si, senão no telhado ou teto de si mesma e de todo o criado; porque ainda acima do muito superior da alma me parece que está.

11. Outras vezes parece que anda a alma como necessitadíssima, dizendo e perguntando a si mesma: *Onde está teu Deus?*[24] É de mirar que o romance destes versos eu não sabia bem o que era, e depois que o entendia me consolava de ver que o Senhor os tinha trazido à minha memória sem eu procurá-lo. Outras me lembrava do que diz São Paulo, que *está crucificado para o mundo*.[25] Não digo eu que seja isto assim, que já o vejo; mas parece-me que está assim a alma, que nem do céu lhe vem consolo nem está nele, nem da terra o quer nem está nela, senão como crucificada entre o céu e a terra, padecendo sem vir-lhe socorro de nenhum lado. Porque o

---

22. *No se sabe*: assim no original. A deformação da edição fac-símile (1873) provocou nos editores a falsa leitura "me se sabe". Frei Luís leu corretamente: "no [não]" (p. 230).
23. Salmo 101,8. A Santa escreve o latim de ouvido: "vigilavi ed fatus sun sicud passer solitarius yn tecto".
24. Salmo 41,4. Segue: "el romance de estes versos", quer dizer, a versão castelhana destes versículos.
25. Gl 6,14.

que lhe vem do céu (que é, como tenho dito,[26] uma notícia de Deus tão admirável, muito sobre tudo o que podemos desejar), é para mais tormento; porque acrescenta o desejo de maneira que, a meu parecer, a grande pena algumas vezes tira o sentido, senão que dura pouco sem ele.

Parecem trânsitos da morte, salvo que traz consigo um tão grande contentamento este padecer, que não sei a que compará-lo. É um duro martírio saboroso, pois tudo que pode representar para si a alma da terra, ainda que seja o que lhe costuma ser mais saboroso, nenhuma coisa admite; logo parece que o lança de si.

Bem entende que não quer senão a seu Deus;[27] mas não ama coisa particular dele, senão tudo junto quer e não sabe o que quer. Digo "não sabe", porque não representa nada a imaginação; nem, a meu parecer, muito tempo do que está assim não obram as potências. Como na união e arroubamento o gozo, aqui a pena as suspende.

12. Ó Jesus! Quem pudera dar a entender bem a vossa mercê[28] isto, ainda para que me dissesse o que é, porque é no que agora anda sempre minha alma!

O mais ordinário, em se vendo desocupada, é posta nestas ânsias de morte, e teme, quando vê que começam, porque não se há de morrer; mas chegada a estar nisso, o que houvesse de viver quereria neste padecer;[29] ainda que seja tão excessivo que o sujeito o pode mal levar, e assim algumas vezes me são tirados todos os pulsos quase, segundo dizem as que algumas vezes se chegam a mim das irmãs que já mais o entendem, e os braços[30]

---

26. Disse no n. 9.
27. Já afirmou isto no c. 16, 5.
28. Segue dialogando com o P. Garcia de Toledo. E depois nos n. 15 e 19. – Note-se a profundidade da confidência. O diálogo aponta igualmente para o fundo da vida do P. Garcia (ver a alusão do n. 21).
29. *Morrer/padecer*: tema persistente até o fim do livro: c. 40, 20. *El sujeto le puede mal llevar*: o físico, ou a pessoa, mal o pode suportar ("sujeto": como "nuestro natural" do n. 4).
30. *Os pulsos... os braços* [Los pulsos... las canillas]: os latejos... as articulações. – Comentando esta passagem da Santa, escreve o "Dicionário de Autoridades": "También se llama canillas a los huesos de que se compone el brazo, desde la espaldilla hasta la mano" [Também são chamados canelas os ossos de que se compõe o braço, desde a omoplata até a mão].

muito abertos, e as mãos tão hirtas que eu não as posso algumas vezes juntar; e assim me fica dor até outro dia nos pulsos e no corpo, que parece que me desconjuntaram.[31]

13. Eu bem penso algumas vezes que há de ser o Senhor servido, se vai adiante como agora, que se acabe acabando a vida, que, a meu parecer, bastante é tão grande pena para isso,[32] senão que eu não o mereço. Então toda a minha ânsia é morrer. Nem me lembro de purgatório, nem dos grandes pecados que tenho feito, por onde merecia o inferno. Esqueço-me de tudo com aquela ânsia de ver Deus; e aquele deserto e solidão lhe parece melhor que toda a companhia do mundo.

Se algo lhe poderia dar consolo, é tratar com quem tivesse passado por este tormento; e ver que, ainda que se queixe dele, ninguém lhe parece que há de crer, [14] também a atormenta;[33] que esta pena é tão crescida que não quereria solidão como outras, nem companhia senão com quem se possa queixar. É como alguém que tem a corda à garganta e está se afogando, que procura tomar fôlego. Assim me parece que este desejo de companhia é de nossa fraqueza; que como nos põe a pena em perigo de morte (que isto sim, certamente, faz; eu me tenho visto neste perigo algumas vezes com grandes enfermidades e ocasiões, como tenho dito, e creio que poderia dizer que é este tão grande como todos), assim o desejo que o corpo e alma têm de não se apartar é o que pede socorro para tomar fôlego e, dizendo-o[34] e queixando-se e divertindo-se,[35] buscar remédio para viver muito contra a vontade do espírito ou do superior da alma, que não quereria sair desta pena.

15. Não sei se atino com o que digo ou se o sei dizer, mas, a todo meu parecer, assim se passa. Mire vossa mercê que descanso pode ter nesta vida, pois o que tinha – que era a oração e solidão, porque ali me consolava o Senhor – é já o mais ordinário este tormento, e é tão saboroso e vê a alma que é de tanto preço, que já lhe quer mais que todos os regalos que costumava ter. Parece-lhe mais seguro, porque é caminho de cruz, e em si

---
31. *Desconjuntaram*: como depois do paroxismo de seus anos jovens (c. 6, 1).
32. Repetirá isso em *Moradas* 6, 11, 11.
33. Pontuação duvidosa. Frei Luís encerra a frase em "crer" (p. 233).
34. N.T.: O sofrimento.
35. *Divertir-se*: distrair-se.

tem um gosto muito de valor,[36] a meu parecer, porque não participa com o corpo senão pena, e a alma é a que padece e goza sozinha do gozo e contento que dá este padecer.

Eu não sei como pode ser isto, mas assim se passa, que, a meu parecer, não trocaria esta mercê que o Senhor me faz (que bem de sua mão[37] – e como tenho dito – nonada adquirida de mim, porque é mui muito sobrenatural) por todas as que depois direi; não digo juntas, senão tomada cada uma por si. E não se deixe de ter lembrança que é depois de tudo o que vai escrito neste livro e no que agora me tem o Senhor.

Digo que estes ímpetos é depois das mercês que aqui vão, que me tem feito o Senhor.[38]

16. Estando eu no princípio com temor (como me acontece quase em cada mercê que me faz o Senhor, até que indo adiante Sua Majestade dá segurança), me disse que não temesse e que tivesse em mais esta mercê que todas as que me tinha feito; que nesta pena se purificava a alma, e se lavra ou purifica como o ouro no crisol,[39] para melhor pôr os esmaltes de seus dons, e que se purgava ali o que havia de estar no purgatório.

Bem entendia eu que era grande mercê, mas fiquei com muito mais segurança, e meu confessor me disse que é bom. E ainda que eu temesse, por ser eu tão ruim, nunca podia crer que era mau; antes, o muito sobrado bem me fazia temer, recordando-me quão mal o tenho merecido. Bendito seja o Senhor que tão bom é. Amém.

17. Parece que tenho saído do propósito, porque comecei a dizer de arroubamentos e isto que tenho dito ainda é mais que arroubamento, e assim deixa os efeitos que tenho dito.[40]

---

36. *Muito de valor*: muito valioso.
37. Desde frei Luís os editores têm lido: "que vem de sua mão" (p. 234). – Alude ao dito no n 9 deste capítulo (nota 20).
38. Toda esta frase foi acrescentada pela Santa à margem de seu original. Frei Luís a retocou para introduzi-la no texto (p. 235). Lembrar que está escrevendo em 1565.
39. Frase tópica, de origem bíblica: Pr 27,21; Sb 3,6.
40. Começou a dizer *de arroubamentos* no n. 1..., até tratar da levitação corporal no n. 6: *e isto que tenho dito* – o "desapego estranho" e "a pena infusa" – nos n. 9-16. – No n. seguinte retomará o tema da "levitação".

18. Agora voltemos aos arroubamentos, do que neles é mais ordinário.

Digo que muitas vezes me parecia que me deixava o corpo tão leve, que todo o peso dele saía de mim, e algumas era tanto, que quase não sentia pôr os pés no chão. Pois quando está no arroubamento, o corpo fica como morto, sem poder nada por si muitas vezes, e como o toma fica: se em pé, se sentado, se as mãos abertas, se fechadas.[41] Porque ainda que poucas vezes se perde o sentido, algumas me tem acontecido a mim perdê-lo de todo, poucas e pouco tempo. Mas o ordinário é que se perturba e ainda que não possa fazer nada por si quanto ao exterior, não deixa de entender e ouvir como coisa de longe.

Não digo que entende e ouve quando está no subido dele (digo subido, nos tempos em que se perdem as potências, porque estão muito unidas com Deus), que então não vê nem ouve nem sente, a meu parecer; mas, como disse na oração de união passada,[42] esta transformação da alma totalmente em Deus dura pouco; mas nisso que dura, nenhuma potência se sente, nem sabe o que se passa ali.

Não deve ser para que se entenda enquanto vivemos na terra, ao menos não o quer Deus, que não devemos ser capazes para isso. Eu isto tenho visto por mim.

19. Dir-me-á vossa mercê que como dura às vezes tantas horas o arroubamento, e muitas vezes. O que passa por mim é que – como disse na oração passada[43] – goza-se com intervalos. Muitas vezes se engolfa a alma ou a engolfa o Senhor em si, para melhor dizer, e tendo-a assim um pouco, fica com a vontade sozinha. Parece-me que este bulício destas outras duas potências é como o que tem uma lingueta destes relógios de sol, que nunca para; mas quando o sol de justiça[44] quer, as faz deter.

---

41. Elipse: "se em pé o toma, em pé fica" etc. [ou seja: o corpo fica na posição em que o arroubamento o toma]. – Frei Luís leu equivocadamente: "e como o toma fica sempre, se sentado..." (p. 236), seguido por todos os editores.
42. No c. 18, 12.
43. Ibid. – A frase seguinte: "muitas vezes se engolfa a alma" – em suspensão de todas as potências – um pouco de tempo, e depois segue suspensa "só a vontade".
44. *Sol de justiça*: expressão bíblica (Ml 4,2), incorporada à liturgia de Natal.

Isto digo que é pouco tempo. Mas como foi grande o ímpeto, e levantamento de espírito, e ainda que estas tornem a bulir-se, fica engolfada a vontade, faz, como senhora de tudo, aquela operação no corpo;[45] porque, já que as outras duas potências buliçosas a querem estorvar, dos inimigos os menos: não a estorvem também os sentidos; e assim faz que estejam suspendidos, porque o quer assim o Senhor. E na maior parte estão fechados os olhos, ainda que não queiramos fechá-los; e se abertos alguma vez, como já disse,[46] não atina nem adverte o que vê.

20. Aqui é muito menos o que pode fazer por si, para que quando se tornarem as potências a juntar não haja tanto que fazer. Por isso, a quem o Senhor der isto, não se desconsole quando se vir assim atado o corpo muitas horas, e às vezes o entendimento e memória divertidos. Verdade é que o ordinário é estar embebidas em louvores de Deus ou em querer compreender e entender o que tem passado por elas; e ainda para isto não estão bem despertas, senão como uma pessoa que tem muito dormido e sonhado, e ainda não acaba de despertar.

21. Declaro-me tanto nisto, porque sei que há agora ainda neste lugar,[47] pessoas a quem o Senhor faz estas mercês, e se os que as governam não têm passado por isto, porventura lhes parecerá que hão de estar como mortas em arroubamento, especialmente se não são letrados, e lastima o que se padece com os confessores que não o entendem, como eu direi depois.[48] Talvez eu não saiba o que digo. Vossa mercê o entenderá, se atino em algo, pois o Senhor lhe tem já dado experiência disso, ainda que como não é de muito tempo, talvez não o tenha considerado tanto como eu.

Assim que, ainda que muito o procure, por bons momentos não há força no corpo para poder-se menear; todas levou a alma consigo. Muitas vezes fica são – que estava bem enfermo e cheio de grandes dores – e com mais habilidade, porque é coisa grande o que ali se dá, e quer o Senhor algumas vezes – como digo – o goze o corpo, pois já obedece ao que quer a alma. Depois que torna a si, se tem sido grande o arroubamento, acon-

---
45. A vontade *faz aquela operação no corpo*: a suspensão das funções somáticas e a leveza da levitação de que falou no n. 18.
46. No c. 18, n. 10.
47. *Neste lugar*: em Ávila.
48. Tratará disto nos c. 23 e 24.

tece andar um dia ou dois e ainda três tão absortas as potências, ou como embobecida,⁴⁹ que não parece andar em si.

22. Aqui é a pena de ter que tornar a viver. Aqui lhe nasceram as asas para bem voar. E caiu a sua penugem má.⁵⁰ Aqui se levanta já de todo a bandeira por Cristo, que não parece outra coisa senão que este alcaide desta fortaleza sobe ou o sobem à torre mais alta para levantar a bandeira de Deus. Olha para os que estão abaixo como quem está a salvo. Já não teme os perigos, antes os deseja, como quem por certa maneira obteve ali segurança da vitória. Vê-se aqui muito claro no pouco que tudo o daqui se há de estimar e o nonada que é. Quem está no alto alcança muitas coisas. Já não quer querer, nem ter livre arbítrio não quereria,⁵¹ e assim o suplica ao Senhor. Dá-lhe as chaves de sua vontade.

Eis aqui o hortelão feito alcaide.⁵² Não quer fazer coisa, senão a vontade do Senhor, nem ser o de si⁵³ nem de nada nem de um pero desta horta, senão que, se algo bom há nela, o reparta Sua Majestade; que daqui em diante não quer coisa própria, senão que faça de tudo conforme a sua glória e a sua vontade.

23. E de fato de verdade assim se passa tudo isto, se os arroubamentos são verdadeiros, que fica a alma com os efeitos e aproveitamento que fica dito. E se não são estes, duvidaria eu muito que fossem da parte de Deus, antes temeria que fossem os raivamentos que diz São Vicente.⁵⁴ Isto

---

49. *Como embobecida*: como aturdida, estonteada [cf. Glossário]. No resto do livro preferirá a expressão "como *embobada*" (cf. 25, 4; 29, 14; 34, 11; 37, 7; 38, 11).
50. Volta de novo à "avezinha", imagem da alma (c. 13, 2; 18, 9).
51. Por causa dos costumeiros escrúpulos teológicos, Báñez riscou no original: "livre-arbítrio não quereria" e o substituiu por "outra vontade, senão fazer a de nosso Senhor". Frei Luís acolheu a correção de Báñez (p. 239). – No meio disso estava a contenda entre católicos e protestantes sobre o "de libero" (ou "de servo") arbítrio. E talvez a sombra dos iluminados.
52. *Hortelão/alcaide*: a Santa funde as duas imagens do "horto" e da "fortaleza militar" (c. 18, 4). "Alcaide es el castellano de un castillo o fuerza con gente y guarcinión" (Cobarruvias) [Alcaide é o castelão de um castelo ou força com gente e guarnição].
53. *Nem ser* o senhor *de si*...
54. *Raivamentos*: "rabiamentos", acessos de raiva, enraivecimentos. No *Tractatus de vita spirituali* São Vicente Ferrer escreveu: "Et scias pro certo quod maior pars raptuum, *immo rabierum*, nuntiorum antichirsti venit per istum modum" (c. 14). "... abhorreas earum visionem... tamquam stultas dementias et eorum raptus *sicut rabiamenta*" (c. 15. Cito pela edição da BAC, 1956, p. 517 e 519). A Santa pôde ler estas passagens

entendo eu e tenho visto por experiência: ficar aqui a alma senhora de tudo e com liberdade numa hora e menos, que ela não se pode conhecer. Bem vê que não é seu, nem sabe como lhe foi dado tanto bem, mas entende claro o grandíssimo proveito que cada rapto destes traz.[55]

Não há quem o creia se não tem passado por isso; e assim não creem na pobre alma, como a têm visto ruim e tão depressa a veem pretender coisas tão animosas; porque logo dá em não se contentar servindo em pouco ao Senhor, senão no mais que ela pode. Pensam que é tentação e disparate. Se entendessem que não nasce dela senão do Senhor a quem já tem dado as chaves de sua vontade, não se espantariam.

24. Tenho para mim que uma alma que chega a este estado, que já ela não fala nem faz coisa por si, senão[56] que de tudo o que há de fazer tem cuidado este soberano Rei. Oh, valha-me Deus, que claro se vê aqui a declaração do verso, e como se entende que tinha razão e a terão todos de *pedir asas de pomba!*[57] Entende-se claro que é voo o que dá o espírito para levantar-se de todo o criado, e de si mesmo o primeiro; mas é voo suave, é voo deleitoso, voo sem ruído.

25. Que senhorio tem uma alma que o Senhor faz chegar aqui, que olha tudo sem estar enredada nisso! Que corrida[58] está do tempo que o esteve! Que espantada de sua cegueira! Que lastimada dos que estão nela, em especial se é gente de oração e a quem Deus já regala! Quereria dar vozes para dar a entender que enganados estão, e também assim o faz algumas vezes, e chovem na sua cabeça mil perseguições. Têm-na por pouco humilde e que quer ensinar a de quem[59] havia de aprender, em especial se

---

na edição castelhana publicada por Cisneros (Toledo, 1515). O mesmo jogo de palavras ("arrobamientos como si tuvieran rabiamientos") pôde ler em Ossuna, *Tercer Abecedario*, t. 5, c. 2.

55. *Rapto*: como êxtase (cf. 21, 8). Termo de procedência bíblica (2Cor 12,2: rapto de São Paulo, que ela recordará mais adiante (38,1).

56. *Que ya ella... sino que*: frase apagada no original, talvez pelo mesmo P. Báñez, cuja correção anterior (n. 22, nota 49) fazia que se repetisse esta frase três vezes quase seguidas. Frei Luís reproduziu fielmente o original (p. 241).

57. *A declaração do verso*: o significado do versículo que cita a seguir, do Salmo 54,7.

58. N.T.: *Corrida*: na acepção de envergonhada.

59. Quer dizer: quer ensinar "àqueles" de quem havia de aprender.

é mulher. Aqui é o condenar – e com razão –, porque não sabem o ímpeto que a move, que às vezes não se pode valer, nem pode sofrer não desenganar aos que quer bem e deseja ver soltos deste cárcere desta vida,[60] que não é menos nem lhe parece menos no que ela tem estado.

26. Fatiga-se do tempo em que mirou pontos de honra e no engano que trazia de crer que era honra o que o mundo chama honra; vê que é grandíssima mentira e que todos andamos nela; entende que a verdadeira honra não é mentirosa, senão verdadeira, tendo em algo o que é algo, e o que não é nada tê-lo em nonada, pois tudo é nada e menos que nada o que se acaba e não contenta a Deus.

27. Ri-se de si, do tempo que tinha em algo o dinheiro e cobiça dele, ainda que nesta nunca eu creia – e é assim verdade – que confessei culpa; farta culpa era tê-los em algo. Se com eles se pudesse comprar o bem que agora vejo em mim, tê-los-ia em muito; mas vê que este bem se ganha deixando tudo. Que é isto que se compra com este dinheiro que desejamos? É coisa de preço? É coisa durável? Ou para que os queremos? Negro descanso se procura, que tão caro custa. Muitas vezes se procura com eles o inferno e se compra fogo perdurável e pena sem fim. Oh, se todos dessem em tê-los por terra sem proveito, que concertado andaria o mundo, que sem tráficos![61] Com que amizade se tratariam todos se faltasse interesse de honra e de dinheiro! Tenho para mim que se remediaria tudo.

28. Vê dos deleites tão grande cegueira, e como com eles compra trabalho, ainda para esta vida, e desassossego. Que inquietação! Que pouco contento! Que trabalhar em vão!

Aqui não só as teias de aranha vê de sua alma e as faltas grandes, senão um pozinho que haja, por pequeno que seja, porque o sol está muito claro; e assim, por muito que trabalhe uma alma em aperfeiçoar-se, se de veras a colhe este Sol, toda se vê muito turva. É como a água que está num copo, que, se não bate o sol, está muito claro; se há sol, vê-se que está todo

---

60. Ocorre novamente a imagem de "vida-cárcere" (cf. 16, 8, nota 28; e no c. 21, 6). – Aqui com provável reminiscência do texto de São Paulo (Rm 7,24: corpo--cárcere), citado expressamente no c. 21, 6.

61. *Qué sin tráfagos*: quão sem embaraços, com quanta quietude. "Tráfago... es término de mercaderes y vale tanto como trato, comercio" (Cobarruvias). Em *Vida*, cf. 21, 1.

cheio de partículas de pó. Ao pé da letra é esta comparação. Antes de estar a alma neste êxtase, parece-lhe que traz cuidado de não ofender a Deus e que conforme suas forças faz o que pode; mas chegada aqui, que lhe dá este sol de justiça[62] que a faz abrir os olhos, vê tanta impureza que os quereria tornar a fechar; porque ainda não é tão filha desta águia caudalosa, que possa fitar este sol fixamente;[63] mas por pouco que os tenha abertos, vê-se toda turva. Lembra-se do verso que diz: *Quem será justo diante de ti?*[64]

29. Quando olha este divino sol, a claridade a deslumbra. Como mira a si, o barro lhe tapa os olhos: cega está esta pombinha. Assim acontece mui muitas vezes ficar assim cega de todo, absorta, espantada, desvanecida de tantas grandezas como vê.

Aqui se ganha a verdadeira humildade, para não se lhe dar nada de dizer bens de si, nem que o digam outros. Reparte o Senhor do horto a fruta e não ela, e assim não se pega nada às suas mãos. Todo bem que tem vai guiado para Deus. Se algo diz de si, é para sua glória. Sabe ele[65] que não tem nada ali e, ainda que queira, não pode ignorá-lo, porque o vê por vista de olhos, que, mal que lhe pese, faz que se fechem para as coisas do mundo, e que os tenha abertos para entender verdades.

---

62. *Sol de justiça*: Deus, imagem bíblica (Ml 4,2). Cf. n. 19, nota 42.
63. *Mirar este sol de en hito en hito*: "fitar este sol fixamente": provável alusão à fábula popular da águia real (imagem utilizada no n. 3 [águia caudalosa, nota 8]) que ensina seus filhotes a olhar fixamente o sol (cf. Granada, L. de. *Introducción al Símbolo de la fe*, I, I, c. 17 – *Obras*, t. 5, Madrid, 1908, p. 158).
64. Verso (versículo) do Salmo 142,2.
65. *Ele = el*: o hortelão (el hortelano) ou a alma (el alma) da frase anterior.

Capítulo 21

Prossegue e acaba este último grau de oração.[1] – Diz o que sente a alma que está nele ao tornar a viver no mundo, e da luz que lhe dá o Senhor sobre os enganos dele. – Tem boa doutrina.

1. Pois acabando no que ia,[2] digo que não há mister aqui de consentimento desta alma; já lhe foi dado, e sabe que com vontade se entregou em suas mãos e que não pode enganá-lo, porque é sabedor de tudo. Não é como cá, que está toda a vida cheia de enganos e dissimulações: quando pensais que tendes uma vontade ganha, segundo o que vos mostra, vindes a entender que tudo é mentira. Não há já quem viva em tanto tráfico,[3] em especial se há algum pouco de interesse.

Bem-aventurada a alma que a traz o Senhor a entender verdades![4] Oh, que estado este para os reis! Como lhes valeria muito mais procurar a ele do que grande senhorio! Que retidão haveria no reino! De quantos males se escusariam e teriam escusado! Aqui não se teme perder vida nem honra por amor de Deus. Que grande bem este para quem está mais obrigado a olhar a honra do Senhor do que todos os que são menos, pois hão de ser os reis a quem seguirão. Por um ponto de aumento na fé e de ter dado luz em algo aos hereges, perderia mil reinos, e com razão. Outro ganhar é. Um reino que não se acaba. Que com uma só gota que degusta

---

1. N.E.: Último capítulo do pequeno tratado dedicado a expor os graus de oração (c. 11-21). A exposição doutrinal se torna autobiográfica. No presente capítulo se fundem essas duas linhas, teórica e narrativo-testemunhal. O quarto grau de oração é identificado com a experiência mística que "agora" a autora vive (cf. n. 11), e cuja narração retomará no c. 23.

2. *Acabando no que ia* dizendo: retoma o tema dos *efeitos* e do *estado* correspondentes ao 4º grau de oração. Começou a tratá-lo no c. 19, n. 1. Voltou ao tema fragmentariamente no c. 20, n. 7 e 23. Agora começa aludindo a uma afirmação do c. 19, 2: "ali não houve quase consentimento...". O sentido da primeira frase é: Deus "não precisa, neste estado místico, de consentimento da alma".

3. N.T.: *Tráfico*: cf. c. 20, n. 27, nota 58.

4. Com idêntica afirmação tinha concluído o c. 20: Já tem "os olhos abertos para entender as verdades". "Subida a esta atalaia (de) onde se veem verdades" (n. 5).

uma alma desta água dele, parece asco tudo o de cá. Pois quando for estar engolfada em tudo[5], o que será?

2. Ó Senhor, se me désseis estado para dizer em alta voz isto,[6] não me acreditariam, como fazem a muitos que sabem dizê-lo de outra sorte que eu; mas ao menos eu me satisfaria. Parece-me que teria em pouco a vida para dar a entender uma só verdade destas; não sei depois o que teria feito, que não há que confiar em mim. Sendo a que sou, me dão grandes ímpetos para dizer isto aos que mandam, que me desfazem.[7] E por não poder mais, torno-me a vós, Senhor meu, para pedir-vos remédio para tudo; e bem sabeis Vós que muito de bom grado me despossuiria eu das mercês que me tendes feito, ficando em estado que não vos ofendesse, e seriam dadas aos reis; porque sei que seria impossível consentir coisas que agora se consentem, nem deixar de ter grandíssimos bens.[8]

3. Ó meu Deus! Dai-lhes a entender aquilo a que estão obrigados, pois os quisestes Vós assinalar na terra de maneira que também tenho ouvido dizer que há sinais no céu quando levais algum.[9] Que, certamente, quando penso isto, me faz devoção que queirais Vós, Rei meu, que até nisto entendam que vos hão de imitar em vida, pois de alguma maneira há sinal no céu, como quando Vós morrestes, em sua morte.

4. Muito me atrevo. Rompa-o vossa mercê[10] se mal lhe parece, e creia que seria dito melhor na presença deles, se pudesse ou pensasse que

---

5. Quer dizer: "estar totalmente engolfada" nele.

6. *Dizer em alta voz*, em espanhol "decir a voces" ou então "dar voces" é o seu desejo reiterado e mal reprimido. Ver c. 16, 2; 20, 25... Ou a *Rel.* 1, 5, pouco anterior a *Vida*.

7. Quer dizer: me dão tão grandes ímpetos, que me desfazem.

8. "Indo à fundação de Toledo em 1569, e passando pela Corte, a Santa fez chegar a Felipe II, por meio da Princesa Dª Joana, alguns avisos que impressionaram vivamente o Rei, que mostrou desejos de conhecer pessoalmente a célebre fundadora. Ainda não se tem notícia segura se chegaram a ver-se, mas o Rei prudente sempre teve muita estima pela Santa e a favoreceu não pouco para levar adiante sua obra de reforma" (P. Silvério).

9. Alusão a uma crença popular antiquíssima: da morte de César cantou Virgílio que o sol "caput obscura nitidum ferrugine texit". E quase no tempo da Santa foi divulgado o boato de uma horripilante chuva de estrelas na morte de Filipe o Belo (1506). – Segue uma alusão a Mt 27,45.

10. Alude ao P. Garcia de Toledo, a quem já incitou a "romper/rasgar" ou "queimar" as páginas atrevidas (cf. 7, 22; 10, 7; 16, 8; 36, 29; epílogo n. 2).

me hão de crer, porque os encomendo a Deus muito, e quereria que me aproveitasse. Tudo faz aventurar a vida, que desejo muitas vezes estar sem ela, e era por pouco preço aventurar a ganhar muito. Porque já não há quem viva, vendo por vista de olhos o grande engano em que andamos e a cegueira que trazemos.

5. Chegada uma alma aqui, não é só desejos que tem por Deus; Sua Majestade lhe dá forças para pô-los por obra. Não se lhe põe coisa diante, em que pense que lhe serve, a que não se pese com balança; e não faz nada, porque – como digo –[11] vê claro que não é tudo nada, senão contentar a Deus. O trabalho é que não há o que se oferecer às que são de tão pouco proveito como eu. Sede vós, Bem meu, servido que venha algum tempo em que eu possa pagar algum cornado[12] do muito que vos devo. Ordenai Vós, Senhor, como fordes servido, como esta vossa serva vos sirva em algo. Mulheres eram outras e têm feito coisas heroicas por amor de Vós.[13] Eu não sou para mais de falar,[14] e assim não quereis vós, Deus meu, pôr-me em obras. Tudo quanto hei de servir vai em palavras e desejos, e também para isto não tenho liberdade, porque porventura faltara em tudo. Fortalecei Vós a minha alma e disponde dela primeiro, Bem de todos os bens e Jesus meu, e ordenai logo modos como fazer algo por Vós, que não há já quem sofra receber tanto e não pagar nada. Custe o que custar, Senhor, não queirais que vá diante de Vós tão vazias as mãos, pois conforme as obras se há de dar o prêmio. Aqui está minha vida, aqui está minha honra e minha vontade; tudo vos tenho dado, vossa sou, disponde de mim conforme vossa vontade. Bem vejo eu, meu Senhor, o pouco que posso; mas chegada

---

11. *Como digo*: cf. n. 1 e c. 20, n. 22 e 26. – A frase *não faz nada* equivale a "não lhe custa trabalho", "não precisa esforçar-se". Acentuando o fator passivo desta situação, dirá no n. 11: *ni me parece... hago casi nada de mi parte.* – *Ve claro que no es todo nada*: hoje se diz sem a negativa "que tudo é nada".

12. *Cornado*: moeda de cobre com uma quarta parte de prata que circulou desde o tempo de Sancho IV (m. 1295) de Castela até os Reis Católicos, chamada assim por levar gravada uma coroa (coronado). Por seu ínfimo valor (segundo Cobarruvias, "tres cornados valían una blanca"), passou a significar "coisa de escasso preço". – A Santa usa também "cornadillo" (cf. carta de 6 de julho de 1568) e, frequentemente, "blanca" (*Fund*. 3, 2; 21, 2; 24, 17 etc.). A moeda "blanca" [em português, "branca"] era uma moeda que, na época, também tinha pouquíssimo valor.

13. Cf. c. 1, 4.

14. N.T.: Tem o sentido de "sirvo apenas para falar".

a Vós, subida nesta atalaia aonde se veem verdades, não vos apartando de mim, tudo poderei; que se vos apartais, por pouco que seja, irei aonde estava, que era ao inferno.

6. Oh, o que é uma alma que se vê aqui, ter de tornar a tratar com todos, a mirar e ver esta farsa desta vida tão mal concertada, a gastar o tempo em satisfazer o corpo, dormindo e comendo! Tudo a cansa, não sabe como fugir, vê-se encadeada e presa. Então sente mais verdadeiramente o cativeiro que trazemos com os corpos, e a miséria da vida. Conhece a razão que tinha São Paulo de suplicar a Deus que o livrasse dele.[15] Dá vozes com ele. Pede a Deus liberdade, como outras vezes tenho dito;[16] mas aqui é com tão grande ímpeto muitas vezes, que parece a alma querer sair do corpo em busca desta liberdade, já que não a tiram. Anda como vendida em terra alheia, e o que mais a fatiga é não achar muitos que se queixem com ela e peçam isto, senão o mais ordinário é desejar viver. Oh, se não estivéssemos apegados a nada nem tivéssemos posto nosso contento em coisa da terra, como a pena que nos daria viver sempre sem ele temperaria o medo da morte com o desejo de gozar da vida verdadeira!

7. Considero algumas vezes quando uma como eu, por ter-me o Senhor dado esta luz, com tão tíbia caridade e tão incerto o descanso verdadeiro por não o terem merecido minhas obras, sinto tanto ver-me neste desterro muitas vezes, qual seria o sentimento dos santos? O que devia de passar São Paulo e a Madalena e outros semelhantes, em quem tão crescido estava este fogo de amor de Deus? Devia ser um contínuo martírio.

Parece-me que quem me dá algum alívio e com quem descanso de tratar são as pessoas em quem acho estes desejos; digo desejos com obras; digo com obras, porque há algumas pessoas que, a seu parecer, estão desapegadas, e assim o publicam e havia isso de ser, pois seu estado o pede e os muitos anos que há que alguns têm começado o caminho de perfeição, mas conhece bem esta alma desde muito longe os que são de palavras, ou os que já estas palavras têm confirmado com obras; porque tem entendido

---

15. Faz alusão ao anelo de São Paulo em Rm 7,24 (cf. 20, nota 57).
16. Tem dito reiteradamente as duas coisas: "dar vozes" (ver nota 4 deste c.) e "pedir liberdade" (c. 20, nota 57).

o pouco proveito que fazem uns e o muito os outros, e é coisa que quem tem experiência vê muito claramente.

8. Pois dito já estes efeitos que fazem os arroubamentos que são de espírito de Deus...,[17] verdade é que há mais ou menos. Digo menos, porque nos princípios, ainda que faça estes efeitos, não estão experimentados com obras, e não se pode assim entender que os tem. E também vai crescendo a perfeição e procurando que não haja memória de teia de aranha,[18] e isto requer algum tempo. E quanto mais cresce o amor e humildade na alma, maior odor dão de si estas flores de virtude, para si e para os outros.

Verdade é que o Senhor pode agir de maneira tal na alma num rapto destes que fica pouco que trabalhar a alma em adquirir perfeição, porque não poderá ninguém crer, se não o experimenta, o que o Senhor dá aqui, que não há diligência nossa que a isto chegue, a meu parecer. Não digo que com o favor do Senhor, ajudando-se muitos anos, pelos termos que escrevem os que têm escrito de oração, princípios e meios, não chegarão à perfeição e desprendimento muito com fartos trabalhos;[19] mas não em tão breve tempo como, sem nenhum nosso, obra o Senhor aqui e determinadamente saca a alma da terra e lhe dá senhorio sobre o que há nela, ainda que nesta alma não haja mais merecimentos do que havia na minha, que não posso mais encarecer, porque era quase nenhum.

9. O porquê o faz Sua Majestade,[20] é porque quer, e como quer fazê-lo e ainda que não haja nela disposição, a dispõe para receber o bem que Sua Majestade lhe dá.[21] Assim que nem todas as vezes Sua Majestade os dá

---

17. Frase anacolútica: parece que a Santa a truncou de propósito com dois fortes riscos, passando sem mais para o período seguinte. Frei Luís a emendou em parte: "pues dicho he ya..." [pois já tenho dito] (p. 250).
18. *Memoria de telaraña*: lembrança de faltas próprias (cf. 19, 2; 20, 28). No original: *hay* [há] no lugar de *haya* [haja]. Transcrevemos como frei Luís (p. 250).
19. Ou seja: "Não digo que... não chegarão, com fartos trabalhos, à perfeição...". – O tema "princípios e meios e... perfeição" alude às três etapas da vida espiritual, tradicionais entre "os escritores de oração" (cf. c. 11, 5; 12, 2, nota 8).
20. Quer dizer, por que às vezes Deus dá graças místicas a quem está menos dotado de virtudes e méritos... Compare-se com São João da Cruz, *Subida* 3, 42, 3: "por que Deus faz estas mercês quando e como e onde lhe apraz...". Cf. Rm 9,15-16. [Cf. também c. 34, 11, nota 26.]
21. Tratará disso no *Caminho*. O c. 16 intitula-se: "como é possível algumas vezes subir Deus uma alma distraída à perfeita contemplação...".

porque foram merecidos ao granjear bem o horto – ainda que seja muito certo a quem isto faz bem e procura desapegar-se, não deixar de regalá-lo –, senão que é sua vontade mostrar sua grandeza algumas vezes na terra que é mais ruim, como tenho dito,[22] e dispõe-na para todo bem, de maneira que parece que já não é parte[23] de certa maneira para tornar a viver nas ofensas de Deus que costumava. Tem o pensamento tão habituado a entender o que é verdadeira verdade, que todo o resto lhe parece jogo de meninos. Ri-se entre si, algumas vezes, quando vê pessoas graves de oração e religião fazer muito caso de uns pontos de honra que esta alma tem já debaixo dos pés. Dizem que é discrição e autoridade de seu estado para mais aproveitar. Sabe ela muito bem que aproveitaria mais num dia que pospusesse aquela autoridade de estado por amor de Deus do que com ela em dez anos.

10. Assim vive vida trabalhosa e com sempre cruz,[24] mas vai em grande crescimento. Quando parece aos que a tratam, estão muito no cume. Desde a pouco estão muito mais melhoradas, porque sempre as vai favorecendo mais Deus. É alma sua. É Ele que a tem já a cargo, e assim a ilumina. Porque parece assistentemente[25] que a está sempre guardando para que não o ofenda, e favorecendo e despertando para que o sirva.

Em chegando minha alma a que Deus lhe fizesse esta tão grande mercê, cessaram meus males e me deu o Senhor fortaleza para sair deles, e não me fazia mais estar nas ocasiões e com gente que me costumava distrair, que se não estivesse, antes me ajudava o que me costumava causar dano. Tudo me era meios para conhecer mais a Deus e amá-lo e ver o que lhe devia e ter pesar da que tinha sido.

11. Bem entendia eu que não vinha aquilo de mim nem o havia ganho com minha diligência, que ainda não tinha havido tempo para isso. Sua Majestade me havia dado fortaleza para isso só por sua bondade.

---

22. Cf. c. 19, n. 6-10; e c. 18, 4; c. 15, 7; c. 10, 4.
23. *Já não é parte... para tornar a viver*: não é capaz, não pode concorrer para... (cf. 19, 2, nota 4; 20, 7).
24. Quer dizer: "e sempre com cruz". – Na frase seguinte: *parece*, na acepção de aparecer, ser vista. E "están" por "está", isto é: "quando se deixa ver pelos que a tratam, está muito no cume; desde a pouco (em breve) está muito mais melhorada...".
25. *Assistentemente*: com especial assistência divina: a explicação deste termo é dada no n. 11.

Até agora, desde que me começou o Senhor a fazer esta mercê destes arroubamentos, sempre foi crescendo esta fortaleza, e por sua bondade me deteve com sua mão para não tornar atrás. Nem me parece, como é assim, que faço nada quase de minha parte, senão que entendo claro que o Senhor é quem obra.

E por isto me parece que a alma que o Senhor faz estas mercês que, indo com humildade e temor, sempre entendendo que o mesmo Senhor o faz e nós quase nonada, que se podia pôr entre qualquer gente; ainda que seja mais distraída e viciosa, não lhe fará ao caso, nem moverá em nada; antes, como tenho dito,[26] lhe ajudará e sendo ajuda, tem modo para sacar muito maior aproveitamento. São já almas fortes que o Senhor escolhe para aproveitar a outras; ainda que esta fortaleza não venha de si. Pouco a pouco, achegando o Senhor aqui uma alma, lhe vai comunicando muitos grandes segredos.

12. Aqui são as verdadeiras revelações neste êxtase e as grandes mercês e visões, e tudo aproveita para humilhar e fortalecer a alma e que tenha em menos as coisas desta vida e conheça mais claro as grandezas do prêmio que o Senhor tem aparelhado aos que o servem.

Praza a Sua Majestade seja alguma parte[27] a grandíssima largueza que com esta miserável pecadora tem tido, para que se esforcem e animem os que isto lerem a deixar tudo totalmente por Deus. Pois tão pontualmente paga Sua Majestade, que ainda nesta vida se vê claro o prêmio e o lucro que têm os que o servem, o que será na outra?

---

26. *Antes*, muito usado pela Santa na acepção de *antes bien* [*pelo contrário*] (cf. n. 10). – Todo o período que precede é de sentido difícil, por causa dos incisos, das mudanças de número e até de sujeito: "... *me parece que ... almas a quem* (transposição) *indo com humildade e temor* (e) *entendendo sempre* (que é) *o Senhor mesmo* (quem) *o faz e nós* (elas, as almas) *quase nonada, que* (redundante) *se podia(m) pôr entre qualquer gente: ainda que seja* (a gente) *mais distraída e viciosa, não lhe*(s) *fará ao caso... antes as ajudará...* – O *como he dicho* [*como tenho dito*] alude ao afirmado no final do n. 10.

27. *Seja alguma parte*: contribua com algo (ver nota 20).

Capítulo 22

Em que trata quão seguro caminho é para os contemplativos não levantar o espírito a coisas altas se o Senhor não o levanta, e como há de ser o meio para a mais subida contemplação a Humanidade de Cristo. – Diz de um engano em que ela esteve um tempo. – É muito proveitoso este capítulo.[1]

1. Uma coisa quero dizer, a meu parecer importante; se a vossa mercê[2] parecer bem, servirá de aviso, que poderia ser haver mister dele; porque em alguns livros[3] que estão escritos de oração tratam que, ainda que a alma não possa por si chegar a este estado, porque é tudo obra sobrenatural que o Senhor obra nela, que poderá ajudar-se levantando o espírito de todo o criado e subindo-o com humildade, depois de muitos anos que tenha ido pela vida purgativa, e aproveitando para a iluminativa.[4]

Não sei eu bem por que dizem "iluminativa"; entendo dos que vão aproveitando.

E avisam muito que apartem de si toda imaginação corpórea e que se acheguem a contemplar na Divindade; porque dizem que, ainda que seja

---

1. N.E.: Capítulo intermédio entre o pequeno tratado doutrinal dos graus de oração e o regresso à narração autobiográfica. Nele se entrelaçam dois temas: não forçar as graças místicas, não prescindir da Humanidade de Cristo dentro da vida mística. O primeiro tema já foi tratado no c. 12 (ver o título). Tratará o segundo tema mais profundamente nas *Moradas VI*, c. 7. – Polemiza com livros e mestres espirituais. E está ligado com o magistério oral da Santa (ver os n. 4 e 8), em diálogo com o leitor principal do escrito, P. Garcia de Toledo (n. 1.7.13.15).

2. Dialoga com o P. Garcia de Toledo. Com chamadas intermitentes de sua atenção: n. 7 e 13 e final do capítulo.

3. Entre os livros aludidos pela Santa estão o "*Tercer Abecedario*" de F. de Osuna, a "*Subida del Monte Sión*" de B. de Laredo e, mais diretamente, a "*Via Spiritus*" de Bernabé de Palma. Quiçá também o "*Enquiridión o manual del caballero cristiano*" de Erasmo, em que um dos capítulos intitula-se: "Que todas as coisas visíveis deverão ser tidas em pouco, e que estas são as que o Apóstolo chama de carne, e como convém levantar-nos sempre às invisíveis" (c. 32). – Pode-se ver documentação abundante sobre o tema em Alvarez, Tomás. Jesucristo en la experiencia de Santa Teresa. *Monte Carmelo*, 88, 1980, p. 78-86. – Além disso, cf. o n. 3 deste capítulo.

4. *Vida* (ou via) *purgativa... iluminativa*: alusão aproximativa à teoria tradicional das "três vias ou etapas da vida espiritual". Cf. c. 21, nota 16.

a Humanidade de Cristo, aos que chegam já tão adiante, que embaraça ou impede a mais perfeita contemplação.

Trazem o que disse o Senhor aos Apóstolos[5] quando da vinda do Espírito Santo – digo quando subiu aos céus – para este propósito. Parece-me a mim que se tivessem a fé, como a tiveram depois que veio o Espírito Santo, de que era Deus e homem, não os teria impedido, pois não se disse isto à Mãe de Deus, ainda que o amasse mais que todos.[6]

Porque lhes parece que como esta obra toda é espírito,[7] que qualquer coisa corpórea a pode estorvar ou impedir; e que considerar-se de quadrada maneira,[8] e que está Deus em todas as partes e ver-se engolfado nele, é o que hão de procurar.

Isto bem me parece a mim, algumas vezes; mas apartar-se totalmente de Cristo e que entre em conta este divino Corpo com nossas misérias nem com todo o criado, não o posso sofrer. Praza a Sua Majestade que eu saiba dar a en-ten-der.

2. Eu não o contradigo, porque são letrados e espirituais,[9] e sabem o que dizem, e por muitos caminhos e vias leva Deus as almas. Como tem levado a minha quero agora dizer – no demais não me intrometo – e no perigo em que me vi por querer conformar-me com o que lia. Bem creio que quem chegar a ter união e não passar adiante – digo a arroubamentos e visões e outras mercês que faz Deus às almas –, que terá o dito pelo melhor, como eu o fazia; e se tivesse ficado nisso, creio que nunca teria chegado ao

---

5. Jo 16,7: "convém a vós que eu vá, pois se eu não for, o Paráclito não virá a vós".
6. Toda a passagem "Paréceme a mí... más que todos" foi acrescentada pela autora à margem do original. Frei Luís a introduziu no texto com certos retoques (p. 255).
7. Citação textual do livro de Bernabé de Palma: "esta obra é toda de espírito", "esta obra é toda espiritual" (*Via Spiritus* III, c. 4).
8. *Considerarse en cuadrada manera*: também é citação da "*Via Spiritus*", cujo c. 4 do tratado 3 intitula-se: "Como devemos comportar-nos no pensar, conforme a este terceiro estado e como devemos quadrar o entendimento". Em Laredo a Santa também pôde ler o modo de "quadrar-se a inteligência sobre um abismo de graças" (*Subida*, parte 3, c. 13). Mais dados no artigo citado na nota 2, p. 85. [A ideia é: considerar de maneira completa.]
9. Opositores da tese teresiana eram não só os livros, mas também alguns de seus "letrados" assessores.

que estou agora, porque a meu parecer é engano. Já pode ser que eu seja a enganada; mas direi o que me aconteceu.

3. Como eu não tinha mestre e lia nestes livros, por onde pouco a pouco eu pensava entender algo (e depois entendi que, se o Senhor não me mostrasse, eu poderia pouco com os livros depreender,[10] porque não era nada o que entendia até que Sua Majestade por experiência mo dava a entender, nem sabia o que fazia), em começando a ter algo de oração sobrenatural, digo de quietude, procurava desviar toda coisa corpórea, ainda que ir levantando a alma eu não ousasse, que, como era sempre tão ruim, via que era atrevimento. Mas parecia-me sentir a presença de Deus, como é assim, e procurava estar recolhida com Ele; e é oração saborosa, se Deus ali ajuda, e o deleite muito. E como se vê aquele ganho e aquele gosto, já não havia quem me fizesse tornar à Humanidade,[11] senão que, em fato de verdade, me parecia que me era impedimento.

Ó Senhor de minha alma e Bem meu, Jesus Cristo crucificado! Não me lembro de vez que tive esta opinião que não me dá pena, e me parece que fiz uma grande traição, ainda que com ignorância.

4. Tinha sido eu tão devota toda a minha vida de Cristo. Porque isto era já no fim (digo no fim de antes que o Senhor me fizesse estas mercês de arroubamentos e visões),[12] e em tanto extremo durou muito pouco estar nesta opinião. E assim sempre tornava a meu costume de folgar-me com este Senhor, em especial quando comungava. Quisera eu sempre trazer diante dos olhos o seu retrato e imagem, já que não podia trazê-lo tão esculpido em minha alma quanto quisera. É possível, Senhor meu, que coubesse em meu pensamento nem uma hora que vós me havíeis de impedir para maior bem? De onde me vieram a mim todos os bens senão de Vós?

---

10. Cf. o dito no c. 12, 6 e 14, 7 ["depreender" tem o sentido de "aprender"].
11. *Tornar a* fundamentar minha oração na *Humanidade de Cristo*.
12. Todo o esclarecimento contido no parêntese: "digo a la postre... y visiones" foi acrescentado pela Santa à margem do original. Frei Luís o incluiu no texto (p. 257). – Data aproximada desse fato: iniciado já o seu estado de "união mística" (c. 18: quarta água) e antes de começar sua experiência extática (c. 19-21). – Em continuação tinha escrito "duró muy poco estar en este *error*"; depois apagou "error" e escreveu "opinión", por respeito aos seus opositores.

Não quero pensar que nisto tive culpa, porque me lastimo muito, que certamente era ignorância; e assim quisestes Vós, por vossa bondade, que remediaria dando-me quem me sacasse deste erro, e depois que vos visse eu tantas vezes, como adiante direi,[13] para que mais claro entendesse quão grande era,[14] e que o dissesse a muitas pessoas que o tenho dito, e para que o pusesse agora aqui.

5. Tenho para mim que a causa de muitas almas não aproveitarem mais e chegarem a muito grande liberdade de espírito, quando chegam a ter oração de união, é por isto.

Parece-me que há duas razões em que posso fundar minha razão, e talvez não diga nada, mas o que disser tenho visto por experiência, que se achava muito mal minha alma até que o Senhor lhe deu luz; porque todos os seus gozos eram aos goles e, saída dali, não se achava com a companhia que depois para os trabalhos e tentações.

Uma é,[15] que vai um pouco de pouca humildade tão solapada e escondida, que não se sente. E quem será o soberbo e miserável, como eu, que quando tiver trabalhado toda a sua vida com quantas penitências e orações e perseguições se puderem imaginar, não se ache por muito rico e muito bem pago, quando lhe consentir o Senhor estar ao pé da Cruz com São João?[16] Não sei em que cabeça cabe não se contentar com isto, senão na minha que de todas as maneiras foi perdida no que havia de ganhar.

6. Pois se todas as vezes a condição ou enfermidade, por ser penoso pensar na Paixão, não se sofre, quem nos tira estar com Ele depois de ressuscitado, pois tão perto o temos no Sacramento, aonde já está glorificado, e não o miraremos tão fatigado e feito em pedaços, correndo sangue, cansado pelos caminhos, perseguido pelos que fazia tanto bem, não crido pelos Apóstolos?[17] Porque, certamente, nem todas as vezes há quem sofra

---

13. No c. 28 e seguintes.
14. Quer dizer, "quão grande erro era".
15. *La una es*: quer dizer, a primeira das duas razões que alega. *A segunda* aparecerá nos n. 9-10.
16. Jo 19,26.
17. Passagem de pontuação difícil. Adotamos a de frei Luís (p. 259). O sentido é: pois se nossa condição não tolera que pensemos sempre na Paixão, por ser penoso, quem nos tira estar com ele depois de ressuscitado, pois tão perto o temos no Sacramen-

pensar em tantos trabalhos como passou. Ei-lo aqui sem pena, cheio de glória, esforçando uns, animando os outros, antes que subisse aos céus, companheiro nosso no Santíssimo Sacramento, que não parece que esteve em sua mão apartar-se um momento de nós. E que tenha estado na minha apartar-me eu de Vós, Senhor meu, para mais servir-vos! Que já quando vos ofendia, não vos conhecia; mas que, conhecendo-vos, pensasse ganhar mais por este caminho! Oh, que mau caminho levava, Senhor! Já me parece que ia sem caminho, se Vós não me tornásseis a ele, que ao ver-vos junto a mim, tenho visto todos os bens. Não me tem vindo trabalho que, olhando para Vós como se estivésseis diante dos juízes, não se me faça bom sofrer. Com tão bom amigo presente, com tão bom capitão que se pôs por primeiro no padecer, tudo se pode sofrer: é ajuda e dá esforço; nunca falta; é amigo verdadeiro. E vejo eu claro, e tenho visto depois, que para contentar a Deus e que nos faça grandes mercês, quer que seja por mãos desta Humanidade sacratíssima, em quem disse Sua Majestade que se deleita.[18] Mui muito muitas vezes o tenho visto por experiência. O Senhor mo tem dito. Tenho visto claro que por esta porta havemos de entrar,[19] se quisermos que nos mostre a soberana Majestade grandes segredos.

7. Assim que vossa mercê, senhor,[20] não queira outro caminho, ainda que esteja no cume de contemplação; por aqui vai seguro. Este Senhor nosso é por quem nos vêm todos os bens.[21] Ele lhe ensinará. Olhando sua vida, é o melhor modelo. Que mais queremos de um tão bom amigo ao lado, que não nos deixará nos trabalhos e tribulações, como fazem os do mundo? Bem-aventurado quem de verdade o amar e sempre o trouxer junto de si. Miremos para o glorioso São Paulo, que não parece que da sua boca caía sempre Jesus, como quem o tinha bem no coração. Eu tenho olhado com cuidado, depois que isto tenho entendido, de alguns santos,

---

to..., *aonde* já está glorificado, e *onde* não o veremos tão... feito em pedaços...; quer dizer, onde não nos veremos obrigados a contemplá-lo de forma tão penosa...

18. Alusão ao texto de Mt 3,17.
19. Alusão a Jo 10,9.
20. Dirige-se a Garcia de Toledo. Antes o chamou de "filho" (16, 6, nota 19) e "pai" (ibid. nota 22). Agora lhe dá o título de "senhor", que lhe corresponde por ser filho dos Condes de Oropesa. Dá a ele esse título também no seu Epistolário (carta de 6.7.1567 a Dom Álvaro de Mendoza).
21. Reminiscência bíblica: Hb 2,10 e 2Pd 1,4.

grandes contemplativos, e não iam por outro caminho. São Francisco dá mostra disso nas chagas; Santo Antônio de Pádua, no Menino; São Bernardo se deleitava na Humanidade; Santa Catarina de Sena... outros muitos que vossa mercê[22] saberá melhor do que eu.

8. Isto de apartar-se do corpóreo, bom deve ser, certamente, pois gente tão espiritual o diz; mas, a meu parecer, há de ser estando a alma muito aproveitada, porque até isto, está claro, se há de buscar o Criador pelas criaturas.[23] Tudo é como a mercê que o Senhor faz a cada alma; nisso não me intrometo. O que quereria dar a entender é que não há de entrar nesta conta a sacratíssima Humanidade de Cristo. E entenda-se bem este ponto, que quereria saber me declarar.

9. Quando Deus quer suspender todas as potências, como nos modos de oração que ficam ditos que temos visto,[24] claro está que, ainda que não queiramos, se tira esta presença. Então vá em boa hora; ditosa tal perda que é para gozar mais do que nos parece que se perde; porque então se emprega a alma toda em amar a quem o entendimento tem trabalhado conhecer,[25] e ama o que não compreendeu, e goza do que não poderia tão bem gozar se não fosse perdendo a si, para, como digo, mais ganhar-se.

Mas que nós de manha e com cuidado nos acostumaremos a não procurar com todas as nossas forças trazer diante sempre – e prouvera ao Senhor que fosse sempre – esta sacratíssima Humanidade, isto digo que não me parece bem e que é andar a alma no ar, como dizem; porque parece não trazer arrimo, por muito que lhe pareça andar cheia de Deus. É grande coisa, enquanto vivemos e somos humanos, trazê-lo humano,[26] que este é o outro inconveniente que digo que há. O primeiro, já comecei a dizer que é um pouco de falta de humildade de querer-se levantar a alma até que o Senhor a levante, e não contentar-se com meditar coisa tão preciosa, e que-

---

22. Gracián anotou em seu exemplar: "fala aqui com o P. Garcia de Toledo".
23. Referência bíblica ao texto de Sb 13,5. O sentido da frase seguinte é: "tudo é segundo a mercê que o Senhor faz a cada alma". Repete de propósito a ideia do n. 2.
24. Foi dito na 4ª água (c. 19-21). É o que sucede no êxtase.
25. *Tem trabalhado* em *conhecer*.
26. Trazer arrimo ou apoio humano. – Continuando: "começou a dizer" a primeira destas duas razões no n. 5.

rer ser Maria antes que tenha trabalhado com Marta.[27] Quando o Senhor quer que o seja, ainda que seja desde o primeiro dia, não há que temer; mas sejamos nós comedidos, como já creio que outra vez tenho dito. Este defeitinho[28] de pouca humildade, ainda que não pareça ser nada, para querer aproveitar na contemplação faz muito dano.

10. Tornando ao segundo ponto,[29] nós não somos anjos, mas temos corpo. Querer nos fazer anjos estando na terra – e tão na terra como eu estava – é desatino, senão que é mister ter arrimo o pensamento para o ordinário. Já que algumas vezes a alma sai de si ou ande muitas tão cheia de Deus que não é preciso coisa criada para recolhê-la, isto não é tão ordinário, que em negócios e perseguições e trabalhos, quando não se pode ter tanta quietude, e em tempo de securas, Cristo é muito bom amigo, porque o olhamos Homem e o vemos com fraquezas e trabalhos, e é companhia e, havendo costume, é muito fácil achá-lo junto a si, ainda que vezes virão que nem um nem o outro se possa.

Para isto é bom o que já tenho dito:[30] não nos mostrar a procurar consolações de espírito; venha o que vier, abraçado com a cruz, é grande coisa. Deserto ficou este Senhor de toda consolação; sozinho o deixaram nos trabalhos; não o deixemos nós, que, para mais subir, ele nos dará melhor a mão que nossa diligência, e se ausentará quando vir que convém e que quer o Senhor tirar a alma de si, como tenho dito.[31]

11. Muito contenta a Deus ver uma alma que com humildade põe por terceiro[32] a seu Filho e o ama tanto, que mesmo querendo Sua Majestade subi-lo a muito grande contemplação – como tenho dito[33] –, se conhece por indigno, dizendo com São Pedro: *Apartai-vos de mim, Senhor, que sou homem pecador.*[34]

---

27. Maria/Marta (Lc 10,42), símbolo das duas vidas, contemplativa e ativa. Aqui: querer ascender à contemplação mística, sem ter trabalhado em oração e virtudes.
28. N.T.: *Defeitinho*: "*motita*", em espanhol. *Mota* é uma partícula que pega na roupa, cisco etc. Cf. *C*. 7, 4.
29. Inconveniente apontado no n. 9.
30. No c. 11, 13; e no c. 12, 3.
31. Foi dito no n. 9: "sacar el alma de sí", em êxtase.
32. *Põe por terceiro*: por mediador ou intercessor.
33. Faz alusão a isso no mesmo n. 9.
34. Lc 5,8.

Isto tenho provado. Desta arte tem levado Deus minha alma. Outros irão – como tenho dito[35] – por outro atalho. O que tenho entendido é que todo este alicerce da oração vai fundado em humildade e que quanto mais se abaixa uma alma na oração, mais a sobe Deus.[36] Não me lembro de ter-me feito mercê muito assinalada, das que adiante direi, que não seja estando desfeita de ver-me tão ruim. E até procurava Sua Majestade dar-me a entender coisas para ajudar-me a conhecer-me, que eu não as saberia imaginar.

Tenho para mim que quando a alma faz de sua parte algo para ajudar-se nesta oração de união, que ainda que logo pareça proveitoso, que como coisa não fundada se tornará mui depressa a cair; e tenho medo que nunca chegará à verdadeira pobreza de espírito, que é não buscar consolo nem gosto na oração – que os da terra já estão deixados –, senão consolação nos trabalhos por amor daquele que sempre viveu neles, e estar neles e nas securas quieta. Ainda que algo se sinta, não para dar inquietação e a pena que a algumas pessoas, que, se não estão sempre trabalhando com o entendimento e tendo devoção, pensam que vai tudo perdido, como se por seu trabalho se merecesse tanto bem.

Não digo que não se procure e estejam com cuidado diante de Deus; mas que se não puderem ter ainda um bom pensamento, como outra vez tenho dito,[37] que não se matem; servos sem proveito somos, o que pensamos poder?

12. Mais quer o Senhor que conheçamos isto e andemos feitos jumentos para trazer a nora da água que fica dito,[38] que, ainda que fechados os olhos e não entendendo o que fazem, tirarão mais que o hortelão com toda a sua diligência. Com liberdade se há de andar neste caminho, postos nas mãos de Deus. Se Sua Majestade nos quiser subir a ser os de sua câmara e segredo, ir de bom grado; se não, servir em ofícios baixos e não nos sen-

---

35. Nos n. 2 e 8.
36. Alusão ao dito evangélico: Lc 14,11.
37. No c. 11, 10. – Segue a alusão a Lc 17,10.
38. No c. 14. Volta a imagem da "rega do horto". A frase tem sentido figurado, e se baseia na tarefa do jumento que dá voltas à nora com os olhos vendados sem saber o que faz. A tarefa do jumento são os atos de humildade; os esforços do hortelão é o discorrer sobre o entendimento. "Mais quer Deus" o primeiro que o segundo.

Livro da vida

tarmos no melhor lugar,[39] como tenho dito alguma vez. Deus tem cuidado mais que nós e sabe para o que é cada um. De que serve governar-se a si quem tem dada já toda a sua vontade a Deus?

A meu parecer, muito menos se sofre[40] aqui que no primeiro grau da oração, e muito mais causa dano. São bens sobrenatural.[41] Se alguém tem má voz, por muito que se esforce para cantar não se lhe faz boa; se Deus quer dar-lha, não precisa antes dar vozes.[42] Pois supliquemos sempre que nos faça mercês, rendida a alma, ainda que confiada na grandeza de Deus. Pois para que esteja aos pés de Cristo lhe dão licença, que procure não afastar-se dali,[43] esteja como quiser; imite a Madalena, que desde que esteja forte, Deus a levará ao deserto.

13. Assim que vossa mercê, até que ache quem tenha mais experiência que eu e o saiba melhor, fique nisto.[44] Se são pessoas que começam a gostar de Deus, não creia nelas, que lhes parece que lhes aproveita e gostam mais se ajudando.[45] Oh, quando Deus quer, como vem a descoberto sem estas ajudinhas! Que, ainda que mais façamos, arrebata o espírito, como um gigante tomaria uma palha, e não basta resistência.[46] Que maneira para crer que, quando ele quer, espera para que voe o sapo por si mesmo![47] E ainda mais dificultoso e pesado me parece levantar-se nosso espírito, se Deus não o levanta; porque está carregado de terra e de mil impedimentos,

---

39. Duas alusões bíblicas: "a câmara secreta" alude ao Cântico dos Cânticos 1,3; a escolha do lugar, repete a ordem de Jesus em Lc 14,10.
40. *Muy menos se sufre*: muito menos se permite ou tolera.
41. *Sobrenatural*: assim escreve a Santa, como em outras passagens. Frei Luís transcreveu: "bienes sobrenaturales" (p. 266). Cf. c. 12, nota 11.
42. N.T.: *Dar vozes*: no sentido de clamar, pedir...
43. Lc 10,39. A frase seguinte alude à legenda de Santa Maria Madalena, que a Autora leu no *Flos Sanctorum*.
44. *Estése en esto = fique nisto*: atenha-se a isto, ou mantenha-se na contemplação da Humanidade de Cristo.
45. *Ajudando-se*: aqui tem sentido técnico: tentando "levantar o espírito" a coisas sobrenaturais (à experiência mística). Ironiza em seguida, ao dizer que Deus não necessita de nossas "ajudinhas" para dar-nos sua graça.
46. N.T.: Sentido de: não há resistência bastante.
47. Ironiza de novo com a imagem do "sapo que tenta voar". Imagem tomada dos livros que ela está combatendo. Na "*Via Spiritus*" (III, c. 4) se lê: "mais longe são de nós as coisas divinas para propriamente entendê-las, que o voar da águia da torpeza do sapo".

e pouco lhe aproveita querer voar; que, ainda que seja mais seu natural que do sapo, está já tão metido na lama, que o perdeu por sua culpa.

14. Pois quero concluir com isto: que sempre que se pensar em Cristo, nos lembremos do amor com que nos fez tantas mercês e quão grande no-lo mostrou Deus em dar-nos tal penhor do que nos tem; que amor saca amor. E ainda que seja muito no princípio e nós muito ruins, procuremos ir mirando isto sempre e despertando-nos para amar; porque se uma vez nos faz o Senhor mercê que se nos imprima no coração este amor, ser-nos-á tudo fácil e obraremos muito em breve e muito sem trabalho. Sua Majestade no-lo dê – pois sabe o muito que nos convém – pelo que Ele nos teve e por seu glorioso Filho, a quem tão à sua custa nos mostrou, amém.[48]

15. Uma coisa quereria perguntar a vossa mercê: como em começando o Senhor a fazer mercês a uma alma, tão subidas, como é pô-la em perfeita contemplação, que com razão havia de ficar perfeita totalmente logo (com razão, sim por certo, porque quem tão grande mercê recebe não havia mais de querer consolos da terra), pois, por que em arroubamento e quando está já a alma mais habituada a receber mercês, parece que traz consigo os efeitos tão mais subidos, e quanto mais, mais desprendida, pois num ponto que o Senhor chega a pode deixar santificada, como depois, andando o tempo, a deixa o mesmo Senhor com perfeição nas virtudes?[49]

Isto quero eu saber, que não o sei. Mas bem sei que é diferente o que Deus deixa de fortaleza quando no princípio não dura mais que fechar e abrir os olhos e quase não se sente senão nos efeitos que deixa, ou quando vai mais à larga esta mercê. E muitas vezes parece a mim que é o não se dispor totalmente logo a alma, até que o Senhor pouco a pouco a cria e a faz determinar e dá forças de varão, para que dê de todo com tudo no chão.

---

48. O sentido da frase: "Sua Majestade no-lo dê (esse amor)... por seu glorioso Filho a (= em) quem tão à sua custa nos mostrou esse amor". Talvez a preposição "a" seja redundante. Ou então a frase seja elíptica: dê-nos esse amor "a nós" a quem etc. Frei Luís emendou todo o período (p. 267).

49. O sentido da pergunta que a Santa faz a Garcia de Toledo fica obscuro por culpa dos incisos que truncam o período. Seu problema é: por que essas grandes graças místicas não deixam a alma "santificada", como chegará a estar "depois, andando o tempo"? O mesmo problema tinha aflorado já no c. 11, 1.

Como o fez com a Madalena com brevidade,[50] o faz em outras pessoas, conforme o que elas fazem em deixar Sua Majestade fazer. Não acabamos de crer que ainda nesta vida Deus dá cem por um.[51]

16. Também pensava eu esta comparação: que posto que seja tudo um o que se dá aos que mais adiante vão que no princípio, é como um manjar que comem dele muitas pessoas, e as que comem pouquinho, fica-lhes apenas bom sabor por um tempo; as que mais, ajuda a sustentar; as que comem muito, dá vida e força; e tantas vezes se pode comer e tão abundante deste manjar de vida, que já não comam coisa que lhes saiba bem senão ele; porque vê o proveito que lhe faz, e tem já tão afeito o gosto a esta suavidade, que quereria mais não viver que ter de comer outras coisas que não sejam senão para tirar o bom sabor que o bom manjar deixou.

Também uma companhia santa não faz sua conversação tanto proveito de um dia como de muitos; e tantos podem ser os que estejamos com ela, que sejamos como ela, se Deus nos favorece. E enfim, tudo está no que Sua Majestade quer e a quem quer dá-lo; mas muito vai em determinar-se, a quem já começa a receber esta mercê, em desapegar-se de tudo e tê-la no que é razão.

17. Também me parece que anda Sua Majestade a provar a quem quer, ora um, ora outro, descobrindo quem é com deleite tão soberano, para avivar a fé – se está morta – do que nos há de dar, dizendo: "Olhai, que isto é uma gota do mar grandíssimo de bens", para não deixar nada por fazer com os que ama, e como vê que o recebem, assim dá e se dá.[52] Quer a quem o quer. E que bem querido! E que bom amigo!

Ó Senhor de minha alma, e quem tivera palavras para dar a entender o que dais aos que confiam em Vós, e o que perdem os que chegam a este estado, e preferem a si mesmos! Não quereis Vós isto, Senhor, pois mais que isto fazeis, que vindes a uma pousada tão ruim como a minha. Bendito sejais para sempre jamais!

---

50. A Santa tem a convicção de que a Madalena passou rapidamente da vida de pecadora ao amor perfeito. O mesmo – pensa ela – que ocorreu a São Paulo. Cf. *Caminho* 40, 3.
51. Lc 18,29-30 e Mc 10,29-30.
52. Quer dizer: "conforme vê que o recebem, assim dá e se dá".

18. Torno a suplicar a vossa mercê[53] que estas coisas que tenho escrito de oração, se as tratar com pessoas espirituais, o sejam. Porque se não sabem mais de um caminho ou se têm ficado no meio, não poderão assim atinar. E há algumas que imediatamente as leva Deus por muito subido caminho, e parece-lhes que assim poderão os outros aproveitar ali e aquietar o entendimento e não se aproveitar de meios de coisas corpóreas, e ficarão secos como um pau. E alguns que tenham tido um pouco de quietude, logo pensam que como têm um podem fazer o outro; e em lugar de aproveitar, desaproveitarão, como tenho dito.[54] Assim que em tudo é preciso experiência e discrição. O Senhor no-la dê por sua bondade.

---

53. De novo dialoga com Garcia de Toledo. O conselho que lhe dá implica certa desconfiança dos mestres espirituais que intervêm na polêmica do capítulo.
54. No c. 5.

Capítulo 23

Em que torna a tratar do discurso de sua vida, e como começou a tratar de mais perfeição, e por que meios. – É proveitoso para as pessoas que tratam de governar almas que têm oração saber como se hão de comportar nos princípios, e o proveito que lhes faz saber levá-la.[1]

1. Quero agora tornar aonde deixei de minha vida,[2] – que me tem detido, creio, mais do que me havia de deter –, para que se entenda melhor o que está por vir. É outro livro novo daqui em diante, digo outra vida nova. A de até aqui era minha; a que tenho vivido desde que comecei a declarar estas coisas de oração, é que vivia Deus em mim,[3] ao que me parecia; porque entendo eu que era impossível sair em tão pouco tempo de tão maus costumes e obras. Seja o Senhor louvado que me livrou de mim.

2. Pois começando a evitar ocasiões e a dar-me mais à oração, começou o Senhor a fazer-me as mercês, como quem desejava, ao que pareceu, que eu as quisesse receber. Começou Sua Majestade a dar-me mui ordinariamente oração de quietude, e muitas vezes de união, que durava muito tempo.[4]

---

1. N.E.: Retoma o relato autobiográfico. Tinha interrompido esse relato no c. 10. Os capítulos 11-21 intercalam um tratado doutrinal sobre a oração e seus graus. Introduziu-o para "declarar algo de quatro graus de oração em que o Senhor... tem posto algumas vezes minha alma" (11, 8). Agora assegura que servirão para que "se entenda melhor o que está por vir" (23, 1), quer dizer, para tornar compreensível o relato autobiográfico que se desloca do plano exterior para o plano dos fatos e experiências místicas: "livro novo daqui em diante, digo outra vida nova" (23, 1). Para isso, regressa "aos princípios" não de sua vida, mas de sua "experiência mística": em torno de 1554/1555, quando ela contava com 40 anos.
2. Interrompeu o relato no c. 10, albores de sua vida mística.
3. Paralelismo com o dito e a experiência de São Paulo: Gl 2,20 ("não sou eu que vivo, é Cristo que vive em mim"), já recordado no c. 6, 9.
4. *Oración de quietud y... de unión*: as duas modalidades místicas expostas na 2ª e 4ª água: c. 14-15 e 18-21.

Eu, como nestes tempos tinham acontecido grandes ilusões em mulheres e enganos que a elas tinha feito o demônio,[5] comecei a temer, como era tão grande o deleite e suavidade que sentia, e muitas vezes sem podê-lo escusar, posto que via em mim por outra parte uma grandíssima segurança de que era Deus, em especial quando estava na oração, e via que ficava dali muito melhorada e com mais fortaleza. Mas em me distraindo um pouco, tornava a temer e a pensar se queria o demônio, fazendo-me entender que era bom, suspender o entendimento para tirar-me a oração mental e que não pudesse pensar na Paixão nem aproveitar-me do entendimento, que parecia a mim maior perda, porque não o entendia.

3. Mas como Sua Majestade queria já dar-me luz para que não o ofendesse já e conhecesse o muito que lhe devia, cresceu de tal sorte este medo, que me fez buscar com diligência pessoas espirituais com quem tratar, que já tinha notícia de alguns, porque tinham vindo aqui os da Companhia de Jesus,[6] a quem eu –sem conhecer nenhum – era muito afeiçoada, só por saber o modo que levavam de vida e oração; mas não me achava digna de falar-lhes nem forte para obedecê-los, que isto me fazia mais temer, porque tratar com eles e ser a que era me era coisa difícil.

4. Nisto andei algum tempo, até que já, com muita bateria[7] que passei em mim e temores, me determinei a tratar com uma pessoa espiritual para perguntar-lhe o que era a oração que eu tinha, e que me desse luz, se ia errada, e fazer tudo o que pudesse para não ofender a Deus. Porque a falta – como tenho dito[8] – que via em mim de fortaleza me fazia estar tão tímida.

---

5. Os casos de visionárias embusteiras tinham sido uma praga da espiritualidade espanhola nas décadas anteriores a estas efemérides. Tinham pululado entre os "alumbrados [iluminados]" e "espirituais", motivando intervenções ruidosas da Inquisição. Ainda era recente e famigerado o caso de sóror Magdalena de la Cruz, abadessa das Clarissas de Córdoba, cujos embustes chegaram a enganar a própria corte imperial, e cujo processo inquisitorial (1544-1546) "pôs espanto a toda Espanha", na frase do P. Ribera (*Vida de Santa Teresa*, I, c. 11). Ela os definira como "tempos difíceis" (33, 5).
   6. Os jesuítas tinham fundado em Ávila o Colégio de San Gil em 1554. Deste ano datam os fatos que a Santa conta agora.
   7. *Bateria*: perturbação, guerra interior. – A *pessoa espiritual* aludida a seguir é difícil de identificar. Talvez coincida com "o cavaleiro santo" do n. 6.
   8. No n. 3.

Que engano tão grande, valha-me Deus, que para querer ser boa me apartava do bem! Nisto deve pôr muito o demônio no princípio da virtude, porque eu não podia acabá-lo comigo. Sabe ele que está todo o meio[9] de uma alma em tratar com amigos de Deus, e assim não havia termo para que eu a isto me determinasse. Aguardava emendar-me primeiro, como quando deixei a oração,[10] e porventura nunca o fizera, porque estava já tão caída em coisinhas de mau costume que não acabava de entender que eram más, que era preciso ajuda de outros e dar-me a mão para levantar-me. Bendito seja o Senhor que, enfim, a sua foi a primeira.

5. Como vi que ia tão adiante meu temor, porque crescia a oração, pareceu-me que nisto havia algum grande bem ou grandíssimo mal. Porque bem entendia que já era coisa sobrenatural o que tinha, porque algumas vezes não podia resistir. Tê-lo quando eu queria, era escusado. Pensei em mim que não tinha remédio se não procurasse ter consciência limpa e apartar-me de toda ocasião, ainda que fosse de pecados veniais, porque, sendo espírito de Deus, claro estava o lucro; se era demônio, procurando eu contentar o Senhor e não ofendê-lo, pouco dano me podia fazer, antes ele ficaria com perda. Determinada nisto e suplicando sempre a Deus que me ajudasse, procurando o dito alguns dias, vi que não tinha força minha alma para sair com tanta perfeição sozinha, por algumas afeições que tinha a coisas que, ainda que em si não fossem muito más, bastavam para estragar tudo.

6. Disseram-me de um clérigo letrado que havia neste lugar,[11] que começava o Senhor a dar a entender às pessoas sua bondade e boa vida. Eu procurei por meio de um cavaleiro santo que há neste lugar.[12] É casado, mas de vida tão exemplar e virtuosa, e de tanta oração e caridade, que em

---

9. *Meio* (esp.: *medio*): remédio.
10. Referido no c. 7, 1 e deplorado no c. 19, 10ss.
11. "El maestro Daza", anota Gracián em seu exemplar. – *Este lugar:* Ávila. – O *clérigo letrado*, Gaspar Daza (m. 1592), sacerdote secular de Ávila que daqui em diante intervirá ativamente nas coisas da Santa e a ajudará na fundação de São José (32, 18; e 36, 18).
12. "Francisco de Salcedo", anota Gracián em seu exemplar. Imortalizado pela Santa com o título de "cavaleiro santo". Assistiu durante vinte anos às aulas de teologia em Santo Tomás de Ávila, e viveu como um autêntico "espiritual" de seu século. Ao enviuvar (1570), ordenou-se sacerdote. Morto em 1580, foi sepultado no primeiro carmelo teresiano, na capela de São Paulo, fundada por ele mesmo.

todo ele resplandece sua bondade e perfeição. E com muita razão, porque grande bem tem vindo a muitas almas por seu meio, por ter tantos talentos, que, mesmo não o ajudando seu estado, não pode deixar com eles de obrar. Muito entendimento e muito aprazível para todos. Sua conversação não pesada, tão suave e agraciada, junto com ser reta e santa, que dá contento grande aos que trata. Tudo ordena para grande bem das almas que conversa,[13] e não parece trazer outro estudo senão fazer por todos os que ele vê que se sofre[14] e contentar a todos.

7. Pois este bendito e santo homem, com sua indústria,[15] me parece que foi princípio para que minha alma se salvasse. Sua humildade me espanta, que tendo, pelo que creio, pouco menos de quarenta anos que tem oração – não sei se são dois ou três menos –, e leva toda a vida de perfeição,[16] que, ao que parece, sofre seu estado. Porque tem uma mulher tão grande serva de Deus e de tanta caridade, que por ela não se perde; enfim, como mulher de quem Deus sabia que havia de ser tão grande servo seu, a escolheu. Estavam parentes seus casados com parentes meus.[17] E também com outro farto servo de Deus, que estava casado com uma prima minha, tinha muita comunicação.

8. Por esta via procurei que viesse falar comigo este clérigo que digo[18] tão servo de Deus, que era muito seu amigo, com quem pensei confessar-me e ter por mestre. Pois trazendo-o para que me falasse, e eu com grandíssima confusão de ver-me presente diante de homem tão santo, dei-lhe parte[19] de minha alma e oração, que confessar-me não quis: disse que era

---

13. N.T.: *Conversar* no sentido original de "tratar intimamente, com familiaridade, com amizade".
14. *Se sofre*: se pode, se suporta (cf. nota 14).
15. *Indústria*: diligência, habilidade.
16. A frase fica mais clara suprimindo o "e". Frei Luís retocou toda a passagem (p. 275). – A seguir: *sufre su estado*: é compatível com seu estado de casado.
17. Salcedo estava casado com Dª Mencía del Águila (prima de Dª Catalina del Águila, que foi mulher de Pedro S. de Cepeda, aquele tio que iniciou a Santa na leitura dos livros espirituais: c. 3, 4 e c. 4, 7). – O *otro harto siervo de Dios* era D. Alonso Alvarez Dávila, "homem – segundo o P. Ribera – muito nobre em linhagem, e mais em virtudes, por cuja causa o chamavam Alonso Alvarez o Santo" (*Vida de S. Teresa* L. 2, c. 5). Uma de suas filhas se tornará carmelita em São José de Ávila com o nome de Maria de São Jerônimo (cf. Ribera, ibid.).
18. Gaspar Daza.
19. *Dei-lhe parte*: informei a ele.

muito ocupado, e era assim. Começou com determinação santa a levar-me como a forte, que com razão havia de estar segundo a oração viu que tinha, para que de nenhuma maneira ofendesse a Deus.

Eu, como vi a sua determinação tão pronta em coisinhas que, como digo,[20] eu não tinha fortaleza para sair logo com tanta perfeição, afligi-me; e como vi que tomava as coisas de minha alma como coisa que numa vez havia de acabar com ela, eu via que era preciso muito mais cuidado.

9. Enfim, entendi que não era pelos meios que ele me dava por onde eu me havia de remediar, porque eram para alma mais perfeita; e eu, ainda que nas mercês de Deus estivesse adiante, estava muito nos princípios nas virtudes e mortificação. E certamente, se não houvesse de tratar mais do que com ele, creio que nunca teria medrado minha alma; porque da aflição que me dava de ver como eu não fazia – nem me parece que podia – o que ele me dizia, bastava para perder a esperança e deixar tudo.

Algumas vezes me maravilho, que sendo pessoa que tem graça particular em começar a chegar almas a Deus, como não foi servido que entendesse a minha nem se quisesse encarregar dela, e vejo que foi tudo para maior bem meu, para que eu conhecesse e tratasse gente tão santa como a da Companhia de Jesus.

10. Desta vez fiquei combinada com este cavaleiro santo para que alguma vez me viesse ver. Aqui se viu a sua grande humildade, querer tratar com pessoa tão ruim como eu. Começou a visitar-me e a animar-me e dizer-me que não pensasse que num dia me havia de apartar de tudo, que pouco a pouco Deus o faria; que em coisas bem levianas tinha ele estado alguns anos, que não as tinha podido acabar consigo. Ó humildade, que grandes bens fazes aonde estás e aos que se achegam a quem a tem! Dizia-me este santo (que a meu parecer com razão lhe posso pôr este nome) fraquezas, que a ele pareciam que eram, com sua humildade, para mim remédio; e mirado conforme o seu estado, não era falta nem imperfeição, e conforme o meu, era grandíssima tê-las.

Eu não digo isto sem propósito, porque parece que me alongo em minudências, e importam tanto para começar a aproveitar uma alma e

---

20. Cf. n. 5.

fazê-la voar (que ainda não tem plumas, como dizem), que não o crerá ninguém, senão quem tem passado por isso. E porque espero em Deus vossa mercê há de aproveitar muitas,[21] o digo aqui, que foi toda minha saúde saber-me curar e ter humildade e caridade para estar comigo, e sofrimento de ver que nem em tudo me emendava. Ia com discrição, pouco a pouco dando maneiras para vencer o demônio. Eu lhe comecei a ter tão grande amor, que não havia para mim maior descanso que no dia que o via, ainda que fossem poucos. Quando tardava, logo me fatigava muito, parecendo-me que por ser tão ruim não me via.

11. Como ele foi entendendo minhas imperfeições tão grandes, e seriam até pecados (ainda que depois que tratei com ele, mais emendada estava), e como lhe disse as mercês que Deus me fazia, para que me desse luz, disse-me que não vinha um com o outro,[22] que aqueles regalos eram já de pessoas que estavam muito aproveitadas e mortificadas, que não podia deixar de temer muito, porque lhe parecia mau espírito[23] em algumas coisas, ainda que não se determinasse, mas que pensasse bem tudo o que entendia de minha oração e o dissesse. E era o trabalho que eu não sabia pouco nem muito dizer o que era minha oração; porque esta mercê de saber entender o que é, e saber dizê-lo, faz pouco tempo que Deus me deu.[24]

12. Como me disse isto, com o medo que eu trazia, foi grande minha aflição e lágrimas. Porque, certamente, eu desejava contentar a Deus e não me podia persuadir que fosse demônio; mas temia por meus grandes pecados que Deus me cegasse para não o entender.

Olhando livros para ver se saberia dizer a oração que tinha, achei num que se chama *Subida do Monte*,[25] no que toca à união da alma com

---

21. *Vossa mercê*: Garcia de Toledo. *Há de aproveitar* a *muitas* almas. A seguir: *saber-me* ele *curar*.
22. Quer dizer: não eram compatíveis os pecados e as mercês místicas.
23. *Mau espírito*: eufemismo para "demônio", como a Santa dará a entender em seguida (n. 12 e 13).
24. Cf. c. 17, nota 17.
25. *Subida del Monte Sión, por la vía contemplativa. Contiene el conocimiento nuestro y el seguimiento de Cristo y el reverenciar a Dios en la contemplación quieta, copilado en un convento de frailes menores...* Impresso pela primeira vez em Sevilha em 1535; seu autor foi Bernardino de Laredo, leigo franciscano e médico que tinha sido de D. João II de Portugal. Nova edição na BAC, Madri, 1948.

Deus, todos os sinais que eu tinha naquele não pensar nada, que isto era o que eu mais dizia: que não podia pensar nada quando tinha aquela oração; e assinalei com alguns riscos as partes que eram, e dei a ele o livro para que ele e o outro clérigo que tenho dito, santo e servo de Deus, o olhassem e me dissessem o que havia de fazer; e que, se lhes parecesse, deixaria a oração totalmente, que para quê me havia eu de meter nesses perigos; pois ao cabo de vinte anos quase que havia que a tinha,[26] não tinha saído com lucro, senão com enganos do demônio, que melhor era não a ter; ainda que também isto me fosse difícil, porque já tinha provado como estava minha alma sem oração.

Assim que tudo via trabalhoso, como aquele que está metido num rio, que a qualquer parte que vá dele teme mais perigo, e está quase se afogando.

É um trabalho muito grande este, e destes tenho passado muitos, como direi adiante;[27] que ainda que pareça que não importa, porventura fará proveito entender como se há de provar o espírito.

13. E é grande, certamente, o trabalho que se passa, e é preciso tento, em especial com mulheres, porque é muita a nossa fraqueza e poderia vir a muito mal dizendo-lhes muito claro que é demônio; senão olhá-lo muito bem, e apartá-las dos perigos que pode haver, e avisá-las em segredo ponham muito[28] e tenham eles, que convém.

E nisto falo como a quem lhe custa farto trabalho não terem algumas pessoas com quem tenho tratado minha oração, senão perguntando uns e outros, por bem me têm feito farto dano, que se têm divulgado coisas que estivessem bem secretas – pois não são para todos – e parecia que as publicava eu. Creio que sem culpa sua o Senhor o tem permitido para que eu padecesse. Não digo que diziam o que tratava com eles em confissão; mas, como eram pessoas a quem eu dava conta por meus temores para que

---

26. *Vinte anos*: desde 1536/1537 aproximadamente (cf. 4, 7). Em 1554/55 era pouco menos de vinte anos. Cf. outras alusões a este período no c. 17, 2; 19, 11; e 8, 3, notas 4 e 6.
27. Cf. c. 28, n. 5-6, e os últimos capítulos de *Vida*.
28. Em ordem: "avisá-las que ponham muito cuidado em ter segredo...".

me dessem luz, parecia-me a mim que haviam de calar. Contudo, nunca ousava calar coisa a pessoas semelhantes.

Pois digo que se avise com muita discrição, animando-as e aguardando tempo, que o Senhor as ajudará como tem feito a mim; que se não, grandíssimo dano me faria, segundo era temerosa e medrosa. Com o grande mal de coração que tinha, espanto-me como não me fez muito mal.[29]

14. Pois como dei o livro, e feita relação de minha vida[30] e pecados o melhor que pude por junto (não em confissão, por ser secular, mas bem dei a entender quão ruim era), os dois servos de Deus olharam com grande caridade e amor o que me convinha.

Chegada a resposta que eu com farto temor esperava, e tendo encomendado a muitas pessoas que me encomendassem a Deus e eu com farta oração naqueles dias, com farta fadiga veio a mim e disse-me que, a todo o parecer de ambos, era demônio; que o que me convinha era tratar com um padre da Companhia de Jesus, que como eu o chamasse dizendo que tinha necessidade viria, e que lhe desse conta de toda a minha vida por uma confissão geral, e de minha condição, e tudo com muita clareza; que pela virtude do sacramento da confissão lhe daria Deus mais luz; que eram muito experimentados em coisas de espírito; que não saísse do que me dissesse em tudo, porque estava em muito perigo se não havia quem me governasse.

15. A mim me deu tanto temor e pena que não sabia o que me fazer. Tudo era chorar. E estando num oratório muito aflita, não sabendo o que havia de ser de mim, li num livro – que parece que o Senhor o pôs em minhas mãos – que dizia São Paulo: *Que Deus era muito fiel, que nunca aos que o amavam consentia ser pelo demônio enganados.*[31] Isto me consolou muito.

---

29. Ela já falou de seu "mal de coração" no c. 4, 5; 7, 11; e falará especialmente no c. 25, 14.

30. Ou seja, o livro de B. de Laredo (cf. n. 12), anotado, e além dele uma relação autobiográfica, provavelmente a primeira escrita pela Santa. Não chegou até nós.

31. É a passagem de 1Cor 10,13. O livro no qual ela provavelmente leu isso foi o "Tercer Abecedario" de Osuna (Tr. 5, c. 4). Cf. Llamas, Román. Una cita teresiana en *Vida* 23, 15. *Monte Carmelo* 92, 1984, p. 461-468. – O mesmo episódio se repetirá anos mais tarde (1575) e ela o relatará na *Relação* 58.

Comecei a tratar de minha confissão geral e pôr por escrito todos os males e bens, um discurso de minha vida o mais claramente que eu entendi e soube, sem deixar nada por dizer.[32]

Lembro-me que como vi, depois que escrevi, tantos males e quase nenhum bem, que me deu uma aflição e fadiga grandíssima. Também me dava pena que me vissem em casa tratar com gente tão santa como os da Companhia de Jesus, porque temia minha ruindade e parecia-me que ficava obrigada mais a não o ser e abandonar meus passatempos, e se isto não fizesse, que era pior; e assim pedi à sacristã e porteira que não o dissessem a ninguém. Aproveitou-me pouco, que acertou estar à porta, quando me chamaram, quem o disse por todo o convento. Mas quantos embaraços põe o demônio e quantos temores a quem se quer chegar a Deus!

16. Tratando com aquele servo de Deus[33] – que o era bastante e bem avisado – toda a minha alma, como quem bem sabia esta linguagem,[34] me declarou o que era e me animou muito. Disse ser espírito de Deus muito conhecidamente, senão que era mister tornar de novo à oração: porque não ia bem fundada, nem tinha começado a entender mortificação (e era assim que até o nome não me parece que entendia), e que de nenhuma maneira deixasse a oração, senão que me esforçasse muito, pois Deus me fazia tão particulares mercês; que quem sabia se por meus meios quisesse o Senhor fazer bem a muitas pessoas, e outras coisas (que parece que profetizou o que depois o Senhor tem feito comigo); que teria muita culpa se não respondesse às mercês que Deus me fazia.

Em tudo me parecia que falava nele o Espírito Santo para curar minha alma, segundo se imprimia nela.

17. Fez-me grande confusão. Levou-me por meios que parecia totalmente que me tornava outra. Que grande coisa é entender uma alma! Disse-me que tivesse cada dia oração num passo da Paixão, e que me apro-

---

32. Nova Relação autobiográfica, também perdida.
33. "O P. Zetina", anota o P. Gracián em seu exemplar. O jesuíta Diego de Cetina (1531-1572), ordenado sacerdote em 1555, é ainda estudante de teologia. Nascido em Huete (Cuenca), contava só com 23/24 anos quando se encarrega dos problemas da Santa.
34. *Bem sabia esta linguagem*: entendia de coisas de espírito. Cf. 11, 6; 12, 5; 14, 8 e de novo em 27, 7.

veitasse dele, e que não pensasse senão na Humanidade,[35] e que àqueles recolhimentos e gostos resistisse quanto pudesse, de maneira que não lhes desse lugar até que ele me dissesse outra coisa.

18. Deixou-me consolada e esforçada, e o Senhor que me ajudou e a ele para que entendesse minha condição e como me havia de governar. Fiquei determinada a não sair do que me mandasse em nenhuma coisa, e assim o fiz até hoje. Louvado seja o Senhor, que me tem dado graça para obedecer a meus confessores, ainda que imperfeitamente; e quase sempre têm sido destes benditos homens da Companhia de Jesus; ainda que imperfeitamente, como digo, os tenho seguido.

Conhecida melhora começou a ter minha alma, como agora direi.

---

35. *A Humanidade* de Cristo.

Capítulo 24

Prossegue no começado, e diz como foi aproveitando-se sua alma depois que começou a obedecer, e o pouco que lhe aproveitava resistir às mercês de Deus, e como Sua Majestade as ia dando mais completas.

1. Ficou minha alma tão branda desta confissão, que me parecia que não haveria coisa a que não me dispusesse; e assim comecei a fazer mudança em muitas coisas, ainda que o confessor[1] não me apertasse, antes parecia que fazia pouco caso de tudo. E isto me movia mais, porque o levava por modo de amar a Deus e como que deixava liberdade e não constrangimento,[2] se eu não me pusesse isso por amor.

Estive assim quase dois meses, fazendo tudo o que podia em resistir aos regalos e mercês de Deus. Quanto ao exterior, via-se a mudança, porque já o Senhor me começava a dar ânimo para passar por algumas coisas que diziam pessoas que me conheciam, parecendo-lhes extremos, e até na mesma casa.[3] E do que antes fazia, tinham razão, que era extremo; mas do que era obrigada ao hábito e profissão que fazia, ficava curta.[4]

2. Deste resistir aos gostos e regalos de Deus ganhei que Sua Majestade me ensinasse. Porque antes me parecia que para dar-me regalos na oração era mister muito recolhimento, e quase não ousava me mover. Depois vi o pouco que fazia ao caso; porque quando mais procurava divertir-me,[5] mais me cobria o Senhor com aquela suavidade e glória, que me parecia que toda me rodeava e que por nenhuma parte podia fugir, e assim era. Eu trazia tanto cuidado, que me dava pena. O Senhor o trazia maior em fazer-

---

1. *O confessor*: Diego de Cetina.
2. *Constrangimento* (esp.: *apremio*: coação, constrangimento, aperto, urgência). A Santa escreve *premio* [prêmio], como em outras passagens (32, 12).
3. *A mesma casa*: o mosteiro da Encarnação.
4. N.T.: Ou seja: ficava aquém daquilo a que era obrigada pelo hábito e pela profissão feita.
5. *Divertir-me*: distrair-me.

-me mercês e em assinalar-se muito mais do que costumava nestes dois meses, para que eu melhor entendesse que não era mais em minha mão.[6]

Comecei a tomar de novo amor à sacratíssima Humanidade. Começou-se a assentar a oração como edifício que já tinha alicerce, e a afeiçoar-me a mais penitência, de que eu estava descuidada por serem tão grandes minhas enfermidades. Disse-me aquele varão santo que me confessou, que algumas coisas não me poderiam causar dano; que porventura me dava Deus tanto mal porque eu não fazia penitência, Sua Majestade queria me dá-la. Mandava-me fazer algumas mortificações não muito saborosas para mim. Fazia tudo, porque me parecia que o Senhor mo mandava, e dava-lhe graça para que mo mandasse de maneira que eu lhe obedecesse. Ia já sentindo minha alma qualquer ofensa que fizesse a Deus, por pequena que fosse, de maneira que se alguma coisa supérflua trazia, não podia recolher-me até que ma tirasse. Fazia muita oração para que o Senhor me tivesse em sua mão; pois tratava com seus servos, permitisse que não tornasse atrás, que me parecia que seria grande delito e que haviam eles de perder crédito por mim.

3. Neste tempo veio a este lugar o padre Francisco, que era duque de Gandia[7] e fazia alguns anos que, deixando tudo, tinha entrado na Companhia de Jesus. Procurou meu confessor, e o cavaleiro que tenho dito também veio a mim, para que lhe falasse e desse conta da oração que tinha, porque sabia que ia adiante em ser muito favorecido e regalado por Deus, que como quem tinha muito deixado por Ele, ainda nesta vida lhe pagava.

---

6. Ou seja: não estava em minha mão, não dependia de mim.
7. É São Francisco de Borja. Primeiro personagem coetâneo que aparece no relato com nome próprio. Mais adiante sairá também do anonimato Pedro de Alcântara (27, 16). – *O Padre Francisco* tinha sido nomeado por Santo Inácio como Comissário para as Províncias de Espanha (7.1.1554). Convidado pelo cabido de Ávila em maio de 1554, pregou na Catedral um dos dias da oitava de Corpus Christi (junho de 1554). Nessa época se encontraria com a Santa pela primeira vez. – Na *Relação* 5ª ela garante que "com o P. Francisco... tratou duas vezes". A segunda vez seria, provavelmente, em 1557. No processo de beatificação da Santa a Duquesa de Gandia, D Joana de Velasco, depôs: "Em especial se lembra... de ter ouvido que louvava o espírito, vida e santidade da dita madre Teresa de Jesus o padre Francisco de Borja, que foi geral na Companhia de Jesus" (*BMC*, t. 20, p. 262). – *Mí confesor y el caballero santo*: eram Diego de Cetina e Francisco de Salcedo.

Pois depois de me ter ouvido, disse-me que era espírito de Deus e que lhe parecia que já não era bom resistir mais a ele, que até então estava bem feito, senão que sempre começasse a oração num passo da Paixão, e que se depois o Senhor me levasse o espírito, que não resistisse a ele, senão que deixasse levá-lo Sua Majestade, não o procurando eu. Como quem ia bem adiante, deu a medicina e conselho, que faz muito nisto a experiência. Disse que era erro resistir já mais.[8]

Eu fiquei muito consolada, e o cavaleiro[9] também se alegrava muito que dissesse que era de Deus, e sempre me ajudava e dava avisos no que podia, que era muito.

4. Neste tempo mudaram o meu confessor deste lugar para outro,[10] o que eu senti mui muito, porque pensei que me havia de tornar a ser ruim e não me parecia possível achar outro como ele. Ficou minha alma como num deserto, muito desconsolada e temerosa. Não sabia o que fazer de mim. Uma parenta minha procurou-me para levar-me à sua casa,[11] e eu procurei ir logo procurar outro confessor na Companhia. Foi o Senhor servido que comecei a tomar amizade com uma senhora viúva,[12] de muita qualidade e oração, que tratava muito com eles. Fez-me confessar a seu confessor,[13] e estive em sua casa muitos dias. Vivia perto. Eu me folgava por tratar muito com eles, que, só de entender a santidade de seu trato, era grande o proveito que minha alma sentia.

---

8. N.T.: *Já mais* [*ya más*]: por mais tempo.
9. *El caballero*: o mesmo F. de Salcedo.
10. O P. Diego de Cetina teve de regressar a Salamanca para prosseguir seus estudos.
11. *Una parienta mía*: não é fácil de identificar.
12. *Una señora viuda*: "Dª Guiomar de Ulloa, que fora mulher de Francisco de Ávila", anota Gracián em seu exemplar. Ela e a Santa tinham se conhecido na Encarnação, onde era monja Dª Aldonanza de Gusmán, irmã de Dª Guiomar. Chegou a ter grande amizade com Madre Teresa, "mais estreita amizade que poderia ter com irmã", escreveria a própria Santa a seu irmão Lourenço em 23.12.1561. Dela seguirá falando a Santa no resto do relato. Em 1578 entrou no Carmelo de São José, mas teve de abandonar a vida carmelita por falta de saúde.
13. "O P. Prádanos", anota Gracián em seu exemplar. O jesuíta João de Prádanos, nascido em Calahorra (1528), fora ordenado sacerdote pouco antes (1554), e logo seria reitor do Colégio de São Gil (1555). Morreu em Valladolid em 4.11.1597.

5. Este Padre me começou a pôr em mais perfeição. Dizia-me que para contentar totalmente a Deus não havia de deixar nada por fazer; também com farta manha e brandura,[14] porque a minha alma ainda não estava nada forte, senão muito tenra, em especial em deixar algumas amizades que tinha. Ainda que não ofendesse a Deus com elas, era muita afeição, e parecia-me que era ingratidão deixá-las, e assim lhe dizia que, pois não ofendia a Deus, por que havia de ser desagradecida. Ele me disse que o encomendasse a Deus alguns dias e rezasse o hino *Veni, Creator*,[15] para que me desse luz de qual era o melhor. Tendo estado um dia muito em oração e suplicado ao Senhor que me ajudasse a contentá-lo em tudo, comecei o hino, e estando dizendo-o, veio-me um arrebatamento tão súbito que quase me tirou de mim, coisa que eu não pude duvidar, porque foi muito conhecido. Foi a primeira vez que o Senhor me fez esta mercê de arroubamentos.[16] Entendi estas palavras: *Já não quero que tenhas conversação com homens, senão com anjos*. A mim me fez muito espanto, porque o movimento da alma foi grande, e muito no espírito me foram ditas estas palavras, e assim me fez temor, ainda que por outra parte grande consolo, que tendo sido afastado de mim o temor que – a meu parecer – a novidade causou, me ficasse.

6. Isso se tem cumprido bem, que nunca mais eu tenho podido assentar em amizade nem ter consolação nem amor particular senão a pessoas que entendo o têm a Deus e procuram servi-lo, nem tem sido em minha mão,[17] nem me faz ao caso ser familiares nem amigos. Se não entendo isto ou é pessoa que trata de oração, para mim é cruz penosa tratar com alguém. Isto é assim, a todo meu parecer, sem nenhuma falta.

---

14. N.T.: Ou seja: ia com muito jeito e mansidão.

15. É o hino litúrgico da festa de Pentecostes, mas de recitação comum fora dessa data litúrgica. Em 1556, Pentecostes foi celebrado em 24 de maio; em 1557, em 6 de junho.

16. Este *primeiro arroubamento* ocorreu provavelmente em 1556, ou talvez em 1557. – Comparar com outras "primeiras graças místicas": cf. c. 19, 9: "primeira palavra"; c. 7, 6: "primeira visão". – A resistência da Santa aos arroubos durou dois anos (c. 25, 15; c. 27, 1-2) ou "quase dois anos" (c. 25, 1).

17. *Nem tem sido em minha mão* [*ni ha sido en mi mano*]: não me tem sido possível. *Familiares* [esp.: *deudos*, parentes].

7. Desde aquele dia fiquei tão animosa para deixar tudo por Deus como quem tinha querido naquele momento – que não me parece que foi mais – deixar outra a sua serva. Assim que não foi mister me mandá-lo mais; que como me via o confessor tão apegada a isto, não tinha ousado determinadamente dizer que o fizesse. Devia aguardar que o Senhor obrasse, como fez. Nem eu pensei sair com isso,[18] porque já eu mesma o havia procurado, e era tanta a pena que me dava, que como coisa que me parecia que não era conveniente, o deixava; já aqui me deu o Senhor liberdade e força para pô-lo em obra. Assim o disse ao confessor e deixei tudo conforme como mo mandou. Fez farto proveito a quem eu tratava ver em mim esta determinação.

8. Seja Deus bendito para sempre, que num ponto me deu a liberdade que eu, com todas quantas diligências tinha feito muitos anos havia,[19] não pude alcançar comigo, fazendo fartas vezes tão grande força, que me custava bastante de minha saúde. Como foi feito por quem é poderoso e Senhor verdadeiro de tudo, nenhuma pena me deu.

---

18. N.T.: *Sair com isso*: consegui-lo.
19. Fazia muitos anos.

Capítulo 25

Em que trata o modo e maneira como se entendem estas falas que faz Deus à alma sem se ouvir, e de alguns enganos que pode haver nisso, e em que se conhecerá quando o é. – É de muito proveito para quem se vir neste grau de oração, porque se declara muito bem, e de farta doutrina.[1]

1. Parece-me que será bom declarar como é este falar que Deus faz à alma e o que ela sente, para que vossa mercê o entenda.[2] Porque desde esta vez que tenho dito que o Senhor me fez esta mercê,[3] é muito ordinário até agora, como se verá no que está por dizer.

São umas palavras muito formadas,[4] mas com os ouvidos corporais não se ouvem, senão se entendem muito mais claro do que se são ouvidas; e o deixar de entender, ainda que muito se resista, é por demais. Porque quando cá não queremos ouvir, podemos tapar os ouvidos ou advertir a outra coisa, de maneira que, ainda que se ouça, não se entenda. Nesta prática que Deus faz à alma não há remédio nenhum, senão que, ainda que me pese, me fazem escutar e estar o entendimento tão inteiro para entender o que Deus quer que entendamos que não basta querer nem não querer. Porque aquele que tudo pode quer que entendamos que se há de fazer

---

1. N.E.: De novo introduz no relato autobiográfico um parêntese doutrinal O motivo da "palavra interior" referida no c. 24, 5, que resolveu seu problema afetivo. A partir dela se propõe explicar "as falas místicas": em que consistem e como discerni-las. A exposição é ilustrada com fatos pessoais (n. 7, 14-15), e culmina no relato de uma nova "palavra interior", decisiva: "não tenhas medo, filha, sou eu" (n. 18). – Desenvolverá o tema no lugar paralelo das *Moradas* VI, c. 3.
2. O capítulo retoma o diálogo com o P. Garcia de Toledo. No final do capítulo, o diálogo se estenderá a todo o grupo de letrados assessores.
3. Refere-se à palavra escutada nesse "primeiro arroubamento" relatado no capítulo anterior, n. 5.
4. *Palabras muy formadas*: na acepção mística. São experiências místicas com conteúdo ideológico e expressão verbal, por oposição às *notícias puras*, comunicadas nas visões intelectuais, sem verbalização. Ver a nota 18 no capítulo 27, n. 6, e as anotações ao c. 3 das *Moradas* VI. – São João da Cruz emprega uma terminologia parecida ("palavras sucessivas, *formais* e substanciais", mas num quadro doutrinal diverso do teresiano (*Subida* II, c. 28, 2; e c. 30-31).

o que quer e se mostra senhor verdadeiro de nós. Isto tenho experimentado muito, porque me durou quase dois anos o resistir,[5] com o grande medo que trazia, e agora o provo algumas vezes, mas pouco me aproveita.

2. Eu quisera declarar os enganos que pode haver aqui (ainda que para quem tem muita experiência pareça-me que será pouco ou nenhum, mas há de ser muita experiência) e a diferença que há quando é espírito bom ou quando é mau, ou como pode também ser apreensão do próprio entendimento[6] – que poderia acontecer – ou falar o mesmo espírito a si mesmo. Não sei se isto pode ser, mas ainda hoje me tem parecido que sim.

Quando é de Deus, tenho provado muito em muitas coisas que me eram ditas dois ou três anos antes, e todas se têm cumprido, e até agora nenhuma tem saído mentira, e outras aonde se vê claro ser espírito de Deus, como depois se dirá.

3. Parece-me que poderia uma pessoa, estando encomendando uma coisa a Deus com grande afeto e apreensão, parecer-lhe entender que alguma coisa será feita ou não, e é muito possível; ainda que a quem tem entendido destoutra sorte,[7] verá claro o que é, porque é muita a diferença, e se é coisa que o entendimento fabrica, por delgado que vá,[8] entende que ele ordena algo e que fala; que não é outra coisa senão alguém ordenar a prática, ou escutar o que o outro lhe diz; e verá o entendimento que então não escuta, pois que obra; e as palavras que ele fabrica são como coisa

---

5. *Duró casi dos años el resistir* às falas interiores, apesar da resposta de são Francisco de Borja (24, 3). Atestará de novo essa dolorosa resistência no n. 15 e no c. 27, 1.

6. *Aprensión del mismo entendimiento* (no original: *apreensión*, repetido no n. 3). Termo que provém do léxico escolástico de seus letrados assessores. "Aprehensio" era o ato germinal da mente que concebe uma ideia. No texto teresiano indica a formulação de uma palavra interior pela própria mente (autoescuta, autossugestão), em contraposição às outras duas formas de palavra interior: a sugerida pelo demônio ou a infundida por Deus. Para a autora o problema do capítulo é como discerni-las.

7. *Entendido de estotra suerte*: em forma ou na maneira de fala mística, como tem dito no n. 1. – A partir do n. 2 a Santa estabelece um paralelo entre as falas místicas e as fictícias (fantasiadas pelo sujeito ou sugeridas pelo demônio). O termo "*estotro* [estoutro/istoutro]" designará constantemente as falas místicas, por contraposição às outras duas.

8. N.T.: *Por delgado que vá*: por sutil que seja.

surda, fantasiada, e não com a clareza que estoutras. E aqui está em nossa mão divertir-nos, como calar quando falamos; nestoutro não há termos.[9]

E outro sinal mais que todos:[10] que não faz operação. Porque estoutro que fala o Senhor é palavras e obras; e ainda que as palavras não sejam de devoção, senão de repreensão, à primeira dispõem uma alma, e a habilita e enternece e dá luz e regala e quieta; e se estava com secura ou alvoroço e desassossego de alma, como com a mão o tira de si, e ainda melhor, que parece que o Senhor quer que se entenda que é poderoso e que suas palavras são obras.

4. Parece-me que há a diferença como se nós falássemos ou ouvíssemos, nem mais nem menos. Porque o que falo, como tenho dito,[11] vou ordenando com o entendimento o que digo. Mas se me falam, não faço mais que ouvir sem nenhum trabalho.

Um[12] vai como uma coisa que não podemos determinar bem se é, como alguém que está meio dormindo; estoutro é voz tão clara que não se perde uma sílaba do que se diz. E acontece ser em tempos que está o entendimento e a alma tão alvoroçada e distraída, que não acertaria em concertar uma boa razão, e[13] acha compostas grandes sentenças que lhe dizem, que ela, ainda estando muito recolhida, não poderia alcançar, e à primeira palavra, como digo, a mudam toda. Em especial se está no arroubamento, que as potências estão suspensas, como se entenderão coisas que não tinham vindo à memória ainda antes? Como virão então, que quase não obra, e a imaginação está como embasbacada?[14]

5. Entenda-se que quando se veem visões ou se entendem estas palavras, a meu parecer, nunca é em tempo que a alma está unida no mesmo arroubamento; que neste tempo – como já deixo declarado, creio que na

---

9. N.T.: N.T.: *En estoutro no hay términos*: neste outro não é possível.
10. *Outro sinal mais* claro (= mais sinal) *que todos, é que não faz operação*. Quer dizer, que as falas fantasiadas não produzem efeitos interiores. Ao contrário, as do Senhor "são palavras e obras": alusão bíblica a Fl 4,13, insinuada duas vezes neste número; e já antes no c. 13, 3.
11. Nos n. 2-3.
12. N.T.: *Um*: no primeiro caso... *estoutro*: no segundo caso.
13. *E [y]*: contudo...
14. N.T.: *Embasbacada*, esp. *embobada*: ver Glossário.

segunda água[15] –, totalmente se perdem todas as potências e a meu parecer ali nem se pode ver nem entender nem ouvir: está em outro poder toda, e neste tempo, que é muito breve, não me parece que o Senhor deixa liberdade para nada. Passado este breve tempo, em que a alma fica ainda no arroubamento, é isto que digo;[16] porque ficam as potências de maneira que, ainda que não estejam perdidas, quase nada obram; estão como absortas e não hábeis para concertar razões. Há tantas para entender a diferença, que se uma vez se enganasse, não serão muitas.

6. E digo que se é alma exercitada e está de sobreaviso, o verá muito claro; porque deixadas outras coisas por onde se vê o que tenho dito,[17] nenhum efeito faz, nem a alma o admite (porque istoutro, mal que nos pese),[18] e não se dá crédito, antes se entende que é devanear do entendimento, quase como não se faria caso de uma pessoa que sabeis que tem frenesi.

Estoutro é como se ouvíssemos uma pessoa muito santa ou letrada e de grande autoridade, que sabemos que não nos há de mentir. E ainda é baixa comparação, porque trazem algumas vezes uma majestade consigo estas palavras, que, sem nos lembrarmos de quem as dizem,[19] se são de repreensão fazem tremer, e se são de amor, fazem desfazer-se em amar. E são coisas, como tenho dito,[20] que estavam bem longe da memória, e se dizem tão depressa sentenças tão grandes, que era mister muito tempo para haver de ordená-las, e de nenhuma maneira me parece que se pode então ignorar não ser coisa fabricada por nós.

---

15. Não na segunda, mas na quarta água: c. 18, 1ss; e c. 20, 3ss.
16. Foi dito no final do n. 4. – As duas coisas que afirma aqui são: que durante o arroubo propriamente dito (com suspensão das potências) não ocorrem as falas místicas; que depois dele, ao cessar a dita suspensão, "a alma ainda fica numa espécie de arroubamento...". Então "é isto que digo": então ocorrem as falas místicas (como tem dito do "primeiro arroubamento": c. 24, 5). – Para entender totalmente esta passagem, há de se levar em conta a doutrina teresiana do êxtase: c. 18 e c. 20; especialmente os n. 12-13 do c. 18. [A seguir: *Concertar razões*: fazer raciocínios.]
17. *Por donde se ve lo que he dicho*: a diferença entre falas místicas e pseudomísticas, de que vem falando desde o n. 2.
18. Quer dizer: "porque isto outro (as falas místicas) admitimos mal que nos pese". Ver o mesmo pensamento formulado no n. 1.
19. *Quién las dicen*: frei Luís corrige o provável lapso: "quién las dice" [quem as diz].
20. Dito no n. 4.

Assim que nisto não há que me deter, que por maravilha me parece que pode haver engano em pessoa exercitada, se ela mesma de advertência não se quer enganar.[21]

7. Tem me acontecido muitas vezes, se tenho alguma dúvida, não crer o que me dizem, e pensar se me foi antojado (isto depois de passado, que então é impossível), e vê-lo cumprido desde a muito tempo;[22] porque faz o Senhor que fique na memória, que não se pode esquecer. E o que é do entendimento[23] é como primeiro movimento do pensamento, que passa e se esquece. Estoutro é como obra que, ainda que se esqueça de algo e passe tempo, não tão totalmente que se perca a memória de que, enfim, se disse, salvo se não há muito tempo ou são palavras de favor ou doutrina; mas de profecia não há de esquecer-se, a meu parecer, pelo menos a mim, ainda que tenha pouca memória.

8. E torno a dizer que me parece[24] se uma alma não fosse tão desalmada que o quisesse fingir (que seria bastante mal) e dizer que o entende não sendo assim; mas deixar de ver claro que ela o ordena e o fala entre si, parece-me não leva caminho,[25] se tem entendido o espírito de Deus, que se não, toda a sua vida poderá estar nesse engano e parecer-lhe que entende, ainda que eu não saiba como. Ou esta alma o quer entender, ou não: se está se desfazendo do que entende e de nenhuma maneira quereria entender nada por mil temores e outras muitas causas que há para ter desejo de estar quieta em sua oração sem estas coisas, como dá tanto espaço ao entendimento que ordene razões? É preciso tempo para isto. Cá[26] sem perder nenhum, ficamos ensinadas e se entendem coisas que parece que era mister um mês para ordená-las, e o mesmo entendimento e alma ficam espantadas com algumas coisas que se entendem.

---

21. N.T.: Ou seja: a pessoa exercitada só se engana se quiser, conscientemente.
22. Ou seja, "dali a muito tempo".
23. Por outro lado, *o que é* fabricado *pelo entendimento*... A Santa usa com frequência a conjunção "y" em sentido adversativo: contudo, no entanto (cf. nota 9).
24. Frase incompleta: *me parece* impossível enganar-se. O "torno a dizer" enlaça com o final do n. 6. – *Alma tão desalmada*: "desalmado, el que tiene mala conciencia y no cura de vivir como hombre de razón" (Cobarruvias).
25. N.T.: *Paréceme no lleva camino*: parece-me que não está a caminho de (entender).
26. *Acá*: nas genuínas falas místicas. – *Sem perder nenhum* tempo.

9. Isto é assim, e quem tiver experiência verá que é ao pé da letra tudo o que tenho dito. Louvo a Deus porque o tenho sabido assim dizer. E acabo com que me parece, sendo do entendimento,[27] quando quiséssemos o poderíamos entender, e cada vez que temos oração nos poderia parecer que entendemos. Mas nestoutro não é assim, senão que estarei muitos dias que ainda que queira entender algo é impossível, e quando outras vezes não quero, como tenho dito,[28] tenho de entender.

Parece-me que quem quisesse enganar os outros, dizendo que entende de Deus o que é de si, que pouco lhe custa dizer que o ouve com os ouvidos corporais; e é assim certamente com verdade, que jamais pensei que houvesse outra maneira de ouvir nem entender até que o vi por mim; e assim, como tenho dito, me custa bastante trabalho.[29]

10. Quando é demônio,[30] não só não deixa bons efeitos, mas deixa-os maus. Isto me tem acontecido não mais de duas ou três vezes, e tenho sido logo avisada pelo Senhor como era demônio. Deixado a grande secura que fica, é uma inquietude na alma à maneira de outras muitas vezes que o Senhor tem permitido que tenha grandes tentações e trabalhos de alma de diferentes maneiras; e ainda que me atormente fartas vezes, como adiante direi,[31] é uma inquietude que não se sabe entender de onde vem, senão que parece que a alma resiste e se alvoroça e aflige sem saber de que, porque o que ele diz não é mau, mas bom. Penso que se sente um espírito a outro. O gosto e deleite que ele dá, a meu parecer, é diferente em grande maneira. Poderá ele enganar com estes gostos a quem não tiver ou houver tido outros de Deus.

11. Deveras digo gostos,[32] uma recreação suave, forte, impressa, deleitosa, quieta; que umas devoçõezinhas da alma, de lágrimas e outros sentimentos pequenos, que ao primeiro arzinho de perseguição se perdem

---

27. Quer dizer: "acabo dizendo que me parece que, sendo fantasiado pelo entendimento, quando quiséssemos o poderíamos entender".
28. Disse isso nos n. 1 e 6.
29. Refere-se aos episódios narrados no c. 23.
30. *Quando é demônio*: quando as falas provêm do demônio.
31. Falará disso especialmente no c. 31. Cf., além disso, os c. 32, 1; 36, 7-11; 38, 23-24; 39, 4.
32. *Deveras digo gostos*: digo gostos, que sejam realmente tais, na acepção mística do termo.

estas florzinhas, não as chamo devoções, ainda que sejam bons princípios e santos sentimentos, mas não para determinar estes efeitos de bom espírito ou mau. E assim é bom andar sempre com grande aviso, porque quando as pessoas que não estão mais adiante na oração que até isto, facilmente poderiam ser enganadas se tivessem visões ou revelações...[33]

Eu nunca tive coisa destas últimas até ter-me Deus dado, só por sua bondade, oração de união, se não foi a primeira vez que disse, que faz muitos anos,[34] que vi a Cristo, que prouvera a Sua Majestade entendera eu que era verdadeira visão como depois tenho entendido, que não me fora pouco bem. Nenhuma brandura fica na alma, senão como espantada e com grande desgosto.[35]

12. Tenho por muito certo que o demônio não enganará – nem Deus o permitirá – alma que em nenhuma coisa confia em si e está fortalecida na fé, que entenda dela de si que por um ponto dela morrerá mil mortes. E com este amor à fé, que infunde logo Deus, que é uma fé viva, forte, sempre procura ir conforme o que tem a Igreja, perguntando a uns e a outros, como quem tem já feito assento forte nestas verdades, que não a moveriam quantas revelações possa imaginar – ainda que visse abertos os céus – um ponto do que tem a Igreja.[36]

Se alguma vez se visse vacilar em seu pensamento contra isto, ou deter-se em dizer: "pois se Deus me diz isto, também pode ser verdade, como o que dizia aos santos" (não digo que o creia, senão que o demônio a comece a tentar por primeiro movimento; que deter-se nisso já se vê que é malíssimo, mas também primeiros movimentos muitas vezes neste caso creio que não virão se a alma está nisto tão forte como a faz o Senhor a quem dá estas coisas, que lhe parece que esmigalharia os demônios sobre

---

33. Frase inconclusa. Frei Luís a reelaborou a seu modo (p. 299). Poderia ser completada assim: *porque quando é a pessoas que não estão mais adiante na oração que até isto* (= a pessoas que na oração não chegaram além de devoçõezinhas e lágrimas...), *facilmente poderiam ser enganados* (= enganadas).
34. Faz alusão à visão do rosto de Cristo no locutório da Encarnação: c. 7, 6-7.
35. Subentende-se "quando é coisa do demônio".
36. *Veja os céus abertos*: frase bíblica dos Atos (7,55). *O que tem a Igreja*: fórmula usada pela Santa (duas vezes neste mesmo número) para designar o que a Igreja crê ou ensina em matéria de fé (cf. os prólogos a *Moradas*, n. 3 e *Fundações*, n. 6; a *Protestação* de *Caminho*; e *Vida*, c. 30, 12).

uma verdade do que tem a Igreja, muito pequena), [13] digo que se não vir em si esta fortaleza grande e que ajude a ela a devoção ou visão, que não a tenha por segura.[37]

Porque, ainda que não se sinta logo o dano, pouco a pouco poderia fazer-se grande. Que, pelo que eu vejo e sei de experiência, de tal maneira fica o crédito de que é Deus, que vá conforme à Sagrada Escritura, e como um tantinho torcesse disto, muita mais firmeza sem comparação me parece que teria em que é demônio que agora tenho de que é Deus, por grande que a tenha. Porque então não é preciso andar a buscar sinais nem que espírito é, pois está tão claro este sinal para crer que é demônio, que se então todo o mundo me assegurasse que é Deus, não o creria.

O caso é que, quando é demônio parece que se escondem todos os bens e fogem da alma, segundo fica desabrida e alvoroçada e sem nenhum efeito bom. Porque ainda que pareça que põe desejos, não são fortes. A humildade que deixa é falsa, alvoroçada e sem suavidade. Parece-me que a[38] quem tem experiência do bom espírito, o entenderá.

14. Contudo, pode fazer muitos embustes o demônio, e assim não há coisa nisto tão certa que não o seja mais temer e ir sempre com aviso, e ter mestre que seja letrado e não lhe calar nada, e com isto nenhum dano pode vir; ainda que a mim fartos me tenham vindo por estes temores demasiados que têm algumas pessoas.

Em especial me aconteceu uma vez que se tinham juntado muitos a quem eu dava grande crédito – e era razão que se desse – que, ainda que eu já não tratasse senão com um, e quando ele me mandava falava a outros, uns com outros tratavam muito de meu remédio, que me tinham muito amor e temiam não fosse enganada. Eu também trazia grandíssimo temor quando não estava na oração, que estando nela e fazendo-me o Senhor alguma mercê, logo me tranquilizava. Creio que eram cinco ou seis, todos muito servos de Deus.[39] E disse-me meu confessor que todos se determi-

---

37. Período diversamente pontuado pelos editores da Santa. Seguimos a pontuação de frei Luís (p. 300). A frase "digo que se não tem..." retoma o pensamento que deixou suspenso antes do longo parênteses: "Se alguma vez se visse vacilar...".

38. Este "a" é redundante.

39. *Os cinco ou seis*: podemos indicar unicamente nomes prováveis, como Gaspar Daza, Gonzalo de Aranda, Baltasar Alvarez (ou seu predecessor P. Prádanos) e, talvez,

navam em que era demônio, que não comungasse tão amiúde e que procurasse distrair-me de sorte que não tivesse solidão.

Eu era temerosa em extremo, como tenho dito.[40] Ajudava-me o mal de coração, que até numa peça só não ousava estar de dia muitas vezes. Eu, como vi que tantos o afirmavam e eu não o podia crer, deu-me grandíssimo escrúpulo, parecendo pouca humildade; porque todos eram[41] mais de boa vida sem comparação que eu, e letrados, que por que não havia de crer neles. Forçava-me o que podia para crer nisso e pensava que minha ruim vida e que conforme a isto deviam dizer verdade.

15. Saí da igreja com esta aflição e entrei num oratório, tendo deixado muitos dias de comungar, tirada a solidão, que era todo o meu consolo, sem ter pessoa com quem tratar, porque todos eram contra mim: uns me parecia que zombavam de mim quando disso tratava, como que se me antojava;[42] outros avisavam ao confessor que se guardasse de mim; outros diziam que era claramente demônio; só o confessor,[43] que, ainda que concordasse com eles para provar-me – segundo depois soube –, sempre me consolava e me dizia que, ainda que fosse demônio, não ofendendo eu a Deus, não podia fazer-me nada, que isso seria tirado de mim, que rogasse muito a Deus. E ele e todas as pessoas que confessava o faziam bastante, e outras muitas, e eu toda minha oração, e quantos entendia que eram servos de Deus, para que Sua Majestade me levasse por outro caminho. E isto me durou não sei se dois anos, que era contínuo pedi-lo ao Senhor.

16. A mim nenhum consolo me bastava, quando pensava que era possível que tantas vezes me havia de falar o demônio. Porque pelo fato de que não tomava horas de solidão para oração, em conversação me fazia

---

Alonso Alvarez Dávila. – *Meu confessor*: provavelmente o P. Baltasar Alvarez, jovem jesuíta de São Gil, ordenado sacerdote em 1558, aos 25 anos de idade. Tanto F. de Ribera (*Vida da Santa*, I, c. 11) como L. de la Puente (*Vida de P. Baltasar*, c. 11) afirmam que este último foi quem a submeteu a essa prova.

40. Lembrou isso no c. 23, 13.

41. No original seguem algumas palavras apagadas e ilegíveis, que não aparecem na edição de frei Luís (p. 300).

42. N.T.: Como se fosse imaginação minha.

43. Provavelmente o P. Baltasar Alvarez. – A dor dessas jornadas, especialmente a privação da comunhão, será lembrada pela Santa em *Fundações* 6, 20.

o Senhor recolher e, sem podê-lo eu escusar, me dizia o que era servido e, ainda que me pesasse, o havia de ouvir.

17. Pois estando eu sozinha, sem ter uma pessoa com quem descansar, nem podia rezar nem ler, senão como pessoa espantada de tanta tribulação e temor de si me havia de enganar o demônio, toda alvoroçada e fatigada, sem saber o que fazer de mim. Nesta aflição me vi algumas e muitas vezes, ainda que não me pareça nenhuma em tanto extremo. Estive assim quatro ou cinco horas, que consolo do céu nem da terra não havia para mim, senão que me deixou o Senhor padecer, temendo mil perigos. Ó Senhor meu, como sois Vós o amigo verdadeiro; e como poderoso, quando quereis podeis, e[44] nunca deixais de querer se vos querem! Louvem-vos todas as coisas, Senhor do mundo! Oh, quem desse vozes por ele, para dizer quão fiel sois a vossos amigos! Todas as coisas faltam; Vós, Senhor de todas elas, nunca faltais. Pouco é o que deixais padecer a quem vos ama. Ó, Senhor meu, quão delicada e polida e saborosamente os sabeis tratar! Quem nunca se houvera detido em amar a ninguém senão a Vós! Parece, Senhor, que provais com rigor a quem vos ama, para que no extremo do trabalho se entenda o maior extremo de vosso amor. Ó Deus meu, quem tivera entendimento e letras e novas palavras para encarecer vossas obras como o entende minha alma! Falta-me tudo, Senhor meu; mas se vós não me desamparais, não vos faltarei eu a vós. Levantem-se contra mim todos os letrados; persigam-me todas as coisas criadas, atormentem-me os demônios, não me falteis vós, Senhor, que já tenho experiência do lucro que concedeis a quem só em vós confia.

18. Pois estando nesta grande fadiga (ainda então não havia começado a ter nenhuma visão), só estas palavras bastavam para tirá-la de mim e quietar-me totalmente: *Não tenhas medo, filha, que sou eu e não te desampararei; não temas.*[45] Parece-me a mim, segundo estava, que era preciso muitas horas para persuadir-me a que me sossegasse e que não bastara ninguém.[46]

---

44. Provável reminiscência bíblica: Lc 5,12.
45. É um condensado das palavras do Ressuscitado: Lc 24,36 e de sua promessa em Jo 14,18.
46. N.T.: Ou seja: ninguém seria capaz de conseguir isso.

Eis-me aqui só com estas palavras sossegada, com fortaleza, com ânimo, com segurança, com uma quietude e luz que num ponto vi minha alma feita outra, e me parece que com todo o mundo disputara que era Deus. Oh, que bom Deus! Oh, que bom Senhor e que poderoso! Não só dá o conselho, senão o remédio. Suas palavras são obras.[47] Oh, valha-me Deus, e como fortalece a fé e se aumenta o amor!

19. É assim, certamente, que muitas vezes me lembrava de quando o Senhor mandou aos ventos que estivessem quietos, no mar, quando se levantou a tempestade[48] e assim dizia eu: Quem é este que assim lhe obedecem todas as minhas potências, e dá luz em tão grande escuridão num momento, e faz brando um coração que parecia pedra,[49] dá água de lágrimas suaves aonde parecia que havia de haver por muito tempo secura? Quem põe estes desejos? Quem dá este ânimo? Que me aconteceu pensar: de que tenho medo? O que é isto? Desejo servir a este Senhor. Não pretendo outra coisa senão contentá-lo. Não quero contento nem descanso nem outro bem senão fazer a sua vontade (que disto bem certa estava, a meu parecer, que o podia afirmar). Pois se este Senhor é poderoso, como vejo que é e sei que é, e que são seus escravos os demônios (e disto não há que duvidar, pois é fé),[50] sendo eu serva deste Senhor e Rei, que mal podem eles fazer a mim? Por que não tenho de ter fortaleza para combater com todo o inferno?

Tomava uma cruz na mão e parecia verdadeiramente que Deus me dava ânimo, que eu me vi outra num breve tempo, que não temera tomar-me com eles a braços,[51] que me parecia facilmente que com aquela cruz teria vencido todos eles. E assim disse: "agora vinde todos, que sendo serva do Senhor eu quero ver o que me podeis fazer".

20. É sem dúvida que me parecia que tinham medo de mim, porque eu fiquei sossegada e tão sem temor de todos eles, que todos os medos que costumava ter me abandonaram, até hoje. Porque, ainda que algumas vezes

---

47. Fl 4,13 (cf. n. 3).
48. Mc 4,39.
49. Cf. Ez 11,19.
50. *É fé*: é verdade de fé.
51. *Tomarme con ellos a brazos*: lutar corpo a corpo (*Caminho* 16, 3).

os visse, como direi depois,[52] não tenho tido mais quase medo deles, antes me parecia que eles o tinham de mim.

Ficou-me um senhorio contra eles bem dado pelo Senhor de todos, que não se me dá mais deles que de moscas. Parecem-me tão covardes que, em vendo que os têm em pouco, não lhes resta força. Não sabem estes inimigos de fato acometer, senão a quem veem que se lhes rende, ou quando o permite Deus para mais bem de seus servos que os tentem e atormentem.

Prouvesse a Sua Majestade que temêssemos a quem havemos de temer e entendêssemos que nos pode vir maior dano de um pecado venial que de todo o inferno junto, pois é isso assim.

21. Que espantados nos trazem estes demônios, porque nos queremos nós espantar com outros apegos de honras e fazendas e deleites,[53] que então, juntos eles conosco mesmos que somos contrários a nós amando e querendo o que temos de aborrecer, muito dano nos farão. Porque com nossas próprias armas fazemos com que pelejem contra nós, pondo em suas mãos aquelas com as quais nos havemos de defender. Esta é a grande lástima. Mas se tudo aborrecermos por Deus, e nos abraçarmos com a cruz, e tratarmos de servi-lo de verdade, foge ele destas verdades como de pestilência. É amigo de mentiras, e a mesma mentira; não fará pacto com quem anda em verdade.[54]

Quando ele vê obscurecido o entendimento, ajuda lindamente a que se quebrem os olhos; porque se a um vê já cego em pôr seu descanso em coisas vãs, e tão vãs que parecem as deste mundo coisa de jogo de crianças, já ele vê que este é criança, pois trata como tal, e atreve-se a lutar contra ele uma e muitas vezes.[55]

22. Praza ao Senhor que não seja eu destes, senão que me favoreça Sua Majestade para entender por descanso o que é descanso, e por honra o que é honra, e por deleite o que é deleite, e não tudo ao revés, e uma

---

52. Nos c. 31, 32, 38 e 39 (cf. nota 24 deste capítulo).
53. *Honras, haciendas, deleites*: categorias frequentes na Santa: cf. c. 20, 26-28.
54. As duas afirmações têm ascendência evangélica: Satanás é "o mentiroso" e "o pai da mentira" (Jo 8,44). *Andar em verdade* (cf. 2Jo 4; Jo 8,32) será a famosa definição da humildade segundo a Santa (*Moradas* 6, 10, 7; *Vida* 26, 1).
55. Sobre o mesmo tema ver *Caminho* 23, 4-5.

figa[56] para todos os demônios! que eles me temerão a mim. Não entendo estes medos: "demônio! demônio!", aonde podemos dizer: "Deus! Deus!", e fazê-lo tremer.[57] Sim, que já sabemos que não se pode menear se o Senhor não o permite. O que é isto? É sem dúvida que tenho já mais medo dos que tão grande o têm do demônio que dele mesmo; porque ele não me pode fazer nada, e estoutros, em especial se são confessores, inquietam muito, e tenho passado alguns anos de tão grande trabalho, que agora me espanto como o tenho podido sofrer. Bendito seja o Senhor que tão deveras me tem ajudado!

---

56. Cobarruvias, em seu *Tesoro de la lengua,* define assim a *higa*: "Es una manera de menosprecio que hacemos cerrando el puño y mostrando el dedo pulgar por el índice y el medio: es disfrazada pulla". [O *Dicionário de espanhol-português* da Porto Editora tem no verbete *higa*: "figa, figura em forma de mão fechada, com o dedo polegar metido entre o indicador e o máximo, que se usa supersticiosamente como preservativo de malefícios, amuleto; *fig.* caçoada ou desprezo".] Mais adiante reaparecerá o termo em contexto mais doloroso (cf. 29, 5 e 6; cf. *Moradas* 6, 9, 13 e *Fund.* 8, 3).

57. Alude ironicamente ao grupo de letrados medrosos (n. 14) que a amedrontaram. Mais adiante, um dos teólogos assessores reconhecia: "Deus lhe tem dado um ânimo tão forte e valoroso, que espanta. Costumava ser temerosa; agora atropela todos os demônios. É muito fora de melindres e ninharias de mulheres; muito sem escrúpulos. É retíssima" (*Dictamen* do P. Pedro Ibáñez, escrito pouco antes que estas páginas de *Vida*: BMC, t. 2, p. 132, n. 28).

Capítulo 26

Prossegue na mesma matéria. – Vai declarando e dizendo coisas que lhe têm acontecido, que a faziam perder o temor e afirmar que era bom espírito o que lhe falava.

1. Tenho por uma das grandes mercês que o Senhor me tem feito este ânimo que me deu contra os demônios. Porque andar uma alma acovardada e temerosa de nada senão de ofender a Deus, é grandíssimo inconveniente. Pois temos Rei todo poderoso e tão grande Senhor que tudo pode e a todos sujeita, não há o que temer, andando – como tenho dito[1] – em verdade diante de Sua Majestade e com consciência limpa. Para isto, como tenho dito,[2] quereria eu todos os temores: para não ofender um ponto a quem no mesmo ponto nos pode desfazer; que contente Sua Majestade, não há quem seja contra nós que não leve as mãos na cabeça.[3]

Poder-se-á dizer que é assim, mas que, quem será esta alma tão reta que totalmente o contente, e que por isso teme? – Não a minha, certamente, que é muito miserável e sem proveito e cheia de mil misérias. Mas Deus não executa como as pessoas, ele entende nossas fraquezas.[4] Mas por grandes conjeturas sente a alma em si se o ama de verdade, porque as que chegam a este estado[5] não anda o amor dissimulado como nos princípios, senão com tão grandes ímpetos e desejo de ver a Deus, como depois direi ou fica já dito:[6] tudo cansa, tudo fatiga, tudo atormenta. Se não é com Deus ou por Deus, não há descanso que não canse, porque se vê ausente de seu verdadeiro descanso, e assim é coisa muito clara que, como digo, não passa em dissimulação.

---

1. Disse isto no c. 25, 21.
2. Refere-se ao n. 20 do mesmo c. 25.
3. *Lleve las manos en la cabeza*: ir derrotado, sair escarmentado.
4. *Deus... entende nossas fraquezas*: faceta típica da imagem de Deus na Santa: cf. 37, 5; e 4, 10.
5. *Las que llegan*: frei Luís (p. 309) corrigiu para: en *las que llegan* [nas que chegam].
6. *Después diré*: c. 29, 8-14 e 30, 19. – *O queda dicho*: c. 20, 9-14 e 22; c. 21, 6 etc.

2. Aconteceu-me outras vezes ver-me com grandes tribulações e murmurações sobre certo negócio que depois direi,[7] de quase todo o lugar aonde estou e de minha Ordem, e afligida com muitas ocasiões que havia para inquietar-me, e dizer-me o Senhor: *De que tens medo? Não sabes que sou todo poderoso? Eu cumprirei o que te prometi*[8] (e assim se cumpriu bem depois), e ficar logo com uma fortaleza, que de novo me parece que pusera em empreender outras coisas, ainda que me custassem mais trabalhos, para servi-lo, e me pusesse de novo a padecer.

É isto tantas vezes, que não poderia contá-lo. Muitas as que me fazia repreensões e faz, quando faço imperfeições, que bastam para desfazer uma alma; pelo menos trazem consigo o emendar-se, porque Sua Majestade – como tenho dito[9] – dá o conselho e o remédio. Outras, trazer-me à memória meus pecados passados, em especial quando o Senhor me quer fazer alguma mercê assinalada, que parece já se ver a alma no verdadeiro juízo; porque lhe representam a verdade com conhecimento claro, que não sabe aonde se meter. Outras avisar-me de alguns perigos meus e de outras pessoas, coisas por vir, três ou quatro anos antes muitas, e todas se têm cumprido. Algumas poderá ser assinalar.[10]

Assim que há tantas coisas para entender que é Deus, que não se pode ignorar, a meu parecer.

3. O mais seguro é (eu assim o faço, e sem isto não teria sossego, nem é bom que mulheres o tenhamos, pois não temos letras)[11] e aqui não pode haver dano senão muitos proveitos, como muitas vezes me tem dito o Senhor, que não deixe de comunicar toda a minha alma e as mercês que o Senhor me faz, com o confessor, e que seja letrado, e que lhe obedeça. Isto muitas vezes.

---

7. *Depois direi*: alude ao pequeno drama da fundação de São José (c. 32-36). – *Este lugar*: Ávila. – *E minha Ordem*: a Ordem do Carmo. Note-se a constância do anonimato: ao longo do relato nunca se diz que as coisas sucedem "em Ávila", ou que a protagonista é monja "carmelita" na "Encarnação de Ávila". Recorde-se o critério adotado no c. 10.

8. De novo, as palavras interiores são um condensado de passagens bíblicas: Jo 6,20 etc.

9. Disse-o no c. 25, 3 e 18.

10. N.T.: Ou seja: ela poderia indicar algumas.

11. *No tenemos letras*: não temos estudos, não somos "letradas".

Tinha eu um confessor[12] que me mortificava muito e algumas vezes me afligia[13] e dava grande trabalho, porque me inquietava muito, e era o que mais me aproveitou, ao que me parece. E ainda que lhe tivesse muito amor, tinha algumas tentações para deixá-lo, e parecia-me que me estorvavam aquelas penas que me dava da oração. Cada vez que estava determinada a isto, entendia logo que não o fizesse, e uma repreensão que me desfazia, mais que quanto o confessor fazia. Algumas vezes me fatigava: questão por um lado e repreensão por outro, e de tudo havia mister, segundo tinha pouco dobrada a vontade.

Disse-me uma vez que não era obedecer se não estivesse determinada a padecer; que pusesse os olhos no que Ele tinha padecido, e tudo se me faria fácil.[14]

4. Aconselhou-me uma vez um confessor que nos princípios me tinha confessado, que já que estava provado ser bom espírito, que calasse e não desse já parte a ninguém, porque melhor era já estas coisas calar. A mim não me pareceu mal, porque eu sentia tanto cada vez que as dizia ao confessor, e era tanta a minha afronta, que muito mais que confessar pecados graves o sentia algumas vezes; em especial se eram as mercês grandes, parecia-me que não haviam de crer em mim e que zombavam de mim. Sentia eu tanto isto, que me parecia que era desacato às maravilhas de Deus, que por isto quisera calar. Entendi então que havia sido muito mal aconselhada por aquele confessor, que de nenhuma maneira calasse coisa ao que me confessava, porque nisto havia grande segurança, e fazendo o contrário poderia enganar-me alguma vez.

5. Sempre que o Senhor me mandava uma coisa na oração, se o confessor me dizia outra, me tornava o mesmo Senhor a dizer que obedecesse a ele; depois Sua Majestade o volvia para que mo tornasse a mandar.[15]

---

12. *Um confessor*: o P. Baltasar Alvarez (cf. 28, n. 14).
13. Tinha escrito: me afligia *muito*; depois apagou a palavra "*mucho*", por achar-se repetida quatro vezes em poucas linhas. Frei Luís também a omitiu (p. 311).
14. Palavra interior, que passará a ser uma das palavras de ordem cristológicas: cf. *Moradas* 1, 2, 11; 7, 4, 8; *Caminho* 2, 1. Reaparecerá em *Vida* 35, 14; 39, 12; e em *Relações*: 8. 11. 15. 36.
15. É uma de suas normas de discernimento interior: cf. *Rel.* 4, 11: "Jamais fez coisa (fala de si mesma) pelo que entendia na oração, antes se lhe diziam seus confessores o contrário, o fazia logo".

Quando foram tirados muitos livros de romance, para que não fossem lidos,[16] eu senti muito, porque alguns me davam recreação lê-los e já não podia, por deixá-los em latim; me disse o Senhor: "Não tenhas pena, que eu te darei livro vivo". Eu não podia entender por que me tinha sido dito isto, porque ainda não tinha visões.[17] Depois, desde a bem poucos dias, o entendi muito bem, porque tenho tido tanto em que pensar e recolher-me no que via presente, e tem tido tanto amor o Senhor comigo para ensinar-me de muitas maneiras, que muito pouca ou quase nenhuma necessidade tenho tido de livros; Sua Majestade tem sido o livro verdadeiro aonde tenho visto as verdades. Bendito seja tal livro, que deixa impresso o que se há de ler e fazer, de maneira que não se pode esquecer! Quem vê o Senhor coberto de chagas e afligido com perseguições que não as abrace e as ame e as deseje? Quem vê algo da glória que dá aos que o servem que não conheça é tudo nonada quanto se pode fazer e padecer, pois tal prêmio esperamos? Quem vê os tormentos que passam os condenados, que não se lhe façam deleites os tormentos de cá em sua comparação, e conheçam o muito que devem ao Senhor em tê-los livrado tantas vezes daquele lugar?

6. Porque com o favor de Deus se dirá mais de algumas coisas, quero ir adiante no processo de minha vida.[18] Praza ao Senhor que tenha sabido declarar-me nisto que tenho dito. Bem creio que quem tiver experiência o entenderá e verá que tenho atinado em dizer algo; quem não, não me espanto que tudo lhe pareça desatino. Basta eu dizê-lo para ficar desculpado, nem culparei a quem o disser.

O Senhor me deixe atinar em cumprir sua vontade. Amém.

---

16. Refere-se ao "*Índice de libros prohibidos*" publicado pelo inquisidor Fernando de Valdés em Valladolid, em 17 de agosto de 1559. [*Libros de romance* são livros em castelhano.] – Nele foram proibidos não só livros heréticos de além dos Pirineus, mas também obras dos "espirituais espanhóis", como São João de Ávila, São Francisco de Borja, Bernabé de Palma, Bartolomé de Carranza, Luís de Granada etc. Este último, em carta ao arcebispo Carranza, escrevia a propósito do Índice: "Com tudo isto haverá um pedaço de trabalho, por estar o Arcebispo (= o inquisidor Valdés) tão contrário a coisas que ele chama de contemplação para mulheres de carpinteiros" (*Obras de fr. L. de Granada*, t. 14, p. 441). – No *Caminho de Perfeição*, a Santa ironizará repetidas vezes contra esse "*Índice*": cf. *Caminho* 35, 4; 36, 4.

17. *Aún no tenía visiones*: o episódio do "*Índice*" é, portanto, um bom marco cronológico: anuncia o começo das "visões" (c. 27-28...), dentro do período de "união mística" e de "arroubamentos" que precedem essa data (agosto de 1559).

18. Conclui aqui o parêntese doutrinal (c. 25...) dedicado a fixar critérios para discernir as "palavras interiores", se bem que neste último capítulo a exposição se tenha entrelaçado com novos dados autobiográficos.

Capítulo 27

Em que trata outro modo com que o Senhor ensina a alma e sem falar a ela lhe dá a entender a sua vontade de uma maneira admirável. – Trata também de declarar uma visão e grande mercê que lhe fez o Senhor não imaginária. – É muito de notar este capítulo.[1]

1. Pois tornando ao discurso de minha vida,[2] eu estava com esta aflição de penas e com grandes orações como tenho dito[3] que se faziam para que o Senhor me levasse por outro caminho que fosse mais seguro, pois este me diziam que era tão suspeito. Verdade é que, ainda que eu o suplicasse a Deus, por muito que quisesse desejar outro caminho, como via tão melhorada minha alma, se não era alguma vez quando estava muito fatigada das coisas que me diziam e medos que me punham, não era em minha mão desejá-lo, ainda que sempre o pedisse. Eu me via outra em tudo. Não podia,[4] senão punha-me nas mãos de Deus, que ele sabia o que me convinha, que cumprisse em mim o que era sua vontade em tudo.

Via que por este caminho levava para o céu, e que antes ia ao inferno. Que havia de desejar isto nem crer que era demônio, não me podia forçar a mim, ainda que fizesse quanto podia para crê-lo e desejá-lo, mas não era em minha mão.

Oferecia o que fazia, se era alguma boa obra, por isso. Tomava santos devotos para que me livrassem do demônio. Andava novenas.[5] Encomen-

---

1. N.E.: Retoma a narração. Refere "o fato decisivo" de sua vida: a experiência mística de Cristo presente. – A epígrafe do capítulo começa anunciando outro tema doutrinal: "outro modo" de comunicação mística de Deus com a alma. O "modo primeiro" são as "falas ou palavras interiores", tratadas no c. 25, como consequência da surpreendente palavra interior referida no c. 24, 5. – Ela referirá o "fato decisivo" no lugar paralelo das *Moradas* 6, c. 4, embora com léxico diverso.

2. Volta ao discurso de sua vida interrompido no final do c. 24, mantido com breves alusões nos c. 25 e 26. – Para completar o sentido do período, inconcluso, frei Luís acrescentou aqui: *yo estaba* con esta afliccción... (p. 314).

3. Disse isso no c. 25, 15.

4. *Não podia* desejá-lo. Cf. c. 29, 5.

5. *Andava novenas*: fazia novenas.

dava-me a São Hilarião,[6] a São Miguel Anjo, com quem por isto tomei novamente devoção; e outros muitos santos importunava que mostrasse o Senhor a verdade, digo que o acabassem com Sua Majestade.[7]

2. Ao cabo de dois anos que andava com toda esta oração minha e de outras pessoas para o dito,[8] ou que o Senhor me levasse por outro caminho, ou declarasse a verdade, porque eram muito continuamente as falas que tenho dito que me fazia o Senhor,[9] me aconteceu isto: estando num dia do glorioso São Pedro[10] em oração, vi junto a mim ou senti, melhor dizendo, que com os olhos do corpo nem da alma não vi nada, mas parecia-me que Cristo estava ao meu lado e via ser Ele quem me falava, a meu parecer. Eu, como estava ignorantíssima de que podia haver semelhante visão, deu-me grande temor no princípio, e não fazia senão chorar, ainda que, dizendo-me uma só palavra de assegurar-me, ficava como costumava, quieta e com regalo e sem nenhum temor. Parecia-me andar sempre ao meu lado Jesus Cristo, e como não era visão imaginária,[11] não via em que forma; mas estar

---

6. *São Hilarião*: monge oriental do século IV. Figura na lista de "devoções particulares" da Santa, que lhe dedicou um de seus poemas festivos: "Hoje venceu um guerreiro / o mundo e seus valedores...". A legenda carmelitana, muito viva no tempo da Santa, o contava entre os ermitãos do Carmelo. No breviário da Santa (1568) figura sua festa litúrgica no dia 22 de outubro (no missal carmelitano, no dia 21 de outubro).

7. N.T.: O conseguissem de S.M.

8. *Para lo dicho* no c. 25, 15: "que Deus me levasse por outro caminho" e não pelo das graças místicas.

9. Cf. c. 24, 5; c. 25 passim; c. 26, 2.5.

10. *Num dia do glorioso São Pedro*: provavelmente em 29 de junho de 1560. Depois de lhe ser comunicado o conteúdo do "*Índice dos livros proibidos*" de Valdés (26, 5). Mais adiante recordará que esta primeira visão ocorreu na festa de São Pedro e São Paulo (c. 29, 5), que se celebra em 29 de junho.

11. *Não era visão imaginária*: quer dizer, era visão sem nenhuma imagem do que foi visto. – "Imaginária" em sua acepção técnica: intermédia entre "visão corporal" e "visão intelectual". A Santa distingue estas três classes de visões místicas (cf. c. 30, 4): *intelectuais*, como a presente, que descreverá no n. 3; *imaginárias*, percebidas com "os olhos da alma" (n. 3), quer dizer, com os sentidos interiores, como a visão de que falará no c. 28, 1 e seguintes (porque "lá – dentro – parece que a alma tem outros ouvidos com que ouve" e outros sentidos: n. 8); e *corporais*, percebidas com os olhos do rosto (sentidos exteriores), das quais ela dirá que nunca teve (c. 28, 4). – Contudo, em *Vida* nunca designará as primeiras com o termo culto de "intelectuais". Utilizará este termo escolástico muito mais tarde: nas *Relações* (4, 15; 5, 3; 12, 6; 24; 25, 1 etc.) e nas *Moradas* (6, 3, 12; 6, 4, 5; 6, 4, 9 etc., e especialmente no c. 8 dessas *Moradas* sextas, desde a epígrafe do capítulo). Por causa dessa carência lexical, em *Vida* as designa com a circunlocução: "as visões que não se veem" (33, 15), porque "com os olhos do corpo nem da alma não vi nada" (27, 2).

sempre ao lado direito, sentia-o muito claro, e que era testemunha de tudo o que eu fazia, e que nenhuma vez que me recolhesse um pouco ou não estivesse muito divertida[12] podia ignorar que estava junto a mim.

3. Logo fui a meu confessor,[13] bastante fatigada, para dizer-lho. Perguntou-me em que forma o via. Eu lhe disse que não o via. Disse-me que como sabia eu que era Cristo. Eu lhe disse que não sabia como, mas que não podia deixar de entender que estava junto a mim e o via claro e sentia, e que o recolhimento da alma era muito maior, em oração de quietude e muito contínua, e os efeitos que eram muito outros do que costumava ter,[14] e que era coisa muito clara.

Não fazia senão pôr comparações para dar-me a entender; e, certamente, para esta maneira de visão, a meu parecer, não há uma que muito quadre. Assim como é das mais subidas (segundo depois me disse um santo homem e de grande espírito, chamado Frei Pedro de Alcântara, de quem depois farei menção,[15] e me têm dito outros letrados grandes, e que é aonde menos se pode intrometer o demônio de todas), assim não há termos para dizê-la cá as que pouco sabemos, que os letrados melhor o darão a entender. Porque se digo que com os olhos do corpo nem da alma[16] não o vejo, porque não é visão imaginária, como entendo e me afirmo com mais clareza que está junto a mim do que se o visse?[17] Porque parecer que é como uma pessoa que está às escuras, que não vê outra coisa que está junto dela, ou se é cega, não vai bem. Alguma semelhança tem, mas não muita, porque sente com os sentidos, ou a ouve falar ou menear, ou a toca. Cá não há nada disso, nem se vê escuridão, senão que se representa por uma notícia à alma mais clara que o sol. Não digo que se vê sol nem claridade, senão uma luz que, sem ver luz, alumia o entendimento, para que goze a alma de tão grande bem. Traz consigo grandes bens.

---

12. *Divertida*: distraída.
13. *Meu confessor*: o P. Baltasar Alvarez.
14. *Os efeitos era muito outros* (diversos) *do que* os que *costumava ter*.
15. *Fará menção* dele neste mesmo capítulo, n. 16-20 e no c. 30, 2-7 etc.
16. *Olhos da alma*: sentidos interiores. Em contraposição aos "olhos do corpo": cf. 28, 4; 30, 4-5.
17. Reordenando a frase: como entendo e afirmo que está junto a mim, com mais clareza que se o visse?

4. Não é como uma presença de Deus que se sente muitas vezes, em especial os que têm oração de união e quietude,[18] que parece que ao querer começar a ter oração achamos com quem falar, e parece que entendemos que nos ouve pelos efeitos e sentimentos espirituais que sentimos de grande amor e fé, e outras determinações, com ternura. Esta grande mercê é de Deus, e tenha em muito a quem o tem dado, porque é oração muito subida, mas não é visão, que se entende que está ali Deus pelos efeitos que, como digo, faz à alma, que por aquele modo quer Sua Majestade dar-se a sentir. Cá[19] se vê claro que está aqui Jesus Cristo, filho da Virgem. Nestoutra oração representam-se algumas influências da Divindade; aqui, junto com estas, se vê que nos acompanha e quer fazer mercês também a Humanidade Sacratíssima.

5. Pois perguntou-me o confessor: quem disse que era Jesus Cristo? – Ele mo disse muitas vezes, respondi eu; mas antes que mo dissesse se imprimiu em meu entendimento que era Ele, e antes disto mo dizia e não o via. Se uma pessoa que eu nunca tivesse visto senão ouvido novas dela, me viesse a falar estando cega ou em grande escuridão, e me dissesse quem era, eu creria, mas não tão determinadamente o poderia afirmar ser aquela pessoa como se a tivesse visto. Cá sim, que sem se ver se imprime com uma notícia tão clara que não parece que se pode duvidar; que quer o Senhor que esteja tão esculpido no entendimento, que não se pode duvidar mais do que aquilo que se vê, nem tanto. Porque nisto algumas vezes nos fica suspeita, se se nos antojou; cá, ainda que depressa dê esta suspeita, fica por um lado grande certeza que não tem força a dúvida.

6. Assim é também em outra maneira que Deus ensina a alma e lhe fala da maneira que fica dita.[20] É uma linguagem tão do céu que cá se

---

18. *Oración de unión y quietud*: em sua acepção técnica, oração de "quarto grau" (união incipiente), e de "segundo grau" (quietude).

19. *Acá* [em espanhol, indica lugar menos circunscrito que *aqui*]: na visão mística do n. 2. Continuará designando-a adiante com o termo genérico "acá" [traduzido por "cá" para diferenciar de "aqui"].

20. *Lhe fala*: *La* (le) *habla sin hablar* [lhe fala sem falar]: faz alusão às palavras místicas de que tratou o c. 25, intitulado "como se entendem estas falas que Deus faz sem se ouvir" (cf. sua definição em 25, 1). – São falas místicas da mesma espécie que as visões não imaginárias que vem expondo. Por sua semelhança com estas, as definirá em seguida: falas "sem imagem nem forma de palavras, senão à maneira desta visão que fica dita" (alude à referida no n. 2 deste capítulo). – No presente contexto parece distinguir duas formas

pode mal dar a entender, ainda que mais queiramos dizer, se o Senhor por experiência não o ensina. O Senhor põe o que quer que a alma entenda, no muito interior da alma, e ali o representa sem imagem nem forma de palavras, senão à maneira desta visão que fica dita.[21] E note-se muito esta maneira de fazer Deus que a alma entenda o que Ele quer, e grandes verdades e mistérios; porque muitas vezes o que entendo quando o Senhor me declara alguma visão que Sua Majestade quer representar-me, é assim. E parece-me que é aonde o demônio se pode intrometer menos, por estas razões. Se elas não são boas, eu me devo enganar.

7. É uma coisa tão de espírito esta maneira de visão e de linguagem,[22] que nenhum bulício há nas potências nem nos sentidos, a meu parecer, por onde o demônio possa tirar nada. Isto é alguma vez e com brevidade, que outras bem me parece a mim que não estão suspensas as potências nem tirados os sentidos, senão muito em si; que não é sempre isto em contemplação, antes muito poucas vezes; mas estas que são, digo que não obramos nós nada nem fazemos nada. Tudo parece que obra o Senhor.

É como quando já está posto o manjar no estômago, sem comê-lo, nem saber nós como se pôs ali, mas entende bem que está, ainda que aqui não se entenda o manjar que é, nem quem o pôs. Cá sim;[23] mas como se pôs não sei, que nem se viu, nem se entende, nem jamais se havia movido a desejá-lo, nem tinha vindo a mim notícia a que isto podia ser.[24]

8. Na fala que temos dito antes,[25] Deus faz que o entendimento advirta, ainda que lhe pese, para entender o que se diz, que lá parece que a alma tem outros ouvidos com que ouve, e que a faz escutar e que não se

---

de falas místicas: falas com palavras formadas, embora "se entendam sem se ouvir" (c. 25); e falas não formadas, sem palavras, como "o que passa no céu", "que assim como lá sem falar se entende... assim é cá, que se entendem Deus e a alma apenas querendo S.M. que o entenda, sem outro artifício" (27, 10). Destas últimas começa a tratar a partir do n. 6.

21. Segue referindo-se à visão do n. 2.
22. *Esta maneira de visão e linguagem* são as duas formas de comunicação divina: por visão, e em palavras interiores. [A Santa usa "de espírito" para "espiritual".]
23. *Acá sí*: nas falas místicas. [Sobre "cá" ver, atrás, nota 17.]
24. *A que isto podia ser*: "a" redundante. Frei Luís (p. 321) leu: "ni había venido a mi noticia aquesto podía ser".
25. Referida no c. 25 passim.

divirta;[26] como alguém que ouvisse bem e não lhe consentissem tapar os ouvidos e lhe falassem junto a vozes,[27] ainda que não quisesse, o ouviria; e, enfim, faz algo, pois está atento a entender o que lhe falam. Cá, nenhuma coisa; que até este pouco que é só escutar, que fazia no passado, lhe é tirado. Acha tudo guisado e comido; não há mais que fazer além de gozar, como alguém que sem aprender nem ter trabalhado nada para saber ler nem tampouco houvesse estudado nada, achasse toda a ciência sabida já em si, sem saber como nem onde, pois também nunca tinha trabalhado até para aprender o abecê.

9. Esta última comparação me parece que declara algo deste dom celestial, porque se vê a alma num ponto sábia, e tão declarado o mistério da Santíssima Trindade e de outras coisas muito subidas, que não há teólogo com que não se atrevesse a disputar a verdade destas grandezas.[28] Fica tão espantada que basta uma mercê destas para trocar[29] toda uma alma e fazê-la não amar coisa, senão a quem vê que, sem trabalho nenhum seu, a faz capaz de tão grandes bens e lhe comunica segredos e trata com ela com tanta amizade e amor que não se sofre escrever.[30] Porque faz algumas mercês que consigo trazem a suspeita, por ser de tanta admiração e feitas a quem tão pouco as tem merecido, que se não tem fé muito viva não se poderão crer. E assim penso dizer poucas das que o Senhor me tem feito a mim – se não me mandarem outra coisa –, se não são algumas visões que podem para alguma coisa aproveitar, ou para que, a quem o Senhor as der,

---

26. *Não se divirta*: não se distraia.
27. N.T.: Ou seja: falassem perto da pessoa em voz alta.
28. Um daqueles teólogos escreve dela por esta mesma época: "Estas coisas causam nela uma clareza de entendimento e uma luz nas coisas de Deus admirável" (*Dictamen* do dominicano Pedro Ibáñez: *BMC*, II, p. 132). – Acerca de sua penetração do mistério da Trindade, ver as *Relações* 16, 24, 47. – Dessa segurança pessoal ante os teólogos tinha escrito um pouco antes na *Relação* 1, n. 6: "Quando estou em oração e nos dias em que ando quieta e o pensamento em Deus, ainda que se juntem quantos letrados e santos há no mundo e me dessem todos os tormentos imagináveis e eu quisesse crê-lo, não me poderiam fazer crer que isto é demônio, porque não posso". – O mesmo P. Ibáñez faz eco a essa segurança: "Se todos os da Companhia e servos de Deus que há na terra lhe dizem que é demônio ou dissessem, teme e treme antes das visões, mas estando em oração e recolhimento, ainda que a façam em mil pedaços, não se persuadiria senão que é Deus o que trata e fala" (*Dictamen*, *BMC*, II, p. 132).
29. N.T.: *Trocar* no sentido de mudar, transformar.
30. *Que no se sufre escribir*: não se podem escrever, ou não são para escritos.

não se espante parecendo-lhe impossível, como fazia eu, ou para declarar-lhe o modo e caminho por onde o Senhor me tinha levado, que é o que me mandam escrever[31]

10. Pois tornando a esta maneira de entender, o que me parece é que quer o Senhor de todas as maneiras tenha esta alma alguma notícia do que se passa no céu, e parece a mim que assim como lá sem falar se entende (o que eu nunca soube certo se é assim, até que o Senhor por sua bondade quis que o visse e mo mostrou num arroubamento), assim é cá, que se entendem Deus e a alma apenas querendo Sua Majestade que o entenda, sem outro artifício para dar-se a entender o amor que se têm estes dois amigos. Como cá, se duas pessoas se querem muito e têm bom entendimento, ainda sem sinais parece que se entendem apenas se olhando. Isto deve ser aqui, que sem ver nós como, estes dois amantes se olham com muita atenção, como diz o Esposo à Esposa nos Cantares;[32] ao que creio, tenho ouvido que é aqui.

11. Ó benignidade admirável de Deus, que assim vos[33] deixais olhar por olhos que tão mal têm olhado como os de minha alma! Fiquem já, Senhor, por esta vista acostumados em não olhar coisas baixas, nem que os contente[34] nenhuma fora de Vós! Ó ingratidão dos mortais! Até quando há de chegar? Que sei eu por experiência que é verdade isto que digo, e que é o menos do que Vós fazeis com uma alma que trazeis a tais termos, o que se pode dizer. Ó almas que haveis começado a ter oração e as que tendes verdadeira fé! Que bens podeis buscar ainda nesta vida – deixemos o que se ganha para sem fim –, que seja como o menor destes?

---

31. Passagem que aponta os motivos de fundo pelos quais a Santa conta suas graças místicas, as "que se sofre escrever".

32. Ct 4,9 e 6,4: "Só com um olhar, irmã e noiva minha, me roubaste o coração". Nos *Conceitos*, ela citará Ct 6,2: "que olhe eu a meu Amado e meu Amado a mim; e que olhe ele para minhas coisas, e eu para as suas" (*Conc.* 4, 8).

33. *Que assim vos*: palavras acrescentadas à margem do original e aceitas por frei Luís (p. 323) para suprir uma linha ilegível, apagada no texto talvez pela autora.

34. *Ni que les contente*: por lapso material, a Santa escreve: *ni que les que contente*. Já corrigido por frei Luís (p. 323).

12. Olhai que é assim certo, que se dá Deus a Si[35] aos que tudo deixam por Ele. Não é aceitador de pessoas;[36] a todos ama. Não tem ninguém escusa por ruim que seja, pois assim o faz comigo trazendo-me a tal estado. Olhai que não é cifra[37] o que digo, do que se pode dizer; só vai dito o que é mister para dar-se a entender esta maneira de visão e mercê que Deus faz à alma; mas não posso dizer o que se sente quando o Senhor lhe dá a entender segredos e grandezas suas, o deleite tão sobre quantos cá se podem entender, que bem com razão faz aborrecer os deleites da vida, que são lixo todos juntos. É asco trazê-los a nenhuma comparação aqui, ainda que seja para gozá-los sem fim, e destes que o Senhor dá só uma gota de água do grande rio caudaloso que nos está aparelhado.[38]

13. É vergonha, e eu certamente a tenho de mim e, se pudesse haver afronta no céu, com razão estaria eu lá mais afrontada que ninguém! Por que havemos de querer tantos bens e deleites e glória para sem fim, todos à custa do bom Jesus? Não choraremos sequer com as filhas de Jerusalém, já que não o ajudamos a levar a cruz com o Cireneu?[39] Que com prazeres e passatempos havemos de gozar o que ele nos ganhou à custa de tanto sangue? – É impossível. E com honras vãs pensamos arremedar um desprezo como Ele sofreu para que nós reinemos para sempre? – Não leva caminho, errado, errado vai o caminho. Nunca chegaremos lá.

Dê vozes vossa mercê[40] em dizer estas verdades, pois Deus tirou de mim esta liberdade. A mim as quereria dar sempre, e ouço-me tão tarde[41] e entendi a Deus, como se verá pelo escrito, que me é grande confusão falar

---

35. *Que se dá Deus a si*: *que se da Dios a sí*. Frei Luís editou: "que se da Dios así" (p. 324).
36. Palavras bíblicas: Mt 22,16; Rm 2,11. Citada de novo em *Caminho* 16, 12.
37. *Cifra*: na acepção de "mostra", "suma e compêndio": "olhai que o que digo não é nem cifra (mostra, indício) do que se pode dizer". Cf. o título do c. 32, ou *Moradas* 7, 1, 1.
38. Frase lacônica e vigorosa. Seu sentido é: "É repugnante estabelecer comparação entre os gozos místicos e os terrenos, embora os terrenos fossem para não ter fim, e os místicos fossem uma só gota do grande rio caudaloso que nos está preparado no céu". Frei Luís pontuou mal esta passagem (p. 324) e, depois dele, quase todos os editores.
39. Dupla alusão evangélica: a Lc 23,27 e a Mt 27,32.
40. *Dé voces vustra merced*: "Fala com o Padre frei Garcia de Toledo", anota Gracián em seu exemplar.
41. *Y óigome tan tarde*: A Santa escreveu: "*y oyome*" (= *óyome*, por: *óigome*). Frei Luís (p. 325) deu margem a uma leitura errônea, que ele mesmo emendou na segunda

nisto, e assim quero calar. Só direi o que algumas vezes considero. Praza ao Senhor trazer-me a termos que eu possa gozar deste bem.

14. Que glória acidental será[42] e que contento dos bem-aventurados que já gozam disto, quando virem que, ainda que tarde, não lhes restou coisa por fazer por Deus das que lhe foi possível, nem deixaram coisa por dar-lhe de todas as maneiras que puderam, conforme suas forças e estado, e o que mais, mais! Que rico se achará o que todas as riquezas deixou por Cristo![43] Que honrado o que não quis honra por Ele, senão que gostava[44] de ver-se muito abatido! Que sábio o que se folgou de que o tivessem por louco, pois assim chamaram a própria Sabedoria! Que poucos há agora, por nossos pecados! Já, já parece que se acabaram os que as pessoas tinham por loucos, de vê-los fazer obras heroicas de verdadeiros amadores de Cristo. Ó mundo, mundo, como vais ganhando honra em ter poucos que te conheçam!

15. Mas, se pensamos que Deus já se serve mais em que nos tenham por sábios e por discretos! Isso, isso deve ser, segundo se usa discrição. Logo nos parece que é pouca edificação não andar com muita compostura e autoridade cada um em seu estado. Até o frade e clérigo e monja nos parecerá que trazer coisa velha e remendada é novidade e dar escândalo aos fracos; e até estar muito recolhidos e ter oração, segundo está o mundo e tão esquecidas as coisas de perfeição de grandes ímpetos que tinham os santos, que penso que faz mais dano às desventuras que se passam nestes tempos, que não faria escândalo a ninguém dar a entender os religiosos por obras, como o dizem por palavras, no pouco que se há de ter o mundo; que destes escândalos o Senhor tira deles grandes proveitos. E se uns se escandalizam, outros se remordem. Sequer houvesse um esboço do que passou por Cristo e seus Apóstolos, pois agora mais do que nunca é mister.

---

edição (p. 323). O sentido é: "Dê vozes v.m... Eu gostaria de dá-las a mim sempre, e (= e no entanto) tardei tanto em ouvir-me..."

42. *Glória acidental*: glória acrescentada à visão beatífica.
43. Alusão à passagem evangélica de Mt 19,29.
44. *Gustaba*: por lapso de escrita, escreveu *gustaban*. Toda a passagem está coalhada de reminiscências bíblicas: Mt 19,21-29; 27,28; 2Cor 11,16...

16. E que bom nos levou Deus agora[45] no bendito Frei Pedro de Alcântara! Não está já o mundo para sofrer tanta perfeição. Dizem que estão as saúdes mais fracas e que não são os tempos passados. Este santo homem deste tempo era; estava gordo o espírito como nos outros tempos, e assim tinha o mundo debaixo dos pés. Que, ainda que não andem desnudos, nem façam tão áspera penitência como ele, muitas coisas há – como outras vezes tenho dito[46] – para repisar o mundo, e o Senhor as ensina quando vê ânimo. E quão grande o deu Sua Majestade a este santo que digo, para fazer quarenta e sete anos tão áspera penitência, como todos sabem! Quero dizer algo dela, que sei que é toda verdade.

17. Disse a mim e a outra pessoa,[47] de quem se guardava pouco (e a mim o amor que me tinha era a causa, porque quis o Senhor que o tivesse para amparar-me e animar-me em tempo de tanta necessidade, como tenho dito e direi),[48] parece-me que foram quarenta anos os que me disse que tinha dormido só hora e meia entre noite e dia, e que este era o maior trabalho de penitência que tinha tido nos princípios, de vencer o sono, e para isto estava sempre de joelhos ou em pé. O que dormia era sentado, e a cabeça arrimada num toco que tinha fincado na parede. Deitado, ainda que quisesse, não podia, porque sua cela – como se sabe – não era mais comprida que quatro pés e meio.

Em todos estes anos jamais pôs o capuz, por grandes sóis e águas que fizesse, nem coisa nos pés nem vestida, senão um hábito de burel, sem nenhuma outra coisa sobre as carnes, e este tão apertado como se podia sofrer, e uma capa do mesmo em cima. Dizia-me que nos grandes frios o tirava, e deixava porta e janelinha aberta da cela, para que pondo depois

---

45. *Que bom* modelo. São Pedro de Alcântara tinha morrido em 18.10.1562 em Arenas de San Pedro (Ávila).
46. Cf. n. 14 e c. 16, n. 1.4.8, e c. 21 passim. – *Repisar o mundo*: pisar sempre de novo, em sentido metafórico, "menosprezá-lo". Cf. *Caminho* 1, 5.
47. "Esta pessoa de quem fala aqui a Santa era a venerável Maria Díaz (Mariadíaz), de muita fama em Ávila por suas grandes virtudes. Teve por mestre espiritual a São Pedro de Alcântara. Em sua correspondência fala a Santa desta piedosa mulher com muito encarecimento. Atribui-se a São Pedro de Alcântara o dito de que Ávila encerrava dentro de seus muros três santas ao mesmo tempo: a Madre Teresa, Maria Díaz de Vivar e Catalina Dávila, de nobre família esta última" (P. Silvério). Uma história curiosa de Mariadíaz pode ser vista na carta da Santa a Leonor da Misericórdia, de maio de 1582.
48. Disse no n. 3 e dirá no c. 30.

o manto e fechando a porta, contentava o corpo, para que sossegasse com mais abrigo. Comer ao terceiro dia era muito ordinário;[49] e disse-me de quê me espantava, que era muito possível a quem se acostumara a isso. Um seu companheiro me disse que lhe acontecia estar oito dias sem comer. Devia ser estando em oração, porque tinha grandes arroubamentos e ímpetos de amor de Deus, de que uma vez eu fui testemunha.[50]

18. Sua pobreza era extrema e mortificação na mocidade, que me disse que lhe tinha acontecido estar três anos numa casa de sua Ordem e não conhecer frade, se não era pela fala; porque não levantava os olhos jamais, e assim às partes que de necessidade havia de ir não sabia, senão ia atrás dos frades. Isto lhe acontecia pelos caminhos. Para mulheres jamais olhava; isto muitos anos. Dizia-me que já não se lhe dava mais ver que não ver. Mas era muito velho quando o vim a conhecer,[51] e tão extrema sua fraqueza, que não parecia senão feito de raízes de árvores.

Com toda esta santidade era muito afável, ainda que de poucas palavras, se não fosse perguntado. Nestas era muito saboroso, porque tinha mui lindo entendimento. Outras coisas muitas quisera dizer, senão que tenho medo que vossa mercê dirá que para que me meto nisto, e com ele o tenho escrito. E assim o deixo com que foi seu fim como a vida, pregando e admoestando os seus frades. Como viu que já se acabava, disse o salmo de *Laetatus sum in his quae dicta sunt mihi*,[52] e, posto de joelhos, morreu.

19. Depois tem sido o Senhor servido que eu tenha mais nele que na vida,[53] aconselhando-me em muitas coisas. Eu o tenho visto muitas vezes com grandíssima glória. Disse-me, na primeira vez que me apareceu, que bem-aventurada penitência que tanto prêmio tinha merecido e outras

---

49. *Ordinário*: frequente [*ao terceiro dia*: a cada três dias].
50. Episódio ocorrido na Encarnação de Ávila, em 1561. A Santa teve de servir a ele comida no locutório do mosteiro, e ali pôde surpreendê-lo em êxtase. Francisco Marchese refere isto na biografia do Santo (Lión, 1670, L. 7º, c. 5).
51. Não tão velho: a Santa o conheceu no verão de 1558, quando ainda não tinha chegado aos 60 anos de idade. Tinha nascido em Alcântara em 1499, e morreu em Arenas de San Pedro (Ávila) em 1562.
52. Salmo 121,1. A Santa escreveu a seu modo: "letatum sun yn is que dita sun miqui".
53. *Ya tenga más* ayuda... *que en vida* [*Já tenha mais* ajuda... *que em vida*].

muitas coisas. Um ano antes de morrer, me apareceu estando ausente,[54] e soube que havia de morrer, e o avisei. Estando algumas léguas daqui quando expirou, me apareceu e disse que ia descansar.[55] Eu não acreditei nisso, e o disse a algumas pessoas, e daí a oito dias veio a nova de que tinha morrido, ou começado a viver para sempre, para melhor dizer.

20. Ei-la aqui acabada esta aspereza de vida com tão grande glória. Parece-me que muito mais me consola que quando cá estava. Disse-me uma vez o Senhor que não lhe pediriam coisa em seu nome que não a ouvisse.[56] Muitas que lhe tenho encomendado pedir ao Senhor, as tenho visto cumpridas. Seja bendito para sempre, amém.

21. Mas, que falar tenho feito, para despertar vossa mercê[57] a não estimar em nada coisa desta vida, como se não o soubesse, ou não estivesse já determinado a deixar tudo e o posto em obra! Vejo tanta perdição no mundo, que, ainda que não aproveite mais dizê-lo eu que cansar-me em escrevê-lo,[58] me é descanso; que tudo é contra mim o que digo. O Senhor me perdoe o que neste caso o tenho ofendido, e vossa mercê, que o canso sem propósito. Parece que quero que faça penitência pelo que eu nisto pequei.

---

54. Deve ter sucedido no outono de 1561. A Santa se *achava em dificuldade* por causa do Breve para a fundação de São José de Ávila. (Cf. a biografia do Santo por F. Marchese, L. III, c. 11; e na autobiografia da Santa, o capítulo 36, n. 20.) – O episódio mereceu ser citado na Bula de canonização de S. Pedro de Alcântara.

55. "Lembro-me que me disse na primeira vez que o vi (= na primeira aparição), entre outras coisas, dizendo-me o muito que gozava, que ditosa penitência tinha sido a que tinha feito, que tanto prêmio tinha alcançado" (c. 36, n. 20).

56. É um arremedo do texto evangélico de Jesus em Jo 14,13.

57. Epílogo do capítulo em diálogo com Garcia de Toledo, como em capítulos anteriores.

58. Em outra ordem: "ainda que dizê-lo eu não aproveite mais que cansar-me em escrevê-lo".

Capítulo 28

Em que trata as grandes mercês que lhe fez o Senhor e como lhe apareceu pela primeira vez. – Declara o que é visão imaginária. – Diz os grandes efeitos e sinais que deixa quando é de Deus. – É muito proveitoso capítulo e muito de notar.[1]

1. Tornando a nosso propósito,[2] passei alguns dias, poucos, com esta visão muito contínua, e fazia-me tanto proveito que não saía de oração, e ainda quanto fazia procurava que fosse de sorte que não descontentasse ao que claramente via que estava por testemunha. E ainda que às vezes temesse, com o muito que me diziam, durava-me pouco o temor, porque o Senhor me tranquilizava.

Estando um dia em oração, quis o Senhor mostrar-me só as mãos com tão grandíssima formosura que não o poderia eu encarecer. Fez-me grande temor, porque qualquer novidade é grande para mim nos princípios de qualquer mercê sobrenatural que o Senhor me faça. Desde a poucos dias vi também aquele divino rosto, que de todo me parece que me deixou absorta. Não podia eu entender por que o Senhor se mostrava assim pouco a pouco, pois depois me havia de fazer mercê de que eu o visse totalmente, até depois que tenho entendido que Sua Majestade me ia levando conforme minha fraqueza natural. Seja bendito para sempre! Porque tanta glória junta, tão baixo e ruim sujeito não a teria podido sofrer. E como quem isto sabia, ia o piedoso Senhor dispondo.

2. Parecerá a vossa mercê[3] que não era preciso muito esforço para ver umas mãos e rosto tão formoso. – São tantos os corpos glorificados que a

---

1. N.E.: Avança no relato de suas experiências místicas. Primeira aparição do Senhor: "como lhe *apareceu* pela primeira vez". Trata de explicar isso em perspectiva doutrinal. Usa o termo "aparecer" na acepção mística. Doravante o utilizará com frequência (31, 2; 33, 12-13; 34, 19; 36, 20...). Antes lhe serviu para relatar a "aparição" de frei Pedro de Alcântara, ainda em vida (27, 19).
2. *Volta* ao tema da visão referida no c. 27, 2-5: "visão muito contínua".
3. Garcia de Toledo.

glória que trazem consigo ver coisa tão sobrenatural[4] formosa desatina; e assim me fazia tanto temor que toda me perturbava e alvoroçava, ainda que depois ficasse com certeza e segurança e com tais efeitos, que depressa se perdia o temor.

3. Num dia de São Paulo,[5] estando na missa, se me representou toda esta Humanidade sacratíssima como se pinta ressuscitado, com tanta formosura e majestade como particularmente escrevi a vossa mercê[6] quando muito mo mandou, e fazia-me bastante mal, porque não se pode dizer que não seja desfazer-se; mas o melhor que soube, já o disse, e assim não há para que tornar a dizê-lo aqui. Só digo que, quando outra coisa não houvesse para deleitar a vista no céu senão a grande formosura dos corpos glorificados, é grandíssima glória, em especial ver a Humanidade de Jesus Cristo, Senhor nosso, ainda cá que se mostra Sua Majestade conforme o que pode sofrer nossa miséria; o que será aonde de todo se goza tal bem?

4. Esta visão, ainda que seja imaginária, nunca a vi com os olhos corporais, nem nenhuma, senão com os olhos da alma.

Dizem os que sabem disso melhor do que eu, que é mais perfeita a passada que esta, e esta mais muito que as que se veem com os olhos corporais. Esta dizem que é mais baixa[7] e aonde mais ilusões pode fazer o demônio, ainda que então não pudesse eu entender tal, senão que desejava, já que me era feita esta mercê, que fosse vendo-a com os olhos corporais, para que não me dissesse o confessor que me era antojado.[8] E também depois de passada me acontecia – isto era logo logo – pensar eu também isto: que tinha me antojado. E fatigava-me de tê-lo dito ao confessor, pensando se o

---

4. *Sobrenatural*mente *formosa*. Uso do termo técnico "sobrenatural" como advérbio. De novo no n. 9. Cf. 17, 7, nota 25.
5. Provavelmente 25 de janeiro de 1561, festa da conversão de São Paulo.
6. *Vossa mercê*: Garcia de Toledo. A Santa alude a uma "Relação" feita anteriormente para o dito Padre. Não chegou até nós. O "muito mo mandou" indica mais uma vez o vivo interesse deste teólogo pelos escritos da Santa (cf. epílogo, n. 2).
7. Trata-se de avaliar três "maneiras de visão". *É mais perfeita a passada* (visão espiritual: c. 27, 2); mais perfeita *que esta* (visão imaginária de que vem falando); *e esta muito mais que as corporais* (das quais acaba de dizer que nunca as viu). *Esta* (a corporal) *dizem que é a mais baixa* (de menor qualidade). Note-se que em toda esta avaliação a Santa se remete "ao que dizem os entendidos".
8. N.T.: *Antojar*: antolhar, representar na imaginação.

tinha enganado. Este era outro pranto, e ia a ele e lhe dizia. Perguntava-me se me parecia a mim assim ou se tinha querido enganar. Eu dizia a verdade, porque, a meu parecer, não mentia, nem tal tinha pretendido, nem por coisa do mundo dissera uma coisa por outra. Isto bem sabia ele, e assim procurava sossegar-me, e eu sentia tanto em ir a ele com estas coisas, que não sei como o demônio me punha o que tinha de fingir para atormentar-me a mim mesma.

Mas o Senhor se deu tanta pressa em fazer-me esta mercê e declarar esta verdade, que bem depressa me foi tirada a dúvida se era antojo, e depois vejo muito claro minha bobeira; porque, se estivesse muitos anos imaginando como figurar coisa tão formosa, não pudera nem soubera, porque excede a tudo o que cá se pode imaginar, até só a brancura e resplendor.

5. Não é resplendor que deslumbre, senão uma brancura suave e o resplendor infuso, que dá deleite grandíssimo à vista e não a cansa, nem a claridade que se vê para ver esta formosura tão divina. É uma luz tão diferente das de cá, que parece uma coisa tão deslustrada a claridade do sol que vemos, em comparação com aquela claridade e luz que se representa à vista, que não se quereriam abrir os olhos depois. É como ver uma água clara, que corre sobre cristal e reverbera nele o sol, a uma muito turva[9] e com grande nuvem e corre por cima da terra. Não porque se representa sol nem a luz é como a do sol; parece, enfim, luz natural e esta outra coisa artificial. É luz que não tem noite, senão que, como sempre é luz, não a turva nada. Enfim, é de sorte que, por grande entendimento que uma pessoa tivesse, em todos os dias de sua vida poderia imaginar como é. E Deus a põe diante tão presto,[10] que ainda não teria lugar para abrir os olhos, se fosse mister abri-los; mas não faz mais estar abertos que fechados, quando o Senhor quer; que, ainda que não queiramos, se vê. Não há divertimento[11] que baste, nem há poder resistir, nem basta diligência nem cuidado para isso. Isto tenho eu bem experimentado, como direi.[12]

---

9. Quer dizer: em comparação com uma muito turva...
10. *Tan presto* = *tan de presto*: tão subitamente, tão depressa.
11. *Divertimento*: distração.
12. Dirá no c. 29, 7.

6. O que eu agora quereria dizer é o modo como o Senhor se mostra por estas visões. Não digo que declararei de que maneira pode ser pôr esta luz tão forte no sentido interior, e no entendimento imagem tão clara, que parece verdadeiramente estar ali, porque isto é de letrados.[13] Não quis o Senhor dar-me a entender o como, e sou tão ignorante e de tão rude entendimento que, ainda que muito mo tenha querido declarar, não tenho ainda acabado de entender o como. E isto é certo, que ainda que a vossa mercê[14] pareça que tenho vivo entendimento, que não o tenho; porque em muitas coisas o tenho experimentado, que não compreende mais do que lhe dão de comer, como dizem. Algumas vezes se espantava o que me confessava de minhas ignorâncias; e jamais me dei a entender, nem mesmo o desejava, como fez Deus isto ou pôde ser isto, nem o perguntava, ainda que – como tenho dito[15] – de muitos anos para cá tratava com bons letrados. Se uma coisa era pecado ou não, isto sim; no demais não era mister mais para mim que pensar que Deus fez tudo, e via que não havia de que me espantar, senão por que louvá-lo; e antes me fazem devoção as coisas dificultosas, e quanto mais, mais.[16]

7. Direi, pois, o que tenho visto por experiência. O como o Senhor o faz, vossa mercê o dirá melhor, e declarará tudo o que for obscuro e eu não souber dizer.[17]

Bem me parecia em algumas coisas que era imagem o que via, mas por outras muitas não, senão que era o mesmo Cristo, conforme a claridade com que era servido mostrar-se a mim. Umas vezes era tão confusamente, que me parecia imagem, não como os desenhos de cá, por muito perfeitos que sejam, que fartos tenho visto bons;[18] é disparate pensar que um não tem semelhança com o outro em nenhuma maneira, não mais

---

13. Quer dizer, a explicação teológica (ou psicológica) ela deixa para os homens de ciência.
14. Garcia de Toledo.
15. Disse isso nos c. 10, 9 e 13, 18.
16. *Y mientras más, más*: quanto mais difíceis são, mais devoção produzem em mim.
17. Note-se em toda a passagem a nítida contraposição dos dois tipos de saber: ela "dirá o que tem visto por experiência"; aos técnicos da teologia caberá explicá-lo.
18. *Hartos* (dibujos) *he visto buenos* [*Bastantes* (desenhos) *tenho visto bons*]: há numerosos testemunhos do gosto da Santa pela boa pintura. E de sua afeição às imagens, especialmente de Cristo (*Caminho* 34, 11). Ela mesma bordava primorosamente.

nem menos que a tem uma pessoa viva com seu retrato, que por bem que esteja tirado não pode ser tão ao natural que, enfim, se vê que é coisa morta. Mas deixemos isto, que aqui vem bem e muito ao pé da letra.

8. Não digo que é comparação, que nunca são tão cabais, senão verdade, que há a diferença do vivo ao pintado, não mais nem menos. Porque se é imagem, é imagem viva; não homem morto, senão Cristo vivo; e dá a entender que é homem e Deus; não como estava no sepulcro, senão como saiu dele depois de ressuscitado; e vem às vezes com tão grande majestade, que não há quem possa duvidar senão que é o mesmo Senhor, em especial em acabando de comungar, que já sabemos que está ali, que no-lo diz a fé. Representa-se tão senhor daquela pousada, que parece toda desfeita a alma que se vê consumir em Cristo. Ó Jesus meu, quem pudera dar a entender a majestade com que vos mostrais! E quão Senhor de todo o mundo e dos céus e de outros mil mundos e sem conta mundos e céus[19] que vós criáreis, entende a alma, segundo com a majestade que vos representais, que não é nada para serdes vós senhor disso.

9. Aqui se vê claro, Jesus meu, o pouco poder de todos os demônios em comparação com o vosso, e como quem vos tiver contente pode repisar o inferno todo. Aqui se vê a razão que tiveram os demônios de temer quando descestes ao limbo,[20] e tiveram de desejar outros mil infernos mais baixos para fugir de tão grande majestade, e vejo que quereis dar a entender à alma quão grande é, e o poder que tem esta sacratíssima Humanidade junto com a Divindade. Aqui se representa bem o que será o dia do juízo ver esta majestade deste Rei, e vê-lo com rigor para os maus.[21] Aqui é a verdadeira humildade que deixa na alma,[22] de ver sua miséria, que não a pode ignorar. Aqui a confusão e verdadeiro arrependimento dos pecados, que ainda vendo que mostra amor, não sabe aonde se meter, e assim se desfaz toda.

---

19. *Mil mundos y sin cuento mundos*: mundos sem fim. – Na frase final: *no es nada*: o "no" é redundante.
20. Reminiscência dos textos litúrgicos que apresentam a descida do Ressuscitado "aos infernos" (ao limbo).
21. Alusão aos textos evangélicos: Mt 24,30; 25,31...
22. *Humildade que deixa* a visão.

Digo que tem tão grandíssima força esta visão, quando o Senhor quer mostrar à alma muita parte de sua grandeza e majestade, que tenho por impossível, se muito sobrenatural[23] não a quisesse o Senhor ajudar ficando posta em arroubamento e êxtase (que perde o ver a visão daquela divina presença gozando),[24] seria, como digo, impossível sofrê-la nenhum sujeito.

É verdade que se esquece depois? – Tão impressa fica aquela majestade e formosura que não há podê-lo esquecer, se não é quando quer o Senhor que padeça a alma uma secura e solidão grande que direi adiante,[25] que então até de Deus parece se esquecer. A alma fica outra, sempre embebida. Parece-lhe que começa de novo amor vivo de Deus em muito alto grau, a meu parecer; que, ainda que a visão passada que disse[26] representa Deus sem imagem é mais subida, que para durar a memória conforme nossa fraqueza, para trazer bem ocupado o pensamento, é grande coisa o ficar representado e posta na imaginação tão divina presença. E quase sempre estas duas maneiras de visão vêm juntas; e também é assim que vêm, porque com os olhos da alma vê-se a excelência e formosura e glória da santíssima Humanidade, e por esta outra maneira que fica dita se nos dá a entender como é Deus poderoso e que tudo pode e tudo manda e tudo governa e tudo enche o seu amor.

10. É mui muito de estimar esta visão, e sem perigo, a meu parecer, porque nos efeitos se conhece que não tem força aqui o demônio. Parece-me que três ou quatro vezes me quis representar desta sorte ao mesmo Senhor em representação falsa: toma a forma de carne, mas não pode contrafazê-la[27] com a glória que quando é de Deus. Faz representações para desfazer a verdadeira visão que a alma tem visto; mas assim ela resiste e se alvoroça e se desabre e inquieta, que perde a devoção e gosto que antes tinha, e fica sem nenhuma oração.

---

23. *Muito sobrenatural*mente (cf. nota 3).
24. N.T.: Ou seja: o gozo da presença divina leva a perder a sua visão.
25. Di-lo-á no c. 30, n. 12, 15, 18...
26. Alude à visão "intelectual" referida no c. 27, 2. Diz que embora esta seja "mais subida" (cf. n. 4), no entanto, as "visões imaginárias", por ficarem mais impressas na memória, podem ser mais úteis.
27. *Contrafazê-la* [esp. *contrahacerla*]: imitá-la ou simulá-la.

No princípio foi isto – como tenho dito[28] – três ou quatro vezes. É coisa tão diferentíssima que, mesmo quem tivesse tido só oração de quietude, creio que o entenderá pelos efeitos que ficam ditos[29] nas falas. É coisa muito conhecida e, se não se quer deixar enganar uma alma, não me parece que a enganará, se anda com humildade e simplicidade. A quem tiver tido verdadeira visão de Deus, desde já quase se sente; porque, ainda que comece com regalo e gosto, a alma o lança de si; e ainda, a meu parecer, deve ser diferente o gosto; e não mostra aparência de amor puro e casto. Muito em breve dá a entender quem é. Assim que, aonde há experiência, a meu parecer, não poderá o demônio fazer dano.

11. Pois ser imaginação isto, é impossível com toda impossibilidade. Nenhum caminho leva, porque só a formosura e brancura de uma mão é sobre toda a nossa imaginação: pois sem nos lembrarmos disso nem tê-lo jamais pensado, ver num ponto presentes coisas que em grande tempo não poderiam concordar com a imaginação, porque vai muito mais alto – como já tenho dito[30] – do que cá podemos compreender...; assim que isto é impossível. E se pudéssemos algo nisto, ainda se vê claro por istoutro que agora direi: porque se fosse representado com o entendimento, deixado que não faria as grandes operações que isto faz, nem nenhuma[31] (porque seria como alguém que quisesse fazer que dormia e estivesse desperto porque não lhe veio o sono: ele, como tem necessidade ou fraqueza na cabeça, o deseja, adormece em si e faz suas diligências e às vezes parece que faz algo, mas se não é sono deveras, não o sustentará nem dará força à cabeça, antes às vezes fica mais desvanecida), assim seria em parte cá,[32] ficar a alma desvanecida, mas não sustentada e forte, antes cansada e desgostada. Cá não se pode encarecer a riqueza que fica: também ao corpo dá saúde e fica confortado.

---

28. Disse-o neste mesmo número.
29. No c. 27, n. 7 e segs.
30. Disse no n. 4 deste capítulo.
31. Deixará a frase inconclusa, por introduzir a comparação e o longo parêntese. O sentido é: "se fosse fantasiado pelo próprio entendimento, além de que não faria os grandes efeitos que a visão verdadeira faz, a visão falsa deixaria a alma desvanecida...".
32. *Cá* (*acá*): na visão falsa. Mas segue imediatamente outro "*acá*", que designa a visão verdadeira. – No final do número: *confortado*, a Santa escreve *conhortado* (cf. 30, 9; 31, 4).

12. Esta razão, com outras, dava eu quando me diziam que era demônio e que se antojava a mim – que foi muitas vezes – e punha comparações como eu podia e o Senhor me dava a entender. Mas tudo aproveitava pouco. Porque como havia pessoas muito santas neste lugar[33] (e eu em sua comparação uma perdição) e não os levava Deus por este caminho, logo era o temor neles; que meus pecados parece que o faziam, que de um em outro se rodeava de maneira[34] que o vinham a saber, sem dizê-lo eu senão a meu confessor ou a quem ele me mandava.

13. Eu lhes disse uma vez que se os que me diziam isto me dissessem que a uma pessoa[35] que tivesse acabado de falar e a conhecesse muito, que não era ela, senão que me era antojado, que eles o sabiam, que sem dúvida eu o creria mais do que o que tinha visto. Mas se esta pessoa me deixasse algumas joias e ficassem em minhas mãos por penhores de muito amor, e que antes não tinha nenhuma e me visse rica sendo pobre, que não poderia crê-lo, ainda que quisesse. E que poderia mostrar estas joias, porque todos os que me conheciam viam claro estar outra minha alma, e assim o dizia meu confessor. Porque era muito grande a diferença em todas as coisas, e não dissimulada, senão muito com clareza o podiam todos ver. Porque, como antes era tão ruim, dizia eu que não podia crer que se o demônio fazia isto para enganar-me e levar-me ao inferno, tomasse meio tão contrário como era tirar meus vícios e pôr virtudes e fortaleza. Porque via claro com estas coisas ficar numa vez outra.[36]

14. Meu confessor, como digo – que era um padre bem santo da Companhia de Jesus[37] –, respondia isto mesmo segundo eu soube. Era

---

33. *Neste lugar*: Ávila.
34. Quer dize que os segredos da Santa vazavam ou corriam de maneira que se tornavam públicos...
35. Mais claro: "se... me dissessem de uma pessoa a quem etc.".
36. Quer dizer: "ficar de uma vez mudada ou transformada".
37. "O P. Baltasar Alvarez", anotou o P. Gracián em seu exemplar. – O P. Baltasar – "dos maiores amigos que tenho", escrevia a Santa já no fim de sua vida (carta a Isabel de Osório, 8 de abril de 1580) –, foi jesuíta, nascido em Cervera (La Rioja) em 1533. Reitor dos colégios de Medina, Salamanca e Villagarcia de Campos, Provincial várias vezes e Visitador. Tinha de 25 a 26 anos quando assumiu a direção da alma de Santa Teresa (1558 ou 1559), de modo que a fina observação que faz em seguida a Santa – "no se fiaba de sí" [não confiava em si] – é o mais cabal elogio que se pode fazer da prudência deste jovem jesuíta recentemente ordenado sacerdote (1588).

muito discreto e de grande humildade, e esta humildade tão grande carreou a mim fartos trabalhos; porque, sendo de muita oração e letrado, não confiava em si, como o Senhor não o levava por este caminho.[38] Passou-os bastante grandes comigo de muitas maneiras. Soube que lhe diziam que se guardasse de mim, não o enganasse o demônio crendo-me algo do que lhe dizia. Traziam-lhe exemplos de outras pessoas. Tudo isto fatigava a mim. Temia que não havia de ter com quem me confessar, senão que todos haviam de fugir de mim. Não fazia senão chorar.

15. Foi providência de Deus querer ele durar em ouvir-me, senão que era tão grande servo de Deus, que a tudo se poria por Ele. E assim me dizia que não ofendesse eu a Deus nem saísse do que ele me dizia; que não tivesse medo que me faltasse. Sempre me animava e sossegava. Mandava-me sempre que não lhe calasse nenhuma coisa. E assim o fazia. Ele me dizia que fazendo eu isto, que ainda que fosse demônio, não me faria dano, antes sacaria o Senhor bem do mal que ele queria fazer a minha alma. Procurava aperfeiçoá-la em tudo o que ele podia. Eu, como trazia tanto medo, obedecia-o em tudo, ainda que imperfeitamente, que bastante passou comigo três anos e mais,[39] que me confessou, com estes trabalhos; porque em grandes perseguições que teve, e coisas fartas que permitia o Senhor que me julgassem mal, e muitas estando sem culpa, contudo vinham a ele e era culpado por mim, estando ele sem nenhuma culpa.

16. Fora impossível, se não tivesse tanta santidade – e o Senhor que o animava – poder sofrer tanto, porque havia de responder aos que lhes parecia que ia perdida, e não acreditavam nele; e por outro lado, havia de me sossegar a mim e de curar o medo que eu trazia, pondo-me maior. Tinha, por outro lado, de me tranquilizar, porque a cada visão, sendo coisa nova, permitia Deus que me ficassem depois grandes temores. Tudo me procedia

---

38. *O Senhor não o levava por este caminho* de graças místicas. "Fez nela (na Santa) rigorosas provas... e muito grandes exames e, entre outros, a fez confessar-se geralmente com o rosto descoberto no colégio de São Gil desta cidade" (Dito de Ana de los Angeles: *BMC* 19, 554). – E o biógrafo do P. Baltasar acrescenta: "Tirou dela a comunhão 20 dias, para ver como o levava" (de la Puente, L. *Vida del P. Baltasar*, c. 11).

39. Mas foi seu confessor pelo espaço de seis anos, segundo confissão da própria Santa: "Baltasar Alvarez, que é agora (1576) reitor de Salamanca, a confessou seis anos" (*Rel.* 4, 1). Os três anos longos a que aqui alude a Santa foram os primeiros, especialmente penosos: 1558-1561.

de ser tão pecadora eu e tê-lo sido. Ele me consolava com muita piedade e, se ele acreditasse em si mesmo, não teria eu padecido tanto; que Deus lhe dava a entender a verdade em tudo, porque o mesmo Sacramento[40] lhe dava luz, ao que eu creio.

17. Os servos de Deus, que não se tranquilizavam, tratavam muito comigo.[41] Eu, como falava com descuido algumas coisas que eles tomavam por diferente intenção (eu queria muito a um deles, porque lhe devia infinito minha alma e era muito santo; eu senti infinito de que via e não me entendia, e ele desejava em grande maneira meu aproveitamento e que o Senhor me desse luz), e assim o que eu dizia – como digo – sem olhar nisso, parecia-lhes pouca humildade. Ao ver em mim alguma falta – que veriam muitas –, logo era tudo condenado. Perguntavam-me algumas coisas; eu respondia com lhaneza e descuido. Logo lhes parecia que queria ensiná-los, e que me tinha por sábia. Tudo ia a meu confessor, porque, certamente, eles desejavam meu proveito. Ele a renhir comigo.

18. Durou isto bastante tempo, afligida por muitas partes, e com as mercês que me fazia o Senhor tudo passava.

Digo isto para que se entenda o grande trabalho que é não ter quem tenha experiência neste caminho espiritual, que, a não me favorecer tanto o Senhor, não sei o que teria sido de mim. Bastante coisas havia para tirar-me o juízo, e algumas vezes me via em termos que não sabia o que fazer, senão levantar os olhos para o Senhor. Porque contradição de bons[42] a uma mulherzinha ruim e fraca como eu e temerosa, não parece nada assim dito, e tendo eu passado na vida grandíssimos trabalhos, é este dos maiores.

Praza ao Senhor que eu tenha servido a Sua Majestade algo nisto; que de que lhe serviam os que me condenavam e arguiam, bem certa estou, e que era tudo para grande bem meu.

---

40. O biógrafo de Baltasar Alvarez glosa assim esta passagem: "No que diz nas últimas palavras, 'que o sacramento lhe dava luz', aponta as revelações que (o P. Baltasar) tinha na missa acerca das pessoas que tinha a seu encargo" (*op. cit.* c. 11). Contudo, cf. c 23, 14 de *Vida*.

41. *Os servos de Deus*: os "cinco ou seis" a que fez alusão no c. 25, 14. O mais renitente, recordado a seguir, é o "cavaleiro santo", Francisco de Salcedo.

42. *Contradição de bons a uma mulherzinha... parece* coisa de nada, *dito assim* em suma (cf. c. 36, 22 e c. 30, 6).

Capítulo 29

Prossegue no começado e diz algumas mercês grandes que lhe fez o Senhor e as coisas que Sua Majestade lhe dizia para tranquilizá-la e para que respondesse aos que a contradiziam.[1]

1. Muito tenho saído do propósito, porque tratava de dizer as causas que há para ver que não é imaginação;[2] porque, como poderíamos representar com estudo a Humanidade de Cristo e ordenando com a imaginação sua grande formosura? E não era mister pouco tempo, se em algo se havia de parecer com ela. Bem a pode representar diante de sua imaginação e a estar olhando algum espaço, e as figuras que tem e a brancura, e pouco a pouco ir mais aperfeiçoando e encomendando à memória aquela imagem. Quem lhe tira isto, pois com o entendimento a pôde fabricar?

No que tratamos,[3] nenhum remédio há disto, senão que havemos de mirar quando o Senhor o quer representar e como quer e o que quer. E não há tirar nem pôr, nem modo para isso ainda que mais façamos, nem para ver quando queremos, nem para deixar de ver; ao querer olhar alguma coisa particular, logo se perde Cristo.[4]

2. Dois anos e meio me durou que mui ordinário me fazia Deus esta mercê. Haverá mais de três que tão continuamente a tirou de mim deste

---

1. N.E.: Segue desenvolvendo a dupla linha temática dos capítulos anteriores: graças místicas em crescendo; e preocupação doutrinal para oferecer critérios de discernimento. Entre as "mercês grandes" que a epígrafe anuncia destacam-se duas: os "ímpetos" de desejo; e as "feridas de amor". Ela atestará os "grandes ímpetos" por esses anos (1560...) nas *Relações* 1, 3-4; 3, 5-7; e mais tarde na *Rel.* 15 (ano 1571) e *Rel.* 5, 13-17 (ano 1576). Desenvolverá isso por extenso nas *Moradas* VI, c. 2 e c. 11.

2. *Para ver que não é imaginação* a visão intelectual ou as falas místicas de que tratou no capítulo 27, n. 2 e n. 7. Ali começou a expor "razões" pelas quais "o demônio não se pode intrometer... nesta maneira de visão e linguagem". Agora retoma o tema para tratar só das visões, especialmente das imaginárias.

3. *No que tratamos*: nas visões místicas.

4. *Logo se perde Cristo* de vista: cessa a visão.

modo, com outra coisa mais subida – como quiçá direi depois[5] –; e vendo que me estava falando e eu olhando aquela grande formosura e a suavidade com que fala aquelas palavras por aquela formosíssima e divina boca, e outras vezes com rigor, e desejar eu em extremo entender a cor de seus olhos ou do tamanho que era, para que o soubesse dizer, jamais o tenho merecido ver, nem me basta procurá-lo, antes se me perde a visão do todo. Se bem que algumas vezes vejo olhar-me com piedade; mas tem tanta força esta vista, que a alma não a pode sofrer, e fica em tão subido arroubamento que, para mais gozar tudo, perde esta formosa vista. Assim que aqui não há que querer e não querer.[6] Claro se vê que o Senhor quer que não haja senão humildade e confusão, e tomar o que nos derem e louvar a quem o dá.

3. Isto é em todas as visões, sem ficar nenhuma, que nenhuma coisa se pode, nem para ver menos nem mais faz nem desfaz nossa diligência. Quer o Senhor que vejamos muito claro que não é esta obra nossa, senão de Sua Majestade; porque muito menos podemos ter soberba, antes nos faz estar muito humildes e temerosos, vendo que, como o Senhor nos tira o poder para ver o que queremos, nos pode tirar estas mercês e a graça, e ficar perdidos de todo; e que sempre andemos com medo, enquanto neste desterro vivemos.

4. Quase sempre eu me representava o Senhor assim ressuscitado, e na Hóstia o mesmo; se não eram algumas vezes para esforçar-me, se estava em tribulação, que me mostrava as chagas; algumas vezes na cruz e no Horto; e com a coroa de espinhos, poucas; e levando a cruz também algumas vezes, para – como digo – necessidades minhas e de outras pessoas, mas sempre a carne glorificada.

---

5. *Direi depois*: refere-se aos "ímpetos" de que falará nos n. 8-14 deste capítulo. Voltará a tratar destes "ímpetos tão grandes" nas *Moradas* VI, c. 11. – O sentido da frase que precede é: "faz mais de três anos que esta mercê cessou de ser tão frequente, substituída por outra graça mística mais subida". – Podemos fixar aproximadamente a cronologia da vida anterior da Santa: as visões não são anteriores ao ano 1560 (cf. c. 26, 5); as visões "imaginárias" começaram mais tarde, provavelmente na segunda metade de 1560 (cf. c. 28, n. 1 e 3), e persistiram com frequência especial durante "dois anos e meio" (c. 29, 2), ou seja, até entrado o ano de 1562; seguem imediatamente outras graças místicas que duram "mais de três anos" (*ibid*.), segunda metade de 1565; é precisamente o momento em que a Santa escreve estas linhas de *Vida*.

6. *Así que aquí no hay que querer y no querer*: não influi na visão o fato de desejá-la ou não.

Fartas afrontas e trabalhos tenho passado ao dizê-lo, e fartos temores e fartas perseguições. Tão certo lhes parecia que tinha demônio, que algumas pessoas me queriam conjurar.[7] Disto pouco se me dava a mim: sentia mais quando via eu que os confessores tinham medo de confessar-me, ou quando sabia que lhes diziam algo. Contudo, jamais me podia pesar de ter visto estas visões celestiais, e por todos os bens e deleites do mundo só uma vez não o teria trocado. Sempre o tinha por grande mercê do Senhor, e me parece grandíssimo tesouro, e o mesmo Senhor me assegurava muitas vezes. Eu me via crescer amando-o mui muito; ia me queixar a Ele de todos estes trabalhos; sempre saía consolada da oração e com novas forças. A eles[8] não ousava contradizer, porque via que era tudo pior, que lhes parecia pouca humildade. Com meu confessor tratava; ele sempre me consolava muito, quando me via fatigada.

5. Como as visões fossem crescendo, um deles que antes me ajudava[9] (que era com quem me confessava algumas vezes que não podia o ministro),[10] começou a dizer que claramente era demônio. Mandam-me que, já que não havia remédio de resistir, que sempre fizesse o sinal da cruz quando visse alguma visão, e fizesse figas, porque teria por certo que era demônio, e com isto não viria; e que não tivesse medo, que Deus me guardaria e mo tiraria. A mim era isto grande pena; porque, como eu não podia crer senão que era Deus, era coisa terrível para mim. E tampouco podia – como tenho dito[11] – desejar que me fosse tirado; mas, enfim, fazia quanto me mandavam. Suplicava muito a Deus que me livrasse de ser enganada. Isto sempre o fazia e com fartas lágrimas, e a São Pedro e São Paulo, que me disse o Senhor, como foi a primeira vez que me apareceu em seu dia,[12]

---

7. *Me querían conjurar*: submeter aos conjuros ou exorcismos rituais.
8. *A eles*: aos confessores e assessores espirituais, já aludidos nos capítulos 23 e 25, embora sempre no anonimato.
9. *Uno de ellos*: "Gonzalo de Aranda", anota Gracián em seu exemplar de *Vida*. Gonzalo de Aranda é um sacerdote de Ávila, confessor na Encarnação, que mais tarde ajudará a Santa na fundação de São José e no pleito entre esta fundação e a cidade. Agora faz parte dos "cinco ou seis" receosos pela vida mística da autora. – No entanto, a afirmação de Gracián não é segura.
10. *O ministro*: o P. Baltasar Alvarez.
11. Disse isso no c. 27, 1; e no n. 4 do presente capítulo.
12. *Em seu dia*: quer dizer, em sua festa. Faz alusão à graça referida no c. 27, 2 (na festa de São Pedro); ou, mais provavelmente, à primeira "aparição", c. 28, 3 (na festa de São Paulo). Note-se o típico léxico teresiano "aparecer".

que eles me guardariam para que não fosse enganada; e assim muitas vezes os via ao lado esquerdo muito claramente, ainda que não com visão imaginária. Eram estes gloriosos Santos muito meus senhores.

6. Dava-me este fazer figas grandíssima pena quando via esta visão do Senhor; porque quando eu o via presente, se me fizessem em pedaços não poderia eu crer que era demônio, e assim era um gênero de penitência grande para mim. E, para não andar tanto santiguando-me, tomava uma cruz na mão.[13] Isto fazia quase sempre; as figas não tão contínuo, porque sentia muito. Lembrava-me das injúrias que lhe tinham feito os judeus,[14] e suplicava-lhe que me perdoasse, pois eu o fazia por obedecer ao que tinha em seu lugar, e que não me culpasse, pois eram os ministros que Ele tinha posto em sua Igreja. Dizia-me que não me desse nada, que fazia bem em obedecer, mas que ele faria que se entendesse a verdade. Quando me tiravam a oração, me pareceu que se tinha enojado. Disse-me que lhes dissesse que aquilo já era tirania. Dava-me causas[15] para que entendesse que não era demônio. Alguma direi depois.[16]

7. Uma vez, tendo eu a cruz na mão, que trazia num rosário, tomou-a de mim com a sua,[17] e quando a tornou a me dar, era de quatro pedras grandes muito mais preciosas que diamantes, sem comparação, porque não há quase pelo que se vê sobrenatural. Diamante parece coisa contrafeita e

---

13. *Santiguándome... tomaba una cruz en la mano*: o conselho dos letrados para combater o demônio era: "fazer figas", gesto de desprezo; "santiguar-se", gesto de defesa para afugentar o inimigo; e "opor-lhe a cruz", gesto de conjuro. "Las higas no tan continuo": não tantas vezes, pela repugnância que lhe causavam. – A lembrança dolorida deste último gesto reaparece nas *Fundações* c. 8, 3 (cerca de 1573) e nas *Moradas* VI, 9, 12-13 (1577). – Por essas datas, já tinha chegado à Santa o parecer do "Mestre" São João de Ávila, horrorizado ao ler estas páginas no original de *Vida*: essas visões "quando vêm sem ser desejadas, ainda se hão de fugir (evitar) o possível, ainda que não por meio de fazer figas...; certamente me causou horror as que neste caso foram feitas, e me deu muita pena" (carta de 12 de setembro de 1568: *BMC*, II, 209).
14. Refere-se aos gestos de mofa com que a turba provoca o crucificado: Mt 27,40-42.
15. *Dava-me causas*: igual a "dava-me razões" (n. 7), apresentar argumentos para discernir ou demonstrar "que não era demônio" (cf. c. 33, 16).
16. Falará delas no n. 8 e nos c. 30, 8ss e 34, 16.
17. *Tomou-a de mim* o Senhor *em sua mão*. Sobre a história desta cruz se pode ver F. de Ribera, "*Vida de la Santa*", P. I, c. 11; Jerónimo de San José, "*Historia del Carmen Descalzo*", L. II, c. 20.

imperfeita, das pedras preciosas que se veem lá. Tinha as cinco chagas de muito linda feitura. Disse-me que assim a veria daqui em diante, e assim me acontecia, que não via a madeira de que era, senão estas pedras. Mas ninguém via senão eu.

Em começando a mandar-me que fizesse estas provas e resistisse, era muito maior o crescimento das mercês. Em querendo me divertir, nunca saía da oração. Ainda dormindo me parecia estar nela. Porque aqui era crescer o amor e as lástimas que eu dizia ao Senhor e o não poder sofrer; nem estava em minha mão,[18] ainda que eu quisesse e mais o procurasse, deixar de pensar nele. Contudo, obedecia quando podia, mas podia pouco ou nonada nisto, e o Senhor nunca mo tirou; mas, ainda que me dissesse que o faria, assegurava-me por outro lado, e ensinava-me o que lhes havia de dizer, e assim o faz agora, e dava-me tão bastante razões, que a mim me fazia toda segurança.

8. Desde há pouco tempo começou Sua Majestade, como mo tinha prometido,[19] a assinalar mais que era Ele, crescendo em mim um amor tão grande de Deus, que não sabia quem o punha em mim, porque era muito sobrenatural, nem eu o procurava. Via-me morrer com desejo de ver a Deus, e não sabia aonde havia de buscar esta vida, se não era com a morte. Davam-me uns ímpetos grandes deste amor, que, ainda que não fossem tão insofríveis como os que já outra vez tenho dito[20] nem de tanto valor, eu não sabia o que fazer; porque nada me satisfazia, nem cabia em mim, senão que verdadeiramente me parecia que me era arrancada a alma. Ó artifício soberano do Senhor! Que indústria tão delicada fazíeis com vossa escrava miserável! Escondíeis-vos de mim e apertáveis-me[21] com vosso amor, com uma morte tão saborosa que nunca a alma quereria sair dela.

9. Quem não tiver passado estes ímpetos tão grandes, é impossível podê-lo entender, que não é desassossego do peito, nem umas devoções

---

18. *Nem era em minha mão*: não estava em meu poder.
19. No n. 6.
20. Disse isso no c. 20, 8ss. – Pouco antes: *insofríveis*: a Santa usa *insufrideros* em vez de *insufribles* (também utiliza esta última forma em *Moradas* VI, 1, 8); o sentido é: insuportáveis, intoleráveis.
21. *Escondíaisos de mí y apretábaisme*: a Santa escreve: *escondíadesos... apretábadesme*: formas arcaizantes, pouco frequentes em seus escritos.

que costumam dar muitas vezes, que parece afogam o espírito, que não cabem em si. Esta é oração mais baixa, e hão de se evitar estes aceleramentos procurando com suavidade recolhê-los dentro de si e acalmar a alma; que é isto como algumas crianças que têm um acelerado chorar, que parece que vão afogar-se, e dando-lhes de beber, cessa aquele demasiado sentimento. Assim cá a razão atalhe a encurtar a rédea, porque poderia ajudar o mesmo natural; volva a consideração temendo que não é tudo perfeito, senão que pode ser muita parte sensual,[22] e acalme esta criança com um regalo de amor que a faça mover a amar por via suave e não a punhadas, como dizem. Que recolham este amor dentro, e não como panela que cozinha demasiado, porque se põe a lenha sem discrição e se derrama toda; senão que moderem a causa que tomaram para esse fogo e procurem matar a chama com lágrimas suaves e não penosas, que são as destes sentimentos e fazem muito dano. Eu as tive algumas vezes nos princípios, e deixavam-me perdida a cabeça e cansado o espírito de sorte que outro dia e mais não estava para tornar à oração. Assim que é preciso grande discrição nos princípios para que vá tudo com suavidade e se mostre o espírito a agir interiormente. O exterior se procure muito evitar.

10. Estes outros ímpetos são diferentíssimos. Não pomos nós a lenha, senão parece que, feito já o fogo, depressa nos lançam dentro para que nos queimemos. Não procura a alma que doa esta chaga da ausência do Senhor, senão fincam uma seta no mais vivo das entranhas e coração, às vezes, que não sabe a alma o que faz nem o que quer. Bem entende que quer a Deus, e que a seta parece que tinha erva[23] para aborrecer a si por amor deste Senhor, e perderia de bom grado a vida por ele.

Não se pode encarecer nem dizer o modo com que chega Deus a alma, e a grandíssima pena que dá, que a faz não saber de si; mas é esta

---

22. *Sensual* equivale a sensível, ou não espiritual (cf. "sensualidade": c. 3, 2, nota 3).

23. *La saeta parece traía hierba*: seta com erva ou ervada era a untada com o sumo de ervas venenosas, para envenenar ou ferir (Cobarruvias). Usado aqui em sentido metafórico. Num de seus poemas, a Santa cantará: "Hirióme con una flecha / enherbolada de amor, / y mi alma quedó hecha / una con su Criador" [Feriu-me com uma flecha / ervada de amor, / e minha alma ficou feita / uma com seu Criador].

pena tão saborosa, que não há deleite na vida que mais contento dê. Sempre quereria a alma – como tenho dito[24] – estar morrendo deste mal.

11. Esta pena e glória juntas me traziam desatinada, que não podia eu entender como podia ser aquilo. Oh, o que é ver uma alma ferida! Que digo que se entende de maneira que se pode dizer ferida por tão excelente causa; e vê claro que não moveu ela por onde lhe viesse este amor, senão que do muito grande que o Senhor lhe tem, parece que caiu de repente aquela centelha nela que a faz toda arder.Oh, quantas vezes me lembro, quando assim estou, daquele verso de Davi: *Quemadmodum desiderat cervus ad fontes aquarum*[25] que me parece que o vejo ao pé da letra em mim!

12. Quando não dá isto muito forte, parece que se aplaca algo, pelo menos busca a alma algum remédio – porque não sabe o que fazer – com algumas penitências, e não se sentem mais nem faz mais pena derramar sangue que se estivesse o corpo morto. Busca modos e maneiras para fazer algo que sinta por amor de Deus, mas é tão grande a primeira dor,[26] que não sei que tormento corporal a tiraria. Como não está ali o remédio, são muito baixas estas medicinas para tão subido mal; alguma coisa se aplaca e passa algo com isto, pedindo a Deus que lhe dê remédio para o seu mal, e nenhum vê senão a morte, que com esta pensa gozar totalmente o seu Bem. Outras vezes é tão rijo, que isso nem nada se pode fazer, que corta todo o corpo. Nem pés nem braços não pode menear; antes se está em pé se senta, como uma coisa transportada que não pode nem sequer respirar; só dá uns gemidos não grandes, porque não pode mais; são grandes no sentimento.

13. Quis o Senhor que visse aqui algumas vezes esta visão: via um anjo junto de mim ao lado esquerdo, em forma corporal,[27] o que não costumo ver senão por maravilha; ainda que algumas vezes se me representam

---

24. Nos números 8 e 10.
25. Salmo 42,1. A Santa escreve o latim de ouvido: "quemadmodun desiderad cervus a fontes aguarun".
26. *A primeira dor*: a dor causada pelo sofrimento místico, não o das mortificações que são feitas para aplacá-lo.
27. *Em forma corporal*: não quer dizer que fosse visão corporal, pois ela já garantiu que nunca as teve (c. 28, 4), mas que o tem visto "com forma e figura" como nas visões imaginárias (cf. c. 28; e 31, 9). *O que não vejo senão "por maravilha"*: muito raramente (cf. 14, 5; 25, 6; 30, 16).

anjos, é sem vê-los, senão como a visão passada que disse primeiro.[28] Nesta visão quis o Senhor que o visse assim: não era grande, senão pequeno, muito formoso, o rosto tão acendido que parecia dos anjos muito subidos que parecem todos que se abrasam. Devem ser os que chamam querubins,[29] que os nomes não me dizem; mas bem vejo que no céu há tanta diferença de uns anjos a outros e de outros a outros, que não o saberia dizer. Via em suas mãos um dardo de ouro comprido, e no fim do ferro me parecia ter um pouco de fogo. Este me parecia meter pelo coração algumas vezes e que me chegava às entranhas. Ao tirá-lo, me parecia que as levava consigo, e me deixava toda abrasada em amor grande de Deus. Era tão grande a dor, que me fazia dar aqueles queixumes,[30] e tão excessiva a suavidade que me põe esta grandíssima dor, que não há desejar que se tire, nem se contenta a alma com menos que Deus. Não é dor corporal senão espiritual, ainda que não deixe de participar o corpo algo, e ainda farto. É um requebro tão suave que passa entre a alma e Deus, que suplico eu à sua bondade que o dê a sentir o gosto a quem pensar que minto.[31]

14. Nos dias que durava isto andava como embasbacada. Quisera não ver nem falar, senão abraçar-me com minha pena, que para mim era maior glória que quantas há em todo o criado.

Isto tinha algumas vezes,[32] quando quis o Senhor que me viessem estes arroubamentos tão grandes, que até estando entre pessoas não podia resistir a eles, senão que com farta pena minha começaram a ser publicados. Depois que os tenho, não sinto esta pena tanto, senão a que disse em outra parte antes – não me lembro em que capítulo[33] –, que é muito diferente em fartas coisas e de maior preço; antes em começando esta pena

---

28. Faz alusão à visão intelectual do c. 27, 2.
29. *Los que llaman querubines*: note-se a circunlocução aproximativa do nome. Um dos censores anotou à margem do original: "mais parece dos que chamam serafins". Frei Luís acolheu no texto a nomenclatura de Báñez (p. 355).
30. *Aquellos quejidos*: alude provavelmente aos "gemidos não grandes" do n. 12.
31. É esta a famosa graça da *transverberação do coração* ou *mercê do dardo*, imortalizada por Bernini no grupo marmóreo de Santa Maria della Vittoria (Roma). – A Santa volta a referir este fenómeno místico nas *Moradas* 6, 2, 4, e na *Relação* 5, n. 15-17.
32. Clara afirmação de que a Santa recebeu essa graça mais de uma vez.
33. *Não me lembro em que capítulo*: no capítulo 20, 9ss.

de que agora falo, parece que o Senhor arrebata a alma e a põe em êxtase, e assim não há lugar de ter pena nem de padecer, porque vem logo o gozar.

Seja bendito para sempre, que tantas mercês faz a quem tão mal responde a tão grandes benefícios.

Capítulo 30

Torna a contar o discurso de sua vida e como remediou o Senhor muito de seus trabalhos trazendo ao lugar aonde estava o santo Frei Pedro de Alcântara, da ordem do glorioso São Francisco. – Trata de grandes tentações e trabalhos interiores que passava algumas vezes.[1]

1. Pois vendo eu o pouco ou nonada que podia fazer para não ter estes ímpetos tão grandes, também temia tê-los; porque pena e contento não podia eu entender como podia estar junto;[2] que já pena corporal e contento espiritual, já o sabia que era bem possível; mas tão excessiva pena espiritual e com tão grandíssimo gosto, isto me desatinava.

Ainda não cessava em procurar resistir, mas podia tão pouco, que algumas vezes me cansava. Amparava-me com a cruz e queria me defender do que com ela nos amparou a todos.[3] Via que ninguém me entendia, que isto muito claro o entendia eu; mas não o ousava dizer senão a meu confessor,[4] porque isto fora dizer bem de verdade que não tinha humildade.

2. Foi o Senhor servido remediar grande parte de meu trabalho – e por então todo – trazendo a este lugar[5] o bendito Frei Pedro de Alcântara, de quem já fiz menção e disse algo de sua penitência,[6] que, entre outras coisas, me certificaram que tinha trazido vinte anos cilícios de folha de lata continuamente. É autor de uns livros pequenos de oração que agora são

---

1. N.E.: Os capítulos 30-31 formam uma espécie de díptico: dupla série de episódios da vida interior da autora: o c. 30, "tentações e trabalhos interiores"; o 31, "tentações exteriores e representações" demoníacas. São abundantes em "minudências" ou minúcias, provavelmente por insistência do destinatário do escrito, P. Garcia de Toledo: c. 30, 22.

2. Alude ao dito no c. 29, 11: "esta pena e glória junta me trazia desatinada... não podia eu entender como podia ser aquilo".

3. Note-se o jogo de palavras: "eu me amparava com a cruz, e com ela queria me defender de quem com ela nos amparou a todos".

4. *Meu confessor*: P. Baltasar Alvarez.

5. *Este lugar*: Ávila, mas evita nomeá-lo, como no título do capítulo.

6. Falou das duas coisas no c. 27, 16 e segs.

Livro da vida

muito usados, em romance,[7] porque como quem bem a tinha exercitado, escreveu bastante proveitosamente para os que a têm.[8] Guardou a primeira Regra do bem-aventurado São Francisco com todo rigor e o demais que lá[9] fica algo dito.

3. Pois como a viúva serva de Deus, que tenho dito,[10] e amiga minha, soube que estava aqui tão grande varão, e sabia minha necessidade, porque era testemunha de minhas aflições e me consolava bastante, porque era tanta sua fé que não podia senão crer que era espírito de Deus o que todos os demais diziam que era do demônio, e como é pessoa de farto bom entendimento e de muito segredo e a quem o Senhor fazia farta mercê na oração, quis Sua Majestade dar-lhe luz no que os letrados ignoravam. Davam-me licença meus confessores que descansasse com ela algumas coisas, porque por fartas causas cabia nela.[11] Cabia-lhe parte algumas vezes das mercês que o Senhor me fazia, com avisos bastante proveitosos para sua alma.

Pois como soube, para que melhor pudesse tratar com ele, sem dizer-me nada recebeu licença de meu Provincial[12] para que oito dias estivesse em sua casa, e nela e em algumas igrejas falei muitas vezes com ele nesta primeira vez que esteve aqui, que depois em diversos tempos me comuniquei muito com ele.[13] Como lhe dei conta em suma de minha vida e maneira de proceder de oração, com a maior clareza que eu soube, que isto

---

7. N.T.: *Em romance*: em língua castelhana ou espanhola.
8. Refere-se ao *Tratado de oración y meditación* (Lisboa 1556-1557), e vários outros pequenos tratados publicados também em Lisboa (1560): *Breve introducción para los que comienzan a servir a Dios, Tres cosas que debe hacer el que desea salvarse, Oración devotísima, Petición especial de amor de Dios*. Em suas Constituições (n. 8), a Santa recomendará a suas monjas "os livros... do padre frei Pedro de Alcântara".
9. Por lapso, no original a autora escreveu "ella" em vez de "allá" [lá].
10. "Dona Guiomar de Ulloa", anota Gracián em seu exemplar de *Vida*. A Santa fez o elogio dela no c. 24, 4.
11. *Descansasse com ela algumas coisas*: confiando-lhe seus problemas; *por fartas causas cabia nela*: ela podia ajudar muito.
12. *Meu provincial*: o P. Angel de Salazar, que era Provincial das carmelitas da Encarnação.
13. Os encontros dos dois foram na casa de Dª Guiomar e "em algumas igrejas": capela de Mosén Rubí, paróquia de São Tomé e na Catedral. Ocorreram em meados de agosto de 1560. Entrevistaram-se de novo em Toledo (abril de 1562) e em Ávila (junho/julho desse mesmo ano): cf. 36, 1-2.

tenho tido sempre, tratar com toda clareza e verdade com os que comunico minha alma, até os primeiros movimentos quereria eu que fossem públicos, e as coisas mais duvidosas e de suspeita eu arguia com razões contra mim, assim que sem doblez nem encoberta[14] tratei com ele de minha alma.

4. Quase nos princípios vi que me entendia por experiência, que era tudo o que eu tinha mister; porque então não me sabia entender como agora, para saber dizê-lo, que depois mo tem dado Deus que saiba entender e dizer as mercês que Sua Majestade me faz,[15] e era mister que tivesse passado por isso quem de todo me entendesse e declarasse o que era. Ele me deu grandíssima luz, porque pelo menos nas visões que não eram imaginárias não podia eu entender o que podia ser aquilo, e parecia-me que nas que via com os olhos da alma tampouco entendia como podia ser; que – como tenho dito[16] – só as que se veem com os olhos corporais era das que me parecia a mim que havia de fazer caso, e estas não tinha.

5. Este santo homem me deu luz em tudo e mo declarou, e disse que não tivesse pena, senão que louvasse a Deus e estivesse tão certa que era espírito seu, que, se não era a fé, coisa mais verdadeira não podia haver, nem que tanto pudesse crer. E ele se consolava muito comigo e fazia-me todo favor e mercê, e sempre depois teve muita conta comigo e dava parte[17] de suas coisas e negócios. E como me via com os desejos que ele já possuía por obra – que estes o Senhor me dava muito determinados – e me via com tanto ânimo, folgava-se de tratar comigo; que a quem o Senhor chega a este estado não há prazer nem consolo que se iguale a topar com quem lhe parece que o Senhor lhe tem dado princípios disto; que então não devia eu ter muito mais, ao que me parece, e praza ao Senhor o tenha agora.

6. Teve por mim grandíssima lástima. Disse-me que um dos maiores trabalhos da terra era o que tinha padecido, que é contradição de bons, e

---

14. *Sin doblez ni encubierta*: sem dolo nem embuços. A Santa tinha escrito "sin doblez y encubierta", que depois corrigiu. Bem lido já por frei Luís (p. 359).
15. Novamente a Santa recorda que sua capacitação expressiva diante do inefável da experiência mística é recente. Posterior a 1560, data do primeiro encontro com frei Pedro de Alcântara. Cf. c. 12, 6, nota 24.
16. No c. 28, 4.
17. *Dava parte*: comunicava, informava a respeito. – Pouco antes: *teve muita conta comigo*: ter atenção ou atenções (cf. 2, 3).

que ainda me ficava bastante, porque sempre tinha necessidade e não havia nesta cidade quem me entendesse; mas que ele falaria ao que me confessava[18] e a um dos que me davam mais pena, que era este cavaleiro casado que já tenho dito.[19] Porque, como quem me tinha maior vontade, me fazia toda a guerra. E é alma temerosa e santa, e como me tinha visto tão ruim havia tão pouco tempo, não acabava de assegurar-se.[20]

E assim fez o santo varão, que falou a ambos e lhes deu causas e razões para que se assegurassem e não me inquietassem mais. O confessor pouco havia mister disso; o cavaleiro tanto, que ainda não bastou de todo, mas foi parte para que nem tanto me amedrontasse.

7. Ficamos concertados que lhe escreveria o que me sucedesse mais daí em diante, e de nos encomendarmos muito a Deus, que era tanta a sua humildade, que tinha em algo as orações desta miserável, que era farta a minha confusão. Deixou-me com grandíssimo consolo e contento, e com que tivesse a oração com segurança, e que não duvidasse de que era Deus; e do que tivesse alguma dúvida e, por mais segurança, de tudo desse parte ao confessor, e com isto vivesse segura.

Mas tampouco podia ter essa segurança de todo, porque o Senhor me levava por caminho de temer, como crer que era demônio quando me diziam que era. Assim que temor nem segurança ninguém podia que eu a tivesse de maneira que lhes pudesse dar mais crédito do que o Senhor punha em minha alma. Assim que, ainda que me consolasse e sossegasse, não lhe dei tanto crédito para ficar de todo sem temor, em especial quando o Senhor me deixava nos trabalhos de alma que agora direi. Contudo, fiquei – como digo – muito consolada.

Não me fartava de dar graças a Deus e ao glorioso pai meu São José, que me pareceu que o tinha trazido, porque era Comissário Geral da Custódia de São José,[21] a quem eu muito me encomendava e a nossa Senhora.

---

18. P. Baltasar Alvarez. – Disso falam os três biógrafos: Ribera em sua vida da Santa (I, c. 11), F. Marchese, na vida de São Pedro de Alcântara (II, c. 12), e La Puente, em sua vida do P. Baltasar (c. 11).
19. Era o "caballero santo", Francisco de Salcedo, de quem falou no c. 23, 6-11.
20. N.T.: *Não acabava de assegurar-se*: não conseguia tranquilizar-se.
21. *A Custódia de São José*: semiprovíncia franciscana que levava o título de São José.

8. Acontecia-me algumas vezes – e ainda agora me acontece, ainda que não tantas – estar com tão grandíssimos trabalhos de alma junto com tormentos e dores de corpo, de males tão rijos, que não me podia valer.[22]

Outras vezes tinha males corporais mais graves, e como não tinha os da alma, os passava com muita alegria; mas quando era tudo junto, era tão grande trabalho que me apertava mui muito. Todas as mercês que me tinha feito o Senhor se me olvidavam. Só ficava uma memória como coisa que se tem sonhado, para dar pena. Porque se entorpece o entendimento de sorte, que me fazia andar em mil dúvidas e suspeita, parecendo-me que eu não o tinha sabido entender e que talvez me antojasse e que bastava que andasse eu enganada sem que enganasse aos bons. Parecia-me eu tão má, que quantos males e heresias se tinham levantado me parecia que eram por meus pecados.

9. Esta é uma humildade falsa que o demônio inventava para desassossegar-me e provar se pode levar a alma ao desespero. Tenho já tanta experiência que é coisa de demônio, que, como já vê que o entendo, não me atormenta nisto tantas vezes como costumava. Vê-se claro na inquietação e desassossego com que começa, e o alvoroço que dá na alma o tempo que dura, e a escuridão e aflição que nela põe, a sequidão e má disposição para oração nem para nenhum bem. Parece que afoga a alma e ata o corpo para que de nada aproveite. Porque a humildade verdadeira, ainda que se conheça a alma por ruim, e dá pena ver o que somos, e pensamos grandes encarecimentos de nossa maldade, tão grandes como os ditos,[23] e se sentem com verdade, não vem com alvoroço nem desassossega a alma nem obscurece nem dá sequidão; antes a regala, e é tudo ao revés: com quietude, com suavidade, com luz. Pena que, por outro lado conforta de ver quão grande mercê lhe faz Deus em que tenha aquela pena e quão bem empregada é. Dói-lhe o que ofendeu a Deus. Por outro lado, sua misericórdia a dilata. Tem luz para confundir-se a si e louva Sua Majestade porque tanto a sofreu.

---

22. Uma segunda mão retocou o original: "valer-me" ("me", acrescentado fora do corpo da escrita). Frei Luís editou como nós: "valer" (p. 362).
23. *Ditos* no final do n. 8.

Nestoutra humildade que o demônio põe não há luz para nenhum bem, tudo parece que Deus põe a fogo e a sangue.[24] Representa-lhe a justiça, e ainda que tenha fé que tem misericórdia, porque não pode tanto o demônio que a faça perder, é de maneira que não me consola, antes quando olha tanta misericórdia, lhe ajuda a maior tormento, porque me parece que estava obrigada a mais.

10. É uma invenção do demônio das mais penosas e sutis e dissimuladas que eu tenho entendido dele, e assim quereria avisar a vossa mercê[25] para que, se por aqui o tentar, tenha alguma luz e o conheça, se deixar o entendimento para conhecê-lo. Que não pense que vai em letras e saber, que, ainda que a mim tudo me falte, depois de saída disso bem entendo que é desatino. O que tenho entendido é que quer e permite o Senhor e dá licença, como lhe foi dada para que tentasse a Jó,[26] ainda que a mim – como a ruim – não é com aquele rigor.

11. Tem me acontecido e me lembro de ser um dia antes da véspera de Corpus Christi, festa de quem eu sou devota,[27] ainda que não tanto como é razão. Desta vez durou-me só até o dia,[28] que outras dura-me oito e quinze dias, e até três semanas, e não sei se mais, em especial nas Semanas Santas, que costumava ser meu regalo de oração. Acontece-me que colhe de repente o entendimento por coisas tão levianas às vezes, que outras me teria rido delas; e o faz estar transtornado em tudo o que ele quer e a alma aguilhoada ali, sem ser senhora de si nem poder pensar outra coisa além dos disparates que ele lhe representa, que quase nem têm tomo[29] nem atam nem desatam; só ata para afogar de maneira a alma, que não cabe em si. E é assim que me tem acontecido parece-me que andam os demônios como jogando bola com a alma, e ela que não é parte[30] para livrar-se de seu poder.

---

24. Equivale à expressão espanhola "a sangre y fuego" [ou à brasileira "a ferro e fogo"].
25. *Vossa mercê*: é o P. Garcia de Toledo.
26. Cf. o livro bíblico de Jó 2,6.
27. *Festa de quem*: equivalente a "festa da qual".
28. *Duróme hasta el día*: frase obscura. Provavelmente durou desde a antevéspera de Corpus Christi até o dia da festa.
29. *Ni tienen tomo*: sem importância (cf. 5, 1; 18, 4). – A seguir, no original: "desata" escreveu a Santa, cremos que por lapso (assim pensou frei Luís, p. 365). A frase feita "nem atam nem desatam" repete a ideia de "disparatar", não dizer coisa com coisa.
30. *Não é parte*: não é capaz (cf. o final do n. 6), não tem parte...

Não se pode dizer o que neste caso se padece. Ela anda a buscar reparo, e permite Deus que não o ache. Só fica sempre a razão do livre arbítrio, não clara.[31] Digo eu que deve ser quase tapados os olhos, como uma pessoa que muitas vezes tem ido por uma parte, que, ainda que seja noite e às escuras, já pelo tino passado sabe aonde pode tropeçar, porque o tem visto de dia, e guarda-se daquele perigo. Assim é para não ofender a Deus, que parece que se vai pelo costume. Deixemos à parte o tê-la o Senhor,[32] que é o que faz ao caso.[33]

12. A fé está então tão amortecida e adormecida como todas as demais virtudes, ainda que não perdida, que bem crê o que tem a Igreja, mas pronunciado pela boca, e que parece por outro lado a apertam e entorpecem para que, quase como coisa que ouviu de longe, lhe parece que conhece a Deus.

O amor tem tão tíbio que, se ouve falar dele,[34] escuta como uma coisa que crê ser o que é porque o tem a Igreja; mas não tem memória do que tem experimentado em si.

Ir rezar não é senão mais angústia, ou estar em solidão; porque o tormento que em si se sente, sem saber de que, é incomportável.[35]

A meu parecer, é um pouco do traslado do inferno.[36] Isto é assim, segundo o Senhor me deu a entender numa visão; porque a alma se queima em si, sem saber quem nem por onde lhe põe fogo, nem como fugir dele, nem com que o matar.

Pois querer-se remediar lendo é como se não o soubesse. Uma vez me aconteceu ir ler uma vida de um santo para ver se me embeberia e para consolar-me com o que ele padeceu, e ler quatro ou cinco vezes outras tantas linhas e, sendo romance, menos entendia delas no final do que no

---

31. *A razão do livre-arbítrio*: razão e liberdade. Fica-lhe apenas a luz mental suficiente para o livre uso da vontade...
32. *Tê-la*: no sentido de manter, suster. O Senhor a tem em sua mão.
33. N.T.: *O que faz ao caso*: o principal, o importante.
34. N.T.: *Dele*: de Deus.
35. *Incomportável* (de novo no n. 14): insuportável (5, 7.10, nota 14).
36. Traslado do inferno: "traslado" na acepção de "cópia ou transunto" (Cobarruvias, p. 140 b 63).

princípio, e assim o deixei. Isto me aconteceu muitas vezes, senão que desta me lembro mais em particular.

13. Ter, pois, conversação com ninguém, é pior. Porque um espírito tão desgostoso de ira põe o demônio, que parece a todos que me quereria comer, sem poder fazer mais, e algo parece que se faz em ir-me à mão,[37] ou faz o Senhor em ter em sua mão a quem assim está, para que não diga nem faça contra seus próximos coisa que os prejudique e em que ofenda a Deus.

Pois ir ao confessor, isto é certo que muitas vezes me acontecia o que direi, que, sendo tão santos como são os que neste tempo tenho tratado e trato, me diziam palavras e me repreendiam com uma aspereza, que depois que eu as dizia eles mesmos se espantavam e me diziam que não era mais em sua mão. Porque, ainda que punham muito de si para não fazer outras vezes (porque depois lhes causava lástima e até escrúpulo), quando tivesse semelhantes trabalhos de corpo e de alma, e se determinavam a consolar-me com piedade, não podiam. Não diziam eles palavras más – digo em que ofendessem a Deus –, mas as mais desgostosas que se sofriam para confessor.[38] Deviam pretender mortificar-me, e ainda que outras vezes me folgasse e estivesse para sofrê-lo, então tudo me era tormento.

Pois me dá também parecer que os engano, e ia a eles e avisava-os muito deveras que se guardassem de mim, que poderia ser que os enganasse. Bem via eu que de advertência[39] não o faria, nem lhes diria mentira, mas tudo me era temor. Um me disse uma vez,[40] como entendeu a tentação, que não tivesse pena, que ainda que eu quisesse enganá-lo, siso tinha ele para não se deixar enganar. Isto me deu muito consolo.

14. Algumas vezes – e quase ordinariamente, pelo menos mais continuamente – em acabando de comungar descansava; e também algumas, em chegando ao Sacramento, logo na hora[41] ficava tão boa, alma e corpo, que me espanto. Não parece senão que num ponto se desfazem todas as trevas da alma e, saído o sol, conhecia as bobeiras em que tinha estado.

---

37. *Irme a la mano*: refrear-me, reter-me.
38. *Para confessor*: num confessor, ou "para serem ditas por um confessor".
39. N.T.: *De advertência*: de propósito.
40. "O P. Baltasar Alvarez", anota Gracián em seu exemplar.
41. *Logo na hora*: imediatamente [cf. c. 4, 2, nota 6].

Outras, com uma palavra que me dizia o Senhor, só dizendo: *Não estejas fatigada; não tenhas medo* – como já deixo outra vez dito[42] –, ficava totalmente sã, ou vendo alguma visão, como se não tivesse tido nada. Regalava-me com Deus; queixava-me a Ele como consentia tantos tormentos que padecesse; mas isso era bem pago, que quase sempre eram depois em grande abundância as mercês.

Não me parece senão que sai a alma do crisol como o ouro,[43] mais afinada e clarificada, para ver em si o Senhor. E assim se fazem depois pequenos estes trabalhos parecendo incomportáveis, e se desejam tornar a padecer, se o Senhor se há de servir mais disso. E ainda que haja mais tribulações e perseguições, como se passem sem ofender ao Senhor, senão folgando-se por padecê-lo por ele, tudo é para maior lucro, ainda que como se hão de levar não os levo eu, senão bastante imperfeitamente.

15. Outras vezes me vinham de outra sorte, e vêm, que de todo ponto me parece que se me tira a possibilidade de pensar coisa boa nem desejá-la fazer, senão uma alma e corpo de todo inútil e pesado; mas não tenho com isto estas outras tentações e desassossegos, senão um desgosto, sem entender de que, nem nada contenta a alma. Procurava fazer boas obras exteriores para ocupar-me meio à força, e conheço bem o pouco que é uma alma quando se esconde a graça. Não me dava muita pena, porque este ver minha baixeza me dava alguma satisfação.

16. Outras vezes me acho que tampouco coisa formada posso pensar de Deus nem de bem que vá com assento, nem ter oração, ainda que esteja em solidão; mas sinto que o conheço. O entendimento e imaginação[44] entendo que é aqui o que me dana, que a vontade boa me parece a mim que está e disposta para todo bem. Mas este entendimento está tão perdido, que não parece senão um louco furioso que ninguém pode atar, nem sou senhora de fazê-lo estar quedo um credo.[45] Algumas vezes me rio e conheço

---

42. Mencionou isto outras duas vezes: c. 25, 18 e c. 26, 2.
43. Imagem bíblica, muito repetida na liturgia: "como o ouro no crisol, assim os prova o Senhor" (Sb 3,6; Eclo 2,5; Pr 27,21).
44. A Santa nem sempre distingue entre entendimento, pensamento e imaginação. Ver a epígrafe do cap. 1 das *Moradas* IV.
45. *Estar quedo* (quieto) *un credo*: "um credo" é uma fração breve de tempo (cf. c. 15, 7, nota 25).

a minha miséria, e o estou olhando e o deixo para ver o que faz; e – glória a Deus – nunca por maravilha vai a coisa má, senão indiferentes: se algo há que fazer aqui e ali e acolá. Conheço mais então a grandíssima mercê que me faz o Senhor quando tem atado este louco em perfeita contemplação. Miro o que seria se me vissem este desvario as pessoas que me têm por boa. Tenho lástima grande da alma ao vê-la em tão má companhia. Desejo vê-la com liberdade, e assim digo ao Senhor: "quando, Deus meu, acabarei já de ver minha alma junta em vosso louvor, que vos gozem todas as potências? Não permitais, Senhor, que seja já mais despedaçada, que não parece senão que cada pedaço anda por seu lado!"

Isto passo muitas vezes. Algumas bem entendo que lhe faz bastante ao caso a pouca saúde corporal. Lembro-me muito do dano que nos fez o primeiro pecado,[46] que daqui me parece que nos veio ser incapazes de gozar tanto bem em um ser,[47] e devem ser os meus, que, se eu não tivesse tido tantos, teria estado mais inteira no bem.

17. Passei também outro grande trabalho: que como todos os livros que lia que tratam de oração me parecia que os entendia todos e que o Senhor já me tinha dado aquilo, que não tinha mister deles, e assim não os lia, senão vidas de Santos, que, como eu me acho tão curta no que eles serviam a Deus, isto parece que me aproveita e anima. Parecia-me muito pouca humildade pensar eu que havia chegado a ter aquela oração; e como não podia acabar comigo outra coisa, dava-me muita pena, até que letrados e o bendito Frei Pedro de Alcântara me disseram que não me desse nada. Bem vejo eu que no servir a Deus não tenho começado – ainda que em fazer-me Sua Majestade mercês é como a muitos bons – e que estou feita uma imperfeição, se não é nos desejos e em amar,[48] que nisto bem vejo que me tem favorecido o Senhor para que possa servi-lo em algo. Bem

---

46. *El primer pecado*: de Adão, pecado original. A Santa nunca utilizará este termo técnico dos teólogos.

47. *En un ser*: expressão polivalente na Santa (cf. c. 5, 8, nota 16: "continuamente" e "totalmente"). Aqui quer dizer que, por causa do pecado original, não podemos gozar estavelmente das graças místicas sem as turbulências da imaginação. Mais explícito no c. 40, 18.

48. Sobre essa constante de desejos, cf. c. 15, 14; e os testemunhos desse mesmo período em *R.* 1, 8; 3, 9.

me parece a mim que o amo, mas as obras me desconsolam e as muitas imperfeições que vejo em mim.

18. Outras vezes me dá uma bobice de alma – digo eu que é –, que nem bem nem mal me parece que faço, senão andar ao fio da gente,[49] como dizem: nem com pena nem com glória, nem lhe dá vida nem morte, nem prazer nem pesar. Não parece que se sente nada. A mim parece que a alma anda como um jumentinho que pasta, que se sustenta porque lhe dão o de comer e come quase sem senti-lo; porque a alma neste estado não deve estar sem comer algumas grandes mercês de Deus, pois em vida tão miserável não lhe pesa de viver e o passa com igualdade, mas não se sentem movimentos nem efeitos para que se entenda a alma.

19. Parece-me agora a mim como um navegar com um ar muito sossegado, que anda muito sem entender como; porque nestas outras maneiras são tão grandes os efeitos, que quase logo vê a alma sua melhora. Porque logo bulem[50] e nunca acaba de satisfazer-se uma alma. Isto têm os grandes ímpetos de amor que tenho dito,[51] a quem Deus os dá. É como umas fontezinhas que tenho visto manar, que nunca cessa de fazer movimento a areia para cima.

Natural me parece este exemplo ou comparação das almas que aqui chegam: sempre está fervendo o amor e pensando o que fará. Não cabe em si, como na terra parece não caber aquela água, senão que a lança de si. Assim está a alma mui ordinariamente, que não sossega nem cabe em si com o amor que tem; já a tem empapada em si. Quereria que bebessem os outros, pois a ela não faz falta, para que a ajudassem a louvar a Deus. Oh, quantas vezes me lembro da água viva que o Senhor disse à Samaritana, e assim sou muito afeiçoada àquele Evangelho;[52] e é assim, certamente, que sem entender como agora este bem, desde muito menina o era, e suplicava muitas vezes ao Senhor que me desse aquela água, e a tinha desenhada

---

49. N.T.: Em espanhol: *andar al hilo de la gente*: seguir, acompanhar as pessoas. Cf. c. 35, 19, nota 29.
50. *Bullen* [*bullir* = ferver, agitar-se, mover], no original está *bullan*.
51. No c. 28, 8-14 e c. 26, 1.
52. *Este evangelho*: capítulo 4 de São João.

aonde estava sempre, com este letreiro, quando o Senhor chegou ao poço: *Domine, da mihi aquam*.[53]

20. Parece também como um fogo que é grande e, para que não se aplaque, é mister que haja sempre o que queimar. Assim são as almas que digo. Ainda que fosse muito à sua custa, quereriam trazer lenha para que não cessasse este fogo. Eu sou tal que ainda com palhas que pudesse lançar nele me contentaria, e assim me acontece algumas e muitas vezes; umas me rio e outras me fatigo muito. O movimento interior me incita a que sirva em algo – de que não sou para mais – em pôr raminhos e flores a imagens, em varrer, em pôr um oratório, em umas coisinhas tão baixas que me fazia confusão. Se fazia ou faço algo de penitência, tudo pouco e de maneira que, a não tomar o Senhor a vontade, via eu que era sem nenhum tomo,[54] e eu mesma burlava de mim.

Pois não têm pouco trabalho almas às quais Deus dá por sua bondade este fogo de amor seu em abundância, faltarem forças corporais para fazer algo por Ele. É uma pena bem grande. Porque, como lhe faltam forças para lançar alguma lenha neste fogo e ela morre porque não se mate,[55] parece que ela entre si se consome e faz cinza e se desfaz em lágrimas e se queima; e é farto tormento, ainda que seja saboroso.

21. Louve mui muito ao Senhor a alma que tem chegado aqui e lhe dá forças corporais para fazer penitência, ou lhe deu letras e talentos e liberdade para pregar e confessar e chegar almas a Deus.[56] Que não sabe nem entende o bem que tem, se não tem passado por gostar o que é não poder fazer nada em serviço do Senhor, e receber sempre muito. Seja bendito por tudo e deem-lhe glória os anjos, amém.

22. Não sei se faço bem em escrever tantas minudências. Como vossa mercê[57] me tornou a enviar a mandar que não se me desse nada em alongar-me nem deixasse nada, vou tratando com clareza e verdade aquilo

---

53. Jo 4,15. Ela escreveu o latim: "domine da miqui aguan".
54. *Sem nenhum tomo*: sem valor algum.
55. *Porque não se mate*: para que não se apague o fogo.
56. *Chegar almas a Deus*: achegar almas a Deus, aproximar almas de Deus.
57. *Vossa mercê*: P. Garcia de Toledo. Como outras vezes, o epílogo do capítulo retoma o diálogo com ele.

de que me lembro. E não pode ser menos de deixar-se muito,[58] porque seria gastar muito mais tempo, e tenho tão pouco como tenho dito,[59] e porventura não tirar nenhum proveito.

---

58. N.T.: *E não pode ser menos de deixar-se muito*: e não pode deixar de ficar muito...
59. Disse isso no c. 10, n. 7 e c. 14, n. 8.

Capítulo 31

Trata de algumas tentações exteriores e representações que o demônio lhe fazia e tormentos que lhe dava. — Trata também de algumas coisas bastante boas para aviso de pessoas que vão ao caminho de perfeição.[1]

1. Quero dizer, já que tenho dito algumas tentações e perturbações interiores e secretas que o demônio me causava,[2] outras que fazia quase públicas em que não se podia ignorar que era ele.

2. Estava uma vez num oratório, e apareceu-me para o lado esquerdo, de abominável figura; em especial olhei a boca, porque me falou, que a tinha espantável. Parecia que lhe saía uma grande chama do corpo, que estava toda clara, sem sombra. Disse-me espantavelmente que bem me tinha livrado de suas mãos, mas que ele me tornaria a elas. Eu tive grande temor e fiz o sinal da cruz como pude, e desapareceu e tornou logo. Por duas vezes me aconteceu isso. Eu não sabia o que fazer. Tinha ali água benta e joguei-a[3] para aquela parte, e nunca mais tornou.

3. Outra vez esteve cinco horas me atormentando, com tão terríveis dores e desassossego interior e exterior, que não me parece que se podia já sofrer. As que estavam comigo estavam espantadas e não sabiam o que fazer nem eu como valer-me. Tenho por costume, quando as dores e mal corporal é muito intolerável, fazer atos como posso entre mim, suplicando ao Senhor, se se serve daquilo, que me dê Sua Majestade paciência e esteja eu assim até o fim do mundo.

Pois como desta vez vi o padecer com tanto rigor, remediava-me com estes atos para poder levar, e determinações. Quis o Senhor que entendesse como era o demônio, porque vi junto a mim um negrinho muito

---

1. N.E.: O quadro de "tentações e trabalhos interiores" do capítulo anterior se completa agora com duas pinceladas mais: "as tentações exteriores" de origem diabólica (uma série de episódios) e as tentações de falsa humildade, motivadas pela excessiva estima alheia de suas graças místicas.
2. São as referidas no capítulo anterior: 30, 9 segs.
3. *Echélo*: *el agua* (masculino, como nos n. 4 e 5: trajéron*melo*, echáron*melo*).

abominável, arreganhando como desesperado de que aonde pretendia ganhar perdia. Eu, como o vi, ri, e não tive medo, porque havia ali algumas comigo que não se podiam valer nem sabiam que remédio pôr a tanto tormento, que eram grandes os golpes que me fazia dar sem poder eu resistir, com corpo e cabeça e braços. E o pior era o desassossego interior, que de nenhuma sorte podia ter sossego. Não ousava pedir água benta para não pôr medo nelas e para que não entendessem o que era.

4. De muitas vezes tenho experiência que não há coisa de que fujam mais para não tornar. Da cruz também fogem, mas voltam. Deve ser grande a virtude da água benta. Para mim é particular e muito conhecida consolação que sente minha alma quando a tomo. É certo que o muito ordinário é sentir uma recreação que não saberia eu dar a entender, como um deleite interior que toda a alma me conforta. Isto não é antojo, nem coisa que me tem acontecido só uma vez, senão muitas vezes, e olhado com grande advertência. Digamos como se alguém estivesse com muito calor e sede e bebesse um jarro de água fria, que parece que todo ele sentiu o refrigério. Considero eu que grande coisa é tudo o que está ordenado pela igreja, e regala-me muito ver que tenham tanta força aquelas palavras, que assim a ponham na água, para que seja tão grande a diferença que faz da que não é benzida.[4]

5. Pois como não cessava o tormento, disse: se não se rissem, pediria água benta. Trouxeram-na e lançaram-na em mim, e não aproveitava;[5] lancei-a para onde estava, e num ponto se foi[6] e me foi tirado todo o mal como se com a mão mo tirassem, salvo que fiquei cansada como se me tivessem dado muitas pauladas. Fez-me grande proveito ver que, ainda não sendo uma alma e corpo seu, quando o Senhor lhe dá licença faz tanto

---

4. Quer dizer: a diferença que há entre a água benzida e a não benta. – Uma das companheiras da Santa, Ana de Jesus, conta no processo de beatificação: "Nunca queria que caminhássemos sem ela (sem água benta). E pela pena que lhe dava se alguma vez nos esquecêssemos, levávamos pequenas vasilhas dela penduradas à cinta, e sempre queria que a puséssemos na sua, dizendo-nos: 'não sabem elas o refrigério que se sente tendo água benta; que é um grande bem gozar tão facilmente do sangue de Cristo'. E quantas vezes começávamos pelo caminho a rezar o Ofício Divino, no-lo fazia tomar" (*BMC*, 18, p. 465).

5. N.T.: *Trouxeram-na e lançaram-na em mim*: são as expressões referidas na nota 2 deste capítulo; "não aproveitava": não adiantava, não dava resultado.

6. Imediatamente *se foi* o demônio.

mal, o que fará quando ele o possuir como seu? Deu-me de novo gana de livrar-me de tão ruim companhia.

6. Outra vez, há pouco tempo, me aconteceu o mesmo, ainda que não durasse tanto, e eu estivesse só. Pedi água benta, e as que entraram depois que já se tinham ido[7] (que eram duas monjas dignas de fé, que de maneira alguma diriam mentira), sentiram um cheiro muito mau, como de pedra de enxofre. Eu não senti o cheiro. Durou de maneira que se pôde percebê-lo.

Outra vez estava no coro e deu-me um grande ímpeto de recolhimento. Saí dali para que não percebessem, ainda que perto ouvissem todas dar golpes grandes aonde eu estava, e eu junto a mim ouvi falar como se combinassem algo, ainda que não entendesse o que; fala grossa; mas estava tão em oração, que não entendi coisa nem tive nenhum medo. Quase cada vez era quando o Senhor me fazia mercê de que por minha persuasão se aproveitasse alguma alma.

E é certo que me aconteceu o que agora direi, e disto há muitas testemunhas, em especial quem agora me confessa,[8] que o viu por escrito numa carta; sem dizer-lhe eu quem era a pessoa de quem era a carta, bem sabia ele quem era.

7. Veio uma pessoa a mim que fazia dois anos e meio que estava num pecado mortal, dos mais abomináveis que eu tenho ouvido, e em todo este tempo nem o confessava nem se emendava, e dizia missa. E ainda que confessasse outros, este dizia que como o havia de confessar, coisa tão feia. E tinha grande desejo de sair dele e não podia valer a si mesmo. A mim me fez grande lástima; e ver que se ofendia Deus[9] de tal maneira, me deu muita pena. Prometi-lhe suplicar muito a Deus que o remediasse e fazer que outras pessoas o fizessem, que eram melhores que eu, e escrevia a certa pessoa que ele me disse que podia dar as cartas.[10] E é assim que à primeira

---

7. *Já se tinham ido* os demônios.
8. *Quem agora me confessa*: provavelmente, o P. Domingos Báñez (escreve em 1565).
9. Outra leitura possível "se ofendía a Dios" [se ofendia a Deus]. Frequentemente a Santa elide o "a" duplo. Seguimos a leitura de frei Luís (p. 379).
10. Quer dizer, a Santa as escrevia por meio de um terceiro. A seguir: *à primeira carta se confessou*.

se confessou; que quis Deus (pelas muitas pessoas muito santas que o tinham suplicado a Deus, que tinha sido encomendado por mim) fazer com esta alma esta misericórdia, e eu, ainda que miserável, fazia o que podia com farto cuidado.

Escreveu-me que estava já com tanta melhora, que havia[11] dias que não caía nele; mas que era tão grande o tormento que lhe dava a tentação, que parecia que estava no inferno, segundo o que padecia; que o encomendasse a Deus. Eu o tornei a encomendar às minhas irmãs, por cujas orações devia o Senhor fazer-me esta mercê, que tomaram muito a peito. Era pessoa que não podia ninguém atinar em quem era. Eu supliquei a Sua Majestade que se aplacassem aqueles tormentos e tentações, e viessem aqueles demônios atormentar a mim, com que eu não ofendesse[12] em nada ao Senhor. É assim que passei um mês de grandíssimos tormentos. Então eram estas duas coisas que tenho dito.[13]

8. Foi o Senhor servido que o deixaram. Assim me escreveram, porque eu lhe disse o que se passava neste mês. Tomou força sua alma e ficou de todo livre, que não se fartava de dar graças ao Senhor e a mim, como se eu tivesse feito algo, senão que já o crédito que tinha de que o Senhor me fazia mercês lhe aproveitasse. Dizia que, quando se via muito apertado, lia minhas cartas e a tentação lhe era tirada, e estava muito espantado pelo que eu tinha padecido, e como se tinha livrado ele. E também eu me espantei e o sofreria outros muitos anos para ver aquela alma livre. Seja louvado por tudo, que muito pode a oração dos que servem ao Senhor, como eu creio que fazem nesta casa[14] estas irmãs; senão que, como eu o procurava, deviam os demônios indignar-se mais comigo, e o Senhor por meus pecados o permitia.

9. Neste tempo também numa noite pensei que me afogavam; e como lançaram muita água benta, vi ir muita multidão deles, como quem vai se despenhando. São tantas as vezes que estes malditos me atormentam e tão pouco o medo que eu já tenho deles, vendo que não se podem mene-

---

11. *Havia* [esp. *había*]: no autógrafo "vía" (= bía). Na fala popular, ainda hoje se usa "ber" por "haber". Frei Luís transcreveu: "avía" (p. 379).
12. *Com que eu não ofendesse*: contanto que, com a condição de... (cf. n. 9).
13. Os dois episódios referidos no n. 6.
14. *Esta casa*: São José de Ávila.

ar se o Senhor não lhes dá licença, que cansaria vossa mercê e me cansaria se as dissesse.

10. O dito aproveite de que[15] o verdadeiro servo de Deus se dê um pouco destes espantalhos que estes põem para fazer ter medo. Saibam que, cada vez que nos é dado um pouco deles, ficam com menos força e a alma muito mais senhora. Sempre fica algum grande proveito, que para não alongar não o digo.

Só direi isto que me aconteceu numa noite das almas:[16] estando num oratório, tendo rezado um noturno[17] e dizendo umas orações muito devotas – que estão no final dele – muito devotas[18] que temos em nosso ofício, se pôs sobre o meu livro para que não acabasse a oração. Eu me santiguei, e se foi. Tornando a começar, tornou-se. Creio que foram três vezes as que comecei e, até que joguei água benta, não pude acabar. Vi que saíram algumas almas do purgatório no instante, às quais devia faltar pouco, e pensei se pretendia estorvar isto.

Poucas vezes o tenho visto tomando forma e muitas sem nenhuma forma, como a visão que sem forma se vê claro que está ali, como tenho dito.[19]

11. Quero dizer também isto, porque me espantou muito: estando um dia da Trindade em certo mosteiro no coro e em arroubamento, vi uma grande contenda de demônios contra anjos. Eu não podia entender o que quereria dizer aquela visão. Antes de quinze dias se entendeu bem em certa contenda que aconteceu entre gente de oração e muitos que não o eram, e veio farto dano à casa que era; foi contenda que durou muito e de farto desassossego.

---

15. *Aproveite de que*: para que...
16. *Noite das almas*: de 1 a 2 de novembro.
17. *Um noturno*: uma das partes do ofício das matinas, que se costumava rezar de noite.
18. *Muito devotas*: um corretor riscou estas duas palavras. A Santa repete, por distração, toda a frase. Frei Luís omitiu o riscado (p. 381). – *Nosso ofício* [esp. *nuestro rezado*]: faz alusão ao breviário próprio da Ordem do Carmo, pelo qual ela rezava o Ofício Divino.
19. De novo alude à visão referida no c. 27, 2.

Outras vezes via muita multidão deles em redor de mim, e parecia-me estar uma grande claridade que me cercava toda, e esta não lhes consentia chegar a mim.[20] Entendi que Deus me guardava, para que não chegassem a mim de maneira que me fizessem ofendê-lo. No que tenho visto em mim algumas vezes, entendi que era verdadeira visão.

O caso é que já tenho tão entendido seu pouco poder, se eu não sou contra Deus, que quase nenhum temor tenho deles. Porque não são nada suas forças, se não veem almas rendidas a eles e covardes, que aqui mostram eles seu poder.[21]

Algumas vezes, nas tentações que já disse,[22] me parecia que todas as vaidades e fraquezas de tempos passados tornavam a despertar em mim, que tinha bem que encomendar-me a Deus. Logo era o tormento de parecer-me que, pois me vinham aqueles pensamentos, que devia ser tudo demônio, até que me sossegava o confessor. Porque ainda primeiro movimento de mau pensamento me parecia a mim que não havia de ter quem tantas mercês recebia do Senhor.

12. Outras vezes me atormentava muito e ainda agora me atormenta ver que se faz muito caso de mim, em especial pessoas principais, e de que diziam muito bem. Nisto tenho passado e passo muito. Miro logo para a vida de Cristo e dos santos, e parece-me que vou ao revés, que eles não iam senão por desprezo e injúrias. Faz-me andar temerosa e como que não ouso alçar a cabeça nem quereria parecer,[23] o que não faço quando tenho perseguições. Anda a alma tão senhora, ainda que o corpo o sinta, e por outra parte ando aflita, que não sei como isto pode ser; mas passa assim, que então parece que está a alma em seu reino e que traz tudo debaixo dos pés.

---

20. Por distração (como no n. 10, nota 16), a Santa repetiu as duas frases que precedem, com uma ligeira variante: "parecia-me que estava... a mim". Seguimos a leitura de frei Luís (p. 382).

21. À margem do autógrafo o P. Báñez escreveu: "São Gregório nos *Morales* diz do demônio que é formiga e leão: vem a este propósito bem". A afirmação de São Gregório se acha no livro V, c. 20 dos *Moralia* (PL 75, 700-701), no comentário ao c. 4, v. 11 do livro de Jó: "morreu tigre por não ter presa", comentado pelo Santo Doutor segundo a versão dos Setenta, em que se lê: "morreu a formiga-leão, por não ter presa". A formiga-leão é o diabo. – Recorde-se que a Santa lera *Los Morales* em sua juventude (cf. c. 5, 8).

22. Disse no n. 1ss e no c. 30, 9ss.

23. *Parecer*: aparecer, fazer ato de presença (como no final deste número).

Dava-me algumas vezes[24] e durou-me fartos dias, e parecia que era virtude e humildade por uma parte, e agora vejo claro que era tentação. Um frade dominicano, grande letrado, mo declarou bem. Quando pensava que estas mercês que o Senhor me faz se haviam de vir a saber em público, era tão excessivo o tormento, que me inquietava muito a alma. Veio a termos que, considerando-o, de mais bom grado me parece que me determinava a que me enterrassem viva do que por isto. E assim, quando me começaram estes grandes recolhimentos ou arroubamentos a não poder resisti-los também em público, ficava eu depois tão corrida, que não quisera parecer aonde ninguém me visse.

13. Estando uma vez muito fatigada disto, me disse o Senhor, que *o que temia; que nisto não podia, senão haver duas coisas: ou que murmurassem de mim, ou louvar a Ele*;[25] dando a entender que os que criam nele, o louvariam, e os que não, era condenar-me sem culpa, e que ambas as coisas eram lucro para mim; que não me fatigasse. Muito me sossegou isto, e me consola quando me lembro.

Veio a termos a tentação, que me queria ir deste lugar[26] e dotar em outro mosteiro muito mais encerrado que no que eu no presente estava, que tinha ouvido dizer muitos extremos dele. Era também de minha Ordem,[27] e muito longe, que isso é o que a mim me consolara, estar aonde não me conhecessem; e nunca meu confessor me deixou.

14. Muito me tiravam a liberdade[28] do espírito estes temores, que depois vim eu a entender que não era boa humildade, pois tanto inquietava, e me ensinou o Senhor esta verdade: que eu tão determinada e certa estivesse que não era nenhuma coisa boa minha, senão de Deus, que assim como não me pesava de ouvir louvar a outras pessoas, antes me folgava e

---

24. O sujeito da frase está implícito no último membro: "*Dava-me algumas vezes... esta tentação: quando pensava que...*".
25. Recordará este lema em *Moradas sextas*, 4, 16.
26. Ávila, mosteiro da Encarnação.
27. *De minha Ordem*: de carmelitas. Note-se que segue mantendo o anonimato. – O mosteiro ao qual a Santa faz alusão era provavelmente o da Encarnação de Valência, que tinha fama de "mui encerrado". Tinha sido fundado em 1502 pelo mestre Mercader.
28. *Tiravam* (*quitaban*): por descuido a Santa escreveu: *quitaba*, que deixaria falso o sentido da frase. Já frei Luís editou no plural (p. 385).

consolava muito de ver que ali se mostrava Deus, que tampouco me pesaria que mostrasse em mim suas obras.

15. Também dei em outro extremo, que foi suplicar a Deus – e fazia oração particular – que quando a alguma pessoa lhe parecesse algo bem em mim, que Sua Majestade lhe declarasse meus pecados, para que visse quão sem mérito meu me fazia mercês, que isto eu sempre desejo muito. Meu confessor me disse que não o fizesse. Mas até agora há pouco, se eu visse que uma pessoa pensava muito bem de mim, por rodeios ou como podia lhe dava a entender meus pecados, e com isto parece que descansava. Também me puseram muito escrúpulo nisto.

16. Procedia isto não de humildade, a meu parecer, mas de uma tentação vinham muitas. Parecia-me que a todos trazia enganados e, ainda que seja verdade que andam enganados em pensar que há algum bem em mim, não era meu desejo enganá-los, nem jamais tal pretendi, senão que o Senhor para algum fim o permite; e assim, também com os confessores, se não visse que era necessário, não teria tratado nenhuma coisa, pois me teria feito grande escrúpulo.

Todos estes temorzinhos e penas e sombra de humildade entendo eu agora que era farta imperfeição, e de não estar mortificada; porque uma alma deixada nas mãos de Deus não se lhe dá mais que digam bem ou mal, se ela entende bem entendido – como o Senhor quer fazer-lhe mercê que o entenda – que não tem nada de si. Confie em quem o dá, que saberá por que o descobre, e aparelhe-se para a perseguição, que está certa nos tempos de agora, quando de alguma pessoa quer o Senhor que se entenda que lhe faz semelhantes mercês; porque há mil olhos para uma alma destas, aonde para mil almas de outra feitura não há nenhum.[29]

17. Na verdade, não há pouca razão de temer, e este devia ser meu temor, e não humildade, senão pusilanimidade. Porque bem se pode aparelhar uma alma que assim permite Deus que ande nos olhos do mundo, para ser mártir do mundo, porque se ela não quer morrer para ele, o mes-

---

29. Nova alusão dolorida ao ambiente de suspeita que por aquela época ("os tempos de agora") se propagava contra místicos e espirituais.

mo mundo os matará.³⁰ Não vejo, certamente, outra coisa nele que me pareça bem, senão não consentir faltas nos bons que a poder de murmurações não as aperfeiçoe. Digo que é mister mais ânimo para, se alguém não está perfeito, andar no caminho de perfeição, que para ser prontamente mártires. Porque a perfeição não se alcança em breve, se não é a quem o Senhor quer por particular privilégio fazer esta mercê. O mundo, vendo-o começar, o quer perfeito e de mil léguas entende uma falta que porventura nele seja virtude, e quem condena usa daquilo mesmo por vício e assim o julga no outro. Não há de haver comer nem dormir nem, como dizem, respirar; e quanto em mais o têm, mais devem esquecer que ainda estão no seu corpo, por perfeita que tenham a alma. Vivem ainda na terra sujeitos às suas misérias, ainda que mais a tenham debaixo dos pés. E assim, como digo, é mister grande ânimo, porque a pobre alma ainda não tem começado a andar, e querem que ela voe. Ainda não tem vencidas as paixões, e querem que em grandes ocasiões estejam tão inteiras³¹ como eles leem que estavam os santos depois de confirmados em graça.³²

É para louvar o Senhor o que nisto passa, e também para lastimar muito o coração; porque mui muitas almas tornam atrás, que não sabem as pobrezinhas valer-se. E assim creio que teria feito a minha, se o Senhor tão misericordiosamente não tivesse feito tudo de sua parte; e até que por sua bondade pôs tudo, já verá vossa mercê que não tem havido em mim senão cair e levantar.

18. Quereria saber dizê-lo, porque creio que se enganam aqui muitas almas que querem voar antes que Deus lhes dê asas. Já creio que tenho dito outra vez esta comparação,³³ mas vem bem aqui. Tratarei isto, porque vejo algumas almas muito aflitas por esta causa: como começam com grandes

---

30. *Los matará*: mudança de sujeito, por "las" ou "la" (alma/s). Frei Luís: "las matará" (p. 387).
31. *Tão inteiras*: as almas.
32. *Confirmados em graça*: expressão teológica, que indica a situação especialíssima de alguns privilegiados, para preservá-los de ulteriores pecados.
33. Comparação usada a modo de argumento no c. 22, 13; mas muito presente ao longo do livro na imagem da "avezinha que tem penugem má" (13, 2; 20, 22), ou na mariposinha da memória cujas asas se queimam (18, 14), ou a "avezinha" da alma posta pelo Senhor no ninho (18, 9), a ave fênix (39, 23), ou a pomba e o pombal (14, 3; 20, 24; 38, 10.12...).

desejos e fervor e determinação de ir adiante na virtude, e algumas quanto ao exterior tudo deixam por Ele, como veem em outras pessoas, que são mais crescidas,[34] coisas muito grandes de virtudes que lhes dá o Senhor, que não no-la podemos nós tomar, veem em todos os livros que estão escritos de oração e contemplação pôr coisas que temos de fazer para subir a esta dignidade, que eles não as podem logo acabar consigo, desconsolam-se. Como é: um não nos dar nada que digam mal de nós, antes ter maior contento que quando dizem bem; uma pouca estima de honra; um desapego de seus parentes, que, se não têm oração, não quereria tratar com eles, antes cansam; outras coisas desta maneira muitas, que, a meu parecer, as há de dar Deus, porque me parece que são já bens sobrenaturais ou contra nossa natural inclinação.

Não se fatiguem; esperem no Senhor, que o que agora têm em desejos Sua Majestade fará que cheguem a tê-lo por obra, com oração e fazendo de sua parte o que é em si; porque é muito necessário para este nosso fraco natural ter grande confiança e não desanimar, nem pensar que, se nos esforçamos, deixaremos de sair com vitória.[35]

19. E porque tenho muita experiência disto, direi algo para aviso de vossa mercê.[36] Não pense, ainda que pareça que sim, que está já ganha a virtude, se não a experimenta com seu contrário.[37] E sempre havemos de estar suspeitosos e não nos descuidarmos enquanto vivemos; porque muito nos apegamos logo, se – como digo – não está já dada de todo a graça para conhecer o que é tudo, e nesta vida nunca há tudo sem muitos perigos.[38]

Parecia-me a mim, faz poucos anos, que não só não estava apegada a meus parentes, senão que me cansavam. E era certo assim, que sua conversação não podia levar. Ofereceu-se certo negócio de farta importância, e

---

34. *Mais crescidas* em perfeição.
35. O sentido é: "e pensar que se nos esforçarmos não deixaremos de sair com a vitória".
36. De novo abre o diálogo com o P. Garcia de Toledo.
37. *Se não o experimenta com seu contrário*: não o põe à prova em ocasiões contrárias. É reminiscência da moral escolástica e do velho axioma "contraria contrariis curantur".
38. O sentido da última frase: "nada (importante) há jamais sem muitos perigos". Nesse jogo de palavras, "nunca / tudo" equivale a "jamais / nada".

tive de estar com uma irmã minha[39] a quem eu queria muito antes e, posto que na conversação, ainda que ela seja melhor do que eu, não me fazia com ela[40] (porque como tem estado diferente, que é casada, não pode ser a conversação sempre no que eu a quereria, e o mais que podia ficava sozinha), vi que me davam pena suas penas mais ainda que as do próximo,[41] e algum cuidado. Enfim, entendi de mim que não estava tão livre como eu pensava, e que ainda havia mister de fugir da ocasião, para que esta virtude que o Senhor me tinha começado a dar fosse em crescimento, e assim com seu favor o tenho procurado fazer sempre depois cá.[42]

20. Em muito se há de ter uma virtude quando o Senhor a começa a dar, e de nenhuma maneira pôr-nos em perigo de perdê-la. Assim é em coisas de honra e em outras muitas; que creia vossa mercê que nem todos os que pensamos que estamos desapegados de tudo, o estão,[43] e é preciso nunca descuidar disto; e qualquer pessoa que sentir em si algum ponto de honra, se quer aproveitar, creia-me e rejeite este empecilho, que é uma cadeia que não há lima que a quebre, se não é Deus com oração e fazer muito de nossa parte. Parece-me que é uma ligadura para este caminho, que me espanto do dano que faz.

Vejo algumas pessoas santas em suas obras, que as fazem tão grandes que espantam as pessoas. Valha-me Deus! Por que ainda está na terra esta alma? Como não está no cume da perfeição? Que é isto? Quem detém a quem tanto faz por Deus?[44] Oh, que tem um ponto de honra...! E o pior que tem é que não quer entender que o tem, e é porque algumas vezes o faz entender o demônio que é obrigado a tê-lo.

21. Pois creiam-me, creiam por amor do Senhor nesta formiguinha que o Senhor quer que fale, que se não tiram esta lagarta, que já que não

---

39. *Uma irmã minha*: era Dª Joana de Ahumada, *sua irmã menor*, casada com Juan de Ovalle. Os dois tiveram de vir a Ávila para ajudar a Santa na fundação do Carmelo de São José (1562): cf. 33, 11; 36, 3.
40. *Não me fazia com ela*: não tínhamos o mesmo gênio, não combinávamos...
41. N.T.: *Mais ainda que as do próximo*: "*más harto que de prójimo*".
42. *Sempre depois cá* = *Siempre después acá*: desde então até agora.
43. *Estão*: estamos. Mudança brusca de sujeito.
44. A Santa acrescentou na parte superior da folha a frase: *Quem detém a quem tanto faz por Deus?* – O que ela entende por "ponto de honra" pode ser visto em *Caminho* c. 12 e c. 36, 3...

dane a árvore toda (porque algumas outras virtudes ficarão, mas todas carcomidas), não é árvore formosa, senão que não medra, nem ainda deixa medrar os que andam junto dela. Porque a fruta que dá de bom exemplo não é nada sã; pouco durará.

Muitas vezes o digo:[45] que por pouco que seja o ponto de honra, é como no canto de órgão, que um ponto ou compasso que se erre, dissona toda a música. E é coisa que em todas as partes faz farto dano à alma, mas neste caminho de oração é pestilência.[46]

22. Andas procurando juntar-te com Deus por união, e queremos seguir os conselhos de Cristo, carregado de injúrias e testemunhos, e queremos muito inteira nossa honra e crédito? – Não é possível chegar lá, que não vão por um caminho. Chega o Senhor à alma, esforçando-nos nós e procurando perder nosso direito em muitas coisas.

Dirão alguns: "não tenho em quê nem se me oferece". – Eu creio que quem tiver esta determinação, que não quererá o Senhor que perca tanto bem. Sua Majestade ordenará tantas coisas em que ganhe esta virtude que não queira tantas. Mãos à obra.

23. Quero dizer as ninharias e pouquidades que eu fazia quando comecei, ou alguma delas: as palhinhas que tenho ditas[47] ponho no fogo, que não sou eu para mais. Tudo recebe o Senhor. Seja bendito para sempre.

Entre minhas faltas tinha esta: que sabia pouco do rezado[48] e do que havia de fazer no coro e como regê-lo, de puramente descuidada e metida em outras vaidades, e via outras noviças que me podiam ensinar. Acontecia-me não lhes perguntar, para que não entendessem que eu sabia pouco. Logo se põe diante o bom exemplo. Isto é muito ordinário. Já que Deus me abriu um pouco os olhos, mesmo sabendo, um tantinho[49] que estava em

---

45. *Muitas vezes o digo*: provável alusão às suas conversas com os destinatários do livro.
46. *É pestilência*: é um mal mortífero. Em sentido figurado. Espécie de anátema no escrito da Santa: cf. 25, 21; e *Caminho* 4, 7-8.
47. Usou esta figura no c. 30, 20.
48. *Sabia pouco do rezado*: das rubricas e cerimônias da reza coral do Ofício litúrgico.
49. *Tantinho* (*tantito*): pouco, pouquinho. O sentido é: "por pouquinho que estivesse em dúvida...".

dúvida, perguntava às meninas.[50] Não perdi honra nem crédito; antes quis o Senhor, a meu parecer, dar-me depois mais memória.

Sabia mal cantar. Sentia tanto se não tinha estudando o que me encomendavam (e não por fazer falta diante do Senhor, que isto fora virtude, senão pelas muitas que me ouviam), que de puro honrosa[51] me perturbava tanto, que dizia muito menos do que sabia. Tomei depois por mim, quando não o sabia muito bem, dizer que não sabia. Sentia bastante no princípio, e depois gostava disso. E assim que como não comecei a não me dar nada de que se entendesse que não sabia, que o dizia muito melhor, e que a negra honra[52] me impedia que soubesse fazer isto que eu tinha por honra, que cada um a põe no que quer.

24. Com estas ninharias, que não são nada – e bastante nada sou eu, pois isto me dava pena – pouco a pouco se vão fazendo com atos.[53] E coisas pouquinhas como estas, que sendo feitas por Deus lhes dá Sua Majestade tomo,[54] ajuda Sua Majestade para coisas maiores. E assim em coisas de humildade me acontecia que, de ver que todas aproveitavam senão eu[55] – porque nunca fui para nada – de que saíam do coro, colher todos os mantos; parecia-me que servia àqueles anjos que ali louvavam a Deus. Até que, não sei como, vieram a entendê-lo, que não me corri eu pouco; porque não chegava minha virtude a querer que entendessem estas coisas, e não devia ser por humildade, senão para que não se rissem de mim, como eram tão nonada.

25. Ó, Senhor meu, que vergonha é ver tantas maldades, e contar umas areinhas, que também não as levantava da terra para vosso serviço,

---

50. *As meninas*: as monjas jovens.
51. *De puro honrosa*; pundonorosa, vítima do ponto de honra; cf. 3, 7.
52. *A negra honra*: malfadada ou maldita honra; cf. c. 20, 27.
53. *Se vão fazendo com atos*: vão habituando-se a fazer atos de virtudes. Está implícita a alusão à teoria escolástica de hábitos e atos. Outros editores transcrevem: "se vai fazendo conatos", vocábulo este inusitado nos escritos da Santa.
54. *Les da S.M. tomo*: lhes dá valor.
55. *Todas aprovechaban sino yo*: menos eu. – *De que se iban del coro*: uma vez que saíam do coro...

senão que tudo ia envolto em mil misérias! Não manava ainda a água, debaixo destas areias, de vossa graça, para que as fizesse levantar.⁵⁶

Ó Criador meu, quem tivera alguma coisa que contar, entre tantos males, que fora de tomo, pois conto as grandes mercês que tenho recebido de Vós! É assim, Senhor meu, que não sei como pode sofrê-lo meu coração, nem como poderá quem isto ler deixar-me de aborrecer, vendo tão mal servidas tão grandíssimas mercês, e que não tenho vergonha de contar estes serviços, enfim, como meus. – Sim, tenho,⁵⁷ Senhor meu; mas não ter outra coisa que contar de minha parte me faz dizer tão baixos princípios, para que tenha esperança quem os fizer grandes, que, pois estes parece tem tomado o Senhor em conta, os tomará melhor.⁵⁸ Praza a Sua Majestade me dar graça para que não esteja sempre no princípio. Amém.

---

56. Hipérbato difícil. Em ordem: "não manava ainda a água de vossa graça debaixo destas areias...". A imagem da fonte e das areinhas já apareceu no c. 30, 19.

57. *Sim, tenho*: subentende-se "vergonha". "Sim, envergonho-me, Senhor meu".

58. Quer dizer: "pois estes baixos princípios tem tomado o Senhor em conta, melhor (= mais em conta) tomará a quem os fizerem grandes".

Capítulo 32[1]

Em que trata como quis o Senhor pô-la em espírito num lugar do inferno que tinha por seus pecados merecido. – Conta uma cifra do que ali se lhe representou para o que foi.[2] – Começa a tratar a maneira e modo como foi fundado o mosteiro, aonde agora está, de São José.

1. Depois de muito tempo que o Senhor me tinha feito já muitas das mercês que tenho dito[3] e outras muito grandes, estando um dia em oração me achei num ponto toda, sem saber como, que me parecia estar metida no inferno. Entendi que o Senhor queria que visse o lugar que os demônios lá me tinham aparelhado, e eu merecido por meus pecados. Isso foi em brevíssimo espaço, mas ainda que eu vivesse muitos anos, me parece impossível esquecer-me disso.

Parecia-me a entrada à maneira de um beco muito longo e estreito, à maneira de forno muito baixo e escuro e apertado. O chão me pareceu de uma água como lodo muito sujo e de cheiro pestilencial, e muitas savandijas más nele. No final estava uma concavidade metida numa parede, à maneira de um armário, aonde me vi meter em muito estreito.[4]

Tudo isto era deleitoso à vista em comparação do que ali senti. Isto que tenho dito vai mal encarecido.

2. Istoutro[5] me parece que também não pode ter princípio de encarecer-se como é, nem se pode entender; mas senti um fogo na alma, que eu

---

1. N.E.: Começa uma nova seção do livro: os capítulos 32-36 contam a fundação do Carmelo de São José, estreitamente vinculada com as graças místicas recebidas pela autora. Deseja ela que, se os teólogos assessores decidirem destruir o livro, conservem pelo menos esses capítulos e os entreguem às monjas de seu primeiro Carmelo (c. 36, 29). – O c. 32 conta a sua visão do inferno (n. 1-9) e os primeiros trâmites de fundação (10-18).
2. *Conta uma cifra* (um resumo ou mostra: cf. c. 27, 12, nota 33)... – *Para o que foi*: em comparação do que foi a terrível visão.
3. Refere-se às graças místicas narradas nos c. 23-31.
4. *Em muito estreito*: em grande aperto.
5. *Estoutro*: é o que vai ser referido em contraposição ao "isto" da última frase: "o referido".

não posso entender como poder dizer da maneira que é. As dores corporais tão incomportáveis,[6] que, tendo-as passado nesta vida gravíssimas e, segundo dizem os médicos, as maiores que se podem cá passar (porque foram se encolhendo todos os meus nervos quando me tolhi, sem outras muitas de muitas maneiras que tenho tido, e também algumas, como tenho dito,[7] causadas pelo demônio), não é tudo nada em comparação do que ali senti, e ver que haviam de ser sem fim e sem jamais cessar.

Isto não é, pois, nada em comparação com o agonizar da alma: um aperto, um afogamento, uma aflição tão sentível[8] e com tão desesperado e aflito descontentamento, que eu não sei como o encarecer. Porque dizer que é um estar sempre sendo arrancada a alma, é pouco, porque até parece que outro vos acaba a vida; mas aqui é a alma mesma que se despedaça.

O caso é que não sei como encarecer aquele fogo interior e aquele desespero, sobre tão gravíssimos tormentos e dores. Não via eu quem mos dava, mas sentia-me queimar e estilhaçar, ao que me parece. E digo que aquele fogo e desespero interior é o pior.

3. Estando em tão pestilencial lugar, tão sem poder esperar consolo, não há sentar-se nem deitar-se,[9] nem há lugar, ainda que me pusessem neste como furo feito na parede. Porque estas paredes, que são espantosas à vista, apertam elas mesmas, e tudo afoga. Não há luz, senão tudo trevas escuríssimas. Eu não entendo como pode ser isto, que não tendo luz, o que à vista há de dar pena tudo se vê.

Não quis o Senhor então que visse mais de todo o inferno. Depois tenho visto outra visão de coisas espantosas, de alguns vícios o castigo. Quanto à vista, muito mais espantosos me pareceram, mas como não sentia a pena, não me fizeram tanto temor; que nesta visão quis o Senhor que verdadeiramente eu sentisse aqueles tormentos e aflição no espírito, como se o corpo o estivera padecendo.

---

6. *Incomportáveis*: insuportáveis (cf. c. 5, 7, nota 14, passagem à qual alude em seguida).
7. As dores relatadas nos c. 30-31. A seguir: *não é tudo nada*: tudo é nada.
8. *Tan sentible*: tão de sentir (cf. *Moradas* 6, 1, 9 e 6, 11, 7).
9. *No hay sentarse...* não há possibilidade de *sentar-se...*

Não sei como foi isso, mas bem entendi ser grande mercê e que quis o Senhor que eu visse por vista de olhos de onde me tinha livrado sua misericórdia. Porque não é nada ouvi-lo dizer, nem ter eu outras vezes pensado em diferentes tormentos (ainda que poucas, que por temor não se levava bem minha alma), nem que os demônios atenazam, nem outros diferentes tormentos que tenho lido, não é nada com esta pena,[10] porque é outra coisa. Enfim como de desenho à verdade, e o queimar-se cá é muito pouco em comparação com este fogo de lá.

4. Eu fiquei tão espantada, e ainda estou agora ao escrevê-lo, com que há quase seis anos,[11] e é assim que me parece que o calor natural me falta de temor aqui aonde estou. E assim não me lembro de vez que tenho trabalho nem dores, que não me parece nonada tudo o que cá se pode passar, e assim me parece em parte que nos queixamos sem propósito. E assim torno a dizer que foi uma das maiores mercês que o Senhor me tem feito, porque me tem aproveitado mui muito, assim para perder o medo das tribulações e contradições desta vida, como para esforçar-me a padecê-las e dar graças ao Senhor que me livrou, ao que agora me parece, de males tão perpétuos e terríveis.

5. Depois cá, como digo, tudo me parece fácil em comparação de um momento que se tenha de sofrer o que eu nele ali padeci. Espanta-me como tendo lido muitas vezes livros aonde se dá algo a entender as penas do inferno, como não as temia nem tinha no que são. Aonde estava? Como me podia dar coisa descanso do que me acarretava ir a tão mau lugar? Sejais bendito, Deus meu, para sempre! E como se tem parecido[12] que me queríeis Vós muito mais a mim do que eu me quero! Quantas vezes, Senhor, me livrastes de cárcere tão tenebroso, e como me tornava eu a meter nele contra vossa vontade!

---

10. *Não é nada* comparado *com esta pena*.
11. *Com que há quase seis anos*: fazendo já quase seis anos que aconteceu. A Santa escreve em final de 1565; a visão do inferno data, portanto, da primeira metade de 1560.
12. *Como se tem parecido*: como se tem evidenciado... (cf. c. 35, 13; 36, 3; ou então *Fund.* c. 2, 7).

6. Daqui também ganhei a grandíssima pena que me dá as muitas almas que se condenam (destes luteranos em especial,[13] porque eram já pelo batismo membros da Igreja), e os ímpetos grandes de aproveitar almas, que me parece, certamente, a mim que, para livrar uma só de tão gravíssimos tormentos, passaria eu muitas mortes muito de bom grado. Olho que, se vemos cá uma pessoa que bem queremos, em especial com um grande trabalho ou dor, parece que nosso mesmo natural nos convida à compaixão e, se é grande, nos aperta a nós. Pois ver uma alma para sem fim no sumo trabalho dos trabalhos, quem o há de poder sofrer? Não há coração que o leve sem grande pena.[14] Pois cá sabendo que, enfim, se acabará com a vida e que já tem término, ainda nos move a tanta compaixão, estoutro que não o tem não sei como podemos sossegar vendo tantas almas como leva cada dia o demônio consigo.

7. Isto também me faz desejar que, em coisa que tanto importa, não nos contentemos com menos de fazer tudo o que pudermos de nossa parte. Não deixemos nada, e praza ao Senhor seja servido de dar-nos graça para isso.

Quando considero que, ainda que fosse tão malíssima, trazia algum cuidado de servir a Deus e não fazia algumas coisas que vejo que, como quem não faz nada, são toleradas no mundo e, enfim, passava grandes enfermidades e com muita paciência, que me dava o Senhor; não era inclinada a murmurar, nem a dizer mal de ninguém, nem me parece que podia querer mal a ninguém, nem era cobiçosa, nem inveja jamais me lembro de ter de maneira que fosse ofensa grave ao Senhor, e outras algumas coisas que, ainda que fosse tão ruim, trazia temor de Deus o mais continuamente; e[15] vejo aonde me tinham já os demônios aposentada, e é verdade que, segundo minhas culpas, ainda me parece que merecia mais castigo. Mas, contudo, digo que era terrível tormento, e que é perigosa coisa contentar-nos, nem trazer sossego nem contento a alma que anda caindo a cada passo em pecado mortal; senão que por amor de Deus nos afastemos das

---

13. *Estes luteranos*: sob o apelativo de "luteranos" alude globalmente aos protestantes (cf. *Caminho* 1, 2; *Fund.* 3, 10; *Moradas* 7, 5, 4).
14. Cf. um texto paralelo nas *Moradas* sétimas, 1, 4. – *Coração que o leve*: que o suporte.
15. *E* (no entanto) *vejo*: "e" adversativo, como em outros casos.

ocasiões, que o Senhor nos ajudará como tem feito a mim. Praza a sua Majestade que não me deixe de sua mão para que eu não torne a cair, que já tenho visto aonde hei de ir parar. Não o permita o Senhor, por quem Sua Majestade é, amém.

8. Andando eu, depois de ter visto isto e outras grandes coisas e segredos que o Senhor, por quem é, me quis mostrar da glória que será dada aos bons e pena aos maus, desejando modo e maneira em que pudesse fazer penitência de tanto mal e merecer algo para ganhar tanto bem, desejava fugir das pessoas e acabar já de em tudo em tudo[16] apartar-me do mundo. Não sossegava meu espírito, mas não desassossego inquieto, senão saboroso. Bem se via que era de Deus, e que tinha Sua Majestade dado à alma calor para digerir outros manjares mais gordos do que os que comia.

9. Pensava o que poderia fazer por Deus. E pensei que o primeiro era seguir o chamamento que Sua Majestade me tinha feito à religião, guardando minha Regra com a maior perfeição que pudesse.[17] E ainda que na casa aonde estava houvesse muitas servas de Deus e era bastante servido nela, por causa de ter grande necessidade saíam as monjas muitas vezes a partes aonde com toda honestidade e religião podíamos estar; e também não estava fundada em seu primeiro rigor a Regra, senão guardava-se conforme ao que em toda a Ordem, que é com bula de relaxação.[18] E também outros inconvenientes, que me parecia a mim tinha muito regalo, por ser a casa[19] grande e deleitosa. Mas este inconveniente de sair, ainda que eu fosse a que muito o usava, era grande para mim já, porque algumas pessoas, a quem os prelados não podiam dizer não, gostavam que estivesse eu em sua companhia e, importunados, mandavam-me ir.[20] E assim, segundo se ia

---

16. Hoje diríamos "de tudo em tudo": totalmente.
17. *Minha Regra*: é a Regra da Ordem do Carmo, dada pelo patriarca de Jerusalém, Santo Alberto, aos ermitãos do Carmelo por volta do ano de 1210. – *Com a maior perfeição que* (eu) *pudesse*: provavelmente faz alusão ao "voto de perfeição" que ela fez por essa época (cf. *BMC*, t. 2, p. 128), aludido igualmente em passagens paralelas a esta: *Caminho* 1, 2; *Rel.* 1, 9; e *Vida* 36, 5.12.27.
18. *Con bula de relajación*: refere-se à bula "Romani Pontificis" de Eugênio IV (15.2.1432), que mitiga a Regra.
19. *A casa*: o mosteiro da Encarnação de Ávila (cf. n. 12-13; e c. 33, 2). *Este inconveniente de sair*: ela já disse que na Encarnação "não se prometia clausura" (c. 4, 5; 7, 3; cf. nota 13 do c. 4).
20. *Mandavam-me ir* = *mandábanmelo*: referirá isto mais adiante, c. 34, título.

ordenando, pudera pouco estar no mosteiro, porque o demônio em parte devia ajudar para que não estivesse em casa, que, todavia, como comunicava com algumas[21] o que os que me tratavam me ensinavam, fazia-se grande proveito.

10. Ofereceu-se uma vez, estando com uma pessoa, dizer a mim e a outras[22] que, se não seríamos para ser monjas da maneira das descalças, que ainda era possível poder fazer um mosteiro. Eu, como andava nestes desejos, comecei a tratar isto com aquela senhora minha companheira viúva[23] que já tenho dito, que tinha o mesmo desejo. Ela começou a traçar planos para dar-lhe renda, que agora vejo eu que não levavam muito caminho[24] e o desejo que disso tínhamos nos fazia parecer que sim.

---

21. *Comunicava com algumas*: por essa época escrevia o P. Pedro Ibáñez, em seu "Dictamen": "É tão grande o aproveitamento de sua alma com estas coisas e a boa edificação que dá com seu exemplo, que mais de quarenta monjas tratam em sua casa (da Encarnação) de grande recolhimento" (*BMC*, t. 2, p. 131).

22. *Estando com uma pessoa, dizer a mim e a outras...* Trata-se, portanto, de um grupinho de interlocutoras, entre as quais se destaca uma principal. Conhecemos o nome de quase todas elas. A "pessoa", autora do dito, foi Maria de Ocampo, filha de primos da Santa, que muito prontamente se fez carmelita em São José, com o nome de Maria Batista. Quase todas as restantes componentes do grupo eram parentas da Madre Teresa, carmelitas umas, e seculares amigas as outras: todas elas passavam deliciosas noitadas espirituais na cela da Santa na Encarnação. Foram elas: Beatriz de Cepeda, Leonor de Cepeda, Maria de Cepeda, Isabel de S. Paulo, Inez de Tapia, Ana de Tapia, Joana Suárez (já conhecida do leitor) etc. Maria de São José, uma das grandes escritoras discípulas da Santa, refere o episódio: "Estando um dia a Santa com ela (Maria de Ocampo) e outras religiosas da Encarnação, começaram a discutir de vidas de Santos do Deserto, e neste tempo disseram algumas delas que já que não podiam ir ao Deserto, que se houvesse um mosteiro pequeno e de poucas monjas, que ali se juntariam todas para fazer penitência; e a dita Madre Teresa de Jesus lhes disse que tratassem de reformar-se e guardar a Regra primitiva, que ela pediria a Deus que as iluminasse o que mais convinha, e que então disse Maria Batista à dita Madre: Madre, faça um mosteiro como dizemos, que eu ajudarei a V. R. com minha legítima. E estando nesta conversação, chegou Dª Guiomar de Ulloa, à qual contou a dita Madre Teresa de Jesus o discurso que tinham ela e aquelas moças suas parentas; e a dita Dª Guiomar de Ulloa disse: Madre, eu também ajudarei com o que puder a esta obra tão santa" (em *Memorias Historiales*, letra R, n. 141). – As *Descalças*, cuja maneira de vida Maria de Ocampo propôs como modelo, são as chamadas *Descalças Reais* de Madri, de origem avilesa; fundadas em Ávila pela princesa Dª Joana, irmã de Felipe II, com um grupo de Franciscanas do mosteiro desta cidade e seguindo a iniciativa de São Pedro de Alcântara. A fundação passou sucessivamente a Valladolid e Madri.

23. *Minha companheira viúva*: Dª Guiomar de Ulloa (cf. c. 30, 3; 24, 4), a quem adiante designará com esse nome (números 13, 15, 16).

24. N.T.: *Não levavam muito caminho*: os planos não eram muito viáveis.

Mas eu, por outra parte, como tinha tão grandíssimo contento na casa em que estava,[25] porque era muito ao meu gosto e a cela em que estava feita muito a meu propósito, ainda me detinha. Contudo, concertamos encomendá-lo muito a Deus.

11. Tendo um dia comungado, mandou-me muito Sua Majestade que o procurasse com todas as minhas forças, fazendo-me grandes promessas de que não se deixaria de fazer o mosteiro, e que seria muito servido nele, e que se chamasse São José, e que a uma porta nos guardaria ele e nossa Senhora à outra, e que Cristo andaria conosco, e que seria uma estrela que daria de si grande resplendor, e que, ainda que as religiões[26] estivessem relaxadas, que não pensasse que era pouco servido nelas; que o que seria do mundo se não fosse pelos religiosos; que dissesse ao meu confessor[27] isto que me mandava, e que lhe rogava Ele que não fosse contra isso nem mo estorvasse.

12. Era esta visão com tão grandes efeitos, e de tal maneira esta fala que me fazia o Senhor, que eu não podia duvidar de que era Ele. Eu senti grandíssima pena, porque em parte se me representaram os grandes desassossegos e trabalhos que me havia de custar, e como estava contentíssima naquela casa; que, ainda que antes o tratasse, não era com tanta determinação nem certeza que seria. Aqui[28] parecia que me era posto constrangimento e, como via que começava coisa de grande desassossego, estava em dúvida do que faria. Mas foram muitas vezes as que o Senhor me tornou a falar nisso, pondo-me diante tantas causas e razões que eu via ser claras e que era sua vontade, que já não ousei fazer outra coisa senão dizê-lo ao meu confessor, e disse-lhe por escrito tudo o que se passava.[29]

13. Ele não ousou determinadamente dizer-me que o deixasse, mas via que não levava caminho conforme a razão natural, por ter pouquíssima e quase nenhuma possibilidade em minha companheira, que era a que o

---

25. Estava no mosteiro da Encarnação.
26. *As religiões*: as ordens religiosas. – [*Relaxadas*: mitigadas.]
27. *Meu confessor*: o P. Baltasar Alvarez.
28. *Aqui*: nesta palavra do Senhor. – A seguir, a Santa escreve "premio" [prêmio] por "apremio" [constrangimento]. Cf. 24, 1, nota 2.
29. Seu confessor, o P. Baltasar Alvarez. Perdeu-se esse "escrito" da Santa.

havia de fazer. Disse-me que o tratasse com meu prelado,[30] e que o que ele fizesse, isso fizesse eu.

Eu não tratava estas visões com o prelado, senão aquela senhora tratou com ele que queria fazer este mosteiro. E o provincial veio muito bem nisso, que é amigo de toda religião, e deu-lhe todo o favor que foi preciso, e disse-lhe que ele admitiria a casa.[31] Trataram da renda que havia de ter. E nunca queríamos que fossem mais de treze[32] por muitas causas.

Antes que o começássemos a tratar, escrevemos ao santo Frei Pedro de Alcântara tudo o que se passava, e aconselhou-nos que não o deixássemos de fazer, e deu-nos seu parecer em tudo.

14. Não se teve começado a saber pelo lugar, quando[33] não se poderá escrever brevemente a grande perseguição que veio sobre nós, os ditos, os risos, o dizer que era disparate. A mim, que estava bem em meu mosteiro. À minha companheira tanta perseguição, que a traziam fatigada. Eu não sabia o que fazer. Em parte me parecia que tinham razão.

Estando assim muito fatigada encomendando-me a Deus, começou Sua Majestade a consolar-me e a animar-me. Disse-me que aqui veria o que tinham passado os santos que tinham fundado as Religiões; que muita mais perseguição tinha por passar das que eu podia pensar;[34] que não se nos desse nada. Dizia-me algumas coisas que dissesse à minha companhei-

---

30. *Meu prelado*: o provincial carmelita, de quem falará em seguida: "o P. frei Angel de Salazar", anotou Gracián em seu exemplar de *Vida*. Tinha sucedido, no provincialado de Castela, ao P. Gregório Fernández. Quando a Santa escreve isto, já tinha estado no Capítulo Geral da Ordem (Roma 1564).

31. *Admitiria a casa*: (a fundação) sob sua jurisdição.

32. *Não fossem mais de treze*: as futuras religiosas do mosteiro. "Só doze mulheres e a priora, que não hão de ser mais", escreverá no c. 36, n. 19. E no *Caminho*: "Nesta casa não são mais de treze nem o hão de ser" (c. 4, n. 7). Cf. *Fundações* c. 1, n. 1; *Modo de visitar*, n. 27-28 e cartas 16, 81, 210, 350, 386 (numeração da *B.M.C.*). Apesar disso, em 23 de dezembro de 1561, tinha escrito ao seu irmão Lourenço de Cepeda: "há de ter só quinze, sem poder crescer o número, com grandíssimo encerramento". – Posteriormente a Santa mudou de parecer, e elevou consideravelmente o número de monjas de cada Carmelo.

33. *No se hubo comenzado a saber por el lugar, cuando…*: apenas se começou a saber no lugar, quando…

34. Reordenando: "que tinha por passar muita mais perseguição que as que eu podia pensar".

ra; e o que mais me espantava é que logo ficávamos consoladas do passado e com ânimo para resistir a todos. E é assim que de gente de oração e todo, enfim, no lugar não havia quase pessoa que então não fosse contra nós, e lhe parecesse grandíssimo disparate.

15. Foram tantos os ditos e o alvoroço de meu mosteiro mesmo, que ao Provincial pareceu duro pôr-se contra todos, e assim mudou o parecer e não a quis admitir.[35] Disse que a renda não era segura e que era pouca, e que era muita a contradição. E em tudo parece que tinha razão. E, enfim, o deixou e não o quis admitir.

Nós que já parecia que tínhamos recebidos os primeiros golpes, deu-nos muito grande pena; em especial deu pena a mim de ver o Provincial contrário, que, querendo ele, eu tinha desculpa com todos. À minha companheira já não a queriam absolver se não o deixasse, porque diziam que era obrigada a tirar o escândalo.[36]

16. Ela foi a um grande letrado[37] muito grande servo de Deus, da Ordem de São Domingos, para dizer isso e dar-lhe conta de tudo. Isto foi ainda antes que o Provincial o tivesse deixado, porque em todo o lugar não tínhamos quem nos quisesse dar parecer. E assim diziam que só era por nossas cabeças. Deu esta senhora relação de tudo e conta da renda que tinha de seu morgadio a este santo varão, com farto desejo que nos ajudasse, porque era o maior letrado que então havia no lugar, e poucos mais em sua Ordem.[38] Eu lhe disse tudo o que pensávamos fazer e algumas causas. Não lhe disse coisa de revelação nenhuma, senão as razões naturais que me moviam, porque não queria eu que nos desse parecer senão conforme a elas.

Ele nos disse que lhe déssemos de prazo oito dias para responder, e que se estávamos determinadas a fazer o que ele dissesse. Eu lhe disse que sim; mas ainda que eu isto dissesse e me parece que o faria (porque não

---

35. Não quis admitir "a fundação" sob sua jurisdição.
36. Cf. o depoimento de Teresita de Cepeda no Processo de beatificação da Santa (Ávila, 1610): *BMC*, t. 2, p. 333.
37. "O P. frei Pedro Ybáñez", anota o P. Gracián em seu exemplar. A Santa voltará a falar dele especialmente nos c. 33, 5-6; e 38, 12.13.32.
38. *Poucos mais* (letrados) *em sua Ordem*.

via caminho por então de levá-lo adiante),³⁹ nunca jamais me era tirada uma segurança de que se havia de fazer. Minha companheira tinha mais fé; nunca ela, por coisa que lhe dissessem, se determinava a deixá-lo.

17. Eu, ainda que, como digo, me parecesse impossível deixar de ser feito, de tal maneira creio ser verdadeira a revelação, como não vá contra o que está na Sagrada Escritura ou contra as leis da Igreja que somos obrigadas a fazer. Porque, ainda que a mim verdadeiramente me parecesse que era de Deus, se aquele letrado me dissesse que não o podíamos fazer sem ofendê-lo e que íamos contra a consciência, parece-me que logo teria me apartado disso e buscado outro meio. Mas a mim não me dava o Senhor senão este.

Dizia-me depois este servo de Deus que o tinha tomado a cargo com toda determinação de pôr muito em que nos apartássemos de fazê-lo, porque já tinha chegado a seu conhecimento o clamor do povo, e também lhe parecia desatino, como a todos, e ao saber que tínhamos ido a ele, enviou a avisar um cavaleiro que olhasse o que fazia, que não nos ajudasse. E que, ao começar a olhar no que nos havia de responder e a pensar no negócio e no intento que levávamos e maneira de concerto e religião, se lhe assentou ser muito em serviço de Deus, e que não havia de deixar de fazer-se.

E assim nos respondeu que nos déssemos pressa em concluí-lo, e disse a maneira e o plano que se havia de ter; e ainda que a fazenda fosse pouca, que algo se havia de confiar em Deus; que quem o contradissesse fosse a ele, que ele responderia. E assim sempre nos ajudou, como depois direi.⁴⁰

18. Com isto fomos muito consoladas e com que algumas pessoas santas, que nos costumavam ser contrárias, estavam já mais aplacadas, e algumas nos ajudavam.

Entre elas era o cavaleiro santo,⁴¹ de quem já tenho feito menção, que, como o é e lhe parecia que levava caminho de tanta perfeição, por ser todo nosso fundamento em oração, ainda que os meios lhe parecessem

---

39. A frase entre parênteses se acha apagada no original. Só recentemente pudemos recuperar sua leitura íntegra. Foi omitida por frei Luís (p. 407).
40. Cf. c. 35, 4-6; c. 36, 23.
41. Francisco de Salcedo: cf. c. 23, 6-8.

muito dificultosos e sem caminho, rendia seu parecer para que pudesse ser coisa de Deus, que o mesmo Senhor lhe devia mover.

E assim fez ao mestre, que é o clérigo servo de Deus que disse que tinha falado primeiro,[42] que é espelho de todo o lugar, como pessoa que Deus tem nele para remédio e aproveitamento de muitas almas, e já vinha ajudar-me no negócio.

E estando nestes termos e sempre com ajuda de muitas orações e tendo comprada já a casa em boa parte, ainda que pequena...; mas disto a mim não se me dava nada, que me tinha dito o Senhor[43] que entrasse como pudesse, que depois eu veria o que Sua Majestade fazia. E quão bem que o tenho visto! E assim, ainda que visse ser pouca a renda, tinha crido que o Senhor o havia por outros meios de ordenar e favorecer-nos.

---

42. Gaspar Daza: cf. c. 23, 6...
43. O Senhor o repetirá no c. 33, 12.

Capítulo 33

Procede na mesma matéria da fundação do glorioso São José. – Diz como lhe mandaram que não entendesse¹ nela e o tempo que o deixou e alguns trabalhos que teve, e como a consolava neles o Senhor.

1. Pois estando os negócios neste estado e tão a ponto de acabar-se que no outro dia se haviam de fazer as escrituras, foi quando o Padre Provincial² nosso mudou de parecer. Creio que foi movido por ordenação divina, segundo depois tem parecido; porque como as orações eram tantas, ia o Senhor aperfeiçoando a obra e ordenando que se fizesse de outra sorte. Como ele não o quis admitir,³ logo o meu confessor me mandou que não me ocupasse mais disso, sabendo o Senhor os grandes trabalhos e aflições que me tinha custado trazer isso até aquele estado. Como se deixou e ficou assim, confirmou-se mais ser tudo disparate de mulheres e a crescer a murmuração sobre mim, tendo-o me mandado até então meu Provincial.

2. Estava muito malquista em todo o meu mosteiro,⁴ porque queria fazer mosteiro mais encerrado. Diziam que as afrontava, que ali podia também servir a Deus, pois havia outras melhores que eu; que não tinha amor à casa, que melhor era procurar renda para ela do que para outra parte. Umas diziam que me lançassem no cárcere;⁵ outras, bem poucas, tornavam algo de mim. Eu bem via que em muitas coisas tinham razão, e algumas vezes dava-lhes desconto;⁶ ainda que, como não havia de dizer

---

1. A Santa usa aqui a locução espanhola *entender en*; ocorre muitas vezes. Significa *"ocuparse de"*. Será repetida neste capítulo. [Em português, *entender em* tem o sentido de "exercer vigilância ou direção sobre"; *entender-se com* tem o sentido de "ocupar-se com, distrair-se com". Na tradução, porém, esta locução idiomática foi, em geral, traduzida por "ocupar-se de" ou "ocupar-se com".]

2. *Provincial nosso*: o P. Angel de Salazar, provincial dos carmelitas de Castela.

3. *Admitir*: em sentido jurídico: aceitar sob sua jurisdição, "admitir na Ordem"; cf. 32, 13.15.

4. *Meu mosteiro*: da Encarnação.

5. *Cárcere* conventual: pequena cela separada, que ainda hoje existe no mosteiro da Encarnação. – *Tornavam de mim* = *tornaban de mí*: voltavam-se para mim, ficavam do meu lado.

6. *Dava-lhes desconto*: dar conta ou explicações em abono da própria conduta.

o principal, que era o Senhor me mandar, não sabia o que fazer, e assim calava outras vezes. Fazia-me Deus muito grande mercê que tudo isto não me dava inquietação, senão com tanta facilidade e contento o deixei como se não me tivesse custado nada. E nisto ninguém podia crer, nem mesmo as mesmas pessoas de oração que tratavam comigo, senão que pensavam que estava muito penalizada e corrida, e até mesmo meu confessor não o acabava de crer. Eu, como me parecia que tinha feito tudo o que tinha podido, parecia-me que não era mais obrigada para o que me havia mandado o Senhor, e ficava na casa,[7] que eu estava muito contente e a meu prazer. Ainda que jamais pudesse deixar de crer que havia de fazer-se, não via já meio, nem sabia como nem quando, mas o tinha muito certo.

3. O que muito me fatigou foi uma vez que meu confessor,[8] como se eu tivesse feito coisa contra sua vontade (também devia o Senhor querer que daquela parte que mais me havia de doer não me deixasse de vir trabalho), e assim nessa multidão de perseguições que a mim me parecia que havia de vir-me dele consolo, me escreveu que já veria que era tudo sonho no que tinha sucedido, que me emendasse dali em diante em não querer sair com nada nem falar mais nisso, pois via o escândalo que tinha sucedido, e outras coisas, todas para dar pena. Isto ma deu maior que tudo junto, parecendo-me que se havia sido eu ocasião e tido culpa em que se ofendesse, e que, se estas visões eram ilusão, que toda a oração que tinha era engano, e que eu andava muito enganada e perdida.

Apertou-me isto em tanto extremo, que estava toda perturbada e com grandíssima aflição. Mas o Senhor, que nunca me faltou, que em todos estes trabalhos que tenho contado fartas vezes me consolava e esforçava – que não há para quê dizê-lo aqui –, me disse então *que não me fatigasse, que eu tinha muito servido a Deus e não o ofendido naquele negócio; que fizesse o que me mandava o confessor em calar por então, até que fosse tempo de tornar a isso.* Fiquei tão consolada e contente, que me parecia tudo nada a perseguição que havia sobre mim.

---

7. *A casa*: o mosteiro da Encarnação.
8. *Meu confessor*: o P. Baltasar Alvarez. O sentido da frase principal é: "me fatigou que uma vez meu confessor... me escreveu que já veria que era tudo sonho...".

4. Aqui me ensinou o Senhor o grandíssimo bem que é passar trabalhos e perseguições por Ele,[9] porque foi tanto o acrescentamento que vi em minha alma de amor de Deus e outras muitas coisas, que eu me espantava; e isto me faz não poder deixar de desejar trabalhos. E as outras pessoas pensavam que estava muito corrida, e sim teria estado se o Senhor não me favorecesse em tanto extremo com mercê tão grande.

Então me começaram maiores os ímpetos de amor de Deus que tenho dito[10] e maiores arroubamentos, ainda que eu calasse e não dissesse a ninguém estes lucros. O santo varão dominicano[11] não deixava de ter por tão certo como eu que se havia de fazer; e como eu não queria ocupar-me disso para não ir contra a obediência de meu confessor, ele o negociava com minha companheira e escreviam a Roma e faziam planos.[12]

5. Também começou aqui o demônio, de uma pessoa em outra, procurar[13] que se entendesse que tinha eu visto alguma revelação neste negócio, e iam a mim com muito medo para dizer-me que andavam os tempos difíceis[14] e que poderia ser que me levantassem algo e fossem aos inquisidores. A mim me caiu isto em graça e me fez rir, porque neste caso jamais temi, que sabia bem de mim que em coisa da fé contra a menor cerimônia da Igreja que alguém visse que eu ia, por ela ou por qualquer verdade da Sagrada Escritura me poria a morrer mil mortes. E disse que isso não temessem; que bastante mal seria para minha alma, se nela houvesse coisa que fosse de sorte que eu temesse a inquisição; que se pensasse que havia para quê, eu iria buscá-la; e que se era levantado,[15] que o Senhor me livraria e ficaria com lucro.

---

9. É um eco da bem-aventurança evangélica: Mt 5,10.
10. *Os ímpetos* de que falou no c. 29, 9ss.
11. P. Pedro Ibáñez (cf. c. 32, 16).
12. *Faziam planos*, em espanhol: *daban trazas*: tramitavam, buscavam meios (cf. 32, 10).
13. *Começou... "a" procurar*.
14. *Andaban los tiempos recios*: Na verdade, estavam. Apenas um par de anos antes (1559) havia sido iniciado o processo contra o Arcebispo de Toledo, Bartolomé Carranza, e nesse mesmo ano celebrou-se em Valladolid o auto de Antônio Cazalla, e foi publicado nesta cidade o famoso *Índice* de Valdés.
15. *Se era levantado*: se era calúnia.

E tratei-o com este Padre meu dominicano que – como digo[16] – era tão letrado que podia bem assegurar com o que ele me dissesse, e disse-lhe então todas as visões e modo de oração e as grandes mercês que me fazia o Senhor, com a maior clareza que pude, e supliquei-lhe que o olhasse muito bem, e me dissesse se havia algo contra a Sagrada Escritura e o que de tudo sentia. Ele me assegurou muito[17] e, a meu parecer, lhe fez proveito; porque ainda que ele fosse muito bom, daí em diante se deu muito mais à oração e se apartou num mosteiro de sua Ordem, aonde há muita solidão,[18] para melhor poder exercitar-se nisto aonde esteve mais de dois anos, e tirou-o dali a obediência – que sentiu bastante – porque houveram mister dele, como era pessoa tal.

6. Eu em parte senti muito quando se foi – ainda que não o estorvasse –, pela grande falta que me fazia. Mas entendi o seu lucro; porque estando com farta pena de sua ida, me disse o Senhor que me consolasse e não a tivesse, que bem guiado ia. Veio tão aproveitada sua alma dali e tão adiante em aproveitamento de espírito, que me disse, quando veio, que por nenhuma coisa quisera ter deixado de ir ali. E eu também podia dizer o mesmo; porque o que antes me assegurava e consolava só com suas letras, já o fazia também com a experiência de espírito, que tinha farta de coisas sobrenaturais.[19] E trouxe-o Deus a tempo que viu Sua Majestade que havia de ser preciso para ajudar a sua obra deste mosteiro que queria Sua Majestade que se fizesse.

7. Pois estive neste silêncio e não me ocupando nem falando deste negócio cinco ou seis meses, e nunca o Senhor mo mandou.[20] E não entendia qual era a causa, mas não se podia tirar do meu pensamento que se havia de fazer.

---

16. Já ponderou suas "letras" no c. 32, 16.
17. *Me assegurou muito*: me deu segurança, tranquilizou-me. Foi quando escreveu seu precioso *Dictamen* em 33 pontos a favor da M. Teresa (cf. *BMC*, t. 2, p. 130-132).
18. Retirou-se ao convento de Trianos (León), onde morreria em 2 de fevereiro de 1565 (cf. c. 38, 13).
19. De graças místicas ("sobrenaturais") a Santa falará no mesmo c. 38, 12.13.32.
20. Quer dizer, não voltou a mandar-me "negociá-lo".

No fim deste tempo, tendo-se ido daqui o reitor que estava na Companhia de Jesus,[21] trouxe Sua Majestade aqui outro muito espiritual e de grande ânimo e entendimento e boas letras, no tempo que eu estava com farta necessidade; porque, como o que me confessava tinha superior e eles têm esta virtude em extremo de não se bulirem senão conforme a vontade de seu maior,[22] ainda que ele entendesse bem o meu espírito e tivesse desejo de que fosse muito adiante, não ousava em algumas coisas determinar, por fartas causas que para isso tinha. E já meu espírito ia com ímpetos tão grandes, que sentia muito tê-lo atado e, contudo, não saía do que me mandava.

8. Estando um dia com grande aflição de parecer-me que o confessor não acreditava em mim, disse-me o Senhor que não me fatigasse, que prestamente se acabaria aquela pena. Eu me alegrei muito pensando que era que eu havia de morrer depressa, e trazia muito contentamento quando me lembrava disso. Depois vi claro que era a vinda deste reitor que digo; porque aquela pena nunca mais se ofereceu em quê a ter, por causa de que o reitor que veio não ia contra o ministro que era meu confessor, antes lhe dizia que me consolasse e que não havia de ter de que temer e que não me levasse por caminho tão apertado, que deixasse obrar o espírito do Senhor, que às vezes parecia que com estes grandes ímpetos de espírito a alma ficava como sem respirar.

---

21. O reitor cessante era o P. Dionísio Vázquez. O que o sucedeu, "muito espiritual", Gaspar de Salazar. – "O reitor que saiu de Ávila foi o P. Dionísio Vázquez, confessor de S. Francisco de Borja e famoso na Companhia por suas intrigas com Felipe II, a Inquisição e a Santa Sé para subtrair as casas de Espanha da jurisdição do Geral de Roma. Foi substituído no ofício pelo P. Gaspar de Salazar em abril de 1561. Por certas desavenças que surgiram entre o Colégio de São Gil e o Bispo de Ávila, D. Álvaro de Mendoza, o Visitador, P. Nadal, julgou oportuno, quando passou por Ávila em princípios de 1562, remover o P. Salazar de Reitor. – Quando Santa Teresa regressou de sua viagem a Toledo, já não o achou no ofício. O pouco tempo que o P. Salazar esteve em Ávila bastou para que a Santa tomasse carinho por ele. Dele faz honrosa menção em várias de suas cartas. "Depois de ter desempenhado o cargo de Reitor no Colégio de Madri e outros da Companhia, morreu santamente em Alcalá em 25 de setembro de 1593" (P. Silvério). – O novo Reitor chegou a Ávila em 9 de abril de 1561. Sobre a atitude do predecessor, P. Dionísio Vázquez, para com a Santa, ver Ribera, *Vida de Santa Teresa*, L. I, c. 14.

22. *Seu maior*: o superior de São Gil.

9. Este reitor[23] foi me ver, e mandou-me o confessor que tratasse com ele com toda liberdade e clareza. Eu costumava sentir grandíssima contradição[24] em dizê-lo. E é assim que ao entrar no confessionário, senti em meu espírito um não sei o quê, que antes nem depois não me lembro de tê-lo[25] com ninguém sentido, nem saberei dizer como foi, nem por comparações poderia. Porque foi um gozo espiritual e um entender minha alma que aquela alma a havia de entender e que conformava com ela, ainda que – como digo – não entendo como; porque se lhe tivesse falado ou me tivessem dado grandes novas dele, não era muito dar-me gozo em entender que havia de entender-me; mas nenhuma palavra ele a mim nem eu a ele nos tínhamos falado, nem era pessoa de quem eu tinha antes nenhuma notícia.

Depois vi bem que meu espírito não se enganou, porque de todas as maneiras tem feito grande proveito a mim e à minha alma tratar com ele. Porque seu trato é muito para pessoas que já parece que o Senhor tem já muito adiante, porque ele as faz correr e não ir passo a passo; e seu modo é para desapegá-las de tudo e mortificá-las, que nisto lhe deu o Senhor grandíssimo talento também como em outras muitas coisas.

10. Como comecei a tratar com ele, logo entendi seu estilo e vi ser uma alma pura, santa e com dom particular do Senhor para conhecer espíritos. Consolei-me muito. Desde há pouco[26] que tratava com ele, começou o Senhor a tornar-me a apertar que tornasse a tratar o negócio do mosteiro e que dissesse a meu confessor[27] e a este reitor muitas razões e coisas para que não mo estorvassem; e algumas os fazia temer, porque este padre reitor nunca duvidou de que era espírito de Deus, porque com muito estudo e cuidado mirava todos os efeitos. No fim de muitas coisas, não ousaram atrever-se a me estorvá-lo.[28]

---

23. *O reitor*: Gaspar de Salazar. – *O confessor*: "o P. Baltasar Alvarez", anota Gracián em seu exemplar.
24. *Contradição*: contrariedade interior.
25. *Tê-lo* [*haberlo*]: por lapso, ao passar a página escreveu "halo". Frei Luís leu "haberlo" (p. 416).
26. *Desde há pouco*: pouco depois...
27. *Meu confessor*: P. Baltasar; *e a este reitor*: Gaspar de Salazar.
28. Ribera, em sua *Vida da Santa*, nos proporciona um dado que ilustra esta passagem: "Veio o Ministro (o P. Baltasar) a entender a vontade de Deus desta maneira:

11. Tornou meu confessor a dar-me licença que pusesse nisso tudo o que pudesse. Eu bem via o trabalho que me punha, por ser muito sozinha e ter pouquíssima possibilidade. Concertamos que se tratasse com todo segredo, e assim procurei que uma irmã minha[29] que vivia fora daqui comprasse a casa e a lavrasse[30] como se fosse para si, com dinheiros que o Senhor deu por algumas vias para comprá-la, que seria longo contar como o Senhor o foi provendo; porque eu trazia grande conta de não fazer coisa contra a obediência; mas sabia que, se o dissesse a meus prelados, era tudo perdido, como na vez passada,[31] e ainda já fora pior.

Em ter o dinheiro, em procurá-lo, em planejar e fazer lavrar passei tantos trabalhos e alguns bem sozinha, ainda que minha companheira[32] fizesse o que podia, mas podia pouco, e tão pouco que era quase nonada, além de ser feito em seu nome e com seu favor, e todo o demais trabalho era meu, de tantas maneiras, que agora me espanto como o pude sofrer. Algumas vezes afligida dizia: "Senhor meu, como me mandais coisas que parecem impossíveis? Que, ainda que sendo mulher, se tivesse liberdade...! Mas atada por tantas partes, sem dinheiro nem de onde o ter, nem para Breve,[33] nem para nada, o que posso fazer, Senhor?"

12. Uma vez estando numa necessidade que não sabia o que fazer nem com que pagar alguns oficiais,[34] me apareceu São José, meu verdadeiro

---

Disse um dia N. Senhor a M. Teresa de Jesus: 'Dize a teu confessor que tenha amanhã sua meditação sobre este verso: *quam magnificata sunt opera tua, Domine! nimis profundae factae sunt cogitationes tuae*', que são palavras do salmo 91 e querem dizer: 'Quão engrandecidas são, Senhor, vossas obras, muito profundos são vossos pensamentos'. Escreveu-lhe logo um bilhete que continha o que o Senhor havia dito a ela. E o fez assim, e... tão claramente viu por aquilo o que Deus queria, meditando naquele verso, e que por meio de uma mulher havia de mostrar suas maravilhas, que logo lhe disse que não havia de duvidar mais, senão que voltasse a tratar deveras da fundação do mosteiro. Isto sei de um Padre da Companhia, digno de toda fé, a quem naquela mesma tarde o P. Baltasar mostrou o bilhete que a Madre lhe tinha enviado" (*Vida de Santa Teresa*, L. I, c. 14).

29. *Uma irmã minha*: Juana de Ahumada, que morava em Alba de Tormes com seu esposo Juan de Ovalle.
30. N.T.: *Lavrasse*: fizesse obras, edificasse.
31. Alude ao momento em que o P. Angel de Salazar "mudou de parecer e não quis admitir a fundação": cf. c. 32, 15.
32. *Minha companheira*: dona Guiomar de Ulloa (cf. c. 32, nota 22).
33. *Breve* pontifício que tinha solicitado de Roma.
34. N.T.: *Oficiais*: que exercem um ofício, no caso: carpinteiros, pedreiros...

pai e senhor, e me deu a entender que não me faltariam, que os concertasse. E assim o fiz sem nenhuma branca,³⁵ e o Senhor, por maneiras que se espantavam os que o ouviam, me proveu.³⁶

A casa se me fazia muito pequena, porque era tão pequena que não parece que levava caminho ser mosteiro, e queria comprar outra (nem tinha com que, nem havia maneira para se comprar, nem sabia o que fazer) que estava junto a ela, também bastante pequena, para fazer a igreja; e acabando um dia de comungar, disse-me o Senhor: *Já te disse que entres como puderes.*³⁷ E à maneira de exclamação também me disse: *Ó cobiça do gênero humano, que até terra pensas que te há de faltar! Quantas vezes dormi eu ao sereno por não ter aonde me meter!*³⁸

Eu fiquei muito espantada e vi que tinha razão. E vou à casinha e planejei-a e achei, ainda que bem pequeno, mosteiro cabal; e não curei³⁹ de comprar mais sítio, senão procurei que se lavrasse nela de maneira que se possa viver, tudo tosco e sem lavrar,⁴⁰ não mais de como não fosse danoso à saúde, e assim se há de fazer sempre.

13. No dia de Santa Clara,⁴¹ indo comungar, ela me apareceu com muita formosura. Disse-me que me esforçasse e fosse adiante no começado, que ela me ajudaria. Eu tomei por ela grande devoção, e tem saído tão

---

35. *Sem nenhuma branca*: como o nosso "sem um centavo"... "Branca" era uma antiga moeda de cobre, que no tempo da Santa era considerada como o protótipo da moeda sem valor algum (cf. *Fund.* 3, 2).

36. A ajuda providencial lhe chegou de Quito, enviada por seu irmão Lorenzo de Cepeda pelas mãos de Antônio Morán e outros indianos [espanhol que volta enriquecido da América] (cf. a carta da Santa a Lourenço: 23.12.1561, que fixa a data deste sucesso). – Lorenzo era irmão menor da Santa. Havia embarcado para a América em 1540. Depois da batalha de Iñaquito se estabeleceu em Quito, onde casou com Juana Fuentes y Espinosa, e ocupou na cidade postos de alta responsabilidade: tesoureiro, regedor do cabido e alcaide. Regressará da América viúvo e com três filhos, em 1575. Morreu em La Serna (Ávila) em 26.6.1580.

37. Ela já relatou isso no c. 32, 18.

38. Alusão à passagem evangélica: "As raposas têm tocas e os pássaros do céu, ninhos, mas o Filho do Homem não tem onde reclinar a cabeça" (Lc 9,58).

39. *Não curei*: sinônimo de "não procurei" (assim na frase seguinte).

40. *Sem lavrar*: sem polir ou refinar (cf. *Const.* 32), se bem que no número anterior o mesmo termo tenha acepção mais ampla.

41. *No dia de Santa Clara*: 12 de agosto de 1561.

verdade, que um mosteiro de monjas de sua Ordem que está perto deste,[42] nos ajuda a sustentar; e o que tem sido mais, que pouco a pouco trouxe este desejo meu a tanta perfeição, que a pobreza que a bem-aventurada Santa tinha em sua casa, se tem nesta, e vivemos de esmola; que não me custou pouco trabalho que seja com toda firmeza e autoridade do Padre Santo, que não se pode fazer outra coisa, nem jamais haja renda.[43] E mais faz o Senhor, e deve porventura ser por rogos desta bendita Santa, que sem demanda nenhuma nos provê Sua Majestade muito cabalmente o necessário. Seja bendito por tudo. Amém.

14. Estando nestes mesmos dias, o de nossa Senhora da Assunção, num mosteiro da Ordem do glorioso São Domingos,[44] estava considerando os muitos pecados que em tempos passados tinha naquela casa confessado e coisas de minha ruim vida. Veio-me um arroubamento tão grande que quase me tirou de mim. Sentei-me e ainda me parece que não pude ver a elevação nem ouvir missa, que depois fiquei com escrúpulo disto. Pareceu-me, estando assim, que me via vestir uma roupa de muita brancura e claridade, a no princípio não via quem ma vestia. Depois vi nossa Senhora para o lado direito e meu pai São José ao esquerdo, que me vestiam aquela roupa. Foi-me dado a entender que estava já limpa de meus pecados. Acabada de vestir, e eu com grandíssimo deleite e glória, logo me pareceu pegar-me pelas mãos nossa Senhora: disse-me *que lhe dava muito contento em servir ao glorioso São José, que cresse que o pretendia do mosteiro se faria e nele se serviria muito o Senhor e eles dois; que não temesse que jamais haveria quebra nisto, ainda que a obediência que dava não fosse a meu gosto,*[45] porque

---

42. Era o convento de clarissas, perto do de São José. Era comumente chamado de "Las Gordillas" por alusão à primeira residência que ocupou.
43. Realmente lhe tinha custado nada menos que três documentos pontifícios consecutivos: 1) *um Breve* de 7.2.1562, dirigido a Dª Aldonza de Gusmán e Dª Guiomar de Ulloa, que não continha concessões em matéria de pobreza absoluta; 2) *um rescrito* da Sagrada Penitenciária de 5.12.1562, facultando o mosteiro a viver sem rendas; e 3) *uma Bula* de 17.7.1565, dando caráter definitivo ao documento anterior.
44. Foi no dia 15 de agosto de 1561, na capela do Santo Cristo de Santo Tomás de Ávila.
45. Cf. mais adiante, no n. 16. "Dar a obediência" equivale a estar sob a jurisdição religiosa de...

eles nos guardariam, e que já seu Filho nos havia prometido andar conosco;[46] *que para sinal que seria isto verdade me dava aquela joia.*

Parecia-me ter-me deitado ao pescoço um colar de ouro muito formoso, pegada uma cruz a ele de muito valor. Este ouro e pedras é tão diferente do de cá, que não tem comparação; porque é sua formosura muito diferente do que podemos cá imaginar, que não alcança o entendimento entender de que era a roupa nem como imaginar o branco que o Senhor quer que se represente, que parece tudo o de cá como um desenho de tisne, à maneira de dizer.

15. Era grandíssima a formosura que vi em nossa Senhora, ainda que por figuras não determinasse nenhuma particular, senão toda junta a feitura do rosto, vestida de branco com grandíssimo resplendor, não que deslumbra, senão suave. O glorioso São José não vi tão claro, ainda que bem visse que estava ali, como as visões que tenho dito que não se veem.[47] Parecia-me nossa Senhora muito menina.[48]

Estando assim comigo um pouco, e eu com grandíssima glória e contento, mais a meu parecer que nunca o tinha tido e nunca quisera afastar-me dele, pareceu-me que os via subir ao céu com muita multidão de anjos. Eu fiquei com muita solidão, ainda que tão consolada e elevada e recolhida em oração e enternecida, que estive algum espaço que menear-me nem falar não podia, senão quase fora de mim. Fiquei com um ímpeto grande de desfazer-me por Deus e com tais efeitos, e tudo passou de sorte que nunca pude duvidar, ainda que muito o procurasse, não ser coisa de Deus.[49] Deixou-me consoladíssima e com muita paz.

16. No que disse a Rainha dos Anjos da obediência,[50] é que a mim me fazia mal não dá-la à Ordem, e tinha-me dito o Senhor que não convi-

---

46. Alude ao referido no c. 32, 11: "que Cristo andaría con nosotras" [note-se que *conosco* está, em espanhol, no feminino].
47. *Las visiones que he dicho que no se ven*: cf. c. 27, n. 2 (visões intelectuais).
48. *Muito menina = muy niña*: muito jovem (como no c. 31, 23).
49. *Nunca pude duvidar... não ser coisa de Deus*: o "não" é redundante.
50. Quando o Provincial, Angel de Salazar, se recusou a aceitar a fundação sob sua obediência, a Santa pôs a casa sob a jurisdição do Bispo de Ávila. Mais adiante, em momentos muito críticos, ela mesma passou a casa para a obediência da Ordem (*Fund.* c. 31).

nha que fosse dada a eles. Deu-me as causas para que de nenhuma maneira convinha que o fizesse, senão que enviasse a Roma por certa via, que também me disse, que Ele faria que viesse recado[51] por ali. E assim foi, que foi enviado por onde o Senhor me disse – que nunca acabávamos de negociá--lo – e veio muito bem. E para as coisas que depois têm sucedido, conveio muito que se desse a obediência ao Bispo.[52] Mas então não o conhecia eu, nem ainda sabia que prelado seria, e quis o Senhor que fosse tão bom e favorecesse tanto esta casa, como tem sido preciso para a grande contradição que tem havido nela – como depois direi[53] – e para pô-la no estado que está. Bendito seja Ele que assim tem feito tudo, amém.

---

51. N.T.: *Recado*: se refere ao despacho de Roma, tem sentido positivo.
52. *Bispo* de Ávila: "Dom Álvaro de Mendoza", anota Gracián em seu exemplar. Cf. c. 36, 2. Depois disso, D. Álvaro será amigo incondicional da Madre Teresa.
53. No c. 36, 15 ss.

Capítulo 34

Trata como neste tempo foi conveniente que se ausentasse deste lugar. – Diz a causa e como a mandou ir seu prelado para consolo de uma senhora muito principal que estava muito aflita. – Começa a tratar o que lá lhe sucedeu e a grande mercê que o Senhor lhe fez de ser meio para que Sua Majestade despertasse uma pessoa muito principal para servi-lo muito deveras, e que ela tivesse favor e amparo depois nele. – É muito de notar.

1. Pois por muito cuidado que eu trouxesse para que não se entendesse, não podia fazer-se tão secretamente toda esta obra, que não se entendesse muito com algumas pessoas. Umas acreditavam nisso e outras não. Eu temia bastante que, vindo o Provincial, se lhe dissessem algo disso, havia de mandar-me não ocupar-me com isso,[1] e logo era tudo cessado.

O Senhor proveu desta maneira: que se ofereceu num lugar grande,[2] mais de vinte léguas deste, que estava uma senhora muito aflita por causa de ter morrido o seu marido. Estava em tanto extremo, que se temia sua saúde.[3] Teve notícia desta pecadorzinha, que assim o ordenou o Senhor, que lhe dissessem bem de mim para outros bens que daqui sucederam. Esta Senhora conhecia muito o Provincial,[4] e como era pessoa principal e soube que eu estava em mosteiro que saíam,[5] põe-lhe o Senhor tão grande desejo de ver-me, parecendo-lhe que se consolaria comigo, que não devia

---

1. *Não ocupar-me com isso*: como no c. 33, título, em espanhol se usa *no entender en ello*. [A frase anterior "não se entendesse muito com" também traduz: "*se entendiesse mucho en*".]
2. *Lugar grande*: Toledo. Note-se o anonimato. Como no caso da nota 3.
3. *Uma senhora*: "Dona Luísa de la Cerda, mulher que foi de Arias Pardo", anotou Gracián em seu exemplar. – *Se temia sua saúde*: por sua saúde. – Dona Luísa era viúva recente de Arias Pardo de Saavedra, marechal de Castela, senhor das vilas de Malagón, Paracuellos etc., e sobrinho do Cardeal Arcebispo de Toledo, Pardo de Tavera. O esposo dela tinha morrido em 13 de janeiro de 1561. Dª Luísa era filha do Duque de Medinaceli, Juan de la Cerda, e residia em Toledo. Tornar-se-á grande amiga da Santa. Por sua mediação, o livro da *Vida* chegará às mãos de São João de Ávila (cf. cartas de 18 e 27 de maio de 1568 a Dª Luísa).
4. *Provincial* dos carmelitas de Castela: Angel de Salazar.
5. *Mosteiro que saíam*: em que as monjas não prometiam clausura (cf. c. 4, 5).

ser em sua mão, senão logo procurou, por todas as vias que pôde, levar-me lá, enviando ao Provincial,[6] que estava bem longe. Ele me enviou um mandamento, com preceito de obediência, que logo fosse com outra companheira. Eu soube disso na noite de Natal.[7]

2. Fez-me algum alvoroço e muita pena ver que, por pensar que havia em mim algum bem, me queria levar, que, como eu me via tão ruim não podia sofrer isto. Encomendando-me muito a Deus, estive todas as matinas, ou grande parte delas, em grande arroubamento. Disse-me o Senhor que não deixasse de ir e que não escutasse pareceres, porque poucos me aconselhariam sem temeridade; que, ainda que tivesse trabalhos, se serviria muito Deus, e que para este negócio do mosteiro convinha ausentar-me até ter vindo o Breve;[8] porque o demônio tinha armada uma grande trama, vindo o Provincial; que não temesse nada, que Ele me ajudaria lá.

Eu fiquei muito esforçada e consolada. Disse-o ao reitor.[9] Disse-me que de nenhuma maneira deixasse de ir, porque outros me diziam que não se sofria, que era invenção do demônio para que lá me viesse algum mal: que tornasse a enviar ao Provincial.

3. Eu obedeci ao reitor, e com o que na oração tinha entendido ia sem medo ainda que não sem grandíssima confusão de ver o título com que me levavam e como se enganavam tanto. Isto me fazia importunar mais ao Senhor para que não me deixasse. Consolava-me muito que havia casa da Companhia de Jesus naquele lugar aonde ia[10] e, estando sujeita ao que me mandassem, como o estava cá, me parecia que estaria com alguma segurança.

Foi o Senhor servido que aquela senhora se consolou tanto, que conhecida melhora começou logo a ter e cada dia mais se achava consolada.

---

6. *Enviando* carta *ao provincial*. Como no final do n. 2.
7. Era 24 de dezembro de 1561.
8. Até que chegasse o Breve pontifício, que seria expedido em Roma em 7.2.1562.
9. *Reitor* de São Gil, P. Gaspar de Salazar.
10. Em Toledo. Fundação recente dos jesuítas, graças à intervenção de São Francisco de Borja junto ao Arcebispo B. Carranca (1558). Superior da casa era o P. Pedro Doménech, e Ministro o P. Gil González Dávila. Em seguida a Santa estabeleceu íntimas relações espirituais com ambos. O P. Doménech foi seu confessor.

Teve-se em muito, porque – como tenho dito[11] – a pena a tinha em grande aperto; e o Senhor devia fazê-lo pelas muitas orações que faziam por mim as pessoas boas que eu conhecia para que me sucedesse bem. Era muito temerosa de Deus e tão boa, que sua muita cristandade supriu o que a mim me faltava. Tomou grande amor comigo. Eu lhe tinha bastante de ver sua bondade, mas quase tudo me era cruz; porque os regalos me davam grande tormento e o fazer tanto caso de mim me trazia com grande temor. Andava minha alma tão encolhida, que não ousava descuidar-me, nem se descuidava o Senhor. Porque estando ali me fez grandíssimas mercês, e estas me davam tanta liberdade e tanto me faziam menosprezar tudo o que via – e quanto mais eram, mais –, que não deixava de tratar com aquelas tão senhoras, que muito para minha honra pudera eu servi-las, com a liberdade que se eu fosse sua igual.

4. Saquei um lucro muito grande, e dizia isso a ela. Vi que era mulher e tão sujeita a paixões e fraquezas como eu, e no pouco que se há de ter o senhorio, e como, quanto é maior, têm mais cuidados e trabalhos, e um cuidado de ter a compostura conforme o seu estado, que não as deixa viver; comer sem tempo nem concerto, porque há de andar tudo conforme o estado[12] e não as compleições. Hão de comer muitas vezes os manjares mais conformes ao seu estado do que não ao seu gosto.

É assim que aborreci totalmente desejar ser senhora – Deus me livre da má compostura! – ainda que esta, sendo das principais do reino, creio que há poucas mais humildes, e de muita lhaneza. Eu tinha lástima dela, e a tenho, de ver como vai muitas vezes não conforme a sua inclinação para cumprir com seu estado. Pois com os criados é pouco o pouco que tem que confiar, ainda que ela os tivesse bons. Não se há de falar mais com um do que com outro, senão ao que se favorece há de ser o malquisto.

Isso é uma sujeição, que uma das mentiras que o mundo diz é chamar de senhores as pessoas semelhantes, que não me parece que são senão escravos de mil coisas.

---

11. No n. 1.
12. *Conforme o estado*: de acordo com sua categoria nobiliar ou social.

5. Foi o Senhor servido[13] que no tempo que estive naquela casa melhoraram em servir a Sua Majestade as pessoas dela, ainda que não estivesse livre de trabalhos e algumas invejas que tinham algumas pessoas do muito amor que aquela senhora me tinha. Deviam porventura pensar que pretendia algum interesse. Devia o Senhor permitir que me dessem alguns trabalhos coisas semelhantes e outras de outras sortes, para que não me embebesse no regalo que tinha por outra parte, e foi servido tirar-me de tudo com melhoria de minha alma.

6. Estando ali acertou de vir um religioso, pessoa muito principal e com que eu, fazia muitos anos, tinha tratado algumas vezes.[14] E estando em missa num mosteiro de sua Ordem que estava perto de onde eu estava, deu-me desejo de saber em que disposição estava aquela alma, que desejava eu que fosse muito servo de Deus, e levantei-me para ir lhe falar. Como eu já estava recolhida em oração, pareceu-me depois que era perder tempo, que quem me metia a mim naquilo, e tornei a me sentar. Parece-me que foram três vezes[15] as que isto me aconteceu e, enfim, pôde mais o anjo bom que o mau, e fui chamá-lo e veio falar comigo a um confessionário.

Comecei a perguntar-lhe e ele a mim – porque fazia muitos anos que não nos tínhamos visto[16] – de nossas vidas. Eu comecei a lhe dizer que tinha sido a minha de muitos trabalhos de alma. Pôs mui muito em que lhe dissesse quais eram os trabalhos. Eu lhe disse que não eram para saber nem para que eu os dissesse. Ele disse que, pois o sabia o padre dominicano que tenho dito – que era muito seu amigo[17] –, que logo lhe seriam dito e que não se me desse nada.

---

13. Por erro material, no autógrafo se repete a frase "foi... servido". Ocorrerá de novo no número seguinte.
14. "O P. frei Garcia de Toledo", adverte Gracián em seu exemplar. Os primitivos biógrafos da Santa, Ribera e Yepes, dão por aludido o P. Vicente Barrón, de quem a Santa falou no c. 7, 17. – Garcia de Toledo era "pessoa principal", neto dos condes de Oropesa, sobrinho do futuro vice-rei do Peru, F. de Toledo. Já em 1535 tinha estado no México, militando sob as ordens do vice-rei Antônio de Mendoza. Em março de 1569 atravessará de novo o Atlântico, acompanhando o vice-rei F. de Toledo como assessor religioso. Não regressará à Espanha até 1581 (cf. a carta da Santa a Maria de São José, de 8.11.1581).
15. Por lapso material, no original repete "três três vezes".
16. O P. Garcia de Toledo tinha sido prior de Santo Tomás de Ávila em 1555.
17. O P. Pedro Ibáñez. Disse isso no c. 33, 5.

7. O caso é que não foi em sua mão deixar de me importunar nem na minha, me parece, deixar de dizer-lho. Porque com todo o pesadume e vergonha que costumava ter quando tratava estas coisas, com ele e com o reitor que tenho dito[18] não tive nenhuma pena, antes me consolei muito. Disse-o debaixo de confissão.[19]

Pareceu-me mais avisado que nunca, ainda que sempre o tivesse por de grande entendimento. Mirei os grandes talentos e partes que tinha para aproveitar muito, se de todo se desse a Deus. Porque isto tenho eu de uns anos para cá, que não vejo pessoa que muito me contente, que logo quereria vê-la dar-se de todo a Deus, com umas ânsias que algumas vezes não me posso valer. E ainda que deseje que todos o sirvam, estas pessoas que me contentam é com muito grande ímpeto, e assim importuno muito o Senhor por elas. Com o religioso que digo, me aconteceu assim.

8. Rogou-me que o encomendasse muito a Deus, e não havia mister de dizê-lo a mim, que eu já estava de sorte que não poderia fazer outra coisa. E me vou aonde costumava sozinha ter oração, e começo a tratar com o Senhor, estando muito recolhida, com um estilo tolo que muitas vezes, sem saber o que digo, trato; que é o amor quem fala, e está a alma tão alheada, que não miro a diferença que há dela a Deus. Porque o amor que conhece que Sua Majestade a tem, a esquece de si e lhe parece que está nele e, como uma coisa própria sem divisão,[20] fala desatinos. Lembro-me de que lhe disse isto, depois de pedir-lhe com fartas lágrimas que pusesse aquela alma em seu serviço muito deveras, que ainda que eu o tivesse por bom, não me contentava, que o queria muito bom, e assim lhe disse: "Senhor, não me haveis de negar esta mercê; olhai que é bom este sujeito para nosso amigo".

9. Ó bondade e humanidade grande de Deus, como não olha as palavras, senão os desejos e vontade com que se dizem! Como sofre que uma como eu fale a Sua Majestade tão atrevidamente! Seja bendito para sempre jamais.

---

18. P. Gaspar de Salazar, reitor de São Gil; c. 33, n. 9-10.
19. *Debajo de confesión*: sob segredo de confissão.
20. *Como uma coisa própria sem divisão*: como de coisa própria e como se não houvesse divisão (distância) entre Deus e ela...

10. Lembro-me de que me deu naquelas horas de oração naquela noite uma aflição grande de pensar se estava em inimizade de Deus. E como não podia saber se estava em graça ou não (não para que eu o desejasse saber, mas desejava morrer para não me ver em vida aonde não estava segura se estivesse morta, porque não podia haver morte mais dura para mim que pensar se tinha ofendido a Deus) e apertava-me esta pena; suplicava-lhe que não o permitisse, toda regalada[21] e derretida em lágrimas. Então entendi que bem me podia consolar e estar certa que estava em graça;[22] porque semelhante amor de Deus e fazer Sua Majestade aquelas mercês e sentimentos que dava à alma, que não se compadecia[23] fazer-se à alma que estivesse em pecado mortal.

Fiquei confiada de que havia de fazer o Senhor o que lhe suplicava desta pessoa. Disse-me que lhe dissesse umas palavras. Isto senti eu muito, porque não sabia como dizê-las, que isto de dar recado a terceira pessoa – como tenho dito[24] – é o que mais sinto sempre, em especial a quem não sabia como o tomaria, ou se burlaria de mim. Pôs-me em muita angústia. Enfim, fui tão persuadida que, a meu parecer, prometi a Deus não deixar de dizê-las e, pela grande vergonha que tinha, as escrevi e lhas dei.

11. Bem pareceu ser coisa de Deus na operação que lhe fizeram.[25] Determinou-se muito deveras em dar-se à oração, ainda que não o fizesse

---

21. *Toda regalada*: feliz, inundada de satisfação.
22. Na edição príncipe, frei Luís transcreveu "consolar e confiar" em lugar de "consolar e estar certa" (p. 431). Como outras correções do autógrafo, também esta emenda está motivada pelo costumeiro escrúpulo teológico tridentino sobre a certeza do estado de graça (cf. *Denz.* 802 [DH 1533-1534] e 805 [DH 1540-1541]). Na realidade, a afirmação da Santa está de pleno acordo com a ortodoxia tridentina.
23. *Não se compadecia*: não era compatível.
24. No c. 32, 12; cf. c. 33, 2.
25. *La operación que le hicieron*: efeito que nele produziram as palavras da Santa. – O fato foi referido com mais detalhes pelo autor do "Informe sobre o espírito da Madre Teresa", atribuído ao próprio Pedro Ibáñez: "A uma pessoa que não se acaba de determinar em tratar com grande delicadeza com Deus, pensando eu que havia começado já, porque assim o tínhamos combinado ele e eu, e como em coisa feita não queria eu voltar por onde esta pessoa estava, falou-me esta santa e disse-me que seu Mestre (que é Cristo) dizia que voltasse eu por onde estava e que lhe levasse um recado bem breve, mas era tudo de Deus e de sua parte, e ainda até então queria Dª Teresa escusar-se com Deus... Venho e lhe proponho meu recado: começa a chorar, que lhe penetrou as entranhas, e é um homem que pode governar o mundo, e que não é nada mulheril e afeminado para chorar, senão muito homem" (*BMC*, t. II, p. 149-150).

imediatamente. O Senhor, como o queria para si, por meu meio o enviava para dizer umas verdades que, sem eu entendê-lo, iam tão a seu propósito que ele se espantava, e o Senhor que devia dispô-lo para crer que era Sua Majestade. Eu, ainda que miserável, era muito o que suplicava ao Senhor que muito totalmente o tornasse a Si e lhe fizesse aborrecer os contentos e coisas da vida. E assim – seja louvado para sempre! – o fez tão de fato, que cada vez que me fala me tem como embevecida; e se eu não o tivesse visto, o teria por duvidoso em tão breve tempo fazer-lhe tão crescidas mercês e tê-lo tão ocupado em Si, que não parece que vive já para coisa da terra.

Sua Majestade o tenha em sua mão, que se assim vai adiante (o que espero no Senhor que se fará, por ir muito fundado em conhecer-se), será um dos muito assinalados servos seus e para grande proveito de muitas almas; porque em coisas de espírito em pouco tempo tem muita experiência, que estes são dons que Deus dá quando quer e como quer,[26] e nem vai no tempo nem nos serviços. Não digo que não faz isto muito, mas que muitas vezes não dá o Senhor em vinte anos a contemplação que a outros dá em um. Sua Majestade sabe a causa.

E é o engano, que nos parece que pelos anos havemos de entender o que de nenhuma maneira se pode alcançar sem experiência. E assim erram muitos – como tenho dito[27] – em querer conhecer espíritos sem tê-lo.[28] Não digo que quem não tiver espírito, se é letrado, não governe a quem o tem; mas entende-se no exterior e interior que vai conforme a via natural por obra do entendimento, e no sobrenatural que olhe[29] que vá conforme a Sagrada Escritura. No demais não se mate, nem pense entender o que não entende, nem afogue os espíritos,[30] que já, quanto naquilo, outro maior Senhor os governa, que não estão sem superior.

12. Não se espante nem lhe pareçam coisas impossíveis – tudo é possível ao Senhor –, senão procure esforçar a fé e humilhar-se de que faz o Se-

---

26. Afirmação da absoluta gratuidade dos dons místicos: cf. c. 21, 9, nota 17.
27. Cf. 13, 14.
28. Esta afirmação e as que seguem são um eco do que frei Pedro de Alcântara escreveu à Santa em carta de 14.4.1562 (*BMC*, t. II, p. 125-126).
29. *Olhe*: a Santa tinha escrito *mira*. E o corrigiu. Frei Luís transcreve "mire" (p. 433).
30. Repete a frase de São Paulo em 1Ts 5,19.

nhor nesta ciência uma velhinha mais sábia, porventura, do que a ele ainda que seja muito letrado; e com esta humildade aproveitará mais às almas e a si do que para fazer-se contemplativo sem o ser. Porque torno a dizer que se não tem experiência, se não tem mui muita humildade entendendo que não entende e que nem por isso é impossível, que ganhará pouco e dará a ganhar menos a quem trata. Não tenha medo, se tem humildade, permita o Senhor que se engane um nem o outro.[31]

13. Pois este Padre que digo,[32] como em muitas coisas o Senhor a tem dado, tem procurado estudar tudo o que por estudo tem podido neste caso – que é bom letrado – e o que não entende por experiência informa-se de que a tem, e com isto o ajuda o Senhor dando-lhe muita fé, e assim tem aproveitado muito a si e a algumas almas, e a minha é uma delas; que como o Senhor sabia nos trabalhos que eu me havia de ver, parece que Sua Majestade proviu que, pois havia de levar consigo alguns que me governavam,[33] ficassem outros que me têm ajudado a fartos trabalhos e feito grande bem. O Senhor o tem mudado quase totalmente, de maneira que ele quase não se conhece – à maneira de dizer – e dado forças corporais para penitência (que antes não tinha, senão enfermo) e animoso para tudo o que é bom e outras coisas, que se parece bem ser muito particular chamamento do Senhor. Seja bendito para sempre.

14. Creio que todo o bem lhe vem das mercês que o Senhor lhe tem feito na oração, porque não são postiços.[34] Porque já em algumas coisas quis o Senhor que se tenha experimentado, porque sai delas como quem tem já conhecida a verdade do mérito que se ganha em sofrer perseguições. Espero na grandeza do Senhor há de vir muito bem a alguns de sua Ordem por ele, e a ela mesma.[35] Já se começa a entender isto. Tenho visto grandes visões, e o Senhor me disse algumas coisas dele e do reitor da Companhia de Jesus que tenho dito,[36] de grande admiração, e de outros dois religiosos

---

31. N.T.: *Não tenha medo... que o Senhor permita...*
32. Garcia de Toledo.
33. Quando escreve isto já tinham morrido São Pedro de Alcântara (18.10.1562) e o P. Pedro Ibáñez (12.2.1565). – A frase seguinte: *me têm ajudado a* suportar *fartos trabalhos*.
34. *Postiças*, transcreve frei Luís (p. 434), concordando com "mercês". A Santa liga "postiços" a "bens". Assim se entende melhor o que segue.
35. *A Ordem* de São Domingos.
36. O P. Gaspar de Salazar, de quem tem falado no c. 33, 9-10.

da Ordem de São Domingos, em especial de um,[37] que também tem dado já a entender o Senhor por obra em seu aproveitamento algumas coisas que antes eu tinha entendido dele. Mas de quem agora falo têm sido muitas.

15. Uma coisa quero dizer agora aqui. Estava eu uma vez com ele num locutório, e era tanto o amor que minha alma e espírito entendia que ardia no seu, que me tinha a mim quase absorta; porque considerava as grandezas de Deus em quão pouco tempo tinha subido uma alma a tão grande estado. Fazia-me grande confusão, porque o via com tanta humildade escutar o que eu lhe dizia em algumas coisas de oração, como eu tinha pouca[38] de tratar assim com pessoa semelhante. O Senhor devia sofrê-lo em mim, pelo grande desejo que eu tinha de vê-lo muito adiante. Fazia-me tanto proveito estar com ele, que parece que deixava em minha alma posto novo fogo para desejar servir ao Senhor de princípio.

Ó Jesus meu, o que faz uma alma abrasada em vosso amor! Como a havíamos de estimar em muito e suplicar ao Senhor que a deixasse nesta vida! Quem tem o mesmo amor, atrás destas almas havia de andar se pudesse.

16. Grande coisa é um enfermo achar outro ferido daquele mal. Muito se consola de ver que não está só. Muito se ajudam a padecer e também a merecer. Excelentes costas se fazem já gente determinada a arriscar[39] mil vidas por Deus e desejam que se lhes ofereça em que perdê-las. São como soldados que, para ganhar o despojo e fazer-se com ele ricos, desejam que haja guerra.[40] Têm entendido que não o podem ser senão por aqui. É este seu ofício, o trabalhar. Oh, grande coisa é aonde o Senhor dá esta luz de entender o muito que se ganha em padecer por Ele! Não se entende bem isto até que se deixa tudo, porque quem nisso fica, é sinal que o tem em algo; pois se o tem em algo, forçosamente lhe há de pesar deixá-lo, e já vai imperfeito tudo e perdido. Bem vem aqui, que é perdido quem atrás

---

37. "Os Padres Pedro Ibáñez e Domingos Báñez, especialmente o primeiro" (P. Silvério).
38. *Eu tinha pouca* humildade.
39. *Arriscar*, escreve a Santa em vez de "arriesgar".
40. A mesma imagem bélica está presente em *Caminho* 38, 1.

de perdido anda.[41] E que mais perdição, e que mais cegueira, que mais desventura do que ter em muito o que não é nada?

17. Pois, tornando ao que dizia,[42] estando eu em grandíssimo gozo mirando aquela alma, que me parece que queria o Senhor que visse claramente os tesouros que tinha posto nela, e vendo a mercê que me tinha feito em que fosse por meio meu – achando-me indigna dela –, em muito mais tinha eu as mercês que o Senhor lhe tinha feito e mais à minha conta as tomava que se fosse para mim e louvava muito o Senhor de ver que Sua Majestade ia cumprindo meus desejos e tinha ouvido minha oração, que era o Senhor despertar pessoas semelhantes.

Estando já minha alma que não podia sofrer em si tanto gozo, saiu de si e perdeu-se para mais ganhar.[43] Perdeu as considerações, e de ouvir aquela língua divina em quem parece que falava o Espírito Santo, deu-me um grande arroubamento que me fez quase perder o sentido, ainda que durasse pouco tempo. Vi Cristo com grandíssima majestade e glória, mostrando grande contento do que ali passava; e assim mo disse, e quis que visse claro que a semelhantes práticas sempre se achava presente e o muito que se serve em que assim se deleitem em falar nele.

Outra vez estando longe deste lugar,[44] o vi com muita glória levantar, os anjos;[45] entendi que sua alma ia muito adiante, por esta visão. E assim foi, que lhe tinham levantado um grande testemunho bem contra sua honra, pessoa a quem ele tinha feito muito bem e remediado a sua e a alma, e o tinha passado com muito contento e feito outras obras muito em serviço de Deus e passado outras perseguições.

---

41. Refrão um tanto mais culto que o conhecido "dize-me com quem andas...".
42. No n. 15.
43. Expressão gráfica, que designa a entrada em arroubamento. Os dois verbos "perder-se / ganhar (-se)", em acepção mística: perder-se a si mesmo para ganhar-se em Deus. No poema "Vivo sem viver em mim", escreve: "Mira que o amor é forte; / vida não me sejas molesta, / mira que só me resta / *para ganhar-te, perder-te*".
44. Longe de Ávila.
45. "O P. frei Garcia de Toledo", anota Gracián em seu exemplar. Reordenando a frase: "vi os anjos levantá-lo".

18. Não me parece que convém agora declarar mais coisas. Se depois parecer a vossa mercê,[46] pois as sabe, poderão ser postas para a glória do Senhor. De todas as que tenho dito de profecias desta casa, e outras que direi dela e de outras coisas, todas se têm cumprido. Algumas, três anos antes de serem sabidas – outras mais e outras menos – mas dizia o Senhor. E sempre as dizia ao confessor e a esta minha amiga viúva com quem tinha licença de falar, como tenho dito;[47] e soube que ela as dizia a outras pessoas, e estas sabem que nem minto, nem Deus me dê tal lugar, que em nenhuma coisa, quanto mais sendo tão graves, trataria eu senão toda verdade.

19. Tendo morrido subitamente um cunhado meu,[48] e estando eu com muita pena por não ter ido confessar-se,[49] foi-me dito na oração que havia assim de morrer minha irmã, que fosse lá e procurasse que se dispusesse para isso. Disse-o a meu confessor e, como não me deixasse ir, entendi-o outras vezes.[50] Ao ver isto, disse-me que fosse lá, que não se perdia nada.

Ela estava numa aldeia,[51] e, como fui, sem dizer-lhe nada lhe fui dando a luz que pude em todas as coisas, e fiz que se confessasse muito amiúde e em tudo trouxesse conta com sua alma. Ela era muito boa e o fez assim. Desde a quatro ou cinco anos que tinha este costume[52] e muito boa conta com sua consciência, morreu sem vê-la ninguém nem poder se confessar. O bom foi que, como se acostumara, não fazia pouco mais de oito dias que estava confessada.

---

46. *Se parecer a v.m., pois as sabe...* Retoma o diálogo com o P. Garcia de Toledo. A Santa vem falando das interioridades do próprio P. Garcia, que é identificado com esse "vossa mercê", e "as sabe". Mas como ele não é o único destinatário do livro, a autora estende um véu de discrição sobre o relato.

47. Dª Guiomar de Ulloa. Disse isso no c. 30, 3.

48. *Cunhado meu*: "Martin de Gusmán", anota Gracián. Estava casado com Maria de Cepeda, irmã mais velha da Santa. Cf. c. 3, 3.

49. *Por não ter ido confessar-se*: em espanhol: *por no se haber viado a confesarse*. No original se lê: "por no se haber *uyado*" (= viado) *a confesarse*. Báñez (?) corrigiu: "por no haber tenido lugar a confesarse". Frei Luís imprimiu: "por no haber vuiado (= uviado) a confesar" (p. 438).

50. N.T.: Ouvi outras vezes este aviso.

51. *Numa aldeia*: Castellanos de la Cañada, aonde havia ido a Santa por ocasião de suas enfermidades (c. 3, 3 e c. 4, 6). – A frase seguinte: *sem dizer-lhe nada* da revelação que eu tinha tido...

52. *Desde a cuatro o cinco años*, equivale a "quatro ou cinco anos depois...".

A mim me deu grande alegria quando soube de sua morte. Esteve muito pouco no purgatório. Seriam ainda não me parece oito dias quando, acabando de comungar, me apareceu o Senhor e quis que a visse como a levava para a glória. Em todos estes anos, desde que me foi dito até que morreu, não me esquecia do que me tinha sido dado a entender, nem a minha companheira,[53] que, assim que morreu, veio a mim muito espantada de ver como se tinha cumprido.

Seja Deus louvado para sempre, que tanto cuidado traz das almas para que não se percam.

---

53. *Minha companheira*: Dª Guiomar (cf. n. 18).

Capítulo 35

Prossegue na mesma matéria da fundação desta casa de nosso glorioso Pai São José. – Diz pelos termos que ordenou o Senhor que viesse a ser guardada nela a santa pobreza, e a causa por que veio de com aquela senhora que estava,[1] e algumas outras coisas que lhe sucederam.

1. Pois estando com esta senhora que tenho dito,[2] aonde estive mais de meio ano, ordenou o Senhor que tivesse notícia de mim uma beata de nossa Ordem, de mais de setenta léguas daqui deste lugar,[3] e acertou de vir para cá e rodeou algumas para falar-me. O Senhor a tinha movido no mesmo ano e mês que a mim para fazer outro mosteiro desta Ordem; e como lhe pôs este desejo, vendeu tudo o que tinha e foi a Roma para trazer despacho para isso, a pé e descalça.

2. Era mulher de muita penitência e oração, e o Senhor lhe fazia muitas mercês, e tinha nossa Senhora aparecido a ela e mandado que o fizesse. Fazia-me tantas vantagens em servir ao Senhor, que eu tinha vergonha de estar diante dela. Mostrou-me os despachos que trazia de Roma e, em quinze dias que esteve comigo, demos ordem em como havíamos de fazer estes mosteiros.[4] E até que eu lhe falei, não tinha vindo a mim notí-

---

1. Quer dizer, "voltou daquela senhora com quem estava". Esteve em casa de Dª Luísa de la Cerda desde começo de janeiro até final de junho ou princípio de julho de 1562. Cf. c. 34, 1-2.
2. No c. 34.
3. *Uma beata de nossa Ordem*: note-se o anonimato. "Beata" se dizia daquelas que, sem serem monjas, usavam o hábito da Ordem e viviam certos mandamentos da Regra. Esta "beata" se chamava Maria de Jesus, nascida em Granada em 1522. Ao enviuvar, muito jovem ainda, entrou como carmelita no mosteiro de sua cidade natal. Mas sentindo-se chamada a fundar um Carmelo reformado, antes de professar saiu do convento e a pé descalço foi a Roma, onde conseguiu o desejado Breve que lhe concedia faculdades para fundar um convento em Granada. De fato, não conseguiu realizá-lo. No entanto, pôde realizá-lo no ano seguinte (1563) em Alcalá de Henares com o título de "La Imagen", orientando a vida reformada para um rigorismo extremado, que foi mitigado pela própria Santa Teresa, ao passar pelo mosteiro de La Imagen a caminho de Malagón (1568).
4. *Os despachos que trazia de Roma*: trazia um Breve emitido – como o outorgado à Santa – pela Sagrada Penitenciária. Atualmente está conservado, embora mutilado,

cia que nossa Regra – antes que se relaxasse – mandava que não se tivesse próprio,[5] nem eu estava em fundá-lo sem renda, que ia meu intento a que não tivéssemos cuidado do que tínhamos mister, e não olhava os muitos cuidados que traz consigo ter próprio.

Esta bendita mulher, como a ensinava o Senhor, tinha bem entendido, não sabendo ler, o que eu com tanto ter andado a ler as Constituições, ignorava. E como mo disse, pareceu-me bem, ainda que temesse que não mo haviam de consentir, senão dizer que fazia desatinos e que não fizesse coisa que padecessem outras por mim, que, a ser eu só, pouco nem muito me detivera, antes me era grande regalo pensar em guardar os conselhos de Cristo Senhor nosso, porque grandes desejos de pobreza Sua Majestade já me tinha dado.[6]

Assim que para mim não duvidava ser o melhor; porque havia dias que desejava que fosse possível a meu estado andar pedindo por amor de Deus e não ter casa nem outra coisa. Mas temia que, se às demais não dava o Senhor estes desejos, viveriam descontentes, e também não fosse causa de alguma distração, porque via alguns mosteiros pobres não muito recolhidos, e não olhava que não sê-lo era causa de ser pobres, e não a pobreza da distração;[7] porque esta não faz mais ricas, nem falta Deus jamais a quem o serve. Enfim tinha fraca a fé, o que não fazia a esta serva de Deus.

---

no Carmelo de La Imagen. – *Demos ordem como... fazer*: de fato, o Carmelo de La Imagen passaria mais adiante a ser regido pelas Constituições da Santa.

5. *Nossa Regra*: a Regra da Ordem do Carmo, em sua redação original, tinha sido dada por Santo Alberto, patriarca de Jerusalém, aos ermitãos latinos do Carmelo por volta de 1210. – *Antes que se relaxasse*: mais que à mitigação da Regra por Inocêncio IV (1247), alude às bulas de relaxação do Papa Eugênio IV (1432) e seus sucessores. – *Mandava que não se tivesse próprio*: "próprio" equivale a não ter bens em propriedade, que era uma forma de pobreza absoluta. No léxico da Santa: "sem renda". A regra em seu teor primitivo prescrevia: "Nenhum dos irmãos tenha coisa própria, senão que tudo seja comum, e das coisas que o Senhor vos der, o prior as distribua a cada um...". – A prescrição da pobreza absoluta ficava aberta para os carmelitas pela bula de Gregório IX "Ex officii" de 6.4.1229.

6. Por essa mesma época (entre 1560 e 1562) tinha testemunhado de si mesma: "Desejo de pobreza... parece-me que, ainda que tivesse muitos tesouros, não teria renda particular nem dinheiro para mim sozinha..." (R. 1, 9). "No de pobreza... também o necessário não quereria ter... Parece-me que tenho muita mais piedade dos pobres...; se olhasse para minha vontade, lhes daria o que trago vestido" (R. 2, 3-4).

7. São conceitos que frei Pedro de Alcântara lhe tinha inculcado em sua carta de 14.4.1562.

3. Como eu em tudo tomava tantos pareceres, quase a ninguém achava deste parecer: nem confessor,[8] nem os letrados com quem tratava. Traziam-me tantas razões, que não sabia o que fazer, porque, como eu já soubesse que era Regra e via ser mais perfeição, não podia persuadir-me a ter renda. E já que algumas vezes me tinham convencida, ao tornar à oração e olhar para Cristo na cruz tão pobre e nu, não podia pôr à paciência ser rica.[9] Suplicava-lhe com lágrimas que ordenasse de maneira que eu me visse pobre como Ele.

4. Achava tantos inconvenientes para ter renda e via ser tanta a causa de inquietação e até distração, que não fazia senão disputar com os letrados. Escrevi-o ao religioso dominicano que nos ajudava.[10] Enviou-me escritas duas folhas de contradição e teologia para que não o fizesse, e assim mo dizia, que o tinha estudado muito. Eu lhe respondi que para não seguir meu chamamento e o voto que tinha feito de pobreza e dos conselhos de Cristo com toda perfeição, que não queria aproveitar-me de teologia, nem com suas letras neste caso me fizesse mercê.

Se achava alguma pessoa que me ajudasse, alegrava-me muito. Aquela senhora com quem estava,[11] para isto me ajudava muito. Alguns logo no princípio diziam-me que lhes parecia bem; depois, como o olhassem mais, achavam tantos inconvenientes, que tornavam a pôr muito em que não o fizesse. Dizia-lhes eu que, se eles tão depressa mudavam de parecer, que eu ao primeiro queria chegar.

5. Neste tempo, por rogos meus, porque esta senhora não tinha visto o santo Frei Pedro de Alcântara, foi o Senhor servido que viesse a sua casa, e como quem era bem amador da pobreza e tantos anos a tinha tido, sabia bem a riqueza que nela estava, e assim me ajudou muito e mandou que de maneira nenhuma deixasse de levá-lo muito adiante. Já com este parecer e favor, como quem melhor o podia dar por tê-lo sabido por longa experiência, eu determinei não andar buscando outros.[12]

---

8. *Meu confessor*: Baltasar Alvarez.
9. N.E.: A ideia é que não suportaria ser rica.
10. O P. Pedro Ibáñez, que vivia na solidão de Trianos (cf. c. 32, 16-17).
11. Dª Luísa de la Cerda.
12. Além dos conselhos orais, São Pedro de Alcântara lhe escreveu a famosa "carta da pobreza" (14.4.1562), em defesa da radical pobreza evangélica, e em contraste com as teorias dos letrados (*BMC*, t. II, p. 125-126).

6. Estando um dia muito o encomendando a Deus, me disse o Senhor que de nenhuma maneira deixasse de fazê-lo pobre,[13] que esta era a vontade de seu Pai e sua, que Ele me ajudaria. Foi com tão grandes efeitos, num grande arroubamento, que de nenhuma maneira pude ter dúvida de que era Deus.

Outra vez me disse que na renda estava a confusão, e outras coisas em louvor da pobreza, e assegurando-me que a quem o servia não lhe faltava o necessário para viver; e esta falta, como digo, nunca eu temi para mim.

Também volveu o Senhor o coração do Apresentado,[14] digo do religioso dominicano, de que tenho dito que me escreveu que não o fizesse sem renda. Já eu estava muito contente tendo entendido isto e tendo tais pareceres; não me parecia senão que possuía toda a riqueza do mundo, em me determinando a viver de por amor de Deus.

7. Neste tempo meu Provincial[15] me alçou o mandamento e obediência que me tinha posto para estar ali, e deixou em minha vontade que se eu quisesse ir que pudesse, e se estar, também, por certo tempo; e neste havia de ter eleição em meu mosteiro,[16] e avisaram-me que muitas queriam dar-me aquele cuidado de prelada, que para mim só pensar nisso era tão grande tormento que a qualquer martírio me determinaria passar por Deus com facilidade, a este de nenhuma arte me podia persuadir. Porque deixado o trabalho grande, por serem mui muitas[17] e outras causas de que eu nunca fui amiga, nem de nenhum ofício, antes sempre os tinha recusado, parecia-me grande perigo para a consciência, e assim louvei a Deus por não me achar lá. Escrevi a minhas amigas para que não me dessem voto.

8. Estando muito contente de não me achar naquele ruído, disse-me o Senhor que de nenhuma maneira deixe de ir, que pois desejo cruz, que boa se me aparelha, que não a despreze, que vá com ânimo, que Ele me ajudará, e que eu fosse logo. Eu me fatiguei muito e não fazia senão chorar, porque pensei que era a cruz ser prelada e, como digo, não podia

---

13. *Fazê-lo pobre*: fundar o mosteiro na pobreza.
14. *Presentado*, em espanhol: título acadêmico do P. Pedro Ibáñez: cf. n. 4.
15. *Provincial*: Angel de Salazar.
16. *Meu mosteiro*: a Encarnação de Ávila.
17. *Por serem mui muitas* monjas na Encarnação: era "mais de 150 o número", escreverá em *Fund*. c. 2, 1. Na realidade, mais de 180 monjas professas.

persuadir-me a que estava bem a minha alma de nenhuma maneira, nem eu achava termos para isso.

Contei-o a meu confessor.[18] Mandou-me que logo procurasse ir, que claro estava que era mais perfeição e que, porque fazia grande calor, que bastava achar-me lá para a eleição, e que ficasse uns dias, porque não me fizesse mal o caminho;[19] mas o Senhor, que tinha ordenado outra coisa, teve-se de fazer; porque era tão grande o desassossego que trazia em mim e o não poder ter oração e parecer-me que faltava do que o Senhor me tinha mandado, e que, como estava ali a meu prazer e com regalo, não queria ir oferecer-me ao trabalho; que tudo era palavras com Deus; que, por que podendo estar aonde era mais perfeição, havia de deixá-lo; que se eu morresse, morresse..., e com isto um aperto de alma, um tirar-me o Senhor todo o gosto na oração..., enfim, eu estava tal, que já me era tormento tão grande, que supliquei àquela senhora que tivesse por bem deixar-me vir, porque já meu confessor – como me viu assim – me disse que eu fosse, que também o movia Deus como a mim.

9. Ela sentia tanto que a deixasse, que era outro tormento; que lhe tinha custado muito consegui-lo com o Provincial por muitas maneiras de importunações. Tive por grandíssima coisa querer vir nisso,[20] segundo o que sentia; senão, como era muito temerosa de Deus e como lhe disse que se lhe podia fazer grande serviço e outras fartas coisas, e dei-lhe esperança que era possível torná-la a ver, e assim, com farta pena, o teve por bem.

10. Eu já não tinha de ficar com ela, porque entendendo eu que era mais perfeição uma coisa e serviço de Deus, com o contento que me dá contentá-lo, passei a pena de deixar aquela senhora que tanto a via sentir, e a outras pessoas, a quem devia muito, em especial a meu confessor, que era da Companhia de Jesus, e achava-me muito bem com ele.[21] Mas quanto mais via que perdia de consolo pelo Senhor, mais contento me dava perdê-lo. Não podia entender como era isto, porque via claro estes dois contrá-

---

18. *Meu confessor*: P. Pedro Doménech, jesuíta.
19. Sobra algum "que". A série de "quês" e "porquês" reflete o estado emocional provocado pela lembrança daqueles dias. [Na tradução ainda foi acrescentado um "que": *claro estava "que"*, e o último "porque" deve ser entendido como "para que".]
20. *Vir nisso*: avir-se nisso, concordar com isso.
21. "O Padre Domeneque", escreve Gracián em seu exemplar. Cf. o n. 8, nota 17.

rios: folgar-me e consolar-me e alegrar-me com o que me pesava na alma. Porque eu estava consolada e sossegada e tinha lugar para ter muitas horas de oração; via que vinha meter-me num fogo, que já o Senhor mo tinha dito[22] que vinha passar grande cruz, ainda que nunca eu pensasse que fora tanto como depois vi. Contudo, eu vinha alegre, e estava desfeita de que não me punha logo na batalha, pois o Senhor queria que a tivesse; e assim enviava Sua Majestade o esforço e o punha em minha fraqueza.

11. Não podia, como digo, entender como podia ser isto: se possuindo eu uma joia ou coisa que me dá grande contento, se me oferece[23] saber que a quer uma pessoa que eu quero mais que a mim e desejo mais contentá-la do que meu mesmo descanso, dá-me grande contento ficar sem o que me dava o que possuía, para contentar aquela pessoa; e como este contento de contentá-la excede ao meu mesmo contento, tira-se a pena da falta que me faz a joia ou o que amo, e de perder o contento que dava. De maneira que, ainda que quisesse tê-la de ver que deixava pessoas que tanto sentiam apartar-se de mim, sendo eu de minha condição tão agradecida que bastara em outro tempo para fatigar-me muito, e agora, ainda que quisesse ter pena, não podia.

12. Importou tanto o não me tardar um dia mais para o que tocava ao negócio desta bendita casa,[24] que não sei como poderia concluir-se se então me detivesse. Ó grandeza de Deus, muitas vezes me espanta quando o considero e vejo quão particularmente queria Sua Majestade ajudar-me para que se efetuasse este cantinho de Deus, que eu creio que é, e morada em que Sua Majestade se deleita, como uma vez estando em oração me disse, *que era esta casa paraíso de seu deleite*. E assim parece que Sua Majestade tem escolhido as almas que tem trazido a ele, em cuja companhia eu vivo com farta confusão; porque eu não saberia desejá-las tais para este propósito de tanta estreitura, pobreza e oração;[25] e o levam com uma alegria e contento, que cada uma se acha indigna de ter merecido vir a tal lugar;

---

22. Cf. o n. 8.
23. *Se me oferece*: em espanhol: *ofréceseme*. No original escreveu "ofréceme", corrigido entre linhas "ofréceseme". Frei Luís: "se me oferecisse saber..." (p. 447). [Sobre o sentido de "oferecer-se", ver o Glossário no final da Introdução.]
24. *Esta bendita casa*: o Carmelo de São José, no qual está escrevendo. "Cantinho de Deus" [esp. "rinconcito de Dios"], "morada" no qual ele se deleita, dirá logo.
25. "*Estreitura, pobreza e oração*", condensado do ideal que ela propõe para a nova casa. "Grandíssimo encerramento..., fundadas em oração e em mortificação", escrevia por essa época (23.12.1561) a seu irmão Lourenço em Quito.

em especial algumas, que as chamou o Senhor de muita vaidade e gala do mundo, aonde pudessem estar contentes conforme a suas leis, e o Senhor lhes tem dado tão dobrados os contentos aqui, que claramente conhecem ter-lhes o Senhor dado cem por um o que deixaram,[26] e não se fartam de dar graças a Sua Majestade. A outras tem mudado de bem em melhor. Às de pouca idade dá fortaleza e conhecimento para que não possam desejar outra coisa, e que entendam que é viver em maior descanso, ainda para o de cá, estar apartadas de todas as coisas da vida. Às que são de mais idade e com pouca saúde, dá forças e lhes tem dado para poderem levar a aspereza e penitência como todas.

13. Ó Senhor meu, como se vos parece que sois poderoso![27] Não é mister buscar razões para o que Vós quereis, porque sobre toda razão natural fazeis as coisas tão possíveis que dais a entender bem que não é mister mais que amar-vos deveras e deixar deveras tudo por Vós, para Vós, Senhor meu, fazerdes tudo fácil. Bem vem aqui dizer que fingis trabalho em vossa lei;[28] porque eu não o vejo, Senhor, nem sei como é estreito o caminho que leva a Vós. Caminho real vejo que é, que não senda. Caminho que, quem de verdade se põe nele, vai mais seguro. Muito longe estão os portos e rochas para cair, porque o estão das ocasiões. Senda chamo eu, e ruim senda e estreito caminho, o que de um lado está um vale muito fundo aonde cair e do outro um despenhadeiro: basta um pequeno descuido para se despenharem e se fazerem em pedaços.[29]

14. O que vos ama de verdade, Bem meu, vai seguro por largo caminho e real. Longe está o despenhadeiro. Não tem tropeçado tantinho,[30] quando lhe dais Vós, Senhor, a mão. Não basta uma queda nem muitas, se vos tem amor e não às coisas do mundo, para perder-se. Vai pelo vale da humildade. Não posso entender o que é que temem para se pôr no caminho da perfeição.

---

26. Lembrança evangélica de Mt 19,29.
27. *Como se vos parece...*: quão claro é que... (cf. c. 32, 5, nota 11).
28. Alude sucessivamente a três passagens bíblicas: Mc 10,28 ("deixamos tudo para seguir-te"); Sl 93,20 ("... finges trabalho na lei"); e Mt 7,14 ("quão apertada é a porta e estreito o caminho que conduz à vida").
29. N.E.: *Basta... pedaços*: a frase no original é: *no se han descuidado, cuando se despeñan y se hacen pedazos*.
30. *Tantinho* [esp. *tantico*]: um pouquinho; quer dizer, apenas um tropeço... Como "*tantito*" (cf. 31, 23, nota 46, ou 15, 7, nota 22; "*tantico*": 25, 13).

O Senhor, por quem é, nos dê a entender quão má é a segurança em tão manifestos perigos como há em andar com o fio da gente,[31] e como está a verdadeira segurança em procurar ir muito adiante no caminho de Deus. Os olhos nele, e não tenham medo que se ponha este Sol de Justiça,[32] nem nos deixe caminhar de noite para que nos percamos, se primeiro não deixamos a Ele.[33]

15. Não temem andar entre leões, que cada um parece que quer levar um pedaço, que são as honras e deleites e contentos semelhantes que chama o mundo;[34] e cá parece que o demônio faz ter medo de musaranhos. Mil vezes me espanto e dez mil quereria fartar-me de chorar e gritar a todos para dizer a grande cegueira e maldade minha, para que algo aproveitasse para que eles abrissem os olhos. Abra-os o que pode,[35] por sua bondade, e não permita que tornem a cegar a mim, amém.

---

31. *Andar con el hilo de la gente*: seguir rotineiramente o modo comum de agir. Cf. 30, 18.
32. *Sol de justiça*: imagem bíblica (Ml 4,2) para designar a Deus (cf. c. 20, 19).
33. N.E.: Ou seja: *se não o abandonarmos antes.*
34. "Honras e deleites e contentos...": cf. c. 20, 26-28.
35. Lembrança latente das passagens evangélicas: "se queres, podes curar-me" (Lc 5,12), ou "abre os olhos do cego de nascimento" (Jo 11,37).

Capítulo 36

Prossegue na matéria começada e diz como se acabou de concluir e se fundou este mosteiro do glorioso São José e as grandes contradições e perseguições que depois de tomar hábito as religiosas teve, e os grandes trabalhos e tentações que ela passou, e como de tudo a tirou o Senhor com vitória e em glória e louvor seu.

1. Partida já daquela cidade,[1] vinha muito contente pelo caminho, determinando-me a passar tudo o que o Senhor fosse servido muito com toda vontade.

Na mesma noite que cheguei a esta terra, chega nosso despacho para o mosteiro e Breve de Roma,[2] que eu me espantei, e se espantaram os que sabiam a pressa que me tinha dado o Senhor para a vinda, quando souberam da grande necessidade que tinha disso e para a conjuntura que o Senhor me trazia; porque achei aqui o Bispo[3] e o santo frei Pedro de Alcântara e outro cavaleiro muito servo de Deus,[4] em cuja casa este santo homem pousava, que era pessoa aonde os servos de Deus achavam proteção e acolhida.[5]

2. Ambos os dois conseguiram que o Bispo admitisse o mosteiro, que não foi pouco, por ser pobre, senão que era tão amigo de pessoas que via assim determinadas a servir ao Senhor, que logo se afeiçoou a favorecê-

---

1. Saiu de Toledo no final de junho ou primeiros dias de julho de 1562.
2. O Breve pontifício tinha sido expedido pela Sagrada Penitenciária e levava a data de 7.2.1562. Tanto o texto do Breve como a relativa súplica podem ser vistos em *La Reforma Teresiana: documentario histórico de sus primeros días* (Roma 1962), p. 139-146.
3. Era bispo de Ávila, desde dezembro de 1560, Dom Álvaro de Mendoza. Imediatamente se fará grande amigo e colaborador da Santa. Em 1577 foi transferido para a diocese de Palência. Morreu em Valladolid em 19.4.1586. Foi enterrado na igreja de São José (Ávila).
4. "Francisco de Salcedo", anota Gracián em seu livro, equivocadamente. Tratava-se de Juan Blázquez (Velázquez) Dávila, senhor de Loriana e pai do conde de Uceda, que costumava acolher em sua casa de Ávila a frei Pedro de Alcântara.
5. *Achar proteção e acolhida*: no original é *hallar espaldas y cabida*.

-lo; o fato de este santo velho[6] aprová-lo e pôr muito com uns e com outros em que nos ajudassem, foi o que fez tudo. Se não viera a esta conjuntura – como já tenho dito –, não posso entender como se pudera fazer. Porque esteve pouco aqui este santo homem, que não creio que foram oito dias, e esses muito enfermo, e desde a muito pouco o levou o Senhor consigo.[7] Parece que Sua Majestade o tinha guardado até acabar este negócio, que fazia muitos dias – não sei se mais de dois anos – que andava muito mal.

3. Tudo se fez debaixo de grande segredo, porque a não ser assim não se pudera fazer nada, segundo o povo estava mal com isso, como se pareceu depois.[8] Ordenou o Senhor que estivesse mal um cunhado meu, e sua mulher não aqui,[9] e em tanta necessidade, que me deram licença para estar com ele. E com esta ocasião não se entendeu nada, ainda que em algumas pessoas[10] não deixava de suspeitar-se algo, mas ainda não o acreditavam. Foi coisa para espantar, que não esteve pior do que fora mister para o negócio e, em sendo mister que tivesse saúde para que eu me desocupasse e ele deixasse desembaraçada a casa, o Senhor logo a deu, que ele estava maravilhado.

4. Passei farto trabalho em procurar com uns e com outros que se admitisse,[11] e com o enfermo, e com oficiais para que se acabasse a casa com muita pressa, para que tivesse forma de mosteiro, que faltava muito para acabar-se. E a minha companheira[12] não estava aqui, que nos pareceu que era melhor estar ausente para mais dissimular, e eu via que ia tudo na brevidade por muitas causas; e uma era porque cada hora temia que me haviam de mandar ir. Foram tantas as coisas de trabalhos que tive, que me

---

6. *Santo velho*: frei Pedro de Alcântara (cf. c. 27, 18). Estava com 62 anos.
7. *Desde a muito pouco*: muito pouco depois. Faleceu em Arenas de San Pedro em 18 de outubro de 1562.
8. *Como se pareceu*: como se evidenciou.
9. Seu cunhado: Juan de Ovalle, casado com a irmã mais nova da Santa, Joana de Ahumada, residentes em Alba. Transferira-se para Ávila para trabalhar na aquisição das casas para a fundação. Viajou a Toledo para acompanhar M. Teresa em sua viagem de volta. Em Ávila ficou enfermo e teve de ser assistido pela Santa.
10. *Em algumas pessoas*: por parte de algumas pessoas.
11. *Que se admitisse*: que se aceitasse a fundação.
12. *Minha companheira*: Dª Guiomar de Ulloa, em cujo nome fora expedido o Breve de fundação.

fez pensar se era esta a cruz; ainda que todavia me parecesse que era pouco para a grande cruz que eu tinha entendido do Senhor que havia de passar.[13]

5. Pois tudo concertado, foi o Senhor servido que, no dia de São Bartolomeu,[14] tomaram hábito[15] algumas e se pôs o Santíssimo Sacramento, e com toda autoridade e força ficou feito nosso mosteiro do gloriosíssimo pai nosso São José, ano de mil e quinhentos e sessenta e dois. Estive eu a dar-lhes o hábito, e outras duas monjas de nossa casa mesma,[16] que acertaram estar fora. Como nesta que se fez o mosteiro era a que estava meu cunhado (que, como tenho dito,[17] tinha ele comprado para dissimular melhor o negócio), com licença estava eu nela, e não fazia coisa que não fosse com parecer de letrados, para não ir um ponto contra a obediência. E como viam ser muito proveitoso para toda a Ordem por muitas causas, que ainda que fosse com segredo e guardando-me não o soubessem meus prelados, me diziam que podia fazê-lo. Porque por muito pouca imperfeição que me dissessem que era, mil mosteiros me parece que deixaria, quanto mais um. Isto é certo. Porque ainda que o desejasse para apartar-me mais de tudo e levar minha profissão e chamamento com mais perfeição e encerramento, de tal maneira o desejava que quando entendesse que era mais serviço do Senhor deixar tudo, o faria – como o fiz na outra vez[18] – com todo sossego e paz.

6. Pois foi para mim como estar numa glória ver pôr o Santíssimo Sacramento e que se remediaram quatro órfãs pobres (porque não se tomavam com dote)[19] e grandes servas de Deus, que isto se pretendeu no princípio, que entrassem pessoas que com seu exemplo fossem fundamento para

---

13. Cf. c. 35, 8.
14. *Dia* (festa) *de São Bartolomeu*: 24 de agosto de 1562.
15. *Tomaram hábito* religioso Antônia de Henao com o nome de Antônia do Espírito Santo, Maria de la Paz (em religião Maria da Cruz), Úrsula de los Santos e Maria de Ávila (em religião, Maria de São José), irmã de Julián de Ávila. Como delegado do bispo, Gaspar Daza impôs a elas o hábito.
16. *De nossa casa* da Encarnação: eram Dª Inês e Dª Joana de Tapia, que ao se fazerem descalças se chamaram Inês de Jesus e Ana da Encarnação.
17. No n. 3 e no c. 33, 1-2.11.
18. Relatou isso no c. 33, 1-2.
19. Quer dizer, não se impunha a obrigação de aportar dote para serem recebidas no novo mosteiro. Isso não impediu que Antônia do Espírito Santo oferecesse 17.000 maravedis e Úrsula dos Santos, 300 ducados.

se poder efetuar o intento que levávamos de muita perfeição e oração, e feita uma obra que tinha entendido que era para serviço do Senhor e honra do hábito de sua gloriosa Mãe, que estas eram minhas ânsias.

E também me deu grande consolo de ter feito o que tanto o Senhor me tinha mandado, e outra igreja mais neste lugar, de meu pai glorioso São José, que não havia. Não porque a mim me parecesse que tinha feito nisso nada, que nunca mo parecia, nem parece. Sempre entendo que o fazia o senhor, e o que era de minha parte ia com tantas imperfeições, que antes vejo que havia que me culpar que não que me agradecer. Mas era para mim grande regalo ver que tivesse Sua Majestade me tomado por instrumento – sendo tão ruim – para tão grande obra.

Assim que estive com tão grande contento, que estava como fora de mim, com grande oração.

7. Acabado tudo, seria como desde a três ou quatro horas,[20] me revolvesse o demônio uma batalha espiritual, como agora direi. Pôs diante de mim se tinha sido mal feito o que havia feito, se ia contra a obediência em tê-lo procurado sem que mo mandasse o Provincial (que bem me parecia a mim que lhe havia de ser algum desgosto, por causa de sujeitá-lo ao Ordinário,[21] por não ter sido dito primeiro a ele; ainda que como ele não o tivesse querido admitir, e eu não a mudava,[22] também me parecia que não se lhe daria nada por outro lado), e que, se haviam de ter contento as que aqui estavam em tanta estreiteza, se lhes havia de faltar de comer, se havia sido disparate, que quem me metia nisto, pois eu tinha mosteiro.

Tudo o que o Senhor me tinha mandado e os muitos pareceres e orações que fazia mais de dois anos que quase não cessavam, tudo tão tirado de minha memória como se nunca houvesse sido. Só de meu parecer me lembrava, e todas as virtudes e a fé estavam em mim então suspensas, sem ter eu força para que nenhuma atuasse nem me defendesse de tantos golpes.

---

20. *Desde a três ou quatro horas*: 3 ou 4 horas depois.
21. *Ordinário*: o Bispo de Ávila.
22. *Eu não mudava* de obediência: continuava súdita do Provincial.

8. Também me punha o demônio[23] que como me queria encerrar em casa tão estreita, e com tantas enfermidades, que como havia de poder sofrer tanta penitência, e deixava casa tão grande e deleitosa e aonde tão contente sempre tinha estado, e tantas amigas; que talvez as de cá não fossem a meu gosto, que me tinha obrigado a muito, que talvez estivesse desesperada, e que porventura tinha pretendido isto o demônio, tirar-me a paz e quietude, e que assim não poderia ter oração, estando desassossegada, e perderia a alma.

Coisas desta feitura juntas me punha diante, que não era em minha mão pensar em outra coisa, e com isto uma aflição e escuridão e trevas na alma, que eu não o sei encarecer. De que me vi assim, fui ver o Santíssimo Sacramento, ainda que me encomendar a Ele não pudesse. Parece-me que estava com uma angústia como quem está em agonia de morte. Tratá-lo com ninguém não havia de ousar, porque ainda confessor não tinha assinalado.[24]

9. Oh, valha-me Deus, que vida esta tão miserável! Não há contento seguro nem coisa sem mudança. Tinha tão pouquinho que não me parece que trocaria meu contento com nenhum da terra, e a mesma causa dele me atormentava agora de tal sorte que não sabia o que fazer de mim. Oh, se olhássemos com advertência as coisas de nossa vida! Cada um veria por experiência no pouco que se há de ter contento nem descontento dela.

É certo que me parece que foi um dos mais duros momentos que tenho passado em minha vida. Parece que o espírito adivinhava o muito que estava por passar, ainda que não chegasse a ser tanto como isto teria durado. Mas o Senhor não deixou a sua pobre serva padecer muito; porque nunca nas tribulações me deixou de socorrer, e assim foi nesta, que me deu um pouco de luz para ver que era demônio e para que pudesse entender a verdade e que tudo era querer-me espantar com mentiras. E assim comecei a lembrar-me de minhas grandes determinações de servir ao Senhor e desejos de padecer por Ele; e pensei que se havia de cumpri-los, que não havia de andar a procurar descanso e que, se tivesse trabalhos, que esse era

---

23. *Me punha* (= sugeria) *o demônio...*
24. Em Toledo, seu confessor era o jesuíta P. Doménech. Em Ávila ainda não regularizou essa sua situação, não tendo confessor designado ou marcado.

o merecer, e se descontento, como o tomasse para servir a Deus, me serviria de purgatório; que de que tinha medo, que pois desejava trabalhos, que bons eram estes; que na maior contradição estava o lucro; que por *que*²⁵ me havia de faltar ânimo para servir a quem tanto devia.

Com estas e outras considerações, fazendo-me grande força, prometi diante do Santíssimo Sacramento fazer tudo o que pudesse para ter licença de vir a esta casa,²⁶ e em podendo-o fazer com boa consciência, prometer clausura.

10. Ao fazer isto, num instante fugiu o demônio e me deixou sossegada e contente, e o fiquei e o tenho estado sempre, e tudo o que nesta casa se guarda de encerramento e penitência e o demais, se me faz extremamente suave e pouco. O contentamento é tão grandíssimo que penso eu algumas vezes o que poderia escolher na terra que fosse mais saboroso. Não sei se é isto parte para ter muita mais saúde que nunca, ou querer o Senhor – por ser mister e razão que faça o que todas²⁷ – dar-me este consolo que possa fazê-lo, ainda que com trabalho. Mas de pensar nisso se espantam todas as pessoas que sabem minhas enfermidades. Bendito seja Ele, que tudo dá e em cujo poder se pode!²⁸

11. Fiquei bem cansada de tal contenda e rindo-me do demônio, que vi claro ser ele. Creio que o Senhor o permitiu porque eu nunca soube que coisa era descontentamento de ser monja nem um momento, em vinte e oito anos e mais que faz que o sou,²⁹ para que entendesse a mercê grande que nisto me tinha feito, e do tormento que me tinha livrado; e também para que se alguma visse que nele estava, não me espantasse e me apiedasse dela e a soubesse consolar.

Pois passado isto, querendo depois de comer descansar um pouco (porque em toda a noite não tinha quase sossegado, nem em outras algumas deixado de ter trabalho e cuidado, e todos os dias bem cansada),

---

25. Por lapso material, omitiu este "que" no original. Seguimos a leitura de frei Luís (p. 458).
26. *Esta casa*: Carmelo de São José, onde se achava quando escreve isto.
27. N.E.: *Faça o mesmo que todas.*
28. Alusão a Fl 4,13 (cf. c. 13, 3).
29. *Em 28 anos e mais* que faz que sou monja. Tinha tomado o hábito no final de 1536. Portanto, escreve estas páginas pelo final de 1565.

como se tinha sabido em meu mosteiro[30] e na cidade o que estava feito, havia nele muito alvoroço pelas causas que já tenho dito,[31] que parecia que levavam alguma cor.

Logo a prelada[32] me enviou a mandar que na hora[33] fosse lá. Ao ver o seu mandamento, deixo minhas monjas bastante penalizadas, e me vou logo.

Bem vi que me haviam de ser oferecidos fartos trabalhos; mas como já ficava feito, muito pouco se me dava. Fiz oração suplicando ao Senhor que me favorecesse e ao meu pai São José que me trouxesse à sua casa, e ofereci-lhe o que havia de passar e, muito contente que se oferecesse algo em que eu padecesse por ele e a ele pudesse servir, me fui, tendo crido logo que me haviam de lançar no cárcere.[34] Mas a meu parecer me daria muito contento, por não falar a ninguém e descansar um pouco em solidão, do que eu estava bem necessitada, porque me trazia moída de tanto andar com gente.

12. Como cheguei e dei o meu desconto[35] à prelada, aplacou-se algo, e todas enviaram ao Provincial,[36] e ficou a causa diante dele. E tendo chegado, fui a juízo com bastante grande contento de ver que padecia algo pelo Senhor,[37] porque contra Sua Majestade nem a Ordem não achava ter ofendido nada neste caso; antes procurava aumentá-la com todas as minhas forças, e morreria de boa gana por isso, que todo meu desejo era que se cumprisse com toda perfeição. Lembrei-me do julgamento de Cristo e vi quão nonada era aquele. Fiz a minha culpa[38] como muito culpada, e assim o parecia a quem não sabia todas as causas.

---

30. *Meu mosteiro*: a Encarnação.
31. Disse as causas no c. 32, 14-15; e c. 33, 2.
32. *A prelada* da Encarnação. "Dª Isabel de Ávila", anota Gracián em seu livro, mas se equivoca; a priora era Maria Cimbrón, recentemente eleita na temida assembleia de que a Santa falou à sua partida de Toledo (12.8.1562; cf. c. 35, 7-8). Dª Isabel Dávila era a priora cessante. Dª Maria Cimbrón tinha sido priora nos anos da enfermidade de Teresa (1539-1542).
33. *Na hora*: imediatamente.
34. *Cárcere*: cela de castigo no mosteiro. De fato a Santa não teve esse castigo.
35. *Dei o meu desconto*: dar explicações justificativas. Cf. n. 13 e 14; c. 33, 3.
36. *Enviaram* aviso ou recado *ao Provincial*, Angel de Salazar.
37. Reminiscência bíblica. At 5,41.
38. *Fiz a minha culpa*: fiz confissão pública de culpada; refere-se à prática ritual prescrita para o capítulo de culpas.

Depois de ter-me feito uma grande repreensão, ainda que não com tanto rigor como merecesse o delito e o que muitos diziam ao Provincial, eu não quisera desculpar-me, porque ia determinada a isso, antes pedi que me perdoasse e castigasse e não estivesse desabrido comigo.

13. Em algumas coisas bem via eu que me condenavam sem culpa, porque me diziam que o tinha feito para que me tivessem em algo e para ser nomeada e outras semelhantes. Mas em outras claramente entendia que diziam a verdade, em que era eu mais ruim que outras, e que pois não tinha guardado a muita religião que se levava naquela casa, como pensava que guardaria em outra com mais rigor, que escandalizava o povo e levantava coisas novas. Tudo não me fazia nenhum alvoroço nem pena, ainda que eu mostrasse tê-la para que não parecesse que tinha em pouco o que me diziam. Enfim, me mandou que diante das monjas desse desconto, e tive de fazê-lo.

14. Como eu tinha quietude em mim e me ajudava o Senhor, dei meu desconto de maneira que não achou o Provincial, nem as que ali estavam, por que me condenar. E depois a sós lhe falei mais claro, e ficou muito satisfeito, e prometeu-me – se fosse adiante[39] – em se sossegando a cidade, dar-me licença que eu fosse a ele, porque o alvoroço de toda a cidade era tão grande como agora direi.

15. Desde a dois ou três dias, juntaram-se alguns dos regedores e corregedor e do cabido,[40] e todos juntos disseram que de nenhuma maneira se havia de consentir, que vinha conhecido dano à república,[41] e que haviam de tirar o Santíssimo Sacramento, e que de nenhuma maneira sofreriam que passasse adiante. Fizeram juntar todas as Ordens para que dissessem

---

39. *Se fosse adiante*: se continuasse em pé a fundação, o mosteiro novo.

40. *Regedores* eram os assessores ou assistentes do Conselho cidadão; *Corregedor*, o funcionário régio com autoridade judicial e administrativa na cidade. *Cabido* catedralício, composto pelo deão e pelos cônegos. – A série de sessões do Conselho celebrou-se nos dias 25, 26, 29 e 30 de agosto. Havia precedido, no dia 22, uma delação de Lázaro Dávila, "canteiro supervisor das fontes". E seguirão as sessões do Conselho nos meses de setembro, outubro e novembro, e inclusive no ano seguinte, 1563. As respectivas atas podem ser vistas publicadas em *La Reforma Teresiana: documentario de sus primeros días* (Roma, 1962), p. 152 e segs.

41. *República*: na acepção de "coisa pública" ou comunidade cidadã.

seu parecer,⁴² de cada um dos letrados. Uns calavam, outros condenavam; enfim, concluíram que logo se desfizesse. Só um Apresentado da Ordem de São Domingos,⁴³ ainda que fosse contrário – não do mosteiro, senão de que fosse pobre, – disse que não era coisa que assim se havia de desfazer, que se olhasse bem, que tempo havia para isso, que este era o caso do Bispo, ou coisas desta arte, que fez muito proveito. Porque segundo a fúria, foi dita não pô-lo logo por obra. Era, enfim, o que havia de ser; que era o Senhor servido daquilo, e podiam todos pouco contra sua vontade. Davam suas razões e levavam bom zelo, e assim, sem ofenderem a Deus, faziam-me padecer e a todas as pessoas que o favoreciam, que eram algumas, e passaram muita perseguição.

16. Era tanto o alvoroço do povo, que não se falava noutra coisa, e todos a condenar-me e ir ao Provincial e a meu mosteiro. E nenhuma pena tinha de quanto diziam de mim mais que se não o dissessem, senão temor se havia de se desfazer. Isto me dava grande pena, e ver que perdiam crédito as pessoas que me ajudavam e o muito trabalho que passavam, que do que diziam de mim antes me parece que me folgava; e se tivesse alguma fé, nenhuma alteração teria, senão que faltar algo numa virtude basta para

---

42. *Fizeram juntar...*: faz alusão à convocação geral do dia 29 de agosto para todos se reunirem no dia seguinte. A ata oficial dá uma ideia da solenidade do ato: "*Sobre o do mosteiro*. Neste dia, no dito conselho, os ditos senhores Justiça, Regedores, disseram que para tratar e conferir sobre o tocante ao mosteiro que novamente se tem tentado fazer, acordavam e mandavam que para manhã de domingo, às três depois de meio-dia, os senhores Juan de Henao e Perávarez Serrano, da parte desta cidade, peçam por mercê aos senhores Deão e Cabido que tenham por bem nomearem pessoas que venham ao sobredito para tratar disso na dita hora, e também o peçam e digam aos senhores dom Francisco de Valderrábano e Pedro del Peso, o Velho, e, se o senhor dom Francisco tivesse ocupação, se diga ao senhor Diego de Bracamonte, e também se peça e faça saber aos senhores Prior de Santo Tomás e Guardião de São Francisco e Prior de Nossa Senhora do Carmo e aos Abades do mosteiro de Santispíritus, e Nossa Senhora da Antigua, e aos Reitores do Nome de Jesus, e aos letrados da cidade, e a Cristóbal Juárez e Alonso de Robledo, para que haja de todos os estados da dita cidade para tratar do sobredito e para que cada um diga seu parecer nisso, servindo a Deus Nosso Senhor e a Sua Majestade do Rei nosso Senhor, e procurando o bem da república desta cidade" (*La Reforma Teresiana*... p. 154-155).

43. No original de *Vida*, o próprio Domingos Báñez anotou à margem: "Isto foi no ano de 1562, no final de agosto; eu estive presente e dei esse parecer. Frei Domingos Báñez (rubrica e segue:) e quando isto escrevo é ano de 1575, 20 de maio, e tem esta Madre fundados 9 mosteiros de grande religião". Também Gracián anotou à margem de seu livro: "O Mº frei Domingos Báñez".

adormecer todas elas; e assim estive muito penalizada nos dois dias que houve estas juntas que digo no povoado,[44] e estando bem fatigada me disse o Senhor: *Não sabes que sou poderoso? De que tens medo?* E me assegurou que não se desfaria. Com isto fiquei muito consolada.

Enviaram ao Conselho Real com sua informação.[45] Veio provisão para que se desse relação de como se tinha feito.

17. Eis que aqui começou um grande pleito; porque da cidade foram à Corte, e tiveram de ir de parte do mosteiro, e nem havia dinheiro nem eu sabia o que fazer. Proveu-o o Senhor, que nunca meu Padre Provincial me mandou que deixasse de me ocupar com isso; porque é tão amigo de toda virtude, que ainda que não ajudasse, não queria ser contra isso. Não me deu licença, até ver em que resultava, para vir para cá. Estas servas de Deus[46] estavam sozinhas e faziam mais com suas orações do que com quanto eu andava negociando, ainda que fosse mister farta diligência.

Algumas vezes parecia que faltava tudo, em especial um dia antes de vir o Provincial, que me mandou a priora[47] que não tratasse de nada, e era para se deixar tudo. Eu me dirigi a Deus e lhe disse: "Senhor, esta casa não é minha; por Vós foi feita; agora que não há ninguém que negocie, faça-o Vossa Majestade". Ficava tão descansada e tão sem pena, como se tivesse todo o mundo para negociar por mim, e logo tinha por seguro o negócio.

18. Um muito servo de Deus, sacerdote,[48] que sempre me tinha ajudado, amigo de toda perfeição, foi à Corte para tratar do negócio, e trabalhava

---

44. *Dois dias que houve estas juntas*: segundo as atas do Conselho, foram os dias 25 e 26. Já na junta do dia 26 se planeja recorrer ao Conselho Real contra as monjas.
45. *Enviaram ao Conselho Real*: em 12 de setembro se decide apelar ao Conselho Real, e se nomeia Alonso de Robledo "para ir a Madri e tratar do negócio das monjas de São José", e se destina a ele "para cada dia dos que nisso se ocupar um ducado". – *Veio provisão*: em 22 de setembro, Alonso de Robledo voltou de Madri com duas provisões do Conselho Real, que foram notificadas ao corregedor Garci Suárez para que as fizesse executar.
46. As monjas de São José.
47. *A priora* da Encarnação, Maria Cimbrón. *Provincial*: Angel de Salazar.
48. "Gonzalo de Aranda", anotou Gracián em seu livro. Aranda é sacerdote diocesano. Confessor na Encarnação (continuará sendo em 1567). Grande amigo da Madre Teresa, advogará sua causa perante o Conselho Real na Corte. É irmão de Rodrigo de Aranda, que em 1577 será o encarregado de levar a Madri a causa das monjas da Encarnação, molestadas pelo Provincial Juan G. de la Magdalena.

muito; e o cavaleiro santo – de quem tenho feito menção[49] – fazia neste caso mui muito, e de todas as maneiras o favorecia. Passou fartos trabalhos e perseguição, e sempre em tudo o tinha por pai e ainda agora o tenho.

E nos que nos ajudavam punha o Senhor tanto fervor, que cada um o tomava por coisa tão própria sua, como se nisso lhes fora a vida e a honra, e não lhes ia mais de ser coisa em que a eles parecia que se servia o Senhor. Pareceu claro ajudar Sua Majestade o Mestre que tenho dito, clérigo,[50] que também era dos que muito me ajudavam, a quem o Bispo pôs de sua parte numa junta grande[51] que se fez, e ele estava sozinho contra todos e enfim, os aplacou dizendo-lhes certos meios, que foi bastante para que se entretivessem, mas nenhum bastava para que logo não tornassem a pôr a vida, como dizem, em desfazê-lo. Este servo de Deus que digo, foi quem deu os hábitos e pôs o Santíssimo Sacramento, e se viu em farta perseguição. Durou esta bateria quase meio ano,[52] que dizer os grandes trabalhos que se passaram por miúdo, seria longo.

19. Espantava-me eu do que o demônio punha contra umas mulherzinhas e como parecia a todos que era grande dano para o lugar só doze mulheres e a priora, que não hão de ser mais – digo aos que o contradiziam –, e de vida tão estreita; que já que fora dano ou erro, era para si mesmas; mas dano ao lugar, não parece que levava caminho; e eles achavam tantos, que com boa consciência o contradiziam. Já vieram dizer que, como tivessem renda, passariam por isso e que fosse adiante. Eu estava já tão cansada de ver o trabalho de todos os que me ajudavam, mais que do meu, que me parecia que não seria mau até que se sossegasse ter renda e deixá-la depois. E outras vezes, como ruim e imperfeita, me parecia que porventura o

---

49. "Francisco de Salcedo", anota Gracián em seu exemplar de *Vida*. Já mencionado nos c. 23, 6-7; 28, 17; 30, 6; 32, 18.
50. "Gaspar Daza", anota de novo Gracián. Dele falou a Santa no c. 23, 6 segs. Já interveio na "junta grande" de 30 de agosto. Segundo as atas, estão presentes "os licenciados Daza, Cimbrón e Ortega, letrados da dita cidade".
51. *Junta grande* do Conselho da cidade: provavelmente alude à sessão solene de 30 de agosto. Cf. nota 41.
52. *Quase meio ano* de forte oposição: pelo menos até janeiro/fevereiro de 1563. Nas atas do Conselho, ainda em 12 de janeiro, se urge ao licenciado Pacheco e ao senhor Juan de Henao, para que insistam perante a Corte de Madri.

queria o Senhor, pois sem ela não podíamos sair com isso, e vinha já neste concerto.[53]

20. Estando na noite antes que se houvesse de tratar em oração, e já se tivesse começado o concerto, disse-me o Senhor que não fizesse tal, que se começássemos a ter renda, que não nos deixariam depois que o deixássemos, e outras algumas coisas. Na mesma noite me apareceu o santo frei Pedro de Alcântara, que já tinha morrido,[54] e antes de morrer me escreveu – como soube a grande contradição e perseguição que tínhamos – que se folgava que fosse a fundação com contradição tão grande, que era sinal de que se havia o Senhor de se servir mui muito neste mosteiro, pois o demônio tanto punha em que não se fizesse, e que de nenhuma maneira viesse a ter renda; e ainda duas ou três vezes me persuadiu na carta, e que, como isto fizesse, isso viria a fazer-se tudo como eu queria. Eu já o tinha visto outras duas vezes depois que morreu, e a grande glória que tinha, e assim não me fez temor, antes me folguei muito; porque sempre aparecia como corpo glorificado, cheio de muita glória, e dava-me mui grandíssima vê-lo. Lembro-me que me disse na primeira vez que o vi, entre outras coisas, dizendo-me o muito que gozava, que ditosa penitência tinha sido a que tinha feito, que tanto prêmio havia alcançado.

21. Porque já creio que tenho dito algo disto,[55] não digo aqui mais nada de como desta vez me mostrou rigor e só me disse que de nenhuma maneira tomasse renda e que por que não queria tomar seu conselho, e desapareceu logo.

---

53. *Este concerto*: dar rendas provisórias ao mosteiro de São José. Em 6 de novembro, diante do Conselho da cidade, Juan de Henaro e Diego de Villena "dizem que querem concerto e que dotarão o mosteiro à vista do Senhor Bispo". Mas nesse mesmo dia é rechaçado pelos senhores do Conselho (cf. *La Reforma Teresiana...* p. 160-161). – A seguir: *Si "se" comenzásemos*, escreveu a Santa por lapso material.

54. Morreu em 19 de outubro desse ano de 1562. – Conserva-se uma carta do Santo à Madre fundadora, com data de 14.4.1562 (*BMC*, t. 2, p. 125). A referência nesta passagem foi escrita pelo Santo já muito enfermo em setembro/outubro de 1562, e não a conhecemos. No entanto, F. de Ribera a conheceu: "Também vi uma carta que escreveu o mesmo à Madre Teresa de Jesus em setembro adiante: não tem quatro dedos de papel de largura, mas só o que era mister para o que havia de escrever. O sobrescrito diz: 'À mui magnífica e religiosíssima senhora Dª Teresa de Ahumada, em Ávila, que nosso Senhor faça santa'" (*Vida*, L. 1, c. 17, p. 118).

55. No c. 27, 19.

Livro da vida

Eu fiquei espantada, e logo no outro dia disse ao cavaleiro[56] – que era a quem *em* tudo acudia como o que mais nisso fazia – o que passava, e que não se concertasse de nenhuma maneira ter renda, senão que fosse adiante o pleito. Ele estava nisto muito mais forte que eu, e folgou-se muito; depois me disse quão de malgrado falava no concerto.

22. Depois se tornou a levantar outra pessoa,[57] e serva de Deus bastante, e com bom zelo; já que estava em bons termos, dizia que se pusesse em mãos de letrados. Aqui tive fartos desassossegos, porque alguns dos que me ajudavam vinham nisto, e foi esta maranha que fez o demônio, da pior digestão de todas. Em tudo me ajudou o Senhor, que assim dito em suma não se pode bem dar a entender o que se passou em dois anos[58] que se começou esta casa, até que se acabou. Esta última metade, e a primeira, foi a mais trabalhosa.

23. Pois aplacada já algo a cidade, teve tão boa artimanha o Padre Apresentado Dominicano que nos ajudava,[59] ainda que não estivesse presente, mas o Senhor o tinha trazido a tempo de nos fazer farto bem e pareceu que Sua Majestade o tinha trazido só para este fim, que me disse ele depois que não tinha tido para quê vir, senão que por acaso tinha sabido disso. Esteve o tempo que foi mister. Tornando a ir, procurou por algumas vias que nos desse licença nosso Padre Provincial para eu vir a esta casa com outras algumas comigo,[60] (que parecia quase impossível dá-la tão em breve), para fazer o ofício[61] e ensinar as que estavam. Foi grandíssimo consolo para mim o dia que viemos.

---

56. *Ao cavaleiro* santo: Francisco de Salcedo. – No autógrafo, por lapso, *a quem tudo...*
57. *Outra pessoa*: desconhecida.
58. *Em "três" anos*, tinha escrito. Depois corrigiu. Frei Luís: "em dois anos" (p. 468).
59. "Frei Pedro Ibáñez", anota Gracián em seu livro. Residia em Trianos (León). Esteve presente na "junta grande" de 30 de agosto, juntamente com "frei Pedro Serrano, prior do mosteiro e casa insigne do Senhor Santo Tomás de Aquino o Real, de Ávila". O P. Pedro figura como "frade da dita casa e Ordem" (*La Reforma Teresiana...* p. 155-156).
60. *Algumas outras* monjas da Encarnação *comigo*: foram, entre outras, Ana de São João (Dávila), Ana dos Anjos (Gómez), Maria Isabel (Ordóñez) e Isabel de São Paulo (de la Peña).
61. *Para fazer o ofício*: o ofício de priora, ou, mais provavelmente, a reza do Ofício Divino (cf. n. 25 e c. 38, 25).

24. Estando fazendo oração na igreja antes de entrar no mosteiro, estando quase em arroubamento, vi Cristo que com grande amor me pareceu que recebia e punha uma coroa e agradecendo-me o que tinha feito por sua Mãe.

Outra vez, estando todas no coro em oração depois das Completas, vi nossa Senhora com grandíssima glória, com manto branco, e debaixo dele parecia amparar-nos a todas; entendi quão alto grau de glória daria o Senhor às desta casa.

25. Começando a fazer o ofício,[62] era muita a devoção que o povo começou a ter com esta casa. Tomaram-se mais monjas, e começou o Senhor a mover os que mais nos tinham perseguido para que muito nos favorecessem e fizessem esmola; e assim aprovam o que tanto tinham reprovado, e pouco a pouco se deixaram do pleito e diziam que já entendiam ser obra de Deus, pois com tanta contradição Sua Majestade tinha querido que fosse adiante. E não há no presente ninguém que lhe pareça que fora acertado deixar-se de fazer, e assim têm tanta conta provendo-nos de esmola, que sem haver demanda[63] nem pedir a ninguém, os desperta o Senhor para que no-la enviem, e passamos sem que nos falte o necessário, e espero no Senhor que será assim sempre; que, como são poucas, se fazem o que devem como Sua Majestade agora lhes dá graça para fazê-lo, segura estou que não lhes faltará nem terão mister de serem cansosas,[64] nem importunar a ninguém, que o Senhor terá cuidado delas como até aqui. [26] Que é para mim grandíssimo consolo ver-me aqui metida com almas tão desapegadas. Seu trato é entender como irão adiante no serviço de Deus. A solidão é seu consolo, e pensar em ver ninguém que não seja para ajudá-las a acender mais o amor de seu Esposo, lhes é trabalho, ainda que sejam muito parentes;[65] e assim não vem ninguém a esta casa, senão quem trata disto, porque nem as contenta nem os contenta. Não é sua linguagem ou-

---

62. *Começando a fazer o ofício*: a rezá-lo no coro, ou a celebrar os ofícios litúrgicos (se bem que a Santa costume escrever: "*decir* ou *rezar el Oficio Divino*": *Const.* 21; *Fund.* 17, 8; 24, 16.19...).
63. *Sin haber demanda*: sem petição pública ao modo dos mendicantes.
64. *Nem terão mister de serem cansosas*, ou seja, onerosas, pesadas.
65. No original: *aunque sean muy deudos*: "deudo" = parente.

tra senão falar de Deus, e assim não entendem nem as entende senão quem fala o mesmo.[66]

Guardamos a Regra de nossa Senhora do Carmo, e cumprida esta sem relaxação, senão como a ordenou frei Hugo, Cardeal de Santa Sabina, que foi dada em 1248, no ano quinto do Pontificado do Papa Inocêncio IV.[67]

27. Parece-me que serão bem empregados todos os trabalhos que se têm passado. Agora, ainda que haja algum rigor, porque não se come jamais carne sem necessidade e jejum de oito meses e outras coisas, como se vê na mesma primeira Regra, em muitas ainda é pouco para as irmãs e guardam outras coisas que, para cumprir esta com mais perfeição, nos têm parecido necessárias.[68] E espero no Senhor que há de ir muito adiante o começado, como Sua Majestade me tem dito.[69]

28. A outra casa que a beata que disse procurava fazer, também a favoreceu o Senhor, e está feita em Alcalá,[70] e não lhe faltou farta contradição nem deixou de passar trabalhos grandes. Sei que se guarda nela toda religião, conforme esta primeira Regra nossa.[71] Praza ao Senhor que

---

66. Cf. a passagem paralela em *Fund.* 1, 1.6.
67. A Santa particulariza intencionalmente estes dados, tomados quase literalmente da Constituição Apostólica "Quae honorem Conditoris" (1.10.1247), que contém o texto da Regra carmelitana adaptada pelo Cardeal Hugo de Saint-Cher (m. 1263) e por frei Guilherme, bispo titular de Antarados. Escapou à Santa um erro de data: 1248, no lugar de 1247. – Convém lembrar que a Regra carmelitana, composta no princípio do século XIII por Santo Alberto, Patriarca de Jerusalém (m. 1214) e aprovada por Honório III (30.1.1226), foi sucessivamente modificada e confirmada por Inocêncio IV (1247), e mitigada por Eugênio IV (15.2.1432). Quando a Santa escreve que em seu mosteiro de São José se guarda a "Regla de nuestra Señora del Carmen... sin relajación", alude ao abandono das cláusulas de mitigação de Eugênio IV, vigentes na Encarnação. Ela e as monjas de São José optaram pela Regra aprovada por Inocêncio IV. Era o ponto de partida, jurídico e espiritual, de sua Reforma. Daí seu interesse por deixar constado o fato ao concluir o relato da fundação de São José.
68. *Outras coisas*, além das prescritas na regra: alusão ao primeiro esboço de Constituições de seus carmelos.
69. Faz alusão provavelmente às promessas do Senhor do c. 32, 11.
70. *A beata que disse*: Maria de Jesus. Fundou o mosteiro de La Imagen em Alcalá de Henares no ano seguinte (1563): cf. 35, 1 segs.
71. *Esta primeira Regra nossa*: a referida no n. 25 (cf. nota 66). Mas Maria de Jesus optou por uma versão especial da mesma Regra, adaptando o seu texto ao Carmelo feminino.

seja tudo para glória e louvor seu e da gloriosa Virgem Maria, cujo hábito trazemos, amém.

29. Creio que se enfadará vossa mercê[72] com a longa relação que tenho dado deste mosteiro, e vai muito curta para os muitos trabalhos e maravilhas que o Senhor nisto tem realizado, que há disso muitas testemunhas que o poderão jurar; e assim peço eu a vossa mercê por amor de Deus, que se lhe parecer romper o demais que aqui vai escrito,[73] o que toca a este mosteiro vossa mercê guarde e, morta eu, o dê às irmãs que aqui estiverem, que animará muito para servir a Deus as que vierem, e a procurar que não caia o começado, senão que vá sempre adiante, quando virem o muito que Sua Majestade pôs em fazê-la por meio de coisa tão ruim e baixa como eu.

E pois o Senhor tão particularmente se tem querido mostrar em favorecer para que se fizesse, parece-me a mim que fará muito mal e será muito castigada por Deus a que começar a relaxar a perfeição que aqui o Senhor tem começado e favorecido para que se leve com tanta suavidade, que se vê muito bem que é tolerável e se pode levar com descanso, e o grande aparelho que tem para viver sempre nele as que sozinhas quiserem gozar de seu esposo Cristo; que isto é sempre o que hão de pretender, e sozinhas com Ele só; e não ser mais de treze; porque isto tenho por muitos pareceres sabido que convém, e visto por experiência, que para levar o espírito que se leva e viver de esmola e sem demanda, que não se sofre mais.[74] E sempre creiam mais em quem com trabalhos muitos e oração de muitas pessoas procurou o que seria melhor. E no grande contento e alegria e pouco trabalho que nestes anos que faz que estamos nesta casa vemos ter todas, e com muito mais saúde que costumavam, se verá ser isto o que convém. E quem lhe parecer áspero,[75] lance a culpa em sua falta de espírito e não no que aqui se guarda, pois pessoas delicadas e não sadias, porque o têm, com tanta suavidade o podem levar, e vão a outro mosteiro, aonde se salvarão conforme o seu espírito.

---

72. *Vossa mercê*: o P. Garcia de Toledo.
73. Já outras vezes insinuou a hipótese de que seu escrito termine no fogo (c. 10, 8), ou no cesto de papéis (capítulos 7, 22; 10, 7; 16, 8; 21, 4).
74. *Não se sofre* (= não se suporta, não é possível) que sejam *mais de treze*.
75. *Áspero*: frei Luís leu "espero" (p. 473), seguido por outros editores induzidos a erro pela edição fac-símile de *Vida* (1873). O mesmo frei Luís emendou o erro na lista de erratas da edição príncipe e na seguinte edição de *Vida* (1589: p. 335).

Capítulo 37[1]

Trata dos efeitos que lhe ficavam quando o Senhor lhe tinha feito alguma mercê. – Junta com isto bastante boa doutrina. – Diz como se há de procurar e ter e muito ganhar algum grau mais de glória, e que por nenhum trabalho deixemos bens que são perpétuos.

1. De mal se me faz[2] dizer mais das mercês que me tem feito o Senhor das ditas,[3] e ainda são demasiadas para que se creia tê-las feito a pessoa tão ruim; mas para obedecer ao Senhor, que mo tem mandado, e a vossas mercês,[4] direi algumas coisas para glória sua. Praza a Sua Majestade que seja para aproveitar alguma alma ver que a uma coisa tão miserável tem querido o Senhor assim favorecer – o que fará a quem o tiver de verdade servido? – e se animem todos a contentar Sua Majestade, pois ainda nesta vida dá tais prendas.

2. Primeiro, há de entender-se que nestas mercês que faz Deus à alma há mais e menos glória. Porque em algumas visões excede tanto a glória e gosto e consolo ao que dá em outras, que eu me espanto de tanta diferença de gozar, ainda nesta vida. Porque acontece ser tanta a diferença que há de um gosto e regalo que Deus dá numa visão ou num arroubamento, que parece que não é possível poder haver mais cá que desejar[5] e assim a alma não deseja nem pediria mais contento. Ainda que depois que o Senhor me tem dado a entender a diferença que há no céu do que gozam uns ao que gozam outros quão grande é, bem vejo que também cá não há

---

1. N.E.: Começa a última seção do livro, redigida sob a pressão dos teólogos assessores e por impulso interior ("para obedecer ao Senhor que mo tem mandado", n. 1). Depois do relato da fundação de São José (c. 32-36), volta ao argumento de sua vida interior: poucos episódios externos e predomínio de graças místicas. Todas elas do período mais recente: anos 1563-1565.
2. *De mal se me faz*: eu o sinto, me contraria...
3. Em outra ordem: acerca das mercês que o Senhor me tem feito, dizer mais que as já ditas...
4. *Vossas mercês*: alusão ao P. Garcia de Toledo e, provavelmente, ao P. Domingos Báñez.
5. Noutra ordem: *poder haver cá mais* (coisas) *que desejar*...

medida no dar quando o Senhor é servido, e assim não quereria que eu a tivesse em servir eu a Sua Majestade e empregar toda a minha vida e forças e saúde nisto, e não quereria por minha culpa perder um tantinho de mais gozar. E digo assim[6] que se me dissessem qual quero mais, estar com todos os trabalhos do mundo até o fim dele e depois subir um pouquinho mais em glória, ou sem nenhum ir a um pouco de glória mais baixa, que de muito bom grado tomaria todos os trabalhos por um tantinho de gozar mais de entender as grandezas de Deus; pois vejo que quem mais entende mais ama e louva.

3. Não digo que não me contentaria e teria por muito venturosa de estar no céu, ainda que fosse no mais baixo lugar, pois quem tal o tinha no inferno, farta misericórdia me faria nisto o Senhor, e praza a Sua Majestade vá eu lá, e não olhe para meus grandes pecados. O que digo é que, ainda que fosse a muito grande custa minha, se pudesse e o Senhor me desse graça para trabalhar muito, não quereria por minha culpa perder nada. Miserável de mim, que com tantas culpas tinha perdido tudo!

4. Há de se notar também que em cada mercê que o Senhor me fazia de visão ou revelação ficava minha alma com algum grande lucro, e com algumas visões ficava com mui muitos.

De ver Cristo me ficou impressa sua grandíssima formosura, e a tenho hoje em dia, porque para isto bastava só uma vez, quanto mais tantas como o Senhor me faz esta mercê! Fiquei com um proveito grandíssimo e foi este: tinha uma grandíssima falta de onde me vieram grandes danos, e era esta: que como começava a entender que uma pessoa me tinha vontade e se me caía em graça, me afeiçoava tanto, que me atava em grande maneira a memória a pensar nela, ainda que não fosse com intenção de ofender a Deus, mas folgava-me de vê-la e de pensar nela e nas coisas boas que via nela. Era coisa tão danosa que me trazia a alma bastante perdida. Depois que vi a grande formosura do Senhor, não via ninguém que em sua comparação me parecesse bem nem me ocupasse; que pondo um pouco os olhos da consideração na imagem que tenho em minha alma, tenho ficado com tanta liberdade nisto, que depois cá tudo o que vejo me parece que faz asco em comparação das excelências e graças que neste Senhor via. Nem há

---

6. Ordem das duas frases: *...perder de gozar um tantinho mais. E assim digo...*

saber nem maneira de regalo que eu estime em nada, em comparação do que é ouvir só uma palavra dita daquela divina boca, quanto mais tantas. E tenho eu por impossível, se o Senhor por meus pecados não permite que me seja tirada esta memória, ninguém poderá ocupá-la de sorte que, com um pouquinho de tornar-me a lembrar deste Senhor, não fique livre.

5. Aconteceu-me com algum confessor (que sempre quero muito aos que governam minha alma) como os tomo em lugar de Deus tão de verdade, parece-me que é sempre aonde minha vontade mais se emprega e, como eu andava com segurança, mostrava-lhes graça.[7] Eles, como temerosos e servos de Deus, temiam que me apegasse de alguma maneira e me atasse a querê-los, ainda que santamente, e mostravam-me desgraça. Isto era depois que eu estava tão sujeita a obedecê-los, que antes não lhes cobrava esse amor. Eu me ria entre mim de ver quão enganados estavam, ainda que nem todas as vezes tratasse tão claro o pouco que me atava a ninguém como o tinha em mim.[8] Mas assegurava-os e, tratando-me mais, conheciam o que devia ao Senhor; que estas suspeitas que traziam de mim, sempre era no princípio.

Começou-me muito maior amor e confiança deste Senhor ao vê-lo, como quem tinha conversação tão contínua. Via que, ainda que fosse Deus, que era homem, que não se espanta das fraquezas dos homens, que entende nossa miserável compostura,[9] sujeita a muitas quedas pelo primeiro pecado que Ele tinha vindo reparar. Posso tratar como com amigo, ainda que seja senhor. Porque entendo que não é como os que cá temos por senhores, que todo o senhorio põem em autoridades postiças: há de haver horas de falar e pessoas assinaladas que lhes falem; se é algum pobrezinho que tem algum negócio, mais rodeios e favores e trabalhos lhe há de custar tratá-lo! Oh, que se é com o Rei![10] aqui não há tocar gente pobre e não cavalheirosa, senão perguntar quem são os mais privados;[11] certamente que não serão pessoas que tenham o mundo debaixo dos pés, porque estes

---

7. *Mostrava-lhes graça...* (e em seguida) *mostravam-me desgraça...*: mostrar agrado ou desagrado, simpatia ou antipatia.
8. *Tão claro... como o tinha em mim*: como era claro para mim.
9. *Compostura*: feitura, condição natural.
10. Frei Luís (p. 478) e outros editores leem: "o que si es el rey, aquí no hay tocar...". – *Aqui* equivale a: "neste caso".
11. *Os mais privados*: os validos, favoritos.

falam verdades, que não temem nem devem;[12] não são para palácio, que ali não se devem usar, senão calar o que mal lhes parece, que ainda pensá-lo não devem ousar para não serem desfavorecidos.

6. Ó Rei da glória e Senhor de todos os reis! Como não é vosso reino armado de pauzinhos, pois não tem fim! Como não são mister terceiros[13] para vós! Olhando vossa pessoa, se vê logo que é só o que mereceis que vos chamem Senhor, segundo a majestade que mostrais. Não é preciso gente de acompanhamento nem de guarda para que conheçam que sois Rei. Porque cá um rei só mal se conhecerá por si. Ainda que ele mais queira ser conhecido por rei, não crerão nele, que não tem mais que os outros; é mister que se veja por que crer nele, e assim é razão que tenha estas autoridades postiças, porque se não as tivesse não o teriam em nada. Porque não sai de si o parecer poderoso. De outros lhe há de vir a autoridade.

Ó Senhor meu, ó Rei meu! Quem saberia agora representar a majestade que tendes! É impossível deixar de ver que sois grande Imperador em vós mesmo, que espanta olhar esta majestade; mas mais espanta, Senhor meu, olhar com ela vossa humildade e o amor que mostrais a uma como eu. Em tudo se pode tratar e falar convosco como quiséramos, perdido o primeiro espanto e temor de ver vossa majestade, ficando maior para não ofender-vos; mas não por medo do castigo, Senhor meu, porque este não se tem em nada em comparação de não perder a Vós.

7. Eis aqui os proveitos desta visão, sem outros grandes que deixa na alma. Se é de Deus, entende-se pelos efeitos, quando a alma tem luz; porque, como muitas vezes tenho dito,[14] quer o Senhor que esteja em trevas e que não veja esta luz, e assim não é muito que tema a que se vê tão ruim como eu. Não há mais que agora que me aconteceu estar oito dias que não parece que havia em mim nem podia ter conhecimento do que devo a Deus, nem lembrança das mercês, senão tão embevecida a alma e posta não sei em quê, nem como, não em maus pensamentos, mas para os bons estava tão inábil, que me ria de mim e gostava de ver a baixeza de uma alma

---

12. *Não temem nem devem*: frase proverbial que equivale a "obras sem consideração nem respeito humano".

13. *Terceiros* (substantivo): mediador (cf. *C*. 3, 9. – Em *Const*. 15. 18. 38 equivale a "acompanhante").

14. No c. 30, 8-18.

quando não anda Deus sempre obrando nela. Bem vê que não está sem Ele neste estado, que não é como os grandes trabalhos que tenho dito que tenho algumas vezes;[15] mas ainda que ponha lenha e faça esse pouco que pode de sua parte, não há arder o fogo de amor de Deus.[16] Farta misericórdia sua é que se vê a fumaça, para entender que não está totalmente morto. Torna o Senhor a acender,[17] que então uma alma, ainda que se quebre a cabeça em soprar e em concertar a lenha, parece que tudo o afoga mais. Creio que o melhor é render-se totalmente a que não pode nada por si só, e ocupar-se com outras coisas – como tenho dito[18] – meritórias; porque porventura lhe tira o Senhor a oração para que se ocupe com elas e conheça por experiência o pouco que pode por si.

8. É certo que eu me tenho regalado hoje com o Senhor e atrevido a queixar-me de Sua Majestade, e lhe tenho dito: "como, Deus meu, que não basta que me detendes nesta miserável vida, e que por amor de vós passo por isso, e quero viver aonde tudo é embaraços para não gozar-vos, senão que tenho de comer e dormir e negociar e tratar com todos, e tudo isso passo por amor de vós, pois bem sabeis, Senhor meu, que me é tormento grandíssimo, e que tão pouquinhos momentos me ficam para gozar e Vós vos escondeis de mim? Como se compadece isto[19] em vossa misericórdia? Como pode sofrê-lo o amor que me tendes? Eu creio, Senhor, que se fosse possível poder me esconder eu de Vós, como Vós de mim, que penso e creio do amor que me tendes que não o sofreríeis; mas estais Vós comigo, e me vedes sempre. Não se sofre isto, Senhor meu! Suplico-vos que olheis, que se faz agravo a quem tanto vos ama".

9. Isto e outras coisas me tem acontecido dizer, entendendo primeiro como era piedoso[20] o lugar que tinha no inferno para o que merecia. Mas algumas vezes desatina tanto o amor, que não me sinto, senão que em todo o meu siso dou estas queixas, e tudo me sofre o Senhor. Louvado seja tão

---

15. Ibid.
16. Assim no original. Os editores modernos, induzidos a erro pela edição fotolitográfica do mesmo, omitem as palavras "de Deus", ao contrário de frei Luís, que editou corretamente (p. 481). Cf. essa mesma imagem no c. 39, 23.
17. A Santa escreve *acender* em vez de *encender*.
18. Aconselhou isso já no c. 11, 15-16.
19. Equivale a "como se compagina isto com..."
20. *Piedoso*: benigno, não cruel.

bom Rei! Se chegássemos aos da terra com estes atrevimentos!... Ainda já ao rei não me maravilho que não se ouse falar, que é razão de se temer, e aos senhores que representam ser cabeças; mas está já o mundo de maneira, que haviam de ser mais longas as vidas para aprender os pontos e novidades e maneiras que há de criação, se hão de gastar algo dela em servir a Deus. Eu me santiguo[21] de ver o que se passa. O caso é que já eu não sabia como viver quando aqui me meti; porque não se toma como zombaria quando há descuido em tratar com as pessoas muito mais que merecem, senão que tão deveras o tomam por afronta, que é mister fazer satisfações de vossa intenção, se há – como digo – descuido; e ainda praza a Deus que o creiam.

10. Torno a dizer que, certamente, eu não sabia como viver, porque se vê uma pobre de alma fatigada: vê que lhe mandam que ocupe sempre o pensamento em Deus e que é necessário trazê-lo nele para livrar-se de muitos perigos; por outro lado vê que não cumpre perder ponto em pontos de mundo,[22] sob pena de não deixar de dar ocasião a que se tentem os que têm sua honra posta nestes pontos. Trazia-me fatigada, e nunca acabava de fazer satisfações,[23] porque não podia – ainda que o estudasse – deixar de fazer muitas faltas nisto, que, como digo, não se tem no mundo por pequena.

E é verdade que nas Religiões, que com razão havíamos nestes casos de estar desculpados, há desculpa? – Não, que dizem que os mosteiros hão de ser corte de criação[24] e de sabê-la. Eu certamente que não posso entender isto. Tenho pensado se algum santo disse que havia de ser corte para ensinar os que quisessem ser cortesãos do céu, e o entenderam ao revés. Porque trazer este cuidado quem com razão o trouxer continuamente em contentar a Deus e aborrecer o mundo, que lhe pode trazer tão grande em contentar aos que vivem nele nestas coisas que tantas vezes se mudam, não sei como. Ainda se pudesse ser aprendido de uma vez, passaria; mas até para títulos de cartas é já mister haver cátedra,[25] aonde se leia como se

---

21. *Eu me santiguo*: me assombro, faço sinais da cruz (cf. c. 19, 10).
22. *Não cumpre*: não é conveniente (cf. c. 16, 6). – *Perder ponto em pontos de mundo*: irônico jogo de palavras: perder detalhe em pontinhos de honra ou em etiqueta mundana.
23. *Fazer satisfações*: pedir desculpas, dar satisfações...
24. N.E.: *Criação* (esp.: *crianza*) no sentido de "educação" de boas maneiras.
25. *Cátedra* ela escreve "cátreda") *em que se leia*: em que se deem lições.

há de fazer – a modo de dizer –, porque já se deixa papel de uma parte, já de outra, e a quem não se costumava pôr magnífico, se há de pôr ilustre.[26]

11. Eu não sei em que há de parar, porque ainda não tenho eu cinquenta anos,[27] e no que tenho vivido tenho visto tantas mudanças, que não sei viver; pois os que agora nascem e viverem muito, o que hão de fazer? Certamente, eu tenho lástima de gente espiritual que está obrigada a estar no mundo por alguns santos fins, que é terrível a cruz que nisto levam. Se se pudessem concertar todos e se fazerem ignorantes e querer que os tenham por tais nestas ciências, de muito trabalho se livrariam.

12. Mas, em que bobices me tenho metido! Por tratar nas grandezas de Deus, tenho vindo a falar das baixezas do mundo. Pois o Senhor me tem feito mercê em tê-lo deixado, quero já sair dele. Lá se avenham os que sustentam com tanto trabalho estas ninharias. Praza a Deus que na outra vida, que é sem mudanças, não as paguemos. Amém.

---

26. Dura crítica daquela sociedade. Voltará a criticá-la em C. 2, 4; 27, 5. Felipe II teve de publicar uma pragmática reguladora desses tratamentos (8.10.1586).

27. *No he* (tengo) *yo cincuenta años*: escreve isto no final de 1565, e tinha nascido em 28.3.1515: 50 anos.

Capítulo 38

Em que trata de algumas grandes mercês que o Senhor lhe fez, assim em mostrar-lhe alguns segredos do céu, como outras grandes visões e revelações que Sua Majestade teve por bem que visse. – Diz os efeitos com que a deixavam e o grande aproveitamento que ficava em sua alma.

1. Estando uma noite tão má que queria escusar-me de ter oração, tomei um rosário para ocupar-me vocalmente, procurando não recolher o entendimento, ainda que no exterior estivesse recolhida num oratório.

Quando o Senhor quer, pouco aproveitam estas diligências. Estive assim bem pouco, e veio-me um arrebatamento de espírito com tanto ímpeto que não houve poder resistir. Parecia-me estar metida no céu, e as primeiras pessoas que lá vi foi meu pai e mãe, e tão grandes coisas – em tão breve espaço como se podia dizer uma Ave-Maria – que fiquei bem fora de mim, parecendo-me muito demasiada mercê.

Isto de "em tão breve tempo", já pode ser que fosse mais, mas que foi muito pouco.[1] Temi que fosse alguma ilusão, posto que não me parecia ser. Não sabia o que fazer, porque tinha grande vergonha de ir ao confessor[2] com isto; e não por humilde, a meu parecer, senão que me parecia que havia de zombar de mim e dizer: quê! um São Paulo para ver coisas do céu, ou São Jerônimo![3] E por terem tido estes santos gloriosos coisas destas me fazia mais temor a mim, e não fazia senão chorar muito, porque não me parecia que levava nenhum caminho. Enfim, ainda que mais sentisse, fui ao confessor, porque calar coisa jamais ousava, ainda que mais sentisse em dizê-la, pelo grande medo que tinha de ser enganada. Ele, como me viu

---

1. *Mas que foi muito pouco* (esp. *sino que se hace muy poco*): parece-me um tempo muito breve.

2. Por lapso material, no original está repetida a palavra "confessor". Era provavelmente o P. Baltasar.

3. Alusão ao rapto de São Paulo (2Cor 12,2-4) e à visão de São Jerônimo (*Carta a Eustóquio*: ML, 22, 416). A Santa a tinha lido em sua juventude (c. 3, 7; e c. 11, 10).

tão fatigada, que me consolou muito e disse fartas coisas boas para tirar-me a pena.

2. Andando mais o tempo, me tem acontecido e acontece isto algumas vezes.

Ia o Senhor me mostrando segredos maiores. Porque querer ver a alma mais do que se lhe representa, não há nenhum remédio, nem é possível, e assim não via mais do que cada vez queria o Senhor mostrar-me. Era tanto, que o menos bastava para ficar espantada e muito aproveitada a alma para estimar e ter em pouco todas as coisas da vida.

Quisera eu poder dar a entender algo do menos que entendia, e pensando como pode ser, acho que é impossível; porque só na diferença que há desta luz que vemos e a que lá se representa, sendo tudo luz, não há comparação, porque a claridade do sol parece coisa muito desgostada.[4] Enfim, não alcança a imaginação, por muito sutil que seja, pintar nem traçar como será esta luz, nem nenhuma coisa das que o Senhor me dava a entender com um deleite tão soberano que não se pode dizer. Porque todos os sentidos gozam em tão alto grau e suavidade, que isso não se pode encarecer, e assim é melhor não dizer mais.

3. Tinha uma vez estado assim mais de uma hora me mostrando o Senhor coisas admiráveis, que não me parece que não se afastava de junto de mim. Disse-me: *Olha, filha, o que perdem os que são contra mim; não deixes de dizê-lo.*

Ah, Senhor meu, e que pouco aproveita meu dito aos que seus feitos os têm cegado, se Vossa Majestade não lhes dá luz! Algumas pessoas, a quem vós a tendes dado, têm se aproveitado de saber vossas grandezas; mas as veem, Senhor meu, mostradas a coisa tão ruim e miserável,[5] que tenho eu em muito que tenha havido ninguém que cresse em mim. Bendito seja vosso nome e misericórdia, que – pelo menos a mim – conhecida melhora tenho visto em minha alma.

---

4. *Desgostada* (esp. *desgustada*) deslustrada, empanada, sem brilho.
5. Refere-se a si mesma. Cf. c. 18, 4.

Depois quisera ela ficar sempre ali e não tornar a viver, porque foi grande o desprezo que me ficou de tudo o de cá: parecia-me lixo e vejo eu quão baixamente nos ocupamos os que nos detemos nisso.

4. Quando estava com aquela senhora que tenho dito,[6] aconteceu-me uma vez, estando eu mal do coração (porque, como tenho dito,[7] o tenho tido forte, ainda que já não o seja), como era de muita caridade, fez-me pegar joias de ouro e pedras, que as tinha de grande valor, em especial uma de diamantes, que apreciavam muito. Ela pensou que me alegrariam. Eu estava rindo-me entre mim e tendo lástima de ver o que os homens estimam, lembrando-me do que nos tem guardado o Senhor, e pensava quão impossível me seria, ainda que comigo mesma o quisesse procurar, ter em algo aquelas coisas, se o Senhor não me tirava a memória de outras.

Isto é um grande senhorio para a alma, tão grande que não sei se o entenderá senão quem o possuir; porque é o próprio e natural desapego, porque é sem trabalho nosso; Deus faz tudo, que mostra Sua Majestade estas verdades de maneira que ficam tão impressas que se vê claro que não o poderíamos por nós daquela maneira em tão breve tempo adquirir.

5. Ficou-me também pouco medo da morte, a quem eu sempre temia muito. Agora me parece facilíssima coisa para quem serve a Deus, porque num momento se vê a alma livre deste cárcere[8] e posta em descanso. Que este levar Deus o espírito e mostrar-lhe coisas tão excelentes nestes arrebatamentos, parece-me a mim que conforma muito a quando sai uma alma do corpo, que num instante se vê em todo este bem; deixemos as dores de quando se arranca, que há pouco caso de fazer deles; e aos que deveras amarem a Deus e tiverem dado de mão às coisas desta vida, mais suavemente devem morrer.

6. Também me parece que me aproveitou muito para conhecer nossa verdadeira terra[9] e ver que somos cá peregrinos, e é grande coisa ver o que há lá e saber aonde havemos de viver. Porque se alguém há de ir viver as-

---

6. Falou de Dª Luísa de la Cerda no c. 34, 1ss.
7. De seu mal de coração falou nos c. 4, 5; 5, 7; 6, 1-2.5; 7, 11 etc.
8. *Este cárcere* do corpo: é imagem de origem paulina, e tópico na literatura espiritual de seu tempo: cf. c. 20, 25 ("este cárcere desta vida") e o poema "Vivo sem viver" ("este cárcere e estes ferros em que a alma está metida").
9. *Terra* na acepção de "pátria".

sentado numa terra, lhe é grande ajuda, para passar o trabalho do caminho, ter visto que é terra aonde há de estar muito a seu descanso, e também para considerar as coisas celestiais e procurar que nossa conversação seja lá;[10] faz-se com facilidade. Isto é muito lucro, porque só olhar o céu recolhe a alma; porque, como tem querido o Senhor mostrar algo do que há lá, fica-se pensando, e acontece-me algumas vezes ser os que me acompanham e com os que me consolo os que sei que lá vivem, e parecer-me aqueles verdadeiramente os vivos, e os que cá vivem, tão mortos, que todo o mundo me parece que não me faz companhia, em especial quando tenho aqueles ímpetos.

7. Tudo me parece sonho o que vejo, e que é burla, com os olhos do corpo.[11] O que tenho já visto com os da alma, é o que ela deseja, e como se vê longe, este é o morrer. Enfim, é grandíssima a mercê que o Senhor faz a quem dá semelhantes visões, porque a ajuda muito, e também a levar uma pesada cruz, porque tudo não a satisfaz,[12] tudo lhe dá no rosto. E se o Senhor não permitisse às vezes que se esquecesse, ainda que se torne a lembrar, não sei como se poderia viver. Bendito seja e louvado para sempre jamais!

Praza a Sua Majestade, pelo sangue que seu Filho derramou por mim, que já que tem querido que entenda algo de tão grandes bens e que comece de alguma maneira a gozar deles, não me aconteça o que a Lúcifer, que por sua culpa perdeu tudo. Não o permita por quem Ele é, que não tenho pouco temor algumas vezes; ainda que por outro lado, e o muito ordinário, a misericórdia de Deus me põe segurança, que, pois me tem tirado de tantos pecados, não quererá deixar-me de sua mão para que me perca.

Isto suplico eu a vossa mercê[13] sempre o suplique.

8. Pois não são tão grandes as mercês ditas, a meu parecer, como esta que agora direi, por muitas causas e grandes bens que dela me ficaram e

---

10. Eco do texto bíblico de Fl 3,20 (já presente no c. 24, 5).
11. Em ordem: "tudo o que vejo com os olhos do corpo me parece sonho... e burla" (cf. frei Luís, p. 490). Já se havia expressado assim no c. 16, 6, e o fará mais adiante no c. 40, 22.
12. *Tudo não a satisfaz*: nada a satisfaz.
13. Dialoga de novo com Garcia de Toledo.

grande fortaleza na alma; ainda que, olhada cada coisa por si, é tão grande, que não há o que comparar.

9. Estava um dia, véspera do Espírito Santo, depois da missa.[14] Fui a uma parte bem apartada, aonde eu rezava muitas vezes, e comecei a ler num *Cartusiano* esta festa.[15] E lendo os sinais que hão de ter os que começam e aproveitam e os perfeitos, para entender que está com eles o Espírito Santo, lidos estes três estados, pareceu-me, pela bondade de Deus, que não deixava de estar comigo, pelo que eu podia entender. Estando louvando-o e lembrando-me outra vez que o tinha lido, que estava bem falta de tudo aquilo, que o via eu muito bem, assim como agora entendia o contrário de mim, e assim conheci que era mercê grande a que o Senhor me tinha feito. E assim comecei a considerar o lugar que tinha no inferno merecido por meus pecados, e dava muitos louvores a Deus, que me parecia que não conhecia minha alma segundo a via trocada. Estando nesta consideração, deu-me um ímpeto grande, sem entender eu a ocasião. Parecia que a alma queria sair do meu corpo, porque não cabia nela[16] nem se achava capaz de esperar tanto bem. Era ímpeto tão excessivo, que não me podia valer e, a meu parecer, diferente de outras vezes, nem entendia o que tinha a alma, nem o que queria, que tão alterada estava. Arrimei-me, que ainda sentada não podia estar, porque a força natural me faltava toda.

10. Estando nisto, vejo sobre minha cabeça uma pomba, bem diferente das de cá, porque não tinha estas plumas, senão as asas de umas conchinhas que lançavam de si grande resplendor. Era maior que uma pomba.

---

14. Era véspera de Pentecostes. Essa *parte bem apartada* a que se retirou a Santa era uma das ermidas do mosteiro de São José. Muitos anos mais tarde, outra vez na véspera de Pentecostes, esta graça mística provocará outra não menos esplêndida, mas mais apostólica e memorável. Começa assim a *Mercê 67*: "Estando em São José de Ávila, véspera de Páscoa do Espírito Santo, *na ermida de Nazaré*, considerando numa grandíssima mercê que nosso Senhor me tinha feito em tal dia como este, fazia 20 anos, pouco mais ou menos...". A própria Santa datou esta segunda mercê em *1579*. A primeira não pode ter ocorrido em 1559 ("vinte anos..."), mas muito provavelmente em 29 de maio de 1563.

15. Ler num *Cartusiano* (esp. *Cartujano*). Chamavam-se "*Cartusianos*" os volumes da *Vida de Cristo* escritos em latim pelo "cartuxo" Ludolfo de Saxônia e, por ordem do cardeal Cisneros, traduzidos por Ambrósio de Montesinos (editados em Alcalá 1502, 1503 etc.). A meditação de Pentecostes trata dos "incipientes", "proficientes" e "perfeitos", que são os "três estados" da vida espiritual, a que aludirá em seguida a Santa.

16. Talvez seja um lapso, por "não cabia nele" (no corpo). "Não cabia em mim", escreve em seguida (n. 11).

Parece-me que ouvia o ruído que fazia com as asas. Estaria adejando pelo espaço de uma Ave-Maria. Já a alma estava de tal sorte que, perdendo-se a si de si, a perdeu de vista.[17]

Sossegou-se o espírito com tão bom hóspede, que, segundo me parece, a mercê tão maravilhosa o devia desassossegar e espantar; e como começou a gozá-la, foi-lhe afastado o medo e começou a quietude com o gozo, ficando em arroubamento.

11. Foi grandíssima a glória deste arroubamento. Fiquei o mais da Páscoa[18] tão embevecida e tonta, que não sabia o que fazer de mim, nem como cabia em mim tão grande favor e mercê. Não ouvia nem via, a modo de dizer, com grande gozo interior. Desde aquele dia entendi ficar com grandíssimo aproveitamento em mais subido amor de Deus e as virtudes muito mais fortalecidas. Seja bendito e louvado para sempre, amém.

12. Outra vez vi a mesma pomba sobre a cabeça de um padre da Ordem de São Domingos,[19] salvo que me pareceu que os raios e resplendor das mesmas asas se estendiam muito mais. Foi-me dado a entender que havia de trazer almas a Deus.

13. Outra vez vi estar nossa Senhora pondo uma capa muito branca no Apresentado desta mesma Ordem,[20] de quem tenho tratado algumas vezes. Disse-me que pelo serviço que tinha feito a ela ao ajudar que se fizesse esta casa lhe dava aquele manto, em sinal de que guardaria a sua alma em pureza daí por diante e que não cairia em pecado mortal.[21] Tenho certeza que assim foi; porque desde a poucos anos morreu,[22] e sua morte e o que viveu foi com tanta penitência a vida, e a morte com tanta santidade, que, por quanto se pode entender, não tem que pôr em dúvida. Disse-me um frade que tinha estado à sua morte, que antes que expirasse lhe disse

---

17. *Perdendo-se a si de si*: terminologia mística para indicar a entrada no êxtase.
18. *O mais da Páscoa*: a maior parte do dia de Pentecostes (ou, inclusive, da semana de Pentecostes).
19. "Frei Pedro Ibáñez", anota o P. Gracián em seu livro.
20. De novo Gracián anota: "Frei Pedro Ibáñez".
21. No livro, é um dos poucos casos alusivos à chamada "confirmação em graça". Compare-se o simbolismo da visão com a relatada no c. 33, 14.
22. *Desde a poucos anos*: poucos anos depois. – À margem do original outra mão anota: "Este Padre morreu em Trianos". Data de sua morte: 2.2.1565.

como estava com ele Santo Tomás. Morreu com grande gozo e desejo de sair deste desterro. Depois me tem aparecido algumas vezes com muito grande glória e me dito algumas coisas. Tinha tanta oração que, quando morreu, que com a grande fraqueza a quisesse escusar, não podia, porque tinha muitos arroubamentos. Escreveu-me pouco antes de morrer, que quê meio teria; porque, como acabava de dizer missa, ficava com arroubamento muito tempo,[23] sem podê-lo escusar. Deu-lhe Deus afinal o prêmio do muito que tinha servido toda a sua vida.

14. Do reitor da Companhia de Jesus – que algumas vezes tenho feito dele menção[24] – tenho visto algumas coisas de grandes mercês que o Senhor lhe fazia, que, para não alongar, não as ponho aqui. Aconteceu-lhe uma vez um grande trabalho, em que foi muito perseguido, e se viu muito aflito. Estando eu um dia ouvindo missa, vi Cristo na cruz quando elevava a Hóstia; disse-me algumas palavras que lhe dissesse de consolo, e outras o prevenindo do que estava por vir e pondo-lhe diante o que tinha padecido por ele, e que se aparelhasse para sofrer. Deu-lhe isto muito consolo e ânimo, e tudo se passou depois como o Senhor me disse.

15. Dos da Ordem deste Padre, que é a Companhia de Jesus, toda a Ordem junta tenho visto grandes coisas: vi-os no céu com bandeiras brancas nas mãos algumas vezes, e, como digo, outras coisas tenho visto deles de muita admiração; e assim tenho esta Ordem em grande veneração, porque os tenho tratado muito e vejo que conforma sua vida com o que o Senhor me tem dado deles a entender.

16. Estando uma noite em oração, começou o Senhor a dizer-me algumas palavras, trazendo-me à memória por elas quão má tinha sido minha vida, que me faziam farta confusão e pena; porque ainda que não vão com rigor, fazem um sentimento e pena que desfazem, e sente-se mais aproveitamento de conhecer-nos com uma palavra destas que em muitos

---

23. *Muito tempo* (esp. *mucho rato*) palavras acrescentadas à margem pela Santa.
24. O P. Gracián anota em seu exemplar: "Baltasar Alvarez". Com ele coincide Maria de São José (Salazar). Essa atribuição não é segura. Nessa época (1562-1565), o P. Baltasar não tinha sido "reitor", mas "ministro" (cf. 29, 5; 33, 8). Ao ser retirado de Ávila o Reitor P. Gaspar de Salazar, o P. Baltasar ocupou seu lugar, mas sem título de reitor. Por isso é duvidoso a qual dos dois se refere a presente passagem da Santa. Ver a *Vida del P. Baltasar* por La Puente, c. 23).

dias que consideremos nossa miséria, porque traz consigo esculpida uma verdade que não podemos negar. Representou-me as vontades com tanta vaidade que tinha tido, e disse-me que tivesse em muito querer que se pusesse nele vontade que tão mal se tinha gastado como a minha, e admiti-la Ele.

Outras vezes me disse que me lembrasse de quando parece que tinha por honra ir contra a sua. Outras, que me lembrasse do que lhe devia; que, quando eu lhe dava maior golpe, estava ele fazendo-me mercês. Se tiver algumas faltas, que não são poucas, de maneira me dá Sua Majestade a entendê-las, que toda parece que me desfaço, e como tenho muitas, é muitas vezes. Acontecia-me repreender-me o confessor, e querer-me consolar na oração e achar ali repreensão verdadeira.

17. Pois tornando ao que dizia,[25] como começou o Senhor a trazer-me à memória minha ruim vida, à volta de minhas lágrimas (como eu então não tinha feito nada, a meu parecer), pensei se me queria fazer alguma mercê. Porque é muito ordinário, quando alguma particular mercê recebo do Senhor, ter-me primeiro desfeito a mim mesma, para que veja mais claro quão fora de merecê-las estou; penso que o Senhor o deve fazer.

Desde a um pouco, foi tão arrebatado meu espírito, que quase me pareceu que estava totalmente fora do corpo; pelo menos não se entende que se vive nele. Vi a Humanidade sacratíssima com mais excessiva glória que jamais a tinha visto. Representou-se a mim por uma notícia admirável e clara estar metido no peito do Pai.[26] Isto não saberei dizer como é, porque sem ver me pareceu que me vi presente[27] daquela Divindade. Fiquei tão espantada e de tal maneira, que me parece que passaram alguns dias que não podia tornar a mim; e sempre me parecia que trazia presente aquela majestade do Filho de Deus, ainda que não fosse como a primeira. Isto eu bem entendia, senão que fica tão esculpido na imaginação, que não o pode

---

25. *Tornando ao que dizia*: ao episódio do n. 16. – A seguir: *à volta de minhas lágrimas*: por ocasião de minhas lágrimas. Cf. a mesma expressão no c. 39, 1.
26. *Estar metido*: Cristo, de cuja Humanidade vem falando.
27. *Porque sem ver... me vi presente*: quer dizer, com visão intelectual, como a referida no c. 27, 2. [*Presente* equivale a "na presença".]

tirar de si – por em breve que tenha se passado[28] – por algum tempo, e é farto consolo e ainda aproveitamento.

18. Esta mesma visão tenho visto outras três vezes. É, a meu parecer, a mais subida visão que o Senhor me tem feito mercê que veja, e traz consigo grandíssimos proveitos. Parece que purifica a alma em grande maneira, e tira a força quase totalmente desta nossa sensualidade.[29] É uma chama grande, que parece abrasar e aniquilar todos os desejos da vida; porque já que eu, glória a Deus, não os tinha em coisas vãs, foi-me declarado aqui bem como era tudo vaidade, e quão vãos, e quão vãos[30] são os senhorios de cá. E é um ensinamento grande para levantar os desejos na pura verdade. Fica impresso um acatamento que não saberei dizer como, mas é muito diferente do que cá podemos adquirir. Faz um espanto à alma grande ver como ousou, nem pode ninguém ousar, ofender uma majestade tão grandíssima.

19. Algumas vezes terei dito estes efeitos de visões e outras coisas, mas já tenho dito[31] que há mais e menos aproveitamento; desta fica grandíssimo.

Quando me chegava para comungar e me lembrava daquela majestade grandíssima que tinha visto, e olhava que era o que estava no Santíssimo Sacramento (e muitas vezes quer o Senhor que o veja na Hóstia), meus cabelos se arrepiavam,[32] e toda parecia que me aniquilava. Ó Senhor meu! Mas se não encobrísseis vossa grandeza, quem ousaria chegar tantas vezes a juntar coisa tão suja e miserável com tão grande majestade? Bendito sejais, Senhor! Louvem-vos os anjos e todas as criaturas que assim medis as coisas com nossa fraqueza, para que, gozando de tão soberanas mercês, não nos espante vosso grande poder de maneira que ainda não as ousemos gozar, como gente fraca e miserável.

---

28. Noutra ordem: "fica tão esculpido... que, por em breve que se tenha passado, não o pode tirar de si em algum tempo".
29. *Sensualidade*: a parte sensitiva ou sensível do composto humano (cf. c. 3, 2, nota 3).
30. Repetição enfática, como em outros casos: c. 10, 7, nota 17.
31. Dos efeitos das visões falou no c. 28, 10-13, e c. 32, 12. Da diferença de graus entre umas e outras falou no c. 37, 2.
32. *Arrepiam* (esp. *espeluzan*): cf. c. 20, 7, nota 17.

20. Poderia nos acontecer o que a um lavrador, e isto sei com certeza que se passou assim; achou um tesouro, e como era mais do que cabia em seu espírito, que era baixo, ao se ver com ele lhe deu uma tristeza, que pouco a pouco veio a morrer de puramente aflito e cuidadoso de não saber o que fazer com ele. Se não o achara junto, senão pouco a pouco lhe fossem dando e sustentando com isso, viveria mais contente que sendo pobre, e não lhe custara a vida.

21. Ó riqueza dos pobres, e que admiravelmente sabeis sustentar as almas e, sem que vejam tão grandes riquezas, pouco a pouco as ides mostrando a elas!

Quando vejo uma majestade tão grande dissimulada numa coisa tão pouca como é a Hóstia, é assim que depois cá a mim me admira sabedoria tão grande, e não sei como me dá o Senhor ânimo nem esforço para chegar-me a Ele; se Ele, que me tem feito tão grandes mercês e faz, não mo desse, nem seria possível podê-lo dissimular, nem deixar de dizer a vozes tão grandes maravilhas. Pois o que sentirá uma miserável como eu, carregada de abominações e que com tão pouco temor de Deus tem gastado sua vida, de ver-se chegar a este Senhor de tão grande majestade quando quer que minha alma o veja? Como há de juntar boca, que tantas palavras tem falado contra o mesmo Senhor, àquele corpo gloriosíssimo, cheio de pureza e de piedade? Que dói muito mais e aflige à alma, por não tê-lo servido, o amor que mostra aquele rosto de tanta formosura com uma ternura e afabilidade, do que temor põe a majestade que vê nele.

Mas o que poderia eu sentir duas vezes que vi isto que direi?[33]

22. Certo, Senhor meu e glória minha, que estou para dizer que, de alguma maneira, nestas grandes aflições que sente minha alma tenho feito algo em vosso serviço. Ai... que não sei o que digo... que quase sem falar, escrevo já isto! Porque me acho perturbada e algo fora de mim, como tenho tornado a trazer à minha memória estas coisas. Bem dissera, se viesse de mim este sentimento, que tinha feito algo por vós, Senhor meu. Mas, pois não pode haver bom pensamento se vós não o dais, não há que me agradecer. Eu sou a devedora, Senhor, e vós o ofendido.

---

33. Relatará isto no n. 23.

23. Chegando uma vez para comungar, vi dois demônios com os olhos da alma,[34] mais claro que com os do corpo, com muito abominável figura. Parece-me que os chifres rodeavam a garganta do pobre sacerdote, e vi meu Senhor com a majestade que tenho dita posto naquelas mãos, na Forma que me ia dar, que se via claro ser ofendedoras suas; e entendi estar aquela alma em pecado mortal.

O que seria, Senhor meu, ver vossa formosura entre figuras tão abomináveis? Estavam eles como amedrontados e espantados diante de vós, que de bom grado parece que fugiriam se vós os deixásseis ir. Deu-me tão grande perturbação que não sei como pude comungar, e fiquei com grande temor, parecendo-me que, se fora visão de Deus, que não permitisse Sua Majestade visse eu o mal que estava naquela alma. Disse-me o mesmo Senhor que rogasse por ele, e que o havia permitido para que entendesse eu a força que têm as palavras da consagração, e como não deixa Deus de estar ali por mau que seja o sacerdote que as diz, e para que visse sua grande bondade, como se põe naquelas mãos de seu inimigo, e tudo para bem meu e de todos.

Entendi bem quão mais obrigados estão os sacerdotes a ser bons que outros, e quão dura coisa é tomar este Santíssimo Sacramento indignamente,[35] e quão senhor é o demônio da alma que está em pecado mortal. Farto grande proveito me fez e farto conhecimento me pôs do que devia a Deus. Seja bendito para sempre jamais.

24. Outra vez me aconteceu assim outra coisa que me espantou mui muito. Estava numa parte aonde morreu certa pessoa que tinha vivido bastante mal, segundo soube, e muitos anos; mas fazia dois que tinha enfermidade e em algumas coisas parece que estava com emenda. Morreu sem confissão, mas, com tudo isto, não me parecia a mim que se havia de condenar. Estando amortalhando o corpo, vi muitos demônios tomar aquele corpo, e parecia que jogavam com ele, e faziam também justiças nele, que me pôs em grande pavor, que com ganchos o traziam de um ao outro. Como o vi levar a enterrar com a honra e cerimônias que a todos,

---

34. *Os olhos da alma*: com a vista interior. Como outras vezes, faz alusão à visão mística não intelectual.
35. É um eco do texto paulino de 1Cor 11,27.

eu estava pensando como a bondade de Deus não queria que aquela alma fosse infamada, senão que fosse encoberto ser sua inimiga.

25. Estava eu meio boba do que tinha visto. Em todo o Ofício não vi mais demônio. Depois, quando deitaram o corpo na sepultura, era tanta a multidão que estava dentro para tomá-lo, que eu estava fora de mim de vê-lo, e não era mister pouco ânimo para dissimulá-lo. Considerava o que fariam daquela alma quando assim se assenhoreavam daquele triste corpo. Prouvera ao Senhor que isto que vi – coisa tão espantosa! – vissem todos os que estão em mau estado, que me parece que seria grande coisa para fazê-los viver bem.

Tudo isto me faz mais conhecer o que devo a Deus e do que me tem livrado. Andei bastante temerosa até que o tratei com meu confessor, pensando se era ilusão do demônio para infamar aquela alma, ainda que não fosse tida por ser de muita cristandade. É verdade que, ainda que não fosse ilusão, sempre que me lembro disso tenho medo.[36]

26. Já que tenho começado a dizer de visões de defuntos, quero dizer algumas coisas que o Senhor tem sido servido neste caso que veja de algumas almas. Direi poucas, para abreviar e por não ser necessário, digo, para nenhum aproveitamento.

Disseram-me que tinha morrido um nosso Provincial[37] que tinha sido (e quando morreu, o era de outra Província), a quem eu tinha tratado e devido algumas boas obras. Era pessoa de muitas virtudes. Como soube que estava morto, deu-me muita perturbação, porque temi sua salvação, que tinha sido vinte anos prelado, coisa que eu temo muito, certamente, por parecer-me coisa de muito perigo ter encargo de almas, e com muita fadiga fui a um oratório. Dei-lhe todo o bem que tinha feito em minha vida,[38] que seria bem pouco, e assim o disse ao Senhor que suprissem os méritos seus o que tinha mister aquela alma para sair do purgatório.

---

36. *Sempre que me lembro disso tenho medo* traduz o original: *siempre me hace temor que se me acuerda*. Frei Luís ordenou a frase: "siempre que se me acuerda me hace temor".

37. *Um nosso Provincial*: Gregório Fernandez. Morreu em 1561, sendo provincial dos carmelitas de Andaluzia. Tinha sido Provincial de Castela em 1550-1555. Também tinha sido prior do Carmelo de Ávila.

38. *Dei-lhe todo o bem... de minha vida*: ofereci-o ao Senhor por ele...

27. Estando pedindo isto ao Senhor o melhor que eu podia, pareceu-me que saía da profundeza da terra do meu lado direito, e vi-o subir ao céu com grandíssima alegria. Ele era já bem velho, mas vi-o de idade de trinta anos, e ainda menos me pareceu, e com resplendor no rosto. Passou muito em breve esta visão; mas em tanto extremo fiquei consolada, que nunca me pôde dar mais pena sua morte, ainda que visse fatigadas pessoas fartas por ele, que era muito benquisto. Era tanto o consolo que tinha minha alma, que nenhuma coisa se me dava, nem podia duvidar de que era boa visão, digo que não era ilusão.

Fazia não mais de quinze dias que tinha morrido. Contudo, não descuidei de procurar que o encomendassem a Deus e fazê-lo eu, salvo que não podia com aquela vontade se não tivesse visto isto; porque, quando assim o Senhor me mostra e depois as quero encomendar a Sua Majestade, parece-me, sem poder mais, que é como dar esmola ao rico. Depois soube – porque morreu bem longe daqui – a morte que o Senhor lhe deu, que foi de tão grande edificação, que a todos deixou espantados do conhecimento e lágrimas e humildade com que morreu.

28. Tinha morrido uma monja em casa,[39] fazia pouco mais de dia e meio, bastante serva de Deus. Estando dizendo uma lição de defuntos uma monja, que se dizia por ela no coro, eu estava em pé para ajudá-la a dizer o verso; na metade da lição a vi, que me pareceu que saía a alma do lado que a passada e que ia ao céu. Isto não foi visão imaginária como a passada, senão como outras que tenho dito; mas não se duvida mais que as que se veem.[40]

29. Outra monja morreu em minha mesma casa: desde os dezoito ou vinte anos, sempre tinha sido enferma e muito serva de Deus, amiga do coro e bastante virtuosa. Eu, certamente, pensei que não entraria no purgatório, porque eram muitas as enfermidades que tinha passado, senão que lhe sobrariam méritos. Estando nas Horas[41] antes que a enterrassem, faria quatro horas que estava morta, entendi sair do mesmo lugar e ir ao céu.

---

39. *Em casa*: na Encarnação. Quando escreve isto, nenhuma monja tinha falecido em São José.
40. Quer dizer, não foi visão imaginária, mas intelectual... – *Mais que as que se veem*: mais que as imaginárias.
41. *Nas Horas*: na recitação do Ofício litúrgico.

30. Estando num colégio da Companhia de Jesus,[42] com os grandes trabalhos que tenho dito que tinha algumas vezes e tenho de alma e de corpo, estava de sorte que ainda um bom pensamento, a meu parecer, não podia admitir. Tinha morrido naquela noite um irmão[43] daquela casa da Companhia, e estando como podia encomendando-o a Deus e ouvindo missa de outro padre da Companhia por ele, deu-me um grande recolhimento e vi-o subir ao céu com muita glória e o Senhor com ele. Por particular favor entendi que Sua Majestade ia com ele.

31. Outro frade de nossa Ordem, bastante bom frade,[44] estava muito mal e, estando eu em missa, me deu um recolhimento e vi como estava morto e subir ao céu sem entrar no purgatório. Morreu naquela hora que o vi, segundo soube depois. Eu me espantei de que não tivesse entrado no purgatório. Entendi que por ter sido frade que tinha guardado bem a sua profissão, lhe tinham aproveitado as Bulas da Ordem para não entrar no purgatório.[45] Não entendo por que entendi isto. Parece-me que deve ser porque não está o ser frade no hábito – digo em trazê-lo – para gozar do estado de mais perfeição que é ser frade.

32. Não quero dizer mais destas coisas; porque, como tenho dito,[46] não há para que, ainda que sejam fartas as que o Senhor me tem feito mercê que veja. Mas não tenho entendido, de todas as que tenho visto, deixar nenhuma alma de entrar no purgatório, se não é a deste Padre e o santo frei Pedro de Alcântara e o padre dominicano que fica dito.[47] De alguns anos tem sido o Senhor servido que veja os graus que têm de glória, sendo representados a mim nos lugares que se põem. É grande a diferença que há de uns a outros.[48]

---

42. *Colégio da Companhia*: São Gil de Ávila. Alude aos anos de grandes sofrimentos já narrados nos capítulos 23-25, com "grandíssimos trabalhos de alma, junto com tormentos e dores de corpo" (c. 30, 6).
43. Era o Irmão Alonso de Henao, vindo do colégio de Alcalá e falecido em 11.4.1557.
44. "Frei Matía", adverte Gracián em seu livro. Trata-se de frei Diego Matía, carmelita de Ávila, que durante um tempo foi confessor da Encarnación.
45. Faz alusão aos privilégios da chamada Bula Sabatina.
46. No c. 37, 1... Repeti-lo-á no c. 39, 20 e c. 40, 17.
47. O P. Pedro Ibáñez: c. 38, 13.
48. Cf. o texto de São Paulo em 1Cor 15,41.

Capítulo 39

Prossegue na mesma matéria de dizer as grandes mercês que lhe tem feito o Senhor. – Trata de como lhe prometeu fazer pelas pessoas que ela lhe pedisse. – Diz algumas coisas assinaladas em que lhe tem feito Sua Majestade este favor.

1. Estando eu uma vez importunando o Senhor muito para que desse vista a uma pessoa que eu tinha obrigação,[1] que a tinha quase totalmente perdido, eu lhe tinha grande lástima e temia por meus pecados que não me havia o Senhor de ouvir. Apareceu-me como outras vezes[2] e começou a me mostrar a chaga da mão esquerda, e com a outra tirava um cravo grande que nela tinha metido. Parecia-me que à volta do cravo[3] fazia sair a carne. Via-se bem a grande dor, que me lastimava muito, e disse-me que quem aquilo tinha passado por mim, que não duvidasse senão que melhor faria o que lhe pedisse; que Ele me prometia que nenhuma coisa lhe pedisse que não a fizesse,[4] que já sabia Ele que eu não pediria senão conforme à sua glória, e que assim faria isto que agora pedia; que ainda quando não lhe servia, olhasse eu que não lhe tinha pedido que não a fizesse melhor que eu o sabia pedir, que quão melhor o faria agora que sabia que o amava, que não duvidasse disto.

Não creio que passaram oito dias, que o Senhor não tornou a vista[5] àquela pessoa. Isto soube meu confessor logo. Já pode ser que não fosse por minha oração; mas eu, como tinha visto esta visão, ficou-me uma certeza que, por mercê feita a mim, dei a Sua Majestade as graças.

---

1. *Uma pessoa* (a quem) *eu tinha obrigação*. Como no n. 3: "obrigação: a correspondência que um deve ter ao benefício de outro" (Cobarruvias).
2. Quer dizer, em forma perceptível, visão não intelectual. Cf. passagens semelhantes no c. 20, 4; 37, 4; *Fund.* c. 1, 8.
3. *À volta do cravo*: ao tirá-lo (cf. c. 38, 17, nota 25).
4. Eco da promessa de Jesus no evangelho: Mt 21,22.
5. *Não... passaram oito dias que... não*: Não passaram oito dias sem que. Cf. c. 40, 20, nota 36.

2. Outra vez estava uma pessoa muito enfermo de uma enfermidade muito penosa, que por ser não sei de que feitura, não a assinalo aqui.[6] Era coisa incomportável o que fazia dois meses que passava e estava num tormento que se despedaçava. Fui ver o meu confessor, que era o Reitor que tenho dito,[7] e tive grande lástima dele, e disse-me que em todo caso fosse vê-lo, que era pessoa que eu podia fazê-lo, por ser meu parente. Eu fui e moveu-me a ter dele tanta piedade, que comecei muito importunamente a pedir sua saúde ao Senhor. Nisto vi claro, a todo meu parecer, a mercê que me fez; porque logo no outro dia estava totalmente bom daquela dor.

3. Estava uma vez com grandíssima pena, porque sabia que uma pessoa, a quem eu tinha muita obrigação, queria fazer uma coisa bastante contra Deus e sua honra, e estava já muito determinado a isso. Era tanta minha fadiga, que não sabia o que fazer. Remédio para que o deixasse, já parecia que não havia. Supliquei a Deus muito de coração que lhe pusesse; mas até vê-lo, não podia aliviar-se minha pena.

Fui, estando assim, a uma ermida bem apartada,[8] que elas existem neste mosteiro, e estando numa, aonde está Cristo à Coluna, suplicando-lhe que me fizesse esta mercê, ouvi que me falava uma voz muito suave,

---

6. "Era seu primo irmão: chamava-se Pedro Mejía", anota Gracián em seu livro. Sofria de mal de pedra.
7. O P. Gaspar de Salazar. Dele falou no c. 33, 7ss. – *Que* (eu) *fosse vê-lo*. Trata-se de um episódio *anterior* à fundação de São José.
8. A ermida do "Cristo à Coluna" em São José de Ávila, assim chamada por uma bela pintura do Senhor à Coluna, feita por ordem e sob a direção da própria Santa. Declara a este propósito Isabel de São Domingos: (fez) "outra ermida de Cristo à Coluna, com as lágrimas de São Pedro em frente dela (quer dizer, outro quadro de São Pedro chorando), a qual pintura de Cristo à Coluna fez pintar a Santa Madre na dita ermida depois de ter tido sobre ela muitas horas de oração e industriando a um muito bom pintor que o pintava no modo como o havia de pintar, e de que maneira havia de dispor as ataduras, as chagas, o rosto, os cabelos, especialmente um rasgão no braço esquerdo junto ao cotovelo. E sabe esta declarante, por tê-lo assim ouvido algumas religiosas que se acharam presentes, que acabado de pintar esta imagem, e chegando a Santa Madre a vê-la, ficou arroubada diante do pintor sem podê-lo impedir. Esta pintura saiu tão boa e tão devota, que é bom ver que tem assim participado o bom espírito com que se fez pintar, e assim a todos os que a veem ele fica grandíssimo. E estando esta declarante tratando com a dita Santa Madre de quão devota estava a dita pintura, lhe disse: Eu lhe digo, filha, que foi pintado com fartas orações, e que o Senhor me pôs grande desejo de que se acertasse a pintar esta figura. Bendito Ele seja, que assim quis pôr-se por nós; eu me consolo de que tenham este regalo nesta casa" (*BMC*, t. 19, p. 496).

como metida num sibilo. Eu me arrepiei toda, que me fez temor, e quisera entender o que me dizia, mas não pude, que passou muito em breve. Passado meu temor, que foi rápido, fiquei com um sossego e gozo e deleite interior, que eu me espantei que só ouvir uma voz (que isto ouvi com os ouvidos corporais e sem entender palavra) fizesse tanta operação[9] na alma. Nisto vi que se havia de fazer o que pedia, e assim foi que se me tirou totalmente a pena em coisa que ainda não era, como se o visse feito, como foi depois. Disse-o a meus confessores, que tinha então dois, bastante letrados e servos de Deus.[10]

4. Sabia que uma pessoa que se tinha determinado a servir muito deveras a Deus e tido alguns dias oração e nela lhe fazia Sua Majestade muitas mercês, e que por certas ocasiões que tinha tido a tinha deixado, e ainda não se apartava delas, e eram bem perigosas. A mim me deu grandíssima pena por ser pessoa a quem queria muito e devia. Creio que foi mais de um mês que não fazia senão suplicar a Deus que tornasse esta alma a Si.

Estando um dia em oração, vi um demônio junto a mim que fez uns papéis que tinha na mão pedaços com muita irritação. A mim deu grande consolo, que me pareceu que se tinha feito o que pedia; e assim foi, que depois o soube que tinha feito uma confissão com grande contrição, e tornou-se tão deveras a Deus, que espero em Sua Majestade que há de ir sempre muito adiante. Seja bendito por tudo, amém.

5. Nisto de tirar nosso Senhor almas de pecados graves por suplicar-lhe eu, e outras trazidas a mais perfeição, é muitas vezes. E de tirar almas do purgatório e outras coisas assinaladas, são tantas as mercês que nisto o Senhor me tem feito, que seria cansar-me e cansar a quem o lesse se as houvesse de dizer, e muito mais em saúde de almas que de corpos. Isto tem sido coisa muito conhecida e que disso há fartas testemunhas. Logo me dava muito escrúpulo, porque eu não podia deixar de crer que o Senhor o fazia por minha oração. Deixemos ser o principal, só por sua bondade. Mas são já tantas as coisas e tão vistas por outras pessoas, que não me dá pena crê-lo, e louvo Sua Majestade e me faz confusão, porque vejo que sou mais devedora, e faz-me – a meu parecer – crescer o desejo de servi-lo, e aviva-se

---
9. *Fizesse tanta operação*: produzisse tal efeito.
10. Provavelmente são os dominicanos Garcia de Toledo e Domingos Báñez.

o amor. E o que mais me espanta é que as que o Senhor vê não convêm, não posso, ainda que queira, suplicar-lhas, senão com tão pouca força e espírito e cuidado que, ainda que mais eu queira forçar-me, é impossível, como outras coisas que Sua Majestade há de fazer, que vejo eu que posso pedi-lo muitas vezes e com grande importunidade. Ainda que eu não traga este cuidado, parece-me que se me representa diante.

6. É grande a diferença destas duas maneiras de pedir, que não sei como declará-lo; porque ainda que peça de uma (que não deixo de esforçar-me para suplicar ao Senhor, ainda que não sinta em mim aquele fervor que em outras, ainda que muito me toquem), é como quem tem travada a língua, que ainda que queira falar, não pode, e se fala, é de sorte que vê que não o entendem; ou como quem fala claro e desperto a quem vê que de bom grado o está ouvindo.[11] Na primeira se pede, digamos agora, como oração vocal, e na outra em contemplação tão subida, que se representa o Senhor de maneira que se entende que nos entende e que se folga Sua Majestade em que lho peçamos e em fazer-nos mercê.

Seja bendito para sempre, que tanto dá e tão pouco lhe dou eu. Porque, o que faz, Senhor meu, quem não se desfaz toda por vós? Quanto, quanto, quanto – e outras mil vezes o posso dizer – me falta para isto! Por isso não havia de querer viver (ainda que haja outras causas), porque não vivo conforme o que vos devo. Com quantas imperfeições me vejo! Com que frouxidão em servir-vos! É certo que algumas vezes me parece que quereria estar sem sentido, por não entender tanto mal de mim. Ele, que pode, o remedeie!

7. Estando em casa daquela Senhora que tenho dito,[12] aonde era preciso estar com cuidado e considerar sempre a vaidade que consigo trazem todas as coisas da vida, porque estava muito estimada e era muito louvada e eram oferecidas fartas coisas para que pudesse me apegar bem, se olhasse

---

11. O sentido da frase é: "duas maneiras de pedir: ... uma... é como quem tem travada a língua...; (a outra) como quem fala claro e desperto a quem... de boa vontade está ouvindo".

12. Dª Luisa de la Cerda: c. 34, 1ss.

para mim; mas olhava o que tem verdadeira vista para não me deixar de sua mão...[13]

8. Agora que digo de "verdadeira vista", me lembro dos grandes trabalhos que se passam em tratar (pessoas a quem Deus tem chegado a conhecer o que é verdade) nestas coisas da terra, aonde tanto se encobre, como uma vez o Senhor me disse. Que muitas coisas das que aqui escrevo não são de minha cabeça, senão que as dizia a mim este meu Mestre celestial. E porque nas coisas que eu assinaladamente digo "isto entendi", ou "me disse o Senhor", me faz escrúpulo grande pôr ou tirar uma só sílaba que seja; assim, quando pontualmente não me lembro bem de tudo, vai dito como de mim; porque algumas coisas também o serão; não chamo meu o que é bom, que já sei que não há coisa em mim, senão o que tão sem merecer me tem dado o Senhor; senão chamo "dito por mim", não ser dado a entender em revelação.

9. Mas, ai, Deus meu, e como ainda nas espirituais queremos muitas vezes entender as coisas por nosso parecer, e muito torcidas da verdade também, como nas do mundo, e nos parece que temos de avaliar nosso aproveitamento pelos anos que temos algum exercício de oração, e ainda parece que queremos pôr medida a quem sem nenhuma dá seus dons quando quer, e pode dar em meio ano mais a um do que a outro em muitos! E é coisa esta que tenho visto tanto para muitas pessoas, que eu me espanto como nos podemos deter nisto.

10. Bem creio que não estará neste engano quem tiver talento de conhecer espíritos e lhe tiver o Senhor dado humildade verdadeira; que este julga pelos efeitos e determinações e amor, e o Senhor lhe dá luz para que o conheça. E nisto olha o adiantamento e aproveitamento das almas, que não nos anos; que em meio[14] pode alguém ter alcançado mais que outro em vinte. Porque, como digo, o Senhor o dá a quem quer e ainda a quem melhor se dispõe. Porque vejo eu vir agora a esta casa umas donzelas que são de pouca idade,[15] e em tocando-as Deus e dando-lhes um pouco de

---

13. Fica suspenso o sentido da cláusula por uma brusca digressão provocada pela última expressão, "verdadeira vista". Retoma o relato no n. 17.
14. *Em meio* ano.
15. Provavelmente se refere a Isabel de São Paulo, filha de Francisco de Cepeda, que professou em 21 de outubro de 1564 aos 17 anos; ou, então, a Maria Batista (cf. 32, 10), Maria de São Jerônimo e Isabel de São Domingos, todas elas jovens recém-professas.

luz e amor – digo num pouco de tempo que lhes fez algum regalo –, não aguardaram, nem puseram coisa diante de si, sem lembrar-se do comer, pois se encerram para sempre em casa sem renda, como quem não estima a vida por aquele que sabe que as ama. Deixam tudo, nem querem vontade, nem põem nada diante de si que possam ter descontento em tanto encerramento e estreiteza: todas juntas se oferecem em sacrifício a Deus.

11. Quão de bom grado lhes dou aqui a vantagem e havia de andar envergonhada diante de Deus! Porque o que Sua Majestade não acabou comigo em tanta multidão de anos que faz que comecei a ter oração e começou a me fazer mercês, acaba com elas em três meses – e também com alguma em três dias – fazendo a elas muito menos que a mim, ainda que Sua Majestade lhes pague bem. Com certeza não estão descontentes pelo que por Ele têm feito.[16]

12. Para isto quereria eu que nos lembrássemos dos muitos anos que temos de profissão e as pessoas que os têm de oração, e não para fatigar aos que em pouco tempo vão mais adiante, fazendo-os tornar atrás para que andem ao nosso passo; e aos que voam como águias com as mercês que Deus lhes faz, querer fazê-los andar como frango travado;[17] senão que ponhamos os olhos em Sua Majestade e, se os virmos com humildade, dar-lhes a rédea; que o Senhor que lhes faz tantas mercês não os deixará despenhar. Fiam-se eles mesmos de Deus, que isto lhes aproveita a verdade que conhecem da fé, e não os fiaremos nós a ele, senão que queremos medi-los por nossa medida conforme nossos baixos ânimos. Não assim, senão que, se não alcançamos seus grandes efeitos e determinações, porque sem experiência podem ser mal entendidos, humilhemo-nos e não os condenemos; que, parecendo que olhamos seu proveito, o tiramos de nós e perdemos esta ocasião que o Senhor põe para humilhar-nos e para que entendamos o que nos falta, e quão mais desapegadas e chegadas a Deus devem estar estas almas que as nossas, pois tanto Sua Majestade se chega a elas.

13. Não entendo outra coisa nem a quereria entender, senão que oração de pouco tempo que faz efeitos muito grandes, que logo se entendem (que é impossível que os haja, para deixar tudo só para contentar a

---

16. Um elogio semelhante pode ser visto em *Fund.* c. 1.
17. Reitera as palavras de ordem do c. 13, 3.5.

Deus, sem grande força de amor), eu a quereria mais que a de muitos anos, que nunca acabou de determinar-se mais no último que no primeiro a fazer coisa que seja nada para Deus, salvo se umas coisinhas miúdas como sal, que não tem peso nem tomo – que parece que um pássaro as levaria no bico –, temos por grande efeito e mortificação; que de algumas coisas fazemos caso, que fazemos pelo Senhor, que é lástima que as entendamos, ainda que se fizessem muitas.

Eu sou esta, e esquecerei as mercês a cada passo. Não digo que Sua Majestade não as terá em muito, segundo é bom; mas quereria eu não fazer caso delas, nem ver que as faço, pois não são nada. Mas perdoai-me, Senhor meu, e não me culpeis, que com algo me tenho de consolar, pois não vos sirvo em nada, que se em coisas grandes vos servisse, não faria caso das nonadas. Bem-aventuradas as pessoas que vos servem com obras grandes! Se tendo inveja delas e as desejando sou tomada em conta, não ficaria muito atrás em contentar-vos; mas não valho nada, Senhor meu. Ponde vós o valor, pois tanto me amais.

14. Aconteceu-me um dia destes que trazendo um Breve de Roma para não poder ter renda este mosteiro,[18] se acabou totalmente, que me parece que tem custado algum trabalho. Estando consolada de vê-lo assim concluído e pensando nos que tinha tido e louvando ao Senhor que em algo se tinha querido servir de mim, comecei a pensar nas coisas que havia passado. E é assim que em cada uma das que parecia que eram algo, que eu tinha feito, achava tantas faltas e imperfeições, e às vezes pouco ânimo, e muitas pouca fé; porque até agora, que tudo vejo cumprido quanto o Senhor me disse desta casa[19] que se havia de fazer, nunca determinadamente o acabava de crer, nem tampouco o podia duvidar. Não sei como era isto. É que muitas vezes, por um lado me parecia impossível, por outro não podia duvidar disso, digo crer que não se havia de fazer. Enfim, achei o Senhor ter feito o bom todo de sua parte, e eu o mau; e assim deixei de pensar nisso, e não quereria ser lembrada para não tropeçar com tantas faltas minhas. Bendito seja ele, que de todas tira bem, quando é servido, amém.

---

18. Trata-se da Bula expedida por Pio IV, facultando definitivamente o mosteiro de São José a viver em pobreza absoluta, 17 de junho de 1565, que chegaria a Ávila meses depois. – [A seguir: *Se acabou totalmente*: a fundação ou mosteiro ficou concluído.]

19. *Esta casa*: Carmelo de São José de Ávila.

15. Pois digo que é perigoso ir avaliando os anos que se têm tido de oração, que ainda que haja humildade, parece que pode ficar um não sei quê de parecer que se merece algo pelo servido. Não digo que não mereçam e lhes será bem pago; mas qualquer espiritual que lhe pareça que por muitos anos que tenha tido oração merece estes regalos de espírito, tenho eu por certo que não subirá ao cume dele. Não é bastante que tenha merecido que Deus o tenha em sua mão para não lhe fazer as ofensas que antes que tivesse oração lhe fazia, senão que lhe ponha pleito por seus dinheiros, como dizem?[20] Não me parece humildade profunda. Já pode ser que o seja; mas eu por atrevimento o tenho; pois eu, tendo pouca humildade, não me parece jamais ter ousado. Já pode ser que, como nunca tenho servido, não tenho pedido; porventura se o tivesse feito, quisera mais que todos que o Senhor mo pagasse.

16. Não digo que uma alma não vá crescendo e que não lhe será dado por Deus,[21] se a oração foi humilde; mas que se esquecem destes anos, que é tudo asco quanto podemos fazer, em comparação com uma gota de sangue das que o Senhor derramou por nós. E se servindo mais ficamos mais devedores, o que é que pedimos, pois se pagamos um maravedi da dívida, nos tornam a dar mil ducados? Que, por amor de Deus, deixemos estes juízos, que são seus. Estas comparações sempre são más, ainda em coisas de cá; pois, o que será então naquilo que só Deus sabe? E bem o mostrou Sua Majestade quando pagou tanto aos últimos como aos primeiros.[22]

17. É em tantas vezes que tenho escrito estas três folhas e em tantos dias – porque tenho tido e tenho, como tenho dito,[23] pouco lugar – que tinha me esquecido do que comecei a dizer,[24] que era esta visão:

Vi-me estando em oração num grande campo sozinha. Em redor de mim muita gente de diferentes maneiras que me tinham rodeada. Todas

---

20. *Lhe ponha pleito por seus dinheiros*: dito popular que exprime a atitude de quem cobra caro o favor recebido. No presente contexto, a postura de quem acha que "merece favores místicos em pagamento das próprias virtudes, que definitivamente também são dons de Deus".
21. N.E.: *Não lhe será dado* o pagamento.
22. Parábola dos operários diaristas: Mt 20,12.
23. Disse no c. 10, 2.
24. O que começou a dizer no n. 8. Visão cujo conteúdo profético se refere às contendas ocasionadas pela fundação de São José.

me parece que tinham armas nas mãos para ofender-me: umas, lanças; outras, espadas; outras, adagas e outras, estoques muito compridos. Enfim, eu não podia sair por nenhum lado sem que me pusesse em perigo de morte, e sozinha, sem pessoa que achasse de meu lado. Estando meu espírito nesta aflição, que não sabia o que fazer, alcei os olhos ao céu e vi Cristo, não no céu, senão bem alto de mim no ar, que estendia a mão para mim, e desde ali me favorecia de maneira que eu não temia toda a outra gente, nem eles, ainda que quisessem, me podiam fazer dano.

18. Parecia sem fruto esta visão, e me tem feito grandíssimo proveito, porque me foi dado a entender o que significava. E pouco depois me vi quase naquela bateria e conheci ser aquela visão um retrato do mundo, que quanto há nele parece que tem armas para ofender a triste alma. Deixemos os que não servem muito ao Senhor, e honras e fazendas e deleites e outras coisas semelhantes, que está claro que, quando não se acautela,[25] se vê enredada, pelo menos procuram todas estas coisas enredar; mas amigos, parentes e, o que mais me espanta, pessoas muito boas, de tudo me vi depois tão apertada, pensando eles que faziam bem, que eu não sabia como me defender nem o que fazer.

19. Oh, valha-me Deus! Se dissesse as maneiras e diferenças de trabalhos que neste tempo tive, ainda depois do que atrás fica dito,[26] como seria farto aviso para totalmente aborrecer tudo!

Foi a maior perseguição – me parece – das que tenho passado. Digo que me vi às vezes de todas as partes tão apertada, que só achava remédio erguendo os olhos ao céu e clamando a Deus. Lembrava-me bem do que tinha visto nesta visão. E fez-me bastante grande proveito para não confiar muito em ninguém, porque não há o que seja estável senão Deus. Sempre nestes trabalhos grandes me enviava o Senhor, como mo mostrou, uma pessoa de sua parte que me desse a mão, como me tem mostrado nesta visão, sem ir apegada a nada mais que a contentar o Senhor; que tem sido para sustentar essa pouquinha virtude que eu tinha em desejar vos servir. Sejais bendito para sempre!

---

25. *Não se acautela*: esp. *no se cata*, em vez de *percata*, precata ou dá conta.
26. No relato da fundação de São José: capítulos 32-36.

20. Estando uma vez muito inquieta e alvoroçada, sem poder recolher-me, e em batalha e contenda, indo o meu pensamento a coisas que não eram perfeitas – ainda não me parece que estava com o desapego que costumo –, como me vi assim tão ruim, tinha medo se as mercês que o Senhor me tinha feito eram ilusões. Estava, enfim, com uma escuridão grande de alma. Estando com esta pena, começou o Senhor a me falar e disse-me que não me fatigasse, que em ver-me assim entenderia a miséria que era, se ele se apartasse de mim, e que não havia segurança enquanto vivêssemos nesta carne. Foi-me dado a entender quão bem empregada é esta guerra e contenda por tal prêmio, e pareceu-me que tinha lástima o Senhor dos que vivemos no mundo. Mas que não pensasse eu que estava esquecida, que jamais me deixaria, mas que era mister que fizesse eu o que é em mim. Isto me disse o Senhor com uma piedade e regalo, e com outras palavras em que me fez farta mercê, que não há para que dizê-las.[27]

21. Estas me disse Sua Majestade muitas vezes, mostrando-me grande amor: *Já és minha e Eu sou teu*.

As que eu sempre tenho costume de dizer, e a meu parecer as digo com verdade, são: Que se me dá, Senhor, a mim de mim, senão de Vós? São para mim estas palavras e regalos tão grandíssima confusão, quando me lembro da que sou, que como tenho dito creio outras vezes[28] e agora o digo algumas a meu confessor, mais ânimo me parece ser preciso para receber estas mercês, que para passar grandíssimos trabalhos. Quando passa, estou quase esquecida de minhas obras, senão um representar-se a mim que sou ruim, sem discurso de entendimento, que também me parece às vezes sobrenatural.

22. Vêm-me algumas vezes umas ânsias de comungar tão grandes que não sei se poderiam ser encarecidas. Aconteceu-me uma manhã, que chovia tanto, que parece que não era possível sair de casa. Estando eu fora dela, estava já tão fora de mim com aquele desejo, que ainda que me pusessem lanças no peito, me parece que entraria por elas, quanto mais água. Como cheguei à igreja, deu-me um arroubamento grande: pareceu-me ver abrirem os céus, não uma entrada como outras vezes tenho visto. Foi-me

---
27. Reticência ingênua. Cf. insinuações semelhantes no c. 40, 2.17; e c. 38, 32.
28. Cf. c. 7, 19; e c. 31, 12.

representado o trono que disse a vossa mercê ter visto outras vezes,[29] e outro em cima dele, aonde por uma notícia que não sei dizer, ainda que não o visse, entendi estar a Divindade. Parecia-me ser sustentado por uns animais; a mim me parece que ouvi uma figura destes animais; pensei se eram os evangelistas.[30] Mas como estava o trono, nem o que estava nele, não o vi, senão muito grande multidão de anjos. Pareceram-me sem comparação com muito maior formosura que os que no céu tenho visto. Tenho pensado se são serafins ou querubins, porque são muito diferentes na glória que parecia ter, e inflamamento: é grande a diferença, como tenho dito.[31] E a glória que então em mim senti não se pode escrever nem também dizer, nem a poderá pensar quem não tiver passado por isto.

Entendi estar ali tudo junto o que se pode desejar, e não vi nada. Disseram-me, e não sei quem, que o que ali podia fazer era entender que não podia entender nada, e olhar o nonada que era tudo em comparação daquilo. É assim que se envergonhava depois minha alma de ver que possa parar em nenhuma coisa criada, quanto mais afeiçoar-me a ela, porque tudo me parecia um formigueiro.

23. Comunguei e estive na missa, que não sei como pude estar. Pareceu-me que tinha sido muito breve espaço. Espantei-me quando deu o relógio e vi que eram duas horas as que tinha estado naquele arroubamento e glória. Espantava-me depois, como em chegando a este fogo, que parece que vem de cima, de verdadeiro amor de Deus (porque ainda que mais o queira e procure e me desfaça por isso, se não é quando Sua Majestade quer, como tenho dito outras vezes,[32] não sou parte para ter uma centelha dele), parece que consome o homem velho de faltas e tibieza e miséria; e à maneira de como faz a ave fênix – segundo tenho lido[33] – e da mesma cinza, depois que se queima, sai outra, assim fica feita outra a alma depois com diferentes desejos e fortaleza grande. Não parece que é a de antes, senão que começa com nova pureza o caminho do Senhor.

---

29. Alusão aos relatos orais feitos ao P. Garcia de Toledo. O episódio data, provavelmente, de quando a Santa permaneceu em Toledo (janeiro-julho de 1562).
30. Cf. Ap 4,6-8; Ez 1,4s.
31. No c. 29, 13.
32. No c. 37, 7; e c. 21, 9.
33. Leu isso provavelmente em Osuna, *Tercer Abecedario*, tr. 16, c. 5. Mas o mito da ave fênix estava tão divulgado que pode tê-lo lido em qualquer outro escrito.

Suplicando eu a Sua Majestade que fosse assim, e que de novo começasse a servi-lo, me disse: boa comparação tens feito; olha que não te esqueças dela para procurar melhorar-te sempre.

24. Estando uma vez com a mesma dúvida que há pouco disse,[34] se eram estas visões de Deus, me apareceu o Senhor e me disse com rigor: *Ó filhos dos homens, até quando sereis duros de coração?* Que uma coisa examinasse bem em mim: se totalmente estava dada por sua, ou não; que se estava e era, que cresse que não me deixaria perder.

Eu me fatiguei muito com aquela exclamação. Com grande ternura e regalo me tornou a dizer que não me fatigasse, que já sabia que por mim não faltaria de pôr-me a tudo o que fosse seu serviço; que se faria tudo o que eu queria (e assim se fez o que então lhe suplicava); que olhasse o amor que ia aumentado em mim cada dia para amá-lo, que nisto veria não ser demônio; que não pensasse que Deus consentia que tivesse tanta parte o demônio nas almas de seus servos e que te pudesse dar a clareza de entendimento e quietude que tens. Deu-me a entender que tendo tantas pessoas me dito, e tais, que era Deus, que faria mal em não crer nisso.

25. Estando uma vez rezando o salmo de *Quicumque vult*,[35] me foi dado a entender a maneira como era um só Deus e três Pessoas tão claro, que eu me espantei e consolei muito. Fez-me grandíssimo proveito para conhecer mais a grandeza de Deus e suas maravilhas, e para quando penso ou se trata da Santíssima Trindade, parece que entendo como pode ser, e me é muito contento.[36]

26. Num dia da Assunção da Rainha dos Anjos e Senhora nossa, me quis o Senhor fazer esta mercê, que num arroubamento me foi representada a sua subida ao céu, e a alegria e solenidade com que foi recebida e o lugar aonde está. Dizer como foi isto, eu não saberia. Foi grandíssima a glória que meu espírito teve de ver tanta glória. Fiquei com grandes efeitos, e aproveitou-me para desejar mais passar grandes trabalhos, e ficou-me grande desejo de servir a esta Senhora, pois tanto mereceu.

---

34. No c. 39, 20. – A seguir, o Senhor usa as palavras do salmo 4, v. 3.
35. Não é um salmo, mas o símbolo da fé, chamado "atanasiano", que então se recitava às vezes na Hora litúrgica da Prima.
36. Cf. c. 27, 9.

27. Estando num colégio da Companhia de Jesus,[37] e estando comungando os irmãos daquela casa, vi um pálio muito rico sobre suas cabeças. Isto vi duas vezes. Quando outras pessoas comungavam, não o via.

---

37. Colégio de São Gil de Ávila.

Capítulo 40

Prossegue na mesma matéria de dizer as grandes mercês que o Senhor lhe tem feito.[1] – De algumas se pode tomar bastante boa doutrina, que este tem sido, segundo tem dito, o seu principal intento, depois de obedecer: pôr as que são para proveito das almas. – Com este capítulo se acaba o discurso de sua vida que escreveu. – Seja para glória do Senhor, amém.

1. Estando uma vez em oração, era tanto o deleite que em mim sentia, que, como indigna de tal bem, comecei a pensar em como merecia melhor estar no lugar que eu tinha visto estar para mim no inferno, que, como tenho dito, nunca esqueço da maneira que ali me vi.[2]

Começou com esta consideração a se inflamar mais a minha alma, e veio-me um arrebatamento de espírito de sorte que eu não o sei dizer. Pareceu-me estar metido e cheio daquela majestade que tenho entendido outras vezes. Nesta majestade me foi dado entender uma verdade, que é cumprimento de todas as verdades. Não sei eu dizer como, porque não vi nada.[3]

Disseram-me, sem ver quem, mas bem entendi ser a mesma Verdade: *Não é pouco isto que faço por ti, que uma das coisas é em que muito me deves. Porque todo o dano que vem ao mundo é de não conhecer as verdades da Escritura com clara verdade. Não faltará um til dela.*

A mim me pareceu que sempre eu tinha crido nisto, e que todos os fiéis o acreditavam. Disse-me: *Ai, filha, quão poucos me amam com verdade! Que se me amassem, não lhes encobriria eu meus segredos. Sabes o que é amar-me com verdade? Entender que é mentira tudo o que não é agradável a mim. Com clareza verás isto que agora não entendes, no que aproveita à tua alma.*

---

1. *O Senhor lhe tem feito*: a Santa escreveu: *el Señor la hecho*, com elisão de "ha".
2. Faz alusão à visão relatada no c. 32, 1-6. Já ali falou da contínua lembrança daquela experiência mística (n. 1 e n. 6). A graça mística que agora vai relatar é o contraponto daquela.
3. Alusão à palavra de Jesus em Mt 5,18.

2. E assim o tenho visto, seja o Senhor louvado, que depois cá tanta vaidade e mentira me parece que o que eu não vejo vai guiado ao serviço de Deus, que eu não o saberia dizer como o entendo, e a lástima que me fazem os que vejo com a escuridão que estão nesta verdade, e com isto outros ganhos que aqui direi e muitos não saberei dizer. Disse-me aqui o Senhor uma particular palavra de grandíssimo favor.[4] Eu não sei como foi isto, porque não vi nada; mas fiquei de uma sorte que tampouco sei dizer, com grandíssima fortaleza, e mui deveras para cumprir com todas as minhas forças a mínima parte da Escritura divina. Parece-me que nenhuma coisa seria posta diante de mim que não passasse por isto.[5]

3. Ficou-me uma verdade desta divina Verdade que me foi representada, sem saber como nem o que, esculpida, que me faz ter um novo acatamento de Deus, porque dá notícia de sua majestade e poder, de uma maneira que não se pode dizer. Sei entender que é uma grande coisa.

Ficou-me muito grande gana de não falar senão coisas muito verdadeiras, que vão adiante do que cá[6] se trata no mundo, e assim comecei a ter pena de viver nele. Deixou-me com grande ternura e regalo e humildade. Parece-me que, sem entender como, o Senhor me deu aqui muito. Não me ficou nenhuma suspeita de que era ilusão. Não vi nada, mas entendi o grande bem que há em não fazer caso de coisa que não seja para achegar-nos mais a Deus, e assim entendi que coisa é andar uma alma em verdade diante da mesma Verdade.[7] Isto que entendi, é dar-me o Senhor a entender que é a mesma Verdade.

4. Tudo o que tenho dito entendi falando-me algumas vezes, e outras sem falar-me,[8] com mais clareza algumas coisas do que as que por palavra me eram ditas. Entendi grandíssimas verdades sobre esta Verdade, mais

---

4. Cf. c. 39, 20, nota 26.

5. Toda esta passagem (n. 1 a n. 4) é um exemplo típico de inefabilidade mística: balbucio e forcejo para exprimir sua experiência da verdade e da palavra bíblica. Cf. *Moradas* 6, 10, 5-6 em que volta a esta mesma experiência.

6. *Que vão adiante do que cá* (*que vayan adelante de lo que acá*): além de nossa imersão no terreno.

7. Experiência mística que inspira a doutrina teresiana da "humildade": cf. *M.* 6, 10, 7; *Rel.* 28.

8. *Falando-me... e sem falar-me*: são as duas formas de comunicação mística, com ou sem palavras formadas: dela falou no c. 27 (ver o título).

que se muitos letrados me tivessem ensinado. Parece-me que de maneira nenhuma poderiam imprimir assim em mim, nem tão claramente me seria dado a entender a vaidade deste mundo.

Esta verdade que digo que me foi dado a entender é em si mesma verdade, e é sem princípio nem fim, e todas as demais verdades dependem desta verdade, como todos os demais amores deste amor, e todas as demais grandezas desta grandeza, ainda que isto vá dito obscuro para a claridade[9] com que a mim o Senhor quis que me fosse dado a entender. E como se parece[10] o poder desta Majestade, pois em tão breve tempo deixa tão grande lucro e tais coisas impressas na alma!

Ó grandeza e Majestade minha! Que fazeis, Senhor meu todo-poderoso? Olhai a quem fazeis tão soberanas mercês! Não vos recordais que tem sido esta alma um abismo de mentiras e pélago de vaidades[11] e tudo por minha culpa, que tendo vós me dado natural de aborrecer o mentir, eu mesma me fiz tratar em muitas coisas mentira? Como se sofre, Deus meu, como se compadece tão grande favor e mercê, a quem tão mal vo-lo tem merecido?

5. Estando uma vez nas Horas[12] com todas, de repente se recolheu minha alma, e pareceu-me ser como um espelho claro toda, sem ter costas nem lados nem alto nem baixo que não estivesse toda clara, e no centro dela me foi representado Cristo nosso Senhor, como o costumo ver.[13] Parecia-me que em todas as partes de minha alma o via claro como num espelho, e também este espelho – eu não sei dizer como – se esculpia todo no mesmo Senhor por uma comunicação que eu não saberei dizer, muito amorosa.[14]

---

9. *Obscuro para...*: obscuro em comparação de...
10. *Como se parece*: como se evidencia...
11. *Pélago de vaidades*: oceano, mar sem fundo de... Em sentido figurado. Imagem já utilizada no c. 18, 8.
12. *Estando... nas Horas*: rezando no coro uma das Horas litúrgicas.
13. Quer dizer, na "visão imaginária" (como no c. 28, 1.3). Expressões semelhantes em: c. 29, 4; 37, 4; 39, 1; e *Fund.* c. 1, 8.
14. Experiência muito inspiradora doutrinariamente: dela depende o livro das *Moradas* (1, c. 1) e o c. 29 de *Caminho*. Compare-se com as *Relações* 24, 16 e 18.

Sei que esta visão foi para mim de grande proveito, cada vez que me lembro dela, em especial quando acabo de comungar. Foi-me dado a entender que estar uma alma em pecado mortal é cobrir-se este espelho com grande névoa e ficar muito negro, e assim não se pode representar nem ver este Senhor, ainda que esteja sempre presente dando-nos o ser. E que os hereges é como se o espelho fosse quebrado, que é muito pior que obscurecido.[15] É muito diferente o como se vê do dizer-se, porque se pode mal dar a entender. Mas me tem feito muito proveito e grande lástima das vezes que com minhas culpas obscureci minha alma para não ver este Senhor.

6. Parece-me proveitosa esta visão para pessoas de recolhimento,[16] para se ensinar a considerar o Senhor no muito interior da sua alma, que é consideração a que mais se apega, e muito mais frutuosa que fora de si – como outras vezes tenho dito[17] – e em alguns livros de oração está escrito, aonde se há de buscar a Deus. Em especial diz isso o glorioso Santo Agostinho, que nem nas praças, nem nos contentos nem por nenhuma parte que o buscava, o achava como dentro de si.[18] E não é preciso ir ao céu, nem mais longe que de nós mesmos, porque é cansar o espírito e distrair a alma e não com tanto fruto.

7. Uma coisa quero avisar aqui, porque se alguém a tiver;[19] que acontece em grande arroubamento que, passado aquele momento em que a alma está em união, que totalmente tem absortas as potências (e isto dura pouco, como tenho dito),[20] ficar a alma recolhida e ainda no exterior não poder tornar a si, mas ficam as duas potências, memória e entendimento, quase com frenesi, muito desatinadas. Isto digo que acontece alguma vez,

---

15. Cf. *M.* 1, 2.
16. Recomenda-la-á nos c. 28 e 29 do *Caminho*.
17. *Mais frutuosas* que considerá-lo *fora de si*: disse isso no c. 9, 4-6. – *Os livros de oração* aludidos são provavelmente o *Tercer Abecedario* de Osuna (18, 1) e a *Subida del Monte Sión* (III, c. 21 e c. 24) de Laredo.
18. Refere-se aos *Solilóquios* pseudoagostinianos, c. 31; ou então a outras passagens das *Confissões* (L. 10, c. 27). Outras alusões a Santo Agostinho em *M.* 4, 3, 3; 6, 7, 9; *Caminho* 28, 2; *Exclamações* 5, 2.
19. *Porque se alguém a tiver* (esp. *porque si alguno la tuviere*): é preferível "por si alguno la tuviere" e, em português: "para quem a tiver".
20. *Dura pouco* o êxtase que mantém suspensas as potências: disse isso nos c. 18, 12; 19, 14; 20, 18. Passado "aquele momento em que a alma está em união": suspensas as potências, segue um estado semiextático mais ou menos prolongado (cf. c. 20, 19).

em especial no princípio. Penso se procede de que não pode sofrer nossa fraqueza natural tanta força de espírito, e enfraquece a imaginação. Sei que acontece a algumas pessoas. Teria por bom que se forçassem a deixar por então a oração e a retomassem noutro tempo aquele que perdem, que não seja junto, porque poderá vir a muito mal. E disto há experiência e de quão acertado é olhar o que pode nossa saúde.

8. Em tudo é mister experiência e mestre, porque, chegada a alma a estes termos, muitas coisas se oferecerão que é mister com quem tratá-lo. E se buscando não o achar, o Senhor não lhe faltará, pois não me tem faltado a mim, sendo a que sou. Porque creio que há poucos que tenham chegado à experiência de tantas coisas; e se não a há, é por demais[21] dar remédio sem inquietar e afligir. Mas isto também o Senhor tomará em conta, e por isto é melhor tratá-lo (como já tendo dito outras vezes[22] e ainda tudo o que agora digo, senão que não me lembro bem e vejo que importa muito), em especial se são mulheres, com seu confessor, e que seja tal;[23] e há muitas mais que homens a quem o Senhor faz estas mercês, e isto ouvi do santo Frei Pedro de Alcântara (e também o tenho visto eu), que dizia que aproveitavam muito mais neste caminho que os homens, e dava disto excelentes razões, que não há para que as dizer aqui, todas em favor das mulheres.

9. Estando uma vez em oração, foi-me representado muito em breve (sem ver coisa formada, mas foi uma representação com toda clareza), como se veem em Deus todas as coisas e como contém todas em Si. Saber escrever isto, eu não sei, mas ficou muito impresso em minha alma, e é uma das grandes mercês que o Senhor me tem feito e das que mais me tem feito confundir e envergonhar, lembrando-me dos pecados que tenho feito.

Creio que, se o Senhor fosse servido que visse isto em outro tempo e se o vissem os que o ofendem, que não teriam coração nem atrevimento para fazê-lo. Pareceu-me, já digo sem poder afirmar-me em que vi nada, mas algo se deve ver, pois eu poderei pôr esta comparação,[24] senão que é

---

21. N.T.: *Por demais* tem o sentido de "em vão".
22. Ou seja: "tem dito outras vezes" o que acaba de afirmar, e talvez tudo o que vem dizendo, "que não se lembra bem", e o repete agora porque "me importa muito".
23. *Que seja tal*: um confessor que seja verdadeiramente confessor, que seja de qualidade.
24. *Esta comparação*: a que segue no n. 10.

por modo tão sutil e delicado, que o entendimento não o deve alcançar, ou eu não sei me ocupar com estas visões, que não parecem imaginárias, e em algumas algo disto deve haver; senão que, como são em arroubamento, as potências não o sabem depois formar como ali o Senhor o representa e quer que o gozem.

10. Digamos ser a Divindade como um muito claro diamante, muito maior que todo o mundo, ou espelho, à maneira do que disse da alma nesta outra visão, salvo que é por tão mais subida maneira, que eu não o saberei encarecer; e que tudo o que fazemos se vê neste diamante, sendo de maneira que ele encerra tudo em si, porque não há nada que saia fora desta grandeza. Coisa espantosa foi para mim em tão breve espaço ver tantas coisas juntas aqui neste claro diamante, e lastimosíssima, cada vez que me lembro disso, ver que coisas tão feias se representavam naquela limpeza de claridade, como eram meus pecados. E é assim que, quando me lembro, eu não sei como o posso levar, e assim fiquei então tão envergonhada, que não sabia, me parece, aonde me meter.

Oh, quem pudera dar a entender isto aos que muito desonestos e feios pecados fazem, para que se lembrem de que não são ocultos, e que com razão Deus os sente, pois tão presentes a Sua Majestade passam, e tão desacatadamente nos havemos diante dele!

Vi quão bem se merece o inferno por uma só culpa mortal, porque não se pode entender quão gravíssima coisa é fazê-la diante de tão grande Majestade, e que tão fora de quem Ele é são coisas semelhantes. E assim se vê mais sua misericórdia, pois entendendo nós tudo isto, nos sofre.

11. Tem-me feito considerar se uma coisa como esta assim deixa espantada a alma, o que será no dia do juízo quando esta Majestade claramente se mostrará a nós,[25] e veremos as ofensas que temos feito? Oh, valha-me Deus, que cegueira é esta que tenho trazido? Muitas vezes me tenho espantado nisto que tenho escrito. E não se espante vossa mercê[26] senão como vivo vendo estas coisas e olhando-me a mim. Seja bendito para sempre quem tanto me tem sofrido.

---

25. Reminiscência das palavras de Jesus em Mt 25, 31.
26. Alude ao P. Garcia de Toledo.

12. Estando uma vez em oração com muito recolhimento e suavidade e quietude, parecia-me estar rodeada de anjos e muito perto de Deus. Comecei a suplicar a Sua Majestade pela Igreja. Foi-me dado a entender o grande proveito que havia em fazer uma Ordem nos tempos últimos, e com a fortaleza que os dela hão de sustentar a fé.[27]

13. Estando uma vez rezando perto do Santíssimo Sacramento, apareceu-me um santo cuja Ordem tem estado algo caída. Tinha nas mãos um livro grande. Abriu-o e disse-me que lesse umas letras que eram grandes e muito legíveis e diziam assim: *Nos tempos vindouros florescerá esta ordem; haverá muitos mártires.*[28]

14. Outra vez, estando em Matinas no coro se representaram a mim e puseram diante seis ou sete – me parece que seriam – desta mesma ordem, com espadas nas mãos. Penso que se dá nisto a entender que hão de defender a fé. Porque outra vez, estando em oração, meu espírito foi arrebatado: pareceu-me estar num grande campo, aonde muitos se combatiam, e estes da ordem pelejavam com grande fervor. Tinham os rostos formosos e muito acesos, e deitavam muitos no chão vencidos, outros matavam. Parecia-me esta batalha contra os hereges.

15. A este glorioso Santo[29] tenho visto algumas vezes, e me tem dito algumas coisas e me agradecido a oração que faço por sua ordem e prometido encomendar-me ao Senhor. Não assinalo as ordens (se o Senhor é servido que se saiba, as declarará), para que não se agravem outras. Mas cada ordem havia de procurar, ou cada um delas por si, que por seus meios fizesse o Senhor tão ditosa sua ordem que, em tão grande necessidade como agora tem a Igreja, o servissem. Ditosas vidas que nisto se acabarem!

16. Rogou-me uma pessoa uma vez que suplicasse a Deus que lhe desse a entender se seria serviço seu tomar um bispado. Disse-me o Senhor,

---

27. "A de São Domingos", anota Gracián à margem do seu livro. Ribera, porém, refere à Companhia de Jesus (*Vida de Santa Teresa*, L. 4, c. 5). Outros referem à Ordem do Carmo. Cf. Alvarez, Tomás. Pleito sobre visiones. *Teresianum* (= Ephem. Carm.) 8.1957, 3-43.

28. *Apareceu-me um santo...*: "São Domingos", anota de novo Gracián. Ribera coincide (ibid.). Outros o identificam com Santo Alberto de Sicília, carmelita, e com a Ordem do Carmo. Cf. o artigo citado na nota anterior.

29. "São Domingos", anota de novo Gracián.

acabando de comungar: *Quando entender com toda verdade e clareza que o verdadeiro senhorio é não possuir nada, então poderá tomar*; dando a entender que quem houver de ter prelazias há de estar muito fora de desejá-las, ou pelo menos de procurá-las.[30]

17. Estas mercês e outras muitas o Senhor tem feito e faz muito contínuo[31] a esta pecadora, que me parece que não há para que as dizer; pois pelo dito se pode entender minha alma, e o espírito que me tem dado o Senhor. Seja bendito para sempre, que tanto cuidado tem tido de mim.

18. Disse-me uma vez, consolando-me, que não me fatigasse (isto com muito amor), que nesta vida não podíamos estar sempre em um ser;[32] que umas vezes teria fervor e outras vezes estaria sem ele; umas com desassossego e outras com quietude e tentações, mas que esperasse nele e não temesse.

19. Estava um dia pensando se era apego dar-me contento estar com as pessoas que trato minha alma e ter amor por eles, e aos que eu vejo muito servos de Deus, que me consolava com eles. Disse-me que se a um enfermo que estava em perigo de morte parece que lhe dá saúde um médico, que não era virtude deixar de agradecer a ele e não o amar; que o que teria feito se não fosse por estas pessoas; que a conversação dos bons não causava dano, mas que sempre fossem minhas palavras pesadas[33] e santas, e que não os deixasse de tratar, que antes seria proveito que dano. Isto me consolou muito, porque algumas vezes, parecendo-me apego, queria totalmente não tratá-los.

Sempre em todas as coisas me aconselhava este Senhor, até dizer-me como me havia de me haver com os fracos e com algumas pessoas. Jamais se descuida de mim.

---

30. "Era o inquisidor Soto, Bispo de Salamanca", adverte Gracián em seu livro. – Francisco de Soto Salazar, que foi inquisidor de Córdoba, Sevilha e Toledo, não será Bispo de Salamanca até fevereiro de 1575. Antes foi preconizado bispo de Segorbe (1571). Ao passar por Ávila (cerca de 1562), aconselhou a Santa a redigir por extenso a sua vida ("uma longa relação de tudo") para enviá-la a São João de Ávila (*Rel.* 4, 6).

31. *Muito contínuo*: muito de contínuo.

32. *Estar em um ser*: permanecer num mesmo estado anímico. Sobre essa inevitável instabilidade, cf. 30, 16.

33. *Palavras pesadas*: ponderadas.

20. Algumas vezes estou fatigada de ver-me para tão pouco em seu serviço e de ver que por força tenho de ocupar o tempo em corpo tão fraco e ruim como o meu mais do que eu quereria. Estava uma vez em oração e veio a hora de ir dormir, e eu estava com fartas dores e havia de ter o vômito ordinário.[34] Vendo-me tão atada por mim e o espírito por outro lado querendo tempo para si, vi-me tão fatigada, que comecei a chorar muito e a afligir-me.

Isto não é só uma vez, senão – como digo – muitas, que me parece que me dá um enfado contra mim mesma, que em forma[35] então me aborreço. Mas o contínuo é entender de mim que não me tenho aborrecida, nem falto ao que vejo que me é necessário. E praza ao Senhor que não tome muitas mais do que é preciso, que devo fazer sim.

Esta que digo,[36] estando nesta pena, me apareceu o Senhor e regalou muito, e me disse que fizesse eu estas coisas por amor dele e o passasse, que era mister agora minha vida. E assim me parece que nunca me vi em pena depois que estou determinada a servir com todas as minhas forças a este Senhor e consolador meu, que, ainda que me deixasse um pouco padecer, não me consolava[37] de maneira que não faço nada em desejar trabalhos.

E assim agora não me parece que há para que viver senão para isto, e o que mais de vontade peço a Deus. Digo-lhe algumas vezes com toda ela: "Senhor, ou morrer ou padecer; não vos peço outra coisa para mim". Dá-me consolo ouvir o relógio, porque me parece que me achego um pouquinho mais para ver Deus porque vejo ser passada aquela hora da vida.

21. Outras vezes estou de maneira que nem sinto viver nem me parece ter gana de morrer, senão com uma tibieza e escuridão em tudo, como tenho dito[38] que tenho muitas vezes, de grandes trabalhos, e tendo querido o Senhor que se saibam em público estas mercês que Sua Majestade me

---

34. *O vômito ordinário*: se refere ao vômito que ela tinha que provocar cada dia antes de dormir (cf. c. 7, 11; e *Rel.* 26, 2).
35. *Em forma*: formalmente, a sério, de fato.
36. *Nesta vez que digo*.
37. *Não me consolava*: por "não me consolasse", mas com sentido afirmativo: "me consolava" (cf. c. 39, 1, nota 5).
38. Alude às purificações e estados místicos relatados no c. 30, 8ss.

faz, como me disse faz alguns anos, que haviam de ser,[39] que me fatiguei eu bastante, e até agora não tenho passado pouco, como vossa mercê sabe, porque cada um o toma como lhe parece; consolo me tem sido não ser por minha culpa. Porque em não o dizer senão aos meus confessores ou a pessoas que sabia que sabiam, tenho tido grande aviso e extremo; e não por humildade, senão porque, como tenho dito,[40] ainda aos mesmos confessores me dava pena dizê-lo.

Agora já, glória a Deus, ainda que muito me murmurem, e com bom zelo, e outros temem tratar comigo e até confessar-me, e outros me dizem fartas coisas, como entendo que por este meio tem querido o Senhor remediar muitas almas (porque o tenho visto claro, e me lembro do muito que por uma só passara o Senhor), muito pouco se me dá de tudo.

Não sei se é parte para isto ter-me sua Majestade metido neste rincãozinho tão encerrado,[41] e aonde já, como coisa morta, pensei que não houvesse mais memória de mim. Mas não tem sido tanto como eu quisera, que forçosamente hei de falar a algumas pessoas. Mas, como não estou aonde me veem, parece já que foi o Senhor servido em levar-me a um porto, que espero em Sua Majestade será seguro, [22] por estar já fora do mundo e entre pouca e santa companhia. Olho como do alto, e já bem pouco se me dá que digam, nem se saiba. Em mais teria se aproveitasse um tantinho uma alma, do que tudo o que de mim se pode dizer. Que depois que estou aqui, tem sido o Senhor servido que todos os meus desejos parem nisto; e tem-me dado uma maneira de sonho na vida, que quase sempre me parece que estou sonhado o que vejo;[42] nem contento nem pena, que seja muita, não a vejo em mim. Se alguma me dão algumas coisas, passa com tanta brevidade, que eu me maravilho, e deixa o sentimento como uma coisa que sonhou.

E isto é inteira verdade, que ainda que depois eu queira folgar-me daquele contento ou ter pesar daquela pena, não é em minha mão, senão

---

39. Cf. c. 31, 13.
40. No c. 26, 4; e c. 38, 1.
41. *Não sei se é parte*: se é causa, ou se é devido a... – *Este rincãozinho*: o mosteiro de São José.
42. *Sonho na vida... estou sonhando o que vejo*: impressão já testemunhada no c. 38, 7; e 16, 6.

como seria a uma pessoa discreta ter pena ou glória de um sonho que sonhou. Porque o Senhor já despertou a minha alma daquilo que, por não estar eu mortificada nem morta para as coisas do mundo, me tinha feito sentimento, e não quer sua Majestade que se torne a cegar.

23. Desta maneira vivo agora, senhor e pai meu.[43] Suplique vossa mercê a Deus, ou me leve consigo, ou me dê como o sirva.[44] Praza a Sua Majestade *que* isto que aqui vai escrito faça a vossa mercê algum proveito, que, pelo pouco lugar,[45] tem sido com trabalho; mais ditoso seria o trabalho, se tenho acertado em dizer algo que só uma vez se louve por isso o Senhor, que com isto me daria por paga, ainda que vossa mercê logo o queime.

24. Não quereria que fosse sem que o vissem as três pessoas que vossa mercê sabe, pois são e têm sido confessores meus.[46] Porque, se vai mal, é bom que percam a boa opinião que têm de mim; se vai bem, são bons e letrados, sei que verão de onde vem e louvarão a quem o tem dito por mim.

Sua Majestade tenha sempre vossa mercê em sua mão e o faça tão grande santo, que com seu espírito e luz alumine esta miserável, pouco humilde e muito atrevida, que ousou determinar-se a escrever coisas tão subidas. Praza ao Senhor que não tenha nisto errado, tendo intenção e desejo de acertar e obedecer, e que por mim se louvasse em algo o Senhor, que é o que há muitos anos que lhe suplico. E como me faltam para isto as obras, tenho me atrevido a concertar esta minha desbaratada vida, ainda que não gastando nisso mais cuidado nem tempo do que tem sido mister para escrevê-la, senão pondo o que tem passado por mim com toda a lhaneza e verdade que eu tenho podido.

Praza ao Senhor, pois é poderoso e se quer pode, queira que em tudo acerte eu a fazer sua vontade, e não permita que se perca esta alma que

---

43. Comparece de novo o P. Garcia de Toledo, "senhor" por sua nobreza e linhagem, e "pai meu" pela intimidade com as coisas da autora.
44. É outra versão do lema "ou morrer ou padecer" (n. 20; cf. *Pensamentos* 3, 3). [*Consigo*: com Deus.]
45. *Pouco lugar*: pouco tempo (cf. c. 10, 7).
46. Uma dessas "três pessoas" era certamente o P. Báñez; as outras duas eram, provavelmente, o P. Baltasar Alvarez e Gaspar de Salazar, ou talvez Gaspar Daza. O livro deveria chegar também às mãos de São João de Ávila, em Andaluzia.

com tantos artifícios e maneiras e tantas vezes tem Sua Majestade tirado do inferno e trazido a Si. Amém.

JHS
[Carta de envio]

1. O Espírito Santo seja sempre com vossa mercê, amém.[1]

Não seria mau encarecer a vossa mercê este serviço, para obrigá-lo a ter muito cuidado de encomendar-me a nosso Senhor, que segundo o que tenho passado em ver-me escrita e trazer à memória tantas misérias minhas, bem poderia; ainda que com verdade possa dizer que tenho sentido mais em escrever as mercês que o Senhor me tem feito, que as ofensas que eu a Sua Majestade.

2. Eu tenho feito o que vossa mercê me mandou em alongar-me,[2] sob condição que vossa mercê faça o que me prometeu em romper o que mal lhe parecer. Não tinha acabado de lê-lo depois de escrito, quando vossa mercê envia por ele.[3] Pode ser que vão algumas coisas mal declaradas e outras postas duas vezes; porque tem sido pouco o tempo que tenho tido, que não podia tornar a ver o que escrevia. Suplico a vossa mercê que o emende e mande trasladar, se há de ser levado ao Padre Mestre Ávila, porque poderia ser conhecer alguém a letra.[4] Eu desejo bastante que se dê ordem em

---

1. Este epílogo, em forma de "carta de envio", está dirigido provavelmente ao P. Garcia de Toledo, principal interlocutor de todo o escrito, o mesmo que a tem "mandado alongar-se" no relato (c. 30, 22) e que agora tem pressa em tê-lo assim que terminado.

2. "Vossa mercê (Garcia de Toledo) me tornou a enviar a mandar que não se me desse nada em alongar-me": concluía assim o c. 30, n. 22. Outras passagens semelhantes: c. 10, 8; 37, 1. Ao mesmo P. Garcia tinha proposto várias vezes a hipótese de "romper" ou "queimar" o escrito: cf. c. 36, 29, nota 72.

3. N.T.: *Envia por ele*: manda buscá-lo.

4. Persiste a dupla preocupação de manter o anonimato da autora e o relativo segredo do conteúdo. De fato, ao Mestre João de Ávila não enviará um "traslado" do livro, mas o próprio original.

como o veja, pois com esse intento o comecei a escrever.[5] Porque, se a ele parecer que vou por bom caminho, ficarei muito consolada, que já não me fica mais para fazer o que é em mim. E tudo faça vossa mercê como lhe parecer e vê que está obrigado a quem assim lhe confia sua alma.

3. A de vossa mercê encomendarei eu toda a minha vida a nosso Senhor. Por isso, dê-se pressa em servir a Sua Majestade para fazer mercê a mim, pois verá vossa mercê, pelo que aqui vai, quão bem se emprega em dar-se tudo – como vossa mercê o tem começado – a quem tão sem medida se dá a nós.

4. Seja bendito para sempre, que eu espero em sua misericórdia nos vermos aonde mais claramente vossa mercê e eu vejamos as grandes que tem feito conosco, e para sempre jamais o louvemos, amém.

Acabou-se este livro em junho, ano de 1562.[6]

---

5. Refere-se à segunda redação, única que chegou até nós. – A ideia de escrever para o Mestre Ávila "uma longa relação de tudo" (*Rel.* 4, 6) foi do Inquisidor Francisco Soto Salazar, que a sugeriu por volta de 1562/1563, quando já tinha escrito a primeira redação da obra, e pelo menos um par de anos antes de redigi-la pela segunda vez.

6. Esta datação ("Acabou-se... 1562") foi acrescentada tardiamente pela Santa ao texto que precede. – Em continuação o P. Báñez escreve: "Esta data se entende da primeira vez que a M. Teresa de Jesus o escreveu sem distinção de capítulos. Depois fez este traslado e acrescentou muitas coisas que aconteceram depois desta data, como é a fundação do mosteiro de São José de Ávila, como na folha 169 aparece. Lr. Frei Domingos Báñez". – Frei Luís uniu a nota de Báñez com o texto da Santa, introduzindo em ambos os textos pequenos retoques (p. 544) e omitindo o nome de Báñez. – No autógrafo seguem ainda seis páginas do mesmo P. Báñez, com a aprovação do livro e do espírito da autora. Escreve-as para o Conselho da Inquisição, por causa das delações da Princesa de Eboli e outros. E as assina em Valladolid em 7 de julho de 1575. (Podem ser vistas na *BMC*, t. 2, 211-213). – Em 1590, ao fazer a sua declaração nos processos de beatificação da Santa perante o tribunal de Salamanca, Báñez protestou porque o texto dessa censura não foi incluído na edição das *Obras* da Santa feita por frei Luís de León na mesma Salamanca, 1588.

CAMINHO DE PERFEIÇÃO

Livro chamado Caminho de Perfeição composto por Teresa de Jesus, monja da Ordem de Nossa Senhora do Carmo. Vai dirigido às monjas descalças de nossa Senhora do Carmo da primeira regra.[1]

---

1. N.E.: Marcos cronológicos:
1562: fundação do Carmelo de São José (Ávila).
1566: primeira e segunda redação do "Caminho".
1567: difusão manuscrita do livro.
1579: envio do "Caminho" a Évora para sua edição.
1583: primeira edição, por D. Teotônio (Évora).
1585: edição de Salamanca, por J. Gracián.
1587: edição de Valência (São Juan de Ribera).
1588: edições de Salamanca e Barcelona (frei Luís).
Principais manuscritos de "Caminho":
Códice do Escorial: autógrafo da 1ª redação.
Códice de Valladolid: autógrafo da 2ª redação.
Manuscritos de Madri, Salamanca e Toledo: cópias corrigidas pela Santa.
    Existem duas edições fac-similares do "Caminho": a 1ª reproduz o original do Escorial (Valladolid, 1883, por Herrero Bayona). A 2ª reproduz o original de Valladolid (Roma, 1965, por Tomás Alvarez e Simeón Tomás).

Introdução

O *Caminho de Perfeição* é um livro de formação espiritual escrito por Santa Teresa para suas monjas. O primeiro livro formativo escrito por ela. Ela mesma conta no Prólogo como nasceu a obra. Naquele seu primeiro Carmelo de São José de Ávila, o grupo de jovens pioneiras da Reforma teresiana, ávidas de aprender e viver, mas excluídas da leitura do *Livro da Vida*, pedem a ela para que escreva outro livro destinado a elas. E a Santa atende ao pedido.

Eram doze leitoras. O grupo tinha começado no verão de 1565. Tinha se engrossado durante quatro ou cinco anos. "Os anos mais felizes e descansados de minha vida", escreverá a Santa ao lembrar – cerca de 1573 – o clima de fervor e vida intensa que em torno dela afogueava aquelas jovens. Desde esse clima de fogo, e para avivar a sua chama, as doze se converteram em grupo de pressão para que a Madre Teresa escrevesse o *Caminho*.

Também ela vive por essa época em alta tensão espiritual. São os anos de preponderâncias extáticas em sua vida mística. Travessia de suas "sextas moradas", com grandes ímpetos e grande aumento do amor, com pressentimento de chegada próxima ao porto da outra vida: "Eu bem penso – escreve – que algumas vezes há de ser o Senhor servido, se (isto) vai adiante como agora, que se acabe acabando a vida" (*Vida* 20, 13).

Na encruzilhada dessa dupla tensão espiritual, da autora e das leitoras, nascem estas páginas.

Dupla redação do caminho

Escritas com absoluta espontaneidade, como uma carta íntima ou uma conversa, essas páginas estão ao mesmo tempo carregadas de paixão. Não só porque Teresa e as leitoras, desde seu posto de observação contemplativo, assistem aos trágicos acontecimentos da Europa e da Igreja ("os danos de França, o estrago dos luteranos..., o mundo está ardendo!"), mas também pelo conflituoso ambiente da Inquisição, teólogos e espirituais dentro da Espanha e na própria Castela. Tudo isso pulsa nas páginas do livro. Clamor pela desintegração da cristandade e fratura da Igreja, digressões polêmicas alusivas a teólogos e inquisidores, apologia da mulher, ardor combativo ("encerradas pelejamos", "aqui viemos para morrer por Cristo" etc.).

Antes de entregar o seu livro às leitoras, Teresa tem que submetê-lo à revisão de teólogos censores, amigos seus. Um deles lhe devolve o manuscrito salpicado de advertências e riscos, com a ordem de escrevê-lo de novo.

Teresa acede e redige pela segunda vez seu pequeno livro, despojando-o de todas aquelas coisas que tinham batido de frente com o censor: comparações caseiras, alusões polêmicas à proibição de livros, glosas bíblicas, confidências íntimas sobre sua própria experiência espiritual.

Com isso baixa o tom das páginas do *Caminho*. Elas perdiam vigor e encanto literário. Mas a autora as enriquecia com novos filões doutrinais e, desta vez sim, o livro chegou, finalmente, nas mãos das leitoras.

Pedagogia teresiana

Entre os méritos literários e pedagógicos da obra destacam-se dois ou três.

Antes de tudo, o estilo coloquial adotado por Teresa. Ela escreve "falando" com as leitoras. Dialogando com elas como no capítulo conventual ou na recreação: "direis que... – pois eu vos digo...". Com a linguagem conversacional que se costuma usar no grupo. "Este é vosso estilo e linguagem; quem quiser tratar convosco, aprenda-o".

Em segundo lugar, Teresa tem permanente vontade de junção com a vida. Não escreve a partir de pressupostos conceituais, mas da experiência do vivido. "Não direi coisa que não saiba por experiência", garante ela no prólogo. A experiência lhe servirá de elo para conectar sua vida com a do grupo.

Em terceiro lugar, as linhas mestras de seu magistério espiritual: amplos horizontes eclesiais para fundar a própria vida espiritual sem confiná-la; virtudes e atitudes concretas inspiradas no evangelho, que sirvam de húmus adequado à oração e vida interior; vida contemplativa do grupo em torno de Cristo, mestre de oração, adotando como manual de base a lição do Pai-Nosso. Tudo isso impregnado de um permanente sentido de Deus que chega como um fluido até o leitor de hoje.

Edições da obra

A Santa tinha ultimado o *Caminho* em 1566. No ano seguinte saía de São José para iniciar a fundação de novos carmelos em Castela e Andaluzia. De carmelo em carmelo foi difundindo o *Caminho* em cópias improvisadas. Nem sempre fiéis. A Autora teve de intervir várias vezes na correção de erratas e erros devidos às amanuenses.

Finalmente, por volta de 1579 se decidiu imprimir o livro. Confiou a empresa a seu grande amigo português, Dom Teotônio de Bragança, que antepôs à obra uma preciosa carta introdutória, mas não conseguiu que o livro saísse à luz até depois da morte da autora: Évora, 1583.

Por diversos motivos, a edição não teve acolhida favorável, e rapidamente foi seguida – quase suplantada – por outras duas: a feita por J. Gracián em Salamanca (1585) e, dois anos depois, a editada em Valência (1587) sob os auspícios do Patriarca São João de Ribera.

Em 1588, o *Caminho* fez parte da edição das *Obras Completas* da Santa por frei Luís de León. Desta vez com uma particularidade. O mestre salmantino introduziu no texto do livro numerosas passagens da primeira redação, que tinham sido descartadas pela autora na elaboração definitiva da obra. Resultava assim uma espécie de híbrido, que mais adiante seria rejeitado e corrigido pelos editores críticos da Santa.

No entanto, o texto íntegro da primeira redação foi publicado pela primeira vez por Vicente de la Fuente na Biblioteca de Autores Espanhóis, n. 53, no ano de 1861.

Na presente edição damos o texto da redação definitiva do *Caminho*, tomado do original de Valladolid, e em nota oferecemos todas as passagens da primeira redação não presentes na segunda. Assim será fácil para o leitor seguir a evolução do pensamento da autora. Única exceção, o capítulo 16 do livro, no qual preferimos incorporar ao texto a famosa comparação do jogo de xadrez.

O autógrafo do *Caminho* (código de Valladolid) foi reproduzido na edição fac-símile pela L. Poliglota Vaticana (Roma, 1964), em dois volumes, ao cargo de Tomás Alvarez e Simeón Tomás.

Texto em espanhol: http://es.catholic.net/catholic_db/archivosWord_db/camino_de_perfeccion_teresa_de_avila.pdf.

JHS

Este livro trata de avisos e conselhos que Teresa de Jesus dá às irmãs religiosas e filhas suas dos mosteiros que com o favor de nosso Senhor e da gloriosa Virgem Mãe de Deus, Senhora nossa, tem fundado da Regra primeira de nossa Senhora do Carmo. Em especial o dirige às irmãs do mosteiro de São José de Ávila, que foi o primeiro, de onde ela era priora quando o escreveu.[1]

Em tudo o que nele disser, me sujeito ao que tem a mãe Santa Igreja Romana, e se alguma coisa for contrária a isto, é por não entendê-lo. E assim, aos letrados que o hão de ver peço, por amor de nosso Senhor, que muito particularmente o olhem e emendem se alguma falta nisto houver, e outras muitas que terá em outras. Se algo houver de bom, seja para glória e honra de Deus e serviço de sua sacratíssima Mãe, Patrona e Senhora nossa, cujo hábito eu tenho, ainda que bastante indigna dele.[2]

---

1. Um censor anotou em seguida: "Eu tenho visto este livro, e o que dele me parece está escrito no final dele e firmado com meu nome". No final do livro se acha, num papel solto, a "aprovação", mas sem assinatura. Ao longo do original, o mesmo censor riscou, emendou e glosou profusamente o texto da Santa. Os editores acreditaram tratar-se do P. Báñez, mas equivocadamente.

2. Tomamos este protesto do manuscrito de Toledo. Foi composto pela Santa ao preparar o livro para a edição. Precede o cabeçalho: "Começa o tratado chamado *Caminho de perfeição*".

JHS
Prólogo

1. Sabendo as irmãs deste mosteiro de São José que eu tinha licença do Padre Apresentado Frei Domingos Báñez,[1] da ordem do glorioso São Domingos, que no presente é meu confessor, para escrever algumas coisas de oração em que parece que poderei atinar por ter tratado com muitas pessoas espirituais e santas, me têm tanto importunado que lhes diga algo dela, que me tenho determinado a obedecê-las, vendo que o grande amor que me têm pode fazer mais aceito o imperfeito e por mau estilo que eu lhes disser, do que alguns livros que estão muito bem escritos de quem sabia o que escreve.[2] E confio em suas orações que poderá ser que por elas o Senhor se sirva que eu acerte em dizer algo do que ao modo e maneira de viver que se leva nesta casa convém.[3] E se for mal acertado, o Padre Apresentado que o há de ver primeiro, o remediará e o queimará, e eu não terei perdido nada em obedecer a estas servas de Deus, e verão o que tenho de mim quando Sua Majestade não me ajuda.

2. Penso pôr alguns remédios para algumas tentações miúdas que o demônio põe,[4] que – por serem tanto – porventura não façam caso delas, e outras coisas, como o Senhor me der a entender e eu me for lembrando,

---

1. Um censor (talvez o próprio interessado) riscou: *frei Domingos Báñez*. Ele mesmo repetiu o risco sobre o próprio nome no epílogo do livro (c. 42, n. 7). A Autora, por sua vez, ao preparar o manuscrito de Toledo para a edição, levou em conta o novo título do catedrático de Prima e riscou *Apresentado*, para escrever entre linhas: *Mestre*, acrescentando atrás do nome: *catedrático de Salamanca*. – Sobre Báñez, ver *Vida* c. 36, n. 15, nota 27.

2. À margem, um dos censores anotou: "São Gregório escreveu sobre Jó nos *Morales* importunado por servos de Deus confiando em suas orações, como ele diz".

3. Na 1ª redação tinha escrito assim: *...me têm tanto importunado que o faça por ter tanto amor por mim que, ainda que haja livros muitos que disto tratam e quem sabe bem e tem sabido o que escreve, parece que a vontade faz aceitas algumas coisas imperfeitas e faltas mais que outras muito perfeitas; e, como digo, tem sido tanto o desejo que as que tenho visto e a importunação, que me tenho determinado a fazê-lo, parecendo-me que por suas orações e humildade quererá o Senhor que acerte algo a dizer que lhe aproveite, e mo dará para que lhe seja dado.*

4. Na primeira redação: *Penso pôr alguns remédios para tentações de religiosas...*

que como não sei o que hei de dizer, não posso dizê-lo com concerto; e creio que é melhor não o dizer, pois é coisa tão desconcertada fazer eu isto. O Senhor ponha em tudo o que fizer suas mãos para que vá conforme a sua santa vontade, pois são estes meus desejos sempre, ainda que as obras tão falhas como eu sou.

3. Sei que não falta o amor e desejo em mim para ajudar no que eu puder para que as almas de minhas irmãs vão muito adiante no serviço do Senhor. E este amor, junto com os anos e experiência que tenho de alguns mosteiros, poderá ser que aproveite para atinar em coisas miúdas mais que os letrados, que por ter outras ocupações mais importantes e serem varões fortes não fazem tanto caso de coisas que em si não parecem nada, e a coisa tão fraca como somos as mulheres tudo nos pode causar dano; porque as sutilezas do demônio são muitas para as muito encerradas, que veem que são mister armas novas para fazer dano. Eu, como ruim, tenho sabido mal me defender, e assim quereria que minhas irmãs escarmentassem em mim. Não direi coisa que em mim, ou por vê-la em outras, não tenha por experiência.[5]

4. Há poucos dias me mandaram escrever certa relação de minha vida, aonde também tratei algumas coisas de oração.[6] Poderá ser que não queira meu confessor que a vejais, e por isto porei aqui alguma coisa do que ali vai dito e outras que também me parecerão necessárias. O Senhor o ponha por sua mão, como lhe tenho suplicado, e o ordene para sua maior glória, amém.

---

[5]. Na 1ª redação tinha acrescentado: *ou dada em oração a entender pelo Senhor*.
[6]. Faz alusão ao *Livro da Vida*.

Capítulo 1

Da causa que me moveu a fazer com tanta estreiteza este mosteiro.

1. No princípio que se começou este mosteiro a fundar (pelas causas que no livro que digo ter escrito[1] estão ditas, com algumas grandezas do Senhor, em que deu a entender que havia muito de ser servido nesta casa), não era minha intenção que houvesse tanta aspereza no exterior nem que fosse sem renda, antes quisera que houvesse possibilidade para que não faltasse nada. Enfim, como fraca e ruim; ainda que algumas boas intenções tivesse mais que meu regalo.

2. Neste tempo vieram à minha notícia os danos de França e o estrago que tinham feito estes luteranos e quanto ia em crescimento esta desventurada seita.[2] Deu-me grande fadiga, e como se eu pudesse algo ou fosse algo, chorava com o Senhor e lhe suplicava que remediasse tanto mal. Parecia-me que mil vidas pusera eu para remédio de uma alma das muitas que ali se perdiam. E como me vi mulher e ruim e impossibilitada de aproveitar no que eu quisera no ser serviço do Senhor, e toda minha ânsia era, e ainda é, pois tem tantos inimigos e tão poucos amigos, que esses fossem bons, determinei a fazer esse pouquinho que era em mim, que é seguir os conselhos evangélicos com toda a perfeição que eu pudesse e procurar que estas pouquinhas que estão aqui fizessem o mesmo, confiada na grande bondade de Deus, que nunca falha em ajudar a quem por ele se determina a deixar tudo; e que sendo tais quais eu as pintava em meus desejos, entre suas virtudes não teriam força minhas faltas, e poderia eu contentar em algo o Senhor, e que todas ocupadas em oração pelos que são defensores da Igreja e pregadores e letrados que a defendem, ajudássemos no que pudéssemos a este Senhor meu, que tão apertado o trazem[3] aos

---

1. O *Livro da Vida*, de que se falou no número anterior: cf. c. 32-36,
2. À margem escreveu o mesmo censor (cf. *Prólogo* n. 1, nota 2): "O intento que a motivou a escrever vida tão estreita".
3. Completar: *tan apretado le traen aquellos ao los que...*: *tão apertado o trazem aqueles aos quais...* ["apertar" no sentido de perseguir, acossar]. Segue uma alusão a Lc, 9,58.

quais tem feito tanto bem, que parece que o quereriam tornar agora à cruz estes traidores e que não tivesse aonde reclinar a cabeça.

3. Ó Redentor meu, que não pode meu coração chegar aqui sem fatigar-se muito! Que é isto agora dos cristãos? Sempre hão de ser os que mais vos devem os que vos fatiguem? Aos que melhores obras fazeis, aos que escolheis para vossos amigos, entre os que andais e vos comunicais pelos sacramentos? Não estão fartos dos tormentos que por eles tendes passado?

4. Por certo, Senhor meu, não faz nada quem agora se aparta do mundo. Pois a Vós têm tão pouco lei,[4] o que esperamos nós? Porventura merecemos nós melhor que no-la tenham? Porventura lhes temos feito melhores obras para que nos guardem amizade? Que é isto? Que esperamos já os que pela bondade do Senhor estamos sem aquela ronha pestilencial, que aqueles já são do demônio? Bom castigo têm ganhado por suas mãos e bem têm granjeado com seus deleites fogo eterno. Eles é que sabem! Ainda que não me deixa de quebrar o coração ver como tantas almas se perdem. Mas do mal nem tanto: quereria não ver perder mais cada dia.

5. Ó irmãs minhas em Cristo! Ajudai-me a suplicar isto ao Senhor, que para isso vos juntou aqui; este é o vosso chamamento, estes hão de ser os vossos negócios, estes hão de ser os vossos desejos, aqui vossas lágrimas, estas vossas petições; não, irmãs minhas, por negócios do mundo; que eu me rio e ainda me aflijo com as coisas que aqui nos vêm encarregar de suplicar a Deus, pedir a Sua Majestade renda e dinheiro, e algumas pessoas que quereria eu que suplicassem a Deus para que repisassem tudo isso. Eles têm boa intenção e, enfim, se faz por ver sua devoção, ainda que tenha para mim que nestas coisas nunca me ouve. O mundo está ardendo, querem tornar a sentenciar a Cristo, como dizem, pois levantam-lhe mil testemunhos, querem pôr sua Igreja no chão, e havemos de gastar tempo em coisas que porventura, se Deus lhas desse, teríamos uma alma a menos no céu? Não, irmãs minhas, não é tempo de tratar com Deus negócios de pouca importância.

---

4. N.T.: "Lei": lealdade, fidelidade, amor. No final do parágrafo: *Do mal nem tanto*; cf. *Vida* c. 19, n. 12, nota 32.

6. Por certo que, se não olhasse para a fraqueza humana, que se consola que as ajudem em tudo (e é bem se fôssemos algo), que folgaria se entendesse que não são estas as coisas que se hão de suplicar a Deus com tanto cuidado.

Capítulo 2

Que trata como se hão de descuidar das necessidades corporais,
e do bem que há na pobreza.

1. Não penseis, irmãs minhas, que por não andar a contentar os do mundo vos há de faltar de comer, eu vos asseguro. Jamais por artifícios humanos pretendais sustentar-vos, que morrereis de fome, e com razão. Os olhos em vosso esposo; ele vos há de sustentar. Contente ele, ainda que não queiram, vos darão de comer os menos vossos devotos, como o tendes visto por experiência. Se fazendo vós isto, morrerdes de fome, bem-aventuradas as monjas de São José! Não vos esqueçais disto, por amor do Senhor. Pois deixais a renda, deixai o cuidado da comida; senão, tudo vai perdido. Os que o Senhor quer que a tenham, tenham felizmente esses cuidados, que é muita razão, pois é seu chamamento; mas nós, irmãs, é disparate.

2. Cuidado de rendas alheias, me parece a mim seria estar pensando no que os outros gozam. Sim, que por vosso cuidado não muda o outro seu pensamento nem se põe nele o desejo de dar esmola. Deixai esse cuidado a quem pode mover a todos, que é o Senhor das rendas e dos rendeiros. Por seu mandamento viemos aqui; suas palavras são verdadeiras; não podem faltar; antes faltarão os céus e a terra.[1] Não lhe faltemos nós, que não tenhais medo que falte. E se alguma vez vos faltar, será para maior bem, como faltavam as vidas aos santos quando os matavam pelo Senhor, e era para aumentar-lhes a glória pelo martírio. Boa troca seria acabar depressa com tudo e gozar da fartura perdurável.

3. Olhai, irmãs, que isto é muito importante depois que eu estiver morta, que para isto vo-lo deixo escrito; que enquanto eu viver vo-lo lembrarei, que por experiência vejo o grande lucro: quando menos há, mais descuidada estou, e sabe o Senhor que, a meu parecer, me dá mais pena quando muito sobra do que quando nos falta. Não sei se o faz como já tenho visto que no-lo dá logo o Senhor. Outra coisa seria enganar o mun-

---

1. Cf. Lc 21,33.

do, fazer-nos pobres não o sendo de espírito, senão no exterior. Atingiria a minha consciência, à maneira de dizer, e parecer-me-ia que eram as ricas pedindo esmola, e praza a Deus que não seja assim, que aonde há estes cuidados demasiados de que deem, uma vez ou outra irão pelo costume, ou poderiam ir e pedir o que não têm mister, porventura a quem tem mais necessidade. E ainda que eles não possam perder nada senão ganhar, nós perderíamos. Não praza a Deus, minhas filhas. Quando isto houvera de ser, mais quisera que tivésseis renda.

4. De nenhuma maneira se ocupe nisto o pensamento, vos peço por amor de Deus em esmola. E a menorzinha, quando isto perceber alguma vez nesta casa, clame a Sua Majestade e lembra-o à maior. Com humildade lhe diga que está errada; e tão errada que pouco a pouco se vai perdendo a verdadeira pobreza. Eu espero no Senhor que não será assim nem deixará as suas servas. E para isto, ainda que não seja para mais, aproveite isto que me haveis mandado escrever como despertador.

5. E creiam, minhas filhas, que para vosso bem me tem dado o Senhor um pouquinho a entender os bens que há na santa pobreza, e as que o provarem o entenderão, talvez não tanto como eu; porque não só não tinha sido pobre de espírito, ainda que o tivesse professado, senão louca de espírito. Isso é um bem que todos os bens do mundo encerra em si.[2] É um senhorio grande. Digo que é assenhorear-se de todos os bens dele outra vez a quem não faz caso deles. Que me importam os reis e senhores, se não quero suas rendas, nem mantê-los contentes, se um tantinho se atravessa ter de descontentar em algo a Deus por causa deles? O que me importam as suas honras, se tenho entendido no que está ser muito honrado um pobre, que é verdadeiramente pobre?

6. Tenho para mim que honras e dinheiro quase sempre andam juntos, e que quem quer honra não aborrece dinheiro, e que quem o aborrece que pouco se lhe dá de honra. Entenda-se bem isto, que me parece que isto de honra sempre traz consigo algum interesse de rendas ou dinheiro;

---

2. Na 1ª redação se lê: ... *todos os bens do mundo encerra em si e, creio, muitos dos de todas as virtudes. Nisto não me afirmo, porque não sei o valor que tem cada uma, e o que não me parece que entendo bem, não o direi; mas tenho para mim que abraça a muitas.*

porque por maravilha há honrado³ no mundo se é pobre; antes, ainda que o seja em si, o têm em pouco. A verdadeira pobreza traz tal honra consigo que não há quem a sofra; a pobreza que é tomada só por Deus, digo, não é mister contentar a ninguém, senão a ele. E é coisa muito certa, quando não tendo mister de ninguém, ter muitos amigos. Eu bem o tenho visto por experiência.

7. Porque há tanto escrito sobre esta virtude que não o saberei eu entender, quanto mais dizer, e para não a agravar em louvá-la, não digo mais dela. Só tenho dito o que tenho visto por experiência e confesso que tenho estado tão embebida, que não me dei conta disto até agora. Mas, pois está dito, por amor do Senhor, pois são nossas armas a santa pobreza e o que no princípio da fundação de nossa Ordem tanto se estimava e guardava entre nossos santos Pais (que me tem dito quem o sabe, que de um dia para outro não guardavam nada), já que em tanta perfeição no exterior não se guarde, no interior procuremos tê-la. Duas horas são de vida, grandíssimo o prêmio; e quando não houvesse nenhum senão cumprir o que o Senhor nos aconselhou, era grande paga imitar em algo a Sua Majestade.

8. Estas armas hão de ter nossas bandeiras, que de todas as maneiras queiramos guardar: em casa, na roupa, em palavras e muito mais no pensamento. E enquanto isto fizerem, não tenham medo que caia a religião desta casa, com o favor de Deus; que, como dizia Santa Clara, grandes muros são os da pobreza. Destes, dizia ela, e de humildade queria cercar seus mosteiros.⁴ E certamente, se verdadeiramente se guarda, que estará a honestidade e tudo o demais fortalecido muito melhor do que com muito suntuosos edifícios. Disto se guardem; por amor de Deus e por seu sangue vo-lo peço eu; e se com consciência posso dizer, que no dia em que tal fizerem se torne a cair.⁵

9. Muito mal parece, filhas minhas, da fazenda dos pobrezinhos serem feitas grandes casas. Deus não o permita, senão pobre em tudo e

---

3. *Honrado*: ser objeto de honras.
4. Teresa leu isto numa das vidas de Santa Clara. Em 1526 tinha sido editado em Toledo a *Leyenda mayor de S. Francisco y S. Clara*, de São Boaventura (n. 13, BAC, p. 144).
5. Na 1ª redação tinha escrito com muito mais força: *e se com consciência posso [?] dizer que no dia em que tal quiserem [?] se torne a cair que as mate todas, indo com boa consciência, o digo e o suplicará a Deus.*

pequena. Pareçamo-nos em algo a nosso Rei, que não teve casa, senão no presépio de Belém aonde nasceu, e na cruz aonde morreu. Casas eram estas aonde se podia ter pouca recreação. Os que as fazem grandes, eles se entenderão; levam outros intentos santos. Mas treze pobrezinhas, qualquer rincão lhes basta. Se porque é mister pelo muito encerramento que tenham campo (e ainda ajuda à oração e devoção) com algumas ermidas para apartar-se a orar, muito bem; mas edifícios e casa grande nem curioso nada. Deus nos livre! Lembrai-vos sempre que há de cair tudo no dia do juízo; o que sabemos se será depressa?

10. Pois fazer muito ruído ao cair a casa de treze pobrezinhas não é bom, que os pobres verdadeiros não hão de fazer ruído; gente sem ruído há de ser para que tenham lástima deles. E como se folgarão se veem algum pela esmola que lhes tem feito livrar-se do inferno; que tudo é possível, porque estão muito obrigadas *a rogar por suas almas* muito continuamente, pois vos dão de comer;[6] que também quer o Senhor que, ainda que venha de sua parte, o agradeçamos às pessoas por cujo meio no-lo dá; e disto não haja descuido.

11. Não sei o que tinha começado a dizer, que me diverti. Creio que o Senhor o quis, porque nunca pensei escrever o que aqui tenho dito. Sua majestade nos tenha sempre em sua mão para que não se caia disso, amém.

---

6. O inciso em cursivo é tomado da 1ª redação. A Santa o omitiu por descuido ao copiar a página. Já frei Luís de León (p. 10) o introduziu no texto. A própria Santa, ao corrigir o manuscrito de Salamanca, emendou entre linhas: "muito obrigadas *a encomendá-los a Deus*".

Capítulo 3

Prossegue o que no primeiro comecei a tratar e persuade as irmãs para se ocuparem sempre em suplicar a Deus para que favoreça os que trabalham pela Igreja. – Acaba com uma exclamação.

1. Tornando ao principal[1] para que o Senhor nos juntou nesta casa e pelo que eu muito desejo que sejamos algo para que contentemos a Sua Majestade, digo que vendo tão grandes males que forças humanas não bastam para atalhar este fogo destes hereges, com que[2] se tem pretendido reunir gente para, se puderem à força de armas remediar tão grande mal e que vá tão adiante, me tem parecido ser mister como quando os inimigos em tempo de guerra correram toda a terra, e vendo-se o Senhor dela apertado se recolhe a uma cidade, que faz muito bem fortalecer, e desde ali acontece algumas vezes dar nos contrários e ser tais os que estão na cidade, como é gente escolhida, que podem mais eles sozinhos que com muitos soldados, se eram covardes, puderam, e muitas vezes se ganha desta maneira vitória; pelo menos, ainda que não se ganhe, não os vencem; porque, como não há traidor, se não é por fome, não os podem ganhar. Cá esta fome não pode haver que baste para que se rendam; para morrer sim, mas não para ficar vencidos.

2. Mas, para que tenho dito isto? Para que entendais, irmãs minhas, que o que temos de pedir a Deus é que neste castelinho que já há bons cristãos nenhum dos nossos vá para os contrários, e os capitães deste castelo ou cidade, os faça muito avantajados no caminho do Senhor, que são os pregadores e teólogos; e pois a maioria deles estão nas religiões, que vão muito adiante em sua perfeição e chamamento, que é muito necessário; que já já, como tenho dito,[3] nos há de valer o braço eclesiástico e não o secular. E pois para um nem o outro não valemos nada para ajudar o nosso

---

1. "Torna", volta, ao c. 1, n. 2s: tema missionário de França e dos protestantes.
2. *Com que* (*con que*) equivale a *aunque* (ainda que) (na 1ª redação tinha escrito *aunque*). Um corretor riscou toda a frase ("com que... grande mal") no original.
3. Disse no n. 1.

Rei, procuremos ser tais que valham nossas orações para ajudar estes servos de Deus, que com tanto trabalho se têm fortalecido com letras e boa vida e trabalhado para ajudar agora o Senhor.

3. Poderá ser que digais para que encareço tanto isto e digo que temos de ajudar os que são melhores do que nós outras. Eu vo-lo direi, porque ainda não creio que entendeis bem o muito que deveis ao Senhor ao trazer-vos aonde tão afastadas estais de negócios e ocasiões e tratos: é grandíssima mercê esta; o que não estão os que digo,[4] nem é bom que estejam, nestes tempos menos que em outros; porque hão de ser os que esforcem a gente fraca e ponham ânimo aos pequenos. Bons ficariam os soldados sem capitães! Hão de viver entre os homens e tratar com os homens e estar nos palácios e ainda haver-se algumas vezes com eles no exterior. Pensais, filhas minhas, que é mister pouco para tratar com o mundo e viver no mundo e tratar negócios do mundo e habituar-se, como tenho dito,[5] à conversação do mundo e inimigos do mundo e estar como quem está em desterro e, enfim, não ser homens senão anjos?

Porque se não for assim, nem merecem nome de capitães, nem permita o Senhor que saiam de suas celas, que mais dano farão que proveito. Porque não é agora tempo de ver imperfeições nos que hão de ensinar; [4] e se no exterior não estão fortalecidos em entender o muito importante que é ter tudo debaixo dos pés e estar desapegados das coisas que se acabam e apegados às eternas, por muito que o queiram encobrir, hão de dar sinal. Pois com quem o têm senão com o mundo? Não tenham medo que seja perdoado, nem que deixem de perceber alguma imperfeição. Coisas boas, muitas serão passadas por alto, e ainda porventura não as terão por tais; mas má ou imperfeita, não tenham medo. Agora eu me espanto com quem lhes mostra a imperfeição, não para guardá-la (que disto nenhuma obrigação parece que têm, bastante lhes parece que fazem se guardam razoavelmente os mandamentos), senão para condenar, e às vezes o que é virtude lhes parece regalo.

---

4. *O que não estão* (livres de negócios etc.) *os que digo* (pregadores e teólogos, cf. n. 2).

5. Neste mesmo n. 2. [A Santa usa o verbo *hacerse*, que foi traduzido por "adaptar-se" e agora por "habituar-se".]

Assim, não penseis que é mister pouco favor de Deus para esta grande batalha aonde se metem, senão grandíssimo.

5. Para estas duas coisas vos peço que procureis ser tais que mereçamos alcançá-las de Deus: a primeira é que haja muitos, dos mui muitos letrados e religiosos que há, que tenham as qualidades que são mister para isto, como tenho dito, e aos que não estão muito dispostos, os disponha o Senhor; que mais fará um perfeito que muitos que não o estejam. A outra, que depois de postos nesta peleja, que – como digo[6] – não é pequena, os tenha o Senhor pela mão para que possam livrar-se de tantos perigos como há no mundo e tapar os ouvidos, neste perigoso mar, ao canto das sereias. E se nisto podemos algo com Deus, estando encerradas pelejamos por Ele, e darei eu por muito bem empregados os trabalhos que tenho passado para fazer este rincão,[7] aonde também pretendi que se guardasse esta Regra de nossa Senhora e Imperatriz com a perfeição que se começou.

6. Não vos pareça inútil ser contínua esta petição, porque há algumas pessoas que lhes parece rija coisa não rezar muito por sua alma; e que melhor oração que esta? Se tendes pena porque não vos será descontada a pena do purgatório, também vos será tirada por esta oração, e o que mais faltar, falte. Que importa que esteja eu até o dia do juízo no purgatório, se por minha oração se salvasse só uma alma? Quanto mais o proveito de muitas e a honra do Senhor! De penas que se acabam não façais caso delas quando intervier algum serviço maior ao que tantas passou por nós. Sempre vos informai do que é mais perfeito.[8]

Assim que vos peço por amor do Senhor que peçais a Sua Majestade que nos ouça nisto. Eu, ainda que miserável, o peço a Sua Majestade, pois é para glória sua e bem de sua Igreja, que aqui vão meus desejos.

7. Parece atrevimento pensar eu que hei de ser alguma parte para alcançar isto. Confio eu, Senhor meu, nestas servas vossas que aqui estão, que vejo e sei que não querem outra coisa nem a pretendem senão conten-

---

6. Nos n. 2-3. À margem o censor de plantão anotou: "quanto importam letrados perfeitos".

7. O mosteiro de São José.

8. Omite a seguir uma passagem interessante da 1ª redação: "sempre vos informai do que é mais perfeito, *pois, como vos rogarei muito e darei as causas, sempre tendes de tratar com letrados*". Já na primeira redação a Santa emendou esta passagem.

tar-vos. Por Vós deixaram o pouco que tinham, e quiseram ter mais para servir-vos com isso. Pois não sois Vós, Criador meu, desagradecido para que pense eu que deixareis de fazer o que vos suplicam. Nem aborrecestes, Senhor, quando andáveis no mundo, as mulheres, antes as favorecestes sempre com muita piedade.⁹ Quando vos pedirmos honras não nos ouçais, ou rendas, ou dinheiro, ou coisa que saiba a mundo; mas para honra de vosso Filho, por que não nos haveis de ouvir, Pai eterno, a quem perderia mil honras e mil vidas por Vós? Não por nós, Senhor, que não o merecemos, senão pelo sangue de vosso Filho e seus merecimentos.

8. Ó Pai eterno! Olhai que não são de esquecer tantos açoites e injúrias e tão gravíssimos tormentos. Pois, Criador meu, como podem sofrer umas entranhas tão amorosas como as vossas que o que foi feito com tão ardente amor de vosso Filho e para mais contentar-vos (que mandastes que nos amasse) seja tido em tão pouco como hoje em dia têm esses hereges o Santíssimo Sacramento, que lhe tiram suas pousadas desfazendo as igrejas? Se lhe faltasse algo por fazer para contentar-vos! Mas fez tudo completo. Não bastava, Pai eterno, que não teve aonde reclinar a cabeça enquanto viveu,¹⁰ e sempre em tantos trabalhos, senão que agora as que tem para convidar seus amigos (por ver-nos fracos e saber que é mister que os que hão de trabalhar se sustentem com tal manjar) lhes são tiradas? Já não tinha pago bastantissimamente pelo pecado de Adão? Sempre que tornamos a pecar há de pagá-lo este amantíssimo Cordeiro? Não o permitais, Imperador meu. Aplaque-se já Vossa Majestade. Não olheis para os nossos pecados, senão para o que nos redimiu vosso sacratíssimo Filho, e para os

---

9. A Santa omitiu aqui uma bela passagem apagada na 1ª redação: *Nem aborrecestes, Senhor de minha alma, quando andáveis pelo mundo, as mulheres, antes a favorecestes sempre com muita piedade, e achastes nelas tanto amor e mais fé que nos homens, pois estava vossa sacratíssima Mãe em cujos méritos merecemos – e por ter seu hábito – o que desmerecemos por nossas culpas. Não basta, Senhor, que nos tem o mundo encurraladas... que não façamos coisa que valha nada por vós em público, nem ousemos falar algumas verdades que choramos em segredo, senão que não havíeis de ouvir petição tão justa? Não o creio, Senhor, por vossa bondade e justiça, que sois juiz justo e não como os juízes do mundo, que – como são filhos de Adão e, enfim, todos varões – não há virtude de mulher que não tenham por suspeita. Sim, que algum dia há de haver, Rei meu, que se conheçam todos. Não falo por mim, que já tem conhecido o mundo minha ruindade e eu folgado que seja pública; senão porque vejo os tempos de maneira que não é justo desprezar almas virtuosas e fortes, ainda que sejam de mulheres.* (Os pontos de reticência são nossos e indicam uma passagem ilegível do original).

10. Lc 9,58. Parece uma alusão a Mc 7,37.

merecimentos seus e de sua Mãe gloriosa e de tantos santos e mártires que morreram por Vós.

9. Ai de mim, Senhor, e quem se tem atrevido a fazer esta petição em nome de todas! Que má terceira,[11] filhas minhas, para serdes ouvidas, e que fizesse por vós a petição! Se há de indignar mais a este soberano Juiz ver-me tão atrevida, e com razão e justiça! Mas olhai, Senhor, que já sois Deus de misericórdia; tende-a desta pecadorazinha, vermezinho que assim se vos atreve. Olhai, Deus meu, meus desejos e as lágrimas com que isto vos suplico, e esquecei minhas obras, por quem Vós sois, e tende lástima de tantas almas que se perdem, e favorecei vossa Igreja. Não permitais já mais danos na cristandade, Senhor. Dai já luz a estas trevas.

10. Peço-vos eu, irmãs minhas, por amor do Senhor, que encomendeis a Sua Majestade esta pobrezinha e lhe supliqueis que lhe dê humildade, como coisa a que tendes obrigação. Não vos recomendo particularmente os reis e prelados da Igreja, em especial nosso bispo;[12] vejo as de agora tão cuidadosas disso, que assim me parece não ser mister mais. Vejam as que vierem que tendo santo prelado serão as súditas, e como coisa tão importante ponde-a sempre diante do Senhor. E quando vossas orações e desejos e disciplinas e jejuns não forem empregados para isto que tenho dito, pensai que não fazeis nem cumpris o fim para que aqui vos juntou o Senhor.[13]

---

11. *Terceira*: intercessora, medianeira.
12. Dom Álvaro de Mendoza (cf. *Vida* 33, 16). No manuscrito de Toledo a Santa acrescentou de próprio punho: *... e esta Ordem da Virgem sacratíssima e as demais...*
13. Na 1ª redação conclui assim: *e não permita o Senhor que isto seja tirado de vossa memória jamais, por quem Sua Majestade é.*

Capítulo 4

Em que persuade a guarda da regra, e de três coisas importantes para a vida espiritual. Declara a primeira destas três coisas, que é o amor do próximo, e o dano que causam amizades particulares.[1]

1. Já, filhas, tendes visto a grande empresa que pretendemos ganhar.[2] Que tais haveremos de ser para que nos olhos de Deus e do mundo não nos tenham por muito atrevidas? Está claro que precisamos trabalhar muito, e ajuda muito ter altos pensamentos para que nos esforcemos para que o sejam as obras. Pois se procurarmos guardar completamente nossa Regra e Constituições com grande cuidado, espero no Senhor que admitirá nossos rogos; que não vos peço coisa nova, filhas minhas, senão que guardemos nossa profissão, pois é nosso chamamento e ao que estamos obrigadas, ainda que de guardar a guardar vá muito.

2. Diz na primeira Regra nossa que oremos sem cessar.[3] Fazendo isto com todo o cuidado que pudermos, que é o mais importante, não se deixarão de cumprir os jejuns e disciplinas e silêncio que manda a ordem. Porque já sabeis que para ser a oração verdadeira se há de ajudar com isto; que regalo e oração não são compatíveis.

3. Nisto de oração é o que me tendes pedido que diga alguma coisa, e o dito até agora, para em pagamento do que disser, eu vos peço que cumprais e leiais muitas vezes de bom grado.

---

1. O presente capítulo corresponde aos capítulos IV e V do original. No n. 5 começava novo capítulo, mas a própria Santa anotou à margem do manuscrito de Toledo, depois de apagar o título correspondente: "Não há de haver aqui capítulo, que é o mesmo quinto". Seguindo esta indicação, reduzimos a um só os dois capítulos, mas conservamos o título do "quinto", na segunda cláusula da presente epígrafe.

2. A 1ª redação acrescentava: *Pelo prelado e bispo que é vosso prelado, e pela ordem, já vai dito no dito, pois tudo é bem da Igreja, e isso coisa que é de obrigação...*

3. Assim se lia na versão castelhana da Regra carmelita usada pela Santa: "Estejam todos os irmãos sempre em suas celas, ou junto a elas, meditando e pensando de noite e de dia na lei de Deus e velando em orações, se não estiverem ocupados em outros justos e honestos ofícios e exercícios".

Antes que diga do interior, que é a oração, direi algumas coisas que são necessárias ter as que pretendem seguir caminho de oração, e tão necessárias que, sem ser muito contemplativas, poderão estar muito adiante no serviço do Senhor, e é impossível se não as têm ser muito contemplativas, e quando pensarem que o são, estão muito enganadas. O Senhor me dê o favor para isso e me ensine o que tenho de dizer, para que seja para a sua glória, amém.

4. Não penseis, amigas e irmãs minhas, que serão muitas as coisas que vos encarregarei, porque praza ao Senhor façamos as que nossos santos Pais ordenaram e guardaram, que por este caminho mereceram este nome.[4] Erro seria buscar outro nem aprendê-lo de ninguém. Estender-me-ei em declarar somente três, que são da mesma Constituição, porque importa muito entendermos o mui muito que nos vai em guardá-las para ter a paz que tanto nos encomendou o Senhor, interior e exteriormente: uma é amor de umas com as outras; outra, desprendimento de todo o criado; a outra, verdadeira humildade, que ainda que a diga no fim, é a principal e abraça todas.[5]

5. Quanto à primeira, que é amar-vos muito umas as outras, vai mui muito; porque não há coisa aborrecida que não se passe com facilidade nos que se amam e rija há de ser quando der incômodo. E se este mandamento se guardasse no mundo como se há de guardar, creio que aproveitaria muito para guardar os demais; mas, mais ou menos, nunca acabamos de guardá-lo com perfeição.

Parece que o demasiado entre nós não pode ser mau, e traz tanto mal e tantas imperfeições consigo, que não creio que o crerá senão quem tem sido testemunha de vista.[6] Aqui faz o demônio muitos enredos, que em consciências que tratam grosseiramente de contentar a Deus se sentem pouco e lhes parece virtude, e as que tratam de perfeição o entendem mui-

---

4. A Santa modificou intencionalmente esta passagem; na 1ª redação se lia: *Praza ao Senhor façamos as que nossos Pais ordenaram na Regra e constituições cabalmente, que são com tudo cumprimento de virtude.* A modificação do texto foi devida, provavelmente, à introdução de novas constituições no mosteiro reformado de São José.
5. Neste ponto concluía o capítulo IV.
6. *Como eu em outras partes*, acrescentou a Santa entre linhas no manuscrito de Toledo.

to, porque pouco a pouco tira a força da vontade para que totalmente se empregue em amar a Deus.

6. E em mulheres creio que deve ser isto ainda mais do que em homens; e faz danos muito notórios para a comunidade; porque daqui vem o não se amarem tanto todas, o sentir o agravo que se faz à amiga, o desejar ter para regalá-la, o buscar tempo para lhe falar, e muitas vezes mais para dizer-lhe o quanto a quer e outras coisas impertinentes do que quanto ama a Deus. Porque estas grandes amizades poucas vezes vão ordenadas a se ajudarem a amar mais a Deus, antes creio que as faz começar o demônio para começar partidos nas religiões; que quando é para servir a Sua Majestade, logo aparece, que não vai a vontade com paixão, senão procurando ajuda para vencer outras paixões.

7. E destas amizades quereria eu muitas aonde há grande convento, que nesta casa, que não são mais de treze não o hão de ser,[7] aqui todas hão de ser amigas, todas se hão de amar, todas se hão de querer, todas se hão de ajudar; e guardem-se destas particularidades, por amor do Senhor, por santas que sejam, que ainda entre irmãos costuma ser peçonha e nenhum proveito nisso vejo; e se são parentes, muito pior, é pestilência![8] E creiam-me, irmãs, que ainda que isto vos pareça extremo, nele está grande perfeição e grande paz, e se afastam muitas ocasiões para as quais não estão muito fortes; senão que, se a vontade se inclinar mais para uma que para outra (que não poderá deixar de ser, que é natural, e muitas vezes nos leva a amar o pior se tem mais graças de natureza), que nos vamos[9] muito à mão para nos deixarmos dominar por aquela afeição. Amemos as virtudes e o bom interior, e sempre com estudo tenhamos cuidado de apartar-nos de fazer caso do exterior.

---

7. A Santa ampliou mais tarde este número. Cf. *Vida* c. 32, n. 13, nota 24. – Por isso no manuscrito de Toledo emendou o texto assim: ... *nesta casa que são poucas, todas hão de...*

8. Na 1ª redação acrescentou: "*se não, olhem para José*", aludindo ao episódio bíblico dos filhos de Jacó (Gn 37). – A frase seguinte – "é pestilência" – é uma espécie de anátema teresiano que indica a gravidade e contagiosidade de um mal moral (cf. n. 8).

9. *Nos vayamos mucho a la mano*: a Santa escreveu *vamos* em vez de *vayamos* [o sentido da frase é: ter cuidado, moderação...].

8. Não consintamos, ó irmãs, que nossa vontade seja escrava de ninguém, senão daquele que a comprou por seu sangue.[10] Olhem que, sem entender como, se acharão apegadas que não se possam valer. Oh, valha-me Deus! As ninharias que vêm daqui não têm conta. E porque são tão miúdas que só as que as veem entenderão e crerão, não há para que dizê-las aqui além de que em qualquer uma será mau e, na prelada, pestilência.[11]

9. Em atalhar estas parcialidades é mister grande cuidado desde o princípio em que se começa a amizade; isto mais com indústria e amor do que com rigor. Para remédio disto é grande coisa não estar juntas senão nas horas assinaladas, nem falar-se, conforme o costume que agora levamos, que é não estar juntas, como manda a Regra,[12] senão cada uma apartada em sua cela. Livrem-se em São José de ter casa de lavor;[13] porque, ainda que seja louvável costume, com mais facilidade se guarda o silêncio cada uma por si, e acostumar-se à solidão é grande coisa para a oração; e pois este há de ser o alicerce desta casa,[14] é preciso trazer estudo em afeiçoar-nos ao que a isto mais nos ajuda.

10. Tornando ao amar-nos umas às outras, parece coisa impertinente encomendá-lo, porque, que gente há tão bruta que se tratando sempre e estando em companhia e não tendo de ter outras conversações nem outros tratos nem recreações com pessoas de fora de casa, e crendo que Deus nos ama e elas a ele pois por Sua Majestade deixam tudo, que não cobre amor? Em especial, que a virtude sempre convida a ser amada; e esta, com o favor de Deus, espero em Sua Majestade, sempre haverá nas desta casa. Assim que nisto não há que encomendar muito, a meu parecer.

---

10. Alusão a 1Pd 1,19.
11. O manuscrito do Escorial oferece uma variante interessante: *E para que não se entendam tantas fraquezas de mulheres e não aprendam as que não o sabem, não as quero dizer por miúdo. Mas, certamente, a mim me espantavam algumas vezes vê-las, que eu, pela bondade de Deus, neste caso jamais me apeguei muito, e porventura seria porque o estava em outras coisas piores; mas, como digo, vi isso muitas vezes. E na maioria dos mosteiros temo que se passa, porque em alguns o tenho visto, e sei que para muita religião e perfeição é malíssima coisa em todas. Na prelada seria pestilência; isto já está dito.*
12. *Constituição*, escreveu na 1ª redação.
13. *Casa de labor*: oficina para o trabalho em comum.
14. A 1ª redação acrescentava: *... e para isto nos juntamos, mais que nenhuma outra coisa havemos de trazer estudo em afeiçoar-nos ao que a isto nos aproveita.*

11. Em como há de ser este amar-se e que coisa é amor virtuoso – o que eu desejo que haja aqui – e em que veremos que temos esta virtude, que é bem grande, pois nosso Senhor tanto no-la encomendou e tanto recomendou a seus Apóstolos,[15] disto quereria eu dizer agora um pouquinho conforme minha rudeza. E se em outros livros tão miudamente o achardes, não tomeis nada de mim, que porventura não sei o que digo.

12. Quero tratar de duas maneiras de amor: a primeira é espiritual, porque nenhuma coisa parece tocar à sensualidade nem à ternura de nossa natureza, de maneira que tire sua pureza; outra é espiritual, e junto com ela nossa sensualidade e fraqueza ou bom amor, que parece lícito, como o dos parentes e amigos. Deste já fica algo dito.[16]

---

15. Jo 13,34.
16. Toda esta passagem foi decididamente modificada pela Autora, que, não contente com a segunda redação (manuscrito de Valladolid), arrancou a folha inteira do próprio original e a substituiu pela que agora lemos. Contudo, a 1ª redação (manuscrito do Escorial) continua sendo interessante, e por isso a transcrevemos na íntegra: ... *outro é espiritual e que junta com ele nossa sensualidade e fraqueza; que isto é o que faz ao caso: estas duas maneiras de amar-nos sem que intervenha paixão nenhuma, porque a havendo, vai todo desconcertado este concerto; e se com temperança e discrição tratamos o amor que tenho dito, vai tudo meritório, porque o que nos parece sensualidade se torna em virtude; senão que vai tão intrometido, que às vezes não há quem o entenda, em especial se é com algum confessor; que pessoas que tratam oração, se o veem santo e entende a maneira delas de proceder, toma-se muito amor. E aqui dá o demônio grande bateria de escrúpulos, que desassossega a alma bastante, que isto pretende ele. Em especial se o confessor a traz a mais perfeição aperta-a tanto que o acaba deixando. E não a deixa com outro nem com outro de atormentar aquela tentação.*

O que nisto podem fazer é procurar não ocupar o pensamento em se querem ou não querem; senão se quiserem, queiram. Porque, pois cobramos amor a quem nos faz alguns bens ao corpo, quem sempre procura e trabalha para fazê-los à alma, por que não o havemos de querer? Antes tenho por grande princípio aproveitar muito ter amor ao confessor, se é santo e espiritual, e vejo que põe muito em aproveitar minha alma; porque é tal nossa fraqueza, que algumas vezes nos ajuda muito para pôr por obra coisas muito grandes em serviço de Deus. Se não é tal como tenho dito, aqui está o perigo, e pode fazer grandíssimo dano entender ele que lhe têm vontade, e em casas muito encerradas muito mais que em outras. E porque com dificuldade se entenderá qual é tão bom, é mister grande cuidado e aviso; porque dizer que não entenda ele que há a vontade e que não lhe seja dito, isto seria o melhor; mas aperta o demônio de arte, que não dá esse lugar, porque tudo quanto tiver que confessar lhe parecerá ser aquilo e está obrigada a confessar. Por isto quereria eu que cressem que não é nada nem fizessem caso disso.

Levem este aviso: se no confessor entenderem que todas as suas práticas são para aproveitar sua alma e não virem nele nem entenderem outra vaidade (que logo se entende a quem não se quer fazer de boba), e o entenderem temeroso de Deus, por nenhuma tentação que elas tenham de muita afeição se fatiguem, que quando o demônio se cansar lhe será tirada. Mas

13. Do que é espiritual, sem que intervenha paixão nenhuma, quero agora falar, porque, havendo-a, vai todo desconcertado este concerto; e se com temperança e discrição tratamos pessoas virtuosas, especialmente confessores, é proveitoso. Mas se no confessor se entender que vai encaminhado para alguma vaidade, tudo tenham por suspeito, e de nenhuma maneira, ainda que sejam boas práticas, as tenham com ele, senão com brevidade confessar-se e concluir. E o melhor seria dizer à prelada que não se acha bem sua alma com ele e mudá-lo. Isto é o mais acertado, se for possível fazer sem tocar na honra dele.

14. Em caso semelhante e outros que poderia o demônio em coisas dificultosas enredar e não se sabe que conselho tomar, o mais acertado será procurar falar a alguma pessoa que tenha letras – que havendo necessidade dá-se liberdade para isso –; e confessar-se com ele e fazer o que lhe disser no caso; porque, já que não se pode deixar de dar algum meio, podia-se errar muito; e, quantos erros passam no mundo por não fazer as coisas com conselho, em especial no que toca a fazer dano a ninguém! Deixar de dar algum meio, não se sofre; porque quando o demônio começa por aqui, não é para pouco, se não se atalha com brevidade; e assim o que tenho dito de procurar falar com outro confessor é o mais acertado, se há disposição, e espero no Senhor que haverá sim.

15. Olhem que vai muito nisto, que é coisa perigosa e um inferno e dano para todas. E digo que não aguardem para entender muito mal, senão que no princípio o atalhem por todas as vias que puderem e entenderem com boa consciência o podem fazer. Mas espero eu no Senhor que não permitirá que pessoas que hão de tratar sempre em oração possam ter vontade senão a quem seja muito servo de Deus, que isto é muito certo, ou é que não têm oração nem perfeição, conforme o que aqui se pretende; porque, se não veem que entende sua linguagem e é afeiçoado a falar de Deus, não o poderão amar, porque não é seu semelhante. Se o é, com as

---

se no confessor entenderem que vai encaminhado a alguma vaidade no que lhes dizem, tudo tenham por suspeito, e de nenhuma maneira – ainda que sejam práticas de oração ou de Deus – as tenham com ele, senão com brevidade confessar-se e concluir; e o melhor seria dizer à Madre que não se acha a sua alma bem com ele e mudá-lo. Isto é o mais acertado, se há disposição, e espero em Deus que haverá; e pôr o que puder em não tratar com ele, ainda que sinta a morte. – Prossegue no n. 15. Todo o n. 14 faltava na 1ª redação.

pouquíssimas ocasiões que aqui haverá, ou será muito simples ou não quererá desassossegar-se e desassossegar as servas de Deus.

16. Já que tenho começado a falar disto, que – como tenho dito[17] – é grande dano o que o demônio pode fazer e muito tardio em entender-se, e assim se pode ir estragando a perfeição sem saber por onde. Porque se este[18] quer dar lugar à vaidade por tê-la ele, o faz tudo pouco ainda para as outras. Deus nos livre, por quem Sua Majestade é, de coisas semelhantes. A todas as monjas bastaria para perturbar, porque suas consciências lhes dizem o contrário do que o confessor e se as apertam em que tenham um só, não sabem o que fazer nem como sossegar-se; porque quem o havia de aquietar e remediar é quem faz o dano. Fartas aflições deve haver destas em algumas partes. Faz a mim grande lástima, e assim não vos espanteis que ponha muito em dar-vos a entender este perigo.[19]

---

17. No n. 14.
18. *Este*: o confessor. – *O faz tudo pouco* (esp. *lo hace todo poco*): julga isso coisa sem importância.
19. Na 1ª redação concluía assim: *Tenho visto em mosteiros grande aflição desta parte – ainda que não no meu – que me têm movido a grande piedade.*

Capítulo 5

Prossegue nos confessores. Diz o que importa serem letrados.

1. Não dê o Senhor a provar a ninguém nesta casa o trabalho que fica dito, por quem Sua Majestade é, de verem-se alma e corpo apertadas, ou que se a prelada está bem com o confessor, que nem a ele dela nem a ela dele não ousem dizer nada. Aqui virá a tentação de deixar de confessar pecados muito graves, por medo de estar em desassossego. Oh, valha-me Deus, que dano pode fazer aqui o demônio e que caro lhes custa o aperto e honra! Porque não tratam com mais de um confessor, pensam granjear grande coisa de religião e honra do mosteiro, e ordena por esta via o demônio colher as almas, como não pode por outra. Se pedirem outro, logo parece que vai perdido o concerto da religião, ou que se não é da Ordem, ainda que seja um santo, ainda tratar com ele lhes parece fazer-lhes afronta.[1]

2. Esta santa liberdade peço eu por amor do Senhor à que estiver por maior:[2] procure sempre com o bispo ou provincial[3] que, sem os confessores ordinários, procure algumas vezes tratar ela e todas e comunicar suas almas com pessoas que tenham letras, em especial se os confessores não as têm, por bons que sejam. São grande coisa letras para dar em tudo luz. Será possível achar um ou o outro junto em algumas pessoas. E quanto mais mercê o Senhor vos fizer na oração, é preciso mais ir bem fundadas suas obras e oração.

---

1. Na 1ª redação tinha escrito com fina ironia: *Se não é da ordem, ainda que fosse um São Jerônimo, logo fazem afronta à ordem toda. – Louvai muito, filhas, a Deus por esta liberdade que tendes que – ainda que não haja de ser para com muitos – podereis tratar com alguns, ainda que não sejam os confessores ordinários, que vos deem luz para tudo.* – É interessante notar que neste delicado assunto a legislação eclesiástica acabou dando razão a Santa Teresa.

2. *Quem estiver por "maior"*: a superiora.

3. *Ou provincial*: acrescentado entre linhas pela Santa. Na 3ª redação (ms. de Toledo), a Santa riscou também *bispo* e escreveu *prelado*. – Toda esta passagem tinha sido diferente na 1ª redação: *procure sempre tratar com quem tenha letras, e que tratem suas monjas. Deus as livre, por espírito que alguém lhes pareça que tenha e de fato em verdade o tenha, reger-se em tudo por ele, se não é letrado.*

3. Já sabeis que a primeira pedra há de ser a boa consciência e com todas as vossas forças livrar-vos ainda de pecados veniais e seguir o mais perfeito. Parecerá que qualquer confessor sabe isto, e é engano. Aconteceu-me tratar coisas de consciência com um que tinha ouvido todo o curso de teologia, e me fez farto dano em coisas que me dizia que não eram nada; e sei que não pretendia enganar-me nem tinha para que, senão que não soubesse mais. E com outros dois ou três, sem este, me aconteceu.[4]

4. Este ter verdadeira luz para guardar a lei de Deus com perfeição é todo o nosso bem. Sobre esta assenta bem a oração. Sem este alicerce forte, todo o edifício vai falso. Se não lhes derem liberdade para confessar-se, para tratar coisas de sua alma com pessoas semelhantes ao que tenho dito.[5] E atrevo-me a dizer mais, que ainda que o confessor tenha tudo isso, algumas vezes se faça o que digo; porque já pode ser que ele se engane, e é bom que não se enganem todas por ele; procurando sempre que não seja coisa contra a obediência, que meios há para tudo, e vale muito para as almas, e assim é bom que pelas maneiras que puder o procure.

5. Tudo isto que tenho dito toca à prelada. E assim torno a pedir-lhe que, pois aqui não se pretende ter outra consolação senão a da alma, procure nisto a sua consolação, que há diferentes caminhos por onde Deus leva e não por força os saberá todos um confessor; que eu asseguro que não lhes faltarão pessoas santas que queiram tratar e consolar suas almas, se elas são as que hão de ser, ainda que sejais pobres; que o que sustenta os seus corpos despertará e porá vontade a quem com ela dê luz a suas almas, e remedia-se este mal, que é o mal que eu temo; que quando o demônio tentar o confessor para enganá-lo em alguma doutrina, se souber que trata com outros irá com cuidado e olhará melhor, em tudo, o que faz.[6]

---

4. Ver *Vida* c. 6, n. 4; c. 4, n. 7; c. 5, n. 3; c. 8, n. 11; c. 26, n. 3...

5. No laconismo desta frase estavam as seguintes da 1ª redação: *Assim que com gente de espírito e de letras têm mister tratar. Se não puderem que o confessor tenha tudo isso, em tempos procurar outros; e se porventura põem preceito a elas, não se confessem com outros, sem confissão tratem sua alma com pessoas semelhantes ao que digo.* – Um dos censores, depois de ter sublinhado longamente o texto do original, anotou à margem: "Isto é bom; porque há alguns mestres espirituais que, para não errar, condenam quantos espíritos há, como demônios, e erram mais nisto, porque afogam os espíritos do Senhor, como diz o Apóstolo".

6. A 1ª redação continuava: ... *não as impeça que algumas vezes se confessem com eles* [com letrados] *e tratem sua oração, ainda que haja confessores; que para muitas*

Fechada esta entrada ao demônio, espero em Deus que não a terá nesta casa; e assim peço por amor do Senhor ao bispo que for, que deixe às irmãs esta liberdade e que não lhes seja tirada, quando as pessoas forem tais que tenham letras e bondade, que logo se entende em lugar tão pequeno como este.

6. Isto que aqui tenho dito, tenho visto e entendido e tratado com pessoas doutas e santas, que têm olhado o que mais convinha a esta casa para que a perfeição desta casa fosse adiante. E entre os perigos – que em tudo o há enquanto vivemos – este achamos ser o menor; e que nunca haja vigário[7] que tenha possibilidade de entrar e sair, nem confessor que tenha esta liberdade; senão que estes sejam para zelar pelo recolhimento e honestidade da casa e aproveitamento interior e exterior, para dizer ao prelado quando houver falta; mas que não seja o superior.

7. E isto é o que se faz agora, e não só por meu parecer; porque o bispo que agora temos, debaixo de cuja obediência estamos (que por causas muitas que houve, não se deu a obediência à ordem),[8] que é pessoa amiga de toda religião e santidade e grande servo de Deus (chama-se Dom Álvaro de Mendoza, de grande nobreza de linhagem e muito afeiçoado a favorecer esta casa de todas as maneiras,[9] fez juntar pessoas de letras e espírito e experiência para este ponto, e se veio a determinar isto. Razão será

---

coisas sei que convém, e que o dano que pode haver é nenhum em comparação com o grande e dissimulado e quase sem remédio, à maneira de dizer, que há no contrário. Que isto têm os mosteiros: que o bem cai depressa, se com grande cuidado não for guardado; e o mal, se uma vez começa, é dificultosíssimo de ser tirado, que muito depressa o costume se faz hábito e natureza de coisas imperfeitas.

7. *Vigário*: superior nomeado pelo Bispo ou Provincial. Cf. carta ao P. Gracián (BMC, 350, n. 1) com instruções para o governo das carmelitas.

8. Na 1ª redação continuava insistindo: *Porque, como digo, acharam-se grandes causas para ser isto o melhor, olhadas todas, e que um confessor confesse ordinariamente que seja o mesmo capelão, sendo tal; e que para as vezes que houver necessidade numa alma, possam confessar-se com pessoas tais como ficam ditas, nomeando-as o mesmo prelado ou, se a Madre fosse tal que o bispo que for confie isto a ela à sua disposição; que, como são poucas, pouco tempo ocuparão a ninguém. Determinou-se isto depois de farta oração de muitas pessoas e minha – ainda que miserável – e entre pessoas de grandes letras e entendimento e oração; e assim espero no Senhor é o mais acertado.*

9. Ver *Vida* c. 33, n. 16. O elogio a D. Álvaro feito aqui pela Santa foi apagado por ela mesma no manuscrito de Toledo, ao preparar o livro para a edição, bem como no manuscrito de Madri; conservou-o no manuscrito de Salamanca.

que os prelados que vierem cheguem a este parecer, pois por tão bons está determinado e com fartas orações pedido ao Senhor iluminasse o melhor; e, pelo que se entende até agora, isto é certo. O Senhor seja servido levá-lo sempre adiante como mais for para sua glória, amém.

Capítulo 6

Torna à matéria que começou do amor perfeito.

1. Bastante me tenho desviado; mas importa tanto o que fica dito, que quem o entender não me culpará. Tornemos agora ao amor que é bom e lícito que tenhamos,[1] do qual digo que é puramente espiritual. Não sei se sei o que digo. Pelo menos me parecem que não é mister falar muito dele, porque poucos o têm. A quem o Senhor o tiver dado, louve-o muito, porque deve ser de grandíssima perfeição. Enfim, quero tratar algo dele. Porventura fará algum proveito, que pondo diante dos nossos olhos a virtude, afeiçoe-se a ela quem a deseja e pretende ganhar.

2. Praza a Deus que eu saiba entendê-lo, quanto mais dizê-lo, que nem creio que sei qual é espiritual, nem quando se mistura sensual, nem sei como me ponho a falar disso. É como quem ouve falar de longe, que não entende o que dizem; assim sou eu, que algumas vezes não devo entender o que digo e quer o Senhor que seja bem dito; se outras vezes for dislate, é o mais natural para mim não acertar em nada.

3. Parece-me agora que, quando Deus chegou uma pessoa a claro conhecimento do que é o mundo, e que coisa é mundo, e que há outro mundo, e a diferença que há de um ao outro, e que um é eterno e o outro sonhado, ou o que é amar o Criador ou a criatura (isto visto por experiência, que é outro negócio que só pensar e crer), ou ver e provar o que se ganha com um e se perde com o outro, e que coisa é Criador e que coisa é criatura, e outras muitas coisas que o Senhor ensina a quem se quer dar a ser ensinado por ele na oração ou a quem Sua Majestade quer, que amam muito diferentemente dos que não temos chegado aqui.

4. Poderá ser, irmãs, que vos pareça impertinente tratar disto e que digais que estas coisas que tenho dito já sabeis todas elas. Praza ao Senhor que seja assim que o saibais da maneira que faz ao caso, impresso nas entranhas; pois se o sabeis, vereis que não minto em dizer que a quem o Senhor

---

1. Ela retoma o tema do c. 4, n. 13. – No original está riscado: *y lícito*.

chega aqui tem este amor. São estas pessoas que Deus chega a este estado almas generosas, almas régias; não se contentam em amar coisa tão ruim como estes corpos, por formosos que sejam,[2] por muitas graças que tenham, embora agrade à vista e louvam ao Criador; mas para deter-se nisso, não. Digo "deter-se", de maneira que por estas coisas lhes tenham amor; parecer-lhes-ia que amam coisa sem tomo e que se põem a querer sombra; correr-se-iam de si mesmos e não teriam cara, sem grande afronta sua, para dizer a Deus que o amam.

5. Dir-me-eis: "esses tais não saberão querer nem pagar a vontade[3] que se tiver por eles". – Pelo menos pouco se lhes dá que a tenham por eles. Já que depressa algumas vezes o natural leva a folgar-se de ser amados, ao tornar sobre si veem que é disparate, se não são pessoas que as há de aproveitar sua alma ou com doutrina ou com oração. Todas as outras vontades lhes cansam, que entendem que nenhum proveito lhes faz e poderia daná-los, não porque as deixam de agradecer e pagar encomendando-os a Deus. Tomam-no como coisa que deixam ao cargo do Senhor os que as amam, que entendem que vem dali, porque em si não lhes parece que há o que querer, e logo lhes parece que as querem porque Deus as quer, e deixam para Sua Majestade pagá-lo e lhe suplicam isso, e com isto ficam livres, que lhes parece que não toca a eles. E bem olhado, se não é com as pessoas que digo que nos podem fazer bem para ganhar bens perfeitos, penso algumas vezes quão grande cegueira se traz neste querer que nos queiram.

6. Agora notem que, como o amor, quando de alguma pessoa o queremos, sempre se pretende algum interesse de proveito ou contentamento nosso, e estas pessoas perfeitas já têm debaixo dos pés todos os bens que no mundo lhes podem fazer e regalos, os contentos já estão de sorte que, ainda que eles queiram, à maneira de dizer, não podem ter que não seja com Deus e em tratar de Deus. Pois que proveito lhes pode vir de ser amados?

7. Quando se lhes representa esta verdade, de si mesmos se riem da pena que algum tempo lhes tem dado se sua vontade era paga ou não.

---

2. No manuscrito de Toledo a Santa intercalou este inciso: *digo amor que sujeite e ate*.

3. N.T.: Sobre as palavras "querer", "vontade", "folgar-se"..., cf. Glossário para esta tradução.

Ainda que a vontade seja boa, logo nos é muito natural querer ser paga. Tendo vindo cobrar esta paga, é em palhas, que tudo é ar e sem tomo, que o vento leva. Porque, por muito que nos tenham querido, o que é isto que nos fica? Assim que, se não é para proveito de sua alma com as pessoas que tenho dito, porque veem ser tal nosso natural que se não há algum amor logo se cansam, não se lhes dá mais ser queridas que não.

Parecer-vos-á que estes tais não querem a ninguém, nem sabem, senão a Deus. Muito mais,[4] e com mais verdadeiro amor, e com mais paixão e mais proveitoso amor: enfim, é amor. E estas tais almas são sempre afeiçoadas a dar, muito mais que a receber; ainda com o mesmo Criador lhes acontece isto. Digo que merece este nome de amor, que estoutras afeições baixas lhe têm usurpado o nome.

8. Também vos parecerá que, se não amam pelas coisas que veem, a que se afeiçoam? – É verdade que amam o que veem e ao que ouvem se afeiçoam; mas é a coisas que veem que são estáveis. Logo estes, se amam, passam pelos corpos e põem os olhos nas almas e olham se há o que amar; e se não há e veem algum princípio ou disposição para que, se cavarem, acharão ouro nesta mina, e se têm amor a ela, não lhes dói o trabalho; nenhuma coisa lhes é posta diante que de bom grado não a fizessem pelo bem daquela alma, porque desejam durar em amá-la e sabem muito bem que, se não tem bens e ama muito a Deus, que é impossível. E digo que é impossível, ainda que mais a obrigue e morra querendo-a e faça a ela todas as boas obras que pode e tenha todas as graças da natureza juntas; não terá força a vontade nem a poderá fazer estar com assento. Já sabe e tem experiência do que é tudo; não lhe lançarão dado falso;[5] vê que não são para viver em união, e que é impossível durar a querer-se um ao outro, porque é amor que se há de acabar com a vida se o outro não guardar a lei de Deus e entender que não o ama e que hão de ir a lugares diferentes.

---

4. Uma segunda mão emendou o original assim: "*Digo que amam muito mais sim...*". A correção não foi incluída pela Santa no manuscrito de Toledo nem passou para a edição príncipe (p. 21v), nem para a de frei Luís (p. 37). – No manuscrito de Toledo a Santa mesma corrigiu a frase seguinte: "... e com mais paixão": "ainda que sem paixão", titubeio lexical devido à sua insegurança sobre o alcance filosófico técnico do termo "paixão": "eu sei pouco destas paixões da alma..." (*M.* IV, 1, 5). Ver a nota 5.

5. *Lançar dado falso*: enganar. – *Não são para viver em união* (esp. *no son para en uno*) não têm condição para viverem unidos ou conformes, ou "não são um para o outro".

9. E este amor que só cá dura, alma destas a quem o Senhor já tem infundido verdadeira sabedoria, não o estima em mais do que vale, nem em tanto. Porque para os que gostam de gostar de coisas do mundo, deleites e honras e riquezas, algo valerá, se é rico ou tem partes para dar passatempo e recreação; mas quem já aborrece tudo isto, pouco ou nonada lhe será dado daquilo.

Agora, pois, aqui – se tem amor – é a paixão para fazer esta alma para ser amada por ele;[6] porque, como digo, sabe que não há de durar em querê-la. É amor muito à sua custa. Não deixa de pôr tudo o que pode para que se aproveite. Perderia mil vidas por um pequeno bem seu.

Ó precioso amor, que vai imitando o capitão do amor, Jesus, nosso bem!

---

6. *Para ser amada*: equivale a "digna de, apta para...". Um dos censores corrigiu o original: "... para fazer esta alma *ame a Deus* para ser amada por ele". No ms. de Toledo a Santa corrige "paixão" e escreve "afeição" (frase precedente), mas não aceita a emenda do corretor, que não passa para a edição príncipe (p. 23), mas sim para a de frei Luís (p. 39) e para a generalidade das edições. – Em continuação: "*como digo*": alude ao dito no n. 8.

Capítulo 7

*Em que trata da mesma matéria do amor espiritual,
e dá alguns avisos para ganhá-lo.*

1. É coisa estranha quão apaixonado amor é este, quantas lágrimas custa, quantas penitências e oração, quanto cuidado de encomendar a todos os que pensam que lhe hão de aproveitar com Deus para que se encomendem a Ele, quanto desejo ordinário, um não trazer contento se não o vê aproveitar. Pois se lhe parece estar melhorado e vê que torna algo atrás, não parece haver de ter prazer em sua vida; nem come nem dorme senão com este cuidado,[1] sempre temerosa se a alma que tanto quer se há de perder, e se hão de apartar-se para sempre, que a morte de cá não a têm em nada, que não quer apegar-se a coisa que num sopro lhe vai de entre as mãos sem podê-la segurar. É – como tenho dito[2] – amor sem pouco nem muito de interesse próprio. Tudo o que deseja e quer é ver rica aquela alma de bens do céu.

Esta é vontade, e não estes quereres de cá desastrados, ainda não digo dos maus, que desses Deus nos livre: [2] em coisa que é inferno não há que nos cansarmos em dizer mal, que não se pode encarecer o menor mal dele. Este, irmãs, não há para que tomá-lo nós, irmãs, na boca, nem pensar que há no mundo, em zombarias nem deveras ouvi-lo, nem consentir que diante de vós se trate nem conte de semelhantes vontades. Para nenhuma coisa é bom, e ainda ouvi-lo poderia danar. Senão destes outros lícitos, como tenho dito, que temos umas com as outras, ou de parentes e amigas. Toda a vontade é que não nos morra:[3] se lhes dói a cabeça, parece que nos dói a alma; se os vemos com trabalhos, não fica – como dizem – paciência; tudo desta maneira.

---

1. Entre linhas a Santa acrescentou no códice de Toledo: *não se há de entender que é com inquietude interior.*
2. No c. 6, n. 6 e n. 9.
3. No códice de Toledo a Autora ajustou esta passagem de sorte que dissesse: *seja nossa vontade tal que não nos tire a paz e liberdade.*

3. Estoutra vontade não é assim. Ainda que com a fraqueza natural se sinta algo depressa, logo a razão olha se é bom para aquela alma, se ela se enriquece mais em virtude e como o leva, o rogar a Deus lhe dê paciência e mereça nos trabalhos. Se vê que a tem, nenhuma pena sente, antes se alegra e consola; se bem que o passaria de melhor grado que vê-lo passar, se o mérito e lucro que há em padecer pudesse todo lhe ser dado, mas não para que se inquiete nem desassossegue.

4. Torno outra vez a dizer,[4] que se parece e vai imitando este amor ao que nos teve o bom amador Jesus; e assim aproveitam tanto, porque não *quereriam eles senão* abraçar todos os trabalhos, e que os outros sem trabalhar se aproveitassem deles. Assim ganham mui muito os que têm sua amizade; e creiam que, ou deixarão de tratar com eles – com particular amizade, digo – ou acabarão com[5] nosso Senhor que vão por seu caminho, pois vão a uma terra, como fez Santa Mônica[6] com Santo Agostinho. Não sofre o coração tratar com eles com dissimulação, porque se os veem torcer o caminho, logo lhes dizem, ou algumas faltas. Não podem consigo acabar outra coisa. E como disto não se emendarão nem tratam de lisonja com eles nem de dissimular-lhes nada, ou eles se emendarão ou apartarão da amizade; porque não poderão sofrê-lo, nem é de sofrer; para um e para o outro é contínua guerra. Andando descuidados de todo o mundo e não trazendo conta se servem a Deus ou não porque só consigo mesmos a têm, com seus amigos não há poder fazer isto, nem coisa que lhes seja encoberta. Veem os defeitinhos.[7] Digo que trazem bem pesada cruz.[8]

---

4. Ver o que foi dito no final do c. 6. A frase que segue em itálico procede da primeira redação.
5. N.T.: No sentido de "conseguir de".
6. *Amonica* escreve a Santa.
7. N.T.: *Defeitinhos* = *motitas*: cf. *Vida* 22, 9.
8. A Santa suprimiu aqui uma passagem interessante da 1ª redação: *Ó ditosas almas que são amadas pelos tais! Ditoso o dia em que os conheceram! Ó Senhor meu, não me faríeis mercê que houvesse muitas que assim me amassem? Por certo, Senhor, de melhor gana o procuraria que ser amada por todos os reis e senhores do mundo; e com razão, pois estes nos procuram, por quantas vias podem, fazer tais que senhoreemos o mesmo mundo e que nos estejam sujeitas todas as coisas dele.*
Quando conhecerdes alguma pessoa semelhante, irmãs, com todas as diligências que puder, a Madre procure que trate convosco. Querei quanto quiserdes os tais. Poucos deve haver, mas não deixa o Senhor de querer que se entenda quando há algum que chega à perfeição. Logo vos dirão que não é mister, que basta ter a Deus. Bom meio para ter a Deus é tratar com seus amigos; sempre se tira grande lucro, eu o sei por experiência; que, depois do Senhor, se não estou

5. Esta maneira de amar é a que eu quereria que tivéssemos nós. Ainda que no princípio não seja tão perfeita, o Senhor a irá aperfeiçoando. Comecemos nos meios, que ainda que leve algo de ternura, não fará dano, por ser em geral. É bom e necessário algumas vezes mostrar ternura na vontade, e ainda tê-la, e sentir alguns trabalhos e enfermidades das irmãs, ainda que sejam pequenos; que algumas vezes acontece dar uma coisa muito leviana tão grande pena como a outra daria um grande trabalho, e a pessoas que têm por natural apertar muito poucas coisas.[9] Se convosco for o contrário, não vos deixeis de compadecer; e porventura queira nosso Senhor reservar-nos dessas penas e as teremos em outras coisas, e das que para nós são graves – ainda que em si não o sejam – para a outra serão leves. Assim que nestas coisas não julguemos por nós nem nos consideremos no tempo que, porventura sem trabalho nosso, o Senhor nos tem feito mais fortes, senão consideremo-nos no tempo que temos estado mais fracas.

6. Olhai que importa este aviso para saber-nos condoer dos trabalhos dos próximos, por pequenos que sejam, em especial a almas das que ficam ditas;[10] que já estas, como desejam os trabalhos, tudo se lhes faz pouco, e é muito necessário trazer cuidado de olhar-se quando era fraca e ver que, se não é, não vem dela; porque poderia por aqui o demônio ir esfriando a caridade com o próximo e fazer-nos entender que é perfeição o que é falta. Em tudo é mister cuidado e andar despertas, pois ele não dorme, e nos que vão em mais perfeição, mais; porque são muito mais dissimuladas as tentações, que não se atreve a outra coisa, que não parece se entender o dano até que está já feito, se – como digo – não se traz cuidado. Enfim, que é mister sempre velar e orar, que não há melhor remédio para descobrir estas coisas ocultas do demônio e fazê-lo dar sinal que a oração.[11]

7. Procurar também folgar-vos com as irmãs quando têm recreação com necessidade dela e no tempo que é de costume, ainda que não seja a vosso gosto, que indo com consideração tudo é amor perfeito.[12] Assim

---

no inferno, é por pessoas semelhantes, que sempre fui muito afeiçoada que me encomendassem a Deus, e assim o procurava. Agora tornemos ao que íamos.

9. Prossegue a 1ª redação: *E não se espantem; que o demônio porventura pôs ali todo o seu poder com mais força que para que sentísseis as penas e trabalhos grandes.*
10. Importa este aviso... *a almas das que ficam ditas* no n. 4.
11. Alusão aos conselhos do Senhor: Mt 26,41 e 17,20.
12. Na 1ª redação seguiam estas duas confidências delicadas: *E é assim que querendo tratar do que não o é tanto* [tão perfeito], *que não acho caminho nesta casa para que*

que é muito bom umas se apiedarem das necessidades das outras. Olhem para não ser com falta de discrição em coisas que seja contra a obediência. Ainda que lhe pareça áspero dentro de si o que a prelada mandar, não o mostre nem dê a entender a ninguém, a não ser à mesma priora com humildade, que fareis muito dano. E sabei entender quais são as coisas que se hão de sentir e apiedar das irmãs, e sempre sintam muito qualquer falta, se é notória, que vejais na irmã. E aqui se mostra e exercita bem o amor em saber sofrê-la e não se espantar com ela, que assim farão as outras com as que tiverdes, que ainda das que não entendeis devem ser muitas mais; e encomendá-la muito a Deus, e procurar fazer com grande perfeição a virtude contrária da falta que lhe parece na outra. Esforçar-se para isto, para que ensine aquela por obra o que por palavra porventura não o entenderá, nem lhe aproveitará, nem castigo. E isto de uma fazer o que vê resplandecer de virtude em outra, pega muito. Este é bom aviso; não vos esqueçais dele.

8. Oh, que bom e verdadeiro amor será o da irmã que pode aproveitar a todas, deixado seu proveito pelos das outras, ir muito adiante em todas as virtudes e guardar com grande perfeição a sua Regra! Melhor amizade será esta que todas as ternuras que se podem dizer, que estas não se usam nem hão de usar nesta casa, tal como "minha vida", "minha alma", "meu bem", e outras coisas semelhantes, que a umas chamam um e às outras outro. Deixem estas palavras regaladas para seu Esposo, pois tanto hão de estar com Ele e tão a sós, que haverá mister de aproveitar, pois Sua Majestade o sofre, e muito usadas cá não enternecem tanto com o Senhor; e sem isto, não há para quê; é muito de mulheres e não quereria eu, filhas minhas, o fôsseis em nada, nem o parecêsseis, senão varões fortes: que se elas fazem o que é em si, o Senhor as fará tão varonis que espantem os homens. E como é fácil para Sua Majestade, pois nos fez de nonada!

9. É também muito boa mostra de amor procurar tirar delas o trabalho e tomá-lo ela para si nos ofícios da casa, e também folgar-se e louvar muito ao Senhor pelo aumento que vir em suas virtudes. Todas estas coisas,

---

me pareça que entre nós será bom tê-lo, porque se é para bem, como digo, tudo se há de volver ao seu princípio, que é o amor que fica dito.

Pensei dizer muito disto outro [da segunda espécie de amor menos perfeito]*, e vindo para purificar, não me parece que se sofre aqui com o modo que levamos; e por isso, o quero deixar no dito, que espero em Deus – ainda que não seja com toda perfeição –, não haverá nesta casa disposição para que haja outra maneira de amar-vos.*

deixado o grande bem que trazem consigo, ajudam muito à paz e conformidade de umas com outras, como agora vemos por experiência, pela bondade de Deus. Praza a Sua Majestade levá-lo sempre adiante, porque seria coisa terrível ser ao contrário, e muito duro de sofrer, poucas e mal avindas; não o permita Deus.

10. Se por dita[13] alguma palavrinha de repente se atravessar, remedeie-se logo e façam grande oração. E em qualquer destas coisas que dure, ou grupinhos, ou desejo de ser mais, ou pontinho de honra (que parece que me gela o sangue, quando isto escrevo, de pensar que pode em algum tempo vir a ser, porque vejo que é o principal mal dos mosteiros), quando isto houver, deem-se por perdidas. Pensem e creiam que têm despedido seu Esposo de casa e que necessitam ir buscar outra pousada para ele, pois o expulsam de sua própria casa. Clamem a Sua Majestade. Procurem remédio. Porque, se não o põe confessar e comungar tão amiúde, temam se há algum Judas.

11. Olhe muito a priora, por amor de Deus, em não dar lugar a isto, atalhando muito no princípio, que aqui está todo o dano ou remédio;[14] e a que entender que alvoroça, procure que vá a outro mosteiro, que Deus lhes dará com que a dotem. Afastem de si esta pestilência. Cortem como puderem os ramos. E se não bastar, arranquem a raiz. E quando não puderem isto, não saia de um cárcere quem destas coisas tratar: muito mais vale, antes que pegue a todas tão incurável pestilência. Oh, que é grande mal! Deus nos livre do mosteiro aonde entra. Eu mais quereria que entrasse neste um fogo que nos abrasasse a todas.

Porque em outra parte creio que direi algo mais disto – como em coisa que nos vai tanto – não me alongo mais aqui.[15]

---

13. *Por dicha*: equivale a "porventura", "por acaso".
14. Ela acrescentava com força na 1ª redação: *e quando não bastar com amor, sejam graves castigos*.
15. O capítulo tinha um belo epílogo na 1ª redação. Ei-lo aqui: *Porque* [em] *outra parte tratarei ainda outra vez disto, não digo aqui mais, senão que quero mais que se queiram e amem ternamente e com regalo (ainda que não seja tão perfeito como o amor que fica dito, como seja em geral) que não haja um ponto de discórdia. Não o permita o Senhor, por quem Sua Majestade é, amém.*

Capítulo 8

Trata do grande bem que é desapegar-se de todo o criado interior e exteriormente.

1. Agora vamos ao desapego que havemos de ter, porque nisto está tudo, se vai com perfeição. Aqui digo está tudo, porque abraçando-nos só com o Criador e não nos dando nada por todo o criado, Sua Majestade infunde as virtudes de maneira que, trabalhando nós pouco a pouco o que é em nós, não teremos muito mais que pelejar, que o Senhor toma a mão contra os demônios e contra todo o mundo em nossa defesa.

Pensais, irmãs, que é pouco bem procurar este bem de dar-nos todas ao Tudo sem fazer-nos partes? E pois nele estão todos os bens, como digo, louvemo-lo muito, irmãs, que nos juntou aqui aonde não se trata de outra coisa senão disto. E assim não sei para que o digo, pois todas as que aqui estais me podeis ensinar a mim; que confesso neste caso tão importante não ter a perfeição como a desejo e entendo que convém,[1] e em todas as virtudes; e o que digo aqui, o mesmo, que é mais fácil escrever que obrar, e ainda nisto não atinara, porque algumas vezes consiste em minha experiência o sabê-lo dizer, e devo atinar pelo contrário destas virtudes que tenho tido.

2. Quanto ao exterior, já se vê quão apartadas estamos aqui de tudo.[2] Ó irmãs, entendei, por amor de Deus, a grande mercê que o Senhor tem feito às que trouxe aqui, e cada uma o pense bem em si, pois em só doze quis Sua Majestade que fôsseis uma. E quantas delas melhores que eu, sei que tomaram este lugar de bom grado, e o deu o Senhor a mim, merecendo-o tão mal. Bendito sejais Vós, meu Deus, e louve-vos todo o criado, que

---

1. ... *que confesso neste caso tão importante sou a mais imperfeita; mas, pois mo mandais, tocarei em algumas coisas que se me oferecem...* Assim estava na 1ª redação.

2. Na 1ª redação escreveu com muito mais espontaneidade e veemência: *parece que nos quer o Senhor apartar de tudo as que aqui nos trouxe, para chegarmos mais sem embaraço a sua Majestade aqui. – Ó Criador e Senhor meu! Quando mereci eu tão grande dignidade, que parece que tendes andado rodeando como vos achegar mais a nós? Praza à vossa bondade não o percamos por nossa culpa. Ó irmãs minhas!...*

esta mercê tampouco se pode servir, como outras muitas que me tendes feito, que dar-me estado de monja foi grandíssima. E como tenho sido tão ruim, não confiastes, Senhor, em mim, porque aonde havia muitas juntas boas não se deixaria de ver assim minha ruindade até que se acabasse a minha vida, e trouxestes-me aonde, por ser tão poucas que parece impossível deixar-se de entender, para que ande com mais cuidado, tirastes-me todas as ocasiões. Já não há desculpa para mim, Senhor, eu o confesso, e assim preciso mais de vossa misericórdia, para que perdoeis a que tiver.

3. O que vos peço muito é que a que vir em si que não é para levar o que aqui se costuma, o diga. Outros mosteiros há aonde se serve tão bem o Senhor. Não perturbem estas pouquinhas que aqui Sua Majestade tem juntado. Em outras partes há liberdade para consolar-se com parentes; aqui, se alguns se admitem, é para consolo dos mesmos. Mas a monja que desejar ver parentes para seu consolo, se não são espirituais, tenha-se por imperfeita; creia que não está desapegada, não está sã, não terá liberdade de espírito, não terá inteira paz, mister há de médico, e digo que, se não lhe for tirado e sanado, que não é para esta casa.

4. O remédio que vejo melhor é não vê-los até que se veja livre e o alcance do Senhor com muita oração. Quando se vir de maneira que o tome por cruz, veja-os em boa hora, que então fará proveito a eles e não dano a si.[3]

---

3. Na 1ª redação insistia: *mas se tem amor a eles, se lhe doem muito suas penas e escuta seus sucessos no mundo de bom grado, creia que a si causará dano e a eles não fará nenhum proveito.*

Capítulo 9

Que trata do grande bem que há em fugir dos parentes os que deixaram o mundo, e quão mais verdadeiros amigos acham.

1. Oh, se entendêssemos as religiosas o dano que nos vem de tratar muito com parentes, como fugiríamos deles! Eu não entendo que consolação é esta que dão, mesmo deixado o que toca a Deus, senão só para nosso sossego e descanso, que de suas recreações não podemos nem é lícito gozar, e sentir seus trabalhos sim; nenhum deixam de chorar, e algumas vezes mais que os mesmos. A usadas,[1] que se algum regalo fazem ao corpo, que o paga bem o espírito. Disto estais aqui livres, que como tudo é em comum e nenhuma pode ter regalo particular, assim a esmola que lhes fazem é em geral, e fica livre de contentá-los por isto, que já sabe que o Senhor as há de prover por junto.

2. Espantada estou pelo dano que faz tratar com eles; não creio que o crerá senão quem o tiver por experiência. E quão esquecida parece estar no dia de hoje nas religiões esta perfeição![2] Não sei o que é que deixamos do mundo as que dizemos que tudo deixamos por Deus, se não nos apartamos do principal, que são os parentes. Chega já a coisa a estado, que têm por falta de virtude não querer e tratar muito os religiosos com seus parentes, e como que o dizem eles e alegam suas razões.

3. Nesta casa, filhas, muito cuidado de encomendá-los a Deus,[3] que é razoável; no demais, apartá-los da memória o mais que pudermos, porque é coisa natural nossa vontade apegar-se a eles mais que a outras pessoas.

---

1. *A usadas*, escreve a Santa, deformando a expressão clássica "*a osadas*" [*a ousadas*], que equivale a "com resolução, sem medo" ou então a "certamente". Cobarruvias a explica assim: de ousadia "se forma una manera de decir antigua *aosadas*, que vale tanto como 'osaría yo apostar'" (sob o verbete "*osar*").

2. ... *pelo menos na maioria, ainda que não em todos os santos que escreveram, ou muitos* (1ª redação). Segue uma alusão aos conselhos evangélicos (Lc 14,33).

3. ... *depois dos dito que toca à sua Igreja* (1ª redação).

Tenho sido muito querida deles, pelo que diziam, e eu os queria tanto, que não os deixava esquecerem-se de mim. E tenho por experiência, em mim e em outras, que deixados[4] os pais (que por maravilha deixam de fazer pelos filhos, e é razoável com eles quando tiverem necessidade de consolo, se virmos que não nos faz dano ao principal, não sejamos estranhos, que com desapego se pode fazer, e com irmãos), nos demais, ainda que me tenha visto em trabalhos, meus parentes têm sido e quem menos tem ajudado neles; os servos de Deus, sim.[5]

4. Crede, irmãs, que servindo-o vós como deveis, que não achareis melhores parentes que os que Sua Majestade vos enviar. Eu sei que é assim, e postas nisto – como ides – e entendendo que ao fazer outra coisa faltais ao verdadeiro amigo e esposo vosso, crede que muito em breve ganhareis esta liberdade, e que dos que só por ele vos quiserem, podeis confiar mais que em todos os vossos parentes, e que não vos faltarão; e em quem não pensais, achareis pais e irmãos. Porque como estes pretendem a paga de Deus, fazem por nós; os que a pretendem de nós, como nos veem pobres e em nada lhes podemos aproveitar, cansam-se depressa. E ainda que isto não seja em geral, é o mais usado agora no mundo, porque, enfim, é mundo.

Quem vos disser outra coisa e que é virtude fazê-la, não creiais neles, que se dissesse todo o dano que traz consigo, me havia de alongar muito; e porque outros, que sabem o que dizem melhor, têm escrito nisto, baste o dito. Parece-me que, pois sendo tão imperfeita o tenho entendido tanto, o que farão os que são perfeitos?

5. Todo este dizer-nos que fujamos do mundo, que nos aconselham os Santos, claro está que é bom. Pois crede-me que o que, como tenho dito,[6] mais se apega dele são os parentes e mais difícil de desapegar. Por isso

---

4. N.T.: *Deixados*: exceto, fora.
5. As últimas frases foram retocadas nos originais e nas edições. Na primeira redação escreveu: "*Nos demais, ainda que me tenha visto em trabalhos, meus parentes têm sido; e quem me tem ajudado neles, os servos de Deus*". Na nova redação, copiou materialmente essa frase. Depois a emendou, não muito certeiramente, tal como se transcreve no texto. Tanto a edição príncipe (fl. 31r) como frei Luís de León (p. 55) deformam o texto. Ainda que a frase seja pouco feliz, o sentido é claro: nos trabalhos, seus parentes (*deudos*) a ajudaram menos que os servos de Deus.
6. Foi dito no n. 2.

fazem bem os que fogem de suas terras; se lhes vale, digo, que não creio que vá em fugir do corpo, senão em que determinadamente se abrace a alma com o bom Jesus, Senhor nosso, que como ali acha tudo, esquece tudo; ainda que ajuda muito grande seja apartar-nos até que já tenhamos conhecida esta verdade; que depois poderá ser que o Senhor queira, para dar-nos cruz no que costumávamos ter gosto, que tratemos com eles.

Capítulo 10

Trata como não basta desapegar-se do que foi dito, se não nos desapegarmos de nós mesmas, e como estão juntas esta virtude e a humildade.

1. Desapegando-nos do mundo e parentes e encerradas aqui com as condições que estão ditas, já parece que temos tudo e que não há que pelejar com nada. Ó irmãs minhas, não vos tranquilizeis nem vos ponhais a dormir, que será como aquele que se deita muito sossegado tendo fechado muito bem suas portas por medo de ladrões, e os deixa em casa. E já sabeis que não há pior ladrão, pois ficamos nós mesmas, que se não se anda com grande cuidado e cada uma – como em negócio mais importante que todos – não se olha muito em andar contradizendo sua vontade, há muitas coisas para tirar esta santa liberdade de espírito, que possa voar para seu Fazedor sem ir carregada de terra e de chumbo.

2. Grande remédio é para isto trazer muito contínuo no pensamento a vaidade que é tudo e quão depressa se acaba, para tirar as afeições das coisas que são tão insignificantes e pô-la no que nunca se há de acabar. E ainda que pareça fraco meio, vem para fortalecer muito a alma, e nas muito pequenas coisas trazer grande cuidado; em nos afeiçoando a alguma, procurar apartar o pensamento dela e voltá-lo a Deus, e Sua Majestade ajuda. E tem nos feito grande mercê, que nesta casa o mais está feito, posto que[1] este apartar-nos de nós mesmas e ser contra nós, é rija coisa, porque estamos muito juntas e nos amamos muito.

3. Aqui pode entrar a verdadeira humildade, porque esta virtude e estoutra[2] parece-me que andam sempre juntas. São duas irmãs que não há para que apartá-las. Não são estes os parentes de que eu aviso que se apartem, senão que os abracem, e as amem e nunca se vejam sem elas. Ó soberanas virtudes, senhoras de todo o criado, imperadoras do mundo,

---

1. *Posto que*, na acepção de *ainda que*. A passagem é mais clara na 1ª redação: *E nos tem feito grande mercê, que nesta casa o mais está feito; mas fica desapegar-nos de nós mesmos. Este é duro apartar...*
2. *Estoutra*: a virtude do desprendimento de que vem falando.

livradoras de todos os laços e enredos que põe o demônio, tão amadas de nosso ensinador Cristo, que nunca um ponto se viu sem elas! Quem as tiver, bem pode sair e pelejar contra todo o inferno junto e contra todo o mundo e suas ocasiões. Não tenha medo de ninguém, que seu é o reino dos céus. Não tem a quem temer, porque nada se lhe dá perder tudo nem o tem por perda; só teme descontentar a seu Deus; e suplicar-lhe[3] que as sustente nelas para que não as perca por sua culpa.

4. É verdade que estas virtudes têm tal propriedade, que se escondem de quem as possui, de maneira que nunca as vê nem acaba de crer que tem alguma, ainda que lhe digam; mas as tem em tanto que sempre anda procurando tê-las, e vai aperfeiçoando-as em si mais, ainda que bem se assinalam os que as têm; logo se dá a entender aos que com eles tratam, sem eles quererem.

Mas que desatino pôr-me eu a louvar humildade e mortificação, estando tão louvadas pelo Rei da glória e tão confirmadas com tantos trabalhos seus! Pois, filhas minhas, aqui é o trabalhar para sair da terra do Egito, que em as achando achareis o maná;[4] todas as coisas vos saberão bem; por mau sabor que ao gosto dos do mundo tenham, para vós serão doces.

5. Agora, pois, o primeiro que havemos de procurar é tirar de nós o amor por este corpo, que somos algumas tão regaladas pelo nosso natural, que não há pouco que fazer aqui, e tão amigas de nossa saúde, que é coisa para louvar a Deus a guerra que dão, a monjas em especial, e também aos que não são. Mas algumas monjas não parece que viemos para outra coisa ao mosteiro, senão para procurar não morrer. Cada uma o procura como pode. Aqui, na verdade, pouco lugar há disso com a obra, mas não quereria eu que houvesse o desejo. Determinai-vos, irmãs, que vindes para morrer por Cristo, e não para regalar-vos por Cristo; que isto põe o demônio "que para levar e guardar a Ordem";[5] e tanto em boa hora se quer guardar a ordem procurando a saúde para guardá-la e conservá-la, que se morre sem

---

3. *Suplica-lhe* devia ter escrito. Na 1ª redação concluía assim: *Não tem a quem temer, senão suplicar a Deus que o sustente nelas para que não as perca por sua culpa.*
4. Alusão a Sabedoria 16,20 e ao Êxodo 16.
5. Um corretor emendou sem motivo o original: "que isto põe o demônio que é *mister* para levar e guardar a ordem". Lembrar que *põe* equivale a *sugere. Guardar a ordem* equivale a observância da ordem. – *Tanto em boa hora*: tão em boa hora.

cumpri-la inteiramente um mês, nem porventura um dia. Pois não sei eu para que viemos.

6. Não tenham medo que nos falte discrição neste caso por maravilha, que logo temem os confessores que nos fazemos matar com penitências. E é tão aborrecido por nós esta falta de discrição, que assim cumpríssemos tudo. As que fizerem o contrário, eu sei que não lhes dará nada de que diga isto, nem a mim de que digam que julgo por mim, que dizem verdade.[6] Tenho para mim que assim quer o Senhor que sejamos mais enfermas; pelo menos o fez a mim em ser grande misericórdia, porque, como me havia de regalar assim como assim, quis que fosse com causa.

Pois é coisa danosa as que andam com este tormento que elas mesmas se dão, e algumas vezes lhes dá um desejo de fazer penitência sem caminho nem concerto, que duram dois dias, à maneira de dizer. Depois o demônio põe na imaginação delas que lhes fez dano; faz com que elas tenham medo da penitência e não ousem depois cumprir o que a ordem manda, "que já provaram disso". Não guardamos umas coisas muito baixas da Regra – como o silêncio, que não nos há de fazer mal –, e não nos tem doído a cabeça, quando deixamos de ir ao coro – que tampouco nos mata –, e queremos inventar penitências de nossa cabeça para que não possamos fazer nem um nem o outro.[7] E às vezes é pouco o mal, e nos parece que não estamos obrigadas a fazer nada, que pedindo licença cumprimos.

7. Direis: que para que a dá a priora? Sabendo o interior, porventura não faria; mas como lhe dais informação de necessidade e não falta um médico que ajuda para a mesma que vós lhe fazeis, e uma amiga que chore ao

---

6. Na 1ª redação escreveu mais laconicamente: *Creio, e o sei certo, que tenho mais companheiras que terei injuriadas por fazer o contrário.*

7. Na 1ª redação a ironia e a força desta passagem eram mais finas. *Algumas vezes dá-lhes um frenesi de fazer penitências sem caminho nem concerto... A imaginação que lhes põe o demônio "que fez dano a elas", "que nunca mais penitência! nem a que manda a ordem, que já o provaram". Não guardam umas coisas muito baixas da Regra – como o silêncio, que não nos há de fazer mal – e não nos tem vindo a imaginação de que nos dói a cabeça, quando deixamos de ir ao coro – que tampouco nos mata – um dia porque nos doeu, e outro por que nos tem doído, e outros três para que não nos doa.*

lado, ou parenta, o que há de fazer? Fica com escrúpulo se falta à caridade. Quer mais falteis vós do que ela.⁸

8. Estas são coisas que pode ser que ocorram alguma vez, e para que vos guardeis delas as ponho aqui. Porque se o demônio começa a amedrontar-nos com que nos faltará a saúde, nunca faremos nada. O Senhor nos dê luz para acertar em tudo, amém.

---

8. *E não lhe parece justo julgar-nos mal* – acrescentava a 1ª redação. – No lugar do número seguinte, a redação primitiva concluía assim: *Oh, este queixar-se – valha-me Deus – entre monjas! Que Ele me perdoe, que temo seja já costume. A mim aconteceu uma vez ver isto: que tinha uma o costume de queixar-se da cabeça, e se queixava a mim muito dela. Vindo para averiguar, pouco nem muito lhe doía, senão em outra parte tinha alguma dor.* Todo este capítulo é muito mais espontâneo e finamente cáustico na redação escorialense.

Capítulo 11

Prossegue na mortificação, e diz a que se há de adquirir nas enfermidades.

1. Coisa imperfeita me parece, irmãs minhas, este queixar-nos sempre de levianos males; se podeis sofrê-lo, não o façais. Quando é grave o mal, ele mesmo se queixa; é outro queixume e logo se parece.[1] Olhai que sois poucas, e se uma tem este costume é para trazer fatigadas todas, se vos tendes amor e há caridade; senão que a que estiver de mal que seja deveras, o diga e tome o necessário; que se perderdes o amor próprio, sentireis tanto qualquer regalo, que não tenhais medo de tomá-lo sem necessidade nem vos queixeis sem causa. Quando há causa, seria muito pior não dizer do que tomá-lo sem ela, e muito mal se não vos apiedassem.

2. Mas disso, com certeza que aonde há caridade e tão poucas, que nunca falte o cuidado de curar-vos.[2] Mas umas fraquezas e malezinhos de mulheres, esquecei-vos de queixá-las, que algumas vezes põe o demônio imaginação dessas dores; são tiradas e postas. Se não se perde o costume de dizê-lo e queixar-vos de tudo se não for a Deus, nunca acabareis.[3] Porque este corpo tem uma falta, que quanto mais o regalam, mais necessidades descobre. É coisa estranha o que quer ser regalado; e como tem aqui alguma boa cor, por pouca que seja a necessidade, engana a pobre da alma para que não medre.

3. Lembrai-vos de quantos pobres enfermos haverá que não têm a quem se queixar. Pois pobres e regaladas, não leva caminho. Lembrai-vos também de muitas casadas; – eu sei que as há – e pessoas de sorte, que com graves males, para não dar enfado a seus maridos, não ousam queixar-se, e com graves trabalhos. Pois, pecadora de mim! Sim, que não viemos aqui para ser mais regaladas que elas. Oh, que estais livres de grandes trabalhos

---

1. *Luego se parece*: logo se manifesta. – Na 1ª redação, o capítulo começava em termos mais peremptórios: *Coisa imperfeitíssima me parece, irmãs minhas, este uivar e queixar-se sempre e enfraquecer a fala fazendo-se de enferma...*
2. *... onde há "oração" e caridade e tão poucas...* tinha escrito na 1ª redação.
3. Na 1ª redação acrescentava: *Ponho tanto nisto, porque tenho para mim que importa e que é uma coisa que tem muito relaxados os mosteiros.*

do mundo, sabei sofrer um pouquinho por amor de Deus sem que todos o saibam! Pois é uma mulher muito malcasada,⁴ e para que seu marido não saiba que o diz e se queixa, passa muita desventura sem descansar com ninguém, e não passaremos algo entre Deus e nós pelos males que nos dá por nossos pecados? Quanto mais que é nonada o que se aplaca o mal!

4. Em tudo isto que tenho dito, não trato de males graves, quando há muita calentura, ainda que peça que haja moderação e sofrimento sempre, senão uns malezinhos que se podem passar em pé. Mas o que seria se este se houvesse de ver fora desta casa? O que diriam todas as monjas de mim? E de quanto bom grado, se alguma se emendasse, eu o sofreria! Porque por uma que haja desta sorte, vem a coisa a termos que, pela maior parte, não creem em nenhuma, por graves males que tenha.⁵

Lembremo-nos de nossos Pais santos passados eremitas, cuja vida pretendemos imitar: quantas passariam de dores, e quantas sozinhos, e de frios e fome e sol e calor, sem ter a quem se queixar senão a Deus! Pensais que eram de ferro? Pois tão delicados eram como nós. E crede, filhas, que começando a vencer estes corpinhos, não nos cansam tantos. Fartas haverá que olhem o que é mister; descuidai-vos de vós, se não for necessidade conhecida. Se não nos determinamos a tragar de uma vez a morte e a falta de saúde, nunca faremos nada.

5. Procurai não ter medo dela, e deixar toda em Deus, venha o que vier. Que importa que morramos? Quantas vezes zombou de nós o corpo. Não zombaríamos alguma dele? E crede que esta determinação importa mais do que podemos entender; porque de muitas vezes que pouco a pouco o vamos⁶ fazendo, com o favor do Senhor, ficaremos senhoras dele. Pois vencer tal inimigo é grande negócio para passar na batalha desta vida. Faça--o o Senhor como puder. Bem creio que não entende o lucro senão quem já goza da vitória, que é tão grande, pelo que creio, que ninguém sentiria passar trabalho para ficar neste sossego e senhorio.

---

4. *Malcasada*: na acepção de infeliz no matrimônio, ou – como diz a Santa – "que passa muita má ventura".

5. A 1ª redação prosseguia: *Enfim, vem a coisa a termos, que perdem umas por outras; e se alguma tem sofrido, nem os próprios médicos creem nela, como tem visto outras com pouco mal queixar-se tanto. (Como é para minhas filhas somente, tudo pode acontecer).*

6. *Vamos*: esp. *vayamos*, mas a Santa escreveu *vamos*; contração frequente em seus escritos (como *hais* por *hayais*; cf. neste mesmo cap. na 1ª redação, n. 1).

Capítulo 12

Trata de como há de ter em pouco a vida o verdadeiro amador de Deus, e a honra.

1. Vamos a outras coisas que também importam bastante, ainda que pareçam miúdas. Trabalho grande parece tudo, e com razão, porque é guerra contra nós mesmos; mas começando-se a obrar, obra Deus tanto na alma e lhe faz tantas mercês, que tudo lhe parece pouco quanto se pode fazer nesta vida. E pois as monjas fazemos o mais, que é dar a liberdade por amor de Deus pondo-a em outro poder, e passam tantos trabalhos, jejuns, silêncio, encerramento, servir o coro, que por muito que nos queiramos regalar é alguma vez, e porventura só eu em muitos mosteiros que tenho visto, pois, por que nos havemos de deter em mortificar o interior, pois nisto está o ir tudo isto outro muito mais meritório e perfeito, e depois realizá-lo com mais suavidade e descanso? Isto se adquire indo – como tenho dito[1] – pouco a pouco, não fazendo nossa vontade e apetite, ainda em coisas miúdas, até acabar de render o corpo ao espírito.

2. Torno a dizer[2] que está tudo ou grande parte em perder cuidado de nós mesmos e nosso regalo; que quem de verdade começa a servir ao Senhor, o menos que lhe pode oferecer é a vida. Pois lhe tem dado a sua vontade, o que teme? Claro está que se é verdadeiro religioso ou verdadeiro orador,[3] e pretende gozar regalos de Deus, que não há de voltar as costas a desejar morrer por ele e passar martírio. Pois, já não sabeis, irmãs, que a vida do bom religioso e que quer ser dos amigos achegados de Deus é um longo martírio? Longo, porque para compará-lo aos que depressa os degolavam, pode-se chamar longo; mas toda a vida é curta, e algumas curtíssimas. E que sabemos se seremos de tão curta, que desde uma hora

---
1. No c. 11, n. 5. Os pensamentos que precedem tinham outro matiz na 1ª redação: *Pois, por que nos detemos em mortificar estes corpos em ninharias, que é não fazer-lhes prazer em nada, senão andar em cuidado levando-os por onde não querem até tê-los rendidos ao espírito?*
2. Cf. c. 11, n. 4.
3. *Verdadeiro orador*: verdadeiro orante, pessoa de oração.

ou momento que nos determinemos a servir totalmente a Deus se acabe? Possível seria; que, enfim, tudo o que tem fim não há que fazer caso disso, e pensando que cada hora é a última, quem não a trabalhará? Pois crede-me que pensar isto é o mais seguro.

3. Por isso mostremo-nos a contradizer em tudo nossa vontade; que se trazeis cuidado, como tenho dito,[4] sem saber como, pouco a pouco vos achareis no cume. Mas, que grande rigor parece dizer que não nos façamos prazer em nada, como não se diz que gostos e deleites traz consigo esta contradição e o que se ganha com ela! Ainda nesta vida, que segurança! Aqui, como todas o usais, o mais está feito; umas a outras se despertam e ajudam; nisto há cada uma procurar[5] ir adiante das outras.

4. Nos movimentos interiores se traga muita conta, em especial se tocam em maiorias.[6] Deus nos livre, por sua Paixão, de dizer nem pensar em deter-se nisso "se sou mais antiga", "se tenho mais anos", "se tenho trabalhado mais", "se tratam a outra melhor". Estes pensamentos, se vierem, é preciso atalhá-los com presteza; que se se detêm neles, ou o põem a falar neles, é pestilência e de onde nascem grandes males.[7] Se tiverem priora que consente coisa destas, por pouco que seja, creiam por seus pecados tem permitido Deus a tenham para começar a se perder, e façam grande oração para que dê o remédio, porque estão em grande perigo.[8]

5. Poderá ser que digam "que para que ponho tanto nisto" e "que vá com rigor"; "que regalos faz Deus a quem não está tão desapegado".

Eu creio, que com sua sabedoria infinita vê que convém para trazê-los a que deixem tudo por Ele. Não chamo "deixá-lo", entrar em religião,

---

4. No n. 1 e no c. 11, n. 5. – Um dos censores colocou nesta passagem uma longa nota, que logo foi introduzida no texto pelo amanuense do manuscrito de Salamanca. Diz assim: *"Não nos façamos prazer* etc.: nesta mortificação parece que em tudo se folgam e fazem prazer querendo tudo; porque têm o que querem e querem o que têm, no qual consiste nosso contentamento sendo bom o que se quer".

5. *Nisto há cada uma* de *procurar...*

6. N.T.: *Maioria* no sentido de superioridade, primazia.

7. Na 1ª redação: ... *de onde nascem grandes males nos mosteiros. olhem que o sei muito!*

8. Na 1ª redação: ... *clamem a ele e toda a sua oração seja para que dê o remédio em religioso ou pessoa de oração; que quem deveras a tem com determinação de gozar das mercês que faz Deus e regalos nela, isto de desapego a todos convém.*

que impedimentos pode haver, e em cada parte pode a alma perfeita estar desapegada e humilde; isso com mais trabalho seu, que grande coisa é o aparelho.[9] Mas creiam-me uma coisa, que se há ponto de honra ou de fazenda[10] (e isto pode haver tão bem nos mosteiros como fora, ainda que mais tiradas estão as ocasiões e maior seria a culpa), que ainda que tenham muitos anos de oração (ou, melhor dizendo, consideração, porque oração perfeita, enfim, tira estes ressaibos), que nunca medrarão muito nem chegarão a gozar o verdadeiro fruto da oração.

6. Olhai se vos vai algo, irmãs, nestas coisas, pois não estais aqui para outra coisa. Vós não ficais mais honradas, e o proveito perdido para o que poderíeis mais ganhar; assim que desonra e perda cabe aqui junto.[11]

Cada um olhe em si o que tem de humildade e verá o que está aproveitada. Parece-me que ao verdadeiro humilde ainda de primeiro movimento não ousará o demônio tentá-lo em coisa de maiorias; porque, como é tão sagaz, teme o golpe. É impossível, se alguém é humilde, que não ganhe mais fortaleza nesta virtude, e aproveitamento, se o demônio o tenta por aí; porque está claro que há de dar volta sobre sua vida, e mirar[12] o que tem servido com o que deve ao Senhor, e as grandezas que fez em baixar-se a si para deixar-nos exemplo de humildade, e mirar seus pecados e aonde merecia estar por eles. Sai a alma tão lucrativa, que não ousa tornar[13] outro dia para não ir quebrada a cabeça.

7. Este conselho tomai de mim e não o esqueçais: que não só no interior – que seria grande mal não ficar com lucro –, mas no exterior procurai que as irmãs o tirem de vossa tentação; se quereis vingar-vos do demônio e livrar-vos mais depressa da tentação, que assim que ela vos vier peçais à prelada que vos mande fazer algum ofício baixo ou, como puderdes, os façais vós, e andeis estudando nisto como dobrar vossa vontade em

---

9. N.T.: *Aparelho*: disposição para alguma coisa.
10. *Punto de honra o de hacienda*: vã estima ou desejo de uma ou outra. Na 1ª redação tinha escrito: *ponto de honra ou desejo de fazenda*.
11. Alusão a uma espécie de lei do código de honra. Na 1ª redação a alusão é explícita.
12. *Mirar* (comparar) *o que tem servido com o que deve*. À margem anotou um dos censores: "remédio de humildade contra a soberba".
13. *Não ousa tornar* "o demônio", acrescentou a Santa no manuscrito de Madri.

coisas contrárias, que o Senhor vo-las descobrirá, e com isto durará pouco a tentação.[14] Deus nos livre de pessoas que querem servi-lo lembrarem-se de honra. Olhai que é mau lucro, e – como tenho dito[15] – a mesma honra se perde desejando-a, em especial nas maiorias, que não há tóxico no mundo que assim mate como estas coisas a perfeição.

8. Direis "que são coisinhas naturais, que não há que fazer caso". Não vos enganeis com isso, que cresce como espuma, e não há coisa pequena em tão notável perigo como são estes pontos de honra e mirar se nos fizeram agravo. Sabeis por que, sem outras fartas coisas? Porventura numa começa por pouco e não é quase nada, e logo move o demônio a que ao outro lhe pareça muito, e ainda pensará que é caridade dizer-lhe que como consente aquele agravo, que Deus lhe dê paciência, que lho ofereçais, que não sofreria mais um santo. Põe uma charamela na língua da outra,[16] já que acabais convosco de sofrer, ficais ainda tentadas de vanglória do que não sofrestes com a perfeição que se havia de sofrer.

9. E esta natureza é tão fraca, que ainda dizendo-nos que não há o que sofrer, pensamos que temos feito algo e o sentimos, quanto mais ver que o sentem por nós. E assim vai perdendo a alma as ocasiões que tinha tido para merecer, e fica mais fraca e aberta a porta ao demônio para que outra vez venha com outra coisa pior; e ainda poderá acontecer, mesmo quando quiserdes sofrê-lo, que venham a vós e vos digam "que sim sois besta", "que é bom que se sintam as coisas".[17] Oh, por amor de Deus, irmãs minhas! que nenhuma seja movida por indiscreta caridade para mostrar lástima da outra em coisa que toque a estes fingidos agravos, que é como a que tiveram os amigos do Santo Jó com ele,[18] e sua mulher.

---

14. A 1ª redação acrescentava: (em coisas contrárias...) *e com mortificações públicas, pois se usam nesta casa. Como de pestilência fugi de tais tentações do demônio, e procurai que esteja pouco convosco.*

15. No n. 6.

16. *Charamela*, em esp. *caramillo*: é uma flautinha de cana, e em sentido figurado, intriga ou mexerico. "Poner un caramillo en la lengua" é "induzir a algo seduzindo".

17. Na 1ª redação acrescentava uma de suas típicas exclamações finamente irônica: *Ah, que se tem alguma amiga!*

18. Jó 2,11. No manuscrito de Toledo a Santa emendou a frase final, equívoca: *... e a que teve sua mulher.*

Capítulo 13

Prossegue na mortificação, e como há de fugir dos pontos e razões do mundo para chegar-se à verdadeira razão.

1. Muitas vezes vo-lo digo, irmãs, e agora o quero deixar escrito aqui, para que não vos esqueçais de que nesta casa, e ainda toda pessoa que quiser ser perfeita, fuja mil léguas de "tive razão", "fizeram-me sem-razão", "não teve razão quem fez isto comigo"... De más razões nos livre Deus. Parece que havia razão para que nosso bom Jesus sofresse tantas injúrias e lhe fossem feitas tantas sem-razões? A que não quiser levar cruz senão a que lhe derem muito posta em razão, não sei eu para que está no mosteiro; torne-se ao mundo, aonde ainda não lhe guardarão essas razões. Porventura podeis passar tanto que não devais mais? Que razão é esta? Por certo, eu não a entendo.

2. Quando nos fizerem alguma honra ou regalo ou bom tratamento, saquemos essas razões, que certamente é contra a razão que no-lo façam nesta vida. Mas quando agravos – que assim os chamam sem fazer-nos agravo –, eu não sei o que há que falar. Ou somos esposas de tão grande rei, ou não. Se somos, que mulher honrada há que não participe das desonras que fazem a seu esposo? Ainda que não o queira por sua vontade, enfim, de honra ou desonra participam ambos. Pois ter parte em seu reino e gozar dele, e das desonras e trabalhos querer ficar sem nenhuma parte, é disparate.

3. Não no-lo deixe Deus querer, senão que a que lhe parecer que é tida entre todas em menos, se tenha por mais bem-aventurada; e assim o é, se o leva como o há de levar, que não lhe faltará honra nesta vida nem na outra. Creiam-me isto a mim. Mas que disparate tenho dito, que creiam em mim, dizendo-o a verdadeira Sabedoria.[1]

---

1. Na 1ª redação: *Que disparate tenho dito que creiam em mim, dizendo-o a verdadeira Sabedoria – que é a mesma Verdade – e Rainha dos anjos.* – Alusão à sentença evangélica de Lc 14,11... e a dois versos do *Magnificat*: Lc 1,48.52. – Prosseguia: *Sequer em algo imitemos esta sua humildade, digo algo, porque por muito que nos baixemos e hu-*

Pareçamo-nos, filhas minhas, em algo com a grande humildade da Virgem Sacratíssima, cujo hábito trazemos, que é confusão nomear-nos monjas suas; que por muito que nos pareça que nos humilhamos, ficamos bem curtas para ser filhas de tal Mãe e esposas de tal Esposo.

Assim que se as coisas ditas não forem atalhadas com diligência, o que hoje não parece nada amanhã porventura será pecado venial; e é de tão má digestão, que se deixais não ficará só. É coisa muito má para congregações.

4. Nisto havíamos de olhar muito as que estamos nela, para não fazer dano às que trabalham para fazer-nos bem e dar-nos bom exemplo. E se entendêssemos quão grande dano se faz em que se comece um mau costume, mais quereríamos morrer que ser causa dele;[2] porque é morte corporal, e perdas nas almas é grande perda e que não parece se acabar de perder; porque mortas umas vêm outras, e a outras porventura lhes cabe mais parte de um mau costume que pusemos, que de muitas virtudes; porque o demônio não o deixa cair, e as virtudes a própria fraqueza natural as faz perder.

5. Oh, que grandíssima caridade faria e que grande serviço a Deus a monja que em si visse que não pode levar os costumes que há nesta casa, reconhecer e ir embora! E olhe que cumpra, se não quer ter um inferno cá e praza a Deus não seja outro lá,[3] porque há muitas causas para temer isto, e porventura ela nem as demais não o entenderão como eu.

---

milhemos, não faz nada uma como eu, que por seus pecados tinha merecido que a fizessem abaixar e desprezar os demônios, já que ela não quisesse. Porque ainda que não tenham tantos pecados, por maravilha haverá quem deixe de ter algum por que tenha merecido o inferno.

2. *Um mau costume destes pontinhos de honra; mais quereríamos morrer mil mortes* – assim na 1ª redação.

3. Ao reler esta passagem já pronta para impressão, a Santa achou dura a sua ameaça "se não quer ter um inferno cá e outro lá", e a riscou. Entre linhas completou a frase anterior: ... *o reconhecesse e se fosse "antes que professasse, como outra vez tenho dito"*.

O texto da 1ª redação era mais extenso e muito mais forte: *Oh, que grandíssima caridade faria e que grande serviço a Deus, a monja que visse que não pode levar as perfeições e costumes que há nesta casa, conhecer-se e ir-se e deixar as outras em paz...! E ainda em todos os mosteiros (ao menos se creem em mim) não terão nem darão profissão até que de muitos anos esteja provado para ver se se emendam. – Não chamo faltas na penitência e jejuns, porque ainda que o seja, não são coisas que fazem tanto dano. Mas umas condições que há em si amigas de ser estimadas e tidas, e olhar as faltas alheias e nunca conhecer as suas, e outras coisas*

6. Creiam-me nisto, e se não, o tempo lhes dou por testemunha. Porque o estilo que pretendemos levar é não só de ser monjas, senão eremitas, e assim fosse deixado totalmente o criado, e a quem o Senhor tem escolhido para aqui, particularmente vejo que lhe faz esta mercê. Ainda que agora não seja em toda perfeição, vê-se que vai já a ela pelo grande contento que lhe dá e alegria ver que não há de tornar a tratar com coisa da vida, e o sabor todas as da Religião.

Torno a dizer que se se inclina a coisas do mundo, que se vá se não se vê ir aproveitando; e ir, se ainda quer ser monja, a outro mosteiro, e se não, verá como lhe sucede. Não se queixe de mim, que comecei este, porque não lhe aviso.

7. Esta casa é um céu, se pode haver um na terra, para quem se contenta só em contentar a Deus e não faz caso de contento seu; tem-se muito boa vida; em querendo algo mais, se perderá tudo, porque não o pode ter; e alma descontente é como quem tem grande fastio, que por bom que seja o manjar, lhe dá repulsa, e do que os sãos tomam grande gosto comer, lhe faz asco no estômago. Em outra parte se salvará melhor, e poderá ser que pouco a pouco chegue à perfeição que aqui não pôde sofrer por tomar-se por junto. Que ainda que no interior se aguarde tempo para totalmente desapegar-se e mortificar-se, no exterior há de ser logo. E a quem vendo que todas o fazem e andando em tão boa companhia sempre, não lhe

---

semelhantes, que verdadeiramente nasce de pouca humildade; se Deus não favorece dando-lhe grande espírito, até de muitos anos vê-la emendada, vos livre Deus de que fique em vossa companhia. Entendei que nem ela sossegará nem vos deixará sossegar a todas. Como não tomais dote, Deus vos faz mercê para isto, que é o que me lastima dos mosteiros: que muitas vezes, para não tornar a dar o dinheiro, deixam o ladrão que lhes roube o tesouro, ou pela honra de seus parentes. Nesta casa tendes já aventurada e perdida a honra do mundo, porque os pobres não são honrados; não tão à vossa custa queirais que o sejam os outros. Nossa honra, irmãs, há de ser servir a Deus. Quem pensar que isto vos há de estorvar, fique com sua honra em sua casa; que para isto ordenaram nossos pais a provação de um ano, e em nossa ordem que não se dê em quatro, que para isto há liberdade. Aqui quereria eu não se desse em dez. A monja humilde pouco se lhe dará em não ser professa; já sabe que se é boa, não a expulsarão; se não, para que quer fazer dano a este colégio de Cristo? E não chamo não ser boa coisa de vaidade que, com o favor de Deus creio que estará longe desta casa; chamo não ser boa, não estar mortificada, senão com apego de coisas do mundo ou de si nestas coisas que tenho dito. E a que muito em si não o vir, creia-me ela mesma e não faça profissão se não quer ter um inferno cá, e praza a Deus não seja outro lá, porque há muitas causas nela para isso; e porventura as mesmas da casa não as entenderão, nem a mesma, como eu as tenho entendidas.

aproveita em um ano, temo que não aproveitará em muitos, mais, senão menos.[4] Não digo que seja tão completamente como nas outras, mas que se entenda que vai cobrando saúde, que logo se vê quando o mal é mortal.

---

4. *Já a quem... não aproveita em um ano, ou meio, temo não aproveitará mais em muitos, senão menos*: assim na 1ª redação.

Capítulo 14

Em que trata o muito que importa não dar profissão a nenhuma cujo espírito seja contrário às coisas que ficam ditas.

1. Bem creio que o Senhor favorece muito a quem bem se determina, e por isso se há de mirar que intenção tem a que entra, não seja só para remediar-se (como acontecerá a muitas), posto que o Senhor pode aperfeiçoar esta intenção, se é pessoa de bom entendimento, que se não, de nenhuma maneira se tome; porque nem ela entenderá por que entra, nem depois as que a quiserem pôr no melhor. Porque, para a maior parte, que esta falta tem, sempre lhes parece que atinam mais no que lhes convém que os mais sábios; e é mal que tenho por incurável, porque por maravilha deixa de trazer consigo malícia. Aonde há muitas, se poderá tolerar, e entre tão poucas não se poderá sofrer.

2. Um bom entendimento, se se começa a afeiçoar ao bem, apega-se a ele com fortaleza, porque vê que é o mais acertado; e quando não aproveitar para muito espírito, aproveitará para bom conselho e para fartas coisas, sem cansar a ninguém.[1] Quando este falta, eu não sei para que pode aproveitar em comunidade, e poderia fazer farto dano.

Esta falta[2] não se vê muito em breve, porque muitas falam bem e entendem mal, e outras falam curto e não muito cortado, e têm entendimento para muito bem. Que há umas simplicidades santas que sabem pouco para negócios e estilo do mundo, e muito para tratar com Deus. Por isso é mister grande informação para tomá-las e longa provação para fazê-las professas. Entenda uma vez o mundo que tendes liberdade para recusá-las, que em mosteiro aonde há asperezas, muitas ocasiões há, e como se use, não o terão por agravo.

3. Digo isto porque são tão desventurados estes tempos e tanta nossa fraqueza, que não basta tê-lo por mandamento de nossos passados, para

---

[1]. A 1ª redação prosseguia: *antes, é recreação.*
[2]. *... e as demais!* (1ª redação).

que deixemos de olhar o que têm tomado por honra os presentes para não agravar os parentes. Praza a Deus que não paguemos na outra vida as que admitimos, que nunca falta um motivo com que nos fazemos entender que se sofre fazê-lo.³

4. E este é um negócio que cada uma por si havia de olhar e encomendar a Deus e animar a prelada, pois é coisa que tanto importa. E assim suplico a Deus que nisso vos dê luz, que bastante bem tendes em não receber dotes, que aonde se tomam poderia acontecer que por não tornar a dar o dinheiro – que já não têm – deixem o ladrão em casa que lhes roube o tesouro, que não é pequena lástima. Vós, neste caso, não a tenhais de ninguém, porque será fazer dano a quem pretendeis fazer proveito.

---

3. A 1ª redação acrescentava: *E em caso tão importante nenhum é bom; porque quando o Prelado sem afeição nem paixão olha o que está bem para a casa, nunca creio que Deus o deixará errar. E olhando estas piedades e pontos néscios tenho para mim que não deixa de haver erro.*

Capítulo 15

Que trata do grande bem que há em não desculpar-se, ainda que se vejam condenar sem culpa.

1. Confusão grande me faz o que vos vou persuadir,[1] porque devia ter posto em obra pelo menos algo do que vos digo nesta virtude; é assim que confesso ter aproveitado muito pouco. Jamais me parece que me falta uma causa para parecer-me maior virtude dar desculpa. Como algumas vezes é lícito e seria mau não fazê-lo, não tenho discrição – ou, para dizer melhor, humildade – para fazê-lo quando convém. Porque, verdadeiramente, é de grande humildade ver-se condenar sem culpa e calar, e é grande imitação do Senhor que nos tirou todas as culpas. E assim vos rogo muito que tragais nisto grande estudo, porque traz consigo grandes lucros, e em procurar nós mesmas livrar-nos de culpa, nenhuma, nenhuma vejo, se não é – como digo – em alguns casos que poderia causar enfado ou escândalo não dizer a verdade. Isto quem tiver mais discrição do que eu o entenderá.

2. Creio que vai muito em acostumar-se a esta virtude, ou em procurar alcançar do Senhor verdadeira humildade, que daqui deve vir; porque o verdadeiro humilde há de desejar de verdade ser tido em pouco e perseguido e condenado sem culpa, ainda em coisas graves. Porque se quiser imitar o Senhor, em que melhor pode do que nisto? Que aqui não são necessárias forças corporais nem ajuda de ninguém, senão de Deus.

3. Estas virtudes grandes, irmãs minhas, quereria eu que estudássemos muito e fizéssemos penitência, que já sabeis que sou contra que façais demasiadas penitências, porque podem fazer dano à saúde se são sem

---

1. Na 1ª redação precedia uma introdução interessante: *Mas quão desconcertado escrevo! Bem como quem não sabe o que faz. Vós tendes a culpa, irmãs, pois mo mandais. Lede-o como puderdes, que assim o escrevo eu, como posso; e se não, queimai-o por mau que vai. Quer-se assento, e eu tenho tão pouco lugar como vedes, que se passam oito dias que não escrevo; e assim, esqueço-me do que tenho dito e ainda o que vou dizer, que agora será mal de mim e rogar-vos que não façais vós isto que acabo de fazer, que é desculpar-me; que vejo ser um costume perfeitíssimo e de grande edificação e mérito; e ainda que vo-lo ensine muitas vezes, e pela bondade de Deus o fazeis, nunca Sua Majestade mo tem dado.*

discrição. Neste outro não há que temer, porque por grandes que sejam as virtudes interiores, não tiram as forças do corpo para servir a religião, senão fortalecem a alma; e de coisas muito pequenas se podem – como tenho dito outras vezes – acostumar para sair com vitória nas grandes.² Nestas não tenho podido fazer esta prova, porque nunca ouvi dizer coisa má de mim que não visse ficassem curtos; porque ainda que não fosse nas mesmas coisas, tinha ofendido a Deus em outras muitas, e parecia-me que tinham feito bastante em deixar aquelas, e sempre me folgo eu mais que digam de mim o que não é, do que as verdades.³

4. Ajuda muito trazer consideração do muito que se ganha por todas as vias e como nunca – bem olhado – nunca nos culpam sem culpas, que sempre andamos cheias delas, pois o justo cai sete vezes ao dia, e seria mentira dizer que não temos pecado.⁴ Assim que, ainda que não seja no mesmo que nos culpam, nunca estamos totalmente sem culpa, como estava o bom Jesus.

5. Ó Senhor meu, quando penso por quantas maneiras padecestes e como por nenhuma o merecíeis, não sei o que dizer de mim, nem aonde tive o senso quando não desejava padecer, nem aonde estou quando me desculpo. Já sabeis Vós, Bem meu, que se tenho algum bem, que não é dado por outras mãos senão pelas vossas. Pois, o que vos vai, Senhor, mais em dar muito do que pouco? Se é por não o merecer eu, tampouco merecia as mercês que me tendes feito. É possível que hei eu de querer que ninguém sinta bem de coisa tão má, tendo dito tantos males de Vós, que sois bem sobre todos os bens? Não se sofre, não se sofre, Deus meu – nem quereria eu que Vós o sofrêsseis – que haja em vossa serva coisa que não contente a vossos olhos. Pois olhai, Senhor, que os meus estão cegos e se contentam com muito pouco. Dai-me Vós luz e fazei que com verdade

---

2. Cf. c. 12, n. 1-2 e c. 11, n. 5. Na 1ª redação ela acrescentava: *Mas quão bem se escreve isto, e quão mal o faço eu! Na verdade, em coisas grandes nunca tenho podido fazer esta prova.*

3. A 1ª redação continha outros detalhes: *Estas outras coisas, por graves que fossem, não. Mas em coisas pequenas seguia minha natureza – e sigo – sem advertir o que é o mais perfeito. Por isso quereria eu o começásseis cedo a entender, e cada uma a trazer consideração do muito que ganha por todas as vias, e por nenhuma perde, a meu parecer. Ganha o principal em servir em algo ao Senhor. Digo algo, porque – como tenho dito – nunca nos culpam sem culpas.*

4. Alusões a Pr 24,16 e Jo 1,8-10.

deseje que todos me aborreçam, pois tantas vezes tenho desejado a Vós, amando-me com tanta fidelidade.

6. Que é isto, meu Deus? Que pensamos obter ao contentar as criaturas? Que nos vai em ser muito culpadas por todas elas, se diante do Senhor estamos sem culpa? Ó irmãs minhas, que nunca acabamos de entender esta verdade, e assim nunca acabamos de estar perfeitas, se muito não a andamos considerando e pensando o que é o que é e o que não é o que não é!

Pois quando não houvesse outro lucro senão a confusão que ficará para a pessoa que vos tiver culpado ao ver que vós sem ela vos deixais condenar, é grandíssimo. Mais levanta uma coisa destas às vezes a alma que dez sermões. Pois todas havemos de procurar ser pregadoras por obras, pois o Apóstolo e nossa inabilidade nos tira que o sejamos nas palavras.[5]

7. Nunca penseis que há de estar secreto o mal ou o bem que fizerdes, por encerradas que estejais. E pensais que ainda que vós, filhas, não vos desculpeis, há de faltar quem vos defenda? Olhai como respondeu o Senhor pela Madalena em casa do Fariseu e quando sua irmã a culpava.[6] Não vos levará pelo rigor que a si, que já no tempo que teve um ladrão que tornasse por Ele, estava na cruz;[7] assim que Sua Majestade moverá a quem torne por vós, e quando não, não haverá mister. Isto eu tenho visto e é assim, ainda que não quisesse que vos fosse lembrado, senão que vos folgásseis de ficar culpadas, e o proveito que vereis em vossa alma, o tempo vos dou por testemunha. Porque se começa a ganhar liberdade e não se dá mais que digam mal ou bem, antes parece ser negócio alheio. E é como quando estão falando duas pessoas, e como não é conosco mesmas, estamos descuidadas da resposta. Assim é cá: com o costume que está feito de que não havemos de responder, não parece que falam conosco.

Parecerá isto impossível aos que somos muito sentidos e pouco mortificados. No princípio é dificultoso; mas eu sei que se pode alcançar esta liberdade e negação e desapego de nós mesmos com o favor do Senhor.

---

5. Alusão à prescrição paulina de 1Cor 16,34.
6. Lc 7,36-40 e 10,38.
7. Lc 23,41

Capítulo 16

Da diferença que há de haver entre a perfeição da vida dos contemplativos e os que se contentam com oração mental, e como é possível algumas vezes subir Deus uma alma distraída à perfeita contemplação e a causa disso. — É muito de notar este capítulo e o que vem junto a ele.[1]

1. E não vos pareça muito tudo isto, que vou entabulando o jogo, como dizem. Pedistes-me que vos dissesse o princípio da oração; eu, filhas, ainda que não me levasse Deus por este princípio, porque ainda não o devo ter destas virtudes,[2] não sei outro. Pois crede que quem não sabe arrumar as peças no jogo de xadrez, que saberá mal jogar, e se não sabe dar xeque, não saberá dar mate. Assim me haveis de repreender porque falo de coisa de jogo, não o havendo nesta casa nem havendo de haver. Aqui vereis a mãe que Deus vos deu, que até esta vaidade sabia; mas dizem que é lícito algumas vezes. E quão lícito será para nós esta maneira de jogar, e quão depressa, se muito o usamos, daremos mate a este Rei divino, que não poderá sair de nossas mãos nem quererá.

2. A dama[3] é a que mais guerra lhe pode fazer neste jogo, e todas as outras peças ajudam. Não há dama que assim o faça render-se como a humildade. Esta trouxe do céu nas entranhas da Virgem, e com ela o traremos nós por um cabelo a nossas almas.[4] E crede que quem mais tiver, mais terá, e quem menos, menos. Porque não posso entender como há nem pode haver humildade sem amor, nem amor sem humildade, nem é possível estar estas duas virtudes sem grande desapego de todo o criado.

---

1. Os quatro primeiros números deste capítulo são tomados da primeira redação. A autora os incluiu também na segunda redação, mas depois ela mesma arrancou as páginas que os continham e começou com o n. 5. Os quatro parágrafos suprimidos têm como título: *Que trata de quão necessário tem sido o que fica dito para começar a tratar de oração.*
2. *Estas virtudes*: humildade e silêncio quando somos acusadas (cf. c. 15, n. 2-3).
3. *A dama* é "la reina", diz Tomás Alvarez. Mas a palavra usada em português sempre foi "dama", e não "rainha".
4. Alusão a Ct 4,9.

3. Direis, minhas filhas, "que para que vos falo em virtudes, que fartos livros tendes que vo-las ensinam, que não quereis senão contemplação". – Digo eu que ainda se pedísseis meditação poderia falar dela e aconselhar a todas que a tivessem, ainda que não tenham virtudes; porque é princípio para alcançar todas as virtudes, e coisa que nos vai a vida a todos os cristãos começá-la, e nenhum, por perdido que seja, se Deus o desperta a tão grande bem, o terá de deixar, como já tenho escrito em outra parte,[5] e outros muitos que sabem o que escrevem, que eu por certo que não o sei; Deus o sabe.

4. Mas a contemplação é outra coisa, filhas, que este é o engano que todos trazemos, que chegando alguém um tempo cada dia a pensar em seus pecados (que está obrigado a isso se é cristão mais do que de nome), logo dizem que é muito contemplativo, e logo o querem com tão grandes virtudes como está obrigado a ter o muito contemplativo, e ainda ele quer, mas erra. No princípio não soube entabular o jogo: pensou que bastava conhecer as peças para dar mate, e é impossível que este Rei não se dá senão a quem se dá a ele de todo.

5. Assim que, filhas, se quiserdes que vos diga o caminho para chegar à contemplação, sofrei que seja um pouco longa em coisas ainda que não vos pareçam logo tão importantes, ainda que a meu parecer não o deixam de ser. E se não as quereis ouvir nem pôr em obra, ficai com vossa oração mental toda a vossa vida, que eu vos asseguro a vós e a todas as pessoas que pretenderem este bem (já pode ser que eu me engane, porque julgo por mim que o procurei vinte anos) que não chegueis à verdadeira contemplação.

6. Quero agora declarar – porque algumas não o entendereis – o que é oração mental, e praza a Deus que estas tenhamos como se há de ter; mas também tenho medo que se tem com farto trabalho se não se procuram as virtudes, ainda que não em tão alto grau como para a contemplação são mister. Digo que não virá o Rei da glória a nossa alma – digo a estar unido com ela – se não nos esforçarmos para ganhar as virtudes grandes. Quero declará-lo porque, se em alguma coisa que não seja verdade me tomais, não crereis coisa, e teríeis razão se fosse com advertência, mas não me dê Deus

---

5. Em *Vida* c. 8, n. 4 e *passim*.

tal lugar; será não saber mais, ou não o entender. Quero, pois, dizer que algumas vezes quererá Deus a pessoas que estão em mau estado fazer tão grande favor para tirá-las por este meio das mãos do demônio.[6]

7. Ó Senhor meu, quantas vezes vos fazemos andar a braços[7] com o demônio! Não bastara que vos deixásseis tomar neles quando vos levou ao pináculo, para ensinar-nos a vencê-lo? Mas o que seria, filhas, ver junto aquele Sol com as trevas e quê temor levaria aquele desventurado sem saber de quê, que não permitiu Deus que o entendesse![8] Bendita seja tanta piedade e misericórdia; que vergonha havíamos de ter os cristãos de fazê-lo andar cada dia a braços – como tenho dito – com tão suja besta. Bem foi mister, Senhor, que os tivésseis tão fortes; mas, como não ficaram fracos

---

6. Com esta proposição começa uma passagem doutrinariamente interessante, profundamente discutida e comentada por teresianistas e teólogos da espiritualidade. Facilitamos o seu estudo com os seguintes dados de índole textual: 1º A proposição que precede emenda um texto apagado ao arrancar os quatro primeiros números do capítulo, e que dizia assim: *No capítulo passado disse que não viria o Rei da glória a nossa alma – digo a estar unido com ela – se não nos esforçássemos por ganhar as virtudes que ali disse.* 2º Sejam levados em conta os matizes novos da segunda colocação do problema no número 8: *ainda que estejam em mau estado e faltas de virtudes...* 3º A primeira redação contém diferenças textuais importantes; no n. 6: *Acontece muitas vezes que o Senhor põe uma alma muito ruim – entenda-se não estando em pecado mortal então, a meu parecer –* ... [o sentido fica suspenso; provavelmente quis escrever: "o Senhor põe em contemplação uma alma muito ruim etc."]; *porque uma visão, ainda que seja muito boa, permitirá o Senhor que a veja um estando em mau estado para tornar a si; mas pô-lo em contemplação não o posso crer porque naquela união divina, aonde o Senhor se regala com a alma e a alma com Ele, não leva caminho alma suja deleitar-se com ela a limpeza dos céus, e o regalo dos anjos com coisa que não seja sua, pois já sabemos que, em pecando alguém mortalmente, é do demônio: com ele se pode regalar, pois o tem contentado (que já sabemos que são seus regalos contínuo tormento ainda nesta vida), que não faltará a meu Senhor filhos seus com quem se folgue sem que ande a tomar os alheios. Fará Sua Majestade o que faz muitas vezes, que é tirá-los das mãos.* O começo do n. 8: *Assim que, quando o Senhor quer, torna a alma a si; põe-na, estando ainda sem ter estas virtudes, em contemplação algumas vezes; poucas, e dura pouco.* Finalmente, na redação do manuscrito de Toledo, autorizada pela Santa, leem-se novas variantes; no n. 6: "Quero, pois, dizer que quererá Deus algumas vezes fazer tão grande mercê a pessoas que estão em mau estado, que as suba à perfeita contemplação, para tirá-las por este meio das mãos do demônio". – Todo este forcejo da Santa para chegar a uma formulação satisfatória de "seu problema" demonstra que nele havia dados fugidios, não captados plenamente por sua mente, nem fáceis de exprimir.

7. *Andar a braços*: entrar no braço, lutar corpo a corpo. Segue uma alusão a Mt 4,5.

8. ... *e quão merecido tinha, por tão grande atrevimento, que criasse Deus outro inferno novo para ele*: frase que a própria Santa apagou no original do Escorial (1ª redação).

com tantos tormentos como passastes na cruz? Oh, que tudo o que se passa com amor torna a soldar-se! E assim creio, se ficásseis com a vida, o mesmo amor que nos tendes tornaria a soldar vossas chagas, que não seria preciso outra medicina.[9] Ó Deus meu, e quem a pusesse tal em todas as coisas que me dessem pena e trabalhos! Quão de bom grado as desejaria se tivesse certeza de ser curada com tão saudável unguento!

8. Tornando ao que dizia,[10] há almas que Deus entende que por este meio as pode granjear para si. Já que as vê totalmente perdidas, quer Sua Majestade que não fique por Ele,[11] e ainda que estejam em mau estado e faltas de virtudes, dá-lhe gostos e regalos e ternura que a começa a mover os desejos, e ainda as põem em contemplação algumas vezes, poucas, e dura pouco. E isto, como digo, faz porque as prova se com aquele favor quererão dispor-se a gozá-lo muitas vezes. Mas se não se dispõe, perdoem – ou perdoai-nos Vós, Senhor, para melhor dizer – que farto mal é que chegueis Vós a uma alma desta sorte, e chegue ela depois a coisa da terra para atar-se a ela.

9. Tenho para mim que há muitos com quem Deus nosso Senhor faz esta prova, e poucos os que se dispõem para gozar desta mercê; que quando o Senhor a faz e nós não faltamos, tenho por certo que nunca cessa de dar até chegar a muito alto grau. Quando não nos damos a Sua Majestade com a determinação que Ele se dá a nós, faz bastante deixando-nos em oração mental e visitando-nos de quando em quando, como a criados que estão em sua vinha.[12] Mas estes outros são filhos regalados, não os quereria tirar de junto de si; nem os tira, porque eles já não querem retirar-se; senta-os à sua mesa, dá-lhes do que come até tirar o bocado da boca para dá-lo a eles.

10. Ó ditoso cuidado, filhas minhas! Ó bem-aventurada renúncia de coisas tão poucas e tão baixas, que chega a tão grande estado! Olhai o que vos será dado, estando nos braços de Deus, que vos culpe todo o mundo. Poderoso é para livrar-vos de tudo, que uma vez que mandou fazer o mun-

---

9. A 1ª redação continuava: *Parece que desatino; pois não faço, que maiores coisas que estas faz o amor divino, e para não parecer curiosa – já que sou – e dar-vos mau exemplo, não trago aqui algumas.*
10. *Tornando ao que dizia* no n. 6.
11. N.T.: *Que não fique por Ele*: que de sua parte nada falte.
12. Alusão a Mt 21,37.

do, foi feito: seu querer é obra. Pois não tenhais medo que se não é para maior bem do que o ama, consinta falar contra vós: não quer tão pouco a quem o quer.[13] Pois, por que, minhas irmãs, não lhe mostraremos nós, enquanto pudermos, o amor? Olhai que é formosa troca dar nosso amor pelo seu. Olhai que pode tudo e cá não podemos nada senão o que Ele nos faz poder. Pois, o que é isto que fazemos por Vós, Senhor, Fazedor nosso? Que é tanto como nada, uma determinaçãozinha. Pois se o que não é nada quer Sua Majestade que mereçamos por isso o todo, não sejamos desatinadas.

11. Ó Senhor, que todo o dano nos vem de não ter postos os olhos em Vós, que se não mirássemos outra coisa senão o caminho, depressa chegaríamos; mas damos mil quedas e tropeços e erramos o caminho por não pôr os olhos – como digo – no verdadeiro caminho. Parece que nunca foi andado, segundo se nos faz novo. Coisa é para lastimar, por certo, o que algumas vezes se passa.[14]

Pois tocar num pontinho de ser menos, não se sofre, nem parece que se há de poder sofrer; logo dizem: "não somos santos". [12] Deus nos livre, irmãs, quando algo fizermos não perfeito dizer: "não somos anjos", "não somos santas". Olhai que, ainda que não o sejamos, é grande bem pensar, se nos esforçarmos, que o poderíamos ser, dando-nos Deus a mão; e não tenhais medo que fique por Ele, se não fica por nós.[15] Pois não viemos aqui para outra coisa,[16] mãos à obra, como dizem: não entendamos coisa em que se serve mais o Senhor que não presumamos sair com ela com seu favor. Esta presunção quereria eu nesta casa, que faz sempre crescer a humildade: ter uma santa ousadia, que Deus ajuda aos fortes e não é aceitador de pessoas.[17]

---

13. A 1ª redação acrescentava: *de quantas maneiras pode mostrar o amor, o mostra*; mas um dos censores julgou pouco atilada teologicamente a frase e apagou-a.

14. Prosseguia a 1ª redação: *Digo que não parecemos cristãos, nem que lemos a Paixão em nossa vida. Valha-me Deus, tocar em um pontinho de honra! Logo, quem vos diz que não façais caso disso parece* que *não é cristão. Eu me ria – ou me afligia – alguma vez do que via no mundo, e ainda, por meus pecados, nas religiões: tocar num pontinho de ser menos não se sofre! Logo dizem que não somos santos, ou o dizia eu...*

15. N.T.: Ou seja: Ele não nos falta, ou falha conosco, se nós não faltarmos com Ele.

16. *Aqui outra coisa*, escreveu a Santa. Corrigimos pela 1ª redação.

17. Ef 6,9 (não faz distinção de pessoas). A 1ª redação contém variantes de interesse: ... *humildade: sempre estar com ânimo, que Deus dá aos fortes – e não é aceitador*

13. Muito me tenho divertido. Quero tornar ao que dizia,[18] que é declarar o que é oração mental e contemplação, impertinente parece, mas para vós tudo passa; poderá ser que o entendais melhor por meu grosseiro estilo que por outros elegantes. O Senhor me dê o favor para isso, amém.

---

de pessoas e vo-lo dará a vós e a mim.
   18. No n. 6.

Capítulo 17

*De como nem todas as almas são para contemplação,
e como algumas chegam a ela tarde, e que o verdadeiro humilde há de ir
contente pelo caminho que o levar o Senhor.*

1. Parece que vou entrando na oração, e falta-me um pouco por dizer, que importa muito, porque é da humildade e é necessário nesta casa;[1] porque é o exercício principal de oração e, como tenho dito,[2] convém muito que trateis de entender como exercitar-vos muito na humildade, e este é um grande ponto dela e muito necessário para todas as pessoas que se exercitam na oração: como poderá o verdadeiro humilde pensar que é ele tão bom como os que chegam a ser contemplativos? Que Deus o possa fazer tal, sim, por sua bondade e misericórdia. Mas, a meu conselho, sempre se sente no mais baixo lugar, que assim nos disse o Senhor que o fizéssemos e no-lo ensinou pela obra.[3] Disponha-se para o caso de Deus o querer levar por esse caminho. Quando não, para isso é a humildade, para ter-se por ditosa em servir às servas do Senhor e louvá-lo porque, merecendo ser serva dos demônios no inferno, a trouxe Sua Majestade entre elas.

2. Não digo isto sem grande causa, porque, como tenho dito,[4] é coisa que importa muito entender que nem a todos leva Deus por um caminho, e porventura o que lhe parecer que vai por muito mais baixo, está mais alto aos olhos do Senhor.

Assim que, não porque nesta casa todas tratem de oração, hão de ser todas contemplativas.[5] É impossível. E será grande desconsolo para a que não o é, não entender esta verdade, que isto é coisa que Deus dá; e pois não

---

1. Mosteiro de São José de Ávila.
2. No c. 12, n. 6-7.
3. Lc 14,10 [antes: *a meu conselho*: a meu ver, na minha opinião].
4. No c. 16, n. 9.
5. Recolhemos uma variante da 1ª redação: *Não porque nesta casa haja costume e exercício de oração, é por força que hão de ser todas contemplativas...* Por outro lado, no manuscrito de Toledo a Santa apagou a afirmação seguinte: "é impossível".

é necessário para a salvação, nem no-lo pede de premio,[6] nem pense que alguém o pedirá. Que por isso não deixará de ser muito perfeita se faz o que fica dito. Antes poderá ser que tenha muito mais mérito, porque é com mais trabalho seu e a leva o Senhor como a forte e a tem guardado junto tudo o que aqui não goza. Nem por isso desanime nem deixe a oração e de fazer o que todas, que às vezes vem o Senhor muito tarde e paga tão bem e tão por junto como em muitos anos tem ido dando a outros.

3. Eu estive mais de quatorze anos que nunca podia ter meditação senão junto com lição. Haverá muitas pessoas desta arte, e outras que, ainda que seja com a lição, não podem ter meditação, senão rezar vocalmente, e aqui se detêm mais. Há pensamentos tão ligeiros, que não podem estar numa coisa, senão sempre desassossegados, e em tanto extremo que, se querem detê-lo para pensar em Deus, são levados a mil disparates e escrúpulos e dúvidas.[7]

Conheço uma pessoa bem velha, de bastante boa vida, penitente e muito serva de Deus, e gasta fartas horas, há fartos anos, em oração vocal, e em mental não há remédio;[8] quando mais pode, pouco a pouco nas orações vocais se vai detendo. E outras pessoas há fartas desta maneira, e se há humildade, não creio que sairão mais prejudicadas no final, senão muito em igual aos que levam muitos gostos, e com mais segurança em parte; porque não sabemos se os gostos são de Deus ou se os põe o demônio. E se não são de Deus, é mais perigo, porque no que ele trabalha aqui é em pôr soberba; que se são de Deus, não tem que temer; consigo trazem a humildade, como escrevi muito longamente em outro livro.[9]

4. Estoutros[10] andam com humildade, suspeitosos de que é por sua culpa, sempre com cuidado e ir adiante. Não veem os outros chorar uma lágrima, que, se ela não as tem, não lhe pareça esta muito atrás no serviço

---

6. *Premio*, escreve a Santa. Frei Luís de León (p. 93) conservou o termo. O copista do ms. toledano transcreveu "de premio", e a Santa riscou simplesmente os dois vocábulos. – A expressão espanhola *"Pedir de apremio"* equivale a exigir.

7. ... *na fé*: acrescentava na 1ª redação.

8. É mais explícita na 1ª redação: *Conheço uma monja bem velha – que prouvera a Deus fosse a minha vida como a sua –, muito santa e penitente e em tudo grande monja e de muita oração vocal e muito ordinária.*

9. Em *Vida* c. 15, n. 14; c. 17, n. 3; c. 20, n. 7 e n. 29 etc.

10. *Estoutros*: os não agraciados com gostos espirituais na oração.

de Deus, e deve estar porventura muito mais adiante; porque não são as lágrimas, ainda que sejam boas, todas perfeitas; e a humildade e mortificação e desapego e outras virtudes, sempre há mais segurança. Não há o que temer, nem tenhais medo que deixeis de chegar à perfeição como os muito contemplativos.

5. Santa era Santa Marta, ainda que não digam que era contemplativa. Pois, o que mais quereis que poder chegar a ser como esta bem-aventurada, que mereceu ter Cristo nosso Senhor tantas vezes em sua casa e dar-lhe de comer e servi-lo e comer à sua mesa?[11] Se estivéssemos como a Madalena, embebidas, não haveria quem desse de comer a este divino Hóspede. Pois pensai que é esta congregação a casa de Santa Marta e que há de haver de tudo. E as que forem levadas pela vida ativa, não murmurem contra as que muito se embeberem na contemplação, pois sabem que há de tornar o Senhor delas, ainda que calem, que, para a maior parte, faz descuidar de si e de tudo.[12]

6. Lembrem-se que é mister quem lhe guise a comida, e tenham-se por ditosas em andar servindo com Marta. Olhem que a verdadeira humildade está muito em estar muito prontos em contentar-se com o que o Senhor quiser fazer deles, e sempre achar-se indignos de chamar-se seus servos. Pois se contemplar e ter oração mental e vocal e curar enfermos e servir nas coisas de casa e trabalhar – seja no mais baixo –, tudo é servir ao Hóspede que vem para estar conosco e para comer e recrear-se, o que mais se nos dá numa coisa que na outra?

7. Não digo que fique para nós, senão que proveis tudo, porque isto não está em vosso escolher, senão no do Senhor. Mas se depois de muitos anos quiser a cada uma para seu ofício, gentil humildade será querer vós escolher. Deixai o Senhor da casa fazer. É sábio, é poderoso, entende o que vos convém e o que convém a Ele também. Estai seguras que, fazendo o que é em vós e aparelhando-vos para contemplação com a perfeição que fica dita, que se Ele não vo-la dá (creio que não o deixará de dar, se é de verdade o desapego e humildade), que vos tem guardado este regalo para

---

11. Mais graficamente na 1ª redação: ... *dar-lhe de comer e servi-lo e porventura comer à sua mesa e ainda em seu prato* – Alude a Lc 10,38-42.

12. *Tornar...* por *elas, que para a maior parte* a contemplação *faz descuidar...*

vo-lo dar junto no céu, e que – como outra vez tenho dito[13] – vos quer levar como a fortes, dando-vos cá cruz como sempre Sua Majestade a teve. E que melhor amizade que querer para vós o que quis para Si? E poderia ser que não tivésseis tanto prêmio na contemplação. São juízos seus, não há porque meter-nos neles. Farto bem é que não fique ao nosso escolher, que logo – como nos parece mais descanso – seríamos todos grandes contemplativos.

Oh, grande lucro não querer ganhar por nosso parecer para não temer perda, pois Deus nunca permite que a tenha o bem mortificado, senão para ganhar mais!

---

13. No n. 2.

Capítulo 18

Que prossegue na mesma matéria e diz quanto maiores são os trabalhos dos contemplativos que dos ativos. – É de muita consolação para eles.

1. Pois eu vos digo, filhas, as quais Deus não leva por este caminho, que pelo que tenho visto e entendido dos que vão por ele, que não levam a cruz mais leviana e que vos espantaríeis pelas vias e maneiras que Deus lhas dá. Eu sei de uns e de outros, e sei claro que são intoleráveis os trabalhos que Deus dá aos contemplativos, e são de tal sorte, que se não lhes desse aquele manjar de gostos, não se poderiam sofrer. E está claro que, pois é claro que aqueles que Deus muito quer leva por caminho de trabalhos, e quanto mais os ama, maiores, não há por que crer que tem aborrecidos os contemplativos, pois por sua boca os louva e tem por amigos.[1]

2. Pois crer que admite à sua amizade estreita gente regalada e sem trabalhos, é disparate. Tenho por muito certo que Deus lhos dá muito maiores. E assim como os leva por caminho barrancoso e áspero, e às vezes que lhes parece que se perdem e hão de começar de novo a tornar a andá-lo, que assim tem mister Sua Majestade dar-lhes mantimento, e não de água, senão de vinho, para que, embriagados, não entendam o que passam, e o possam sofrer. E assim poucos vejo verdadeiros contemplativos que não os veja animosos e determinados a padecer; que o primeiro que o Senhor faz, se são fracos, é pôr ânimo neles e fazer que eles não temam trabalhos.

3. Creio que pensam os da vida ativa, por um pouquinho que os veem regalados, que não há mais que aquilo. Pois eu digo que porventura não pudésseis sofrer um dia dos que passam. Assim que o Senhor, como conhece a todos para o que são, dá a cada um o seu ofício, o que mais vê que convém à sua alma e ao mesmo Senhor e ao bem dos próximos; e como não fique por não vos ter disposto, não tenhais medo que se perca vosso trabalho. Olhai que digo que todas o procuremos, pois não estamos aqui para outra coisa; e não um ano, nem só dois, nem ainda dez, para que

---

1. Alusão à passagem evangélica (Lc 10,41) de que falou no c. 17, n. 5.

não pareça que o deixamos de covardes, e é bom que o Senhor entenda que não fica por nós; como os soldados que, ainda que muito tenham servido, sempre hão de estar a ponto para que o capitão os mande em qualquer ofício que queira pô-los, pois lhes há de dar seu soldo. E quão melhor pagado paga nosso Rei do que os reis da terra![2]

4. Como os vê presentes e com gana de servir e tem já entendido para o que é cada um, reparte os ofícios como vê as forças; e se não estivessem presentes, não lhes daria nada nem mandaria em que servissem.

Assim que, irmãs, oração mental, e quem esta não puder, vocal e lição e colóquios com Deus, como depois direi.[3] Não se deixe as horas de oração que todas. Não sabe quando o Esposo chamará (não vos aconteça como às virgens loucas)[4] e lhe quererá dar mais trabalho, disfarçado com gosto. Se não, entendam que não são para isso e que lhe convém aquilo, e aqui entra o merecer com a humildade crendo com verdade que ainda para o que fazem não são.[5]

5. Andar alegres servindo no que lhes mandam, como tenho dito;[6] e se é deveras esta humildade, bem-aventurada tal serva de vida ativa, que não murmurará senão de si.[7] Dixe as outras com sua guerra, que não é pequena. Porque ainda que nas batalhas o alferes não peleje, nem por isso deixa de ir em grande perigo, e no interior deve trabalhar mais que todos; porque como leva a bandeira, não se pode defender, e ainda que o façam em pedaços, não a há de deixar das mãos. Assim os contemplativos hão de

---

2. Na 1ª redação: *E quão melhor pagado é que os que servem ao rei! Andam os tristes morrendo, e depois sabe Deus como se paga.*

3. Cf. c. 30 *passim* e n. 7. A frase seguinte se refere às horas de oração obrigatórias por lei na comunidade.

4. Mt 25,1-13. – Na 1ª redação persistia o símile guerreiro, no lugar desta alusão evangélica: *Não sabe quando a chamará o capitão e a quererá dar mais trabalho disfarçado com gosto. Se não as chamarem, entendam que não são para ele e que lhes conveio aquilo.* – Este parágrafo começava assim: *Como não estejam ausentes e os vê o capitão com desejo de servir, já tem entendido – ainda que não tão bem como nosso celestial Capitão – para o que é cada um...*

5. Lc 17,10.

6. No n. 4, e no c. 17, n. 6.

7. Acrescentava na 1ª redação: *Bastante mais quereria eu ser ela que algumas contemplativas.* – Todo o tema militar que segue tem desenvolvimento diverso na primeira redação.

levar levantada a bandeira da humildade e sofrer quantos golpes lhes derem sem dar nenhum; porque seu ofício é padecer como Cristo, levar no alto a cruz, não a deixar das mãos por perigos em que se vejam, nem que vejam nele fraqueza em padecer; para isso lhe dão tão honroso ofício. Olhe o que faz, porque se ele[8] deixa a bandeira, perde-se a batalha. E assim creio que se faz grande dano nos que não estão tão adiante, se aos que têm já em conta de capitães e amigos de Deus veem não ser suas obras conforme ao ofício que têm.

6. Os demais soldados vão como podem, e às vezes se afastam de onde veem o maior perigo, e ninguém os nota nem perdem honra; estes outros levam todos os olhos neles, não podem se bulir.

Assim que bom é o ofício, e honra grande e mercê faz o rei a quem o dá, mas não se obriga a pouco em tomá-lo. Assim que, irmãs, não sabemos o que pedimos;[9] deixemos ao Senhor fazer; que há algumas pessoas que por justiça parece que querem pedir regalos a Deus. Danosa maneira de humildade! Por isso faz bem o conhecedor de todos, que poucas vezes creio que o dá a estes: vê claro que não são para beber o cálice.[10]

7. Vosso entender, filhas, se estais aproveitadas, será em se cada uma entender que é a mais ruim de todas, e isto que se entenda em suas obras que o conhece assim para aproveitamento e bem das outras; e não na que tem mais gostos na oração e arroubamentos ou visões ou mercês que faz o Senhor desta sorte, que havemos de aguardar o outro mundo para ver o seu valor. Este outro é moeda corrente, é renda que não falta, são juros perpétuos e não censos remíveis, que este outro se tira e se põe;[11] uma virtude grande de humildade e mortificação, de grande obediência em não ir num ponto contra o que o prelado manda, que sabeis verdadeiramente que Deus vo-lo manda, pois está em seu lugar.

---

8. *Porque que si él*, escreveu a Santa.
9. Mt 20,22. *Não sabemos o que pedimos*, quando solicitamos os regalos da contemplação. – Na 1ª redação: Deixemos ao Senhor fazer, *que nos conhece melhor do que nós mesmas. E a verdadeira humildade é andar contentes com o que nos dão.*
10. Alusão a Mt 20,22.
11. *Censos remíveis* (esp. *censos de al quitar*) opunham-se aos *juros*, que eram *perpétuos*, como a própria Autora insinua. ["Censo" no sentido antigo, latino. Hoje se diria "rendimentos tributáveis".]

Nisto de obediência é no que mais havia de pôr, e por parecer-me que, se não a há, é não ser monjas, não digo nada disso, porque falo com monjas, e a meu parecer boas, ao menos que o desejam ser. Em coisa tão sabida e importante, não mais de uma palavra para que não se esqueça.

8. Digo que quem estiver por voto debaixo de obediência e faltar não trazendo todo cuidado em como cumprirá com maior perfeição este voto, que não sei para que está no mosteiro; ao menos eu lhe asseguro que enquanto aqui faltar, que nunca chegará a ser contemplativa nem ainda boa ativa; e isto tenho por mui muito certo. E ainda que não seja pessoa que tem a isto obrigação, se quer ou pretende chegar à contemplação, tem mister, para ir muito acertada, deixar a sua vontade com toda determinação num confessor que seja tal.[12] Porque isto é já coisa muito sabida, que aproveitam mais desta sorte num ano que sem isto em muitos, e para vós não é mister, não há que falar disso.

9. Concluo com que estas virtudes são as que eu desejo que tenhais, filhas minhas, e as que procureis e as que santamente invejeis. Estas outras devoções não cureis de ter pena por não tê-las; é coisa incerta. Poderá ser em outras pessoas sejam de Deus, e em vós permitirá Sua Majestade sejam ilusão do demônio e que vos engane, como tem feito a outras pessoas.[13] Em coisa duvidosa, para que quereis servir ao Senhor, tendo tanto em que seguro?[14] Quem vos mete nesses perigos?

10. Tenho me alongado tanto nisto porque sei que convém, que esta nossa natureza é fraca, e a quem Deus quiser dar a contemplação, Sua Majestade o fará forte; aos que não, tenho me folgado de dar estes avisos, por onde também se humilharão os contemplativos.[15]

O Senhor, por quem é, nos dê luz para seguir em tudo a sua vontade, e não haverá de que ter medo.

---

12. Na 1ª redação: *Que seja tal que o entenda. Porque isto se sabe já muito sabido e o têm escrito muitos e para vós não é preciso, não há que falar disso.*

13. *Que em mulheres é coisa perigosa*, acrescentava a 1ª redação.

14. N.T.: *Seguro*: servi-lo com segurança.

15. Prosseguia a 1ª redação: *Se dizeis, filhas, que vós não precisais deles, alguma virá que porventura se folgue com isso.*

Capítulo 19

Que começa a tratar da oração. – Fala com almas que não podem discorrer com o entendimento.

1. Faz tantos dias que escrevi o passado sem ter tido lugar para tornar a ele, que se não o tornasse a ler não sei o que dizia. Para não ocupar tempo, terá de ir como sair, sem concerto. Para entendimentos concertados e almas que estão exercitadas e podem estar consigo mesmas, há tantos livros escritos e tão bons e de pessoas tais, que seria erro fizésseis caso de meu dito em coisas de oração, pois, como digo, tendes livros tais aonde vão por dias da semana repartidos os mistérios da vida do Senhor e de sua paixão, e meditações do juízo e inferno e nosso nonada e o muito que devemos a Deus, com excelente doutrina e concerto para princípio e fim da oração.[1] Quem puder e tiver já costume de levar este modo de oração, não é preciso dizer, que por tão bom caminho o Senhor o levará a porto de luz, e com tão bons princípios o fim o será, e todos os que puderem ir por ele levarão descanso e segurança; porque, atado o entendimento, vai-se com descanso.[2]

Mas do que quereria tratar e dar algum remédio, se o Senhor quisesse que acertasse (e se não, pelo menos que entendais que há muitas almas que passam este trabalho, para que não vos fatigueis as que o tiverdes), é isto.

2. Há algumas almas e entendimentos tão desbaratados como cavalos desbocados, que não há que as faça parar. Já vão aqui, já vão ali, sempre com desassossego.[3] É sua mesma natureza, ou Deus que o permite. Tenho

---

1. Ela muito provavelmente se refere aos livros do P. Granada, conhecidos e estimados pela Santa, recomendados às suas monjas nas *Constituições* e louvados em termos superlativos em carta ao autor: "Das muitas pessoas que amam no Senhor a Vossa Paternidade e por terdes escrito tão santa e proveitosa doutrina, e dão graças a Sua Majestade, e por tê-lo dado a Vossa Paternidade para tão grande e universal bem das almas, sou eu uma" (BMC, t. 7, p. 211).

2. *E assim não falo agora com estas almas*, acrescentou a Santa no ms. de Toledo.

3. *E ainda que se é destro o que vai nele, não periga muitas vezes, algumas sim; e quando vai seguro da vida, não o está de fazer coisa nele que não seja desdouro* [esp. *desdón*], *e vai com grande trabalho sempre.* – *Desdón*: falta de graça, desdouro (cf. Corominas, *Diccionario crítico, etimológico de la lengua castellana*, Madrid, 1954 (no verbete "donaire").

muita lástima deles, porque me parecem como umas pessoas que têm muita sede e veem a água de muito longe, e quando querem ir lá, acham quem lhes defenda o passo[4] no princípio e meio e fim. Acontece que, quando já com seu trabalho – e com farto trabalho – têm vencido os primeiros inimigos, os segundos se deixam vencer e querem mais morrer de sede que beber água que tanto há de custar. O esforço se lhes acabou, faltou-lhes ânimo. E já que alguns o têm para vencer também os segundos inimigos, dos terceiros acaba a força, e porventura não estavam dois passos da fonte de água viva que o Senhor disse à Samaritana, que quem a beber não terá sede.[5] E com quanta razão e verdade, como dito da boca da mesma Verdade, que não a terá de coisa desta vida, ainda que cresça muito maior do que cá podemos imaginar das coisas da outra por esta sede natural. Mas com que sede se deseja ter esta sede! Porque entende a alma seu grande valor, e ainda que[6] seja sede penosíssima que fatiga, traz consigo a mesma satisfação com que se mata aquela sede, de maneira que é uma sede que não afoga senão as coisas terrenas, antes dá fartura, de maneira que quando Deus a satisfaz, a maior mercê[7] que pode fazer à alma é deixá-la com a mesma necessidade, e maior fica sempre de tornar a beber desta água.

3. A água tem três propriedades, que agora me lembro que vêm ao caso, que muitas mais terá.

Uma é que esfria, que, por calor que tenhamos, em chegando à água, é tirado; e se há grande fogo, com ela se mata, salvo se não é de alcatrão,[8] que se acende mais. Oh, valha-me Deus, que maravilhas há neste acender-se mais o fogo com a água, quando é fogo forte, poderoso, não sujeito aos

---

4. *Defenda* no sentido de proibir; *passo* no sentido de passagem, caminho.
5. Alusão a Jo 4,13. – No ms. de Toledo a Santa acrescentou: ... não terá sede *de maneira que perca a Deus; entende-se não a deixando Ele de sua mão; e assim sempre se há de andar com temor.*
6. *Ainda que* (esp. *aunque*), no original, parece de mão alheia.
7. Por escrúpulo teológico um censor corrigiu: *uma das maiores mercês...*
8. *Alcatrão* (esp. *alquitrán*) "É uma espécie de betume de que se fazem fogos inextinguíveis para lançar contra os inimigos"; assim o define Cobarruvias no respectivo verbete. – A exposição que se segue baseia-se na antiga teoria filosófica dos quatro elementos simples de que se compõe o universo: terra, ar, água e fogo; eram contrários entre si o primeiro e o segundo, o terceiro e o quarto; daí as aplicações que a Santa faz à "água viva" e ao "fogo do amor", lamentando-se por não saber filosofia, que – acreditava ela – a teria iniciado no conhecimento das "propriedades das coisas".

elementos, pois este, sendo seu contrário, não o empece, antes o faz crescer! Muito valeria aqui poder falar com quem soubesse filosofia, porque sabendo as propriedades das coisas, saberia me declarar, que me vou regalando nisso e não o sei dizer e ainda porventura não o sei entender.

4. De que Deus, irmãs, vos traga a beber desta água e as que agora bebeis, gostareis disto e entendereis como o verdadeiro amor de Deus – se está em sua força, já totalmente livre de coisas da terra e que voa sobre elas – como é senhor de todos os elementos e do mundo. E como a água procede da terra, não tenhais medo[9] que mate este fogo de amor de Deus; não é de sua jurisdição. Ainda que sejam contrários, é já senhor absoluto; não lhe está sujeito.

E assim não vos espanteis, irmãs do muito que tenho posto neste livro para que procureis esta liberdade. Não é linda coisa que uma pobre monja de São José possa chegar a senhorear toda a terra e elementos? E quão muito que os santos fizessem deles o que queriam, com o favor de Deus? A São Martinho o fogo e as águas obedeciam; a São Francisco até as aves e os peixes, e assim a outros muitos santos. Via-se claro serem tão senhores de todas as coisas do mundo, por ter bem trabalhado para tê-lo em pouco e sujeitando-se deveras com todas as suas forças ao Senhor dele. Assim que, como digo, a água que nasce na terra não tem poder contra ele;[10] suas chamas são muito altas, e seu nascimento não começa em coisa tão baixa.

Outros fogos há de pequeno amor de Deus, que qualquer sucesso os matará; mas a este não, não: ainda que venha todo o mar de tentações, não o farão que deixe de arder de maneira que não se assenhoreie delas.[11]

---

9. *Confiantes na misericórdia de Deus*, escreveu a Santa entre linhas no ms. toledano.
10. *Contra ele*: acrescentado à margem pela Santa.
11. Alusão a Ct 8,7. – No lugar destes três últimos períodos ("Via-se... delas"), na 1ª redação escreveu: *Pois com ajuda de Deus, já fazendo o que tem podido, quase o podem pedir por direito. Que pensais porque o Salmista diz que todas as coisas estão sujeitas e postas debaixo dos pés dos homens, pensais que de todos? Não tenhais medo, antes os vejo eu sujeitos a eles debaixo dos pés delas; conheci um cavaleiro que, ao porfiar por meio real, o mataram: olhai se se sujeitou a miserável preço. E há muitas coisas que vedes cada dia, por onde conhecereis que digo a verdade. Pois sim, que o Salmista não pôde mentir, que é dito do Espírito Santo, senão que me parece a mim (já pode ser que eu não o entenda e seja disparate – que o tenho lido), que*

5. Pois se é água do que chove do céu, muito menos o matará. Não são contrários, mas de uma terra.[12] Não tenhais medo que se façam mal um elemento ao outro, antes um ajuda o outro em seu efeito. Porque a água das lágrimas verdadeiras (que são as que procedem de verdadeira oração, bem dadas pelo Rei do céu) o ajuda a acender mais e faz com que dure, e o fogo ajuda a água a esfriar. Oh, valha-me Deus, que coisa tão formosa e de tanta maravilha, que o fogo esfria! Sim, e ainda gela todas as afeições do mundo, quando se junta com a água viva do céu, que é a fonte de onde procedem as lágrimas que ficam ditas, que são dadas e não adquiridas por nossa indústria. Assim que com certeza que não deixa calor em nenhuma coisa do mundo para que se detenha nelas, a não ser para este fogo poder pegar, que é natural seu não se contentar com pouco, senão que, se pudesse, abrasaria todo o mundo.

6. A outra propriedade é limpar coisas não limpas. Se não houvesse água para lavar, que seria do mundo? Sabeis o quanto limpa esta água viva, esta água celestial, esta água clara, quando não está turva, quando não tem lodo, senão que cai do céu? Que de uma vez que se beba, tenho por certo que deixa a alma clara e limpa de todas as culpas. Porque – como tenho escrito[13] – Deus não dá lugar a que bebam desta água (que não está em nosso querer, por ser coisa muito sobrenatural esta divina união), a não ser para limpá-la e deixá-la limpa e livre do lodo e miséria em que pelas culpas estava metida. Porque outros gostos que vêm por mediação do entendimento, por muito que façam, trazem a água correndo pela terra; não a bebem junto à fonte; nunca faltam neste caminho coisas lodosas em que se detenham, e não vai tão pura nem tão limpa. Não chamo eu esta oração – que, como digo, vai discorrendo com o entendimento – "água viva", conforme meu entender, digo; porque, por muito que queiramos fazer, sempre se pega à

é dito para os perfeitos, "que todas as coisas da terra senhoreiem. – A Santa alude ao salmo 8, mas o severo censor não lhe perdoou esta audácia exegética; riscou a passagem com uma enorme cruz em forma de xis e um bom borrão, e anotou à margem: Não é este o sentido da autoridade, senão de Cristo e também de Adão no estado da inocência". Isto bastou para que a Santa descartasse radicalmente o texto das redações seguintes.

12. *De uma terra*: de um mesmo país (cf. c. 40, n. 8), quer dizer, têm uma mesma origem.

13. No c. 16, n. 6s.

nossa alma, ajudada por este nosso corpo e baixo natural, algo de caminho do que não quereríamos.

7. Quero me declarar mais: estamos pensando o que é o mundo e como tudo se acaba, para menosprezá-lo. Quase sem entender-nos, nos achamos metidos em coisas que amamos dele. E desejando fugir delas, pelo menos nos estorva um pouco pensar como foi e como será e o que fiz e o que farei. E para pensar o que faz ao caso para livrar-nos, às vezes nos metemos de novo no perigo. Não porque se há de deixar isto, mas se há de temer. É mister não ir descuidados.

Cá o mesmo Senhor leva este cuidado, que não quer que confiemos em nós.[14] Tem em tanto a nossa alma, que não a deixa meter-se nas coisas que possam causar dano a ela por aquele tempo que quer favorecê-la; senão a põe de pressa junto de si e lhe mostra num ponto mais verdades e lhe dá mais claro conhecimento do que é tudo que cá poderíamos ter em muitos anos. Porque a vista não está livre; cega-nos o pó como vamos caminhado. Cá o Senhor nos leva ao fim da jornada sem entender como.

8. A outra propriedade da água é que farta e tira a sede. Porque sede me parece a mim quer dizer desejo de uma coisa que nos faz grande falta, que se de todo nos falta nos mata. Coisa estranha é que se nos falta nos mata, e se nos sobra nos acaba a vida, como se vê morrer muitos afogados. Ó Senhor meu, e quem se visse tão engolfada nesta água viva que se lhe acabasse a vida! Mas, não pode ser isto? Sim, que tanto pode crescer o amor e desejo de Deus, que não o possa sofrer o sujeito natural, e assim tem havido pessoas que têm morrido. Eu sei de uma que, se Deus não a socorresse depressa com esta água viva em tão grande abundância, que[15] quase a tirava de si com arroubamentos. Digo que quase a tiravam de si porque

---

14. Note-se que compara a "água viva" (contemplação infusa) com a "água lodosa" (oração discursiva). – "Cá" se refere à "água viva", quer dizer, à contemplação. Nas frases seguintes: ... *e lhe dá mais claro conhecimento do que é tudo que cá* [ou seja *mais do que cá* na terra] *poderíamos ter... Cá* [na contemplação infusa] *o Senhor nos leva...*

15. O sentido fica suspenso. A Santa alude a si mesma: veja-se o c. 20 de *Vida* e a *Relação* 1ª. – Na primeira redação referia isso assim: *Eu sei de uma que, se Deus não a socorresse depressa com esta água viva em grandíssima abundância com arroubamentos, tinha tão grande esta sede, ia em tanto crescimento seu desejo, que entendia claro que era muito possível – se não a remediassem – morrer de sede. Bendito seja o que nos convida a irmos beber em seu evangelho...* (Jo 7,37). *E assim como em nosso Bem e Senhor não pode haver coisa que não seja cabal, como é só dele dar-nos esta água, da qual temos mister.* – No ms. de Toledo a

aqui descansa a alma. Parece que, afogada de não poder sofrer o mundo, ressuscita em Deus, e Sua Majestade a habilita para que possa gozar o que, estando em si, não poderia sem acabar-se a vida.

9. Entenda-se daqui que, como em nosso sumo Bem não pode haver coisa que não seja cabal, tudo o que Ele dá é para nosso bem, e por muita abundância que dê desta água, não pode haver demasia em coisa sua; porque se dá muito, faz – como tenho dito[16] – hábil a alma para que seja capaz de beber muito; como um vidreiro, que faz a vasilha do tamanho que vê que é mister para que caiba o que quer deitar nela.

No desejá-la, como é de nós, nunca vai sem falta. Se alguma coisa boa leva, é o que nela ajuda o Senhor. Mas somos tão indiscretos que, como é pena suave e gostosa, pensamos nunca fartar-nos desta pena; comemos sem medida, ajudamos como cá podemos a este desejo, e assim algumas vezes mata. Ditosa tal morte! Mas, porventura, com a vida ajudasse outros para morrer por desejo desta morte. E isto creio que faz o demônio, porque entende o dano que há de fazer vivendo, e assim tenta aqui com indiscretas penitências para tirar a saúde, e não lhe vai pouco nisso

10. Digo que quem chega a ter esta sede tão impetuosa, que olhe muito, porque creia que terá esta tentação; e ainda que não morra de sede, acabará a saúde e dará mostras exteriores, ainda que não queira, que se hão de escusar por todas as vias. Algumas vezes aproveitará pouco a nossa diligência, que não poderemos encobrir tudo o que se quer. Mas estejamos com cuidado, quando vêm estes ímpetos tão grandes de crescimento deste desejo, para não acrescentar nele, senão com suavidade cortar o fio com outra consideração; que pode ser que nossa natureza obre tanto como o amor, que há pessoas que qualquer coisa, ainda que seja má, desejam com grande veemência. Estas não creio que serão as muito mortificadas, que para tudo aproveita a mortificação.

Parece desatino que se atalhe coisa tão boa. Pois não é, que eu não digo que se tire o desejo, senão que se atalhe, e porventura será com outro que se mereça tanto.

---

frase ficou assim: "quase a tirava de si com uma grande suspensão": as três últimas palavras são originais da Santa.

16. No n. 8.

11. Quero dizer algo para melhor me dar a entender. Dá um grande desejo de ver-se já com Deus e desatado deste cárcere, como o tinha São Paulo:[17] pena por tal causa e que deve em si ser muito gostosa; não será mister pouca mortificação para atalhá-la, e de todo não poderá. Mas quando vir que aperta tanto que quase chega a tirar o juízo (como vi uma pessoa não faz muito tempo, e de natural impetuosa,[18] ainda que demonstrada a quebrar a sua vontade — me parece que o tem já perdido, porque se vê em outras coisas — digo que por um momento, que a vi como desatinada pela grande pena e força que se fez em dissimulá-la), digo que em caso tão excessivo, ainda que fosse espírito de Deus, tenho por humildade temer, porque não havemos de pensar que temos tanta caridade, que nos põe em tão grande aperto.

12. E digo que não terei por mau (se pode – digo – que porventura todas as vezes não poderá) que mude o desejo pensando, se vive, servirá mais a Deus, e poderá ser que dê luz a alguma alma que se havia de perder, e que, servindo mais, merecerá por onde possa gozar mais de Deus, e tema-se o pouco que tem servido. E são bons consolos para tão grande trabalho, e aplacará sua pena e ganhará muito, pois para servir ao mesmo Senhor se quer cá passar e viver com sua pena. É como se alguém tivesse um grande trabalho ou grave dor, consolá-lo dizendo que tenha paciência e se deixe nas mãos de Deus, e que cumpra nele a sua vontade, que deixar-nos nelas é o mais acertado em tudo.

13. E se o demônio ajudou de alguma maneira a tão grande desejo, que seria possível, como conta, creio, Cassiano de um eremita de asperíssima vida, que o fez entender que se jogasse num poço porque veria mais depressa a Deus; eu bem creio que não devia ter servido com humildade nem bem; porque fiel é o Senhor[19] e não consentiria Sua Majestade que se cegasse em coisa tão manifesta.[20] Mas está claro que se o desejo fosse de

---

17. Cf. Fl 1,23.
18. *E não de natural*, escreveu; o *não* foi riscado talvez pela própria Autora. Cf. *Relações* 3, 4.
19. 1Cor 10,13.
20. Trata-se do solitário Heron, cuja história Cassiano conta na *Conferência* II, c. 5. – Sobre a afeição de Santa Teresa pelos livros de Cassiano, depõe Maria Bautista no Processo Remissorial (Ávila, 1610): "Imitando o dito Padre São Domingos, era muito devota das *Colaciones* de Cassiano e Padres do Deserto, e assim, quando esta declarante esteve com ela, a Santa Madre a mandava cada dia que lesse duas ou três vidas daqueles

Deus, não lhe faria mal: traz consigo a luz e a discrição e a medida. Isto é claro, senão que este adversário, inimigo nosso, por onde quer que possa, procura causar dano.[21] E como ele não anda descuidado, não andemos nós. Este é ponto importante para muitas coisas, assim para encurtar o tempo da oração, por gostosa que seja, quando se veem acabar as forças corporais ou fazer dano à cabeça. Em tudo é muito necessário a discrição.

14. Para que pensais, filhas, que tenho pretendido declarar o fim e mostrar o prêmio antes da batalha, dizendo-vos o bem que traz consigo chegar a beber desta fonte celestial, desta água viva? Para que não vos aflijais com o trabalho e contradição que há no caminho, e vades com ânimo e não vos canseis. Porque – como tenho dito[22] – poderá ser que depois de chegadas, que não vos falta senão abaixar-vos para beber na fonte, deixeis tudo e percais este bem, pensando que não tereis força para chegar a ele e que não sois para isso.

15. Olhai que o Senhor convida a todos. Pois é a mesma verdade, não há que duvidar. Se este convite não fosse geral, o Senhor não nos chamaria a todos, e ainda que os chamasse, não teria dito: "Eu vos darei de beber".[23] Poderia ter dito: "Vinde todos, que, enfim, não perdereis nada; e os que a mim me parecer, eu lhes darei de beber". Mas como disse, sem esta condição, "a todos", tenho por certo que todos os que não ficarem no caminho, não lhes faltará esta água viva.

Dê-nos o Senhor, que a promete, graça para buscá-la como se há de buscar, por quem Sua Majestade é.

---

santos por não ter ela sempre lugar por suas justas e santas ocupações, e que de noite esta declarante as contasse para ela, e assim fazia" (BMC, t. 19, p. 591).

21. Alusão ao texto bíblico de 1Pd 5,8 que a Santa lia na *Regra* carmelitana. Na 1ª redação concluía assim: *pois ele* [o diabo] *não anda descuidado, não andemos nós. Este é ponto importante para muitas coisas, que algumas vezes há grande necessidade de não nos esquecermos dele.*

22. No n. 2.

23. Jo 7,37. Este texto aparece na Bíblia na forma citada pela Santa. Parece uma combinação de Jo 7,37 com Mt 11,28, conservando o pensamento do primeiro e a forma gramatical do segundo. Cf. *Exclamações*, IX, 1.

Capítulo 20

Trata como por diferentes vias nunca falta consolação no caminho da oração, e aconselha as irmãs a disto serem suas práticas sempre.

1. Parece que me contradigo neste capítulo passado do que tinha dito; porque, quando consolava as que não chegavam aqui,[1] disse que o Senhor tinha diferentes caminhos por onde iam a Ele, assim como havia muitas moradas.[2] Assim torno agora a dizê-lo; porque, como Sua Majestade entendeu nossa fraqueza, providenciou como quem é. Mas não disse: "por este caminho venham uns e por este, outros"; antes foi tão grande a sua misericórdia, que não impediu ninguém de procurar vir a esta fonte de vida para beber. Bendito seja para sempre, e com quanta razão disso teria afastado a mim!

2. Pois não me mandou que o deixasse quando o comecei nem fez que me lançassem na profundeza, certamente que não o tira de ninguém, antes publicamente nos chama em voz alta.[3] Mas, como é tão bom, não nos força, antes dá de muitas maneiras a beber aos que o querem seguir, para que ninguém vá desconsolado nem morra de sede. Porque desta fonte caudalosa saem arroios, uns grandes e outros pequenos, e algumas vezes pequenos charcos para crianças, que aquilo lhes basta, e mais seria espantá-las ver muita água; estes são os que estão no princípio.

Assim que, irmãs, não tenhais medo de morrer de sede neste caminho. Nunca falta água de consolação com tanta carência que não se possa sofrer. Pois sendo isto assim, tomai meu conselho e não fiqueis no caminho, senão pelejai como fortes até morrer na demanda, pois não estais aqui para outra coisa senão para pelejar. E indo sempre com esta determinação de antes morrer que deixar de chegar ao fim do caminho, se o Senhor vos levar com alguma sede nesta vida, na que é para sempre vos dará com toda

---

1. No c. 17, n. 2.
2. Cf. Jo 14,2.
3. Alusão a Pr 1,20s, e a Jo 7,37.

abundância de beber e sem temor que vos há de faltar. Praza ao Senhor não lhe faltemos nós, amém.[4]

3. Agora, para começar este caminho que fica dito[5] de maneira que não se erre desde o princípio, tratemos um pouco de como se há de principiar esta jornada, porque é o que mais importa; digo que importa o todo para tudo. Não digo que quem não tiver a determinação que aqui direi o deixe de começar, porque o Senhor o irá aperfeiçoando; e quando não fizesse mais que dar um passo, tem em si tanta virtude, que não tenha medo de perdê-la nem deixe de ser muito bem pago.

É – digamos – como quem tem uma conta de perdões,[6] que, se a reza uma vez, ganha, e quanto mais vezes, mais. Mas se nunca chega a ela, senão que é mantida na arca, melhor fora não tê-la. Assim que, ainda que não vá depois pelo mesmo caminho, o pouco que tiver andado dele lhe dará luz para que vá bem pelos outros, e se mais andar, mais. Enfim, tenha certeza que não lhe fará dano tê-lo começado para coisa nenhuma, ainda que o deixe, porque o bem nunca faz mal.

Por isso todas as pessoas que tratarem convosco, filhas, tendo disposição e alguma amizade, procurai tirar delas o medo de começar tão grande bem. E por amor de Deus vos peço que vosso trato seja sempre ordenado a algum bem daqueles com quem falareis, pois vossa oração há de ser para proveito das almas. Pois isto tendes sempre de pedir ao Senhor, pareceria mal, irmãs, não o procurar de todas as maneiras.

4. Se quiserdes ser bom parente, esta é a verdadeira amizade. Se boa amiga, entendei que não o podeis ser senão por este caminho. Ande a verdade em vossos corações, como há de andar pela meditação, e vereis claro o amor que somos obrigadas a ter aos próximos.

---

4. Na 1ª redação matizava assim esta importante passagem: *E indo sempre com esta determinação de antes morrer que deixar de chegar a esta fonte, se vos leva o Senhor sem chegar a ela nesta vida, na outra vo-la dará com toda abundância; bebereis sem temor que por vossa culpa vos há de faltar. Praza ao Senhor que não nos falte sua misericórdia, amém.*

5. *Este caminho que fica dito*: o da oração, único de que trata o livro entre os muitos a que alude no n. 1 e c. 19, título.

6. *Conta de perdões*: espécie de rosário indulgenciado, que servia para contar o número de vezes que se rezavam as orações prescritas. *Perdões = indulgências*.

Não é já tempo, irmãs, de jogo de crianças, que não parece outra coisa estas amizades do mundo, ainda que sejam boas; nem haja entre vós tal prática de "se me quereis", "não me quereis", nem com parentes nem ninguém, se não for indo fundadas num grande fim e proveito daquela alma. Que pode acontecer, para que vos escute vosso parente ou irmão ou pessoa semelhante uma verdade e a admita, ter de dispô-lo com estas práticas e mostras de amor que sempre contentam à sensualidade; e acontecerá ter em mais uma palavra boa – que assim a chamam – e dispor mais que muitas de Deus, para que depois estas caibam. E assim, indo com advertência de aproveitar, não as impeço. Mas se não é para isto, nenhum proveito podem trazer, e poderão fazer dano sem entendê-lo vós. Já sabem que sois religiosas e que vosso trato é de oração. Não seja posto diante de vós: "não quero que me tenham por boa", porque é proveito ou dano comum o que em vós virem. E é tão grande mal para as que tanta obrigação têm de não falar senão em Deus, como as monjas, que lhes pareça bem dissimulação neste caso, se não for alguma vez para mais bem.

Este é vosso trato e linguagem; quem quiser tratar convosco, depreenda-o; e se não, guardai-vos de depreender vós o dele: será o inferno.

5. Se vos tiverem por grosseiras, pouco vai nisso; se por hipócritas, menos. Ganhareis daqui que não vos veja senão quem entender esta língua. Porque não leva caminho alguém que não sabe algaravia[7] gostar de falar muito com quem não sabe outra linguagem. E assim não vos cansarão nem farão dano, que não seria pouco dano começar a falar nova língua, e todo o vosso tempo iria nisso. E não podeis saber como eu, que o tenho experimentado, o grande mal que é para a alma, porque por saber uma se esquece a outra, e é um perpétuo desassossego, do que de todas as maneiras haveis de fugir. Porque o que muito convém para este caminho que começamos a tratar é paz e sossego na alma.

6. Se as que tratarem convosco quiserem depreender vossa língua, já que não é vosso de ensinar, podeis dizer as riquezas que se ganham em

---

7. *Algaravia*: idioma árabe (mal) falado na península ibérica; aqui tem o sentido de língua difícil de entender (cf. *Vida* c. 14, n. 8, nota). *Vosso trato e linguagem* (n. 4), *esta língua*: são expressões com que se indica o matiz peculiar e inconfundível que caracteriza a conversação de quem vive a vida de oração.

depreendê-la. E disto não vos canseis, senão com piedade e amor e oração para que lhe aproveite, para que, entendendo o grande lucro, vá buscar mestre que a ensine; que não seria pouca mercê que vos fizesse o Senhor despertar alguma alma para este bem.

Mas quantas coisas são oferecidas ao começar a tratar deste caminho ainda a quem tão mal tem andado por ele como eu! Praza ao Senhor vo-lo saiba, irmãs, dizer melhor do que o tenho feito, amém.[8]

---

8. A 1ª redação concluía de outra maneira: *Oxalá pudesse eu escrever com muitas mãos, para que umas por outras não se esquecessem!*

Capítulo 21

Que diz o muito que importa começar com grande determinação a ter oração, e não fazer caso dos inconvenientes que o demônio põe.

1. Não vos espanteis, filhas, com as muitas coisas que é mister olhar para começar esta viagem divina, que é caminho real para o céu. Ganha-se, indo por ele, grande tesouro, não é muito que custe muito a nosso parecer. Tempo virá que se entenda quão nonada é tudo para tão grande preço.

2. Agora, tornando aos que querem ir por ele e não parar até o fim,[1] que é chegar a beber desta água de vida, como hão de começar, digo que importa muito, e tudo,[2] uma grande e muito determinada determinação de não parar até chegar a ela, venha o que vier, suceda o que suceder, trabalhe-se o que se trabalhar, murmure quem murmurar, mesmo que chegue lá, mesmo que se morra no caminho ou não tenha coração para os trabalhos que há nele, mesmo que se afunde o mundo, como muitas vezes acontece dizer-nos: "há perigos", "fulana se perdeu por aqui", "o outro se enganou", "o outro, que rezava muito, caiu", "fazem dano à virtude", "não é para mulheres, que lhes poderão vir ilusões", "melhor será que fiem", "não hão mister dessas delicadezas", "basta o *Pater Noster* e a Ave-Maria".

3. Isto assim digo eu, irmãs, e como basta! Sempre é grande bem fundar a vossa oração sobre orações ditas de tal boca como a do Senhor. Nisto têm razão, que se não estivesse já nossa fraqueza tão fraca e nossa devoção tão tíbia, não eram precisos outros concertos de oração, nem havia mister de outros livros. E assim me tem parecido agora (pois, como digo,[3] falo com almas que não podem recolher-se em outros mistérios, que lhes parece que é mister artifício e há alguns engenhos tão engenhosos que nada os contenta), irei fundando por aqui uns princípios e meios e fins de

---

1. *Agora tornando* ao tema: começou a tratá-lo no c. 19, n. 1-2.
2. A 1ª redação intercalava aqui uma interessante referência literária: "importa... tudo *e ainda que em algum livro eu tenha lido o bem que é levar este princípio – e ainda em alguns – me parece que não se perde nada em dizê-lo aqui...*
3. Alude ao c. 19, n. 2.

oração, ainda que em coisas subidas não me detenha;[4] e não poderão tirar livros de vós, que se sois estudiosas, e tendo humildade, não tendes mister de outra coisa.

4. Sempre tenho sido afeiçoada e me têm recolhido mais as palavras dos Evangelhos[5] do que livros muito concertados. Em especial, se não era o autor muito aprovado, não tinha gana de lê-los. Achegada, pois, a este Mestre da sabedoria, talvez me ensine alguma consideração que vos contente.

Não digo que direi declarações destas orações divinas[6] (que não me atreveria e fartas há escritas; e que não as houvesse, seria disparate), senão consideração sobre as palavras do *Pater Noster*. Porque algumas vezes com muitos livros parece que nos é perdida a devoção no que tanto nos vai tê-la, que está claro que o próprio mestre quando ensina uma coisa toma amor ao discípulo, e gosta de que lhe contente o que lhe ensina, e o ajuda muito a que o depreenda, e assim fará este Mestre celestial conosco.

5. Por isso, nenhum caso façais dos medos que vos puserem[7] nem dos perigos que vos pintarem. Donosa coisa é que queira eu ir por um caminho aonde há tantos ladrões, sem perigos, e para ganhar um grande tesouro. Pois bom anda o mundo para que vo-lo deixem tomar em paz; senão que por um maravedi de interesse se porão a não dormir muitas noites e a desassossegar-vos corpo e alma. Pois quando indo ganhá-lo – ou roubá-lo, como diz o Senhor que o ganham os esforçados[8] – e por caminho real e por caminho seguro, pelo qual foi nosso Rei e pelo qual foram todos os seus escolhidos e santos, vos dizem que há tantos perigos e vos põem

---

4. Na 1ª redação dizia: ... *em coisas subidas não farei senão tocar, porque – como digo – as tenho já escritas* [refere-se ao livro da *Vida*] *e não vos poderão tirar livro, que não vos fique tão bom livro...* – Esta última expressão faz referência à recente proibição de livros em língua vulgar ("Índice de livros proibidos..." do Inquisidor F. de Valdés, 1559), que tão profunda pena causou à Santa (cf. *Vida* c. 26, n. 6).

5. ... *que saíram por aquela sacratíssima boca assim como as dizia*, acrescentava a 1ª redação.

6. *Estas orações*: o Pai-Nosso e a Ave-Maria, porque inicialmente se propôs a comentar as duas, renunciando logo à segunda. – A frase seguinte: "*e se não as houvesse* (outras obras escritas), *seria disparate* (escrevê-las eu)".

7. *Puserem* (esp. *pusieren*); por distração a Santa escreveu *pusiera*.

8. Mt 11,12.

tantos temores, os que vão, a seu parecer, ganhar este bem sem caminho, quais são os perigos que levarão?

6. Ó filhas minhas! Que muitos mais sem comparação, senão que não os entendem até dar de olhos no verdadeiro perigo, quando não há quem lhes dê a mão, e perde de todo a água sem beber pouca nem muita, nem de charco nem de arroio.

Pois já vedes, sem gota desta água, como se passará caminho aonde há tantos com quem pelejar? Está claro que ao melhor tempo morrerão de sede; porque, queiramos que não, filhas minhas, todos caminhamos para esta fonte, ainda que de diferentes maneiras. Pois crede vós em mim e não vos engane ninguém em mostrar-vos outro caminho senão o da oração. [7] Eu não falo agora em que seja mental ou vocal para todos; para vós digo que tendes mister de um e do outro. Este é o ofício dos religiosos. Quem vos disser que isto é perigo, tende a ele pelo mesmo perigo e fugi dele. E não vos esqueçais dele, que porventura tendes mister deste conselho. Perigo será não ter humildade e as outras virtudes; mas caminho de oração caminho de perigo, nunca Deus tal queira. O demônio parece ter inventado pôr estes medos, e assim tem sido manhoso para fazer cair alguns que tinham oração, ao que parece.

8. E olhai que cegueira a do mundo, que não olham os muitos milhares que têm caído em heresias e em grandes males sem ter oração, senão distração, e entre a multidão destes, se o demônio, para fazer melhor o seu negócio, tem feito cair alguns que tinham oração, tem feito pôr tanto temor a alguns para as coisas de virtude. Estes que[9] tomam este amparo para livrar-se, guardem-se; porque fogem do bem para livrar-se do mal. Nunca tão má invenção tenho visto; bem parece do demônio. Ó Senhor meu, tornai por Vós; olhai que entendem ao revés vossas palavras. Não permitais semelhantes fraquezas em vossos servos.[10]

---

9. *Estes que...*: os que fogem da oração para evitar os seus perigos.
10. *Fazei bem, filhas, que não vos tirarão O Pai-Nosso e Ave-Maria*. Assim prosseguia a 1ª redação, aludindo novamente à proibição inquisitorial (cf. nossa nota 4 ao n. 3); mas desta vez a alusão não foi do agrado de um dos censores, que a riscou no original do Escorial e acrescentou à margem: "Parece que repreende os inquisidores que proíbem livros de oração". Esta glosa marginal foi riscada tão meticulosamente que até agora não tinha sido decifrada.

9. Há um grande bem: que sempre vereis alguns que vos ajudem. Porque isto tem o verdadeiro servo de Deus, a quem Sua Majestade tem dado luz do verdadeiro caminho, que nestes temores lhe cresce mais o desejo de não parar. Entende claro por onde o demônio vai dar o golpe, e furta-lhe o corpo e quebra-lhe a cabeça. Mais sente ele[11] isto do que quantos prazeres que outros lhe fazem o contentam. Quando num tempo de alvoroço, numa cizânia que tem posto – que parece que leva a todos atrás de si meio cegos, porque é debaixo de bom zelo –, levanta Deus um que lhes abra os olhos e diga que olhem que pôs neles névoa para não ver o caminho. Que grandeza de Deus, que pode mais às vezes um homem só ou dois que digam a verdade, que muitos juntos! Tornam pouco a pouco a descobrir o caminho, Deus lhes dá ânimo. Se dizem que há perigo na oração, procura que se entenda quão boa é a oração, se não por palavras, por obras. Se dizem que não é bom as comunhões frequentes, então mais as frequentam. Assim que havendo um ou dois que sem temor sigam o melhor, logo torna o Senhor pouco a pouco a ganhar o perdido.

10. Assim que, irmãs, deixai-vos destes medos. Nunca façais caso em coisas semelhantes da opinião do vulgo. Olhai que não são tempos de crer em todos, senão nos que virdes que vão conforme a vida de Cristo. Procurai ter consciência limpa e humildade, menosprezo de todas as coisas do mundo e crer firmemente o que tem a Mãe Santa Igreja, e certamente que ides por bom caminho.

Deixai – como tenho dito[12] – de temores, aonde não há o que temer. Se alguém os puser em vós, declarai-lhe com humildade o caminho. Dizei-lhe que tendes Regra que vos manda orar sem cessar – que assim nos manda – e que a tendes de guardar.[13] Se vos disserem que seja vocalmente, apurai se há de estar o entendimento e coração no que dizeis. Se vos disserem que sim – que não poderão dizer outra coisa, – vereis aonde confessam que tendes forçado de[14] ter oração mental, e ainda contemplação, se vo-la der Deus ali.

---

11. *Sente ele*: o demônio.
12. No n. 5 e 10.
13. Ver o texto da *Regra* no c. 4, nota 3.
14. N.T.: *Tendes forçado de*: estais obrigadas a.

Capítulo 22

Em que declara o que é oração mental.

1. Sabei, filhas, que não está a falta para ser ou não ser oração mental em ter fechada a boca. Se falando estou inteiramente entendendo e vendo que falo com Deus com mais advertência que nas palavras que digo, junto está oração mental e vocal. Salvo se vos dizem que estais falando com Deus rezando o Pai-Nosso e pensando no mundo; aqui calo. Mas se haveis de estar, como é razão que se esteja, falando com tão grande Senhor, que é bom que estejais olhando com quem falais e quem sois vós, ao menos para falar com criação. Porque, como podeis chamar o rei de Alteza e não saber as cerimônias que se fazem para falar a um grande,[1] se não entendeis bem que estado tem e que estado tendes vós? Porque conforme isto se há de fazer o acatamento, e conforme o uso, porque ainda isto é mister também que saibais. Se não, enviar-vos-ão para simples[2] e não negociareis coisa.

Pois o que é isto, Senhor meu? O que é isto, meu Imperador? Como se pode sofrer? Rei sois, Deus meu, sem fim, que não é reino emprestado o que tendes. Quando no Credo se diz "vosso reino não tem fim", quase sempre me é particular regalo. Louvo-vos, Senhor, e bendigo-vos para sempre; enfim, vosso reino durará para sempre. Pois nunca Vós, Senhor, permitais que se tenha por bom que quem for falar convosco, seja só com a boca.

---

1. *Falar um grande*, escreveu a Santa. Seguimos a emenda de Frei Luís de León (p. 128). – Antes: *criação* significa "educação".

2. *Por simples*, dizia a 1ª redação ["enviar para simples" equivale a: ser despedido como simplório], na qual se lê a seguir um episódio acontecido à Santa durante a sua permanência no palácio de Dona Luísa de la Cerda (cf. *Vida* c. 34): *E mais tereis mister se não o sabeis bem, de informar-vos e ainda de soletrar o que haveis de dizer. A mim me aconteceu uma vez: não tinha costume de falar com senhores, e ia por certa necessidade tratar com uma que havia de chamar "senhoria", e é assim que mo mostraram soletrado. Como eu sou torpe e não o tinha usado, ao chegar lá não o acertava bem. Resolvi dizer-lhe o que se passava e provocar riso, porque tivesse por bom chamá-la "mercê"; e assim fiz.*

2. Que é isto, cristãos, os que dizeis que não é preciso oração mental, entendeis?[3] Certo, que penso que não entendeis, e assim quereis que desatinemos todos: nem sabeis qual é oração mental nem como se há de rezar a vocal nem o que é contemplação, porque se o soubésseis não condenaríeis por um lado o que louvais por outro.

3. Eu hei de pôr sempre junta oração mental com a vocal, quando me lembrar, para que não vos espantem, filhas; que eu sei em que caem[4] estas coisas, que tenho passado algum trabalho neste caso, e assim não quereria que ninguém vos trouxesse desassossegadas, que é coisa danosa ir com medo este caminho. Importa muito entender que ides bem, porque ao dizer a algum caminhante que vai errado e que perdeu o caminho, o fazem andar de um lado para outro, e todo o que anda buscando por onde há de ir se cansa e gasta o tempo e chega mais tarde.

Quem pode dizer que é mau, se começamos a rezar as Horas ou o rosário, que comece a pensar em com quem vai falar e quem é que fala, para ver como há de tratá-lo? Pois eu vos digo, irmãs, que se o muito que tem que fazer em entender estes dois pontos se fizesse bem, que primeiro que comeceis a oração vocal que ides rezar, ocupeis farto tempo na mental. Sim, que não havemos de chegar a falar a um príncipe com o descuido que a um lavrador, ou como com uma pobre como nós, que como queira que nos falarem vai bem.[5]

4. Razão é que, já que pela humildade deste Rei, se como grosseira não sei falar com ele, nem por isso me deixa de ouvir nem me deixa de chegar a si nem seus guardas me lançam fora; porque os anjos que estão ali sabem bem a condição de seu Rei, que gosta mais destas grosserias de um pastorzinho humilde que vê que se mais soubesse mais diria, que dos muito sábios e letrados, por elegantes raciocínios que façam, se não vão com

---

3. A 1ª redação prosseguia: *que quereria dar vozes e disputar – sendo a que sou – com os que dizem que não é preciso oração mental.*

4. *Em que caem*: em que vão parar, onde vão dar.

5. Na 1ª redação: *... primeiro que comeceis a oração vocal – que é rezar as horas ou o rosário –, ocupeis fartas horas na mental. Sim, que não havemos de chegar a falar com um príncipe como com um lavradorzinho ou como com uma pobre como nós, que não vai mais que nos chamem tu que vós.*

humildade.⁶ Assim que não porque Ele seja bom havemos de ser nós descomedidos. Sequer para agradecer a ele o mau odor que sofre em consentir junto a si uma como eu, é bom que procuremos conhecer a sua limpeza e quem é. É verdade que se entende logo ao chegar, como com os senhores de cá, que ao nos dizer quem foi o seu pai e os contos que tem de renda e o ditado,⁷ não há mais que saber. Porque cá não se faz conta das pessoas para fazer honra a elas, por muito que mereçam, senão das fazendas.

5. Ó miserável mundo! Louvai muito a Deus, filhas, que tendes deixado coisa tão ruim, aonde não fazem caso do que eles em si têm, senão do que têm seus rendeiros e vassalos; e se eles faltam, logo falta fazer honra. Coisa donosa é esta para que vos folgueis quando tiverdes todas de tomar alguma recreação, que este é bom passatempo, entender quão cegamente passam o seu tempo os do mundo.

6. Ó Imperador nosso, sumo poder, suma bondade, a mesma sabedoria, sem princípio, sem fim, sem termo em vossas obras, são infinitas, sem poder-se compreender, um pélago sem solo de maravilhas, uma formosura que tem em si todas as formosuras, a mesma fortaleza! Oh, valha-me, Deus! Quem tivera aqui junta toda a eloquência dos mortais, e sabedoria para saber bem – como cá se pode saber, que tudo é não saber nada, para este caso – dar a entender alguma das muitas coisas que podemos considerar para conhecer algo de quem é este Senhor e bem nosso!

7. Sim, achegai-vos para pensar e entender, em chegando, com quem ides falar ou com que estais falando. Em mil vidas das nossas não acabaremos de entender como merece ser tratado este Senhor, que os anjos tremam diante dele. Tudo manda, tudo pode, seu querer é obrar. Pois razão haverá, filhas, para que procuremos deleitar-nos nestas grandezas que tem nosso Esposo e que entendamos com quem estamos casadas, qual vida havemos de ter. Oh, valha-me Deus! Pois cá, quando alguém se casa, primeiro sabe com quem, quem é e o que tem. Nós, já desposadas, antes das bodas, que nos há de levar à sua casa, pois cá não tiram estes pensamentos

---

6. Na 1ª redação escreveu: *gosta mais destas grosseria... que das "teulogias" muito ordenadas, se não vão com tanta humildade.*

7. *Os contos de renda*: milhões de renda. *O ditado*: o título de dignidade ao qual correspondia o "tratamento": mercê, senhoria, alteza, majestade...

das que estão desposadas com os homens,[8] por que nos há de tirar que procuremos entender quem é este homem e quem é seu Pai e que terra é esta aonde me há de levar e que bens são os que promete dar-me, que condição tem, como poderei contentá-lo melhor, em que lhe farei prazer, e estudar como farei minha condição que conforme com a sua? Pois se uma mulher há de ser bem casada, não lhe avisam outra coisa senão que procure isto, ainda que seja homem muito baixo seu marido.

8. Pois, Esposo meu, em tudo hão de fazer menos caso de Vós que dos homens? Se a eles não parece bem isto, deixem-vos vossas esposas, que hão de fazer vida convosco. É verdade que é boa vida. Se um esposo é tão zeloso que quer que ninguém trate com sua esposa, linda coisa é que não pense em como lhe fará este prazer e a razão que tem de sofrê-lo e de não querer que trate com outro, pois nele tem tudo o que pode querer!

Esta é oração mental, filhas minhas, entender estas verdades. Se quiserdes ir entendendo isto e rezando vocalmente, muito em boa hora. Não me estejais falando com Deus e pensando em outras coisas, que isto faz não entender que coisa é oração mental. Creio que vai dado a entender. Praza ao Senhor que o saibamos obrar, amém.[9]

---

8. Frei Luís, em sua edição (p. 132), julgou necessário completar o original, arredondando o primeiro período: "pois cá quando alguém se casa, primeiro sabe com quem... nós já desposadas... *não pensaremos em nosso esposo?* – A sua emenda foi seguida por quase todos os editores, apesar de ser francamente supérflua. Note-se o paralelo entre a 1ª redação: *Pois cá, se alguém se casa, primeiro sabe quem é e como e o que tem. Nós estamos desposadas e todas as almas pelo batismo. Antes das bodas e que nos leve a sua casa o desposado – pois não tiram cá estes pensamentos com os homens – por que nos há de tirar que entendamos nós quem é este homem?* – Para a correta inteligência do texto teresiano, leve-se em conta sua precisão lexical e o cerimonial matrimonial de então: "desposados" e "esposos" eram os dois prometidos depois do "desposório" e antes das "bodas" ou matrimônio, com o qual passavam a ser "casados". Já antes das "bodas" era de rito que o "esposo" levasse a esposa para a própria casa, para completar as "vistas".

9. A 1ª redação concluía assim: *Ninguém vos espante com esses temores. Louvai a Deus, que é poderoso sobre todos e que não vo-lo podem tirar. Antes a que não puder rezar vocalmente com esta atenção, saiba que não faz o que é obrigada; e que o está – se quer rezar com perfeição – a procurá-lo com todas as suas forças sob pena de não fazer o que deve à esposa de tão grande rei. Suplicai-lhe, filhas, me dê graça para que o faça como vo-lo aconselho, que me falta muito. Sua Majestade o proveja por quem é.*

Capítulo 23

Trata do que importa não tornar atrás quem tem começado caminho de oração, e torna a falar do muito que vai em que seja com determinação.

1. Pois digo que vai mui muito em começar com grande determinação, por tantas causas que seria alongar-me muito se as dissesse. Só duas ou três vos quero dizer, irmãs.[1]

Uma é que não é razão que a quem tanto nos tem dado e continuamente dá, que uma coisa que nos queremos determinar a dar-lhe, que é este cuidadozinho (não, certamente, sem interesse, senão com tão grandes lucros), não lhe é dado com toda determinação, senão como quem empresta uma coisa para torná-la a tomar. A mim isto não parece dar, antes sempre fica com algum desgosto a quem têm emprestado uma coisa quando a tornam a tomar, em especial se tem mister dela e a tinha já como por sua, ou que se são amigos a quem a emprestou deve muitas dadas sem nenhum interesse: com razão lhe parecerá pouquidade e muito pouco amor, que ainda uma coisinha sua não quer deixar em seu poder, sequer por sinal de amor.

2. Que esposa há que recebendo muitas joias de valor de seu esposo não lhe dê sequer um anel, não pelo que vale, que já tudo é seu, senão por garantia que será sua até que morra? Pois, o que menos merece este Senhor, para que zombemos dele, dando e tomando uma nonada que lhe damos? Senão que este pouquinho de tempo que nos determinamos a dar-lhe de quanto gastamos em nós mesmos e em quem não no-lo agradecerá, já que aquele momento lhe queremos dar, demos-lhe livre o pensamento e desocupado de outras coisas, e com toda determinação de nunca jamais tornar a tomá-lo, por trabalhos que por isso nos venham, nem por contradições nem por securas; senão que já como coisa não minha tenha aquele tempo e pense que me podem pedi-lo por justiça quando de todo não lhe quiser dar.

---

1. Dirá três: nos n. 1, 4 e 5. Na 1ª redação aduzia a razão de sua brevidade: *Em outros livros estão ditas.*

3. Chamo "de todo" porque não se entende que deixá-lo algum dia, ou alguns, por ocupações justas ou por qualquer indisposição, já seja tomá-lo. A intenção esteja firme, que meu Deus não é nada delicado: não olha em minudências. Assim terá o que vos agradecer; é dar algo. O demais, bom é para quem não é franco, senão tão apertado que não tem coração para dar; bastante é que empreste. Enfim, faça algo, que tudo este Senhor nosso toma em conta; e tudo faz como queremos. Para tomar-nos conta não é nada mesquinho, senão generoso; por grande que seja o saldo devedor, Ele tem em pouco perdoá-lo. Para pagar-nos é tão circunspecto que não tenhais medo que um erguer de olhos lembrando-nos dele deixe sem prêmio.

4. Outra causa[2] é porque o demônio não tem tanta mão para tentar. Tem grande medo das almas determinadas, que têm já experiência que lhe fazem grande dano, e quanto ele ordena para daná-las, vem em proveito seu e dos outros e que sai ele com perda. E já que não havemos nós de estar descuidados nem confiar nisto, porque temos a ver com gente traidora, e aos avisados não ousa tanto acometer, porque é muito covarde; mas se visse descuido, faria grande dano. E se conhece alguém por mudável e que não está firme no bem e com grande determinação de perseverar, não o deixará ao sol nem à sombra. Medos lhe porá e inconvenientes que nunca acabe. Eu sei isto muito bem por experiência, e assim tenho sabido dizer, e digo que ninguém sabe o muito que importa.

5. A outra coisa é – e que faz muito ao caso – que peleja com mais ânimo. Já sabe que, venha o que vier, não há de tornar atrás. É como alguém que está numa batalha, que sabe, se o vencem, não lhe perdoarão a vida, e que já que não morre na batalha há de morrer depois; peleja com mais determinação e quer vender bem sua vida – como dizem – e não teme tanto os golpes, porque leva adiante o que lhe importa a vitória e que lhe vá a vida em vencer.

É também necessário começar com segurança de que, se nos deixarmos vencer, sairemos com a empresa;[3] isto sem nenhuma dúvida, que por pouco lucro que tirem, sairão muito ricos. Não tenhais medo que vos

---

2. Cf. a 1ª no n. 1.
3. N.T.: *Sairemos com a empresa*: nos sairemos bem.

deixe morrer de sede o Senhor que nos chama a que bebamos desta fonte. Isto fica já dito,[4] e quereria dizê-lo muitas vezes, porque acovarda muito a pessoas que ainda não conhecem de todo a bondade do Senhor por experiência, ainda que o conheçam por fé. Mas é grande coisa ter experimentado com a amizade e regalo que trata aos que vão por este caminho e como quase lhes faz todo o custo.[5]

6. Os que não provaram isto, não me maravilho que queiram segurança de algum interesse. Pois já sabeis que é cem por um, ainda nesta vida, e que diz o Senhor: "Pedi e dar-vos-ão".[6] Se não credes em Sua Majestade nas partes de seu Evangelho que assegura isto, pouco aproveita, irmãs, que eu quebre a cabeça em dizê-lo. Contudo digo que a quem tiver alguma dúvida, que pouco se perde em prová-lo; que isso tem de bom esta viagem,[7] que se dá mais do que se pede nem acertaremos a desejar. Isto é sem falta,[8] eu sei disso. E aquelas de vós que o sabeis por experiência, pela bondade de Deus, posso apresentar por testemunhas.[9]

---

4. No c. 19, n. 15.
5. *Lhes faz todo o custo*: paga os gastos.
6. Dupla alusão a Mt 19,29 e Lc 11,9.
7. *Esta viagem*: o caminho de oração (cf. n. 5 fim).
8. N.T.: *Sem falta*: sem falha, infalível.
9. A 1ª redação concluía: *Isto é sem falta; e sei que é assim. Se não acharem ser verdade, não me creiam coisa de quantas vos digo. Já vós, irmãs, o sabeis por experiência e vos posso apresentar por testemunhas, pela bondade de Deus. Para as que vierem é bom isto que está dito.*

Capítulo 24

Trata como se há de rezar oração vocal com perfeição, e quão junta anda com ela a mental.

1. Agora, pois, tornemos[1] a falar com as almas que tenho dito que não se podem recolher nem atar os entendimentos em oração mental nem ter consideração. Não mencionaremos aqui estas coisas, pois não sois para elas, que há muitas pessoas em fato de verdade que só o nome de oração mental ou contemplação parece atemorizá-las, [2] e porque[2] se alguma vier a esta casa, que também, como tenho dito, não vão todos por um caminho.

Pois o que quero agora aconselhar-vos (e até posso dizer ensinar-vos, porque, como madre, com o ofício de priora que tenho, é lícito),[3] como haveis de rezar vocalmente, porque é razão que entendais o que dizeis. E porque quem não pode pensar em Deus pode ser que orações longas também o cansem, tampouco quero intrometer-me nelas, senão nas que forçosamente havemos de rezar, pois somos cristãos, que é o Paternóster e Avemaria; porque não podem dizer por nós que falamos e não nos entendemos, salvo se nos parece que basta ir pelo costume, só pronunciando as palavras, que isto basta. Se basta ou não, nisso não me intrometo, os letrados o dirão.[4] O que eu quereria que fizéssemos nós, filhas, é que não nos contentemos só com isso. Porque quando digo "credo", razão me parece que será que entenda e saiba o que creio; e quando "Pai-Nosso", amor será entender quem é este Pai nosso e quem é o mestre que nos ensinou esta oração.

---

1. Cf. c. 19, n. 2s, cujo tema agora retoma; cf. também o c. 21, n. 3.
2. Leia-se *por* (cf. Fr. Luís p. 139). – *Como tenho dito*: cf. c. 17, n. 2; c. 20, n. 1s; c. 19, n. 9. *Por um caminho*: pelo mesmo caminho.
3. Supra-se *es* (é) (cf. Fr. Luís p. 139: *lo que ahora quiero aconsejaros... es cómo habéis de rezar*).
4. Na 1ª redação escreveu: *se vos basta ou não, não me intrometo. Isso é de letrados: eles o dirão às pessoas que Deus lhes der luz para que se o quiserem perguntar. E nos que não têm este estado não me intrometo.*

3. Se quiserdes dizer que já o sabeis e que não há para quê vos lembre, não tendes razão; que muito vai de mestre a mestre, pois ainda dos que cá nos ensinem, é grande desgraça não nos lembrarmos; em especial, se são santos e são mestres da alma, é impossível, se somos bons discípulos.[5] Pois de tal mestre como quem nos ensinou esta oração e com tanto amor e desejo que nos aproveitasse, nunca Deus queira que não nos lembremos dele muitas vezes quando dizemos a oração, ainda que por ser fracos não sejam todas.

4. Pois quanto ao primeiro, já sabeis que Sua Majestade ensina que seja a sós; que assim o fazia Ele sempre que orava,[6] e não por sua necessidade, senão para nosso ensinamento. Já está isto dito que não se sofre falar com Deus e com o mundo, que não é outra coisa estar rezando e escutando por outro lado o que estão falando, ou pensar no que vos é oferecido sem opor resistência;[7] salvo se for em alguns tempos que, ou de maus humores – em especial se é pessoa que tem melancolia – ou fraqueza de cabeça, que ainda que mais o procure não pode, ou que Deus permite dias de grandes tempestades em seus servos para mais bem seu, e ainda que se aflijam e procurem quietar-se, não podem nem estão no que dizem, ainda que mais façam, nem assenta em nada o entendimento, senão que parece que tem frenesi, segundo anda desbaratado.

5. E na pena que dá a quem o tem, verá que não é por culpa sua. E não se fatigue, que é pior, nem se canse em pôr senso a quem por então não o tem, que é seu entendimento, senão reze como puder; e ainda não reze, senão como enferma procure dar alívio à sua alma: entenda em outra obra de virtude.

---

5. ... *e se é mestre da alma e somos bons discípulos, é impossível* [não nos lembrarmos dele], *senão ter-lhe muito amor e ainda nos honrarmos dele e falar nele muitas vezes*. Assim na 1ª redação.

6. Dupla alusão bíblica: a Mt 6,6 e a Lc 6,12 e 22,41. No manuscrito de Toledo a própria Autora emendou esta afirmação, demasiado peremptória, assim: *que assim o fazia Sua Majestade muitas vezes*. – Com as palavras *o primeiro* a Santa se refere a "como haveis de rezar vocalmente", que se propôs a tratar no n. 1-2: seu plano abarca dois pontos: no 1º, expor a oração vocal em geral; no 2º, como rezar em especial o Pai-Nosso e a Ave-Maria. De fato, só exporá a oração dominical, omitindo o comentário à saudação angélica (cf. c. 42, nota 7).

7. N.T.: *Sem opor resistência*: esp. *sin más irse a la mano*.

Isto é já para pessoas que trazem cuidado de si e têm entendido que não hão de falar a Deus e ao mundo junto.

O que nós podemos fazer é procurar estar a sós, e praza a Deus que baste, como digo, para que entendamos com quem estamos e o que nos responde o Senhor às nossas petições. Pensais que está calado? Ainda que não o ouçamos, bem fala ao coração quando lhe pedimos de coração.

E é bom que consideremos que somos cada uma de nós a quem ensinou esta oração e que no-la está mostrando, pois nunca o mestre está tão longe do discípulo que seja mister dar vozes, senão muito junto. Isto quero eu que entendais vós que vos convém para rezar bem o Paternóster: não se apartar de junto do mestre que vo-lo mostrou.

6. Direis que isto já é consideração, que não podeis nem ainda quereis senão rezar vocalmente; porque também a pessoas mal sofridas e amigas de não se dar pena, que como não o têm por costume, lhes é recolher o pensamento no princípio; e para não cansar-se um pouco, dizem que não podem mais nem sabem, senão rezar vocalmente.

Tendes razão em dizer que já é oração mental. Mas eu vos digo, certamente, que não sei como o apartar,[8] se há de ser bem rezado o vocal e entendendo com quem falamos. E ainda é obrigação que procuremos rezar com advertência. E ainda praza a Deus que com estes remédios vá bem rezado o Paternóster e não acabemos em outra coisa impertinente. Eu o tenho provado algumas vezes, e o melhor remédio que acho é procurar ter o pensamento em quem endereço as palavras. Por isso tende paciência e procurai fazer costume de coisa tão necessária.[9]

---

8. *Não sei como o apartar* [*no sé cómo lo aparte*]: não sei como se pode separar a oração mental da vocal.

9. A 1ª redação concluía assim: *Por isso, tende paciência, que isto é preciso para ser monjas e ainda para rezar como bons cristãos, a meu parecer.*

Capítulo 25

Em que diz o muito que ganha uma alma que reza com perfeição vocalmente, e como acontece levantá-la Deus dali a coisas sobrenaturais.

1. E para que não penseis que se tira pouco lucro de rezar vocalmente com perfeição, vos digo que é muito possível que estando rezando o Pai-Nosso vos ponha o Senhor em contemplação perfeita, ou rezando outra oração vocal; que por estas vias Sua Majestade mostra que ouve ao que lhe fala, e lhe fala sua grandeza, suspendendo-lhe o entendimento e atalhando-lhe o pensamento,[1] e tomando-lhe – como dizem – a palavra da boca, que ainda que queira não pode falar se não é com muita pena; [2] entende que sem ruído de palavras este Mestre divino a está ensinando, suspendendo as potências, porque então antes danariam do que aproveitariam se obrassem. Gozam sem entender como gozam. Está a alma abrasando-se em amor e não entende como ama. Conhece que goza do que ama e não sabe como o goza. Bem entende que não é gozo que o entendimento alcança a desejar. A vontade o abraça sem entender como. Mas em podendo entender algo, vê que não é este bem que se pode merecer com todos os trabalhos que se passam juntos para ganhá-lo na terra. É dom do Senhor dela e do céu, que enfim dá como quem é.

Esta, filhas, é contemplação perfeita.

3. Agora entendereis a diferença que há dela à oração mental, que é o que fica dito[2]: pensar e entender o que falamos e com quem falamos e quem somos os que ousamos falar com tão grande Senhor. Pensar isto e outras coisas semelhantes do pouco que lhe temos servido e do muito que estamos obrigados a servir é oração mental. Não penseis que é outra algaravia, nem vos espante o nome. Rezar o Pai-Nosso e Ave-Maria ou o que quiserdes, é oração vocal.

---

1. *Pensamento*, na vaga acepção de "imaginação".
2. *Fica dito* no c. 22.

Pois olhai que má música fará sem o primeiro[3]: ainda as palavras não irão com concerto todas as vezes. Nestas duas coisas[4] nós podemos algo, com o favor de Deus; na contemplação que agora disse, nenhuma coisa[5]: Sua Majestade é o que tudo faz, que é obra sua sobre nosso natural.

4. Como está dado a entender isto de contemplação muito longamente, o melhor que eu soube declarar, na relação que tenho dito que escrevi para que vissem meus confessores de minha vida[6] –, que mo mandaram –, não o digo aqui nem faço mais que tocar nisso. As que tiverdes sido tão ditosas que o Senhor vos chegue a estado de contemplação, se o puderdes ter, pontos tem e avisos que o Senhor quis que acertasse a dizer, que vos consolariam muito a aproveitariam, a meu parecer e ao de alguns que o têm visto, que o têm para fazer caso dele; que vergonha é dizer-vos eu que façais caso do meu, e o Senhor sabe a confusão com que escrevo muito do que escrevo. Bendito seja aquele que assim me sofre! As que – como digo – tiverem oração sobrenatural, procurem-no depois de eu morta; as que não, não há para que, senão esforçar-se para fazer o que neste vai dito, e deixe ao Senhor, que é quem o há de dar e não vo-lo negará se não ficardes no caminho, senão que vos esforceis até chegar ao fim.[7]

---

3. *Sem o primeiro*: a oração vocal sem a mental.
4. *Nestas duas coisas*: oração mental e vocal.
5. À margem do original, um dos censores anotou: "contemplação"; mas sobreveio o segundo censor, riscou a palavra e emendou o texto teresiano assim: "na contemplação que agora disse, nenhuma coisa [podemos], se não é dispormo-nos com a oração: Sua Majestade é o que vê o faz, que é obra sua...".
6. *A relação que tenho dito* (cf. prólogo n. 4) é o livro da *Vida*. Tratou amplamente da *contemplação* nos capítulos 14-21 e em quase toda a terceira parte do livro, capítulos 22-31. Cf. especialmente o c. 14, n. 2 e n. 6; e c. 18, n. 14.
7. Na 1ª redação, todo este número varia: ... *como está tudo o melhor dado a entender no livro que digo que tenho escrito, e assim não há que tratar disso particularmente aqui: ali disse o que soube. Quem chegar a ter-lhe Deus chegado a este estado de contemplação vossa – que, como disse, algumas estais nele –, procurai-o, que vos importa muito, de que eu morra. As que não, não há para que; senão esforçar-se para fazer o que neste livro vai dito, de ganhar por quantas vias puder e ter diligência que o Senhor o dê ao suplicar-lhe e ser ajudadas. O demais o Senhor mesmo o há de dar e não o nega a ninguém até o fim do caminho pelejando como fica dito.*

Capítulo 26

Em que vai declarando o modo para recolher o pensamento. – Põe meios para isso. – É capítulo muito proveitoso para os que começam oração.

1. Agora, pois, tornemos a nossa oração vocal para que se reze de maneira que, sem entendermos como, nos dê Deus tudo junto, e para – como tenho dito[1] – rezar como é razão.

O exame da consciência e dizer a confissão e persignar-vos, já se sabe que há de ser o primeiro.

Procurai logo, filhas, pois estais só, ter companhia. Pois, que melhor que a do mesmo mestre que ensinou a oração que ides rezar? Representai o mesmo Senhor junto convosco e olhai com que amor e humildade vos está ensinando. E crede-me, enquanto puderdes, não estejais sem tão bom amigo. Se vos acostumardes a trazê-lo junto de vós e Ele vir que o fazeis com amor e que andais procurando contentá-lo, não o podereis – como dizem – afastar de vós; não vos faltará para sempre; ajudar-vos-á em todos os vossos trabalhos; tê-lo-eis em todas as partes: pensais que é pouco um tal amigo ao lado?

2. Ó irmãs, as que não podeis ter muito discurso do entendimento nem podeis ter o pensamento sem divertir-vos, acostumai-vos, acostumai-vos! Olhai que eu sei que podeis fazer isto, porque passei muitos anos por este trabalho de não poder sossegar o pensamento numa coisa, e ele é muito grande. Mas sei que não nos deixa o Senhor tão desertos, que se chegamos com humildade a pedir-lhe, que não nos acompanhe. E se em um ano não pudermos sair com isso, seja em mais. Não doa a nós o tempo em coisa que tão bem se gasta. Quem vai atrás de nós? Digo que isto, que pode acostumar-se a isso, e trabalhar para andar junto a este verdadeiro Mestre.

3. Não vos peço agora que penseis nele nem que tireis muitos conceitos nem que façais grandes e delicadas considerações com vosso entendi-

---

1. No c. 24, n. 2. [*Como é razão* significa: como se deve].

mento; não vos peço mais de que olheis para ele. Pois quem vos tira voltar os olhos da alma, ainda que seja depressa se não podeis mais, para este Senhor? Pois podeis olhar coisas feias, e não podereis olhar a coisa mais formosa que se pode imaginar? Pois nunca, filhas, vosso Esposo tira os olhos de vós. Tem sofrido de vós mil coisas feias e abominações contra Ele e não tem bastado para que vos deixe de olhar, e é muito que, tirados os olhos destas coisas exteriores, olheis algumas vezes para Ele? Olhai que não está aguardando outra coisa, como diz para a esposa, senão que olhemos para ele.[2] Como o quiserdes, o achareis. Tem em tanto que voltemos a olhar para ele, que não faltará por diligência sua.

4. Assim como dizem que há de fazer a mulher, para ser bem casada, com seu marido, que se está triste, ela há de se mostrar triste e se está alegre, ainda que nunca esteja, alegre (olhai de que sujeição vos tendes livrado, irmãs), isto com verdade, sem fingimento, faz o Senhor conosco: que Ele se faz o sujeito, e quer que sejais vós a senhora, e andar Ele à vossa vontade. Se estais alegre, olhai-o ressuscitado; que só imaginar como saiu do sepulcro vos alegrará. Mas com que claridade e com que formosura! Com que majestade, que vitorioso, que alegre! Como quem tão bem saiu da batalha aonde tem ganho um tão grande reino, que tudo quer para vós, e a si com ele. Pois, é muito que a quem tanto vos dá volvais uma vez os olhos a olhá-lo?

5. Se estais com trabalhos ou triste, olhai-o a caminho do horto: que aflição tão grande levava em sua alma, pois sendo o mesmo sofrimento a diz e se queixa dela! Ou olhai-o atado à coluna, cheio de dores, todas as suas carnes feitas pedaços pelo muito que vos ama; tanto padecer, perseguido por uns, cuspido por outras, negado por seus amigos, desamparado por eles, sem ninguém que volte para Ele, gelado de frio, posto em tanta solidão, que um com o outro vos podeis consolar. Ou olhai-o carregado com a cruz, que nem o deixavam fartar-se de fôlego. Ele vos olhará com olhos tão formosos e piedosos, cheios de lágrimas, e esquecerá suas dores para consolar as vossas, só para irdes vos consolar com Ele e voltardes a cabeça para olhá-lo.[3]

---

2. Ct 2,14.
3. À margem do original do Escorial a Santa escreveu, a modo de título do n. seguinte: *exclamação*.

6. "Ó Senhor do mundo, verdadeiro Esposo meu – podeis vós dizer-lhe, se vosso coração se enterneceu de vê-lo assim, que não só queirais olhá-lo, senão que vos folgueis de falar com Ele, não orações compostas, senão da pena de vosso coração, que as tem Ele em mui muito – tão necessitado estais, Senhor meu e Bem meu, que quereis admitir uma pobre companhia como a minha, e vejo em vosso semblante que vos tendes consolado comigo? Pois como, Senhor, é possível que vos deixem só os anjos, e que ainda não vos consola vosso Pai? Se é assim, Senhor, que tudo quereis passar por mim, o que é isto que eu passo por Vós? De que me queixo? Que já tenho vergonha, de que vos tenho visto tal, que quero passar, Senhor, todos os trabalhos que me vierem e tê-los por grande bem por imitar-vos em algo. Juntos andemos, Senhor. Por onde fordes, tenho de ir. Por onde passardes, tenho de passar".

7. Tomai, filha, daquela cruz. Não se vos dê nada de que vos atropelem os judeus, para que Ele não vá com tanto trabalho. Não façais caso do que vos disserem. Fazei-vos surda às murmurações. Tropeçando, caindo com vosso Esposo, não vos aparteis da cruz nem a deixeis. Olhai muito o cansaço com que vai e as vantagens que faz seu trabalho aos que vós padeceis, por grandes que os queirais pintar. E por muito que os queirais sentir, saireis consolada deles, porque vereis que são coisa de burla comparados aos do Senhor.

8. Direis, irmãs, que como se poderá fazer isto, que se o vísseis com os olhos do corpo no tempo que Sua Majestade andava no mundo, que o faríeis de bom grado e o miraríeis sempre.

Não o creiais, que quem agora não quer fazer um pouquinho de força para recolher sequer a vista para olhar dentro de si este Senhor (que pode fazer isso sem perigo, senão com um tantinho de cuidado), muito menos se pusera ao pé da cruz com a Madalena, que via a morte no olho. Mas o que devia passar a gloriosa Virgem e esta bendita Santa! Que ameaças, que más palavras e que encontros e que descomedidas! Pois com que gente tão cortesã a tinham! Sim, era do inferno, que eram ministros do demônio. Por certo que devia ser terrível coisa o que passaram; senão que, com outra dor maior, não sentiriam a sua.

Assim que, irmãs, não creiais que éreis para tão grandes trabalhos, se não sois para coisas tão poucas. Exercitando-vos nelas, podeis vir a coisas maiores.[4]

9. O que podeis fazer para ajuda disto, procurai trazer uma imagem ou retrato deste Senhor que seja a vosso gosto; não para trazê-lo no seio e nunca olhá-lo, senão para falar muitas vezes com Ele, que Ele vos dará o que lhe dizer. Como falais com outras pessoas, por que vos hão mais de faltar palavras para falar com Deus? Não o creiais; pelo menos eu não crerei em vós, se o usais; porque se não, o não tratar com uma pessoa causa estranheza e não saber como nos falar com ela, que parece que não a conhecemos, e ainda que seja parente, porque parente e amizade se perde com a falta de comunicação.

10. Também é grande remédio tomar um livro de romance bom, ainda para recolher o pensamento, para vir rezar bem vocalmente, e pouquinho a pouquinho ir acostumando a alma com afagos e artifício para não a amedrontar. Fazei conta que faz muitos anos que tem saído de junto de seu esposo, e que até que queira tornar à sua casa é mister muito saber negociar, que assim somos os pecadores: temos tão acostumada nossa alma e pensamento a andar ao seu prazer, ou pesar, melhor dizendo, que a triste alma não se entende, que para que torne a tomar amor e estar em sua casa é preciso muito artifício, e se não é assim e pouco a pouco, nunca faremos nada.

E torno-vos a certificar que se com cuidado vos acostumardes ao que tenho dito,[5] que tirareis tão grande lucro que, ainda que eu vo-lo quiser dizer, não saberei. Pois juntai-vos a este bom Mestre, muito determinadas a depreender o que vos ensina, e Sua Majestade fará com que não deixeis de sair boas discípulas, nem vos deixará se não o deixardes. Olhai as palavras que diz aquela boca divina, que na primeira entendereis logo o amor que vos tem, que não é pequeno bem e regalo do discípulo ver que seu mestre o ama.

---

4. Na 1ª redação se lê: *E crede que digo a verdade – porque tenho passado por isso –, que o podereis fazer.*

5. *Ao que tenho dito*: na 1ª redação: *... a considerar que trazeis convosco este Senhor, e a falar com Ele muitas vezes...*

Capítulo 27

Em que trata o grande amor que nos mostrou o Senhor nas primeiras palavras do Pai-Nosso, e o muito que importa não fazer caso nenhum da linhagem as que deveras querem ser filhas de Deus.

1. "Pai nosso que estás nos céus".[1]

Ó Senhor meu, como pareceis Pai de tal Filho e como parece vosso Filho filho de tal Pai! Bendito sejais para sempre jamais! Não seria no fim da oração esta mercê, Senhor, tão grande? Ao começar, nos encheis as mãos e fazeis tão grande mercê que seria bastante bem encher-se o entendimento para ocupar a vontade de maneira que não pudesse falar palavra.

Oh, quão bem vinha aqui, filhas, contemplação perfeita! Oh, com quanta razão a alma entraria em si para poder melhor subir acima de si mesma[2] para que este santo Filho lhe desse a entender que coisa é o lugar aonde diz que seu Pai está, que é nos céus! Saiamos da terra, filhas minhas, que tal mercê como esta não é razão se tenha em tão pouco, que depois que entendemos quão grande é, fiquemos na terra.

2. Ó Filho de Deus e Senhor meu! Como dais tanto junto à primeira palavra? Já que vos humilhais com extremo tão grande em juntar-vos conosco ao pedir e fazer-vos irmão de coisa tão baixa e miserável, como nos dais em nome de vosso Pai tudo o que se pode dar, pois quereis que nos tenha por filhos, que vossa palavra não pode faltar?[3] Vós o obrigais a cumpri-la, que não é pequena carga, pois sendo Pai nos há de sofrer por graves que sejam as ofensas. Se nos tornamos a Ele, como ao filho pródigo nos há de perdoar,[4] há de nos consolar em nossos trabalhos, há de nos

---

1. Mt 6,9.
2. *Entrar em si e subir acima de si* (*entrar en sí y subir sobre sí*) eram expressões correntes entre os espirituais contemporâneos e com significado mais ou menos rebuscado. Aqui a Santa as usa para designar, com a primeira, a ação de recolher-se ao interior, e com a segunda, uma elevação mística em geral. Em outras ocasiões ela mesma critica a teoria de "subir acima de si" (cf. *Vida* c. 22, n. 1, 4, 5, 7; e *Moradas* IV, c. 3, n. 2 e 6).
3. Mt 24,35.
4. Lc 15,20.

sustentar como há de fazer tal Pai, que forçado há de ser melhor que todos os pais do mundo, porque nele não pode haver senão todo bem cabal,[5] e depois de tudo isto fazer-nos participantes e herdeiros convosco.

3. Olhai, Senhor meu, que já que Vós, com o amor que nos tendes e com vossa humildade, nada se ponha diante de Vós, enfim, Senhor, estais na terra e vestido dela, pois tendes nossa natureza, parece que tendes alguma causa para olhar nosso proveito; mas olhai que vosso Pai está no céu; Vós o dizeis; é razão que olheis por sua honra. Já que Vós estais oferecido[6] a ser desonrado por nós, deixar vosso Pai livre; não o obrigueis a tanto por gente tão ruim como eu, que lhe há de dar graças tão más.[7]

4. Ó bom Jesus, quão claro tendes mostrado ser uma coisa com Ele,[8] e que vossa vontade é a sua e a sua vossa! Que confissão tão clara, Senhor meu! Que coisa é o amor que nos tendes! Tendes andado rodeando, encobrindo ao demônio que sois Filho de Deus, e com o grande desejo que tendes de nosso bem nada se põe diante de Vós para fazer-nos tão grandíssima mercê. Quem a podia fazer senão Vós, Senhor? Eu não sei como nesta palavra não entendeu o demônio quem éreis, sem lhe ficar dúvida.[9] Pelo menos vejo bem, meu Jesus, que tendes falado, como Filho regalado, por Vós e por nós, e que sois poderoso para que se faça no céu o que Vós dizeis na terra. Bendito sejais para sempre, Senhor meu, que tão amigo sois de dar, que não se põe coisa diante de Vós.

5. Pois parece-vos, filhas, que é bom mestre este, pois para afeiçoar-nos a que depreendamos o que nos ensina, começa fazendo-nos tão grande mercê? Pois parece-vos agora que será razão que, ainda que digamos vocalmente esta palavra, deixemos de entender com o entendimento, para que se faça pedaços nosso coração vendo tal amor? Pois que filho há no mundo que não procure saber quem é seu pai, quando o tem bom e de tanta majestade e senhorio? Ainda se não fosse, não me espantaria que não

---

5. Na 1ª redação continua insistindo: *há de nos regalar; há de nos sustentar, que tem com quê.* – Seguem duas alusões bíblicas a Ef 3,15 e 2Pd 1,4.

6. *Estar oferecido*: ter feito uma promessa ou voto pessoal, como um "romeiro" ou peregrino; frase tomada da linguagem popular.

7. A 1ª redação acrescenta: *... e outros também há que não as dão boas.*

8. Alusões a Jo 10,30 e 8,29.

9. Um censor riscou no original esta afirmação da Santa, provavelmente por escrúpulo teológico: a fé do diabo não pôde estar isenta de dúvidas.

nos quiséssemos conhecer por seus filhos, porque anda o mundo tal que se o pai é mais baixo do estado em que está o filho, não se tem por honrado em conhecê-lo por pai.

6. Isto não vem aqui, porque nesta casa praza a Deus nunca haja lembrança de coisa destas: seria inferno; senão que a que for mais, tome menos a seu pai na boca. Todas hão de ser iguais.

Ó Colégio de Cristo, que tinha mais mando São Pedro sendo um pescador e o quis assim o Senhor, que São Bartolomeu, que era filho de rei![10] Sabia Sua Majestade o que havia de passar no mundo sobre qual era de melhor terra, que não é outra coisa senão debater se será boa para adobes ou para taipas.[11] Valha-me Deus, que grande trabalho trazemos! Deus vos livre, irmãs, de semelhantes contendas, ainda que seja de brincadeira. E espero em Sua Majestade que assim fará. Quando algo disso em alguma houver, ponha-se logo remédio e ela tema não seja estar Judas entre os Apóstolos; deem-lhe penitências até que entenda que ainda terra muito ruim não merecia ser.[12]

Bom Pai vós tendes, que vos dá o bom Jesus. Não se conheça aqui outro pai para tratar dele. E procurai, filhas minhas, ser tais que mereçais regalar-vos com Ele, e lançar-vos em seus braços. Já sabeis que não vos afastará de si, se sois boas filhas. Pois quem não procurará não perder tal Pai?

7. Oh, valha-me Deus! Quanto há aqui em que vos consolar, que para não me alongar mais, o quero deixar a vossos entendimentos; que por disparatado que ande o pensamento, entre tal Filho e tal Pai forçado há de estar o Espírito Santo, que enamore vossa vontade e vo-la ate tão grandíssimo amor, já que não basta para isto tão grande interesse.

---

10. *Não sei onde o achou*, anotou na margem um dos censores do original. A Santa leu esta notícia peregrina no *Flos Sanctorum* de seu tempo, que, baseados na etimologia da palavra (Bartolomaeus), faziam o Apóstolo descendente dos Ptolomeus.

11. *Que no es otra cosa sino debatir si será para bodoques buena o para adobes*, tinha escrito na 1ª redação. *Bodoque* era uma "bolinha de barro que se atira com o arco ou com a balestra que chamam bodoque" (Cobarruvias). A Santa ou talvez um corretor emendou essa palavra mudando-a para "lodo".

12. Na 1ª redação: *E quando algo disto em alguma houver, não a consintais em casa, que é Judas entre os apóstolos. Fazei quanto puderdes para livrar-vos de tão má companhia. E se isto não podeis, mais graves penitências que por outra coisa nenhuma, até que conheça que ainda terra muito ruim não merecia ser. Bom Pai vos dá o bom Jesus. Não se conheça aqui outro pai para tratar dele, se não for o que vos dá vosso Esposo.*

Capítulo 28

Em que declara o que é oração de recolhimento, e põem-se alguns meios para acostumar-se a ela.

1. Agora olhai o que diz vosso Mestre: "que estás nos céus".

Pensais que importa pouco que coisa é céu e aonde se há de buscar vosso sacratíssimo Pai? Pois eu vos digo que para entendimentos derramados que importa muito, não só crer nisto, senão procurá-lo entender por experiência. Porque é uma das coisas que ata muito o entendimento e faz recolher a alma.

2. Já sabeis que Deus está em todas as partes. Pois claro está que aonde está o rei, ali dizem que está a corte. Enfim, que aonde está Deus, é o céu. Sem dúvida o podeis crer que aonde está Sua Majestade está toda a glória. Pois olhai o que Santo Agostinho que o buscava em muitas partes e que o veio achar dentro de si mesmo.[1] Pensais que importa pouco para uma alma derramada entender esta verdade e ver que, para falar a seu Eterno Pai, não é mister ir ao céu, nem para regalar-se com Ele é mister falar em voz alta? Por passo[2] que fale, está tão perto que nos ouvirá; nem é mister asas para ir buscá-lo,[3] senão pôr-se em solidão e olhá-lo dentro de si e não se estranhar de tão bom hóspede; senão falar-lhe com grande humildade como a um pai, contar-lhe seus trabalhos, pedir-lhe remédio para eles, entendendo que não é digna de ser sua filha.

3. Deixe-se de uns encolhimentos que têm algumas pessoas e pensam que é humildade. Sim, que não está a humildade em que, se o rei vos faz uma mercê não a tomeis, senão tomá-la e entender quão sobrada vos vem e folgar-vos com ela. Donosa humildade que eu tenha ao Imperador do céu e da terra em minha casa, que vem a ela para me fazer mercê e folgar-se comigo, e que por humildade, não queira lhe responder nem estar

---

1. Alusão aos *Solilóquios* pseudoagostinianos, c. 31, ou às *Confissões* L. 10, c. 27. Cf. *Vida* c. 40, n. 6.
2. *Por passo que fale*: por muito baixo e suave que fale.
3. Alusão ao Salmo 54,7.

com Ele nem tomar o que me dá, senão que o deixe só! E que estando eu dizendo e a rogando que lhe peça, por humildade eu fique pobre, e ainda o deixe ir, por ver que não acabo de me determinar!

Não vos cureis, filhas, destas humildades, senão tratai com Ele como com pai e como com irmão e como com Senhor e como com esposo; às vezes de uma maneira, às vezes de outra, que Ele vos ensinará o que haveis de fazer para contentá-lo. Deixai de ser bobas; pedi a ele a palavra, que vosso Esposo é, que vos trate como tal.[4]

4. Este modo de rezar, ainda que seja vocalmente, com muito mais brevidade se recolhe o entendimento, e é oração que traz consigo muitos bens. Chama-se de recolhimento, porque a alma recolhe todas as potências e entra dentro de si com o seu Deus e o seu divino Mestre vem ensiná-la e dar-lhe oração de quietude com mais brevidade que de qualquer outra maneira. Porque, ali metida consigo mesma, pode pensar na Paixão e representar ali o Filho e oferecê-lo ao Pai e não cansar o entendimento andando a buscá-lo no monte Calvário, no horto e à coluna.

5. Aquelas que desta maneira puderem encerrar-se neste céu pequeno da nossa alma, aonde está o que o fez, e a terra,[5] e se acostumarem a não olhar nem estar aonde se distraiam estes sentidos exteriores, creia que levam excelente caminho e que não deixarão de chegar a beber a água da fonte,[6] porque caminham muito em pouco tempo. É como o que vai num navio que, com um pouco de bom vento, se põe no fim da jornada em poucos dias, e os que vão por terra tardam-se mais.[7]

6. Estes[8] estão já, como dizem, postos no mar; que, ainda que de todo não tenham deixado a terra, naquele momento fazem o que podem para livrar-se dela, recolhendo os seus sentidos a si mesmos. Se é verdadeiro

---

4. Na 1ª redação: ... *que vos trate como tais. Olhai que vos vai muito ter entendida esta verdade: que está o Senhor dentro de nós, e que ali estejamos com ele.*

5. Mais claro na 1ª redação: ... *céu pequeno de nossa alma, aonde está o que fez o céu e a terra.*

6. *Com o favor de Deus*, acrescentou a Santa, com sua letra, no manuscrito de Toledo.

7. Em continuação se lia na 1ª redação: *É caminho do céu; digo do céu, que estão metidos ali no palácio do rei, não estão na terra, e mais seguros de muitas ocasiões.* Na 2ª redação desenvolveu estes conceitos nos n. 6, 7 e 8.

8. *Estes*: os que sabem recolher-se.

o recolhimento, sente-se muito claro, porque faz alguma operação. Não sei como dá-lo a entender. Quem o tiver, sim, entenderá. É que parece que a alma se levanta com o jogo, que já vê que é as coisas deste mundo.[9] Levantar-se no melhor tempo e como quem entra num castelo forte para não temer os contrários: um retirar-se os sentidos destas coisas exteriores e dar-lhes de mão de tal maneira que, sem entender, cerram-se os seus olhos para não as ver e para que mais se desperte a vista aos da alma.

Assim, quem vai por este caminho quase sempre que reza tem fechados os olhos, e é admirável costume para muitas coisas, porque é um fazer força para não olhar as de cá. Isto no princípio, que depois não é mister; maior se faz a ela quando naquele tempo os abre. Parece que se entende um fortalecer-se e esforçar-se a alma à custa do corpo, e que o deixa só e enfraquecido, e ela toma ali abastecimento[10] para ir contra ele.

7. E, ainda que no princípio não se entenda isto por não ser tanto – que há mais e menos neste recolhimento –, se nos acostuma (ainda que no princípio dê trabalho, porque o corpo reclama seus direitos,[11], sem entender que ele mesmo se corta a cabeça ao não dar-se por vencido), se se usa alguns dias e nos fazemos esta força, ver-se-á claro o lucro e entenderão, em começando a rezar, que as abelhas vêm para a colmeia e entram nela para lavrar o mel, e isto sem cuidado nosso; porque o Senhor quis, que pelo tempo que tiveram esse cuidado, tenha merecido estar a alma e a vontade com este senhorio, que em fazendo sinal não mais de que se quer recolher, lhe obedeçam os sentidos e se recolham a ela. E ainda que depois tornem a sair, é grande coisa terem-se já rendido, porque saem como cativos e sujei-

---

9. *Levanta-se com o jogo*: frase que tem dado lugar a interpretações peregrinas. Em si significa apoderar-se do que foi ganho (no jogo) e cessar de jogar. Este significado material parece ser exigido pelas duas alusões seguintes: "retirar-se no melhor tempo" e "não temer os contrários". Doutrinariamente, com essa figura quer dizer que o recolhimento, por si mesmo, faz a alma dona da situação, a impele, a "levanta". "Levantar" não tem aqui significação mística por razão do contexto. – O douto redator ou o copista do ms. de Toledo modificou a frase assim: "é que parece que se levanta a alma com o fogo; já vê que são as coisas dele"; a Santa não percebeu o truque, e se deixou levar à correção do próprio texto assim: "[fogo que já] sente em si das coisas do mundo". O ms. de Madri, porém, corrigiu "fuego/fogo" por "juego/jogo".

10. *Abastecimento*: no original: *bastimento* por *abastecimento*.

11. *Reclama seus direitos*: no original: *torna de su derecho*, hoje em esp. se diz: *torna por su derecho*.

tos e não fazem o mal que antes poderiam fazer. E em tornando a chamar a vontade, vêm com mais presteza, até que com muitas entradas destas quer o Senhor que fiquem já de todo em contemplação perfeita.

8. Entenda-se muito isto que fica dito, porque ainda que pareça obscuro será entendido por quem quiser obrá-lo.

Assim que caminham por mar;[12] e pois tanto nos vai não ir tão devagar, falemos um pouco de como nos acostumaremos a tão bom modo de proceder. Estão mais seguros do que muitas ocasiões; pega-se mais depressa o fogo do amor divino, porque com pouquinho que soprem com o entendimento, como estão perto do mesmo fogo, com uma centelhazinha que o toque se abrasará todo. Como não há embaraço do exterior, a alma está a sós com o seu Deus: há grande aparelho para entender-se.[13]

9. Pois façamos de conta que dentro de nós está um palácio de grandíssima riqueza, todo o seu edifício de ouro e pedras preciosas, enfim, como para tal Senhor, e que sois vós parte para que este edifício seja tal, como na verdade é assim; que não há edifício de tanta formosura como uma alma limpa e cheia de virtudes, e quanto maiores mais resplandecem as pedras; e que neste palácio está este grande Rei, que teve por bem ser vosso Pai, e está em trono de grandíssimo preço, que é o vosso coração.

10. Parecerá isto, no princípio coisa impertinente – digo, fazer esta ficção para dar a entender – e poderá ser que aproveite muito, a vós em especial; porque, como não temos letras as mulheres, tudo isto é preciso para que entendamos com verdade que há outra coisa mais preciosa, sem comparação, dentro de nós do que vemos por fora. Não nos imaginemos ocas no interior. E praza a Deus sejam só as mulheres que andem com este descuido, que tenho por impossível, se trouxéssemos cuidado de nos lembrarmos que temos tal hóspede dentro de nós, nos déssemos tanto às coisas do mundo, porque veríamos quão baixas são, para as que dentro possuí-

---

12. *Assim que caminham por mar*: alusão ao princípio do n. 6, referindo-se aos que "sabem recolher-se".

13. Também se poderia ler *acender-se* (*encender-se*) seguindo fr. Luís (p. 162) e a maioria dos editores. Preferimos, no entanto, *entender-se* por ser leitura mais provável do original, e por coincidir com a 1ª redação. Nesta acrescenta: *Eu quereria que entendêsseis muito bem esta maneira de orar, que – como tenho dito – se chama recolhimento.*

mos. Pois que mais faz uma alimária que ao ver o que lhe contenta a vista, farta a sua fome na presa? Sim, que diferença há de haver entre ela e nós.

11. Rir-se-ão de mim, porventura, e dirão que isto está bem claro, e terão razão; porque para mim foi isto obscuro algum tempo. Bem entendia que tinha alma, mas o que merecia esta alma e quem estava dentro dela, se eu não me tapasse os olhos com as vaidades da vida para não vê-lo, não o entendia. Que, a meu parecer, se como agora entendo que neste palácio pequenino da minha alma cabe tão grande Rei, que não o deixara tantas vezes só, algumas teria estado com Ele; mais, teria procurado que não estivesse tão suja. Mas que coisa de tanta admiração! Quem teria enchido mil mundos e mui muitos mais com a sua grandeza, encerrar-se em coisa tão pequena![14] Na verdade, como é o Senhor, consigo traz a liberdade, e como nos ama, faz-se à nossa medida.

12. Quando uma alma começa, para não alvoroçá-la de ver-se tão pequena para ter em si coisa tão grande, não se dá a conhecer até que a vá ampliando-se pouco a pouco, conforme ao que é mister para o que há de pôr nela. Por isto digo que traz consigo a liberdade, pois tem o poder de fazer grande todo este palácio.[15] Todo o ponto está em que se lhe dermos por seu com toda determinação, e o desembaracemos, para que possa pôr e tirar como em coisa própria. E tem razão Sua Majestade; não lhe neguemos.[16] E como Ele não há de forçar a nossa vontade, toma o que lhe damos, mas não se dá a Si de todo, até que nos demos de todo.

Isto é coisa certa e, porque importa tanto, vo-lo lembro tantas vezes: nem obra na alma como quando de todo sem embaraço é sua, nem sei como há de obrar; é amigo de todo o concerto. Pois se enchemos o palácio de gente baixa e de bagatelas, como há de caber o Senhor com a sua corte? Bastante faz em estar um pouquinho entre tanto embaraço.

---

14. Na 1ª redação acrescenta: *Assim quis caber no ventre de sua sacratíssima Mãe*.
15. Um dos censores riscou – provavelmente com certa displicência de teólogo profissional – toda esta bela digressão sobre a imensidade de Deus e sua presença na alma (desde *Mais, que coisa...* até *todo ele*").
16. *Ainda cá nos dá pesadume hóspedes em casa, quando não lhes podemos dizer que vão embora*. Da 1ª redação.

13. Pensais, filhas, que vem sozinho? Não vedes o que diz seu Filho: "que estás nos céus?" Pois, um tal Rei, certamente[17] que não o deixam só os cortesãos, senão que estão com Ele rogando-lhe por nós todos para nosso proveito, porque estão cheios de caridade. Não penseis que é como cá, que se um senhor ou prelado favorece a alguém por alguns fins, ou porque quer, logo há as invejas e o ser malquisto aquele pobre sem fazer-lhes nada.

---

17. N.T.: Em esp. *a osadas*.

Capítulo 29

Prossegue em dar meios para procurar esta oração de recolhimento. – Diz o pouco que se nos há de dar de ser favorecidas dos prelados.

1. Fugi, por amor de Deus, filhas, de se vos dar nada destes favores. Procure cada uma fazer o que deve e, se o prelado não lho agradecer, segura pode estar que lho pagará e agradecerá o Senhor. Sim, que não viemos aqui a buscar prêmio nesta vida. Sempre o pensamento no que dura, e das coisas de cá nenhum caso façamos, pois, ainda para o que se vive não é durável; que hoje está bem com uma; amanhã, se vir uma virtude mais em vós, estará melhor convosco; e se não, pouco vai nisso. Não deis lugar a estes pensamentos, que às vezes começam por pouco e vos podem desassossegar muito, senão atalhai-os porque não é cá o vosso reino e que bem depressa tudo tem fim.

2. Mas ainda isto é baixo remédio, e não muita perfeição. O melhor é que dure e vós desfavorecida e abatida, e o queirais estar pelo Senhor que está convosco. Ponde os olhos em vós e olhai-vos interiormente, como fica dito;[1] achareis o vosso Mestre, que não vos faltará, antes quanto menos consolação exterior, mais regalo vos fará. É muito piedoso, e a pessoas aflitas e desfavorecidas jamais falta, se confiam nele só. Assim o diz David, que está o Senhor com os aflitos.[2] Ou credes isto, ou não. Se o credes, de que vos matais?

3. Ó Senhor meu, se deveras vos conhecêssemos, não se nos daria nada de nada, porque dais muito aos que deveras querem confiar em Vós! Crede, amigas, que é grande coisa entender que isto é verdade, para ver que os favores de cá são todos mentira quando desviam em algo a alma de andar dentro de si. Oh, valha-me Deus, quem vos fizesse entender isto!

---

1. *Fica dito* no c. 28, n. 2.
2. Salmo 90,15 e 34,19. Na 1ª redação, a citação era dupla: *assim diz Davi* "*que nunca viu o justo desamparado*" [36,25], *e outra vez* "*que está o Senhor com os aflitos*" [34,19].

Não eu, por certo. Sei que devendo eu mais do que ninguém, não acabo de o entender como se há de entender.

4. Pois, tornando ao que dizia,[3] quisera eu saber declarar como está esta companhia santa com o nosso acompanhador, Santo dos Santos, sem impedir a solidão que ela e seu Esposo têm, quando esta alma dentro de si quer entrar neste paraíso com o seu Deus, e cerra a porta atrás de si a tudo o que é do mundo. Digo "quer", porque entendei que isto não é coisa sobrenatural,[4] senão que está no nosso querer e podemos fazê-lo, com o favor de Deus, que sem este não se pode nada, nem podemos de nós ter um bom pensamento. Porque isto não é silêncio das potências; é encerramento delas dentro da própria alma.

5. Vai-se ganhando isto de muitas maneiras, como está escrito em alguns livros,[5] que nos havemos de desocupar de tudo para nos chegarmos interiormente a Deus, e ainda nas mesmas ocupações, retirarmo-nos em nós mesmos. Ainda que seja só por um momento, aquela lembrança de que tenho companhia dentro de mim, é grande proveito. Enfim, ir nos acostumando a gostar de que não é mister dar vozes para falar-lhe, porque Sua Majestade se dará a sentir como está ali.

---

3. Retoma o tema do c. 28 (n. 2 e n. 11-13).

4. À margem do original se lê: "Quer dizer *sobrenatural* o que não está posto em nosso arbítrio com os favores ordinários de Deus". No final da anotação se leem as iniciais: "f. D. B.", que equivaleriam a "frei Domingos Báñez, mas que na realidade são um artifício mal-feito. A anotação não é do ilustre dominicano.

5. Provável alusão a B. de Laredo, *Subida del Monte Sión*, P. I. c. 10 e 22. Na 1ª redação desenvolvia extensamente este pensamento: *está escrito em alguns livros [...] os que escrevem oração mental. Como eu não falo senão em como há de rezar-se a vocal para ir bem rezada, não há para que dizer tanto; pois o que pretendo só é para que vejamos e estejamos com quem falamos sem ter-lhes voltadas as costas, que não me parece outra coisa estar falando com Deus e pensando em mil vaidades. E vem todo o dano de não entender com verdade que está perto, senão imaginá-lo longe. E quão longe se o vamos buscar no céu! Pois, rosto é o vosso, Senhor para não olhá-lo estando tão perto de nós? Não parece que nos ouvem os homens quando falamos, se não vemos que nos olham, e fechamos os olhos para não olhar que Vós nos olhais? Como havemos de entender se tendes ouvido o que vos dizemos?*

Só isto é o que queria dar a entender: que para ir-nos acostumando a com facilidade ir assegurando o entendimento para entender o que fala e com quem fala, é mister recolher estes sentidos exteriores a nós mesmos e que lhes demos em que se ocupar; pois é assim que temos o céu dentro de nós, pois o Senhor dele está.

6. Desta sorte, rezaremos vocalmente com muito sossego e é livrar-nos de trabalhos. Porque por pouco tempo que forcemos a nós mesmos para estar perto deste Senhor, nos entenderá por sinais, de maneira que se havíamos de dizer muitas vezes o Pai-Nosso, nos entenderá de uma. É muito amigo de nos tirar trabalho. Ainda que numa hora não o digamos mais que uma vez, como entendamos que estamos com Ele e o que lhe pedimos, e a gana que tem de dar-nos e de quão bom grado está conosco, não é amigo de que quebremos nossas cabeças falando-lhe muito.[6]

7. O Senhor o ensine às que não sabeis, que eu por mim confesso que nunca soube que coisa era rezar com satisfação até que o Senhor me ensinou este modo. E sempre tenho achado tantos proveitos deste costume de recolhimento dentro de mim, que isso me tem feito alongar tanto.

Concluo com que quem o quiser adquirir – pois, como digo, está na nossa mão –, não se canse de acostumar-se ao que fica dito,[7] que é assenhorear-se pouco a pouco de si mesmo, não se perdendo em vão, senão ganhando-se a si para si, que é aproveitar-se dos seus sentidos para o interior. Se falar, procurar lembrar-se que tem com quem falar dentro de si mesmo. Se ouvir, lembrar-se que há de ouvir a quem de mais perto lhe fala. Enfim, ter em conta que pode, se quiser, nunca se apartar de tão companhia, e pesar-lhe quando por muito tempo tem deixado o seu Pai sozinho, que está necessitada dele. Se puder, muitas vezes no dia; se não, seja poucas. Quando acostumar, sairá com lucro, ou cedo ou mais tarde. Depois que o Senhor lho der, não o trocaria por nenhum tesouro.

8. Pois nada se depreende sem um pouco de trabalho, por amor de Deus, irmãs, que deis por bem empregado o cuidado que nisto gastardes. E eu sei que, se o tiverdes, em um ano e talvez em meio, saireis com ele, com o favor de Deus. Olhai quão pouco tempo para tão grande lucro como

---

6. O autógrafo do Escorial prossegue: *Por isso irmãs, por amor do Senhor, vos acostumareis a rezar com este recolhimento o pai-nosso e vereis o lucro antes de muito tempo. Porque é modo de orar que faz tão depressa costume a não andar a alma perdida e as potências alvoroçadas, como o tempo vo-lo dirá; só vos rogo que o proveis, ainda que vos seja algum trabalho, que tudo o que não está em costume lhe dá. Mas eu vos asseguro que antes de muito vos seja grande consolo entender que sem cansar-vos a buscar aonde está este santo Pai a que pedis, o acheis dentro de vós.*

7. No c. 28, n. 7.

é fazer bom fundamento para se quiser o Senhor levantar-vos a grandes coisas, que ache em vós aparelho, achando-vos perto de si. Praza a Sua Majestade que não consinta que nos apartemos da sua presença, amém.[8]

---

8. Em lugar desta conclusão (n. 7-8), a primeira redação tinha um breve epílogo: *E porventura todas vós o sabeis, mas alguma virá que não saiba; por isso não vos pese de que o tenha aqui dito. – Agora venhamos a entender como vai adiante nosso bom Mestre e começa a pedir a seu santo Pai para nós, e o que pede, que é bom que o entendamos.*

Capítulo 30

Diz o que importa entender o que se pede na oração. – Trata destas palavras do Pai-Nosso: "Santificetur nomen tuum, adveniat regnum tuum". – Aplica-as à oração de quietude e começa a declará-la.[1]

1. Quem há, por disparatado que seja, que quando pede alguma coisa a uma pessoa grave não leva pensado como pedir-lhe para contentá-la e não lhe ser desabrido, e o que lhe há de pedir, e para que precisa do que lhe há de dar, em especial se pede coisa assinalada, como nos ensina que peçamos o nosso bom Jesus? Coisa me parece para notar. Não poderíeis, Senhor meu, concluir com uma palavra e dizer: "dai-nos, Pai, o que nos convém", pois a quem tão bem entende tudo, não parece que era preciso mais?

2. Ó Sabedoria eterna! Entre Vós e vosso Pai isto bastava, que assim pedistes no horto; mostrastes a vossa vontade e temor, mas vos deixastes na sua.[2] Mas a nós conheceis-nos, Senhor meu, que não estamos tão rendidos como estáveis Vós à vontade de vosso Pai, e que era mister pedir coisas assinaladas para que nos detivéssemos a mirar se nos está bem o que pedimos, e senão, que, não lho peçamos. Porque, segundo somos, se não nos dão o que queremos, com este livre arbítrio que temos não admitiremos o que o Senhor nos der; porque, ainda que seja o melhor, como não nos vemos com o dinheiro na mão, nunca pensamos nos ver ricos.

3. Oh, valha-me Deus, o que faz ter tão adormecida a fé para uma e outra coisa, que nem acabamos de entender quão certo teremos o castigo nem quão certo é o prêmio! Por isso é bom, filhas, que entendais o que pedis no pai nosso, para que, se o Pai Eterno vo-lo der, não desvieis dele os olhos e pensai muito bem se está bem para vós, e se não, não lho peçais,[3] senão pedi que vos dê Sua Majestade luz; porque estamos cegos e com fas-

---

1. A Santa escreveu seu latim assim: *santificetur nomen tuun adveniad renuun [reunun] tuun*.
2. Mt 26,39.
3. *Senão advertindo que há de ser conforme a vontade de Deus, como se pede nesta oração* – acrescentado pela Santa à margem do ms. de Toledo.

tio para poder comer os manjares que vos hão de dar vida, senão os que vos hão de levar à morte, e que morte tão perigosa e tão para sempre!

4. Pois diz o bom Jesus que digamos estas palavras em que pedimos que venha a nós um tal reino: "Santificado seja o teu nome, venha em nós o teu reino".[4]

Agora olhai, filhas, que sabedoria tão grande a do nosso Mestre! Considero eu aqui, e é bem que entendamos, o que pedimos neste reino. Mas como Sua Majestade viu que não podíamos santificar nem louvar nem engrandecer nem glorificar este nome santo do Pai Eterno conforme o pouquinho que podemos por nós, de maneira a que se fizesse como é razão, se Sua Majestade não provesse dando-nos cá o seu reino, e assim pôs o bom Jesus um junto do outro, para que entendamos, filhas, e o que nos importa importunar por isso e fazer o que pudermos para contentar a quem no-lo há de dar. Quero dizer-vos aqui o que eu entendo. Se não vos contentar, pensai vós outras considerações: licença nos dará o nosso Mestre, sujeitando-nos em tudo ao que tem a Igreja, e assim o faço eu aqui.[5]

5. Agora, pois, o grande bem que me parece a mim que há no reino do céu, com outros muitos, é já não ter conta com coisa da terra, senão um sossego e glória em si mesmos, um alegrar-se que se alegrem todos, uma paz perpétua, uma satisfação grande em si mesmos, que lhes vem de ver que todos santificam e louvam ao Senhor e bendizem o seu nome e ninguém o ofende. Todos o amam e a mesma alma não se ocupa em outra coisa senão em amá-lo, nem pode deixar de amá-lo, porque o conhece. E assim o amaríamos cá, ainda que não nesta perfeição, nem em um ser;[6] mas muito de outra maneira o amaríamos do que o amamos, se o conhecêssemos.

6. Parece que vou dizer que havemos de ser anjos para pedir esta petição e rezar bem vocalmente. Bem o quisera o nosso divino Mestre, pois

---

4. Mt 6,9-10.
5. A 1ª redação era mais espontânea e confidencial: ... *nos sujeitemos ao que tem a Igreja, como o faço eu sempre (e ainda isto não vos darei a ler até que o vejam pessoas que o entendam); ao menos se não for* [acertado] *não vá com malícia, senão não sabendo mais*. É interessante notar que também desta vez, ao revisar o texto, a Santa acrescentou respeitosamente: *"a santa romana Igreja"*.
6. *Nem em um ser*: quer dizer, nem com estabilidade.

tão alta petição nos manda pedir, e com certeza que não nos diz para pedir coisas impossíveis; que possível seria, com o favor de Deus, vir uma alma posta neste desterro, ainda que não na perfeição em que estão as que saíram deste cárcere, porque andamos no mar e vamos por este caminho; mas há momentos que, de cansados de andar, o Senhor os põe num sossego das potências e quietude da alma, que como por sinais, lhes dá claramente a entender ao que sabe o que o Senhor dá aos que leva ao seu reino. E àqueles a quem lhes é dado cá como pedimos, dá-lhes penhores para que por eles tenham grande esperança de ir gozar perpetuamente do que cá lhe dá aos sorvos.

7. Se não dissésseis que trato de contemplação, vinha aqui bem nesta petição falar um pouco do princípio da pura contemplação, que os que a têm a chamam oração de quietude. Mas como digo que trato de oração vocal, parece que não vem uma coisa com a outra a quem não o souber, e eu sei que vem. Perdoai-me que o quero dizer, porque sei que muitas pessoas, rezando vocalmente – como já fica dito[7] – as levanta Deus, sem entender elas como, a subida contemplação. Conheço uma pessoa[8] que nunca pôde ter senão oração vocal, e pegada a esta tinha tudo. E se não rezava, ia-lhe o entendimento tão perdido, que não o podia sofrer. Mas tal tenhamos todas a mental! Em certos pais-nossos que rezava pelas vezes com que o Senhor derramou sangue, ficava – e em mais um pouco que rezava – algumas horas. Veio uma vez a mim muito angustiada, que não sabia ter oração mental, nem podia contemplar, senão rezar vocalmente. Perguntei-lhe o que rezava e vi que, presa ao Pai-Nosso, tinha pura contemplação e o Senhor a levantava para juntá-la consigo em união; e bem se percebia em suas obras receber tão grandes mercês, porque gastava muito bem a sua vida. Assim, louvei ao Senhor e tive inveja da sua oração vocal.

---

7. Foi dito no c. 25, n. 1.
8. *Por isto ponho tanto, filhas, em que rezeis bem as orações vocais* (1ª redação). Também a passagem que segue era mais concreta na 1ª redação: essa pessoa era *uma monja; rezando o Pai-Nosso em honra das vezes que o Senhor derramou o seu sangue, estava duas ou três horas; era já velha e tinha gasto sua vida bastante bem e religiosamente.*

Se isto é verdade, – como o é –, não penseis os que sois inimigos de contemplativos que estais livres de o ser, se rezais as orações vocais como se hão de rezar, tendo consciência limpa.[9]

---

9. Na 1ª redação concluía: *Assim que ainda o terei de dizer. Quem não quiser ouvir, passe adiante.*

Capítulo 31

Que prossegue na mesma matéria. – Declara o que é oração de quietude. – Põe alguns avisos para os que a têm. – É muito de notar.

1. Pois, todavia, quero, filhas, declarar – tal como o tenho ouvido praticar,[1] ou o Senhor tem querido dar-me a entender e porventura para que vo-lo diga – esta oração de quietude, aonde a mim me parece que começa o Senhor, como tenho dito,[2] a dar a entender que ouve a nossa petição, e começa já a dar-nos o seu reino aqui, para que deveras o louvemos e santifiquemos o seu nome e procuremos que o façam todos.

2. É já coisa sobrenatural e que não a podemos procurar nós[3] por diligências que façamos. Porque é um pôr-se a alma em paz, ou pô-la o Senhor com a sua presença, para melhor dizer, como fez ao justo Simeão, porque todas as potências se sossegam. Entende a alma, por uma maneira muito fora de entender com os sentidos exteriores, que já está junto perto de seu Deus, que com pouquinho mais chegará a estar feita uma mesma coisa com Ele por união. Isto não é porque o vê com os olhos do corpo nem da alma. O justo Simeão também não via mais do glorioso Menino pobrezinho; que no que levava envolto e a pouca gente que ia com Ele na procissão, mais poderia julgá-lo como filho de gente pobre do que Filho do Pai celestial;[4] mas o mesmo Menino deu-se a entender. E assim entende cá a alma, ainda que não com essa clareza; porque ainda ela não entende como entende, mais de que se vê no reino, ou ao menos junto do Rei que se há de dar, e parece que a própria alma está com acatamento ainda para não

---

1. N.T.: Praticar: esp. *platicar*, cf. glossário.
2. No c. 30, n. 6. – No final do número, a 1ª redação prosseguia: *... e procuremos que o louvem outros, ainda que por tê-lo escrito em outra parte – como tenho dito – não me alongarei muito em declará-lo, direi algo.*
3. No autógrafo, um censor anotou à margem: "por nossa habilidade". – É interessante notar que a própria Santa, no manuscrito de Toledo, riscou *procurar* e escreveu *adquirir*. – Segue uma alusão ao "nunc dimittis" (Lc 2,29).
4. De maneira muito mais terna e plástica escrevia na 1ª redação: *mais pudera julgá-lo por romeirinho, filho de pais pobres...* – *Romeirinho*: pequeno peregrino que vai à romaria "com bordão e esclavina" (assim no tempo da Santa).

ousar pedir. É como um amortecimento interior e exteriormente, que não quereria o homem exterior (digo o corpo, para que melhor me entendais),[5] que não quereria, digo, mexer-se, senão como quem tem chegado quase ao fim do caminho descansa para poder melhor tornar a caminhar; que ali lhe são dobradas as forças para isso.

3. Sente-se grandíssimo deleite no corpo e grande satisfação na alma.[6] Está tão contente, só de se ver junto da fonte que, ainda sem beber já está farta. Não lhe parece haver mais que desejar. As potências sossegadas, não se quereriam mover-se, tudo parece que estorva a amar, ainda que não tão perdidas, porque podem pensar junto de quem estão, que as duas estão livres. A vontade é aqui a cativa, e se alguma pena pode ter estando assim é por ver que há de tornar a ter liberdade. O entendimento não quereria entender mais de uma coisa, nem a memória ocupar-se em mais. Aqui veem que só esta é necessária e todas as demais a perturbam. Não quereriam que o corpo se meneasse, porque lhes parece que hão de perder aquela paz e assim não se ousam mexer. Dá-lhes pena o falar; em dizer "Pai nosso" uma vez, se passará uma hora. Estão tão perto que veem que se entendem por sinais. Estão no palácio junto do seu Rei, e veem que lhes começa já a dar aqui o seu reino. Não lhes parece estar no mundo nem o quereriam ver nem ouvir, senão a seu Deus. Nada lhes dá pena, nem parece que se a há de dar. Enfim, o que dura, com a satisfação e deleite que em si têm, estão tão embebidas e absortas, que não se lembram de que há mais que desejar, senão que de bom grado diriam com São Pedro: "Senhor, façamos aqui três moradas".[7]

4. Algumas vezes, nesta oração de quietude, faz Deus outra mercê bem difícil de entender se não há grande experiência; mas, se houver alguma, logo o entendereis a que a tiver e dar-vos-á muita consolação saber o que é, e creio que muitas vezes faz Deus esta mercê juntamente com estoutra. Quando é grande e por muito tempo esta quietude, parece-me que se a vontade não estivesse presa a algo, que não poderia durar tanto naquela

---

5. O parêntese continha na 1ª redação uma deliciosa ironia teresiana: *digo o corpo, que alguma simplesinha virá que não saiba o que é interior e exterior.*
6. À margem do autógrafo do Escorial, um dos censores escreveu: "explica divinamente esta oração de quietude... [o resto riscado e ilegível]".
7. Mt 17,4.

paz; porque acontece andar um dia ou dois que nos vemos com esta satisfação e não nos entendemos – digo os que a têm –, e verdadeiramente veem que não estão inteiros no que fazem, senão que lhes falta o melhor, que é a vontade, que, a meu parecer, está unida com seu Deus e deixa as outras potências livres para que se ocupem nas coisas de seu serviço. E para isto têm então muita mais habilidade; mas para tratar coisas do mundo estão entorpecidas e como que embasbacadas às vezes.

5. É grande mercê esta a quem o Senhor a faz, porque vida ativa e contemplativa estão juntas. De todo servem então ao Senhor juntamente; porque a vontade está em sua obra sem saber como obra e em sua contemplação; as outras duas potências servem no que é de Marta; assim que ela e Maria andam juntas.

Eu sei de uma pessoa que o Senhor punha aqui muitas vezes e não sabia entender-se a si mesma, e perguntou a um grande contemplativo,[8] e disse que era muito possível, que a ele acontecia. Assim, penso que a alma está tão satisfeita nesta oração de quietude, que o mais contínuo deve estar unida a potência da vontade com quem só pode satisfazê-la.

6. Parece-me que será bom dar aqui alguns avisos para aquelas que de vós, irmãs, o Senhor tem chegado aqui só por sua bondade, sei que são algumas.

O primeiro é que, como se veem naquele contento e não sabem como lhes veio, veem pelo menos que por si mesmas não o podem alcançar, dá-lhes esta tentação: que lhes parece que poderão detê-lo, e ainda respirar não quereriam. E é tolice, pois assim como não podemos fazer com que amanheça, tampouco podemos que deixe de anoitecer. Já não é obra nossa, é sobrenatural e coisa muito sem podê-la nós adquirir. Com o que mais deteremos[9] esta mercê, é entendendo claramente que não podemos tirar nem pôr nela, senão recebê-la, como indigníssimos de merecê-la, com

---

8. No manuscrito de Toledo a Santa anotou: *que era o P. Francisco, da Companhia de Jesus, que tinha sido duque de Gandia, e o sabia bem por experiência.* – Era São Francisco de Borja, e a pessoa que o consultou era a própria Santa Teresa. – Um corretor riscou o último membro da anotação marginal original.

9. *Deteremos*, na acepção de "reteremos".

ação de graças, e estas não com muitas palavras, mas com um erguer os olhos, com o publicano.[10]

7. É bom procurar mais solidão para dar lugar ao Senhor e deixar a Sua Majestade que obre como em coisa sua; e quanto mais, uma palavra de tempo em tempo, suave, como quem dá um sopro na vela, quando vir que se apagou, para a tornar a acender; mas se está ardendo, não serve senão para mais a apagar, a meu parecer. Digo que seja suave o sopro, para que, por concertar muitas palavras com o entendimento, não se ocupe a vontade.

8. E notai muito, amigas, este aviso que agora quero dar, porque vos vereis muitas vezes que não vos podeis valer com essas outras duas potências:[11] que acontece estar a alma com grandíssima quietude, e andar o entendimento tão elevado, que nem parece ser em sua casa aquilo que se passa; e assim parece então que não está senão em casa alheia como hóspede e buscando outras pousadas aonde estar; que aquela não o contenta, porque sabe pouco estar em um ser. Porventura é só o meu, e não devem ser assim outros. Comigo falo, que algumas vezes desejo morrer, porque não posso remediar esta variedade do entendimento. Outras parece ter assento em sua casa e acompanha a vontade, que quando todas as três potências se concertam, é uma glória. Como dois casados que, se se amam, que um quer o que o outro; quer, mas, se alguém é mal casado, já se vê o desassossego que dá à sua mulher. Assim que a vontade, quando se vê nesta quietude, não faça caso do entendimento mais que de um louco;[12], porque

---

10. Lc 18,13.

11. *Essas outras duas potências* são o entendimento e a memória. Já outra vez as designou com esses termos genéricos neste mesmo capítulo (n. 5), por contraposição à vontade (n. 3 e 4), a única que entra em estado de quietude. – *O entendimento tão remontado*, tão afastado, de que falará em seguida compreende confusamente "entendimento e imaginação". De fato, no manuscrito de Toledo, a Santa mesma escreveu sobre a palavra "entendimento": *ou imaginação*. (Ver a nota que segue.)

12. Na 1ª redação a Santa recalcou este conselho: *e note-se muito este aviso, que importa.* – Por sua vez, ao dar os últimos retoques ao texto no ms. de Toledo, sobre a palavra "entendimento" escreveu: *ou pensamento ou imaginação, que não sei o que é.* – Este titubeio entre entendimento, ou intelecto, e pensamento e imaginação fez com que ela introduzisse uma anotação semelhante no princípio do presente número: *andar o entendimento "ou pensamento" tão "remontado"* (ms. de Toledo); e pouco mais adiante (n. 10): *quem a atormenta é o entendimento "ou imaginação"*, volta a acrescentar a Autora no ms. de Toledo.

se o quer trazer consigo, forçosamente se há de ocupar e inquietar algo. E neste ponto de oração tudo será trabalhar e não ganhar mais, senão perder o que lhe dá o Senhor sem nenhum trabalho seu.

9. E adverti muito a esta comparação, que me parece quadra muito:[13] está a alma como uma criança que ainda mama quando está aos peitos de sua mãe, e ela, sem que a criança mova os lábios, coloca o leite na boca dela para a regalar. Assim é cá, que sem trabalho do entendimento está a vontade amando e quer o Senhor que, sem pensar, entenda que está com Ele e que só trague o leite que Sua Majestade lhe põe na boca e goze daquela suavidade; que conheça que o Senhor lhe está fazendo aquela mercê e goze de gozá-la; mas não que queira entender como a goza, e o que é que goza, senão se descuide então de si, que quem está junto dela não se descuidará de ver o que lhe convém. Porque se vai pelejar com o entendimento para dar-lhe parte trazendo-o consigo, não pode tudo; forçosamente deixará cair o leite da boca, e perde aquele mantimento divino.

10. Nisto diferencia esta oração de quando está toda a alma unida com Deus;[14] porque então ainda só este tragar o mantimento não faz; dentro de si, sem entender como, o Senhor põe. Aqui, parece que quer que trabalhe um pouquinho, ainda que seja com tanto descanso, que quase não se sente. Quem a atormenta é o entendimento; o que este não faz quando é união de todas as três potências, porque as suspende o que as criou; porque com o gozo que dá, ocupa todas sem elas saberem como, nem o poderem entender.

---

13. Prova da fruição com que Santa Teresa escreveu esta famosa "comparação" são os sucessivos retoques a que a submeteu: escreveu na 1ª redação: *E adverti muito a esta comparação que o Senhor me pôs estando nesta oração, e quadra-me muito.* – Em nosso texto (2ª redação), a desenvolveu amplamente, mas omitindo a alusão à origem mística da comparação. Na redação final (ms. de Toledo), o texto ficou assim: *e adverti muito a esta comparação, que me parece quadrar* [a Santa risca "muito"] *e que o dá a entender.* – No ms. de Salamanca restam vestígios de outras elaborações da mesma passagem. Diz assim: *Por esta comparação se pode entender como é possível amar sem entender o que se ama nem quem se ama, que é difícil de entender.* – Essa mesma ampliação tinha sido acrescentada à margem do autógrafo de Valladolid por um dos revisores do texto.

14. O sentido é: *nisto se diferencia esta oração* de quietude da oração de união.– A 1ª redação acrescenta: *Quem tiver esta oração entenderá claro o que digo, se o mira com advertência, depois de ter lido isto, e mire que importa! Senão, parece algaravia.*

Assim que, como digo, em sentindo em si esta oração, que é um contentamento quieto e grande da vontade, sem saber-se determinar de que é assinaladamente, ainda que bem se determina que é muito diferente dos contentamentos de cá e não bastaria assenhorear o mundo com todos os contentos dele para sentir em si a alma aquela satisfação, que é no interior da vontade, – que os outros contentos da vida parece-me a mim que os goza o exterior da vontade, como a casca dela, digamos... Pois quando se vir neste tão subido grau de oração (que é, como tenho dito já,[15] muito conhecidamente sobrenatural), se o entendimento – ou pensamento, para mais me declarar – chegar aos maiores desatinos do mundo, ria-se dele e deixe-o para néscio, e fique na sua quietude, que ele irá e virá; que aqui é senhora e poderosa a vontade, ela o trará a si, sem que vos ocupeis. E se quiser trazê-lo à força de braços, perde a fortaleza que tem para ir contra ele, que vem de comer e admitir aquele divino sustento, e nem um nem o outro ganharão nada, senão perderão ambos. Dizem que quem muito quer apertar junto, perde tudo, e assim me parece será aqui.

A experiência dará isto a entender, que quem não a tiver não me espanto que lhe pareça muito obscuro isto e coisa não necessária; mas já tenho dito,[16] que por pouca que tenha, o entenderá e poderá aproveitar-se disso e louvará o Senhor, porque foi servido que se acertasse a dizer aqui.

11. Agora, pois, concluamos com que posta a alma nesta oração, já parece ter-lhe concedido o Pai Eterno a sua petição de dar-lhe cá o seu reino. Ó ditosa demanda, que tanto bem nela pedimos sem o entendermos! Ditosa maneira de pedir! Por isso quero eu, irmãs, que olhemos como rezamos esta oração do Pai-Nosso e todas as demais orações vocais. Porque feita Deus esta mercê,[17] descuidar-nos-emos das coisas do mundo; porque chegando o Senhor dele, tudo lança fora. Não digo que todos os que a tiverem, por força estejam desapegados de todo do mundo; ao menos quereria que entendam o que lhes falta e se humilhem e procurem ir-se de-

---

15. Disse no n. 6. Observe-se de novo (cf. nota ao n. 8) o esclarecimento "ou pensamento, para mais me declarar", que não existia na 1ª redação. – *Deixe-o para néscio*: equivale a "por néscio" (cf. c. 22, n. 1: *enviar-vos-ão para simples*).

16. Disse no n. 4. É interessante a variante da 1ª redação: *A experiência dará isto a entender, que para entendê-lo sem que no-lo digam é mister muita, e para fazê-lo e entendê-lo depois de lido, é mister pouca.*

17. ... *feita* por *Deus esta mercê*, fr. Luís de León imprimiu (p. 185).

sapegando de tudo, porque senão ficará aqui. E alma a quem Deus dá tais penhores é sinal que a quer para muito: se não é por sua culpa, irá muito adiante. Mas se vir que pondo o reino do céu em sua casa se torna à terra, não só não lhe mostrará os segredos que há em seu reino, mas serão poucas as vezes em que lhe fará este favor, e breve espaço.

12. Já pode ser que eu me engane nisto, mas vejo-o e sei que se passa assim, e tenho para mim que é por isso que não há muitos mais espirituais; porque, como não correspondem nos serviços conforme a tão grande mercê, não tornando a aparelhar-se a recebê-la, senão tirar das mãos do Senhor a vontade que já tem por sua e a pô-la em coisas baixas, vai buscar aonde o queiram para dar mais, ainda que não de todo tire o dado quando se vive com a consciência limpa.

Mas há pessoas, e eu tenho sido uma delas, que está o Senhor enternecendo-as e dando-lhes inspirações santas, e luz do que é tudo, e, enfim, dando-lhes este reino e pondo-as nesta oração de quietude, e eles fazendo-se surdos. Porque são tão amigas de falar e de dizer muitas orações vocais muito depressa, como quem quer acabar sua tarefa, como têm já para si dizê-las cada dia, que ainda que – como digo – lhes ponha o Senhor o seu reino nas mãos, não o admitem; senão que eles com o seu rezar pensam que fazem melhor, e se divertem.[18]

13. Isto não façais, irmãs, mas estejais de sobreaviso quando o Senhor vos fizer esta mercê. Mirai que perdeis um grande tesouro e que fazeis muito mais com uma palavra de quando em quando do Pai-Nosso, do que dizendo-o muitas vezes depressa. Está muito junto a quem pedis, não vos deixará de ouvir. E crede que aqui é o verdadeiro louvar e santificar do seu nome, porque já, como coisa de sua casa, glorificais ao Senhor e o louvais com mais afeição e desejo, e parece que não podeis deixá-lo de servir.[19]

---

18. *Se divertem*, quer dizer, se distraem da oração de quietude.
19. A 1ª redação terminava inculcando: *assim que nisto vos aviso que tenhais muito aviso, porque importa mui muito.*

Capítulo 32

Que trata destas palavras do Pai-Nosso: "Fiat voluntas tua sicut in coelo et in terra", e o muito que faz quem diz estas palavras com toda determinação, e quão bem o paga o Senhor.[1]

1. Agora que o nosso bom Mestre nos tem pedido e ensinado a pedir coisa de tanto valor, que encerra em si todas as coisas que cá podemos desejar, e nos tem feito tão grande mercê como fazer-nos irmãos seus, vejamos o que quer que demos a seu Pai e o que lhe oferece por nós e o que nos pede; que razão é que o sirvamos com algo tão grandes mercês. Ó bom Jesus, que tampouco dais pouco da nossa parte, como pedis para nós! Deixado que isso em si é nonada para aonde tanto se deve e para tão grande Senhor, mas certo é, Senhor meu, que não nos deixais sem nada, e que damos tudo quanto podemos; se o damos como dizemos, digo.

2. "Seja feita a tua vontade; e como é feita no céu, assim se faça na terra".[2]

Bem fizestes, nosso bom Mestre, de pedir a petição passada para que possamos cumprir o que dais para nós; porque, certamente, Senhor, se assim não fora, impossível me parece. Mas fazendo o vosso Pai aquilo que Vós lhe pedis de dar-nos cá seu reino, eu sei que vos verificaremos por verdadeiro em dar o que dais para nós; porque feita a terra céu, será possível fazer-se em mim a vossa vontade. Mas sem isto, e em terra tão ruim como a minha, e tão sem fruto, eu não sei, Senhor, como seria possível. É grande coisa o que ofereceis!

3. Quando penso nisto, gosto das pessoas que não ousam pedir trabalhos ao Senhor, pois pensam estar nisto ser-lhes dado logo.[3] Não falo dos que o deixam por humildade, parecendo-lhes que não serão para sofrê-

---

1. A Santa escreveu: *Fiad voluntas tua sicud yn çelo et yn terra.*
2. Mt 6,10.
3. *E tenho topado alguns tão pusilânimes, que ainda sem este amparo de humildade, não têm coração para pedi-los* [trabalhos], *que pensam que logo lhes serão dados*: assim na 1ª redação.

-los; ainda que tenha para mim que quem lhes dá amor para pedir meio tão áspero para mostrá-lo, lhe dará para sofrê-los. Quereria perguntar aos que não os pedem por temor de que logo lhes hão de dá-los,[4] o que dizem quando suplicam ao Senhor que cumpra a sua vontade neles, ou é que o dizem por dizer o que todos, mas não para fazê-lo. Isto, irmãs, não estaria bem. Olhai que o bom Jesus parece aqui nosso embaixador e que tem querido intervir entre nós e seu Pai, e não à pouca custa sua; e não seria justo que o que oferece por nós deixássemos de fazê-lo verdade, ou não o digamos.

4. Agora quero levá-lo por outra via. Mirai, filhas: isso se há de cumprir, queiramos ou não, e há de fazer-se a sua vontade no céu e na terra; crede-me, tomai meu parecer, e fazei da necessidade virtude. Ó Senhor meu, que grande regalo é este para mim, que não deixásseis em querer tão ruim como o meu o cumprir-se a vossa vontade! Bendito sejais para sempre e vos louvem todas as coisas! Seja glorificado o Vosso nome para sempre! Boa estaria eu, Senhor, se estivesse em minhas mãos o cumprir-se a vossa vontade ou não! Agora a minha vos dou livremente, ainda que a tempo que não vá livre de interesse; porque já tenho provado, e grande experiência disso, o lucro que é deixar livremente a minha vontade na vossa. Ó amigas, que grande lucro há aqui, ou que grande perda de não cumprir o que dizemos ao Senhor no Pai-Nosso nisto que lhe oferecemos!

5. Antes que vos diga o que se ganha, quero declarar-vos o muito que ofereceis, não vos chameis depois em engano e digais que não o entendestes. Não seja como algumas religiosas que não fazemos senão prometer e, como não o cumprimos, há este reparo de dizer que não se entendeu o que se prometia. E já pode ser, porque, dizer que deixamos a nossa vontade em outra parece muito fácil, até que, provando-se, se entende que é a coisa mais rija que se pode fazer, se se cumpre como se há de cumprir. Mas nem todas as vezes nos levam com rigor os prelados de que nos veem fracos; e às vezes fracos e fortes levam de uma sorte. Cá não é assim, que sabe o Se-

---

4. Frei Luís (p. 188) ordenou assim esta passagem: "quereria perguntar aos que por temor de que logo lhes serão dados não os pedem, o que dizem quando suplicam ao Senhor que cumpra a sua vontade neles".

nhor o que cada um pode sofrer, e a quem vê com força não se detém em cumprir nele a sua vontade.⁵

6. Pois quero vos avisar e lembrar qual é a sua vontade. Não tenhais medo que seja dar-vos riquezas, nem deleites, nem honras, nem todas estas coisas de cá; não vos quer tão pouco, e tem em muito o que lhe dais e vo-lo quer pagar bem, pois vos dá o seu reino ainda vivendo. Quereis ver como se há com os que deveras lhe dizem isto? – Perguntai-o a seu Filho glorioso, que o disse quando da oração do Horto.⁶ Como foi dito com determinação e com toda a vontade, olhai se a cumpriu bem nele no que lhe deu de trabalhos e dores e injúrias e perseguições; enfim, até que a sua vida se acabou com a morte da cruz.

7. Pois vedes aqui, filhas, a quem mais amava o que deu; por onde se entende qual é a sua vontade. Assim que estes são os seus dons neste mundo. Dá conforme o amor que nos tem: aos que ama mais, dá destes dons mais; àqueles que menos, menos, e conforme o ânimo que vê em cada um e o amor que tem a Sua Majestade. A quem o amar muito, verá que pode padecer muito por Ele; ao que amar pouco, pouco. Tenho para mim que a medida do poder levar grande cruz ou pequena é a do amor. Assim que, irmãs, se o tendes, procurai que não sejam palavras de cumprimento⁷ as que dizeis a tão grande Senhor, senão esforçai-vos a passar o que Sua Majestade quiser. Porque, se de outra maneira dais a vontade, é mostrar a joia e ir dá-la e rogar que a tomem, e quando estende a mão para tomá-la, torná-la Vós a guardar muito bem.

8. Não são estas burlas para com quem fizeram tantas por nós. Ainda que não houvesse outra coisa, não é razão que zombemos já tantas vezes, que não são poucas as que dizemos no Pai-Nosso. Demos-lhe já uma vez a

---

5. Em lugar desta última passagem, lia-se na 1ª redação: *Não seja como algumas monjas que não fazem senão prometer e, como não cumprem nada, dizem que, quando fizeram profissão, não entenderam o que prometiam. Assim o creio eu, porque é fácil de falar e difícil de obrar; e se pensaram que não era mais um que o outro, certamente não o entenderam. Fazei-o entender às que cá fizeram profissão, por longa prova, não pensem que há de haver apenas palavras, senão obras também. Assim, quero que entendais com quem o tendes – como dizem – e o que oferece por vós o bom Jesus ao Pai e o que lhe dais vós quando dizeis que se cumpra a sua vontade em vós, que não é outra coisa.*

6. Mt 26,39.

7. N.T.: *Cumprimento* no sentido de "cortesia".

joia totalmente, das tantas vezes que acometemos dá-la; é verdade que não nos dá primeiro, senão para que a demos?[8] Os do mundo bastante farão se têm de verdade determinação de cumprir. Vós, filhas, dizendo e fazendo, palavras e obras, como de verdade parece que fazemos os religiosos; senão que, às vezes, não só acometemos dar a joia, mas ela é posta em nossa mão e se torna a tomá-la. Somos francos repentinamente, e depois tão escassos, que, em parte, mais valeria que nos tivéssemos detido em dar.

9. Porque tudo o que vos tenho avisado neste livro vai dirigido a este ponto de dar-nos totalmente ao Criador e pôr nossa vontade na sua e desapegar-nos das criaturas, e tereis já entendido o muito que importa, não digo mais nisso; senão direi para o que põe aqui nosso bom Mestre estas palavras ditas, como quem sabe o muito que ganharemos em fazer este serviço a seu Eterno Pai. Porque nos dispormos para que com muita brevidade nos vejamos acabado de andar o caminho e bebendo da água viva da fonte que fica dita.[9] Porque sem dar nossa vontade de todo ao Senhor para que faça em tudo o que nos toca conforme ela, nunca deixa beber dela.

Isto é a contemplação, o que me dissestes que vos escrevesse. [10] E nisto – como já tenho escrito[10] – nenhuma coisa fazemos da nossa parte: nem trabalhamos, nem negociamos, nem é mister mais, porque todo o demais estorva e impede de dizer: "Fiat voluntas tua": cumpra-se, Senhor, em mim a vossa vontade de todos os modos e maneiras que Vós, Senhor meu, quiserdes. Se quiserdes com trabalhos, dai-me esforço e venham; se com perseguições e enfermidades e desonras e necessidade, aqui estou, não volverei o rosto, Pai meu, nem é razão que volva as costas. Pois vosso Filho deu em nome de todos esta minha vontade, não é razão que falte por minha parte; senão que me façais Vós mercê de dar-me o vosso reino para

---

8. Na 1ª redação ficava claro o sentido desta última frase com a efusão lírica que seguia: *Oh, valha-me Deus! Como parece a meu bom Jesus que nos conhece! Pois não disse no princípio que déssemos esta vontade ao Senhor até que estivéssemos bem pagos por este pequeno serviço, para com quem entende o grande lucro que no mesmo serviço quer o Senhor que ganhemos; que ainda nesta vida nos começa a pagar, como agora direi...*

9. No c. 19.

10. *Como já tenho escrito*: no c. 19, n. 4, cf. nota. O mesmo censor que fez a anotação na passagem do c. 19 escreveu agora à margem do original: "que por nossa indústria e habilidade quiséramos negociar quietude".

que eu o possa fazer, pois ele mo pediu e dispõe em mim como em coisa vossa, conforme a vossa vontade.

11. Ó irmãs minhas, que força tem este dom! Não pode menos, se vai com a determinação que há de ir, de trazer o Todo-Poderoso a ser um com a nossa baixeza e transformar-nos em si e fazer uma união do Criador com a criatura. Mirai se ficareis bem pagas e se tendes bom Mestre, que, como sabe por onde há de ganhar a vontade de seu Pai, nos ensina como e com que o havemos de servir.

12. E quanto mais se vai entendendo pelas obras que não são palavras de cumprimento, mais, mais nos chega o Senhor a si, e a levanta de todas as coisas de cá e de si mesma para habilitá-la a receber grandes mercês, que não acaba de pagar nesta vida este serviço. Em tanto o tem, que já nós não sabemos o que pedir para nós, e Sua Majestade nunca se cansa de dar. Porque, não contente com ter feito esta alma uma coisa consigo por tê-la já unido a si mesmo,[11] começa a regalar-se com ela, a descobrir-lhe segredos, a folgar-se de que ela entenda o que tem ganho e que conheça algo do que tem para lhe dar. Faz com que ela vá perdendo estes sentidos exteriores, para que não se ocupe com nada. Isto é arroubamento. E começa a tratar de tanta amizade, que não só torna a deixar sua vontade, mas lhe dá a sua com ela; porque se folga o Senhor, já que trata de tanta amizade, que mandem às vezes – como dizem – e cumprir Ele o que ela lhe pede, como ela faz o que Ele lhe manda, e muito melhor, porque é poderoso e pode quanto quer, e não deixa de querer.

13. A pobre alma, ainda que queira, não pode o que quereria, nem pode nada sem que lho deem. E esta é a sua maior riqueza: ficar quanto mais serve, mais endividada, e muitas vezes fatigada de ver-se sujeita a tantos inconvenientes e embaraços e atadura como traz o estar no cárcere deste corpo, porque quereria pagar algo do que deve. E é bastante boba de fatigar-se; porque, ainda que faça o que é em si, o que podemos pagar os que, como digo, não temos o que dar se não o recebemos, se não conhecermo-nos, e isto sim podemos, que é dar nossa vontade, fazê-lo

---

11. *Unido a si mesmo*. Na 1ª redação escreveu: *convertido em si*. Um dos censores riscou a frase, por demasiado atrevida teologicamente, e a substituiu entre linhas por outra que foi aceita pela Autora na 2ª redação.

cabalmente? Tudo o demais, para a alma que o Senhor tem chegado aqui, embaraça e faz dano e não proveito, porque só a humildade é que pode algo, e esta não adquirida pelo entendimento, senão com uma clara verdade que compreende num momento o que em muito tempo não poderia alcançar trabalhando a imaginação, do muito nonada que somos e do mui muito que é Deus.[12]

14. Dou-vos[13] um aviso: que não penseis por força vossa nem diligências chegar aqui, que é por demais; antes se tínheis devoção, ficareis frias; senão com simplicidade e humildade que é a que acaba tudo, dizer: "fiat voluntas tua".

---

12. Na 1ª redação dizia, em lugar deste último parágrafo: *Porque – como tenho dito – está já escrito em outra parte como é esta oração e o que há de fazer a alma então e coisas bastante longamente declaradas do que a alma sente aqui e no que se conhece ser Deus, não faço mais que tocar nestas coisas de oração para dar-vos a entender como haveis de rezar esta oração do pai-nosso. Só vos dou um aviso...*
13. *Dou-vos*: em espanhol a Santa escreveu *doos*, em vez de *os doy*.

Capítulo 33

Em que trata a grande necessidade que temos de que o Senhor nos dê o que pedimos nestas palavras do Pai-Nosso: "Panem nostrum quotidianum da nobis hodie".[1]

1. Pois entendendo, como tenho dito,[2] que difícil coisa era esta a que oferece por nós, conhecendo nossa fraqueza, e que muitas vezes fazemos entender que não entendemos qual é a vontade do Senhor, – como somos fracos e Ele tão piedoso –, e que era mister meio, porque deixar de dar o dado viu que de maneira nenhuma nos convém, porque nisso está todo o nosso lucro;[3] pois cumpri-lo viu ser dificultoso, porque dizer a um regalado e rico que é vontade de Deus que tenha conta moderando o seu prato para que comam outros ao menos pão, que morrem de fome, sacará mil razões para não entender isto, senão a seu propósito; pois, dizer a um murmurador que é a vontade de Deus querer tanto para o seu próximo como para si, não o pode pôr à paciência, nem basta razão para que o entenda; pois, dizer a um religioso habituado à liberdade e a regalo, que há de ter conta com que há de dar bom exemplo e que mire que já não são só com palavras que há de cumprir quando diz esta palavra, senão que o tem jurado e prometido, e que é vontade de Deus que cumpra seus votos, e olhe que se der escândalo que vai muito contra eles, ainda que de todo não os quebrante; que tem prometido pobreza, que a guarde sem rodeios, que isto é o que o Senhor quer; não há remédio ainda agora de querê-lo alguns, que faria

---

1. "*Panen nostrun cotidiano da nobis odie*", escreveu a Santa.
2. *Como tenho dito*: foi o tema do capítulo anterior.
3. Este prolixo preâmbulo, tão teresiano e tão rebelde a toda pontuação, foi remediado pela Autora com um longo risco e novo fraseado, ao preparar o texto definitivo (ms. de Toledo): *pois entendendo o bom Jesus quão difícil era isto que oferece por nós, conhecendo nossa miséria – que muitas vezes fazemos entender que não entendemos qual é a vontade do Senhor, como somos fracos –, e que era mister meio "para cumpri-lo, pedimos ao Pai Eterno remédio soberano como este pão de cada dia do Santíssimo Sacramento, que dá força e fortaleza".* A frase entre aspas é original da Santa. Com ela formulou, desde o cabeçalho do capítulo, sua exegese eucarística do "*panem nostrum*". Frei Luís de León ajustou a seu modo esta passagem (p. 196).

se o Senhor não fizesse o mais com o remédio que pôs? Não haveria senão muito pouquinhos que cumpririam esta palavra que por nós disse ao Pai, de "fiat voluntas tua".

Pois visto o bom Jesus a necessidade, buscou um meio admirável aonde nos mostrou o extremo de amor que nos tem,[4] e em seu nome e no de seus irmãos pediu esta petição: "O pão nosso de cada dia, dá-nos hoje, Senhor".

Entendamos, irmãs, por amor de Deus, isto que pede o nosso bom Mestre, que nos vai a vida em não passar de corrida por isso, e tende em muito pouco o que tendes dado pois tanto haveis de receber.

2. Parece-me agora a mim – debaixo de outro melhor parecer – que visto o bom Jesus o que tinha dado para nós e como nos importa tanto dá--lo e a grande dificuldade que havia – como está dito[5] – por ser nós tais e tão inclinados a coisas baixas e de tão pouco amor e ânimo, que era mister ver o seu para despertar-nos, e não urna vez, senão cada dia, que aqui se devia determinar a ficar conosco. E como era coisa tão grave e de tanta importância, quis que viesse da mão do Eterno Pai. Porque, ainda que sejam uma mesma coisa, e soubesse que o que Ele fizesse na terra faria Deus no céu e o teria por bom, pois sua vontade e a de seu Pai era uma, era tanta a humildade do bom Jesus,[6] que quis como pedir licença, porque já sabia que era amado do Pai e que se deleitava nele. Bem entendeu que pedia mais nisto do que tem pedido no demais, porque já sabia a morte que lhe haviam de dar, e as desonras e afrontas que havia de padecer.

3. Pois que Pai haveria, Senhor, que tendo-nos dado seu Filho, e tal Filho, e parando-o tal, quisesse consentir que ficasse entre nós cada dia a padecer? – Por certo, nenhum, Senhor, senão o vosso. Bem sabeis a quem pedis.

Oh, valha-me Deus, que grande amor o do Filho, e que grande amor o do Pai! Ainda não me espanto tanto do bom Jesus, porque como já tinha dito "fiat voluntas tua", havia de cumprir como quem é. Sim, que não é

---

4. Alusão à instituição da Eucaristia, Jo 13,1.
5. No capítulo 32.
6. Por escrúpulo teológico, o já mencionado censor advertiu à margem do autógrafo: "pela parte que era homem".

como nós! Pois como sabe a cumpre amando-nos como a Si, assim andava a buscar como cumprir com maior cumprimento, ainda que fosse à sua custa, este mandamento. Mas Vós, Pai Eterno, como o consentistes? Por que quereis ver cada dia em tão ruins mãos o vosso Filho? Já que uma vez quisestes que estivesse e o consentistes, já vedes como deixaram. Como pode vossa piedade, cada dia, cada dia, ver fazer-lhe injúrias? E quantas se devem hoje fazer a este Santíssimo Sacramento! Em quantas mãos inimigas suas o deve ver o Pai! Quantos desacatos destes hereges!

4. Ó Senhor Eterno! Como aceitais tal petição? Como o consentis? Não olheis o seu amor, que a troco de fazer cabalmente a vossa vontade e de fazer por nós, se deixará cada dia fazer em pedaços! É vosso de mirar, Senhor meu, já que a vosso Filho não se põe coisa diante,[7] por que há de ser todo o nosso bem à sua custa. Por que cala a tudo e não sabe falar por si senão por nós? Pois não há de haver quem fale por este amantíssimo Cordeiro?[8]

Tenho olhado eu como nesta petição só duplica as palavras, porque diz primeiro e pede que lhe deis este pão de cada dia, e torna a dizer "dá-nos hoje, Senhor". Põe também diante de seu Pai. É como dizer-lhe que já uma vez no-lo deu para que morresse por nós, que já é nosso, que não no-lo torne a tirar até que se acabe o mundo; que o deixe servir cada dia. Isto vos enterneça o coração, filhas minhas, para amar o vosso Esposo que não há escravo que de bom grado diga que o é, e que o bom Jesus parece que se honra disso.

5. Ó Pai Eterno! Que muito merece esta humildade! Com que tesouro compramos vosso Filho? Vendê-lo, já sabemos que por trinta dinheiros;[9]

---

[7]. O censor de outras vezes submeteu a presente passagem à dura prova, riscando e escrevendo à margem do original: "Não mireis, Irmãs, o amor de vosso esposo, que a troco de fazer cabalmente *a vontade do Pai* e de fazer por nós, se deixará cada diz fazer em pedaços. Vosso *era* de mirar, *ó Pai Eterno, por* vosso Filho; não se põe coisa diante dele *que o estorve...*". — Os itálicos correspondem aos acréscimos do teólogo censor, e dão uma ideia do purismo e convencionalismo teológicos com que combateu o ingênuo e diáfano pensamento teresiano. [*Não se põe coisa diante*: nada é obstáculo, nada se opõe.]

[8]. Na 1ª redação, a Santa entrava em terno monólogo ou oração ao Pai: *Dai-me licença, Senhor, que fale eu, já que quisestes deixá-lo em nosso poder, e vos suplique que pois tão deveras vos obedeceu e com tanto amor se deu a nós...*

[9]. Alusão a Mt 26,15.

mas para comprá-lo, não há preço que baste! Como se faz aqui uma coisa conosco pela parte que tem de nossa natureza e como senhor de sua vontade, o lembra a seu Pai, pois é sua, que no-la pode dar. E assim diz: "pão nosso". Não faz diferença dele a nós; mas fazemo-la nós dele, para não nos dar cada dia por Sua Majestade.[10]

---

10. No ms. de Toledo, a Santa refez assim a frase final: *pois não a façamos nós, porque juntando nossa oração com a sua terá mérito diante de Deus para alcançar o que pedirmos.*

Capítulo 34

Prossegue na mesma matéria. – É muito bom para depois de ter recebido o Santíssimo Sacramento.

1. Pois nesta petição, "de cada dia", parece que é "para sempre". Estando eu pensando por que depois de ter dito o Senhor "cada dia", tornou a dizer "dá-nos hoje, Senhor",[1] ser nosso cada dia, me parece a mim porque cá o possuímos na terra e o possuiremos também no céu, se nos aproveitamos bem da sua companhia, pois não fica conosco para outra coisa senão para ajudar-nos e animar-nos e sustentar-nos a fazer esta vontade que temos dito se cumpra em nós.

2. O dizer "hoje", me parece que é para um dia, que é enquanto durar o mundo, não mais. E bem um dia! E para os desventurados que se condenam, que não o gozarão na outra, não é por sua culpa[2] se se deixam vencer, que Ele não os deixa de animar até ao fim da batalha; não terão com que se desculpar nem queixar-se do Pai, porque foi tomado deles no melhor tempo. E assim diz seu Filho que, pois não é mais de um dia, seja deixado já passar em servidão; que pois Sua Majestade já no-lo deu e enviou ao mundo só por sua vontade, que Ele quer agora pela sua própria não nos desamparar, senão ficar aqui conosco para mais glória de seus amigos e

---

1. Na 1ª redação escreveu mais extensamente: ... *pede a seu Pai que no-lo deixe "cada dia"; parece que é "para sempre", que escrevendo isto tenho estado com desejo de saber por que depois que o Senhor disse "cada dia", tornou a dizer "hoje". Quero dizer-vos minha bobice; se for, fique por tal, que farta é meter-me eu nisto; mas, pois já vamos entendendo o que pedimos, pensemos bem o que é, para que – como tenho dito – o tenhamos no que é razão, e o agradeçamos a quem com tanto cuidado está nos ensinando. Assim que, ser nosso "cada dia" me parece a mim...*

2. *Não é culpa do Senhor*, corrigiu frei Luís na edição príncipe (p. 202). – Na 1ª redação tinha ampliado de maneira bela este conceito: ... *para os desventurados que se hão de condenar, que não o gozarão na outra* [vida], *para fazer tudo o que como de coisa sua se podem aproveitar e estar com eles este "hoje" desta vida esforçando-os; e se se deixam vencer, não é por sua culpa. E porque o Pai o outorga, trá-lo à memória que é só um dia...* Um dos censores tachou de pouco teológica a frase "trá-lo à memória", e a Santa o substituiu por: *põe-lhe diante*.

pena dos seus inimigos;³ que não pede mais que "hoje", agora novamente; que *certo temos* o ter-nos dado este pão sacratíssimo para sempre. Sua Majestade nos deu – como tenho dito – este mantimento e maná da Humanidade, que achamos como queremos; e que se não é por nossa culpa, não morreremos de fome; que de todas quantas maneiras quiser comer a alma achará no Santíssimo Sacramento sabor e consolação.⁴ Não há necessidade nem trabalho nem perseguição que não seja fácil de passar, se começarmos a gostar dos seus.

3. Pedi vós, filhas, com este Senhor ao Pai, que vos deixe "hoje" a vosso Esposo, que não vos vejais neste mundo sem Ele; que baste, para temperar tão grande contento, que fique tão disfarçado nestes acidentes de pão e vinho, que é farto tormento para quem não tem outra coisa que amar, nem outro consolo; mas suplicai-lhe que não vos falte, e que vos dê aparelho para recebê-lo dignamente.

4. De outro pão não tenhais cuidado as que mui deveras vos tendes deixado na vontade de Deus; digo neste tempo de oração, que tratais coisas

---

3. Um censor riscou: *e pena de seus inimigos.* – Na 1ª redação tinha escrito: *que tudo será um dia estes maus tratos de chegar-se a ele indignamente; que mire que está obrigado (pois ofereceu por nós coisa tão grande como deixar nossa vontade na sua) a ajudar-nos por todas as vias que puder; que não pede mais que "hoje" agora novamente. Que ter nos dado este pão sacratíssimo "para sempre", certamente o temos, e que no-lo deu sem pedir-lhe este mantimento e maná da Humanidade...* – A própria Santa ou talvez um de seus catonianos censores riscou um inciso intercalado neste mesmo período: [o temos] *e que no-lo deu sem lhe ser pedido!*

4. Alusão ao maná bíblico (Sb 16,20). – A 1ª redação prosseguia: *que outro pão dos mantimentos e necessidades corporais, não quero eu pensar se o Senhor se lembrou disto, nem quereria que vos lembrasse de vós. Está posto em subidíssima contemplação (que quem está naquele ponto não tem mais memória de que está no mundo do que se não estivesse, quanto mais se há de comer); e havia o Senhor de pôr tanto em pedir que comêssemos, para ele e para nós? – Não vem a meu propósito. Está nos ensinando a pôr nossas vontades nas coisas do céu e a pedir que o comecemos a gozar desde cá, e havia de nos meter em coisa tão baixa como pedir de comer? – Como que não nos conhece, que começados a intrometer em necessidade do corpo, nos esqueceriam as da alma. Pois, que gente tão concertada, que nos contentaremos pouco e pediremos pouco! senão que quanto mais nos der, mais parece que nos há de faltar a água. Peçam-lhe isto, filhas, o que querem mais que o necessário.* – Toda esta passagem foi riscada por um dos censores do primeiro manuscrito teresiano, que acrescentou à margem a seguinte anotação: "tudo o que era sustentação do corpo e alma pediu Cristo nosso Senhor, como é o pão material e a Eucaristia, e por reverência para a alma; e assim a Igreja o pede nas ladainhas". Esta dura censura motivou a supressão do parágrafo na segunda redação. Outro tanto sucederá no c. 36, n. 2.

mais importantes, que tempos há outros para que trabalheis e ganheis de comer.[5] Mas com cuidado, não cureis gastar nisso o pensamento em tempo algum; senão trabalhe o corpo, que é bom que procureis sustentar-vos, e descanse a alma. Deixai este cuidado – como longamente fica dito[6] – a vosso Esposo, que Ele o terá sempre.

5. É como se um criado entra a servir; tem conta com contentar em tudo o seu senhor. Mas ele está obrigado a dar de comer ao servo enquanto está em sua casa e o serve, salvo se é tão pobre que não tem para si nem para ele. Cá cessa isto; sempre é e será rico e poderoso. Pois não seria bem andar o criado pedindo de comer, pois sabe que seu amo tem cuidado de lhe ser dado e o há de ter. Com razão lhe dirá que se ocupe ele em servi-lo e em como o há de contentá-lo, que por andar ocupado o cuidado no que não há de ter não faz coisa direito.

Assim que, irmãs, tenha quem quiser cuidado de pedir esse pão; nós peçamos ao Pai Eterno que mereçamos receber o nosso Pão celestial de maneira que, já que os olhos do corpo não se possam deleitar em olhá-lo por estar tão encoberto, se descubra aos da alma e se lhe dê a conhecer, que é outro mantimento de contentos e regalos e que sustenta a vida.[7]

6. Pensais que não é mantimento ainda para estes corpos este santíssimo manjar, e grande medicina ainda para males corporais? Eu sei que é, e conheço uma pessoa de grandes enfermidades que, estando muitas vezes

---

5. A 1ª redação insistia no tema descartado pelo censor: *tempos há outros para que a que tem encargo tenha cuidado do que haveis de comer, digo de dar-vos o que tiver. Não tenhais medo que vos falte se não faltais vós no que tendes dito de deixar-vos na vontade de Deus. E por certo, filhas, de mim vos digo que se disto faltar agora com malícia – como outras vezes o que tenho feito muitas –, que eu não lhe suplicasse que me desse esse pão nem outra coisa para comer. Deixem-me morrer de fome; para que quero vida, se com ela vou cada dia mais ganhando morte eterna?* – Em continuação, no ms. do Escorial, para introduzir o símile do criado e o senhor, a Santa escreveu entre linhas: "*comparação*".

6. Fica dito nos capítulos 2 e 8.

7. A 1ª redação insistia de novo no tema da pobreza de espírito: *que para sustentar a vida, mais vezes que queremos a viremos a desejar e a pedir, ainda sem sentirmos. Não é mister despertar-nos para isso; que nossa inclinação ruim a coisas baixas despertará – como digo – mais vezes que queiramos. Mas de advertência não cuidemos de pôr nosso cuidado senão em suplicar ao Senhor o que tenho dito; que tendo isto, teremos tudo.*

com graves dores, como com a mão lhe eram tiradas e ficava boa de todo.[8] Isto era muito ordinário, e de males muito conhecidos que não podiam ser fingidos, a meu parecer. E porque das maravilhas que faz este santíssimo Pão nos que dignamente o recebem são muito notórias, não digo muitas que poderia dizer desta pessoa que tenho dito, que o podia eu saber e sei que não é mentira. Mas a esta o Senhor tinha dado tão viva fé que, quando ouvia algumas pessoas dizer que quereriam ser[9] no tempo em que andava Cristo nosso bem no mundo, ria entre si, parecendo-lhe que, tendo-o tão verdadeiramente no Santíssimo Sacramento como então, que o que mais se lhes dava?

7. Mais sei desta pessoa que durante muitos anos, ainda que não fosse muito perfeita, quando comungava, nem mais nem menos do que se visse com os olhos corporais entrar em sua pousada o Senhor, procurava esforçar a fé, para que, como acreditava verdadeiramente que entrava este Senhor em sua pobre pousada, desocupava-se de todas as coisas exteriores quanto lhe era possível, e entrava com Ele.[10] Procurava recolher os sentidos para que todos entendessem tão grande bem, digo, não embaraçassem a alma para conhecê-lo. Considerava-se a seus pés e chorava com a Madalena, nem mais nem menos que se com os olhos corporais o visse na casa do fariseu. E ainda que não sentisse devoção, a fé lhe dizia que estava bem ali.

8. Porque, se não nos queremos fazer de bobos e cegar o entendimento, não há que duvidar; que isto não é representação da imaginação, como quando consideramos o Senhor na cruz, ou noutros passos da Paixão, que o representamos em nós mesmos como passou. Isto passa agora e é inteira verdade, e não há para que ir buscá-lo em outra parte mais longe; senão que, pois sabemos que enquanto o calor natural não consome os acidentes do pão, que está conosco o bom Jesus, que nos cheguemos a Ele. Pois, se quando andava no mundo, só de tocar suas roupas sarava os enfermos, que há que duvidar que fará milagres estando tão dentro de mim, se temos fé,

---

8. Fala de si mesma. Na 1ª redação aludia também a *outros muitos efeitos que fazia* [a comunhão] *nesta alma, que não há para que dizê-los*.

9. *Quereriam ser*: equivale a "viver" ou "estar".

10. Frei Luís de León (p. 101) reduziu à lei gramatical o livre fraseado teresiano: ... *esforçar a fé, para (como acreditava verdadeiramente que entrava este Senhor em sua pobre pousada) desocupar-se de todas as coisas...*

e nos dará o que lhe pedirmos, pois está em nossa casa? E não costuma Sua Majestade pagar mal a pousada, se lhe fazem boa hospedagem.

9. Se vos dá pena o não ver com os olhos corporais, mirai que não nos convém, que é outra coisa vê-lo glorificado, ou quando andava pelo mundo; não haveria sujeito que o sofresse, de nosso fraco natural, nem haveria mundo nem quem quisesse parar nele; porque ao ver esta verdade eterna, se veria ser mentira e burla todas as coisas de que cá fazemos caso. E vendo tão grande majestade, como ousaria uma pecadorazinha como eu, que tanto o tem ofendido, estar tão perto dele? Debaixo daquele pão[11] está tratável; porque se o rei se disfarça não parece que nada se nos daria de conversar sem tantas cerimônias e respeitos com Ele; parece estar obrigado a sofrê-lo, pois se disfarçou. Quem ousaria chegar com tanta tibieza, tão indignamente, com tantas imperfeições!

10. Oh, como não sabemos o que pedimos, e como o olhou melhor a sua sabedoria![12] Porque aos que vê que se hão de aproveitar de sua presença, Ele se descobre a eles; que ainda que não o vejam com os olhos corporais, muitos modos tem de mostrar-se à alma por grandes sentimentos interiores e por diferentes vias. Estai vós com Ele de bom grado. Não percais tão boa ocasião de negociar como é a hora depois de ter comungado.[13] Se a obediência vos mandar, irmãs, outra coisa, procurai deixar a alma com o Senhor; que se logo levais o pensamento a outra coisa e não fazeis caso nem tendes em conta com quem está dentro de vós, como se vos há de dar a conhecer? Este, pois, é bom tempo para que vos ensine o nosso Mestre, e que o ouçamos e beijemos os pés porque nos quis ensinar, e lhe supliqueis que não se afaste de vós.[14]

---

11. Por escrúpulo teológico, frei Luís corrigiu esta frase na edição príncipe: "debaixo daqueles acidentes de pão..." (p. 207).

12. Alusão à resposta de Jesus a São Tiago e São João (Mt 20,22).

13. A 1ª redação acrescentava: *Estai vós com Ele de bom grado. Mirai que é esta hora de grande proveito para a alma, e em que se serve muito o bom Jesus que lhe tenhais companhia. Tende grande conta, filhas, de não a perder.*

14. Também aqui a Santa suprimiu uma bela passagem da primeira redação: *Não digo que não rezeis (para que não me agarreis com palavras e digais que trato de contemplação, salvo se o Senhor vos levar a ela), senão que se rezardes o pai-nosso, entendais com quanta verdade estais com quem vo-lo ensinou e beijeis os seus pés por isso e lhe peçais que vos ajude a pedir e não se vá de convosco.*

11. Se haveis de pedir isto mirando uma imagem de Cristo que estamos olhando, bobeira me parece deixar a própria pessoa para olhar o desenho.[15] Não o seria, se tivéssemos um retrato de uma pessoa que quiséssemos muito e a própria pessoa nos viesse ver, deixar de falar com ela e ter toda a conversação com o retrato? Sabeis para quando é muito bom e coisa em que me deleito muito? Para quando está ausente a mesma pessoa, ou quer dar-nos a entender que está com muitas securas, é grande regalo ver uma imagem de quem com tanta razão amamos.[16] A cada lado que volvêssemos os olhos, a quereria ver. Em que melhor coisa nem mais gostosa à vista a podemos empregar, do que em quem tanto nos ama e em quem tem em si todos os bens? Desventurados estes hereges que têm perdido por sua culpa esta consolação, com outras.

12. Mas acabando de receber o Senhor, pois tendes a pessoa mesma diante, procurai cerrar os olhos do corpo e abrir os da alma e olhar para o vosso coração; que eu vos digo, e outra vez o digo e muitas o quereria dizer, que se tomais este costume todas as vezes que comungardes, e procurardes ter tal consciência que vos seja lícito gozar amiúde deste bem, que não vem tão disfarçado, como tenho dito,[17] de muitas maneiras não se dê a conhecer conforme o desejo que temos de vê-lo. E tanto o podeis desejar, que vos seja descoberto de todo.

13. Mas se não fazemos caso dele, senão que o recebendo nos afastamos dele a buscar outras coisas mais baixas, que há de fazer? Há de nos trazer à força para que vejamos que nos quer dar-se a conhecer? Não, que não o trataram tão bem quando se deixou ver por todos ao ar livre e lhes dizia claramente quem era, que muito poucos foram os que nele acreditaram. E assim farta misericórdia nos faz a todos, que quer Sua Majestade entendamos que é Ele o que está no Santíssimo Sacramento. Mas que o vejam descobertamente e comunicar suas grandezas e dar de seus tesouros, não quer senão aos que entende que muito o desejam, porque estes são

---

15. À margem do original do Escorial ela escreveu: *comparação*.
16. Na 1ª redação era mais explícita: *Para quando está ausente a mesma pessoa, é grande regalo ver uma imagem de nossa Senhora ou de algum santo a quem temos devoção – quanto mais a de Cristo –, e coisa que desperta muito e coisa que a cada lado quereria ver, que volvesse os olhos.*
17. Disse no n. 5 e n. 10.

seus verdadeiros amigos. Que eu vos digo quem não o for, e não o chegar recebê-lo como tal, tendo feito o que é em si, que nunca o importune para que se lhe dê a conhecer. Não vê a hora de ter cumprido com o que manda a Igreja, quando se vai da sua casa e procura afastá-lo de si. Assim este tal, com outros negócios e ocupações e embaraços do mundo, parece que o mais depressa que pode, se apressa a que não ocupe a casa o Senhor dele.

Capítulo 35

Acaba a matéria começada com uma exclamação ao Pai Eterno.

1. Tenho me alongado tanto nisto, ainda que tenha falado na oração do recolhimento do muito que importa este entrar a sós com Deus, *por ser tão importante*.[1] E quando não comungardes, filhas, e ouvirdes missa, podeis comungar espiritualmente, que é de grandíssimo proveito, e fazer o mesmo de recolher-vos depois em vós, que é muito o que se imprime assim o amor deste Senhor. Porque aparelhando-nos a receber, jamais por muitas maneiras deixa de dar que não entendemos.[2] É chegarmo-nos ao fogo que, ainda que haja muito grande, se estais desviadas e escondeis as mãos, mal vos podeis aquecer, ainda que, todavia, dê mais calor do que estar aonde não haja fogo. Mas outra coisa é querer-nos chegar a Ele, se a alma está disposta – digo, com desejo de perder o frio – e se estiver ali um tempo, por muitas horas fica com calor.

2. Pois olhai, irmãs, que se no princípio não vos achardes bem (que poderá ser, porque vos porá o demônio mesquinhez de coração e angústia, porque sabe o dano grande que vem daqui), vos fará entender que achais mais devoção em outras coisas e aqui menos. Não deixeis este modo; aqui provará o Senhor quanto lhe quereis. Lembrai-vos que há poucas almas que o acompanhem e o sigam nos trabalhos; passemos por Ele algo, que Sua Majestade vo-lo pagará. E lembrai-vos também de quantas pessoas haverá que não só querem não estar com Ele, senão que com descomedimento o afastam de si. Pois algo havemos de passar para que entenda que temos desejo de vê-lo. E, pois, tudo sofre e sofrerá para achar uma só alma que o receba e tenha em si com amor, seja esta a vossa. Porque, a não haver nenhuma, com razão não lhe consentiria ficar o Pai Eterno conosco; senão que é tão amigo de amigos e tão Senhor de seus servos, que, como vê a

---

1. O último inciso falta na redação de Valladolid; a Santa o acrescentou de própria mão no ms. de Toledo.

2. Frei Luís de León ordenou a frase assim: *jamais deixa de dar por muitas maneiras que não entendemos* (p. 211), tomando-a da 1ª redação do *Caminho*.

vontade de seu bom Filho, não lhe quer estorvar obra tão excelente e aonde tão cabalmente mostra o amor que tem a seu Pai.³

3. Pois, Pai santo, que estás nos céus, já que o quereis e aceitais, e claro está que não havíeis de negar coisa que tão bem está para nós, alguém deve haver – como disse no princípio⁴ –, que fale por vosso Filho, pois Ele nunca tornou de Si. Sejamos nós, filhas, ainda que seja atrevimento sendo as que somos; mas confiadas em que nos manda o Senhor que peçamos, chegadas a esta obediência,⁵ em nome do bom Jesus supliquemos a Sua Majestade que, pois não lhe tem ficado por fazer nenhuma coisa fazendo aos pecadores tão grande benefício como este, que queira a sua piedade e se sirva de pôr remédio para que não seja tão maltratado. E que, pois, seu santo Filho pôs tão bom meio para que em sacrifício o possamos oferecer muitas vezes, que valha tão precioso dom para que não vá adiante tão grandíssimo mal e desacatos como se fazem nos lugares aonde estava este Santíssimo Sacramento entre os luteranos, desfeitas as igrejas, perdidos tantos sacerdotes, tirados os Sacramentos.⁶

4. Pois, que é isto, meu Senhor e meu Deus! Ou dai fim ao mundo, ou ponde remédio a tão gravíssimos males; que não há coração que o sofra, ainda dos que somos ruins. Suplico-vos, Pai Eterno, que não o sofrais já Vós. Atalhai este fogo, Senhor, que se quereis podeis. Mirai que ainda está no mundo o vosso Filho; por seu acatamento cessem coisas tão feias e abomináveis e sujas; por sua formosura e limpeza, não merece estar aonde há coisas semelhantes. Não o façais por nós, Senhor, que não merecemos; fazei-o por vosso Filho. Pois suplicar-vos que não esteja conosco, não vos ousamos pedir: o que seria de nós? Que se algo vos aplaca, é ter cá tal penhor. Pois algum meio há de haver, Senhor meu, ponha-o Vossa Majestade.

---

3. Na 1ª redação acrescentava: *em ter buscado tão admirável invenção para mostrar o que nos ama e para ajudar-nos a passar nossos trabalhos.*
4. Alude à "exclamação" do c. 3, n. 8-10. A frase seguinte (*pois Ele nunca tornou de Si* [= por Si]) foi riscada no original, provavelmente por um censor.
5. Um dos censores riscou "obediência" e escreveu à margem "audiência"; mas a correção não foi admitida nas cópias autorizadas pela Santa.
6. Na 1ª redação tinha escrito mais expressivamente: *que parece que o querem já tornar a expulsar do mundo, tirando dos templos, perdidos tantos sacerdotes, profanadas tantas igrejas, ainda entre os cristãos, que às vezes vão lá mais com intenção de ofendê-lo do que de adorá-lo.*

5. Ó meu Deus, quem pudera importunar-vos muito, e ter-vos servido muito para poder-vos pedir tão grande mercê em pagamento de meus serviços, pois não deixais nenhum sem paga! Mas não o tenho feito, Senhor; antes porventura sou eu a que vos tenho enojado de maneira que por meus pecados venham tantos males. Pois, que hei de fazer, Criador meu, senão apresentar-vos este Pão sacratíssimo e, ainda que no-lo destes, tornaríamos a vo-lo dar e suplicar-vos, pelos méritos de vosso Filho, me façais esta mercê, pois por tantas partes o tem merecido? Já, Senhor, já fazei que se sossegue este mar! Não ande sempre em tamanha tempestade esta nave da Igreja, e salvai-nos, Senhor meu, que perecemos![7]

---

7. Alusão a Mt 8,25-26.

Capítulo 36

Trata destas palavras do Pai-Nosso: "Dimitte nobis debita nostra".

1. Pois vendo nosso bom Mestre que com este manjar celestial tudo nos é fácil, se não é por nossa culpa, e que podemos cumprir muito bem o que temos dito ao Pai de que se faça em nós a sua vontade, diz-lhe agora que nos perdoe as nossas dívidas, pois perdoamos nós. E assim, prosseguindo na oração que nos ensina, diz estas palavras: "E perdoa-nos, Senhor, nossas dívidas, assim como nós as perdoamos a nossos devedores".[1]

2. Miremos, irmãs, que não diz "como perdoaremos", porque entendamos que quem pede um dom tão grande como o passado e quem já tem posto a sua vontade na de Deus, que já isto há de estar feito, e assim diz: "como nós as perdoamos". Assim que quem deveras tiver dito esta palavra ao Senhor, "Fiat voluntas tua", tudo há de ter feito, ao menos com a determinação.

Vedes aqui como os santos se folgavam com as injúrias e perseguições, porque tinham algo a apresentar ao Senhor quando lhe pediam. Que fará uma tão pobre como eu, que tão pouco tenha tido que perdoar e tanto há que me seja perdoado?

Coisa é esta, irmãs, para que olhemos muito nela: que uma coisa tão grave e de tanta importância como que nos perdoe nosso Senhor as nossas culpas, que mereciam fogo eterno, nos sejam perdoadas com coisa tão baixa como é que perdoarmos. E ainda desta baixeza tenho tão poucas a oferecer, que debalde me haveis, Senhor, de perdoar.[2] Aqui, cabe bem

---

1. Mt 6,12.
2. Na 1ª redação esta passagem era muito mais extensa e pessoal: *... se nos perdoem com tão baixa coisa como é que perdoemos nossas coisas que nem são agravos nem são nada. Porque, que se pode dizer nem que injúria se pode fazer a uma como eu, que merecia que os demônios sempre me maltratassem, em que me tratem mal neste mundo? – Que é coisa justa. Enfim, Senhor meu, que por esta causa não tenho o que vos dar para pedir-vos que perdoeis minhas dívidas. Perdoe-me vosso Filho, que ninguém me tem feito injustiça, e assim não tenho tido o que perdoar por vós, se não tomais, Senhor, meu desejo; que me parece qualquer coisa perdoara eu porque vós me perdoáreis a mim, ou para cumprir vossa vontade sem condição.*

vossa misericórdia. Bendito sejais Vós, que tão pobre me sofreis, que o que vosso Filho diz em nome de todos, por ser eu tal e tão sem caudal, tenho de sair da conta.

3. Mas, Senhor meu, haverá algumas pessoas que me tenham companhia e não tenham entendido isto? Se as há, em vosso nome lhes peço que se lembrem disto e não façam caso dumas coisinhas que chamam agravos, que parece que fazemos casas de palhinhas, como as crianças, com estes pontos de honra! Oh, valha-me Deus, irmãs, se entendêssemos que coisa é honra, e em que está perder a honra! Agora não falo com as nossas, que farto mal seria não ter já entendido isto, senão comigo no tempo em que me envaideci de honra sem entender que coisa era; seguia as pessoas.[3] Oh! de que coisas me agravava, que tenho vergonha agora! E não era, pois, das que muito miravam nestes pontos; mas errava no ponto principal, porque não olhava nem fazia caso da honra que tem algum proveito, porque esta é a que faz proveito à alma. E quão bem disse quem disse que honra e proveito não podiam andar juntas, ainda que não saiba se foi a este propósito. E é ao pé da letra, porque proveito da alma e isto a que o mundo chama honra nunca pode estar junto. Coisa espantosa é quão ao revés anda o mundo. Bendito seja o Senhor que nos tirou dele.[4]

4. Mas mirai, irmãs, que o demônio não nos tem esquecidas; também inventa suas honras nos mosteiros e põe suas leis, sobem e descem em dignidades como os do mundo. Os letrados devem ir por suas letras – que

---

Mas não sei o que teria acontecido, se me condenassem sem culpa. Que agora me vejo tão culpada diante de vossos olhos, que todos ficam curtos; ainda que os que não sabem a que sou, como Vós sabeis, pensam que me agravam. – A supressão desta bela passagem na 2ª redação foi devido à atitude de um dos censores que a apagou por inteiro no ms. do Escorial, e anotou à margem: "não são senão verdadeiros agravos e injúrias as que nos fazem, ainda que maiores pecadores sejamos; mas hão de ser perdoadas para que Ele nos perdoe a nós". – A mesma sorte coube a esta passagem na 2ª redação: foi riscada (talvez pela própria Autora, como opina o P. Silvério) desde "coisa é esta" até "entendido isto?" (n. 3).

3. *Seguia as pessoas* (esp. *íbame al hilo de la gente* [pode-se traduzir: acompanhava a fila]). *Pelo que*, acrescentava a 1ª redação, esclarecendo a frase.

4. A 1ª redação prosseguia: *Praza a Sua Majestade que esteja sempre tão fora desta casa como está agora; porque Deus nos livre de mosteiros aonde há pontos de honra! Nunca neles se honra muito a Deus. Valha-me Deus, que desatino tão grande, que põe os religiosos sua honra em coisinhas que eu me espanto!* – *Não sabeis disto, irmãs, mas quero vo-lo dizer para que vos guardeis disso...*

isto não sei –, que o que tem chegado a ler teologia,[5] não há de baixar a ler filosofia, porque é um ponto de honra que está em que há de subir e não baixar. E ainda se fosse mandado por obediência, o teria por agravo e haveria quem tornasse dele, que é afronta. E logo o demônio descobre razões que ainda em lei de Deus parece que leva razão. Pois entre nós, a que tem sido priora há de ficar inabilitada para outro ofício mais baixo; um mirar na que é mais antiga, que disto não nos esqueçamos, e ainda às vezes parece que merecemos nisso, porque o manda a ordem.

5. É coisa para rir, ou para chorar, que leva mais razão. Sim, que não manda a Ordem que não tenhamos humildade. Manda que haja concerto. Mas eu não hei de estar tão concertada em coisas de minha estima, que tenha tanto cuidado neste ponto de ordem como de outras coisas dela, que porventura guardemos imperfeitamente; não esteja toda a nossa perfeição em guardá-la nisto; outras olharão por mim, se eu me descuidar. É o caso que como somos tão inclinadas a subir, – ainda que não subamos por aqui ao céu –, não há de haver baixar. Ó Senhor, Senhor! Sois Vós o nosso modelo e mestre? Sim, por certo. Pois, em que esteve a vossa honra, honrador nosso? Não a perdestes, por certo, em ser humilhado até à morte. Não, Senhor, senão que a ganhastes para todos.

6. Oh, por amor de Deus, irmãs, que levamos perdido o caminho, porque vai errado desde o princípio,[6] e praza a Deus que não se perca alguma alma por guardar estes escuros pontos de honra, sem entender em que está a honra. E viremos depois a pensar que temos feito muito se perdoamos uma coisinha destas, que nem era agravo nem injúria nem nada; e muito como quem tem feito algo, viremos a que nos perdoe o Senhor, pois temos perdoado. Dai-nos, meu Deus, a entender que não nos entendemos, e que viemos com as mãos vazias, e perdoai-nos Vós por vossa misericórdia! Que em verdade, Senhor, que não vejo coisa (pois todas as coisas se acabam

---

5. *Ler teologia ou filosofia* equivalia a ser professor de...
6. Na cópia de Toledo a Santa acrescentou à margem: *que levaremos perdido o caminho se fôssemos por aqui, que agora – bendito seja Deus! – não vão, nem se tome para esta casa, porque seria levantá-lo, a que a que tem sido priora é depois a que mais se humilha, senão que se usam tanto nos mosteiros, que temo não nos tente o demônio por aqui, que o tenho por tão perigoso que praza a Deus que não se perca alguma alma por guardar estes negros pontos de honra.*

e o castigo é sem fim) que mereça pôr-se diante de Vós para que nos façais tão grande mercê, se não é por quem vo-lo pede.[7]

7. Mas que estimado deve ser pelo Senhor este amar-nos uns aos outros! Pois o bom Jesus teria podido pôr outras coisas diante dele, e dizer: "perdoai-nos, Senhor, porque fazemos muita penitência, ou porque rezamos muito e jejuamos, e temos deixado tudo por Vós, e vos amamos muito"; e não disse: "porque perderíamos a vida por Vós",[8] e – como digo – outras coisas que pudera dizer, senão disse somente "porque perdoamos". Porventura, como nos conhece por tão amigos desta obscura honra e como coisa mais difícil de alcançar por nós e a mais agradável a seu Pai,[9] a disse e é oferecida da nossa parte.

8. "Efeitos que deixa o bom espírito". Mas tende muito em conta, irmãs, com que diz: "como perdoamos"; como coisa já feita, como tenho dito.[10] E adverti muito nisto, que quando das coisas que Deus faz mercê a uma alma na oração que tenho dito[11] de contemplação perfeita, não sai muito determinada e, se lhe é oferecido, põe por obra perdoar qualquer injúria por grave que seja, não estas ninharias a que chamam injúrias, *não confie muito em sua oração*;[12] que a alma que Deus chega a Si em oração tão subida não chegam[13] nem se lhe dá mais ser estimada ou não. Não disse bem, que se dá, que muita mais pena lhe dá a honra do que a desonra, e o

---

7. *Que tem razão, que é sempre o agravado e o ofendido*, acrescenta a 1ª redação. Por outro lado, no original da 2ª (Valladolid), todo este período ("que em verdade... o pede") foi apagado, talvez pela própria Autora.
8. Alusão a Mt 26,35.
9. Também este inciso ("e mais agradável a seu Pai") foi riscado no original. O inciso não existia na 1ª redação, e não passou para as restantes cópias revisadas pela Santa (Toledo, Salamanca, Madri).
10. No n. 2. – À margem da passagem que segue a Santa escreveu: *efeitos que deixa o bom espírito*. E voltou a escrever a mesma nota marginal no manuscrito de Salamanca. Coincide com a epígrafe do título correspondente da 1ª redação que começava justamente no princípio deste número 8, e dizia: "Em que trata dos efeitos que faz a oração quando é perfeita". – No autógrafo do Escorial (1ª redação), um dos censores escreveu em letras grandes, cruzando de cima embaixo a margem direita: "Ó grande sinal!". Talvez se deva a essa nota a ampliação desta passagem na 2ª redação (n. 9-13).
11. No capítulo 25 s.
12. O inciso em itálico foi acrescentado por frei Luís de León (p. 219) para completar o sentido. Já figurava no ms. de Toledo, revisado pela Santa.
13. *Não chegam* as injúrias.

muito folgar com descanso, do que os trabalhos. Porque, quando deveras lhe tem dado o Senhor aqui seu reino, ela já não o quer neste mundo; e para mais subidamente reinar, entende que é este o verdadeiro caminho, e tem já visto por experiência o grande lucro que lhe vem, e o que se adianta uma alma em padecer por Deus. Porque, por maravilha chega Sua Majestade a fazer tão grandes regalos, senão a pessoas que tenham passado de bom grado muitos trabalhos por Ele. Porque, como disse em outra parte deste livro,[14] são grandes os trabalhos dos contemplativos, e assim os busca o Senhor gente experimentada.

9. Pois entendei, irmãs, que como estes têm já entendido o que é tudo, em coisa que passa não se detêm muito. Se, num primeiro movimento dá pena uma grande injúria e trabalho, ainda não o tem bem sentido quando acode a razão por outro lado, que parece levantar bandeira em seu favor, e deixa quase aniquilada aquela pena com o gozo que lhes dá ver que o Senhor lhes pôs nas mãos coisa que num dia poderá ganhar mais diante de Sua Majestade de mercês e favores perpétuos do que poderia ser que ganhasse em dez anos por trabalhos que quisesse tomar por si. Isto é muito ordinário, pelo que eu entendo, que tenho tratado com muitos contemplativos e sei certo que passa assim; que como outros apreciam ouro e joias, apreciam eles os trabalhos e os desejam, porque entenderam que estes os hão de fazer ricos.

10. Destas pessoas está muito longe estima sua de nada. Gostam que entendam seus pecados e de dizê-los quando veem que têm estima deles. Assim acontece a respeito da sua linhagem, que já sabem que no reino que não se acaba não hão de ganhar por aqui. Se gostassem de ser de boa casta, é quando para mais servir a Deus fosse mister; quando não, pesa-lhes que os tenham por mais do que são, e sem nenhuma pena desenganam, senão com o gosto. É o caso que deve ser a quem Deus faz mercê de ter esta humildade e amor grande a Deus, que em coisa que seja servi-lo mais já se tem a si tão esquecido, que ainda não pode crer que outros sintam algumas coisas nem o tenham por injúria.

11. Estes efeitos que tenho dito no final são de pessoas já mais chegadas à perfeição, e a quem o Senhor muito ordinariamente faz mercês de

---

14. A este tema dedicou o c. 18.

chegar a Si por contemplação perfeita. Mas o primeiro, que é estar determinados a sofrer injúrias, e sofrê-las ainda que seja recebendo pena, digo que muito em breve o tem quem tem já esta mercê do Senhor de ter oração até chegar à união. E que se não sente estes efeitos e sai muito forte neles da oração, creia que não era a mercê de Deus, senão alguma ilusão e regalo do demônio, para que nos tenhamos por mais honrados.

12. Pode ser que no princípio, quando o Senhor faz estas mercês, não logo a alma fique com esta fortaleza; mas digo que se as continua a fazer, que em breve tempo se faz com fortaleza, e já que não a tenha em outras virtudes, nisto de perdoar, sim. Não posso eu crer que alma que tão junto chega da mesma misericórdia, aonde conhece a que é e o muito que Deus lhe tem perdoado, deixe de perdoar logo com toda facilidade, e fique sujeita a ficar muito bem com quem a injuriou. Porque tem bem presente o regalo e mercê que lhe tem feito, aonde viu sinais de grande amor, e alegra-se ao se lhe oferecer em que lhe mostrar algum.

13. Torno a dizer que conheço muitas pessoas a quem o Senhor tem feito mercê de levantá-las a coisas sobrenaturais, dando-lhes esta oração ou contemplação que fica dita, e ainda que as veja com outras faltas e imperfeições, com esta não tenho visto nenhuma nem creio que haverá, se as mercês são de Deus, como tenho dito.[15] O que as receber maiores, olhe em si como vão crescendo estes efeitos; e se não vir em si nenhum, tenha muito medo e não creia que esses regalos são de Deus – como tenho dito[16] – que sempre enriquece a alma aonde chega. Isto é certo, que ainda que a mercê e regalo passe depressa, que se entende devagar nos lucros com que fica a alma. E como o bom Jesus sabe bem isto, determinadamente diz ao seu Pai Santo que "perdoamos nossos devedores".

---

15. Nos n. 8 e 9.
16. No n. 8.

Capítulo 37

Diz a excelência desta oração do Pai-Nosso, e como acharemos de muitas maneiras consolação nela.

1. É coisa para louvar muito ao Senhor quão subida em perfeição é esta oração evangélica, bem como ordenada por tão bom Mestre, e assim podemos, filhas, cada uma tomá-la a seu propósito. Espanta-me ver que em tão poucas palavras está toda a contemplação e perfeição encerrada, que parece não termos precisão de outro livro, senão de estudar neste. Porque até aqui nos tem ensinado o Senhor todo o modo de oração e de alta contemplação, desde os principiantes na oração mental e de quietude e união, que a ser eu para o saber dizer, podia-se fazer um grande livro de oração sobre tão verdadeiro fundamento.[1] Agora já começa o Senhor a dar-nos a entender os efeitos que deixa quando são mercês suas, como tendes visto.

2. Pensado tenho eu como não se tinha Sua Majestade declarado mais em coisas tão subidas e obscuras, para que todos o entendêssemos. Tem-me parecido que, como havia de ser geral para todos esta oração, que para que pudesse cada um pedir a seu propósito e se consolasse, parecendo-nos que lhe damos bom entendimento,[2] o deixou assim confuso, para que os contemplativos que já não querem coisas da terra, e pessoas já muito dadas a Deus, peçam as mercês do céu que podem pela bondade de Deus ser dadas na terra; e os que ainda vivem nela e é bom que vivam conforme os seus estados, peçam também seu pão, com que se hão de sustentar e sustentar suas casas, e é muito justo e santo, e assim as demais coisas, conforme as suas necessidades.

3. Mas olhem que estas duas coisas, que é dar-lhe nossa vontade e perdoar, são para todos. Verdade é que há mais e menos nisso, como fica

---

1. Na 1ª redação, remetia ao livro da *Vida*: *que – por não estar escrito dela em outra parte, e também para não me alongar, que será enfado – se faria um grande livro de oração...*

2. *Bom entendimento*, quer dizer, bom sentido.

dito:[3] os perfeitos darão a vontade como perfeitos e perdoarão com a perfeição que fica dita; nós, irmãs, faremos o que pudermos, que tudo recebe o Senhor.[4] Porque parece uma maneira de concerto que de nossa parte faz com seu Eterno Pai, como quem diz: "fazei Vós isto, Senhor, e farão meus irmãos istoutro". Pois é certo que não falte por sua parte. Oh, oh, que é muito bom pagador e paga muito sem medida!

4. De tal maneira podemos dizer uma vez esta oração, que como entenda não nos fica dissimulação, senão que faremos o que dizemos, nos deixe ricas. É muito amigo de que tratemos verdade com Ele. Tratando com lhaneza e clareza, que não digamos uma coisa e nos fique outra, sempre dá mais do que lhe pedimos.

Sabia isto o nosso bom Mestre, e que os que deveras chegassem à perfeição no pedir haviam de ficar tão em tão alto grau com as mercês que o Pai lhes havia de fazer, entendendo que os já perfeitos ou os que vão a caminho disso – que não temem nem devem, como dizem – têm o mundo debaixo dos pés, pois contente o Senhor dele (como pelos efeitos que faz em suas almas podem ter grandíssima esperança de que Sua Majestade está contente), embebidos nesses regalos, não quereriam lembrar-se de que há outro mundo nem de que têm contrários.

5. Ó Sabedoria Eterna! Ó bom Ensinador! E que grande coisa é, filhas, um mestre sábio, temeroso, que previne os perigos! É todo o bem

---

3. Disse-o no n. 2.
4. Em lugar da passagem que precede e da metade do n. anterior, tinha escrito na 1ª redação: *Bendito seja seu nome para sempre jamais amém! E por Ele suplico eu ao Pai Eterno que perdoe minhas dívidas e grandes pecados (pois eu não tenho tido a quem perdoar nem o que, e cada dia tenho de que me perdoe) e me dê graça para que algum dia tenha eu algo que pôr diante para pedir. – Pois tendo o bom Jesus nos ensinado uma maneira de oração tão subida, e pedido por nós um ser anjos neste desterro (se com todas as nossas forças nos esforçamos a que sejam com as palavras as obras), enfim parecer em algo ser filhos de tal pai e irmãos de tal irmão, sabendo Sua Majestade que fazendo – como digo – o que dizemos não deixará o Senhor de cumprir o que lhe pedimos e trazer a nós o seu reino, e ajudar com coisas sobrenaturais – que são a oração de quietude e contemplação perfeita e todas as demais mercês que o Senhor faz nela a nossas diligências –, que tudo é pouquinho o que podemos procurar e granjear de nossa parte; mas como seja o que podemos, é muito certo ajudar-nos o Senhor, porque seu Filho no-lo pede...* – A supressão deste longo parágrafo na 2ª redação foi devido ao mesmo censor que interveio no c. 36, n. 2; agora riscou várias linhas da Santa (ms. do Escorial) e anotou à margem: "injúrias são e agravos os que um faz contra outro, ainda que mereça mil infernos".

que uma alma espiritual pode cá desejar, porque é grande segurança. Não poderia encarecer com palavras o que importa isto. Assim que vendo o Senhor que era mister despertá-los e lembrar-lhes de que têm inimigos, e quão mais perigoso é neles ir descuidados e que de muita mais ajuda hão mister do Pai Eterno, porque cairão de mais alto, para não andar sem entender-se, enganados, pede estas petições tão necessárias a todos enquanto vivemos neste desterro: "E não nos tragas, Senhor, em tentação, mas livra-nos do mal".

Capítulo 38

Que trata da grande necessidade que temos de suplicar ao Pai eterno nos conceda o que pedimos nestas palavras: "Et ne nos inducas in tentationem, sed libera nos a malo", e declara algumas tentações. – É de notar.[1]

1. Grandes coisas temos aqui, irmãs, que pensar e entender, pois o pedimos. Agora mirai que tenho por muito certo os que chegam à perfeição que não pedem ao Senhor que os livre de trabalhos, nem das tentações, nem de perseguições e pelejas. Que este é outro efeito muito certo e grande de ser espírito do Senhor, e não ilusão, a contemplação e mercês que Sua Majestade lhes der; porque, como há pouco disse,[2] antes os desejam e os pedem e os amam. São como os soldados que estão mais contentes quando há mais guerra, porque esperam sair com mais lucro; se não há guerra, servem com o seu soldo, mas vêem que não podem medrar muito.

2. Crede, irmãs, que os soldados de Cristo, que são os que têm contemplação e tratam de oração, não veem a hora de pelejar; nunca temem muito inimigos públicos; já os conhecem e sabem que, com a força que neles põe o Senhor, não têm força, e que sempre ficam vencedores e com grande lucro; nunca lhes volvem o rosto. Os que temem, e é razão que temam e sempre peçam ao Senhor que os livre deles, são uns inimigos que há traidores, uns demônios que se transfiguram em anjos de luz;[3] vêm disfarçados. Até que têm feito muito dano à alma, não se deixam conhecer, senão que nos andam bebendo o sangue e acabando as virtudes, e andamos na mesma tentação e não o entendemos. Destes peçamos, filhas, e supliquemos muitas vezes no Pai-Nosso que nos livre o Senhor e que não consinta que andemos em tentação; que não nos tragam enganadas, que se descubra a peçonha, que não vos escondam a luz e a verdade. Oh, com quanta razão nos ensina o nosso bom Mestre a pedir isto e o pede por nós![4]

---

1. *Et ne nos ynducas yn tentacionem, sed libera nos a malo*, escreveu a Santa.
2. Ver o c. 36, n. 8-10.
3. Alusão a 2Cor 11,14.
4. O censor de plantão anotou à margem: "Esta é doutrina de Santo Agostinho".

3. Mirai, filhas, que de muitas maneiras danam, não penseis que é só em fazer-nos entender que os gostos que podem fingir em nós e regalos são de Deus, que este me parece o menos dano, em parte, que eles podem fazer; antes poderá ser que com isto façam caminhar mais depressa, porque, cevados por aquele gosto, estão mais horas na oração; e como eles estão ignorantes que é do demônio e como se vêm indignos daqueles regalos, não acabarão de dar graças a Deus, ficarão mais obrigados a servi-lo, esforçar-se-ão a dispor-se para que lhes faça mais mercês o Senhor, pensando serem de sua mão.

4. Procurai, irmãs, sempre humildade e ver que não sois dignas destas mercês, e não as procureis! Fazendo isto, tenho para mim que muitas almas perde o demônio por aqui, pensando fazer que se percam, e que tira o Senhor do mal que ele pretende fazer, nosso bem. Porque Sua Majestade olha nossa intenção, que é contentá-lo e servi-lo estando nós com Ele na oração, e fiel é o Senhor.[5] Bom é andar com aviso sem que faça quebra da humildade ou engendrar alguma vanglória. Suplicando ao Senhor que vos livre nisto, não tenham medo, filhas, que vos deixe Sua Majestade regalar muito por ninguém, senão por Si.

5. Aonde o demônio pode fazer grande dano sem entender, é fazendo-nos crer que temos virtudes não as tendo, que isto é pestilência.[6] Porque

---

5. Alusão ao texto paulino, 1Cor 10,13.
6. Em lugar dos n. 5, 6, 7, 8 e metade do 9, a 1ª redação dizia: *Que sem sentir-vos, parecendo-nos que vamos seguros, damos conosco num buraco que não podemos sair dele, ainda que não seja de conhecido pecado mortal para levar-nos ao inferno todas as vezes, é que nos enfraquece as pernas para não andar este caminho de que comecei a tratar – do que não me esqueci. Já vedes como há de andar alguém, metido numa grande fossa: ali se lhe acaba a vida, e bastante fará se não afunda para baixo para ir ao inferno; mas nunca medra. Já que isto não é, nem aproveita a si nem aos outros, antes causa dano; porque, como está no fosso feito, muitos que vão pelo caminho podem cair nele. Se sai e o tapa com terra, não faz dano nem a si nem aos outros. Mas eu vos digo que é bem perigosa esta tentação; eu sei muito disto por experiência, e assim vo-lo saberei dizer, ainda que não tão bem como quisera.*
O demônio vos faz entender que sois (e tem alguma razão, porque tendes prometido pobreza – com a boca, entende-se), e ainda a outras pessoas que têm oração. Digo "com a boca" porque é impossível que se entendêssemos com o coração o que prometemos e o prometêssemos, que aqui nos poderia trazer 20 anos e toda nossa vida o demônio nesta tentação; sim, que veríamos que enganamos o mundo e a nós mesmos.
Ora, prometida a pobreza, ou dizendo que pensa que é pobre: "Eu não quero nada". "Isto tenho porque não posso passar sem ele". "Enfim, hei de viver para servir a Deus". "Ele quer que sustentemos estes corpos..."; mil diferenças de coisas que o demônio ensina aqui como

nos gostos e regalos parece só que recebemos e ficamos mais obrigados a servir; cá parece que damos e servimos e que está o Senhor obrigado a pagar, e assim, pouco a pouco, faz muito dano. Que por uma parte enfraquece a humildade, por outra nos descuidamos de adquirir aquela virtude, que nos parece que a temos já ganha.

Pois que remédio, irmãs? O que a mim me parece melhor é o que nos ensina o nosso Mestre: oração e suplicar ao Pai Eterno que não permita que andemos em tentação.[7]

[6]. Também vos quero dizer outro remédio: que se nos parece que o Senhor já no-la tem dado, entendamos que é um bem recebido e que no-lo pode tornar a tirar, como, na verdade, acontece muitas vezes e não sem grande providência de Deus. Nunca o tendes visto por vós, irmãs? Pois eu sim: umas vezes me parece que estou muito desprendida e de fato na

---

anjo (porque tudo isto é bom), e assim o faz entender que já é pobre e tem esta virtude, que tudo está feito.– Agora vamos à prova: que isto não se conhecerá de outra maneira senão andando sempre olhando as mãos; e se há cuidado, muito depressa dá sinal: tem demasiada renda para o que é mister (entende-se o necessário, e não que se pode passar com um moço traga três); põe-lhe um pleito por algo disso, ou deixa de pagar ao pobre lavrador: tanto desassossego lhe dá e tanto põe naquilo, como se sem isso não pudesse viver. – Dirá que "para que não se perca por descuido", que logo há uma desculpa. – Não digo que o deixe; senão que o procure se for bom; e se não, também. Porque o verdadeiro pobre tem em tão pouco estas coisas, que já que por algumas causas as procura, jamais o inquieta, porque nunca pensa que lhe há de faltar. E que lhe falte, não se lhe dá muito; o tem por coisa acessória e não principal. Como tem pensamentos mais altos, a força de braços se ocupa destes outros.

Pois um religioso ou religiosa (que já está averiguado que é, ao menos que há de ser) não possui nada porque, às vezes não tem; mas se há quem lhe dê, por maravilha lhe parece que sobra. Sempre gosta de ter algo guardado, e se pode ter um hábito de fino pano não pede de ruim; alguma coisinha que possa empenhar ou vender, ainda que sejam livros, porque se vem uma enfermidade, é preciso mais regalo que de ordinário.

Pecadora de mim! Quê! É isso que prometestes? Descuidar de vos deixar a Deus, venha o que vier; porque se andais provendo-vos para o porvir, mais sem distrair-vos teríeis renda certa. Ainda que isto se possa fazer sem pecado, é bom que vamos entendendo estas imperfeições, para ver que nos falta muito para ter esta virtude, e a peçamos a Deus e a procuremos; porque, pensando que a temos, estamos descuidados e enganados, o que é pior.

Assim nos acontece na humildade; que nos parece que não queremos honra nem se nos dá nada de nada. Vem a ocasião de tocar-vos num ponto; logo, no que sentis e fazeis, se entenderá que não sois humildes; porque, se algo vos vem para mais honra, não o desprezais – nem ainda os pobres que temos dito – para mais proveito. E praza a Deus não o procurem eles! E trazem já tão na boca "que não querem nada nem se lhes dá nada de nada", como de fato de verdade o pensam assim; que ainda o costume de dizê-lo faz que mais o creiam.

7. Alusão a Mc 14,38 e 6,28; Mt 6,13.

verdade, vindo a prova, o estou; outra vez me acho tão apegada e porventura, a coisas de que no dia anterior eu troçara, que quase não me conheço. Outras vezes me parece ter muito ânimo, e que à coisa que fossem servir a Deus não volveria o rosto; e está provado, é assim que o tenho em algumas; outro dia vem que não me acho com ele para matar uma formiga por Deus se nisso achasse contradição. Assim, umas vezes me parece que de coisa alguma que me murmurassem nem dissessem de mim não se me dá nada; e provado, algumas vezes é assim, que antes me dá contento; vêm dias que só uma palavra me aflige e quereria ir-me do mundo, porque me parece que me cansa em tudo. E nisto não sou só eu, que o tenho olhado em muitas pessoas melhores do que eu, e sei que se passa assim.

7. Pois isto é. Quem poderá dizer de si mesma que tem virtude nem que está rica, pois no melhor tempo que tem mister de virtude se acha dela pobre? – Que não, irmãs, senão pensemos sempre que estamos, e não nos endividemos sem ter com que pagar; porque de outra parte há de vir o tesouro, e não sabemos quando nos quererá deixar no cárcere da nossa miséria sem nos dar nada; e se tendo-nos por boas nos fazem mercê e honra – que é o emprestar que digo –, ficarão burlados eles e nós. Verdade é que, servindo com humildade, por fim nos socorre o Senhor nas necessidades; mas se não há muito deveras esta virtude, a cada passo – como dizem – vos deixará o Senhor. E é grandíssima mercê sua, que é para que a tenhais e entendais com verdade que não temos nada que não tenhamos recebido.

8. Agora, pois, notai outro aviso: faz-nos o demônio a entender que temos uma virtude, digamos de paciência, porque nos determinamos e fazemos muito contínuos atos de passar muito por Deus; e parece-nos de fato em verdade que o sofreríamos, e assim estamos muito contentes, porque o demônio ajuda a que acreditemos. Eu vos aviso não façais caso destas virtudes, nem pensemos que as conhecemos senão de nome, nem que o Senhor no-las tem dado, até que vejamos a prova; porque acontecerá que, a uma palavra que vos digam para vosso desgosto, vá a paciência para o chão. Quando muitas vezes sofrerdes, louvai a Deus que vos começa a ensinar esta virtude, e esforçai-vos a padecer, porque é sinal que com isso quer que seja paga, pois vo-la dá, e não a tenhais senão como em depósito, como já fica dito.[8]

---

8. Disse-o nos n. 6-7.

9. Traz outra tentação, que nos parecemos muito pobres de espírito, e trazemos costume de dizê-lo, que não queremos nada nem se nos dá nada de nada. Não se tem oferecido a ocasião de nos darem algo – ainda que passe do necessário –, quando vai toda perdida a pobreza do espírito. Muito ajuda trazer costume de dizê-lo, a parecer que se tem.

Muito faz ao caso andar sempre de sobreaviso para entender esta tentação, assim nas coisas que tenho dito, como em outras muitas; porque quando deveras dá o Senhor uma sólida virtude destas, todas parece que traz atrás de si; é coisa muito conhecida. Mas torno a vos avisar[9] que, ainda que vos pareça que a tendes, temei que vos enganais. Porque o verdadeiro humilde sempre anda duvidoso em virtudes próprias, e muito ordinariamente lhe parecem mais certas e de mais valor as que vê em seu próximo.

---

9. A Santa escreveu elidindo: *tórnoos avisar* = torno-vos avisar.

Capítulo 39

Prossegue a mesma matéria, e dá avisos de tentações algumas de diferentes maneiras, e põe os remédios para que se possam livrar delas.[1]

1. Pois guardai-vos também, filhas, de algumas humildades que o demônio põe com grande inquietação da gravidade de nossos pecados, que costuma apertar aqui de muitas maneiras, até apartar-se das comunhões e de ter oração particular (por não o merecerem, lhes põe o demônio); e quando chegam ao Santíssimo Sacramento, em se elas se aparelharam bem ou não, lhes vai o tempo em que haviam de receber mercês. Chega a coisa a termo de fazer parecer a uma alma que, por ser tal, Deus a tem tão deixada que quase põe em dúvida a sua misericórdia. Tudo quanto trata lhe parece perigo, e sem fruto o que serve, por bom que seja. Dá-lhe uma desconfiança que lhe caem os braços para fazer nenhum bem, porque lhe parece que o que o é nos outros, nela é mal.

2. Mirai muito, filhas, neste ponto que vos direi, porque algumas vezes poderá ser humildade e virtude ter-vos por tão ruim, e outras grandíssima tentação. Porque eu tenho passado por ela, a conheço. A humildade não inquieta nem desassossega nem alvoroça a alma, por grande que seja; senão vem com paz e regalo e sossego. Ainda que um, de ver-se ruim, entenda claramente que merece estar no inferno, e se aflige, e lhe parece com justiça que todos o haviam de aborrecer, e que não ousa quase pedir misericórdia, se é boa a humildade, esta pena vem com uma suavidade em si e contento, que não quereríamos ver-nos sem ela. Não alvoroça nem aperta a alma, antes a dilata e faz hábil para servir mais a Deus. Estoutra pena tudo perturba, tudo alvoroça, revolve toda a alma, é muito penosa. Creio que pretende o demônio que pensemos que temos humildade e, se pudesse, às vezes, desconfiássemos de Deus.

---

1. Um dos censores anotou sobre o título: "O capítulo 40 é muito de notar, assim para os tentados por humildades falsas, como para os confessores". Os copistas incluíram a observação no texto, e frei Luís a conservou dentro dele (p. 235).

3. Quando assim vos achardes, atalhai o pensamento da vossa miséria o mais que puderdes, e ponde-o na misericórdia de Deus, no que nos ama e padeceu por nós. E se é tentação, ainda isto não podereis fazer, que não vos deixará sossegar o pensamento nem pô-lo em coisa, senão para fatigar-vos mais. Bastante será se conhecerdes que é tentação.[2]

Assim é em penitências desconcertadas, para nos fazer entender que somos mais penitentes do que as outras e que fazeis algo. Se vos andais escondendo do confessor ou da prelada, ou se, dizendo-vos que o deixeis não o fazeis, é clara tentação. Procurai – ainda que mais pena que vos dê – obedecer, pois nisto está a maior perfeição.

4. Põe outra bem perigosa, que é uma segurança de parecer-nos que de maneira nenhuma tornaríamos às culpas passadas e contentos do mundo; "que já o tenho entendido e sei que se acaba tudo e que mais gosto me dão as coisas de Deus". Esta, se é no princípio, é muito mau, porque com esta segurança não se lhes dá nada de tornar a pôr-se nas ocasiões, e faz-nos dar de olhos, e praza a Deus que não seja muito pior a recaída. Porque, como o demônio vê que é alma que lhe pode causar dano e aproveitar a outras, faz todo o seu poder para que não se levante.

Assim que, ainda que mais gostos e provas de amor que o Senhor vos dê, nunca andeis tão seguras que deixeis de temer poderdes tornar a cair, e guardai-vos das ocasiões.

5. Procurai muito tratar essas mercês e regalos com quem vos dê luz, sem ter coisa secreta. E tende este cuidado: que no princípio e fim da oração, por subida contemplação que seja, sempre acabeis no conhecimento próprio. E se é de Deus, ainda que não queirais nem tenhais este aviso, o fareis ainda mais vezes, porque traz consigo humildade e sempre deixa mais luz para que entendamos o pouco que somos.

---

2. Em lugar dos períodos que precedem, na 1ª redação se lia: *Pois guardai-vos, filhas, de algumas humildades que o demônio põe, com grande inquietude, da gravidade dos pecados passados: "se mereço achegar-me ao Sacramento", "se me dispus bem", "que não sou para viver entre bons", coisas destas, que vindo com sossego e regalo e gosto, trazendo consigo o conhecimento próprio, é de estimar; mas se vem com alvoroço e inquietude e aperto de alma e não poder sossegar o pensamento, crede que é tentação, e não vos tenhais por humildes, que não vem daí.*

Não quero deter-me mais, porque achareis muitos livros com estes avisos. O que tenho dito é porque tenho passado por isso e me visto em trabalhos algumas vezes. Tudo quanto se pode dizer não pode dar inteira segurança.

6. Pois, Pai Eterno, o que havemos de fazer senão acudir a Vós e suplicar-vos que estes contrários nossos não nos tragam em tentação? Coisas públicas venham, que com vosso favor melhor nos livraremos. Mas essas tentações, quem as entenderá, Deus meu? Sempre temos precisão de pedir-vos remédio. Dizei-nos, Senhor, alguma coisa para que nos entendamos e asseguremos. Já sabeis que, por este caminho não vai a maioria, e se hão de ir com tantos medos, irão muito menos.

7. Coisa estranha é esta; como se aos que não vão por caminho de oração não tentasse o demônio! E que todos se espantem mais de um que engana dos que vão mais chegados à perfeição, que de cem mil que veem em enganos e pecados públicos, que não tem que andar a olhar se é bem ou mau, porque de mil léguas se entende que é Satanás.

Na verdade, têm razão, porque são tão pouquíssimos os que engana o demônio dos que rezarem o Pai-Nosso como fica dito, que como coisa nova e não usada dá admiração; que é coisa muito dos mortais passar facilmente pelo que veem continuamente, e espantar-se muito do que é muito poucas vezes ou quase nenhuma. E os demônios mesmos os fazem espantar, porque para eles está bem, que perdem muitos por um que chega à perfeição.[3]

---

3. A 1ª redação concluía assim o capítulo: *E digo que é tão de espantar que não me maravilho que se espantem; porque, se não é muito por sua culpa, vão tão mais seguros que os que vão por outro caminho, como os que estão no cadafalso olhando o touro ou os que andam sendo postos em seus cornos. Ouvi esta comparação e me parece ao pé da letra.*
Não tenhais medo, irmãs, de ir por estes caminhos, que muitos há na oração, porque uns aproveitam em um e outros em outro, como tenho dito; caminho seguro é; com mais facilidade vos livrareis da tentação estando perto do Senhor do que longe. Suplicai-o e pedi-o a Ele, como fazeis tantas vezes ao dia no Pai-Nosso.

Capítulo 40

Diz como procurando sempre andar em amor e temor de Deus, iremos seguras entre tantas tentações.

1. Pois, bom Mestre nosso, dai-nos algum remédio como viver sem muito sobressalto em guerra tão perigosa.

O que podemos ter, filhas, e nos deu Sua Majestade é "amor e temor"; que o amor nos fará apressar os passos; o temor nos fará ir mirando aonde pomos os pés para não cair pelo caminho aonde há tanto em que tropeçar, como caminhamos todos os que vivemos. E com isto é bem certo que não seremos enganadas.

2. Dir-me-eis que em que vereis que tendes estas duas virtudes tão grandes. E tendes razão, porque coisa muito certa e determinada não o pode haver; porque sendo de que temos amor, estaremos certos de que estamos em graça.[1] Mas olhai, irmãs, há alguns sinais que parece que os cegos os veem; não estão secretos; ainda que não queirais entendê-los, eles dão vozes que fazem muito ruído, porque não são muitos os que com perfeição os têm, e assim se assinalam mais. Como quem não diz nada: amor e temor de Deus! São dois castelos fortes desde onde se faz guerra ao mundo e aos demônios.

3. Quem[2] deveras amam a Deus, todo o bem amam, todo o bem querem, todo o bem favorecem, todo o bem louvam, com os bons se juntam sempre e os favorecem e defendem. Não amam senão verdades e coisa que seja digna de amar. Pensais que é possível quem mui deveras ama a Deus amar vaidades? Nem pode, nem riquezas, nem coisas do mundo, de deleites, nem honras; nem tem contendas nem invejas? Tudo porque não pretende outra coisa senão contentar ao Amado. Andam morrendo para que os ame, e assim dariam a vida em entender como o agradarão mais.

---

1. À margem do manuscrito um dos censores acrescentou, por escrúpulo teológico: "O qual não é possível senão por especial privilégio".

2. *Quem*: em espanhol a Santa escreve *quien*, quando devia ser "quienes"; faz isso frequentemente.

Esconder-se?³ – Oh, que o amor de Deus, se deveras é amor, é impossível! Senão, olhai um São Paulo, uma Madalena: em três dias um começou a dar a entender que estava enfermo de amor; este foi São Paulo. A Madalena desde o primeiro dia, e quão bem entendido! Que isto tem, que há mais ou menos; e assim se dá a entender como a força que tem o amor: se é pouco, dá-se a entender pouco; e se é muito, muito; mas pouco ou muito, quando há amor de Deus, sempre se entende.

4. Mas do que agora mais tratamos, que é dos enganos e ilusões que faz o demônio aos contemplativos, não há pouco; sempre é o amor muito – ou eles não serão contemplativos –, e assim se dá a entender muito e de muitas maneiras. É fogo grande, não pode senão dar grande resplendor. E se isto não tem, andem com grande receio, creiam que têm bem que temer, procurem entender o que é, façam orações, andem com humildade e supliquem ao Senhor que não os traga em tentação; que, certo, não havendo este sinal, eu temo que andemos nela. Mas, andando com humildade, procurando saber a verdade, sujeitas ao confessor e tratando com ele com sinceridade e lhaneza, que – como está dito⁴ – com que o demônio pensa dar-vos a morte, vos dá a vida, ainda que mais coisas feias e ilusões que vos queira fazer.⁵

5. Mas se sentis este amor de Deus que tenho dito e o temor que agora direi, andai alegres e quietas, que para vos perturbar a alma a fim de não goze de tão grandes bens, vos porá o demônio mil temores falsos e fará com que outros vo-los ponham. Porque já que não pode ganhar-vos, ao menos procura fazer-nos perder algo, e que percam os que puderam ganhar muito crendo que são de Deus as mercês que faz tão grandes a uma criatura tão ruim, e que é possível fazê-las, que parece algumas vezes temos esquecidas suas misericórdias antigas.⁶

---

3. "De tudo", acrescentou à margem o mesmo censor do número 2, pelo mesmo escrúpulo, riscando as frases a seguir alusivas a São Paulo e a Madalena, até: ... *bem entendido*.

4. *Está dito* no c. 38, n. 3-4. Na 1ª redação alegava de novo o pensamento de São Paulo (*"fiel é o Senhor"*, 1Cor 10,13), e recomendava estar *sujeitas a tudo o que a Igreja tem*...

5. Falará dele no c. 41.

6. Alusão ao Salmo 88,50.

6. Pensais que importa pouco ao demônio meter estes temores? – Não, senão muito, porque causa dois danos: o primeiro, que atemoriza os que o ouvem[7] de se chegarem à oração, pensando que hão também de ser enganados. O outro, que se chegariam muitos mais a Deus, vendo que é tão bom – como tenho dito[8] –, e que é possível comunicar-se agora tanto com os pecadores. Põe-lhes cobiça – e têm razão – que eu conheço algumas pessoas a quem isto animou e começaram oração, e em pouco tempo saíram verdadeiros, fazendo-lhes o Senhor grandes mercês.

7. Assim que, irmãs, quando virdes entre vós alguma a quem o Senhor as faça, louvai muito ao Senhor por isso, e nem por isso não penseis que está segura, antes a ajudai com mais oração; porque ninguém o pode estar enquanto vive e anda engolfado nos perigos deste mar tempestuoso.

Assim que não deixareis de entender este amor aonde está, nem sei como se possa encobrir.[9] Pois se amamos cá as criaturas, dizem ser impossível e que quanto mais fazem para encobri-lo, mais se descobre, sendo coisa tão baixa que não merece nome de amor, porque se baseia em nonada. E havia-se de poder encobrir um amor tão forte, tão justo, que sempre vai crescendo, que não vê coisa para deixar de amar, fundado sobre tal alicerce como é o ser pago com outro amor, que já não se pode duvidar dele por estar mostrado tão a descoberto, com tão grandes dores e trabalhos e derramamento de sangue, até perder a vida, para que não nos ficasse nenhuma dúvida desse amor? Oh, valha-me Deus! Que coisa tão diferente deve ser um amor do outro para quem o tenha provado!

---

7. "E temem", acrescentou o censor.
8. Alude ao que foi dito no c. 16, n. 6-8; e c. 25, n. 1-2.
9. "Totalmente", anotou o censor; e na frase seguinte: ... ser impossível "que se encubra o amor". Pouco mais abaixo, o mesmo escrúpulo teológico de outras vezes o induziu a recortar duas frases: *com outro amor* "do qual já não pode duvidar", *até perder a vida* "por nós e" *para que não nos restasse nenhuma dúvida deste amor* "do Senhor".

A presente passagem era mais vívida e expressiva na 1ª redação: *como digo, logo se conhece aonde está* [este amor]; *pois não se pode encobrir se se ama um homenzinho ou uma mulherzinha, senão que quanto mais o encobrem parece mais que se descobre – não tendo o que amar senão um verme, nem merece nome de amor, porque se funda em nonada, e é asco pôr esta comparação –, e havia-se de encobrir um amor tão forte como o de Deus, fundado sobre tal alicerce, tendo tanto que amar e tantas causas por que amar? Enfim, é amor e merece este nome, que furtadas lhe devem ter sido cá as vaidades do mundo.*

8. Praza a Sua Majestade no-lo dê antes que nos tire desta vida, porque será grande coisa na hora da morte ver que vamos ser julgados por quem temos amado sobre todas as coisas.[10] Poderemos ir seguras com o pleito de nossas dívidas. Não será ir a terra estranha, senão própria, pois é para a de quem tanto amamos e nos ama.[11] Lembrai-vos, filhas minhas, aqui do lucro que traz este amor consigo, e da perda de o não ter, que nos põe em mãos do tentador, em mãos tão cruéis, mãos tão inimigas de todo o bem, e tão amigas de todo o mal.

9. Que será da pobre alma que, acabada de sair de tais dores e trabalhos, como são os da morte, cai logo nelas? Que mau descanso lhe vem! Que despedaçada irá para o inferno! Que multidão de serpentes de diferentes maneiras! Que temeroso lugar! Que desventurada hospedagem! Pois para uma noite uma má pousada se sofre mal, se é pessoa regalada (que[12] são os que mais devem ir lá), pois pousada de para sempre, para sem fim, que pensais que sentirá aquela triste alma?

Que não queiramos regalos, filhas; estamos bem aqui; tudo é uma noite a má pousada. Louvemos a Deus. Esforcemo-nos para fazer penitência nesta vida. Mas que doce será a morte de quem de todos os pecados a tem feita e não há de ir ao Purgatório! Como desde cá ainda poderá ser que comece a gozar da glória! Não verá em si temor senão inteira paz.

10. Já que não cheguemos a isto, irmãs,[13] supliquemos a Deus que, se vamos receber logo penas, seja aonde com esperança de sair delas as levemos de bom grado, e aonde não percamos sua amizade e graça, e que no-la dê nesta vida para não andar em tentação sem que o entendamos.[14]

---

10. *Será grande coisa na hora da morte – "que vamos aonde não sabemos"*, acrescentou na 1ª redação; mas o censor se julgou na necessidade de riscar *não sabemos* e escrever "cremos". – Todo este número é um delicado mosaico de reminiscências bíblicas.

11. Na 1ª redação: *Que isto tem melhor – com todo o demais – que os quereres de cá: que amando-o, estamos bem seguras que nos ama.*

12. O tenaz censor riscou o *que* e escreveu "*como*".

13. O copista do ms. de Toledo copiou: "E que não cheguemos a isto, irmãs", e a Santa acrescentou: *sendo possível, grande covardia será.*

14. A conclusão da 1ª redação era mais extensa: *Louvemos a Deus, e sempre cuidado de suplicar-lhe que nos tenha em sua mão, e a todos os pecadores, e não nos traga nestas ocultas tentações.*

Capítulo 41

*Que fala do temor de Deus,
e como nos havemos de guardar de pecados veniais.*

1. Como me tenho alongado! Pois nem tanto como quisera, porque é coisa saborosa falar de tal amor. O que será tê-lo?[1] O Senhor mo dê, por quem Sua Majestade é.

Agora venhamos ao temor de Deus.[2] É coisa também muito conhecida de quem o tem, e dos que o tratam. Ainda que queira que entendais que no princípio não está tão crescido, a não ser em algumas pessoas, a quem – como tenho dito[3] – o Senhor faz grandes mercês, que em breve tempo as faz ricas de virtudes. E assim não se conhece em todos, digo no princípio. Vai aumentando o valor, crescendo mais cada dia; ainda que desde logo se entenda, porque logo se apartam de pecados e das ocasiões e de más companhias, e se veem outros sinais. Mas quando a alma já chegou à contemplação – que é do que mais agora aqui tratamos –, o temor de Deus também anda muito a descoberto, como o amor; não vai dissimulado, ainda no exterior. Ainda que muito com aviso se olhem estas pessoas, não as verão andar descuidadas, que por grande que tenhamos em olhá-las, o Senhor as tem de maneira que, se grande interesse se lhe oferecesse, não farão de advertência um pecado venial. Os mortais temem como ao fogo.

---

1. A 1ª redação prosseguia: *Ó Senhor meu, dai-o vós a mim! Não vá eu nesta vida até que não queira coisa dela, nem saiba que coisa é amar fora de vós, nem acerte em pôr este nome em ninguém, pois tudo é falso, pois é seu alicerce, e assim não dura o edifício.*

Não sei por que nos espantamos: quando ouço dizer "aquele me pagou mal", "estoutro não me quer", eu me rio dentro de mim; o que vos há de pagar, nem o que vos há de querer? Nisto vereis quem é o mundo, que vosso mesmo amor vos dá depois o castigo; e isso é o que vos desfaz, porque sente muito a vontade de que a tenhais trazido embebida em jogo de crianças.

Agora venhamos ao temor, ainda que me faça mal não falar deste amor do mundo um momento, porque o conheço bem, por meus pecados, e queria vo-lo dar a conhecer para que vos livrásseis dele para sempre. Mas porque saio do propósito, o terei de deixar. – Frei Luís incluiu esta bela passagem em sua edição (p. 246-47), embora muito retocada.

2. Ver a divisão do tema no c. 10, n. 1.

3. Disse isso no c. 40, n. 3 e c. 16, n. 6-9.

E estas são as ilusões que eu quereria, irmãs, temêssemos muito, e supliquemos sempre a Deus não seja tão rija a tentação que o ofendamos, senão que no-la dê conforme a fortaleza que nos há de dar para vencê-la. Isto é o que faz ao caso; este temor é o que eu desejo que nunca se tire de nós, que é o que nos há de valer.

2. Oh, que é grande coisa não ter ofendido ao Senhor, para que os seus servos e escravos infernais *estejam atados*;[4] que enfim, todos hão de servi-lo por muito que lhes pese, senão que eles por força e nós de toda a nossa vontade. Assim que, tendo-o contente, eles estarão dentro dos limites, não farão coisa com que nos possam causar dano, por mais que nos tragam em tentação e nos armem laços secretos.

3. Tende esta conta e aviso nisto – que importa muito – que não *vos descuideis*[5] até que vos vejais com tão grande determinação de não ofender o Senhor, que antes perderíeis mil vidas antes que um pecado mortal, e dos veniais estai com muito cuidado de não os fazer; isto de advertência, que de outra sorte, quem estará sem fazer muitos? Mas há uma advertência muito pensada; outra tão depressa, que quase fazendo-se o pecado venial e advertindo, é tudo um, que não nos podemos entender. Mas pecado muito de advertência, por pequeno que seja, Deus nos livre dele.[6] Quanto mais que não há pouco, sendo contra uma tão grande Majestade, e vendo que nos está mirando. Que isto me parece a mim que é pecado premeditado, e como quem diz: "Senhor, ainda que vos pese, farei isto; já vejo que o vedes, e sei que não o quereis e o entendo; mas quero mais seguir o meu antojo e apetite do que a vossa vontade". E que em coisas desta sorte há pouco, a mim não me parece, por leve que seja a culpa, senão muito e mui muito.[7]

4. Olhai, por amor de Deus irmãs, se quereis alcançar este temor de Deus, que vai muito em entender quão grave coisa é ofensa a Deus e tratar

---

4. *Estejam atados*: para completar a frase frei Luís acrescentou estas duas palavras (p. 248), tomando-as, por sua vez, da edição de Évora (p. 136 v).

5. *Que hasta que* [que até que], escreveu por descuido a Santa, deixando a frase inconclusa. Nós a complementamos pela edição de frei Luís (p. 249).

6. *Eu não sei como temos tanto atrevimento como é ir contra um tão grande Senhor, ainda que seja em muita pouca coisa*. Assim a 1ª redação.

7. A 1ª redação continuava: *Por amor de Deus, filhas, que nunca vos descuideis disto, como agora – glória seja ao Senhor! – o fazeis*.

disso em vossos pensamentos muito ordinariamente, que nos vai a vida e muito mais em ter arraigada esta virtude em nossas almas. E até que entendais muito deveras que o tendes,[8] há mister de andar sempre com muito muito cuidado, e apartar-nos de todas as ocasiões e companhias que não nos ajudem a chegar-nos mais a Deus. Ter grande conta com tudo o que fazemos, para dobrar nisso a nossa vontade, e conta com o que o que falar vá com edificação; fugir de onde houver práticas[9] que não sejam de Deus.

É mister muito que em si fique muito impresso este temor; ainda que se deveras há amor, depressa se cobra. Mas tendo a alma visto uma grande determinação em si, que – como tenho dito[10] – por coisa criada não fará uma ofensa a Deus, ainda que depois caia alguma vez, porque somos fracos e não há que confiar em nós (quando mais determinados, menos confiados de nossa parte, que de onde há de vir a confiança há de ser de Deus); quando isto que tenho dito entendermos de nós, não é mister andar tão encolhidos nem apertados, que o Senhor nos favorecerá, e já o costume nos será ajuda para não ofendê-lo; senão andar com uma santa liberdade, tratando com quem for justo e ainda que sejam distraídas.[11] Porque as que antes que tivésseis este verdadeiro temor de Deus vos foram tóxico e ajuda para matar a alma, muitas vezes depois vo-la farão para amar mais a Deus e louvá-lo porque vos livrou daquilo que vedes ser notório perigo. E se antes fôreis parte para ajudar as suas fraquezas, agora o sereis para que se vão à mão nelas por estar diante de vós, que sem vos querer fazer honra acontece isto.

5. Eu louvo muitas vezes ao Senhor, e pensando donde virá que, sem dizer palavra, muitas vezes um servo de Deus atalha palavras que se dizem contra Ele, deve ser que assim como cá, se temos um amigo, sempre se tem respeito – se é em sua ausência – para não lhe fazer agravo diante de quem

---

8. Pelo reiterado escrúpulo teológico na não certeza do estado de graça, o censor riscou no original: "entendais muito deveras". Frei Luís aceitou a correção do censor (p. 250).

9. N.T.: *Práticas* (esp. *pláticas*) no sentido de conversas.

10. Disse isso nos n. 1 e 3. No ms. de Toledo a Santa acrescentou: *não se desanime, que talvez o permite para que mais se conheça; senão procure logo pedir perdão.* Na 1ª redação é mais incisiva: ... *que por coisa criada, nem por medo de mil mortes não faria um pecado venial...*

11. *Pessoas distraídas* (1ª redação).

sabe que o é, e como aquele está em graça, a mesma graça deve fazer que, por baixo que este seja, se tenha respeito a ele e não lhe deem pena em coisa que tanto entendem há de sentir, como ofender a Deus. O caso é que eu não sei a causa, mas sei que é muito ordinário isto.

Assim que não vos aperteis, porque se a alma se começa a encolher, é muito má coisa para todo o bom, e às vezes dão em ser escrupulosas, e aqui a vedes inabilitada para si e para os outros. E já que não dê nisto, será boa para si, mas não chegará muitas almas a Deus, como veem tanto encolhimento e aperto. É tal o nosso natural, que as atemoriza e afoga e fogem de levar o caminho que levais, ainda que saibam claramente ser de mais virtude.

6. E vem outro dano daqui, que é julgar os outros: como não vão pelo vosso caminho, senão com mais santidade para aproveitar o próximo tratam com liberdade e sem esses encolhimentos, logo vos parecerão imperfeito. Se têm alegria santa, parecerá dissipação, em especial nas que não temos letras nem sabemos no que se pode tratar sem pecado. É coisa muito perigosa e um andar em tentação contínuo e de muito má digestão, porque é em prejuízo do próximo. E pensar que, se não vão todos pelo modo que vós, encolhidamente, não vão tão bem, é malíssimo.

E há outro dano: que em algumas coisas que haveis de falar e é razão que faleis, por medo de vos exceder em algo não ousareis senão porventura dizer bem do que seria muito bom que abominásseis.

7. Assim que, irmãs, tudo o que puderdes, sem ofensa de Deus procurai ser afáveis e entender de maneira com todas as pessoas que vos tratarem, que amem vossa conversação e desejem vossa maneira de viver e tratar e não se atemorizem e amedrontem da virtude. Às religiosas importa muito isto: quanto mais santas, mais conversáveis com suas irmãs, e que ainda que sintais muita pena se não vão suas práticas todas como vós as quereríeis falar, nunca vos estranheis delas, se quereis aproveitar e ser amadas. Que é o que muito havemos de procurar: ser afáveis e agradar e contentar as pessoas que tratamos, em especial nossas irmãs.

8. Assim que, filhas minhas, procurai entender de Deus em verdade que não olha para tantas minudências[12] como vós pensais, e não deixeis que

---

12. Cf. 23, 3.

se encolha a vossa alma e o vosso ânimo, que muitos bens poderão se perder. A intenção reta, a vontade determinada, como tenho dito,[13] de não ofender a Deus. Não deixeis arrincoar vossa alma, que em lugar de procurar santidade tirará muitas imperfeições que o demônio lhe porá por outras vias e, como tenho dito,[14] não aproveitará a si e às outras tanto como poderia.

9. Vedes aqui como com estas duas coisas – amor e temor de Deus – podemos ir por este caminho sossegados e quietos, ainda que, como o temor há de ir sempre diante, não descuidados; que esta segurança não havemos de ter enquanto vivermos, porque seria grande perigo. E assim o entendeu nosso Ensinador quando no fim desta oração diz a seu Pai estas palavras,[15] como quem entendeu bem que eram necessárias.

---

13. Disse isso no n. 3.
14. Nos n. 5-6.
15. *Estas palavras*, quer dizer, o último pedido do Pai-Nosso. – Eis uma bela conclusão do capítulo na 1ª redação: *Vedes aqui como com estas duas coisas, de amor e temor de Deus, podeis ir com quietude por este caminho e não parecendo que vedes a cada passo o buraco aonde cair, que nunca acabareis de chegar. – Mas, porque ainda isto não se pode saber certo se é verdade que temos estas duas coisas como são bem mister, tendo o Senhor lástima de nós de que vivemos em vida tão incerta e entre tantas tentações e perigos, diz Sua Majestade, ensinando-nos a pedir, e Ele o pede para Si: "Mas livra-nos do mal. Amém".*

Capítulo 42

Em que trata destas últimas palavras do Pai-Nosso: "Sed libera nos a malo. Amen". Mas livra-nos do mal. Amém.

1. Parece-me que tem razão o bom Jesus de pedir isto para Si, porque já vemos quão cansado estava desta vida quando disse na ceia aos seus Apóstolos: "Com desejo tenho desejado cear convosco",[1] que era a última ceia da sua vida. Aonde se vê quão cansado devia já estar de viver. E agora não se cansarão os que têm cem anos, senão sempre com desejos de viver mais. Na verdade não a passamos tão mal nem com tanto trabalhos como Sua Majestade a passou, nem tão pobremente. O que foi toda a sua vida senão uma contínua morte, sempre trazendo a que lhe haviam de dar tão cruel diante dos olhos? E isto era o menos; mas, tantas ofensas como as que se faziam a seu Pai, e tanta multidão de almas que se perdiam! Pois se cá, a uma que tenha caridade isto lhe é grande tormento, o que seria com a caridade sem taxa nem medida deste Senhor? E que grande razão tinha de suplicar ao Pai que o livrasse já de tantos males e trabalhos e o pusesse em descanso para sempre em seu reino, pois era verdadeiro herdeiro dele!

2. "Amém".[2] Que o amém entendo eu que pois com ele se acabam todas as coisas, que assim pede o Senhor que sejamos livrados de todo mal para sempre.[3] E assim o suplico eu ao Senhor que me livre de todo o mal para sempre, pois não me eximo do que devo, senão que pode ser porven-

---

1. Lc 22,15. Um dos censores do original foi limando teologicamente os conceitos teresianos desta passagem: ... *tem razão* "de alguma maneira" *de pedir isto para Si*. Riscou *quão cansado* e escreveu "gana de despedir-se desta vida". Riscou de novo *quão cansado devia já estar* e escreveu "pouca gana devia já ter". Por causa, talvez, destas censuras, a Santa corrigiu profundamente esta passagem no ms. de Toledo: riscou o primeiro período e escreveu: *Como sabe nosso bom Mestre os perigos e trabalhos desta vida, pede esta petição para nós, e ainda fala provado pela experiência quão penosa é*. Apagou também "cansado devia estar de viver" e escreveu: [quão] saborosa *lhe era a morte*.

2. *Amém*: escrito à margem, provavelmente por mão estranha.

3. Aqui a própria Santa arrancou uma folha inteira de seu original, limitando-se a retocar as frases seguintes para encher a lacuna. O texto supresso diz assim na 1ª redação: *Escusado é, irmãs, pensar que enquanto vivemos podemos estar livres de muitas tentações e imperfeições e ainda pecados, pois se diz que quem pensar que está sem pecado se engana* [1]Jo

tura que cada dia me endivide mais. E o que não se pode sofrer, Senhor, é não poder saber ao certo se vos amo, nem se os meus desejos são aceitos diante de Vós. Ó Senhor e Deus meu, livrai-me já de todo o mal, e sede servido de levar-me aonde estão todos os bens! Que esperam já aqui aos que Vós tendes dado algum conhecimento do que é o mundo e os que têm viva fé no que o Pai Eterno lhes tem guardado?

3. O pedir isto com desejo grande e toda determinação é um grande efeito para os contemplativos de que as mercês que na oração recebem são de Deus. Assim que os que o forem, tenham-no em muito.[4] O pedi-lo eu, não é por esta via; digo que não se tome por esta via, senão que, como tenho vivido tão mal, tenho já medo de viver mais, e cansam-me tantos trabalhos. Os que participam dos regalos de Deus, não é muito que desejem estar aonde não os gozem a sorvos e que não queiram estar em vida que tantos embaraços tem para gozar de tanto bem e que desejem estar aonde não se ponha para eles o Sol da justiça.[5] Tudo quanto depois cá veem se lhes fará escuro e, de como vivem me espanto. Não deve ser com contento

---

1,10] *e é assim. Pois se atribuímos a males do corpo e trabalhos, quem está sem mui muitos de muitas maneiras? Nem é bom que peçamos estar.*

Pois entendamos o que pedimos aqui, pois este pedir "de todo mal" parece impossível: ou de corpo – como tenho dito –, ou de imperfeições e faltas no serviço de Deus. Dos santos não digo nada: tudo poderão em Cristo, como dizia São Paulo [Fl 4,13]. *Mas os pecadores como eu, que me vejo rodeada de frouxidão e tibieza e pouca mortificação e outras muitas coisas, vejo que tenho de pedir ao Senhor remédio. Vós, filhas, pedi como vos parecer; eu não o acho vivendo, e assim peço ao Senhor que me livre de todo o mal para sempre. Quanto bem achamos nesta vida, irmãs, pois carecemos de tanto bem, e estamos ausentes dele?*

Livrai-me Senhor, desta sombra de morte, livrai-me de tantos trabalhos, livrai-me de tantas dores, livrai-me de tantas mudanças, de tantos cumprimentos como forçosamente temos de ter os que vivemos, de tantas, tantas, tantas coisas que me cansam e fatigam, que cansaria a quem isto lesse se dissesse todas elas. Não há já quem sofra viver. Deve vir-me este cansaço de ter tão mal vivido, e de ver que ainda o que vivo agora não é como hei de viver, pois tanto devo.

4. A Santa completou assim o pensamento no ms. de Toledo: ... *são de Deus, "não sendo para fugir dos trabalhos, senão só para gozar dele: a quem nosso Senhor os der", tenham-no em muito.*

5. Alusão ao texto litúrgico tomado de Malaquias 4,2. – Toda a presente passagem foi profundamente reelaborada pela Autora. Na 1ª redação concluía: *bonito é o mundo para gostar dele quem tem começado a gozar de Deus e lhe têm dado já cá seu reino e não há de viver por sua vontade, senão pela do rei!* – A revisão do número seguinte foi devido a escrúpulos teológicos: *Quão diferentemente se inclina a vontade de Deus à nossa! Ela deseja a verdade, a nossa a mentira; deseja o eterno, cá o que se acaba; deseja coisas grandes e subidas, cá baixas e de terra; deseja tudo seguro, cá tudo duvidoso.*

quem tem começado a gozar e já lhe têm dado cá o seu reino e não há de viver por sua vontade, senão pela do Rei.

4. Oh, quão outra vida deve ser esta para não se desejar a morte! Quão diferentemente se inclina nossa vontade ao que é a vontade de Deus! Ela quer que queiramos a verdade, nós queremos a mentira; quer que queiramos o eterno, cá nos inclinamos ao que se acaba; quer que queiramos coisas grandes e subidas, cá queremos baixas e da terra; quereria que quiséssemos só o seguro, cá amamos o duvidoso: que é burla, filhas minhas, senão suplicar a Deus que nos livre destes perigos para sempre e nos tire já de todo mal. E ainda que não seja o nosso com perfeição, esforcemo-nos para pedir a petição. Que nos custa pedir muito, pois pedimos a poderoso?[6] Mas, para que mais acertemos, deixemos à sua vontade o dar, pois já lhe temos dada a nossa. E seja para sempre santificado o seu nome nos céus e na terra, e em mim seja sempre feita a sua vontade. Amém.[7]

5. Agora olhai, irmãs, como o Senhor me tem tirado de trabalhos ensinando a vós e a mim o caminho de que comecei a dizer-vos, dando-me a entender o muito que pedimos quando dizemos esta oração evangélica. Seja bendito para sempre, que é certo que jamais veio ao meu pensamento que houvesse tão grandes segredos nela, que já tendes visto que encerra em si todo o caminho espiritual, desde o princípio até Deus engolfar a alma e lhe dar abundantemente a beber da fonte de água viva que disse que estava no fim do caminho.[8] Parece que o Senhor nos quis dar a entender, irmãs,

---

6. *Vergonha seria pedir um maravedi a um imperador*, acrescentava a 1ª redação.

7. A 1ª redação prosseguia: *Vedes aqui, amigas, como é o rezar vocalmente com perfeição: mirando e entendendo a quem se pede e quem pede e o que é que se pede. – Quando vos disserem que não é bom que tenhais outra oração senão vocal, não vos desconsoleis: lede isto muito bem, e o que não entenderdes de oração, suplicai a Deus que vo-lo dê a entender. Que rezar vocalmente ninguém vos pode tirar: nem não rezar o pai-nosso de corrida e tampouco sem entender. – Se alguma pessoa vo-lo tirar ou vo-lo aconselhar, não creais nela; crede que é falso profeta, e olhai que nestes tempos não haveis de crer em todos; que, ainda que não há que temer os que agora vos podem aconselhar, não sabemos o que está por vir.*

Também pensei dizer-vos algo de como haveis de rezar a ave-maria; mas me alonguei tanto que ficará. E basta ter entendido como se rezará bem o pai-nosso para todas as orações vocais que tiverdes de rezar.

8. Alude ao capítulo 19. A 1ª redação continha neste lugar uma interessante declaração pessoal da Santa, seguida de uma alusão velada aos decretos inquisitoriais que proibiram os "livros em romance": *... a fonte de água viva de que falamos. E assim é que, saída dela – digo desta oração do pai-nosso –, já não sei mais ir adiante. – Parece, irmãs, que*

a grande consolação que está aqui encerrada, e é grande proveito para as pessoas que não sabem ler. Se o entendessem, por esta oração poderiam tirar muita doutrina e consolar-se nela.

6. Pois depreendamos, irmãs, da humildade com que nos ensina este bom Mestre; e suplicai-lhe me perdoe, que me tenho atrevido a falar de coisas tão altas. Bem sabe Sua Majestade que meu entendimento não é capaz para isto, se Ele não me ensinasse o que tenho dito. Agradecei-lhe vós, irmãs, que deve tê-lo feito pela humildade com que mo pedistes e quisestes ser ensinadas por coisa tão miserável.

7. Se o Padre Apresentado Frei Domingos Báñez,[9] que é meu confessor, a quem o darei antes que o vejais, vir que é para vosso aproveitamento e vo-lo der, consolar-me-ei que vos consoleis. Se não estiver para que alguém o veja, tomareis a minha vontade, que com a obra tenho obedecido ao que me mandastes; que eu me dou por bem paga pelo trabalho que tenho tido em escrever, que não por certo em pensar o que tenho dito.

---

o Senhor quis que entendamos a grande consolação que aqui está encerrada e que, quando vos tirarem livros, não nos podem tirar este livro, que é dito pela boca da mesma verdade, que não pode errar. E pois tantas vezes, como tenho dito, dizemos ao dia o pai-nosso, regalemo-nos com ele, e procuremos aprender de tão excelente Mestre a humildade com que ora e todas as demais partes que ficam ditas.

Acrescenta em seguida um texto alusivo ao livro da *Vida*, suprimido integralmente na 2ª redação: *Pois, irmãs, já parece não quer* [o Senhor] *que diga mais, porque não sei o que, ainda que pensasse ir adiante; pois o Senhor vos tem ensinado o caminho e a mim que no livro pusesse – que tenho dito que está escrito* [livro da *Vida*] *– como terão de chegar a esta fonte de água viva, e o que sente lá a alma, e como Deus a farta e a tira sede das coisas de cá e faz com que cresça nas coisas do serviço de Deus, que para as que tiverem chegado a ela será de grande proveito e lhes dará muita luz; procurai, que o Padre frei Domingos Báñez, apresentado da ordem de São Domingos (que, como tenho dito, é meu confessor, e é a quem darei este), tem. Se este vai para que o vejais e vo-lo dá, também vos dará o outro.*

9. Um censor – talvez o P. Garcia de Toledo – riscou "Apresentado frei Domingos Báñez". Tinha feito o mesmo no prólogo do livro (ver a nota ao *Prólogo*, n. 1). A Santa, no entanto, sempre bem informada dos títulos professorais de seu grande teólogo, ao preparar o texto para o prelo no ms. de Toledo, riscou a palavra *Apresentado* e escreveu *Mestre*; e em seguida do nome completou o título acrescentando: *da ordem de São Domingos*.

Bendito seja e louvado o Senhor, de onde nos vem todo o bem que falamos e pensamos e fazemos. Amém.[10]

---

10. Eis duas variantes que matizam esta conclusão na redação 1ª: ... *não certamente em pensar o que havia de dizer no que o Senhor me tinha dado a entender dos segredos desta oração evangélica, que me tem sido grande consolo. – Seja bendito e louvado sem fim. Amém Jesus.* – No ms. de Toledo, a Santa duplicou com sua própria letra: *Amém, amém.*

CASTELO INTERIOR

CASTILLO INTERIOR

Introdução

O *Castelo interior* é uma lição magistral da autora. Fruto maduro de sua última jornada terrena, reflete o estágio definitivo de sua evolução espiritual e completa a mensagem das obras anteriores, *Vida* e *Caminho*. O relato autobiográfico de *Vida* tem agora uma nova versão, mais sóbria e discreta, disfarçada de anonimato e integrada pelas experiências da última década. Igualmente, a pedagogia do *Caminho* ultrapassa agora os tenteios de treinamento na vida espiritual, para navegar até o fundo do mistério: a plenitude da vida cristã.

Para completar a lição, virão sucessivamente as *Fundações* e as *Cartas*, para referendar a divisa das sétimas moradas: que a suprema vivência mística não tira o cristão de órbita, mas o mantêm com os pés na terra, em diálogo com os irmãos.

O ponto de partida

O primeiro projeto do *Castelo* se enlaça com a autobiografia teresiana. Vista à distância de doze anos, a *Vida* se mostrava incompleta. Era preciso retomar o relato e concluí-lo. Ou talvez refazê-lo inteiramente com enfoque teológico novo.

Em pós-escrito a uma de suas cartas, a Santa escreve a seu irmão Lourenço em 17.1.77: "Ao bispo (de Ávila, Dom Álvaro) enviei a pedir o livro (a *Vida*), porque talvez tenha o antojo de acabá-lo com o que depois o Senhor me deu, que se poderia fazer outro e grande".

O motivo do "antojo", do desejo, era duplo: os últimos doze anos tinham trazido um caudal de experiências nitidamente superiores às historiadas em *Vida*. Ela as anotou fragmentariamente nas *Relações*. Mas não se tratava apenas de novos materiais de construção. As vivências do último quinquênio – especialmente a partir do magistério de frei João da Cruz (1572) – tinham fornecido uma nova perspectiva de interpretação de todo o arco de sua vida. Com visão mais unitária e profunda. Com melhores possibilidades de síntese teológica.

Num primeiro momento, o projeto fracassou. Dom Álvaro não enviou o exemplar de *Vida*. E, por fim, poucos dias depois o excesso de trabalho alquebrava a saúde da Santa. Foi uma crise de esgotamento, com um profundo trauma físico. Grandes dores e rumores de cabeça, que a deixavam "escarmentada" e temerosa de "ficar inabilitada para tudo".[1] Precisa recorrer aos serviços de uma amanuense caseira para despachar a correspondência, por expressa ordem do médico. Assim se desvanece o projeto de refundição da *Vida*.

A ordem de escrever

Medianamente refeita do achaque de fevereiro, a Santa se encontra, no final de maio, com o padre Gracián. Os dois conversam no locutório do Carmelo de Toledo. Ele vai apressado, de Andaluzia a Madri, convocado pelo Núncio. Ela cumpre a ordem de reclusão, imposta pelo Capítulo Geral da Ordem. Um trecho da conversa chega a nós diretamente escrita por Gracián:

"O que se passa acerca do livro das *Moradas* é que, sendo eu seu Prelado e tratando uma vez em Toledo muitas coisas de seu espírito, ela me dizia: 'Oh, como está bem escrito esse ponto no livro de minha *Vida* que está na Inquisição!'.

Eu lhe disse: 'Pois que não o podemos ter, faça memória do que se lembrar e de outras coisas, e escreva outro livro, e diga a doutrina em comum, sem nomear a quem tenha sucedido aquilo que ali disser'.

E assim mandei que escrevesse este livro das *Moradas*, dizendo-lhe, para mais a persuadir, que o tratasse também com o Doutor Velázquez, que a confessava algumas vezes. E ele mandou isto".[2]

Anos mais tarde, Gracián mesmo completa o informe:

---

1. *Carta* S. 168, 2 e 7.
2. *Notas* de Gracián, em: Antonio de San Joaquín, *Año Teresiano*, t. VII (1758), p. 149.

"Estando eu em Toledo, persuadi a madre Teresa de Jesus com muita importunação que escrevesse o livro que depois escreveu, que se chama *As Moradas*. Ela me respondia com o mesmo argumento que tenho dito, e disse muitas vezes em seus livros, quase com estas palavras: 'Para que querem que escreva? Escrevam os letrados, que estudaram, que eu sou uma tonta e não saberei o que digo: porei um vocábulo por outro, com que farei dano. Fartos livros há escritos de coisas de oração; por amor de Deus, que me deixem fiar minha roca e seguir meu coro e ofícios de religião, como as demais irmãs, que não sou para escrever nem tenho saúde e cabeça para isso etc.'.[3]

Gracián e Velázquez venceram a resistência da Madre. Ela lembrará isso no prólogo do *Castelo*, sublinhando o dificultoso de sua "obediência" e repetindo os motivos de sua oposição: desde a dor de cabeça até a total falta de inspiração literária; com uma velada alusão ao livro de sua *Vida*, que continua preso na Inquisição, e a impossibilidade de "trazer à memória" as muitas coisas contidas nele, "que diziam que estavam bem ditas, caso se tivessem perdido". Não refundirá o relato autobiográfico. Ater-se-á às instruções dos dois conselheiros, sujeitando-se em tudo ao parecer deles, "que são pessoas de grandes letras". Escreverá o novo livro não para seus confessores – como o da *Vida* –, mas para as leitoras de seus carmelos, gente simples e de olhos benévolos, que acolherão com amor qualquer página sua.

Projeto modestíssimo, que será excedido desde o primeiro capítulo do livro.

A tarefa de escrever

Grafia firme e redação rápida. Da aridez do prólogo não fica rastro. A Santa escreve com fluidez, como conversa. Em fólios amplos, de 210 x 310 mm. Datou o prólogo em 3 de junho de 1577. Em 15 dias de tarefa normal, alternando com o coro e a correspondência, redige as moradas primeiras, segundas e terceiras. De repente chega de Madri uma notícia fatal: o "núncio santo", Nicolás Ormaneto morreu (18-19 de junho). Ela

---

3. Jerónimo Gracián, *Dilucidario del verdadero espíritu*, I, 5: BMC, t. 15, Burgos, 1932, p. 16.

acusa o golpe que prevê catastrófico para a Reforma, e prepara a viagem ao seu primeiro carmelo de São José de Ávila.

Escreveu 26 fólios (52 páginas cheias). Terminou o capítulo primeiro das moradas quartas. Mas tem de interromper a atividade e demorará a retomá-la. "Valha-me Deus no que me tenho metido! Já tinha esquecido o que tratava, porque os negócios e saúde me faz deixá-lo para melhor tempo; e como tenho pouca memória, irá tudo desconcertado por não poder tornar a lê-lo".[4]

Assim, entre interrupções, viagens e sobressaltos, redigirá os cinco capítulos seguintes: mais 19 fólios. Só quatro ou cinco meses mais tarde retomará a tarefa firmemente. Já é inverno em Ávila, e ali, na gélida pequena cela de São José, escreverá de uma vez o resto do livro, a partir do capítulo quarto das moradas quintas: 16 capítulos, dos 27 que conta a obra. Desde o fólio 46r até o 110r.

Seguem ainda dois fólios com o epílogo ou carta de acompanhamento, colocados antes do prólogo no original primitivo (páginas 2-5).[5] Ao terminar a tarefa transparece o humor sadio da autora: as leitoras carmelitas, que nem sempre dispõem de espaço suficiente dentro do mosteiro, "sem licença da priora podeis entrar e passear por ele (por este castelo) a qualquer hora".

Para dar forma de livro a esses 113 fólios faltam apenas duas operações: estruturá-los internamente em moradas e capítulos, e dar-lhes um título. A Santa relê em diagonal os cadernos e busca um espaço entre as linhas para intercalar a indicação "moradas primeiras", "capítulo" ou semelhantes.[6] Não restou espaço para a epígrafe de cada capítulo, e por isso o

---

4. M. V, 2, 1.
5. Começa no prólogo a foliação original da Santa, que deixou sem numerar as duas folhas do epílogo e a do frontispício.
6. Começa equivocando-se: "capítulo II", em lugar de capítulo I. Talvez conte o "prólogo" como capítulo primeiro da obra, e antepõe o atual "epílogo" como página introdutória. Ao mesmo tempo em que fraciona o texto e põe título aos capítulos, vai fazendo breves anotações nas margens: "Entende-se do auxílio particular" (3, 1,2), tristes "como o mancebo do evangelho" (3, 1,7), "ou imaginação, para que melhor se entenda" (4, 1,8), ... frutifica "fazendo bem a si e a outras almas" (5, 4,20), "há de se entender: com a disposição e meios que esta alma terá tido, como a Igreja o ensina" (6, 4,3), "mas por junto se lembra que o viu" (6, 4,8), "também diz o Senhor que é luz" (6, 7,6), ... Santo

estenderá em fólio à parte, hoje perdido. Utilizará o verso da primeira folha em branco para intitular a obra: "Este tratado, chamado Castelo interior, escreveu Teresa de Jesus, monja de nossa Senhora do Carmo, a suas irmãs e filhas as monjas carmelitas descalças". Na margem superior de cada página foi anotando o título corrente, como nos livros impressos: na página da esquerda "mdas" (moradas) e na página direita o número correspondente: "primeiras", "segundas" etc.

À medida que a Autora redige os cadernos, vai passando-os para uma amanuense que os transcreve: é a primeira cópia do *Castelo*, antes que intervenham as manipulações dos censores.

A censura e outros avatares do autógrafo

Falta ao manuscrito o respaldo dos teólogos. Indispensável para poder apresentar-se em sociedade e passar para a mão das leitoras. Dois amigos da Santa se prestam a executar a operação: o carmelita Gracián e o dominicano Diego de Yanguas. Improvisam um tribunal doméstico no carmelo de Segóvia. Gracián está interessado em prevenir percalços e acusações ao livro. Yanguas é professor de teologia na cidade e por essa época tinha intervindo na queima do autógrafo dos *Conceitos*. Os dois dividem entre si os papéis de juiz, fiscal e defensor. Gracián conta: "Depois lemos este livro em sua presença o padre frei Diego de Yanguas e eu, arguindo eu muitas coisas dele, dizendo ser malsoantes, e o padre frei Diego respondendo-me a elas, e ela dizendo que as tirássemos; e assim tiramos algumas,

---

Agostinho em suas Meditações "ou confissões" (6, 7,9), "digo 'mais e mais' quanto às penas acidentais" (6, 11,7), "isto é o ordinário" (7, 2,10), "o 'tirar' se chama aqui quanto a perder os sentidos" (7, 3,12). Numa ocasião fará uma chamada marginal para acrescentar um suplemento de explicação: "quando diz aqui 'vos pede' leia-se logo este papel". A nota breve se perdeu, mas os amanuenses nos transmitiram seu conteúdo.

Por fim, algo anômalo ocorreu no começo das moradas sétimas, exatamente na passagem do capítulo primeiro para o segundo. A autora teve de arrancar o fólio 97 (= lxlvii, paginado posteriormente com os n. 198-199) e redigi-lo de novo. O fato se torna claro por uma série de indícios anômalos: único fólio com filigrana diferente do resto do manuscrito, sem número de foliação autógrafa da Santa, também sem epígrafe na margem superior ("moradas"/"sétimas"), anomalias no *incipit* e *explicit* do fólio (incipit c. 1, n. 9: "é de perguntar" repetido; explicit c. 2, n. 1: "era tempo de que seus", concluído a meia linha para engatar com o fólio seguinte).

não porque fosse má doutrina, senão alta e difícil de entender para muitos; porque com o zelo que eu a queria, procurava que não houvesse coisa em seus escritos em que ninguém tropeçasse".[7]

É verdade que Gracián riscou e emendou sempre com suma delicadeza, deixando legível o original da Santa. Mas riscou demais, e suas emendas pecaram por excesso: puras ninharias de teólogo ou de humanista. Quando, alguns anos depois, o original cai nas mãos do primeiro biógrafo da Santa, o jesuíta Francisco de Ribera, os retoques provocam protestos em cadeia: Ribera acha que o texto da Santa estava sempre melhor do que o do censor e, por fim, se decide a escrever de própria mão uma "contracensura": "... pareceu-me avisar a quem o ler, que leia como escreveu a Santa Madre, que entendia e dizia melhor, e deixe todo o acrescentado, e o apagado da letra da Santa dê por não apagado...".[8] Felizmente, tampouco frei Luís de León passou para a edição príncipe as emendas de Gracián.

No entanto, as últimas páginas do original acolherão a aprovação incondicional de outro censor, homem de inquisição, que anos atrás tinha afrontado com severidade o caso da Madre Teresa. É o jesuíta Rodrigo Alvarez. Interveio no âmago do processo inquisitorial contra a Santa, em Sevilha, pelos anos 1575-1576. Agora já é entranhável admirador da Madre e tem desejo de ler seu último escrito, enviado a Sevilha para que a sagacíssima madre Maria de São José esquive os perigos de sequestro. Em data de 8.11.1581 a Santa escreve à depositária do tesouro:

"... Agora recebi outra (carta)... de meu padre Rodrigo Alvarez, a quem tenho grande obrigação pelo bem que tem feito a esta casa, e quisera responder à sua carta e não sei... Nosso padre (Gracián) me disse que tinha deixado lá um livro de minha letra (que certamente vossa reverência não o está lendo); quando for lá, sob confissão – que assim o pede ele com muito comedimento –, para que só vossa reverência e ele leia a última 'morada', e diga-lhe que naquele ponto chegou aquela pessoa e com aquela paz que aí vai, e assim vai com vida bastante descansada, e que grandes letrados

---

7. *Notas* de Gracián, em: Antonio de San Joaquín, *Año Teresiano*, t. VII, 1758, p. 150.

8. Anotação de Ribera na primeira página do original, sob o título. Ver o texto integral adiante, na nota ao subtítulo deste livro.

dizem que vai bem. Se não for lido aí, de nenhuma maneira o dê lá, que poderia suceder algo. Até que me escrever o que lhe parece nisto, não lhe responderei".

Três meses mais tarde – 22.2.1582 –, Maria de São José cumpre escrupulosamente a sua tarefa. E o padre Rodrigo Alvarez, depois de escutar a leitura dos quatro capítulos das moradas VII, pede que lhe passem o autógrafo e escreve, em continuação da última morada, uma página memorável:

"A madre priora deste convento de Sevilha leu para mim esta sétima morada ou habitação, aonde chega um espírito nesta vida: louvem todos os santos a bondade infinita de Deus que tanto se comunica àquelas criaturas que deveras buscam sua maior glória e a salvação de seus próximos. O que sinto e julgo disso é que tudo isto que leu para mim são verdades católicas segundo as divinas letras e doutrinas dos santos. Quem for lido na doutrina dos santos, como é o livro de Santa Gertrudes, e nas obras de Santa Catarina de Sena e Santa Brígida e outros santos e livros espirituais, entenderá claramente ser este espírito da madre Teresa de Jesus muito verdadeiro, pois que passam neles os mesmos efeitos que passaram nos santos. E porque é verdade que isto assim sinto e entendo, o assino com o meu nome hoje, 22 de fevereiro de 1582. O P. Rodrigo Alvarez".

A aprovação do padre Rodrigo é a primeira reação da teologia tradicional à nova interpretação do mistério da vida cristã proposta pelo *Castelo* da Madre Teresa. Sobrevirão logo – nessa mesma década – os primeiros ataques violentos: reação de uma teologia rotineira, enquistada em preconceitos contra os alumbrados, que felizmente já chegou tarde, quando o livro tinha sido posto definitivamente a salvo pelas primeiras edições de Frei Luís de León (Salamanca, 1588; Barcelona, 1588).

O tema da obra

O padre Gracián, que decidiu a composição do *Castelo*, está seguro de ter sugerido à leitora a linha temática. Quando ela resiste a escrever alegando suas obrigações de coro e de fiação, e suas dores de cabeça, Gracián argumenta:

"Convenci-a com o exemplo de que algumas pessoas costumam sarar de enfermidades mais facilmente com as receitas sabidas por experiência do que com a medicina de Galeno, Hipócrates e de outros livros de muita doutrina. E que da mesma maneira pode acontecer nas almas que seguem oração e espírito, que mais facilmente se aproveitam dos livros espirituais escritos do que se sabe por experiência, do que aquilo que leram e estudaram em doutores... Porque como estas coisas do espírito são práticas e se põem por obra, melhor as declara quem tem experiência do que quem tem apenas ciência, ainda que fale em próprios termos".[9]

A Santa se rende à insistência de Gracián aceitando seu humilde papel de escritora "curandeira" da vida espiritual. No prólogo confessa: propõe-se a escrever de coisas práticas, declarar "algumas dúvidas de oração", ir falando com "estas monjas destes mosteiros" carmelitas, "que as mulheres entendem melhor a linguagem das outras" e "o amor que me têm" fará mais fácil a mútua inteligência.

Mas esse projeto incoerente do prólogo contrasta com as páginas que seguem. Desde a primeira, o tema da vida espiritual será focalizado em termos originais: mistério do homem com uma alma capaz de Deus, e mistério da comunicação com a divindade que habita nele. Surgirá em seguida o projeto de desembaraçar-se rapidamente dos temas introdutórios – primeiros passos da vida espiritual – para enfrentar plenamente o tema difícil, do qual tão pouco se fala nos livros espirituais: últimas fases da vida cristã e pleno desenvolvimento da santidade (1,2,7).

De fato, a Autora despacha em apenas cinco capítulos iniciais todo o tema ascético que tinha enchido quase integralmente o *Caminho de perfeição*, e reserva o resto da obra – 22 capítulos – para a jornada forte: entrada na terra santa da vida mística (moradas IV), união e santificação inicial (V), o crisol do amor (VI), consumação na experiência dos mistérios cristológico e trinitário (VII).

Na aparência, o plano do livro se improvisa na caminhada. A escritora não se concedeu uma pausa prévia para a gestação interior do tema

---

9. Jerónimo Gracián, *Dilucidario del verdadero espíritu*, 1, 5; BMC, t. 15, Burgos, 1932, p. 16-17.

e a esquematização de sua exposição. Na realidade, porém, a nova síntese colhia no mesmo tempo a semeadura de vários anos. Sobretudo, as experiências do último quinquênio, a partir de sua relação espiritual com frei João da Cruz, lhe deram uma nova visão do horizonte espiritual. Não só ela mesma entrou na fase final (VII moradas) desde a graça decisiva da comunhão na "oitava de São Martinho",[10] mas as últimas graças também a garantiram num duplo plano de experiência interior: um antropológico, mistério da alma com os cambiantes extremos de graça e de pecado; e o outro, trinitário: experiência da habitação e das palavras evangélicas que a prometem a quem ama e guarda os mandamentos.

Para coroar os dois ciclos de experiência sobreveio uma graça misteriosa, cifrada na ordem do "busca-te em mim"; convite a ir além do movimento de interiorização (busca de Deus dentro de si, à maneira agostiniana), com uma ulterior imersão no mistério transcendente de Deus. É a graça que, no começo deste mesmo ano, motiva o *Certame* em que frei João da Cruz toma parte, e a mesma que inspira o poema teresiano "Alma, buscar-te-ás em Mim / e a Mim buscar-me-ás em ti".

Foi essa série de experiências que pôs em andamento a gestação interior do livro. Delas brota agora a labareda que inspira uma interpretação original do mistério da vida cristã:

- Uma base *antropológica*: afirmação do homem e sua dignidade; sua interioridade espaçosa; dentro, a alma capaz de Deus; no mais profundo da alma, o espírito, sede do Espírito e da Trindade (*moradas primeiras*).

- Uma fase central *cristológica*: plenitude do mistério de morte e ressurreição, para agir no cristão a inserção e transformação em Cristo (*moradas quintas*).

- E um ponto de chegada *trinitário*: "divinização"; profunda experiência de Deus e de sua presença, para elevar ao sumo potencial a ação do homem a favor dos outros e da Igreja (*sétimas moradas*).

---

10. *Rel.* 35: 18 de novembro de 1572.

Pouco a pouco a Autora foi entrando em alto-mar: profundidade da vida mística. A cada novo passo, um calafrio de assombro a surpreende: "Para começar a falar das quartas moradas, é bem mister que o que tenho feito, que é encomendar-me ao Espírito Santo e suplicar-lhe daqui em diante que fale por mim..." (IV, 1,1). Nova inquietação ao iniciar as moradas quintas: "Creio que fosse melhor não dizer nada das (moradas) que faltam...; não se há de saber dizer...; enviai, Senhor meu, do céu luz para que eu possa..." (V, 1,1). E antes de começar as sextas: "Se Sua Majestade e o Espírito Santo não moverem a pluma, bem sei que será impossível... que acerte eu a declarar algo..." (V, 4,11). Por fim, um estremecimento ao começar as sétimas: "Ó grande Deus, parece que treme uma criatura tão miserável como eu ao tratar coisa tão alheia ao que mereço entender... Será melhor acabar com poucas palavras esta morada...; faz-me grandíssima vergonha...; é coisa terrível" (VII, 1,2).

De fato sucumbirá a esta última tentação: "com poucas palavras" ficará perfilada essa jornada final, precisamente a mais rica de todo o processo.

O processo: sete jornadas da vida espiritual

O castelo tem traçado linear. Estrutura e processo dinâmico coincidem. Em grandes traços, os elementos estético-espaciais (fosso, porta, moradas, fundão, centro...) correspondem aos funcional-vitais: penetração, luta, interiorização, união, transcendência. A Autora valorizou intencionalmente o conteúdo mistérico da vida cristã: alma, graça, Cristo, habitação, pecado. Mas sem descuidar o lado prático. Fixou-se um duplo objetivo: comunicar a sua experiência cristã, provocando-a no leitor, levando-o a necessitá-la; levando-o à altura final da união com Deus; e, em segundo lugar, empenhando-o num programa concreto: lutar, conhecer-se a fundo, não perder de vista a exigência do amor – amar os outros –, manter-se sensível ao risco, programar e esperar. São as duas flexões do magistério teresiano: mistagógica a primeira, pedagógica a segunda.

O processo descrito no castelo segue duas linhas: interiorização (linha antropológica) e união, aproximação da pessoa divina (linha teologal cristológica). Elas são desenvolvidas sobre pressupostos simples: um ponto de partida: presença de Deus no homem; um ponto de chegada: união com Deus, quintessência da santidade; e um caminho a percorrer: oração como atuação da vida teologal, força e vigor da vida cristã. Não há oração sem coerência com a vida concreta, e esta tem sua tabela de valores no amor aos outros. Não se trata de pensar muito, mas de amar muito; mas amor é mais determinação e obras, que sentimento e emoção.

Materialmente, o processo de vida espiritual descrito no livro se divide em dois tempos, que em nosso vocabulário teológico poderiam ser definidos: *ascético* o primeiro, *místico* o segundo. A luta ascética, na qual o homem é protagonista, se estende ao longo das moradas I-II-III; a vida mítica, protagonizada pelo ator divino, predomina nas moradas V-VI-VII. Entre os dois grupos, as moradas quartas são o elo de enlace: jornada na qual se imbricam "o natural e o sobrenatural", que no léxico da Santa equivalem a "ascético e místico" (IV, 3,14).

Um plano sumaríssimo das sete moradas do processo poderia ser traçado com base no dado central de cada uma, ainda que seja com grave risco de oferecer uma visão empobrecedora ou talvez uma caricatura do panorama teresiano.

- *Primeiras moradas*: "entrar no castelo; converter-se, iniciar o trato com Deus (oração), conhecer a si mesmo e recuperar a sensibilidade espiritual.
- *Segundas moradas*: "lutar"; o pecado ainda espreita; persistem os dinamismos desordenados; necessidade de afirmar-se numa opção radical; progressiva sensibilidade na escuta da Palavra de Deus (oração meditativa).
- *Terceiras moradas*: a prova do amor. Logro de um programa de vida espiritual e de oração; estabilidade nele; surtos de zelo apostólico; mas sobrevêm a aridez e a impotência como estados de prova. "Prova-nos, Senhor, que sabes as verdades."
- *Quartas moradas*: brota a fonte interior, passagem para a experiência mística; mas a sorvos, intermitentemente: momentos de lucidez infusa (recolhimento da mente) e de amor místico--passivo (quietude da vontade).
- *Quintas moradas*: morre o bicho-da-seda; a alma renasce em

Cristo: "levou-me o Rei à adega do vinho" (V, 1,12); "nossa vida em Cristo" (V, 2,4). Estado de união, seja ela "mística" desde o fundo da essência, seja ela "não regalada", por conformidade de vontades, manifestada especialmente no amor ao próximo (c. 3).

- *Sextas moradas*: o crisol do amor. Período extático e tensão escatológica. Novo modo de "sentir os pecados". Cristo presente "por uma maneira admirável, aonde divino e humano junto é sempre sua companhia (da alma)" (VI, 7,9). Desposório místico. A alma fica selada.
- *Sétimas moradas*: matrimônio místico. Duas graças de ingresso no estado final: uma cristológica, outra trinitária. "Aqui se comunicam (à alma) todas as três pessoas (divinas)... Nunca mais a abandonam, senão que notoriamente vê... que estão no interior de sua alma, no mui muito interior, numa coisa muito funda, que não sabe dizer como é..." (VII, 1, 6-7). Inserção plena na ação: "que nasçam sempre obras, obras" (VII, 4,6). Como Elias, "fome... da honra de Deus"; "fome... de achegar almas" como São Domingos e São Francisco (VII, 4,11). Plena configuração a Cristo crucificado (VII, 4, 4-5).

Cristo foi o alvo ao longo de todo o processo. Desde as primeiras moradas: "Ponhamos os olhos em Cristo nosso bem (cf. Hb 12,9), e ali aprenderemos a verdadeira humildade" (I, 1,11). Até a última página das sétimas: "Os olhos em Cristo crucificado!" (VII, 4,8).

Este tratado, chamado Castelo Interior, escreveu Teresa de Jesus, monja de nossa Senhora do Carmo, a suas irmãs e filhas, as monjas Carmelitas Descalças.[1]

---

1. Em continuação deste título e dedicatória da Santa, o P. F. Ribera escreveu esta interessante anotação: "Neste livro está muitas vezes borrado o que a Santa Madre escreveu, e acrescentadas outras palavras, ou postas glosas à margem. E ordinariamente está mal borrado, e estava melhor primeiro como foi escrito, e se verá no que a sentença é melhor, e a Santa Madre vem depois declarar, e o que se emenda muitas vezes não concorda bem com o que se diz depois, e assim poderiam muito bem ser escusadas as emendas e as glosas. E porque tenho lido e olhado tudo com algum cuidado, me pareceu avisar a quem o ler que leia como escreveu a Santa Madre que o entendia e dizia melhor, e deixe todo o acrescentado, e o borrado da letra da Santa dê por não borrado se não for quando estiver emendado ou borrado por sua mesma mão, que é poucas vezes. E rogo por caridade a quem ler este livro que reverencie as palavras e letras são feitas por aquela tão santa mão e procure entendê-lo bem, e verá que não há o que emendar, e ainda que não o entenda, creia que quem o escreveu o sabia melhor, e que não se podem corrigir bem as palavras se não é chegando a alcançar inteiramente o sentido delas, porque, se não se alcança, o que está muito propriamente dito parecerá impróprio, e dessa maneira se vêm a estragar e deitar a perder os livros".

JHS
[Prólogo]

1. Poucas coisas que me tem mandado a obediência se tornaram tão difíceis para mim como escrever agora coisas de oração; um, porque não me parece que me dá o Senhor espírito para fazê-lo nem desejo; o outro, por ter a cabeça há três meses com um ruído e fraqueza tão grande, que ainda os negócios forçosos escrevo com pena.[1] Mas, entendendo que a força da obediência costuma aplanar coisas que perecem impossíveis, a vontade se determina a fazê-lo de muito bom grado, ainda que o natural pareça que se aflige muito; porque não me tem dado o Senhor tanta virtude que o pelejar com a enfermidade contínua e com ocupações de muitas maneiras se possa fazer sem contradição sua. Faça-o o que tem feito outras coisas mais dificultosas para fazer-me mercê, em cuja misericórdia confio.

2. Bem creio que hei de saber dizer pouco mais que o que tenho dito em outras coisas que me têm mandado escrever, antes temo que hão de ser quase todas as mesmas; porque assim como os pássaros que ensinam a falar não sabem mais do que lhes mostram ou ouvem, e isto repetem muitas vezes, sou eu ao pé da letra. Se o Senhor quiser que diga algo novo, Sua Majestade o dará ou será servido trazer-me à memória o que outras vezes tenho dito, que ainda com isto me contentaria, por tê-la tão má que me folgaria de atinar em algumas coisas que diziam estavam bem ditas, caso se tivessem perdido. Se tampouco isto o Senhor me der, cansando-me e acrescentando o mal de cabeça por obediência, ficarei com lucro, ainda que do que disser não saque nenhum proveito.[2]

---

1. Começa com uma dupla alusão: refere-se primeiro à ordem recebida de Gracián e do Dr. Velázquez, que "têm mandado" escrever este livro. E logo aos seus achaques de saúde, desde o passado mês de fevereiro. Cf. *Carta* de 10.2.1577 ao seu irmão Lourenço. [*Escrevo com pena*: atenção para a palavra *pena* (dor, tormento etc.); não confundir com *pluma*.]

2. Refere-se aos livros escritos anteriormente, *Vida* e *Caminho*, especialmente ao primeiro, que fora sequestrado e retido pela Inquisição desde 1575, dois anos atrás.

3. E assim, começo a cumpri-la hoje, dia da Santíssima Trindade, ano de 1577,[3] neste mosteiro de São José do Carmelo em Toledo aonde no presente estou, sujeitando-me em tudo o que disser ao parecer de quem mo manda escrever, que são pessoas de grandes letras.[4] Se alguma coisa disser que não esteja conforme ao que tem a santa Igreja Católica Romana, será por ignorância e não por malícia.[5] Isto se pode ter por certo, e que sempre estou e estarei sujeita pela bondade de Deus, e o tenho estado a ela.[6] Seja para sempre bendito, amém, e glorificado.

4. Disse-me quem me mandou escrever,[7] que como estas monjas destes mosteiros de nossa Senhora do Carmo têm necessidade de quem algumas dúvidas de oração declare a elas, e que lhes parecia que melhor se entendem a linguagem umas mulheres de outras, e com o amor que me têm lhes faria mais ao caso o que eu lhes dissesse, tem entendido por esta causa que será de alguma importância, se se acerta a dizer alguma coisa; e por isto irei falando com elas no que escreverei, e porque parece desatino pensar que pode fazer ao caso a outras pessoas. Farta mercê me fará nosso Senhor, se alguma delas se aproveitar para louvá-lo um pouquinho mais: bem sabe Sua Majestade que eu não pretendo outra coisa; e está muito claro que, quando algo se atinar a dizer, entenderão que não é meu, pois não há causa para isso, se não for ter tão pouco entendimento como eu habilidade para coisas semelhantes, se o Senhor por sua misericórdia não a dá.

---

3. A festa da Santíssima Trindade, cuja liturgia inspira a escritora, foi em 2 de junho de 1577. Sobre as interrupções da redação, cf. *Moradas* 5, 4, 1. Concluirá o livro no dia 29 de novembro de 1577 (cf. epílogo, 5).
4. Os aludidos são Jerônimo Gracián e o Dr. Alonso Velázquez, seu confessor e futuro bispo de Osma e arcebispo de Santiago de Compostela. Os dois são *pessoas de grandes letras*: de grandes conhecimentos.
5. As palavras: *santa católica romana* foram acrescentadas entre linhas pela própria Santa, como fará de novo no epílogo da obra.
6. Semelhante "protesto de ortodoxia e catolicidade" pode ser visto na primeira página de *Caminho de Perfeição*. E no prólogo das *Fundações*, n. 6.
7. Foi Gracián que lhe fez a sugestão que segue.

MORADAS PRIMEIRAS
HÁ NELAS DOIS CAPÍTULOS

Capítulo 1

Em que trata da formosura e dignidade de nossas almas. — Põe uma comparação para entender-se, e diz o lucro que é entendê-la e saber as mercês que recebemos de Deus, e como a porta deste castelo é a oração.

1. Estando hoje suplicando a nosso Senhor que falasse por mim, porque eu não atinava com coisa que dizer nem como começar a cumprir esta obediência, foi-me oferecido o que agora direi, para começar com algum fundamento: que é considerar nossa alma como um castelo todo de um diamante ou muito claro cristal, aonde há muitos aposentos, assim como no céu há muitas moradas.[1] Que se bem o considerarmos, irmãs, não é outra coisa a alma do justo senão um paraíso aonde diz Ele que tem seus deleites.[2] Pois que tal vos parece que será o aposento aonde um Rei tão poderoso, tão sábio, tão limpo, tão cheio de todos os bens se deleita? Não acho eu coisa com que comparar a grande formosura de uma alma e a grande capacidade; e verdadeiramente mal devem chegar nossos entendimentos, por agudos que fossem, a compreendê-la, assim como não podem chegar a considerar a Deus, pois Ele mesmo diz que nos criou à sua imagem e semelhança.[3]

Pois se isto é, como é, não há para que nos cansar em querer compreender a formosura deste castelo; porque posto que há a diferença dele a Deus que do Criador à criatura, pois é criatura, basta dizer Sua Majestade que é feita à sua imagem para que apenas possamos entender a grande dignidade e formosura da alma.

2. Não é pequena lástima e confusão que, por nossa culpa, não entendamos a nós mesmos nem saibamos quem somos. Não seria grande ignorância, filhas minhas, que perguntassem a um quem é, e não se conhecesse nem soubesse quem foi seu pai, nem sua mãe, nem de que terra? Pois

---

1. Alusão a João 14,2.
2. Nova alusão a Pr 8,31, passagem fortemente sentida pela autora: cf. *Vida* 14, 10 e *Exclamações* 7.
3. Gn 1,26-27.

se isto seria grande bestialidade, sem comparação é maior a que há em nós quando não procuramos saber que coisa somos, senão que nos detemos nestes corpos, e assim aproximadamente, porque o temos ouvido e porque a fé no-lo diz, sabemos que temos almas. Mas que bens pode haver nesta alma ou quem está dentro nesta alma ou o grande valor dela, poucas vezes o consideramos; e assim se tem em tão pouco procurar com todo cuidado conservar a sua formosura: tudo nos vai na grosseria do engaste ou cerca deste castelo, que são estes corpos.[4]

3. Pois consideremos que este castelo tem – como tenho dito[5] – muitas moradas, umas no alto, outras embaixo, outras aos lados; e no centro e metade de todas estas tem a mais principal, que é aonde passam as coisas de muito segredo entre Deus e a alma.

É mister que vades[6] advertidas a esta comparação. Talvez Deus seja servido possa por ela dar-vos algo a entender das mercês que é Deus servido fazer às almas e as diferenças que há nelas, até aonde eu tiver entendido que é possível; que todas será impossível ninguém entendê-las, segundo são muitas, quanto mais quem é tão ruim como eu; porque vos será grande consolo, quando o Senhor vo-las fizer, saber que é possível; e a quem não,

---

4. *Engaste ou cerca*: imagem da muralha como engaste. A Santa desenvolverá ocasionalmente a alegoria do castelo, sem nunca precisá-la totalmente. Aqui, o uso de *engaste* e *cerca*, simultaneamente, deixa entrever ao mesmo tempo um castelo de ourivesaria e um castelo de guerra. – Como elementos complementares irão aparecendo em seguida o *cerco* e *arrabalde* (n. 6; e M. VII, c. 4, n. 1), *porta de entrada* (n. 7 e M. V, c. 1, n. 2; M. VI, c. 4, n. 4, 9, 13; M. VII, c. 2, n. 3); *moradas*, *aposentos* e *peças*, com significado aproximadamente igual (c. 2, n. 8; M. II, c. 4, n. 6; M. III, c. 1, n. 8...); a *câmara* ou *palácio do Rei*, *céu empíreo de Deus* no centro do castelo (c. 2, n. 8 e n. 14; M. VI, c. 19, n. 3; e c. 4, n. 8; M. VII, c. 1, n. 3); e, por fim, toda uma série de *guardas, alcaides, mordomos, mestres-sala, amigos* e *parentes* (símbolos das potências: M. I, c. 1, n. 5; c. 2, n. 4 e n. 15; M. II, n. 9), *gente que vive nos aposentos baixos* (os sentidos do corpo; cf. M. I, c. 2, n. 4; M. V, c. 2, n. 3); *vassalos e criados da alma* (potências e sentidos indistintamente) (cf. M. I, c. 2, n. 12; e M. III, c. 1, n. 5); *legiões de demônios* (M. I, c. 2, n. 11, 12, 15; M. I, c. 3, n. 5); *cobras e víboras* (representações demoníacas das coisas do mundo: M. II, n. 2; e M. I, c. 2, n. 14); *sevandijas peçonhentas* (cuidados de honra ou fazenda ou negócios; maus pensamentos etc.: M. I, c. 1, n. 8; c. 2, n. 11, 14; M. II, n. 2, 5, 8; M. III, c. 1, n. 8); *bestas e feras* (apetites, paixões, vícios: M. I, c. 2, n. 14; M. II, n. 9); *lagartixas agudas* que são os *pensamentinhos da imaginação* (M. V, c. 1, n. 5) etc.

5. Disse no n. 1 deste capítulo.

6. *Vades*, em espanhol: *vayáis*, a Santa escreve *vays*, como em outras ocasiões: cf. 6, 7, 5.

para louvar sua grande bondade; que assim como não nos faz dano considerar as coisas que há no céu e o que gozam os bem-aventurados, antes nos alegramos e procuramos alcançar o que eles gozam, tampouco nos fará ver que é possível neste desterro comunicar-se um tão grande Deus com uns vermes tão cheios de mau odor; e amar uma bondade tão boa e uma misericórdia tão sem medida. Tenho por certo que a quem fizer dano entender que é possível fazer Deus esta mercê neste desterro, que estará muito falta de humildade e do amor do próximo; porque se isto não é, como nos podemos deixar de folgar de que faça Deus estas mercês a um irmão nosso, pois não impede para fazê-las a nós, e de que Sua Majestade dê a entender suas grandezas, seja em quem for? Que algumas vezes será só para nós, como disse do cego que deu vista,[7] quando os apóstolos lhe perguntaram se era por seus pecados ou de seus pais. E assim acontece não fazê-las por ser mais santos a quem as faz do que aos que não, senão para que se conheça sua grandeza, como vemos em São Paulo e na Madalena,[8] e para que nós o louvemos em suas criaturas.

4. Poder-se-á dizer que parecem coisas impossíveis e que é bom não escandalizar os fracos. — Menos se perde em que eles não o creiam, do que em que se deixem de aproveitar aos que Deus as faz; e se regalarão e despertarão a mais amar a quem faz tantas misericórdias, sendo tão grande seu poder e majestade; quanto mais que sei que falo com quem não terá este perigo, porque sabem e creem que Deus faz ainda muito maiores mostras de amor. Eu sei que quem isto não crer não o verá por experiência, porque é muito amigo de que não ponham taxa a suas obras, e assim, irmãs, jamais vos aconteça às que o Senhor não levar por este caminho.

5. Pois tornando a nosso formoso e deleitoso castelo, temos de ver como poderemos entrar nele.

Parece que digo algum disparate; porque se este castelo é a alma, claro está que não há para que entrar, pois é ele mesmo;[9] como pareceria

---

7. Alude ao "cego de nascimento", Jo 9,2-3.
8. *São Paulo e a Madalena*: dois exemplares de "conversão" e de experiência mística, reiteradamente aludidos no *Castelo*: São Paulo em M. 6, 9, 10; 7, 1, 5; 7, 2, 5; 7, 3, 9; 7, 4, 5. A Madalena em M. 6, 7, 4; 6, 11, 12; 7, 2, 7.
9. *Se es él mismo*: o homem é o próprio castelo. Expressões semelhantes: "é-se todo desconcerto" (M. 4, 2, 1), "são fracas de compleição" (M. 4, 3, 11).

desatino dizer a um que entrasse numa peça estando já dentro. — Mas haveis de entender que vai muito de estar a estar; que há muitas almas que estão na ronda do castelo[10] que é aonde estão os que o guardam, e que não se lhes dá nada de entrar dentro nem sabem o que há naquele tão precioso lugar nem quem está dentro nem ainda que peças tem. Já tereis ouvido em alguns livros de oração[11] aconselhar a alma que entre dentro de si; pois isto mesmo é.

6. Dizia-me há pouco um grande letrado[12] que são as almas que não têm oração como um corpo com paralisia ou tolhido, que ainda que tenha pés e mãos não os pode mandar; que assim são, que há almas tão enfermas e mostradas a estar em coisas exteriores, que não há remédio nem parece que podem entrar dentro de si; porque já o costume tem tal de ter sempre tratado com as sevandijas e bestas que estão no cerco do castelo, que já quase está feita como elas, e sendo de natural tão rica e podendo ter sua conversação não menos do que com Deus,[13] não há remédio. E se estas almas não procuram entender e remediar sua grande miséria, quedar-se-ão feitas estátuas de sal por não volver a cabeça para si, assim como ficou a mulher de Lot[14] por volvê-la.

7. Porque, pelo que posso entender, a porta para entrar neste castelo é a oração e consideração, não digo mais mental que vocal, que como seja oração há de ser com consideração; porque a que não adverte com quem fala e o que pede e quem é quem pede e a quem, não a chamo eu oração, ainda que muito meneie os lábios; porque ainda que algumas vezes será sim, ainda que não leve este cuidado, mas é tendo-o levado outras. Mas

---

10. *Ronda del castillo*: novo elemento do símbolo-base. Foi tomado do castelo bélico: *ronda* é "o espaço que há entre a parte interior do muro e as casas da cidade ou vila". — "Ronda algumas vezes é tomada para os soldados que vão rondando e assegurando-se do que pode haver..." (Cobarruvias). Aqui simboliza o entorno corporal da alma: a exterioridade.

11. *Livros de oração*: alude aos que lhe serviram de iniciação: Francisco de Osuna, *Tercer Abecedario*; Bernardino de Laredo, *Subida del Monte Sión*, e talvez os de São Pedro de Alcântara e Bernabé de Palma...

12. Ver a *Relação* 24: experiência mística da alma. — A seguir: paralisia: a Santa usa *perlesía* (tolhimento ou paralisia). "Vulgarmente le llaman perlático y a la enfermedad perlesía", escrevia Cobarruvias.

13. Alusão bíblica a Filipenses 3,20.

14. Alude ao episódio narrado no Gênesis 19,26.

quem tivesse por costume falar com a majestade de Deus como falaria com seu escravo, que nem olha se diz mal, senão o que lhe vem à boca e tem depreendido por fazê-lo outras vezes, não a tenho por oração, nem praza a Deus que nenhum cristão a tenha desta sorte; que entre vós, irmãs, espero em Sua Majestade não haverá, pelo costume que há de tratar de coisas interiores, que é bastante bom para não cair em semelhante bestialidade.[15]

8. Pois não falemos com estas almas tolhidas, que se não vem o mesmo Senhor a mandá-las que se levantem – como ao que fazia trinta anos[16] que estava na piscina –, têm farta desventura e grande perigo, senão com outras almas que, enfim, entram no castelo; porque ainda que estejam muito metidas no mundo, têm bons desejos, e alguma vez, ainda que de tarde em tarde, se encomendam a nosso Senhor e consideram quem são, ainda que não muito devagar; alguma vez num mês rezam cheios de mil negócios, o pensamento quase ordinariamente nisto, porque estão tão apegados a eles, que como aonde está seu tesouro lá vai o coração,[17] põem por si algumas vezes de desocupar-se, e é grande coisa o conhecimento próprio e ver que não vão bem para atinar com a porta. Enfim, entram nas primeiras peças das baixas, mas entram com eles tantas sevandijas que nem o deixam ver a formosura do castelo, nem sossegar; bastante fazem em ter entrado.

9. Parecer-vos-á, filhas, que isto é impertinente, pois pela bondade do Senhor não sois destas. – Tendes de ter paciência, porque não saberei dar a entender, como eu tenho entendido, algumas coisas interiores de oração se não é assim, e ainda praza ao Senhor que atine a dizer algo, porque é bem difícil o que quereria dar-vos a entender, se não há experiência; se há, vereis que não se pode fazer menos de tocar no que praza ao Senhor não nos toque por sua misericórdia.

---

15. No autógrafo, Gracián riscou "bestialidade" e escreveu "abominação". Frei Luís manteve o vocábulo original. Por "bestialidade" a autora entende aqui "vida à maneira animal, sem consciência da dignidade própria de homens" (cf. n. 2).

16. Episódio do paralítico, narrado em Jo 5,2-8: eram 38 anos, como efetivamente corrigiu Gracián no original.

17. Alusão ao dito de Jesus em Mt 6,21.

Capítulo 2

Trata de quão feia coisa é uma alma que está em pecado mortal e como quis Deus dar a entender algo disto a uma pessoa. – Trata também algo sobre o conhecimento próprio. – É de proveito, porque há alguns pontos de notar. – Diz como se hão de entender estas moradas.

1. Antes que passe adiante, quero dizer-vos que considereis o que será ver este castelo tão resplandecente e formoso, esta pérola oriental, esta árvore de vida que está plantada nas mesmas águas vivas da vida, que é Deus, quando cai num pecado mortal: não há trevas mais tenebrosas, nem coisa tão escura e sombria, que esteja muito mais.[1] Não queirais mais saber de que, estando o mesmo sol que lhe dava tanto resplendor e formosura ainda no centro de sua alma,[2] é como se ali não estivesse para participar dele, sendo tão capaz para gozar de Sua Majestade como o cristal para resplandecer nele o sol. Nenhuma coisa lhe aproveita; e daqui vem que todas as boas obras que fizer, estando assim em pecado mortal, são de nenhum fruto[3] para alcançar glória; porque não procedendo daquele princípio, que é Deus, de onde nossa virtude é virtude, e apartando-nos dele, não pode ser agradável aos seus olhos; pois, enfim, a intenção de quem faz um pecado mortal não é contentá-lo, senão fazer prazer ao demônio, que como é as mesmas trevas, assim a pobre alma fica feita uma mesma treva.

2. Eu sei de uma pessoa[4] a quem quis nosso Senhor mostrar como ficava uma alma quando pecava mortalmente. Diz aquela pessoa que lhe parece que se o entendessem não seria possível ninguém pecar, ainda que se pusesse aos maiores trabalhos que se podem pensar para fugir das ocasi-

---

1. Toda esta passagem está entretecida de alusões bíblicas: *castelo resplandecente e formoso*, cf. Ap 21,2 e 10 (textos sobre a Jerusalém celeste); *pérola oriental*, cf. Mt 13,45 (textos sobre a pedra preciosa, ou então as passagens apocalípticas correspondentes à alusão anterior: Ap 22,1s); *trevas tenebrosas*, cf. a parábola do banquete (Mt 22,13; 8,12).
2. "Por essência, presença e potência", acrescentou Gracián entre linhas.
3. Por escrúpulo teológico, Gracián riscou *fruto* e escreveu "merecimento" (cf. M. VII, c. 1, n. 3 nota).
4. Ela mesma: ver Rel. 24, que relata ao vivo esta visão.

ões. E assim lhe deu muita gana que todos o entendessem; e assim a dê a vós, filhas, de rogar muito a Deus pelos que estão neste estado, todos feitos uma escuridão, e assim são suas obras; porque assim como de uma fonte muito clara são todos os arroiozinhos que saem dela, que é uma alma que está em graça, que daqui lhe vem ser suas obras tão agradáveis aos olhos de Deus e dos homens, porque procedem desta fonte de vida, aonde a alma está como uma árvore plantada nela,[5] que o frescor e fruto não teria se não procedesse dali, que isto a sustenta e faz não secar-se e que dê bom fruto; assim a alma que por sua culpa se aparta desta fonte e se planta em outra de mui escuríssima água e de muito mau odor, tudo o que corre dela é a mesma desventura e sujeira.

3. É de considerar aqui que a fonte e aquele sol resplandecente que está no centro da alma não perde seu resplendor e formosura que sempre está dentro dela, e coisa não pode tirar sua formosura. Mas se sobre um cristal que está ao sol se pusesse um pano muito preto, claro está que, ainda que o sol dê nele, não fará sua claridade operação no cristal.[6]

4. Ó almas redimidas pelo sangue de Jesus Cristo! Entendei-vos e tende lástima de vós! Como é possível que entendendo isto não procurais tirar este piche deste cristal? Mirai que, se se vos acaba a vida, jamais tornareis a gozar desta luz. Ó Jesus, o que é ver uma alma apartada dela! Quais ficam os pobres aposentos do castelo! Que turbados andam os sentidos, que é a gente que vive neles! E as potências, que são os alcaides e mordomos e mestres-salas, com que cegueira, com que mau governo! Enfim, como aonde está plantada a árvore que é o demônio, que fruto pode dar?

5. Ouvi uma vez um homem espiritual que não se espantava de coisas que fizesse um que está em pecado mortal, senão do que não fazia. Deus por sua misericórdia nos livre de tão grande mal, que não há coisa enquanto vivemos que mereça este nome de mal, senão esta, pois acarreta males eternos para sem fim. Isto é, filhas, do que havemos de andar teme-

---

5. Prosseguem o léxico e simbolismo bíblicos: *fonte clara, fonte de vida, frescor e fruto, negríssimas águas, sol resplandecente* (n. 3).
6. Textos e experiências anteriores a esta passagem podem ser vistos em *Vida* 40, 5-6; e *Rel.* 57.

rosas e o que havemos de pedir a Deus em nossas orações; porque, se Ele não guarda a cidade, em vão trabalharemos,[7] pois somos a mesma vaidade.

Dizia aquela pessoa[8] que tinha extraído duas coisas da mercê que Deus lhe fez: uma, um temor grandíssimo de ofendê-lo, e assim sempre andava lhe suplicando que não a deixasse cair, vendo tão terríveis danos; a segunda, um espelho para a humildade, olhando como coisa boa que façamos não vem seu princípio de nós, senão desta fonte aonde está plantada esta árvore de nossas almas, e deste sol que dá calor a nossas obras. Diz que isto lhe foi representado tão claro, que em fazendo alguma coisa boa ou vendo-a fazer, acudia a seu princípio e entendia como sem esta ajuda não podíamos nada; e daqui lhe procedia ir logo louvar a Deus e, o mais ordinário, não se lembrar de si em coisa boa que fizesse.

6. Não seria tempo perdido, irmãs, o que gastásseis em ler isto nem eu em escrevê-lo, se ficássemos com estas duas coisas, que os letrados e entendidos muito bem sabem, mas nossa torpeza das mulheres de tudo tem mister; e assim porventura quer o Senhor que venham a nossa notícia semelhantes comparações. Praza a sua bondade que nos dê graça para isso.

7. São tão obscuras de entender estas coisas interiores, que a quem tão pouco sabe como eu, forçado haverá de dizer muitas coisas supérfluas e ainda desatinadas para dizer alguma que acerte. É preciso que tenha paciência quem o ler, pois eu a tenho para escrever o que não sei; que, certamente algumas vezes tomo o papel como uma coisa boba, que nem sei o que dizer nem como começar. Bem entendo que é coisa importante para vós declarar algumas interiores, como puder; porque sempre ouvimos quão boa é a oração, e temos por constituição de tê-las tantas horas,[9] e não nos é declarado mais do que nós podemos; e de coisas que o Senhor obra numa alma declara-se pouco, digo sobrenatural.[10] Dizendo-se e dando

---

7. Clara reminiscência do Salmo 126,1-2.
8. *Aquela pessoa*: é a autora, já aludida no n. 2.
9. Alusão às *Constituições* das Carmelitas, escritas pela Santa: n. 2, 7 e 8. A *Regra carmelitana* prescrevia "meditar dia e noite na Palavra de Deus".
10. *Sobrenatural* no léxico teresiano equivale a "místico". Ela mesma o definiu assim: "sobrenatural... chamo eu o que com indústria nem diligência não se pode adquirir, ainda que muito se procure, ainda que dispor-se para isso sim" (Rel. 5, 3: escrita pouco mais de um ano antes, 1576). – A Santa lamenta que haja poucos livros que expliquem a

a entender de muitas maneiras, ser-nos-á muito consolo considerar este artifício celestial interior tão pouco entendido pelos mortais ainda que vão muitos por ele. E ainda que em outras coisas que tenho escrito[11] tem dado o Senhor algo a entender, entendo que algumas não as tenha entendido como depois cá, em especial das mais difíceis. O trabalho é que para chegar a elas – como tenho dito[12] – se haverão de dizer muitas muito sabidas porque não pode ser menos para meu rude engenho.

8. Pois tornemos agora a nosso castelo de muitas moradas. Não haveis de entender estas moradas uma após a outra, como coisa em fileira,[13] senão ponde os olhos no centro, que é a peça ou palácio aonde está o rei, e considerai como um palmito,[14] que para chegar ao que é de comer tem muitas coberturas que todo o saboroso cercam. Assim cá, em redor desta peça estão muitas, e encima o mesmo. Porque as coisas da alma sempre se hão de considerar com plenitude e largueza e grandeza, pois não lhe levantam nada,[15] que é capaz de muito mais que poderemos considerar, e a todas as partes dela se comunica este sol que está neste palácio. Isto importa muito a qualquer alma que tenha oração, pouca ou muita, que não a encurrale nem aperte. Deixe-a andar por estas moradas, encima e embaixo e nos lados, pois Deus lhe deu tão grande dignidade; não se esprema em estar muito tempo numa peça só. Oh, que seja no conhecimento próprio! Que por quão necessário seja isto (mirem que me entendam), ainda as que o Senhor tem na mesma morada que Ele está, que jamais – por encumeada que esteja – lhe cumpre outra coisa nem poderá ainda que queira; que a humildade sempre lavra como a abelha na colmeia o mel, que sem isto tudo vai perdido. Mas consideremos que a abelha não deixa de sair a

---

fundo a oração sobrenatural, quer dizer, "mística". Daí sua orientação intencionada para temas místicos no presente livro.

11. Nova alusão a *Vida* e a *Caminho*, e à influência divina na composição desses escritos. Cf. *Vida* 39, 8: "Muitas coisas das que aqui escrevo não são de minha cabeça, senão que mas dizia meu Mestre celestial".

12. Disse isto neste mesmo número.

13. *Em fileira* (esp. *en hilada*): em sequência, em fila. A Santa quer evitar que as moradas da alma sejam concebidas como seções estratificadas e monótonas: o símbolo do castelo deve facilitar uma visão da profundidade e riqueza do espírito.

14. Segundo Cobarruvias, "Palmitos: galhos de palma, cujo miolo e brotos se comem. De um que está com muitos vestidos dizemos que está vestido como um palmito".

15. N.T.: *Não lhe levantam nada*: não aumentam, não exageram.

voar para trazer flores; assim a alma no próprio conhecimento, creia-me e voe algumas vezes a considerar a grandeza e majestade de seu Deus. Aqui achará sua baixeza melhor do que em si mesma, e mais livre das sevandijas aonde entram nas primeiras peças, que é o conhecimento próprio; que ainda que, como digo, seja farta misericórdia de Deus que se exercite nisto, tanto é o de mais como o de menos – costumam dizer.[16] E creiam-me, que com a virtude de Deus obraremos muito melhor virtude[17] do que muito atadas a nossa terra.

9. Não sei se fica dado bem a entender, porque é coisa tão importante este conhecer-nos que não quereria que nisso houvesse jamais relaxação, por subidas que estejais nos céus; pois enquanto estamos nesta terra não há coisa que mais nos importe do que a humildade. E assim torno a dizer que é muito bom e muito excelente tratar de entrar primeiro no aposento aonde se trata disto, que voar aos demais; porque este é o caminho, e se podemos ir pelo seguro e plano, para que havemos de querer asas para voar? Mas que busque como aproveitar mais nisto; e a meu parecer jamais nos acabamos de conhecer se não procuramos conhecer a Deus; mirando sua grandeza, acudamos à nossa baixeza; e mirando a sua limpeza, veremos nossa sujeira; considerando a sua humildade, veremos quão longe estamos de ser humildes.[18]

10. Há dois lucros disto: o primeiro está claro que uma coisa branca parece muito mais branca junto da preta e, ao contrário, a preta junto da branca; o segundo é, porque nosso entendimento e vontade se faz mais nobre e mais aparelhado para todo bem tratando também com Deus; e se nunca saímos de nosso lodo de misérias, é muito inconveniente. Assim como dizíamos dos que estão em pecado mortal quão escuras e de mau odor são as correntes, assim cá (ainda que não sejam como aquelas, Deus nos livre, que isto é comparação), metidos sempre na miséria de nossa terra, nunca a corrente sairá do lodo de temores, de pusilanimidade e co-

---

16. Cita um dito popular (cf. *Correas*, p. 493).
17. Alusão ao Salmo 59,14 (ou ao 107,14), que ela lia na Vulgata: "in Deo faciemus virtutem". Seu biógrafo Ribera anotou esta passagem: "Esta sentença de Davi trazia a Madre escrita na capa de seu breviário, porque gostava muito dela".
18. Passagem que é um condensado do que se chamou de "socratismo teresiano": conhecer a si mesmo, mas à luz do amor que Deus tem por nós.

vardia: de olhar se me olham, não me olham; se, indo por este caminho, me sucederá mal; se ousarei começar aquela obra, se será soberba; se é bom que uma pessoa tão miserável trate de coisa tão alta como a oração; se me terão por melhor se não vou pelo caminho de todos; que não são bons os extremos, ainda que seja em virtude; que, como sou tão pecadora, será cair de mais alto; talvez não irei adiante e farei dano aos bons; que uma como eu não tem mister de particularidades.[19]

11. Ó, valha-me Deus, filhas, quantas almas deve o demônio de ter feito perder muito por aqui! Que tudo isto lhes parece humildade, e outras muitas coisas que poderia dizer, e vem de não acabar de nos entender; torce o próprio conhecimento e, se nunca saímos de nós mesmos, não me espanto, que isto e mais se pode temer. Por isso digo, filhas, que ponhamos os olhos em Cristo, nosso bem, e ali depreenderemos a verdadeira humildade, e em seus santos, e o entendimento se enobrecerá – como tenho dito – e não fará o próprio conhecimento rateiro[20] e covarde; que, ainda que esta seja a primeira morada, é muito rica e de tão grande preço, que se se escapole das sevandijas dela, não ficará sem passar adiante. Terríveis são os ardis e manhas do demônio para que as almas não se conheçam nem entendam seus caminhos.

12. Destas moradas primeiras poderei eu dar muitos bons sinais de experiência. Por isso digo[21] que não considerem poucas peças, senão um milhão; porque de muitas maneiras entram almas aqui, umas e outras com boa intenção. Mas como o demônio sempre a tem tão má, deve ter em cada uma muitas legiões de demônios para combater que não passem de umas a outras e, como a pobre alma não entende, por mil maneiras nos faz ilusões, o que não pode tanto às almas que estão mais perto de onde está o rei, que aqui, como ainda estão embebidas no mundo e engolfadas em seus contentos e desvanecidas em suas honras e pretensões, não têm a força os

---

19. Passagem alusiva à polêmica da oração, no tempo da Autora. Compare-se com *Caminho* 20, 2, eco claro de situações vividas por ela mesma.

20. Disse-o no n. anterior – *Conhecimento rateiro*: Cobarruvias definia assim este termo: "rateiro: o homem de baixos pensamentos, tomada a metáfora de certas aves de rapina que caçam ratos". – Pouco antes, a Santa tinha formulado um de seus lemas preferidos: "os olhos em Cristo" (ou, então, "os olhos em vosso Esposo", C. 2, 1). Repetirá isso nas moradas finais: "ponde os olhos no Crucificado" (M. VII, 4, 8; cf. V. 4, 10).

21. Alude ao dito no n. 8.

vassalos da alma (que são os sentidos e potências) que Deus lhes deu de seu natural, e facilmente estas almas são vencidas, ainda que andem com desejos de não ofender a Deus, e façam boas obras. As que se virem neste estado hão mister de acudir amiúde, como puderem, a Sua Majestade, tomar sua bendita Mãe por intercessora, e a seus Santos, para que eles pelejem por elas, que seus criados pouca força têm para se defender. Na verdade, em todos os estados é mister que nos venha de Deus. Sua Majestade no-la dê por sua misericórdia, amém.

13. Que miserável é a vida em que vivemos! Porque em outra parte disse muito do dano que nos faz, filhas, não entender bem isto da humildade e conhecimento próprio, não vos digo mais aqui, ainda que seja o que mais nos importa e praza ao Senhor tenha dito algo que vos aproveite.[22]

14. Haveis de notar que nestas moradas primeiras ainda não chega quase nada a luz que sai do palácio aonde está o Rei;[23] porque, ainda que não estejam obscurecidas e escuras como quando a alma está em pecado, está obscurecida de alguma maneira para que não a possa ver – o que está nela digo – e não por culpa da peça – que não sei dar-me a entender – senão porque com tantas coisas más de cobras e víboras e coisas peçonhentas que entraram com ele, não o deixam advertir a luz. Como se um entrasse numa parte aonde entra muito sol e levasse terra nos olhos, que quase não os pudesse abrir. Clara está a peça, mas ele não o goza pelo impedimento ou coisas dessas feras e bestas que o fazem fechar os olhos para não ver senão a elas. Assim me parece que deve ser uma alma que, ainda que não esteja em mau estado, está tão metida em coisas do mundo e tão empapada na fazenda ou honra ou negócios – como tenho dito – que, ainda que de fato de verdade se quereria ver e gozar de sua formosura, não o deixam, nem parece que pode escapulir-se de tantos impedimentos. E convém muito, para haver de entrar nas segundas moradas, que procure dar de mão às coisas e negócios não necessários, cada um conforme o seu estado; que é coisa que importa tanto para chegar à morada principal, que se não começa a fazer

---

22. Repete o que disse *em outra parte*, quer dizer, em *Caminho* 39, 5 e em *Vida* 13, 15.

23. À margem do autógrafo Gracián anotou: "Isto se entende quando a alma não chegou às outras de mais adiante; que se tendo caminhado até as últimas, às vezes volta às primeiras para fortalecer-se na humildade, muito cheias estão de luz".

isto o tenho por impossível; e ainda estar sem muito perigo na que está, ainda que tenha entrado no castelo, porque entre coisas tão peçonhentas, uma vez ou outra é impossível deixar de o morder.

15. Pois que seria, filhas, se às que já estão livres destes tropeços como nós e temos já entrado muito mais dentro de outras moradas secretas do castelo, se por nossa culpa tornássemos a sair para estas barafundas, como por nossos pecados deve haver muitas pessoas, às quais Deus tem feito mercês e por sua culpa se lançam nesta miséria? Cá livres estamos no exterior; no interior praza ao Senhor que o estejamos e nos livre. Guardai-vos, filhas minhas, de cuidados alheios. Mirai que em poucas moradas deste castelo deixam de combater os demônios. É verdade que em algumas os guardas têm força para pelejar – como creio que tenho dito que são as potências[24] –, mas é muito mister não nos descuidar para entender seus ardis e que não nos engane, feito anjo de luz;[25] que há uma multidão de coisas com que nos pode fazer dano entrando pouco a pouco, e até tê-lo feito não o entendemos.

Já vos disse outra vez[26] que é como uma lima surda, que mister de entendê-lo no princípio. Quero dizer alguma coisa para vo-lo dar melhor a entender.

Põe numa irmã uns ímpetos de penitência, que lhe parece não ter descanso senão quando está se atormentando. Este princípio é bom; mas se a priora tem mandado que não façam penitência sem licença, e lhe faz parecer que em coisa tão boa bem se pode atrever, e escondidamente se dá tal vida que vem a perder a saúde e não fazer o que manda sua Regra, já vedes em que parou este bem.

Põe em outra um zelo da perfeição muito grande. Isto é muito bom; mas poderia vir daqui que qualquer faltinha das irmãs lhe parecesse uma grande quebra, e um cuidado de olhar se as fazem, e acudir à priora; e ainda às vezes poderia ser não ver as suas pelo grande zelo que tem da religião.

---

24. Remete aos n. 4 e 12.
25. O demônio *feito anjo de luz*, segundo o texto paulino de 2Cor 11,14. Repetirá isso mais adiante: V, 5, 1.
26. Escreveu isso em *Caminho* 38 e 39.

Como as outras não entendem o interior e veem o cuidado, poderia ser não o tomar tão bem.

17. O que o demônio pretende aqui não é pouco, que é esfriar a caridade e o amor de umas com outras, que seria grande dano. Entendamos, filhas minhas, que a perfeição verdadeira é amor de Deus e do próximo, e com quanto mais perfeição guardarmos estes dois mandamentos, mais perfeitas seremos. Toda a nossa Regra e Constituições não servem de outra coisa senão de meios para guardar isto com mais perfeição. Deixemo-nos de zelos indiscretos, que nos podem fazer muito dano. Cada uma olhe para si.

Porque em outra parte vos tenho dito bastante sobre isto,[27] não me alongarei

18. Importa tanto este amor de umas com outras, que nunca quereria que vos esquecêsseis disso; porque de andar olhando nas outras umas ninharias, que às vezes não será imperfeição, senão, como sabemos pouco, talvez o lancemos para a pior parte, pode a alma perder a paz e ainda inquietar a das outras: olhai se custaria caro a perfeição. Também poderia o demônio pôr esta tentação com a priora, e seria mais perigosa. Para isto é mister muita discrição; porque, se fossem coisas que vão contra a Regra e Constituição, é mister que nem todas as vezes se lance para a parte boa, senão avisá-la, e se não se emendar, ao prelado.[28] Isto é caridade. E também com as irmãs, se for alguma coisa grave; e deixar tudo por medo se é tentação, seria a mesma tentação. Mas há de se advertir muito (para que não nos engane o demônio) não o tratar uma com outra, que daqui pode extrair o demônio grande lucro e começar costume de murmuração; senão com quem há de aproveitar, como tenho dito.[29] Aqui, glória a Deus, não há tanto lugar, como se guarda tão contínuo silêncio; mas é bom que estejamos de sobreaviso.

---

27. Provavelmente remete a *Caminho* c. 4-7 e a *Vida* c. 13, n. 8 e 10.
28. *Prelado* é o provincial ou o bispo; *priora* é a superiora da comunidade em cada Carmelo.
29. Disse isso no mesmo número.

MORADAS SEGUNDAS
HÁ NELAS UM SÓ CAPÍTULO

Capítulo único

Que trata do muito que importa a perseverança para chegar às últimas moradas, e a grande guerra que dá o demônio, e quanto convém não errar o caminho no princípio. Para acertar, dá um meio que tem provado ser muito eficaz.

1. Agora vamos falar quais serão as almas que entram nas segundas moradas e o que fazem nelas. Quereria dizer-vos pouco, porque o tenho dito em outras partes bem longamente,[1] e será impossível deixar de tornar a dizer outra vez muito disso, porque coisa não me lembro do dito; que se o quisesse guisar de diferentes maneiras, bem sei que não vos enfadaríeis, como nunca nos cansamos dos livros que tratam disto, sendo muitos.

2. É dos que têm já começado a ter oração e entendido o que lhes importa não ficar nas primeiras moradas, mas não têm ainda determinação para deixar muitas vezes de estar nela,[2] porque não deixam as ocasiões, que é farto perigo. Mas farta misericórdia é que algum tempo procurem fugir das cobras e coisas peçonhentas, e entender que é bom deixá-las.

Estes, em parte, têm bastante mais trabalho que os primeiros,[3] ainda que não tanto perigo, porque já parece que os entendem, e há grande esperança de que entrarão mais adentro. Digo que têm mais trabalho, porque os primeiros são como mudos que não ouvem, e assim passam melhor seu trabalho de não falar, o que não passariam, senão muito maior, os que ouvissem e não pudessem falar. Mas nem por isso se deseja mais o dos que não ouvem, que enfim é grande coisa entender o que nos dizem. Assim estes entendem os chamamentos que lhes faz o Senhor; porque, como vão entrando mais perto de onde está Sua Majestade, é muito bom vizinho, e tanta a sua misericórdia e bondade, que ainda estando em nossos passa-

---

1. Disse isso em *Vida* 11-13.
2. *Nela*: na oração, ou nesta segunda morada.
3. *Os primeiros*: os das moradas primeiras. No entanto, em linhas mais abaixo: *estes* são os das moradas segundas. Para melhor compreender o sentido do presente símile, cf. o n. 3.

tempos e negócios e contentos e baratarias do mundo,[4] e ainda caindo e levantando em pecados (porque estas bestas são tão peçonhentas e perigosa a sua companhia e buliçosas que por maravilha deixarão de tropeçar nelas para cair), com tudo isto, tem em tanto este Senhor nosso que o queiramos e procuremos sua companhia, que uma vez ou outra não nos deixa de chamar para que nos aproximemos dele; e é esta voz tão doce que se desfaz a pobre alma em não fazer logo o que lhe manda; e assim – como digo – é mais trabalho que não o ouvir.

3. Não digo que são estas vozes e chamamentos como outras que direi depois[5] senão com palavras que ouvem de gente boa ou sermões ou com o que leem em bons livros e coisas muitas que tendes ouvido, por onde chama Deus, ou enfermidades, trabalhos, e também com uma verdade que ensina naqueles momentos que estamos em oração; seja quão frouxamente quiserdes, Deus os tem em muito. E vós, irmãs, não tenhais em pouco esta primeira mercê nem vos desconsoleis, ainda que não respondais logo ao Senhor, que bem sabe Sua Majestade aguardar muitos dias e anos, em especial quando vê perseverança e bons desejos. Esta é o mais necessário aqui, porque com ela jamais se deixa de ganhar muito. Mas é terrível a bateria[6] que aqui dão os demônios de mil maneiras e com mais pena da alma que ainda na passada;[7] porque acolá estava muda e surda, pelo menos ouvia muito pouco e resistia menos, como quem tem em parte perdida a esperança de vencer; aqui está o entendimento mais vivo e as potências mais hábeis: andam os golpes e a artilharia de maneira que não o pode a alma deixar de ouvir. Porque aqui é o representar os demônios estas cobras das coisas do mundo e o fazer os contentos dele quase eternos, a estima em que está tido nele, os amigos e parentes, a saúde nas coisas de penitência (que sempre começa a alma que entra nesta morada a desejar fazer alguma), e outras mil maneiras de impedimentos.

---

4. *Barataria* (esp.: *baratería*): tráfico e confusão de negócios (cf. *Carta* de 27.7.1573 a J. Ordóñez). *Baratona y negociadora*, dirá zombeteiramente de si mesma em carta a Lourenço de Cepeda (17.1.1570) e a A. Mariano (21.10.1576).
5. N.T.: *Moradas* VI, cap. 3.
6. *Bateria*: guerra, porfia (cf. *Vida* 8, 10; 19, 4).
7. *Na passada*: nas moradas primeiras. – Segue: *acolá*, nas M. primeiras; *aqui*, nas M. segundas.

4. Ó Jesus, o que é a barafunda que aqui põem os demônios, e as aflições da pobre alma, que não sabe se passar adiante ou tornar à primeira peça! Porque a razão, por outra parte, lhe representa o engano que é pensar que tudo isto vale nada em comparação com o que pretende; a fé lhe ensina o que deve fazer; a memória lhe representa no que param todas estas coisas, trazendo-lhe presente a morte dos que muito gozaram estas coisas, que tem visto: como algumas tem visto súbitas, quão depressa são esquecidos de todos, como tem visto alguns que conheceu em grande prosperidade pisar debaixo da terra e ainda passado pela sepultura ele muitas vezes, e olhar que estão naquele corpo fervendo muitos vermes, e outras fartas coisas que lhe pode pôr diante; a vontade se inclina a amar aonde tão inumeráveis coisas e mostras tem visto de amor, e quereria pagar alguma: em especial se lhe põe diante como nunca se afasta dele este verdadeiro amador, acompanhando-o, dando-lhe vida e ser. Logo o entendimento acode dando-lhe a entender que não pode cobrar melhor amigo, ainda que viva muitos anos; que todo mundo está cheio de falsidade, e estes contentos que lhe põe o demônio, de trabalhos e cuidados e contradições; e lhe diz que esteja certo que fora deste castelo não achará segurança nem paz; que deixe de andar por casas alheias, pois a sua é tão cheia de bens, se a quer gozar; que quem há que ache tudo o que precisa como em sua casa, em especial tendo tal hóspede que o fará senhor de todos os bens, se ele quer não andar perdido, como o filho pródigo, comendo manjar de porcos.[8]

5. Estas são razões para vencer os demônios. Mas, ó Senhor e Deus meu, que o costume nas coisas de vaidade e o ver que todo o mundo trata disto estraga tudo. Porque está tão morta a fé, que queremos mais o que vemos do que o que ela nos diz; e na verdade, não vemos senão farta desventura nos que vão atrás destas coisas visíveis. Mas isso têm feito estas coisas peçonhentas que tratamos: que, como se a um morde uma víbora se envenena todo e se incha, assim é cá; não nos guardamos; claro está que é preciso muitas curas para sarar; e farta mercê nos faz Deus, se não morremos disso. Certamente, passa a alma aqui grandes trabalhos; em especial se entende o demônio que tem aparelho em sua condição e costumes para ir muito adiante, todo o inferno juntará para fazê-lo tornar a sair fora.

---

8. Alusão à parábola evangélica: Lucas 15,16.

6. Ó Senhor meu, aqui é mister a vossa ajuda, que sem ela não se pode fazer nada![9] Por vossa misericórdia não consintais que esta alma seja enganada para deixar o começado. Dai-lhe luz para que veja como está nisto todo o seu bem, e para que se aparte de más companhias; que grandíssima coisa é tratar com os que tratam disto; achegar-se não só aos que vir nestes aposentos que ele está, senão aos que entender que têm entrado nos mais perto; porque lhe será grande ajuda, e tanto os pode conversar, como tê-lo em sua companhia. Sempre esteja com aviso de não se deixar vencer; porque se o demônio o vê com uma grande determinação de que antes perderá a vida e o descanso e tudo o que lhe oferece que tornar à peça primeira, muito mais depressa o deixará. Seja varão e não dos que se deitavam para beber de bruços, quando iam à batalha, não me lembro com quem,[10] senão que se determine que vá pelejar com todos os demônios e que não há melhores armas que as da cruz.

7. Ainda que outras vezes tenha dito isto,[11] importa tanto que o torno a dizer aqui: é que não se lembre de que há regalos nisto que começa, porque é muito baixa maneira de começar a lavrar um tão precioso e grande edifício; e se começam sobre areia, darão com tudo no chão; nunca acabarão de andar desgostados e tentados. Porque não são estas as moradas aonde chova o maná; estão mais adiante, aonde tudo sabe ao que uma alma quer, porque não quer senão ao que Deus quer.[12] É coisa donosa que ainda estamos com mil embaraços e imperfeição e as virtudes que ainda não sabem andar, senão que há pouco que começaram a nascer, e ainda praza a Deus estejam começadas, e não temos vergonha de querer gostos na oração e queixar-nos de securas? Nunca vos aconteça, irmãs; abraçai-vos com a cruz que vosso Esposo levou sobre si e entendei que esta há de ser vossa empresa; a que mais puder padecer, que padeça mais por Ele, e será

---

9. Eco do texto evangélico de Jo 15,5.
10. Eram os soldados menos valentes do exército de Gedeão (Juízes 7,5-6). Gracián corrigiu essa incerteza da autora, riscando *não me lembro com quem* e acrescentando: "Com Gedeão nos Juízes, cap. 7". – *De bruços* em espanhol é "de bruces", mas a Santa escreve "de buzos".
11. É um dos lemas ascéticos da Santa: cf. *Caminho* 20, 2; 21, título e n. 2; c. 23; 36; 41; e *Vida* 4, 2; c. 11, n. 2.10.12.13.15 etc.
12. Ela escreve *la maná*. Refere-se a Êxodo 16,4-35; e de seu sabor [que é o sentido de "sabe"]: Sabedoria 16,20.

a melhor livrada. O demais, como coisa acessória, se o Senhor vo-lo der, dai-lhe muitas graças.

8. Parecer-vos-á que para os trabalhos exteriores bem determinadas estais, com que vos regale Deus no interior. Sua Majestade sabe melhor o que nos convém; não há para que lhe aconselhar o que nos há de dar, que nos pode com razão dizer, que *não sabemos o que pedimos*.[13] Toda a pretensão de quem começa oração (e não vos esqueçais disto, que importa muito) há de ser trabalhar e determinar-se e dispor-se com quantas diligências possa para fazer a sua vontade conformar com a de Deus; e – como direi depois[14] – estai muito certas que nisto consiste toda a maior perfeição que se pode alcançar no caminho espiritual; quem mais perfeitamente tiver isto, mais receberá do Senhor e mais adiante está neste caminho. Não penseis que há aqui mais algaravias[15] nem coisas não sabidas e entendidas, que nisto consiste todo o nosso bem. Pois se erramos no princípio, querendo logo que o Senhor faça a nossa e que nos leve como imaginamos, que firmeza pode levar este edifício? Procuremos fazer o que é em nós e guardar-nos destas sevandijas peçonhentas; que muitas vezes quer o Senhor que nos persigam maus pensamentos e nos aflijam, sem podê-los afastar de nós, e securas; e ainda algumas vezes permite que nos mordam, para que saibamos melhor nos guardar depois e para provar se nos pesa muito tê-lo ofendido.

9. Por isso, não vos desanimeis, se alguma vez cairdes, para deixar de procurar ir adiante; que ainda dessa queda Deus tirará bem, como faz o que vende a triaga[16] para provar se é boa, que bebe a peçonha primeiro. Quando não víssemos em outra coisa nossa miséria e o grande dano que nos faz andar derramados, senão nesta bateria que se passa para tornar--nos a recolher, bastava. Pode ser maior mal que não nos achemos em nossa própria casa? Que esperança podemos ter de achar sossego em outras coisas, pois nas próprias não podemos sossegar? Senão que tão grandes e

---

13. Eco do diálogo de Jesus com os Zebedeus: Mt 20,22.
14. Dirá em M. V, 3, 3 s.
15. *Algaravias*: confusão, palavras ininteligíveis, como o árabe falado pelos mouriscos (cf. a passagem de *Caminho* 20, 5; e *Vida* 14, 4).
16. *Triaga*, teriaga ou teriaca (esp. *triaca*): vomitivo de uso popular. Segundo Cobarrubias, "é um medicamento eficacíssimo composto de muitos simples, e o que é mais de admirar, a maioria deles venenosos, que remedia os que estão empeçonhados com qualquer veneno". É um antídoto caseiro.

verdadeiros amigos e parentes e com quem sempre, ainda que não queiramos, temos de viver, como são as potências, essas parece que nos fazem a guerra como sentidas das que a elas lhes têm feito nossos vícios. Paz! Paz! Irmãs minhas, disse o Senhor, e admoestou a seus Apóstolos tantas vezes.[17] Pois crede-me, que se não a temos e procurarmos em nossa casa, que não a acharemos nos estranhos. Acabe-se já esta guerra; pelo sangue que derramou por nós o peço eu aos que não têm começado a entrar em si; e aos que têm começado, que não baste para fazê-los tornar atrás. Olhem que é pior a recaída que a queda; já veem sua perda; confiem na misericórdia de Deus e nonada em si, e verão como Sua Majestade o leva de umas moradas a outras e o mete na terra[18] aonde estas feras não o podem tocar nem cansar, senão que ele as sujeite a todas e burle delas, e goze de muitos mais bens que poderia desejar, ainda nesta vida digo.

10. Porque – como disse no princípio – vos tenho escrito[19] como haveis de comportar-vos nestas perturbações que aqui o demônio põe, e como não há de ir à força de braços o começar-se a recolher, senão com suavidade, para que possais estar mais continuamente, não o direi aqui, mais de que, de meu parecer faz muito ao caso tratar com pessoas experimentadas; porque em coisas que são necessário fazer, pensareis que há grande quebra. Como não seja o deixá-lo, tudo guiará o Senhor a nosso proveito, ainda que não achemos quem nos ensine; que para este mal[20] não há remédio se não se torna a começar, senão ir perdendo pouco a pouco cada dia mais a alma, e ainda praza a Deus que o entenda.

11. Poderia alguma pensar que se tanto mal é tornar atrás, que melhor será nunca começar, senão ficar fora do castelo. – Já vos disse no princípio,[21] e o mesmo Senhor o diz, que *quem anda no perigo nele perece*, e que a porta para entrar neste castelo é a oração. Pois pensar que havemos de entrar no céu e não entrar em nós, conhecendo-nos e considerando nossa miséria e o que devemos a Deus e pedindo-lhe muitas vezes mise-

---

17. Palavras do Ressuscitado: Jo 20,21...
18. *Terra* "da promissão da bem-aventurança", anotou Gracián à margem do original.
19. Disse isso no princípio deste capítulo, n. 1, e o tinha escrito em *Vida* 8, 7-10 e 15, 1-7. E em *Caminho* 28-29 e 31.
20. *Este mal*: deixar a oração.
21. Disse-o nos n. 2-3. A citação bíblica remete a Eclesiástico 3,27.

ricórdia, é desatino. O mesmo Senhor diz: *Ninguém subirá a meu Pai,*[22] *senão por Mim*; não sei se diz assim, creio que sim; e *quem vê a Mim, vê a meu Pai*. Pois se nunca o miramos nem consideramos o que lhe devemos e a morte que passou por nós, não sei como podemos conhecê-lo nem fazer obras em seu serviço; porque a fé sem elas e sem ir chegadas ao valor dos merecimentos de Jesus Cristo, bem nosso, que valor podem ter? Nem quem nos despertará a amar a este Senhor?

Praza a Sua Majestade nos dê a entender o muito que lhe custamos e como não é mais o servo que o Senhor, e o que temos mister de obrar para gozar sua glória, e que para isto nos é necessário orar para não andar sempre em tentação.[23]

---

22. Textos tomados de João 14,6 e 9. Gracián emendou a primeira citação (riscando "subirá" e substituindo por "vem"). Depois riscou o titubeio da Santa: "não sei se diz assim, creio que sim". E anotou na margem: "uma e a outra diz por São João, cap. 14". – Cf. as mesmas citações em M. VI, 7, 6.

23. Conclui com três alusões bíblicas: Mateus 10,24 ("o servo não está acima do senhor"), Marcos 10,17 ("Bom Mestre, que farei para alcançar a vida eterna?") e Mateus 26,41 ("Vigiai e orai para que não entreis em tentação"). O primeiro destes textos tinha tido especial ressonância na vida mística da autora: *Rel.* 36.

MORADAS TERCEIRAS
CONTÉM DOIS CAPÍTULOS

Capítulo 1

Trata da pouca segurança que podemos ter enquanto se vive neste desterro, ainda que o estado seja subido, e como convém andar com temor. –
Há alguns bons pontos.

1. Aos que pela misericórdia de Deus venceram estes combates, e com a perseverança entraram nas terceiras moradas, que lhes diremos senão *bem-aventurado o varão que teme o Senhor*?[1] Não tem sido pouco fazer Sua Majestade que entenda eu agora o que quer dizer o romance deste verso neste tempo, segundo sou torpe neste caso. Por certo, com razão o chamaremos bem-aventurado, pois se não torna atrás, pelo que podemos entender que leva caminho seguro de sua salvação.[2] Aqui vereis, irmãs, o que importa vencer as batalhas passadas; porque tenho por certo que nunca deixa o Senhor de pô-lo em segurança de consciência, que não é pouco

---

    1. Salmo 111,1. Servirá de lema e modelo para o homem das terceiras moradas. Cf. n. 4.
    2. *Caminho seguro de salvação*. Por escrúpulo teológico, Gracián riscou *seguro* e escreveu *direito*. Todo este capítulo foi salpicado de correções por Gracián, temeroso de que a Santa afirmasse uma *certeza* do estado de graça, ou uma *segurança* da própria salvação, contrária à doutrina do Concílio de Trento e semelhante a certas teorias de iluminados e quietistas. Felizmente, as correções de Gracián deixaram o original perfeitamente legível. Outro egrégio censor do original, o P. F. Ribera foi, por sua vez, fazendo notas na margem para corrigir as emendas de Gracián, com anotações como estas: "não se há de borrar nada do da Santa Madre" (anotação marginal a esta passagem, n. 1); no final do n. 2, Gracián emenda a frase *e não temos segurança que nos dará Deus a mão para sair deles* desta forma: "e não temos segurança de haver de sair deles" e risca também a simpática anotação marginal da Santa: *entenda-se do auxílio particular*; mas sobrevém de novo Ribera com a palmatoada: *não se borre isto*. É curioso notar que o esclarecimento do "auxílio particular", de sabor claramente ao modo de Báñez, reminiscência de conversas do teólogo salmantino com a Santa, foi respeitada integralmente por frei Luís, na edição príncipe, incluindo-a dentro do texto (p. 39-40). Também no n. 4, Gracián corrige a Santa riscando *Salomão* e escrevendo *Absalão*; e de novo Ribera intervém: "há de dizer Salomão, como a Madre escreveu". Por fim se repete a escaramuça numa delicada passagem do n. 8: ... *o que nos tem servido* [Deus]: *de mau grado disse esta palavra, mas isso é assim...* Gracián emenda "nos tem servido" em "tem padecido" e risca o resto. Ribera adverte imediatamente depois: "Não se borre nada, que está muito bem dito o que diz a Santa". – Lembre-se da nota de Ribera na primeira página do original, e não se esqueça de que Gracián teve especial incumbência da Santa para retocar o seu autógrafo.

bem. Digo em segurança, e disse mal, que não há nesta vida, e por isso sempre entendei que digo "se não torna a deixar o caminho começado".

2. Bastante grande miséria é viver em vida que sempre havemos de andar como os que têm os inimigos à porta, que nem podem dormir nem comer sem armas, e sempre com sobressalto se por alguma parte podem abrir brecha nesta fortaleza. Ó Senhor meu e bem meu! Como quereis que se deseje vida tão miserável, que não é possível deixar de querer e pedir que nos tireis dela se não é com esperança de perdê-la por Vós ou gastá-la muito deveras em vosso serviço, e sobretudo entender que é vossa vontade? Se é, Deus meu, morramos convosco, como disse São Tomé,[3] que não é outra coisa senão morrer muitas vezes viver sem Vós e com estes temores de que pode ser possível perder-vos sempre. Por isso digo, filhas, que a bem-aventurança que temos de pedir é estar já em segurança com os bem-aventurados; que com estes temores, que contento pode ter quem todo o seu contento é contentar a Deus? E considerai que este, e muito maior, tinham alguns santos que caíram em graves pecados; e não temos segurança que nos dará Deus a mão para sair deles e fazer a penitência que eles (entende-se do auxílio particular).[4]

3. Por certo, filhas minhas, que estou com tanto temor escrevendo isto, que não sei como o escrevo nem como vivo quando me lembro disso, que é mui muitas vezes. Pedi-lhe, filhas minhas, que viva Sua Majestade em mim sempre; porque se não é assim, que segurança pode ter uma vida tão mal gastada como a minha? E não vos pese de entender que isto é assim, como algumas vezes o tenho visto em vós quando vo-lo digo, e procede de que quisésseis que tivesse sido muito santa, e tendes razão: também o quisera eu; mas que tenho de fazer se o perdi só por minha culpa! Que não me queixarei de Deus que deixou[5] de dar-me bastantes ajudas para que se cumprissem vossos desejos; que não posso dizer isto sem lágrimas e grande confusão de ver que escreva eu coisa para as que podem ensinar a mim. Dura obediência tem sido! Praza ao Senhor que, pois se faz por Ele, seja para que vos aproveiteis de algo, porque lhe peçais que perdoe a esta

---

3. Jo 11,16. "Como disse São Tomé" foi acrescentado pela autora à margem do original.
4. A frase entre parênteses foi acrescentada pela Santa à margem do original.
5. *Deixou*: deixasse ou tenha deixado.

miserável atrevida. Mas bem sabe Sua Majestade que só posso presumir de sua misericórdia, e já que não posso deixar de ser a que tenho sido, não tenho outro remédio senão chegar-me a ela e confiar nos méritos de seu Filho e da Virgem, mãe sua, cujo hábito indignamente trago e trazeis vós. Louvai-o, filhas minhas, que o sois desta Senhora verdadeiramente; e assim não tendes para que vos envergonhar de que seja eu ruim, pois tendes tão boa mãe, imitai-a e considerai que tal deve ser a grandeza desta Senhora e o bem de tê-la por patrona,[6] pois não bastaram meus pecados e ser a que sou para deslustrar em nada esta sagrada Ordem.

4. Mas uma coisa vos aviso: que não por ser tal e ter tal mãe estejais seguras, que muito santo era Davi, e já vedes o que foi Salomão;[7] nem façais caso do encerramento e penitência em que viveis, nem vos assegure o tratar sempre de Deus e exercitar-vos na oração tão continuamente e estar tão retiradas das coisas do mundo e tê-las a vosso parecer aborrecidas. Tudo isto é bom, mas não basta – como tenho dito[8] – para que deixemos de temer; e assim continuai este verso e trazei-o na memória muitas vezes: *Beatus vir, qui timet Dominum.*[9]

5. Já não sei o que dizia, que me tenho divertido[10] muito e, em me lembrando de mim, me são quebradas as asas para dizer coisa boa; e assim o quero deixar por ora.

Tornando ao que comecei a dizer-vos[11] das almas que têm entrado nas terceiras moradas, que não lhes tem feito o Senhor pequena mercê em que tenham passado as primeiras dificuldades, senão muito grande, destas, pela bondade do Senhor, creio que há muitas no mundo: são muito desejo-

---

6. *Mãe, Senhora, Patrona*: são os títulos em que se apoia a tradicional piedade mariana do Carmelo. A Autora alude a eles aqui.
7. Refere-se aos últimos anos de Salomão, seduzido pelas mulheres e pela idolatria: 1Rs 11,1-10; 2Rs 23,13; Eclo 47,19-21. Repetirá os mesmos conceitos em *Fundações* 4, 6-7. E o "tipismo" de Salomão reaparecerá em M. VII, 4, 3.
8. N.T.: Disse isso no n. 2.
9. De novo o Salmo 111,1.
10. *Me tenho divertido*: na acepção clássica de "sair do assunto de que se falava" (Cobarruvias).
11. Retoma o tema do n. 1.

sas de não ofender Sua Majestade, ainda dos pecados veniais se guardam,[12] e amigas de fazer penitência, suas horas de recolhimento, gastam bem o tempo, exercitam-se em obras de caridade com os próximos, muito concertadas em seu falar e vestir e governo da casa, os que as têm. Certamente, estado para desejar e que, ao parecer, não há por que lhes negar a entrada até à última morada nem a negará o Senhor, se eles querem, que linda disposição é para que lhes faça toda mercê.

6. Ó Jesus! E quem dirá que não quer um tão grande bem, tendo já em especial passado pelo mais trabalhoso? Não, nenhuma. Todas dizemos que o queremos; mas como ainda é mister mais para que de todo possua o Senhor a alma, não basta dizê-lo, como não bastou ao mancebo quando o Senhor lhe disse que se queria ser perfeito.[13] Desde que comecei a falar nestas moradas o trago diante; porque somos assim ao pé da letra, e o mais ordinário vêm daqui as grandes securas na oração, ainda que também haja outras causas; e deixo uns trabalhos interiores, que muitas almas boas têm, intoleráveis e muito sem culpa sua, dos quais sempre as tira o Senhor com muito lucro, e das que têm melancolia[14] e outras enfermidades. Enfim, em todas as coisas havemos de deixar à parte os juízos de Deus. Do que tenho para mim que é o mais ordinário é o que tenho dito;[15] porque como estas almas veem que por nenhuma coisa fariam um pecado, e muitas que ainda venial de advertência não fariam, e que gastam bem sua vida e sua fazenda, não podem pôr à paciência que lhes seja fechada a porta para entrar aonde está nosso Rei, por cujos vassalos se têm e são. Mas ainda que cá tenha muitos o rei da terra, não entram todos até sua câmara. Entrai, entrai, filhas minhas, no interior; passai adiante de vossas obrinhas, que por serdes[16] cristãs deveis tudo isso e muito mais e vos basta que sejais vassalas de Deus;

---

12. Equivale a: "e até dos pecados veniais se guardam". Frei Luís omitiu este inciso (p. 42).

13. *O mancebo* é o jovem rico, que se afasta triste (Mt 19,16-22).

14. *Melancolia* (esp. *melancolía* – às vezes a Santa escreve: "melencolía", "melenconía", "humor de melancolía") no léxico teresiano corresponde a uma ampla escala de formas de neurose depressiva. Cf. c. 7 das *Fundações*: "Como hão de proceder com as que têm melancolia".

15. De novo alude ao episódio do jovem rico do evangelho (n. 6) e à pretensão de passagem franca até as sétimas moradas (n. 5 final).

16. *Vassalas de Deus*: no simbolismo do "castelo". "Escravos de Deus", escreverá em M. VII, 4, 8.

não queirais tanto, que fiqueis sem nada. Olhai os santos que entraram na câmara deste Rei, e vereis a diferença que há deles a nós. Não peçais o que não tendes merecido, nem havia de chegar a nosso pensamento que por muito que sirvamos o temos de merecer os que temos ofendido a Deus.

7. Ó humildade, humildade! Não sei que tentação tenho neste caso que não posso acabar de crer a quem tanto caso faz destas securas, senão que é um pouco de falta dela. Digo que deixo os trabalhos grandes interiores que tenho dito,[17] que aqueles são muito mais que falta de devoção. Provemo-nos a nós mesmas, irmãs minhas, ou prove-nos o Senhor, que o sabe bem fazer, ainda que muitas vezes não queiramos entendê-lo; e venhamos a estas almas tão concertadas, vejamos o que fazem por Deus e logo veremos como não temos razão de queixar-nos de Sua Majestade. Porque se lhe voltamos as costas e vamos tristes, como o mancebo do Evangelho,[18] quando nos diz o que havemos de fazer para ser perfeitos, que quereis que faça Sua Majestade, que há de dar o prêmio conforme o amor que lhe temos? E este amor, filhas, não há de ser fabricado em nossa imaginação, senão provado por obras; e não penseis que é preciso nossas obras, senão a determinação de nossa vontade.[19]

8. Parecer-nos-á que as que temos hábito de religião e o tomamos de nossa vontade e deixamos todas as coisas do mundo e o que tínhamos por Ele (ainda que sejam as redes de São Pedro,[20] que bastante lhe parece que dá quem dá o que tem), que já está tudo feito. – Bastante boa disposição é, se persevera naquilo e não se torna a meter nas sevandijas das primeiras peças, ainda que seja com o desejo; que não há dúvida senão que se persevera nesta desnudez e desleixo de tudo, que alcançará o que pretende. Mas há de ser com condição, e olhai que vos aviso disto, que se tenha por servo sem proveito – como diz São Paulo, ou Cristo[21] – e creia que não tem obrigado a Nosso Senhor para que lhe faça semelhantes mercês; antes,

---

17. Disse poucas linhas antes, no n. 6.
18. Mt 19,22. Este inciso é anotação marginal da Santa.
19. Também desta vez Gracián julgou necessário esmerar teologicamente essa expressão da Santa e corrigiu: "não somente olha para nossas obras, mas também...".
20. Narrado por Mt 19,27, em continuação ao episódio do jovem rico.
21. *Como diz São Paulo*: escreveu primeiro; logo acrescentou entre linhas: "ou Cristo". Gracián riscou no original as duas coisas e escreveu: "o diz São Lucas no capítulo 17".

como quem mais tem recebido, fica mais endividado.[22] Que podemos fazer por um Deus tão generoso que morreu por nós e nos criou e dá ser, que não nos tenhamos por venturosos em que vá descontando algo do que lhe devemos, pelo que nos tem servido (de mau grado disse esta palavra, mas isso é assim que não fez outra coisa tudo o que viveu no mundo), sem que lhe peçamos mercês de novo e regalos?

9. Mirai muito, filhas, algumas coisas que aqui vão apontadas, embora amontoadas, que não sei mais declarar. O Senhor vo-lo dará a entender, para que tireis das securas humildade e não inquietação, que é o que pretende o demônio; e crede que onde a há deveras, ainda que nunca dê Deus regalos, dará uma paz e conformidade com que andem mais contentes que outros com regalos; que muitas vezes – como tendes lido[23] – os dá a divina Majestade aos mais fracos; ainda que creia deles que não os trocariam pelas fortalezas dos que andam com secura. Somos amigos de contentos mais que de cruz. Prova-nos tu, Senhor,[24] que sabes as verdades, para que nos conheçamos.

---

22. Alusão evangélica a Lc 12,48.
23. *Como tendes lido*: talvez aluda à leitura comunitária, seja do *Caminho de Perfeição* (por exemplo, o c. 17, n. 2 e n. 7), seja de outros livros espirituais da época.
24. *Prova-nos tu, Senhor*: já antes tinha aludido a essa palavra do Saltério (Salmos 25,2; 138,23): "Prova-me, Senhor, e examina o meu coração". Única passagem do livro que utiliza tu no diálogo com Deus.

Capítulo 2

Prossegue no mesmo e trata das securas na oração e do que poderia suceder a seu parecer, e como é preciso provar-nos, e que o Senhor prova os que estão nestas moradas.

1. Eu tenho conhecido algumas almas, e ainda creio que posso dizer bastantes, das que têm chegado a este estado, e estado e vivido muitos anos nesta retidão e concerto, alma e corpo, pelo que se pode entender, e depois deles que já parece que haviam de estar senhores do mundo, ao menos bem desenganados dele, prová-los Sua Majestade em coisas não muito grandes, e andar com tanta inquietude e aperto de coração, que me traziam tonta e ainda temerosa bastante. Pois dar-lhes conselho não tem remédio, porque, como há tanto que tratam de virtude, parece-lhes que podem ensinar a outros e que lhes sobra razão em sentir aquelas coisas.

2. Enfim, que eu não tenho achado remédio nem o acho para consolar semelhantes pessoas, se não é mostrar grande sentimento de sua pena (e na verdade se tem de vê-los sujeitos a tanta miséria), e não contradizer sua razão; porque todas concordam em seu pensamento que por Deus as sentem, e assim não acabam de entender que é imperfeição; que é outro engano para gente tão aproveitada; que de que o sintam, não é de espantar, ainda que a meu parecer, houvesse de passar depressa o sentimento de coisas semelhantes. Porque muitas vezes quer Deus que seus escolhidos sintam sua miséria, e aparta um pouco o seu favor, que não é mister mais, que certamente[1] que nos conheçamos bem depressa. E logo se entende esta maneira de prová-los, para que eles entendam sua falta muito claramente, e às vezes lhes dá mais pena esta de ver que, sem poder mais, sentem coisas da terra e não muito pesadas, que o mesmo de que têm pena. Isto tenho eu por grande misericórdia de Deus; e ainda que seja falta, é muito lucrativa para a humildade.

---

1. *Certamente*, em espanhol está *a osadas*: a Santa prefere a forma popular "a usadas"; equivale ao nosso "ousaria apostar", "na fé que"...

3. Nas pessoas que digo, não é assim senão que canonizam – como tenho dito[2] – em seus pensamentos estas coisas, e assim quereria que outros as canonizassem. Quero dizer alguma delas, para que nos entendamos e nos provemos a nós mesmas antes que nos prove o Senhor, que seria muito grande coisa estar apercebidas e termos entendido primeiro.

4. Vem a uma pessoa rica, sem filhos nem para quem querer a fazenda, uma falta dela, mas não é de maneira que no que lhe fica lhe pode faltar o necessário para si e para sua casa, e sobrado.[3] Se este andasse com tanto desassossego e inquietude como se não lhe restasse um pão que comer, como há de pedir-lhe nosso Senhor que deixe tudo por Ele?[4] Aqui entra que o sente porque o quer para os pobres. – Eu creio que Deus quer mais que eu me conforme com o que Sua Majestade faz e, ainda que o procure, tenha quieta minha alma, que não esta caridade. E já que não o faz, porque não a tem o Senhor chegado a tanto, está bem; mas entenda que lhe falta esta liberdade de espírito, e com isto se disporá para que o Senhor a dê, porque lhe será pedida.

Tem uma pessoa bem de comer, e ainda sobrado; é oferecido a ela poder adquirir mais fazenda: tomá-lo, se lho dão, está certo, passe; mas procurá-lo e, depois de tê-lo, procurar mais e mais, tenha quanta boa intenção quiser (que sim deve ter, porque – como tenho dito[5] – são estas pessoas de oração e virtuosas), que não tenham medo que subam às moradas mais juntas do Rei.

5. Desta maneira é se lhes é oferecido algo de que os desprezem ou tirem um pouco de honra; que, ainda que Deus lhes faça mercê de que os sofram bem muitas vezes (porque é muito amigo de favorecer a virtude em público, para que não padeça a mesma virtude em que estão tidos, e ainda será porque o têm servido, que é muito bom este Bem nosso), lá lhes fica uma inquietude que não se podem valer, nem acaba de acabar-se tão depressa. Valha-me Deus! Não são estes os que faz tanto que consideram como padeceu o Senhor e quão bom é padecer e ainda o desejam? Quere-

---

2. Disse isso no número anterior.
3. N.T.: O sentido da frase seria: Um rico, sem filhos e sem herdeiros, tem uma perda nos seus bens, mas sem lhe faltar o necessário, chegando a sobrar.
4. Segue a alusão ao "jovem rico" do evangelho (M. III, 1, 6): Mt 19,21.
5. No n. 3; cf. c. 1, n. 5.

riam a todos tão concertados como eles trazem suas vidas, e praza a Deus que não pensem que a pena que têm é da culpa alheia e a façam em seu pensamento meritória.

6. Parecer-vos-á, irmãs, que falo fora de propósito e não convosco, porque cá não há estas coisas, que nem temos fazenda nem a queremos nem procuramos, nem tampouco ninguém nos injuria. – Por isso as comparações não é o que passa; mas tira-se delas outras muitas coisas que podem passar, que nem seria bom assinalá-las nem há para que. Por estas entendereis se estais bem desnudas do que deixastes; porque coisinhas se oferecem, ainda que não desta sorte, em que vos podeis muito bem provar e entender se estais senhoras de vossas paixões. E crede-me que não está o negócio em ter hábito de religião ou não, senão em procurar exercitar as virtudes e render nossa vontade à de Deus em tudo, e que o concerto de nossa vida seja o que Sua Majestade ordenar dela, e não queiramos nós que se faça a nossa vontade, senão a sua.[6] Já que não tenhamos chegado aqui – como tenho dito[7] – humildade, que é o unguento de nossas feridas; porque, se a há deveras, ainda que tarde algum tempo, virá o cirurgião, que é Deus, para sanar-nos.

7. As penitências que estas almas fazem são tão concertadas como sua vida; querem-na muito para servir a nosso Senhor com ela, que tudo isto não é mau, e assim têm grande discrição em fazê-las para que não danem a saúde. Não tenhais medo que se matem, porque sua razão está muito em si; não está ainda o amor para tirar da razão; mas quereria eu que a tivéssemos para não nos contentar com esta maneira de servir a Deus, sempre a um passo passo,[8] que nunca acabaremos de andar este caminho. E como a nosso parecer sempre andamos e nos cansamos (porque crede que é um caminho opressivo), bastante bom será que não nos percamos. Mas parece-vos, filhas, se indo a uma terra desde outra pudéssemos chegar em oito dias, que seria bom andá-lo em um ano por ventos e neves e águas e maus caminhos? Não valeria mais passá-lo de uma vez? Porque tudo isto há e perigos de serpentes. Oh, que boas indicações poderei eu dar disto! E praza a Deus que tenha passado daqui, que fartas vezes me parece que não.

---

6. Referência implícita a Mt 6,10 ou a Lc 22,42.
7. *Humildade, como tenho dito*: no n. 4 e, antes, no c. 1, n. 7.
8. N.T.: *A um passo passo*: passo a passo, lentamente (cf. V. 13, 5).

8. Como vamos com tanto siso, tudo nos ofende, porque tudo tememos; e assim não ousamos passar adiante, como se nós pudéssemos chegar a estas moradas e que outros andassem o caminho. Pois isto não é possível, esforcemo-nos, irmãs minhas, por amor do Senhor; deixemos nossa razão e temores em suas mãos; esqueçamos esta fraqueza natural, que nos pode ocupar muito. O cuidado destes corpos tenham os prelados; lá se avenham; nós apenas caminhar depressa para ver este Senhor; que, ainda que o regalo que tendes seja pouco ou nenhum, o cuidado da saúde nos poderia enganar; quanto mais que não se terá mais por isto, eu o sei; e também sei que não está o negócio no que toca ao corpo, que isto é o de menos; que o caminhar que digo é com uma grande humildade; que se tendes entendido, aqui creio que está o dano das que não vão adiante; senão que nos pareça que temos andado poucos passos e o creiamos assim, e os que andam nossas irmãs nos pareçam muito pressurosos, e não só desejemos senão que procuremos que nos tenham pela mais ruim de todas.

9. E com isto este estado é excelentíssimo; e se não, toda nossa vida estaremos nele e com mil penas e misérias. Porque, como não temos deixado nossas misérias, é muito trabalhoso e pesado; porque vamos muito carregadas desta terra de nossa miséria, o que não vão os que sobem aos aposentos que faltam. Nestes não deixa o Senhor de pagar como justo, e ainda como misericordioso, que sempre dá muito mais que merecemos, dando-nos "contentos" bastante maiores que os podemos[9] ter nos que dão os regalos e distrações da vida; mas não penso que dá muitos "gostos"[10] se não é alguma vez, para convidá-los vendo o que passa nas demais moradas, para que se disponham a entrar nelas.

10. Parecer-vos-á que *contentos e gostos* é tudo um, que para que faço esta diferença nos nomes. – A mim parece-me que há muito grande; já me posso enganar. Direi isso quando me ocupar disto nas moradas quartas, que vêm atrás destas;[11] porque como se haverá de declarar algo dos gostos que ali dá o Senhor, vem melhor, e ainda que pareça sem proveito, poderá

---

9. Quer dizer: "maiores do que os que os regalos nos dão".
10. *Contentos e gostos*: com acepção própria no léxico teresiano. Em seguida os definirá: M. IV, 1 (ver título) e c. 2, 9-12.
11. Nas moradas quartas, o c. primeiro "trata da diferença que há de contentos e ternura na oração, e de gostos" (título); cf. também M. IV, 1, 4. Dos "gostos" falará especialmente no c. 2 e parte do 3 (n. 9-14).

ser de algum, para que, entendendo o que é cada coisa, possais esforçar-vos para seguir o melhor; e é muito consolo para as almas que Deus chega ali e confusão para as que lhes parece que têm tudo, e se são humildes mover-se-ão a ações de graças; se há alguma falta disto, dar-lhes-á um desabrimento interior e sem propósito; pois não está a perfeição nos gostos, senão em quem ama mais, e o prêmio o mesmo, e em quem melhor obrar com justiça e verdade.

11. Parecer-vos-á que de que serve tratar destas mercês interiores e dar a entender como são, se é isto verdade, como é. – Eu não sei; pergunte-se a quem me manda escrever isto, que eu não sou obrigada a disputar com os superiores, senão a obedecer, nem seria bem feito. O que vos posso dizer com verdade é que, quando eu não tinha nem ainda sabia por experiência nem pensava sabê-lo em minha vida (e com razão, que farto contento teria sido para mim saber ou por conjeturas entender que agradava a Deus em algo), quando lia nos livros destas mercês e consolos que faz o Senhor às almas que lhe servem, me dava grandíssimo e era motivo para que minha alma desse grandes louvores a Deus. Pois se a minha, sendo tão ruim, fazia isto, as que são boas e humildes o louvarão muito mais; e por só uma que o louve uma vez, é muito bom que se diga, a meu parecer, e que entendamos o contento e deleites que perdemos por nossa culpa. Quanto mais que se são de Deus, vêm carregados de amor e fortaleza, podendo-se caminhar mais sem trabalho e ir crescendo nas obras e virtudes. Não penseis que importa pouco que fique por nós, que quando não é nossa falta, justo é o Senhor,[12] e Sua Majestade vos dará por outros caminhos o que vos tira por este pelo que Sua Majestade sabe, que são muito ocultos os seus segredos;[13] ao menos será o que mais nos convém, sem dúvida nenhuma.

12. O que me parece que nos faria muito proveito às que pela bondade do Senhor estão neste estado (que, como tenho dito,[14] não lhes faz pouca misericórdia, porque estão muito perto de subir a mais), é estudar muito na prontidão da obediência; e ainda que não sejam religiosos, seria grande coisa – como fazem muitas pessoas – ter a quem acudir para não fazer em nada a sua vontade, que é o ordinário em que nos danamos; e não buscar

---

12. Alusão ao Salmo 118,137, texto intensamente vivido pela Santa, cf. V. 19, 9.
13. Cf. Rm 11,33.
14. No c. 1, n. 1. 5. 8.

outro de seu humor,¹⁵ como dizem, que vá com tanto tento em tudo, senão procurar quem esteja com muito desengano das coisas do mundo, que de grande maneira aproveita tratar com quem já conhece para conhecer-nos,¹⁶ e porque algumas coisas que nos parecem impossíveis, vendo-as em outros tão possíveis e com a suavidade que as levam, anima muito e parece que com seu voo nos atrevemos a voar, como fazem os filhos das aves quando são ensinados, que ainda que não seja depressa dar um grande voo, pouco a pouco imitam os seus pais.¹⁷ De grande maneira aproveita isto, eu sei.

Acertarão, por determinadas que estejam em não ofender o Senhor pessoas semelhantes, não se meter em ocasiões de ofendê-lo; porque como estão perto das primeiras moradas, com facilidade poderão tornar a elas; porque sua fortaleza não está fundada em terra firme, como os que estão já exercitados em padecer, que conhecem as tempestades do mundo, quão pouco há que temê-las nem que desejar seus contentos e seria possível com uma perseguição grande voltar-se a eles, que sabe bem urdi-las o demônio para fazer-nos mal, e que indo com bom zelo, querendo tirar os pecados alheios, não pudesse resistir o que sobre isto lhe poderia suceder.

13. Miremos nossas faltas e deixemos as alheias, que é muito de pessoas tão concertadas espantar-se de tudo; e porventura de quem nos espantamos poderíamos bem depreender no principal; e na compostura exterior e em sua maneira de trato lhe fazemos vantagens; e não é isto o de mais importância, ainda que seja bom, nem há para que querer logo que todos vão por nosso caminho, nem pôr-se a ensinar o do espírito quem porventura não sabe que coisa é; que com estes desejos que nos dá Deus, irmãs, do bem das almas podemos fazer muitos erros; e assim é melhor chegarmos ao que diz nossa Regra: "em silêncio e esperança procurar viver sempre",¹⁸ que o Senhor terá cuidado de suas almas.¹⁹ Como não nos descuidamos nós em suplicá-lo a Sua Majestade, faremos farto proveito com seu favor. Seja para sempre bendito.

---

15. *Outro de seu humor*: de seu mesmo gênio ou índole ou temperamento.
16. *Tratar com que* (nos) *conhece, para conhecer-nos*: lema que faz parte do chamado "socratismo teresiano" (cf. M. I, 2, nota 17). Ver *Vida* 7, 20-22: "que não há quem tão bem se conheça a si como (nos) conhecem os que nos olham, se é com amor...".
17. Cf. Dt 32,11.
18. Esse texto da Regra do Carmelo é tomado de Is 30,15.
19. Eco das palavras de 1Pd 5,7: "que Deus tem cuidado de vós".

MORADAS QUARTAS
CONTÉM TRÊS CAPÍTULOS

Capítulo 1

Trata da diferença que há de contentos e ternura na oração e de gostos, e diz o contento que lhe deu entender que é coisa diferente o pensamento e o entendimento. – É de proveito para quem se diverte muito na oração.[1]

1. Para começar a falar das quartas moradas bem é mister o que tenho feito, que é encomendar-me ao Espírito Santo e suplicar-lhe daqui em diante que fale por mim, para dizer algo das que ficam de maneira que o entendais; porque começam a ser coisas sobrenaturais,[2] e é dificílimo de dar a entender, se Sua Majestade não o faz, como em outra parte que se escreveu[3] até aonde eu havia entendido, catorze anos faz, pouco mais ou menos. Ainda que um pouco mais luz me parece que tenho destas mercês

---

1. Sobre o léxico teresiano empregado neste capítulo observe-se: *contentos* e *ternura* são sinônimos e significam toda classe de experiências agradáveis (paz, satisfação, agrado) "não infusas", mas "adquiridas" (cf. n. 4 e c. 3, n. 3), quer dizer, psicologicamente semelhantes às naturais, embora percebidas na oração e prática das virtudes sobrenaturais. Por sua vez, *gostos* são todas as experiências infusas, não adquiridas nem homogêneas às naturais. – *Pensamento e entendimento*: no léxico teresiano, *pensamento* equivale aproximadamente à *imaginação* (cf. n. 8); *entendimento* é o que hoje se chama de *intelecto*. – Lembrar que *divertir-se* equivale a *distrair-se*.

2. *Sobrenatural*, na acepção teresiana já conhecida de "infuso ou místico" (Moradas I, c. 2, nota 10). – *Começam a ser coisas sobrenaturais*: com o recolhimento infuso (c. 3), a oração de quietude ou gostos (c. 2), começam as moradas místicas. Na realidade, a Santa apresenta as Moradas IV como moradas de transição, mescla de "natural e sobrenatural" (adquirido e infuso) dirá ela mesma ao concluí-las (c. 3, n. 14).

3. *Como em outra parte se escreveu*: no livro da *Vida* (alude aos numerosos capítulos dedicados às graças e estados místicos: cf. 14-32 e 37-40. – *Até onde eu havia entendido*: de fato, a experiência e o saber místicos da Santa, quando escreveu a *Vida*, eram muito incompletos: não chegaria pessoalmente ao estado de "matrimônio místico" descrito nas sétimas moradas, senão em 1572; a "quarta água" (*Vida* c. 18-22), os fortes ímpetos místicos (c. 23-32), e as "grandes mercês" dos c. finais (37-40) correspondem às moradas VI; as Moradas VII não têm correspondência no livro da *Vida*. Daí a insistência da Autora em dizer-nos que aqui corrigirá ou completará muito do que afirmou naquele livro (cf. M. I, c. 2, n. 7; M. IV, c. 2, n. 4). – *Catorze anos faz, pouco mais ou menos*: terminou a primeira redação de *Vida* em 1562; e escreve estas páginas no final de 1577.

que o Senhor faz a algumas almas, é diferente[4] saber dizê-las. Faça-o Sua Majestade se há de seguir-se algum proveito, e se não, não.

2. Como já estas moradas chegam-se mais aonde está o Rei, é grande sua formosura e há coisas tão delicadas que ver e que entender, que o entendimento não é capaz para poder dar figura como dizer sequer algo que venha tão certo que não podem bem obscuramente para os que não têm experiência; que quem a tem muito bem o entenderá, em especial se é muita.

Parecerá que para chegar a estas moradas se há de ter vivido nas outras muito tempo; e ainda que o ordinário é que se há de ter estado na que acabamos de dizer, não é regra certa, como já tereis ouvido muitas vezes; porque dá o Senhor quando quer e como quer e a quem quer, como bens seus, que não faz agravo a ninguém.[5]

3. Nestas moradas poucas vezes entram as coisas peçonhentas, e se entram não fazem dano, antes deixam com lucro. E tenho por muito melhor quando entram e dão guerra neste estado de oração; porque poderia o demônio enganar, juntamente com os gostos que Deus dá, se não houvesse tentações, e fazer muito mais dano do que quando as há, e não ganhar tanto a alma, pelo menos apartando todas as coisas que a hão de fazer merecer, e deixá-la num embevecimento[6] ordinário. Que quando o é em um ser, não o tenho por seguro nem me parece possível estar em um ser[7] o espírito do Senhor neste desterro.

---

4. *É diferente* (= é outra coisa) *saber dizê-las*: já em *Vida* 17, 5 a Santa distinguiu entre a graça da experiência mística e as subsequentes de sua "compreensão" e "expressão".

5. *Quando quer e a quem quer*: fórmula utilizada pela Santa (e por São João da Cruz) para sublinhar a absoluta gratuidade do dom de Deus em suas graças místicas. Cf. *Vida* 34, 11: "são dons que dá Deus quando quer e como quer, e nem vai ao tempo nem aos serviços". Aqui relaciona essa sua tese com a parábola dos trabalhadores chamados para a vinha: Mt 20,13. Outras passagens de *Moradas* que reiteram essa "tese" teresiana: IV, 2, 9; V, 1, 12; VI, 4, 12; VI, 7, 9; VI, 8, 5 etc.

6. *Embevecimento* (esp. *embebecimiento*): enlevo, encantamento, atenção intensa e prolongada (cf. V. 5, 4 e *Fund*. 6, 1-8).

7. *Estar em um ser*, e pouco antes, "*quando (o embevecimento) o é em um ser*": enlevo prolongado, ininterrupto, total... Cf. M. VI, 2, 4; cf. V. 17, 6; 40, 18.

4. Pois falando do que disse que diria aqui,[8] da diferença que há entre contentos na oração ou gostos, os contentos me parece a mim que podem ser chamados os que nós adquirimos com nossa meditação e petições a nosso Senhor, que procede de nosso natural, ainda que enfim Deus ajude para isso, que se há de entender enquanto disser que não podemos nada sem Ele;[9] mas nascem da mesma obra virtuosa que fazemos e parece que o ganhamos com nosso trabalho, e com razão nos dá contento ter-nos empregado em coisas semelhantes. Mas, se o consideramos, os mesmos contentos teremos em muitas coisas que nos podem suceder na terra: assim numa grande fazenda que prontamente se proveja a alguém; como ver uma pessoa que muito amamos, com presteza; como de ter acertado num negócio importante e coisa grande, de que todos dizem bem; como se à alguma disseram que morreu seu marido ou irmão ou filho e o vê vir vivo. Eu tenho visto derramar lágrimas de um grande contento, e ainda me tem acontecido alguma vez. Parece-me a mim que assim como estes contentos são naturais, assim nos que nos dão as coisas de Deus, senão que são de linhagem mais nobre, ainda que estoutros não fossem tampouco maus. Enfim, começam de nosso natural[10] mesmo e acabam em Deus.

Os gostos começam em Deus e sente-os o natural e goza tanto deles como gozam os que tenho dito e muito mais. Ó Jesus, e que desejo tenho de saber declarar-me nisto! Porque entendo, a meu parecer, muito conhecida diferença e não alcança meu saber a dar-me a entender. Faça-o o Senhor.

5. Agora me lembro de um verso que dizemos na Prima,[11] no fim do último salmo, que no final do verso diz: *Cum dilatasti cor meum*.[12] A quem tiver muita experiência isto lhe basta para ver a diferença que há de um ao outro; a quem não, é mister mais. Os contentos que estão ditos não dilatam o coração, antes o mais ordinariamente parece que apertam um pouco, ainda que com contento de ver tudo que se faz por Deus; mas vêm umas lágrimas cheias de aflição, que de alguma maneira parece que as

---

8. *O que disse que diria*: prometeu isto em M. III, 2, 10.
9. Reiterada alusão à palavra de Jesus em Jo 15,5.
10. *Nosso natural*: nosso ser natural, o sujeito humano, em contraposição ao plano da graça: um e outro enquanto fonte de dinamismos espirituais humanos. Cf. n. 5 e 6.
11. *Prima*: hora matinal do Ofício Divino, então rezada no coro ao amanhecer.
12. Versículo do Salmo 118,32.

move a paixão. Eu sei pouco destas paixões da alma – que talvez me desse a entender –, e o que procede da sensualidade[13] e de nosso natural, porque sou muito torpe; que eu me soubesse declarar, se como tenho passado por isso o entendesse. Grande coisa é o saber e as letras[14] para tudo.

6. O que tenho de experiência deste estado, digo destes regalos e contentos na meditação, é que se começava a chorar pela Paixão,[15] não sabia acabar até que minha cabeça se quebrasse; se por meus pecados, o mesmo. Farta mercê me fazia nosso Senhor, que não quero eu agora examinar qual é melhor, um ou o outro, senão a diferença que há de um ao outro quereria saber dizer. Para estas coisas algumas vezes vão estas lágrimas e estes desejos ajudados pelo natural e como está a disposição; mas, enfim, como tenho dito,[16] vêm parar em Deus, ainda que seja isto. E é de ter em muito, se há humildade para entender que não são melhores por isso; porque não se pode entender se são todos efeitos do amor, e quando for, é dado por Deus.

Pela maior parte, têm estas devoções as almas das moradas passadas, porque vão quase continuamente com obra de entendimento, empregadas em discorrer com o entendimento e em meditação; e vão bem, porque não lhes foi dado mais, ainda que acertassem em ocupar-se um momento em fazer atos e em louvores de Deus e folgar-se de sua bondade e que seja o que é, e em desejar sua honra e glória. Isto como puder, porque desperta muito a vontade. E estejam com grande aviso quando o Senhor lhes der isto e não deixar para acabar a meditação que se tem de costume.

7. Porque me tenho alongado muito em dizer isto em outras partes,[17] não o direi aqui. Só quero que estejais advertidas que, para aproveitar muito neste caminho e subir às moradas que desejamos, não está a coisa em pensar muito, senão em amar muito;[18] e assim o que mais vos despertar

---

13. *Sensualidade*: com acepção especial no léxico teresiano. Seria uma parte de nosso "ser natural", a parte "sensitiva" e desordenada.
14. *As letras*: estudos ou cultura filosófica e teológica.
15. *A Paixão*, por antonomásia, são os acontecimentos que precedem à morte de Jesus.
16. Disse isso no n. 4.
17. *Disse-o* (= escreveu) *em outras partes*: V. 13, 22; C. 16, 20; 26-29.
18. É um axioma teresiano: "o aproveitamento da alma não está em pensar muito, senão em amar muito": *Fund.* 5, 2.

a amar isso fazei. Quiçá não sabemos o que é amar, e não me espantarei muito; porque não está no maior gosto, senão na maior determinação de desejar contentar em tudo a Deus e procurar, enquanto pudermos, não o ofender, e rogar-lhe que vá sempre adiante a honra e glória de seu Filho e o aumento da Igreja Católica. Estes são os sinais do amor, e não penseis que esteja em não pensar outra coisa, e que se vos divertis um pouco vai tudo perdido.

8. Eu tenho andado nisto desta barafunda do pensamento bem apertada algumas vezes, e haverá pouco mais de quatro anos que vim a entender por experiência que o pensamento (ou imaginação, para que melhor se entenda)[19] não é o entendimento, e perguntei-o a um letrado[20] e disse-me que era assim, que não foi para mim pouco contento. Porque como o entendimento é uma das potências da alma, fazia-se rija coisa para mim estar tão aturdida[21] às vezes, e o ordinário voa o pensamento depressa, que só Deus pode atá-lo, quando nos ata a Si de maneira que parece que estamos de alguma maneira desatados deste corpo. Eu via, a meu parecer, as potências da alma empregadas em Deus e estar recolhidas com Ele, e por outro lado o pensamento alvoroçado: trazia-me tonta.[22]

---

19. O esclarecimento entre parênteses foi acrescentado pela Santa à margem do original. Gracián teve o mau gosto de riscá-lo e escrever entre linhas: "ou imaginação, que assim a chamamos ordinariamente as mulheres". Depois de Gracián veio Ribera, que riscou a nota marginal daquele e advertiu à margem: "não se borre nada!" – Apesar da presente declaração da Santa, sua ignorância neste ponto não era absoluta: cf. *Vida* c. 17, n. 5.

20. *Perguntei-o a um letrado*: São João da Cruz? De fato, fazia "pouco mais de quatro anos" que era o confessor e assessor da Santa na Encarnação de Ávila.

21. *Tão aturdida*: traduz o espanhol *tan tortolito*. *Tortolito* é o diminutivo de *tórtolo*, o macho da rola, e significa aqui atordoado e versátil, ou "alvoroçado", como diz em seguida; significa também "sem experiência".

22. Estes desvarios da imaginação preocuparam insistentemente a Santa. Em *Vida,* c. 17, n. 7 escrevia: "O último remédio que tenho achado, ao cabo de ter-me fatigado fartos anos... é que não se faça caso dela mais que de um louco, senão deixá-la com sua teima". No entanto, em *Caminho* c. 31, n. 8, volta a isso: "Porventura é só o meu [sua imaginação, a que sofre tais distrações], e não deve ser assim para outros. Comigo falo, que algumas vezes desejo morrer, porque não posso remediar esta variedade do entendimento". (Note-se a instabilidade do léxico teresiano: aqui entendimento equivale a imaginação). Nas *Moradas* tem chegado já a uma alta segurança doutrinal sobre este ponto; essa instabilidade e rebeldia da imaginação é pura consequência da desordem produzida em nós pelo pecado original (cf. n. 11. Ver, além disso, as *Fundações* c. 5, n. 2).

9. Ó Senhor, tomai em conta o muito que passamos neste caminho por falta de saber! E o mal é que, como não pensamos que tem que saber mais do que pensar em Vós, ainda não sabemos perguntar aos que sabem nem entendemos o que é preciso perguntar, e se passam terríveis trabalhos, porque não nos entendemos, e o que não é mau, senão bom, pensamos que é muita culpa. Daqui procedem as aflições de muita gente que trata de oração e o queixar-se de trabalhos interiores, pelo menos muita parte em gente que não tem letras, e vêm as melancolias e a perder a saúde e ainda a deixá-lo de todo, porque não consideram que há um mundo interior cá dentro; e assim como não podemos ter o movimento do céu, senão que anda depressa com toda velocidade, tampouco podemos ter nosso pensamento,[23] e logo metemos todas as potências da alma com ele e nos parece que estamos perdidas e gastando mal o tempo que estamos diante de Deus; e fica a alma porventura toda junta com Ele nas moradas muito próximas, e o pensamento no arrabalde do castelo padecendo com mil bestas feras e peçonhentas e merecendo com este padecer; e assim, nem nos há de perturbar nem o havemos de desejar, que é o que pretende o demônio. E pela maior parte, todas as inquietudes e trabalhos vêm deste não nos entender.

10. Escrevendo isto, estou considerando o que passa em minha cabeça do grande ruído dela que disse no princípio,[24] por onde se me fez quase impossível poder fazer o que me mandavam escrever. Não parece senão que estão nela muitos rios caudalosos, e por outra parte, que estas águas se despenham; muitos passarinhos e silvos, e não nos ouvidos, senão no superior da cabeça, aonde dizem que está o superior da alma. E eu estive nisto bastante tempo, por parecer que o movimento grande do espírito para cima subia com velocidade. Praza a Deus que me lembre das moradas de adiante de dizer a causa disto, que aqui não vem bem, e não será muito que tenha querido o Senhor dar-me este mal de cabeça para entendê-lo melhor; porque com toda esta barafunda dela, não me estorva na oração nem no que estou dizendo, senão que a alma fica muito inteira em sua quietude e amor e desejos e claro conhecimento.

---

23. *Ter o movimento* equivale a "deter"; o mesmo que na frase seguinte: *ter nosso pensamento*, detê-lo, refreá-lo.

24. No prólogo, n. 1.

11. Pois se no superior da cabeça está o superior da alma,[25] como não a perturba? Isso não o sei eu; mas sei que é verdade o que digo. Dá pena quando não é a oração com suspensão,[26] que então até que passa não se sente nenhum mal; mas farto mal seria se por este impedimento deixasse eu tudo. E assim não é bom que pelos pensamentos nos perturbemos nem se nos dê nada; que se o demônio os põe, cessará com isto; e se é, como é, da miséria que nos ficou do pecado de Adão com outras muitas, tenhamos paciência e o soframos por amor de Deus, pois estamos também sujeitas a comer e dormir, sem podê-lo escusar, que é farto trabalho.

12. Conheçamos nossa miséria, e desejemos ir aonde "ninguém nos menospreza"; que algumas vezes me lembro de ter ouvido isto que diz a Esposa nos *Cânticos*,[27] e verdadeiramente que não acho em toda a vida coisa aonde com mais razão se possa dizer; porque todos os menosprezos e trabalhos que pode haver na vida não me parece que chegam a estas batalhas interiores. Qualquer desassossego e guerra se pode sofrer achando paz aonde vivemos, como tenho dito;[28] mas que queremos vir descansar de mil trabalhos que há no mundo e que queria o Senhor aparelhar-nos o descanso, e que em nós mesmas esteja o estorvo, não pode deixar de ser muito penoso e quase insuportável. Por isso, levai-nos, Senhor, aonde não nos menosprezem estas misérias,[29] que parecem algumas vezes que estão fazendo burla da alma.

Ainda nesta vida o Senhor a livra disto, quando tiver chegado à última morada, como diremos, se Deus for servido.[30]

13. E não darão a todos tanta pena estas misérias nem as acometerão, como a mim fizeram muitos anos por ser ruim, que parece que eu mesma queria vingar-me de mim. E como coisa tão penosa para mim, penso que talvez seja para vós assim e não faço senão dizê-lo de ponta a

---

25. Teoria vulgarizada pela filosofia e medicina de seu tempo. Pôde lê-la em F. de Osuna, *Tercer Abecedario*, tratado 17, c. 4.
26. *Suspensão* na acepção mística: cessação da atividade dos sentidos e potências: êxtase.
27. Cântico dos Cânticos 8,1.
28. Disse-o em M. II, n. 9.
29. Desejos de libertação absoluta, muitas vezes expressos por ela: cf. C. (Escorial), c. 42
30. Dirá isso em M. VII, 2.

ponta, para, se acertasse alguma vez em dar-vos a entender como é coisa forçosa, e não vos trazer inquietas e aflitas, senão que deixemos andar esta taramela de moinho[31] e moamos nossa farinha, não deixando de obrar a vontade e o entendimento.

14. Há mais e menos neste estorvo, conforme a saúde e os tempos. Padeça a pobre alma, ainda que não tenha nisto culpa, que outras faremos por onde é razão que tenhamos paciência. E como não basta o que lemos e nos aconselham, que é que não façamos caso destes pensamentos, para as que pouco sabemos não me parece tempo perdido todo o que gasto em declarar mais e consolar-vos neste caso; mas até que o Senhor nos queira dar luz, pouco aproveita. Mas é mister e Sua Majestade quer que tomemos meios e nos entendamos, e o que faz a fraca imaginação e o natural e o demônio não ponhamos a culpa na alma.

---

31. *Esta taramela de moinho*: a imaginação, "a louca da casa".

Capítulo 2

Prossegue no mesmo e declara por uma comparação o que é gostos e como se hão de alcançar não os procurando.

1. Valha-me Deus, no que me tenho metido! Já tinha esquecido o que tratava, porque os negócios e saúde me faz deixá-lo para o tempo melhor; e como tenho pouca memória, irá tudo desconcertado por não poder tornar a lê-lo.[1] E ainda talvez seja tudo desconcerto o que digo; ao menos é o que sinto.

Parece-me que fica dito[2] dos consolos espirituais. Como algumas vezes vão envoltos com nossas paixões, trazem consigo uns alvoroços e soluços, e também tenho ouvido que o peito de algumas pessoas lhes aperta e até vêm a movimentos exteriores, que não se podem ir à mão, e é a força de maneira que lhes faz sair sangue pelo nariz e coisas assim penosas. Disto não sei dizer nada, porque não tenho passado por isso, mas deve ficar consolo; porque – como digo[3] – tudo vai parar em desejar contentar a Deus e gozar de Sua Majestade.

2. Os que chamo "gostos de Deus" – que em outra parte tenho nomeado "oração de quietude"[4] – é muito de outra maneira, como entendereis as que o tendes provado pela misericórdia de Deus. Façamos conta, para entendê-lo melhor, que vemos duas fontes com duas pias que se enchem de água, que não acho coisa mais a propósito para declarar algumas do espírito que isto de água; e é, como sei pouco e o engenho não ajuda e sou tão amiga deste elemento, que o tenho olhado com mais advertências que outras coisas;[5] que em todas as que criou tão grande Deus, tão sábio, deve haver fartos segredos de que nos podemos aproveitar, e assim o fazem

---

1. Sobre as interrupções na redação do livro, cf. M. V, 4, 1.
2. No c. 1, 4-6.
3. Cf. c. 1, n. 5.
4. *Em outra parte*: quer dizer, em *Vida* e *Caminho*. Em *Vida* a designou sucessivamente com os termos "gostos" (título do c. 14) e "quietude" (título do c. 15). Em *Caminho* 31, "declara o que é oração de quietude" (título): cf. M. IV, 3, 1, nota 1.
5. *"Ver campo, água, flores; nessas coisas achava eu memória do Criador"* (V. 9, 5).

os que o entendem, ainda que creia em cada coisinha que Deus criou há mais do que se entende, ainda que seja uma formiguinha.

3. Estes dois tanques se enchem de água de diferentes maneiras: para um, a água vem de mais longe por muitos aquedutos e artifício; o outro está feito no mesmo nascimento da água e vai se enchendo sem nenhum ruído, e se é o manancial caudaloso, como este de que falamos, depois de cheio este tanque, procede um grande arroio; nem é mister artifício, nem se acaba o edifício dos aquedutos, senão sempre está procedendo água dali.

E a diferença da que vem por aquedutos é, a meu parecer, os "contentos" que tenho dito[6] que se obtém com a meditação; porque os trazemos com os pensamentos, ajudando-nos com as criaturas na meditação e cansando o entendimento; e como vem enfim com nossas diligências, faz ruído quando há de haver algum enchimento de proveitos que faz na alma, como fica dito.[7]

4. Estoutra fonte, vem a água de seu mesmo nascimento, que é Deus, e assim como Sua Majestade quer, quando é servido fazer alguma mercê sobrenatural, produz com grandíssima paz e quietude e suavidade do muito interior de nós mesmos, eu não sei para onde nem como, nem aquele contento e deleite se sente como os de cá no coração – digo em seu princípio, que depois tudo enche –, vai se revertendo esta água por todas as moradas e potências até chegar ao corpo; que por isso disse[8] que começa de Deus e acaba em nós; que certamente, como verá quem o tiver provado, todo o homem exterior goza deste gosto e suavidade.

5. Estava eu agora olhando – escrevendo isto – que no verso que disse: *Dilatasti cor meum*,[9] diz que alargou o coração; e não me parece que é coisa – como digo – que seu nascimento é do coração, senão de outra parte ainda mais interior, como uma coisa profunda. Penso que deve ser o centro da alma, como depois tenho entendido e direi no fim;[10] que, certamente, vejo segredos em nós mesmos que me trazem espantada muitas vezes. E

---

6. Disse em *Moradas* III, 2, 9; e IV, 1, 4.
7. No capítulo anterior, números 5, 6, 10.
8. Disse no cap. passado, n. 4.
9. Salmo 118,32, já citado no c. 1, n 5.
10. Dirá no fim, em M. VII, 1; e M. VII, 2, 3-9.

quantos mais deve haver! Ó Senhor meu e Deus meu, quão grandes são vossas grandezas! E andamos cá como uns pastorzinhos bobos, que nos parece que alcançamos algo de Vós e deve ser tanto como nonada, pois em nós mesmos estão grandes segredos que não entendemos. Digo tanto como nonada, para o mui mui muito que há em Vós, que não porque não são muito grandes as grandezas que vemos, ainda do que podemos alcançar de vossas obras.

6. Tornando ao verso, no que me pode aproveitar, a meu parecer, para aqui, é naquele alargamento; que assim parece que, como começa a produzir aquela água celestial deste manancial que digo do profundo de nós, parece que se vai dilatando e alargando todo o nosso interior e produzindo uns bens que não podem ser ditos, nem ainda a alma sabe entender o que é que lhe é dado ali. Entende uma fragrância – digamos agora – como se naquele fundão interior estivesse um braseiro aonde se deitassem olorosos perfumes; não se vê o lume, nem onde está; mas o calor e a fumaça olorosa penetra toda a alma e ainda fartas vezes – como tenho dito[11] – participa o corpo. Mirai, entendei-me, que nem se sente calor nem se cheira odor, que mais delicada coisa é que estas coisas; senão para vo-lo dar a entender. E entendam as pessoas que não têm passado por isto, que é verdade que se passa assim e que se entende, e o entende a alma mais claro que eu o digo agora; que não é isto coisa que se pode antojar, porque por diligências que façamos não o podemos adquirir, e nisso mesmo se vê não ser de nosso metal, senão daquele puríssimo ouro da sabedoria divina.

Aqui não estão as potências unidas, a meu parecer, senão embebidas e olhando como espantadas o que é aquilo.

7. Poderá ser que nestas coisas interiores me contradiga algo do que tenho dito em outras partes. Não é maravilha, porque em quase quinze anos que faz que o escrevi,[12] talvez me tenha dado o Senhor mais clareza nestas coisas do que então entendia, e agora e então posso errar em tudo,

---

11. Disse isso pouco antes, n. 4.
12. Alude a *Vida*, redigida pela primeira vez em 1562. Em M. IV, 1, 1 escreveu que fazia "14 anos pouco mais ou menos". Recorde-se que entre o capítulo primeiro e o segundo destas moradas houve uma notável interrupção redacional (cf. c. 2, n. 1).

mas não mentir, que, pela misericórdia de Deus, antes passaria mil mortes. Digo o que entendo.[13]

8. A vontade bem me parece que deve estar unida de alguma maneira com a de Deus; mas nos efeitos e obras de depois se conhecem estas verdades de oração, que não há melhor crisol para provar-se. Bastante grande mercê é de nosso Senhor, se a conhece quem a recebe, e muito grande se não torna atrás.

Logo quereris, minhas filhas, procurar ter esta oração, e tendes razão; que – como tenho dito[14] – não acaba de entender a alma as que ali lhe faz o Senhor e com o amor que a vai aproximando mais de Si, que certo está desejar saber como alcançaremos esta mercê. Eu vos direi o que nisto tenho entendido.

9. Deixemos quando o Senhor é servido de fazê-la porque Sua Majestade quer e não por mais. Ele sabe o porquê; não temos de nos meter nisso. Depois de fazer o que os das moradas passadas,[15] humildade, humildade! Por esta se deixa vencer o Senhor a tudo quanto dele queremos;[16] e o primeiro em que vereis se a tendes, é em não pensar que mereceis estas mercês e gostos do Senhor nem os haveis de ter em vossa vida.

Dir-me-eis que desta maneira como se hão de alcançar não os procurando? – A isto respondo que não há outra melhor do que a que vos tenho dito e não procurá-los, por estas razões: a primeira, porque o primeiro que para isto é mister é amar a Deus sem interesse; a segunda, porque é um pouco de pouca humildade pensar que por nossos serviços miseráveis se há de alcançar coisa tão grande; a terceira, porque o verdadeiro aparelho para isto é desejo de padecer e de imitar o Senhor e não gostos, os que, enfim, o temos ofendido; a quarta, porque não está obrigado Sua Majestade a no-los dar, como a dar-nos a glória se guardamos seus mandamentos, que sem isto nos poderemos salvar e sabe melhor que nós o que nos convém e

---

13. A essa maior compreensão do espiritual aludiu já em M. I, 2, 7 e M. IV, 1, 8.
14. No n. 5 deste capítulo.
15. N.T.: *Fazer o que os das moradas passadas*: fazer o mesmo que fazem os que ocupam as moradas anteriores.
16. Já propôs graficamente esta prerrogativa da humildade em *Caminho*, c. 16, 1-3: "ela dá xeque mate ao rei da glória".

quem o ama de verdade; e assim é coisa certa, eu o sei, e conheço pessoas[17] que vão pelo caminho do amor como hão de ir, só para servir a seu Cristo crucificado, que não só não lhe pedem gostos nem os desejam, mas lhe suplicam que não lhes sejam dados nesta vida. Isto é verdade. A quinta é, porque trabalhamos debalde, que como não se há de trazer esta água por aquedutos como a passada, se o manancial não a quer produzir, pouco aproveita que nos cansemos. Quero dizer que ainda que mais meditação tenhamos e ainda que mais nos esgotemos e tenhamos lágrimas, não vem esta água por aqui. Só se dá a quem Deus quer e quando mais descuidada está muitas vezes a alma.

10. Suas somos, irmãs; faça o que quiser de nós; leve-nos por onde for servido. Bem creio que quem de verdade se humilhar e desapegar (digo de verdade, porque não há de ser por nossos pensamentos, que muitas vezes nos enganam, senão que estejamos desapegadas de tudo), que não deixará o Senhor de fazer-nos esta mercê e outras muitas que não saberemos desejar. Seja para sempre louvado e bendito, amém.

---

17. *Conheço pessoas...*: cf. um lugar paralelo em *Moradas* VI, 9, 17, em que as pessoas aludidas são expressamente duas, uma das quais parece identificar-se com frei João da Cruz; a outra, certamente com a autora.

Capítulo 3

Em que trata o que é oração de recolhimento, que pela maior parte a dá o Senhor antes da dita. – Diz seus efeitos e os que ficam da passada que tratou, dos gostos que o Senhor dá.

1. Os efeitos desta oração são muitos: alguns direi, e primeiro, outra maneira de oração que começa quase sempre primeiro que esta, e por tê-la dito em outras partes,[1] direi pouco. Um recolhimento que também me parece sobrenatural, porque não é estar no escuro nem fechar os olhos, nem consiste em coisa exterior, posto que, sem o querer, se faz isto de fechar os olhos e desejar solidão; e sem artifício, parece que se vai lavrando o edifício para a oração que fica dita;[2] porque estes sentidos e coisas exteriores parece que vão perdendo de seu direito para que a alma vá cobrando o seu que tinha perdido.

2. Dizem que "se a alma entra dentro de si" e outras vezes que "sobe acima de si"[3] por esta linguagem não saberei eu esclarecer nada, que isto

---

1. Ela falou da "oração de recolhimento" em várias obras: *Vida* c. 14-15; *Caminho* c. 26-29; *Relação* 5 (escrita pouco antes das *Moradas*). – Convém ter em conta que a Santa não é constante na nomenclatura dos graus de oração: ora fala de um "recolhimento" não infuso, última forma de oração não mística; ora de um "recolhimento infuso", primeiro grau de oração mística. Assim, em *Vida*, a segunda água (2º grau de oração: quietude infusa) será designada indistintamente com os termos de "recolhimento e quietude" (cf. c. 15, n. 1 e n. 4). Ao contrário, nos belos capítulos 26-29 do *Caminho* ensinará uma forma de "oração de recolhimento" perfeitamente adquirível e não infusa. Na mencionada *Relação* 5, n. 3-4, a oração de "recolhimento interior" é como o primeiro vagido de oração mística, degrau de acesso à oração de quietude (n. 4; mas cf. o último número desta mesma *Relação*). Esta posição doutrinal se manterá nas *Moradas* IV, c. 3: o recolhimento é uma forma de oração infusa ("que também me parece sobrenatural", n. 1; cf., no entanto, o n. 8) que prepara imediatamente a alma para a oração de quietude. – Por tudo isto, seria errôneo insistir demais na nomenclatura teresiana para captar o pensamento da Santa.

2. O sentido é: nesta oração de recolhimento se prepara a alma para a oração de quietude; *sem artifício*, quer dizer, sem esforço pessoal, passivamente ou por via infusa. Esta expressão e a seguinte "lavrar o edifício" (= edificar) aludem ao símbolo dos tanques e aquedutos, c. 2, n. 2-4.

3. Alusão ao *Tercer Abecedario* de F. de Osuna, tratado 9, c. 7, e à *Subida del Monte Sión* de B. de Laredo, parte 3, c. 41. Sobre este ponto, ver *Vida* c. 12, título e n. 1, 4, 5 e 7; e c. 22, n. 13 e 18.

tenho mau pelo que sei dizer penso que me haveis de entender, e quiçá será só para mim. Façamos de conta que estes sentidos e potências (que já tenho dito[4] que são a gente deste castelo, que é o que tenho tomado para saber dizer algo), que têm ido para fora e andam com gente estranha, inimiga do bem deste castelo, dias e anos; e que já foram, vendo a sua perdição, aproximando-se dele, ainda que não acabem de estar dentro – porque este costume é dura coisa –, senão não são já traidores e estão ao redor. Visto já o grande Rei, que está na morada deste castelo, sua boa vontade, por sua grande misericórdia, os quer tornar a ele e, como bom pastor, com um silvo tão suave, que ainda quase eles mesmos não o entendam, faz com que conheçam a sua voz e que não andem tão perdidos, senão que se tornem à sua morada. E tem tanta força este assobio do pastor, que abandonam as coisas exteriores em que estavam alienados e se metem no castelo.

3. Parece-me que nunca o dei a entender como agora, porque para buscar a Deus no interior (que se acha melhor e mais a nosso proveito que nas criaturas, como diz Santo Agostinho que o achou, depois de tê-lo buscado em muitas partes),[5] é grande ajuda quando Deus faz esta mercê. E não penseis que é pelo entendimento adquirido procurando pensar dentro de si em Deus, nem pela imaginação, imaginando-o em si. Isto é bom e excelente maneira de meditação, porque se funda sobre verdade, que é estar Deus dentro de nós mesmos; mas não é isto que cada um pode fazer (com o favor do Senhor, se entende, tudo). Mas o que digo é de maneira diferente, e que algumas vezes, antes que se comece a pensar em Deus, já esta gente está no castelo, que não sei por onde nem como ouviu o assobio de seu pastor. Que não foi pelos ouvidos, que não se ouve nada, mas sente-se notavelmente um encolhimento suave no interior, como verá quem passar por isso, que eu não sei esclarecer melhor. Parece-me que li que como um ouriço ou tartaruga, quando se retiram para si, e quem o escreveu devia entendê-lo bem.[6] Mas estes, eles entram quando querem; cá não está em nosso querer senão quando Deus nos quer fazer esta mercê. Tenho para

---

4. Cf. M. I, c. 2, n. 4, 12, 15.

5. *Confissões* L. 10, c. 27, mas provavelmente alude ao c. 31 dos *Solilóquios* atribuídos a Santo Agostinho e editados em castelhano em Valladolid em 1515. Cf. *Vida* c. 40, n. 6; e *Caminho* c.28, n. 2.

6. Nova reminiscência do *Tercer Abecedario* do franciscano F. de Osuna, tratado 6, c. 4.

mim que quando Sua Majestade a faz, é a pessoas que vai já dando de mão às coisas do mundo. Não digo que seja por obra os que têm estado que não podem, senão pelo desejo, pois os chama particularmente para que estejam atentos às interiores; e assim creio que, se quisermos dar lugar a Sua Majestade, que não dará só isto a quem começa a chamar para mais.

4. Louve-o muito quem isto entender em si, porque é muita razão que conheça a mercê, e o fazimento de graças por ela fará que se disponha para outras maiores. E é disposição para poder escutar, como se aconselha em alguns livros, que procurem não discorrer, senão ficar atentos para ver o que o Senhor obra na alma;[7] que se Sua Majestade não começou a embeber-nos, não posso acabar de entender como se pode deter o pensamento de maneira que não faça mais dano que proveito, ainda que tenha sido contenda bem praticada[8] entre algumas pessoas espirituais e a mim. Confesso minha pouca humildade que nunca me tem dado razão para que eu me renda ao que dizem. Um me alegou com certo livro do santo frei Pedro de Alcântara – que eu creio que é – a quem eu me rendesse, porque sei que o sabia; e o lemos e diz o mesmo que eu, ainda que não por estas palavras;[9] mas entende-se no que diz que há de estar já desperto o amor. Já pode ser que eu me engane, mas vou por estas razões:

5. A primeira, que nesta obra de espírito quem menos pensa e quer fazer, faz mais; o que temos de fazer é pedir como pobres necessitados diante de um grande e rico imperador, e logo baixar os olhos e esperar com humildade. Quando por seus caminhos secretos parece que entendemos que nos ouve, então é bom calar, pois nos deixou estar perto dele, e não será mal procurar não obrar com o entendimento – se podemos algo. Mas se este Rei ainda não entendemos que nos ouviu nem que nos vê, não havemos de estar bobos, que o fica bastante a alma quando tem procurado isto, e fica muito mais seca e porventura mais inquieta a imaginação com a força que se tem feito para não pensar nada, senão que o Senhor quer que lhe peçamos e consideremos estar em sua presença, que Ele sabe o que nos

---

7. Passagem obscura. A Santa faz alusão a Bernardino de Laredo, *Subida del Monte Sión*, parte 3, c. 27: "Que coisa é não pensar nada em contemplação perfeita...".
8. N.T.: *Praticar* (esp. *platicar*) no sentido de conversar, planejar.
9. Refere-se ao *Tratado de oración y meditación*, aviso 8, do P. Granada, então atribuído a São Pedro de Alcântara.

convém. Eu não posso persuadir-me com indústrias humanas em coisas que parece que Sua Majestade pôs limite e as quis deixar para Si; o que não deixou outras muitas que podemos com sua ajuda, assim de penitência, como de obras, como de oração, até aonde pode nossa miséria.

6. A segunda razão é que estas obras interiores são todas suaves e pacíficas, e fazer coisa penosa antes dana que aproveita. Chamo penosa qualquer força que nos queiramos fazer, como seria pena deter o fôlego; senão deixar a alma nas mãos de Deus, faça o que quiser dela, com o maior descuido de seu proveito que puder e maior resignação à vontade de Deus.

A terceira é que o mesmo cuidado que se põe em não pensar nada talvez desperte o pensamento a pensar muito.

A quarta é que o mais substancial e agradável a Deus é que nos lembremos de sua honra e glória e nos esqueçamos de nós mesmos e de nosso proveito, regalo e gosto. Pois, como está esquecido de si o que com muito cuidado está, que não se ousa bulir, nem ainda deixa o seu entendimento e desejos que se bulam a desejar a maior glória de Deus, nem que se folgue da que tem? Quando Sua Majestade quer que o entendimento cesse, ocupa-o de outra maneira e dá uma luz no conhecimento tão acima da que podemos alcançar, que o faz ficar absorto, e então, sem saber como, fica muito melhor ensinado do que com todas as nossas diligências para deitá-lo mais a perder; que pois Deus nos deu as potências para que com elas trabalhássemos e tem todo o seu prêmio, não há para que as encantar, senão deixá-las fazer o seu ofício, até que Deus as ponha em outro maior.

7. O que entendo que mais convém que há de fazer a alma que o Senhor quis meter nesta morada é o dito,[10] e que sem nenhuma força nem ruído procure atalhar o discorrer do entendimento, mas não o suspender nem o pensamento, senão que é bom que se lembre que está diante de Deus e quem é este Deus. Se o mesmo que sente em si o embeber, felicitações; mas não procure entender o que é, porque é dado à vontade; deixe-a gozar sem nenhuma indústria além de algumas palavras amorosas, que ainda que não procuremos aqui estar sem pensar nada, muitas vezes se está, ainda que muito breve tempo.

---

10. Nos n. 4-6; cf. c. 2, n. 9.

8. Mas, como disse em outra parte,[11] a causa porque nesta maneira de oração (digo na que comecei esta morada, que tenho metido a de recolhimento com esta que havia de dizer primeiro, e é muito menos que a dos gostos que tenho dito de Deus, senão que é princípio para vir a ela; que na do recolhimento não se há de deixar a meditação, nem a obra do entendimento)...[12] nesta fonte manancial que não vem por aquedutos ele se comede ou o faz comedir ver que não entende o que quer; e assim anda de um lado a outro, como tonto que em nada faz assento. Tem a vontade tão grande em seu Deus, que lhe dá grande pesadume seu bulício, e assim não é preciso fazer caso dele, que a fará perder muito do que goza, sem deixá-lo e deixar-se a si nos braços do amor, que Sua Majestade ensinará a ela o que há de fazer naquele ponto, que quase tudo é achar-se indigna de tanto bem e empregar-se em ação de graças.

9. Por tratar da oração de recolhimento, deixei os efeitos ou sinais que têm as almas a quem Deus nosso Senhor dá esta oração.[13] Assim como se entende claro um dilatamento ou alargamento na alma, à maneira de como se a água que mana de uma fonte não tivesse corrente, senão que a mesma fonte estivesse lavrada de uma coisa que quanto mais água manasse maior se fizesse o edifício, assim parece nesta oração, e outras muitas maravilhas que Deus faz na alma, que a habilita e vai dispondo para que

---

11. Em *Caminho* c. 31. – O parêntese que segue rompe o fio do discurso e a frase ficará sem ser concluída. Frei Luís, conservando intacto o parêntese, arranjou o resto assim: "Mas como disse em outra parte, a causa porque nesta maneira de oração cessa o discurso do entendimento [...] assim que a causa é que esta é fonte manancial, que não vem por aquedutos: ele se comede" (p. 81). – *Como disse em outra parte*: provavelmente remete às passagens paralelas de *Caminho* c. 1, n. 3 e 7. Paralelo do que vinha dizendo no número anterior em *Vida* c. 13, n. 11-22, apesar de achar-se em contexto diverso.

12. A aparente embrulhada da frase e a desordem redacional destas *Moradas* IV fazem necessário um esclarecimento: No c. 1 falou da diferença entre "gostos e contentos" (oração infusa e oração não infusa); no c. 2, tratou da oração de quietude ("gostos"), contrastando-a com a oração de recolhimento ("contentos"), introduzindo para isso a bela alegoria dos tanques e aquedutos (n. 3-5); neste c. 3 trata da oração de recolhimento (primeira manifestação da oração infusa) e dos efeitos da oração de quietude (n. 9-14). – Essa franca desordem se deve, em parte, às interrupções por que a Santa passou durante a composição destas *Moradas*. – A ordem lógica deveria ser esta: (a) diferença entre contentos e gostos (c. 1); (b) contentos: últimas formas de oração não infusa (c. 2, 1-5); (c) oração de recolhimento infuso (c. 3, n. 1-7); (d) oração de quietude (c. 2, n. 2 e n. 6-10); (e) efeitos da oração de quietude (c. 3, n. 9-14).

13. *Esta oração*: de quietude. Retoma o tema do n. 1.

caiba tudo nela. Assim esta suavidade e alargamento interior são vistos no que lhe fica para não estar tão atada como antes nas coisas do serviço de Deus, senão com muita mais largura. Assim ao não se apertar com o temor do inferno, porque ainda que lhe fique maior de não ofender a Deus, o servil[14] perde-se aqui: fica com grande confiança que o há de gozar. O que costumava ter, para fazer penitência, de perder a saúde, já lhe parece que tudo poderá em Deus;[15] tem mais desejos de fazê-la que até ali. O temor que costumava ter dos trabalhos, já vai mais temperado; porque está mais viva a fé e entende que, se os passa por Deus, Sua Majestade lhe dará graça para que os sofra com paciência, e ainda algumas vezes os deseja, porque fica também uma grande vontade de fazer algo por Deus. Como vai conhecendo mais sua grandeza, tem-se já por mais miserável; como tem provado já os gostos de Deus, vê que é um lixo os do mundo, vai pouco a pouco se apartando deles e é mais senhora de si para fazê-lo. Enfim, em todas as virtudes fica melhorada e não deixará de ir crescendo, se não torna atrás já, para fazer ofensas a Deus, porque então tudo se perde, por subida que esteja uma alma no cume. Tampouco se entende que de uma vez ou duas que Deus faça esta mercê a uma alma, ficam todas estas feitas se não vai perseverando em recebê-las, que nesta perseverança está todo o nosso bem.

10. De uma coisa aviso muito a quem se vir neste estado: que se guarde mui muito de pôr-se em ocasiões de ofender a Deus; porque aqui não está ainda a alma criada, senão como uma criança que começa a mamar, que se se aparta dos peitos de sua mãe, o que se pode esperar dela senão a morte? Eu tenho muito temor que a quem Deus tiver feito esta mercê e se apartar da oração, que será assim, se não é com grandíssima ocasião ou se não torna depressa a ela, porque irá de mal a pior. Eu sei que há muito que temer neste caso, e conheço algumas pessoas que me têm bastante lastimada e tenho visto o que digo, por ter-se apartado de quem com tanto amor se lhe queria dar por amigo e mostrá-lo por obras. Aviso tanto que não se ponham em ocasiões, porque põe muito o demônio mais por uma alma destas que por mui muitas a quem o Senhor não faça estas mercês; porque lhe podem fazer grande dano levando outras consigo, e

---

14. O temor *servil*: em contraposição ao temor *filial*, segundo o esquema da teologia clássica.

15. Alusão a Fl 4,13. Cf. *Vida* c. 13, n. 3; *Rel.* 58, n. 2.

fazer grande proveito, poderia ser, na Igreja de Deus; e ainda que não haja outra coisa senão ver o que Sua Majestade lhes mostra amor particular, basta para que ele se desfaça para que se percam; e assim são muito combatidas e até muito mais perdidas que outras, se se perdem.

Vós irmãs, estais livres destes perigos, pelo que podemos entender; de soberba e vanglória vos livre Deus; e de que o demônio queira contrafazer estas mercês, conhecer-se-á em que não fará estes efeitos, senão tudo ao revés.

11. De um perigo vos quero avisar (ainda que vo-lo tenha dito em outra parte)[16] em que tenho visto cair pessoas de oração, em especial mulheres, que como somos mais fracas, há mais lugar para o que vou dizer. E é que algumas, da muita penitência e oração e vigílias e ainda sem isto, são fracas de compleição; em tendo algum regalo, sujeita-lhes o natural e, como sentem contento algum interior e caimento no exterior e uma fraqueza,[17] quando há um sono que chamam espiritual, que é um pouco mais do que fica dito,[18] parece-lhes que é um como o outro e se deixam embevecer. E quanto mais se deixam, se embevecem mais, porque se enfraquece mais o natural, e em seu senso lhes parece arroubamento; e chamo-o eu abobamento, que não é outra coisa mais além de estar perdendo tempo ali e gastando sua saúde [12] (a uma pessoa lhe acontecia estar oito horas), que nem estão sem sentido, nem sentem coisa de Deus. Dormindo e comendo e não fazendo tanta penitência, foi tirado desta pessoa, porque houve quem a entendesse, que a seu confessor trazia enganado e a outras pessoas e a si mesma, que ela não queria enganar. Bem creio que faria o demônio alguma diligência para tirar algum lucro, e não começava a extrair pouco.

13. Há de se entender que quando é coisa verdadeiramente de Deus, ainda que haja caimento interior e exterior, que não haja na alma, que tem grandes sentimentos de ver-se tão perto de Deus, nem tampouco dura tanto, senão muito pouco espaço, bem que se torna a embevecer; e nesta

---

16. No c. 5 das *Fundações*. Insistirá no mesmo aviso em M. VI, c. 7, n. 13.
17. *Caimento* (de novo no n. 13) equivale a decaimento. – *Fraqueza* (esp. *flaqueza*): a Santa escreveu *flaquedad*.
18. *Mais do que fica dito*: mais intenso que a oração infusa de quietude de que vem falando. – Do "sono espiritual" (ou "sono de potências"): cf. *Vida* c. 16 e 17, onde a Santa lhe concede maior importância na classificação da vida mística.

oração, se não é fraqueza – como tenho dito[19] – não chega a tanto que derroque o corpo nem faça nenhum sentimento exterior nele. Por isso tenham aviso que quando sentirem isto em si, o digam à prelada e divirtam-se o que puderem e faça-as não ter tantas horas de oração senão muito pouco, e procure que durmam bem e comam, até que tenha tornado a elas a força natural, se foi perdida por aqui. Se é de tão fraco natural que não lhe baste isto, creiam-me que Deus não a quer senão para a vida ativa, que de tudo há de haver nos mosteiros; ocupem-na em ofícios, e sempre se tenha conta que não tenha muita solidão, porque virá a perder de todo a saúde. Farta mortificação será para ela; aqui o Senhor quer provar o amor que lhe tem em como leva esta ausência, e será servido de tornar a ela a força depois de algum tempo, e se não, com oração vocal ganhará e obedecendo, e merecerá o que havia de merecer por aqui e porventura mais.

14. Também poderia haver algumas de tão fraca cabeça e imaginação – como eu as tenho conhecido – que tudo o que pensam lhes parece que veem; é bastante perigoso. Porque talvez se trate disso adiante,[20] não mais aqui, que me tenho alongado muito nesta morada, porque é na que mais almas creio *que* entram, e como é também natural junto com o sobrenatural,[21] pode o demônio fazer mais dano; que nas que estão por dizer, não lhe dá o Senhor tanto lugar. Seja para sempre louvado, amém.

---

19. Nos n. 11-12. – *Derrocar* (despenhar, precipitar duma penha ou rocha; e, figuradamente: humilhar, abater, aniquilar, demolir, arrasar), neste caso, significa o estado de impotência corporal produzido por certas graças extáticas: as graças místicas das moradas IV não produzem tal "derrocamento", senão, no máximo, "decaimento interior e exterior".

20. C. todo o c. 3 das moradas sextas.

21. *Natural junto com sobrenatural*: que nestas moradas se entrecruzam atos e estados infusos e não infusos. Por isso falou de contentos e gostos: de meditação e de quietude (cf. n. 8).

MORADAS QUINTAS
CONTÉM QUATRO CAPÍTULOS

Capítulo 1

*Começa a tratar como na oração a alma se une com Deus. –
Diz em que se conhecerá não ser engano.*

1. Ó irmãs! Como vos poderia eu dizer a riqueza e tesouros e deleites que há nas quintas moradas? Creio que fora melhor não dizer nada das que faltam, pois não se há de saber dizer nem o entendimento o sabe entender nem as comparações podem servir para declará-lo, porque são muito baixas as coisas da terra para este fim.

Enviai, Senhor meu, do céu luz para que eu possa dar alguma a estas vossas servas, pois sois servido de que gozem algumas delas tão ordinariamente destes gozos, para que não sejam enganadas, transfigurando-se o demônio em anjo de luz,[1] pois todos os seus desejos são empregados em desejar contentar-vos.

2. E ainda que tenha dito "algumas", bem poucas há que não entrem nesta morada que agora direi. Há mais e menos, e por esta causa digo que são as mais as que entram nelas. Em algumas coisas das que aqui direi que há neste aposento, bem creio que são poucas; mas ainda que não seja senão chegar à porta, é farta misericórdia a que lhes faz Deus; porque, posto que são muitos os chamados, poucos são os escolhidos.[2] Assim digo agora que ainda que todas as que trazemos este hábito sagrado do Carmo sejamos chamadas à oração e contemplação (porque este foi nosso princípio, desta casa viemos, daqueles santos Pais nossos do Monte Carmelo, que em tão grande solidão e com tanto desprezo do mundo buscavam este tesouro, esta preciosa pérola de que falamos), poucas nos dispomos para que o Senhor no-la descubra. Porque quanto ao exterior vamos bem para chegar ao que é mister; nas virtudes para chegar aqui, temos mister muito, muito, e não nos descuidar pouco nem muito. Por isso, irmãs minhas, alto a pedir ao Senhor, que pois de alguma maneira podemos gozar do céu na terra,

---
1. Utiliza de novo a imagem paulina de 2Cor 11,24, como em *Moradas* I, 2, 15
2. Mt 20,16. – Gracián reformou a frase seguinte, substituindo o *sejamos* (esp. *somos*) por "seguimos regra de ser", e acrescentando depois do parêntese "e talvez" *poucas*...

que nos dê seu favor para que não fique por nossa culpa e nos mostre o caminho e dê forças na alma para cavar até achar este tesouro escondido,[3] pois é verdade que está em nós mesmas, que isto quereria eu dar a entender, se o Senhor é servido que saiba.

3. Disse "forças na alma", para que entendais que não fazem falta as do corpo a quem Deus nosso Senhor as dá; não impossibilita ninguém para comprar suas riquezas; dando cada um o que tiver, se contenta. Bendito seja tão grande Deus. Mas mirai, filhas, que para isto que tratamos não quer que fiqueis com nada; pouco ou muito, tudo quer para si, e conforme ao que entenderdes de vós que vos têm dado, vos serão feitas maiores ou menores mercês.[4] Não há melhor prova para entender se nossa oração chega à união ou não. Não penseis que é coisa sonhada, como a passada.[5] Digo sonhada, porque assim parece que está a alma como adormecida, que nem bem parece que está dormindo nem se sente desperta. Aqui estando todas dormindo, e bem adormecidas, para as coisas do mundo e para nós mesmas (porque de fato na verdade fica-se como sem sentido aquele pouco que dura, que nem tem poder pensar, ainda que queiram, aqui não é mister com artifício suspender o pensamento; [4] até o amar – se o faz – não entende como, nem o que é o que ama nem o que quereria; enfim, como quem de todo ponto morreu para o mundo para viver mais em Deus, que assim é: uma morte saborosa, um arrancamento da alma de todas as operações que pode ter estando no corpo; deleitosa, porque ainda que de verdade pareça que se aparta a alma dele para melhor estar em Deus, de maneira que ainda não sei eu se lhe fica vida para respirar (agora estava pensando nisso e parece-me que não, a não ser que o faça não se entende se o faz),[6] todo o seu entendimento se quereria empregar em entender algo do que sente e, como não chegam suas forças a isto, fica espantado de maneira

---

3. Alusão à parábola do tesouro escondido: Mt 13,44.
4. É *slogan* da entrega total: "dar-nos todas ao Tudo sem fazer-nos partes", dirá em *Caminho* 8, 1. – Passagem mal lida por frei Luís.
5. *A passada*: oração das moradas anteriores (cf. c. 3, n. 11).
6. Por culpa dos numerosos incisos, a frase fica sem conclusão. Frei Luís arredondou-a assim: "deleitosa, porque ainda que esteja nele, segundo a verdade, parece que se aparta a alma dele, para melhor estar em Deus: é de maneira que ainda não sei eu se lhe fica vida para respirar. Agora estava pensando nisso, e parece-me que não, a não ser que o faça não o entende, todo o seu entendimento quereria empregar em entender algo do que sente" (p. 90; conservamos a pontuação original).

que, se não se perde de todo, não meneia pé nem mão, como cá dizemos de uma pessoa que está tão desmaiada que nos parece que está morta.

Ó segredos de Deus, que não me fartaria de procurar dar a entendê-los se pensasse acertar em algo, e assim direi mil desatinos, por se alguma vez atinasse, para que louvemos muito o Senhor.

5. Disse que não era coisa sonhada,[7] porque na morada que fica dita, até que a experiência é muita fica a alma duvidosa de que foi aquilo: se lhe foi antojado,[8] se estava dormindo, se foi dado por Deus, se o demônio se transfigurou em anjo de luz. Fica com mil suspeitas, e é bom que as tenha, porque – como disse[9] – ainda o mesmo natural nos pode enganar ali alguma vez; porque ainda que não haja tanto lugar para entrar as coisas peçonhentas, umas lagartixinhas sim, que como são agudas por toda parte se metem; e ainda que não façam dano, em especial se não fazem caso delas – como disse[10] – porque são pensamentinhos que procedem da imaginação e do que fica dito, importunam muitas vezes. Aqui, por agudas que sejam as lagartixas, não podem entrar nesta morada; porque nem há imaginação, nem memória nem entendimento que possa impedir este bem. E ousarei afirmar que se verdadeiramente é união de Deus, que não pode entrar o demônio nem fazer nenhum dano; porque está Sua Majestade tão junto e unido com a essência da alma, que não ousará chegar nem ainda deve entender este segredo. E está claro: pois dizem que não entende nosso pensamento, menos entenderá coisa tão secreta, que ainda Deus não a confia a nosso pensamento.[11] Ó grande bem, estado aonde este maldito não nos faz mal! Assim fica a alma com tão grandes lucros, por obrar Deus nela

---

7. No n. 3. Segue uma alusão às moradas precedentes.
8. N.T.: *Se lhe foi antojado*: em espanhol: *si se le antojó*. Ver "antojar" no Glossário.
9. Nas *Moradas* IV, c. 3, n. 11-14.
10. Aconselhou a não fazer caso dessas *lagartixinhas agudas* em M. IV, c. 1, n. 8-12 (cf. n. 3), *que são pensamentinhos que procedem da imaginação e do que fica dito*: nesse mesmo capítulo das moradas quartas advertiu que não procedem do entendimento (n. 8) e os atribuiu à "miséria que nos ficou do pecado de Adão" (n. 11).
11. Gracián castigou intensamente esta passagem do original. Retocou a primeira frase: *se é união de Deus* "só com a alma" para cercear na seguinte as palavras *essência da alma*: mudou *pensamento* para *entendimento* na frase: *não entende nosso pensamento*; e finalmente anotou à margem: "entenda-se dos atos de entendimento e vontade, que os pensamentos da imaginação claramente os vê o demônio, se Deus não o cega naquele ponto". Ribera riscou uma a uma todas as emendas de Gracián (p. 92).

sem que ninguém a estorve, nem nós mesmos. O que não dará quem é tão amigo de dar e pode dar tudo o que quer?

6. Parece que vos deixo confusas ao dizer se é união de Deus e que há outras uniões. E como as há! Ainda que sejam em coisas vãs, quando se amam muito, também os transportará o demônio;[12] mas não com a maneira de Deus nem com o deleite e satisfação da alma e paz e gozo. É acima de todos os gozos na terra e sobre todos os deleites e sobre todos os contentos e mais, que não tem que ver aonde se engendram estes contentos ou os da terra, que é muito diferente seu sentir como os tereis experimentado. Disse uma vez,[13] que é como se fossem nesta grosseria do corpo, ou na medula dos ossos, e atinei bem, que não sei como dizer melhor.

7. Parece-me que ainda não vos vejo satisfeitas, porque vos parecerá que vos podeis enganar, que este interior é coisa rija de examinar; e ainda que para quem tem passado por isso basta o dito, porque é grande a diferença, quero vos dizer um sinal claro por onde não vos podereis enganar nem duvidar se foi de Deus, que Sua Majestade mo tem trazido hoje à memória, e a meu parecer é o certo. Sempre em coisas dificultosas, ainda que me pareça que o entendo e que digo verdade, vou com esta linguagem de que "me parece"; porque se me enganar, estou muito aparelhada a crer o que disserem os que têm muitas letras; porque ainda que não tenham passado por estas coisas, os letrados têm um não sei quê, que como Deus os tem para luz de sua Igreja, quando é uma verdade, ela é dada para que se admita; e se não são derramados senão servos de Deus, nunca se espantam de suas grandezas, que têm bem entendido que pode muito mais e mais. E, enfim, ainda que algumas coisas não tão declaradas, outras devem achar escritas, por onde veem que estas podem passar.[14]

---

12. *Transportará*: no sentido figurado de encantar, arrebatar.
13. Provavelmente alude a seu comentário ao Cântico dos Cânticos: "como se pusessem na medula uma unção suavíssima" (*Conceitos* 4, 2). Cf. *Caminho* 31, 10: "os contentos da vida parece-me a mim que os goza o exterior da vontade, como a casca dela, digamos". O sentido da frase é: que os contentamentos e gozos da terra são como que percebidos na grosseria do corpo; a paz, o gozo da união, como se fossem percebidos no fundo do ser (na "medula").
14. N.T.: *Podem passar*: são possíveis.

8. Disso tenho grandíssima experiência, e também a tenho de uns meio letrados espantadiços, porque me custam muito caro.[15] Ao menos creio que quem não crer que Deus pode muito mais e que tem tido por bem e tem algumas vezes comunicá-lo a suas criaturas, que tem bem fechada a porta para recebê-las. Por isso, irmãs, nunca vos aconteça, senão crede de Deus muito mais e mais, e não ponhais os olhos em se são ruins ou bons a quem as faz, que Sua Majestade sabe, como vo-lo tenho dito;[16] não há para que nos metermos nisto, senão com simplicidade de coração e humildade servir a Sua Majestade e louvá-lo por suas obras e maravilhas.

Pois tornando ao sinal que digo que é o verdadeiro,[17] já vedes esta alma que Deus tem feito boba de todo para imprimir melhor nela a verdadeira sabedoria, que nem vê nem ouve nem entende no tempo que está assim, que sempre é breve, e ainda bastante mais breve parece a ela do que deve ser. Fixa Deus a si mesmo no interior daquela alma de maneira que quando torna a si de nenhuma maneira pode duvidar que esteve em Deus e Deus nela. Com tanta firmeza lhe fica esta verdade, que ainda que passe anos sem tornar Deus a lhe fazer aquela mercê, nem se esquece nem pode duvidar de que esteve. Ainda deixemos pelos efeitos com que fica, que estes direi depois;[18] isto é o que faz muito ao caso.

10. Pois dir-me-eis: como o viu ou como o entendeu, se não vê nem entende? Não digo que o viu então, senão que o vê depois claro; e não porque é visão, senão uma certeza que fica na alma que só Deus a pode pôr. Eu sei de uma pessoa que não tinha chegado à sua notícia que Deus estava em todas as coisas por presença e potência e essência, e de uma mercê que Deus lhe fez desta sorte o veio a crer de maneira que, ainda que um meio

---

15. Já em *Vida* se lamentava: "grande dano fizeram à minha alma confessores meio letrados" (V. 5, 3).
16. Disse-o em M. IV, 1, 2; IV, 2, 9.
17. Disse sobre o sinal no n. 7.
18. Falará dos efeitos desta forma de oração infusa no c. 2 (cf. título e n. 7-14). – Também neste número e no seguinte Gracián atenuou as expressões que denotavam segurança ou certeza, com três monótonos "me parece": "pois tornando ao sinal que digo *que me parece que...*" (n. 9); "de nenhuma maneira *parece a ela que pode duvidar*" (n. 9); "não digo que o viu então senão que [risca "o vê"] depois *ficou a seu parecer* [riscando: "claro e porque é visão senão"] (n. 10); e mais abaixo: "o veio a *entender*" em lugar de "o veio a crer". Frei Luís prescindiu das emendas de Gracián.

letrado dos que tenho dito[19] a quem perguntou como estava Deus em nós (ele o sabia tão pouco como ela antes que Deus o desse a entender) lhe disse que não estava mais que pela graça, ela tinha já tão fixa a verdade, que não acreditou nele e o perguntou a outros[20] que lhe disseram a verdade, com que se consolou muito.

11. Não vos haveis de enganar parecendo-vos que esta certeza fica em forma corporal, como o corpo de nosso Senhor Jesus Cristo está no Santíssimo Sacramento, ainda que não o vejamos, porque cá não fica assim, senão só a divindade. Pois, como o que não vemos fica em nós com essa certeza? – Isso não sei, são obras suas: mas sei que digo a verdade, e quem não ficar com esta certeza, não diria eu que é união de toda a alma com Deus, senão de alguma potência, e outras muitas maneiras de mercês que Deus faz à alma. Havemos de deixar em todas estas coisas de buscar razões para ver como foi; pois não chega nosso entendimento a entendê-lo, para que nos queremos desvanecer? Basta ver que é todo-poderoso o que o faz, e pois não somos nenhuma parte[21] por diligências que façamos para alcançá-lo, senão que é Deus que o faz, não o queiramos ser para entendê-lo.

12. Agora me lembro, sobre isto que digo de que "não somos parte", do que tendes ouvido que diz a Esposa nos Cânticos: *Levou-me o rei à adega do vinho*, ou *meteu-me*, creio que diz.[22] E não diz que ela se foi. E diz também que *andava buscando o seu Amado por uma parte e por outra*. Esta entendo eu que é a adega aonde nos quer meter o Senhor quando quer e como quer; mas por diligências que nós façamos, não podemos entrar. Sua Majestade nos há de meter e entrar Ele no centro de nossa alma e, para mostrar suas maravilhas melhor, não quer que tenhamos nesta mais parte da vontade que totalmente se tem rendido a Ele, nem que lhe seja aberta a porta das potências e sentidos, que todos estão adormecidos; senão entrar no centro da alma sem nenhuma, como entrou a seus discípulos quando disse: *Pax vobis*, e saiu do sepulcro sem levantar a pedra.[23] Adiante vereis

---

19. No n. 8 e em *Vida* c. 25, n. 22 e c. 13, n. 19.
20. Um deles "frei Vicente Barrón", segundo anota Gracián em *Vida* 18, 15; cf. *Relação* 54.
21. *Ser parte*, e no n. 12 "ter parte": participar ativamente.
22. Ct 2,4; e 3,2.
23. Jo 20, 19. – *Adiante vereis*: cf. moradas sextas 2, 3, em que retoma este tema. Voltará ao texto de São João em moradas sétimas 2, 3.

como Sua Majestade quer que a alma o goze em seu próprio centro, ainda mais que aqui muito na última morada.

13. Ó filhas, que muito veremos se não queremos ver mais do que nossa baixeza e miséria, e entender que não somos dignas de ser servas de um Senhor tão grande, que não podemos alcançar suas maravilhas! Seja para sempre louvado, amém.

Capítulo 2

Prossegue no mesmo. – Declara a oração de união por uma comparação delicada. – Diz os efeitos com que fica a alma. – É muito de notar.

1. Parecer-vos-á que já está tudo dito do que se tem que ver nesta morada, e falta muito, porque – como disse[1] – há mais e menos. Quanto ao que é união, não creio que saberei dizer mais; mas quando a alma a quem Deus faz estas mercês se dispõe, há muitas coisas que se dizer do que o Senhor obra nelas. Algumas direi e da maneira que fica. Para dá-lo melhor a entender, quero aproveitar-me de uma comparação que é boa para este fim, e também para que vejamos como, ainda que nesta obra que o Senhor faz não possamos fazer nada, mas para que Sua Majestade nos faça esta mercê, podemos fazer muito dispondo-nos.[2]

2. Já tereis ouvido suas maravilhas em como se cria a seda, que só Ele pôde fazer semelhante invenção, e como de uma semente, que dizem que é à maneira de grãos de pimenta pequenos (que eu nunca vi, mas ouvi, e assim se algo for torcido não é minha a culpa),[3] com o calor, ao começar a haver folha nas amoreiras, começa esta semente a viver; que até que há este mantimento de que se sustentam, está morta; e com folhas de amoreira se criam, até que, depois de grandes, lhes põem uns raminhos e ali com as boquinhas vão por si mesmos fiando a seda e fazem uns casulinhos muito apertados aonde se encerram; e acaba este bicho que é grande e feio, e sai do mesmo casulo uma mariposinha branca, muito graciosa. Mas se isto não se visse, senão que no-lo contassem de outros tempos, quem poderia crer nisso? Nem com que razões poderíamos deduzir que uma coisa tão sem razão como é um verme ou uma abelha, sejam tão diligentes em

---

1. Nas moradas V, 1, 2, disse já que há graus de "mais e menos" dentro de uma mesma morada, ou dentro do estado de união.
2. Diferença entre receber e se dispor. As graças místicas são "obra que o Senhor faz" em nós. Dispor-nos é o que nós "podemos fazer".
3. Todo este parêntese foi riscado no original por Gracián, que também mudou "de pimenta pequenos" por "de mostarda", e acrescentou à margem: "assim é, que eu o tenho visto". Ribera respeitou a emenda, e frei Luís omitiu a frase em sua edição (p. 98).

trabalhar para nosso proveito e com tanta indústria, e o pobre bichinho perca a vida na demanda? Para um tempo de meditação basta isto, irmãs, ainda que não vos diga mais, que nisso podeis considerar as maravilhas e sabedoria de nosso Deus. Pois, o que será se soubéssemos a propriedade de todas as coisas? De grande proveito é ocupar-nos em pensar estas grandezas e regalar-nos em ser esposas de Rei tão sábio e poderoso.

3. Tornemos ao que dizia. Então começa a ter vida este verme, quando com o calor do Espírito Santo começa a se aproveitar do auxílio geral[4] que a todos nos dá Deus e quando começa a aproveitar-se dos remédios que deixou em sua Igreja, assim de continuar as confissões, como com boas lições e sermões, que é o remédio que uma alma que está morta em seu descuido e pecados e metida em ocasiões pode ter. Então começa a viver e vai se sustentando nisto e em boas meditações, até que está crescida, que é o que a mim me faz ao caso, que isto outro pouco importa.

4. Pois crescido este bicho da seda – que é o que no princípio fica dito disto que tenho escrito –,[5] começa a lavrar a seda e edificar a casa aonde há de morrer. Esta casa quereria dar a entender aqui, que é Cristo. Numa parte me parece que tenho lido ou ouvido que *nossa vida está escondida em Cristo*, ou *em Deus*, que tudo é um, ou que *nossa vida é Cristo*. Em que isto seja ou não, pouco vai para meu propósito.[6]

5. Pois vedes aqui, filhas, o que podemos com o favor de Deus fazer: que Sua Majestade mesmo seja nossa morada, como o é nesta oração de união, lavrando-a nós. Parece que quero dizer que podemos tirar e pôr em Deus, pois digo que Ele é a morada e a podemos nós fabricar para meter-nos nela. E, como se podemos! não tirar de Deus nem pôr, senão tirar de nós e pôr, como fazem estes bichinhos; que não teremos acabado de fazer nisto tudo o que podemos, quando este trabalhinho, que não é nada, junte

---

4. *Auxílio geral*, em contraste com o *auxílio particular* de que falou em moradas III, 1, 2; equivalem à graça que Deus outorga a toda pessoa; e às graças singularíssimas que Ele dispensa a algumas ou em algumas ocasiões (cf. *Vida* 14, 6).

5. Quer dizer, todo o processo de moradas I-IV. Note-se a correspondência do símbolo do castelo com seu símile do bicho-da-seda.

6. Cl 3,3-4. Gracián emendou as hesitações da Santa. Frei Luís, em sua edição, omitiu a frase: "em que isto seja ou não, pouco vai a meu propósito". Essa pequena adição não se referia ao conteúdo do texto paulino, mas à hesitação da citação, entre Cristo e Deus.

Deus com sua grandeza e lhe dê tão grande valor que o mesmo Senhor seja o prêmio desta obra. E assim como tem sido o que pôs o maior custo, assim quer juntar nossos trabalhinhos com os grandes que padeceu Sua Majestade e que tudo seja uma coisa.

6. Pois eia, filhas minhas! Pressa em fazer este lavor e tecer este casulinho, tirando nosso amor próprio e nossa vontade, o estar apegadas a nenhuma coisa da terra, pondo obras de penitência, oração, mortificação, obediência, tudo o demais que sabeis; que assim obrássemos como sabemos e somos ensinadas do que havemos de fazer! Morra, morra este bicho, como faz ao acabar de fazer para o que foi criado! e vereis como vemos a Deus[7] e nos vemos tão metidas em sua grandeza como está este bichinho neste casulo. Olhai que digo ver a Deus, como deixo dito que se dá a sentir nesta maneira de união.

7. Pois vejamos o que se faz este bicho, que é para o que tenho dito todo o demais, que quando está nesta oração bem morto está para o mundo: sai uma borboletinha branca.[8] Ó grandeza de Deus, e qual sai uma alma daqui, de ter estado um pouquinho metida na grandeza de Deus e tão junta com Ele; que a meu parecer nunca chega a meia hora! Eu vos digo de verdade que a mesma alma não se conhece a si; porque, olhai a diferença que há de um verme feio para uma borboletinha branca, que a mesma há cá. Não sabe de onde pôde merecer tanto bem – de onde lhe pôde vir, quis dizer, que bem sabe que não o merece –; vê-se com um desejo de louvar ao Senhor, que se quereria desfazer, e de morrer por Ele mil mortes. Logo lhe começa a ter de padecer grandes trabalhos, sem poder fazer outra coisa. Os desejos de penitência grandíssimos, o de solidão, o de que todos conhecessem a Deus; e daqui lhe vem uma pena grande de ver que é ofendido. E ainda que na morada que vem se tratará mais destas coisas em particular,[9] porque ainda que quase não o haja nesta morada e na que vem depois é

---

7. Gracián risca *vemos* e escreve *contemplamos*, temendo que a Santa se comprometa com a afirmação da "visão" de Deus nesta vida; bastava e sobrava o esclarecimento que a Santa faz na linha seguinte. – *Como deixo dito*: no c. 1, n. 10-11.

8. Frase não muito clara. Frei Luís achou que o segundo "está" era repetição maquinal (ver um exemplo no começo do n. 13) e o suprimiu, lendo assim: "Pois vejamos o que se faz deste bicho (que é para o que tenho dito todo o demais:) que, quando está nesta oração bem morto para o mundo, sai uma borboletinha branca" (p. 101).

9. Moradas VI, 6, 1; e c. 11.

tudo um, é muito diferente a força dos efeitos; porque – como tenho dito[10] – se depois que Deus chega a uma alma aqui se esforça a ir adiante, verá grandes coisas.

8. Oh, pois ver o desassossego desta borboletinha, não tendo estado mais quieta e sossegada em sua vida, é coisa para louvar a Deus! E é que não sabe aonde pousar e fazer o seu assento, que como tem tido tal, tudo o que vê na terra a descontenta, em especial quando são muitas as vezes que Deus lhe dá deste vinho;[11] quase de cada uma fica com novos lucros. Já não tem em nada as obras que fazia sendo verme, que era pouco a pouco tecer o casulo; nasceram-lhe asas, como se há de contentar, podendo voar, em andar passo a passo? Tudo se lhe faz pouco quanto pode fazer por Deus, segundo são os seus desejos. Não tem em muito o que passaram os santos, entendendo já por experiência como o Senhor ajuda e transforma uma alma, que não parece ela nem sua figura. Porque a fraqueza que antes lhe parecia ter para fazer penitência, já a acha forte; o atamento com parentes ou amigos ou fazenda (que nem lhe bastavam atos, nem determinações, nem querer se apartar, que então lhe parecia que se achava mais junta), já se vê de maneira que lhe pesa estar obrigada ao que, para não ir contra Deus, é mister fazer. Tudo a cansa, porque provou que o verdadeiro descanso não lhe podem dar as criaturas.

9. Parece que me alongo, e muito mais poderia dizer, e a quem Deus tiver feito esta mercê verá que fico curta; e assim não tem que espantar que esta mariposinha busque assento de novo, assim como se acha nova das coisas da terra. Pois, aonde irá a pobrezinha? Que tornar aonde saiu não pode, que – como está dito[12] – não é em nossa mão, ainda que mais façamos, até que seja Deus servido de tornar a nos fazer esta mercê. Ó Senhor! e que novos trabalhos começam a esta alma! Quem diria tal depois de mercê tão subida? Enfim, fim, de uma maneira ou de outra há de haver cruz enquanto vivemos, e quem disser que, depois que chegou aqui, sem-

---

10. No c. 1, n. 2-3 e 13.
11. *Vinho* que Deus dá à *borboletinha*. Surpreendente associação devida ao cruzamento das duas imagens: a adega dos Cânticos e a borboleta libertada do casulo.
12. *Tornar aonde saiu*: elipse para "voltar ao lugar de onde saiu", quer dizer, à oração de união, ou à adega dos Cânticos, ou ao centro da alma... como "disse" no c. 1, n. 12; cf. os textos paulinos do n. 4 e M. IV, c. 2, n. 9.

pre está com descanso e regalado, diria eu que nunca chegou, senão que porventura foi algum gosto, se entrou na morada passada, e ajudado por fraqueza natural, e ainda, porventura, pelo demônio, que lhe dá paz para fazer-lhe depois guerra muito maior.

10. Não quero dizer que não têm paz os que chegam aqui, que a têm e muito grande; porque os mesmos trabalhos são de tanto valor e de tão boa raiz que, sendo muito grandes, deles mesmos sai a paz e o contento. Do mesmo descontentamento que dão as coisas do mundo nasce um desejo de sair dele tão penoso, que se algum alívio tem é pensar que Deus quer que viva neste desterro, e ainda não basta, porque ainda a alma com todos estes lucros não está tão rendida na vontade de Deus, como se verá adiante,[13] ainda que não deixe de conformar-se; mas é com um grande sentimento, que não pode mais, porque não lhe têm dado mais, e com muitas lágrimas. Cada vez que tem oração é esta sua pena. De alguma maneira talvez proceda da muito grande que lhe dá de ver que é ofendido Deus e pouco estimado neste mundo e das muitas almas que se perdem, assim de hereges como de mouros; ainda que as que mais a lastimam sejam as dos cristãos, que ainda que veja que é grande a misericórdia de Deus, que por mal que vivam se podem emendar e salvar-se, teme que muitos se condenam.

11. Ó grandeza de Deus! que poucos anos antes estava esta alma, e ainda talvez dias, que não se lembrava senão de si, quem a tem metido em tão penosos cuidados? Que ainda que queiramos ter muitos anos de meditação, tão penosamente como agora esta alma o sente não o poderemos sentir. Pois, valha-me Deus! se muitos dias e anos eu me procuro exercitar no grande mal que é ser Deus ofendido e pensar que estes que se condenam são filhos seus e irmãos meus, e os perigos em que vivemos, quão bem nos está sair desta miserável vida, não bastará? – Que não, filhas, não é a pena que se sente aqui como as de cá; que isso bem poderíamos com o favor de Deus tê-la, pensando muito nisto; mas não chega ao íntimo das entranhas como aqui, que parece que esfacela a alma e a mói, sem ela o procurar e ainda às vezes sem o querer. Pois, o que é isto? De onde procede? – Eu vo-lo direi.

---

13. Nas M. VI e VII; cf. M. VI, 10, 8; e M. VII, 3, 4.

12. Não tendes ouvido – que já aqui o tenho dito[14] outra vez, ainda que não a este propósito – da Esposa, que *a meteu Deus na adega do vinho e ordenou nela a caridade?* Pois isto é; que como aquela alma já se entrega em suas mãos e o grande amor a tem tão rendida que não sabe nem quer mais de que faça Deus o que quiser dela (que jamais fará Deus, pelo que eu penso, esta mercê senão à alma que já toma muito por sua), quer que, sem que ela entenda como, saia dali selada com seu selo. Porque verdadeiramente a alma ali não faz mais que a cera quando outro imprime o selo, que a cera não imprime a si, só está disposta, digo, branda; e ainda para esta disposição tampouco se abranda ela, senão que está quieta e o consente. Ó bondade de Deus, que tudo há de ser à vossa custa! Só quereis nossa vontade e que não haja impedimento na cera.

13. Pois vedes aqui, irmãs, o que nosso Deus faz aqui para que esta alma já se conheça por sua; dá do que tem, que é o que teve seu Filho nesta vida; não nos pode fazer maior mercê. Quem mais devia querer sair desta vida? E assim o disse Sua Majestade na Ceia: *Com desejo tenho desejado.*[15]

Pois como, Senhor, não foi posta diante de vós a trabalhosa morte que haveis de sofrer tão penosa e espantosa? – Não; porque o grande amor que tenho e desejo e que se salvem as almas sobrepuja sem comparação essas penas; e as mui grandíssimas que tenho padecido e padeço, depois que estou no mundo, são bastantes para não ter essas em nada em sua comparação.

14. É assim que muitas vezes tenho considerado nisto, e sabendo eu o tormento que passa e tem passado certa alma que conheço[16] de ver ofender a nosso Senhor, tão impossível de sofrer que se quereria muito mais morrer que sofrê-la, e pensando se uma alma com tão pouquíssima caridade, comparada com a de Cristo, que se pode dizer quase nenhuma nesta comparação, sentia este tormento tão impossível de sofrer, que seria o sentimento de nosso Senhor Jesus Cristo, e que vida devia passar, pois todas as coisas lhe eram presentes e estava sempre vendo as grandes ofensas que se

---

14. No c. 1, n. 12. A citação é de Ct 2,4.
15. Lc 22,15. Também esta passagem teve de ser glosada por frei Luís com uma nota apologética ao fazer a 2ª edição do Livro (Salamanca, 1589, p. 77-78).
16. Ela mesma: cf. *Vida*, c. 39, n. 9 e c. 38, n. 18: "Faz um espanto à alma grande ver como ousou, nem pode ninguém ousar, ofender uma majestade tão grandíssima".

faziam a seu Pai? Sem dúvida creio eu que foram muito maiores que as de sua sacratíssima Paixão; porque então já via o fim destes trabalhos, e com isto e com o contento de ver nosso remédio com sua morte e de mostrar o amor que tinha a seu Pai em padecer tanto por Ele, moderaria as dores, como acontece cá aos que com força de amor fazem grandes penitências, que não as sentem quase, antes quereriam fazer mais e mais, e tudo lhe parece pouco. Pois, o que seria a Sua Majestade, vendo-se em tão grande ocasião, para mostrar a seu Pai quão cabalmente cumpria o obedecer-lhe, e com o amor do próximo? Ó grande deleite, padecer fazendo a vontade de Deus! Mas ao ver tão contínuo tantas ofensas a Sua Majestade feitas, e ir tantas almas para o inferno, tenho-o por coisa tão rija, que creio, se não fosse mais que homem, um dia daquela pena bastava para acabar muitas vidas, quanto mais uma!

Capítulo 3

Continua a mesma matéria. – Diz de outra maneira de união que pode alcançar a alma com o favor de Deus, e o que importa para isto o amor do próximo. – É de muito proveito.

1. Pois tornemos à nossa pombinha[1] e vejamos algo do que Deus dá neste estado. Sempre se entende que há de procurar ir adiante ao serviço de nosso Senhor e no conhecimento próprio; que se não faz mais que receber esta mercê e, como coisa já segura, descuidar-se em sua vida e torcer o caminho do céu, que são os mandamentos, acontecer-lhe-á o que àquela que sai do bicho da seda, que deita a semente para que produzam outras e ela fica morta para sempre. Digo que deita a semente, porque tenho para mim que Deus quer que não seja dada debalde uma mercê tão grande; senão que já que não se aproveita dela para si, aproveite para outros. Porque como fica com estes desejos e virtudes ditas, no tempo que dura no bem sempre faz proveito a outras almas e de seu calor elas pegam calor; e ainda quando o têm já perdido, acontece ficar com essa gana de que outros se aproveitem, e gosta de dar a entender as mercês que Deus faz a quem o ama e serve.

2. Conheci uma pessoa que lhe acontecia assim,[2] que, estando muito perdida, gostava de que se aproveitassem outras com as mercês que Deus lhe tinha feito e mostrar o caminho da oração às que não o entendiam, e fez farto proveito, farto. Depois tornou o Senhor a lhe dar luz. É verdade que ainda não tinha os efeitos que ficam ditos. Mas quantos deve haver que os chama o Senhor para o apostolado, como a Judas, comunicando-se com eles, e os chama para fazer reis, como a Saul,[3] e depois por sua culpa

---

    1. *Pombinha* (esp. *palomica*): borboleta ou "borboletinha" (esp. *mariposica*) (M. V, 4, 1) em que se metamorfoseou a crisálida do capítulo anterior. – A alegoria do bicho-da-seda chega talvez a prevalecer sobre a do "castelo" nos capítulos seguintes: quase todos começam com a típica alusão à pombinha ou borboletinha (cf. c. 4, n. 1; M. VI, 2, 1; VI, 4, 1; VI, 6, 1; VI, 11, 1 ("a pombinha ou borboletinha"); M. VII, c. 3, n. 1: "agora, pois, dizemos que esta borboletinha já morreu").

    2. Ela mesma; cf. V. c. 7, n. 10.

    3. O desenlace dramático das duas figuras bíblicas, Judas e Saul, será lembrado outras duas vezes em *Castelo* (VI, 7, 10; VI, 9, 15).

se perdem! De onde tiraremos, irmãs, que para ir merecendo mais e mais e não perdendo-nos como estes, a segurança que podemos ter é a obediência e não torcer a lei de Deus; digo a quem fizer semelhantes mercês, e ainda a todos.

3. Parece-me que fica algo obscura, com quanto tenho dito, dessa morada. Pois há tanto lucro em entrar nela, bem será que não pareça que fiquem sem esperança aos que o Senhor não dá coisas tão sobrenaturais; pois a verdadeira união se pode muito bem alcançar, com o favor de nosso Senhor, se nós nos esforçamos por procurá-la, não tendo vontade senão atada com o que for a vontade de Deus. Oh, quantos deles haverá que digamos isto e nos pareça que não queremos outra coisa e morreríamos por esta vontade, como creio que já tenho dito![4] Pois eu vos digo, e o direi muitas vezes, que quando o for, que haveis alcançado esta mercê do Senhor, e nenhuma coisa vos seja dada desta outra união regalada que fica dita, que o que há de maior preço nela é por proceder desta que agora digo e por não poder chegar ao que fica dito se não é muito certa a união de estar resignada nossa vontade na de Deus.[5] Oh, que união esta para desejar! Venturosa a alma que a tem alcançado, que viverá nesta vida com descanso e na outra também; porque nenhuma coisa dos sucessos da terra a afligirá, se não for se se vê em algum perigo de perder a Deus ou ver se é ofendido; nem enfermidade, nem pobreza, nem mortes, se não for de que há de fazer falta na Igreja de Deus; que vê bem esta alma que Ele sabe melhor o que faz do que ela o que deseja.

4. Haveis de notar que há penas e penas; porque algumas penas há produzidas prontamente pela natureza, e contentos o mesmo, e ainda de caridade de apiedar-se dos próximos, como fez nosso Senhor quando

---

4. No c. 2, n. 6-7.
5. Para entender corretamente esta passagem, tenha-se em conta as duas "maneiras de união" que a Santa distingue: "união regalada" (gozosa, infusa) de que falou nos capítulos anteriores, e "união não regalada" (não infusa, que podemos "muito bem alcançar... se nos esforçarmos por buscá-la"); desta última trata o presente capítulo. O sentido, portanto, é: se lograis conformar de verdade vossa vontade com a de Deus (= união não regalada), nenhuma coisa se vos dê dessa outra união (= regalada) que fica dita (nos c. 1-2); o que há de maior preço nela (= na união regalada) é por proceder desta (= da união não regalada); e por não poder chegar àquela sem esta. – Frei Luís omitiu parte desta passagem (p. 110).

ressuscitou Lázaro;⁶ e não tiram estas o estar unidas com a vontade de Deus, nem tampouco perturbam a alma com uma paixão inquieta, desassossegada, que dura muito. Estas penas passam rapidamente; que, como disse,⁷ dos gozos na oração, parece que não chegam ao fundo da alma, senão a estes sentidos e potências. Andam por estas moradas passadas, mas não entram na que está por dizer última, pois para isto é mister o que fica dito⁸ de suspensão de potências, que poderoso é o Senhor de enriquecer as almas por muitos caminhos e chegá-las a estas moradas e não pelo atalho que fica dito.

5. Mas adverti muito, filhas, que é necessário que morra o bicho da seda, e mais à vossa custa; porque acolá⁹ ajuda muito para morrer o ver-se na vida tão nova; cá é preciso que, vivendo nesta, o matemos nós. Eu vos confesso que será a muito ou mais trabalho, mas seu preço se tem; assim será maior o galardão se saís com vitória. Mas de ser possível não há que duvidar que seja a união verdadeiramente com a vontade de Deus.¹⁰

Esta é a união que em toda a minha vida tenho desejado; esta é a que peço sempre a nosso Senhor e a que está mais clara e segura.

6. Mas ai de nós, quão poucos devemos chegar a ela, ainda que a quem se guarda de ofender ao Senhor e tem entrado em religião pareça que tem feito tudo! Oh, que ficam uns vermes que não se dão a entender, até que, como o que roeu a hera de Jonas,¹¹ nos tem roído as virtudes, com um amor próprio, uma própria estima, um julgar os próximos, ainda que seja em poucas coisas, uma falta de caridade com eles, não os querendo como a nós mesmos; que, ainda que arrastando, cumprimos com a obrigação para

---

6. João 11,35.
7. No c. 1, n. 6 (cf. M. IV, c. 1, n. 4-5; e c. 2, n. 3-5). – O que aqui chama *gozos* equivale a *contentamentos* das *Moradas* IV. Neste mesmo número os chamou com este segundo vocábulo. Nas *Moradas* V, c. 1, n. 6 os chamou "gozos", "deleites", "contentos".
8. No c. 1, n. 3-4.
9. *Acolá* (esp. *acullá*): na união regalada ou oração infusa (cf. n. 3); *cá* (esp. *acá*): na união não regalada, de pura conformidade de vontades. – *Ajuda para morrer* para morrer para si mesmo: tenha-se presente o símbolo do bicho-da-seda (c. 2, n. 7).
10. O sentido é: que seja possível esta morte ("matar-nos nós", metaforicamente) não há que duvidar, contanto que a união (= conformidade com a vontade de Deus) seja verdadeira.
11. Jonas 4,6-7.

não ser pecado, não chegamos com muito ao que há de ser para estar de todo unidas com a vontade de Deus.

7. Que pensais, filhas, que é a sua vontade? Que sejamos totalmente perfeitas; que para sermos um com Ele e com o Pai, como Sua Majestade pediu,[12] olhai o que nos falta para chegar a isto. Eu vos digo que o estou escrevendo com farta pena de ver-me tão longe, e tudo por minha culpa; que não tem mister o Senhor fazer-nos grandes regalos para isto; basta o que nos tem dado em dar-nos a seu Filho, que nos ensinasse o caminho. Não penseis que está a coisa em se morre meu pai ou irmão, conformar-me tanto com a vontade de Deus que não o sinta; e se há trabalhos e enfermidades, sofrê-los com contentamento. É bom, e às vezes consiste em discrição, porque não podemos mais, e fazemos da necessidade virtude. Quantas coisas destas faziam os filósofos, ou ainda que não seja destas, de outras, de ter muito saber. Cá só estas duas que nos pede o Senhor: amor a Sua Majestade e ao próximo, é no que temos de trabalhar.[13] Guardando-as com perfeição, fazemos a sua vontade, e assim estaremos unidos com Ele. Mas quão longe estamos de fazer, como devemos a tão grande Deus, estas duas coisas, como tenho dito! Praza a Sua Majestade nos dar graça para que mereçamos chegar a este estado, que em nossa mão está, se queremos.

8. O sinal mais certo que, a meu parecer, há de que guardamos estas duas coisas é guardando bem a do amor do próximo; porque se amamos a Deus não se pode saber, ainda que haja indícios grandes para entender que o amamos; mas o amor do próximo, sim.[14] E estai certas que quanto mais neste vos virdes aproveitadas, mais o estais no amor de Deus; porque é tão grande o que Sua Majestade nos tem, que em pagamento do que temos ao próximo fará que cresça o que temos a Sua Majestade por mil maneiras. Disto eu não posso duvidar.

9. Importa-nos muito andar com grande advertência como andamos nisto, que se é com muita perfeição, tudo temos feito; porque creio que segundo é mau nosso natural, que se não é nascendo de raiz do amor de Deus, que não chegaremos a ter com perfeição o do próximo. Pois tanto

---

12. Jo 17,22; Mt 5,48.
13. Alusão ao duplo preceito do amor: Mc 12,31.
14. Cf. 1Jo 4,20

nos importa isto, irmãs, procuremos ir ocupando-nos em coisas ainda miúdas, e não fazendo caso de umas muito grandes, que assim por junto vêm na oração, de parecer que faremos e aconteceremos[15] pelos próximos e por uma alma só que se salve; porque se não vêm depois conforme as obras, não há para que crer que o faremos. Assim digo da humildade também e de todas as virtudes. São grandes os ardis do demônio, que para fazer-nos entender que temos uma, não a tendo, dará mil voltas ao inferno. E tem razão, porque é muito danoso, que nunca estas virtudes fingidas vêm sem alguma vanglória, como são de tal raiz; assim como as que Deus dá estão livres dela e também de soberba.

10. Eu gosto algumas vezes de ver umas almas, que, quando estão em oração, lhes parece que quereriam ser abatidas e publicamente afrontadas por Deus, e depois uma falta pequena encobririam se pudessem, ou que se não a fizeram e são acusadas dela, Deus nos livre. Pois mire-se muito quem isto não sofre, para não fazer caso do que sozinho determinou, a seu parecer; que de fato em verdade não foi determinação da vontade, que quando esta tem verdadeira é outra coisa; senão alguma imaginação, que nesta faz o demônio seus saltos e enganos;[16] e a mulheres ou gente sem letras, poderá fazer muitos, porque não sabemos entender as diferenças de potências e imaginação e outras mil coisas que há interiores. Ó irmãs, como se vê claro aonde está deveras o amor do próximo em algumas de vós, e nas que não está com esta perfeição! Se entendêsseis o que nos importa esta virtude, não traríeis outro estudo.[17]

11. Quando eu vejo almas muito diligentes em entender a oração que têm e muito encapotadas quando estão nela, que parece que não ousam bulir-se nem menear o pensamento para que não se lhes vá um pouquinho de gosto e devoção que tiveram, faz-me ver quão pouco entendem do caminho por onde se alcança a união, e pensam que ali está todo o negócio. Que não, irmãs, não; o Senhor quer obras, e que se vês uma enferma a quem podes dar algum alívio, e não se te dê nada de perder essa devoção e te compadeças dela; e se tem alguma dor, doa a ti; e se for mister,

---

15. N.T.: *Faremos e aconteceremos*: indica que se oferece um bem ou benefício grande.
16. *Saltos e enganos*: assaltos e ciladas (cf. M. V, 4, 10).
17. *Estudo*: interesse, desejo (cf. M. III, 2, 12).

jejues, para que ela coma, não tanto por ela, como porque sabes que teu Senhor quer aquilo. Esta é a verdadeira união com sua vontade, e que se vires louvar muito a uma pessoa te alegres mais muito que se louvassem a ti. Isto, na verdade, é fácil, que se há humildade, antes terá pena de ver-se louvar. Mas esta alegria de que se entendam as virtudes das irmãs é grande coisa, e quando virmos alguma falta em alguma, senti-la como se fosse em nós e encobri-la.

12. Muito tenho dito em outras partes[18] disto, porque vejo, irmãs, que se houvesse nisso quebra vamos perdidas. Praza ao Senhor nunca a haja, que como isto seja, eu vos digo que não deixeis de alcançar de Sua Majestade a união que fica dita. Quando vos virdes falhas nisto, ainda que tenhais devoção e regalos, que vos pareça que tendes chegado aí, e alguma suspensãozinha na oração de quietude (que algumas logo lhes parecerá que está tudo feito), crede-me que não tendes chegado à união, e pedi a nosso Senhor que vos dê com perfeição este amor do próximo, e deixai Sua Majestade fazer, que Ele vos dará mais do que sabereis desejar, desde que vós vos esforceis procureis em tudo o que puderdes nisto; e forçar vossa vontade para que se faça em tudo a das irmãs, ainda que percais de vosso direito, e esquecer vosso bem pelo seu, ainda que mais contradição vos faça o natural; e procurar tomar trabalho para tirar o do próximo, quando se oferecer. Não penseis que não há de custar algo e que o haveis de achar feito. Olhai o que custou a vosso esposo o amor que nos teve, que para livrar-nos da morte, a morreu tão penosa como morte de cruz.

---

18. Em *Caminho* c. 7; *Fundações* c. 5.

Capítulo 4

Prossegue no mesmo, declarando mais esta maneira de oração.[1] – Diz o muito que importa andar com aviso, porque o demônio o traz grande para fazer tornar atrás do começado.[2]

1. Parece-me que estais com desejo de ver o que faz esta pombinha e aonde assenta, pois fica entendido que não é em gostos espirituais nem em contentos da terra: mais alto é o seu voo. E não vos posso satisfazer este desejo até a última morada, e ainda praza a Deus que eu me lembre ou tenha lugar de escrevê-lo; porque se passaram quase cinco meses desde que o comecei até agora;[3] e como a cabeça não está para tornar a lê-lo, tudo deve ir desbaratado e porventura dito algumas coisas duas vezes. Como é para minhas irmãs, pouco vai nisso.

2. Todavia quero mais declarar-vos o que me parece que é esta oração de união. Conforme meu engenho porei uma comparação; depois diremos mais desta borboletinha, que não para (ainda que sempre frutifique fazendo bem a si e a outras almas),[4] porque não acha seu verdadeiro repouso.

---

1. Ela continua tratando da *oração de união*: cf. o título do c. 2, e o n. 2 do presente capítulo.

2. N.T.: *Porque o demônio...*: o demônio faz o possível para fazer a alma retroceder no seu caminho começado.

3. Penosa alusão às dificuldades que acompanharam a composição deste livro; começado em Toledo em 2 de junho de 1577 (cf. prólogo, n. 3), em menos de um mês e meio estava redigido até o c. 2 (inclusive) das moradas quintas, apesar das contínuas interrupções impostas "pelos negócios e pela saúde" (M. V, 2, 11). Em meados de julho, a viagem da Autora de Toledo a Ávila impõe uma interrupção que quase se converte em suspensão definitiva da obra: escreve o c. 3 das moradas quintas durante a longa viagem ou em seus primeiros dias em Ávila; seguem meses de abandono total da tarefa, até que em princípios de novembro se vê obrigada a retomar a redação com o capítulo 4 das moradas quintas: "Passaram quase cinco meses desde que o comecei até agora", e ainda não estava na metade da obra; mas em menos de um mês escreverá o resto: datará o epílogo em Ávila em 29 de novembro.

4. A frase entre parênteses foi acrescentada pela Santa entre linhas e à margem.

3. Já tereis ouvido muitas vezes[5] que Deus se desposa com as almas espiritualmente. Bendita seja sua misericórdia que tanto se quer humilhar! E ainda que seja grosseira comparação, eu não acho outra que mais possa dar a entender o que pretendo do que o sacramento do matrimônio. Porque ainda que de diferente maneira, porque nisto que tratamos jamais há coisa que não seja espiritual (isto corpóreo vai muito longe, e os contentos espirituais que o Senhor dá, e os gostos,[6] que devem ter os que se desposam, vão mil léguas um do outro), porque tudo é amor com amor, e suas operações são limpíssimas e tão delicadíssimas e suaves, que não há como se dizer, mas o Senhor sabe dá-las muito bem a sentir.

4. Parece-me a mim que a união ainda não chega a desposório[7] espiritual; senão, como por cá quando se hão de desposar dois, se trata se são conformes e que um e o outro queiram, e também que se vejam, para que um mais se satisfaça do outro, assim cá,[8] pressuposto que o concerto está já feito e que esta alma está muito bem informada quão bem está e determinada a fazer em tudo a vontade de seu Esposo de todas quantas maneiras ela vir que lhe há de dar contento, e Sua Majestade, como quem bem entenderá se é assim, está contente com ela, e assim faz esta misericórdia, que quer que o entenda mais e que – como dizem – venham a vistas[9] e juntá-

---

5. *Já tereis ouvido*: não é difícil associar essa alusão às práticas ou sermões de frei João da Cruz por aquela mesma época.
6. *E os gostos*, comparados ao gosto que...
7. N.T.: *Desposório*: em português se usa também "esponsório", ou seja, a promessa mútua que homem e mulher fazem de contrair matrimônio. Equivale ao "noivado" dos dias de hoje (ver C. 22, n. 7, nota 8).
8. A Santa, muito amiga da elipse, abusa de *cás* e *acolás*, eliminados em mais de uma ocasião por frei Luís (cf. o n. 5 do capítulo anterior, Ed. príncipe, p. 111). Nesta passagem, o primeiro *cá* se refere ao ritual profano; o segundo, à vida espiritual.
9. *Que, como dizem, venham a vistas*: no uso do século de ouro espanhol, "vir a vistas" ou "à vista" (cf. n. 5) era um rito pré-nupcial, anterior ao casamento, em que os noivos se conheciam mutuamente e trocavam os primeiros regalos. Ao introduzir em seu livro esta terceira *alegoria matrimonial*, a Santa irá tocando muito de passagem – como nas duas anteriores: castelo e bicho-da-seda – nos elementos reais ou materiais, que depois carregará de conteúdo simbólico. Assim acaba de aludir ao "concerto" prévio (n. 4), e em seguida a "dar e tomar" os dons (n. 4), ao "enamoramento" (n. 4), ao "dar as mãos" (n. 4), e sucessivamente ao "desposório" e "matrimônio". Estes dois últimos elementos terão amplo desenvolvimento nas moradas VI e VII, respectivamente. Podemos facilitar ao leitor um esquema – sumaríssimo e apenas aproximado – da versão alegórica dada aos outros elementos: o "concerto" [o acordo de 'noivado'] corresponde vagamente às

-la consigo. Podemos dizer que isto é assim, porque passa em brevíssimo tempo. Ali não há mais dar e tomar, senão um ver a alma, por uma maneira secreta, quem é este Esposo que há de tomar; porque pelos sentidos e potências de maneira nenhuma podia entender em mil anos o que aqui entende em brevíssimo tempo; mas como é tal o Esposo, só aquela vista a deixa mais digna de que venham a dar-se as mãos, como dizem; porque fica a alma tão enamorada, que faz de sua parte o que pode para que não se desconcerte este divino desposório. Mas se esta alma se descuida para pôr sua afeição em coisa que não seja Ele, perde tudo, e é tão grandíssima perda como são as mercês que vai fazendo, e muito maior que se pode encarecer.

5. Por isso, almas cristãs, as quais o Senhor tem chegado a estes termos, por Ele vos peço que não vos descuideis, senão que vos aparteis das ocasiões, que ainda neste estado não está a alma tão forte que se possa meter nelas, como está depois de feito o desposório, que é na morada que diremos depois desta; porque a comunicação não foi mais que uma vista – como dizem[10] – e o demônio andará com grande cuidado a combatê-la e a desviar este desposório; que depois, como já a vê de todo rendida ao Esposo, não ousa tanto, porque tem medo dela, e tem experiência que, se alguma vez o faz, fica com grande perda e ela com mais lucro.

6. Eu vos digo, filhas, que tenho conhecido pessoas muito elevadas, e chegar a este estado e com a grande sutileza e ardil do demônio, tornar a ganhá-las para si; porque deve juntar-se todo o inferno para isso, porque, como muitas vezes digo,[11] não perdem uma alma só, senão grande multidão. Ele já tem experiência neste caso; porque, se mirarmos a multidão de almas que por meio de uma traz Deus a si, é para louvá-lo muito os

---

graças preparatórias das quartas moradas; as "vistas" [o encontro dos noivos] são ilustrações brevíssimas de entendimento e vontade para iniciar a alma num conhecimento mais profundo de Deus e despertar nela um amor novo (n. 4-5); o "enamoramento" significa uma permanente ferida de amor (M. VI, c. 1, n. 1); o "dar-se as mãos" indica o compromisso de vigilância e proteção do esposo divino sobre a alma: "que ninguém há de tocar nela" (M. VI, 4, 16); o mútuo intercâmbio de dons tem sua correspondência mística nas três "joias que o Esposo começa a dar à esposa": "conhecimento da grandeza de Deus", "conhecimento próprio" e menosprezo do terreno (M. VI, 5, 10-11).

10. Intencionalmente, ela insiste no léxico da linguagem corrente: "não foi mais que uma vista, como dizem". Esse "como dizem" já tinha sido repetido duas vezes no número 4 para introduzir outros elementos da alegoria.

11. Assim nas *Moradas* IV, 3, 9-10.

milhares que os mártires convertiam: uma donzela como Santa Úrsula! Pois as que terá perdido o demônio por São Domingos e São Francisco e outros fundadores de Ordens, e perde agora pelo Padre Inácio, o que fundou a Companhia, que todos está claro – como lemos[12] – recebiam mercês semelhantes de Deus. O que foi isto, senão que se esforçaram para não perder por sua culpa tão divino desposório? Ó filhas minhas, que tão aparelhado está este Senhor para nos fazer mercê agora como então, e ainda em parte mais necessitado de que as queiramos receber, porque há poucos que olhem por sua honra, como então havia. Queremo-nos muito; há mui muita cordura para não perder nosso direito. Oh, que engano tão grande! O Senhor nos dê luz para não cair em semelhantes trevas, por sua misericórdia.

7. Podereis me perguntar ou estar com dúvida sobre duas coisas: a primeira, que se está a alma tão posta com a vontade de Deus como fica dito,[13] que como se pode enganar, pois ela em tudo não quer fazer a sua? A segunda, por que vias pode entrar o demônio tão perigosamente que se perca vossa alma, estando tão apartadas do mundo e tão chegadas aos sacramentos e em companhia – podemos dizer – de anjos, pois pela bondade do Senhor todas não trazem outros desejos senão de servi-lo e agradecer-lhe em tudo? Que já os que estão metidos nas ocasiões do mundo, não é muito. Eu digo que nisto tendes razão, que farta misericórdia nos tem feito Deus; mas quando vejo – como tenho dito – que estava Judas em companhia dos Apóstolos, e tratando sempre com o próprio Deus, e ouvindo suas palavras, entendo que não há segurança nisto.[14]

8. Respondendo ao primeiro, digo que se esta alma estivesse sempre apegada à vontade de Deus, que está claro que não se perderia; mas vem o demônio com umas sutilezas grandes, e debaixo de cor de bem vai desengonçando-a em pouquinhas coisas dela e metendo em algumas que ele a faz entender que não são más, e pouco a pouco obscurecendo o enten-

---

12. Vaga alusão às leituras devidas de Santos, correntes nos Carmelos já pelos anos da Santa. Ver, no entanto, um lugar paralelo à passagem que segue em *Fundações* c. 4, n. 6-7, escrito anos antes, em 1573. – Santa Úrsula é a protagonista da legenda das "Onze mil virgens".

13. No n. 4; e c. 1-3 *passim*.

14. Ver as alusões a Judas e Saul no c. 3, n. 2.

dimento e entibiando a vontade e fazendo crescer nela o amor próprio, até que de um em outro a vai apartando da vontade de Deus e chegando à sua.

Daqui fica respondido o segundo; porque não há encerramento tão encerrado aonde ele não possa entrar, nem deserto tão apartando aonde deixe de ir. E ainda outra coisa vos digo, que talvez o Senhor permita para ver como se comporta aquela alma a quem quer pôr por luz de outras; que mais vale que no princípio, se há de ser ruim, o seja, do que quando dane a muitas.

9. A diligência mais certa que me é oferecida (depois de pedir sempre a Deus na oração que nos tenha em sua mão, e pensar muito continuamente como, se Ele nos deixa, seremos logo no profundo,[15] como é verdade, e jamais estar confiadas em nós, pois será desatino estar), é andar com particular cuidado e aviso, olhando como vamos nas virtudes: se vamos melhorando ou diminuindo em algo, em especial no amor umas com as outras e no desejo de ser tida como a menor e em coisas ordinárias; que se olharmos nisso e pedirmos ao Senhor que nos dê luz, logo veremos o lucro ou a perda. Que não penseis que a alma que Deus chega a tanto a deixa tão depressa de sua mão, que não tenha bem o demônio que trabalhar, e sente Sua Majestade tanto que se perca, que lhe dá mil avisos interiores de muitas maneiras; assim que não poderá ser escondido dela o dano.

10. Enfim, seja a conclusão nisto, que procuremos sempre ir adiante, e se isto não há, andemos com grande temor, porque sem dúvida algum salto[16] nos quer fazer o demônio; pois não é possível que, tendo chegado a tanto, deixe de ir crescendo, que o amor jamais está ocioso, e assim será bastante mau sinal. Porque a alma que tem pretendido ser esposa do próprio Deus e tratado já com Sua Majestade e chegado aos termos que fica dito, não há de deitar-se para dormir.

E para que vejais, filhas, o que faz com as que já tem por esposas, comecemos a tratar das sextas moradas, e vereis como é pouco tudo o que poderíamos servir e padecer e fazer para dispor-nos a tão grandes mercês. Que poderá ser ter ordenado nosso Senhor que mo mandassem escrever

---

15. N.T.: *Seremos logo no profundo*: cairemos logo no abismo.
16. *Salto*: por assalto (cf. M. V, 3,10).

para que, postos os olhos no prêmio e vendo quão sem medida é sua misericórdia, pois com uns vermes quer assim comunicar-se e mostrar-se, esqueçamos nossos contentinhos da terra e, postos os olhos em sua grandeza, corramos acesas no seu amor.

11. Praza a Ele que acerte eu a declarar algo de coisas tão dificultosas; que se Sua Majestade e o Espírito Santo não meneia a pluma,[17] bem sei que será impossível. E se não há de ser para vosso proveito, suplico-lhe que não acerte a dizer nada; pois Sua Majestade sabe que não é outro o meu desejo, por quanto posso entender por mim, senão que seja louvado seu nome, e que nos esforcemos para servir a um Senhor que assim paga ainda cá na terra; por onde podemos entender algo do que nos há de dar no céu, sem os intervalos e trabalhos e perigos que há neste mar de tempestades. Porque, para não ter de perdê-lo e ofendê-lo, descanso seria que não se acabasse a vida até o fim do mundo, para trabalhar por tão grande Deus e Senhor e Esposo.

Praza à Sua Majestade que mereçamos fazer-lhe algum serviço, sem tantas faltas como sempre temos, ainda nas obras boas, amém.

---

17. *Que... meneiem a pluma*: invocação motivada pela aproximação de um novo plano místico (cf. M. IV, 4, 1; VI, 1, 1).

MORADAS SEXTAS
HÁ NELAS ONZE CAPÍTULOS

Capítulo 1

Trata como em começando o Senhor a fazer maiores mercês há trabalhos maiores. – Diz alguns e como se comportam neles os que já estão nesta morada. – É bom para quem os passa interiores.

1. Pois venhamos com o favor do Espírito Santo a falar nas sextas moradas, aonde a alma já fica ferida do amor do Esposo e procura mais lugar para estar só e tirar tudo o que pode, conforme o seu estado, que a pode estorvar desta solidão.

Está tão esculpida na alma aquela vista,[1] que todo o seu desejo é tornar a gozá-la. Já tenho dito, que nesta oração não se vê nada, que se possa dizer ver, nem com a imaginação; digo vista, pela comparação que pus.[2] Já a alma fica bem determinada a não tomar outro esposo; mas o Esposo não olha para os grandes desejos que tem de que se faça já o desposório, que ainda quer que o deseje mais e que lhe custe algo bem que é o maior dos bens. E ainda que tudo seja pouco para tão grandíssimo lucro, eu vos digo, filhas, que não deixa de ser mister a mostra e sinal que já se tem dela, para poder-se levar. Oh, valha-me Deus, e que são os trabalhos interiores e exteriores que padece até que entra na sétima morada!

2. Por certo que algumas vezes considero isso e que temo que se fossem entendidos antes, seria dificílimo determinar-se a fraqueza natural para poder sofrê-lo, nem determinar-se a passá-lo, por bens que lhe fossem representados, salvo se houvesse chegado à sétima morada, que já ali nada se teme de maneira que não se lance radicalmente a alma a passá-lo por Deus.[3] E a causa é que está quase sempre tão junta de Sua Majestade, que dali lhe vem a fortaleza. Creio que será bom contar-vos alguns que sei que se passam com certeza. Talvez nem todas as almas sejam levadas por este

---

1. *Aquela vista*: refere-se à graça mística simbolizada nas "vistas" do capítulo anterior. – A seguir: *já tenho dito*, nas Moradas V, 1, 9-11.
2. Alude ao léxico nupcial do capítulo anterior e à correspondente graça mística: M. V, 4, 3 e V, 1, 9-11.
3. As passagens aludidas são: M. VII, 3, 4-5 e M. VI, 11, 11.

caminho, ainda que duvide muito que vivam livres de trabalhos da terra de uma maneira ou de outra as almas que a tempos gozam de coisas tão deveras do céu.

3. Ainda que por mim não tivesse de tratar disto, pensei que para alguma alma que se vê nisso será grande consolo saber o que se passa nas que Deus faz semelhantes mercês, porque verdadeiramente parece então que está tudo perdido. Não citarei por ordem como sucedem, mas como me vier à memória. E quero começar pelos menores, que é uma gritaria das pessoas com quem se trata, e ainda com as que não trata senão que em sua vida lhe pareceu que se podiam lembrar dela: "que se faz santa";[4] "que faz extremos para enganar o mundo e para fazer os outros ruins; que são melhores cristãos sem essas cerimônias"; e há de se notar que não há nenhuma, senão procurar guardar bem o seu estado. Os que tinha por amigos se afastam dela e são os que lhe dão melhor bocado, e é dos que muito se ouvem: "que vai perdida aquela alma e notavelmente enganada"; "que são coisas do demônio"; "que há de ser como aquela e a outra pessoa que se perdeu, e ocasião de que caia a virtude"; "que traz enganados os confessores", e ir a eles e dizer-lhes, dando a eles exemplos do que aconteceu a alguns que se perderam por aqui; mil maneiras de mofas e de ditos destes.

4. Eu sei de uma pessoa[5] que teve bastante medo que não houvesse de haver quem a confessasse, segundo andavam as coisas, que por serem muitas não há para que me deter. E o pior é que não passam depressa, senão que é toda a vida, e uns a avisarem aos outros que se guardem de tratar com pessoas semelhantes.

Dir-me-eis que também há quem diga bem. – Ó filhas, e que poucos há que creem nesse bem, em comparação com os muitos que abominam! Quanto mais que esse é outro trabalho maior que os ditos! Porque como a alma vê claro que, se tem algum bem, é dado de Deus e de nenhuma maneira seu, porque pouco antes se viu muito pobre e metida em grandes pecados, é-lhe um tormento intolerável, pelo menos no princípio, que

---

4. *Que se faz santa...*: segue uma série de alusões ao seu caso pessoal, amplamente narrado em *Vida*: "diziam que me queria fazer santa e que inventava novidades" (*Vida* 19, 8). *Que são coisas do demônio*: cf. *Vida* 25, 19 e todo o c. 29.

5. Novamente ela mesma em anonimato. Cf. *Vida* 28, 14.

depois nem tanto, por algumas razões: a primeira, porque a experiência a faz ver claro que tão depressa dizem bem como mal, e assim não faz mais caso de um que do outro; a segunda, porque o Senhor lhe deu maior luz de que nenhuma coisa boa é sua, senão dada de Sua Majestade, e como se a visse em terceira pessoa, esquecida de que não tem ali nenhuma parte, volta-se a louvar a Deus; a terceira, se tem visto algumas almas aproveitadas de ver as mercês que Deus lhe faz, pensa que tomou Sua Majestade este meio de que a tivessem por boa não o sendo, para que a elas viesse bem; a quarta, porque como tem mais diante a honra e glória de Deus que a sua, tira-se uma tentação que dá no princípio de que esses louvores hão de ser para destruí-la, como tem visto alguns, e pouco se lhe dá de ser desonrada a troco de que sequer uma vez seja Deus louvado por seu meio; depois, venha o que vier.[6]

5. Estas razões e outras aplacam a muita pena que dão estes louvores, ainda que quase sempre se sinta alguma, a não ser quando não se adverte nem pouco nem muito; mas sem comparação é maior trabalho ver-se assim e público ter por boa sem razão, do que os ditos;[7] e quando já vem a não ter muito disto, mui muito menos tem deste outro, antes se folga e é como uma música muito suave. Isto é grande verdade, e antes fortalece a alma do que a acobarda; porque já a experiência lhe tem ensinado o grande lucro que lhe vem por este caminho, e parece-lhe que não ofendem a Deus os que a perseguem; antes, que Sua Majestade o permite para grande lucro dela; e como a sente claramente, toma-lhes um amor particular muito terno, que lhe parece que aqueles são mais amigos e que lhe dão mais a ganhar que os que dizem bem.

6. O Senhor também costuma dar enfermidades grandíssimas. Este é muito maior trabalho, em especial quando são dores agudas, que em parte, se elas são rijas, me parece a maior que na terra – digo exterior – ainda que entrem quantas quiserem;[8] se é das dores muito rijas, digo, porque de-

---

6. Em *Caminho* (36, 8) tinha escrito: "Alma que Deus chega a Si em oração tão subida... nem se lhe dá mais ser estimada que não... muita mais pena lhe dá a honra do que a desonra".

7. Quer dizer: é mais penoso que as murmurações e ditos dos n. 3-4.

8. Compare-se com *Vida* 30, 8. [Refere-se às dores e aos "trabalhos" ou sofrimentos].

compõe o interior e exterior de maneira que aperta uma alma que não sabe o que fazer de si; e de muito bom grado tomaria qualquer martírio depressa, que estas dores; ainda que em grandíssimo extremo não durem tanto, que enfim Deus não dá mais do que se pode sofrer, e Sua Majestade dá primeiro a paciência; mas de outras grandes no ordinário e enfermidades de muitas maneiras, [7] eu conheço uma pessoa[9] que desde que começou o Senhor a fazer-lhe esta mercê que fica dita, que há quarenta anos, não pode dizer com verdade que tem estado dia sem ter dores e outras maneiras de padecer, de falta de saúde corporal, digo, sem outros grandes trabalhos. É verdade que tinha sido muito ruim, e para o inferno que merecia tudo se faz pouco para ela. Outras que não tenham ofendido tanto a nosso Senhor, as levará por outro caminho; mas eu sempre escolheria o do padecer, ao menos para imitar nosso Senhor Jesus Cristo, ainda que não houvesse outro lucro; em especial, que sempre há muitos.

Oh, pois se tratamos dos interiores,[10] estoutros pareceriam pequenos, se estes se acertassem a dizer, senão que é impossível dar-se a entender da maneira que se passam.

8. Comecemos pelo tormento que dá topar com um confessor tão cordato[11] e pouco experimentado, que não há coisa que tenha por segura: tudo teme, em tudo põe dúvida, vendo coisas não ordinárias; em especial, se na alma que as tem vê alguma imperfeição (que lhes parece hão de ser anjos a quem Deus fizer estas mercês, e é impossível enquanto estiverem neste corpo), logo é tudo condenado a demônio ou melancolia. E desta está o mundo tão cheio, que não me espanto; que há tanta agora no mundo e faz o demônio tantos males por este caminho, que têm mui muita razão de temê-lo e olhá-lo muito bem os confessores. Mas a pobre alma que anda com o mesmo temor e vai ao confessor como a um juiz, e esse a condena, não pode deixar de receber tão grande tormento e perturbação, que só entenderá quão grande trabalho é quem houver passado por ele.

---

9. Nova alusão velada a si mesma e à sua *história penosa*. Está com idade de 62 anos quando escreve estas linhas. Descontados os 40 aludidos no texto, se deveria voltar aos 22/23 anos, entre seu noviciado e a terrível enfermidade que a leva a Becedas e à beira da morte. Foi, então, quando "começou o Senhor a regalar-me tanto por este caminho, que me fazia mercê de dar-me oração de quietude, e alguma vez chegava à união" (*Vida* 4, 7).

10. Pois se tratamos dos (trabalhos) interiores...

11. Um confessor *tão cordato*: dito humoristicamente (cf. M. V, 4, 8)

Porque este é outro dos grandes trabalhos que estas almas padecem, em especial se têm sido ruins, pensar que por seus pecados Deus há de permitir que sejam enganadas; e ainda quando Sua Majestade lhes faz a mercê estão seguras e não podem crer ser outro espírito senão de Deus, como é coisa que passa depressa e a lembrança dos pecados está sempre presente e vê em si faltas – que estas nunca faltam –, logo vem este tormento. Quando o confessor a assegura, aplaca-se, ainda que torne; mas quando ele ajuda com mais temor, é coisa quase insofrível; em especial, quando atrás destes vêm umas securas, que parece que jamais se tem lembrado de Deus, nem se há de lembrar, e que como uma pessoa de quem ouviu dizer de longe, é quando ouve falar de Sua Majestade.

9. Tudo não é nada, se não é que sobre isto venha o parecer que não sabe informar aos confessores e que os traz enganados; e ainda que mais pense e veja que não há primeiro movimento que não lhes diga, não aproveita; que está o entendimento tão obscuro que não é capaz de ver a verdade, senão crer o que a imaginação lhe representa (que então ela é a senhora), e os desatinos que o demônio quer representar a ela, a quem nosso Senhor deve dar licença para que a prove e ainda para que a faça entender que está reprovada por Deus. Porque são muitas as coisas que a combatem com um aperto interior de maneira tão sensível e intolerável, que eu não sei a que pode ser comparado, senão aos que padecem no inferno; porque nenhum consolo se admite nesta tempestade. Se o querem tomar com o confessor, parece que os demônios acudiram a ele para que a atormente mais; e assim, tratando um com uma alma que estava neste tormento, depois de passado (que parece aperto perigoso por ser de tantas coisas juntas), dizia a ela que lhe avisasse quando estivesse assim, e sempre era tão pior, que veio ele a entender que não era mais em sua mão.[12] Pois se se quer tomar um livro de romance, pessoa que o sabia ler bem, lhe acontecia não entender mais dele que se não soubesse letra, porque não estava o entendimento capaz.

10. Enfim, que nenhum remédio há nesta tempestade, senão aguardar a misericórdia de Deus, que de repente, com uma só palavra sua ou

---

12. A Santa e o P. Baltasar Alvarez: cf. *Vida* c. 30, n. 13. – A alusão seguinte corresponde à *Vida* c. 30, n. 12.

uma ocasião que acaso sucedeu, tira tudo tão depressa, que parece que não houve nuvem naquela alma, segundo fica cheia de sol e de muito mais consolo; e como quem escapou de uma batalha perigosa tendo ganhado a vitória, fica louvando nosso Senhor, que foi o que pelejou para o vencimento; porque conhece muito claro que ela não pelejou; que todas as armas com que podia defender-se lhe parece que as vê em mãos de seu contrário, e assim conhece claramente sua miséria e o pouquíssimo que podemos de nós se o Senhor nos desamparasse.

11. Parece que já não é preciso consideração para entender isto, porque a experiência de passar por isso, tendo-se visto totalmente inabilitada, a fazia entender nosso nonada, e quão miserável coisa somos; porque a graça (ainda que não deva estar sem ela, pois com toda esta tormenta não ofende a Deus nem o ofenderia por coisa da terra), está tão escondida, que nem sequer uma centelha muito pequena lhe parece ver de que tem amor de Deus nem que o teve jamais; porque se fez algum bem ou Sua Majestade lhe fez alguma mercê, tudo lhe parece coisa sonhada e que foi antojo. Os pecados vê certo que os fez.

12. Ó Jesus, e o que é ver uma alma desamparada desta sorte, e – como tenho dito[13] – quão pouco lhe aproveita nenhum consolo da terra! Por isso não penseis, irmãs, se alguma vez vos virdes assim, que os ricos e os que estão com liberdade terão para estes tempos mais remédio. Não, não, que a mim me parece que é como se diante dos condenados fossem postos quantos deleites há no mundo, não bastariam para dar-lhes alívio, antes lhes acrescentaria o tormento; assim cá vem de cima, e não valem aqui nada as coisas da terra. Quer este grande Deus que conheçamos rei[14] e nossa miséria, e importa muito para o de adiante.

13. Pois, o que fará esta pobre alma quando muitos dias lhe durar assim? Porque se reza, é como se não rezasse, para seu consolo, digo; que não é admitido no interior, nem sequer entende o que reza ela mesma, ainda que seja vocal, que para mental não é este tempo de maneira alguma, porque não estão as potências para isso, antes faz maior dano a solidão, sendo outro tormento por si estar com alguém ou que lhe falem. E assim,

---

13. Nos n. 9-10.
14. Que o reconheçamos por rei.

por mui muito que se esforce, anda com um desabrimento e má condição no exterior, que se nota muito.

É verdade que saberá dizer o que tem? É indizível; porque são apertos e penas espirituais, que não se sabem pôr nomes. O melhor remédio – não digo para que se tire, que eu não o acho, senão para que se possa sofrer – é ocupar-se com obras de caridade e exteriores, e esperar na misericórdia de Deus, que nunca falta aos que nele esperam.[15] Seja para sempre bendito, amém.

14. Outros trabalhos que os demônios dão, exteriores, não devem ser tão ordinários, e assim não há para que falar neles, nem são tão penosos com grande parte; porque, por muito que façam, não chegam a inabilitar assim as potências, a meu parecer, nem perturbar a alma desta maneira; que, enfim, fica razão para pensar que não podem fazer mais do que o Senhor lhes der licença, e quando esta[16] não está perdida, tudo é pouco em comparação com o que fica dito.

15. Outras penas interiores iremos dizendo nesta morada, tratando diferenças de oração e mercês do Senhor; que ainda que algumas sejam ainda mais rijas que o dito no padecer, como se verá por qual deixa o corpo, não merecem nome de trabalhos, nem há razão para que lhe seja posto, por serem tão grandes mercês do Senhor, e que no meio deles entende a alma que o são e muito fora de seus merecimentos. Vem já esta pena grande para entrar na sétima morada, com outros fartos, que alguns direi,[17] porque todos será impossível, nem ainda declarar como são, porque vêm de outra linhagem que os ditos, muito mais alta; e se neles, sendo de casta mais baixa, não pude declarar mais que o dito, menos poderei nisto outro. O Senhor dê para tudo seu favor pelos méritos de seu Filho, amém.

---

15. Ressonância dos salmos rezados pela Santa: 32, 18; 33, 23...
16. *Esta*: a razão.
17. *Alguns direi* no c. 11, último das moradas sextas. – Vêm *de outra linhagem que os ditos* neste capítulo.

Capítulo 2

Trata de algumas maneiras com que desperta a alma nosso Senhor, que parece que não há nelas o que temer, ainda que seja coisa muito subida.

1. Parece que temos deixado muito a pombinha, e não temos; porque estes trabalhos são os que a fazem voo mais alto.

Pois comecemos agora a tratar da maneira que o Esposo se comporta com ela e como antes que de todo o seja faz bem que seja desejado, por uns meios tão delicados, que a alma mesma não os entende, nem eu creio que acertarei em dizer para que o entenda, a não ser as que passaram por isso; porque são impulsos tão delicados e sutis, que procedem do muito interior da alma, que não sei comparação que pôr que quadre.

2. Vai bem diferente de tudo o que cá podemos procurar e ainda dos gostos que ficam ditos,[1] que muitas vezes estando a mesma pessoa descuidada e sem ter a memória em Deus, Sua Majestade a desperta, à maneira de um cometa que passa depressa, ou um trovão, ainda que não se ouça ruído;[2] mas entende muito bem a alma que foi chamada por Deus, e tão entendido, que algumas vezes, em especial no princípio, a faz estremecer e ainda queixar-se, sem ser coisa que lhe doa. Sente ser ferida saborosissimamente, mas não atina como nem quem a feriu; antes conhece ser coisa preciosa e jamais quereria ser sã daquela ferida. Queixa-se com palavras de amor, mesmo exteriores, sem poder fazer outra coisa, a seu Esposo; porque entende que está presente, mas não se quer manifestar de maneira que deixe gozar-se. E é farta pena, ainda que saborosa e doce; e ainda que quisesse não tê-la, não pode; mas isto não quereria jamais: muito mais a satisfaz que o embevecimento saboroso que carece de pena, da oração de quietude.

3. Desfazendo-me estou, irmãs, para dar-vos a entender esta operação de amor, e não sei como. Porque parece coisa contrária dar a entender o Amado claramente que está com a alma, e parecer que a chama com um

---

1. Nas *Quartas Moradas*.
2. Frase corrigida no original pela Santa, que primeiro tinha escrito: "... depressa, ou um relâmpago, ainda que nem se veja luz nem se ouça ruído" (cf. R. 4, 2).

sinal tão certo que não se pode duvidar e um assobio tão penetrante para a alma entendê-lo que não o pode deixar de ouvir; porque não parece senão que em falando o Esposo, que está na sétima morada, por esta maneira (que não é fala formada), toda a gente que está nas outras não se ousam bulir, nem sentidos, nem imaginação, nem potências.

Ó meu poderoso Deus, quão grandes são vossos segredos, e quão diferentes as coisas do Espírito Santo[3] a quanto por cá se pode ver e entender, pois com nenhuma coisa se pode declarar esta tão pequena, para[4] as muito grandes que obrais com as almas!

4. Faz nela tão grande operação, que se está desfazendo de desejo e não sabe o que pedir, porque claramente lhe parece que está com ela o seu Deus.

Dir-me-eis: pois se entende isto, o que deseja, ou o que lhe dá pena? Que maior bem quer? – Não o sei; sei que parece lhe chegar às entranhas esta pena, e que, quando delas arranca a seta o que a fere, verdadeiramente parece que as leva atrás de si,[5] segundo o sentimento de amor que sente. Estava pensando agora se seria que deste fogo do braseiro aceso que é o meu Deus saltava alguma centelha e dava na alma, de maneira que se deixava sentir aquele fogo aceso, e como não era ainda bastante para queimá-la e ele é tão deleitoso, fica com aquela pena e ao tocar faz aquela operação; e parece-me que é a melhor comparação que tenho acertado a dizer. Porque esta dor saborosa – e não é dor – não está em um ser; ainda que às vezes dure grande tempo, outras depressa se acaba, como quer comunicar-lhe o Senhor, que não é coisa que se pode procurar por nenhuma via humana. Mas ainda que algumas vezes dure muito, ela vai e volta; enfim, nunca está estante,[6] e por isso não acaba de abrasar a alma, senão já que vai acender-se, morre a centelha e fica com desejo de tornar a padecer aquela dor amorosa que lhe causa.

---

3. Frei Luís leu: "coisas do espírito". Preferimos o texto original.
4. *Tão pequena para...*: tão pequena em comparação de.
5. "Parece que as leva atrás de si, segundo é o sentimento de amor": assim esclareceu frei Luís (p. 138). – Toda esta passagem, com a dupla experiência do fogo e da seta, tem um belo paralelo biográfico em *Vida*, c. 29, n. 10: "Não pomos nós a lenha, senão que parece que, feito já o fogo, depressa nos lançam dentro para que nos queimemos... fincam uma seta no mais vivo das entranhas e coração... que não sabe a alma o que faz nem o que quer". Segue a conhecida descrição da transverberação (n. 13).
6. *Estante*: estável, fixo.

5. Aqui não há que pensar se é coisa movida pelo próprio natural, nem causada por melancolia, nem tampouco engano do demônio, nem se é antojo; porque é coisa que se deixa muito bem entender ser este movimento de onde está o Senhor, que é imutável; e as operações não são como de outras devoções, que o muito embevecimento do gosto nos pode fazer duvidar. Aqui estão todos os sentidos e potências sem nenhum embevecimento, mirando o que poderá ser, sem estorvar nada nem poder acrescentar aquela pena deleitosa nem tirá-la, a meu parecer.

A quem nosso Senhor fizer esta mercê (que, se lhe foi feita, ao ler isto o entenderá), dê-lhe mui muitas graças, que não tem que temer se é engano; tema muito se há de ser ingrato a tão grande mercê, e procure esforçar-se para servir e para melhorar em tudo a sua vida, e verá no que para e como recebe mais e mais; ainda que a uma pessoa[7] que teve isto passou alguns anos com ele e com aquela mercê estava bem satisfeita, que se multidão de anos servisse ao Senhor com grandes trabalhos, ficava com ela muito bem paga. Seja bendito para sempre jamais, amém.

6. Poderá ser que repareis em como há mais segurança nisto que em outras coisas. – A meu parecer por estas razões: a primeira, porque jamais o demônio deve dar pena saborosa como esta; poderá ele dar o sabor e o deleite que pareça espiritual; mas juntar pena, e tanta, com quietude e gosto da alma, não é de sua faculdade: que todos os poderes estão no exterior,[8] e suas penas, quando ele as dá, não são, a meu parecer, jamais saborosas nem com paz, senão inquietas e com guerra. A segunda, porque esta tempestade saborosa vem de outra região das que ele pode dominar. A terceira, pelos grandes proveitos que ficam na alma, que é o mais ordinário determinar-se a padecer por Deus e desejar ter muitos trabalhos, e ficar muito mais

---

7. Alude a si mesma. Ela era vítima destes ímpetos irresistíveis durante os anos em que escrevia o livro da *Vida*, 1562-1565. Em 1568 São Juan de Ávila escreve a ela garantindo-lhe "que são bons" (cf. Rel. 5, n. 13; e a carta do Santo em B.M.C., t. II, p. 208-210). Ainda em 1571 os tem frequentemente, apesar de escrever: "de uns dias para cá me parecia não ter tão grandes ímpetos como costumava" (Rel. 15, n. 1, mas em seguida refere o famoso "traspassamento" das *coplas* de Salamanca). Pouco depois, sem que seja possível fixar a data, esta graça mística dá passagem a outras menos violentas: "o desejo e ímpetos tão grandes de morrer foram tirados de mim" (Rel. 21).

8. *No exterior* (*por las adefueras*): no exterior do homem, como "na ronda do castelo".

determinada a apartar-se dos contentos e conversações da terra, e outras coisas semelhantes.

7. O fato de não ser antojo,[9] está muito claro; porque ainda que outras vezes o procure, não poderá reproduzir aquilo. E é coisa tão notória, que de nenhuma maneira se pode antojar, digo parecer que é, não sendo, nem duvidar de que é; e se alguma[10] ficar, saibam que estes não são verdadeiros ímpetos; digo, se duvidar em se o teve, ou se não; porque assim se dá a sentir, como aos ouvidos uma grande voz. Pois ser melancolia, não leva caminho nenhum, porque a melancolia não faz e fabrica seus antojos senão na imaginação; este outro procede do interior da alma.

E pode ser que eu me engane, mas até ouvir outras razões de quem o entende, sempre estarei nesta opinião; e assim sei de uma pessoa bastante cheia de temor destes enganos, que desta oração jamais o pôde ter.[11]

8. Também costuma nosso Senhor ter outras maneiras de despertar a alma: que de repente, estando rezando vocalmente e com descuido de coisa interior, parece que vem uma inflamação deleitosa, como se depressa viesse um odor tão grande que se comunicasse por todos os sentidos (não digo que é odor, mas ponho esta comparação) ou coisa desta maneira, só para dar a sentir que o Esposo está ali; move um desejo saboroso de a alma gozar dele, e com isto fica disposta a fazer grandes atos de louvor a nosso Senhor. O nascimento desta mercê é de onde o que fica dito; mas aqui[12] não há coisa que dê pena, nem os desejos mesmos de gozar a Deus são penosos: é mais ordinário a alma sentir isso. Tampouco me parece que aqui há que temer, por algumas razões das ditas,[13] senão procurar admitir esta mercê com ação de graças.

---

9. *O fato de não ser antojo*: a graça de que falou nos primeiros números. A imaginação não poderá reproduzi-la.

10. *Se alguma* dúvida *ficar*.

11. Na *Relação* 5, n. 13, garante que seus próprios confessores estavam isentos de temor com respeito a esta graça mística: "ninguém o condena". – Todo este capítulo tem seu paralelo ou reverso biográfico no c. 29 de *Vida*; cf., além disso, o c. 20.

12. *O nascimento... é de onde o que fica dito*: disse no n. 1 que os "impulsos delicados... procedem *do muito interior da alma*"; a ferida saborosíssima (n. 2) ou o "assobio penetrante" (n. 3) procedem do "Esposo, que está na sétima morada" (n. 3) e "chega às suas entranhas" (n. 4); é um "movimento" que procede "de onde está o Senhor [centro da alma] que é imutável" (n. 5). Ver também o n. 1 do c. 3.

13. No n. 6.

Capítulo 3

Trata da mesma matéria e diz da maneira que Deus fala à alma quando é servido, e avisa como se hão de haver nisso e não seguir-se por seu parecer. – Põe alguns sinais para que se conheça quando não é engano e quando é. – É de farto proveito.[1]

1. Deus tem outra maneira de despertar a alma, e ainda que de alguma maneira pareça maior mercê que as ditas,[2] poderá ser mais perigosa e por isso me deterei algo nela, que são umas falas com a alma de muitas maneiras: umas parece virem de fora, outras do muito interior da alma, outras do superior delas, outras tão no exterior que se ouvem com os ouvidos, porque parece ser voz formada. Algumas vezes, e muitas, pode ser antojo, em especial em pessoas de fraca imaginação ou melancólicas, digo de melancolia notável.

2. Destas duas maneiras de pessoas não há que fazer caso, a meu parecer, ainda que digam que veem e ouvem e entendem, nem inquietá-las dizendo que é demônio; senão ouvi-las como a pessoas enfermas, dizendo a priora ou confessor, a quem o disser, que não faça caso disso, que não é a substância para servir a Deus e que a muitos o demônio tem enganado por ali, ainda que não seja talvez assim a ela, para não a afligir mais do que traz com seu humor; porque se lhe dizem que é melancolia, nunca acabará, que jurará que o vê e o ouve porque lhe parece assim.

3. É verdade que é mister trazer conta tirando-lhe a oração, e o mais que se puder que não faça caso disso; porque o demônio costuma aproveitar-se destas almas assim enfermas, ainda que não seja para seu dano, para

---

1. Este capítulo é uma espécie de duplicação do c. 25 de *Vida*. Nas duas passagens, a ideia dominante é a preocupação por distinguir entre locuções místicas (procedentes de Deus e de seus santos) e suas deformações (truques da imaginação ou do diabo): cf. *Vida* c. 25, n. 2, e *Moradas* VI, c. 3, n. 4. – Tenha-se presente que este capítulo trata primeiro de falas místicas em geral (n. 1-11) e depois de uma espécie de falas místicas "com visão intelectual" (n. 12-18). – Facilitaremos a comparação das duas passagens indicando em nota os principais lugares paralelos.

2. No c. 2, n. 1-4 e 8.

o dos outros; e a enfermas e sãs, sempre destas coisas há que temer até ir entendendo o espírito. E digo que o melhor é sempre desfazer-se disso no princípio; porque se é de Deus, é mais ajuda para ir adiante, e antes cresce quando é provado. Isto é assim, mas não seja apertando muito a alma e inquietando-a, porque verdadeiramente ela não pode mais.

4. Pois tornando ao que dizia das falas com a alma, de todas as maneiras que tenho dito,[3] podem ser de Deus e também do demônio e da própria imaginação. Direi, se acertar, com o favor do Senhor, os sinais que há nestas diferenças e quando serão estas falas perigosas. Porque há muitas almas que as ouvem entre gente de oração, e quereria, irmãs, que não penseis que fazeis mal em não lhes dar crédito, nem tampouco em dá-lo quando são somente para vós mesmas, de consolação ou aviso de faltas vossas, diga-as quem as disser, ou seja antojo, que pouco vai nisso. De uma coisa vos aviso, que não penseis, ainda que sejam de Deus, que por isso sereis melhores, que bastante falou aos fariseus, e todo o bem está como se aproveitam destas palavras; e nenhuma que não vá muito conforme à Escritura façais mais caso delas do que se as ouvísseis do próprio demônio; porque ainda que sejam de vossa fraca imaginação, é mister serem tomadas como uma tentação de coisas da fé, e assim resistir sempre, para que sejam tiradas; e serão tiradas, porque levam pouca força consigo.[4]

5. Pois tornando ao primeiro,[5] que venha do interior, que do superior, que do exterior, não importa para deixar de ser de Deus. Os mais certos sinais que se podem ter, a meu parecer, são estes:[6] o primeiro e mais verdadeiro é o poderio e senhorio que trazem consigo, que é falando e agindo. Declaro-me mais: está uma alma em toda a tribulação e alvoroço interior que fica dito[7] e obscuridade do entendimento e secura; com uma palavra destas que diga somente: *não tenhas pena*, fica sossegada e sem nenhuma, e com grande luz, tirada toda aquela pena com que lhe parecia que todo o mundo e letrados que se juntaram para dar-lhe razões para que

---

3. No n. 1.
4. É mais categórica em *Vida* c. 25, n. 12-13.
5. Alusão à diversidade de falas interiores (n. 1), ou aos sinais para discerni-las (n. 4).
6. Já no c. 25 de *Vida* tinha desenvolvido estas três "razões": a primeira e segunda no n. 3, a terceira no n. 7.
7. No c. 1, n. 7-15.

não a tivesse, não puderam por mais que trabalhassem tirar daquela aflição. Está aflita por ter-lhe dito o seu confessor e outros, que é espírito do demônio o que tem, e toda cheia de temor: e com uma só palavra que lhe seja dita: *Sou eu, não tenhas medo*, lhe é tirada de todo e fica consoladíssima, e parecendo-lhe que ninguém bastará para fazê-la crer outra coisa. Está com muita pena de alguns negócios graves, que não sabe como hão de suceder: entende que se sossegue que tudo sucederá bem. Fica com certeza e sem pena. E desta maneira outras muitas coisas.[8]

6. A segunda razão, uma grande quietude que fica na alma, e recolhimento devoto e pacífico, e disposta para louvores de Deus. Ó Senhor, se uma palavra enviada a dizer com um pajem vosso (que, pelo que dizem, ao menos estas nesta morada não as diz o próprio Senhor, senão algum anjo), têm tanta força, que tal a deixareis na alma que está atada por amor convosco e Vós com ela?

7. O terceiro sinal é não saírem estas palavras da memória em mui muito tempo e algumas jamais, como saem as que por cá entendemos, digo que ouvimos dos homens; que ainda que sejam muito graves e letrados, não as temos tão esculpidas na memória, nem tampouco, se são em coisas por vir, as cremos como a estas; que fica uma certeza grandíssima, de maneira que, ainda que algumas vezes em coisas muito impossíveis ao parecer, não deixa de lhe vir dúvida se será ou não será e andam com algumas vacilações o entendimento, na mesma alma está uma segurança que não pode render-se, ainda que pareça que vai tudo ao contrário do que entendeu, e passam anos, não lhe é tirado aquele pensar que Deus buscará outros meios que os homens não entendem, mas que, enfim, se há de fazer; e assim é que se faz; ainda que, como digo, não se deixa de padecer quando vê muitos desvios, porque como faz tempo que o entendeu e as operações e certeza que no presente ficam de ser Deus é já passado, ocorrem estas dúvidas, pensando se foi demônio, se foi da imaginação. Nenhuma destas lhe fica no presente, senão que morreria por aquela verdade. Mas, como digo, com todas estas imaginações, que deve pôr o demônio para dar pena e acovardar a alma, em especial se é negócio que ao se fazer o que se ouviu há de ter muitos bens de almas, e são obras para a grande honra e serviço de

---

8. Cf. os fatos aos quais veladamente alude em *Vida* c. 25, n. 14-19 e c. 30, n. 14.

Deus, e nelas há grande dificuldade, o que não fará? Ao menos enfraquece a fé, que é farto dano não crer que Deus é poderoso para fazer obras que nossos entendimentos não entendem.

8. Com todos estes combates, ainda que haja quem diga à pessoa mesma que são disparates (digo os confessores com quem se tratam estas coisas),[9] e com quantos maus sucessos houver para dar a entender que não se podem cumprir, fica uma centelha – não sei aonde – tão viva de que será, ainda que todas as demais esperanças estejam mortas, que não poderia, ainda que quisesse, deixar de estar viva aquela centelha de segurança. E enfim – como tenho dito[10] – se cumpre a palavra do Senhor, e fica a alma tão contente e alegre que não quereria senão louvar sempre a Sua Majestade e muito mais por ver cumprido o que lhe tinha dito, que pela mesma obra, ainda que lhe vá mui muito nela.

9. Não sei no que vai isto que tem em tanto a alma que saiam estas palavras verdadeiras, que se a própria pessoa fosse tomada em algumas mentiras, não creio que sentiria tanto; como se ela nisto pudesse mais, que não diz senão o que lhe dizem. Infinitas vezes certa pessoa se lembrava de Jonas, profeta, sobre isto, quando temia que Nínive não havia de se perder.[11] Enfim, como é espírito de Deus, é razão que se lhe tenha esta fidelidade em desejar que não o tenham por falso, pois é a suma verdade. E assim é grande a alegria quando, depois de mil rodeios e em coisas dificílimas, o vê cumprido; ainda que à mesma pessoa se lhe hão de seguir grandes trabalhos disso, os quer mais passar que não deixe de se cumprir o que tem por certo o Senhor tê-lo dito. Talvez nem todas as pessoas terão esta fraqueza, se o é, que não o posso condenar por mau.

10. Se são da imaginação,[12] nenhum destes sinais há, nem certeza nem paz e gosto interior; salvo que poderia acontecer, e ainda eu sei de algumas pessoas a quem tem acontecido, estando muito embebidas em oração de quietude e sono espiritual, que algumas são tão fracas de compleição ou imaginação, ou não sei a causa, que verdadeiramente neste grande recolhimento

---

9. Cf. o lugar paralelo em *Vida* c. 25, n. 14-15.
10. No n. 7.
11. Jonas cap. 1 e 4. – Essa "certa pessoa" talvez seja a Santa. Ver, contudo, o livro das *Fundações* c. 20, n. 12.
12. Se as falas não procedem de Deus, mas da imaginação...

estão tão fora de si que não se sentem no exterior, e estão tão adormecidos todos os sentidos que, como uma pessoa que dorme, e ainda talvez seja assim que estão adormecidas, como maneira de sono lhes parece que lhes falam e ainda que veem coisas, e pensam que é de Deus, e deixam os efeitos enfim como de sonho. E também poderia ser pedindo uma coisa a nosso Senhor afetuosamente, parecer-lhes que lhe dizem o que querem, e isto acontece algumas vezes. Mas para quem tiver muita experiência das falas de Deus, não se poderá enganar nisto – a meu parecer – da imaginação.[13]

11. Do demônio há mais que temer. Mas se há os sinais que ficam ditos,[14] muito se pode assegurar ser de Deus, ainda que não de maneira que se é coisa grave o que se diz e que se há de pôr em obra por si ou por negócios de terceiras pessoas, jamais faça nada, nem lhe passe por pensamento, sem parecer de confessor letrado e avisado e servo de Deus, ainda que mais e mais entenda e lhe pareça claro ser de Deus; porque isto quer Sua Majestade, e não é deixar de fazer o que Ele manda, pois nos tem dito[15] que tenhamos o confessor em seu lugar, aonde não se pode duvidar ser palavras suas; e estas ajudam a dar ânimo, se é negócio dificultoso, e nosso Senhor o porá ao confessor e fará que creia que é espírito seu, quando Ele o quiser; e se não, não estão mais obrigados. E fazer outra coisa senão o dito e seguir-se ninguém por seu parecer nisto, tenho isso por coisa muito perigosa; e assim, irmãs, vos admoesto de parte de nosso Senhor que jamais vos aconteça.[16]

12. Outra maneira há como o Senhor fala à alma, que eu tenho para mim ser muito certo de sua parte, com alguma visão intelectual, que adiante direi como é.[17] É tão no íntimo da alma, e parece-lhe tão claro ouvir aquelas palavras com os ouvidos da alma ao mesmo Senhor e tão em segredo, que a mesma maneira de entendê-las, com as operações que faz a mesma visão, assegura e dá certeza não poder o demônio ter parte ali. Deixa grandes efeitos para crer isto; ao menos há segurança de que não

---

13. Comparar com *Vida* c. 25, n. 3 e 6.
14. Nos n. 5-7.
15. *Nos tem dito* o Senhor em Lucas 10,16, texto referido na *Regra* do Carmelo.
16. Cf. *Vida* c. 25, n. 10-14.
17. Falará das visões intelectuais no c. 8; cf. c. 5, n. 8-9. – Das falas com visão intelectual tratará no c. 10.

procede da imaginação; e também, se há advertência, a pode sempre ter disto,[18] por estas razões: a primeira, porque deve ser diferente na claridade da fala, que é tão clara, que uma sílaba que falte do que ouviu, se lembra, e se foi dito por um estilo ou por outro, ainda que seja tudo uma sentença; e no que se antoja pela imaginação, será não fala tão clara nem palavras tão distintas, senão como coisa meio sonhada.

13. A segunda, porque cá não se pensava muitas vezes no que se entendeu – digo que é a desoras e ainda algumas estando em conversação – ainda que fartas se responde ao que passa depressa pelo pensamento ou ao que antes se pensou; mas muitas é em coisas que nunca teve lembrança de que haviam de ser nem seriam, e assim não as podia ter fabricado a imaginação para que a alma se enganasse em se antojar o que não tinha desejado nem querido nem vindo à sua notícia.

14. A terceira, porque um é como quem ouve, e o da imaginação é como quem vai compondo o que ele mesmo quer que lhe digam, pouco a pouco.

15. A quarta, porque as palavras são muito diferentes, e com uma se compreende muito, o que nosso entendimento não poderia compor tão depressa.

16. A quinta, porque junto com as palavras muitas vezes, por um modo que eu não saberei dizer, se dá a entender muito mais do que elas soam, sem palavras.

Neste modo de entender falarei em outra parte mais,[19] que é coisa muito delicada e para louvar nosso Senhor. Porque nesta maneira e diferenças tem havido pessoas muito duvidosas (em especial uma por quem tem passado[20] e assim haverá outras) que não acabavam de entender-se; e assim sei que o tem mirado com muita advertência, porque têm sido mui

---

18. O sentido é: *pode sempre ter* segurança de que essa "fala com visão intelectual" não procede da imaginação, por estas razões... – As três primeiras razões coincidem literalmente com o lugar paralelo de *Vida* c. 25: a primeira, com o n. 4 ("... voz tão clara que não se perde uma sílaba do que se diz"); a segunda, com o mesmo n. 4 ("acha guisadas grandes sentenças"); a terceira, com os n. 3, 4 e 6.

19. Cf. c. 10 e c. 4.

20. Ela mesma: ver *Vida* c. 25, n. 14-19.

muitas vezes as que o Senhor lhe faz esta mercê, e a maior dúvida que tinha era nisto se ela o antojava a si, no princípio; que ser demônio mais depressa se pode entender, ainda que sejam tantas suas sutilezas, que sabe bem contrafazer o espírito de luz; mas será – a meu parecer – nas palavras, dizê-las muito claras, que tampouco fique dúvida se foram entendidas como no Espírito de verdade; mas não poderá contrafazer os efeitos que ficam ditos,[21] nem deixar essa paz na alma, nem luz; antes inquietação e alvoroço. Mas pode fazer pouco dano ou nenhum, se a alma é humilde e faz o que tenho dito,[22] de não se mover a fazer nada por coisa que ouça.

17. Se são favores e regalos do Senhor, olhe com atenção se por isso se tem por melhor; e, se quanto maior palavra de regalo, não ficar mais confundida, creia que não é espírito de Deus. Porque é coisa muito certa que, quando é, quanto maior mercê lhe faz, muito mais em menos se tem a mesma alma e mais lembrança traz de seus pecados e mais esquecida de seu lucro e mais empregada a sua vontade e memória em querer só a honra de Deus, nem lembrar-se de seu próprio proveito, e com mais temor anda de torcer em alguma coisa a sua vontade, e com maior certeza de que nunca mereceu aquelas mercês, senão o inferno. Como fazem estes efeitos todas as coisas e mercês que tiver na oração, não ande a alma espantada, senão confiada na misericórdia do Senhor, que é fiel e não deixará que o demônio a engane, ainda que sempre seja bom andar com temor.[23]

18. Poderá ser que às almas que o Senhor não leva por este caminho lhes pareça que poderiam estas almas não escutar estas palavras que lhes dizem e, se são interiores, distrair-se de maneira que não sejam admitidas, e com isto andarão sem estes perigos.

A isto respondo que é impossível. Não falo das que lhes são antojadas, que não estando apetecendo tanto alguma coisa nem querendo fazer caso das imaginações, têm remédio. Cá, nenhum; porque de tal maneira o mesmo espírito que fala faz parar todos os outros pensamentos e advertir ao que se diz, que de maneira alguma me parece, e creio que é assim, que seria mais possível não ouvir uma pessoa que falasse em voz muito alta do

---

21. Nos n. 12-16.
22. No n. 11.
23. Dupla alusão bíblica: 1Cor 10,13 e Fl 2,12.

que outra que ouvisse muito bem; porque poderia não advertir, e pôr o pensamento e o entendimento em outra coisa; mas no que tratamos não se pode fazer: não há ouvidos a se tapar, nem poder para pensar senão no que se diz, de maneira alguma; porque o que pôde fazer parar o sol – por petição de Josué creio que era[24] – pode fazer parar as potências e todo o interior de maneira que vê bem a alma que outro maior Senhor governa aquele castelo que ela, e lhe faz farta devoção e humildade. Assim que, não há remédio algum em escusá-lo. A divina Majestade no-lo dê para que só ponhamos os olhos em considerá-lo e nos esqueçamos de nós mesmos, como tenho dito, amém.

Praza a Ele que tenha acertado a dar a entender o que nisto pretendi e que seja de algum aviso para quem o tiver.

---

24. Josué 10,12-13. Cf. *Vida* 25, 1 ("O que tudo pode quer que entendamos que se há de fazer o que quer...").

Capítulo 4

Trata de quando Deus suspende a alma na oração com arroubamento ou êxtase ou rapto, que tudo é um ao meu parecer,[1] e como é mister grande ânimo para receber tão grandes mercês de Sua Majestade.

1. Com estas coisas ditas de trabalhos e as demais, que sossego pode trazer a pobre borboletinha? Tudo é para mais desejar gozar o Esposo; e Sua Majestade, como quem conhece nossa fraqueza, vai habilitando-a com estas coisas e outras muitas para que tenha ânimo de juntar-se com tão grande Senhor e tomá-lo por Esposo.[2]

2. Rir-vos-eis de que digo isto e parecer-vos-á desatino, porque a qualquer uma de vós parecerá que não é mister e que não haverá nenhuma mulher tão baixa que não o tenha para desposar-se com o rei. – Assim creio eu com o da terra, mas com o do céu eu vos digo que é mister mais do que pensais; porque nosso natural é muito tímido e baixo para tão grande coisa, e tenho por certo que, se Deus não o desse, apesar de quanto vedes que nos está bem, seria impossível. E assim vereis o que faz Sua Majestade para concluir este desposório, que entendo eu que deve ser quando dá arroubamentos, que a tira de seus sentidos; porque se estando neles se visse tão perto desta grande majestade, não era possível porventura ficar com vida. Entendem-se arroubamentos que o sejam, e não fraquezas de mulheres como por cá temos, que tudo nos parece arroubamento e êxtase, e – como creio que deixo dito[3] – há compleições tão fracas, que com uma oração de quietude morrem.

---

1. Acerca desta terminologia, ver *Vida* 20, 1; e *Relações* 5, 9.
2. *Que tenha ânimo*: tema repetido dentro da experiência mística da Santa. Como na Bíblia, quando se trata da proximidade da divindade. "É preciso ânimo, certamente; porque é tanto o gozo, que parece que algumas vezes não fica um ponto para acabar a alma de sair deste corpo" (*Vida* 17, 1; cf. 13, 1; 20, 4; 39, 21; *Rel.* 5, 9; *Caminho* 18). Repetirá isso ao longo das moradas sextas (c. 5, n. 1, 5, 12...). Ao concluí-las, advertirá: "Aqui vereis, irmãs, se tenho tido razão em dizer que é preciso ter ânimo" (VI, 11, 11)
3. Disse isto em M. IV, 3, 11-12; e VI, 3, 11.

Quero pôr aqui algumas maneiras que eu tenho entendido (como tenho tratado com tantas pessoas espirituais) que há de arroubamentos, ainda que não saiba se acertarei, como em outra parte que o escrevi,[4] isto e algumas coisas das que vão aqui, que por algumas razões tem parecido que não tem importância tornar a dizê-lo, ainda que não seja senão porque as moradas vão por junto aqui.

3. Uma maneira há[5] que estando a alma, ainda que não seja em oração, tocada com alguma palavra de que se lembrou ou ouve de Deus, parece que Sua Majestade desde o interior da alma faz crescer a centelha que dissemos já,[6] movido de piedade de tê-la visto padecer tanto tempo por seu desejo, que abrasada toda ela como uma ave fênix fica renovada e, piedosamente se pode crer, perdoadas as suas culpas; (há de se entender, com a disposição e meios que esta alma terá tido, como a Igreja o ensina),[7] e assim limpa, a junta consigo, sem entender aqui ninguém senão eles dois, nem ainda a própria alma entende de maneira que o possa depois dizer, ainda que não esteja sem sentido interior; porque não é como a quem toma um desmaio ou paroxismo, que nenhuma coisa interior nem exterior entende.

4. O que eu entendo neste caso é que a alma nunca esteve tão desperta para as coisas de Deus nem com tão grande luz e conhecimento de Sua Majestade. Parecerá impossível, porque se as potências estão tão absortas, que podemos dizer que estão mortas, e os sentidos o mesmo, como se pode entender que entende esse segredo? – Eu não o sei, nem talvez nenhuma criatura, senão o mesmo Criador, e outras coisas muitas que se passam neste estado, digo nestas duas moradas; que esta e a última poderiam juntar-se bem, porque de uma à outra não há porta fechada. Porque há coisas na última que não foram manifestadas aos que ainda não chegaram a ela, me pareceu dividi-las.

5. Quando estando a alma nesta suspensão, o Senhor tem por bem mostrar-lhe alguns segredos, como de coisas do céu e visões imaginárias, sabe depois dizer isto, e de tal maneira fica impresso na memória, que

---

4. Nova alusão ao livro da *Vida* c. 20. Cf. *Rel* 5.
5. *Uma maneira*: a primeira forma de arroubamento é quando...
6. Em M. VI, 2, 4: "a centelha do braseiro que é meu Deus".
7. A frase entre parênteses foi acrescentada pela Santa à margem do autógrafo, para prevenir interpretações distorcidas.

nunca jamais se esquece; mas quando são visões intelectuais, tampouco as sabe dizer; porque deve haver algumas nestes tempos tão subidas, que não as convêm entender os que vivem na terra para podê-las dizer; ainda que estando em seus sentidos, por cá se podem dizer muitas destas visões intelectuais. Poderá ser que algumas não entendais que coisa é visão, em especial as intelectuais. Eu o direi a seu tempo,[8] porque mo tem mandado quem pode; e ainda que pareça coisa impertinente, quiçá para algumas almas será de proveito.

6. Pois dir-me-eis: se depois não há de haver lembrança dessas mercês tão subidas que aí faz o Senhor à alma, que proveito lhe trazem? – Ó filhas, que é tão grande que não se pode encarecer; porque, ainda que não as saibam dizer, no muito interior da alma ficam bem escritas e jamais se esquecem.

Pois se não têm imagem nem as potências as entendem, como podem lembrar-se delas? – Tampouco entendo isso; mas entendo que ficam umas verdades nesta alma tão fixas da grandeza de Deus, que quando não tiver fé que lhe diz quem é e que está obrigada a crer nele por Deus, o adorará desde aquele ponto por tal, como fez Jacó quando viu a escada,[9] que com ela devia entender outros segredos, que não os soube dizer; que só por ver uma escada na qual desciam e subiam anjos, se não tivesse mais luz interior, não entenderia tão grandes mistérios.

7. Não sei se atino no que digo, porque ainda que o tenha ouvido, não sei se me lembro bem.[10] Tampouco Moisés soube dizer tudo o que viu na sarça, senão o que quis Deus que dissesse;[11] mas se Deus não mostrasse à sua alma segredos com certeza para que visse e cresse que era Deus, não se pusera em tantos e tão grandes trabalhos; mas devia entender tão grandes coisas dentro dos espinhos daquela sarça, que lhe deram ânimo para fazer o que fez pelo povo de Israel. Assim que, irmãs, as coisas ocultas de Deus não havemos de buscar razões para entendê-las, senão que, como cremos que é poderoso, está claro que havemos de crer que um verme de tão limi-

---

8. No c. 8 tratará das visões intelectuais e no c. 9 das imaginárias.
9. Gênesis 28,12.
10. Camuflagem intencionada para manter o anonimato com respeito às altas graças místicas referidas no livro.
11. Êxodo 3,2.

tado poder como nós, que não há de entender suas grandezas. Louvemo-lo muito, porque é servido que entendamos algumas.

8. Estou desejando acertar em pôr uma comparação para que se pudesse dar a entender algo disto que estou dizendo, e creio que não há a que quadre, mas digamos esta: entrais num aposento de um rei ou grande senhor, ou creio camarim os chamam, onde têm infinitos gêneros de vasilhas, de vidros e de barro e muitas coisas, postas por tal ordem, que quase todas se veem ao entrar. Uma vez me levaram a uma peça destas em casa da Duquesa de Alba (aonde vindo de caminho me mandou a obediência estar, por tê-los importunado esta senhora),[12] que fiquei espantada ao entrar, e considerava de que podia aproveitar aquela barafunda de coisas e via que se podia louvar o Senhor de ver tantas diferenças de coisas, e agora me cai em graça como me tem aproveitado para aqui; e ainda que estivesse ali um tempo, era tanto o que havia para ver que logo me esqueci de tudo de maneira que de nenhuma daquelas peças me ficou mais memória do que se nunca as tivesse visto, nem saberia dizer de que feitura eram (mas por junto lembra-se de que o viu).[13] Assim cá, estando a alma tão feita uma coisa com Deus, metida neste aposento de céu empíreo que devemos ter no interior de nossas almas (porque claro está, que pois Deus está nelas, que tem alguma destas moradas), e ainda que quando está assim a alma em êxtase, não deve sempre o Senhor querer que veja estes segredos (porque está tão embebida em gozá-lo, que lhe basta tão grande bem), algumas vezes gosta que se desembeba[14] e depressa veja o que está naquele aposento, e assim fica, depois que torna a si, com aquele representar-se as grandezas que viu; mas não pode dizer nenhuma, nem chega seu natural a mais do que sobrenatural[15] tem querido Deus que veja.

9. Logo já confesso que foi ver, e que é visão imaginária. Não quero dizer tal, que não é isto de que trato senão visão intelectual; que, como não tenho letras, minha torpeza não sabe dizer nada; que, o que tenho dito até

---

12. Isso ocorreu nos primeiros meses de 1574. *Aonde... me mandou a obediência estar dois dias*, completou frei Luís (p. 159). Este episódio talvez deva ser situado no relado de Fund. c. 21, n. 1-2.
13. A frase entre parênteses foi acrescentada pela Santa à margem do original.
14. N.T.: *Desembeba*: depois que passa o êxtase.
15. *sobrenatural*mente, editou frei Luís (p. 160).

aqui nesta oração, entendo claro que, se vai bem, não sou eu a que o tenho dito.

E tenho para mim que se algumas vezes não entende destes segredos, nos arroubamentos, a alma a quem Deus os tem dado, que não são arroubamentos, senão alguma fraqueza natural, que pode ser a pessoas de fraca compleição como somos as mulheres, com alguma força de espírito sobrepujar o natural e ficar-se assim embebidas, como creio que disse na oração de quietude.[16] Aqueles não têm que ver com arroubamentos; porque o que o é, crede que Deus rouba toda a alma para si, e que como a coisa sua própria e já esposa sua, a vai mostrando alguma partezinha do reino que ganhou, por sê-lo; que por pouca que seja, é tudo muito o que há neste grande Deus, e não quer estorvo de ninguém, nem de potências, nem sentidos; senão depressa manda fechar as portas destas moradas todas, e só na que Ele está fica aberta para ambos. Bendita seja tanta misericórdia, e com razão serão malditos os que não quiserem aproveitar-se dela e perderem a este Senhor.

10. Ó irmãs minhas, que não é nada o que deixamos, nem é nada quanto fazemos nem quanto poderíamos fazer por um Deus que assim se quer comunicar a um verme! E se temos esperança de ainda nesta vida gozar deste bem, o que fazemos? Em que nos detemos? O que é bastante para que um momento deixemos de buscar a este Senhor, como fazia a Esposa por bairros e praças?[17] Oh, que é burla tudo o que há no mundo, se não nos chega e ajuda a isto, ainda que durassem para sempre seus deleites e riquezas e gozos, quantos se pudesse imaginar, que é tudo asco e lixo comparado a estes tesouros que se hão de gozar sem fim! Nem mesmo estes não são nada em comparação de ter por nosso o Senhor de todos os tesouros e do céu e da terra.

11. Ó cegueira humana! Até quando, até quando se tirará esta terra de nossos olhos? Ainda que entre nós não pareça ser tanta que nos cegue de todo, vejo uns cisquinhos, umas pedrinhas, que se as deixarmos crescer bastarão para fazer-nos grande dano; senão que, por amor de Deus, irmãs,

---

16. M. IV, 3, 11-13. – A frase que segue: *Aqueles* embevecimentos *não têm o que ver com arroubamentos.*
17. Cântico dos Cânticos 3,2 (cf. M. V, 1, 12).

nos aproveitemos destas faltas, para conhecer nossa miséria e elas nos deem maior vista, como a deu o lodo do cego que nosso Esposo curou;[18] e assim, vendo-nos tão imperfeitas, cresça mais o suplicar-lhe que tire bem de nossas misérias, para em tudo contentar a Sua Majestade.

12. Muito me tenho divertido sem entendê-lo. Perdoai-me, irmãs, e crede que, chegada a estas grandezas de Deus, digo a falar nelas, não posso deixar de lastimar-me muito ver o que perdemos por nossa culpa. Porque, ainda que seja verdade que são coisas que o Senhor dá a quem quer, se quiséssemos a Sua Majestade como Ele nos quer, a todas as daria. Não está desejando outra coisa, senão ter a quem dar, que nem por isso suas riquezas diminuem.

13. Pois, tornando ao que dizia, manda o Esposo fechar as portas das moradas e ainda as do castelo e cerca;[19] que ao querer arrebatar esta alma, lhe é tirado o fôlego de maneira que ainda que durem um pouquinho mais algumas vezes os outros sentidos, de nenhuma maneira pode falar; ainda que outras vezes tudo lhe seja tirado de repente e se esfriam as mãos e o corpo de maneira que não parece ter alma, nem se ouve algumas vezes se solta o fôlego. Isto dura pouco espaço, digo para estar em um ser; porque tirando-se esta grande suspensão um pouco, parece que o corpo torna algo em si e toma alento para tornar a morrer e dar maior vida à alma, e contudo não dura muito este tão grande êxtase; [14] mas acontece, ainda que se tire, ficar a vontade tão embebida e o entendimento tão alienado, e durar assim dia, e ainda dias, que parece que não é capaz de ocupar-se com coisa que não seja para despertar a vontade a amar, e ela está bastante desperta para isto e adormecida para encarar e apegar-se a nenhuma criatura.

15. Oh, quando a alma torna já de todo a si, quanta confusão que lhe fica e os desejos tão grandíssimos de empregar-se em Deus de todas quantas maneiras se quiser servir dela! Se das orações passadas ficam tais efeitos como ficam ditos, o que será de uma mercê tão grande como esta? Quereria ter mil vidas para empregá-las todas em Deus, e que todas quan-

---

18. Episódio do cego de nascença (João 4,6-7), já aludido em M. I, 1, 3.
19. Retoma o tema do n. 9: "depressa manda (Deus) fechar as portas destas moradas...".

tas coisas há na terra fossem línguas para louvá-lo por ela. Os desejos de fazer penitência, grandíssimos; e não faz muito em fazê-la, porque com a força do amor sente pouco quanto faz e vê claro que não faziam muito os mártires nos tormentos que padeciam,[20] porque com esta ajuda de parte de nosso Senhor, é fácil, e assim se queixam estas almas a Sua Majestade quando não lhes é oferecido em que padecer.

16. Quando esta mercê lhes é feita em segredo, tem-na por muito grande; porque quando é diante de algumas pessoas, é tão grande o corrimento e afronta que lhes fica, que de alguma maneira desembebe a alma do que gozou, com a pena e cuidado que lhe dá pensar o que pensarão os que o têm visto.[21] Porque conhecem a malícia do mundo, e entendem que não o deitarão porventura ao que é, senão que, pelo que haviam de louvar o Senhor, porventura lhes será ocasião para lançar juízos. De alguma maneira me parece esta pena e corrimento falta de humildade; mas isso não é mais em sua mão; porque se esta pessoa deseja ser vituperada, o que se lhe dá? Como entendeu uma que estava nesta aflição da parte de nosso Senhor: *Não tenhas pena, que ou eles hão de louvar a Mim, ou murmurar de ti; e em qualquer coisa destas ganhas tu.*[22] Soube depois que esta pessoa tinha se animado muito com estas palavras e consolado; e porque se alguma se vir nesta aflição, vo-las ponho aqui. Parece que nosso Senhor quer que todos entendam que aquela alma já é sua, que ninguém há de tocar nela; no corpo, na honra, na fazenda, felizmente, que de tudo se tirará honra para Sua Majestade; mas na alma, isso não, que se ela, com atrevimento muito culpável não se aparta de seu Esposo, Ele a amparará de todo o mundo e ainda de todo o inferno.

17. Não sei se fica dado algo a entender de que coisa é arroubamento, que tudo é impossível, como tenho dito;[23] e creio que nada foi perdido em dizê-lo para que se entenda o que é; porque há efeitos muito diferentes nos arroubamentos fingidos. Não digo fingidos, porque quem os tem quer

---

20. Tema reiterado: cf. M. V, 2, 8 e a passagem paralela de *Vida* 16, 4.
21. Cf. *Vida* c. 20, n. 5.
22. Alusão a si mesma: ver V. 31, 13.
23. Disse isso nos n. 4-5; cf. c. 2, n. 1.

enganar,[24] senão porque ela está; e como os sinais e efeitos não conformam com a grande mercê, fica infamada de maneira que com razão não se crê depois a quem o Senhor a fizer. Seja para sempre bendito e louvado, amém, amém.

---

24. Outra mão corrigiu a frase no original: "não quer enganar". Frei Luís retocou ligeiramente o texto (p. 165).

Capítulo 5

Prossegue no mesmo, e põe uma maneira de quando Deus levanta a alma com um voo do espírito de maneira diferente do que fica dito. – Diz alguma causa por que é mister ânimo. – Declara algo desta mercê que o Senhor faz, por saborosa maneira. – É farto proveitoso.

1. Outra maneira de arroubamentos há,[1] ou voo do espírito o chamo eu, que ainda que tudo seja um na substância, no interior se sente muito diferente; porque muito prontamente algumas vezes se sente um movimento tão acelerado da alma, que parece ser arrebatado o espírito com uma velocidade que põe bastante temor, em especial no princípio; que por isso vos dizia[2] que é mister ânimo grande para aquele a quem Deus há de fazer estas mercês, e ainda fé e confiança e resignação grande de que faça nosso Senhor da alma o que quiser. Pensais que é pouca perturbação estar uma pessoa muito em seu sentido e ver-se arrebatar a alma (e ainda alguns temos lido[3] que o corpo com ela) sem saber aonde vai, o que ou quem a leva ou como; que no princípio deste momentâneo movimento não há tanta certeza de que é Deus.[4]

2. Pois há algum remédio de poder resistir? – De nenhuma maneira; antes é pior; que eu sei de uma pessoa[5] que parece querer Deus dar a entender à alma que, pois tantas vezes com tão grandes veras foi posto em suas mãos, e com tão inteira vontade se lhe tem oferecido toda, que entende que já não tem parte em si, e notavelmente com mais impetuoso movimento é arrebatada; e tomava já para si não fazer mais do que faz uma

---

   1. *Outra maneira de arroubamentos*: a primeira espécie ficou descrita no capítulo anterior, n. 3 e seguintes. – Sobre a relação entre "arroubamento" e "voo de espírito", ver *Vida* 20, 1 e 18, 7, aclarado em R. 5, 10.
   2. *Grande ânimo*, disse já em M. VI, 4, 1 e o repetirá no final do presente capítulo, n. 12.
   3. *Temos lido*: nova alusão à leitura de vidas de santos, em comunidade.
   4. Ver o relato autobiográfico em *Vida* 20, 3-7.
   5. Ela mesma. Ver o relato de *Vida* 20, 5-6. Não se exclui que a alusão seja também a frei João da Cruz, ou a episódios desse gênero, ocorridos a ambos poucos anos antes na Encarnação.

palha quando a levanta o âmbar, se o tendes mirado, e deixar-se nas mãos de quem é tão poderoso, que vê que é o mais acertado fazer da necessidade virtude. E porque disse da palha, é certo assim, que com a facilidade que um homenzarrão pode arrebatar uma palha, este nosso grande gigante e poderoso arrebata o espírito.[6]

3. Não parece senão que aquele tanque de água que dissemos – creio que era na quarta morada, que não me lembro bem[7] –, que com tanta suavidade e mansidão, digo sem nenhum movimento, se enchia, aqui desatou este grande Deus, que detém os mananciais das águas e não deixa sair o mar de seus termos,[8] os mananciais por onde vinha a este tanque de água; e com um ímpeto grande se levanta uma onda tão poderosa, que sobe ao alto esta navezinha de nossa alma. E assim como não pode uma nave, nem é poderoso o piloto, nem todos os que a governam, para que as ondas, se vêm com fúria, a deixem estar aonde querem, muito menos pode o interior da alma deter-se aonde quer, nem fazer que seus sentidos nem potências façam mais do que lhes têm mandado, que o exterior, não se faz aqui caso dele.

4. É certo, irmãs, que só de ir escrevendo isso me vou espantando de como se mostra aqui o grande poder deste grande Rei e Imperador; o que fará quem passa por isso! Tenho para mim que, se Sua Majestade se descobrisse aos que andam muito perdidos pelo mundo, como faz a estas almas, que ainda que não fosse por amor, por medo não ousariam ofendê-lo. Pois oh, quão obrigadas estarão as que foram avisadas por caminho tão subido a procurar com todas as suas forças não enfadar este Senhor! Por Ele vos suplico, irmãs, às quais tiver Sua Majestade feito estas mercês ou outras semelhantes, que não vos descuideis não fazendo mais que receber. Olhai que quem muito deve, muito há de pagar.[9]

5. Para isto também é mister grande ânimo, que é uma coisa que acovarda de grande maneira; e se nosso Senhor não o desse a ela, andaria

---

6. "Como um gigante tomaria uma palha", tinha escrito em *Vida* 22, 13 e c. 20, n. 4
7. Disse-o na M. IV, 2, 2.
8. Eco da imagem bíblica de Provérbios 8,29; ou Jó 38,8.10.
9. Reminiscência da passagem evangélica de Lucas 12,48: a ideia reiteradamente expressa pela Santa, a propósito da profusão de graças místicas por ela recebidas.

sempre com grande aflição; porque olhando o que Sua Majestade faz com ela e tornando-se para olhar para si, quão pouco serve para o que está obrigada, e esse pouquinho que faz cheio de faltas e quebras e frouxidão, que por não se lembrar de quão imperfeitamente faz alguma obra, se a faz, tem por melhor procurar que se esqueça disso e trazer diante seus pecados e meter-se na misericórdia de Deus, que, pois não tem com que pagar, supra a piedade e misericórdia que sempre teve com os pecadores.

6. Talvez lhe responda o que disse a uma pessoa[10] que estava muito aflita diante de um crucifixo neste ponto, considerando que nunca tinha tido o que dar a Deus nem o que deixar por Ele. Disse-lhe o próprio Crucificado, consolando-a, que *Ele lhe dava todas as dores e trabalhos que tinha passado em sua Paixão, que os tivesse por próprios, para oferecer ao seu Pai.* Ficou aquela alma tão consolada e tão rica, segundo dela tenho ouvido, que nunca pôde se esquecer disso; antes cada vez que se vê tão miserável, lembrando-se disso, ficava animada e consolada.

Algumas coisas destas poderia dizer aqui, que como tenho tratado com tantas pessoas santas e de oração, sei de muitas; porque não penseis que sou eu, pelo contrário. Esta me parece de grande proveito para que entendais o que nosso Senhor se contenta com que nos conheçamos e procuremos sempre mirar e remirar nossa pobreza e miséria, e que não temos nada do que não recebemos.[11] Assim que, irmãs minhas, para isto e outras muitas coisas que se oferece a uma alma que o Senhor já tem neste ponto, é preciso ânimo; e a meu parecer, para este último mais que para nada, se há humildade. No-la dê o Senhor, por quem Ele é.

7. Pois tornando a este apressado arrebatar o espírito,[12] é de tal maneira que verdadeiramente parece que sai do corpo e, por outro lado claro está que não fica esta pessoa morta; ao menos ela não pode dizer se está no corpo ou não, por alguns instantes. Parece-lhe que toda junta tem estado em outra região muito diferente desta em que vivemos, aonde lhe é mostrada outra luz tão diferente da de cá, que se toda a sua vida ela a estivesse fabricando junto com outras coisas, teria sido impossível alcançá-las. E

---

10. Ela mesma. Referiu isto na *Relação* 51.
11. Reminiscências de 1Cor 4,7.
12. Ela volta ao tema do n. 1.

acontece que num instante lhe ensinam tantas coisas juntas, que em muitos anos que trabalhasse em ordená-las com sua imaginação e pensamento, não poderia de mil partes uma. Isto não é visão intelectual, mas imaginária, que se vê com os olhos da alma muito melhor que cá vemos com os do corpo, e sem palavras lhe são dadas a entender algumas coisas; digo como se vê alguns santos, conhece-os como se tivesse tratado muito com eles.

8. Outras vezes, junto com as coisas que se veem com os olhos da alma, por visão intelectual lhe são representadas outras, em especial multidão de anjos com o Senhor deles; e sem ver nada com os olhos do corpo,[13] por um conhecimento admirável que eu não saberei dizer, lhe é representado o que digo e outras muitas coisas que não são para dizer. Quem passar por elas, que tenha mais habilidade que eu, as saberá talvez dar a entender, ainda que me pareça bem dificultoso. Se isto tudo se passa estando no corpo, ou não, eu não saberei dizer; pelo menos não juraria que está no corpo nem tampouco que está o corpo sem alma.[14]

9. Muitas vezes tenho pensado se, como o sol estando no céu, que seus raios têm tanta força, que não se mudando ele dali, depressa chegam cá, se a alma e o espírito, que são uma mesma coisa como é o sol e seus raios, pode, ficando ela em seu posto, com a força do calor que lhe vem do verdadeiro Sol de Justiça, alguma parte superior sair sobre si mesma.[15] Enfim, eu não sei o que digo. O que é verdade é que com a presteza com que sai a bala de um arcabuz quando lhe põem fogo, se levanta no interior um voo (que eu não sei que outro nome lhe pôr), que ainda que não faça ruído, faz movimento tão claro que não pode ser antojo de nenhuma maneira; e muito fora de si mesma, para tudo o que pode entender, lhe são mostradas grandes coisas; e quando torna a sentir-se em si, é com tão grandes lucros e tendo em tão pouco todas as coisas da terra em comparação das que tem

---

13. Tinha escrito: *sem ver nada com os olhos do corpo nem da alma*. Depois ela mesma borrou "nem da alma". Já frei Luís omitiu o apagado.

14. Evidente paralelismo com o testemunho autobiográfico de São Paulo em 2Cor 12,2-4. – A seguir a própria autora apagou a frase: "di-lo-á, como tenho dito, quem passar por isso, que se tem letras terá grande ajuda". Já frei Luís omitiu o texto riscado (p. 161).

15. *Sol de justiça*: Cristo. Imagem de inspiração bíblica (Malaquias 4,2), reiterada na liturgia. – Sobre a distinção entre alma e espírito, cf. M. VII, 1, 11; e R. 5, 10; R. 29, 1. Cf. o lugar paralelo de *Vida* 20, 14.

visto, que lhe parecem lixo; e daí em diante vive nela com farta pena, e não vê coisa das que lhe costumavam parecer bem, que lhe faça ser-lhe dado nada dela. Parece que o Senhor quis mostrar algo da terra aonde há de ir, como levaram amostras os que enviaram à terra da promissão os do povo de Israel,[16] para que passe os trabalhos deste caminho tão trabalhoso, sabendo aonde há de ir descansar. Ainda que coisa que passa tão depressa não vos parecerá de muito proveito, são tão grandes os que deixa na alma que se não é por quem passa, não se saberá entender o seu valor.

10. Por onde se vê bem não ser coisa do demônio; que da própria imaginação é impossível, nem o demônio poderia representar coisas que tanta operação e paz e sossego e aproveitamento deixa na alma, em especial três coisas muito em subido grau: conhecimento da grandeza de Deus, porque quantas mais coisas virmos dela, mais nos é dado a entender. Segunda razão[17]: conhecimento próprio e humildade de ver como coisa tão baixa em comparação com o Criador de tantas grandezas, a tem ousado ofender nem ousa mirá-lo; a terceira, ter em muito pouco todas as coisas da terra, se não forem as que pode aplicar para serviço de tão grande Deus.

11. Estas são as joias[18] que o Esposo começa a dar à sua esposa, e são de tanto valor que não as guardará mal; que assim ficam esculpidas na memória estas vistas, que creio ser impossível esquecê-las até que as goze para sempre, se não fosse para grandíssimo mal seu; mas o Esposo que lhas dá é poderoso para dar-lhe graça de não perdê-las.

12. Pois tornando ao ânimo que é mister,[19] parece-vos que é coisa tão leviana? Que verdadeiramente parece que a alma se aparta do corpo, porque se vê perder os sentidos e não entende para que. Mister é que lhe dê o que dá todo o demais. Direis que bem pago vai este temor. Assim o digo eu. Seja para sempre louvado o que tanto pode dar. Praza a Sua Majestade que nos dê para que mereçamos servi-lo, amém.

---

16. Números 13,18-24.
17. *Segunda razão*: foi acrescentado pela Santa à margem do autógrafo. Frei Luís remodelou toda a frase (p. 172).
18. *Joias* e, pouco depois, *vistas*: continua a linguagem simbólica introduzida pela alegoria matrimonial (M. V, 4, 3).
19. De novo a necessidade de ter grande ânimo, como no n. 1 e em M. VI, 4, 2.

Capítulo 6

Em que diz um efeito da oração que está dita no capítulo passado. E em que se entenderá que é verdadeira e não engano. – Trata de outra mercê que o Senhor faz à alma para empregá-la em seus louvores.

1. Destas mercês tão grandes fica a alma tão desejosa de gozar totalmente aquele que lhas faz, que vive com farto tormento, ainda que saboroso; umas ânsias grandíssimas de morrer, e assim, com lágrimas muito ordinárias pede a Deus que a tire deste desterro. Tudo a cansa quanto vê nele; ao ver-se sozinha tem algum alívio, e logo acode esta pena, e estando sem ela, não se habitua. Enfim, não acaba esta borboletinha de achar assento que dure; antes, como anda a alma tão terna do amor, qualquer ocasião que seja para acender mais esse fogo a faz voar; e assim nesta morada são muito contínuos os arroubamentos, sem haver remédio de escusá-los, ainda que seja em público, e logo as perseguições e murmurações, que ainda que ela queira estar sem temores não a deixam, porque são muitas as pessoas que os põem, em especial os confessores.

2. E ainda que no interior da alma pareça que tem grande segurança por um lado, em especial quando está sozinha com Deus, por outro anda muito aflita; porque teme se a há de enganar o demônio de maneira que ofenda a quem tanto ama, que das murmurações tem pouca pena, se não é quando o próprio confessor a aperta, como se ela pudesse mais. Não faz senão pedir a todos orações e suplicar a Sua Majestade a leve por outro caminho, porque lhe dizem que o faça, porque este é muito perigoso; mas como ela tem achado por ele tão grande aproveitamento, que não pode deixar de ver que o leva, como lê e ouve e sabe pelos mandamentos de Deus o que vai ao céu,[1] não o acaba de desejar, ainda que queira, senão deixar-se em suas mãos. E ainda este não podê-lo desejar lhe dá pena, por parecer-lhe que não obedece ao confessor; que em obedecer e não ofender a nosso Senhor lhe parece que está todo o seu remédio para não ser enganada; e assim não

---

1. *Sabe... o* caminho *que vai* (= conduz) *ao céu*. Alusão a Mt 19,17. Ver a correspondência autobiográfica de toda esta passagem em *Vida* c. 27 e c. 29.

faria um pecado venial de advertência mesmo que a fizessem em pedaços, a seu parecer; e aflige-se em grande maneira de ver que não se pode escusar de fazer muitos sem entender-se.

3. Deus dá a estas almas um desejo tão grandíssimo de não descontentá-lo em nenhuma coisa, por pouquinho que seja, nem fazer uma imperfeição, se pudesse, que só por isto, ainda que não fosse por mais, quereria fugir das pessoas e tem grande inveja dos que vivem e viveram nos desertos. Por outro lado, quereria meter-se em metade do mundo, para ver se poderia ser parte para que uma alma louvasse mais a Deus; e se é mulher, aflige-se com o atamento que lhe faz seu natural porque não pode fazer isto, e tem grande inveja dos que têm liberdade para dar vozes, publicando quem é este grande Deus das Cavalarias.[2]

4. Ó pobre borboletinha, atada com tantas cadeias, que não te deixam voar o que quererias! Tende lástima dela, meu Deus; ordenai já de maneira que ela possa cumprir em algo seus desejos para vossa honra e glória. Não vos lembreis do pouco que merece e de seu baixo natural. Poderoso sois Vós, Senhor, para que o grande mar se retire e o grande Jordão, e deixem passar os filhos de Israel.[3] Não tendes lástima dela, que, com vossa fortaleza e ajuda, pode passar muitos trabalhos; ela está determinada a isso e deseja padecê-los. Estendei, Senhor, vosso poderoso braço, não passe ela a vida em coisas tão baixas.[4] Manifeste-se vossa grandeza em coisa tão feminina e baixa, para que, entendendo o mundo que não é nada dela, vos louvem a Vós, custe o que custar, que isso quer, e dar mil vidas para que uma alma vos louve um pouquinho mais por sua causa, se tantas tiver; e as dá por muito bem empregadas e entende com toda verdade que não merece padecer por Vós um trabalho muito pequeno, quanto mais morrer.[5]

5. Não sei a que propósito tenho dito isto, irmãs, nem para quê, que não me tenho entendido. Entendamos que são estes os efeitos que ficam destas suspensões ou êxtases, sem dúvida nenhuma; porque não são desejos

---

2. *Gran Dios de las Caballerías*: provável alusão bíblica ao "Deus dos Exércitos": 1Rs 15,2; ou ao episódio do Êxodo 14,18 (cf. o contexto do n. 4).

3. Êxodo 14,21-22 e Josué 3,13.

4. Nova alusão bíblica ao episódio de Noé e a pomba (Gênesis 8,8-9; cf. M. VII, 3, 13).

5. Alusão a Atos 5,41.

que passam, senão que estão em um ser, e quando se oferece algo em que mostrá-lo se vê que não era fingido. Por que digo estar em um ser? – Algumas vezes se sente a alma covarde, e nas coisas mais baixas, e atemorizada e com tão pouco ânimo, que não lhe parece possível tê-lo para coisa: entendo eu que a deixa o Senhor então em seu natural para muito maior bem seu; porque vê então que, se para algo o teve, foi dado por Sua Majestade, com uma clareza que a deixa aniquilada a si e com maior conhecimento da misericórdia de Deus e de sua grandeza, que em coisa tão baixa lhe quis mostrar. Mas, o mais ordinário, está como antes temos dito.[6]

6. Uma coisa adverti, irmãs, nestes grandes desejos de ver nosso Senhor: que apertam algumas vezes tanto, que é preciso não ajudar a eles, senão divertir-vos, se podeis, digo; porque em outros que direi adiante,[7] de nenhuma maneira se pode, como vereis. Nos primeiros, alguma vez sim, poderão, porque há razão inteira para conformar-se com a vontade de Deus, e dizer o que dizia São Martinho;[8] e se poderá volver a consideração se muito apertam; porque como é, ao parecer, desejo que já parece de pessoas muito aproveitadas, já poderia o demônio movê-lo, para que pensássemos que o estamos, que sempre é bom andar com temor. Mas tenho para mim que não poderá pôr a quietude e paz que esta pena dá na alma, senão que será movendo com ele alguma paixão, como se tem quando por coisas do século temos alguma pena. Mas a quem não tiver experiência de um e do outro, não o entenderá, e pensando ser uma grande coisa, ajudará quanto puder, e faria muito dano à sua saúde: porque é contínua esta pena, ou ao menos muito ordinária.

7. Também adverti que a compleição fraca costuma causar coisas destas penas, em especial se é numas pessoas tenras que choram por cada coisinha; mil vezes as fará entender que choram por Deus, que não seja assim. E ainda pode acontecer ser (quando vem uma multidão de lágrimas, digo, por um tempo que a cada palavrinha que ouça ou pense de Deus

---

6. O sentido é: a alma está ordinariamente como temos dito: "em um ser" (n. 5), ou seja, irremovível em sua união com Deus. Esses outros estados ("covarde", "atemorizado"...) são passageiros.

7. No c. 11, o último de M. VI (cf. o título); cf. também o c. 8, n. 4; *Vida* c. 29, n. 9, e *Caminho* c. 19, n. 9-10.

8. "Senhor, se ainda sou necessário ao teu povo, não recuso o trabalho" (do Ofício Litúrgico de São Martinho); cf. *Exclam.* 15, n. 2.

não se pode resistir a elas) ter-se aproximado algum humor do coração, que ajuda mais que o amor que se tem a Deus, que não parece que hão de acabar de chorar; e como já têm entendido que as lágrimas são boas, não se contêm nem quereriam fazer outra coisa, e ajudam quanto podem a elas. Pretende o demônio aqui que se enfraqueçam de maneira que depois nem possam ter oração nem guardar sua Regra.

8. Parece-me que vos estou mirando como dizeis que o que haveis de fazer, se em tudo ponho perigo, pois numa coisa tão boa como as lágrimas, me parece pode haver engano; que eu sou a enganada; e já pode ser, mas crede que não falo sem ter visto que pode haver em algumas pessoas, ainda que não em mim; porque não sou nada tenra, antes tenho um coração tão rijo, que algumas vezes me dá pena; ainda que quando o fogo de dentro seja grande, por rijo que seja o coração, destila como faz uma alquitara; e bem entendereis quando vêm as lágrimas daqui, que são confortadoras e pacificam, que não alvoroçadoras, e poucas vezes fazem mal. O bem está neste engano – quando for – que será dano do corpo (digo, se há humildade) e não da alma; e quando não o há, não será mau ter esta suspeita.[9]

9. Não pensemos que está tudo feito ao chorar muito, senão que lancemos mão do obrar muito e das virtudes, que são as que nos há de fazer ao caso, e as lágrimas venham quando Deus as enviar, não fazendo nossas diligências para trazê-las. Estas deixarão esta terra seca regada, e são grande ajuda para dar fruto; quanto menos caso fizermos delas, mais, porque é água que cai do céu; a que tiramos cansando-nos em cavar para tirá-la, não tem a ver com esta, que muitas vezes cavaremos e ficaremos moídas, e não acharemos nem uma poça de água, quanto mais poço manancial. Por isso, irmãs, tenho por melhor que nos ponhamos diante do Senhor e olhemos sua misericórdia e grandeza e nossa baixeza, e dê-nos Ele o que quiser, quer haja água, quer secura: Ele sabe melhor o que nos convém. E com isto andaremos descansadas e o demônio não terá tanto lugar para armar-nos ciladas.

---

9. Frei Luís editou: *quando a há* [humildade]... (p. 179). O sentido é: *O bem* (= o menor mal) *neste engano* (= excesso de lágrimas em pessoas sensíveis) consistirá em ocasionar *dano do corpo; e quando não o* houver (= dano do corpo), *não será mau ter esta suspeita* (de que acaba de falar, fim do n. 7: que pretende o demônio com o tempo enfraquecer o corpo para impedir a oração).

10. Entre estas coisas penosas e saborosas juntamente dá nosso Senhor à alma algumas vezes uns júbilos e oração estranha, que não sabe entender o que é. Porque se vos fizer esta mercê, o louveis muito e saibais que é coisa que passa, a ponho aqui. É, a meu parecer, uma união grande das potências, senão que as deixa nosso Senhor com liberdade para que gozem deste gozo, e aos sentidos o mesmo, sem entender o que é o que gozam e como o gozam. Parece isto algaravia, e certamente se passa assim, que é um gozo tão excessivo da alma, que não quereria gozá-lo sozinha, senão dizê-lo a todos para que a ajudassem a louvar a nosso Senhor, que aqui vai todo o seu movimento. Oh, quantas festas faria e quantas mostras, se pudesse, para que todos entendessem o seu gozo! Parece que achou a si, e que, como o pai do filho pródigo, quereria convidar a todos e fazer grandes festas,[10] por ver sua alma em posto que não pode duvidar que está em segurança, ao menos por enquanto. E tenho para mim que é com razão; porque tanto gozo interior do muito íntimo da alma, e com tanta paz, e que todo o seu contento provoca louvores de Deus, não é possível dar o demônio.

11. É bastante, estando com este grande ímpeto de alegria, que cale e possa dissimular, e não pouco penoso. Isto devia sentir São Francisco, quando os ladrões toparam com ele, que andava pelo campo gritando e lhes disse que era arauto do grande Rei,[11] e outros santos que vão aos desertos para poder apregoar como São Francisco estes louvores de seu Deus. Eu conheci um chamado frei Pedro de Alcântara – que creio que é, segundo foi sua vida –, que fazia isto mesmo, e o tinham por louco os que alguma vez o ouviram.[12] Oh, que boa loucura, irmãs, se Deus no-la desse a todas! E quantas mercês vos tem feito por ter-vos em parte que, ainda que o Senhor vos faça esta e deis mostras disso, antes será para ajudar-vos do que para murmuração, como seria se estivesses no mundo, que se usa tão pouco este pregão, que não é muito que murmurem contra ele!

12. Ó desventurados tempos e miserável vida na qual agora vivemos, e felizes aquelas a quem coube tão boa sorte, que estejam fora dele! Algumas vezes me é particular gozo, quando estando juntas, vejo estas irmãs ter

---

10. Lc 15,22.
11. Provável lembrança de suas leituras dos *Flos Sanctorum*, ou da *Leyenda mayor de San Francisco y Santa Clara* (Toledo, 1526).
12. Cf. *Vida* c. 27, n. 16-20; c. 30, n. 2-7.

tão grande interior, que a que mais pode, mais louvores dá a nosso Senhor de ver-se no mosteiro; porque se vê muito claramente que aqueles louvores saem do interior de sua alma. Muitas vezes quereria, irmãs, que fizésseis isto, que uma que começa desperta as demais. Em que melhor se pode empregar vossa língua quando estais juntas do que em louvores de Deus, pois temos tanto por que dá-los?

13. Praza a Sua Majestade que muitas vezes nos dê esta oração, pois é tão segura e lucrativa; que adquiri-la não poderemos, porque é coisa muito sobrenatural; e acontece durar um dia, e anda a alma como alguém que bebeu muito, mas não tanto que esteja alienado dos sentidos; ou um melancólico, que de todo não perdeu o senso, mas não sai de uma coisa que lhe foi posta na imaginação nem há quem o tire dela.

Bastante grosseiras comparações são estas para tão preciosa causa, mas não alcança outras o meu engenho; porque isso é assim que este gozo a tem tão esquecida de si e de todas as coisas, que não adverte nem acerta em falar, senão no que procede de seu gozo, que são louvores de Deus.

Ajudemos esta alma, filhas minhas, todas. Para que queremos ter mais senso? O que nos pode dar maior contento? E ajudem-nos todas as criaturas, por todos os séculos dos séculos, amém, amém, amém!

Capítulo 7

Trata da maneira que é a pena que sentem de seus pecados as almas a quem Deus faz as mercês ditas. – Diz quão grande erro é não exercitar-se, por muito espirituais que sejam, em trazer presente a Humanidade de nosso Senhor e Salvador Jesus Cristo, e sua sacratíssima Paixão e vida, e sua gloriosa Mãe e santos. – É de muito proveito.

1. Parecer-vos-á, irmãs, que a estas almas que o Senhor se comunica tão particularmente (em especial poderão pensar isto que direi as que não tiverem chegado a estas mercês, porque se o têm gozado, e é de Deus, verão o que eu direi), que estarão já tão seguras de que hão de gozá-lo para sempre, que não terão que temer nem que chorar seus pecados; e será muito grande engano, porque a dor dos pecados cresce mais, quanto mais se recebe de nosso Deus. E tenho para mim que até que estejamos aonde nenhuma coisa pode dar pena, que esta não será tirada.

2. É verdade que umas vezes aperta mais que outras, e também é de diferente maneira; porque não se lembra da pena que há de ter por eles, senão de como foi tão ingrata a quem tanto deve e a quem tanto merece ser servido; porque nestas grandezas que lhe comunica, entende muito mais a de Deus. Espanta-se como foi tão atrevida; chora o seu pouco respeito; parece-lhe uma coisa tão desatinada o seu desatino, que não acaba de lastimar jamais, quando se lembra pelas coisas tão baixas que deixava uma tão grande Majestade. Muito mais se lembra disto que das mercês que recebe, sendo tão grandes como as ditas e as que estão por dizer; parece que as leva um rio caudaloso e as traz a seus tempos; isto dos pecados está como um lodaçal, que sempre parece que se avivam na memória e é bastante grande cruz.

3. Eu sei de uma pessoa[1] que, deixado de querer morrer para ver Deus, o desejava por não sentir tão ordinariamente pena de quão desagradecida tinha sido a quem tanto deveu sempre e havia de dever; e assim não lhe parecia que podiam chegar maldades de ninguém às suas, porque

---

1. Ela mesma; cf. *Vida* c. 34, n. 10, e c. 26, n. 2; *Rel.* 1, n. 26; 5, n. 12; 53, n. 1.

entendia que não haveria a quem Deus tanto tivesse sofrido e tantas mercês tivesse feito. No que toca ao medo do inferno, nenhum têm. De se hão de perder a Deus, às vezes aperta muito; mas é poucas vezes. Todo o seu temor é que Deus as deixe de sua mão para ofendê-lo e se vejam em estado tão miserável como se viram[2] em algum tempo; que de pena nem glória sua própria não têm cuidado, e se desejam não estar muito no purgatório, é mais para não estarem ausentes de Deus, o que ali estiverem, do que pelas penas que hão de passar.

4. Eu não teria por seguro, por favorecida que uma alma esteja em Deus, que se esquecesse de que em algum tempo se viu em miserável estado; porque, ainda que seja coisa penosa, aproveita para muitas. Talvez, como eu tenho sido tão ruim, me pareça isto, e esta é a causa de trazê-lo sempre na memória. As que foram boas, não terão que sentir, ainda que sempre haja quebras enquanto vivemos neste corpo mortal. Para esta pena nenhum alívio é pensar que nosso Senhor já tem perdoado os pecados e esquecido; antes acrescenta à pena ver tanta bondade e que se fazem mercês a quem não merecia senão o inferno. Penso que foi este um grande martírio em São Pedro e na Madalena, porque, como tinham o amor tão crescido e tinham recebido tantas mercês e tinham entendido a grandeza e majestade de Deus, seria bastante duro de sofrer, e com muito terno sentimento.

5. Também vos parecerá que quem goza de coisas tão altas não terá meditação nos mistérios da sacratíssima Humanidade de nosso Senhor Jesus Cristo, porque se exercitará já toda em amor. – Isto é uma coisa que escrevi longamente em outra parte,[3] e ainda que me tenham contradito nela e dito que não o entendo, porque são caminhos por onde leva nosso Senhor, e que quando já passaram do princípio é melhor tratar de coisas da divindade e fugir das corpóreas, a mim não me farão confessar que é bom caminho. Pode ser que me engane e que digamos todos uma coisa; mas vi que me queria enganar o demônio por aí, e assim estou tão escarmentada que penso, ainda que o tenha dito mais vezes,[4] dizer-vos outra vez aqui, para irdes nisto com muita advertência; e olhai que ouso dizer que não

---

2. *Si vieron*, no original; quer dizer, o "se" seria conjunção. Seguimos a leitura de frei Luís (p. 186) [para ele o "se" é pronome].
3. Em *Vida* c. 22: capítulo paralelo a este das *Moradas* sextas.
4. Ibid. e c. 23, 2-5.

creiais em quem vos disser outra coisa. E procurarei dar-me mais a entender, que fiz em outra parte; porque porventura se alguém o tem escrito, como ele o disse,[5] se mais se alongara em declará-lo, dizia bem; e dizê-lo assim por junto às que não entendemos tanto, pode fazer muito mal.

6. Também parecerá a algumas almas que não podem pensar na Paixão; pois menos poderão na sacratíssima Virgem, nem na vida dos Santos, que tão grande proveito e alento nos dá sua memória. Eu não posso pensar em que pensam; porque, apartados de todo o corpóreo, para espíritos angélicos é estar sempre abrasados em amor, e não para os que vivemos em corpo mortal, que é preciso tratar e pensar e ser acompanhado pelos que, tendo-o, fizeram tão grandes façanhas por Deus; quanto mais apartar-se de indústria de todo nosso bem e remédio que é a sacratíssima Humanidade de nosso Senhor Jesus Cristo. E não posso crer que o fazem, senão que não se entendem, e assim farão dano a si e aos outros. Pelo menos lhes asseguro que não entrem nestas duas moradas últimas; porque se perdem o guia, que é o bom Jesus, não acertarão o caminho; bastante será se estão nas demais com segurança. Porque o próprio Senhor diz que é caminho; também diz o Senhor que é luz, e que ninguém pode ir ao Pai senão por Ele; e "quem me vê a mim vê a meu Pai".[6] Dirão que se dá outro sentido a estas palavras. Eu não sei esses outros sentidos; com este que sempre sente minha alma ser verdade, tenho ido muito bem.

7. Há algumas almas – e são bastantes as que trataram isso comigo – que, como nosso Senhor chega a lhes dar contemplação perfeita, quereriam sempre ficar ali, e não pode ser; mas ficam com esta mercê do Senhor de maneira que depois não podem discorrer nos mistérios da Paixão e da vida de Cristo como antes. E não sei qual é a causa, mas é isto muito ordinário, que fica o entendimento mais inabilitado para a meditação. Creio que a causa deve ser que, como na meditação é tudo buscar a Deus, como uma vez se acha e fica a alma acostumada por obra da vontade a tornar a buscá-lo, não quer cansar-se com o entendimento. E também me parece que,

---

5. Ignoramos a quem alude aqui a autora. Cf. *Vida* 22, nota 2.
6. Textos evangélicos de João 14,6; 8,12; 14,6. – O segundo texto ("também diz o Senhor que é luz") foi acrescentado à margem pela própria Santa. Frei Luís retocou e adaptou essa inserção (p. 188). – Cf. em *Moradas* II, 1, 11, as hesitações da Santa ao apresentar esses textos evangélicos.

como a vontade está já acesa, não quer esta potência generosa aproveitar-se desta outra se pudesse; e não faz mal, mas será impossível, em especial até que chegue a estas últimas moradas, e perderá tempo, porque muitas vezes há mister de ser ajudada pelo entendimento para acender a vontade.

8. E notai, irmãs, este ponto, que é importante, e assim o quero declarar mais: está a alma desejando empregar-se toda em amor e quereria não entender outra coisa, mas não poderá ainda que queira; porque, ainda que a vontade não esteja morta, está mortiço o fogo que costuma fazê-la queimar, e é mister quem o sopre para lançar calor de si. Seria bom que a alma estivesse com esta secura, esperando fogo do céu que queime este sacrifício que está fazendo de si a Deus, como fez nosso Pai Elias?[7] Não, por certo, nem é bom esperar milagres. O Senhor os faz quando é servido, por esta alma, como fica dito e se dirá adiante; mas quer Sua Majestade que nos tenhamos por tão ruins que não merecemos que os faça, senão que nos ajudemos em tudo o que pudermos. E tenho para mim que até que morramos, por subida oração que haja, é mister isto.

9. Verdade é que a quem mete já o Senhor na sétima morada, é muito poucas vezes, ou quase nunca, as que há mister de fazer esta diligência, pela razão que nela direi,[8] se me lembrar; mas é muito contínuo não se apartar de andar com Cristo nosso Senhor por uma maneira admirável, aonde divino e humano junto é sempre sua companhia. Assim que, quando não tem acendido o fogo que fica dito[9] na vontade nem se sente a presença de Deus, é mister que a busquemos; que isto quer Sua Majestade, como o fazia a Esposa nos Cânticos,[10] e que perguntemos às criaturas quem as fez – como diz Santo Agostinho, creio, em suas *Meditações* ou *Confissões*[11] – e não sejamos bobos perdendo tempo em esperar o que uma vez nos foi dado, que no princípio poderá ser que não o dê o Senhor num ano, e ainda em muitos; Sua Majestade sabe o porquê; nós não havemos de

---

7. 1Rs 18,30-39.
8. Cf. M. VII, 2, 3.9.10; VII, 3, 8.10.11; VII, 4, 1-2.
9. No final do n. 7.
10. Ct 3,3.
11. *Ou Confissões* foi acrescentado pela Santa à margem. Cf. *Confissões*, L. 10, c. 6, n. 9-10. Mas talvez aluda de novo aos *Solilóquios* do Pseudo-Agostinho, c. 31 (cf. nossa nota a *Vida* c. 40, n. 6), editados correntemente junto com as *Meditações* (aqui aludidas pela Santa) e o *Manual*, ambos também pseudo-agostinianos.

querer sabê-lo, nem há para que. Pois sabemos o caminho como havemos de contentar a Deus pelos mandamentos e conselhos, nisto andemos muito diligentes, e em pensar sua vida e morte, e o muito que lhe devemos; o demais venha quando o Senhor quiser.

10. Aqui vem o responder que não podem deter-se nestas coisas,[12] e pelo que fica dito, talvez tenham razão de alguma maneira. Já sabeis que discorrer com o entendimento é uma coisa, e a memória representar verdades ao entendimento é outra. Dizeis, quiçá, que não me entendeis, e verdadeiramente poderá ser que não o entenda eu para o saber dizer; mas o direi como souber. Chamo de meditação o discorrer muito com o entendimento desta maneira: começamos a pensar na mercê que Deus nos fez ao dar-nos o seu único Filho, e não paramos ali, senão vamos adiante aos mistérios de toda a sua gloriosa vida; ou começamos na oração do Horto e o entendimento não para até que está posto na cruz; ou tomamos um passo da Paixão, digamos como a prisão, e andamos neste mistério, considerando detalhadamente as coisas que há que pensar nele e que sentir, assim da traição de Judas, como da fuga dos apóstolos e todo o demais; e é admirável e muito meritória oração.

11. Esta é a que digo que terão razão[13] quem Deus tem chegado a levar a coisas sobrenaturais e perfeita contemplação; porque – como tenho dito[14] – não sei a causa, mas o mais ordinário não poderá. Mas não a terá, digo razão, se diz que não se detém nestes mistérios e os traz presentes muitas vezes, em especial quando os celebra a Igreja Católica; nem é possível que perca memória a alma que tem recebido tanto de Deus, de mostras de amor tão preciosas, porque são vivas centelhas para acendê-la mais no que tem a nosso Senhor; senão que não se entende, porque entende a alma estes mistérios por maneira mais perfeita; e é que o entendimento os representa, e ficam estampados na memória de maneira que só de ver o Senhor caído com aquele espantoso suor no Horto, aquilo lhe basta para não só uma hora, senão muitos dias, olhando com uma simples vista quem é e quão ingratos temos sido a tão grande pena; logo acode a vontade, ainda

---

12. Retoma a objeção iniciada no n. 1. – *O que fica dito*: alude ao n. 7.
13. *Que terão razão...* em dizer "que não podem deter-se em pensar...". Cf. final do n. 9 e princípio do n. 10.
14. Disse-o no n. 7.

que não seja com ternura, a desejar servir em algo tão grande mercê e a desejar padecer algo por quem tanto padeceu e a outras coisas semelhantes, em que ocupa a memória e o entendimento. E creio que por esta razão não pode passar a discorrer mais na Paixão, e isto o faz parecer que não pode pensar nela.

12. E se isto não faz, é bom que o procure fazer, que eu sei que a muita subida oração não o impedirá, e não tenho por bom que não se exercite nisto muitas vezes. Se daqui a suspender o Senhor, muito em boa hora, que ainda que não queira a fará deixar no que está.[15] E tenho por muito certo que não é estorvo esta maneira de proceder, senão grande ajuda para todo bem, o que seria se muito trabalhasse no discorrer que disse no princípio, e tenho para mim que não poderá quem tem chegado a mais. Já pode ser que sim, que por muitos caminhos leva Deus as almas; mas não se condenem as que não puderem ir por ele, nem as julguem inabilitadas para gozar de tão grandes bens como estão encerrados nos mistérios de nosso bem Jesus Cristo; nem ninguém me fará entender, seja quão espiritual quiser, que irá bem por aqui.

13. Acontece no princípio, e ainda no meio, que há algumas almas que, como começam a chegar à oração de quietude e a gostar dos regalos e gostos que o Senhor dá, parece-lhes que é muito grande coisa ficar ali sempre gostando. Pois creiam-me e não se embebam tanto – como já tenho dito em outra parte[16] – que é longa a vida, e há nela muitos trabalhos, e havemos mister de olhar o nosso modelo Cristo, como os passou, e ainda os seus apóstolos e Santos, para levá-los com perfeição. É muito boa companhia o bom Jesus para não nos apartar dela, e sua Sacratíssima Mãe, e gosta muito de que nos condoamos de suas penas, ainda que deixemos nosso contento e gosto algumas vezes. Quanto mais, filhas, que não é tão ordinário o regalo na oração que não haja tempo para tudo;[17] e a que disser que é em um ser, eu o teria por suspeito, digo que nunca pode fazer o que fica dito; e assim o tende e procurai sair desse engano e desembeber-vos

---

15. *A fará deixar o que está meditando... O que seria* (estorvo): o discorrer que disse no n. 10.
16. Cf. c. 4, n. 2 e n. 9; e M. IV, 3, 11-13. Comparar com *Vida* 22, 10.
17. *Há*, escreveu a Santa (como em M. VI, 8, 8). Seguimos a leitura de frei Luís (p. 194). – *Que é em um ser*: que tem contínuo regalo na oração.

com todas as vossas forças; e se não bastarem, dizei-o à priora, para que vos dê um ofício de tanto cuidado que esse perigo seja tirado; que ao menos para o senso e cabeça é muito grande, se durasse muito tempo.

14. Creio que fica dado a entender o que convém, por espirituais que sejam, não fugir tanto de coisas corpóreas que lhes pareça ainda que a Humanidade sacratíssima causa dano. Alegam o que o Senhor disse aos seus discípulos, que convinha que Ele se fosse.[18] Eu não posso sofrer isto. Certamente não o disse à sua Mãe Sacratíssima, porque estava firme na fé, que sabia que era Deus e homem, e ainda que o amasse mais que eles, era com tanta perfeição, que antes a ajudava. Não deviam estar então os apóstolos tão firmes na fé como depois estiveram, e temos razão de estar nós agora. Eu vos digo, filhas, que o tenho por perigoso caminho e que poderia o demônio vir fazer perder a devoção com o Santíssimo Sacramento.

15. O engano que me pareceu a mim que levava não chegou a tanto como isto, senão a não gostar de pensar em nosso Senhor Jesus Cristo tanto, senão andar naquele embevecimento, aguardando aquele regalo. E vi claramente que ia mal; porque como não podia ser tê-lo sempre, andava o pensamento daqui para ali, e a alma, me parece, como uma ave revoando que não acha aonde parar, e perdendo bastante tempo, e não aproveitando nas virtudes nem medrando na oração. E não entendia a causa, nem a entenderia, a meu parecer, porque me parecia que era aquilo muito acertado, até que, tratando da oração que levava com uma pessoa serva de Deus, me avisou. Depois vi claro quão errada ia, e nunca me acaba de pesar de que tenha havido nenhum tempo em que eu carecesse de entender que se podia mal ganhar com tão grande perda; e quando puder, não quero nenhum bem, senão adquirido por quem nos vieram todos os bens. Seja para sempre louvado, amém.

---

18. Palavras de Jesus em João 16,7.

Capítulo 8

Trata de como Deus se comunica à alma por visão intelectual, e dá alguns avisos, e diz os efeitos que faz quando é verdadeira. – Recomenda o segredo dessas mercês.

1. Para que mais claro vejais, irmãs, que é assim o que vos tenho dito e que quanto mais adiante vai uma alma mais acompanhada é deste bom Jesus, será bom que tratemos de como, quando Sua Majestade quer, não podemos senão andar sempre com Ele, como se vê claro pelas maneiras e modos com que Sua Majestade se comunica a nós e nos mostra o amor que nos tem, com alguns aparecimentos e visões tão admiráveis; que se alguma mercê destas vos fizer, não andeis espantadas, quero dizer – se o Senhor for servido que acerte – em suma, alguma coisa destas, para que o louvemos muito, ainda que não as faça a nós, de que se queira assim comunicar com uma criatura, sendo de tanta majestade e poder.

2. Acontece, estando a alma descuidada de que esta mercê lhe há de ser feita nem ter jamais pensado merecê-la, que sente junto a si Jesus Cristo nosso Senhor, ainda que não o veja, nem com os olhos do corpo nem da alma. Chamam esta de visão intelectual, não sei por quê. Vi esta pessoa[1] a quem Deus fez esta mercê, com outras que direi adiante, fatigada no princípio bastante, porque não podia entender que coisa era, pois não a via; e entendia tão certo ser Jesus Cristo nosso Senhor quem se mostrava daquela sorte, que não podia duvidar disso, digo que estava ali aquela visão; que se era de Deus ou não, ainda que trouxesse consigo grandes efeitos para entender que era, ainda assim estava com medo, e ela jamais tinha ouvido de visão intelectual, nem pensou que houvesse alguma de tal sorte; mas entendia muito claro que era este Senhor que lhe falava muitas vezes da maneira que fica dito,[2] porque até que lhe fez esta mercê que digo, nunca sabia quem lhe falava, ainda que entendesse as palavras.

---

1. *Esta pessoa* é ela mesma; cf. *Vida* c. 27, n. 2-5.
2. *Fica dito* no c. 3.

3. Sei que estando temerosa desta visão (porque não é como as imaginárias, que passam depressa, mas que dura muitos dias, e ainda mais que um ano alguma vez), foi ao seu confessor bastante fatigada. Ele lhe disse que, se não via nada, que como sabia que era nosso Senhor; que lhe dissesse que rosto tinha.[3] Ela lhe disse que não sabia, nem via rosto, nem podia dizer mais do que foi dito; que o que sabia era que era Ele quem lhe falava e que não era antojo. E ainda que lhe pusessem fartos temores, ainda assim muitas vezes não podia duvidar, em especial quando dizia a ela: *Não tenhas medo, que sou eu*.[4] Tinham tanta força estas palavras, que não podia duvidar disso então, e ficava muito esforçada e alegre com tão boa companhia; que via claro ser-lhe grande ajuda para andar com uma memória ordinária de Deus e uma consideração grande de não fazer coisa que lhe desagradasse, porque lhe parecia que a estava sempre mirando. E cada vez que queria[5] tratar com Sua Majestade de oração, e ainda sem ela, lhe parecia estar tão perto, que não a podia deixar de ouvir; ainda que o ouvir as palavras não era quando ela queria, mas intempestivamente, quando houvesse mister. Sentia que andava ao lado direito, mas não com estes sentidos que podemos sentir que está junto a nós uma pessoa; porque é por outra via mais delicada, que não se deve de saber dizer; mas é tão certo e com tanta certeza e ainda muito mais; porque cá já se poderia antojar, mas nisto não, que vem com grandes lucros e efeitos interiores, que nem os poderia ter, se fosse melancolia, nem tampouco o demônio faria tanto bem, nem andaria a alma com tanta paz e com tão contínuos desejos de contentar a Deus e com tanto desprezo de tudo o que não a chega a Ele. E depois se entendeu claro não ser demônio, porque se ia mais e mais dando a entender.

4. Contudo, sei que em alguns momentos andava bastante temerosa; outros com grandíssima confusão, que não sabia por onde lhe tinha vindo tanto bem. Éramos tão uma coisa ela e eu, que não passava coisa por sua alma que eu estivesse ignorante dela, e assim posso ser boa testemunha e me podeis crer ser verdade tudo o que nisto disser.[6]

---

3. Cf. *Vida* c. 27, n. 3.
4. Cf. *Vida* c. 25, n. 18; *Relações* 4 (n. 10), 35, 53, 55; e *Moradas* VI, c. 3, n. 5.
5. *Quereria*, escreveu a Santa.
6. Trata-se dela mesma, com o típico recurso ao anonimato.

É mercê do Senhor que traz grandíssima confusão consigo e humildade. Caso fosse do demônio, tudo seria ao contrário. E como é coisa que notavelmente se entende ser dada por Deus, que não bastaria indústria humana para poder se sentir assim, de nenhuma maneira pode pensar quem o tem que é bem seu, senão dado pala mão de Deus. E ainda que, a meu parecer, seja maior mercê algumas das que ficam ditas, esta traz consigo um particular conhecimento de Deus, e desta companhia tão contínua nasce um amor terníssimo com Sua Majestade e uns desejos ainda maiores que os que ficam ditos[7] de entregar-se toda ao seu serviço, e uma limpeza de consciência grande, porque faz advertir em tudo a presença que traz junto a si; porque ainda que já saibamos que Deus está em tudo o que fazemos, é nosso natural tal, que se descuida em pensá-lo: o que não se pode descuidar cá, que o Senhor que está junto a ela a desperta. E ainda que para as mercês que ficam ditas,[8] como anda a alma quase continuamente com um atual amor ao que vê ou entende estar junto a si, são muito mais ordinárias.

5. Enfim, no lucro da alma se vê ser grandíssima mercê e mui muito de apreciar, e agradecer ao Senhor que a dá tão sem poder merecer, e por nenhum tesouro nem deleite da terra a trocaria. E assim, quando o Senhor é servido que lhe seja tirada, fica com muita solidão; mas todas as diligências possíveis que pusesse para tornar a ter aquela companhia, aproveitam pouco; que o Senhor o dá quando quer, e não se pode adquirir. Algumas vezes também é de algum santo, e é também de grande proveito.

6. Direis que se não se vê, que como se entende que é Cristo, ou quando é santo, ou sua Mãe gloriosíssima. — Isso não saberá a alma dizer, nem pode entender como o entende, senão que o sabe com uma grandíssima certeza. Quando é o Senhor quem fala, já parece mais fácil; mas o santo, que não fala, senão que parece que o Senhor o põe ali para ajuda daquela alma e por companhia, é mais de maravilhar. Assim são outras coisas espirituais, que não se sabem dizer, mas entende-se por elas quão baixo é nosso natural para entender as grandes grandezas de Deus, pois ainda estas não somos capazes, senão que, com admiração e louvores a Sua Majestade passe a quem forem dadas; e assim lhe faça particulares graças por elas, que

---

7. No c. 6, n. 1-6.
8. Alude a uma série de graças místicas referidas nos capítulos anteriores.

não é mercê que se faz a todos, há de se estimar muito e procurar fazer maiores serviços, pois por tantas maneiras a ajuda Deus nisso. Daqui vem não se ter por isso em mais, e parecer-lhe que é a que menos serve a Deus de quantos há na terra, porque lhe parece que está mais obrigada a isso que ninguém, e qualquer falta que faz atravessa as suas entranhas e com muito grande razão.

7. Estes efeitos com que anda a alma, que ficam ditos,[9] qualquer uma de vós poderá advertir a quem o Senhor levar por este caminho, para entender que não é engano nem tampouco antojo porque – como tenho dito[10] – não penso que é possível durar tanto sendo demônio, fazendo tão notável proveito à alma e trazendo-a com tanta paz interior, que não é de seu costume, nem pode, ainda que queira, coisa tão má fazer tanto bem; que logo haveria algumas fumaças de estima própria e pensar que era melhor que os outros. Mas este andar sempre a alma tão apegada a Deus e ocupado seu pensamento nele, lhe faria tanta raiva, que ainda que o intentasse, não tornaria muitas vezes; e é Deus tão fiel que não permitirá dar-lhe tanta mão com alma que não pretende outra coisa senão agradar a Sua Majestade[11] e pôr a sua vida por sua honra e glória, senão que logo ordenará de modo que seja desenganada.

8. Minha teima é e será que como a alma anda da maneira que aqui se tem dito a deixam estas mercês de Deus, que Sua Majestade a sacará com lucro, se permite alguma vez que o demônio se atreva e que ele ficará corrido. Por isso, filhas, se alguma for por este caminho – como tenho dito[12] – não andeis assombradas. É bom que haja temor e andemos com mais aviso, nem tampouco confiadas que, por ser tão favorecidas, vos podeis mais descuidar, que isto será sinal não ser de Deus, se não vos virdes com os efeitos que fica dito. É bom que no princípio o comuniqueis sob confissão com um muito bem letrado, que são os que nos hão de dar a luz, ou, se houver, alguma pessoa muito espiritual; e se não o é, melhor é

---

9. Nos n. 3-5.
10. No n. 3.
11. Alusão ao texto paulino "Fidelis est Deus" (1Cor 10,13), que tão profundamente marcou a Santa (cf. *Vida* 23, 15 e *Relação* 28: "eu sou fiel; ninguém se perderá sem entendê-lo"; e estas *Moradas* c. 3, n. 17, nota).
12. No n. 1. – *Bien es que "hay" temor*, escreveu a Santa, em vez de "haya" (cf. c. 12, n. 13).

muito letrado; se houver, com um e com o outro. E se vos disserem que é antojo, não se vos dê nada, que o antojo pouco mal nem bem pode fazer à vossa alma; encomendai-vos à divina Majestade, que não consinta sejais enganada. Se vos disserem que é demônio, será mais trabalho; ainda que não diga, se é bom letrado, e há os efeitos ditos, mas quando o disser, eu sei que o mesmo Senhor, que anda convosco, vos consolará e assegurará, e a ele irá dando luz para que vo-la dê.

9. Se é pessoa que ainda que tenha oração não a tem levado o Senhor por esse caminho, logo se espantará e o condenará. Por isso vos aconselho que seja muito letrado e, se se achar, também espiritual, e a priora dê licença para isso, porque, ainda que vá segura a alma por ver sua boa vida, estará obrigada a priora a que se comunique, para que ambas andem com segurança. E, tratado com estas pessoas, aquiete-se e não ande mais dando parte disso; que algumas vezes, sem ter de quê temer, põe o demônio uns temores tão demasiados, que forçam a alma a não se contentar com uma vez. Em especial se o confessor é de pouca experiência e o vê medroso, e ele mesmo a faz andar comunicando, vem-se a publicar o que por razão havia de estar muito secreto, e a ser esta alma perseguida e atormentada; porque pensando que está secreto, o vê público, e daqui sucedem muitas coisas trabalhosas para ela, e poderiam suceder para a Ordem, segundo andam estes tempos. Assim que é mister grande aviso nisto, e às prioras o encomendo muito; [10] e que não pense que por ter uma irmã coisas semelhantes é melhor que as outras; leva o Senhor a cada uma como vê que é mister. Aparelho é para vir a ser muito serva de Deus, se se ajuda; mas, às vezes, Deus leva por este caminho as mais fracas. E assim não há nisto por que aprovar nem condenar, senão olhar as virtudes, e a quem com mais mortificação e humildade e limpeza de consciência servir a nosso Senhor, que essa será a mais santa, ainda que a certeza pouco se possa saber cá, até que o verdadeiro Juiz dê a cada um segundo o que merece. Lá nos espantaremos de ver quão diferente é seu juízo do que cá podemos entender. Seja para sempre louvado, amém.

Capítulo 9

Trata de como se comunica o Senhor à alma por visão imaginária, e avisa muito se guardem de desejar[1] ir por este caminho. – Dá para isso razões. – É de muito proveito.

1. Agora venhamos às visões imaginárias, que dizem que são aonde pode meter-se o demônio mais que nas ditas,[2] e assim deve ser; mas quando são de nosso Senhor, de alguma maneira me parecem mais proveitosas, porque são mais conformes a nosso natural; salvo das que o Senhor dá a entender na última morada, que a estas não chegam nenhumas.

2. Pois miremos agora como vos tenho dito no capítulo passado[3] que está este Senhor, que é como se numa peça de ouro tivéssemos uma pedra preciosa de grandíssimo valor e virtudes; sabemos certíssimo que está ali, ainda que nunca a tenhamos visto; mas as virtudes da pedra não nos deixam de aproveitar, se a trazemos conosco. Ainda que nunca a tenhamos visto, nem por isso a deixamos de apreciar, porque por experiência temos visto que nos tem sarado de algumas enfermidades, para o que é apropriada;[4] mas não a ousamos olhar, nem abrir o relicário, nem podemos, porque só o dono da joia sabe a maneira de abri-lo, e ainda que no-la tenha emprestado para que nos aproveitássemos dela, ele ficou com a chave e, como coisa sua, abrirá quando no-la quiser mostrar, e ainda a tomará quando lhe parecer, como faz.

3. Pois digamos agora que quer alguma vez abri-la com presteza, para fazer bem a quem a emprestou: claro está que lhe será depois muito maior contento quando se lembrar do admirável resplendor da pedra, e assim ficará mais esculpida em sua memória. Pois assim acontece cá: quando nosso Senhor é servido de regalar mais esta alma, mostra-lhe claramente

---

    1. *Se guarden desear*, escreveu a autora por haplografia.
    2. *Mais que nas intelectuais*: cf. c. 8.
    3. *No capítulo passado*: acrescentado pela Santa. Cf. c. 8, n. 2-3.
    4. "No tempo da Santa era frequente atribuir a certas pedras determinadas propriedades curativas" (S.).

sua sacratíssima Humanidade da maneira que quer, ou como andava no mundo, ou depois de ressuscitado; e ainda que seja com tanta presteza que o poderíamos comparar com a de um relâmpago, fica tão esculpida na imaginação esta imagem gloriosíssima, que tenho por impossível apagá-la até que a veja aonde para sem fim possa gozar dela.[5]

4. Ainda que eu diga imagem, entende-se que não é pintada ao parecer de quem a vê, senão verdadeiramente viva,[6] e algumas vezes ela está falando com a alma e ainda mostrando-lhe grandes segredos. Mas haveis de entender que ainda que nisto se detenha algum espaço, não se pode estar olhando mais que estar olhando o sol, e assim esta vista sempre passa muito depressa; e não porque seu resplendor dá pena, como o do sol, à vista interior,[7] que é a que vê tudo isto (que quando é com a vista exterior não saberei dizer coisa alguma a respeito, porque esta pessoa que tenho dito, de quem tão particularmente posso falar, não tinha passado por isso;[8] e do que tem experiência, ela mal pode dar razão certa), porque seu resplendor é como uma luz infusa e de um sol coberto por uma coisa tão delgada como um diamante, se se pode lavrar; como uma holanda parece a vestidura, e quase todas as vezes que Deus faz esta mercê à alma, ela fica em arroubamento, que não pode a sua baixeza sofrer tão espantosa vista.

5. Digo espantosa porque, sendo a mais formosa e de maior deleite que poderia uma pessoa imaginar, ainda que vivesse mil anos e trabalhasse em pensá-lo (porque vai muito adiante de quanto cabe em nossa imaginação ou entendimento), é sua presença de tão grandíssima majestade, que faz grande espanto à alma. Na verdade não é mister aqui perguntar como sabe quem é sem lhe ter sido dito, que se dá bem a conhecer que é o Senhor do céu e da terra; o que não farão os reis dela, que por si mesmos bem em pouco se terão, se não vai junto com ele o seu acompanhamento, ou o dizem.

---

5. Comparar com *Vida* c. 28, n. 1-4 e 37, 4.
6. Ibid., n. 7-8.
7. *Vista interior* equivale a "olhos da alma" (c. 8, n. 2; e *Vida* c. 28, n. 4) ou sentidos interiores, distintos do entendimento e da *vista exterior* ou sentido corporal da vista.
8. Cf. *Vida* c. 28, n. 4, e *Relação* 4, n. 9, em que afirma que nunca teve "visões corporais", ou seja, vistas com os olhos do corpo.

6. Ó Senhor, como os cristãos vos desconhecemos! Que será aquele dia quando vierdes julgar-nos, pois vindo aqui tão amigável tratar com vossa esposa, olhar para vós põe tanto temor? Ó filhas, e o que será quando com voz tão rigorosa disser: *Ide malditos de meu Pai*?[9]

7. Fique agora isto na nossa memória desta mercê que Deus faz à alma, que não nos será pouco bem, pois São Jerônimo, sendo santo, não a apartava da sua, e assim não será nada para nós quanto aqui padecermos no rigor da religião que guardamos, pois quando muito durar, é um momento, comparado com aquela eternidade. Eu vos digo de verdade que, sendo tão ruim, nunca tive medo dos tormentos do inferno, que fosse nada em comparação de quando me lembrava que haviam os condenados de ver irados estes olhos tão formosos e mansos e benignos do Senhor, que não parece que o meu coração podia sofrê-lo: isto tem sido toda a minha vida. Quanto mais o temerá a pessoa a quem assim se tem representado, pois é tanto o sentimento, que a deixa sem sentir! Esta deve ser a causa de ficar com suspensão; que ajuda o Senhor a sua fraqueza ao juntá-la com sua grandeza nesta tão subida comunicação com Deus.

8. Quando puder a alma estar com muito espaço[10] mirando este Senhor, eu não creio que será visão, senão alguma veemente consideração, fabricada na imaginação alguma figura; será como coisa morta nesta outra comparação.

9. Acontece a algumas pessoas (e sei que é verdade, que o têm tratado comigo, e não três ou quatro, senão muitas) ser de tão fraca imaginação, ou o entendimento tão eficaz, ou não sei o que é, que se embebem de tal maneira na imaginação, que tudo o que pensam claramente lhes parece que veem; ainda que se tivessem visto a verdadeira visão, entenderiam, muito sem ficar-lhes dúvida, o engano; porque vão elas mesmas compondo o que veem com sua imaginação, e não faz depois nenhum efeito, senão que ficam frias, muito mais que se vissem uma imagem devota. É coisa muito entendida não ser para fazer caso disso, e assim se esquece muito mais do que coisa sonhada.

---

9. Mateus 25,41.
10. *Espaço*, em espanhol "espacio", em lugar de "despacio", *devagar* (cf. n. 4 e 10).

10. No que tratamos não é assim, senão que estando a alma muito longe de que há de ver coisa, nem passar por seu pensamento, com presteza lhe é representado muito por junto e revolve todas as potências e sentidos com um grande temor e alvoroço, para pô-las depois naquela ditosa paz. Assim como quando foi derrubado São Paulo, veio aquela tempestade e alvoroço no céu,[11] assim cá neste mundo interior se faz grande movimento, e num ponto – como tenho dito[12] – fica tudo sossegado, e esta alma tão ensinada por umas tão grandes verdades, que não há mister de outro mestre; que a verdadeira sabedoria sem trabalho seu tirou dela a torpeza, e dura com uma certeza a alma de que esta mercê é de Deus, algum espaço de tempo, que ainda que mais lhe dissessem o contrário, então não poderiam pôr temor nela de que pode haver engano. Depois, pondo-lhe o confessor, a deixa Deus para que ande vacilando em que por seus pecados seria possível; mas não crendo, senão – como tenho dito[13] nestas outras coisas – à maneira de tentações em coisas da fé, que pode o demônio alvoroçar, mas não deixar a alma de estar firme nela; antes quanto mais a combate, mais fica com certeza de que o demônio não a poderia deixar com tantos bens, como isso é assim, que não pode tanto no interior da alma; poderá ele representá-lo, mas não com esta verdade e majestade e operações.

11. Como os confessores não podem ver isto nem, porventura, a quem Deus faz esta mercê, sabê-lo dizer, temem e com muita razão. E assim é mister ir com aviso, inclusive aguardar o tempo do fruto que estas aparições fazem, e ir pouco a pouco mirando a humildade com que deixam a alma e a fortaleza na virtude; que se é de demônio, prontamente dará sinal e o colherão em mil mentiras. Se o confessor tem experiência e passou por estas coisas, pouco tempo é mister para entendê-lo, que longo na relação verá se é Deus, ou imaginação, ou demônio, em especial se lhe deu Sua Majestade dom de conhecer espíritos, que se este tem e letras, ainda que não tenha experiência, o conhecerá muito bem.

12. O que é muito mister, irmãs, é que andeis com grande lhaneza e verdade com o confessor, não digo em dizer os pecados, que isso claro está, senão em contar a oração; porque se não há isto, não asseguro que

---

11. Atos 9,3.
12. Cf. c. 8, n. 3 e nota 4.
13. Ibid., n. 4 e 8.

ides bem, nem que é Deus o que vos ensina; que é muito amigo que ao que está em seu lugar se trate com a verdade e clareza que consigo mesmo, desejando que entenda todos os seus pensamentos, quanto mais as obras, por pequenas que sejam. E com isto não andeis perturbadas nem inquietas, que ainda que não fosse de Deus, se tendes humildade e boa consciência não vos danará; que sabe Sua Majestade tirar dos males bens, e que pelo caminho que o demônio vos queria fazer perder, ganhareis mais. Pensando que vos faz tão grandes mercês, vos esforçareis por contentá-lo melhor e andar sempre ocupada na memória sua figura, que como dizia um grande letrado,[14] que o demônio é grande pintor, e se lhe mostrasse muito ao vivo uma imagem do Senhor, que não lhe pesaria, para com ela avivar a devoção e fazer ao demônio guerra com suas mesmas maldades; que ainda que um pintor seja muito mau, nem por isso se há de deixar de reverenciar a imagem que faz, se é de todo nosso Bem.

13. Parecia-lhe muito mau o que alguns aconselham, que façam figas quando assim vissem alguma visão;[15] porque dizia que onde quer que vejamos pintado o nosso Rei, havemos de reverenciá-lo; e vejo que tem razão, porque ainda cá se sentiria: se uma pessoa que quer bem a outra soubesse que fazia semelhantes vitupérios ao seu retrato, não gostaria disso. Pois, quanto mais é razão que sempre se tenha respeito aaonde virmos um crucifixo ou qualquer retrato de nosso Imperador? Ainda que tenha escrito isto em outra parte,[16] folguei-me de pô-lo aqui, porque vi que uma pessoa andou aflita, que a mandavam tomar este remédio. Não sei quem o inventou tanto para atormentar a quem não puder fazer menos que obedecer, se o confessor lhe dá este conselho, parecendo-lhe que vai perdida se não o faz, e o meu é que, ainda que vo-lo dê, lhe digais esta razão com humildade e não o tomeis. Em extremo me quadraram muito as boas[17] que me deu quem mo disse neste caso.

14. Um grande lucro tira a alma desta mercê do Senhor, que é, quando pensa nele ou em sua vida e Paixão, lembrar-se de seu mansíssimo e formoso rosto, que é grandíssimo consolo, como cá nos daria maior ter visto

---

14. O Padre Báñez, como ela mesma declara em *Fundações* c. 8, n. 3.
15. Cf. *Vida* c. 29, n. 5-6.
16. Em *Fundações* c. 8, n. 3.
17. *As boas* razões.

uma pessoa que nos faz muito bem que nunca a tivéssemos conhecido. Eu vos digo que faz bastante consolo e proveito tão saborosa memória.

Outros bens traz consigo fartos, mas como fica dito tanto dos efeitos que fazem estas coisas e se há de dizer mais, não quero cansar-me nem cansar-vos, senão avisar-vos muito que quando sabeis ou ouvis que Deus faz estas mercês às almas, jamais lhe supliqueis nem desejeis que vos leve por este caminho; [15] ainda que vos pareça muito bom, e se há de ter em muito e reverenciar, não convém por algumas razões: a primeira, porque é falta de humildade querer que vos seja dado o que nunca tendes merecido, e assim creio que não terá muita quem o desejar; porque assim como um baixo lavrador está longe de desejar ser rei, parecendo-lhe impossível, porque não o merece, assim está o humilde de coisas semelhantes; e creio eu que nunca se darão, porque primeiro dá o Senhor um grande conhecimento próprio que faz estas mercês. Pois, como entenderá verdadeiramente que ela é feita muito grande em não tê-la no inferno, quem tem tais pensamentos? – A segunda, porque está muito certo ser enganado, ou muito a perigo, porque não tem mister o demônio mais do que ver uma porta pequena aberta para fazer-nos mil ardis. – A terceira, a mesma imaginação, quando tem um grande desejo, e a mesma pessoa se faz entender que vê aquilo que deseja, e o ouve, como os que andam com gana de uma coisa durante o dia e muito pensam nela, que acontece vir a sonhá-la. – A quarta, é muito grande atrevimento que queira eu escolher caminho não sabendo o que me convém mais, senão desejar o Senhor, que me conhece, que me leve pelo que convém, para que em tudo faça a sua vontade. – A quinta, pensais que são poucos os trabalhos que padecem a quem o Senhor faz estas mercês? Não, senão grandíssimos e de muitas maneiras. O que sabeis vós se seríeis para sofrê-los? – A sexta, se pelo mesmo que pensais ganhar, perdereis, como fez Saul para ser rei.[18]

16. Enfim, irmãs, sem estas há outras;[19] e crede-me que é o mais seguro não querer senão o que quer Deus, que nos conhece mais que nós mesmos e nos ama. Ponhamo-nos em suas mãos, para que seja feita a sua

---

18. As razões 5ª e 6ª aludem ao episódio dos filhos de Zebedeu (Mateus 20,20-22) e à conduta de Saul (1Rs 15,10-11). Ambos os fatos bíblicos são citados em M. VI, 11, 11 e M. V, 3, 2.

19. Quer dizer: além destas razões, há outras...

vontade em nós, e não poderemos errar, se com determinada vontade estivermos sempre nisto. E haveis de advertir, que por receber muitas mercês destas não se merece mais glória, porque antes ficam mais obrigadas a servir, pois é receber mais. Quanto a merecer mais, não nos impede o Senhor, pois está em nossa mão; e assim há muitas pessoas santas que jamais souberam que coisa é receber uma destas mercês; e outras que as recebem, que não o são. E não penseis que é contínuo, antes por uma vez que as faz o Senhor são mui muitos os trabalhos; e assim a alma não lembra se as há de receber mais, senão como servi-las.

17. É verdade que deve ser grandíssima ajuda para ter as virtudes em mais subida perfeição; mas o que as tiver tendo-as ganho à custa de seu trabalho, muito mais merecerá. Eu sei de uma pessoa, a quem o Senhor tinha feito algumas destas mercês – e ainda de duas, uma delas era homem[20] – que estavam tão desejosas de servir Sua Majestade à sua custa, sem estes grandes regalos, e tão ansiosas por padecer, que se queixavam a nosso Senhor porque lhes eram dados, e se pudessem não recebê-los, o escusariam. Digo regalos, não destas visões, que, enfim, veem o grande lucro e são muito de estimar, senão os que o Senhor dá na contemplação.

18. É verdade que também são estes desejos sobrenaturais, a meu parecer, e de almas muito enamoradas, que quereriam que visse o Senhor que não o servem por soldo; e assim – como tenho dito[21] – não se lembram de que hão de receber glória por coisa,[22] para esforçar-se mais por isso a servir, senão de contentar o amor, que é seu natural obrar sempre de mil maneiras. Se pudesse, quereria buscar invenções para consumir-se a alma nele; e se fosse preciso ficar para sempre aniquilada para maior honra de Deus o faria de muito bom grado. Seja louvado para sempre, amém, que se abaixando para comunicar com tão miseráveis criaturas, quer mostrar a sua grandeza.

---

20. Provável alusão a São João da Cruz. A outra pessoa seria a própria Santa.
21. M. IV, 2, 9; e cf. o n. 16 deste capítulo.
22. N.T.: *Por coisa*: por bem, como recompensa.

Capítulo 10

Diz de outras mercês que faz Deus à alma por diferente maneira que as ditas, e do grande proveito que fica delas.

1. De muitas maneiras se comunica o Senhor à alma com estas aparições; algumas, quando está aflita; outras, quando lhe há de vir algum trabalho grande; outras, por regalar-se Sua Majestade com ela e regalá-la. Não há para quê particularizar mais cada coisa, pois a intenção não é senão dar a entender cada uma das diferenças que há neste caminho até aonde eu entender, para que entendais, irmãs, da maneira que são e os efeitos que deixam; para que não nos seja antojado que cada imaginação é visão, e para que quando for, entendendo que é possível, não andeis alvoroçadas nem aflitas, que ganha muito o demônio e gosta em grande maneira de ver aflita e inquieta uma alma, porque vê que lhe é estorvo para empregar-se toda em amar e louvar a Deus.

Sua Majestade se comunica por outras maneiras bastante mais subidas e menos perigosas, porque creio que o demônio não as poderá contrafazer, e assim mal podem ser ditas, por ser coisa muito oculta, que as imaginárias podem ser mais dadas a entender.

2. Acontece, quando o Senhor é servido, estando a alma em oração e muito em seus sentidos, vir-lhe de repente uma suspensão, aonde lhe dá o Senhor a entender grandes segredos, que parece que os vê no próprio Deus; que estas não são visões da sacratíssima Humanidade, nem ainda que diga que vê, não vê nada, porque não é visão imaginária, senão muito intelectual, aonde lhe é descoberto como em Deus se veem todas as coisas e as tem todas em si mesmo.[1] E é de grande proveito, porque, ainda que se passe num momento, fica muito esculpido e faz grandíssima confusão, e vê-se mais claro a maldade de quando ofendemos a Deus, porque no mesmo Deus – digo, estando dentro dele – fazemos grandes maldades. Quero pôr uma comparação, se acertar, para vo-lo dar a entender, que ainda que

---

1. Cf. *Vida* c. 40, n. 9.

isto seja assim e o ouçamos muitas vezes, ou não reparamos nisso, ou não o queremos entender; porque não parece que seria possível, se se entendesse como é, ser tão atrevidos.

3. Façamos agora de conta que Deus é como uma morada ou palácio muito grande e formoso e que este palácio, como digo, é o próprio Deus.[2] Pode porventura o pecador, para fazer as suas maldades, apartar-se deste palácio? Não, por certo; senão que dentro do mesmo palácio, que é o mesmo Deus, se passam as abominações e desonestidades e maldades que os pecadores fazemos. Ó coisa temerosa e digna de grande consideração e muito proveitosa para os que sabemos pouco, que não acabamos de entender estas verdades, que não seria possível ter atrevimento tão desatinado! Consideremos, irmãs, a grande misericórdia e sofrimento de Deus em não nos afundar ali logo, e demos-lhe grandíssimas graças, e tenhamos vergonha de sentir-nos de coisa que se faça ou se diga contra nós; que é a maior maldade do mundo ver que Deus nosso Criador sofre tantas de suas criaturas dentro de si mesmo e que nós sintamos alguma vez uma palavra que se disse em nossa ausência e talvez sem má intenção.

4. Ó miséria humana! Até quando, filhas, imitaremos em algo este grande Deus? Oh, pois não pensemos já que não fazemos nada sofrendo injúrias, senão que de muito bom grado passemos por tudo e amemos a quem no-las faz, pois este grande Deus não nos deixou de amar a nós ainda que o tenhamos muito ofendido, e assim tem muito grande razão em querer que todos perdoem por agravos que lhes façam.

Eu vos digo, filhas, que ainda que passe depressa esta visão,[3] que é uma grande mercê que faz nosso Senhor a quem a faz, se se quer aproveitar dela, trazendo-a presente muito comumente.

5. Também acontece,[4] assim muito de repente e de maneira que não se pode dizer, mostrar Deus em si mesmo uma verdade, que parece que deixa obscurecidas todas as que há nas criaturas, e muito claro dado a en-

---

2. Sobre a origem mística desta comparação, cf. *Vida* c. 40, n. 10.
3. *Esta visão*: a referida no n. 2; ou talvez se refira ao "símbolo do palácio" proposto no n. 3 como simples recurso literário ("façamos de conta que..."), mas que na realidade provém de uma visão mística.
4. Também esta experiência é pessoal da Santa: *Vida* c. 40, n. 1-4.

tender que só Ele é verdade que não pode mentir; e dá-se bem a entender o que diz Davi num salmo, *que todo homem é mentiroso*,[5] o que não se entenderia jamais assim, ainda que muitas vezes se ouvisse. É verdade que não pode faltar. Lembro-me de Pilatos o muito que perguntava a nosso Senhor quando em sua Paixão lhe disse *o que era verdade*,[6] e o pouco que entendemos cá desta suma Verdade.

6. Eu quisera poder dar mais a entender neste caso, mas não se pode dizer. Concluamos daqui, irmãs, que para nos conformar a nosso Deus e Esposo em algo, será bom que estudemos sempre muito em andar nesta verdade. Não digo só que não digamos mentira, que nisso, glória a Deus, já vejo que levais muito em conta nestas casas não a dizendo por coisa alguma; senão que andemos na verdade diante de Deus[7] e das pessoas de quantas maneiras pudermos, em especial não querendo que nos tenham por melhores do que somos, e em nossas obras dando a Deus o que é seu e a nós o que é nosso, e procurando tirar em tudo a verdade, e assim teremos em pouco este mundo, que é tudo mentira e falsidade, e como tal não é durável.

7. Estava eu uma vez considerando por que razão era nosso Senhor tão amigo desta virtude da humildade, e foi posto diante de mim – a meu parecer sem considerá-lo, senão de repente – isto: que é porque Deus é suma Verdade, e a humildade é andar na verdade,[8] que é muito grande não ter coisa boa de nós, senão a miséria e ser nada. E quem isto não entende, anda na mentira. Quem mais o entende, mais agrada a suma Verdade, porque anda nela. Praza a Deus, irmãs, nos faça mercê de não sair jamais deste conhecimento próprio, amém.

8. Destas mercês faz nosso Senhor à alma, porque como a verdadeira esposa, que já está determinada a fazer em tudo a sua vontade, lhe quer dar alguma notícia sobre em que a há de fazer e de suas grandezas. Não há para que tratar de mais, que estas duas coisas tenho dito[9] por parecer-me de

---

5. Salmo 115,11.
6. João 18,38.
7. Alusões veladas a João 14,6.
8. Sobre a origem mística desta noção, insinuada veladamente em "foi posto diante de mim", ver a *Rel.* 28 e *Vida* c. 40.
9. *Duas coisas*: são as graças místicas referidas nos n. 2 e 5.

grande proveito; que em coisas semelhantes não há que temer, senão que louvar o Senhor porque as dá; que o demônio, a meu parecer, nem ainda a imaginação própria, têm aqui pouca valia, e assim a alma fica com grande satisfação.

Capítulo 11

Trata de uns desejos tão grandes e impetuosos que Deus dá à alma para gozar dele, que põem em perigo de perder a vida, e com o proveito que fica desta mercê que o Senhor faz.

1. Se terão bastado todas estas mercês que o Esposo tem feito à alma para que a pombinha ou borboletinha esteja satisfeita (não penseis que a tenho esquecida) e faça assento aonde há de morrer? Não, por certo; antes está muito pior. Ainda que faça muitos anos que recebe estes favores, sempre geme e anda chorosa, porque de cada um deles lhe fica maior dor. A causa é que, como vai conhecendo mais e mais as grandezas de seu Deus e se vê estar tão ausente e apartada de gozar dele, cresce muito mais o desejo; porque também cresce o amar quanto mais descobre o que merece ser amado este grande Deus e Senhor; e vem nestes anos crescendo pouco a pouco este desejo de maneira que a chega a tão grande pena como agora direi. Tenho dito anos, conformando-me com o que tem passado pela pessoa que tenho dito aqui,[1] que bem entendo que a Deus não há que pôr termo, que num momento pode chegar uma alma ao mais subido que se diz aqui. Poderoso é Sua Majestade para tudo o que quiser fazer e desejoso de fazer muito por nós.

2. Pois vêm vezes que estas ânsias e lágrimas e suspiros e os grandes ímpetos que ficam ditos[2] (que tudo isto parece procedido de nosso amor com grande sentimento, mas tudo não é nada em comparação com estoutro, porque este parece um fogo que está fumegando e pode-se sofrer, ainda que com pena), andando assim esta alma, abrasando-se em si mesma, acontece muitas vezes por um pensamento muito ligeiro, ou por uma palavra que ouve de que se tarda o morrer, vir de outra parte – não se entende de onde nem como – um golpe, ou como se viesse uma seta

---

1. Ela mesma (cf. c. 10, n. 2-5).
2. *Ficam ditos* no c. 2, n. 1; c. 6, n. 6; c. 8, n. 4.

de fogo.³ Não digo que é seta, mas qualquer coisa que seja, vê-se claro que não podia proceder de nosso natural. Tampouco é golpe, ainda que eu diga golpe; mas fere agudamente. E não é aonde se sentem cá as penas, a meu parecer, senão no mais fundo e íntimo da alma, aonde este raio, que depressa passa, tudo quando acha desta terra de nosso natural deixa feito pó,⁴ que pelo tempo que dura é impossível ter memória de coisa alguma de nosso Senhor; porque num ponto ata as potências de maneira que não ficam com nenhuma liberdade para coisa alguma, senão para as que hão de fazer acrescentar esta dor.

3. Não quereria que parecesse encarecimento, porque verdadeiramente vejo que fico curta, porque não se pode dizer. É um arroubamento de sentidos e potências para tudo o que não é, como tenho dito, ajudar a sentir esta aflição. Porque o entendimento está muito vivo para entender a razão que há para sentir de estar aquela alma ausente de Deus; e Sua Majestade ajuda com uma notícia tão viva de Si naquele tempo, de maneira que faz crescer a pena em tanto grau, que quem a tem passa a dar grandes gritos. Sendo pessoa sofrida e mostrada a padecer grandes dores, não pode então fazer mais; porque este sentimento não é no corpo – como fica dito⁵ –, senão no interior da alma. Por isto concluiu esta pessoa quão mais duros são os sentimentos dela do que os do corpo, e foi a ela representado ser desta maneira os que padecem no purgatório, que não ter corpo não os impede para deixar de padecer muito mais que todos os que cá, tendo-o, padecem.

4. Eu vi uma pessoa assim,⁶ que verdadeiramente pensei que morria, e não era muita maravilha, porque, certamente, é grande perigo de morte. E assim, ainda que dure pouco, deixa o corpo muito desconjuntado, e naquela ocasião tem os pulsos tão abertos como se a alma quisesse já dar a Deus, que não é menos; porque o calor natural falta e a abrasa de maneira

---

3. Ver a correspondência biográfica na *Relação* 15, que refere o "êxtase de Salamanca" (1571), provocado por uma noviça que cantou na recreação: "Vejam-te os meus olhos...".

4. N.E.: *Y ló deja hecho polvos* [e o deixa feito pós], escreveu a Santa. Seguimos a emenda de frei Luis de León (p. 222).

5. No n. 2.

6. Ela mesma: cf. *Rel.* 5, n. 14; e compare-se esta descrição do êxtase doloroso com *Vida* c. 20, n. 12-13.

que com outro pouquinho mais Deus teria cumprido os seus desejos. Não porque sente pouca nem muita dor no corpo, ainda que se desconjunte, como tenho dito, de maneira que fica dois ou três dias depois sem poder nem ter força para escrever, e com grandes dores; e ainda sempre me parece que fica o corpo mais sem força que antes. Não senti-lo deve ser a causa de ser tão maior o sentimento interior da alma, que nenhuma coisa faz caso da do corpo; como se cá temos uma dor muito aguda numa parte, ainda que haja outras muitas, se sentem pouco; isto eu tenho bem provado. Cá, nem pouco nem muito, nem creio que sentiria se a fizessem em pedaços.

5. Dir-me-eis que é imperfeição; que por que não se conforma com a vontade de Deus, pois está tão rendida a ela. – Até aqui podia fazer isso, e com isso passava a vida. Agora não, porque sua razão está de sorte que não é senhora dela, nem de pensar senão a razão que tem para penar, pois está ausente de seu bem, que para quê quer vida. Sente uma solidão estranha, porque criatura de toda a terra não lhe faz companhia, nem creio que a fariam os do céu exceto aquele que ama, antes de tudo a atormenta. Mas vê-se como pessoa pendurada, que não assenta em coisa da terra, nem ao céu pode subir; abrasada com esta sede, e não pode chegar à água; e não sede que pode sofrer, senão já em tal termo que com nenhuma lhe seria tirada, nem quer que lhe seja tirada, se não é com a que disse nosso Senhor à Samaritana,[7] e isso não lhe dão.

6. Oh, valha-me Deus, Senhor, como apertais os vossos amadores! Mas tudo é pouco para o que lhes dais depois. É bom que o muito custe muito. Quanto mais que, se é purificar esta alma para que entre na sétima morada, como os que hão de entrar no céu se limpam no purgatório, é tão pouco este padecer, como seria uma gota de água no mar. Quanto mais que com todo este tormento e aflição, que não pode ser maior, pelo que creio, de todas as que há na terra[8] (que esta pessoa tinha passado muitas, assim corporais como espirituais, mas tudo lhe parece nada nesta comparação), sente a alma que é de tanto preço esta pena, que entende muito bem que não a poderia ela merecer; senão que não é este sentimento de maneira que nenhuma coisa a alivia, mas com isto a sofre de muito bom grado e sofreria

---

7. João 4,7-13.
8. Ou seja: ... *aflição, que não pode haver maior* entre *todas as que há na terra*.

toda a sua vida, se Deus fosse disso servido; ainda que não fosse morrer de uma vez, senão estar sempre morrendo, que verdadeiramente não é menos.

7. Pois consideremos, irmãs, aqueles que estão no inferno, que não estão com esta conformidade, nem com este contento e gosto que Deus põe na alma, nem vendo ser lucrativo este padecer, senão que sempre padecem mais e mais (digo mais e mais, quanto às penas acidentais).[9] Sendo o tormento da alma tão mais rijo que os do corpo e os que eles passam maiores sem comparação que este que aqui temos dito, e estes ver que hão de ser para sempre jamais, o que será destas desventuradas almas? E o que podemos fazer em vida tão curta, ou padecer, que seja nada para livrar-nos de tão terríveis e eternos tormentos? Eu vos digo que será impossível dar a entender quão sensível coisa é o padecer da alma, e quão diferente daquele do corpo, se não se passa por isso; e quer o mesmo Senhor que o entendamos, para que mais conheçamos o muito que lhe devemos em trazer-nos a estado que, por sua misericórdia, temos esperança de que nos há de livrar e perdoar nossos pecados.

8. Pois tornando ao que tratávamos[10] (que deixamos esta alma com muita pena), neste rigor é pouco o que dura; será, quando muito, três ou quatro horas, a meu parecer, porque se durasse muito, se não fosse por milagre, seria impossível a fraqueza natural sofrê-lo. Tem acontecido não durar mais que um quarto de hora e ficar feita em pedaços. É verdade que desta vez de todo perdeu o sentido, segundo veio com rigor (e estando em conversação, Páscoa da Ressurreição, no último dia, e tendo estado toda a Páscoa com tanta secura, que quase não entendia o que era), só de ouvir uma palavra de não acabar-se a vida. Pois pensar que se pode resistir! Não mais que se, metida num fogo, quisesses fazer que a chama não tivesse calor para queimar. Não é o sentimento que se pode passar em dissimulação, sem que as que estão presentes entendam o grande perigo em que está, ainda que do interior não possam ser testemunhas; é verdade que lhe são alguma companhia, como se fossem sombras, e assim lhe parecem todas as coisas da terra.

---

9. A declaração entre parênteses foi acrescentada pela Santa à margem do original.
10. Ela alude ao mesmo episódio da *Rel.* 15, já mencionado nos n. 2 e 4. Cf. *Conceitos* c. 7, n. 2.

9. E para que vejais que é possível, se alguma vez vos virdes nisto, acudir aqui nossa fraqueza e natural, acontece alguma vez que estando a alma como tendes visto, que morre por morrer quando aperta tanto que já parece que para sair do corpo não lhe falta quase nada, verdadeiramente teme e quereria que se afrouxasse a pena para não acabar de morrer. Deixa-se bem entender ser este temor de fraqueza natural que por outra parte não é tirado seu desejo nem é possível haver remédio que se tire esta pena até que a tira o próprio Senhor, que quase é o ordinário com um arroubamento grande, ou com alguma visão, aonde o verdadeiro Consolador a consola e fortalece, para que queira viver tudo o que for sua vontade.

10. Coisa penosa é esta, mas fica a alma com grandíssimos efeitos e perdido o medo dos trabalhos que lhe podem suceder; porque em comparação com o sentimento tão penoso que sua alma sentiu, não lhe parece serem nada. De tal maneira fica aproveitada, que gostaria de padecê-lo muitas vezes. Mas tampouco pode isso de nenhuma maneira, nem há nenhum remédio para tornar a ter até que o Senhor quiser, como não o há para resistir a ela nem tirá-la quando lhe vem. Fica com muito maior desprezo do mundo do que antes, porque vê que coisa alguma dele lhe valeu naquele tormento, e muito mais desapegada das criaturas, porque já vê que só o Criador é quem pode consolar e fartar a sua alma, e com maior temor e cuidado de não ofendê-lo, porque vê que também pode atormentar como consolar.

11. A mim me parece que há duas coisas neste caminho espiritual que são perigo de morte: uma é esta, que verdadeiramente o é e não pequeno; a outra, de muito excessivo gozo e deleite, que é em tão grandíssimo extremo, que verdadeiramente parece que a alma desfalece de sorte que lhe falta apenas um tantinho para acabar de sair do corpo: na verdade, não seria pouca dita a sua.

Aqui vereis, irmãs, se tenho tido razão em dizer que é mister ânimo[11] e que terá razão o Senhor, quando pedirdes estas coisas, de dizer-vos o que respondeu aos filhos de Zebedeu: *Se poderiam beber o cálice.*[12] [12] Todas creio, irmãs, que responderemos que sim, e com muita razão; porque Sua

---

11. No c. 4; ver o título e o n. 1; e c. 1, n. 2.
12. Mt, 20,22; cf. M. II, n. 8.

Majestade dá esforço a quem vê que tem mister, e em tudo defende estas almas, e responde por elas nas perseguições e murmurações, como fazia pela Madalena,[13] ainda que não seja por palavras, por obras; e enfim, enfim, antes que morram é pago tudo junto, como agora vereis. Seja para sempre bendito e louvem-no todas as criaturas, amém.

---

13. Lc 7,44.

MORADAS SÉTIMAS
CONTÉM QUATRO CAPÍTULOS

Capítulo 1

Trata de mercês grandes que faz Deus às almas que chegaram a entrar nas sétimas moradas. – Diz como, a seu parecer, há alguma diferença entre alma e espírito, ainda que seja tudo um. – Há coisas de notar.

1. Parecer-vos-á, irmãs, que está dito tanto neste caminho espiritual, que não é possível ficar nada por dizer. Farto desatino seria pensar isto; pois a grandeza de Deus não tem termo, tampouco o terão suas obras. Quem acabará de contar suas misericórdias e grandezas?[1] É impossível, e assim não vos espanteis do que está dito e se disser, porque é uma parcela do que há que contar de Deus. Farta misericórdia nos faz que tenha comunicado estas coisas a pessoas e que as possamos vir a saber, para que quanto mais soubermos que se comunica com as criaturas, mais louvaremos sua grandeza e nos esforçaremos a não ter em pouco almas com que tanto se deleita o Senhor, pois cada uma de nós a tem, senão que, como não as apreciamos como merece criatura feita à imagem de Deus, assim não entendemos os grandes segredos que estão nela.

Praza a Sua Majestade, se é servido, mover a pluma e me dar a entender como eu vos diga algo do muito que há que dizer e dá Deus a entender a quem mete nesta morada. Tenho suplicado bastante a Sua Majestade, pois sabe que minha intenção é que não estejam ocultas suas misericórdias, para que mais seja louvado e glorificado o seu nome.

2. Esperança tenho que, não por mim, mas por vós, irmãs, me há de fazer esta mercê, para que entendais o que vos importa que não fique por vós o celebrar vosso Esposo[2] este espiritual matrimônio com vossas almas, pois traz tantos bens consigo como vereis. Ó grande Deus, parece que treme uma criatura tão miserável como eu tratar de coisa tão alheia do que mereço entender. E é verdade que tenho estado em grande confusão pensando se será melhor acabar com poucas palavras esta morada; porque

---

1. É um eco de Êxodo 18,2-4.
2. N.T.: O sentido é: "que não impeçais que o vosso Esposo celebre...".

me parece que hão de pensar que eu o sei por experiência, e faz-me grandíssima vergonha, porque, conhecendo a que sou, é terrível coisa. Por outro lado, me tem parecido que é tentação e fraqueza, ainda que mais juízos destes lanceis. Seja Deus louvado e entendido um pouquinho mais, e grite todo o mundo contra mim; quanto mais que eu talvez esteja morta quando vier a ver. Seja bendito o que vive para sempre e viverá, amém.

3. Quando nosso Senhor é servido de ter piedade do que padece e padeceu por seu desejo esta alma que já espiritualmente tomou por esposa, primeiro que se consuma o matrimônio espiritual mete-a em sua morada, que é a sétima; porque assim como a tem no céu, deve ter na alma uma estância aonde só Sua Majestade mora, e digamos outro céu. Porque nos importa muito, irmãs, que não entendamos que a alma é alguma coisa escura; que como não a vemos, o mais ordinário deve parecer que não há outra luz interior senão esta que vemos, e que está dentro de nossa alma alguma escuridão. Da que não está em graça eu vo-lo confesso, e não por falta do Sol de Justiça[3] que está nela dando-lhe ser; senão por não ser ela capaz de receber a luz, como creio que disse na primeira morada, que havia entendido uma pessoa que estas desventuradas almas é assim que estão como num cárcere escuro, atadas de pés e mãos para não fazer nenhum bem que lhes aproveite para merecer,[4] e cegas e mudas. Com razão podemos compadecer-nos delas e olhar que algum tempo nos vimos assim e que também pode o Senhor ter misericórdia delas.

4. Tomemos, irmãs, particular cuidado de suplicar-lho e não nos descuidar, que é grandíssima esmola rogar pelos que estão em pecado mortal; muito maior do que seria se víssemos um cristão tendo atadas as mãos atrás com uma forte cadeia e ele amarrado a um poste e morrendo de fome, e não por falta de que comer, que tem junto a si mui extremados manjares, senão que não os pode tomar para chegá-los à boca, e ainda está com gran-

---

3. *Sol de Justiça*: imagem bíblica (Malaquias 4,2), já utilizada em M. VI, 5, 9. – A seguir: *Como disse... de uma pessoa*: persiste o recurso ao anonimato de si mesma: remete a M. I, 2, 1-3. Outras passagens autobiográficas paralelas: R. 29, 1 (visão da presença de Deus na alma), R. 24 (alma em pecado), R. 45 (presença divina de imensidade) etc. Cf. também *Vida* 40.

4. *Para merecer*: foi acrescentado pela Santa entre linhas, provavelmente cedendo às pressões de Gracián e de Yanguas. Já em M. I, 2, 1, Gracián fez uma correção semelhante.

de fastio, e vê que vai já expirar, e não morte como cá, senão eterna, não seria grande crueldade ficar olhando-o e não chegar à boca o que comesse? Pois, o que se por vossa oração lhe tirassem as cadeias? Já o vedes. Por amor de Deus vos peço que sempre vos lembreis[5] em vossas orações de almas semelhantes.

5. Não falamos agora com elas, senão com as que já, pela misericórdia de Deus, fizeram penitência por seus pecados e estão em graça, que podemos considerar não uma coisa arrincoada e limitada, senão um mundo interior, aonde cabem tantas e tão lindas moradas como tendes visto; e assim é razão que seja, pois dentro desta alma há morada para Deus.

Pois quando Sua Majestade é servido de fazer-lhe a mercê dita[6] deste divino matrimônio, primeiro a mete em sua morada, e quer Sua Majestade que não seja como outras vezes que a meteu nestes arroubamentos, que eu bem creio que a une consigo então e na oração que fica dita de união,[7] ainda que não pareça à alma que é tão chamada para entrar em seu centro, como aqui nesta morada, senão na parte superior. Nisto vai pouco: seja de uma maneira ou de outra, o Senhor a junta consigo; mas é fazendo-a cega e muda, como ficou São Paulo em sua conversão,[8] e tirando dela o sentir como ou de que maneira é aquela mercê que goza; porque o grande deleite que então sente a alma é de ver-se perto de Deus. Mas quando a junta consigo, nenhuma coisa entende, que as potências todas se perdem.

6. Aqui é de outra maneira: quer já nosso bom Deus tirar as escamas dos seus olhos e que veja e entenda algo da mercê que lhe faz, ainda que seja por uma maneira estranha; e metida naquela morada por visão intelectual,[9]

---

5. *Vos lembreis*: no original está "tengáis acuerdo" por "os acordéis".
6. No n. 3.
7. *Moradas* V.
8. Segundo Atos 9,8, São Paulo ficou cego, não mudo. Cf. M. VI, 9, 10.
9. O Padre Gracián retocou esta passagem no original: "por visão ou *conhecimento* intelectual *que nasce da fé*". Ribera riscou a emenda. Frei Luís, porém, julgou-se no dever de proteger o texto teresiano com uma longa nota marginal, em sua edição príncipe: "Ainda que o homem nesta vida, perdendo o uso dos sentidos e elevado por Deus, possa ver de passagem a sua essência, como provavelmente se diz de São Paulo e de Moisés e de alguns outros, mas não fala aqui a Madre desta maneira de visão, que embora seja de passagem é clara e intuitiva, senão fala de um conhecimento deste mistério que Deus dá a algumas almas por meio de uma luz grandíssima que lhes infunde, e não sem alguma

por certa maneira de representação da verdade, se mostra a ela a Santíssima Trindade, todas as três pessoas, com uma inflamação que primeiro vem a seu espírito à maneira de uma nuvem de grandíssima claridade, e estas Pessoas distintas, e por uma notícia admirável que é dada à alma, entende com grandíssima verdade ser todas as três Pessoas uma substância e um poder e um saber e um só Deus; de maneira que o que temos por fé, ali o entende a alma, podemos dizer, por vista, ainda que não seja vista com os olhos do corpo,[10] porque não é visão imaginária. Aqui se comunicam a ela todas as três Pessoas, e lhe falam, e lhe dão a entender aquelas palavras que diz o Evangelho que disse o Senhor: que viria Ele e o Pai e o Espírito Santo morar com a alma que o ama e guarda os seus mandamentos.[11]

7. Oh, valha-me Deus! Quão diferente coisa é ouvir estas palavras e crer nelas,[12] a entender por esta maneira quão verdadeiras são! E cada dia se espanta mais esta alma, porque nunca mais lhe parece que se afastaram dela, senão que notoriamente vê, da maneira que fica dito,[13] que estão no interior da alma, no mui muito interior, numa coisa muito funda, que não sabe dizer como é, porque não tem letras, sente em si esta divina companhia.

8. Parecer-vos-á que, segundo isto, não andará em si, senão tão embebida que não possa ocupar-se com nada. – Muito mais do que antes, em tudo o que é serviço de Deus, e faltando as ocupações, fica com aquela agradável companhia; e se a alma não falta a Deus, jamais Ele faltará a ela, a meu parecer, de dar a conhecer tão conhecidamente a sua presença; e tem grande confiança que Deus não a deixará, pois lhe fez esta mercê, para que a perca; e assim se pode pensar, ainda que não deixe de andar com mais cuidado que nunca, para não desagradá-lo em nada.

---

espécie criada. Mas porque esta espécie não é corporal, nem que se figura na imaginação, por isso a Madre diz que esta visão é intelectual e não imaginária" (p. 234).

10. Tinha escrito: *nem da alma*. Depois o borrou.

11. João 14,23. – No original, toda esta delicada passagem foi salpicada de correções e retoques pelo P. Gracián: "O que temos por fé, ali o entende *mais* a alma; podemos dizer *que parece* [risca *por*] vista, ainda que não seja vista com os olhos do corpo [risca nem da alma], *porque Deus é espírito, nem da imaginação*" (o itálico é do P. Gracián). – A graça aqui descrita tem sua correspondência autobiográfica e redacional na *Relação* 16.

12. À margem do original, Gracián anotou de novo: "como comumente se creem e ouvem". Tanto esta anotação como as da nota anterior foram riscadas por Ribera.

13. Ou seja, por visão intelectual: cf. n. 6.

9. O trazer esta presença entende-se que não é tão inteiramente, digo tão claramente, como se lhe manifesta na primeira vez e algumas outras que Deus quer fazer-lhe este regalo; porque se isto fosse, era impossível ocupar-se de outra coisa, nem ainda viver entre as pessoas; mas ainda que não seja com esta tão clara luz sempre que adverte que se acha com esta companhia. Digamos agora como uma pessoa que estivesse numa peça muito clara com outras e fechassem as janelas e ficasse às escuras; não porque foi tirada a luz para vê-las e que até tornar a luz não as vê, deixa de entender que estão ali. É de perguntar se quando torna a luz e as quer tornar a ver, se pode. Isto não está em sua mão, senão quando quer nosso Senhor que se abra a janela do entendimento; farta misericórdia faz a ela em nunca se afastar dela e querer que ela o entenda tão entendido.

10. Parece que quer aqui a divina Majestade dispor a alma para mais com esta admirável companhia; porque está claro que será bem ajudada para em tudo ir adiante na perfeição e perder o temor que trazia algumas vezes das demais mercês que a ela fazia, como fica dito.[14] E assim foi, que em tudo se achava melhorada, e lhe parecia que por trabalhos e negócios que tivesse, o essencial de sua alma jamais se movia daquele aposento, de maneira que de alguma maneira lhe parecia haver divisão em sua alma, e andando com grandes trabalhos, que pouco depois que Deus lhe fez esta mercê teve, se queixava dela, à maneira de Marta[15] quando se queixou de Maria, e algumas vezes dizia a ela que ela estava sempre gozando daquela quietude a seu prazer, e a ela deixa em tantos trabalhos e ocupações, que não podia ter companhia a ela.

11. Isto vos parecerá, filhas, desatino, mas verdadeiramente se passa assim; que ainda que se entenda que a alma está toda junta, não é antojo o que tenho dito, que é muito comum. Por onde eu dizia[16] que se veem coisas interiores, de maneira que certamente se entende que há diferença de alguma maneira, e muito conhecida, entre a alma e o espírito, ainda que mais seja tudo um. Conhece-se uma divisão tão delicada, que algumas vezes parece que uma obra de diferente maneira que o outro, como o sabor que lhes quer dar o Senhor. Também me parece que a alma é coisa diferen-

---

14. Cf. *Moradas* VI, 3, 3 e 17; c. 6, n. 6; c. 7, n. 2; c. 8, n. 3-4.
15. *Se queixava dela*, quer dizer, da própria alma. Alusão a Lucas 10,40.
16. Em *Moradas* VI, 5, 1 e 9.

te das potências e que não é tudo uma coisa. Há tantas e tão delicadas no interior, que seria atrevimento pôr-me eu a declará-las. Lá o veremos, se o Senhor nos faz mercê de levar-nos por sua misericórdia, aonde entenderemos estes segredos.

Capítulo 2

Procede no mesmo. – Diz a diferença que há entre união espiritual e matrimônio espiritual. – Declara-o por delicadas comparações, em que dá a entender como morre aqui a borboletinha que tenho dito na quinta morada.

1. Pois venhamos agora a tratar do divino e espiritual matrimônio, ainda que esta grande mercê não deva cumprir-se com perfeição enquanto vivemos pois se nos apartássemos de Deus, se perderia este tão grande bem.

Na primeira vez que Deus faz esta mercê quer Sua majestade mostrar-se à alma por visão imaginária de sua sacratíssima Humanidade, para que o entenda bem e não esteja ignorante de que recebe tão soberano dom. A outras pessoas será por outra forma, a esta de quem falamos, o Senhor se representou, acabando de comungar, com forma de grande resplendor e formosura e majestade, como depois de ressuscitado, e lhe *disse que já era tempo de que suas coisas tomasse ela por suas, e Ele teria cuidado das suas*, e outras palavras que são mais para sentir do que para dizer.[1]

2. Parecerá que esta não era novidade, pois outras vezes o Senhor se tinha representado a esta alma nesta maneira. Foi tão diferente, que a deixou bem desatinada e espantada: um, porque foi com grande força esta visão; o outro, porque as palavras que lhe disse, e também porque no interior de sua alma, aonde se representou, se não é a visão passada,[2] não tinha visto outras; porque entendei que há grandíssima diferença entre todas as passadas e as desta morada, e tão grande entre o desposório espiritual e o matrimônio espiritual, como há entre dois desposados, os quais já não se podem apartar.[3]

3. Já tenho dito[4] que, ainda que se ponham estas comparações, porque não há outras mais a propósito, que se entenda que aqui não há me-

---

1. Ver a correspondência autobiográfica na *Relação* 35.
2. Referida no c. 1, n. 6-7.
3. Esta frase foi muito retocada pela própria Santa. Tinha escrito: "os que já consumaram o matrimônio".
4. Disse-o nas M. V, c. 4, n. 3.

mória de corpo mais que se a alma não estivesse nele, senão só espírito, e no matrimônio espiritual, muito menos, porque passa esta secreta união no centro muito interior da alma, que deve ser aonde está[5] o mesmo Deus, e a meu parecer não há mister de porta por onde entrar. Digo que não há mister de porta, porque em tudo o que se tem dito até aqui, parece que vai por meio dos sentidos e potências, e este aparecimento da Humanidade do Senhor assim devia ser;[6] mas o que se passa na união do matrimônio espiritual é muito diferente: o Senhor aparece neste centro da alma sem visão imaginária senão intelectual, ainda que mais delicada que as ditas,[7] como apareceu aos Apóstolos sem entrar pela porta, quando lhes disse: "Pax vobis". É um segredo tão grande e uma mercê tão subida o que comunica Deus ali à alma num instante, e o grandíssimo deleite que sente a alma, que não sei a que o comparar, senão a que quer o Senhor manifestar-lhe por aquele momento a glória que há no céu, por mais subida maneira que por nenhuma visão nem gosto espiritual. Não se pode dizer mais de que – tanto quanto se pode entender – fica a alma, digo o espírito desta alma, feito uma coisa com Deus que, como é também espírito, quis Sua Majestade mostrar o amor que nos tem, em dar a entender a algumas pessoas até aonde chega para que louvemos a sua grandeza, porque de tal maneira quis juntar-se com a criatura, que assim como os que já não se podem apartar, não se quer apartar Ele dela.[8]

4. O desposório espiritual é diferente, que muitas vezes se apartam, e a união também o é; porque, ainda que união seja se juntarem duas coisas numa, enfim, podem apartar-se e ficar cada coisa por si, como vemos ordinariamente que passa com presteza esta mercê do Senhor, e depois fica a alma sem aquela companhia, digo de maneira que o entenda. Nesta outra

---

5. Gracián atenuou e quase desvirtuou a afirmação acrescentando no original: "más de asiento".

6. *Assim devia ser*, por ser visão imaginária: cf. n. 1 e *Rel.* 35.

7. *Mais delicada que as ditas* em capítulos anteriores (cf. M. VI, c. 8), por realizar-se "no interior de sua alma" (n. 2), ou "no muito profundo dela" (c. 1, n. 7). As palavras "senão intelectual, ainda que mais delicada que" foram escritas pela Santa entre linhas, depois de riscar: "nem intelectual nem coisa que se pareça com". – Toda esta passagem alude à alegoria do "castelo" e ao texto evangélico de João 20,19-21, que a Santa escreverá, em seguida, em seu latim típico: "Paz vobis". Cf. M. V, c. 1, n. 12.

8. Risca a emenda, como no final do n. 2. Tinha escrito: "os que consumaram matrimônio".

mercê do Senhor, não; porque sempre fica a alma com seu Deus naquele centro. Digamos que seja a união, como se duas velas de cera se juntassem tão extremamente, que toda a luz fosse uma, ou que o pavio e a luz e a cera fosse tudo um; mas depois bem se pode apartar uma vela da outra, e ficam em duas velas, ou o pavio da cera. Cá é como se caindo água do céu num rio ou fonte, aonde fica feito tudo água, que não poderão já dividir nem apartar qual é a água do rio, ou a que caiu do céu; ou como se um arroiozinho pequeno entra no mar, não haverá remédio de apartar-se; ou como se numa peça estivessem duas janelas por onde entrasse grande luz; ainda que entre dividida se faz tudo uma luz.

5. Talvez seja isto o que disse São Paulo: *O que se arrima e achega a Deus, faz-se um espírito com Ele,*[9] tocando este soberano matrimônio, que pressupõe ter-se chegado Sua Majestade à alma por união. E também diz: *Mihi vivere Christus est, mori lucrum*;[10] assim me parece que pode dizer aqui a alma, porque é aonde a borboletinha, que temos dito, morre e com grandíssimo gozo, porque sua vida já é Cristo.

6. E isto se entende melhor, quando anda o tempo, pelos efeitos, porque se entende claro, por umas secretas aspirações, ser Deus o que dá vida a nossa alma, mui muitas vezes tão vivas, que de nenhuma maneira se pode duvidar,[11] porque as sente muito bem a alma, ainda que não se saibam dizer, mas que é tanto este sentimento que produzem algumas vezes umas palavras regaladas, que parecem que não se podem escusar de dizer: "Ó vida de minha vida e sustento que me sustentas!", e coisas desta maneira. Porque daqueles peitos divinos aonde parece estar Deus sempre sustentando a alma, saem uns raios de leite que toda a gente do castelo conforta; que parece querer o Senhor que gozem de alguma maneira do muito que goza a alma, e que daquele rio caudaloso, aonde se consumiu esta fontezinha pequena, saiam algumas vezes algum golpe daquela água para sustentar os

---

9. 1Cor 6,17.
10. Filipenses 1,21. A Santa escreveu seu latim: "Mi [corrigido de miqui] bivere Cristus es [corr. est] mori lucrun". – Todo o primeiro texto de São Paulo e a aplicação que segue foram escritos entre linhas pela Santa, depois de riscar o primeiro texto, que dizia: "nos fazemos um espírito com Deus se o amamos; não diz que nos juntamos com ele [seguem-se várias palavras ilegíveis], senão que nos fazemos um espírito com ele".
11. Pelo consabido escrúpulo teológico, um dos censores – talvez Gracián – riscou "que de nenhuma maneira se pode duvidar".

que no corporal hão de servir a estes dois desposados. E assim como sentiria esta água uma pessoa que está descuidada se a banhassem de repente nela, e não o podia deixar de sentir, da mesma maneira, e ainda com mais certeza se entendem estas operações que digo. Porque assim como não nos poderia vir um grande golpe de água, se não tivesse princípio – como tenho dito –, assim se entende claro que há no interior quem arremesse estas setas e dê vida a esta vida, e que há sol de onde procede uma grande luz, que se envia às potências, do interior da alma. Ela – como tenho dito[12] – não se muda daquele centro nem se perde a sua paz; porque o mesmo que a deu aos apóstolos quando estavam juntos, a pode dar a ela.

7. Lembrei-me de que esta saudação do Senhor devia ser muito mais do que soa, e o dizer à gloriosa Madalena que se fosse em paz;[13] porque como as palavras do Senhor são feitas como obras em nós, de tal maneira deviam fazer a operação naquelas almas que estavam já dispostas, que apartasse neles tudo o que é corpóreo na alma e a deixasse em puro espírito, para que se pudesse juntar nesta união celestial com o espírito incriado, que é muito certo que esvaziando nós tudo o que é criatura e desapegando-nos dela por amor de Deus, o mesmo Senhor a há de encher de Si. E assim, orando uma vez Jesus Cristo nosso Senhor por seus apóstolos – não sei aonde é – disse, que fossem uma coisa com o Pai e com Ele, como Jesus Cristo nosso Senhor está no Pai e o Pai nele.[14] Não sei que maior amor pode ser que este! E não deixamos de entrar aqui todos, porque assim disse Sua Majestade: *Não só rogo por eles, senão por todos aqueles que hão de crer em mim também*, e diz: *Eu estou neles*.

8. Oh, valha-me Deus, que palavras tão verdadeiras, e como as entende a alma, que nesta oração o vê para si! E como o entenderíamos todas se não fosse por nossa culpa, pois as palavras de Jesus Cristo nosso Rei e Senhor não podem faltar![15] Mas como faltamos em não nos dispormos e desviar-nos de tudo o que pode embaraçar esta luz, não nos vemos neste espelho que contemplamos, aonde nossa imagem está esculpida.

---

12. No n. 4. – Segue uma alusão a João 20,19-21.
13. Lc 7,50.
14. João 17,21. Seguem-se duas citações de João 17,20 e 23.
15. Alusão a Lucas 21,33.

9. Pois tornando ao que dizíamos,[16] ao meter o Senhor a alma nesta morada sua, que é o centro da mesma alma, assim como dizem que o céu empíreo, aonde está nosso Senhor, não se move como os demais, assim parece que não há os movimentos nesta alma, ao entrar aqui, que costuma haver nas potências e imaginação, de maneira que a prejudiquem nem lhe tirem a sua paz.

Parece que quero dizer que chegando a alma a fazer-lhe Deus esta mercê, está segura de sua salvação e de não tornar a cair. Não digo tal, e em quantas partes tratar desta maneira, que parece estar a alma em segurança, se entenda enquanto a divina Majestade a tiver assim de sua mão e ela não o ofender. Pelo menos sei certo que, ainda que se veja neste estado e lhe tenha durado anos, que não se tem por segura, senão que anda com muito mais temor que antes em guardar-se de qualquer pequena ofensa de Deus e com tão grandes desejos de servi-lo como se dirá adiante,[17] e com ordinária pena e confusão de ver o pouco que pode fazer e o muito a que está obrigada, que não é pequena cruz, senão bastante grande penitência, porque fazer penitência esta alma, quanto maior, maior lhe é o deleite. A verdadeira penitência é quando Deus lhe tira a saúde e forças para podê-la fazer; que ainda que em outra parte tenha dito[18] a grande pena que isto dá, é muito maior aqui, e tudo deve vir da raiz onde está plantada; que assim como a árvore que está junto às correntes das águas está mais fresca e dá mais fruto, que há que maravilhar de desejos que tenha esta alma, pois o verdadeiro espírito dela está feito um com a água celestial que dissemos?[19]

10. Pois, tornando ao que dizia,[20] não se entenda que as potências e sentidos e paixões estão sempre nesta paz; a alma sim; mas nestas outras moradas não deixa de haver tempos de guerra e de trabalhos e fadigas; mas são de maneira que não é tirada de sua paz e seu posto: isto é o ordinário.[21]

---

16. No n. 3.
17. No c. 3, n. 3 e 6; c. 4, n. 2.
18. Alude provavelmente a M. V, c. 2, n. 7-11.
19. No n. 4 (comparações da "gota de água e a fonte", ou do "arroiozinho e o mar"). Talvez aluda à alegoria das M. IV, c. 2.
20. Ao princípio do n. 9.
21. Esta frase foi acrescentada pela Santa à margem do autógrafo.

Este centro de nossa alma, ou este espírito, é uma coisa tão difícil de dizer e ainda de crer, que penso, irmãs, por não me saber dar a entender, não vos dê alguma tentação de não crer no que digo; porque dizer que há trabalhos e penas, e que a alma fica em paz, é coisa difícil. Quero vos pôr uma comparação ou duas. Praza a Deus que sejam tais que diga algo; mas se não o for, eu sei que digo verdade no dito.

11. Está o Rei em seu palácio, e há muitas guerras em seu reino e muitas coisas penosas, mas nem por isso deixa de ficar no seu posto; assim cá, ainda que nestas outras moradas andem muitas barafundas e feras peçonhentas e se ouça o ruído, ninguém entra naquela que a faça sair dali; nem as coisas que ouve, ainda que lhe deem alguma pena, não é de maneira que a alvorocem e tirem a paz, porque as paixões já estão vencidas, de sorte que têm medo de entrar ali, porque saem já rendidas.

Dói-nos todo o corpo; mas se a cabeça está sã, não porque dói o corpo, doerá a cabeça.

Rindo-me estou destas comparações, que não me contentam, mas não sei outras. Pensai o que quiserdes; é verdade o que tenho dito.

Capítulo 3

Trata os grandes efeitos que causa esta oração dita. – É mister ir com atenção e acordo dos que fazem as coisas passadas, que é coisa admirável a diferença que há.

1. Agora, pois, dizemos que esta borboletinha já morreu, com grandíssima alegria de ter achado repouso, e que vive nela Cristo. Vejamos que vida faz, ou que diferença há de quando ela vivia; porque nos efeitos veremos se é verdadeiro o que fica dito. Pelo que posso entender, são os que direi.[1]

2. O primeiro é um esquecimento de si, que verdadeiramente parece que já não é, como fica dito;[2] porque toda está de tal maneira que não se conhece nem se lembra que para ela há de haver céu nem vida nem honra, porque toda está empregada em procurar a de Deus, que parece que as palavras que disse Sua Majestade fizeram efeito de obra, que foi *que olhasse por suas coisas, que Ele olharia pelas suas*.[3] E assim, de tudo o que possa suceder não tem cuidado, senão um estranho esquecimento, que – como digo – parece *que* já não é, nem quereria ser em nada nada, se não é para quando entende que pode haver por sua parte algo em que aumente um ponto a glória e honra de Deus, que por isto poria de muito bom grado a sua vida.

3. Não entendais por isto, filhas, que deixa de ter em conta comer e dormir, que não lhe é pouco tormento, e fazer tudo o que está obrigada

---

1. A Santa fará a seu modo a enumeração que segue: enumera unicamente os "efeitos" 1º e 2º; depois seguirá o reconto através de uma selva de glosas e digressões. No autógrafo, no entanto, cada efeito se distingue nitidamente dos demais. Ei-los aqui em ordem: 1º "esquecimento de si" (n. 2); 2º "desejo de padecer" (n. 4); 3º "grande gozo interior" (n. 5); 4º "grande desejo de servi-lo" e não de morrer (n. 6); 5º "desapego de tudo" (n. 8); 6º "o não temer os disfarces do demônio" (n. 10); por fim, recapitulação de todos "estes efeitos..." (n. 13).

2. A frase fica um tanto obscura. Provavelmente quer dizer que a alma está tão transfigurada que não parece ser ela, ou não ser ela a que existe "feita já uma coisa com Deus" (c. 2, n. 3); ver o final do presente número: "que, como digo, parece que já não é, nem quereria ser em nada nada". – A citação ("como fica dito") alude provavelmente à comparação da gota e da fonte (c. 2, n. 4; e n. 3 e 5).

3. Alusão à graça "matrimonial" referida no c. 2, n. 1; cf. *Rel.* 35.

conforme o seu estado; que falamos em coisas interiores, que de obras exteriores pouco há que dizer, que antes essa é sua pena ver que é nada o que já podem suas forças. Em tudo o que pode e entende que é serviço de nosso Senhor, não o deixaria de fazer por coisa alguma da terra.

4. O segundo um grande desejo de padecer, mas não de maneira que a inquiete como costumava; porque é em tanto extremo o desejo que fica nestas almas de que se faça a vontade de Deus nelas, que tudo o que Sua Majestade faz tem por bom: se quiser que padeça, parabéns; se não, não se mata como costumava.

5. Têm também estas almas um grande gozo interior quando são perseguidas, com muita mais paz do que o que fica dito, e sem nenhuma inimizade com os que lhes fazem mal ou desejam fazer; antes lhes cobram amor particular, de maneira que se os veem em algum trabalho o sentem ternamente, e tomariam qualquer um para livrá-los dele, e os encomendam a Deus de muito bom grado, e se alegrariam em perder as mercês que Sua Majestade lhes faz para que fossem feitas a eles, para que não ofendessem a nosso Senhor.

6. O que mais me espanta de todo, é que já tendes visto os trabalhos e aflições que tiveram para morrer, para gozar de nosso Senhor;[4] agora é tão grande o desejo que têm de servi-lo e que por elas seja louvado, e de aproveitar alguma alma se pudessem, que não só não desejam morrer, mas viver mui muitos anos padecendo grandíssimos trabalhos, para, se pudessem, que o Senhor fosse louvado por eles, ainda que fosse em coisa muito pouca. E se soubessem com certeza que ao sair a alma do corpo há de gozar de Deus, não fazem caso, nem pensar na glória que têm os santos; não desejam por então ver-se nela: sua glória têm posta em se puderem ajudar em algo o Crucificado, em especial quando veem que é tão ofendido, e os poucos que há que deveras olham por sua honra, desapegados de todo o demais.

7. Verdade é que algumas vezes que se esquece disto tornam com ternura os desejos de gozar de Deus e desejar sair deste desterro, em especial vendo o pouco que lhe serve; mas logo torna e olha em si mesma com

---

4. Alusão global às graças das M. VI: cf. c. 11.

a continuança[5] que tem consigo, e com aquilo se contenta e oferece a Sua Majestade o querer viver, como a oferenda mais custosa para ela que lhe pode dar.

Temor nenhum tem da morte, mais que teria de um suave arroubamento. O caso é que o que dava aqueles desejos com tormento tão excessivo, dá agora estes outros. Seja para sempre bendito e louvado.

8. O fim[6] é que os desejos destas almas não são já de regalos nem de gostos, como têm consigo o próprio Senhor, e Sua Majestade é o que agora vive. Claro está que sua vida não foi senão contínuo tormento, e assim faz que seja a nossa, ao menos com os desejos, que nos leva como a fracos no demais; ainda que os ajude muito com a sua fortaleza quando vê que têm mister dela.

Um desapego grande de tudo e desejo de estar sempre ou sozinhas ou ocupadas em coisa que seja proveito de alguma alma. Não securas nem trabalhos interiores, senão com uma memória e ternura com nosso Senhor, que nunca quereria estar senão dando-lhe louvores; e quando se descuida, o próprio Senhor a desperta da maneira que fica dito,[7] que se vê claríssimamente que procede aquele impulso, ou não sei como chamá-lo, do interior da alma, como se disse dos ímpetos.[8] Cá é com grande suavidade, mas nem procede do pensamento, nem da memória, nem coisa que se possa entender que a alma não fez nada de sua parte. Isto é tão ordinário e tantas vezes – que se tem mirado bem com advertência –, que assim como um fogo não lança a chama para baixo, senão para cima, por grande que queiram acender o fogo, assim se entende cá que este movimento interior procede do centro da alma e desperta as potências.

9. Por certo, quando não houver outra coisa de lucro neste caminho de oração, senão entender o particular cuidado que Deus tem de comunicar-se conosco e andar nos rogando – que não parece isto outra coisa – que

---

5. *Continuança* (esp. *continuanza*): continuidade. Já frei Luís corrigiu "de contino" (p. 249).
6. *O fim é*: de leitura duvidosa. Frei Luís transcreveu: "e assim os desejos" (p. 249).
7. Nas M. VI, c. 2: ver o título.
8. Nas M. VI, c. 11, n. 2; e cf. M. VI, c. 2, n. 1, onde falou de "uns impulsos tão delicados e sutis, que procedem do muito interior da alma, que não sei comparação que por que quadre".

fiquemos com Ele, me parece que eram bem empregados quantos trabalhos se passam para gozar destes toques de seu amor, tão suaves e penetrativos.

Isto tereis, irmãs, experimentado; porque penso, ao chegar a ter oração de união, que anda o Senhor com este cuidado, se nós não nos descuidamos de guardar seus mandamentos. Quando isto vos acontecer, lembrai-vos que é desta morada interior, aonde está Deus em nossa alma, e louvai-o muito; porque, certamente, é seu aquele recado ou bilhete escrito com tanto amor, e de maneira que só quer que vós entendais aquela letra e o que por ela vos pede,[9] e de maneira alguma deixeis de responder a Sua Majestade, ainda que estejais ocupadas exteriormente e em conversação com algumas pessoas; porque acontecerá muitas vezes em público querer nosso Senhor fazer-vos esta secreta mercê, e é muito fácil – como há de ser a resposta interior – fazer o que digo fazendo um ato de amor, ou dizer o que São Paulo: *que quereis, Senhor, que faça?*[10] de muitas maneiras vos ensinará ali com que o agradeis e é tempo aceito; porque parece que se entende que nos ouve, e quase sempre dispõe a alma este toque tão delicado para poder fazer o que fica dito com vontade determinada.

10. A diferença que há aqui nesta morada é o dito:[11] que quase nunca há securas nem alvoroços interiores dos que tinha em todas as outras às vezes, senão que está a alma em quietude quase sempre; o não temer que o demônio pode contrafazer esta mercê tão subida, senão estar em um ser com segurança que é Deus; porque – como está dito[12] – não têm que ver aqui os sentidos nem potências, que Sua Majestade se descobriu à alma e a meteu consigo aonde, a meu parecer, não ousará entrar o demônio nem o deixará o Senhor; nem todas as mercês que faz aqui à alma – como tenho dito[13] – são com nenhuma ajuda da própria alma, senão a que ela já tem feito de entregar-se toda a Deus.

---

9. À margem a Santa escreveu: "quando diz aqui *vos pede*, leia-se logo este papel". – A folhinha à qual alude se perdeu, mas a conheceram e transcreveram o Padre Gracián (em seu manuscrito), frei Luís (na edição príncipe) e outros amanuenses antigos. Continha todo o parágrafo que segue, até o fim do número. Nós o editamos segundo a reconstrução feita pelo P. Silvério, melhorando a leitura de frei Luís e de Gracián.
10. Atos 9,6.
11. *O dito* no n. 8.
12. No c. 2, n. 3 e n. 10.
13. No c. 2, n. 5-6 e n. 9.

11. Passa com tanta quietude e tão sem ruído tudo o que o Senhor aproveita aqui à alma e lhe ensina, que me parece que é como na edificação do templo de Salomão, aonde não se havia de ouvir nenhum ruído.[14] Assim neste templo de Deus, nesta morada sua, só Ele e a alma se gozam com grandíssimo silêncio. Não há para que bulir nem buscar nada o entendimento, que o Senhor que o criou quer sossegá-lo aqui, e que por uma fresta pequena olhe o que se passa; porque ainda que a tempos se perde esta vista e não a deixem de olhar, é pouquíssimo intervalo; porque, a meu parecer, aqui não se perdem as potências,[15] mas não obram, senão estão como espantadas.

12. Eu o estou de ver que chegando aqui a alma, todos os arroubamentos lhe são tirados, se não é alguma vez (o ser tirado chama aqui quanto a perder os sentidos),[16] e esta não com aqueles arrebatamentos e voo de espírito, e são muito raras vezes e essas quase sempre não em público como antes, que era muito ordinário; nem lhe fazem ao caso grandes ocasiões de devoção que veja, como antes, que se veem uma imagem devota ou ouvem um sermão – que quase não era ouvi-lo – ou uma música, como a pobre borboletinha andava tão ansiosa, tudo a espantava e fazia voar. Agora, ou é que achou o seu repouso, ou que a alma viu tanto nesta morada que não se espanta de nada, ou que não se acha com aquela solidão que costumava, pois goza de tal companhia; enfim, irmãs, eu não sei qual seja a causa, que começando o Senhor a mostrar o que há nesta morada e metendo a alma ali, lhes é tirada esta grande fraqueza que lhes era farto trabalho, e antes não lhe foi tirada. Talvez seja que o Senhor a tenha fortalecido e dilatado e habilitado; ou pode ser que queria dar a entender em público o que fazia com estas almas em segredo, por alguns fins que Sua Majestade sabe, que seus juízos são sobre tudo o que cá podemos imaginar.

13. Estes efeitos, com todos os demais que temos dito que são bons nos graus de oração que ficam ditos, Deus dá quando chega a alma a Si,

---

14. 1Rs 6,7.
15. Recorde-se que no léxico teresiano "perder as potências" equivale a "ficar em arroubo"; aqui, nestas moradas, ficam atônicas, mas não suspensas extaticamente.
16. O inciso entre parênteses foi acrescentado pela Santa à margem do autógrafo.

com este ósculo que pedia a Esposa,[17] que eu entendo que aqui se cumpre este pedido. Aqui são dadas as águas a esta corça, que vai ferida, em abundância. Aqui se deleita no tabernáculo de Deus. Aqui a pomba que Noé enviou, para ver se era acabada a tempestade, acha a oliveira, como sinal de que achou terra firme dentro das águas e tempestades deste mundo. Ó Jesus! E quem soubera as muitas coisas da Escritura que deve haver para dar a entender esta paz da alma! Deus meu, pois vedes o que nos importa, fazei que queiram os cristãos buscá-la, e aos que a tendes dado, não a tireis, por vossa misericórdia; que, enfim, até que lhes deis a verdadeira, e as leveis aonde não se pode acabar, sempre se há de viver com temor. Digo a verdadeira, não porque entenda que esta não o é, senão porque se poderia retornar a guerra primeira, se nós nos apartássemos de Deus.

14. Mas o que sentirão estas almas de ver que poderiam carecer de tão grande bem? Isto as faz andar mais cuidadosas e procurar tirar forças de sua fraqueza, para não deixar coisa que lhes possa ser oferecida, para mais agradar a Deus, por culpa sua. Quanto mais favorecidas por Sua Majestade, andam mais acovardadas e temerosas de si. E como nestas grandezas suas conheceram mais suas misérias e se lhes fazem mais graves os seus pecados, andam muitas vezes que não ousam levantar os olhos, como o publicano;[18] outras com desejos de acabar a vida para ver-se em segurança, ainda que logo tornem, com o amor que lhe têm, para querer viver para servi-lo – como fica dito[19] – e confiam tudo o que lhes toca de sua misericórdia. Algumas vezes as muitas mercês as fazem andar mais aniquiladas, que temem que, como uma nau que vai muito demasiado carregada vai ao fundo, não lhes aconteça assim.

15. Eu vos digo, irmãs, que não lhes falta cruz, salvo que não as inquieta nem faz perder a paz, senão passam depressa, como uma onda, algumas tempestades, e torna a bonança; que a presença que trazem do Senhor faz com que logo se esqueçam de tudo. Seja para sempre bendito e louvado por todas as suas criaturas, amém.

---

17. Ct 1,1. Segue uma série de alusões bíblicas: corça que, ferida, busca as águas (Salmo 41,2); tabernáculo de Deus (Apocalipse 21,3); pomba de Noé (Gênesis 8,8-9).
18. Lc 18,13.
19. No n. 6.

Capítulo 4

Com que acaba, dando a entender o que lhe parece que pretende nosso Senhor em fazer tão grandes mercês à alma, e como é necessário que andem juntas Marta e Maria. – É muito proveitoso.

1. Não haveis de entender, irmãs, que sempre em um ser estão estes efeitos que tenho dito[1] nestas almas, que por isso aonde me lembro digo "ordinariamente"; que algumas vezes as deixa nosso Senhor em seu natural, e não parece senão que então se juntam todas as coisas peçonhentas do arrabalde e moradas deste castelo para vingar-se delas pelo tempo que não as podem ter nas mãos.

2. É verdade que dura pouco: um dia no máximo, ou pouco mais; e neste grande alvoroço, que procede ordinariamente de alguma ocasião, se vê o que ganha a alma na boa companhia que está, porque lhe dá o Senhor uma grande inteireza para não se desviar em nada de seu serviço e boas determinações, senão que parece que lhe crescem, e por um primeiro movimento muito pequeno não se desviam desta determinação. Como digo, é poucas vezes, senão que quer nosso Senhor que não perca a memória de seu ser, para que sempre esteja humilde, o primeiro; o outro, para que entenda mais o que deve a Sua Majestade e a grandeza da mercê que recebe, e o louve.

3. Tampouco passe por vosso pensamento que por ter estas almas tão grandes desejos e determinação de não fazer uma imperfeição por coisa alguma da terra, deixam de fazer muitas, e ainda pecados. De advertência não, que deve o Senhor a estas tais dar mui particular ajuda para isto. Digo pecados veniais, que dos mortais, que elas entendam, estão livres, ainda que não seguras;[2] que terão alguns que não entendem, que não lhes será

---

1. No c. 3, n. 2-10.
2. Frei Luís, em sua edição príncipe (p. 256), imprimiu esta passagem sem retoque nem glosa alguma. Mas ao reeditar as Moradas no ano seguinte (1589), anotou uma advertência importante: "Nestas palavras demonstra claramente a Santa Madre a verdade e pureza de sua doutrina acerca da certeza da graça, pois de almas tão perfeitas e

pequeno tormento. Também sucede[3] às almas que veem que se perdem; e ainda que de alguma maneira tenham grande esperança que não serão delas, quando se lembram de alguns que diz a Escritura que parecia que eram favorecidos do Senhor, como um Salomão, que tanto se comunicou com Sua Majestade, não podem deixar de temer, como tenho dito;[4] e a de vós que se vir com maior segurança em si, essa tema mais, porque *bem-aventurado o varão que teme a Deus*, diz Davi. Sua Majestade nos ampare sempre; suplicar-lhe para que não o ofendamos é a maior segurança que podemos ter. Seja para sempre louvado, amém.

4. Será bom, irmãs, dizer-vos qual é o fim para o qual faz o Senhor tantas mercês neste mundo. Ainda que o tenhais entendido pelos efeitos delas, se advertistes nisso, vos quero tornar a dizer aqui, para que não pense alguma que é só para regalar estas almas, que seria grande erro; porque não nos pode Sua Majestade fazer[5] maior, que é dar-nos vida que seja imitando a que viveu seu Filho tão amado; e assim tenho por certo que estas mercês são para fortalecer a nossa fraqueza — como aqui tenho dito alguma vez[6] — para poder imitá-lo no muito padecer.

5. Sempre temos visto que os que mais próximos andaram de Cristo nosso Senhor foram os de maiores trabalhos: miremos os que passou sua gloriosa Mãe e os gloriosos apóstolos. Como pensais que poderia sofrer São Paulo tão grandíssimos trabalhos? Por ele podemos ver que efeitos fazem as verdadeiras visões e contemplação, quando é de nosso Senhor e não imaginação ou engano do demônio. Porventura escondeu-se com elas para gozar daqueles regalos e não ocupar-se com outra coisa? Já o vedes, que não teve dia de descanso, pelo que podemos entender, e tampouco devia tê-lo de

---

favorecidas de Deus e que gozam de sua presença de maneira tão especial como as deste grau e morada, diz que não estão seguras se têm alguns pecados mortais que não entendem, que o receio disto as atormenta".

3. *Também sucede às almas* está traduzindo "también se le dan las almas". A Santa escreveu "se *les* dan *las* almas", por deslize de aliteração. T. Alvarez segue a leitura de frei Luís (p. 256).

4. Alude a M. III, c. 1, n. 1-4, em que aduziu já o exemplo de Salomão (3 Reg. 11) e o salmo de Davi (111,1) aqui citados. Ver também M. VII, c. 3, n. 13-14.

5. No original: *hacerte*, de leitura duvidosa.

6. Em M. VI, c. 9, n. 16-17, e cf. c. 1, n. 7.

noite, pois nela ganhava o que havia de comer.[7] Gosto muito de São Pedro quando ia fugindo do cárcere e lhe apareceu nosso Senhor e lhe disse que ia a Roma para ser crucificado outra vez. Nenhuma vez rezamos esta festa aonde isto está, que não me é particular consolo.[8] Como ficou São Pedro com esta mercê do Senhor, ou o que fez? Ir logo à morte; e não é pouca misericórdia do Senhor achar a quem a dê.

6. Ó irmãs minhas, quão olvidado deve ter o seu descanso, e quão pouco deve preocupar-se com honra, e quão fora deve estar de querer ser tida em algo a alma aonde está o Senhor tão particularmente! Porque se ela está muito com Ele, como é razão, pouco deve lembrar-se de si; toda a sua memória vai em como mais contentá-lo, e em que e por onde mostrará o amor que lhe tem. Para isto é a oração, filhas minhas; para isto serve este matrimônio espiritual: para que nasçam sempre obras, obras.

7. Esta é a verdadeira amostra de ser coisa e mercê feita por Deus – como já vos tenho dito[9] –, porque pouco me aproveita ficar muito recolhida sozinha fazendo atos com nosso Senhor, propondo e prometendo fazer maravilhas por seu serviço, se ao sair dali, que se oferece a ocasião, faço tudo ao contrário. Disse mal que aproveitará pouco, que tudo o que se está com Deus aproveita muito; e estas determinações, ainda que sejamos fracos não as cumprindo depois, alguma vez, nos dará Sua Majestade como o façamos, e até talvez ainda que nos pese, como acontece muitas vezes: que, como vê uma alma muito covarde, dá-lhe um muito grande trabalho, bem contra a sua vontade, e ela sai com lucro; e depois, como a alma entende isto, fica mais perdido o medo, para oferecer-se mais a Ele. Quis dizer que é pouco, em comparação com o muito mais que é que conformem as obras com os atos e palavras, e que a que não puder por junto, seja pouco a pouco; vá dobrando a sua vontade, que quer que a oração lhe aproveite: que dentro destes recantos[10] não faltarão fartas ocasiões em que o possais fazer.

---

7. Alusão aos textos paulinos propostos como norma na Regra do Carmo (1Ts 2,9 etc.).

8. Alusão à legenda do "*Quo vadis Domine?*", que figurava no ofício carmelitano de São Pedro (29 de junho), cuja antífona do *Magnificat* dizia: "Beatus Petrus Apostolus vidid sibi Christum accurrere. Adorans eum, ait: Domine, quo vadis? – Venio Romam iterum crucifigi".

9. Insistiu sobre isto em M. V, c. 3, n. 11.

10. *Estes recantos* (esp. *estos rincones*): os humildes conventos de carmelitas.

8. Mirai que importa isto muito mais que eu vos saberei encarecer. Ponde os olhos no Crucificado e tudo se vos fará pouco. Se Sua Majestade nos mostrou o amor com tão espantosas obras e tormentos, como quereis contentá-lo só com palavras? Sabeis o que é ser deveras espirituais? Fazer-se escravos de Deus, a quem, marcados como seu ferro que é o da cruz, porque eles já lhe deram a sua liberdade, os possa vender como escravos de todo o mundo, como Ele foi; que não lhes faz nenhum agravo nem pequena mercê. E se a isto não se determinam, não tenham medo que aproveitem muito, porque todo este edifício – como tenho dito[11] – a humildade é o seu alicerce; e se não há esta muito deveras, ainda por vosso bem não quererá o Senhor subi-lo muito alto, para que não dê tudo no chão. Assim que, irmãs, para que leve bom alicerce, procurai ser a menor de todas e escrava sua, olhando como e por onde podeis fazer prazer a elas e servir; pois o que fizerdes neste caso, fazeis mais por vós que por elas, pondo pedras tão firmes, que não caia o vosso castelo.

9. Torno a dizer, que para isto é preciso não pôr vosso fundamento só em rezar e contemplar; porque, se não procurais virtudes e há exercício delas, sempre ficareis anãs; e ainda praza a Deus que seja só não crescer, porque já sabeis que quem não cresce, decresce; porque o amor tenho por impossível contentar-se com estar em um ser, aonde há.

10. Parecer-vos-á que falo com os que começam, e que depois já podem descansar. Já vos tenho dito[12] que o sossego que têm estas almas no interior, é para tê-lo muito menos, nem querer tê-lo, no exterior. Para que pensais que são aquelas inspirações que tenho dito, ou para melhor dizer aspirações, e aqueles recados que a alma envia do centro interior para a gente de cima do castelo, e para as moradas que estão fora de onde ela está? É para que se deitem a dormir? Não, não, não! Que mais guerra lhes faz desde ali, para que não estejam ociosas potências e sentidos e todo o corporal, que lhes tem feito quando andava com eles padecendo; porque então não entendia o lucro tão grande que são os trabalhos, que porventura têm sido meios para Deus trazê-la ali, e como a companhia que tem lhe dá forças muito maiores que nunca. Porque se cá diz Davi que com os

---

11. Ela disse isto nas primeiras Moradas (cf. c. 2, n. 8, 9, 11, 13).
12. Disse isto no c. 3; cf. os n. 3, 5, 6, 8.

santos seremos santos,[13] não há que duvidar, senão que, estando feita uma coisa com o Forte pela união tão soberana de espírito com espírito, lhe há de pegar fortaleza, e assim veremos a que tiveram os santos para padecer e morrer.

11. É muito certo que ainda da que ela ali pega, acode a todos os que estão no castelo, e ainda ao mesmo corpo, que parece muitas vezes que não se sente; senão, esforçado com o esforço que tem a alma bebendo do vinho desta adega, aonde a trouxe o seu Esposo[14] e não a deixa sair, redunda no fraco corpo, como cá o manjar que se põe no estômago dá força à cabeça e a todo ele.[15] E assim tem farta desventura enquanto vive; porque, por muito que faça, é muito mais a força interior e a guerra que lhe é feita, que tudo lhe parece nonada. Daqui deviam vir as grandes penitências que muitos santos fizeram, em especial a gloriosa Madalena, criada sempre em tanto regalo, e aquela fome que teve nosso pai Elias da honra de seu Deus[16] e teve São Domingos e São Francisco de reunir almas para que fosse louvado; que eu vos digo que não deviam passar pouco, esquecidos de si mesmos.

12. Isto quero eu, minhas irmãs, que procuremos alcançar, e não para gozar, senão para ter estas forças para servir: desejemos e nos ocupemos com a oração; não queiramos ir por caminho não andado, que nos perderemos no melhor tempo; e seria bem novo pensar ter estas mercês de Deus por outro que o que Ele foi e têm ido todos os seus santos; não nos passe pelo pensamento; crede-me, que Marta e Maria hão de andar juntas para hospedar o Senhor e tê-lo sempre consigo, e não lhe fazer má hospedagem não lhe dando de comer.[17] Como o daria Maria, sentada sempre aos seus pés, se sua irmã não ajudasse? Seu manjar é que de todas as maneiras que pudermos cheguemos almas para que se salvem e sempre louvem.

13. Dir-me-eis duas coisas: uma, que digo que *Maria tinha escolhido a melhor parte*.[18] E é que já tinha feito o ofício de Marta, regalando o

---

13. Salmo 17,26.
14. Alusão a Ct 2,4.
15. *A todo ele*: leitura duvidosa. Frei Luís leu: "a todo o corpo" (p. 262).
16. Alusão ao lema do Carmelo: "Zelo zelatus sum" 2 Reg. 19, 10.
17. Lucas 10,38-39.
18. Lucas 10,42.

Senhor em lavar-lhe os pés e limpá-los com seus cabelos,[19] e pensais que seria pouca mortificação a uma senhora como ela era, ir por essas ruas, e porventura só, porque não levava fervor para entender como ia, e entrar aonde nunca tinha entrado, e depois sofrer a murmuração do fariseu e outras muito muitas que devia sofrer? Porque ver no povo uma mulher como ela fazer tanta mudança, e como sabemos, entre tão má gente, que bastava ver que tinha amizade com o Senhor, a quem eles tinham tão aborrecido, para trazer à memória a vida que tinha feito, e que se queria agora fazer santa, porque está claro que logo mudaria vestido e tudo o demais; pois agora se diz a pessoas, que não são tão renomadas, o que seria então? Eu vos digo, irmãs, que vinha "a melhor parte" sobre fartos trabalhos e mortificação, que ainda que não fosse senão ver o seu Mestre tão aborrecido, era intolerável trabalho. Pois os muitos que depois passou na morte do Senhor e nos anos que viveu, vendo-se ausente dele, que seriam de terrível tormento, se verá que não estava sempre com regalo de contemplação aos pés do Senhor. Tenho para mim que o não ter recebido martírio foi por tê-lo passado vendo o Senhor morrer.[20]

14. A outra,[21] que vós não podeis, nem tendes como achegar almas a Deus; que o faríeis de bom grado, mas que não tendo de ensinar nem de pregar, como faziam os apóstolos, que não sabeis como. A isto tenho respondido por escrito algumas vezes,[22] e ainda não sei se neste *Castelo*; mas porque é coisa que creio que vos passa pelo pensamento, com os desejos que o Senhor vos dá, não deixarei de dizê-lo aqui: já vos disse em outra parte[23] que algumas vezes nos põe o demônio desejos grandes, para que não deixemos de lado o que temos à mão para servir nosso Senhor em coisas possíveis, e ficamos contentes tendo desejado as impossíveis. Deixado que na oração ajudareis muito,[24] não queirais aproveitar a todo o mundo, senão às que estão em vossa companhia, e assim será maior a obra, porque estais a elas mais obrigadas. Pensais que é pouco lucro que seja vossa humil-

---

19. Lucas 7,37-38.
20. Toda esta frase foi acrescentada pela Santa à margem do autógrafo.
21. *A outra*: quer dizer, a outra coisa que direis (cf. n. 13).
22. Cf. *Caminho* c. 1-3, e *Conceitos* c. 7 *passim*.
23. Cf. M. III, c. 2, n. 13.
24. *Ajudareis muito*: a "achegar almas a Deus" (cf. a objeção colocada no princípio deste número).

dade tão grande, e mortificação, e o servir a todas, e uma grande caridade com elas, e um amor do Senhor, que esse fogo as acenda a todas, e com as demais virtudes sempre as andeis despertando? Não será senão muita, e muito agradável serviço ao Senhor, e com isto que pondes por obra – que podeis –, entenderá Sua Majestade que faríeis muito mais; e assim vos dará prêmio como se ganhásseis muitas.

15. Direis que isto não é converter, porque todas são boas. Quem vos mete nisso? Quanto melhores forem, mais agradáveis serão seus louvores ao Senhor e mais aproveitará sua oração aos próximos.

Enfim, irmãs minhas, com o que concluo é que não façamos torres sem fundamento, que o Senhor não olha tanto a grandeza das obras como o amor com que são feitas; e se fizermos o que pudermos, Sua Majestade fará com que vamos podendo cada dia mais e mais, de modo que não nos cansemos logo, senão que o pouco que dura esta vida – e talvez seja mais pouco do que cada uma pensa – interior e exteriormente ofereçamos ao Senhor o sacrifício que pudermos, que Sua Majestade o juntará com o que fez na cruz por nós ao Pai, para que tenha o valor que nossa vontade tiver merecido, ainda que seja pequenas as obras.

16. Praza a Sua Majestade, irmãs e filhas minhas, que nos vejamos todas aonde sempre o louvemos, e me dê graça para que eu obre algo do que vos digo, pelos méritos de seu Filho, que vive e reina para sempre jamais amém; que eu vos digo que é farta confusão minha, e assim vos peço pelo mesmo Senhor que não esqueçais em vossas orações desta pobre miserável.[25]

---

25. No autógrafo segue um longo texto com a aprovação autografada destas *sétimas moradas* pelo Padre Rodrigo Alvarez, S.J., escrita no locutório do Carmelo de Sevilha na presença de Maria de San José em 22 de fevereiro de 1582. – A seguir vem o "epílogo", que na realidade é uma carta de acompanhamento do livro, dirigida, como este, às carmelitas, e que primitivamente precedeu ao prólogo das Moradas e foi paginada pelo P. Gracián com os n. 2 e 3.

JHS

1. Ainda que, quando comecei a escrever isto que aqui vai, foi com a contradição que no princípio digo,[1] depois de acabado me tem dado muito contento e dou por bem empregado o trabalho, ainda que confesse que tem sido bastante pouco. Considerando o muito encerramento e poucas coisas de entretenimento que tendes, minhas irmãs, e não casas tão bastantes como convém em alguns mosteiros dos vossos, me parece que vos será consolo deleitar-vos neste castelo interior, pois sem licença das superioras podeis entrar e passear por ele a qualquer hora.

2. É verdade que nem em todas as moradas podereis entrar por vossas forças, ainda que vos pareça que a tendes grandes, se não vos mete o mesmo Senhor do castelo. Por isso vos aviso, que nenhuma força ponhais, se achardes alguma resistência, porque o agastareis de maneira que nunca vos deixará entrar nelas.[2] É muito amigo de humildade. Tende-vos por tais que não mereceis sequer entrar nas terceiras, ganhareis mais depressa a sua vontade para chegar às quintas; e de tal maneira podereis servi-lo desde ali, continuando a ir muitas vezes a elas, que vos meta na mesma morada que tem para Si, de onde não saiais mais, se não fordes chamada pela priora cuja vontade quer tanto este grande Senhor que cumprais como a sua mesma; e ainda que muito estejais fora por seu mandado, sempre quando tornardes, vos terá a porta aberta. Uma vez afeitas a gozar deste castelo, em todas as coisas achareis descanso, ainda que sejam de muito trabalho, com esperança de tornar a ele, e que ninguém vo-lo pode tirar.

3. Ainda que não se trate de mais de sete moradas, em cada uma destas há muitas: embaixo e no alto e nos lados, com lindos jardins e fontes e labirintos[3] e coisas tão deleitosas, que desejareis desfazer-vos em louvores

---

1. Prólogo n. 1.
2. Alude aos conselhos dados nas M. IV, c. 2 e M. V, c. 7.
3. A Santa escreveu *laborintios*, como se dizia em seu século (Cobarruvias, p. 746); hoje, em espanhol, é *laberintos*.

do grande Deus, que o criou à sua imagem e semelhança.[4] Se achardes algo bom na ordem de dar-vos notícia dele, crede verdadeiramente que Sua Majestade o disse para dar contento para vós, e o mau que achardes, é dito por mim.

4. Pelo grande desejo que tenho de ser alguma parte para ajudar-vos a servir a este meu Deus e Senhor, vos peço que em meu nome, cada vez que lerdes aqui, louveis muito Sua Majestade e lhe peçais o aumento de sua Igreja e luz para os luteranos; e para mim, que me perdoe os meus pecados e me tire do purgatório, que lá estarei talvez, pela misericórdia de Deus,[5] quando isto vos for dado para ler se estiver para que se veja, depois de visto por letrados. E se algo estiver em erro, é por mais não o entender, e em tudo me sujeito ao que tem a santa Igreja Católica Romana, que nisto vivo e protesto e prometo viver e morrer.[6]

Seja Deus nosso Senhor para sempre louvado e bendito, amém, amém.

5. Acabou-se de escrever isto no mosteiro de São José de Ávila, ano de 1577, véspera de Santo André,[7] para glória de Deus, que vive e reina para sempre jamais, amém.

---

4. Gênesis 1,26 (cf. M. I, c. 1, n. 1). – Por erro material, a Santa escreveu *semelhanças* (*semejanzas*).

5. *Quizá por la misericordia de Dios*: a Santa acrescentou entre linhas e à margem. – No final da linha, por erro material, escreveu: *visto letrados*. Seguimos a emenda de frei Luís (p. 268).

6. Cf. declaração e protesto idênticos no Prólogo, n. 3. As palavras *santa* e *romana* foram acrescentadas pela Santa entre linhas. Fez o mesmo na passagem paralela do prólogo, onde acrescentou entre linhas *santa, católica romana*.

7. No dia 29 de novembro de 1577. Tinha começado o escrito em 2 de junho do mesmo ano: cf. Prólogo n. 3.

AS FUNDAÇÕES

AS FUR DAGOES

Introdução

O *Livro das Fundações* é a última obra de Santa Teresa. Concluída poucos dias antes de sua morte, foi escrita por etapas ao longo do último decênio de sua vida, 1573-1582. Nele a autora retoma o relato iniciado anos antes nos capítulos 32-36 de *Vida*, dedicados a narrar a fundação do carmelo avilense de São José. Agora, no novo livro, historia as fundações realizadas entre os anos 1567 e 1582, que correspondem aos 52-67 de sua vida. Os dois livros, *Vida* e *Fundações*, formam um díptico narrativo um tanto díspar, em níveis e com destinatários diversos.

Teresa destina seu novo escrito a *leitoras* e *leitores* carmelitas. Elas, as leitoras carmelitas, tinham compartilhado com a Madre Fundadora caminhos e carroças, ideais e fundações. Eles participaram na empresa, umas vezes assessorando, outras fundando conventos como Duruelo, Mancera, Pastrana, Sevilha..., até chegar a Burgos. O livro inteiro é um diálogo aberto com uns e outras, mas, sobretudo, com estas últimas. Livro escrito, portanto, em perspectiva feminina, de autora a leitoras. Mas discretamente aberto ao olhar de qualquer outro leitor.

Redação da obra

A própria Teresa conta no Prólogo o nascimento do livro e seu escasso tempo de gestação: Salamanca, verão de 1573. Ela relata que o escreve por conselho do jesuíta Jerônimo Ripalda, estimulado com a leitura das mencionadas páginas de *Vida* que relatam a fundação do primeiro carmelo. A Ripalda "pareceu, tendo visto este livro da primeira fundação..., que escrevesse de outros sete mosteiros que depois cá foram fundados" (Prólogo, 2).

Dito e feito. Sem demora nem dilações escreve a história desses sete carmelos aí mesmo em Salamanca, de uma tirada, sem outras interrupções que as inevitáveis impertinências do tortuoso Pedro de la Banda, interessado em atrapalhar a venda de locais para o carmelo salmantino. Também essa complicação será referida no livro.

O resto da obra foi escrito no decorrer dos acontecimentos, com longos intervalos, em clima e contexto diversos. São quatro jornadas redacionais, a saber:

- em Salamanca, 1573, redige os capítulos 1-9.
- em Ávila..., 1574, os capítulos 10-19.
- em Toledo, 1576, os capítulos 20-27.
- em xx... e Burgos, 1580-1582, capítulos 28-31.

Na realidade, ao finalizar o capítulo 27, dá por terminado o escrito, convencida de ter encerrado a cota de novos carmelos. Por este motivo, depois do epílogo e várias páginas finais em branco, introduz no caderno um apontamento com "quatro avisos a estes padres descalços" (fólio 100v), página que em nossa edição ocupa o número 67 das *Relações*.

Acontece, no entanto, que em 1580 Teresa retoma a tarefa fundadora: carmelos de Villanueva de la Jara, Palencia, Soria, Burgos, e o projeto sempre pendente de uma fundação em Madri. Em carroças durante as viagens leva consigo o caderno de historiadora e vai acrescentando capítulos. Nascem assim os quatro finais (cap. 28-31).

Ainda leva consigo o manuscrito na última viagem, de Burgos a Alba de Tormes e, tendo ela morrido, o caderno passa para as mãos de Dom Álvaro de Mendoza, de frei Luís de León, do doutor Francisco Sobrino, futuro bispo de Valladolid e, finalmente, para as prateleiras da Biblioteca do Escorial, aonde continua ainda hoje primorosamente restaurado.

Conteúdo do livro

O projeto inicial da autora assumiu e, ao mesmo tempo, superou a proposta do jesuíta Ripalda. Teresa se propôs, antes de tudo, "historiar", com grande sentido da verdade histórica, as peripécias de sua caminhada fundadora, distanciando-se intencionalmente do aspecto afetado e moralizante das crônicas monásticas. Para isso, impõe à sua pluma a norma taxativa: "Pode-se ter por certo que se dirá com toda verdade, sem nenhum encarecimento, pelo que eu entender, senão conforme o que se passou" (ibid. 3).

As fundações

Mas essa fidelidade à verdade histórica não impede que ela dê ao relato entonação doxológica. Escreve o relato "para que nosso Senhor seja louvado", porque, segundo ela, o Senhor é um autor a mais, o primeiro e principal, na cena e na comitiva de fundadoras. Talvez com uma tácita aproximação do modelo doxológico das narrações bíblicas.

A tudo isso acrescentará, com sua típica liberdade no manejo da pluma, grandes interlúdios doutrinais, sobre o bom governo das prioras, ou o necessário sentido comum das súditas, ou as enfermidades que interferem na vida comunitária, ou os fervores desmedidos de alguma jovem incauta. Ou, então, se deleitará desenhando o perfil de pessoas exemplares, como Rubeo, frei João da Cruz, Jerônimo Gracián ou o bravo italiano Ambrósio Mariano. Ou a biografia de monjas seletas como Casilda de Padilla e Beatriz da Encarnação, e o retrato de mulheres extravagantes como a Princesa de Eboli metida a monja, ou a Cardona, ermitã vestida de frade e não de monja. O relato está povoado, além disso, de toda classe de transeuntes, mercadores, clérigos, arrieiros e estalajadeiros... e de retratos da época como a passagem do Guadalquivir em carroça ou o sufoco da comitiva ao entrar em Córdoba, onde "o alvoroço das pessoas era como se entrassem touros".

De sorte que a narração vai se desenrolando sobre um ingente tablado, no qual se entrecruzam as reflexões e conselhos espirituais com as aventuras e os trâmites de compra e venda. Destaca, no entanto, a série mais ou menos linear dos carmelos que vão florescendo à passagem da fundadora. São eles que compõem o relato. Um a um, os seguintes:

- Medina del Campo, c. 3.
- Malagón, c. 9.
- Valladolid, c. 10.
- Duruelo (descalços), c. 13.14.
- Toledo, c. 15-16.
- Conventos de Pastrana, c. 17.
- Salamanca, c. 18-19.
- Alba de Tormes, c. 20.
- Segovia, c. 21.

- Beas, c. 22.
- Sevilha, c. 23-26.
- Caravaca, c. 27.
- Villanueva de la Jara, c. 28.
- Palencia, c. 29.
- Soria, c. 30.
- Burgos, c. 31.

Edição da obra

O *Livro das Fundações* não teve a sorte de ser publicado por frei Luís de León na edição príncipe das obras da Santa (1588). Nessa data viviam ainda quase todas as pessoas mencionadas no livro, algumas inclusive em contraponto com os elogios do relato teresiano. Não pareceu conveniente expô-las ao olhar dos leitores.

A primeira edição seria feita já no século seguinte e fora da península. Foi precisamente um dos mais aludidos na obra, o P. Jerônimo Gracián, que acreditou ter chegado a hora de sua publicação. Ele e outra grande colaboradora da Santa, Ana de Jesus (Lobera), o publicaram pela primeira vez em Bruxelas, "na casa de Roger Velpio e Huberto Antônio, impressores jurados perto do Palácio, ano de 1610". E o intitularam: *Libro de las Fundaciones de las Hermanas Descalças Carmelitas*. Título que se tornaria definitivo, dado que a autora não dera título algum à sua obra.

Mais tarde, já no século XIX, o teresianista Vicente de Lafuente reproduziu em "edição autografada" o manuscrito original do Escorial, valendo-se dos serviços do fotógrafo escorialense Antônio Selfa (Madri, 1880). É uma lástima este último nem sempre ter sido fiel na reprodução. Por esse motivo recentemente foi feita uma nova edição fac-similar do autógrafo teresiano, aos cuidados do Editorial Monte Carmelo de Burgos (2003).

Ao mesmo tempo em que esta reprodução em fac-símile, e sobre a releitura do próprio autógrafo, foi realizada a presente edição. Nela atualizamos a pontuação, a fonética e ortografia teresianas. Para o estudo filológico da obra, remetemos à transcrição paleográfica da mesma, que acompanha a mencionada reprodução fac-similar do autógrafo: Burgos, Editorial Monte Carmelo, 2003.

[Em http://directoriocatolico.blogspot.com.br/2012/10/libros-online-obras-completas-de-santa.html se encontra o *Libro de las Fundaciones* em pdf.]

JHS

1. Por experiência tenho visto, deixando o que em muitas partes tenho lido, o grande bem que é para uma alma não sair da obediência. Nisto entendo estar o ir adiantando-se na virtude e o ir cobrando a da humildade; nisto está a segurança da suspeita que os mortais é bem que tenhamos, enquanto se vive nesta vida, de errar o caminho do céu. Aqui se acha a quietude que tão prezada é nas almas que desejam contentar a Deus. Porque se deveras se resignaram nesta santa obediência e renderam o entendimento a ela, não querendo ter outro parecer do de seu confessor[1] e, se são religiosos, o de seu prelado, o demônio cessa de acometer com suas contínuas inquietudes, como tem visto que antes sai com perda do que com lucro; e também nossos buliçosos movimentos, amigos de fazer a sua vontade e até de sujeitar a razão em coisas de nosso contento, cessam, lembrando-se de que determinadamente puseram sua vontade na de Deus, tomando por meio sujeitar-se a quem em seu lugar tomam.

Tendo Sua Majestade, por sua bondade, me dado luz de conhecer o grande tesouro que está encerrado nesta preciosa virtude, procurei – ainda que fraca e imperfeitamente – tê-la; ainda que muitas vezes repugne a pouca virtude[2] que vejo em mim, porque para algumas coisas que me mandam entendo que não chega. A divina Majestade proveja o que falta para esta obra presente.

2. Estando em São José de Ávila, ano de mil e quinhentos e sessenta e dois, que foi o mesmo em que se fundou este mosteiro,[3] fui mandada pelo padre frei Garcia de Toledo,[4] dominicano, que então era meu confessor,

---

1. *Outro parecer do de seu confessor*: equivale a "outro parecer que o de..." ou "senão o de seu confessor". Na margem do original Gracián, tendo entendido mal esse torneio típico da Santa, anotou: "Atenção! Ensina as suas religiosas a obedecer a suas prioras e a andarem com clareza com elas e não os confessores, e a elas aos confessores, e olhe que este ponto é substancial, porque se debilita de outra maneira a obediência, tão necessária e tão apreciada".
2. *Repugne a pouca virtude*: minha pouca virtude opõe-se a isso (cf. c. 31, n. 12).
3. *Mosteiro*: entre linhas a Santa acrescentou de novo um "mesmo" supérfluo.
4. P. Garcia de Toledo, o destinatário por antonomásia do livro da *Vida*.

que escrevesse a fundação daquele mosteiro, com outras muitas coisas, que quem a vir, se sair à luz, verá. Estando agora em Salamanca, no ano de mil e quinhentos e setenta e três, que são onze anos depois, confessando-me com um padre reitor da Companhia, chamado mestre Ripalda,[5] tendo visto este livro da primeira fundação, lhe pareceu que seria serviço de nosso Senhor que escrevesse de outros sete mosteiros que depois cá, pela bondade de nosso Senhor, foram fundados,[6] junto com o princípio dos mosteiros dos padres Descalços desta primeira Ordem, e assim me tem mandado. Parecendo a mim ser impossível (por causa dos muitos negócios, assim de cartas, como de outras ocupações forçosas, por ser em coisas mandadas pelos prelados), estava encomendando-me a Deus e algo apertada,[7] por ser eu para tão pouco e com tão má saúde que, ainda sem isto, muitas vezes me parecia não se poder sofrer o trabalho conforme o meu baixo natural, o Senhor me disse: *Filha, a obediência dá forças.*

3. Praza a Sua Majestade que seja assim e dê graça para que acerte eu em dizer para glória sua as mercês que nestas fundações fez a esta Ordem. Pode-se ter por certo que se dirá com toda verdade, sem nenhum encarecimento, à medida que eu entender, senão conforme o que tem passado. Porque em coisa muito pouco importante eu não trataria mentira por coisa alguma da terra; nisto, que se escreve para que nosso Senhor seja louvado, eu poria grande consciência e creria não só que era perder tempo, senão enganar com as coisas de Deus, e em vez de ser louvado por elas, ser ofendido. Seria uma grande traição. Não praza a Sua Majestade deixar-me de sua mão, para que eu a faça. Será assinalada cada fundação, e procurarei abreviar, se souber, porque meu estilo é tão pesado que, ainda que queira, temo que não deixarei de cansar e cansar-me. Mas com o amor que minhas filhas me têm, a quem há de ficar isto depois de meus dias, se poderá tolerar.

4. Praza a nosso Senhor que, pois em nenhuma coisa eu procuro proveito meu nem tenho por que, senão seu louvor e glória, pois se verão

---

5. Jerônimo Ripalda (1535-1618) foi Reitor não só do Colégio de Salamanca, mas também de Villagarcía, Burgos e Valladolid.
6. Os sete eram: *Medina del Campo* (1567), *Malagón* (1568), *Valladolid* (1568), *Toledo* (1569), *Pastrana* (1569), *Salamanca* (1570) e *Alba de Tormes* (1571).
7. *Algo apertada*: um tanto angustiada.

muitas coisas para que sejam dados, esteja muito longe de quem o ler atribuir a mim algum, pois seria contra a verdade; senão que peçam a Sua Majestade que me perdoe o mal que tenho me aproveitado de todas estas mercês. Muito mais há de que minhas filhas se queixarem de mim por isto, do que me dar graças pelo que nisso está feito. Demo-las todas, filhas minhas, à divina bondade por tantas mercês que nos tem feito. Uma Ave-Maria peço por seu amor a quem isto ler, para que seja ajuda para sair do purgatório e chegar a ver Jesus Cristo nosso Senhor, que vive e reina com o Pai e o Espírito Santo para sempre jamais, amém.

5. Por ter eu pouca memória, creio que deixarão de ser ditas muitas coisas muito importantes, e outras que poderão ser escusadas serão ditas. Enfim, conforme o meu pouco engenho e grosseria,[8] e também o pouco sossego que para isto há. Também me mandam, se se oferecer ocasião, tratar algumas coisas de oração e do engano que poderia haver para não ir mais adiante as que a têm.

6. Em tudo me sujeito ao que tem a mãe santa Igreja Romana,[9] e com determinação que antes que chegue a vossas mãos, irmãs e filhas minhas, o verão letrados e pessoas espirituais. Começo em nome do Senhor, tomando por ajuda a sua gloriosa Mãe, cujo hábito tenho, ainda que indigna dele, e o meu glorioso pai e senhor São José, em cuja casa estou, que assim é a vocação[10] deste mosteiro de Descalças, por cujas orações tenho sido continuamente ajudada.

7. Ano de 1573, dia de São Luís, rei da França, aos 24 dias de agosto.[11]

Seja Deus louvado.

---

8. Grosseria, na acepção de rudeza, pouca cultura.

9. *Romana*: a Santa acrescentou a palavra à margem em data evidentemente posterior à composição do prólogo. É curioso advertir que se dá o mesmo caso no prólogo (n. 3) e no epílogo (n. 4) das *Moradas*.

10. *Vocação*, por invocação ou patrocínio. É o mosteiro de São José de Salamanca.

11. Engana-se, era 25 de agosto.

COMEÇA A FUNDAÇÃO DE SÃO JOSÉ DO CARMELO DE MEDINA DEL CAMPO

Capítulo 1

Dos meios por onde se começou a tratar desta fundação e das demais.

1. Cinco anos depois da fundação de São José de Ávila, estive nele, que, pelo que agora entendo, me parece que serão os mais descansados de minha vida, de cujo sossego e quietude muitas vezes minha alma sente bastante falta. Neste tempo entraram algumas donzelas religiosas de pouca idade, a quem o mundo, pelo que parecia, tinha já para si segundo as mostras de sua gala e curiosidade. Tirando-as o Senhor muito apressadamente daquelas vaidades, trouxe-as para sua casa dotando-as de tanta perfeição, que eram farta confusão minha, chegando ao número de treze, que é o que estava determinado para não passar adiante.[1]

2. Eu estava deleitando-me entre almas tão santas e puras, aonde o seu cuidado era só de servir e louvar a nosso Senhor. Sua Majestade nos enviava ali o necessário sem pedi-lo; e quando nos faltava, que foi farto poucas vezes, era maior o seu regozijo. Louvava a nosso Senhor de ver tantas virtudes elevadas, em especial o descuido que tinham de tudo, mas de servi-lo.[2] Eu, que estava ali como maior, nunca me lembro de ocupar o pensamento nisso; estava muito convicta de que o Senhor não havia de faltar às que não traziam outro cuidado senão em como contentá-lo. E se alguma vez não havia mantimento para todas, dizendo eu que fosse para

---

1. Cf. *Vida*, c. 32-36, que podem ser considerados a primeira parte do presente livro das *Fundações*. – Sobre o número de monjas de cada mosteiro, sabe-se que a Santa mudou de opinião, ampliando-o para 21 (cf. *Vida*, c. 36, n. 29, nota). – Os nomes das 13 primeiras monjas da Reforma teresiana podem ser vistos em B. M. C. t. V, p. 7, nota. De uma delas, Maria de Cristo, se lê em certas informações sobre as virtudes de São João da Cruz: "Nosso Senhor se comunicava muito com ele na oração...; nosso Senhor falou à nossa madre Teresa de Jesus, dizendo que aquelas doze religiosas eram aos seus olhos doze flores muito agradáveis; que Sua Majestade as levava pela mão" (B. M. C. t. V, p. 8). Esta declaração foi recolhida dos lábios de São João da Cruz pela Madre Lucía de San Alberto.

2. *Descuido... de tudo, mas de servi-lo*: a não ser de ou exceto de servi-lo. – A seguir, *Maior*: a superiora.

as mais necessitadas, cada uma lhe parecia não ser ela, e assim se ficava até que Deus enviasse para todas.

3. Na virtude da obediência, de quem eu sou muito devota (ainda que não soubesse tê-la até que estas servas de Deus me ensinaram, para não o ignorar se eu tivesse virtude), poderia dizer muitas coisas que ali nela vi. Uma se me oferece agora, e é que estando um dia no refeitório, deram-nos rações de *cogombro*.[3] A mim coube um muito delgado e podre por dentro. Chamei com dissimulação uma irmã das de melhor entendimento e talentos que ali havia, para provar a sua obediência, e disse-lhe que fosse semear aquele pepino numa hortazinha que tínhamos. Ela me perguntou se o havia de pôr de pé ou deitado. Eu lhe disse que deitado. Ela foi e o pôs, sem vir ao seu pensamento que era impossível deixar de ficar seco; senão que o ser por obediência cegou a sua razão natural para crer que era muito acertado.[4]

4. Acontecia-me encomendar a uma seis ou sete ofícios contrários, e ela, calando, tomá-los, parecendo-lhe possível fazer todos eles. Tinham um poço, pelo que disseram os que provaram dele, de água bastante má, e parecia impossível correr por estar muito fundo. Chamando eu oficiais para procurar a água, riam-se de mim porque queria jogar dinheiro fora. Perguntei às irmãs o que lhes parecia. Uma disse: "que se procure; nosso Senhor nos há de dar quem nos traga água, e para dar-lhes de comer; pois mais barato sai a Sua Majestade dar-nos água em casa e assim não o deixará de fazer". — Olhando eu com a grande fé e determinação com que dizia isso, tive-o por certo, e contra a vontade do que se ocupava com fontes, que entendia de água, o fiz. E foi o Senhor servido que tirássemos bem bastante água para nós, e de beber, como agora o têm.[5]

---

3. A Santa escreve *cogombro*, mas hoje se prefere escrever *cocombro*, uma espécie de pepino alongado.
4. A religiosa tão exemplarmente obediente foi Maria Bautista, sobrinha da Santa e mais tarde famosa Priora de Valladolid, destinatária de muitas e belas cartas do epistolário teresiano.
5. *Como agora o têm*: o poço existe ainda hoje. A monjazinha "providencialista" que decidiu pela sonda foi a mesma protagonista da cena anterior "do pepino". Por causa

5. Não o conto por milagre, que outras coisas poderia dizer; senão pela fé que tinham estas irmãs, posto que se passa assim como digo, e porque não é minha primeira intenção louvar as monjas destes mosteiros; que, pela bondade do Senhor, todas até agora vão assim. E destas coisas e outras muitas seria escrever muito longo, ainda que não sem proveito; porque, às vezes, as animam as que vêm para imitá-las. Mas se o Senhor for servido que isto se entenda, poderão os prelados mandar às prioras que o escrevam.

6. Pois estando esta miserável entre estas almas de anjos (que a mim não me pareciam outra coisa, porque nenhuma falta, ainda que fosse interior, me encobriam, e as mercês e grandes desejos e desapego que o Senhor lhes dava, eram grandíssimas; o seu consolo era a sua solidão, e assim me certificavam que jamais se fartavam de estar sós, e assim tinham por tormento que as viessem ver, ainda que fossem irmãos; a que mais lugar tinha de ficar numa ermida, se tinha por mais ditosa)..., considerando eu o grande valor destas almas e o ânimo que Deus lhes dava para poderem padecer e servi-lo, não certamente de mulheres, muitas vezes me parecia que era para algum grande fim as riquezas que o Senhor punha nelas; não porque me passasse pelo pensamento o que depois tem sido, porque então parecia coisa impossível, não por ter princípio para poder-se imaginar, posto que meus desejos, quanto mais o tempo ia adiante, eram muito mais crescidos de ser alguma parte para bem de alguma alma; e muitas vezes me parecia como quem tem um grande tesouro guardado e deseja que todos gozem dele, e lhe atam as mãos para distribuí-lo; assim me parecia que estava atada minha alma, porque as mercês que o Senhor naqueles anos lhe fazia eram muito grandes e tudo me parecia mal empregado em mim. Servia ao Senhor com minhas pobres orações; sempre procurava com que as irmãs fizessem o mesmo e se afeiçoassem ao bem das almas e ao aumento de sua Igreja; e quem tratava com elas sempre se edificavam. E nisto embebia meus grandes desejos.

---

dela o poço se chamou "poço de Maria Bautista", ou, mais ao gosto da Santa, "poço da Samaritana".

As fundações

7. Há quatro anos (me parece que era algo mais), acertou de vir ver-me um frade franciscano, chamado frei Alonso Maldonado,[6] farto servo de Deus e com os mesmos desejos do bem das almas que eu, e os podia pôr por obra, que eu tive farta inveja dele. Este fazia pouco que vinha das Índias. Começou a contar-me dos muitos milhões de almas que ali se perdiam por falta de doutrina, e fez-nos um sermão e prática animando à penitência, e foi embora. Eu fiquei tão lastimada pela perdição de tantas almas, que não cabia em mim. Fui a uma ermida[7] com fartas lágrimas. Clamava a nosso Senhor, suplicando-lhe que desse meio para que eu pudesse algo para ganhar alguma alma para o seu serviço, pois tantas levava o demônio, e que pudesse minha oração algo, já que eu não era para mais. Tinha grande inveja dos que podiam por amor de nosso Senhor empregar-se nisto, ainda que passassem mil mortes. E assim me acontece que, quando nas vidas dos santos lemos que converteram almas, muita mais devoção me faz e mais ternura e mais inveja que todos os martírios que padecem, por ser esta a inclinação que nosso Senhor me tem dado, parecendo-me que preza mais uma alma que por nossa indústria e oração ganhássemos para ele, mediante sua misericórdia, que todos os serviços que lhe podemos fazer.[8]

---

6. Alonso Maldonado, nascido em 1510/1516 e falecido em 1597/1600, fora missionário em Nova Espanha durante a década 1551-1561. A partir desta última data, defendeu a causa dos índios em Madri e Roma, diante do rei e do papa. Homem de zelo extremoso, no fim de sua vida foi processado pela Inquisição.

7. *A uma* das *ermidas* construídas na horta de São José de Ávila.

8. Interessante documento do zelo missionário de Santa Teresa. Gracián comenta: "Quem quiser ver este espírito..., tratando com a Santa Madre Teresa de Jesus achará uma oração tão alta como se colige de seus livros, e um zelo de almas tão aceso, que mil vezes suspirava por poder ter a liberdade, talentos e ofícios que têm os homens para trazer almas para Deus, pregando, confessando e convertendo gentios até derramar o sangue por Cristo; e nunca insistia comigo em outra coisa senão em que não cessasse de pregar, dando-me para isto muitos avisos e conselhos, e que me ocupasse em negócios com que fossem tiradas ofensas de Deus e encaminhadas almas ao céu, dizendo que era impossível querer bem a Jesus Cristo crucificado e morto pelas almas quem as visse ir para o inferno, e com título de alcançar um pouco de quietude de espírito se mantivesse encerrado" (*Scholias y adiciones... a la vida de la Madre Teresa*, de Ribera, em *El Monte Carmelo* 68 [1960] p. 110). Esta passagem influiu positivamente na história editorial do livro das *Fundações*.

8. Pois andando eu com esta pena tão grande, uma noite, estando em oração, nosso Senhor se representou a mim da maneira que costuma,[9] e mostrando-me muito amor, à maneira de querer me consolar, me disse: *Espera um pouco, filha, e verás grandes coisas.*

Ficaram tão fixadas em meu coração estas palavras, que não as podia afastar de mim. E ainda que não pudesse atinar, por muito que pensasse nisso, o que poderia ser, nem via caminho para podê-lo imaginar, fiquei muito consolada e com grande certeza de que seriam verdadeiras estas palavras; mas o meio como, nunca veio à minha imaginação. Assim se passou, a meu parecer, outro meio ano, e depois deste sucedeu o que agora direi.[10]

---

9. *Da maneira que costuma* [*de la manera que suele*]: expressão com que costuma indicar as visões imaginárias da Humanidade do Senhor, pelo estilo da referida em *Vida*, c. 28, n. 3. Cf. *Vida*, c. 40, n. 5, nota; c. 29, n. 4.

10. É fácil estabelecer a cronologia destes sucessos: ela funda São José em agosto de 1562; passam-se quatro anos (ou "algo mais", n. 7) e sucede a visita do P. Maldonado, no outono de 1566. Pela mesma data, a aparição do Senhor; "outro meio ano" (n. 8), e estamos em agosto de 1567, fundação de Medina: são os cinco anos de grande paz de que falou no n. 1.

Capítulo 2

Como nosso Padre Geral veio a Ávila e o que de sua vinda sucedeu.

1. Nossos Gerais sempre residem em Roma, e jamais algum veio à Espanha,[1] e assim parecia coisa impossível vir agora. Mas como para o que nosso Senhor quer não há coisa que o seja, ordenou Sua Majestade que o que nunca tinha sido fosse agora. Quando o soube, parece-me que me pesou; porque, como já se disse na fundação de São José, não estava aquela casa sujeita aos frades, pela causa dita.[2] Temi duas coisas: uma, que se zangasse comigo e, não sabendo como as coisas se passavam, tinha razão; a outra, se me havia de mandar tornar ao mosteiro da Encarnação, que é da Regra mitigada, que para mim seria desconsolo, por muitas causas, que não há para que dizer. Uma bastava, que era não poder eu lá guardar o rigor da Regra primeira e ser de mais de cento e cinquenta o número,[3] no entanto, aonde há poucas, há mais conformidade e quietude. Nosso Senhor fez melhor do que eu pensava; porque o Geral é tão servo seu e tão discreto e letrado, que olhou ser boa a obra, e além do mais nenhum desabrimento me mostrou. Chama-se frei João Batista Rubeo de Ravena,[4] pessoa muito assinalada na Ordem e com muita razão.

2. Pois, chegado a Ávila, procurei que fosse a São José, e o Bispo teve por bem que fosse recebido como sua própria pessoa.[5] Eu lhe dei conta com toda verdade e lhaneza, porque é minha inclinação tratar assim com

---

1. Pequeno deslize histórico da Santa; o P. Geral nunca tinha ido a Castela. O Geral Juan Alerio presidira em Barcelona o capítulo geral de 1324.
2. São José de Ávila foi fundado sob a obediência do Bispo da cidade, Álvaro de Mendoza, pois o P. Provincial, Angel de Salazar, a recusara: cf. *Vida*, c. 32, n. 13-15 e c. 33, n. 16.
3. "Em breve chegaram a ser 180 religiosas", escreve a historiadora do mosteiro Maria Pinel (*Noticias del S. convento de la Encarnación de Ávila*, B.M.C., t. II, p. 104).
4. O P. João Batista Rossi (1507-1578), Vigário-Geral em 1562, e eleito Geral em 1564, foi à Espanha em 1566, e depois de visitar Andaluzia e Portugal, chegou a Ávila por volta de 16-18 de fevereiro de 1567, ficando encantado com a pessoa e a obra teresiana.
5. *Fosse recebido*, em espanhol: *se le hiciese toda la cabida* (cf. *Vida*, c. 2, n. 2, nota e c. 36, n. 1, nota 5).

os prelados, suceda o que suceder, pois estão em lugar de Deus, e com os confessores o mesmo; e se não fizesse isto, minha alma não pareceria ter segurança; e assim lhe dei conta dela e quase de toda a minha vida, ainda que seja bastante ruim. Ele me consolou muito e assegurou que não me mandaria sair dali.

3. Alegrou-se de ver a maneira de viver e um retrato, ainda que imperfeito, do princípio de nossa Ordem, e como a Regra primeira era guardada em todo rigor, porque em toda a Ordem não se guardava em nenhum mosteiro, senão a mitigada.[6] E com a vontade que tinha de que fosse muito adiante este princípio, deu-me patentes muito amplas para que se fizessem mais mosteiros, com censuras para que nenhum provincial pudesse opor-se.[7] Estas eu não pedi, posto que entendeu de minha maneira de proceder na oração que eram os desejos grandes de ser parte para que alguma alma se chegasse mais a Deus.

4. Eu não procurava estes meios, antes me parecia desatino, porque uma mulherzinha tão sem poder como eu bem entendia que não podia fazer nada; mas quando estes desejos vêm à alma, não consegue afastá-los. O amor de contentar a Deus e a fé fazem possível o que por razão natural não o é; e assim, ao ver eu a grande vontade de nosso Reverendíssimo Geral para que fizesse mais mosteiros, me pareceu que os via feitos. Lembrando-me das palavras que nosso Senhor me tinha dito, via[8] já algum princípio do que antes não podia entender.

Senti mui muito quando vi nosso padre Geral voltar a Roma; tinha cobrado grande amor por ele e parecia-me ficar com grande desamparo. Ele mostrava a mim grandíssimo e muito favor, e nas vezes que podia desocupar-se ia lá tratar de coisas espirituais, como a quem o Senhor deve fazer grandes mercês: neste caso para nós era consolo ouvi-lo. Ainda antes que se fosse, o Bispo (que é dom Álvaro de Mendoza), muito afeiçoado a favorecer os que vê que pretendem servir a Deus com mais perfeição, e assim procurou que lhe deixasse licença para que em seu bispado se fizessem

---

6. Observava-se a Regra primitiva pelo menos no convento de religiosos de Monte Oliveto, perto de Gênova, visitado por Rossi ao ir à Espanha.

7. A patente de 27/4/1567 e a de 16/5/1567 podem ser vistas em B.M.C., t. V, p. 333-335.

8. Cf. c. 1, n. 8.

alguns mosteiros de frades descalços da primeira Regra. Também outras pessoas pediram isso. Ele gostaria de fazer isso, mas achou contradição na Ordem; e assim, para não alterar a Província, o deixou por enquanto.

5. Passados alguns dias, considerando eu quão necessário era, se fossem feitos mosteiros de monjas, que houvesse frades da mesma Regra, e vendo já tão poucos nesta Província, que até me parecia que iam se acabar, encomendando-o muito a nosso Senhor, escrevi a nosso P. Geral uma carta suplicando-lhe isso o melhor que pude, dando as causas por onde seria grande serviço a Deus; e os inconvenientes que podia haver não eram bastantes para deixar tão boa obra, e pondo diante dele o serviço que faria a nossa Senhora, de quem era muito devoto. Deve ter sido ela que o negociou; porque esta carta chegou ao seu poder estando em Valência, e dali me enviou licença para que fossem fundados dois mosteiros, como quem desejava a maior religião da Ordem.[9] Para que não houvesse contradição, remeteu-o ao provincial em exercício, e ao passado, que era bastante difícil de alcançar. Mas como vi o principal, tive esperança que o Senhor faria o demais; e assim foi que, com o favor do Bispo, que tomava este negócio muito como seu, ambos consentiram.[10]

6. Pois estando eu já consolada com as licenças, cresceu mais meu cuidado, por não haver frade na Província que eu entendesse, para pô-lo por obra, nem secular que quisesse fazer tal começo. Eu não fazia senão suplicar a nosso Senhor que ao menos uma pessoa despertasse. Tampouco tinha casa, nem como a ter. Eis aqui uma pobre monja descalça, sem ajuda de nenhuma parte, senão do Senhor, carregada de patentes e bons desejos e sem nenhuma possibilidade para pô-lo por obra. O ânimo não desfalecia nem a esperança, que, pois o Senhor tinha dado um, daria o outro. Já tudo me parecia muito possível, e assim comecei a pô-lo por obra.

7. Ó grandeza de Deus! E como mostrais o vosso poder dando ousadia a uma formiga! E como, Senhor meu, não é por vosso descumprimento

---

9. Não de Valência, mas de Barcelona, com data de 10 de agosto de 1567: a patente facultava fundar dois conventos de frades reformados ("carmelitas contemplativos") em Castela. O texto da patente pode ser visto em *Regesta Rubei* do Padre Zimmerman (Roma, 1936, p. 56-58).

10. Os dois Provinciais são Alonso González, desde 12 de abril de 1567, e Angel de Salazar, seu predecessor.

que não realizarão grandes obras os que vos amam, senão por nossa covardia e pusilanimidade! Como nunca nos determinamos, senão cheios de mil temores e prudências humanas, assim, Deus meu, não operais vossas maravilhas e grandezas. Quem mais amigo de dar, se tivesse a quem, nem de receber serviços à sua custa? Praza a Vossa Majestade que vos tenha eu feito algum e não tenha mais conta que dar do muito que tenho recebido, amém.

Capítulo 3

Por quais meios se começou a tratar de fazer o mosteiro de São José em Medina del Campo.

1. Pois estando eu com todos estes cuidados, lembrei-me de pedir ajuda aos padres da Companhia, que eram muito aceitos naquele lugar, em Medina, com quem – como já tenho escrito na primeira fundação – tratei minha alma muitos anos, e pelo grande bem que fizeram a ela sempre lhes tenho particular devoção.[1] Escrevi o que nosso Padre Geral me tinha mandado ao reitor dali, que acertou de ser o que me confessou muitos anos, como fica dito, ainda que não o nome. Chama-se Baltasar Alvarez, que no momento é provincial.[2] Ele e os demais disseram que fariam o que pudessem no caso, e assim fizeram muito para conseguir a licença dos do povoado e do prelado,[3] que por ser mosteiro de pobreza em todas as partes é difícil; e assim se tardou alguns dias em negociar.

2. Para isto foi um clérigo muito servo de Deus e bem desprendido de todas as coisas do mundo, e de muita oração. Era capelão no mosteiro aonde eu estava, ao qual o Senhor dava os mesmos desejos que a mim, e assim me tem ajudado muito, como se verá adiante. Chama-se Julián de Ávila.[4]

Pois já que tinha a licença, não tinha casa nem branca para comprá-la. Pois crédito para fiar-me em nada, se o Senhor não o desse, como o havia de ter uma romeira como eu?[5] O Senhor providenciou que uma

---

1. *Na* história da *primeira fundação*, quer dizer, nos capítulos finais do livro da *Vida*. Ver o que foi dito no n. 2 do prólogo de *Fundações*.
2. O P. Baltasar (1533-1580) não era de fato Provincial nessa época (1573), mas substituto do P. Gil González Dávila, Provincial que no ano anterior tinha ido para Roma.
3. *O prelado* era D. Pedro González de Mendoza, Bispo de Salamanca, a cuja diocese pertencia Medina.
4. *Julián de Ávila* (1572-1605), irmão de Maria de São José (Dávila), uma das quatro fundadoras do primeiro Carmelo Teresiano. Acompanhou a Santa em numerosas viagens e se orgulhava de ser seu "escudeiro".
5. *Romeira*: pobre peregrina ou andarilha que faz sua viagem de esmola. Com fino humor teresiano, a Santa chama a si mesma assim. – Pouco antes: *nem branca* (= moeda de escasso valor), equivale ao nosso "sem um centavo".

donzela muito virtuosa, para quem não tinha havido lugar em São José para entrar, sabendo que se fazia outra casa, pediu-me que a tomasse nela.[6] Esta tinha umas branquinhas, bastante pouco que não dava para comprar casa, mas para alugá-la (e assim procuramos uma de aluguel) e para ajuda no caminho. Sem mais arrimo que este, saímos de Ávila duas monjas de São José e eu, e quatro da Encarnação (que é o mosteiro da Regra mitigada, aonde eu estava antes de São José ser fundado), com nosso padre capelão, Julián de Ávila.[7]

3. Quando na cidade se soube, houve muita murmuração: uns diziam que eu estava louca; outros esperavam o fim daquele desatino. Ao Bispo – segundo depois me foi dito – parecia muito grande, embora então não mo desse a entender nem quis estorvar-me, porque me tinha muito amor e não me dar pena. Meus amigos bastante me tinham dito, mas eu fazia pouco caso disso; porque me parecia tão fácil o que eles tinham por duvidoso, que não podia persuadir-me a que havia de deixar de suceder bem.

Já quando saímos de Ávila, eu tinha escrito a um padre de nossa Ordem, chamado frei Antonio de Heredia,[8] que me comprasse uma casa, que era então prior do mosteiro de frades que ali há de nossa Ordem, chamado Santa Ana, para que me comprasse uma casa. Ele tratou disso com uma senhora[9] que lhe tinha devoção, que tinha uma que estava toda caída, salvo um quarto, e era muito bem posta. Foi tão boa, que prometeu vendê-la, e assim combinaram sem ela pedir-lhe fiança, nem mais força de sua palavra;[10] porque, se pedisse fiança, não teríamos remédio. O Senhor ia dispondo tudo. Esta casa estava tão sem paredes, que por esta causa alugamos esta outra, enquanto aquela era reparada, que havia bastante que fazer.

4. Pois chegando a primeira jornada, de noite e cansadas pelo mau aparelho que levávamos, indo entrar por Arévalo, saiu um clérigo nosso

---

6. Era Isabel Fontecha, no Carmelo Isabel de Jesus, avilesa.
7. De São José foram Maria Bautista e Ana de los Angeles. Da Encarnação, Inês de Jesus e Ana de la Encarnación (Tapia), Teresa de la Columna (Quesada) e Isabel de la Cruz (Arias).
8. *Antonio de Heredia* (na Reforma Teresiana, Antonio de Jesus), 1510-1601, iniciou em seguida a Reforma com São João da Cruz. Ver os n. 16-17.
9. Dona Maria Suárez, senhora de Fuente el Sol.
10. Ou seja: *nem mais força* que *sua palavra*.

amigo que tinha para nós uma pousada na casa de umas devotas mulheres, e disse-me em segredo que não tínhamos casa; porque estava perto de um mosteiro de agostinhos, e que eles resistiam que não entrássemos aí, e que forçosamente havia de haver pleito.[11]

Oh, valha-me Deus! Quando Vós, Senhor, quereis dar ânimo, que pouco fazem todas as contradições! Antes parece que me animou, parecendo-me, pois já se começava a alvoroçar o demônio, que se havia de servir o Senhor daquele mosteiro. Contudo, disse a ele que calasse, para não alvoroçar as companheiras, em especial as duas da Encarnação,[12] que as demais por qualquer trabalho passaram por mim. Uma destas duas era então superiora dali, e defenderam-lhe muito a saída; ambas de bons parentes, e vinham contra a vontade deles, porque a todos parecia disparate, e depois eu vi que lhes sobrava a razão, que, quando o Senhor é servido que eu funde uma casa destas, parece-me que nenhuma admite meu pensamento que me pareça bastante para deixar de pô-lo por obra, até depois de feito. Então as dificuldades me são postas juntas, como depois se verá.

5. Chegando à pousada, soube que estava no lugar um frade dominicano, muito grande servo de Deus, com quem eu me tinha confessado no tempo que tinha estado em São José. Porque naquela fundação falei muito de sua virtude, aqui não direi mais que o nome, que é o mestre frei Domingos Báñez.[13] Tem muitas letras e discrição, por cujo parecer eu me governava, e em si não era tão difícil, como em todos, o que ia fazer;[14] porque quem mais conhece de Deus, mais fácil se lhe fazem as suas obras, e de algumas mercês que sabia Sua Majestade me fazia e pelo que tinha visto na fundação de São José, tudo lhe parecia muito possível. Deu-me

---

11. Era o convento de Nossa Senhora das Graças. – O *clérigo nosso amigo* se chamava Alonso Esteban.

12. Estas duas, das quatro vindas da Encarnação, eram Isabel Arias e Teresa de Quesada. A primeira era Superiora. – *Defenderam-lhe* a saída: na acepção de impedir, embaraçar.

13. *Naquela fundação*, quer dizer, na história da fundação de São José de Ávila. Contudo, não é certo que nela tenha falado muito do P. Báñez: cf. c. 36, n. 15, e, talvez, c. 34, n. 14 e c. 39, n. 3.

14. Quer dizer: pelo parecer do P. Báñez a fundação não era tão difícil como o parecer de todos (passagem geralmente corrompida pelos editores). – *Ia fazer*, elidiu de novo a Santa. – Segue uma frase equívoca por culpa de uma construção muito teresiana; equivale a: *algumas mercês que ele sabia que Sua Majestade me fazia*.

grande consolo quando o vi; porque com seu parecer tudo me parecia que iria acertado. Pois, tendo chegado ali, disse-lhe muito em segredo o que se passava. Pareceu a ele que depressa poderíamos concluir o negócio dos agostinhos; mas para mim se fazia dura qualquer tardança, por não saber o que fazer com tantas monjas; e assim passamos todas com cuidado aquela noite, que logo o disseram na pousada a todas.

6. Logo, de manhã, chegou ali o prior de nossa Ordem frei Antônio, e disse que a casa que tinha combinado de comprar era bastante e tinha um portal aonde se podia fazer uma igreja pequena, decorando-a com alguns panos. Nisto nos determinamos; ao menos a mim pareceu muito bem, porque a máxima brevidade era o que melhor nos convinha, por estar fora de nossos mosteiros, e também porque temia alguma contradição, como estava escarmentada da primeira fundação. E assim queria que, antes que se entendesse, estivesse já tomada a posse, e assim nos determinamos a que logo se fizesse. O padre mestre frei Domingos concordou com isto.

7. Chegamos a Medina del Campo na véspera de nossa Senhora de agosto, às doze da noite. Apeamos no mosteiro de Santa Ana, para não fazer ruído, e a pé fomos à casa. Foi farta misericórdia do Senhor, que naquela hora encerravam touros para correr no outro dia, não termos topado com alguém. Com o embevecimento que levávamos, não havia lembrança de nada; mas o Senhor, que sempre cuida dos que desejam o seu serviço, nos livrou, que certamente ali não se pretendia outra coisa.

8. Ao chegarmos à casa, entramos num pátio. As paredes me pareceram bastante caídas, mas não tanto como pareceu quando foi de dia. Parece que o Senhor quisera que se cegasse aquele bendito padre para ver que não convinha pôr ali o Santíssimo Sacramento. Visto o portal, havia muita terra para tirar dele, o telhado sem forro, as paredes sem rebocar, a noite era curta, e não tínhamos senão algumas cortinas, creio que eram três: para toda a largura que tinha o portal não era nada. Eu não sabia o que fazer, porque vi que não convinha pôr altar ali. Aprouve ao Senhor, que queria que se fizesse logo, que o mordomo daquela senhora[15] tinha muitos tapetes dela em casa, e uma cama de damasco azul, e tinha dito para nos dar o que quiséssemos, que era muito boa.

---

15. Dona Maria Suárez (cf. o n. 3).

9. Eu, quando vi tão bom aparelho, louvei o Senhor, e assim fariam as demais; ainda que não soubéssemos de pregos, nem era hora de comprá-los. Começaram a procurá-los nas paredes; enfim, com trabalho, se deu um jeito. Uns a tapizar, nós a limpar o chão, agimos com tanta pressa que, quando amanhecia, estava posto o altar, e a campainha num corredor, e logo se disse a missa.[16] Isto bastava para a tomada de posse. Não se ficou nisso, mas pusemos o Santíssimo Sacramento,[17] e por umas frestas de uma porta que estava em frente, víamos missa, que não havia outro lugar.

10. Até então eu estava muito contente, porque para mim é grandíssimo consolo ver uma igreja mais aonde haja Santíssimo Sacramento. Mas durou-me pouco. Porque, quando acabou a missa, cheguei por um pouquinho a uma janela para olhar o pátio e vi todas as paredes com algumas partes no chão, que para remediar era mister muitos dias. Oh, valha-me Deus! Quando vi Sua Majestade posto na rua, em tempo tão perigoso como agora por causa destes luteranos, quanta foi a aflição que veio ao meu coração!

11. Com isto se juntaram todas as dificuldades que podiam pôr os que muito tinham murmurado, e entendi claramente que tinham razão. Parecia-me impossível ir adiante com o que tinha começado, porque assim como antes tudo me parecia fácil olhando que se fazia por Deus, assim agora a tentação estreitava de maneira seu poder, que não parecia ter recebido nenhuma mercê sua; só minha baixeza e pouco poder tinha presente. Pois arrimada a coisa tão miserável, que bom sucesso podia esperar? E se fosse sozinha, parece-me que o passaria melhor; mas pensar que haviam de voltar as companheiras à sua casa, com a contradição que tinham saído, era duro para mim. Também me parecia que, errado este princípio, não tinha lugar tudo o que eu havia entendido que o Senhor faria adiante. Logo se acrescentava o temor se era ilusão o que na oração tinha ouvido, que não

---

16. "Ao raiar o sol, estando já tudo disposto e vestido o padre prior para a primeira missa..., as religiosas tocaram uma campainha chamando os fiéis para a missa com grande espanto da vizinhança pela inopinada novidade. Acudiu tanta gente que não cabia no portal, e vendo um mosteiro feito da noite para o dia, olhavam-se uns aos outros, e tomados de susto, não sabiam o que dizer" (Francisco de S. Maria, *Reforma...*, t. I, L. 2, c. 5).

17. Equivocadamente, a Santa acreditava então que sem Santíssimo não podia haver fundação (cf. o n. 12). Só anos mais tarde (1570) saiu deste erro, ao fundar o Carmelo de Salamanca (cf. c. 19, n. 3).

era a menor pena, senão a maior; porque me dava grandíssimo temor se o demônio me havia de enganar.

Ó meu Deus! Que coisa é ver uma alma que Vós quereis deixar que pene! Por certo, quando me lembro desta aflição e de algumas outras que tive nestas fundações, não me parece que há que fazer caso dos trabalhos corporais, ainda que tenham sido bastantes, nesta comparação.

12. Com toda esta fadiga que me tinha muito apertada, não dava a entender nenhuma coisa às companheiras, porque não as queria fatigar mais do que estavam. Passei com este trabalho até à tarde, quando o reitor da Companhia enviou um padre para ver-me, que me animou e consolou muito. Eu não lhe disse todas as penas que tinha, senão só a que me dava ver-nos na rua. Comecei a tratar de que se buscasse para nós casa alugada, custasse o que custasse, para passarmos para ela, enquanto se remediava aquilo, e comecei a me consolar de ver a muita gente que vinha, e ninguém caiu em nosso desatino, que foi misericórdia de Deus, porque teria sido muito acertado tirar-nos o Santíssimo Sacramento. Agora eu considero a minha bobeira e o pouco advertir de todos em não consumi-lo; senão que me parecia, se isto fosse feito, estava tudo desfeito.

13. Por mais que se procurasse, não se achou casa alugada em todo o lugar; enquanto eu passava bastante penosas noites e dias. Porque, ainda que sempre deixasse homens que velassem o Santíssimo Sacramento, me preocupava que eles dormissem; e assim me levantava para ver de noite por uma janela, pois fazia lua muito clara, e podia ver bem. Todos estes dias era muita a gente que vinha, e não só não lhes parecia mal, senão lhes dava devoção ver nosso Senhor outra vez no portal. E Sua Majestade, como quem nunca se cansa de humilhar-se por nós, não parece que queria sair dele.

14. Já depois de oito dias, vendo um mercador a necessidade (que pousava numa muito boa casa), disse-nos que fôssemos ao alto dela, que podíamos estar como em casa própria.[18] Tinha uma sala muito grande e dourada, que nos deu para igreja. E uma senhora que vivia junto da casa que compramos, chamada dona Elena de Quiroga,[19] grande serva de Deus,

---

18. Este mercador se chamava Blas de Medina.
19. Era sobrinha do Cardeal Quiroga e posteriormente tomou o hábito de carmelita descalça (1581) com o nome de Elena de Jesús neste Carmelo de Medina, onde

disse que me ajudaria para que logo se começasse a fazer uma capela para onde estivesse o Santíssimo Sacramento e também para acomodar-nos estando encerradas. Outras pessoas nos davam bastante esmola para comer, mas esta senhora foi a que mais me socorreu.

15. Com isto já comecei a ter sossego, porque aonde fomos estávamos com todo encerramento, e começamos a dizer as horas, e na casa o bom prior se apressava muito, que passou bastante trabalho. Contudo, demoraria dois meses; mas ficou de tal maneira que pudemos estar aí alguns anos razoavelmente. Depois nosso Senhor o foi melhorando.

16. No entanto, estando eu aqui, preocupava-me com os mosteiros dos frades, e como não tinha nenhum – como tenho dito[20] – não sabia o que fazer; e assim me determinei muito em segredo a tratá-lo com o prior dali, para ver o que me aconselhava, e assim o fiz. Ele se alegrou muito quando soube disso e me prometeu que seria o primeiro. Eu o tive por brincadeira, e assim lhe disse; porque, ainda que sempre fosse bom frade e recolhido e muito estudioso e amigo de sua cela, que era letrado, para princípio semelhante não me pareceu que seria, nem teria espírito nem levaria adiante o rigor que era mister, por ser delicado e não indicado para isso. Ele me assegurava muito e certificou que havia muitos dias que o Senhor o chamava para vida mais estreita; e assim tinha já determinado que ia para os cartuxos e já lhe tinham dito que o receberiam. Contudo, não estava muito satisfeita, ainda que me alegrasse em ouvi-lo, e roguei a ele que nos detivéssemos algum tempo e ele se exercitasse nas coisas que havia de prometer. E assim se fez que se passou um ano, e neste lhe sucederam tantos trabalhos e perseguições de muitos testemunhos, que parece que o Senhor o queria provar; e ele levava tudo isso tão bem e ia aproveitando tanto que eu louvava a nosso Senhor, e me parecia que ia Sua Majestade dispondo para isto.

17. Pouco depois acertou de vir ali um padre de pouca idade, que estava estudando em Salamanca, e ele foi com outro companheiro, o qual me disse grandes coisas da vida que este padre fazia. Chamava-se frei João

---

naquela época era já religiosa sua filha Jerónima de la Encarnación. – No texto, as palavras *de Quiroga* foram intercaladas entre linhas pela própria Santa.
20. Cf. c. 2, n. 5-6.

da Cruz. Eu louvei nosso Senhor e falando com ele contentou-me muito e soube dele que também queria ir para os cartuxos.[21] Eu lhe disse o que pretendia e roguei muito a ele que esperasse até que o Senhor nos desse mosteiro, e o grande bem que seria, se havia de melhorar, ser em sua própria Ordem, e quanto mais serviria ao Senhor. Ele me deu a palavra de fazê-lo, contanto que não tardasse muito. Quando vi que já tinha dois frades para começar, pareceu-me que o negócio estava feito, ainda que, todavia, não estivesse tão satisfeita com o prior, e assim aguardava algum tempo e também para ter aonde começar.

18. As monjas iam ganhando crédito no povoado e tomando com elas muita devoção, e, a meu parecer, com razão; porque só se ocupavam em que cada uma mais servisse a nosso Senhor. Em tudo iam com a maneira de proceder que em São José de Ávila, por ser uma mesma Regra e Constituições.

Começou o Senhor a chamar algumas para tomar o hábito; e eram tantas as mercês que lhes fazia, que eu estava espantada. Seja para sempre bendito, amém; que não parece aguardar mais de ser querido para querer.[22]

---

21. Os dois estudantes de Salamanca eram frei Pedro de Orozco e São João da Cruz, então frei João de São Matias. A cartuxa visada pelo segundo era a de Paular (Segóvia).

22. N.T.: No sentido de "pois só espera ser amado para amar".

Capítulo 4

Em que trata de algumas mercês que o Senhor faz às monjas destes mosteiros, e dá-se aviso às prioras de como se há de haver com elas.

1. Pareceu-me bom, antes que vá mais adiante (porque não sei o tempo que o Senhor me dará de vida nem de lugar, e agora parece que tenho um pouco), dar alguns avisos para que as prioras saibam entender e levem as súditas com mais aproveitamento de suas almas, ainda que não com tanto gosto seu.

Há de se advertir que, quando me mandaram escrever estas fundações (deixando de lado a primeira de São José de Ávila, que se escreveu logo), estão fundados, com o favor do Senhor, outros sete até o de Alba de Tormes, que é o último deles; e a causa de não se ter fundado mais tem sido o fato de os prelados me atarem em outra coisa, como adiante se verá.[1]

2. Pois olhando o que sucede de coisas espirituais nestes anos nestes mosteiros, vi a necessidade que há do que quero dizer. Praza a nosso Senhor que acerte conforme o que vejo que é mister. E porque não são enganos, é mister que os espíritos não[2] estejam amedrontados. Porque, como em outras partes tenho dito, em algumas coisinhas que para as irmãs tenho escrito,[3] indo com consciência limpa e com obediência, nunca o Senhor permite que o demônio tenha tanta mão que nos engane de maneira que possa danar a alma; antes vem ele a ficar enganado. E como isto entende, creio que não faz tanto mal como nossa imaginação e maus humores, em especial se há melancolia; porque o natural das mulheres é fraco, e o amor

---

1. Lembremo-nos que a fundação de São José (*Vida*, c. 32-36) entre 1562 e 1565; deste último ano é a redação que atualmente possuímos. O presente capítulo de *Fundações* foi escrito nos últimos meses de 1573. Por essa época tinha fundado os conventos de Ávila (1562), Medina (1567), Malagón (1568), Valladolid (1568), Toledo (1569), Pastrana (1569), Salamanca (1570) e Alba de Tormes (1571). – *A causa de não ter fundado mais* foi ter sido nomeada como Santa Priora do mosteiro da Encarnação de Ávila (outubro de 1571), de onde saiu para Salamanca em julho de 1573.
2. O *não* foi acrescentado entre linhas pelo P. Gracián.
3. Ela as disse repetidas vezes no *Caminho*; ver o c. 40, n. 4.

próprio que reina em nós, muito sutil. E assim têm vindo a mim pessoas, assim homens como mulheres, muitas, junto com as monjas destas casas, aonde claramente conheci que muitas vezes se enganam a si mesmas sem querer. Bem creio que o demônio deve intrometer-se para burlar de nós; mas de muitas que, como digo, tenho visto, pela bondade do Senhor não tenho entendido que as tenha deixado de sua mão. Porventura queira exercitá-las nestas quebras para que saiam experimentadas.

3. Estão, por nossos pecados, tão caídas no mundo as coisas de oração e perfeição, que é mister declarar-me desta sorte; porque, mesmo sem ver perigo, temem andar neste caminho, o que seria se disséssemos algum? Ainda que, na verdade, em tudo o haja e para tudo seja mister, enquanto vivemos, ir com temor e pedindo ao Senhor que nos ensine e não desampare. Mas, como creio que disse uma vez,[4] se em algo pode deixar de haver muito menos perigo, é nos que mais chegam a pensar em Deus e procuram aperfeiçoar a sua vida.

4. Como, Senhor meu, vemos que nos livrais muitas vezes dos perigos em que nos pomos, até para ser contra Vós, como é de se crer que não nos livrareis, quando não se pretende outra coisa que contentar-vos e regalar-nos convosco? Nunca posso crer nisto. Poderia ser que por outros juízos secretos de Deus permitisse que algumas coisas assim houvessem de suceder; mas o bem nunca trouxe mal. Assim que isto sirva para procurar caminhar melhor o caminho, para contentar melhor o nosso Esposo e achá-lo mais depressa, mas sem deixar de andar; e para animar-nos a andar com fortaleza por caminhos de desfiladeiros tão ásperos, como é o desta vida, mas não para nos acovardar de andar por ele. Pois, enfim, indo com humildade, mediante a misericórdia de Deus, havemos de chegar àquela cidade de Jerusalém, aonde tudo o que se padeceu se fará pouco, ou nonada, em comparação com o que se goza.

5. Pois começando a povoar-se estes pombalzinhos da Virgem nossa Senhora, começou a divina Majestade a mostrar as suas grandezas nestas mulherzinhas fracas, ainda que fortes nos desejos e no desprender-se de todo o criado, que deve ser o que mais junta a alma com o seu Criador, indo com consciência limpa. Não havia mister de assinalar isto porque, se

---

4. *Caminho*, c. 21, n. 7 e *passim*; *Vida*, c. 20.

o desprendimento é verdadeiro, parece-me que não é possível sem ele não ofender ao Senhor. Como todas as práticas e trato não saem dele, assim Sua Majestade não parece querer afastar-se delas. Isto é o que vejo agora e com verdade posso dizer. Temam as que estão por vir e lerem isto; e se não virem o que agora há, não o atribuam aos tempos, que para Deus fazer grandes mercês a quem deveras serve a Ele, sempre é tempo, e procurem mirar se há quebra nisto e emendá-la.

6. Ouço algumas vezes dizer dos princípios das ordens que, como eram os alicerces, o Senhor fazia maiores mercês àqueles santos nossos passados. E é assim. Mas sempre havíamos de mirar que são alicerces dos que estão por vir.[5] Porque se agora os que vivemos não tivéssemos decaído em relação aos passados, e os que viessem depois de nós fizessem outro tanto, sempre estaria firme o edifício. O que aproveita a mim que os santos passados tenham sido tais, se eu sou tão ruim depois, que deixo estragado com o mau costume o edifício? Porque está claro que os que vêm não se lembram tanto dos que faz muitos anos que passaram, como dos que veem presentes. Donosa coisa é que eu atribua isso a não ser das primeiras, e não mire a diferença que há entre minha vida e virtudes e a daqueles a quem Deus fazia tão grandes mercês.

Não trato dos que fundam as Religiões, que como Deus os escolheu para grande ofício, deu-lhes mais graça.[6]

7. Oh, valha-me Deus! Que desculpas tão torcidas e que enganos tão manifestos! Pesa a mim, meu Deus, ser tão ruim e tão pouco em vosso serviço; mas bem sei que é minha falta não fazeres as mercês que fizestes aos meus antepassados. Lastimo minha vida, Senhor, quando a cotejo com a deles e não o posso dizer sem lágrimas. Vejo que perdi o que eles trabalharam e que de nenhuma maneira posso queixar-me de Vós; nem está certo

---

5. Precede uma frase apagada pela Santa e substituída por *"y es así, mas"* [e é assim, mas]; a emenda foi provavelmente motivada por duas notas de Gracián, uma marginal e outra interlinear, ambas ilegíveis. Gracián emendou também a frase seguinte, introduzindo o *y* cursivo, trocando *habíamos* por *habían* e *porque* por *y*.

6. No autógrafo, esta última cláusula foi acrescentada pela Santa à margem. O acréscimo foi motivado provavelmente pelo mesmo escrúpulo que levou ao corte no número anterior. Toda a passagem que precede foi incluída entre duas linhas verticais, talvez pela própria Santa. – Na edição príncipe, a anotação marginal foi omitida.

que alguma se queixe, senão que, se vir que a sua Ordem vai decaindo em algo, procure ser pedra tal que o edifício se torne a levantar, que o Senhor ajudará para isso.

8. Pois tornando ao que dizia – que tenho me divertido muito[7] – são tantas as mercês que o Senhor faz nestas casas, que se há uma ou duas em cada casa que Deus leva agora pela meditação, todas as demais chegam à contemplação perfeita; algumas vão tão adiante que chegam ao arroubamento.[8] A outras faz o Senhor mercê por outra maneira, dando-lhes junto com isto revelações, e visões, que claramente se entende ser de Deus; não há agora casa que não tenha uma ou duas ou três destas. Bem entendido que não está nisto a santidade, nem é minha intenção louvá-las somente; senão para que se entenda que não é sem propósito os avisos que quero dizer.

---

[7]. Retoma o tema do n. 5. – "Divertido" tem o sentido original, significa: "desviado".

[8]. Passagem célebre pelas emendas introduzidas por Gracián no original e pela história de suas edições equivocadas durante três séculos, com o seu séquito de polêmicas. Depois das emendas de Gracián, o original diz: "são tantas as mercês que o Senhor faz nestas casas, que [risca: *se há... agora*] *levando-as Deus a todas* por meditação, algumas [risca: *todas as demais*] chegam à contemplação perfeita, *e outras* [risca: *algumas*] vão tão adiante que chegam a arroubamentos e a outras...".

Capítulo 5

Em que se dizem alguns avisos para coisas de oração e revelações. É muito proveitoso para os que andam em coisas ativas.[1]

1. Não é minha intenção nem pensamento que seja tão acertado o que eu disser aqui que se tenha por regra infalível, que seria desatino em coisas tão dificultosas. Como há muitos caminhos neste caminho do espírito, talvez acerte em dizer de algum deles algum ponto. Se os que não vão por ele não o entenderem, talvez vão por outro. E se não aproveitar a ninguém, o Senhor tomará a minha vontade, pois entende que, ainda que nem tudo eu tenha experimentado, em outras almas o tenho visto sim.

2. Em primeiro lugar quero tratar, segundo meu pobre entendimento, em que está a substância da perfeita oração. Porque tenho topado com alguns que lhes parece que está todo o negócio no pensamento, e se este podem ter muito em Deus, ainda que seja fazendo grande força, logo lhes parece que são espirituais; e se se divertem,[2] não podendo mais, ainda que seja para coisas boas, logo lhes vem grande desconsolo e lhes parece que estão perdidos. Os letrados não terão estas coisas e ignorâncias, ainda que eu tenha topado com algum nelas; mas para nós, as mulheres, convém sermos avisadas de todas estas ignorâncias. Não digo que não seja mercê do Senhor quem sempre pode estar meditando em suas obras, e é bom que se procure;[3] mas há de se entender que nem todas as imaginações são naturalmente hábeis para isto, mas todas as almas o são para amar. Já outra vez escrevi as causas deste desvario de nossa imaginação, a meu parecer;[4] não todas, que será impossível, mas algumas. E assim não trato agora disto, senão quereria dar a entender que a alma não é o pensamento,

---

1. *Em que se dizem alguns avisos para coisas de oração e revelações*, era o título que a Santa escreveu. Depois – provavelmente porque em todo o capítulo não tinha tratado das segundas – riscou *e revelações*, e completou a epígrafe.
2. *Divertem*: distraem.
3. Gracián quis dar clareza à frase, reformando-a no próprio original: "poder sempre ter o pensamento ocupado pensando nele".
4. Em *Vida*, c. 17, n. 5-7; *Caminho*, c. 31, n. 8; *Moradas* IV, c. 1, n.8.

nem a vontade é mandada por ele, que teria farta má ventura; por onde o aproveitamento da alma não está em pensar muito, senão em amar muito.

3. Como se adquirirá este amor? – Determinando-se a obrar e padecer, e fazê-lo quando se oferecer. É bem verdade que do pensar o que devemos ao Senhor e quem é e o que somos vem a fazer-se uma alma determinada e que é grande mérito, e para os princípios muito conveniente; mas entende-se quando não há pelo meio coisas que toquem em obediência e aproveitamento dos próximos. Qualquer uma destas duas coisas que se ofereçam, pedem tempo para deixar o que nós tanto desejamos dar a Deus, e a nosso parecer é estarmos a sós pensando nele e regalando-nos com os regalos que nos dá. Deixar isto por qualquer uma destas duas coisas é regalá-lo e fazer para Ele, dito por sua boca: *O que fizestes para um destes pequeninos, fazeis para mim*. E no que toca à obediência, não quererá que vá por outro caminho que Ele, quem bem lhe disser: *obediens usque ad mortem*.[5]

4. Pois se isto é verdade, de que procede o desgosto que pela maior parte dá, quando não se esteve muita parte do dia muito apartados e embebidos em Deus, ainda que andemos empregados nestas outras coisas? A meu parecer, por duas razões: a primeira e mais principal,[6] por um amor próprio que aqui se mescla, muito delicado; e assim não se deixa entender que é querermos mais contentar a nós que a Deus. Porque está claro que, depois que uma alma começa a gostar *quão suave é o Senhor*, que é mais gosto estar descansando o corpo sem trabalhar e regalada a alma.

5. Ó caridade dos que verdadeiramente amam este Senhor e conhecem a sua condição! Quão pouco descanso poderão ter se veem que são um pouquinho parte para que uma só alma se aproveite e ame mais a Deus, ou para dar-lhe algum consolo, ou para tirá-la de algum perigo! Quão mal descansará com este descanso particular seu! E quando não pode com obras, com oração, importunando o Senhor pelas muitas almas que lastima de ver que se perdem. Ela perde o seu regalo, e o tem por bem perdido, porque não se lembra de seu contento, senão em como fazer mais a vontade do Senhor. E assim é na obediência. Seria duro se Deus nos estivesse claramente dizendo que fôssemos a alguma coisa que lhe importa, e não

---

5. Mateus 25,40 e Fl 2,8.
6. Indicará a segunda razão no n. 14.

quiséssemos senão o estar mirando, porque estamos mais a nosso prazer. Donoso adiantamento no amor de Deus! É atar-lhe as mãos parecendo que não pode nos aproveitar senão por um caminho.

6. Conheço algumas pessoas que de vista (deixado, como tenho dito,[7] o que tenho experimentado), que me fizeram entender esta verdade, quando eu estava com pena grande de ver-me com pouco tempo, e assim tinha lástima de vê-las sempre ocupadas em negócios e coisas muitas que a obediência lhes mandava; e pensava em mim, e até o dizia, que não era possível entre tanta barafunda crescer o espírito, porque então não tinham muito. Ó Senhor, quão diferentes são vossos caminhos de nossas torpes imaginações![8] E como de uma alma que está já determinada a amar-vos e deixada em vossas mãos, não quereis outra coisa senão que obedeça e se informe bem do que é mais serviço vosso, e isso deseje! Não tem mister de ela buscar os caminhos nem escolhê-los, que sua vontade já é vossa. Vós, Senhor meu, tomais esse cuidado de guiá-la por onde mais se aproveite. E ainda que o prelado não ande com este cuidado de aproveitarmos a alma, senão de que sejam feitos os negócios, que lhe parece que convêm à comunidade, Vós, Deus meu, o tendes e ides dispondo a alma e as coisas que se tratam de maneira que, sem entender como, nos achamos com espírito e grande aproveitamento, que nos deixa depois espantadas.

7. Assim estava uma pessoa com quem falei há poucos dias, que a obediência tinha trazido cerca de quinze anos com tanto trabalho em ofícios e governos, que em todos estes não se lembrava de ter tido um dia para si, ainda que ele procurasse o melhor que podia alguns momentos ao dia de oração e para trazer consciência limpa. É uma alma das mais inclinadas à obediência que tenho visto, e assim a transmite a quantas trata. O Senhor o tem pagado bem, pois, sem saber como, se achou com aquela liberdade de espírito tão apreciada e desejada que os perfeitos têm, aonde se acha toda a felicidade que nesta vida se pode desejar; porque, não querendo nada, possuem tudo. Nenhuma coisa temem nem desejam da terra, nem os trabalhos as perturbam, nem os contentos as fazem movimento. Enfim, ninguém pode tirar-lhe a paz, porque esta só depende de Deus. E

---

7. Alude ao que foi dito no n. 1. – A frase poderia tomar a seguinte forma: "conheço de vista algumas pessoas que…" ou "tive contato com algumas pessoas".

8. *Torpes*: riscado no original, talvez pela Santa.

como a Ele ninguém pode tirar, só temor de perdê-lo pode dar pena, que tudo o demais deste mundo é, em sua opinião, como se não fosse, porque em nada aumenta nem diminui para seu contento. Ó ditosa obediência e distração por ela, que tanto pôde alcançar!

8. Não é só esta pessoa, que conheci outras da mesma sorte, que não as tinha visto há alguns anos e fartos; e perguntando-lhes em que os tinham passado, era tudo em ocupações de obediência e caridade. Por outro lado, via-os tão medrados em coisas espirituais, que me espantavam. Eia, pois, filhas minhas! Não haja desconsolo quando a obediência vos trouxer empregadas em coisas exteriores; entendei que se é na cozinha, entre as panelas anda o Senhor ajudando-vos no interior e exterior.

9. Lembro-me que um religioso me contou que tinha determinado e posto muito para si que nenhuma coisa que o prelado lhe mandasse que diria não, por trabalho que lhe desse; e um dia estava em pedaços de trabalhar, e já tarde, que não se podia suster, e ia descansar sentando-se um pouco, e o prelado topou com ele e disse-lhe que tomasse o enxadão e fosse cavar na horta. Ele calou, ainda que muito afligido o natural, que não se podia valer; tomou o seu enxadão e ao entrar por um caminho que havia na horta (que eu vi muitos anos depois que ele me contara isso, que acertei a fundar naquele lugar uma casa), apareceu-lhe nosso Senhor com a cruz às costas, tão cansado e fatigado, que lhe deu bem a entender que não era nada o que ele tinha naquela comparação.

10. Eu creio que, como o demônio vê que não há caminho que mais depressa leva à suma perfeição que o da obediência, põe tantos desgostos e dificuldades debaixo de cor de bem. E note-se bem isto e verão claro que digo a verdade. No que está a suma perfeição, claro está que não é em regalos interiores nem em grandes arroubamentos, nem em visões, nem em espírito de profecia, senão estando nossa vontade tão conforme com a de Deus, que nenhuma coisa entendemos que quer, que não a queiramos com toda a nossa vontade, e tão alegremente tomemos o saboroso como o amargo, entendendo que Sua Majestade o quer. Isto parece dificílimo, não em fazê-lo, senão este contentar-nos com o que em tudo em tudo nossa vontade contradiz conforme o nosso natural; e assim é verdade que é. Mas esta força tem o amor, se é perfeito, que esquecemos nosso contento para contentar a quem amamos. E verdadeiramente é assim que, ainda que

sejam grandíssimos trabalhos, entendendo contentamos a Deus, se nos fazem doces. E desta maneira amam os que chegaram aqui as perseguições e desonras e agravos. Isto é tão certo e está tão sabido e simples, que não há para que me deter nisso.

11. O que pretendo dar a entender é a causa que a obediência, a meu parecer, faz mais depressa, ou é o maior meio que há para chegar a este tão ditoso estado. É que como de nenhuma maneira somos senhores de nossa vontade, para pura e limpamente empregá-la toda em Deus, até que a sujeitemos à razão, é a obediência o verdadeiro caminho para sujeitá-la. Porque isto não se faz com boas razões; que nosso natural e amor próprio tem tantas, que nunca chegaríamos lá. E muitas vezes, o que é maior razão, se não temos gana, nos faz parecer disparate com a gana que temos de fazê-lo.[9]

12. Havia tanto que dizer aqui desta batalha interior, e tanto do que põe o demônio e o mundo e nossa sensualidade para fazer-nos torcer a razão, que não acabaríamos.

Pois que remédio? – Que assim como cá num pleito muito duvidoso se toma um juiz e as partes, cansadas de pleitear, o entregam a ele, tome nossa alma um, que seja o prelado ou confessor, com determinação de não trazer mais pleito nem pensar mais em sua causa, senão confiar nas palavras do Senhor que diz: *Quem vos ouve a mim ouve,*[10] e descuidar de sua vontade. Tem o Senhor em tanto este rendimento (e com razão, porque é fazê-lo senhor do livre arbítrio que nos deu), que exercitando-nos nisto, uma vez desfazendo-nos, outra vez com mil batalhas, parecendo-nos desatino o que se julga em nossa causa, chegamos a conformar-nos com o que nos mandam, com este exercício penoso; mas com pena ou sem ela, enfim, o fazemos, e o Senhor ajuda tanto de seu lado, que pela mesma causa que sujeitamos nossa vontade e razão a Ele, nos faz senhores dela. Então, sendo senhores de nós mesmos, nos podemos com perfeição empregar em Deus, dando-lhe a vontade limpa para que a junte com a sua, pedindo-lhe que venha fogo do céu de amor seu que abrase este sacrifício, tirando tudo o

---

9. Frase obscura; a Santa tinha escrito: *se temos gana, nos faz parecer disparate a gana que temos de fazê-lo*. Para esclarecer a frase, ela mesma acrescentou *não* (se *não* temos g.) e *com* (*com* a gana...), mas sem grande êxito. ["Gana" tem o sentido de "desejo", "apetência"; não pode ser traduzido por "vontade" por causa do vocabulário da Santa.]
10. Lucas 10,16.

que pode descontentá-lo;[11] pois já não foi realizado por nosso descumprimento, ainda que com fartos trabalhos, o pusemos sobre o altar, na medida da nossa possibilidade, não toca na terra.

13. Está claro que alguém não pode dar o que não tem, senão que é preciso tê-lo primeiro. Pois, creiam-me que, para adquirir este tesouro, não há melhor caminho que cavar e trabalhar para sacá-lo desta mina da obediência; que quanto mais cavarmos, mais acharemos, e quanto mais nos sujeitarmos aos homens, não tendo outra vontade senão a de nossos maiores, mais estaremos senhores dela para conformá-la com a de Deus.

Mirai, irmãs, se ficará bem pago o deixar o gosto da solidão. Eu vos digo que não por falta dela deixareis de dispor-vos para alcançar esta verdadeira união que fica dita, que é fazer a minha vontade uma com a de Deus. Esta é a união que desejo e quereria em todas, não uns embevecimentos muito deleitosos que há, a quem têm posto o nome de união, e será assim sendo depois desta que deixo dita. Mas se depois dessa suspensão fica pouca obediência e vontade própria, unida com seu amor próprio me parece a mim que estará, que não com a vontade de Deus. Sua Majestade seja servido de que eu o ponha em obra como o entendo.

14. A segunda causa[12] que me parece causa este sensabor, é que como na solidão há menos ocasiões de ofender o Senhor (que algumas ocasiões, como em toda parte estão os demônios e nós mesmos, não podem faltar), parece que a alma anda mais limpa; que, se é temerosa de ofendê-lo, é grandíssimo consolo não ter em que tropeçar. E, certamente, esta me parece a mim mais bastante razão para desejar não tratar com ninguém que de grandes deleites e gostos de Deus.

15. Aqui, filhas minhas, se há de ver o amor, que não nos recantos, senão em metade das ocasiões. E crede-me que, ainda que haja mais faltas e até algumas pequenas quebras, que sem comparação é maior o nosso lucro. Mirem que sempre falo pressupondo andar nelas por obediência ou caridade; que não tendo isto de permeio, sempre me resumo em que é melhor a solidão, e ainda que tenhamos de desejá-la, mesmo andando no que digo;

---

11. Alusão a 1Rs 18,38.
12. Veja-se o contexto e a primeira causa no n. 4.

na verdade, este desejo anda contínuo nas almas que deveras amam a Deus. Digo que é lucro porque nos é dado a entender quem somos e até aonde chega a nossa virtude. Porque uma pessoa sempre recolhida, por santa que ao seu parecer seja,[13] não sabe se tem paciência nem humildade, nem tem como sabê-lo. Como se um homem fosse muito esforçado, como se há de entender se não foi visto em batalha? São Pedro parecia bastante que era, mas olhem o que foi na ocasião; mas saiu daquela quebra não confiando nada em si, e dali veio a pô-la em Deus e passou depois ao martírio que vimos.

16. Oh, valha-me Deus, se entendêssemos quanta miséria é a nossa! Em tudo há perigo, se não a entendemos. E por causa disto nos é grande bem que nos mandem coisas para ver nossa baixeza. E tenho por maior mercê do Senhor um dia de próprio e humilde conhecimento, ainda que nos tenha custado muitas aflições e trabalhos, que muitos de oração. Quanto mais que o verdadeiro amante em toda parte ama e sempre se lembra do amado! Duro seria que só nos recantos se pudesse ter oração. Já vejo eu que não pode ser muitas horas; mas, ó Senhor meu, que força tem convosco um suspiro saído das entranhas, de pena por ver que não basta que estejamos neste desterro, senão que ainda não nos deem lugar para isso que poderíamos estar sozinhas gozando de Vós![14]

17. Aqui se vê bem que somos escravos seus, vendidos por seu amor de nossa vontade à virtude da obediência, pois por ela deixamos, de alguma maneira, de gozar do próprio Deus. E não é nada, se consideramos que Ele veio do seio do Pai por obediência, para fazer-se escravo nosso. Pois com que se poderá pagar ou servir esta mercê? É mister andar com aviso de não descuidar-se de maneira alguma nas obras, ainda que sejam de obediência e caridade, que muitas vezes não acudam no interior ao seu Deus. E creiam-me que não é o longo tempo o que aproveita à alma na oração; que quando o empregam tão bem em obras, grande ajuda é para que em muito pouco espaço tenha melhor disposição para acender o amor, que em muitas horas de consideração. Tudo há de vir de sua mão. Seja bendito para sempre jamais.

---

13. *Ao seu parecer*: ela mesma o acrescentou entre linhas.
14. Muito ao seu gosto Gracián comentou esta passagem no original: "Bom consolo para os que se ocupam em obras de caridade!".

Capítulo 6

Avisa os danos que pode causar a gente espiritual não entender quando há de resistir ao espírito. Trata dos desejos que tem a alma de comungar. O engano que pode haver nisto. Há coisas importantes para as que governam nestas casas.[1]

1. Tenho andado com diligência procurando entender de onde procede um embevecimento grande que tenho visto em algumas pessoas a quem o Senhor regala muito na oração, e por causa delas não deixa de dispor-se a receber mercês. Não trato agora de quando uma alma é suspensa e arrebatada por Sua Majestade, que muito tenho escrito em outras partes disto,[2] e em coisa semelhante não tem que falar, porque nós não podemos nada, ainda que façamos mais para resistir, se é verdadeiro arroubamento. Há de se notar que neste dura pouco a força que nos força a não ser senhores de nós. Mas acontece muitas vezes começar uma oração de quietude, à maneira de sono espiritual, que embevece a alma de maneira que, se não entendemos como se há de proceder aqui, se pode perder muito tempo e acabar a força por nossa culpa e com pouco merecimento.

2. Quisera saber me dar aqui a entender, e é tão dificultoso, que não sei se o conseguirei; mas bem sei que, se quiserem crer em mim, o entenderão as almas que andaram neste engano. Algumas sei que ficavam sete ou oito horas, e almas de grande virtude, e tudo lhes parecia que era arroubamento; e qualquer exercício virtuoso as colhia[3] de tal maneira que logo se deixavam a si mesmas, parecendo que não era bom resistir ao Senhor; e assim pouco a pouco poderão morrer ou se tornar bobas, se não

---

1. Consagrará quase todo o capítulo a desmascarar certa forma de oração de aparências místicas, mas que, em resumo, é pura anomalia psíquica, a qual denominará "*embebecimiento*" [embevecimento] (n. 2), "*amortecimiento*" [amortecimento] (n. 6), "*embobamiento*" [embevecimento, êxtase, enlevo, arrebatamento, admiração, pasmo] (n. 3).

2. Cf. *Vida*, c. 20.

3. *As colhia*, quer dizer, as ocupava. – *Se deixavam a si mesmas*: "deixar-se" [sair de si] ou "abandonar-se" era a atitude passiva de quem anulava a própria atividade para deixar-se acionar por impulsos divinos: daí o nome de "deixados" [*dejados*] que foram uma espécie de "espirituais" ou "iluminados" [*alumbrados*] daquele século.

procuram o remédio. O que entendo neste caso é que, como o Senhor começa a regalar a alma e nosso natural é tão amigo de deleite, emprega-se tanto naquele gosto, que nem quereria menear-se nem por nenhuma coisa perdê-lo. Porque na verdade, é mais gostoso que os do mundo, e quando acerta em natural fraco ou de seu próprio natural o engenho (ou para dizer melhor, a imaginação) não variável, senão que apreendendo numa coisa que se queda nelas sem mais divertir, como muitas pessoas, que começam a pensar numa coisa, ainda que não seja de Deus, quedam-se embebidas ou mirando uma coisa sem advertir o que miram: umas pessoas de condição pausada, que parece que por descuido se esquecem do que vão dizer; assim acontece cá, conforme os naturais ou compleição ou fraqueza, ou que, se têm melancolia, fará com que entendam mil embustes gostosos.[4]

3. Deste humor falarei um pouco adiante;[5] mas ainda que não haja, acontece o que tenho dito, e também em pessoas que estão gastas de penitência, que – como tenho dito – ao começar o amor a dar gosto no sentido, se deixam tanto levar por ele, como tenho dito. A meu parecer, amariam muito melhor não se deixando enlevar,[6] que nesta fase da oração podem muito bem resistir. Porque como quando há fraqueza se sente um desmaio que nem deixa falar nem menear, assim é cá se não se resiste; que a força do espírito, se o natural está fraco, o colhe e sujeita.

4. Poderão me dizer que qual diferença tem isto do arroubamento, que é o mesmo, pelo menos ao parecer. E não lhes falta razão, mas não ao ser.[7] Porque em arroubamento ou união de todas as potências – como digo – dura pouco e deixa grandes efeitos e luz interior na alma com outros muitos ganhos, e nenhuma coisa obra o entendimento, senão o Senhor é que opera na vontade. Cá[8] é muito diferente; que, ainda que o corpo esteja preso, a vontade não está, nem a memória nem entendimento, senão que

---

4. A cláusula principal, carregada demais de incisos, é: *o engenho... não variável... fará com que entendam mil embustes gostosos.* – Engenho, no léxico teresiano, ora significa imaginação inventiva, ora talento.

5. No c. 7. – A seguir ela se refere a três passagens anteriores: ao n. 2, ao c. 5, n. 4; e ao c. 5, n. 10 e 11.

6. N.T.: *Enlevar* traduz o esp. *embobar*.

7. *Ao parecer, mas não ao ser*: na aparência, não na realidade.

8. *Cá*, no embevecimento pseudomístico, por contraposição ao arroubamento.

farão a sua operação desvairada, e se porventura se assentaram numa coisa, aqui darão e tomarão.⁹

5. Eu não acho nenhum lucro nesta fraqueza corporal – que não é outra coisa –, salvo que teve bom princípio; mas sirva para empregar bem este tempo, que tanto tempo embebidas; muito mais se pode merecer com um ato e despertando muitas vezes a vontade para que ame mais a Deus do que deixá-la pausada. Assim aconselho as prioras que ponham toda a diligência possível em evitar estes pasmos tão longos; que não é outra coisa, a meu parecer, senão dar lugar a que se tolham as potências e sentidos para não fazer o que a sua alma manda; e assim tiram dela o lucro que, andando cuidadosos, costumam acarretar-lhes. Entende-se que é fraqueza tirar os jejuns e disciplinas (digo os que não são obrigatórios e com o tempo pode ser que todos possam ser tirados com boa consciência), dar-lhe ofícios para que se distraia.¹⁰

6. E ainda que não tenha estes amortecimentos, se traz muito empregada a imaginação, ainda que seja em coisas muito subidas de oração, é mister isto, que acontece algumas vezes não ser senhoras de si. Em especial se receberam do Senhor alguma mercê extraordinária[11] ou visto alguma visão, fica a alma de maneira que lhe parecerá sempre que a está vendo, e não é assim, que não foi mais de uma vez. É mister quem se vir com este embevecimento muitos dias, procurar mudar a consideração; que, como é em coisas de Deus, não é mais inconveniente que estejam num que no outro, como se empreguem em coisas suas, e tanto se alegra algumas vezes que considerem suas criaturas e o poder que teve em criá-las, como pensar no próprio Criador.

7. Ó desventurada miséria humana, que ficaste tal pelo pecado, que mesmo no bom temos mister de critério[12º] e medida para não dar com nossa saúde no chão de maneira que não o possamos gozar! E verdadeiramente

---

9. *Darão e tomarão*: o esp. *dar y tomar* é altercar e discutir, parecido com o nosso "andar num dize tu, direi eu". – No contexto quer dizer que, enquanto a vontade estiver em êxtase, o entendimento e a memória talvez andem fazendo guerra aos seus desvarios.
10. *Tirar os jejuns... dar-lhe ofícios*: são imperativos: "tirem", "deem".
11. No original: *trasordinaria*.
12. N.T.: *Critério*: esp. *tasa* (taxa).

convém¹³ a muitas pessoas, em especial às de fracas cabeças ou imaginação, e é servir mais a nosso Senhor e muito necessário entender-se. E quando alguma vir que lhe é posto na imaginação um mistério da Paixão ou a glória do céu ou qualquer coisa semelhante, e que está muitos dias que, ainda que queira, não pode pensar em outra coisa nem evitar estar embebida naquilo, entenda que convém distrair-se como puder; se não, que virá com o tempo a entender o dano, e que isto nasce do que tenho dito: ou fraqueza grande corporal, ou da imaginação, que é muito pior. Porque assim como um louco, se dá numa coisa, não é senhor de si, nem pode divertir-se nem pensar em outra, nem há razões para que a isto movam, porque não é senhor da razão, assim poderia suceder cá, ainda que seja loucura saborosa, ou que, se tem humor de melancolia, pode lhe fazer muito grande dano. E não acho por onde seja bom, porque a alma é capaz de gozar do próprio Deus. Pois, se não fosse alguma coisa das que tenho dito,¹⁴ pois Deus é infinito, por que há de estar a alma cativa a só uma de suas grandezas ou mistérios, pois há tanto em que nos ocupar? E quanto mais coisas quisermos considerar suas, mais se descobrem as suas grandezas.

8. Não digo que numa hora nem mesmo num dia pensem em muitas coisas, que isto seria porventura não gozar bem de nenhuma; que como é¹⁵ coisas tão delicadas, não quereria que pensassem o que não me passa pelo pensamento dizer, nem entendessem um por outro. Certamente, é tão importante entender este capítulo bem, que ainda que seja pesada em escrevê-lo, não me pesa, nem quereria que pesasse a quem não o entender de uma vez, lê-lo muitas, em especial as prioras e mestras de noviças, que hão de guiar na oração as irmãs. Porque verão, se não andam com cuidado no princípio, o muito tempo que será depois mister para remediar semelhantes fraquezas.

9. Se houvesse de escrever o muito deste dano que tem vindo à minha notícia, veriam que tenho razão de pôr tanto nisto. Uma só quero dizer e por esta concluirão as demais: estão num mosteiro destes uma monja

---

13. *Convém*, o que foi dito no final do n. 6.
14. No final do n. 6.
15. *É*: são.

e uma leiga,[16] uma e outra de grandíssima oração, acompanhada de mortificação e humildade e virtudes, muito regaladas pelo Senhor, e a quem[17] comunica as suas grandezas; particularmente tão desapegadas e ocupadas em seu amor, que não parece, ainda que muito queiramos andar ao encalço delas, que deixam de responder, conforme a nossa baixeza, às mercês que nosso Senhor lhes faz. Tenho tratado tanto de sua virtude para que temam mais as que não a tiverem. Começaram nelas uns ímpetos grandes de desejo do Senhor, que não se podiam valer. Parecia que se aplacavam quando comungavam, e assim procuravam com os confessores que fosse amiúde, de maneira que veio tanto a crescer esta sua pena, que se não comungassem cada dia, parecia que iam morrer. Os confessores, como vissem tais almas e com tão grandes desejos, ainda que um fosse bem espiritual, pareceu-lhe que convinha este remédio para seu mal.

10. Não parava só nisto, senão que de uma as ânsias eram tantas que era mister comungar de manhã para poder viver, a seu parecer; que não eram almas que fingissem coisa, nem por nenhuma das do mundo diriam mentira. Eu não estava ali e a priora[18] escreveu-me o que se passava e que não se podia valer com elas, e que as tais pessoas diziam que não podiam mais, que se remediassem assim. Eu entendi logo o negócio, que o Senhor o quis; contudo, calei até estar presente, porque temi que me enganasse, e a quem o aprovava era razão não contradizer até dar-lhe mil razões.

11. Ele era tão humilde que, logo que fui lá e lhe falei, me deu crédito. O outro[19] não era tão espiritual, em comparação dele, quase nada; não havia remédio de podê-lo persuadir. Mas a este dei pouca importância, por não estar tão obrigada. Comecei a falar com elas e a dizer muitas razões, a meu parecer bastantes para que entendessem que era imaginação pensar

---

16. "Parece provável que a monja de que a Santa fala seja a M. Alberta Bautista, do convento de Medina del C., que morreu santamente em 1583, aos 35 anos de idade. A de véu branco pode ter sido a I. Inês da Conceição, que fez a sua profissão na mesma casa em 13 de novembro de 1570" (Silvério).

17. *A quem* (esp. *a quién*) em vez de "às quais" (*a quienes*). Recordemos que a Santa usa indiferentemente este relativo para singular e plural, para coisas e pessoas. – A frase seguinte, *queiramos andar ao encalço delas* (esp. *las queramos andar a los alcances*), significa ir atrás, seguir de perto.

18. Inês de Jesus.

19. "Um" e o outro, a saber, os dois confessores que intervinham no caso.

que morreriam sem este remédio. Estavam tão fixas nisto que nada bastou nem bastaria mediante razões. Eu já vi que era escusado, e disse-lhes que também eu tinha aqueles desejos e deixaria de comungar, para que cressem que elas não o haviam de fazer senão quando todas, que morrêssemos todas as três, que eu consideraria isto melhor que semelhante costume fosse introduzido nestas casas, aonde havia quem amava a Deus tanto como elas, e quereriam fazer outro tanto.

12. Era em tanto extremo o dano que o costume já tinha feito, e o demônio devia intrometer-se, que verdadeiramente, como não comungaram, parecia que morriam. Eu mostrei grande rigor, porque quanto mais via que não se sujeitavam à obediência (porque, a seu parecer, não podiam mais), mais claro vi que era tentação. Aquele dia passaram com farto trabalho; o outro, com um pouco menos, e assim foi diminuindo de maneira que, ainda que eu comungasse, porque me mandaram (que as via tão fracas que não o faria), passava muito bem por isso.

13. Pouco depois, elas e todas entenderam a tentação e o bem que foi remediá-lo a tempo; porque mais um pouco depois sucederam coisas naquela casa que inquietaram os prelados (não por culpa sua; adiante poderá ser que diga algo disso), que não tomaram como bom semelhante costume, nem o sofreriam.

14. Oh, quantas coisas destas poderia dizer destas! Direi só outra. Não era em mosteiro de nossa Ordem, senão de bernardas.[20] Havia uma monja, não *menos* virtuosa que as ditas; com muitas disciplinas e jejuns esta chegou a tanta fraqueza, que cada vez que comungava ou havia ocasião de acender-se em devoção, logo caía no chão, e assim ficava oito ou nove horas, parecendo a ela e a todas que era arroubamento. Isto lhe acontecia tão amiúde que, se não se remediasse, creio que acabaria muito mal. Andava por todo o lugar a fama dos arroubamentos; para mim era um peso ouvi-lo, porque o Senhor quis que entendesse o que era, e temia no que havia de parar. Quem confessava a ela era muito meu pai, e foi contar-me isso. Eu lhe disse o que entendia e como era perder tempo e impossível ser arroubamento, senão fraqueza; que tirasse dela os jejuns e disciplinas

---

20. "Talvez se refira aqui ao convento de Sancti Spiritus de Olmedo (Valladolid), onde a Santa ficou muitas vezes durante o período de suas fundações" (Silvério).

e a fizesse divertir. Ela era obediente; fez assim. Depois que foi tomando força, não havia memória de arroubamento; e se verdadeiramente o fosse, nenhum remédio bastara enquanto fosse a vontade de Deus; porque é tão grande a força do espírito, que não bastam as nossas para resistir, e – como tenho dito[21] – deixa grandes efeitos na alma; estoutro, não mais que se não passasse,[22] e cansaço no corpo.

15. Pois fique entendido daqui que tudo o que nos sujeitar de maneira que entendamos que não deixa a razão livre, tenhamos por suspeito e que nunca por aqui se ganhará a liberdade de espírito; que uma das coisas que tem é achar Deus em todas as coisas e poder pensar nelas. O demais é sujeição de espírito e, deixado o dano que faz ao corpo, ata a alma para não crescer; senão como quando vão num caminho e entram num pântano ou atoleiro, que não podem passar dali, em parte faz assim a alma, a qual, para ir adiante, não só precisa andar senão voar; ou que quando dizem e lhes parece que andam embebidas na divindade e que não podem valer-se, segundo andam suspensas, nem há remédio de divertir-se, que acontece muitas vezes.

16. Mirem que torno a avisar que por um dia nem quatro nem oito não há que temer, que não é muito um natural fraco ficar espantado por estes dias. (Entende-se alguma vez.)[23] Se passar daqui, é preciso remédio. O bem que tudo isto tem é que não há culpa de pecado nem deixarão de ir merecendo; mas há os inconvenientes que tenho dito, e fartos mais. No que toca às comunhões será muito grande, por amor que uma alma tenha, não esteja sujeita também nisto ao confessor e à priora; ainda que sinta solidão, não com extremos. Para não ir a eles é mister, também nisto, como em outras coisas, que as vão mortificando, e lhes deem a entender que convém mais não fazer a sua vontade do que o seu consolo.

17. Também pode intrometer-se nisto nosso amor próprio. Por mim se tem passado, que me acontecia algumas vezes, ao acabar de comungar (a forma quase que ainda não podia deixar de estar inteira), se via outras

---

21. Disse isso no n. 4. – *Estoutro*, o arroubamento.
22. N.T.: *Não mais que se não passasse*: como se nada tivesse acontecido.
23. A frase entre parênteses foi acrescentada pela Santa à margem do original. Foi omitida na edição príncipe e apagada na edição fac-símile do livro. É devido a isso que a maioria das edições a omitem.

comungarem, quisera não ter comungado para tornar a comungar. Como me acontecia tantas vezes, cheguei depois a advertir (que então não me parecia que havia em que reparar) como era mais por meu gosto que por amor de Deus; que como, quando chegamos a comungar, na maioria das vezes, se sente ternura e gosto, aquilo me levava: que se fosse para ter Deus em minha alma, já o tinha; se para cumprir o que nos manda de que cheguemos à sagrada comunhão, já o tinha feito; se para receber as mercês que com o Santíssimo Sacramento são dadas, já as tinha recebido. Enfim, cheguei claro a entender que não havia nisso mais que tornar a ter aquele gosto sensível.

18. Lembro-me de que num lugar em que estive, aonde havia mosteiro nosso, conheci uma mulher, grandíssima serva de Deus, no dizer de todo o povo, e devia ser. Comungava cada dia e não tinha confessor particular, senão uma vez ia a uma igreja para comungar, outra vez a outra. Eu notava isto e preferia vê-la obedecer a uma pessoa a ter tanta comunhão. Estava em casa sozinha e, a meu parecer, fazendo o que queria; mas, como era boa, tudo era bom. Eu lhe disse isso algumas vezes; mas não fazia caso de mim, e com razão, porque era muito melhor que eu; mas nisto não me parecia estar errada. Foi ali o santo frei Pedro de Alcântara; procurei que ele falasse com ela, e não fiquei contente com o que ela disse;[24] e nisso não devia haver nada, senão que somos tão miseráveis, que nunca nos satisfazemos muito, senão com os que vão pelo nosso caminho; porque creio que tinha ela servido mais ao Senhor e feito mais penitência num ano do que eu em muitos.

19. Ela foi acometida do mal de morte, que é a isto que quero chegar; ela teve diligência para procurar que lhe dissessem missa em sua casa cada dia e lhe dessem o Santíssimo Sacramento. Como durasse a enfermidade, um clérigo bastante servo de Deus, que lhe dizia muitas vezes a missa, pareceu não tolerar que ela comungasse cada dia em sua casa. Devia ser tentação do demônio, porque calhou de ser o último dia, em que morreu. Ela, vendo acabar a missa e ficar sem o Senhor, deu-lhe tão grande irritação e ficou com tanta cólera do clérigo, que ele veio bem escandalizado contá-

---

24. *Não fiquei contente com o que ela disse*, em espanhol, no original, está: *No quedé contenta de la relación que la dio*, mas provavelmente a Santa quis escrever "no quedé contenta de la relación que *le dio*" (a mulher ao Santo).

-lo a mim. Eu senti bastante, porque ainda não sei se ela se reconciliou; que me parece que morreu logo.

20. Daqui vim a entender o dano que faz fazer nossa vontade em nada, e em especial em uma coisa tão grande; que quem tão amiúde se chega ao Senhor, é razão que entenda tanto a sua indignidade, que não seja por seu parecer, senão que o que nos falta para chegar a tão grande Senhor – que, forçosamente, será muito –, supra a obediência de ser mandadas. A esta bendita foi oferecida ocasião de humilhar-se muito, e porventura merecesse mais que comungando, entendendo que o clérigo não tinha culpa, mas foi o Senhor que, vendo a sua miséria e quão indigna estava, o tinha ordenado assim, para não entrar em tão ruim pousada; como fazia uma pessoa, que muitas vezes os discretos confessores lhe tiravam a comunhão, porque era amiúde;[25] ela, ainda que o sentisse muito ternamente, por outro lado desejava mais a honra de Deus que a sua, e não fazia senão louvá-lo, porque tinha despertado o confessor para que olhasse por ela e não entrasse Sua Majestade em tão ruim pousada. E com estas considerações obedecia com grande quietude de sua alma, ainda que com pena terna e amorosa; mas por todo o mundo junto não iria contra o que lhe mandavam.

21. Creiam-me, que amor de Deus (não digo que o seja, senão a nosso parecer) que move as paixões de sorte que para em alguma ofensa sua ou em alterar a paz da alma enamorada de maneira que não entenda a razão, é claro que nos buscamos a nós,[26] e que o demônio não dormirá, para apertar-nos quando mais dano nos pensa fazer, como fez a esta mulher, que, certamente, me espantou muito, ainda que não porque deixo de crer que não seria parte para estorvar a sua salvação, que é grande a bondade de Deus; mas foi em duro tempo a tentação.

22. Eu o disse aqui, para que as prioras estejam advertidas, e as irmãs temam e considerem e se examinem sobre a maneira que chegam a receber tão grande mercê. Se é para contentar a Deus, já sabem que se contenta mais com a obediência que com o sacrifício.[27] Pois se é isto e mereço mais,

---

25. *Era a menudo*, quer dizer, comungava frequentemente. Fala de si mesma (cf. *Vida*, c. 25, n. 14, nota).
26. O sentido é: *Creiam-me: amor de Deus* (não real, mas aparente) que *move as paixões de* tal *sorte... é claramente* amor próprio.
27. Alusão a 1Sm 15,22.

o que me altera? Não digo que fiquem sem pena humilde, porque nem todas chegaram à perfeição de não tê-la, para só fazer o que entendem que agrada mais a Deus; que se a vontade está muito desapegada de todo o seu próprio interesse, está claro que não sentirá nenhuma coisa; antes se alegrará de que se lhe oferece ocasião de contentar o Senhor em coisa tão custosa, e se humilhará e ficará tão satisfeita comungando espiritualmente.

23. Mas porque no princípio estes grandes desejos de chegar a Ele são mercês que o Senhor faz (e também no fim, mas digo nos princípios porque é de ter em mais) e no demais da perfeição que tenho dito[28] não estão tão inteiras, bem lhes é concedido que sintam ternura e pena quando lhes for tirada, com sossego da alma e daqui fazendo sair atos de humildade. Mas quando for com alguma alteração ou paixão, e tentando-se com a prelada ou com o confessor, creiam que é tentação conhecida, ou que se alguém se determina, ainda que o confessor diga que não comungue, a comungar. Eu não quereria o mérito que dali resultará, porque em coisas semelhantes não havemos de ser juízes de nós. O que tem as chaves para atar e desatar, o há de ser. Praza ao Senhor que, para nos ocuparmos em coisas tão importantes, nos dê luz e não nos falte o seu favor, para que das mercês que nos faz não saquemos dar-lhe desgosto.

---

28. Refere-se ao que foi dito nos c. 4 e 5.

Capítulo 7

*De como se hão de haver com as que têm melancolia.
É necessário para as preladas.*[1]

1. Estas minhas irmãs de São José de Salamanca – aonde estou quando escrevo isto – muito me pediram que diga algo de como se hão de haver com as que têm humor de melancolia. E porque, por muito que andamos procurando não receber as que o têm, é tão sutil que se finge de morto para quando é mister e assim não o entendemos até que não se pode remediar; parece-me que num livrinho pequeno disse algo disto,[2] não me lembro; pouco se perde em dizer algo aqui, se o Senhor fosse servido que acertasse. Já pode ser que esteja dito outra vez. Outras certamente o diria, se pensasse atinar alguma em algo que aproveitasse. São tantas as invenções que busca este humor para fazer a sua vontade, que é mister buscá-las para como sofrê-lo e governá-lo sem que faça dano às outras.

2. Há de se advertir que nem todos os que têm este humor são tão trabalhosos, que quando cai num sujeito humilde e em condição branda, ainda que consigo mesmos tragam trabalho, não causam dano aos outros, em especial se há bom entendimento. E também há mais e menos deste humor. Certamente, creio que o demônio em algumas pessoas o toma por medianeiro para, se pudesse, ganhá-las; e se não andam com grande aviso, conseguirá. Porque, como o que mais este humor faz é sujeitar a razão, esta obscura, o que não farão nossas paixões? Parece que se não há razão, que é ser loucos, e é assim; mas nas que agora falamos, não chega a tanto mal, que bastante menos mal seria. Mas haver de ser tida por pessoa de razão e

---

1. Dedicará o capítulo inteiro "às que têm melancolia" e "às preladas" que hão de ser médicos desta enfermidade. É um capítulo primoroso. – Sob o nome de "melancolia" ou "humor de melancolia", a Santa entende toda uma gama de anomalias difíceis de reduzir a uma determinada categoria. Para os ilustres médicos de antanho, o "humor de melancolia" era um dos vários humores fundamentais do intrigante composto humano, mistura de bílis negra e outros fluidos. Na linguagem comum de hoje, poderíamos traduzir a "melancolia" da Santa por "neurastenia".
2. No *Caminho de perfeição*, c. 24.

tratá-la como tal não a tendo, é trabalho intolerável; que os que estão de todo enfermos deste mal, é para ter piedade deles, mas não causam dano e, se algum meio há para sujeitá-los, é que tenham temor.[3]

3. Nos que apenas começou este tão nocivo mal, ainda que não esteja tão confirmado, enfim é daquele humor e raiz, e nasce daquela cepa; e assim, quando não bastarem outros artifícios, é mister o mesmo remédio,[4] e que as preladas se aproveitem das penitências da Ordem e procurem sujeitá-las de maneira que entendam que não há de sair com tudo nem com nada do que querem. Porque, se entendem que algumas vezes bastaram os seus clamores e os desesperos que o demônio diz neles, para se pudesse deitá-los a perder, eles vão perdidos, e uma basta para trazer inquieto um mosteiro; porque, como a pobrezinha em si mesma não tem que lhe valha para defender-se das coisas que o demônio põe nela, é preciso que a prelada ande com grandíssimo aviso para seu governo, não só exterior, mas também interior; é preciso que a razão que está obscurecida na enferma esteja mais clara na prelada, para que não comece o demônio a sujeitar aquela alma, tomando este mal como meio. Porque é coisa perigosa, que, como é a tempos[5] o apertar este humor tanto que sujeite a razão (e então não será culpa, como não o é para os loucos, por desatinos que façam; mas aos que não estão, senão enferma a razão, todavia há alguma, e noutros tempos estão bons), é mister que não comecem nos tempos que estão maus a tomar liberdade, para que quando estão bons não sejam senhores de si, que é terrível ardil do demônio, e assim, se o mirarmos, no que mais dão é em sair com o que querem e dizer tudo o que lhes vem à boca e mirar as faltas nos outros para encobrir as suas, e regalar-se no que lhes dá gosto; enfim, como quem não tem em si quem resista a ela? Pois as paixões não mortificadas e que cada uma delas quereria sair com o que quer, o que será, se não há quem resista a elas?

4. Torno a dizer, como quem viu e tratou muitas pessoas deste mal, que não há outro remédio para ele a não ser sujeitá-las por todas as vias e maneiras que puderem. Se não bastarem as palavras, sejam castigos; se não bastarem pequenos, sejam grandes; se não bastar um mês tê-las encarcera-

---

3. *Que tenham temor*: que sintam medo, que o temor lhes seja infundido.
4. *O mesmo remédio*: fazê-los temer (cf. n. 2).
5. *Como é a tempos*: a intervalos, ou às vezes (cf. c. 11, n. 2).

das, sejam quatro: que não podem fazer maior bem às suas almas. Porque, como fica dito[6] e torno a dizer (porque importa para as mesmas entendê--lo, ainda que alguma vez, ou vezes, não possam mais consigo), como não é loucura confirmada de sorte que desculpe para a culpa, ainda que algumas vezes o seja, não é sempre, e fica a alma em muito perigo; senão estando – como digo[7] – a razão tão tirada que lhe faça força, faz o que, quando não podia mais, fazia ou dizia. É grande misericórdia de Deus aos que dá este mal, sujeitar-se a quem os governe, porque aqui está todo o seu bem, por este perigo que tenho dito.[8] E, por amor de Deus, se alguma ler isto, mire que lhe importa porventura a salvação.

5. Conheço algumas pessoas a quem não falta quase nada para de todo perder o juízo; mas têm almas humanas e tão temerosas de ofender a Deus que, ainda que se estejam desfazendo em lágrimas e entre si mesmas, não fazem mais do que lhes mandam e passam a sua enfermidade como outras fazem, ainda que isto seja maior martírio, e assim terão maior glória, e cá o purgatório para não o ter lá. Mas torno a dizer que as que não fizerem isto de bom grado, que sejam pressionadas pelas preladas; e não se enganem com piedades indiscretas, para que se venham a alvoroçar todas com seus desconcertos.

6. Porque há outro dano grandíssimo, deixado o perigo que fica dito[9] da mesma: que como a veem – a seu parecer – boa, como não entendem a força que lhe faz o mal no interior, é tão miserável nosso natural que cada uma lhe parecerá que é melancólica para que a sofram; e de fato o demônio o fará entender assim, e o demônio virá a fazer um estrago que, quando se vier a entender que é difícil de remediar, e importa tanto isto, que de maneira alguma se sofre que haja descuido nisso; senão que se a que é melancólica resistir ao prelado, que o pague como a sadia, e nenhuma coisa lhe seja perdoada. Se disser má palavra à sua irmã, o mesmo. Assim em todas as coisas semelhantes que estas.

---

6. Nos números 2-3.
7. Ibid.
8. No n. 3.
9. *Perigo* para a sua salvação: n. 4 e cf. c. 3

7. Parece injustiça que, se não pode mais, castiguem a enferma como à sã. – Logo também o seria atar os loucos e açoitá-los, senão deixá-los matar a todos. Creiam-me que o tenho provado, e que, a meu parecer, tentado fartos remédios, e que não acho outro. E a priora que por piedade deixar as tais começar a terem liberdade, enfim fim, não se poderá sofrer, e quando se vier a remediar, será tendo feito muito dano às outras. Se, para que os loucos não matem, os atam e castigam, e é bom, ainda que pareça que faz grande piedade pois eles não podem mais, quanto mais se há de mirar que não façam dano às almas com suas liberdades? E verdadeiramente creio que muitas vezes é – como tenho dito[10] – de condições livres e pouco humildes e mal domadas, e não lhes faz tanta força o humor como isto. Digo "em algumas", porque tenho visto que quando há a quem temer, elas se esforçam e podem; pois, por que não poderão por Deus? Eu tenho medo que o demônio, debaixo de cor deste humor – como tenho dito[11] –, quer ganhar muitas almas.

8. Porque agora se usa mais do que de costume, e é que chamam de melancolia toda a vontade própria e liberdade. E é assim que tenho pensado que nestas casas e em todas as de religião não se havia de tomar este nome na boca, porque parece que traz consigo liberdade, senão que se chame enfermidade grave – e quão grave é! – e se cure como tal. Que a tempos é muito necessário adelgaçar o humor[12] com alguma coisa de medicina para poder-se sofrer; e ficar na enfermaria, e entenda que, quando sair para andar em comunidade, que há de ser humilde como todas e obedecer como todas; e quando não o fizer que não lhe valerá o humor; porque, pelas razões que tenho dito convém, e mais poderiam ser ditas. As prioras precisam, sem que as mesmas o entendam, levá-las com muita piedade, assim como verdadeira mãe, e buscar os meios que puder para seu remédio.

9. Parece que me contradigo, porque até aqui tenho dito que sejam levadas com rigor. – Assim o torno a dizer: que não entendam que hão

---

10. No n. 5.
11. Nos n. 3-4.
12. *Adelgaçar* e *delgado*: são termos que a Santa usa frequentemente em seu sentido clássico de "sutilizar" e "delicado". *Adelgaçar o humor*: medicá-lo para fazer com que recupere a sua inteireza natural. Expressão que reflete as teorias médicas do século XVI.

de sair com o que querem, nem saiam, posto em termo de que hão de obedecer; que o dano está em sentir que têm esta liberdade. Mas pode a priora não mandar a elas quando vê que hão de resistir, pois não têm em si força para fazer força a si mesmas; senão levar com jeito e amor tudo o que for preciso, para que, se fosse possível, por amor se sujeitassem, que seria muito melhor e costuma acontecer, mostrando que as ama muito, e dar a entender isso por obras e palavras. E hão de advertir que o maior remédio que têm é ocupá-las muito em ofícios para que não tenham lugar de estar imaginando, que aqui está todo o seu mal; e ainda que não os façam tão bem, tolerem-se algumas faltas, para não ter de suportar outras maiores estando perdidas, porque entendo que é o remédio mais suficiente que se pode dar a elas, e procurar que não tenham muitos momentos de oração, além do ordinário; que, na sua maioria, têm a imaginação fraca e lhes fará muito dano, e sem isso representarão a si mesmas coisas que elas, nem quem as ouvir, não conseguirão entender. Cuide-se que não comam peixe, senão poucas vezes; e também nos jejuns é mister não sejam tão contínuos como as demais.

10. Demasia parece dar tanto aviso para este mal e não para nenhum outro, havendo males tão graves em nossa miserável vida, em especial na fraqueza das mulheres. – É por duas coisas: uma, que parece que estão boas, porque elas não querem conhecer que têm este mal; e como não as força a estar de cama, porque não têm febre, nem a chamar médico, é mister que a priora cuide; pois é mais prejudicial mal para toda a perfeição, que os que estão com perigo da vida na cama. A outra é, porque com outras enfermidades ou saram ou morrem; desta, por maravilha saram, nem dela morrem, senão vêm a perder de todo o juízo, que é morrer para matar todas. Elas passam farta morte consigo mesmas de aflições e imaginações e escrúpulos, e assim terão bastante grande mérito, ainda que elas sempre as chamem tentações; que se acabassem entendendo que é do próprio mal, teriam grande alívio se não fizessem caso disso.

Certamente, eu tenho grande piedade delas, e assim é justo que todas as que estão com elas a tenham, mirando que o Senhor lhes poderá dar este mal, e desculpando-as sem que elas o percebam, como tenho dito.[13] Praza ao Senhor que eu tenha atinado no que convém fazer para tão grande enfermidade.

---

13. Nos n. 8-9.

Capítulo 8

Trata de alguns avisos para revelações e visões.[1]

1. Parece fazer espanto a algumas pessoas só ouvir nomear visões ou revelações. Não entendo a causa por que têm por caminho tão perigoso levar Deus uma alma por aqui, nem de onde procedeu este pasmo. Não quero agora tratar quais são boas ou más, nem os sinais que tenho ouvido de pessoas muito doutas para conhecer isto; senão do que será bom que faça quem se vir em semelhante ocasião, porque poucos são os confessores que não a deixarão atemorizada; que, certamente, não espanta tanto dizer que o demônio lhes representa muitos gêneros de tentações e de espírito de blasfêmia e disparatadas e desonestas coisas, quanto se escandalizará em dizer-lhe que viu ou falou com ela algum anjo, ou que se representou Jesus crucificado, Senhor nosso.

2. Tampouco quero agora tratar de quando as revelações são de Deus (que isto está entendido já os grandes bens que fazem à alma), mas que são representações que faz o demônio para enganar, e que se aproveita da imagem de Cristo nosso Senhor ou de seus santos para isto.[2] Tenho para mim que Sua Majestade não permitirá nem lhe dará poder para que com semelhantes figuras engane a ninguém, se não é por sua culpa, senão que ele ficará enganado.[3] Digo que não enganará se há humildade; e assim não há para que andar assombradas, senão confiar no Senhor e fazer pouco caso destas coisas, a não ser para louvá-lo mais.

---

1. Neste capítulo será tratado o tema anunciado no c. 5. Ver a nota ao título desse capítulo.
2. O sentido é: *tampouco quero... tratar de quando as revelações são de Deus...*, mas de quando *são representações que o demônio faz* e *para enganar... se aproveita da imagem de Cristo...*
3. Primeiro tinha escrito: "... engane a ninguém, senão que ele ficará enganado". Depois, entre linhas, completou a primeira frase, acrescentando "se não é por sua culpa". E, por fim, acrescentou à margem: "Digo que não enganará se há humildade". A edição príncipe omitiu esta nota marginal.

3. Eu sei de uma pessoa que os confessores trouxeram bastante apertada por coisas semelhantes, que depois, pelo que se pôde entender pelos grandes efeitos e boas obras que disto procederam, era de Deus; e bastante tinha, quando via a sua imagem em alguma visão, que santiguar-se e fazer figas, porque assim lhe mandavam. Depois, tratando com um grande letrado dominicano, o mestre frei Domingos Báñez,[4] lhe disse que era mal feito que nenhuma pessoa fizesse isto, porque onde quer que vejamos a imagem de nosso Senhor, é bom reverenciá-la, ainda que o demônio a tenha pintado; porque ele é grande pintor, e antes nos faz boa obra, querendo-nos fazer mal, se nos pinta um crucifixo ou outra imagem tão ao vivo, que a deixe esculpida em nosso coração. Quadrou-me muito esta razão, porque quando vemos uma imagem muito boa, ainda que soubéssemos que foi pintada por um homem mau, não deixaríamos de estimar a imagem nem faríamos caso do pintor para tirar de nós a devoção. Porque o bem ou o mal não está na visão, senão em quem a vê e não se aproveita com humildade delas; que se esta tem, nenhum dano poderá fazer ainda que seja demônio; e se não a tem, ainda que sejam de Deus, não fará proveito. Porque, se o que há de ser para humilhar-se vendo que não merece aquela mercê, a ensoberbece, será como a aranha que tudo o que come converte em peçonha; ou a abelha, que o converte em mel.

4. Quero declarar-me mais: se nosso Senhor, por sua bondade, quer representar-se a uma alma para que mais o conheça e ame, ou mostrar a ela algum segredo seu, ou fazer-lhe alguns particulares regalos e mercês, e ela – como tenho dito[5] – com isto (que havia de confundir-se e conhecer quão pouco sua baixeza o merece) se tem logo por santa e lhe parece por algum serviço que tem feito lhe vem esta mercê, claro está que o bem grande que daqui lhe podia vir converte em mal, como a aranha. Pois digamos agora que o demônio, para incitar à soberba, faz estas aparições: se então a alma, pensando que são de Deus, se humilha e conhece não ser merecedora de tão grande mercê e se esforça por servir mais, porque se vendo rica, merecendo ainda não comer as migalhas que caem das pessoas que tem ouvido

---

4. O esclarecimento "o mestre frei Domingos Báñez" foi acrescentado pela Santa à margem do autógrafo. – Fala de si mesma: cf. *Vida*, c. 29, n. 5ss. e *Moradas*, VI, c. 9, n. 12-13.

5. No n. 3.

fazer Deus estas mercês (quero dizer, nem ser serva de nenhuma), humilha-se e começa a esforçar-se em fazer penitência e em ter mais oração e em ter mais conta não ofendendo a este Senhor, que pensa que é o que lhe faz esta mercê, e a obedecer com mais perfeição, eu asseguro que não torne o demônio, senão que se vá corrido, e que nenhum dano deixe na alma.

5. Quando diz algumas coisas que façam, ou por vir, aqui é mister tratá-lo com confessor discreto e letrado, e não fazer nem crer coisa senão o que aquele lhe disser. Pode comunicá-lo à priora, para que lhe dê confessor que seja tal. E tenha-se este aviso, que se não obedecer ao que o confessor lhe disser e se deixar guiar por ele, que ou é mau espírito, ou terrível melancolia. Porque, posto que o confessor não atinasse, ela atinará mais em não sair do que lhe diz, ainda que seja anjo de Deus o que fala a ela; porque Sua Majestade lhe dará luz ou ordenará como se cumpra, e é sem perigo fazer isto, e fazendo outra coisa pode haver muitos perigos e muitos danos.

6. Tenha-se aviso que a fraqueza natural é muito faca, em especial nas mulheres, e neste caminho de oração se mostra mais; e assim é mister que a cada coisinha que se antoje[6] não pensemos logo que é coisa de visão; para que creiam que quando o é, que se dá bem a entender. Aonde há algo de melancolia, é mister muito mais aviso; porque vieram coisas a mim, destes antojos, que me espantaram como é possível que tão verdadeiramente lhes pareça que veem o que não veem.

7. Uma vez veio a mim um confessor, muito admirado, que confessava uma pessoa, e dizia-lhe que vinha muitos dias nossa Senhora e se sentava sobre a sua cama e ficava falando mais de uma hora e dizendo coisas por vir e outras muitas. Entre tantos desatinos, acertava algum, e com isto tinha-se por certo. Eu entendi logo o que era, ainda que não ousasse dizer; porque estamos num mundo que é mister pensar o que podem pensar de nós para que nossas palavras tenham efeito; e assim disse que se esperasse aquelas profecias se eram verdade, e perguntasse outros efeitos e se informasse da vida daquela pessoa. Enfim, vindo a entender, era tudo desatino.

8. Poderia dizer tantas coisas destas, pois teria bem em que provar a intenção que tenho de que uma alma não creia logo em si mesma, senão

---

6. N.T.: "Antojar": vir à imaginação, representar.

que vá esperando tempo e entendendo-se bem antes de comunicá-lo, para que não engane o confessor, sem querer enganá-lo; porque se não tem experiência destas coisas, por letrado que seja, não bastará para entendê-lo. Não faz muitos anos, senão farto pouco tempo, que um homem desatinou bastante alguns bem letrados e espirituais com coisas semelhantes, até que veio tratar com quem tinha esta experiência de mercês do Senhor, e viu claro que era loucura junto com ilusão, ainda que não estivesse então descoberto, senão muito dissimulado; pouco depois o Senhor o descobriu claramente, ainda que passasse bastante primeiro esta pessoa que o entendeu em não ser crida.[7]

9. Por estas coisas e outras semelhantes, convém muito que se trate[8] clareza de sua oração cada irmã com a priora, e ela tenha muito aviso de olhar a compleição e perfeição daquela irmã, para que avise o confessor, para que melhor se entenda, e o escolha a propósito, se o ordinário não for bastante para coisas semelhantes. Tenham muita conta em que coisas como estas não sejam comunicadas – ainda que sejam muito de Deus, nem mercês conhecidas milagrosas –, com os de fora, nem com confessores que não tenham prudência para calar, porque importa muito isto, mais do que poderão entender, e que umas com outras não o tratem. E a priora, com prudência, sempre a entendam inclinada mais a louvar as que se assinalam em coisas de humildade e mortificação e obediência, que as que Deus levar por este caminho de oração muito sobrenatural, ainda que tenham todas estoutras virtudes. Porque se é o espírito do Senhor, humildade traz consigo para gostar de ser desprezada, e a ela não fará dano e às outras faz proveito. Porque, como a isto não podem chegar, que o dá Deus a quem quer, desconsolar-se-iam para ter estas outras virtudes; ainda que também as dá Deus, podem mais procurar para si e são de grande preço para a religião. Sua Majestade no-las dê. Com exercício e cuidado e oração não as negará a nenhuma que com confiança em sua misericórdia as procurar.

---

7. Refere-se a um camponês de Ávila, chamado Juan Manteca, com grande fama de espiritual e místico pelos anos de 1565. Apresentado à Santa, teve de confessar os seus embustes (cf. o depoimento de Isabel de S. Domingos no Processo de Zaragoza, 1595, B.M.C., t. 19, p. 81). – A expressão "passasse bastante primeiro..." quer dizer que a Santa sofreu muito até que cressem nela.

8. *Se trate clareza*: como *tratar verdade*, é "ter clareza de trato". Os editores corrigiram sempre: trate *com* clareza.

Capítulo 9

Trata de como saiu de Medina del Campo para a fundação de San José de Malagón.

1. Quão fora tenho saído do propósito! E poderá ser que tenham sido mais a propósito alguns destes avisos que ficam ditos, do que contar as fundações.

Pois estando em São José de Medina del Campo com bastante consolo de ver como aquelas irmãs iam pelos mesmos passos que as de São José de Ávila, em toda religião e irmandade de espírito, e como ia nosso Senhor provendo a sua casa, assim para o que era necessário na igreja, como para as irmãs, foram entrando algumas, que parece as escolhia o Senhor quais convinha para alicerce de semelhante edifício, que nestes princípios entendo está todo o bem para o de adiante; porque, como acham o caminho, por ele vão as de depois.

2. Havia uma senhora em Toledo, irmã do duque de Medinaceli, em cuja casa eu tinha estado por mandato dos prelados, como mais longamente disse na fundação de São José, aonde cobrou por mim particular amor, que devia ser algum meio para despertá-la para o que fez;[1] que estes toma Sua Majestade muitas vezes em coisas que, aos que não sabemos o futuro, parecem de pouco fruto. Como esta senhora entendeu que eu tinha licença para fundar mosteiros, começou a me importunar muito que fizesse um na vila sua chamada Malagón. Eu não o queria admitir de maneira alguma, por ser lugar tão pequeno que forçado[2] havia de ter renda para poder manter-se, do que eu estava muito inimiga.

---

1. Esta irmã do Duque de Medinaceli é dona Luísa de la Cerda, a quem assistiu a Santa em 1562 e de quem falou "longamente na fundação de São José", ou seja, em *Vida*, c. 34.

2. *Forçado*, um dos adjetivos usados pela Santa em sentido adverbial: "forçosamente" (cf. c. 10, n. 3).

As fundações

3. Tendo tratado com letrados e confessor meu[3] me disseram que fazia mal, que pois o santo concílio dava licença de tê-la, que não se havia de deixar de fazer um mosteiro aonde se podia tanto servir ao Senhor, por minha opinião. Com isto se juntaram as muitas importunações desta senhora, por onde não pude fazer menos que admiti-lo. Deu bastante renda; porque sempre sou amiga de que sejam os mosteiros, ou de todo pobres, ou que tenham de maneira que as monjas não precisem importunar ninguém para tudo o que for mister.[4]

4. Foram postas todas as forças que pude para que nenhuma possuísse nada, senão que guardassem as Constituições em tudo, como nestes outros mosteiros de pobreza. Feitas todas as escrituras, enviei por algumas irmãs para fundá-lo, e fomos com aquela senhora a Malagón, aonde ainda não estava a casa acomodada para entrar nela; e assim nos detivemos mais de oito dias num aposento da fortaleza.[5]

5. Dia de Ramos, ano de 1568, ao passar a procissão do lugar por nós, com os véus diante do rosto e capas brancas, fomos à igreja do lugar, aonde se pregou, e daí o Santíssimo Sacramento foi levado ao nosso mosteiro. Fez muita devoção a todos. Ali me detive alguns dias. Estando um, depois de ter comungado, em oração, ouvi de nosso Senhor que havia de ser servido naquela casa.[6] Parece-me que estaria ali nem dois meses, porque meu espírito apressava para que fosse fundar a casa de Valladolid, e a causa era o que agora direi.

---

3. O P. Domingos Báñez (de quem fará menção explicitamente mais adiante, no c. 11, n. 3), que sempre se tinha oposto ao programa de pobreza absoluta (cf. *Vida*, c. 36, n. 15). – A sua objeção de agora se fundamentava no Decreto *De Regularibus* do Concílio de Trento, sessão 25, c. 3; cf. *Fund.* 20, 1.

4. A fundação foi dotada, além de outros fundos estáveis, com a quantia de 8500 ducados [1 ducado equivale a 11 reais castelhanos ou a 375 maravedis] (cf. B.M.C., t. 5, p. 375-382).

5. Também este terceiro mosteiro fundado foi consagrado a *São José*, como os de Ávila e Medina. – Como fundadoras, a Santa levou duas monjas de Medina e cinco da Encarnação de Ávila. – Ficaram 8 ou 10 dias na "fortaleza" ou castelo de dona Luísa, em Malagón. Aos 11 de abril inauguraram a nova fundação. Não possuímos dados muito seguros sobre o itinerário e diário da Santa: sai de Medina no final de 1567 ou princípio de 1568, passa por Madri (visita à Corte!), detém-se em Alcalá de Henares (convento da Imagem, cf. *Vida*, c. 36, n. 28) e em Toledo, em casa de dona Luísa; chega a Malagón em 1 ou 2 de abril e parte definitivamente em 19 de maio.

6. *Havia de ser servido naquela casa*: *muito*, se lê à margem, não escrito pela Santa, mas por um corretor, pelo que parece.

Capítulo 10

Em que trata da fundação da casa de Valladolid. Chama-se este mosteiro Conceição de Nossa Senhora do Carmo.

1. Antes que se fundasse este mosteiro de São José de Malagón, quatro ou cinco meses, tratando comigo um cavaleiro principal,[1] mancebo, me disse que, se quisesse fazer mosteiro em Valladolid, que ele daria uma casa que tinha, com uma horta muito boa e grande, que tinha dentro uma grande vinha, de muito bom grado, e quis dar logo a posse; tinha farto valor. Eu a tomei, ainda que não estivesse muito determinada a fundar ali, porque estava quase um quarto de légua do lugar. Mas pareceu-me que se poderia passar a ele,[2] tomando posse ali. E como ele o fazia de tão bom grado, não quis deixar de admitir a sua boa obra, nem estorvar a sua devoção.

2. Uns dois meses depois, mais ou menos, deu-lhe um mal tão acelerado que lhe tirou a fala, e não pôde confessar-se bem, ainda que tivesse muitos sinais de pedir ao Senhor perdão. Morreu muito em breve, bastante longe de onde eu estava.[3] Disse-me o Senhor que a sua salvação tinha estado em grande risco, e que tinha tido misericórdia dele por aquele serviço que tinha feito à sua Mãe naquela casa que tinha dado para fazer mosteiro de sua ordem, e que não sairia do purgatório até a primeira missa que ali se dissesse, que então sairia. Eu trazia tão presente as graves penas desta alma, que ainda que em Toledo desejasse fundar, o deixe por enquanto e me dei toda a pressa que pude para fundar como pudesse em Valladolid.

---

1. Dom Bernardino de Mendoza, irmão do Bispo de Ávila, Dom Álvaro de Mendoza, e de dona Maria de Mendoza; os três personagens entrarão em ação neste capítulo. – *Mancebo*, na acepção de "jovem e solteiro". – A propriedade oferecida para a fundação era Rio de Olmos, pouco mais de um quilômetro distante da porta do Carmo, ao sul da cidade, junto ao rio. O único resto da passagem da Santa é uma ermida abandonada.

2. *Passar a ele*: ao *lugar*, ou seja, à cidade.

3. Morreu em Ubeda, no início de 1568, enquanto a Santa estava no convento de La Imagen de Alcalá.

As fundações

3. Não pôde ser tão depressa como eu desejava, porque forçado tive de deter-me em São José de Ávila, que estava a meu encargo, muitos dias, e depois em São José de Medina del Campo, que fui por ali, aonde estando um dia em oração, o Senhor me disse que desse pressa, que padecia muito aquela alma; que, ainda que não tivesse muito aparelho, o pus por obra e entrei em Valladolid no dia de São Lourenço.[4] E ao ver a casa, deu-me grande angústia, porque entendi que era desatino estar ali as monjas sem muito custo; e ainda que fosse de grande recreação, por ser a horta tão deleitosa, não podia deixar de ser enfermo, que estava à beira do rio.

4. Estando cansada, tive de ir à missa num mosteiro de nossa Ordem,[5] que vi que estava na entrada do lugar, e era tão longe que me dobrou mais a pena. Contudo, não o dizia às minhas companheiras para não desanimá-las. Ainda que fraca, tinha alguma fé que o Senhor, que me tinha dito o passado,[6] o remediaria. Fiz muito secretamente vir oficiais e começar a fazer taipas para o que tocava ao recolhimento, e o que era mister. Estava conosco o clérigo que tenho dito, chamado Julián de Ávila, e um dos frades que fica dito, que queria ser descalço,[7] que se informava de nossa maneira de proceder nestas casas. Julián de Ávila cuidava de obter a licença do Ordinário, que já tinha dado boa esperança antes que eu fosse. Não se pôde fazer tão depressa que não viesse um domingo antes que estivesse alcançada a licença; mas no-la deram para dizer missa aonde tínhamos para igreja, e assim no-la disseram.

5. Eu estava bem descuidada de que então se havia de cumprir o que me fora dito daquela alma;[8] porque, embora me fosse dito "na primeira missa", pensei que havia de ser na que se pusesse o Santíssimo Sacramento. Chegando o sacerdote aonde havíamos de comungar, com o Santíssimo

---

4. 10 de agosto de 1568. Etapas de sua viagem: no dia 19 de maio sai de Malagón; no dia 29, de Toledo para Escalona; de 2 a 30 de junho está em Ávila, onde é Priora. No dia 30, sai de Ávila, passa por Duruelo e Medina, onde fica de 1 a 10 de agosto, e no dia 10 entra em Valladolid.

5. O de Carmelitas Calçados. – A palavra *vi* foi riscada por um corretor. – Três monjas fundadoras acompanhavam a Santa.

6. N.T.: *Passado*; o que foi contado antes.

7. Falou de Julián de Ávila no c. 3, n. 2; o frade descalço era São João da Cruz, que em Valladolid submeteu-se a um delicado aprendizado de vida carmelitana, sob a direção e o magistério da Reformadora.

8. Cf. n. 2.

Sacramento nas mãos, aproximando-me para recebê-lo, junto ao sacerdote me foi representado o cavalheiro que tenho dito, com rosto resplandecente e alegre;[9] postas as mãos, me agradeceu o que tinha posto por ele para que saísse do purgatório e fosse aquela alma para o céu. E certo que a primeira vez que entendi estava em vias de salvação, que eu estava bem fora disso e com farta pena, parecendo-me que era mister outra morte para sua maneira de vida; que ainda que tivesse boas coisas, estava metido nas do mundo. É verdade que tinha dito às minhas companheiras que trazia muito diante[10] a morte. Grande coisa é o que agrada a nosso Senhor qualquer serviço que se faça à sua Mãe, e grande é sua misericórdia. Seja por tudo louvado e bendito, que assim paga com eterna vida e glória a baixeza de nossas obras e as faz grandes sendo de pequeno valor.

6. Pois chegado o dia de nossa Senhora da Assunção, que é em quinze de agosto, ano de 1568, se tomou a posse deste mosteiro.

Ficamos ali pouco, porque caímos quase todas muito doentes. Vendo isto uma senhora daquele lugar, chamada dona Maria de Mendoza, mulher do comendador Cobos, mãe do marquês de Camarasa, muito cristã e de grandíssima caridade (suas esmolas em grande abundância davam bem a entender), fazia-me muita caridade desde antes que ou tivesse tratado com ela, porque é irmã do bispo de Ávila que no primeiro mosteiro nos favoreceu muito e em tudo o que toca à Ordem. Como tem tanta caridade e viu que ali não se poderia ficar sem grande trabalho, assim por ser longe para as esmolas, como por ser enfermo, disse-nos que deixássemos aquela casa e nos compraria outra. E assim fez, que valia muito mais a que nos deu, dando tudo o que era preciso até agora, e o fará enquanto viver.

7. No dia de São Brás,[11] nos mudamos para ela com grande procissão e devoção do povo; e sempre a tem, porque o Senhor faz muitas misericór-

---

9. D. Bernardino (cf. n. 1), *postas as mãos*, ou "de mãos postas", quer dizer, com elas juntas e erguidas em atitude orante. Julián de Ávila, ator naquela cena, refere: "... e quando dei o Santíssimo Sacramento à madre, vi-a com grande arroubamento, o qual tinha muitas vezes antes ou depois que o recebia" (*Vida de la Santa*, P. 2, c. 8, p. 263 e cf. B.M.C., t. 18, p. 221). Rubens imortalizou a cena.

10. N.T.: *Traer delante* ocorre várias vezes no sentido de ter presente, pensar em, lembrar-se de.

11. 3 de fevereiro de 1569. – Algumas linhas adiante escreveu duas vezes a frase *entrou ali uma*, que depois foi apagada.

dias naquela casa, e levou a ela almas, cuja santidade se manifestará a seu tempo para que o Senhor seja louvado, que por tais meios quer engrandecer suas obras e fazer mercê a suas criaturas. Porque entrou ali uma que deu a entender o que é o mundo desprezando-o, de muito pouca idade. Pareceu-me dizê-lo aqui para que se confundam os que muito o amam, e tomem exemplo as donzelas a quem o Senhor der bons desejos e inspirações, para pô-los por obra.

8. Está neste lugar uma senhora, que chamam dona María de Acuña, irmã do conde de Buendía.[12] Foi casada com o Adiantado de Castela. Morto ele, ficou com um filho e duas filhas, e bastante moça. Começou a fazer vida de tanta santidade e a criar os seus filhos em tanta virtude, que mereceu que o Senhor os quisesse para si. Não disse bem, que lhe ficaram três filhas: uma foi depois monja; outra não quis se casar, mas seguia a vida de sua mãe em grande edificação;[13] o filho de pouca idade começou a entender o que era o mundo e Deus a chamá-lo para entrar em religião, de tal sorte que não bastou ninguém para impedi-lo, ainda que sua mãe se folgasse tanto com isso, que com nosso Senhor devia ajudá-lo muito, ainda que não o mostrasse, por causa dos parentes. Enfim, quando o Senhor quer para si uma alma, têm pouca força as criaturas para estorvá-lo; assim aconteceu aqui, que detendo-o três anos com fartas persuasões, entrou na Companhia de Jesus. Disse-me um confessor desta senhora, que lhe tinha dito que em sua vida não havia chegado gozo a seu coração como no dia em que o seu filho fez profissão.

9. Ó Senhor, que grande mercê fazeis aos que dais tais pais, que amam tão verdadeiramente os seus filhos, que seus estados e morgadios e

---

12. *Duque*, tinha escrito a Santa, que se apressou em corrigir a sua confusão de títulos. — As edições antigas suprimiram tudo o que segue deste capítulo e o seguinte: todo o episódio de Casilda de Padilla. Para facilitar a leitura, bastem os dados seguintes: dona María de Acuña, viúva de dom Juan de Padilla y Manrique, Adiantado Maior de Castela, teve quatro filhos: Dom Antônio, herdeiro dos títulos, María de Acuña, Luísa de Padilla e *Casilda de Padilla*. O primeiro tornou-se jesuíta (noviço em Valladolid sob P. Baltasar Alvarez, confessor da Santa); dona Luísa tornou-se franciscana; dona María, dominicana; Casilda, aos doze anos, tornou-se noiva (não se casou) de seu tio D. Martín de Padilla, mas em seguida abandonou o noivo e se tornou carmelita. Para salvar o título, a franciscana, dona Luísa, teve de sair de seu convento (com licença pontifícia), para casar com o fracassado dom Martín.

13. Da terceira, a protagonista desta história, a Santa falará no n. 13.

riquezas querem que os tenham naquela bem-aventurança que não há de ter fim! É coisa de grande lástima que está o mundo já com tanta desventura e cegueira, que aos pais parece que sua honra está em que não se acabe a memória deste esterco dos bens deste mundo e que não haja de que tarde ou cedo se há de acabar. E tudo o que tem fim, ainda que dure, se acaba, e tem que fazer pouco caso disso, e que a custo dos pobres filhos queiram sustentar as suas vaidades e tirar de Deus, com muito atrevimento, as almas que quer para si, e delas um tão grande bem que, ainda que não houvesse o que há de durar para sempre, que os convida Deus com ele, é grandíssimo ver-se livre dos cansaços e leis do mundo, e maior é[14] para os que mais têm. Abri-lhes, Deus meu, os olhos; dai-lhes a entender o que é o amor que estão obrigados a ter a seus filhos, para que não façam tanto mal e não se queixem diante de Deus, naquele juízo final, deles, aonde, ainda que não queiram, entenderão o valor de cada coisa.

10. Pois como, pela misericórdia de Deus, tirou este cavalheiro, filho desta senhora dona Maria de Acuña[15] (ele se chama dom Antônio de Padilla), de idade de dezessete anos, do mundo, pouco mais ou menos, ficaram os estados na filha maior, chamada dona Luísa de Padilla; porque o conde de Buendía não teve filhos, e herdava dom Antônio este condado e o ser Adiantado de Castela. Porque não é de meu propósito, não digo o muito que padeceu com seus parentes até realizar a sua empresa. Bem se entenderá a quem entender o que apreciam os do mundo que haja sucessor de suas casas.

11. Ó Filho do Pai Eterno, Jesus Cristo, Senhor nosso, Rei verdadeiro de tudo! O que deixastes no mundo? O que podemos herdar de Vós vossos descendentes? O que possuístes, Senhor meu, senão trabalhos e dores e desonras, e ainda não tivestes senão um madeiro em que passar o trabalhoso trago da morte? Enfim, Deus meu, que os que quisermos ser vossos filhos verdadeiros e não renunciar à herança, não nos convém fugir do padecer. Vossas armas são cinco chagas.

---

14. *Maior é...* o *é* foi escrito entre linhas pela Santa, para esclarecer o pensamento: maior é o cansaço ou trabalho, para quem mais bens do mundo tem.

15. Organizando a frase: Deus *tirou do mundo este cavalheiro, filho desta senhora... (ele se chama D. Antônio...) com mais ou menos 17 anos de idade.*

As fundações

Eia, pois filhas minhas! Esta há de ser a nossa divisa, se havemos de herdar o seu reino; não com descansos, não com regalos, não com honras, não com riquezas se há de ganhar o que Ele comprou com tanto sangue. Ó gente ilustre! Abri por amor de Deus os olhos. Mirai que os verdadeiros cavalheiros de Jesus Cristo e os príncipes de sua Igreja, um São Pedro e São Paulo, não levavam o caminho que levais. Pensais porventura que há de haver novo caminho para vós? Não o creiais. Mirai que começa o Senhor a vo-lo mostrar por pessoas de tão pouca idade como dos que agora falamos.

12. Algumas vezes tenho visto e falado a este dom Antônio. Quisera ter muito mais para deixar tudo. Bem-aventurado mancebo e bem-aventurada donzela, que mereceram tanto com Deus, que na idade que o mundo costuma assenhorear-se dos seus moradores eles o repisassem. Bendito seja o que lhes fez tanto bem.

13. Pois como ficassem os estados na irmã maior, fez o mesmo caso deles que seu irmão; porque desde menina se dera tanto à oração – que é aonde o Senhor dá luz para entender as verdades –, que o estimou tão pouco como seu irmão. Oh, valha-me Deus, quantos trabalhos e tormentos e pleitos e até arriscar as vidas e as honras se puseram muitos para herdar esta herança! Não passaram poucos[16] para que consentissem deixá-la. Assim é este mundo, que ele nos dá bem a entender os seus desvarios se não estivermos cegos. Muito de bom grado, para que a deixassem livre desta herança, renunciou-a em favor de sua irmã, pois não havia outra, que era de idade de dez ou onze anos. Logo, para que não se perdesse a obscura memória, os parentes ordenaram casar esta menina com um tio seu, irmão de seu pai, e trouxeram do Sumo Pontífice dispensa, e desposaram-nos.[17]

14. Não quis o Senhor que filha de tal mãe e irmã de tais irmãos ficasse mais enganada que eles, e assim sucedeu o que agora direi. Começando a menina a gozar dos trajes e atavios do mundo que, conforme a pessoa, seriam para afeiçoar em tão pouca idade como ela tinha, ainda não fazia dois meses que era desposada quando começou o Senhor a dar-lhe luz, ainda que ela então não o entendesse. Quando tinha estado o dia

---

16. N.T.: O sentido é: sofreram muito até que permitissem renunciar à herança.
17. *Desposaram-nos*: celebraram o noivado com mútua e solene promessa de matrimônio. [A seguir, quando se diz "esposo", é o nosso atual conceito de "noivo".]

com muito contento com seu esposo, que o queria com mais extremo que pedia sua idade, dava-lhe uma tristeza muito grande vendo como tinha se acabado aquele dia, e que assim se haviam de acabar todos. Ó grandeza de Deus, que pelo mesmo contento que lhe davam os contentos das coisas perecíveis, veio a aborrecê-las! Começou-lhe a dar uma tristeza tão grande que não a podia encobrir a seu esposo, nem ela sabia de que nem o que lhe dizer, ainda que ele lhe perguntasse.

15. Neste tempo, ele teve de viajar aonde não pôde deixar de ir, longe do lugar. Ela sentiu muito, pois o queria tanto. Mas logo o Senhor lhe descobriu a causa de sua pena, que era inclinar-se a sua alma para o que não se há de acabar, e começou a considerar como seus irmãos tinham tomado o mais seguro e a deixado nos perigos do mundo. Por um lado isto; por outro, parecer-lhe que não tinha remédio (porque não tinha vindo à sua notícia que sendo desposada podia ser monja, até que o perguntou) a trazia fatigada; e, sobretudo, o amor que tinha a seu esposo não a deixava determinar, e assim passava com farta pena.

16. Como o Senhor a queria para si, foi tirando dela este amor e crescendo o desejo de deixar tudo. Neste tempo só a movia o desejo de salvar-se e de buscar os melhores meios; que lhe parecia que, metida mais nas coisas do mundo, se esqueceria de procurar o que é eterno, que esta sabedoria Deus infundiu nela em tão pouca idade, de buscar como ganhar o que não se acaba. Ditosa alma que tão prestes saiu da cegueira em que acabam muitos velhos! Como se viu livre da vontade, determinou-se totalmente a empregá-la em Deus, que até isto tinha calado, e começou a tratá-lo com sua irmã. Ela, parecendo-lhe criancice, a desviava disso e lhe dizia algumas coisas para isto, que bem se podia salvar sendo casada. Ela lhe respondeu que por que ela o tinha deixado. E passaram alguns dias. Sempre ia crescendo o seu desejo, ainda que à sua mãe não ousasse dizer nada, e porventura era ela a que lhe dava guerra com suas santas orações.

Capítulo 11

Prossegue na matéria começada da ordem que teve dona Casilda de Padilla para conseguir seus santos desejos de entrar em religião.

1. Neste tempo ocorreu dar um hábito[1] a uma freira neste mosteiro da Conceição, cujo chamamento poderá ser que diga, porque ainda que diferentes em qualidade, porque é uma lavradorazinha, nas mercês grandes que Deus lhe fez, a tem de maneira que merece, para ser Sua Majestade louvado, que se faça dela memória. E indo dona Casilda (que assim se chamava esta amada do Senhor), com uma avó sua a este hábito, que era mãe de seu esposo, afeiçoou-se em extremo a este mosteiro, parecendo-lhe que por ser poucas e pobres podiam servir melhor ao Senhor; ainda que não estivesse determinada a deixar o seu esposo, que – como tenho dito[2] – era o que mais a detinha.

2. Considerava que costumava, antes que se desposasse, ter momentos de oração; porque a bondade e santidade de sua mãe as tinha, e a seu filho, criado nisto, que desde os sete anos os fazia entrar a tempos num oratório e lhes ensinava como haviam de considerar na paixão do Senhor e os fazia confessar amiúde; e assim tem visto tão bom sucesso de seus desejos, que eram querê-los para Deus. E assim me disse ela que sempre os oferecia e suplicava que os tirasse do mundo, porque ela já estava desenganada do pouco em que se há de estimá-lo. Considero eu algumas vezes, quando eles se virem gozar dos gozos eternos e que sua mãe foi o meio, as graças que lhe darão e o gozo acidental que ela terá de vê-los; e quão ao contrário serão os que, por não os criarem seus pais como filhos de Deus (que o são mais dele que seus), se veem uns e os outros no inferno, as maldições que se lançarão e os desesperos que terão.

---

1. *Um hábito*: uma profissão, tinha escrito primeiro e depois, por exatidão histórica, se corrigiu. A *freila* [*freira*] (Irmã de véu branco, ou não corista) era Estefânia de los Apóstoles, que tomou o hábito em 2 de julho de 1572, e foi famosa entre as Descalças primitivas.

N.T.: *Esposo* equivale ao nosso "noivo".

2. No c. 10, n. 15.

3. Pois tornando ao que dizia, como ela visse que até rezar o rosário já fazia de mau grado, teve grande temor que sempre seria pior, e parecia-lhe que via claro que vindo a esta casa tinha assegurada a sua salvação. E assim, se determinou de todo; e vindo cá uma manhã sua irmã e com ela sua mãe, sucedeu que entraram no mosteiro, muito sem cuidado de que ela faria o que fez. Ao ver-se dentro, ninguém conseguia tirá-la da casa. Suas lágrimas eram tantas para que a deixassem, e as palavras que dizia, que a todas tinha espantadas. Sua mãe, ainda que no interior se alegrasse, temia os parentes e não queria que ficasse assim, para que não dissessem que tinha sido persuadida por ela, e a priora também estava no mesmo, que lhe parecia que era menina e que era mister mais prova. Isto era pela manhã. Tiveram de ficar até à tarde, e mandaram chamar o seu confessor e o padre mestre frei Domingos, que era o meu, dominicano, de quem fiz no princípio menção, ainda que eu não estivesse então aqui.[3] Este padre entendeu logo que era espírito do Senhor, e a ajudou muito, passando bastante com seus parentes (assim haviam de fazer todos os que pretendem servir, quando veem uma alma chamada por Deus, não mirar tanto as prudências humanas!), prometendo ajudá-la para que voltasse outro dia.

4. Com fartas persuasões, para que não lançassem culpa à sua mãe, ela se foi desta vez. Ela ia sempre mais adiante em seus desejos. Sua mãe começou secretamente a dar parte a seus parentes; para que o esposo não o soubesse, guardava-se este segredo. Diziam que era criancice e que esperasse até ter idade, que não tinha completado doze anos. Ela dizia que, como a acharam com idade para casá-la e deixá-la no mundo, como não a achavam para dar-se a Deus? Dizia coisas que parecia bem que não era ela que falava nisto.

5. Não pôde ser tão secreto que não se avisasse a seu esposo. Quando ela soube disso, pareceu-lhe que não se sofria aguardá-lo, e num dia da Conceição, estando em casa de sua avó, que também era sua sogra, que não sabia de nada disto, rogou muito a ela que a deixasse ir ao campo com sua

---

3. A priora era Maria Bautista, sobrinha da Santa e uma das mais privilegiadas em correspondência epistolar com ela. P. Báñez era o confessor da Madre. Não podendo datar com precisão o episódio, não é fácil determinar onde se encontrava a Fundadora; é provável que coincidisse com sua permanência em Salamanca, desde final de julho de 1573 até janeiro do ano seguinte.

aia para folgar um pouco; ela fez isso para lhe dar prazer, num carro com seus criados. Ela deu dinheiro a um, e rogou-lhe que a esperasse à porta deste mosteiro com uns feixes ou sarmentos, e ela fez rodear de maneira que a trouxeram para esta casa. Ao chegar à porta, disse que pedissem no torno um jarro de água, que não dissessem para quem e apeou-se muito depressa. Disseram que lhe dariam ali; ela não quis. Os feixes já estavam ali. Disse para virem à porta pegar aqueles feixes, e ela ficou ali perto, e ao abrir entrou, e foi abraçar-se com nossa Senhora,[4] chorando e rogando à priora que não a expulsasse. As vozes dos criados eram grandes e os golpes que davam à porta. Ela foi falar com eles à rede e lhes disse que de maneira alguma sairia, que fossem dizê-lo à sua mãe. As mulheres que iam com ela se lastimavam muito. Ela pouco se importava com tudo. Ao darem a nova à sua avó, quis ir logo lá.

6. Enfim, nem ela nem seu tio nem seu esposo, que *tinha* vindo e procurou muito falar com ela[5] pela rede, faziam mais que atormentá-la quando estava com ela, e depois ficar com maior firmeza. Dizia-lhe o esposo depois de muitas lástimas, que poderia servir mais a Deus fazendo esmolas. Ela lhe respondia que ele as fizesse; e às demais coisas lhe dizia que estava mais obrigada à sua salvação e que via que era fraca e que nas ocasiões do mundo não se salvaria, e que não tinha que se queixar dela, pois não o tinha deixado senão por Deus, que nisto não lhe fazia agravo. Tendo visto que não se satisfazia com nada, levantou-se e deixou-a.

7. Nenhuma impressão fez a ela, antes ficou totalmente desgostada com ele, porque à alma que Deus dá luz da verdade, as tentações e estorvos que põe o demônio a ajudam mais; porque é Sua Majestade quem luta por ela, e assim se via claro aqui que não parecia ela quem falava.

8. Como seu esposo e parentes viram o pouco que aproveitava querer tirá-la de bom grado, procuraram que fosse pela força; e assim trouxeram uma provisão real para tirá-la para fora do mosteiro e que a pusessem em liberdade. Em todo este tempo, que foi desde a Conceição até o dia dos

---

4. Esta imagem da Virgem ainda preside o coro da Comunidade.
5. *Falar com ela pela rede*, em esp. *hablarla*: em outras edições se lê "alelarla por la red" [*alelar* = atoleimar]. Mas o original teresiano diz "ablarla" – *Pela rede*: quer dizer, através da grade do locutório monástico.

Inocentes,[6] que a tiraram, ficou sem dar-lhe o hábito no mosteiro, fazendo todas as coisas da religião como se o tivesse e com grandíssimo contento. Nesse dia a levaram à casa de um cavalheiro, vindo a justiça buscá-la. Levaram-na com muitas lágrimas, dizendo que para que a atormentavam, pois não lhes havia de aproveitar nada. Aqui foi bastante persuadida, tanto por religiosos como por outras pessoas, porque a uns lhes parecia que era criancice, outros desejavam que gozasse seu estado. Seria alongar-me muito se dissesse as disputas que teve e de que maneira se livrava de todos. Deixava-os espantados com as coisas que dizia.

9. Já que viram que não aproveitava, puseram-na em casa de sua mãe para detê-la por algum tempo, a qual estava já cansada de ver tanto desapego[7] e não a ajudava em nada; antes parecia que era contra ela. Podia ser que fosse para prová-la mais; pelo menos assim me disse depois, que é tão santa que não se há de crer senão no que diz; mas a menina não o entendia. E também um confessor que a confessava lhe era em extremo contrário, de maneira que não tinha senão a Deus e a uma donzela de sua mãe, que era com quem descansava. Assim passou com farto trabalho e fadiga até completar os doze anos, que entendeu que se tratava de levá-la a ser monja no mosteiro em que estava sua irmã, já que não podiam evitar que fosse, por não haver nele tanta aspereza.[8]

10. Ela, ao entender isto, determinou procurar, por qualquer meio que pudesse, procurar seu contento levando seu propósito adiante. E assim, um dia, indo à missa com sua mãe, estando na igreja, sua mãe entrou para confessar num confessionário, e ela rogou à sua aia que fosse a um dos padres para pedir que lhe dissessem uma missa; e ao ver que ela tinha ido, meteu seus chapins na manga[9] e levantou a saia e vai com a maior pressa que pôde a este mosteiro, que era bastante longe. Sua aia, como não a achasse, foi atrás dela; e quando chegava perto, rogou a um homem que a detivesse. Ele disse depois que não tinha podido menear-se, e assim a dei-

---

6. De 8 a 28 de dezembro de 1573.
7. N.T.: *Desapego*, em esp. *desasiego*. A palavra não existe em espanhol. Se vier de "desasir", seria desapego ou desprendimento. Mas pode-se ler também "desasosiego" [desassossego].
8. Convento das monjas dominicanas de Valladolid.
9. *Seus chapins*, espécie de sapatos ou tamancos de luxo, de salto alto de cortiça, usados pelas mulheres de então para dar altura e esbeltez ao porte.

xou. Ela, tendo entrado na primeira porta do mosteiro e fechado a porta atrás de si, começou a chamar, quando chegou a aia já estava dentro do mosteiro, e deram-lhe logo o hábito, e assim deu fim a tão bons princípios que o Senhor tinha posto nela. Sua Majestade começou muito em breve a pagar-lhe com mercês espirituais, e ela a servi-lo com grandíssimo contento e grandíssima humildade e desapego de tudo.

11. Seja bendito para sempre, que assim dá gosto com os vestidos pobres de saial à que tão afeiçoada estava aos muito curiosos e ricos, ainda que não fossem parte para encobrir sua formosura, que estas graças naturais o Senhor repartiu com ela como as espirituais, de condição e entendimento tão agradável que a todas é despertador para louvar Sua Majestade. Praza a ele que haja muitas que assim respondam ao seu chamamento.

Capítulo 12

Em que trata da vida e morte de uma religiosa que trouxe nosso Senhor a esta mesma casa, chamada Beatriz de la Encarnación, que foi em sua vida de tanta perfeição, e sua morte tal, que é justo se faça dela memória.[1]

1. Entrou neste mosteiro para monja uma donzela chamada dona Beatriz Oñez, algo parente de dona Casilda. Entrou alguns anos antes,[2] cuja alma tinha a todas espantadas por ver o que o Senhor obrava nela de grandes virtudes; e afirmam as monjas e priora[3] que em tudo quanto viveu jamais perceberam nela coisa que se pudesse ter por imperfeição, nem jamais por coisa a viram de diferente semblante, senão com uma alegria modesta, que dava bem a entender o gozo interior que trazia sua alma. Um calar sem pesadume, que tendo grande silêncio, era de maneira que não se podia notar por coisa particular. Não consta ter jamais falado palavra que houvesse nela que repreender, nem nela se viu porfia nem uma desculpa, ainda que a priora, para prová-la, a quisesse culpar do que não tinha feito, como nestas casas se costumava para mortificar. Nunca jamais se queixou de coisa nem de nenhuma irmã, nem por semblante nem palavra deu desgosto a nenhuma com ofício que tivesse, nem ocasião para que dela se pensasse qualquer imperfeição, nem se achava por que acusá-la de qualquer falta em capítulo, sendo coisas bem miúdas as que ali as zeladoras dizem que têm notado. Em todas as coisas era estranho o seu concerto interior e exteriormente. Isto nascia de trazer muito presente a eternidade e para o que Deus nos tinha criado. Sempre trazia na boca louvores de Deus e um agradecimento grandíssimo. Enfim, uma perpétua oração.

2. No tocante à obediência, jamais teve falta, senão com uma prontidão e perfeição e alegria para tudo o que lhe era mandado. Grandíssima caridade com os próximos, de maneira que dizia que por cada um se deixa-

---

1. No original, o título deste capítulo não está escrito pela mão da Santa, mas pela mesma que escreveu o índice dos capítulos do *Caminho*, autógrafo do Escorial.
2. Vestiu o hábito em Valladolid aos 8/9/1569 e professou em 17/9/1570. Morreu três anos depois, 5/5/1573 (?).
3. M. Maria Bautista, cf. c. 11, n. 3, nota.

ria fazer em mil pedaços a troco de que não perdessem a alma e gozassem de seu irmão Jesus Cristo, que assim chamava a nosso Senhor. Em seus trabalhos, os quais sendo grandíssimos, de terríveis enfermidades – como adiante direi[4] – e de grandíssimas dores, os padecia com tão grandíssima vontade e contento como se fossem grandes regalos e deleites. Nosso Senhor devia dar no espírito, porque não é possível menos, segundo com a alegria os levava.

3. Aconteceu que neste lugar de Valladolid levavam a queimar alguns por grandes delitos. Ela devia saber que não iam para a morte com tão bom aparelho como convinha, e deu-lhe tão grandíssima aflição, que com grande fadiga foi a nosso Senhor e lhe suplicou com muito afinco pela salvação daquelas almas; e que a troco do que eles mereciam, ou para que ela merecesse alcançar isto – que das palavras pontualmente não me lembro –, lhe desse toda a sua vida todos os trabalhos e penas que ela pudesse levar. Naquela mesma noite lhe deu a primeira calentura, e até que morreu sempre foi padecendo. Eles morreram bem, por onde parece que Deus ouviu a sua oração.

4. Deu-lhe logo um apostema dentro das tripas com tão gravíssimas dores, que era bem mister para sofrê-las com paciência o que o Senhor tinha posto em sua alma. Este apostema era na parte de dentro, aonde coisa das medicinas que faziam para ela não lhe aproveitava; até que o Senhor quis que ele se abrisse e soltasse a matéria, e assim melhorou algo deste mal. Com aquela gana que lhe dava de padecer, não se contentava com pouco; e assim ouvindo um sermão num dia da Cruz, cresceu tanto este desejo que, como acabaram, com um ímpeto de lágrimas foi sobre sua cama e, perguntando-lhe o que tinha, disse que rogassem a Deus para lhe dar muitos trabalhos e que com isto estaria contente.

5. Com a priora tratava ela todas as coisas interiores e se consolava nisto. Em toda a enfermidade jamais deu o menor pesadume do mundo, nem fazia mais do que a enfermeira queria, ainda que fosse beber um pouco de água. Desejar trabalhos é muito comum às almas que têm oração, se estão sem eles; mas, estando nos mesmos trabalhos, alegrar-se por padecê-los não é de muitas. E assim, já que estava tão apertada, que durou pouco

---

4. No n. 4 e seguintes.

e com dores muito excessivas e um apostema que deu dentro da garganta que não a deixava tragar, estavam ali algumas das irmãs, e disse à priora (como a devia consolar e animar a levar tanto mal) que nenhuma pena tinha, nem se trocaria por nenhuma das irmãs que estavam muito boas. Tinha tão presente aquele Senhor por quem padecia, que tudo o mais que ela podia rodear[5] para que não entendessem o muito que padecia. E assim, a não ser quando a dor a apertava muito, se queixava muito pouco.

6. Parecia-lhe que não havia na terra coisa mais ruim que ela, e assim, em tudo o que se podia perceber, era grande sua humildade. Ao tratar de virtudes de outras pessoas, se alegrava mui muito. Em coisas de mortificação era extremada. Com uma dissimulação se apartava de qualquer coisa que fosse de recreação, que, quem não estivesse de sobreaviso, não o percebiam. Não parecia que vivia nem tratava com as criaturas segundo tudo pouco se lhe dava; que de qualquer maneira que fossem as coisas, as levava com uma paz, que sempre a viam estar em um ser;[6] tanto que lhe disse uma vez uma irmã que parecia de umas pessoas que há muito honradas, que ainda que morram de fome, quer mais que os de fora não o sintam, porque não podiam crer que ela deixava de sentir algumas coisas, ainda que tão pouco parecesse a ela.

7. Tudo o que fazia de lavor e de ofícios era com um fim que não deixava perder o mérito, e assim dizia às irmãs: "Não tem preço a coisa mínima que se faz, se é por amor de Deus; não havíamos de mover os olhos, irmãs, a não ser para este fim e para agradá-lo". Jamais se intrometia em coisa que não estivesse a seu encargo; assim não via falta de ninguém, senão de si. Sentia tanto que dela se dissesse qualquer bem, que assim tinha cuidado de não lhe dizer de ninguém em sua presença, para não dar pena a elas. Nunca procurava consolo, nem em ir à horta nem em coisa criada; porque, segundo ela disse, grosseria seria[7] buscar alívio das dores que nosso Senhor lhe dava; e assim nunca pedia coisa, a não ser o que lhe davam: com

---

5. Elipse violenta: teria que ler *rodeava* (em vez de rodear) ou então completar a frase: *que* rodeava *tudo o mais que ela podia, para que...*

6. *Estar em um ser*: sem alterar-se. – Antes, "pouco se lhe dava": pouco se importava. – Na frase seguinte, "não o sintam": não fiquem sabendo.

7. A Santa omitiu o *seria*, incorrendo mais uma vez em seu típico deslize de haplografia: gros*seria seria*.

isso passava. Também dizia que antes seria cruz para ela tomar consolo em coisa que não fosse Deus. O caso é que, informando-me eu pelas da casa, não houve nenhuma que tivesse visto nela coisa que parecesse senão de alma de grande perfeição.

8. Pois chegado o tempo em que nosso Senhor a quis levar desta vida, cresceram as dores e tantos males juntos, que, para louvar nosso Senhor de ver o contentamento como o levava, iam vê-la algumas vezes. Em especial teve grande desejo de achar-se à sua morte o capelão que confessa naquele mosteiro, que é bastante servo de Deus; que, como ele a confessava, a tinha por santa. Foi servido que se cumpriu este desejo, que como estava com tanto sentido e já ungida, chamaram-no para que, se fosse preciso naquela noite reconciliá-la ou ajudá-la a morrer. Um pouco antes das nove, estando todas com ela e ele o mesmo, como um quarto de hora antes que morresse, desapareceram todas as suas dores; e com uma paz muito grande, levantou os olhos e se pôs nela uma alegria de maneira no rosto, que pareceu como um resplendor; e ela estava como quem olha para alguma coisa que lhe dá grande alegria, porque assim sorriu por duas vezes. Todas as que estavam ali e o próprio sacerdote, foi tão grande o gozo espiritual e alegria que receberam, que não sabe dizer mais de que lhes parecia que estavam no céu. E com esta alegria que digo, os olhos no céu, expirou, ficando como um anjo, que assim podemos crer, segundo nossa fé e segundo sua vida, que Deus a levou a descanso em pagamento de tudo o que tinha desejado padecer por Ele.

9. Afirma o capelão, e assim o disse a muitas pessoas, que no momento de colocar o corpo na sepultura, sentiu nele grandíssimo e muito suave odor. Também afirma a sacristã que de toda a cera que em seu enterro e honras ardeu, não achou nada diminuído da cera. Tudo se pode crer da misericórdia de Deus. Tratando estas coisas com um confessor seu da Companhia de Jesus, com que tinha muitos anos confessado e tratado sua alma, disse que não era muito nem ele se espantava, porque sabia que nosso Senhor tinha muita comunicação com ela.

10. Praza a Sua Majestade, filhas minhas, que saibamos aproveitar de tão boa companhia como esta e outras muitas que nosso Senhor nos dá nestas casas. Poderá ser que diga algumas coisas delas, para que se esforcem por imitar as que vão com alguma tibieza, e para que louvemos todas o Senhor que assim resplandece a sua grandeza numas fracas mulherzinhas.

Capítulo 13

Em que trata como se começou a primeira casa da Regra primitiva, e por quem, dos descalços carmelitas. Ano de 1568.[1]

1. Antes que eu fosse a esta fundação de Valladolid, como já concertara com o padre frei Antônio de Jesus, que era então prior em Medina, em Santa Ana, que é da Ordem do Carmo, e com frei João da Cruz – como tenho dito[2] – que seriam os primeiros que entrassem, se fosse feito mosteiro da primeira Regra de Descalços, e como eu não tivesse remédio para ter casa, não fazia senão encomendá-lo a nosso Senhor; porque – como tenho dito – eu estava satisfeita com estes padres.[3] Porque ao padre frei Antônio de Jesus o Senhor tinha bem exercitado em trabalhos durante um ano desde que eu tinha tratado isso com ele e o tinha levado com muita perfeição. Do padre frei João da Cruz não havia mister de nenhuma prova, porque ainda que estivesse entre os do pano, calçados, sempre tinha levado vida de muita perfeição e religião. Foi nosso Senhor servido que como me deu o principal, que eram frades que começassem, ordenou o demais.

2. Um cavalheiro de Ávila, chamado dom Rafael,[4] com quem eu nunca tinha tratado, não sei como – que não me lembro – veio a saber que se queria fazer um mosteiro de Descalços; e veio me oferecer que me daria uma casa que tinha num lugarejo de muito poucos vizinhos,[5] que me parece não seriam vinte – que não me lembro agora –, que tinha ali para um rendeiro que recolhia a renda do trigo que tinha ali. Eu, ainda que visse qual devia ser, louvei nosso Senhor e lhe agradeci muito. Disse-me que era

---

1. Em ordem... *como e por quem se começou a p. casa da Regra primitiva dos carmelitas descalços.* – Ver este mesmo torneio de frase no n. 1: *mosteiro da 1ª Regra de descalços.*
2. No c. 3, n. 16-17. – Desta vez a Santa escreveu *fray Juan de la †.*
3. Na realidade, só estava satisfeita com frei João da Cruz. Por duas vezes disse do P. Antônio que "com tudo isto, não estava muito satisfeita com ele" (c. 3, n. 16), e que "ainda assim não estava tão satisfeita com o prior" (c. 3, n. 17).
4. Chamava-se D. Rafael Mejía Velázquez, como consta no livro primitivo de Duruelo.
5. À margem do original Gracián anotou: "Duruelo se chamava o lugar".

As fundações

caminho de Medina del Campo, que eu ia por ali para ir à fundação de Valladolid, que é caminho direito e que a veria. Eu disse que o faria, e assim o fiz, que parti de Ávila por junho com uma companheira e com o padre Julián Dávila, que era o sacerdote que tenho dito[6] que me ajudava por estes caminhos, capelão de São José de Ávila.

3. Embora partíssemos de manhã, como não sabíamos o caminho, o erramos; e como o lugar é pouco conhecido, não se acha muita relação dele.[7] Assim andamos naquele dia com farto trabalho, porque fazia sol muito forte. Quando pensávamos que estávamos perto, havia outro tanto que andar. Sempre me lembro do cansaço e desvario que tínhamos naquele caminho. Assim chegamos pouco antes da noite.

Ao entrarmos na casa, estava de tal sorte, que não nos atrevemos a ficar ali naquela noite por causa da demasiada pouca limpeza que tinha e muita gente de agosto.[8] Tinha um portal razoável e uma câmara dupla com seu sótão, e uma pequena cozinha. Este edifício todo tinha o nosso mosteiro. Considerei que no portal se podia fazer igreja e o no sótão, coro, que servia bem, e dormir na câmara.

Minha companheira, ainda que fosse bastante melhor do que eu e muito amiga de penitência, não podia sofrer que eu pensasse em fazer ali mosteiro, e assim me disse: "certo, madre, que não haja espírito, por bom que seja, que o possa sofrer. Vós não trateis disto". O padre que ia comigo, ainda que lhe parecesse o mesmo que à minha companheira, como lhe disse minhas intenções, não me contradisse.[9] Passamos a noite na igreja, que para o cansaço grande que levávamos não queríamos passá-la em vigília.

4. Chegados a Medina, falei logo com o padre frei Antônio, e disse-lhe o que se passava e que se teria coração para ficar ali algum tempo,

---

6. Cf. c. 3, n. 2 e c. 10, n. 4.
7. De Duruelo a Ávila eram 8 ou 9 léguas de caminho. – Eram *mais conhecidos* os *Duruelos* de Segóvia e Sória.
8. *Gente de agosto*, esp. *gente del agosto*. Não se atreveram a ficar naquela casa nessa noite não apenas pelo abandono e pouca limpeza que havia em toda a casa, mas sobretudo também por causa da grande quantidade de parasitas de verão que havia nela. [Lembremos que agosto é o mês da colheita.]
9. A *companheira* era Antonia del Espíritu Santo, uma das "quatro primitivas" de São José de Ávila. O *Padre* era Julián de Ávila, a quem a casa pareceu "de grande pobreza, à maneira de alcaria" (*Vida de Santa Teresa*, Madri, 1881, parte II, c. 8, p. 265).

que tivesse certeza que Deus o remediaria depressa, que tudo era começar (parece-me que tinha tão diante o que o Senhor fez, e tão certo – à maneira de dizer – como agora que o vejo, e ainda muito mais do que até agora tenho visto; que no tempo em que esta escrevo, há dez mosteiros de Descalços[10] pela bondade de Deus), e que cresse que não nos daria a licença o provincial passado nem o presente (que havia de ser com seu consentimento, segundo disse no princípio),[11] se nos vissem em casa muito medrada, deixado que não tínhamos remédio dela, e que naquele lugarzinho e casa que não fariam caso deles. A ele havia Deus posto mais ânimo que a mim; e assim disse que não só ali, mas que ficaria até numa pocilga. Frei João da Cruz estava no mesmo.

5. Agora nos restava alcançar a vontade dos dois padres que tenho dito, porque nosso padre Geral tinha dado a licença com essa condição. Eu esperava em nosso Senhor alcançá-la, e assim deixei o padre frei António que tivesse cuidado de fazer tudo o que pudesse reunindo algo para a casa. Eu fui com frei João da Cruz à fundação que fica escrita de Valladolid.[12] E como estivemos alguns dias com oficiais para arrumar a casa, sem clausura, havia lugar para informar o padre frei João da Cruz de toda a nossa maneira de proceder, para que levasse bem entendidas todas as coisas, assim de mortificação como do estilo de irmandade e recreação que temos juntas, que é com tanta moderação, que só serve para entender ali as faltas das irmãs e tomar um pouco de alívio para levar o rigor da Regra. Ele era tão bom, que ao menos eu podia muito mais aprender dele que ele de mim, mas não era isto o que eu fazia, senão mostrar o estilo do proceder das irmãs.

6. Foi Deus servido que estivesse ali o provincial de nossa Ordem, de quem eu havia de tomar o beneplácito, chamado frei Alonso González.

---

10. Os conventos de descalços fundados até então eram: Duruelo (transferido para Mancera em junho de 1570), Pastrana, Alcalá de Henares, Altomira, La Roda, San Juan del Puerto, Granada, La Peñuela e Los Remedios de Sevilha. No total são nove, não dez como diz a Santa, a não ser que o presente capítulo tenha sido escrito depois de 1575, ano em que foi fundado o convento de Almodóvar del Campo, inaugurado em março desse ano.

11. No c. 2, n. 5. – *Provincial passado*: Angel de Salazar. *Provincial presente*: Alonso González. – *Deixado que não tínhamos remédio dela*: além de não ter meio de adquiri-la.

12. Cf. o c. 10, n. 4.

Era velho e bastante boa coisa e sem malícia. Eu lhe disse tantas coisas e da conta que daria a Deus se estorvasse tão boa obra, quando a pedi, e Sua Majestade que o dispôs – como queria que se fizesse –, que se abrandou muito. Tendo chegado a senhor dona Maria de Mendoza e o bispo de Ávila, seu irmão, que é quem sempre nos tem favorecido e amparado, acabaram convencendo a ele e ao padre frei Angel de Salazar, que era o Provincial passado, de quem eu temia toda a dificuldade. Mas ofereceu-se então certa necessidade que houve mister do favor da senhora dona Maria de Mendoza, e isto creio ajudou muito, deixado que, ainda que não houvesse esta ocasião, nosso Senhor o teria posto no coração, como ao padre Geral, que estava bem fora disso.

7. Oh, valha-me Deus, quantas coisas tenho visto nestes negócios que pareciam impossíveis e quão fácil tem sido para sua Majestade aplaná-las! E qual é a minha confusão, vendo o que tenho visto, não ser melhor do que sou! Que agora que o estou escrevendo, fico espantada e desejando que nosso Senhor dê a entender a todos como nestas fundações não é quase nada o que as criaturas temos feito. O Senhor tem ordenado tudo por uns princípios tão baixos, que só Sua Majestade o poderia levantar no que agora está. Seja para sempre bendito, amém.

Capítulo 14

Prossegue na fundação da primeira casa dos descalços carmelitas. Diz algo da vida que ali faziam, e do proveito que começou a fazer nosso Senhor naqueles lugares, para honra e glória de Deus.

1. Como eu tive estas duas vontades,[1] já me parecia que não me faltava nada. Ordenamos que o padre frei João da Cruz fosse à casa, e acomodasse de maneira que pudessem entrar nela de qualquer forma;[2] que toda a minha pressa era até que começassem, porque tinha grande temor que nos viesse algum estorvo; e assim se fez. O padre frei Antônio já tinha reunido algo do que era mister; e nós o ajudávamos no que podíamos, ainda que fosse pouco. Veio ali a Valladolid para falar comigo com grande contento e disse-me o que tinha reunido, que era bastante pouco; só de relógios estava provido, que levava cinco, que me caiu em bastante graça. Disse-me que para ter as horas certas, que não queria ir despercebido; creio que ainda não tinha em que dormir.

2. Demorou-se um pouco em adereçar a casa, porque não havia dinheiro, ainda que quisessem fazer muito. Acabado, o padre frei Antônio renunciou ao seu priorado com farta vontade e prometeu a primeira Regra; ainda que lhe dissessem que o provasse primeiro, não quis. Ia para sua casinha com o maior contentamento do mundo. Já frei João estava lá.

3. O padre frei Antônio me tinha dito que, quando chegou a ver o lugarzinho, lhe deu um gozo interior muito grande e lhe pareceu que já tinha conseguido deixar tudo no mundo e meter-se naquela solidão, aonde nem para um nem para outro a casa era má, senão que parecia que estavam em grandes deleites.[3]

4. Oh, valha-me Deus! Quão pouco são estes edifícios e regalos exteriores para o interior! Por seu amor vos peço, irmãs e padres meus, que

---

1. A licença dos Provinciais (cf. c. 13, n. 6).
2. Ele foi para Duruelo no final de setembro de 1568.
3. O padre frei Antônio chegou a Duruelo em 27/11/1568.

nunca deixeis de ir muito moderados nisto de casas grandes e suntuosas. Tenhamos diante nossos fundadores verdadeiros, que são aqueles santos pais de onde descendemos, que sabemos que por aquele caminho de pobreza e humildade gozam de Deus.

5. Verdadeiramente tenho visto haver mais espírito e até alegria interior quando parece que não têm os corpos como estar acomodados do que depois que já têm muita casa e o estão. Por grande que seja, que proveito nos traz, pois não é só de uma cela que gozamos continuamente? Que ela seja muito grande e bem feita, que nos importa? Sim, que não havemos de andar olhando as paredes. Considerado que não é a casa que nos há de durar para sempre, senão tão breve tempo como é o da vida, por longa que seja, tudo será suave para nós vendo que quanto menos tivermos cá, mais gozaremos naquela eternidade, aonde são as moradas conforme ao amor com que temos imitado a vida de nosso bom Jesus. Se dissermos que estes princípios são para renovar a Regra da Virgem sua Mãe, e Senhora e Patrona nossa, não façamos tanto agravo a ela, nem a nossos santos pais passados, que deixemos de conformar-nos com eles. Já que por nossa fraqueza em tudo não podemos, nas coisas que não faz nem desfaz para sustentar a vida havíamos de andar com grande aviso; pois tudo é um pouquinho de trabalho saboroso, como tinham estes dois padres; e ao nos determinarmos em passá-lo, acabou-se a dificuldade, que toda é a pena um pouquinho no princípio.

6. No primeiro ou segundo domingo de advento deste ano de 1568 (que não me lembro em qual destes domingos foi), se disse a primeira missa naquele portalzinho de Belém, que não me parece que era melhor.[4] Na quaresma seguinte, vindo à fundação de Toledo, passei por ali. Cheguei numa manhã. Estava o padre frei Antônio de Jesus varrendo a porta da igreja, com um rosto de alegria que ele tem sempre. Eu lhe disse: "Que é

---

4. Foi provavelmente no primeiro domingo do advento (28/11/1568). – Na frase seguinte, datando a própria visita aos descalços de Duruelo, a Santa começou a escrever: *na primeira semana*, palavras que logo riscou. No entanto, a visita aconteceu por volta da *primeira semana* da quaresma de 1569; aos 22 de fevereiro saiu de Valladolid para Toledo, passando por Medina, Duruelo e Ávila. O dia 23 do mesmo mês daquele ano foi quarta-feira de cinzas; portanto, os fundadores de Duruelo foram surpreendidos em pleno fervor de sua primeira quaresma reformada...

isto, meu pai? O que foi feito da honra?" Disse-me estas palavras, dizendo-me o grande contento que tinha: "Maldigo o tempo em que a tive".

Ao entrar na igreja, fiquei espantada de ver o espírito que o Senhor tinha posto ali. E não era só eu, que dois mercadores que tinham vindo de Medina até ali comigo, que eram meus amigos, não faziam outra coisa senão chorar. Havia tantas cruzes, tantas caveiras! Nunca me esqueço de uma cruz pequena de pau que tinha para a água benta, que tinha nela pegada uma imagem de papel com um Cristo que parecia que punha mais devoção do que se fosse coisa muito bem lavrada.

7. O coro era no sótão, que no meio era alto, que podiam dizer as horas; mas tinham de se abaixar muito para entrar e para ouvir missa. Nos dois cantos, em direção à igreja, duas pequenas ermidas, aonde não podiam estar senão deitados ou sentados, cheias de feno (porque o lugar era muito frio e o telhado quase tocava nas cabeças), com duas janelinhas para o altar e duas pedras por cabeceiras, e ali suas cruzes e caveiras. Soube que depois que acabavam as matinas até a prima não tornavam a sair, senão ali ficavam em oração, que a tinham tão grande, que lhes acontecia ir com bastante neve nos hábitos, quando iam à prima e não tê-lo sentido. Diziam suas horas com outro padre dos do pano, que foi ficar com eles, ainda que não mudasse hábito, porque era muito enfermo, e outro frade mancebo, que não era ordenado, que também estava ali.[5]

8. Iam a muitos lugares sem nenhuma doutrina próximos dali pregar, e também por isto me alegrei que se fizesse ali a casa; que me disseram que nem havia mosteiro perto nem de onde tê-la, que era grande lástima. Em tão pouco tempo era tanto o crédito que tinham, que a mim me fez grandíssimo consolo quando o soube. Iam – como digo – pregar légua e meia, duas léguas, descalços (então não traziam alpargatas, que depois os mandaram pôr), e com bastante neve e frio; e depois que tinham pregado e confessado, tornavam bem tarde para comer em sua casa. Com o contento, tudo era pouco para eles.

9. Disto de comer tinham muito bastante, porque dos lugares próximos eram providos mais do que tinham mister; e vinham ali para confessar

---

5. Eram eles o P. Lucas de Celis e o Irmão José de Cristo.

alguns cavalheiros que estavam naqueles lugares, aonde lhes ofereciam já melhores casas e sítios. Entre estes foi um dom Luís, Senhor das Cinco Vilas.[6] Este cavalheiro tinha feito uma igreja para uma imagem de nossa Senhora, certamente bem digna de pôr em veneração. Seu pai a enviou de Flandres à sua avó ou mãe (que não me lembro qual), com um mercador. Ele se afeiçoou tanto a ela, que a teve muitos anos, e depois, na hora da morte mandou que a levassem. É um retábulo grande, que eu não vi em minha vida (e outras muitas pessoas dizem o mesmo) coisa melhor. O padre frei Antônio de Jesus, tendo ido àquele lugar a pedido deste cavalheiro e viu a imagem, afeiçoou-se tanto a ela, e com muita razão, que aceitou passar para ali o mosteiro.[7] Chama-se este lugar Mancera. Ainda que não tivesse nenhuma água de poço, nem de nenhuma maneira parecia que podiam tê-la ali, este cavalheiro construiu-lhes um mosteiro conforme à sua profissão, pequeno, e deu paramentos. Ele o fez muito bem.

10. Não quero deixar de dizer como o Senhor lhes deu água, que se teve por coisa de milagre. Estando um dia depois de cear o padre frei Antônio, que era prior, na clausura com seus frades falando na necessidade de água que tinham, levantou-se o prior e tomou um bordão que trazia nas mãos e fez numa parte dele o sinal da cruz, ao que me parece, ainda que não me lembre bem se fez cruz; mas, enfim, assinalou com o pau e disse: "agora, cavai aqui". A muito pouco que cavaram, saiu tanta água, que até para limpá-lo era difícil de esgotar; e a água de beber muito boa, que toda a obra gastaram dali, e nunca – como digo – se esgota. Depois que cercaram uma horta, procuraram ter água nela e feito nora e gasto bastante. Até agora, coisa que seja nada, não a puderam achar.

11. Pois quando vi aquela casinha, que pouco antes não se podia estar nela, com um espírito, que em cada parte – me parece – que mirava, achava com que me edificar, e entendi da maneira que viviam e com a mortificação e oração e o bom exemplo que davam, porque ali me veio ver um cavalheiro e sua mulher que eu conhecia, que estava num lugar perto, e não me acabavam de dizer de sua santidade e o grande bem que faziam naqueles povoados, não me fartava de dar graças a nosso Senhor, com um

---

6. *As cinco vilas* eram: Salmoral, Naharros, San Miguel, Montalvo e Gallegos. Dois filhos de D. Luís foram carmelitas: Henrique e Isabel.

7. A transferência para *Mancera de Abajo* foi feita em 11 de junho de 1570.

gozo interior grandíssimo, por parecer-me que via começado um princípio para grande aproveitamento de nossa Ordem e serviço de nosso Senhor. Praza a Sua Majestade que leve adiante, como agora vão, que meu pensamento será bem verdadeiro.

Os mercadores que tinham ido comigo me diziam que por todo o mundo não quereriam ter deixado de ir ali. Que coisa é a virtude, que mais lhes agradou aquela pobreza que todas as riquezas que eles tinham, e os fartou e consolou sua alma!

12. Depois que aqueles padres e eu tratamos algumas coisas, em especial – como sou fraca e ruim – lhes roguei muito não fossem nas coisas de penitência com tanto rigor, que o levavam muito grande; e como me tinha custado tanto de desejo e oração que me desse o Senhor quem o começasse e via tão bom princípio, temia que o demônio buscasse como acabá-los antes que se efetuasse o que eu esperava. Como imperfeita e de pouca fé, não olhava que era obra de Deus e Sua Majestade a havia de levar adiante. Eles, como tinham estas coisas que a mim faltavam, fizeram pouco caso de minhas palavras para deixar suas obras; e assim me fui com farto grandíssimo consolo, ainda que não desse a Deus os louvores que merecia tão grande mercê.

Praza a Sua Majestade, por sua bondade, seja eu digna de servir em algo o mui muito que lhe devo, amém; bem entendia que era esta muito maior mercê que a que me fazia em fundar casas de monjas.

Capítulo 15

Em que se trata da fundação do mosteiro do glorioso São José na cidade de Toledo, que foi no ano de 1569.

1. Estava na cidade de Toledo um homem honrado e servo de Deus, mercador, o qual nunca se quis casar, senão levava uma vida como muito católico, homem de grande verdade e honestidade. Com trato lícito juntava sua fazenda com intento de fazer dela uma obra que fosse muito agradável ao Senhor. Deu-lhe o mal da morte. Chamava-se Martín Ramírez. Sabendo um padre da Companhia de Jesus, chamado Pablo Hernández, com quem eu estando neste lugar me tinha confessado quando estava concertando a fundação de Malagón, o qual tinha muito desejo de que se fizesse um mosteiro destes no lugar, fui falar com ele, e disse-me o serviço que seria de nosso Senhor tão grande, e como os capelães e capelanias que queria fazer as podia deixar neste mosteiro, e que se fariam nele certas festas e tudo o demais que ele estava determinado a deixar numa paróquia deste lugar.[1]

2. Ele estava já tão mal que vi que não havia tempo para concertar isto, e deixou tudo nas mãos de um irmão que tinha, chamado Alonso Alvarez Ramírez, e com isto Deus o levou.[2] Acertou bem; porque é este Alonso Alvarez homem bastante discreto e temeroso de Deus e de muita verdade e esmoleiro e de muito bom senso, que dele, tenho tratado muito, como testemunha de vista, posso dizer isto com grande verdade.

3. Quando Martín Ramírez morreu, eu ainda estava na fundação de Valladolid, aonde me escreveu o padre Pablo Hernández, da Companhia, e o próprio Alonso Alvarez, dando-me conta do que se passava e que se quisesse aceitar esta fundação me apressasse em vir; e assim parti pouco depois

---

1. A Santa respondeu ao interesse do P. Hernández pela fundação enviando a ele uma autorização para agir em seu nome (ver B.M.C., t. 5, p. 411-412). A cronologia das efemérides aqui citadas pode ser fixada assim: em 21/2/1569 a Santa sai de Valladolid; detém-se em Ávila, de onde parte em meados de março; no dia 24 de março chega a Toledo.

2. Morreu em 31 de outubro de 1568.

que se acabou de acomodar a casa. Cheguei a Toledo na véspera de nossa Senhora da Encarnação,[3] e fui à casa da senhora dona Luísa, que é aonde tinha estado nas outras vezes, e a fundadora de Malagón. Fui recebida com grande alegria, porque é muito o que me quer. Levava duas companheiras de San José de Ávila, bastante servas de Deus.[4] Deram-nos logo um aposento, como de costume, aonde estávamos com o recolhimento de um mosteiro.

4. Comecei logo a tratar dos negócios com Alonso Alvarez e um genro seu, chamado Diego Ortiz, que era, ainda que muito bom e teólogo, mais firme em seu parecer que Alonso Alvarez; não se punha tão depressa na razão. Começaram a pedir de mim muitas condições, que me parecia que eu não devia outorgar. Andando nas negociações e buscando uma casa alugada para tomar a posse, nunca a puderam achar – ainda que se buscasse muito – que conviesse; nem eu tampouco podia conseguir do governador que me desse a licença (que neste tempo não havia Arcebispo),[5] ainda que esta senhora aonde estava o procurasse muito e um cavalheiro que era cônego nesta igreja, chamado dom Pedro Manrique, filho do Adiantado de Castela: era muito servo de Deus, e o é, que ainda está vivo, e tendo bem pouca saúde, uns anos depois que se fundou esta casa entrou na Companhia de Jesus, aonde está agora;[6] era muita coisa neste lugar, porque tem muito entendimento e valor; contudo, não podia conseguir que me dessem esta licença, porque quando o Governador estava um pouco brando, não estavam os do Conselho.[7] Por outro lado, Alonso Alvarez e eu não

---

3. Hoje dizemos "*Anunciação*"; era 24 de março de 1569. Hospedava-se em casa de dona Luísa de la Cerda (cf. c. 9, n. 4).
4. Isabel de São Paulo e Isabel de São Domingos; muito famosa a segunda (cf. *Epistolário*): foi priora em Toledo, depois em Pastrana (1569), onde enfrentará a terrível princesa de Éboli (cf. c. 17, n. 17), transferindo-se com as monjas, móveis e alfaias para Segóvia (1574), numa retirada épica. Depois foi também priorésa de Zaragoza (1588) e Ocaña (1598).
5. Era Arcebispo o célebre Bartolomé Carranza, então envolvido num tristemente famoso processo inquisitorial.
6. Dom Pedro Manrique era tio de Casilda de Padilla, cuja história a Santa nos contou nos capítulos 10-11.
7. Este *Governador* era o presidente do *Conselho* eclesiástico de governo, que administrava os bens da diocese primaz de Toledo. No momento era D. Gómez Tello Girón.

conseguíamos entrar em acordo, por causa de seu genro, a quem ele dava muita mão.[8] Enfim, chegamos a nos desconcertar de todo.

5. Eu não sabia o que fazer, porque não tinha vindo para outra coisa e via que havia de ser muito notado eu ir embora sem fundar. Contudo, sentia mais por não me darem a licença que pelo demais; porque entendia que, tomada a posse, nosso Senhor proveria, como tinha feito em outras partes. E assim me determinei a falar ao Governador, e fui a uma igreja que está junto com sua casa e mandei suplicar que tivesse por bem falar comigo. Fazia já mais de dois meses que se andava em procura dele e cada dia era pior. Quando me vi com ele, disse-lhe que era duro que houvesse mulheres que queriam viver em tanto rigor e perfeição e encerramento, e que os que não passavam nada disto, mas ficavam em regalos, quisessem estorvar obras de tanto serviço de nosso Senhor. Estas e outras muitas coisas lhe disse com uma determinação grande que o Senhor me dava. De tal maneira comoveu o seu coração, que antes que me despedisse dele, me deu a licença.

6. Eu me fui muito contente, me parecia que já tinha tudo, sem ter nada; porque deviam ser até três ou quatro ducados o que tinha, com que comprei duas telas[9] (porque nenhuma coisa tinha de imagem para pôr no altar) e dois enxergões e uma manta. De casa não havia memória. Com Alonso Alvarez eu estava desconcertada. Um mercador, amigo meu, do mesmo lugar, que nunca quisera casar-se, e não se ocupa senão em fazer boas obras com os presos do cárcere, e outras muitas obras boas que faz, e me tinha dito que não tivesse pena, que ele me buscaria uma casa (chama-se Alonso de Ávila), caiu doente. Alguns dias antes tinha chegado àquele lugar um frade franciscano, chamado frei Martín de la Cruz, muito santo. Ficou alguns dias e quando se foi, enviou-me um mancebo que ele confessava, chamado Andrada, nada rico, senão farto pobre, a quem ele rogou fizesse tudo o que eu lhe dissesse. Ele, estando um dia numa igreja na missa, foi falar comigo e dizer o que lhe dissera aquele bendito, e que estivesse certa que em tudo o que ele pudesse que o faria por mim, ainda

---

8. *Dava muita mão*: apoiava, dava poderes.
9. Estes dois quadros (de 1,30 x 1,07 e de 1,12 x 0,82) ainda são venerados na Comunidade e representam, respectivamente, Jesus caído sob a cruz e o Senhor sentado e mergulhado em profunda meditação.

que só com sua pessoa podia ajudar-nos. Eu agradeci, e me caiu bastante em graça e a minhas companheiras mais por ver a ajuda que o santo nos enviava, porque seu traje não era para tratar com Descalças.

7. Pois como eu me vi com a licença e sem nenhuma pessoa que me ajudasse, não sabia o que fazer nem a quem encomendar que me buscasse uma casa alugada. Lembrei-me do mancebo que frei Martinho da Cruz me tinha enviado e o disse às minhas companheiras. Elas riram muito de mim e disseram que não fizesse isso, que não serviria para mais que descobri-lo.[10] Eu não quis ouvi-las, por ser enviado por aquele servo de Deus, confiava que havia de fazer algo e que não tinha sido sem mistério.[11] E assim o mandei chamar e lhe contei todo o segredo que pude encarregar a ele, o que se passava, e que para este fim lhe rogava que me buscasse uma casa, que eu daria fiador para o aluguel. Este era o bom Alonso de Ávila, que tenho dito[12] que caiu doente. Ele achou muito fácil e me disse que a buscaria. Logo, no outro dia de manhã, estando na missa na Companhia de Jesus, veio falar comigo e disse que já tinha a casa, que ali trazia as chaves, ficava perto, que a fôssemos ver, e assim o fizemos; e era tão boa, que ficamos nela quase um ano.[13]

8. Muitas vezes, quando considero nesta fundação, me espantam os planos de Deus; que fazia quase três meses – pelo menos mais de dois, que não me lembro bem – que tinham andado dando volta a Toledo para buscá-la pessoas tão ricas e, como se não houvesse casas nele, nunca a puderam achar, e veio logo este mancebo, que não o era, senão farto pobre, e quer o Senhor que logo a ache; e que podendo-se fundar sem trabalho estando concertada com Alonso Alvarez, que não o estivesse, senão bem fora de sê-lo, para que fosse a fundação com pobreza e trabalho.

9. Pois como a casa nos contentou, logo dei ordem para que se tomasse a posse antes que nela se fizesse qualquer coisa, para que não houvesse algum estorvo; e bem em breve me veio o dito Andrada dizer que naquele dia se desembaraçava a casa, que levássemos as nossas alfaias. Eu

---

10. *Não serviria para mais que descobri-lo*: serviria apenas para tornar público o plano secreto de fundação.
11. N.T.: *Não tinha sido sem mistério*: não havia acontecido por acaso.
12. No n. 6.
13. Desde 14 de maio até final do mesmo mês de 1570.

lhe disse que pouco havia que fazer, que nenhuma coisa tínhamos senão dois enxergões e uma manta. Ele devia espantar-se. Pesou às minhas companheiras que lhe dissesse isso, e me disseram que como o tinha dito, que nos vendo tão pobres não nos quisesse ajudar. Eu não adverti nisso e ele fez pouco caso; porque quem lhe dava aquela vontade havia de levá-la adiante até fazer a sua obra; e é assim que ele teve que acomodar a casa e trazer oficiais, não me parece que lhe fazíamos vantagem. Buscamos emprestado adereço para dizer missa, e com um oficial fomos, à boca da noite, com uma campainha, para tomar a posse, das que se tocam para elevar, que não tínhamos outra; e com muito medo meu andamos toda a noite preparando-o, e não houve aonde fazer a igreja, senão numa peça, que a entrada era por outra casinha, que estava junto, que tinham umas mulheres, e seu dono também no-la tinha alugado.

10. Já que tivemos tudo a ponto que queria amanhecer e não tínhamos ousado dizer nada às mulheres para que não nos descobrissem, começamos a abrir a porta, que era de um tabique, e dava para um patiozinho bem pequeno. Como elas ouvissem golpes, pois estavam na cama, levantaram-se espavoridas. Tivemos muito que fazer para aplacá-las, mas já era a hora que logo se disse a missa e ainda que estivessem ásperas, não nos causaram dano; e como viram para o que era, o Senhor as aplacou.[14]

11. Depois via eu quão mal o tínhamos feito, que então com o embevecimento que Deus põe para que se faça a obra, não se advertem os inconvenientes. Pois quando o dono da casa soube que fora feito igreja, começou o trabalho, que era mulher de um morgado. Era muito o que fazia. Parecendo-lhe que a compraríamos bem, se nos contentava, quis o Senhor que se aplacasse. Pois quando os do Conselho souberam que estava feito o mosteiro, que eles nunca quiseram dar licença, ficaram muito bravos, e foram à casa de um senhor da igreja (a quem eu tinha dado parte em segredo),[15] dizendo que queriam fazer e acontecer. Porque o Governador

---

14. Um episódio delicado: naquela manhã entra na igreja um menino "da rua", e ao vê-la tão alinhada e asseada, exclama em voz alta: "Bendito seja Deus e que lindo está isto!". E a Santa disse às suas monjinhas: "Só por este ato de glória de Deus que este anjinho fez, dou por bem empregado o trabalho desta fundação" (Francisco de S. M., *Reforma de los Descalzos*, t. I, P. II, c. 24, p. 285).

15. O mencionado D. Pedro Manrique (cf. n. 4). – *Queriam fazer e acontecer*: no mesmo sentido que usamos hoje, a saber, ameaças proferidas com arrogância.

viajou depois que me deu a licença e não estava no lugar. Foram contar a este que digo, espantados com tal atrevimento que uma mulherzinha, contra a vontade deles, fizera um mosteiro. Ele fez de conta que não sabia nada e aplacou-os o melhor que pôde, dizendo que em outros locais o tinha feito e que não seria sem bastante segurança.[16]

12. Eles, não sei quantos dias depois, nos enviaram uma excomunhão para que não fosse dito missa até que mostrasse os documentos com que tinha sido feito. Eu lhes respondi muito mansamente que faria o que mandavam, ainda que não estivesse obrigada a obedecer naquilo. E pedi a dom Pedro Manrique, o cavalheiro que tenho dito,[17] que fosse falar com eles e mostrar os documentos. Ele os acalmou, pois já estava feito; que senão, teríamos trabalho.

13. Ficamos alguns dias com os enxergões e a manta, sem mais roupa, e ainda naquele dia nem um pedaço de lenha[18] tínhamos para assar uma sardinha, e não sei a quem o Senhor moveu que nos puseram na igreja um feixinho de lenha, com que nos remediamos. À noite se passava algum frio, pois fazia frio; ainda que com a manta e as capas de saial que usamos por cima nos abrigássemos, que muitas vezes nos aproveitam. Parecerá impossível, estando em casa daquela senhora[19] que me queria tanto, entrar com tanta pobreza. Não sei a causa, senão que Deus quis que experimentássemos o bem desta virtude. Eu não pedi, que sou inimiga de dar pesadume; e ela não advertiu, porventura; que mais do que nos podia dar, lhe sou devedora.[20]

14. Isso foi bastante bom para nós, porque era tanto o consolo interior que tínhamos e a alegria, que muitas vezes me lembrava do que o Senhor tem encerrado nas virtudes: como uma contemplação suave me parece que causava esta falta que tínhamos, ainda que durasse pouco, pois

---

16. *Diciendo que en otros cabos lo había hecho y que no sería sin bastantes recaudos*, quer dizer que em outras cidades havia fundado, e certamente procederia com a devida autorização (cf. final do n. 15). *Recaudos*: poderes e documentos probatórios, como no n. 12. Neste n. 12 "recaudo" é traduzido por "documento".

17. Nos n. 4 e 11.

18. *Pedaço de lenha*, esp. *seroja*: folha seca, cavaco, restos de lenha.

19. Dona Luísa de la Cerda.

20. *Lhe sou devedora*, esp. *le soy a cargo*: estou em dívida com ela.

As fundações

logo nos foram provendo com mais do que quiséramos o próprio Alonso Alvarez e outros. E é certo que era tanta a minha tristeza, que não me parecia senão como se tivesse muitas joias de ouro e as levassem de mim e me deixassem pobre; assim sentia pena de que ia acabando a nossa pobreza, e minhas companheiras o mesmo; que como as visse tristes, perguntei-lhes o que tinham, e me disseram: "o que havemos de ter, Madre, que já não parece que somos pobres".

15. Desde então cresceu em mim o desejo de sê-lo muito, e me ficou senhorio para ter em pouco as coisas de bens temporais; pois sua falta faz crescer o bem interior, que certamente traz consigo outra fartura e quietude.

Nos dias em que tinha tratado da fundação com Alonso Alvarez, eram muitas as pessoas a quem parecia mal, e me diziam isso, por parecer-lhes que não eram ilustres e cavalheiros, ainda que bastante bons em seu estado – como tenho dito[21] –, e num lugar tão principal como este de Toledo que não me faltaria comodidade. Eu não reparava muito nisto, porque, glória seja a Deus, sempre estimei em mais a virtude que a linhagem; mas tinham ido tantos ditos ao Governador, que me deu a licença com esta condição que fundasse eu como em outras partes.

16. Eu não sabia o que fazer, porque feito o mosteiro, tornaram a tratar do negócio; mas como já estava fundado, tomei este meio de dar-lhes a capela maior e que no que toca ao mosteiro não tivessem nenhuma coisa, como agora está. Já havia quem quisesse a capela maior, pessoa principal, e havia fartos pareceres, não sabendo a que me determinar. Nosso Senhor quis dar-me luz neste caso, e assim me disse uma vez quão pouco faria ao caso diante do juízo de Deus estas linhagens e estados; e me fez uma repreensão grande porque dava ouvidos aos que me falavam disto, que não eram coisas para os que já temos desprezado o mundo.[22]

---

21. Cf. n. 1 e 2.
22. A Santa se refere a esta mesma intervenção do Senhor na *Relação* 8, em termos mais precisos: "Estando no mosteiro de Toledo, e aconselhando-me alguns que não desse o enterro nele a quem não fosse cavalheiro, disse-me o Senhor: *Muito te desatinará, filha, se olhares as leis do mundo. Põe os olhos em mim, pobre e desprezado por ele. Porventura serão os grandes do mundo grandes diante de mim, ou haveis vós de ser estimadas por linhagens, ou por virtudes?*".

17. Com estas e outras razões eu me confundi bastante e determinei ajustar o que estava começado de dar-lhes a capela, e nunca me pesou; porque temos visto claro o mau remédio que teríamos para comprar casa, porque com sua ajuda compramos aquela na qual agora estão, que é das boas de Toledo, que custou doze mil ducados e, como há tantas missas e festas, está muito a consolo das monjas e o faz aos do povo. Se tivesse olhado para as opiniões vãs do mundo, pelo que podemos entender, era impossível ter tão boa comodidade, e fazia-se agravo a quem com tão boa vontade nos fez esta caridade.

Capítulo 16

Em que se tratam algumas coisas sucedidas neste convento de São José de Toledo, para honra e glória de Deus.

1. Pareceu-me oportuno dizer alguma coisa do que no serviço de nosso Senhor algumas monjas se exercitavam, para que as que vierem procurem sempre imitar estes bons princípios.

Antes que se comprasse a casa entrou aqui uma monja chamada Ana de la Madre de Dios, de idade de quarenta anos, e toda a sua vida tinha gastado em servir a Sua Majestade. Ainda que em seu trato e casa não faltasse regalo, porque era sozinha e tinha bem,[1] preferiu escolher a pobreza e sujeição da Ordem, e assim me veio falar. Tinha bastante pouca saúde; mas, como eu visse alma tão boa e determinada, pareceu-me bom princípio para fundação e assim a admiti. Foi Deus servido de dar-lhe muito mais saúde na aspereza e sujeição, que a que tinha com a liberdade e regalo.

2. O que me fez devoção, e por isso a ponho aqui, é que antes que fizesse profissão fez doação de tudo o que tinha, que era muito rica, e o deu em esmola para a casa. Preocupei-me e não queria consentir, dizendo-lhe que porventura ou ela se arrependeria, ou nós não a quereríamos dar profissão, e que era duro fazer aquilo (posto que quando fosse isto, não a havíamos de deixar sem o que nos dava), mas quis eu agravar isso muito:[2] um, para que não fosse ocasião de alguma tentação; o outro, para provar mais o seu espírito. Ela me respondeu que, quando isso fosse, pediria por amor de Deus, e nunca com ela pude conseguir outra coisa. Viveu muito contente e com muita mais saúde.[3]

---

1. *Tinha bem*: tinha muito, ou talvez, "estava bem".
2. *Agravar isso* (esp. *agraviárselo*) no sentido de considerar coisa grave. – O modo de "dar gravidade" à questão foi muito segundo o estilo teresiano: pelo visto, a noviça queria dar tanto ao convento que a Santa teve de exclamar: "Filha, não me traga mais coisas, que juntamente com elas a porei fora de casa" (Francisco de Santa Maria, *Reforma...*, t. 1, liv. 2, c. 25).
3. Ana de la Madre de Dios professou em 15/12/1570; renunciara aos seus bens em favor da Santa em 22/5/1570. Morreu no Carmelo de Cuerva em 02/11/1610.

3. Era muito o que neste mosteiro se exercitavam em mortificação e obediência, de maneira que algum tempo que estive nele, às vezes, tinha de mirar o que falava a prelada;[4] que, ainda que fosse com descuido, elas o punham logo por obra. Estavam uma vez mirando um tanque de água que havia na horta, e disse: "mas, o que seria se dissesse (a uma monja que estava ali junto) que se jogasse aqui?" Não terminara de dizer, quando já a monja estava dentro, que, conforme ficou, foi mister vestir-se de novo. Outra vez, estando eu presente, estavam se confessando, e a que esperava a outra, que estava lá, chegou para falar com a prelada.[5] Disse-lhe ela como fazia aquilo; se era boa maneira de recolher-se; que metesse a cabeça num poço que havia ali e pensasse ali os seus pecados. A outra entendeu que se lançasse no poço, e foi com tanta pressa fazê-lo, que se não acudissem depressa, teria se lançado, pensando que fazia a Deus o maior serviço do mundo. Outras coisas semelhantes e de grande mortificação, tanto que foi mister que algumas pessoas de letras lhes explicassem as coisas em que hão de obedecer e as moderassem; porque faziam algumas bem duras que, se sua intenção não as salvasse, seria desmerecer mais que merecer. E isto não é só neste mosteiro (senão que se ofereceu a ocasião de dizê-lo aqui), senão em todos há tantas coisas, que quisera eu não ser parte, para dizer algumas, para que se louve nosso Senhor em suas servas.[6]

4. Aconteceu, estando eu aqui, dar o mal da morte a uma irmã. Recebidos os sacramentos e depois de dada a Extrema-Unção, era tanta a sua alegria e contento, que assim se podia falar a ela como nos encomendar no céu a Deus e aos santos que temos devoção, como se fosse a outra terra. Pouco antes que expirasse, entrei para ficar ali, que tinha ido diante do Santíssimo Sacramento para suplicar ao Senhor que lhe desse boa morte; e assim que entrei, vi Sua Majestade à cabeceira dela, no meio da cabeceira da cama. Tinha os braços um pouco abertos, como se a estivesse amparan-

---

4. Primeiro escreveu: *havia de mirar* (eu mesma) *o que falava*. Depois acrescentou entre linhas *A Prelada*, para tornar o relato impessoal. Cf. nota seguinte.

5. Escrevera: *chegou para falar comigo; disse-lhe eu*; depois velou a sua intervenção debaixo do anonimato da Prelada. É evidente, pois, que relata episódios vividos por ela. Pode-se perceber a razão das correções no final do número: "quisera eu não ser parte, para dizer...", quer dizer para poder referir livremente, como no caso de Casilda de Padilla.

6. *Quisera eu não ser parte*: ou seja, não ter tomado parte, não ter participado como ator.

do, e disse-me: *que tivesse por certo que a todas as monjas que morressem nestes mosteiros, que Ele as ampararia assim, e que não tivessem medo de tentações na hora da morte.* Eu fiquei bastante consolada e recolhida. Um pouquinho depois, cheguei a ela para falar, e disse-me: "Ó Madre, que grandes coisas tenho de ver!" Assim morreu, como um anjo.[7]

5. E algumas que morrem depois cá tenho advertido que é com uma quietude e sossego, como se lhes desse um arroubamento ou quietude de oração, sem ter havido mostra de tentação nenhuma. Assim espero na bondade de Deus que nos há de fazer nisto mercê, e pelos méritos de seu Filho e da gloriosa Mãe sua, cujo hábito trazemos. Por isso, filhas minhas, esforcemo-nos para ser verdadeiras carmelitas, que depressa se acabará a jornada. E se entendêssemos a aflição que muitos têm naquele momento e as sutilezas e enganos com que os tenta o demônio, teríamos em muito esta mercê.

6. Uma coisa se oferece a mim agora, que vos quero dizer, porque conheci a pessoa e até era quase parente de parentes meus. Era grande jogador e tinha aprendido algumas letras, que por estas o quis o demônio começar a enganar fazendo-o crer que a emenda na hora da morte não valia nada. Tinha isto tão fixo, que de nenhuma maneira conseguiam que se confessasse, nem bastava coisa, e estava o pobre em extremo aflito e arrependido de sua má vida; mas dizia que para que havia de confessar-se, que ele via que estava condenado. Um frade dominicano que era seu confessor e letrado, não fazia senão arguir com ele; mas o demônio lhe ensinava tantas sutilezas, que não bastava. Esteve assim alguns dias, que o confessor não sabia o que fazer, e devia de encomendá-lo bastante ao Senhor, ele e outros, pois teve misericórdia dele.

7. Apertando-lhe já o mal muito, que era dor nas costas, torna lá o confessor, e devia de levar pensadas mais coisas com que o arguir; e teria aproveitado pouco, se o Senhor não tivesse piedade dele para abrandar o seu coração. E como começou a falar-lhe e a dar-lhe razões, sentou-se sobre a cama, como se não tivesse mal, e disse-lhe: "que, enfim, dizes que pode me aproveitar a minha confissão? Pois eu a quero fazer". E fez chamar um

---

7. Trata-se de Petronila de S. Andrés, falecida em 1576 (sobre ela, cf. B.M.C., t. 5, p. 444-446).

escrivão ou notário, que disto não me lembro, e fez um juramento muito solene de não jogar mais e de emendar a sua vida, que o tomassem por testemunho, e confessou-se muito bem e recebeu os Sacramentos com tal devoção que, pelo que se pode entender segundo nossa fé, se salvou.

Praza a nosso Senhor, irmãs, que nós façamos a vida como verdadeiras filhas da Virgem e guardemos nossa profissão, para que nosso Senhor nos faça a mercê que nos tem prometido. Amém.

Capítulo 17

Que trata da fundação dos mosteiros de Pastrana, assim de frades como de monjas. Foi no mesmo ano de 1570, digo 1569.[1]

1. Pois tendo – depois que se fundou a casa de Toledo, desde a quinze dias, véspera de Páscoa do Espírito Santo[2] – de acomodar a igreja e pôr redes e coisas, que tinha tido farto que fazer (porque, como tenho dito, quase um ano estivemos nesta casa), e cansada de andar aqueles dias com oficiais, tinha-se acabado tudo. Naquela manhã, sentando-nos no refeitório para comer, me deu[3] tão grande consolo de ver que já não tinha o que fazer e que naquela Páscoa podia gozar com nosso Senhor algum tempo, que quase não podia comer, segundo se sentia minha alma regalada.

2. Não mereci muito este consolo, porque, estando nisto, me vieram dizer que está ali um criado da princesa de Éboli, mulher de Ruy Gómez de Silva. Eu fui lá, e era que enviava por mim, porque fazia muito que estava tratado entre ela e eu de fundar um mosteiro em Pastrana. Eu não pensei que fosse tão depressa. A mim me deu pena, porque tão recentemente fundado o mosteiro e com contradição, era muito perigo deixá-lo, e assim me determinei logo a não ir e lhe foi dito. Ele disse-me que não se sofria, porque a princesa já estava lá e não ia a outra coisa, que era fazer-lhe afronta. Com tudo isso, não me passava pelo pensamento ir, e assim lhe disse que fosse comer e que eu escreveria para a princesa e iria embora. Ele era homem muito honrado e, ainda que tivesse feito mal, como eu lhe disse as razões que tinha, passava por isso.

---

1. Tinha escrito: *no ano seguinte de 1570*: ao aperceber-se do erro, retocou e corrigiu o texto e o número.
2. Quer dizer: tendo passado 15 dias depois da fundação de Toledo... – Tenha-se presente este pequeno quadro de datas: é o ano 1569; em 8 de maio, o governador eclesiástico autoriza a fundação de Toledo; no dia 14 esta é levada a cabo; no dia 28 (uns "quinze dias depois"), chega a Toledo a mensagem da Princesa de Eboli; no dia 30, partida de Toledo para Pastrana; fica entre oito e dez dias em Madri. No dia 28 de junho funda o Carmelo de Pastrana. Em 13 de julho é fundado em Pastrana o convento de descalços. No dia 21 a Santa já está de volta em Toledo.
3. *A me dio*: assim no autógrafo, por lapso de pluma.

3. As monjas para estar no mosteiro acabavam de chegar. De maneira nenhuma via como se podia deixar tão depressa. Fui diante do Santíssimo Sacramento para pedir ao Senhor que escrevesse de sorte que não se agastasse, porque nos estava muito mal, por causa de começar então os frades, e para tudo era bom ter a Ruy Gómez,[4] que tanto valimento tinha com o Rei e com todos; ainda que disto não me lembre se me lembrava, mas sei bem que não queria desgostá-la. Estando nisto, foi-me dito da parte de nosso Senhor que não deixasse de ir, que envolvia mais que aquela fundação, e que levasse a Regra e Constituições.

4. Eu como entendesse isto, ainda que visse grandes razões para não ir, não ousei senão fazer o que costumava em semelhantes coisas, que era seguir-me[5] pelo conselho do confessor. E assim mandei chamá-lo, sem dizer-lhe o que tinha entendido na oração (porque com isto fico mais satisfeita sempre), senão suplicando ao Senhor que lhes dê luz, conforme o que naturalmente podem conhecer; e Sua Majestade, quando quer que se faça uma coisa, a põe em seu coração. Isto me aconteceu muitas vezes. Assim foi nisto, que, olhando tudo, lhe pareceu que fosse, e com isso me determinei a ir.

5. Saí de Toledo no segundo dia de Páscoa do Espírito Santo. O caminho passava por Madri, e fomos pousar minhas companheiras e eu num mosteiro de franciscanas com uma senhora que o fez e estava nele, chamada dona Leonor Mascarenhas, aia que foi do rei, muito serva de nosso Senhor, aonde eu tinha pousado outras vezes por algumas ocasiões que se tinha oferecido passar por ali, e sempre me fazia muita mercê.[6]

---

4. *Escrevesse de sorte que não se agastasse*: a Princesa. – *Era bom ter a R. Gómez*: tê-lo favorável. – Os dois personagens que agora entram na cena teresiana são Rui Gómez da Silva, nobre português, favorito de Filipe II, e sua mulher Ana de Mendoza, mais conhecida pelo título de Princesa de Éboli, mulher inquieta, voluntariosa e dominadora. A boa Madre fundadora terá de se haver com ela.

5. Leitura duvidosa: *seguirme/regirme* [seguir-me/reger-me]. Os editores em geral transcreveram "*seguirme*". – O confessor era o P. Vicente Barrón (cf. *Vida*, c. 7, n. 17).

6. Era o convento das Descalças Reais (cf. *Vida*, c. 32, n. 10). Dona Leonor, também portuguesa, tinha sido aia de Filipe II; fundou o mosteiro em 1564, com franciscanas procedentes das Gordillas de Ávila. A Santa tinha tido várias ocasiões de alojar-se em seu palácio.

As fundações

6. Esta senhora me disse que se folgava que viesse em tal tempo, porque estava ali um ermitão que desejava muito me conhecer, e que lhe parecia que a vida que levavam ele e seus companheiros se conformava muito com nossa Regra. Eu, como tinha só dois frades, veio-me o pensamento, que se pudesse que este fosse, que seria grande coisa; e assim supliquei a ela que procurasse que nos falássemos. Ele pousava num aposento que esta senhora lhe tinha dado, com outro irmão mancebo, chamado frei João da Miséria, grande servo de Deus e muito simples nas coisas do mundo.[7] Pois comunicando-nos ambos, me veio dizer que queria ir a Roma.

7. Antes que passe adiante, quero dizer o que sei deste padre, chamado Mariano de São Bento.[8] Era de nação italiana, doutor e de muito grande engenho e habilidade. Estando com a Rainha da Polônia,[9] que era o governo de toda a sua casa, nunca se tendo inclinado a casar, senão tinha uma comenda de São João, chamou-o nosso Senhor a deixar tudo para melhor procurar a sua salvação. Depois de ter passado alguns trabalhos, que levantaram-lhe[10] que havia sido na morte de um homem, e o mantiveram dois anos no cárcere, aonde não quis letrado, nem que ninguém o defendesse, senão Deus e sua justiça, tendo testemunhas que diziam que ele os tinha chamado para que o matassem, quase como aos velhos de Santa Susana aconteceu que, perguntado a cada um aonde estava então, um disse que sentado sobre uma cama; o outro, que a uma janela; enfim, vieram confessar como o levantavam, e ele me certificava que lhe custara bastante dinheiro livrá-los para que não os castigassem, e que o mesmo que lhe fazia guerra, tinha vindo às suas mãos que fizesse certa informação contra ele, e que pelo mesmo caso tinha posto quanto pudera para não lhe fazer dano.

---

7. João da Miséria [Juan de la Miseria], era italiano e pintor, discípulo de Sánchez Coello, autor do retrato da Santa feito em Sevilha por ordem do padre Gracián (1576). Cf. P. Gracián, *Scholias y Addiciones*, editadas pelo P. Carmelo de la Cruz em *El Monte Carmelo* 68 (1960), p. 154.

8. Mariano Azaro, depois Mariano de São Bento, é personagem importante na história da Reforma teresiana: calabrês ardente e impetuoso, recebeu cartas terríveis da Madre Fundadora, mas conservou sempre o seu afeto (cf. *Epistolário*).

9. *Bolonia*, escreveu a Santa. O P. Mariano tinha sido intendente do palácio de Catarina da Áustria, esposa de Sigismundo II da Polônia. – *Uma comenda de São João*: era Cavaleiro da Ordem de São João de Jerusalém.

10. *Levantaram-lhe*: no sentido clássico de "caluniar". Repete-o um pouco mais abaixo: *como o levantavam*.

8. Estas e outras virtudes – que é homem puro e casto, inimigo de tratar com mulheres – deviam de merecer com nosso Senhor que lhe desse *luz* do que era o mundo, para procurar apartar-se dele;[11] e assim começou a pensar que Ordem tomaria; e tentando umas e outras, em todas devia achar inconveniente para sua condição, segundo me disse. Soube que perto de Sevilha estavam juntos uns ermitãos num deserto, que chamavam el Tardón, tendo um homem muito santo por maior, que chamavam de Padre Mateus.[12] Cada um tinha a sua cela à parte, sem dizer ofício divino, senão um oratório aonde se juntavam para missa. Nem tinham renda nem queriam receber esmola nem a recebiam; senão do labor de suas mãos se mantinham, e cada um comia por si, bastante pobremente. Pareceu-me, quando o ouvi, o retrato de nossos santos Pais. Nesta maneira de viver esteve oito anos. Como veio o santo concílio de Trento, como mandaram reduzir às Ordens os ermitãos,[13] ele queria ir a Roma pedir licença para que os deixassem ficar assim, e esta intenção tinha quando falei com ele.

9. Pois como me disse a maneira de sua vida, eu lhe mostrei nossa Regra primitiva e lhe disse que sem tanto trabalho podia guardar tudo aquilo, pois era o mesmo, em especial de viver do labor de suas mãos, que era ao que ele muito se inclinava, dizendo-me que o mundo estava perdido de cobiça e que isto fazia os religiosos não terem nada. Como eu estava no mesmo, nisto depressa concordamos e ainda em tudo; que, dando-lhe eu razões do muito que podia servir a Deus neste hábito, me disse que pensaria nisso aquela noite. Eu já o vi quase determinado, e entendi o que eu tinha ouvido em oração, "que ia além do mosteiro das monjas", era aquilo. Deu-me grandíssimo contento, parecendo que se havia de servir muito ao Senhor se ele entrasse na Ordem. Sua Majestade, que queria isso, moveu-o de tal maneira naquela noite que no outro dia me chamou já muito deter-

---

11. A palavra em itálico falta no original, omitida pela Santa ao passar de página.
12. Padre Mateo de la Fuente, então Maior ou Superior dos solitários, mais tarde foi o restaurador dos Basílios na Espanha.
13. *Como veio o s. concílio de T.*: modo gráfico de indicar a introdução ou aplicação dos decretos de Trento na Espanha. – *Reduzir às ordens os ermitãos*: desautorização da vida eremítica sem votos; provável alusão não aos cânones de Trento, mas à constituição de S. Pio V "Lubricum genus" de 17/11/1568, que concedia um ano de prazo na aplicação. Por isso no ano seguinte os ermitãos do P. Mateus querem "ir a Roma pedir licença para que os deixassem ficar assim", sem votos solenes.

minado e até espantado de ver-se mudado tão depressa, em especial por uma mulher, que ainda agora algumas vezes me diz isto, como se fosse isso a causa, senão o Senhor que pode mudar os corações.[14]

10. Grandes são os seus juízos, que tendo andado tantos anos sem saber por qual estado se decidir (porque o que então tinha não o era, pois não faziam votos, nem coisa que os obrigasse, senão ficar ali retirados), e que tão depressa Deus o movesse e lhe desse a entender o muito que lhe havia de servir neste estado, e que Sua Majestade tinha mister dele para levar adiante o que estava começado, que ajudou muito e até agora lhe custa fartos trabalhos e custará mais até que se assente (segundo se pode entender das contradições que agora tem esta primeira Regra);[15] porque por sua habilidade e engenho e boa vida tem valia com muitas pessoas que nos favoreçam e amparam.

11. Pois disse-me como Ruy Gómez em Pastrana, que é o mesmo lugar aonde eu ia, lhe tinha dado uma boa ermida e sítio para fazer ali assento de ermitãos, e que ele queria fazê-la desta Ordem e tomar o hábito. Eu lhe agradeci e louvei muito a nosso Senhor; porque das duas licenças que me tinha enviado nosso padre Geral Reverendíssimo para dois mosteiros, não estava feito mais de um.[16] E dali enviei mensageiro aos dois padres que ficam ditos, o que era Provincial e o que tinha sido,[17] pedindo-lhe muito que me dessem licença, porque não se podia fazer sem o seu consentimento; e escrevi ao bispo de Ávila, que era dom Álvaro de Mendoza, que nos favorecia muito, para que o conseguisse deles.

12. Foi Deus servido que o tiveram por bem. Parecia-lhes que em lugar tão apartado poderia fazer-lhes pouco prejuízo. Deu-me a palavra de ir lá ao chegar a licença. Com isto fui extremamente contente. Encontrei lá a princesa e o príncipe Ruy Gómez, que me deram muito boa acolhi-

---

14. Sob estas duas frases se esconde uma delicada alusão ou talvez uma das finas reticências do estilo da Santa: entre aqueles insignes primitivos não faltou quem se envergonhasse de seguir a *Reforma de uma mulher*... Evidentemente, a Santa chegou a saber disso, e até riu um pouco da hombridade desses filhos precoces...

15. Quando escrevia isto (1574-1576?), já começara a oposição à sua obra reformadora. [Para Teresa, "contradição" significa "oposição, contestação".]

16. O de Duruelo, transferido já para Mancera quando a Santa escrevia isto (cf. n. 14).

17. *Era Provincial* o P. Alonso González, e *tinha sido* o P. Angel de Salazar.

da. Deram-nos um aposento apartado, aonde estivemos mais do que eu pensei; porque a casa estava tão pequena, que a princesa tinha mandado derrubar muito dela e tornar a fazer de novo, ainda que não as paredes, mas fartas coisas.

13. Ficaria ali três meses,[18] aonde se passaram fartos trabalhos, por pedir-me algumas coisas a princesa que não convinham à nossa religião, e assim me determinei a vir dali sem fundar, antes que fazê-lo. O príncipe Ruy Gómez, com sua cordura, que era muito chegado à razão, fez com que sua mulher se moderasse; e eu levava algumas coisas,[19] porque tinha mais desejo de que se fizesse o mosteiro dos frades que o das monjas, por entender o muito que importava, como depois se viu.

14. Neste tempo veio Mariano e seu companheiro, os ermitãos que ficam ditos,[20] e trazida a licença, aqueles senhores tiveram por bem que se fizesse a ermida que tinha dado para ermitãos de frades Descalços, enviando eu a chamar o padre frei Antônio de Jesus, que foi o primeiro, que estava em Mancera, para que começasse a fundar o mosteiro. Eu lhes aderecei hábitos e capas, e fazia tudo o que podia para que eles tomassem logo o hábito.

15. Nesta estação tinha eu enviado mais monjas ao mosteiro de Medina del Campo, porque não levava mais de duas comigo;[21] e estava ali um padre, já há dias, que ainda que não fosse muito velho, não era moço, muito bom pregador, chamado frei Baltasar de Jesus.[22] Como soube que se fazia aquele mosteiro, veio ter com as monjas com intenção de tornar-se Descalço; e assim o fez quando veio, que, ao dizer isso, louvei a Deus. Ele deu o hábito ao padre Mariano e a seu companheiro, para leigos ambos,

---

18. Nem dois meses: partiu de Toledo em 30 de maio, e estava de volta em 21 de julho.
19. *Eu levava algumas coisas*: as suportava.
20. Nos números 6 e seguintes.
21. De Medina mandou vir Isabel de São Jerônimo e Ana de Jesus; da Encarnação de Ávila, Jerônima de Santo Agostinho.
22. O P. Baltasar de Jesus (Nieto), 1524-1589, foi o primeiro Superior de Pastrana e foi homem de vida inquieta, perturbada, nada gloriosa; é significativo que a Santa, tão pródiga no título de "muito servos de Deus" para os personagens de sua história, apresenta este como um frade, nem velho nem moço, bom pregador; e que não quisesse que os novos descalços ultimassem a fundação antes que chegasse o P. Antônio (13 de julho).

que tampouco o padre Mariano quis ser de missa, senão entrar para ser o menor de todos, nem eu pude convencê-lo. Depois, por mandato do nosso Reverendíssimo Padre Geral, foi ordenado de missa.[23] Pois fundados ambos os mosteiros e tendo vindo o padre frei Antônio de Jesus, começaram a entrar noviços tais quais adiante se dirá de alguns, e a servir a nosso Senhor tão deveras, como – se Ele for servido – escreverá quem o souber melhor dizer que eu, que neste caso, certamente fico curta.[24]

16. No que toca às monjas, esteve o mosteiro ali delas em muita graça destes senhores e com grande cuidado da princesa em regalá-las e tratá-las bem, até que morreu o príncipe Ruy Gómez, porque o demônio, ou porventura porque o Senhor o permitiu – Sua Majestade sabe por que – com a acelerada paixão de sua morte entrou a princesa ali como monja.[25] Com a pena que tinha, não lhe podia cair em muito gosto as coisas a que não estava usada de encerramento, e pelo santo concílio a priora não podia dar as liberdades que queria.

17. Vindo a desgostar-se com ela e com todas de tal maneira que, ainda depois que deixou o hábito, estando já em sua casa, lhe davam enfado, e as pobres monjas andavam com tanta inquietação, que eu procurei com quantas vias pude, suplicando aos prelados, que tirassem dali o mosteiro, fundando-se um em Segóvia, como adiante se dirá, aonde se transferiram, deixando tudo quanto lhes tinha dado a princesa,[26] e levando consigo algumas monjas que ela tinha mandado tomar sem nenhuma coisa. As camas e coisinhas que as próprias monjas tinham trazido levaram consigo, deixando bem insatisfeitos os do lugar. Eu com o maior contento do mundo de vê-las em quietude, porque estava muito bem informada que elas nenhuma culpa tinham tido no desgosto da princesa; antes, o que esteve

---

23. Na quaresma de 1574.
24. Em espanhol: *cierto quedo corta*; a Santa tinha escrito: *quedo siempre corta*. [No sentido de que não tem tanta capacidade, fica aquém.]
25. Ruy Gómez morreu em 29/07/1573. A viúva e enlutada princesa (de uns 33 anos) se fez descalça imediatamente. – *Não estava usada* (= acostumada) *a encerramento*. – *E pelo Santo Concílio*, quer dizer, em atenção às leis de clausura, urgidas pelo Concílio de Trento (sessão 25, cap. 5), a priora não podia transigir.
26. "A Santa, sempre precavida, antes de partir para Toledo, ordenou que tudo o que recebessem dos Príncipes... fosse expressamente anotado com o dia, mês e ano, e assinatura da Priora, providência muito acertada, como depressa se viu" (Silvério). – *Como adiante se dirá*: cf. c. 21.

com hábito, a serviam como antes que o tivesse. Só o que tenho dito[27] foi a ocasião e a própria pena que esta senhora tinha e uma criada que levou consigo, que, pelo que se entende, teve toda a culpa. Enfim, o Senhor, que o permitiu, devia ver que não convinha ali aquele mosteiro, que seus juízos são grandes e contra todos os nossos entendimentos. Eu, só pelo meu, não me atreveria, senão pelo parecer de pessoas de letras e santidade.

---

27. *O que tenho dito*, no n. 16, sobre a obrigação da clausura, insuportável para a princesa e inderrogável para a priora. – A princesa saiu do convento em janeiro de 1574; o êxodo das monjas teve lugar de 6 a 7 de abril. – Para medir o alcance deste varonil gesto da Santa, tenha-se em conta que o livro da *Vida* ficava em mãos da vingativa Princesa, que o fez servir de texto de comédia entre suas criadinhas e, depois, de tragédia no tribunal da Inquisição.

Capítulo 18

Trata da fundação do mosteiro de São José de Salamanca, que foi no ano de 1570. Trata de alguns avisos para as prioras, importantes.[1]

1. Acabadas estas duas fundações, tornei à cidade de Toledo, aonde estive alguns meses, até comprar a casa que fica dita e deixar tudo em ordem. Estando ocupada nisto, me escreveu um reitor da Companhia de Jesus de Salamanca, dizendo-me que ficaria ali muito bem um mosteiro destes, dando-me disso razões, ainda que por ser muito pobre o lugar, me tinha detido de fazer ali fundação de pobreza.[2] Mas considerando que o é tanto Ávila e nunca lhe falta, nem creio que Deus faltará a quem servi-lo, postas as coisas em tanta razão como se põe, sendo tão poucas e ajudando-se com o trabalho de suas mãos, me determinei a fazê-lo. E indo desde Toledo a Ávila,[3] procurei desde ali a licença do Bispo que era então... o qual o fez tão bem que como o padre reitor desta Ordem informou e que seria serviço de Deus, a deu logo.

2. Parecia-me a mim que ao ter a licença do Ordinário tinha feito o mosteiro, segundo se fazia fácil para mim. E assim logo procurei alugar uma casa que uma senhora que conhecia[4] me fez saber, e era difícil por não ser tempo em que se alugam e tê-la alguns estudantes, com os quais acabaram de dá-la quando estivesse ali quem havia de entrar nela. Eles não sabiam para o que era, que disto trazia eu grandíssimo cuidado, que até

---

1. A última proposição do título foi acrescentada num segundo tempo: provavelmente depois de ter escrito e relido o capítulo.

2. Ela voltou a Toledo em 22 de julho de 1569. – Ao virar a página, escreveu distraidamente *entendio* por *entendiendo*: fenômeno frequente nestas páginas das *Fundações*. – O reitor era o padre Martín Gutiérrez. – A última cláusula: *me tinha detido de fazer ali fundação de pobreza*, equivale a *me tinha contido, desistira*.

3. *Desde Toledo*: antes tinha escrito: *desde aquí a avi*, riscando em seguida estas três palavras. – *Do Bispo*: a seguir a Santa deixa um espaço em branco, provavelmente para se lembrar do nome dele e inseri-lo: era D. Pedro González de Mendoza.

4. Provavelmente dona Beatriz Yánez de Ovalle, da família da Santa, por parte de seu cunhado Juan de Ovalle. – Na frase seguinte, "acabar" tem acepção de "concluir um acordo": "acordaram com os estudantes que dariam a casa...".

tomar a posse não se entendesse nada; porque já tenho experiência do que o demônio põe para estorvar um destes mosteiros. E ainda que neste Deus não desse licença para pô-lo no princípio, porque quis que se fundasse, depois foram tantos os trabalhos e contradições que se passaram que ainda não está acabado totalmente de superar, havendo alguns anos que está fundado quando isto escrevo,[5] e assim creio que Deus se serve muito nele, pois o demônio não o pode sofrer.

3. Pois obtida a licença e tendo certa a casa, confiante na misericórdia de Deus, porque ali nenhuma pessoa havia que me pudesse ajudar com nada para o muito que era mister para acomodar a casa, parti para lá, levando apenas uma companheira,[6] para ir mais secreta, que achava melhor isto e não levar as monjas até tomar a posse; que estava escarmentada do que me tinha acontecido em Medina del Campo, que me vi ali em muito trabalho; porque, se houvesse estorvo, passasse eu sozinha o trabalho, apenas com a que não podia escusar. Chegamos na véspera de Todos os Santos, tendo andado bastante do caminho na noite antes com bastante frio, e dormido num lugar, estando eu bem mal.[7]

4. Não ponho nestas fundações os grandes trabalhos dos caminhos, com frio, com sol, com neve, que vinha vez de não cessar o dia inteiro de nevar, outras perder o caminho, outras com fartos males e calenturas, porque, glória a Deus, de ordinário é ter eu pouca saúde, senão que via claro que nosso Senhor me dava esforço. Porque me acontecia algumas vezes que se tratava de fundação, achar-me com tantos males e dores, que eu me angustiava muito, porque me parecia que não podia nem ficar na cela sem estar deitada; e voltando-me a nosso Senhor, queixando-me a Sua Majestade e dizendo-lhe que como queria que fizesse o que não podia, e depois, ainda que com trabalho, Sua Majestade dava forças, e com o fervor que me punha e o cuidado, parece que me esquecia de mim.

5. Pelo que agora me lembro nunca deixei fundação por medo do trabalho, ainda que dos caminhos, em especial longos, sentisse grande contradição; mas ao começar a andá-los me parecesse pouco, vendo em serviço

---

5. Ela escreve isto entre 1574 e 1576.
6. Era a M. Maria do Sacramento.
7. Dia 31 de outubro de 1570.

de quem se fazia e considerando que naquela casa se havia de louvar o Senhor e ter Santíssimo Sacramento. Isto é particular consolo para mim, ver mais uma igreja, quando me lembro das muitas que tiram os luteranos: não sei que trabalhos, por grandes que fossem, se haviam de temer a troco de tão grande bem para a cristandade; porque ainda que muitos não o advirtamos, estar Jesus Cristo, verdadeiro Deus e verdadeiro homem, como está no Santíssimo Sacramento em muitas partes, grande consolo nos havia de ser. Certamente assim me dá a mim muitas vezes no coro quando vejo estas almas tão puras em louvores de Deus, que isto não se deixa de entender em muitas coisas, assim de obediência como de ver o contento que lhes dá tanto encerramento e solidão e a alegria quando se oferecem algumas coisas de mortificação; aonde o Senhor dá mais graça à priora para exercitá-las nisto, vejo maior contento; e é assim que as prioras se cansam mais de exercitá-las que elas de obedecer, que nunca neste caso acabam de ter desejos.

6. Ainda que vá fora da fundação que se começou a tratar, me são oferecidas aqui agora algumas coisas sobre a mortificação, e talvez, filhas, fará ao caso às prioras; e para que não me esqueça, di-lo-ei agora. Porque como há diferentes talentos e virtudes nas preladas, por aquele caminho querem levar suas monjas: a que está[8] muito mortificada, parece-lhe fácil qualquer coisa que mande para dobrar a vontade, como o seria para ela, e até porventura lhe faria muito mal. Isto havemos de mirar muito, que o que para nós seria áspero não havemos de mandar. A discrição é grande coisa para o governo, e nestas casas muito necessária; estou para dizer "muito mais que em outras", porque é maior a conta que se tem com as súditas, assim do interior como do exterior.

Outras prioras que têm muito espírito, tudo gostariam que fosse rezar. Enfim, leva o Senhor por diferentes caminhos. Mas as preladas hão de mirar que não as põem ali para que escolham o caminho ao seu gosto, senão para que levem as súditas pelo caminho de sua Regra e Constituição, ainda que elas se forcem e quisessem fazer outra coisa.

---

8. *A que não está...*, tinha escrito; mas riscou o *não* para dar sentido à frase.

7. Estive uma vez numa destas casas com uma priora que era amiga de penitência. Por aqui levava todas. Acontecia dar-se[9] *disciplina* de uma vez todo o convento sete salmos penitenciais com orações e coisas desta maneira. Assim lhes acontece, se a priora se embebe em oração, ainda que não seja na hora de oração senão depois das matinas, ali tem todo o convento, quando seria muito melhor que fossem dormir. Se – como digo – é amiga de mortificação, tudo há de ser bulir, e estas ovelhinhas da Virgem calando, como uns cordeirinhos; que a mim, certamente, me faz grande devoção e confusão, e, às vezes, farta tentação. Porque as irmãs não o entendem, pois andam todas embebidas em Deus; mas eu temo pela sua saúde e quereria que cumprissem a Regra, que há farto que fazer, e o demais fosse com suavidade. Em especial isto da mortificação importa mui muito e, por amor de nosso Senhor, que advirtam nisso as preladas, que é coisa muito importante a discrição nestas coisas[10] e conhecer os talentos, e se nisto não vão muito advertidas, em lugar de aproveitar a elas lhes farão grande dano e as trarão em desassossego.

8. Hão de considerar que isto de mortificação não é de obrigação: isto é o primeiro que hão de mirar. Ainda que seja muito necessário para a alma ganhar liberdade e subida perfeição, não se faz isto em breve tempo, senão que pouco a pouco vão ajudando a cada uma, segundo o talento que lhes dá Deus de entendimento, e o espírito. Parecer-lhes-á que para isto não é mister entendimento, e enganam-se; que fará com que antes que cheguem a entender a perfeição, e ainda o espírito de nossa Regra, passe farto e talvez sejam estas depois as mais santas; porque nem saberão quando é bom desculpar-se, nem quando não, nem outras minúcias que, entendidas, talvez as fizessem com facilidade, e não as acabam de entender, nem ainda lhes parece que são perfeição, que é o pior.

9. Uma está nestas casas, que é das mais servas de Deus que há nelas, tanto quanto eu posso alcançar, de grande espírito e mercês que lhe faz Sua Majestade, e penitência e humildade, e não acaba de entender algumas coisas das Constituições. Acusar as culpas em capítulo lhe parece pouca caridade e diz que como hão de dizer nada das irmãs, e coisas semelhan-

---

9. *Disciplina*: palavra acrescentada por uma segunda mão.
10. Tinha escrito *casas* e corrigiu.

tes destas, que poderia dizer algumas de algumas irmãs bastante servas de Deus e que em outras coisas vejo eu que fazem vantagem às que muito entendem. Não há de pensar a priora que conhece logo as almas. Deixe isto para Deus, que é só quem pode entendê-lo; senão procure levar cada uma por onde Sua Majestade a leva, pressuposto que não falta na obediência nem nas coisas mais essenciais da Regra e Constituição. Não deixou de ser santa e mártir aquela virgem que se escondeu das onze mil, antes porventura padeceu mais que as demais virgens ao ir depois sozinha oferecer-se ao martírio.[11]

10. Agora pois, tornando à mortificação, manda a priora uma coisa a uma monja, que ainda que seja pequena, para ela é grave, para mortificá-la; e posto que o faz, fica tão inquieta e tentada, que seria melhor que não fosse mandado. Logo se entende que esteja advertida a priora a não a aperfeiçoar à força de braços, senão dissimule e vá pouco a pouco até que aja nela o Senhor; porque o que se faz para aproveitá-la, que sem aquela perfeição seria muito boa monja, não seja causa de inquietá-la e trazer aflito o seu espírito, que é muito terrível coisa. Vendo as outras, pouco a pouco fará o mesmo que elas, como temos visto; e quando não, sem esta virtude se salvará. Que eu conheço uma delas que toda a vida a teve grande, e tem já fartos anos e de muitas maneiras serviu a nosso Senhor, e tem umas imperfeições e sentimentos muitas vezes que não pode mais consigo;[12] e ela se aflige comigo e o conhece. Eu penso que Deus a deixa cair nestas faltas sem pecado, que nelas não o há, para que se humilhe e tenha por onde ver que não está de todo perfeita.

Assim que umas sofrerão grandes mortificações, e quanto maiores lhes forem mandadas mais gostarão, porque o Senhor já lhes deu força na alma para render a sua vontade; outras não sofrerão mesmo as pequenas e serão como se carregassem um menino com duas fanegas de trigo, não só não as levará, mas quebrantar-se-á e cairá no chão. Assim que, filhas

---

11. Alude à lenda das onze mil Virgens. Santa Córdula, uma das onze mil, num primeiro momento fugiu e se escondeu, entregando-se depois, sozinha e com coragem, ao martírio.

12. N.T.: *Não pode mais consigo*: não consegue dominar. – A seguir, "fanega" é uma medida de 55 litros.

minhas (com as prioras falo), perdoai-me, que as coisas que tenho visto em algumas me faz alongar-me tanto nisto.

11. Outra coisa vos aviso, e é muito importante, que ainda que seja para provar a obediência, não mandeis coisa que possa ser, fazendo-a, pecado, nem venial; que algumas tenho sabido que seria mortal, se as fizessem. Pelo menos elas talvez se salvem com inocência, mas não a priora, porque nenhuma coisa lhes diz que não a ponham logo por obra; que, como ouvem e leem dos santos do deserto as coisas que faziam, tudo quanto lhes mandam lhes parece bem feito, pelo menos fazê-lo elas. E também estejam avisadas as súditas, que coisa que seria pecado mortal fazê-la sem que fosse mandada, que não a podem fazer sendo mandada, salvo se for deixar missa ou jejuns da Igreja, ou coisas assim, que poderia a priora ter causas; mas como lançar-se no poço e coisas desta sorte, é mal feito; porque nenhuma há de pensar que Deus há de fazer milagre, como fazia com os santos: fartas coisas há em que exercitar a perfeita obediência.

12. Tudo o que não for com estes perigos, eu louvo. Uma vez uma irmã em Malagón pediu licença para tomar uma disciplina, e a priora (devia ter-lhe pedido outras) e disse: "Deixa-me". Como a importunasse, disse: "Vai passear; deixa-me". A outra, com grande simplicidade, andou passeando algumas horas, até que uma irmã lhe disse por que passeava tanto, ou uma palavra assim; e ela lhe disse que lhe tinham mandado. Nisto tocaram para matinas, e como a priora perguntasse por que não ia lá, disse-lhe a outra o que se passava.

13. Assim que é mister, como outra vez tenho dito, estar avisadas as prioras, com almas que já têm visto ser tão obedientes, para mirar o que fazem. Que outra foi lhe mostrar[13] uma monja um destes vermes muito grandes, dizendo-lhe que mirasse quão lindo era. Disse-lhe a priora burlando; pois o comesse ela. Foi e fritou-o muito bem. A cozinheira perguntou por que o fritava. Ela lhe disse que para comê-lo, e assim o queria fazer, e a priora muito descuidada, e poderia ter-lhe feito muito dano.

Eu mais me folgo que tenham nisto de obediência demasia, porque tenho particular devoção a esta virtude, e assim tenho posto tudo o que

---

13. *Mostrar*, esp. *a mostrar*: a Santa escreveu "a amosar".

pude para que a tenham; mas pouco me aproveitaria se o Senhor não tivesse por sua grandíssima misericórdia dado graça para que todas em geral se inclinassem a isto. Praza a Sua Majestade levá-lo muito adiante, amém.

Capítulo 19

Prossegue na fundação do mosteiro de São José da cidade de Salamanca.

1. Muito me tenho divertido. Quando me é oferecida alguma coisa que com a experiência quer o Senhor que tenha entendido, me faz mal não adverti-lo. Poderá ser que o que eu penso o é, seja bom. Sempre vos informai, filhas, com quem tenha letras, que nestas achareis o caminho da perfeição com discrição e verdade. Isto têm mister muito as preladas, se querem fazer bem o seu ofício, confessar-se com letrado, e se não fará muitas imperfeições pensando que é santidade, e ainda procurar que suas monjas se confessem com quem tenha letras.

2. Pois, na véspera de Todos os Santos, no ano que fica dito, ao meio dia, chegamos à cidade de Salamanca.[1] De uma pousada procurei saber de um bom homem dali, a quem tinha encomendado que me tivesse desembaraçada a casa, chamado Nicolás Gutiérrez, bastante servo de Deus.[2] Tinha ganho de Sua Majestade com sua boa vida uma paz e contento grande nos trabalhos, que tinha tido muitos e viu-se em grande prosperidade e tinha ficado muito pobre, e o levava com tanta alegria como a riqueza. Este trabalhou muito naquela fundação, com farta devoção e vontade. Ao chegar, disse-me que a casa não estava desembaraçada, que não tinha podido conseguir com os estudantes que saíssem dela. Eu lhe disse o quanto importava que logo no-la dessem, antes que se soubesse que eu estava no lugar; que sempre andava com medo que houvesse algum estorvo, como tenho dito. Ele foi à casa, e tanto trabalhou, que a desembaraçaram naquela tarde. Já quase noite, entramos nela.

3. Foi a primeira que fundei sem pôr o Santíssimo Sacramento, porque eu pensava que não era tomar posse se não fosse posto; e já tinha sabido que não importava, que foi bastante consolo para mim, segundo havia mal aparelho dos estudantes. Como não devem ter essa curiosidade, estava

---

1. 31 de outubro de 1570.
2. Nicolás Gutiérrez tinha seis filhas na Encarnação de Ávila, e todas elas passaram para a Reforma teresiana.

de sorte toda a casa, que não se trabalhou pouco naquela noite. No outro dia pela manhã foi dita a primeira missa, e procurei que fossem buscar mais monjas que haviam de vir de Medina del Campo.[3] Minhas companheiras e eu ficamos a noite de Todos os Santos sozinhas. Eu vos digo, irmãs, que quando me lembro do medo de minha companheira, que era Maria do Sacramento, uma monja de mais idade que eu, e bastante serva de Deus, me dá desejo de rir.

4. A casa era muito grande e desbaratada e com muitos desvãos, e minha companheira não conseguia tirar do pensamento os estudantes, parecendo-lhe que, por se terem agastado tanto porque saíram da casa, que algum se tivesse escondido nela; eles muito bem podiam fazê-lo, porque havia aonde.[4] Encerramo-nos numa peça aonde estava a palha, que era o primeiro que eu providenciava para fundar a casa, porque tendo-a, não nos faltava cama; nela dormimos essa noite com umas duas mantas que nos emprestaram. No outro dia, umas monjas que estavam junto, que pensamos que lhes pesaria muito, nos emprestaram roupa para as companheiras que haviam de vir e nos enviaram esmola. Chamava-se[5] Santa Isabel, e todo o tempo que estivemos naquela nos fizeram bastante boas obras e esmolas.

5. Minha companheira, ao se ver fechada naquela peça, parece que sossegou um pouco quanto aos estudantes, ainda que não fizesse senão olhar para um lado e para outro, ainda com temores, e o demônio que a devia ajudar representando-lhe pensamentos de perigo para perturbar a mim, que com a fraqueza de coração que tenho, pouco me costumava bastar. Eu perguntei a ela o que mirava, pois ali não podia entrar ninguém. Disse-me: "Madre, estou pensando, se agora eu morresse aqui, que faríeis sozinha?" Aquilo, se acontecesse, me parecia coisa dura; e comecei a pensar um pouco nisso, e até a ter medo; porque sempre os corpos dos mortos, ainda que eu não tenha medo, me enfraquecem o coração, mesmo que não esteja sozinha. E como o dobrar dos sinos ajudava, que – como tenho

---

3. Fez vir duas monjas de Medina e uma de Valladolid; e pouco depois, mais três de Ávila.
4. "A casa, com um pátio central bastante grande e um corredor desproporcionado, situada na Praça de Santa Teresa, pertence hoje às Servas de São José" (Silvério).
5. *Chamava-se* o mosteiro destas monjas *Santa Isabel*. Eram franciscanas.

dito[6] – era noite das Almas, bom princípio levava o demônio para fazer-nos perder o pensamento com ninharias; quando entende que dele não se tem medo, busca outros rodeios. Eu disse a ela: "Irmã, se isso acontecer, pensarei o que hei de fazer; agora me deixa dormir". Como tínhamos tido duas noites difíceis, logo o sono afastou os medos. No outro dia vieram mais monjas, com que nos foram tirados.

6. Esteve o mosteiro nesta casa cerca de três anos, e não lembro se quatro, que havia pouca memória dele, porque me mandaram ir para a Encarnação de Ávila;[7] que nunca até deixar casa própria e recolhida e acomodada a meu querer, deixara nenhum mosteiro, nem tenho deixado. Que nisto me fazia Deus muita mercê, que no trabalho gostava de ser a primeira, e todas as coisas para seu descanso e acomodação procurava até as muito miúdas, como se toda a minha vida tivesse de viver naquela casa, e assim me dava grande alegria quando ficavam muito bem. Senti bastante ver o que estas irmãs padeceram aqui, ainda que não de falta de mantimentos (que disto eu tinha cuidado desde onde estava, porque estava muito desviada a casa para as esmolas), senão de pouca saúde, porque era úmida e muito fria, porque como era tão grande, não se podia reparar; e o pior, que não tinham Santíssimo Sacramento, que para tanto encerramento é farto desconsolo. Este elas não tiveram, senão tudo levavam com um contentamento que era para louvar o Senhor; e me diziam algumas, que lhes parecia imperfeição desejar casa, que elas estavam ali muito contentes, como se tivessem Santíssimo Sacramento.

7. Pois vendo o prelado[8] a sua perfeição e o trabalho que passavam, movido de compaixão, me mandou vir da Encarnação. Elas já tinham ajustado com um cavalheiro dali que lhes desse uma; mas era tal que foi mister gastar mais de mil ducados para entrar nela. Era de morgadio e ele combinou que nos deixaria passar para ela, ainda que não tivesse trazido a licença do rei, e que bem podíamos erguer paredes. Eu procurei que o padre Julián

---

6. No n. 2.
7. Em julho de 1571 foi nomeada Priora da Encarnação pelo padre Pedro Fernández (cf. B.M.C., t. 2, p. 106-107).
8. *O prelado* era o P. Pedro Fernández, dominicano, nomeado Visitador Apostólico do Carmo por S. Pio V (20 de agosto de 1569). – O *cavalheiro* de que fala em seguida era Pedro de la Banda.

de Ávila, que é o que tenho dito[9] que andava comigo nestas fundações e tinha ido comigo, *me acompanhasse*, e vimos a casa, para dizer o que se havia de fazer, que a experiência fazia que eu entendesse bem destas coisas.

8. Fomos em agosto, e dando toda a pressa possível, chegaram a São Miguel, que é quando ali se alugam as casas, e ainda não estava bem acabada, com muito;[10] mas como não tínhamos alugado aquela na qual estávamos para outro ano, outro morador já a tinha; estávamos com grande pressa. A igreja estava quase acabada de rebocar. Aquele cavalheiro que no-la tinha vendido não estava ali. Algumas pessoas que nos queriam bem diziam que fazíamos mal em irmos tão depressa; mas aonde há necessidade, mal se podem tomar os conselhos, se não dão remédio.

9. Mudamo-nos na véspera de São Miguel,[11] pouco antes de amanhecer. Já estava publicado que havia de ser o dia de São Miguel aquele em que seria posto o Santíssimo Sacramento, e o sermão que havia de haver.[12] Foi nosso Senhor servido que no dia em que nos mudamos, pela tarde, deu um aguaceiro tão forte, que para trazer as coisas que eram necessárias se fazia com dificuldade. A capela tinha sido feita nova, e estava tão mal telhada, que chovia na maior parte dela. Eu vos digo, filhas, que me vi bastante imperfeita naquele dia. Por estar já divulgado, eu não sabia o que fazer, senão que estava me desfazendo, e disse a nosso Senhor, quase me queixando, que ou não me mandasse ocupar com estas obras, ou remediasse aquela necessidade. O bom homem Nicolás Gutiérrez, com sua igualdade, como se não houvesse nada, me dizia muito mansamente que não tivesse pena, que Deus o remediaria. E assim foi, porque no dia de São Miguel, no tempo de as pessoas virem, começou a fazer sol, que me fez farta devoção e vi quão melhor tinha feito aquele bendito em confiar em nosso Senhor do que eu com a minha pena.

10. Houve muita gente, e música, e se pôs o Santíssimo Sacramento com grande solenidade. E como esta casa está em bom posto, começaram a conhecê-la e ter devoção; em especial nos favorecia muito a condessa de

---

9. Cf. c. 3, n. 2; c. 10, n. 4 etc.
10. *Com muito* (esp. *con mucho*) equivale ao atual "nem com muito"; quer dizer, faltava muito para ficar pronta (cf. n. 12; e c. 31, n. 17). — Em seguida: *para outro ano*, a Santa escreveu *para otraño*.
11. 28 de setembro de 1573.
12. *O sermão...* a cargo do famoso Diego de Estella.

Monterrey, dona Maria Pimentel, e uma senhora, cujo marido era o corregedor dali, chamada dona Mariana. Logo no dia seguinte, para que nos fosse temperado o contento de ter o Santíssimo Sacramento, vem o cavalheiro, que era o dono da casa, tão bravo, que eu não sabia o que fazer com ele, e o demônio fazia que não se chegasse à razão, porque tudo o que estava acertado com ele cumpríamos.[13] De pouco adiantou querer dizer isso. Falando-lhe algumas pessoas aplacou-se um pouco; mas depois tornava a mudar de parecer. Eu já me determinava a deixar a casa. Tampouco queria isto, porque ele queria que lhe fosse dado logo o dinheiro. A sua mulher, porque a casa era dela, quisera vendê-la para remediar duas filhas, e com este título fora pedida a licença[14] e o dinheiro estava com um depositário que ele escolheu.

11. O caso é que, tendo isto mais de três anos, não está acabada a compra, nem sei se ficará ali o mosteiro, que para este fim tenho dito isto, digo naquela casa, ou em que parará.[15]

12. O que sei é que em nenhum mosteiro dos que o Senhor agora tem fundado desta primeira Regra não passaram as monjas, com muita parte, tão grandes trabalhos. Há-as aí tão boas, pela misericórdia de Deus, que tudo levam com alegria. Praza a Sua Majestade que isto leve adiante, que ter boa casa ou não tê-la, pouco importa; antes é grande prazer quando nos vemos em casa que nos podem expulsar dela, lembrando-nos como o Senhor do mundo não teve nenhuma. Isto de estar em casa não própria, como nestas fundações se vê, nos tem acontecido algumas vezes; e é verdade que jamais tenho visto monja com pena disso. Praza à divina Majestade que não nos faltem as moradas eternas, por sua infinita bondade e misericórdia. Amém, amém.

---

13. *Cumpríamos* (esp. *cumplíamos*); a Santa escreve *cumplíemos*, forma espanhola arcaica usada no livro das *Fundações* com frequência muito maior que nos livros restantes. Por exemplo: *parecíe* (12, 8), *servirien* (15, 7), *quirien* (15, 14) etc. Equivale ao imperfeito atual com algum pequeno matiz de indefinido, como o presente caso. O P. Silvério transcreve *cumplimos*.

14. *Fora pedida a licença* requerida, por ser a casa "de morgadio" (cf. n. 7).

15. Como a mudança foi feita em 28/09/1573 (cf. n. 9), a Santa escreve estas páginas não antes de 1576. – *Nem sei se ficará ali o mosteiro*: de fato, em 1579 a Santa já tinha a licença do Bispo para transferir-se para outra casa, e em 1582 abandonaram-na definitivamente.

Capítulo 20

Em que trata a fundação do mosteiro de Nossa Senhora da Anunciação, que está em Alba de Tormes. Foi no ano de 1571.

1. Não tinha dois meses que se tinha tomado a posse, no dia de Todos os Santos, da casa de Salamanca, quando da parte do contador do duque de Alba e de sua mulher fui importunada que naquela vila fizesse uma fundação e mosteiro. Eu não o desejava muito por causa que, por ser lugar pequeno, era mister que tivesse renda, que minha inclinação era para que nenhuma tivesse. O padre mestre frei Domingos Báñez, que era meu confessor, de quem tratei no princípio das fundações, que acertou estar em Salamanca, repreendeu-me e disse que, pois o Concílio dava licença para ter renda, que não seria bom deixar-se de fazer um mosteiro por isso; que eu não o entendia, que nenhuma coisa fazia para serem as monjas pobres e muito perfeitas.[1]

Antes que mais diga, direi quem era a fundadora e como o Senhor a fez fundá-lo.

2. Foi filha Teresa de Lays, a fundadora do mosteiro da Anunciação de nossa Senhora de Alba de Tormes, de pais nobres, e muito fidalgos e de puro sangue.[2] Residiam, por não serem tão ricos como pedia a nobreza de seus pais, num lugar chamado Tordillos, que fica duas léguas da dita vila de Alba. É farta lástima que, por estar as coisas do mundo postas em tanta vaidade, preferem passar a solidão que há nestes lugares pequenos de doutrina

---

1. Outras vezes o mesmo P. Báñez já tinha dado este conselho (cf. c. 9, n. 3; e *Vida* c. 36, n. 15). – *O Concílio dava licença*: se refere ao estabelecido no Concílio de Trento (sessão 25, cap. 3) sobre a pobreza dos mosteiros e sua dotação. – *Nenhuma coisa fazia para serem...*: a renda não tinha importância, uma coisa não tinha nada a ver com a outra...

2. Teresa retocou a frase apagando nela o nome de *Teresa de Layz*, para começar aqui com solenidade especial a narração da fundação. Inicia a frase com o anagrama que preside suas cartas ou o prólogo de seus livros: *Jhs.* – *Fidalgo*, esp. *hijosdealgo* [como também no português da época: filhos de algo] ou fidalguia quer dizer sem ascendência judia ou moura. – [Na tradução foi mantida a ordem das palavras do período porque este é um exemplo de como Teresa as colocava.]

e outras muitas coisas que são meios para dar luz às almas, a cair um ponto dos pontos que isto que eles chamam honra trazem consigo. Pois havendo já tido quatro filhas, quando veio a nascer Teresa de Layz, deu muita pena a seus pais de ver que também era filha.

3. É coisa certamente muito para chorar, que sem entender os mortais o que lhes é melhor, como os que totalmente ignoram os juízos de Deus, não sabendo os grandes bens que podem vir das filhas nem os grandes males dos filhos, não parece que querem deixar ao que tudo entende e os cria, senão que se matam pelo que se haviam de alegrar. Como gente que tem adormecida a fé, não vão adiante com a consideração, nem se lembram que é Deus quem assim o ordena, para deixar tudo em suas mãos. E já que estão tão cegos que não façam isto, é grande ignorância não entender o pouco que lhes aproveitam estas penas. Oh, valha-me Deus! Quão diferente entenderemos estas ignorâncias no dia em que se entender a verdade de todas as coisas! E quantos pais se verão ir ao inferno por ter tido filhos e quantas mães também se verão no céu por meio de suas filhas!

4. Pois tornando ao que dizia, vêm as coisas a termos que, como coisa que lhes importava pouco a vida da menina, no terceiro dia de seu nascimento a deixaram sozinha e sem se lembrar ninguém dela desde a manhã até a noite. Uma coisa tinham feito bem, que a tinham feito um clérigo batizar logo ao nascer. Quando de noite veio uma mulher, que tomava conta dela e soube o que se passava, foi correndo ver se estava morta, e com ela algumas outras pessoas que tinham ido visitar a mãe, que foram testemunhas do que agora direi. A mulher a tomou chorando nos braços e lhe disse: "Como, minha filha! Vós não sois cristã?", à maneira de que tinha sido crueldade. A menina levantou a cabeça e disse: "sim, sou", e não falou mais até a idade que todos costumam falar. Os que a ouviram ficaram espantados, e sua mãe começou a querê-la e regalá-la desde então, e assim dizia muitas vezes que quisera viver até ver o que Deus faria desta menina. Ela as criava muito honestamente, ensinando a elas todas as coisas da virtude.

5. Vindo o tempo em que a queriam casar, ela não queria, nem tinha desejo. Ficou sabendo que a pedia Francisco Velázquez, que é o fundador também desta casa, marido seu; e, ao ser dito o nome dele, decidiu casar-se se a casavam com ele, não o tendo visto em sua vida; mas via o Senhor que

isto convinha para que se fizesse a boa obra que ambos fizeram para servir a Sua Majestade. Porque, deixado de ser homem virtuoso e rico,[3] quer tanto à sua mulher, que lhe faz prazer em tudo e com muita razão; porque tudo o que se pode pedir numa mulher casada, lhe deu o Senhor muito cabalmente. Que, junto com o grande cuidado que tem de sua casa, é tanta a sua bondade que, como seu marido a levasse a Alba de onde era natural e acertassem a aposentar em sua casa os aposentadores do duque um cavalheiro mancebo, sentiu tanto, que começou a aborrecer o povoado; porque ela, sendo moça e de muito bom parecer, se não fosse tão boa, segundo o demônio começou a pôr nele maus pensamentos, poderia suceder algum mal.

6. Ela, ao perceber isso, sem dizer nada a seu marido, rogou-lhe que a tirasse dali; e ele fez isso e a levou a Salamanca, aonde estava com grande contento e muitos bens do mundo, por ter um cargo que todos desejavam muito contentar, e regalavam.[4] Só tinham uma pena, que era não lhes dar nosso Senhor filhos, e para que lhos desse eram grandes as devoções e orações que ela fazia, e nunca suplicava ao Senhor outra coisa senão que lhe desse geração, para que, acabada ela, louvassem Sua Majestade; que lhe parecia duro que se acabasse nela e não tivesse quem depois de seus dias louvasse Sua Majestade. E dizia ela a mim que jamais outra coisa punha diante dela para desejar; e é mulher de grande verdade e tanta cristandade e virtude como tenho dito, que muitas vezes me faz louvar nosso Senhor ver as suas obras, e alma tão desejosa de sempre contentá-lo e nunca deixar de empregar bem o tempo.

7. Pois andando muitos anos com este desejo, e encomendando-o a Santo André, pois lhe disseram que era advogado para isto, depois de outras muitas devoções que fizera, disseram-lhe uma noite, estando deitada: "Não queiras ter filhos, que te condenarás". Ela ficou muito espantada e temerosa, mas nem por isso lhe foi tirado o desejo, parecendo-lhe que, sendo o seu fim bom, não havia por que ser condenada. E assim, ia adiante pedindo-o a nosso Senhor, em especial fazia particular oração a Santo André. Uma vez, estando com este mesmo desejo, nem sabe se desperta ou dormindo (de qualquer maneira que seja, se vê que foi visão boa pelo que

---

3. *Deixado de ser*: à parte, além de ser.
4. Foi contador e pagador da Universidade desde 17 de maio de 1544 até 1º de fevereiro de 1566.

sucedeu), pareceu-lhe que se achava numa casa, aonde no pátio, debaixo do corredor, havia um poço;[5] e viu naquele lugar um prado e verdura, com umas flores brancas por ele de tanta formosura que não sabe ela encarecer da maneira que o viu. Perto do poço lhe apareceu Santo André na forma de uma pessoa muito venerável e formosa, que lhe deu grande recreação mirá-lo e disse-lhe: "outros filhos são estes que os que tu queres". Ela não quisera que se acabasse o consolo grande que tinha naquele lugar; mas não durou mais. E ela entendeu claro que aquele era santo André, sem ninguém o dizer; e também que era a vontade de nosso Senhor que fizesse mosteiro. Por onde se dá a entender que também foi visão intelectual como imaginária e que não pôde ser antojo[6] nem ilusão do demônio.

8. Primeiro, não foi antojo, pelo grande efeito que fez, que desde aquele ponto nunca mais desejou filhos, senão que ficou tão assentado em seu coração que era aquela a vontade de Deus, que não os pediu mais nem os desejou. Assim começou a pensar que modo teria para fazer o que o Senhor queria. Não ser demônio, também se entende, assim pelo efeito que fez, porque coisa sua não pode fazer bem, como por estar feito já o mosteiro, aonde se serve muito nosso Senhor; e também porque era isto mais de seis anos antes que se fundasse o mosteiro, e ele não pode saber o porvir.

9. Ficando ela muito espantada com esta visão, disse a seu marido que, pois Deus não era servido de dar-lhes filhos, que fizessem um mosteiro de monjas. Ele, como é tão bom e a queria tanto, alegrou-se com isso e começaram a tratar aonde o fariam. Ela queria no lugar em que tinha nascido; ele lhe pôs justos impedimentos para que entendesse que não ficava bem ali.

10. Enquanto tratavam disto, a duquesa de Alba mandou chamá-lo; e tendo ido, mandou que voltasse a Alba para ter um cargo e ofício que lhe deu em sua casa.[7] Ele, tendo ido ver o que lhe mandava e lhe foi dito, aceitou-o, ainda que fosse de muito menos interesse que o que tinha em Salamanca. Sua mulher, assim que soube, afligiu-se muito, porque, como

---

5. "Ainda existe, perto da cela em que a Santa morreu, embora pelas obras feitas nas antigas casas, o que foi o pátio se tenha transformado em amplo quarto" (Silvério).
6. N.T.: *Antojo* no sentido de aparência enganosa, visão.
7. Contador do Duque, como disse no n. 1.

tenho dito, aborrecera aquele lugar. Assegurando-lhe ele que não lhe dariam mais hóspede, aplacou-se um pouco, embora ainda estivesse muito fatigada, por estar mais ao seu gosto em Salamanca. Ele comprou casa e mandou que ela viesse. Veio com grande fadiga, e mais a teve quando viu a casa; porque ainda que fosse em local muito bom e ampla, não tinha instalações, e assim esteve aquela noite muito fatigada. No outro dia de manhã, ao entrar no pátio, viu no mesmo lado o poço, aonde tinha visto Santo André, e tudo, nem mais nem menos do que tinha visto, lhe foi representado; digo o lugar, não o Santo, nem prado, nem flores, ainda que ela o tivesse e tem bem presente na imaginação.

11. Ela, ao ver aquilo, ficou perturbada e determinada a fazer ali o mosteiro e com grande consolo e sossego já para não querer ir a outra parte. E começaram a comprar mais casas juntas, até que tivessem sítio muito bastante. Ela andava cuidadosa de qual Ordem o faria, porque queria que fossem poucas e muito encerradas, e tratando disso com dois religiosos de diferentes Ordens, muito bons e letrados, ambos lhe disseram que seria melhor fazer outras obras; porque a maioria das monjas estava descontente, e outras coisas fartas; que, como pesava ao demônio, queria estorvá-lo, e assim lhes fazia parecer que era grande razão as razões que lhe diziam. E como puseram tanto em que não estava bem, e o demônio que punha mais para estorvar, fez que ela temesse, ficasse perturbada e decidisse não fazê-lo; e assim disse a seu marido, parecendo-lhes, porque pessoas tais lhes diziam que não era bom e sua intenção era servir a nosso Senhor, deixar isso. E assim combinaram de casar um sobrinho que ela tinha, filho de uma irmã sua, que queria muito, com uma sobrinha de seu marido, e dar-lhes muita parte de sua fazenda e o demais fazer bem por suas almas; porque o sobrinho era muito virtuoso e mancebo de pouca idade. Neste parecer ficaram ambos resolvidos e já muito assentado.

12. Mas como nosso Senhor tinha outra coisa ordenada, de pouco aproveitou o seu concerto, que antes de quinze dias deu-lhe um mal tão forte que em poucos dias nosso Senhor o levou consigo. Ela pressupôs tão extremamente que tinha sido a causa de sua morte a determinação que tinham de deixar o que Deus queria que fizesse para ser dado a ele, que teve

grande temor. Lembrava-se ela do profeta Jonas,[8] do que tinha sucedido a ele por não querer obedecer a Deus; e ainda lhe parecia que tinha castigado a ela tirando-lhe aquele sobrinho que tanto queria. Desde este dia determinou-se a não deixar por nenhuma coisa de fazer o mosteiro, e seu marido o mesmo, ainda que não soubessem como pô-lo por obra. Porque parece que Deus punha no coração dela o que agora está feito, e aos que ela dizia e figurava como queria o mosteiro, riam-se disso, parecendo-lhes que não acharia as coisas que ela pedia, em especial um confessor que tinha, frade de São Francisco, homem de letras e qualidade. Ela se desconsolava muito.

13. Neste tempo acertou a ir este frade a certo lugar, aonde lhe deram notícia destes mosteiros de nossa Senhora do Carmo que agora se fundavam. Ele, informado muito bem, voltou a ela e disse-lhe que já tinha achado que podia fazer o mosteiro como queria; disse-lhe o que se passava, e que procurasse tratá-lo comigo. Assim se fez. Bastante trabalho se passou em nos pormos de acordo, porque eu sempre pretendi que os mosteiros que fundava com renda a tivessem tão bastante que as monjas não precisassem de seus parentes nem de ninguém, senão que de comer e vestir lhes deem todo o necessário na casa, e as enfermas muito bem curadas;[9] porque de faltar-lhes o necessário vêm muitos inconvenientes. E para fazer muitos mosteiros de pobreza sem renda, nunca me falta coração e confiança, com certeza de que Deus não lhes há de faltar. E para fazê-los com renda e com pouca, tudo me falta. Por melhor tenho que não se fundem.

14. Enfim, entraram em acordo e deram bastante renda para o número; e os tive em muito porque deixaram a sua própria casa para dar-nos e foram para outra bastante ruim. Foi posto o Santíssimo Sacramento e foi feita a fundação no dia da Conversão de São Paulo, ano de 1571,[10] para glória e honra de Deus, aonde, a meu parecer, é Sua Majestade muito servido. Praza a Ele levá-lo sempre adiante.

15. Comecei a dizer algumas coisas particulares de algumas irmãs destes mosteiros, parecendo-me que quando isto chegassem a ler não estariam vivas as que agora estão, e para que as que vierem se animem a levar

---

8. Jonas 1–2.
9. *Curadas*: cuidadas.
10. No dia 25 de janeiro de 1571.

adiante tão bons princípios. Depois me tem parecido que haverá quem o diga melhor e mais pormenorizado e sem ir com o medo que eu tenho levado, parecendo-me que lhes parecerá ser parte;[11] e assim deixei bastantes coisas que quem as viu e soube não as podem deixar de ter por milagrosas, porque são sobrenaturais; destas não tenho querido dizer nenhuma, e das que conhecidamente se viu nosso Senhor fazer por suas orações.

Na conta dos anos em que foram fundados, tenho alguma suspeita se erro algum, ainda que ponha a diligência que posso para me lembrar.[12] Como não importa muito, que se pode emendar depois, digo-os conforme o que posso advertir com a memória; pouco será a diferença, se há algum erro.

---

11. *Parecerá a eles* que eu sou *parte*: quer dizer, não se estende mais por temor de dar impressão de parcial, já que ela tomou parte na história que narra (cf. c. 16, n. 3).

12. *Na conta dos anos...* Com toda probabilidade a Santa acrescentou esta observação ao constatar seus frequentes equívocos: ver o curioso engano no título do c. 17. Voltará a errar a data no título dos três capítulos seguintes.

Capítulo 21

Em que trata a fundação do glorioso São José do Carmelo de Segóvia. Foi fundado no mesmo dia de São José, ano de 1574.[1]

1. Já disse como depois de ter fundado o mosteiro de Salamanca e o de Alba e antes que ficasse com casa própria o de Salamanca, me mandou o padre mestre frei Pedro Fernández, que era comissário apostólico[2] então, ir por três anos à Encarnação de Ávila, e vendo a necessidade da casa de Salamanca, me mandou ir lá para que passassem para casa própria. Estando ali um dia em oração, me foi dito de nosso Senhor que fosse fundar em Segóvia.[3] A mim pareceu coisa impossível, porque eu não havia de ir sem que me mandassem, e tinha ouvido do padre comissário apostólico, o mestre frei Pedro Fernández, que não tinha desejo de fundar mais; e também via que não tendo acabado os três anos que havia de estar na Encarnação, que tinha grande razão de não o querer. Estando pensando nisto, disse-me o Senhor que o dissesse, que Ele o faria.

2. Na ocasião estava em Salamanca, e escrevi a ele que já sabia como eu tinha preceito de nosso reverendíssimo Geral de que quando visse cômodo em alguma parte para fundar, que não deixasse de fazê-lo. Em Segóvia estava admitido um mosteiro destes, pela cidade e pelo Bispo; que se Sua Paternidade mandasse, o fundaria; que eu dizia isso a ele por desencargo de minha consciência; e com o que mandasse ficaria segura e contente. Creio que estas eram as palavras, pouco mais ou menos, e que me parecia que seria serviço de Deus. Bem parece que Sua Majestade o queria, porque logo disse que o fundasse, e me deu licença; eu me espantei bastante, segundo o que tinha entendido dele neste caso. E de Salamanca procurei que

---

1. Escreveu 1573, depois ela mesma ou um corretor emendou: *1574*. Cometerá o mesmo erro de datação ao intitular os dois capítulos seguintes.

2. Foram os anos 1571-1574. Ver o c. 19, n. 6. A Santa chegou a Salamanca no dia 31 de julho de 1573.

3. *De parte de nosso Senhor*, tinha escrito; ignoramos de quem é a emenda. – O P. Gracián anotou esta frase no original: "veio no ano de 73 por Santiago, e esteve até depois do Natal de 74".

me alugassem uma casa, porque, depois da de Toledo e Valladolid, tinha entendido que era melhor buscá-la própria depois de ter tomado a posse, por muitas causas; a principal, porque eu não tinha branca para comprá-las,[4] e estando já feito o mosteiro logo o Senhor o provia; e, também, escolhia-se sítio mais a propósito.

3. Estava ali uma senhora, mulher que tinha sido de um morgado, chamada dona Ana de Jimena. Ela tinha ido uma vez ver-me em Ávila e era muito serva de Deus, e sempre o seu chamamento tinha sido para monja. Assim, quando foi feito o mosteiro, entrou ela e uma filha sua de bastante boa vida, e o descontento que tinha tido casada e viúva lhe deu o Senhor contentamento em dobro ao ver-se na religião. Sempre tinham sido mãe e filha muito recolhidas e servas de Deus.[5]

4. Esta bendita senhora tomou a casa e de tudo o que viu que tínhamos mister, assim para a igreja como para nós, proveu, que para isso teve pouco trabalho. Mas para que não houvesse fundação sem algum, deixado o ir eu ali com bastante calentura e fastio e males interiores de secura e escuridão na alma, grandíssima, e males de muitas maneiras corporais, que o forte me duraria três meses, e no meio ano que estive ali sempre estive mal...[6]

5. No dia de São José, pusemos o Santíssimo Sacramento, ainda que houvesse do Bispo licença e da cidade, não quis senão entrar na véspera secretamente de noite...; fazia muito tempo que estava dada a licença, e como estava na Encarnação e tinha outro prelado que o Generalíssimo nosso padre,[7] não tinha podido fundá-la, e tinha a licença do Bispo que es-

---

4. *Não tinha branca*: não tinha dinheiro algum, "nem um centavo", diríamos hoje (cf. *Vida* c. 33, n. 12).

5. *Mãe e filha*, a saber, dona Joana Jimena (na religião Ana de Jesus) e Maria da Encarnação, que tomaram o hábito do Carmo pelas mãos da Santa no mesmo dia; e professaram também no mesmo dia 2 de julho de 1575. A madre, Ana de Jesus, foi priora da comunidade.

6. Esta é uma das passagens típicas em que a Santa perde e volta a perder o fio da gramática, mas sem perder o do discurso que vai relatando. As frases ficam inconclusas; mas o sentido se capta facilmente: *Mas para que não houvesse fundação sem algum trabalho...* (além *do ir eu...* cheia deles)... no dia de S. José... veio logo muito agastado o Provisor *e não permitiu dizer missa*. – Na transcrição do texto teresiano, assinalo com reticências o corte da proposição inconclusa.

7. *Tinha outro Prelado que o G.*: quer dizer, tinha por Prelado outro e não o Geral; era o Comissário, investido de autoridade pontifícia.

tava então, quando quis o lugar, de palavra, que disse a um cavalheiro que o procurava por nós, chamado Andrés de Jimena, e não se preocupou em tê-la por escrito, nem a mim pareceu que importava. E enganei-me, que ao chegar ao conhecimento do Provisor que estava feito o mosteiro, veio logo muito agastado e não permitiu dizer mais missa e queria levar preso quem a tinha dito, que era um frade Descalço que ia com o padre Julián de Ávila[8] e outro servo de Deus que andava comigo, chamado Antônio Gaytán.

6. Este era um cavalheiro de Alba, e o Senhor o tinha chamado, andando muito metido no mundo, fazia alguns anos; tinha-o tão debaixo dos pés, que só se ocupava em lhe fazer mais serviço. Porque nas fundações de adiante se há de fazer menção dele, que me ajudou muito e trabalhou muito, tenho dito quem é; e se houvesse de dizer as suas virtudes, não acabaria tão depressa.[9] A que mais chamava a nossa atenção é estar tão mortificado, que não havia criado dos que iam conosco que assim como ele fizesse quanto era mister. Tem grande oração, e Deus lhe tem feito tantas mercês, que tudo o que a outros seria contradição lhe dava contento e lhe era fácil, e assim o é tudo o que trabalha nestas fundações. Parece bem que a ele e ao padre Julián de Ávila, Deus os chamava para isto, ainda que o padre Julián de Ávila foi desde o primeiro mosteiro. Por tal companhia devia nosso Senhor querer que me sucedesse tudo bem. Seu trato pelos caminhos era tratar de Deus e ensinar os que iam conosco e encontravam, e assim de todas as maneiras ia servido Sua Majestade.[10]

7. É bom, filhas minhas, as que lerdes estas fundações, saibais o que se deve a eles, para que, pois sem nenhum interesse trabalhavam tanto neste bem que vós gozais de estar nestes mosteiros, os encomendeis a nosso Senhor e tenham algum proveito de vossas orações; que se entendêsseis as

---

8. *O frade descalço* procurado pela justiça era *S. João da Cruz*; no entanto, parece que não fora ele que disse a *primeira* missa, mas Julián de Ávila.

9. *Houvesse dizer*, escreveu a Santa, que nestas páginas incorre em vários erros de escrita; umas linhas mais abaixo escreve *atros* (= a otros)... *dava contento*; e na terceira proposição do n. 8: *compañera que lleva* etc.

10. *Antônio Gaitán*, cujo elogio a Santa faz aqui, foi um desses sujeitos que, ao cair na órbita teresiana, se tornaram um estranho e estupendo fenômeno de amizade incondicional. Depois de uma vida de bastante distração chegou a ser dirigido espiritual da Santa (ver o *Epistolário*), que teve para com ele a deferência especial de admitir a sua filha no Carmelo de Alba aos 7 anos de idade: na vida religiosa ela se chamou Mariana de Jesus.

más noites e dias que passaram, e os trabalhos nos caminhos, o faríeis de muito bom grado.

8. O Provisor de nossa igreja não quis ir sem deixar um aguazil à porta, eu não sei para que. Serviu para espantar um pouco os que ali estavam. Eu nunca me preocupava muito com coisa que acontecesse depois de tomada a posse; antes eram todos os meus medos. Mandei chamar algumas pessoas, parentes de uma companheira que levava de minhas irmãs,[11] que eram principais do lugar, para que falassem ao Provisor e lhe dissessem que tinha licença do Bispo. Ele sabia muito bem disso, segundo disse depois, senão quisera que lhe tomássemos parte, e creio eu que teria sido muito pior. Enfim, conseguiram dele que nos deixasse o mosteiro, e tirou o Santíssimo Sacramento.[12] Nada disso nos importou. Estivemos assim alguns meses, até que foi comprada uma casa, e com ela fartos pleitos. Bastante tínhamos tido com os frades franciscanos por outra que fora comprada perto. Com esta outra foi com os da Mercê e com o Cabido, porque tinha a casa enfiteuse sua.

9. Ó Jesus, que trabalho é contender com muitos pareceres! Quando já parecia que estava acabado, começava de novo; porque não bastava dar-lhes o que pediam, que logo havia outro inconveniente. Dito assim não parece nada, e passar por isso foi muito.

10. Um sobrinho do Bispo fazia tudo o que podia por nós, que era prior e cônego daquela igreja,[13] e um licenciado Herrera, muito grande servo de Deus. Enfim, dando fartos dinheiros se veio a acabar aquilo. Ficamos

---

11. Isabel de Jesus, irmã de Andrés Jimena.
12. *Conseguiram dele*, esp. *acabaran con él*, na conhecida acepção de chegar a um acordo. – *Nada disso nos importou*, esp. *no se nos dio nada*. – *Estivemos assim alguns meses*, quer dizer, de 19 de março até 24 de setembro, quando a Santa tomou posse das novas casas, de acordo com um belo cerimonial da época: o licenciado Tamayo tomou a mão de "M. Teresa de Jesus, Fundadora, e de Isabel de São Domingos, Priora, e as introduziu na dita casa, e em sinal de posse, a dita Teresa de Jesus pôs para fora dela o dito Diego de Porres (o dono cessante) e passearam por ela de um lado ao outro; abriu e fechou as portas, e fizeram um altar e tocaram a sua campainha, e cantaram o salmo juntamente com as demais monjas: *Laudate Dominum omnes gentes*, e fizeram outros atos de posse quieta e pacificamente, sem contradição de pessoa alguma" (B.M.C., t. 5, p. 174, nota).
13. D. Juan de Orozco y Covarrubias de Leiva, sobrinho do Bispo, prior do Cabido da Igreja Catedral, mais tarde Bispo de Guadix y Baza.

com o pleito dos mercedários,[14] que para passarmos para a casa nova foi mister bastante segredo. Ao nos vermos lá, pois nos mudamos um ou dois dias antes de São Miguel, tiveram por bem ajustar conosco por dinheiro. A maior pena que estes embaraços me davam era que não faltavam já senão sete ou oito dias para acabarem os três anos da Encarnação, e tinha de estar forçosamente lá no fim deles.[15]

11. Foi nosso Senhor servido que se acabasse tudo tão bem, que não ficou nenhuma contenda, e dois ou três dias depois fui para a Encarnação.[16] Seja o seu nome para sempre bendito, que tantas mercês me tem feito sempre, e louvem-no todas as suas criaturas. Amém.

---

  14. *Mercenários*, escreve a Santa: religiosos da Ordem das Mercês.
  15. *Os três anos* do Priorado da Encarnação, que a Santa ocupava. Cf. n. 1.
  16. Saiu de Segóvia no dia 30 de setembro de 1574. Em 6 de outubro concluía o seu triênio de Priora. – Recorde-se que a comunidade de Segóvia engrossou suas fileiras com as monjas de Pastrana (cf. c. 17, n. 17); pouco antes de tomar posse da casa, no dia de São José, Julián de Ávila e Gaitán partiram para Pastrana, de onde, em cinco carros, trouxeram as 14 monjas que não tinham se submetido à senhora de Éboli. Chegaram a Segóvia no dia 7 de abril de 1574.

Capítulo 22

Em que trata da fundação do glorioso São José do Salvador, no lugar de Beas, ano de 1575, dia de São Matias.[1]

1. No tempo que tenho dito que me mandaram ir a Salamanca desde a Encarnação,[2] estando ali, veio um mensageiro da vila de Beas, com cartas para mim de uma senhora daquele lugar e do beneficiado dele e de outras pessoas, pedindo-me *que* fosse fundar um mosteiro, porque já tinham casa para ele, que não faltava senão ir fundar.

2. Eu me informei com o homem. Disse-me grandes bens da terra, e com razão, que é muito deleitosa e de boa temperatura. Mas olhando as muitas léguas que havia dali para lá, pareceu-me desatino; em especial havendo de ser com mandato do Comissário Apostólico, que – como tenho dito[3] – era inimigo, ou ao menos não amigo, de que fundasse. E assim quis responder que não podia, sem dizer-lhe nada. Depois me pareceu que, pois estava na época em Salamanca, que não era bem fazer isso sem seu parecer, pelo preceito que me tinha posto nosso reverendíssimo padre Geral de que não deixasse fundação.

3. Ao ver ele[4] as cartas, mandou-me dizer que não lhe parecia certo desconsolá-las, que se tinha edificado com a sua devoção; que lhes escrevesse que, como tivessem a licença da Ordem,[5] que se tomariam as providências para fundar; que estivesse segura que não a dariam, que ele sabia de outras partes dos Comendadores que em muitos anos não a puderam alcançar, e que não respondesse mal. Algumas vezes penso nisto e como o

---

1. A Santa tinha escrito: *1574*. Errou sistematicamente a data desta fundação. Ver os n. 4 e 19. Mas nas três vezes o 4 final foi corrigido por um 5; retemos a emenda, embora certamente não tenha sido feita por Teresa.

2. Em 1573, por ordem do P. Pedro Fernández (cf. n. 2); ela historiou o ocorrido no c. 21, n. 1.

3. No c. 21, n. 1.

4. N.T.: *Ele*, o Comissário; *desconsolá-las*: as pessoas do lugar.

5. *Sua Ordem*: a Ordem de Santiago, a cuja Encomenda pertencia Beas (cf. n. 13). – *Comendadores*: os Cavaleiros de Santiago que formavam o Conselho da Ordem.

que nosso Senhor quer, ainda que nós não queiramos, acontece que, sem entendê-lo, somos o instrumento, como aqui foi o padre Mestre frei Pedro Fernández, que era o Comissário; e assim, quando tiveram a licença não a pôde ele negar, senão que se fundou desta maneira:[6]

4. Fundou-se este mosteiro do bem-aventurado São José da vila de Beas no dia de São Matias, ano de 1575. Foi seu princípio da maneira que se segue, para honra e glória de Deus:

Havia nesta vila um cavalheiro que se chamava Sancho Rodriguez de Sandoval, de nobre linhagem, com fartos bens temporais. Foi casado com uma senhora chamada dona Catalina Godínez. Entre outros filhos que nosso Senhor lhes deu havia duas filhas, que são as que fundaram o dito mosteiro, chamadas a maior Dona Catalina Godínez, e a menor Dona Maria de Sandoval. A maior teria catorze anos[7] quando nosso Senhor a chamou para si. Até esta idade estava muito fora de deixar o mundo; antes tinha uma estima de si de maneira que lhe parecia ser pouco tudo o que o seu pai pretendia em casamentos que lhe traziam.

5. Estando um dia numa peça que estava depois da que seu pai estava, ainda não se tendo levantado, por acaso chegou a ler num crucifixo que ali estava o título que se põe sobre a cruz, e subitamente, ao lê-lo, o Senhor a mudou toda; porque ela tinha estado pensando num casamento que traziam para ela, que lhe estava demasiado bem, e dizendo consigo mesma: "com quão pouco se contenta meu pai, com que tenha um morgadio, e penso eu que há de começar minha linhagem em mim!" Não era inclinada a casar-se, que lhe parecia coisa baixa estar sujeita a alguém, nem entendia por onde lhe vinha esta soberba. Entendeu o Senhor por onde a havia de remediar. Bendita seja a sua misericórdia.

6. Assim que leu o título, lhe pareceu *que* tinha vindo uma luz à sua alma para entender a verdade, como se numa peça escura tivesse entrado o sol; e com esta luz pôs os olhos no Senhor que estava na cruz correndo sangue, e pensou quão maltratado estava, e em sua grande humildade,

---

6. Começa aqui o relato da fundação que a Santa faz a partir de um roteiro de redação que tem diante de si. Vimos outro caso semelhante na fundação de Alba (c. 20, n. 2).

7. "Acabava de completar 15" (Silvério).

e quão diferente caminho levava ela indo por soberba. Nisto devia estar algum espaço, que o Senhor a suspendeu. Ali lhe deu Sua Majestade um conhecimento próprio grande de sua miséria, e quisera que todos o entendessem. Deu-lhe um desejo tão grande de padecer por Deus, que tudo o que passaram os mártires quisera ela padecer junto, uma humilhação tão profunda de humildade e aborrecimento de si, que, se não fora por ter ofendido a Deus, quereria ser uma mulher muito perdida para que todos a aborrecessem. E assim começou a aborrecer-se com grandes desejos de penitência, que depois pôs por obra. Logo prometeu ali castidade e pobreza, e quisera ver-se tão sujeita, que a terra de mouros se teria folgado então se a levassem para o estar. Todas estas virtudes lhe duraram de tal maneira que se viu bem ser mercê sobrenatural de nosso Senhor, como adiante se dirá para que todos o louvem.

7. Sejais Vós bendito, meu Deus, para sempre jamais, que num momento desfazeis uma alma e a tornais a fazer. Que é isto, Senhor? Quereria eu perguntar aqui o que os Apóstolos quando sarastes o cego vos perguntaram, dizendo se tinham pecado seus pais.[8] Eu digo que quem tinha merecido tão soberana mercê. – Ela não, porque já está dito dos pensamentos que a tiraste quando a fizeste. Oh, grandes são os vossos juízos, Senhor! Vós sabeis o que fazeis, e eu não sei o que digo, pois são incompreensíveis as vossas obras e juízos. Sejais para sempre glorificado, que tendes poder para mais. Que seria de mim, se isto não fosse? Mas... se foi alguma parte sua mãe,[9] que era tanta a sua cristandade, que seria possível *que* quisesse vossa bondade, como piedoso, que visse em sua vida tão grande virtude nas filhas. Algumas vezes penso *que* fazeis semelhantes mercês aos que vos amam, e vós lhes fazeis tanto bem como é dar-lhes com que vos sirvam.

8. Estando nisto, veio um ruído tão grande de cima da peça, que parecia *que* tudo vinha abaixo. Pareceu que por um canto baixava todo aquele ruído aonde ela estava, e ouviu uns grandes bramidos que duraram

---

8. Cf. João 9,2.
9. A interrogação é um modo de introduzir suavemente uma objeção contra o que se vem dizendo:
— *Quem tinha merecido* esta *mercê?*
— *Ela não!*
— *Mas, se sua mãe* a mereceu?
— *Era tanta a sua cristandade, que seria possível...*

algum espaço, de maneira que a seu pai, que ainda – como tenho dito[10] – não se levantara, deu um temor tão grande, que começou a tremer e, como desatinado, tomou uma roupa e sua espada e entrou lá, e muito alterado perguntou a ela o que era aquilo. Ela lhe disse que não tinha visto nada. Ele olhou outra peça mais adentro, e como não visse nada, disse que ela fosse ter com sua mãe, e a ela disse que não a deixasse estar sozinha, e lhe contou o que tinha ouvido.

9. Bem se dá a entender daqui o que o demônio deve sentir quando vê perder uma alma de seu poder que ele tem já por ganha. Como é tão inimigo de nosso bem, não me espanto que, vendo fazer o piedoso Senhor tantas mercês juntas, se espantasse ele e fizesse tão grande mostra de seu sentimento; em especial, que entenderia que com a riqueza que ficava naquela alma havia de ficar ele sem algumas outras que tinha por suas. Porque tenho para mim que nunca nosso Senhor faz mercê tão grande, sem que alcance parte maior que a própria pessoa. Ela nunca disse nada sobre isto; mas ficou com grandíssimo desejo de religião e o pediu muito a seus pais. Eles nunca lho consentiram.

10. Ao cabo de três anos que muito o tinha pedido, vendo que não queriam isto, pôs-se em hábito honesto, no dia de São José.[11] Disse-o apenas à sua mãe, com a qual fora fácil conseguir que a deixasse ser monja. Para seu pai não ousava. E assim foi à igreja, porque como a tivessem visto no povoado, não lhe fosse tirado. E assim foi, que passou por isso. Nestes três anos tinha horas de oração, e mortificar-se em tudo o que podia, que o Senhor lhe ensinava. Não fazia senão entrar num curral e molhar o rosto e pôr-se ao sol, para que por parecer mal a deixassem os casamentos que ainda a importunavam.

11. Ficou de tal maneira em não querer mandar em ninguém que, como tomasse conta da casa de seu pai, lhe acontecia, vendo que tinha mandado nas mulheres, que não podia não fazer, aguardar que estivessem dormindo e beijar os pés delas, fatigando-se porque sendo melhores que ela a serviam. Como de dia andava ocupada com seus pais, quando tinha de dormir, era toda a noite gasta em oração, tanto que muito tempo passa-

---

10. No n. 5.
11. *Dia de S. José*: foi acrescentado entre linhas. Era o dia 19/03/1558.

va com tão pouco sono que parecia impossível, se não fosse sobrenatural. As penitências e disciplinas eram muitas, porque não tinha quem a governasse, nem o tratava com ninguém. Entre outras, passou uma quaresma inteira usando uma cota de malha de seu pai diretamente sobre as carnes. Ia a uma parte desviada rezar, aonde o demônio lhe fazia notáveis burlas. Muitas vezes começava às dez da noite a oração, e não se sentia até que era de dia.

12. Nestes exercícios passou cerca de quatro anos, que começou o Senhor a que o servisse em outros maiores, dando-lhe grandíssimas enfermidades e muito penosas, assim de estar com calentura contínua e com hidropisia e mal de coração; um sarcoma[12] que tiraram dela. Enfim, duraram estas enfermidades quase dezessete anos, que poucos dias estava boa. Depois de cinco anos que Deus lhe fez esta mercê, morreu seu pai.[13] E sua irmã, que tinha catorze anos (que foi um ano depois que sua irmã fez esta mudança), vestiu também hábito honesto, sendo muito amiga de galas, e começou também a ter oração. E sua mãe ajudava em todos os seus bons exercícios e desejos, e assim teve por bem que elas se ocupassem em algo bastante virtuoso e bem fora de quem eram: foi ensinar meninas a lavrar[14] e a ler, sem ganhar nada, senão só para ensiná-las a rezar e a doutrina. Fazia-se muito proveito, porque acudiam muitas, que ainda agora se vê nelas os nos costumes que depreenderam quando pequenas. Não durou muito, porque o demônio, como lhe pesava a boa obra, fez que seus pais tivessem por pouco que ensinassem as filhas de graça. Isto, junto com as enfermidades que começaram a apertar, fez que cessasse.

13. Cinco anos depois que morreu o pai destas senhoras, morreu a sua mãe e, como o chamamento da dona Catalina tinha sido sempre para monja, mas que não o tinha podido acabar com ele, e logo quis ir a ser monja, porque não havia mosteiro ali em Beas. Dado que elas tinham para fundar mosteiro razoavelmente, seus parentes aconselharam-nas que procurassem fundá-lo em seu povoado, pois seria mais serviço de nosso

---

12. *Sarcoma*, esp. *zaratán*: câncer no peito.
13. Em 1560. Sua mãe (cf. n. 13) morreu em 1565.
14. *Lavrar*: fazer lavores de agulha, principalmente bordar.

Senhor. Como é lugar da Encomenda de Santiago, era preciso licença do Conselho das Ordens, e assim começou a pôr diligência em pedi-la.[15]

14. Foi tão difícil de alcançar que se passaram quatro anos, nos quais passaram fartos trabalhos e gastos; e até que se deu uma petição, suplicando ao próprio Rei, nenhuma coisa lhes tinha aproveitado. E foi desta maneira, que, como era a dificuldade tanta, seus parentes lhe diziam que era desatino, que se deixasse disso; e como estava quase sempre na cama com tão grandes enfermidades como está dito, diziam que nenhum mosteiro a admitiria para monja. Ela disse que, se num mês nosso Senhor lhe desse saúde, que entenderiam que era servido disso e que ela mesma iria à Corte para procurá-lo. Quando disse isto, fazia mais de meio ano que não se levantava da cama, e fazia quase oito meses que quase não se podia menear dela. Neste tempo tinha calentura contínua fazia oito anos, hética[16] e tísica e hidrópica, com um fogo no fígado que se abrasava, de sorte que ainda sobre a roupa era o fogo de sorte que se sentia e queimava a camisa, coisa que parece inacreditável, e eu mesma me informei com o médico destas enfermidades que na ocasião tinha, que estava bastante espantado. Tinha também gota artrítica e ciática.[17]

15. Numa véspera de São Sebastião,[18] que era sábado, lhe deu nosso Senhor tão inteira saúde, que ela não sabia como encobri-lo para que não se entendesse o milagre. Diz que quando nosso Senhor a quis sanar lhe deu um tremor interior, que sua irmã pensou que ia já acabar a vida. E ela viu em si grandíssima mudança, e na alma diz que se sentiu outra, segundo ficou aproveitada. E muito mais contento lhe dava a saúde por poder procurar o negócio do mosteiro do que por padecer nenhuma coisa se lhe dava. Porque desde o princípio que Deus a chamou, lhe deu um aborrecimento consigo, que tudo era pouco para ela. Diz que lhe ficou um desejo

---

15. *Conselho das Ordens*: suprema assembleia reitora das Ordens de Cavalaria na Espanha.

16. *Hética*: consumida por uma calentura lenta chamada hética pelos doutores coetâneos. *Hética e tísica* (cf. *Vida* c. 5, n. 8).

17. *Gota artrítica e ciática* (no original: *gota artética y ceática*): gota artrítica era a que atacava os "artelhos" e demais articulações; e *ciática*, a que atacava as cadeiras e músculos.

18. 19 de janeiro de 1574.

de padecer tão poderoso, que suplicava a Deus muito de coração que de todas as maneiras a exercitasse nisto.

16. Não deixou Sua Majestade de cumprir este seu desejo, que nestes oito anos a sangraram mais de quinhentas vezes, sem tantas incisões de ventosas, que tem o corpo de sorte que o dá a entender.[19] Em algumas colocaram sal, que um médico disse que era bom para tirar a peçonha de uma dor nas costas, que estas teve mais de vinte vezes. O que é mais de maravilhar é que, assim que o médico lhe dizia um remédio destes, estava com grande desejo de que viesse a hora em que o haviam de executar, sem nenhum temor, e ela animava os médicos para os cautérios, que foram muitos, pelo sarcoma e outras ocasiões que houve para serem dados. Diz que o que a fazia desejá-lo era para provar se os desejos que tinha de ser mártir eram certos.

17. Como ela se visse subitamente boa, tratou com seu confessor e com o médico que a levassem a outro povoado, para que pudessem dizer que a mudança da terra o tinha feito. Eles não quiseram; antes os médicos o publicaram, porque já a tinham por incurável, por causa que lançava sangue pela boca, tão podre, que diziam que era já os pulmões. Ela ficou três dias na cama, que não ousava levantar-se, para que não se soubesse de sua saúde; mas, como tão pouco se pode encobrir como a enfermidade, aproveitou pouco.

18. Disse-me que no agosto antes, suplicando um dia a nosso Senhor que lhe tirasse aquele desejo tão grande que tinha de ser monja e fazer o mosteiro, ou lhe desse meios para fazê-lo, com muita certeza lhe foi assegurado que estaria boa a tempo que pudesse ir na quaresma procurar a licença. E assim, diz que naquele tempo, ainda que as enfermidades carregassem mais, nunca perdeu a esperança que o Senhor havia de lhe fazer esta mercê. E ainda que a ungissem[20] duas vezes, uma tão no fim, que o médico dizia que não havia para que ir atrás do óleo, porque morreria antes, nunca deixava de confiar no Senhor que havia de morrer monja. Não digo que

---

19. *Sem tantas incisões de ventosas*, esp. *sin tantas ventosas sajadas*, quer dizer, sem contar as muitas ventosas...
20. Administraram-lhe a Extrema-Unção.

neste tempo a ungiram as duas vezes, que vai de agosto a São Sebastião, mas antes.

Seus irmãos e parentes, ao virem a mercê e o milagre que o Senhor tinha feito dando-lhe tão súbita saúde, não ousaram estorvar a ideia dela, ainda que parecesse desatino. Esteve três meses na Corte, e no fim não lhe era dada. Como deu esta petição ao Rei e soube que era de Descalças do Carmo, mandou logo dá-la.[21]

19. Ao vir fundar o mosteiro, apareceu bem que o tinha negociado com Deus, pois os prelados o quiseram aceitar, sendo tão longe e a renda muito pouca. O que Sua Majestade quer não se pode deixar de fazer. Assim vieram as monjas no princípio da quaresma, ano de 1575. O povo as recebeu com grande solenidade e alegria e procissão. No geral, foi grande o contento; até as crianças mostravam ser obra de que nosso Senhor se servia. Fundou-se o mosteiro, chamado São José do Salvador, nesta mesma quaresma, no dia de São Matias.[22]

20. No mesmo tomaram hábito as duas irmãs,[23] com grande contento. Ia adiante a saúde de dona Catalina. Sua humildade e obediência e desejo de que a desprezem dá bem a entender terem sido seus desejos verdadeiros, para serviço de nosso Senhor. Seja glorificado para sempre jamais![24]

21. Disse-me esta irmã, entre outras coisas, que fará quase vinte anos que se deitou uma noite desejando achar a mais perfeita religião que houvesse na terra para ser nela monja, e que começou a sonhar, a seu parecer, que ia por um caminho muito estreito e apertado e muito perigoso para cair nuns grandes barrancos que apareciam, e viu um frade Descalço, que ao ver frei João da Miséria (um fradinho leigo da Ordem, que foi a Beas

---

21. Alude ao referido no n. 14.
22. Dia 25 de fevereiro. Na viagem, a Santa foi acompanhada por Julián de Ávila, Antonio Gaytán e o sacerdote Gregório Martínez, que ali mesmo tomou o hábito com o nome de Gregório Nazianzeno. Como prioresa ficou a célebre Ana de Jesus.
23. Em religião se chamaram Catalina de Jesus (de 33 anos) e Maria de Jesus (de 29 anos). A primeira sucedeu no priorado a famosa Ana de Jesus, e todas elas foram proveitosas discípulas de São João da Cruz.
24. Para sempre jamais *amém*, tinha escrito. O que se segue é uma espécie de apêndice acrescentado ao relato precedente. Cf. n. 3, notas 4 e 5.

estando eu ali),[25] diz que lhe pareceu o mesmo que tinha visto; disse-lhe: "Vem comigo, irmã"; e a levou a uma casa de grande número de monjas, e não havia nela outra luz senão de umas velas acesas que traziam nas mãos. Ela perguntou que Ordem era, e todas calaram e levantaram os véus e os rostos alegres e rindo. E certifica que viu os rostos das irmãs mesmas que agora tem visto, e que a priora a tomou pela mão e lhe disse: "Filha, para aqui vos quero eu", e mostrou-lhe as Constituições e Regra. E, quando despertou deste sonho, foi com um contentamento que lhe parecia ter estado no céu, e escreveu o que se lembrou da Regra, e passou muito tempo que não o disse a confessor nem a nenhuma pessoa, e ninguém sabia dizer desta religião.

22. Tendo vindo ali um padre da Companhia, que sabia seus desejos, e mostrou-lhe o papel, e disse-lhe que se ela achasse aquela religião que ela estaria contente porque entraria logo nela.[26] Ele tinha notícia destes mosteiros, e disse-lhe como era aquela Regra da Ordem de nossa Senhora do Carmo, ainda que não desse, para ser dada a entender, esta clareza, senão dos mosteiros que eu fundava; e assim procurou enviar-me mensageiro, como está dito.[27]

23. Quando trouxeram a resposta, estava já tão mal, que lhe disse o seu confessor que se sossegasse, ainda que estivesse no mosteiro a mandariam embora, quanto mais tomá-la agora. Ela se afligiu muito, e voltou-se para nosso Senhor com grandes ânsias e disse-lhe: "Senhor meu e Deus meu: eu sei pela fé que Vós sois o que tudo podeis; pois, vida de minha alma, ou fazei que me sejam tirados estes desejos, ou me dai meios para cumpri-los". Isto dizia com uma confiança muito grande, suplicando a nossa Senhora, pela dor que teve quando viu seu Filho morto em seus braços, que fosse sua intercessora. Ouviu uma vós no interior que lhe disse: "Crê e espera, Eu sou o que tudo pode; tu terás saúde; porque o que teve poder para que de tantas enfermidades, todas mortais por si, mandou que elas não fizessem o seu efeito, mais fácil lhe será tirá-las". Diz que foram

---

25. Cf. c. 17, n. 6 e 14-15.
26. *O papel* em que tinha resumido as Constituições e a Regra vista em sonhos (n. 21). – O padre da Companhia foi Bartolomé Bustamante, ex-secretário do Cardeal Pardo de Tavera.
27. No n. 1.

com tanta força e certeza estas palavras, que não podia duvidar de que não se havia de cumprir o seu desejo, ainda que carregassem muitas mais enfermidades, até que o Senhor lhe deu a saúde que temos dito. Certamente, parece coisa incrível o que se passou. Se eu não tivesse me informado com o médico e com as que estavam em sua casa e com outras pessoas, segundo sou ruim, não teria sido muito pensar que era alguma coisa exagerada.

24. Ainda que esteja fraca, tem já saúde para guardar a Regra, e bom sujeito; uma alegria grande, e em tudo – como tenho dito[28] – uma humildade que a todas nos fazia louvar nosso Senhor. Ambas deram o que tinham de fazenda, sem nenhuma condição, à Ordem; que se não as quisessem receber como monjas, não poriam nenhuma exigência.[29] É um desprendimento grande o que tem de seus parentes e terra, e sempre grande desejo de ir para longe dali, e assim importuna bastante os prelados, ainda que a obediência que tem seja tão grande, está ali com algum contento. Pelo mesmo motivo tomou véu, que não havia meio de fazer com que ela fosse do coro, mas freira; até que eu lhe escrevi dizendo-lhe muitas coisas e ralhando com ela porque queria outra coisa e não fazer a vontade do padre provincial,[30] que aquilo não era merecer mais, e outras coisas, tratando-a asperamente. E este é o seu maior contento, quando assim lhe falam. Com isto se pôde convencê-la, bastante contra a sua vontade. Nenhuma coisa entendo desta alma que não seja para ser agradável a Deus, e assim o é com todas. Praza a Sua Majestade tê-la em sua mão, e aumente as suas virtudes e graça que lhe tem dado para maior serviço e honra sua. Amém.

---

28. No n. 6.
29. *Exigência* (esp. *apremio*): a Santa escreve *premio*, como em outras ocasiões.
30. Jerônimo Gracián.

Capítulo 23

Em que trata da fundação do mosteiro do glorioso São José do Carmo na cidade de Sevilha. Celebrou-se a primeira missa no dia da Santíssima Trindade, no ano de 1575.[1]

1. Pois estando nesta vila de Beas esperando licença do Conselho das Ordens para a fundação de Caravaca,[2] veio ver-me ali um padre de nossa Ordem, dos Descalços, chamado mestre frei Jerônimo de la Madre de Dios, Gracián, que fazia poucos anos tinha tomado nosso hábito estando em Alcalá, homem de muitas letras, entendimento e modéstia, acompanhado de grandes virtudes toda a sua vida, que parece nossa Senhora o escolheu para bem desta Ordem primitiva, estando ele em Alcalá, muito fora de tomar nosso hábito, ainda que não de ser religioso. Porque ainda que seus pais tivessem outras intenções, por ter muito favor com o Rei e sua grande habilidade, ele estava muito fora disso. Desde que começou a estudar, seu pai queria pô-lo para estudar leis. Ele, sendo de pouca idade, sentia tanto, que a poder de lágrimas conseguiu que ele o deixasse ouvir teologia.

2. Já que estava graduado mestre, tratou de entrar na Companhia de Jesus, eles o tinham recebido, e por certa ocasião disseram que se esperasse uns dias. A mim ele disse que todo o regalo que tinha lhe dava tormento, parecendo-lhe que não era aquele bom caminho para o céu. Sempre tinha horas de oração e seu recolhimento e honestidade em grande extremo.

---

1. A Santa tinha escrito: 1574. Depois ela ou um revisor corrigiu o erro.
2. Narrará isso detalhadamente no c. 27. – O P. Gracián é personagem importantíssimo na história teresiana e na de suas Fundações. Nasceu em Valladolid em 1545, entrou no noviciado de Pastrana em 1572, aos dois anos de sacerdócio, e professou em 1573. Quando se encontrou pela primeira vez com a Santa em Beas, por abril de 1575, já estava investido de cargos de suma importância no Carmelo espanhol e de grave transcendência para o futuro da Reforma. Santa Teresa teve por ele uma admiração superlativa, e um amor filial e materno ao mesmo tempo. Estas relações estão magnificamente documentadas no *Epistolário* teresiano e em quase todos os escritos do privilegiado padre.

3. Neste tempo entrou um grande amigo seu para frade de nossa Ordem no mosteiro de Pastrana, chamado frei João de Jesus,[3] também mestre. Não sei se por esta ocasião de uma carta que lhe escreveu da grandeza e antiguidade de nossa Ordem, ou o que foi o princípio, lhe dava tão grande gosto ler todas as coisas dela e prová-lo com grandes autores, que diz muitas vezes tinha escrúpulo de deixar de estudar outras coisas por não poder sair destas; e as horas que tinha recreação era ocupar-se nisto. Ó sabedoria de Deus e poder, como não podemos nós fugir do que é sua vontade! Bem via nosso Senhor a grande necessidade que havia nesta obra que Sua Majestade tinha começado, de pessoa semelhante. Eu o louvo muitas vezes pela mercê que nisto nos fez; que se eu muito quisesse pedir a Sua Majestade uma pessoa para que pusesse em ordem todas as coisas da Ordem nestes princípios, não teria acertado a pedir tanto como Sua Majestade nisto nos deu. Seja bendito para sempre.

4. Pois tendo ele bem apartado de seu pensamento tomar este hábito, rogaram-lhe que fosse tratar em Pastrana com a Priora do mosteiro de nossa Ordem, que ainda não fora tirado dali, para que recebesse uma monja.[4] Que meios toma a divina Majestade! Pois para determinar-se a ir dali a tomar o hábito teria porventura tantas pessoas que fossem contrárias, que nunca o teria feito. Mas a Virgem nossa Senhora, cujo devoto é em grande extremo, quis pagar-lhe dando o hábito; e assim penso que foi a medianeira para que Deus lhe fizesse esta mercê; e ainda a causa de ele tomá-lo e ter-se afeiçoado tanto à Ordem era esta gloriosa Virgem; não quis que a quem tanto a desejava servir faltasse ocasião para pô-lo por obra, porque é seu costume favorecer aos que nela se querem amparar.

5. Quando rapaz, estando em Madri, ia muitas vezes a uma imagem de nossa Senhora à qual ele tinha grande devoção, não me lembro onde era: chamava-a de "sua namorada", e era muito ordinário nas vezes que a visitava. Ela lhe devia alcançar de seu Filho a pureza com que sempre viveu.

---

3. *Juan de Jesús*, Roca, era catalão (1543), condiscípulo de Gracián na Universidade de Alcalá, tinha entrado no noviciado de Pastrana uns meses antes deste (01/01/1572).

4. *O mosteiro... ainda não fora tirado dali*: seria transferido para Segóvia em abril de 1574: cf. c. 21, n. 10-11. – A Priora era Isabel de São Domingos, a mesma que enfrentou corajosamente a Princesa de Éboli. – A monja cuja entrada Gracián negociou foi Bárbara do Espírito Santo.

Diz que às vezes lhe parecia que tinha os olhos inchados de chorar pelas muitas ofensas que eram feitas a seu Filho. Daqui lhe nascia um ímpeto grande e desejo do remédio das almas e um sentimento, quando via ofensas a Deus, muito grande. A este desejo do bem das almas tem tão grande inclinação, que qualquer trabalho é pequeno para ele se pensa fazer com ele algum fruto. Isto tenho visto por experiência em fartos que tem passado.

6. Pois levando-o a Virgem a Pastrana como enganado, pensando ele que ia procurar o hábito da monja, e Deus o levava para ser dado a ele. Ó segredos de Deus! E como, sem que o queiramos, nos vai dispondo para fazer-nos mercês e para pagar a esta alma as boas obras que tinha feito e o bom exemplo que sempre tinha dado e o muito que desejava servir à sua gloriosa Mãe; que sempre deve Sua Majestade pagar isto com grandes prêmios.

7. Pois chegando a Pastrana, foi falar com a priora, para que tomasse aquela monja, e parece que lhe falou para que procurasse com Nosso Senhor que entrasse ele. Como ela o viu, que é agradável o seu trato, de maneira que, pela maior parte, os que tratam com ele o amam (é graça que nosso Senhor dá), e assim por todos os seus súditos e súditas é em extremo amado; porque ainda que não perdoe nenhuma falta (que nisto tem extremo, em mirar o aumento da religião), é com uma suavidade tão agradável, que parece que ninguém poderá se queixar dele...[5]

8. Pois aconteceu a esta priora o que aos demais, deu-lhe grandíssimo desejo de que entrasse na Ordem, e disse-o às irmãs, que olhassem o que lhes importava, porque então havia muito poucos ou quase nenhum semelhante,[6] e que todas pedissem a nosso Senhor que não o deixasse ir, senão que tomasse o hábito.

É esta priora grandíssima serva de Deus, que mesmo a sua oração sozinha penso que seria ouvida por Sua Majestade, quanto mais as de almas tão boas como ali estavam! Todas se encarregaram muito disso, e com

---

5. O período fica inconcluso por causa dos numerosos incisos. Ela o retoma assim: "Como ela o viu... (segue a série de incisos: n. 7), deu-lhe grandíssimo desejo de que entrasse na Ordem..." (n. 8).

6. *Ou quase nenhum semelhante*, é esclarecimento que a Santa acrescentou entre linhas, insistindo em sua apreciação da excepcionalidade de Gracián.

jejuns, disciplinas e oração o pediam continuamente a Sua Majestade, e assim foi servido de fazer-nos esta mercê. Que, como o padre Gracián foi ao mosteiro dos frades e viu tanta religião e aparelho para servir a nosso Senhor, e sobretudo ser Ordem de sua gloriosa Mãe que ele tanto desejava servir, começou a mover-se o seu coração para não tornar ao mundo. Ainda que o demônio lhe pusesse fartas dificuldades, em especial da pena que havia de ser para seus pais, que o amavam muito e tinham grande confiança que havia de ajudar a remediar seus filhos, que tinham muitas filhas e filhos,[7] deixando este cuidado a Deus, por quem deixava tudo, determinou-se a ser súdito da Virgem e tomar o seu hábito. E assim lho deram com grande alegria de todos, em especial das monjas e priora, que davam grandes louvores a nosso Senhor, parecendo-lhes que Sua Majestade lhes tinha feito esta mercê por suas orações.

9. Esteve no ano de provação com a humildade de um dos menores noviços. Em especial se provou a sua virtude num tempo que, faltando ali o prior, ficou como maior um frade bastante moço e sem letras e de pouquíssimo talento nem prudência para governar; experiência não tinha, porque fazia pouco que tinha entrado. Era coisa excessiva a maneira que os levava e as mortificações que os fazia fazer; que cada vez me espanto como o podiam sofrer, em especial semelhantes pessoas, que era preciso o espírito que Deus dava para sofrê-lo. E depois se viu bem que tinha muita melancolia e em nenhuma parte,[8] mesmo como súdito há trabalho com ele, quanto mais para governar; porque o humor o sujeita muito, que ele bom religioso é, e Deus permite algumas vezes que se faça este erro de pôr pessoas semelhantes para aperfeiçoar a virtude da obediência nos que ama.

10. Assim deve ter sido aqui, que em mérito disto[9] Deus deu ao padre frei Jerônimo de la Madre de Dios grandíssima luz nas coisas de obediência para ensinar a seus súditos, como quem tão bom princípio teve em exercitar-se nela. E para que não lhe faltasse experiência em tudo o que

---

7. Chegaram a ser 20, sobreviveram 13.
8. *Em nenhuma parte...* se livra dela (da melancolia); tal parece ser o sentido da frase truncada. – Trata-se de frei Angel de S. Gabriel, que nessa época exerceu o cargo de Mestre de Noviços, exagerando em terríveis austeridades e provas ascéticas: teve de ser desautorizado pelo P. Báñez e deposto por São João da Cruz, que com fino tato corrigiu e canalizou aqueles fervores disparatados. – O *prior* ausente era Baltasar de Jesus (Nieto).
9. *Em mérito*: talvez queira dizer "em pagamento" ou "em prêmio".

necessitamos, teve nos três meses antes da profissão grandíssimas tentações. Mas ele, como bom capitão que havia de ser dos filhos da Virgem, se defendia bem delas; que quando o demônio mais o apertava para que deixasse o hábito, prometendo não o deixar e prometendo os votos se defendia. Deu-me certa obra que escreveu com aquelas grandes tentações, que me pôs farta devoção e se vê bem a fortaleza que o Senhor lhe dava.

11. Parecerá coisa impertinente ter-me comunicado ele tantas particularidades de sua alma; talvez o Senhor o quisesse para que eu o pusesse aqui, e seja Ele louvado em suas criaturas; sei eu que nem com confessor nem com nenhuma pessoa se declarou tanto. Algumas vezes havia ocasião, por parecer-lhe que com os muitos anos e o que ouvia de mim teria eu alguma experiência. Juntamente com outras coisas que falávamos, dizia-me estas e outras que não são para escrever, pois me alongaria bastante mais.

12. Eu, certamente, me contive muito,[10] para que, se isto viesse a cair em suas mãos, não lhe desse pena. Não pude mais, nem me pareceu (pois isto, se houver de ser visto, seria dentro de muito tempo), que se deixe de fazer memória de quem tanto bem tem feito a esta renovação da Regra primeira. Porque, ainda que não tenha sido o primeiro que a começou, veio em tempo que algumas vezes me pesaria[11] de que se tinha começado se não tivesse tão grande confiança na misericórdia de Deus. Digo as casas dos frades, que as das monjas, por sua bondade, sempre até agora têm ido bem; e as dos frades não iam mal, mas levava princípio de cair muito depressa; porque, como não tinham província própria, eram governados pelos calçados. Aos que puderam governar, que era o padre frei Antônio de Jesus, o que começou, não lhe davam essa autoridade, nem tampouco tinham constituições dadas por nosso reverendíssimo padre Geral.[12] Em

---

10. N.T.: A Santa escreveu: *Idome he, cierto, mucho a la mano*, que significa moderar, conter ou ir contra, e faz trocadilho com "mão". É impossível manter o torneio da frase na tradução.

11. A Santa tinha escrito: *me iba a* (pesar), mas riscou e matizou o seu juízo acerbo. – Algumas linhas adiante fez o mesmo: *não tinham província*, tinha escrito: *no tenían cabeza* (superior).

12. A Santa parece negar que os descalços tivessem constituições próprias dadas por Rubeo. Repetirá isso no n. 13. No entanto, por volta de 1568 o P. Geral tinha redigido ou mandado redigir um texto de constituições calcadas sobre as da Santa para as monjas. Deste texto conservamos apenas o rascunho, e ignoramos se chegou a ser promulgado.

cada casa faziam como lhes parecia. Até que eles chegassem a governar a si mesmos, haveria farto trabalho, porque a uns parecia uma coisa e a outros outra. Bastante fatigada me tinham algumas vezes.

13. Remediou-o nosso Senhor pelo padre mestre frei Jerônimo de la Madre de Dios, porque o fizera Comissário Apostólico e lhe deram autoridade e governo sobre os descalços e descalças.[13] Fez constituições para os frades, que nós já as tínhamos de nosso reverendíssimo padre Geral, e assim não as fez para nós, senão para eles com o poder apostólico que tinha e com as boas qualidades que o Senhor lhe deu, como tenho dito.[14] Na primeira vez que os visitou, pôs tudo em tanta perfeição e concerto que bem parecia ser ajudado pela divina Majestade e que nossa Senhora o tinha escolhido para remédio de sua Ordem, a quem suplico muito que consiga com seu Filho que sempre o favoreça e dê graça para ir muito adiante em seu serviço. Amém.

---

13. Gracián (frei Jerônimo de la M. de Dios) foi nomeado por Vargas Visitador Apostólico Delegado em setembro de 1573. Em 1574 passou a ser Vigário Provincial dos Descalços e Visitador Apostólico dos Calçados de Andaluzia. No ano seguinte, 1575, sua autoridade estendeu-se a toda a Reforma teresiana.

14. Cf. prólogo das *Constituciones*, p. 1571. Sobre as *Constituições* do P. Gracián, cf. Francisco de Santa Maria, *Reforma*, t. 1, L. 3, c. 41, p. 530.

Capítulo 24

Prossegue na fundação de São José do Carmo na cidade de Sevilha.

1. Quando disse[1] que o padre mestre frei Jerônimo Gracián foi me ver em Beas, nunca nos tínhamos visto, ainda que eu o desejasse bastante; escrito, sim, algumas vezes. Folguei-me em extremo quando soube que estava ali, porque o desejava muito pelas boas novas que dele me tinham dado; mas mui muito mais me alegrei quando comecei a tratar com ele, porque, segundo me contentou, não me parecia que o tinham conhecido os que o louvaram a mim.

2. E como eu estivesse com tanta fadiga, ao vê-lo, parece que me representou o Senhor o bem que por ele nos havia de vir; e assim andava naqueles dias com tão excessivo consolo e contento, que é verdade que eu mesma me espantava de mim. Então ainda não tinha comissão mais do que para a Andaluzia,[2] estando em Beas o Núncio mandou chamá-lo para que o fosse ver, e então a deu para Descalços e Descalças da Província de Castela. Era tanto o gozo que tinha meu espírito, que não me fartava de dar graças a nosso Senhor naqueles dias, nem queria fazer outra coisa.

3. Neste tempo trouxeram a licença para fundar em Caravaca, diferente do que era mister para meu propósito; e assim foi mister que tornassem a enviar à Corte, porque eu escrevi para as fundadoras que de maneira alguma se fundasse se não se pedisse certa particularidade que faltava, e assim foi mister tornar à Corte.[3] Para mim era muito esperar ali tanto e queria voltar a Castela; mas como estava ali o padre frei Jerônimo, a quem estava já sujeito aquele mosteiro, por ser comissário de toda a Província de

---

1. Cf. c. 23, n. 1.
2. *O padre Gracián era comissário apenas para Andaluzia*: de fato, seu encontro com a Santa em Beas data de abril de 1575; e só em 3 de agosto do mesmo ano o Núncio Ormaneto estendeu sua autoridade a todos os Descalços.
3. Cf. c. 27, n. 6.

Castela,[4] não podia fazer nada sem a sua vontade, e assim o comuniquei a ele.

4. Pareceu-lhe que se eu fosse de vez, cessava a fundação de Caravaca, e também que seria grande serviço de Deus fundar em Sevilha, que lhe pareceu muito fácil, porque tinham pedido isso algumas pessoas que podiam e tinham muito bem para dar logo casa; e o Arcebispo de Sevilha[5] favorecia tanto a Ordem, que acreditou que lhe faria grande serviço; e assim se concertou que a priora e monjas que levava para Caravaca fosse para Sevilha. Eu, ainda que sempre tivesse recusado muito fazer mosteiro destes em Andaluzia por algumas causas (que quando fui a Beas, se soubesse que era província de Andaluzia, de nenhuma maneira teria ido, e foi o engano que a terra ainda não é de Andaluzia, que creio que começa quatro ou cinco léguas adiante, mas a província sim),[6] como vi ser aquela a determinação do prelado, logo me rendi (que esta mercê me faz nosso Senhor, de parecer-me que em tudo acertam), ainda que eu estivesse determinada a outra fundação, e ainda tivesse algumas causas que tinha, bem graves, para não ir a Sevilha.

5. Logo se começou a aparelhar para o caminho, porque o calor entrava muito, e o padre comissário apostólico, Gracián, foi ao chamado do Núncio,[7] e nós a Sevilha com meus bons companheiros, o Padre Julián de Ávila e Antônio Gaytán e um frade Descalço.[8] Íamos em carros muito cobertas, que sempre era esta nossa maneira de caminhar; e, tendo entrado na pousada, tomávamos um aposento, bom ou mau, como houvesse, e à

---

4. *De toda a Província de...* Andaluzia, além de *Castela*. A Santa incorre num erro material, pois acaba de afirmar (n. 2) que "então não tinha comissão mais do que para a Andaluzia"; Beas pertencia à Província (eclesiástica) de Andaluzia (cf. n. 4).

5. D. Cristóbal de Rojas y Sandoval, filho do marquês de Denia (1502-1580), que fora bispo de Oviedo, de Badajoz e de Córdoba.

6. O erro da Santa foi de certas proporções: o P. Geral a tinha facultado para fundar apenas em Castela. Beas, no plano civil, pertencia a Castela; no eclesiástico, era da diocese de Cartagena e dependia dos prelados de Andaluzia: "averiguou-se que, quanto aos pleitos seculares das Chancelarias, era distrito de Castela, mas quanto às religiões, era Província de Andaluzia", explica Gracián nas *Scholias* à *Vida* de Ribera, cf. *El Monte Carmelo*, 68 (1960), p. 125. A Santa percebeu o seu erro só quando o fato estava consumado.

7. *Foi ao chamado...*: acudiu ao chamamento do Núncio.

8. O frade Descalço era o P. Gregório Nazianzeno, que já a tinha acompanhado desde Malagón a Beas (cf. c. 22, n. 19, nota 22).

As fundações

porta tomava uma irmã aquilo de que tínhamos mister, que mesmo os que iam conosco não entravam lá.

6. Com a pressa que nos demos, chegamos a Sevilha na quinta-feira antes da Santíssima Trindade,[9] tendo passado grandíssimo calor no caminho; porque, ainda que não se caminhasse nas sestas, eu vos digo, irmãs, que como havia dado todo o sol nos carros, que era entrar neles como num purgatório. Umas vezes, pensando no inferno, outras, parecendo que se fazia algo e padecia por Deus, iam aquelas irmãs com grande contento e alegria. Porque as seis que iam comigo eram almas tais, que me parece que me atreveria a ir com elas à terra de turcos, e que teriam fortaleza ou, para melhor dizer, nosso Senhor a daria para padecer por Ele, porque estes eram seus desejos e práticas, muito exercitadas em oração e mortificação, que como haviam de ficar tão longe, procurei que fossem das que me pareciam mais a propósito.[10] E tudo foi preciso, segundo se passou de trabalhos; que alguns, e os maiores, não os direi, porque poderiam tocar em alguma pessoa.

7. Um dia antes da Páscoa do Espírito Santo[11] Deus lhes deu um trabalho bastante grande, que foi dar a mim uma calentura muito forte. E creio que seus clamores a Deus foram suficientes para que o mal não fosse adiante; que jamais de tal maneira em minha vida me deu calentura que não passe muito mais adiante. Foi de tal sorte, que parecia que tinha modorra, segundo ia alienada. Elas a deitar água no meu rosto, tão quente do sol, que dava pouco refrigério.

8. Não vos deixarei de dizer a má pousada que houve para esta necessidade: deram-nos um pequeno quarto à telha vã; ele não tinha janela, e se abrisse a porta, todo se enchia de sol. Haveis de olhar que por lá não é como o de Castela, senão muito mais importuno. Fizeram-nos deitar

---

9. Dia 26 de maio de 1575. – Frase seguinte: *Não se caminhava nas sestas*, quer dizer, durante o mormaço ou primeiras horas da tarde.

10. Merecem menção de honra. Eram Maria de São José (a famosa priora de Sevilha e Lisboa), Isabel de São Francisco, Leonor de São Gabriel, Ana de Santo Alberto, Maria do Espírito Santo e Isabel de São Jerônimo. As quatro primeiras foram prioras em vários carmelos primitivos. – [Pouco antes: *desejos e práticas* (esp. *deseos y pláticas*): desejos e conversações religiosas ou espirituais.] – Na linha seguinte: *No los diré, porque podrían tocar en alguna persona*: quer dizer, "tocar" em seu nome ou em sua honra, comprometê-la.

11. 21 de maio de 1575.

numa cama, que eu tivera por melhor deitar-me no chão; porque era de umas partes tão alta e de outras tão baixa, que não sabia como poder estar, porque parecia de pedras agudas. Que coisa é a enfermidade! Que com saúde tudo é fácil de sofrer. Enfim, tive por melhor levantar-me, e que nos fôssemos, que melhor me parecia sofrer o sol do campo do que o daquele cubículo.

9. O que será dos pobres que estão no inferno, que não se hão de mudar para sempre, que ainda que seja de trabalho a trabalho, parece ser algum alívio. A mim aconteceu ter uma dor muito forte num lado, e ainda que me desse tão penosa no outro, a mudança me pareceu que era alívio; assim foi aqui. A mim nenhuma pena, que me lembre, me dava ver-me mal; as irmãs o padeciam bastante mais do que eu. Foi o Senhor servido que não durasse mais que aquele dia a muito forte.

10. Pouco antes, não sei se dois dias, nos aconteceu outra coisa que nos pôs num pouco de aperto, atravessando de barco o Guadalquivir:[12] na hora de passar os carros não era possível por onde estava a corda, senão que haviam de cruzar o rio de viés, ainda que a corda ajudasse um pouco, enviesando-a também; mas aconteceu que a deixassem os que a tinham, ou não sei como foi, que a barca ia sem corda nem remos com o carro. O barqueiro me fazia muito mais lástima vê-lo tão fatigado, do que o perigo. Nós a rezar. Todos gritavam.

11. Estava um cavalheiro mirando-nos num castelo que ficava perto, e movido de lástima enviou quem ajudasse, que então ainda não estava sem corda e nossos irmãos[13] a seguravam, pondo todas as suas forças; mas a força da água levava todos eles de maneira que alguns caíam no chão. Certamente me pôs grande devoção um filho do barqueiro, que nunca me esqueço: parece-me que devia ter dez ou onze anos, porque o que ele trabalhava de ver seu pai com pena, me fazia louvar nosso Senhor. Mas como Sua Majestade dá sempre os trabalhos com piedade, assim foi aqui: que calhou a barca deter-se num areal, e de um lado tinha pouca água, e assim

---

12. Atravessaram o Guadalquivir por Espeluy.
13. *Nossos irmãos*: na comitiva ela mencionou só um frade descalço, o padre Gregório Nazianzeno (cf. n. 5); ao seu lado estariam Julián de Ávila e Antonio Gaitán (cf. n. 5).

pôde haver remédio. Teríamos tido dificuldade de saber voltar ao caminho, por ser já noite, se quem veio do castelo não nos guiasse.

Não pensei tratar destas coisas, que são de pouca importância, que teria dito fartas de maus sucessos de caminhos. Fui importunada para alongar-me mais neste.

12. Bastante maior trabalho que os ditos foi para mim o que nos aconteceu no último dia de Páscoa do Espírito Santo.[14] Demo-nos muita pressa para chegar de manhã a Córdoba para ouvir missa sem que ninguém nos visse. Guiavam-nos a uma igreja que fica depois da ponte, para mais solidão. Quando íamos passar, não havia licença para passar por ali carros, que o corregedor há de dá-la. Daqui até que a trouxeram, passaram-se mais de duas horas, por não estarem levantados, e muita gente que se aproximava para procurar saber quem ia aí. Não nos preocupávamos muito com isso, porque não podiam, que iam muito cobertos.[15] Quando chegou a licença, não cabiam os carros pela porta da ponte; foi mister serrá-los, ou não sei o que, no que se passou mais tempo. Enfim, quando chegamos à igreja, que havia de dizer missa o padre Julián de Ávila, estava cheia de gente; porque era dedicada ao Espírito Santo, o que não tínhamos sabido, e havia grande festa e sermão.

13. Quando vi isto, deu-me muita pena, e, a meu parecer, era melhor irmos embora sem ouvir missa do que entrar entre tanta barafunda. Ao padre Julián de Ávila não lhe pareceu; e como era teólogo, tivemos todas de chegar ao seu parecer; que os demais companheiros talvez seguissem o meu, e teria sido pior, ainda que não saiba se eu tivesse confiado só em meu parecer. Apeamos perto da igreja, que ainda que ninguém pudesse ver nossos rostos, porque sempre usávamos na frente deles véus grandes, bastava ver-nos com eles e capas brancas de saial, como trazemos, e alpargatas, para alterar todos, e assim foi. Aquele sobressalto me devia tirar a calentura totalmente; que, certamente, foi grande para mim e para todos.[16]

---

14. Esta travessia do Guadalquivir foi feita no primeiro ou segundo dia de Páscoa. Cf. Rel. 40, n. 5.

15. *Iam muito cobertos* os carros.

16. *Me devia tirar a calentura*. Lembremos que no dia anterior tinha tido febre fortíssima, n. 7-8.

14. Ao começar a entrar na igreja, aproximou-se de mim um homem de bem para apartar as pessoas. Eu roguei muito a ele que nos levasse a alguma capela. Assim fez, e fechou-a, e não nos deixou até tornar a nos tirar da igreja. Poucos dias depois veio a Sevilha e disse a um padre de nossa Ordem, que por aquela boa obra que tinha feito pensava que tinha Deus lhe feito mercê, pois lhe tinham provido de uma grande fazenda, ou dado, de que ele estava descuidado.

Eu vos digo, filhas, ainda que isto não vos pareça talvez nada, foi para mim um dos maus momentos que tenho passado, porque o alvoroço daquela gente era como se entrassem touros. Assim não vi a hora de sair dali daquele lugar; ainda que não o tivesse para passar a sesta perto, a tivemos debaixo de uma ponte.

15. Tendo chegado a Sevilha a uma casa que nos tinha alugado o padre frei Mariano,[17] que estava avisado disso, eu pensei que estava tudo feito; porque – como digo – era muito o que o Arcebispo favorecia aos Descalços e me tinha escrito algumas vezes a mim mostrando-me muito amor. Não bastou para deixar de me dar farto trabalho, porque Deus queria assim. Ele é muito inimigo de mosteiros de monjas com pobreza, e tem razão. Foi o dano, ou para dizer melhor, o proveito, para que se fizesse aquela obra; porque se antes que eu estivesse no caminho o tivessem dito, tenho por certo que não teria vindo. Mas tendo por certíssimo o padre comissário e o padre Mariano (que também foi minha ida de grandíssimo contento para ele) que lhe faziam grandíssimo serviço em minha ida, não lhe disseram antes; e, como digo, poderia ser muito erro, pensando que acertavam. Porque nos demais mosteiros, a primeira coisa que eu procurava era a licença do Ordinário como manda o santo Concílio;[18] cá não só a tínhamos por dada, senão, como digo, por que se fazia a ele grande serviço, como na verdade era, e assim o entendeu depois; senão que nenhuma fundação quis o Senhor que se faça sem muito trabalho meu: uns de uma maneira, outros de outra.[19]

---

17. Chegaram a Sevilha em 26 de maior (cf. n. 6). Da benevolência do Arcebispo falou no n. 4.
18. Concílio de Trento, sessão 25, cap. 3.
19. "No dizer de Maria de São José, a oposição do Arcebispo procedia de que suas intenções eram mais de que a Santa e suas filhas reformassem os mosteiros de monjas

16. Pois chegadas à casa, que, como digo, nos tinham de aluguel, eu pensei logo tomar a posse, como costumava fazer, para que disséssemos ofício divino; e começou-me a pôr dilações o padre Mariano, que era o que estava ali, para não me dar pena, não me queria dizer de todo. Mas não sendo razões bastantes, eu entendi em que estava a dificuldade, era em não dar licença; e assim me disse que tivesse por bem fosse o mosteiro de renda, ou outra coisa assim, que não me lembro. Enfim, me disse que não gostava de fazer mosteiros de monjas por sua licença, nem desde que era Arcebispo jamais a tinha dado para nenhum, que tinha estado fartos anos ali e em Córdoba, e é bastante servo de Deus; em especial de pobreza, que não a daria.

17. Isto era dizer que não se fizesse o mosteiro: primeiro, ser na cidade de Sevilha para mim teria feito muito mal,[20] ainda que o pudesse fazer; porque nas partes que tenho fundado com renda é em lugares pequenos, que, ou não se há de fazer, ou há de ser assim, porque não há como se possa sustentar. O outro, porque só uma branca nos tinha sobrado do gasto do caminho, sem trazer coisa nenhuma conosco, senão o que trazíamos vestido e alguma túnica e touca, e o que vinha para vir cobertos e bem nos carros; que, para poderem voltar os que vinham conosco se teve de buscar emprestado: um amigo que tinha ali Antonio Gaytán emprestou, e para acomodar a casa o Padre Mariano o buscou; nem casa própria tinha. Assim que era coisa impossível.

18. Devia ser com muita importunidade do padre dito, nos deixou dizer missa para o dia da Santíssima Trindade,[21] que foi a primeira, e mandou dizer que não se tocasse sino, nem se pusesse, dizia, senão que estava já posto. E assim estive mais de quinze dias, que eu sei de minha determinação que se não fosse pelo padre comissário e o padre Mariano, que eu teria voltado com as minhas monjas, com bastante pouco pesadume, a Beas, para a fundação de Caravaca. Bastante mais tive naqueles dias, que, como tenho má memória, não me lembro, mas creio que foi mais de um mês;

---

existentes em Sevilha, de preferência a fundar um novo" (Silvério). – Cf. *Libro de Recreaciones*, Recr. 9.
20. *Ser* mosteiro com renda... *me teria feito* muito mal.
21. 29 de maio de 1575. – *O padre dito* é Mariano de São Bento (cf. n. 15). – O *padre Comissário* é Gracián.

porque já se sofria pior a ida do que depois, porque já se sabia do mosteiro. Nunca me deixou o padre Mariano escrever-lhe, senão pouco a pouco lhe ia falando e com cartas de Madri do padre comissário.

19. A mim uma coisa me sossegava para não ter muito escrúpulo, e era ter-se dito missa com sua licença, e sempre dizíamos no coro o ofício divino. Não deixava de mandar me visitar e dizer que me veria depressa, e um criado seu enviou para que dissesse a primeira missa; por onde via eu claro que não parecia que aquilo não servia de mais que de manter-me com pena. Ainda que a causa de eu tê-la não era por mim nem por minhas monjas, senão pela que tinha o padre comissário; como ele me havia mandado ir, estava com muita pena e tê-la-ia grandíssima se houvesse algum desmando, e tinha fartas causas para isso.

20. Neste tempo vieram também os padres Calçados para saber por onde se tinha fundado. Eu lhes mostrei as patentes que tinha de nosso reverendíssimo padre Geral.[22] Já com isto sossegaram, que se soubessem o que fazia o Arcebispo, não creio que bastara; mas isto não era conhecido, senão todos acreditavam que era muito ao seu gosto e contento. Já foi Deus servido que nos foi ver. Eu lhe disse o agravo que nos fazia. Enfim, me disse que fosse o que quisesse e como o quisesse. E daí em diante, sempre nos fazia mercê em tudo o que se oferecia a nós, e favor.

---

22. *Patentes do P. Geral*: uma de 27/04/1567, mencionada no c. 2, n. 3, e outra de 06/04/1571.

Capítulo 25

Prossegue na fundação do glorioso São José de Sevilha, e o que se passou em ter casa própria.

1. Ninguém poderia julgar que numa cidade tão caudalosa como Sevilha e de gente tão rica havia de haver menos aparelho para fundar que em todas as partes que tinha estado. Houve tão menos que pensei algumas vezes não ficava bem para nós ter mosteiro naquele lugar. Não sei se o próprio clima da terra, que ouvi sempre dizer dos demônios que têm mais mão ali para tentar, que Deus a deve dar a eles, e nisto[1] apertaram a mim, que nunca me vi mais pusilânime e covarde em minha vida que ali me achei. Eu, certamente, não conhecia a mim mesma. Bem que a confiança que costumo ter em nosso Senhor não me era tirada; mas o natural estava tão diferente do que eu costumo ter depois que ando nestas coisas, entendia que apartava em parte o Senhor sua mão para que ele ficasse em seu ser e visse eu que, se tinha tido ânimo, não era meu.

2. Pois tendo estado ali desde este tempo que digo[2] até pouco antes da quaresma, que nem tinha memória de comprar casa nem com quê, nem tampouco quem nos fiasse como em outras partes (que as que muito tinham dito ao padre Visitador Apostólico que entrariam e rogado a ele que levasse ali monjas, depois lhes devia parecer muito o rigor e que não o podiam levar; só uma, que direi adiante, entrou),[3] já era tempo de mandar-me vir da Andaluzia, porque se ofereciam outros negócios por cá.[4] Dava-me grandíssima pena deixar as monjas sem casa, ainda que bem visse que eu não fazia nada ali; porque a mercê que Deus me faz por cá de ter quem ajude a estas obras, ali não a tinha.

---

    1. *Nisto* (*en esto*): leitura duvidosa. Tinha escrito "este" e corrigiu para "esto". Comumente os editores transcrevem *en ésta* (terra), por causa da boa terra andaluza, que não caiu nas graças da santa avilesa.
    2. Desde 26 de maio de 1575 até fevereiro do ano seguinte: quase nove meses. – *Visitador Apostólico*: Gracián.
    3. Beatriz de la Madre de Dios. Cf. c. 26.
    4. Cf. c. 27, n. 18, 19.

3. Foi Deus servido que viesse então das Índias um irmão meu que fazia mais de trinta e quatro anos que estava lá, chamado Lorenzo de Cepeda,[5] que ainda tomava pior que eu que as monjas ficassem sem casa própria. Ele nos ajudou muito, em especial em procurar que se tomasse aquela na qual agora estão. Já eu então punha muito com nosso Senhor, suplicando-lhe que não me fosse sem deixar casa para elas e fazia as irmãs o pedirem e ao glorioso São José, e fazíamos muitas procissões e oração a nossa Senhora. E com isto, e vendo meu irmão determinado a ajudar-nos, comecei a tratar de comprar algumas casas. Quando parecia que ia concertar-se, tudo se desfazia.

4. Estando um dia em oração, pedindo a Deus, pois eram suas esposas e tinham tanto desejo de contentá-lo, que lhes desse casa, me disse: *já vos tenho ouvido; deixa para Mim.* Eu fiquei muito contente, parecendo-me que já a tinha, e assim foi, livrou-nos Sua Majestade de comprar uma que contentava a todos por estar em bom posto, e era tão velha e mau o que tinha, que se comprava só o local mas por pouco menos que a que agora têm; e estando já ajustada, não faltava senão fazer as escrituras, eu não estava nada contente. Parecia-me que não vinha isto com a última palavra que tinha ouvido na oração; porque era aquela palavra, pelo que me pareceu, sinal de dar-nos boa casa; e assim foi servido que o mesmo que a vendia, ganhando muito nisso, pôs inconveniente para fazer as escrituras quando tinha ficado; e pudemos, sem fazer nenhuma falta, sair do combinado, sendo isso farta mercê de nosso Senhor. Porque em toda a vida das que lá estavam se acabaria de lavrar a casa, e teriam bastante trabalho e pouco proveito.

5. Muita parte foi um servo de Deus, que quase desde que chegamos ali, como soube que não tínhamos missa, cada dia no-la ia dizer, tendo bastante longe a sua casa e fazer grandíssimos sóis. Chama-se Garciálvarez, pessoa muito de bem e tida na cidade por suas boas obras, que sempre não se ocupa em outra coisa; e tendo ele muito, não nos faltara nada. Ele, como

---

5. Dom Lorenzo de Cepeda (1519-1580), que tinha partido para a América em 1540, voltava agora depois de 35 anos de ausência, viúvo, mas acompanhado de seus três filhos, Francisco, Lorenzo e Teresita, e de seu irmão Pedro. Desembarcou em Sanlúcar de Barrameda em agosto de 1575, e passou em seguida a ser dirigido e filho espiritual de sua santa irmã. Cf. *Epistolário* e, especialmente, a *Relação* 46.

conhecia bem a casa, parecia-lhe grande desatino dar tanto por ela, e assim cada dia no-lo dizia, e procurou que não se falasse mais nela; e foram ele e meu irmão ver aquela na qual agora estão. Vieram tão afeiçoados, e com razão, e nosso Senhor que o queria, que em dois ou três dias foram feitas as escrituras.[6]

6. Não se passou pouco em passarmos a ela, porque quem a tinha não a queria deixar, e os frades franciscanos, como estavam junto, vieram logo exigir que de maneira alguma passássemos para ela; que se não estivessem feitas com tanta firmeza as escrituras, louvaria eu a Deus que se pudessem desfazer; porque nos vimos a perigo de pagar seis mil ducados que custava a casa, sem poder entrar nela. A priora[7] não queria isto, senão que louvava a Deus de que não se pudessem desfazer; que lhe dava Sua Majestade muito mais fé e ânimo que a mim no que tocava àquela casa, e em tudo deve ter, que é bastante melhor que eu.

7. Estivemos mais de um mês com esta pena. E foi Deus servido que a priora e eu e outras duas monjas passamos para lá uma noite, para que os frades não ficassem sabendo até tomar a posse, com farto medo. Os que iam conosco diziam que todas as sombras que viam lhes pareciam frades. Ao amanhecer, o bom Garciálvarez, que ia conosco, disse a primeira missa nela, e assim ficamos sem temor.

8. Ó Jesus, quantos deles tenho passado ao tomar as posses! Considero eu se indo para não fazer mal, senão ao serviço de Deus, se sente tanto medo, o que será das pessoas que vão para fazê-lo, sendo contra Deus e contra o próximo? Não sei que lucro podem ter nem que gosto podem buscar com tal contrapeso.

9. Meu irmão ainda não estava ali, pois estava retraído[8] por certo erro que se fez na escritura, como foi tão depressa, e era em muito dano para o mosteiro e, como era fiador, queriam prendê-lo; e como era estran-

---

6. As escrituras foram assinadas em 5 de abril de 1576. A casa custou 6.000 ducados, mas, segundo a Santa, na carta ao P. Mariano (09/05/1576), era tal que "todos dizem que foi de graça... não teria sido feito agora com 20.000 ducados".
7. Maria de São José.
8. *Meu irmão* (Lorenzo)... *estava retraído*: que dizer, retirara-se a um templo ou lugar sagrado, para não ser preso pela justiça, que então respeitava este privilégio eclesiástico. O *erro* em que incorreu se referia ao pagamento da alcavala (imposto de transmissão)

geiro, nos daria bastante trabalho, e ainda assim no-lo deu, até que deu fazenda em que tomaram segurança houve trabalho. Depois se negociou bem, ainda que não faltasse algum tempo de pleito, para que houvesse mais trabalho. Estávamos encerradas em uns quartos baixos, e ele estava ali todo o dia com os oficiais[9] e nos dava de comer, e ainda bastante tempo antes. Porque como nem todos ainda entendiam que era mosteiro, por estar numa casa particular, havia pouca esmola, a não ser de um santo velho prior de Cuevas, que é dos cartuxos, grandíssimo servo de Deus.[10] Era de Ávila, dos Pantojas. Deus pôs nele tão grande amor conosco, que desde que fomos, e creio que lhe durará até que se acabe a vida dele, o fazer-nos bem de todas as maneiras. Porque é razão, irmãs, que encomendeis a Deus quem tão bem nos tem ajudado, se lerdes isto, sejam vivos ou mortos, o ponho aqui. A este santo devemos muito.

10. Esteve-se mais de um mês, pelo que creio (que nisto dos dias tenho má memória, e assim poderia errar; sempre entendei "pouco mais ou menos", pois nisso não vai nada). Neste mês trabalhou meu irmão bastante em fazer a igreja de algumas peças e em acomodar tudo, que não tínhamos nós que fazer.

11. Depois de acabado, eu quisera não fazer ruído em pôr o Santíssimo Sacramento, porque sou muito inimiga de dar pesadume no que se pode escusar, e assim o disse ao padre Garciálvarez e ele o tratou com o padre prior de Cuevas, que, se tivessem sido coisas próprias suas não o teriam mirado mais que as nossas. E pareceu-lhes que, para que o mosteiro fosse conhecido em Sevilha, não se sofria senão pôr-se com solenidade, e foram ao Arcebispo. Entre todos combinaram que se trouxesse de uma paróquia o Santíssimo Sacramento com muita solenidade, e o Arcebispo mandou que se juntassem os clérigos e algumas confrarias, e se adereçassem as ruas.

---

da casa: "O erro foi do escrivão acerca da alcavala", escrevia a Santa ao P. Mariano (*loc. cit.*).

9. N.T.: *Oficiais* são os trabalhadores, operários, que têm um ofício.

10. Fernando Pantoja, que foi Prior da Cartuxa de Santa Maria de las Cuevas desde 1567 até 1580. Sobre os favores por ele feitos às Descalças de Sevilha, ver um documento curioso em B.M.C., t. 6, p. 250-251. – A frase seguinte está incompleta: *Deus pôs nele tão grande amor..., que desde que fomos* não cessou de fazer-nos bem...

12. O bom Garciálvarez adereçou o nosso claustro, que – como tenho dito – servia então de rua,[11] e a igreja extremadissimamente com muito bons altares e invenções. Entre elas tinha uma fonte, que a água era de flor de laranjeira, sem procurá-la nós nem mesmo querê-la, ainda que depois muita devoção nos fizesse. E nos consolamos que se organizasse nossa festa com tanta solenidade e as ruas tão adereçadas e com tanta música e menestréis, que me disse o santo prior de Cuevas que nunca tal tinha visto em Sevilha, que conhecidamente se viu ser obra de Deus. Ele foi na procissão, o que não costumava fazer. O Arcebispo pôs o Santíssimo Sacramento.[12]

Vedes aqui, filhas, as pobres descalças honradas por todos; que não parecia, naquele tempo antes,[13] que havia de haver água para elas, ainda que bastante naquele rio. A gente que veio foi coisa excessiva.

13. Aconteceu uma coisa de notar, no dizer de todos os que a viram: como houve tantos tiros de artilharia e foguetes, depois de acabada a procissão, que era quase noite, desejaram atirar mais, e não sei como pega fogo num pouco de pólvora, que consideram grande maravilha não matar o que a segurava. Subiu grande chama até o alto da clausura, que tinham os arcos cobertos com tafetás, que pensaram que se tinham feito pó, e não lhes fez dano pouco nem muito, sendo amarelos e de carmesim. E o que digo que é de espantar, é que a pedra que estava nos arcos, debaixo do tafetá, ficou preta de fumaça, e o tafetá, que estava em cima, sem nenhuma coisa mais do que se não tivesse chegado ali o fogo.

---

11. *O claustro* (esp. *la claustra*) é provavelmente o pátio aberto da casa ou então o átrio externo com arcadas a modo de claustro; falará dele no n. 3, mas nunca disse que *servia de rua*. No *Epistolário*, *claustra* é o "claustro" ou corredor em torno do pátio interno, que devia servir de cemitério para as religiosas (cf. cartas a Maria de São José, 06/05/1577 e 15/05/1577).

12. Era 3 de junho de 1576. – Terminada a procissão, a Santa ajoelhou-se diante do Prelado, que lhe deu a sua bênção; mas qual não seria a confusão da Fundadora quando viu que o Arcebispo se ajoelhava, por sua vez, e pedia que o abençoasse diante da imensa multidão de sevilhanos; poucos dias depois (15 de junho) ela escrevia à M. Ana de Jesus: "Olhe o que sentiria quando visse um tão grande Prelado ajoelhado diante desta pobre mulherzinha, sem querer levantar-se até que lhe desse a bênção na presença de todas as Religiões e confrarias de Sevilha" (B.M.C., t. 18, p. 469; não possuímos o texto autêntico desta carta teresiana).

13. *Naquele tempo antes*: pouco antes.

14. Todos se espantaram quando viram isso. As monjas louvaram o Senhor por não ter que pagar outros tafetás. O demônio devia estar tão agastado com a solenidade que tinha sido feita e ver já outra casa de Deus, que se quis vingar em algo e Sua Majestade não lhe deu lugar. Seja bendito para sempre jamais, amém.

Capítulo 26

Prossegue na mesma fundação do mosteiro de São José da cidade de Sevilha. Trata algumas coisas da primeira monja que entrou nele, que são bastante de notar.

1. Bem podeis considerar, filhas minhas, o consolo que tínhamos naquele dia. De mim vos sei dizer que foi muito grande. Em especial me deu consolo ver que deixava as irmãs em casa tão boa e em bom lugar, e conhecido o mosteiro, e em casa monjas que tinham para pagar a maior parte da casa; de maneira que com as que faltavam do número, por pouco que trouxessem, podiam ficar sem dívida.[1] E, sobretudo, me deu alegria ter gozado dos trabalhos, e quando havia de ter algum descanso, ia embora, porque esta festa foi no domingo antes da Páscoa do Espírito Santo, ano de 1576, e logo na segunda-feira seguinte parti,[2] porque o calor entrava grande e se fosse possível não caminhar na Páscoa e tê-la em Malagón, que bem quisera poder deter-me algum dia, e por isto me tinha dado farta pressa.

2. Não foi o Senhor servido que sequer ouvi um dia missa na igreja. Bastante aguado ficou o contento das monjas com minha partida,[3] que sentiram muito, como tínhamos estado naquele ano juntas e passado tantos trabalhos, que – como tenho dito[4] – os mais graves não ponho aqui;

---

1. Quer dizer, não estando completo o número de religiosas do mosteiro, os dotes das novas postulantes acabariam de cobrir a dívida. – Sobre os trabalhos e graças místicas a que faz alusão a frase seguinte, cf. *Relações* 42-62.

2. A festa foi n dia 3 e a Santa partiu no dia 4 de junho de 1576.

3. *Harto se les aguó el contento a las monjas con mi partida...* Menos mal porque, para diminuir o sofrimento, as monjnhas sevilhanas e o P. Gracián tiveram a feliz ideia de obrigar a Santa a posar para um pintor e deixar-se retratar. Mesmo se o retratista fosse tão medíocre como o bom leigo frei Juan de la Miseria, que recebeu ordem de realizar a obra, o seu quadro, ainda hoje conservado no mosteiro de Sevilha, é o único retrato "certamente autêntico" que possuímos da Santa Madre. O relato do martírio que o leigo fez a Santa passar pode ser visto em *Peregrinación de Anastasio* do P. Gracián, Diálogo 13 (B.M.C., t. 17, p. 201-202). Gracián nos transmitiu a fina crítica que a Santa fez humoristicamente ao retrato e ao retratista: "Deus te perdoe, frei João, que, já que me pintaste, me pintaste feia e remelenta".

4. No c. 18, n. 4-5; e c. 24, n. 6.

porque, pelo que me parece, deixada a primeira fundação de Ávila – que aqui não tem comparação –, nenhuma me custou tanto como esta, por ser trabalhos, a maioria, interiores. Praza à divina Majestade que seja sempre servido nela, que, com isto, é tudo pouco, como eu espero que será. Que começou Sua Majestade a trazer boas almas àquela casa, que as que ficaram das que levei comigo, que foram cinco, já vos tenho dito[5] quão boas eram algo do que se pode dizer, que o menos é. Da primeira que aqui entrou quero tratar, por ser coisa que vos dará gosto.

3. É uma donzela, filha de pais muito cristãos, montanhês o pai.[6] Quando tinha sete anos de idade, uma tia sua que não tinha filhos pediu à sua mãe para tê-la consigo. Levada à sua casa, como a regalasse e mostrasse o amor que era justo, elas[7] deviam ter esperança que lhes havia de dar sua fazenda, antes que a menina fosse à sua casa; e estava claro que, tomando amor por ela, havia de o querer mais para ela. Combinaram tirar aquela ocasião com um feito do demônio, que foi levantar contra a menina que queria matar a sua tia e que para isto tinha dado a uma não sei o que de maravedis para que lhe trouxesse solimão.[8] Dito à tia, como todas as três diziam uma coisa, logo acreditou nelas, e a mãe da menina também, que é uma mulher bastante virtuosa.

4. Toma a menina e a leva para sua casa, parecendo-lhe que se criava nela uma mulher muito má. Diz-me a Beatriz de la Madre de Dios, que assim se chama, que passou mais de um ano que cada dia a açoitava e atormentava e a fazia dormir no chão, porque lhe havia de dizer tão grande mal. Como a garota dissesse que não tinha feito isso nem sabia que coisa era solimão, parecia-lhe muito pior, vendo que tinha ânimo para encobri--lo. Afligia-se a pobre mãe de vê-la tão rígida em encobri-lo, parecendo-lhe que nunca havia de emendar-se. Bastante foi a garota não o levantar contra

---

5. *Já vos tenho dito... que seis que iam comigo eram tais que... me atreveria a ir com elas à terra de turcos* (c. 24, n. 6).

6. Beatriz de la Madre de Dios, filha de Alfonso Gómez e Juana Gómez; também esta se fez carmelita e se chamou Juana de la Cruz (cf. n. 15).

7. *Elas*: as três mulheres de serviço em casa da tia (cf. n. 4); evidentemente, a Santa omitiu involuntariamente uma frase.

8. *Combinaram* as três da nota anterior. – *Levantar contra a menina* uma calúnia. A Santa repetirá isto no número seguinte. – *Solimão* (esp. *solimán*): sublimado, corrosivo, uma poção venenosa.

si para livrar-se de tanto tormento; mas Deus a teve, como era inocente, para dizer sempre a verdade. E como Sua Majestade se volta para os que estão sem culpa, deu tão grande mal a duas daquelas mulheres, que parecia que tinham raiva, e secretamente mandaram que a tia chamasse a menina e lhe pediram perdão, e vendo-se a ponto de morte, se desdisseram; e a outra fez outro tanto, que morreu de parto. Enfim, todas as três morreram com tormento em pagamento do que tinham feito passar aquela inocente.[9]

5. Eu não sei disso apenas dela, que sua mãe, fatigada, depois que a viu monja, dos maus tratamentos que lhe tinha feito, me contou isso com outras coisas, que foram muitos os seus martírios; e não tendo sua mãe mais e sendo bastante boa cristã, permitia Deus que ela fosse o verdugo de sua filha, querendo-a mui muito. É mulher de muita verdade e cristandade.

6. Tendo a menina pouco mais de doze anos, lendo um livro que tratava da vida de Santa Ana, tomou grande devoção pelos santos do Monte Carmelo, que diz ali que a mãe de Santa Ana ia tratar com eles muitas vezes (creio que se chama Merenciana),[10] e daqui foi tanta a devoção que tomou com esta Ordem de Nossa Senhora, que logo prometeu ser monja dela, e castidade. Tinha muitos momentos de solidão, quando ela podia, e oração. Nesta lhe fazia Deus grandes mercês, e nossa Senhora, e muito particulares. Ela quisera logo ser monja. Não ousava por seus pais, nem tampouco sabia aonde achar esta Ordem, que foi coisa para notar, que havendo em Sevilha mosteiro dela da Regra mitigada, jamais veio à sua notícia, até que soube destes mosteiros, que foi depois de muitos anos.

7. Quando ela chegou à idade para poder casar, seus pais combinaram com quem casá-la, sendo bastante menina; mas como não tivessem mais do que aquela, que ainda que tivesse outros irmãos morreram todos, e esta, que era a menos querida, lhes ficou (que quando lhe aconteceu o que tenho dito,[11] tinha um irmão, que este ficava do lado dela, dizendo que não o cressem), muito concertado já o casamento, pensando que ela não

---

9. *Pasar aquella*, escreveu a Santa por aplografia [quando devia ser *pasar a aquella*]. Provavelmente ocorre o mesmo umas linhas antes: *mandaram que a tia chamasse a menina* (esp. *enviaron por la niña la tía*).

10. *Creio que se chama Merenciana* a mãe de Santa Ana, segundo o douto livro da jovem andaluza...

11. Nos n. 3-5.

faria outra coisa, quando lhe vieram dizê-lo, disse o voto que tinha feito de não se casar, que de maneira alguma, ainda que a matassem, não o faria.

8. O demônio que os cegava, ou Deus que o permitia para que esta fosse mártir (que eles pensaram que tinha feito algum mau recado[12] e por isso não queria se casar), como já tinham dado a palavra, ver afrontado o outro, deram a ela tantos açoites, fizeram nela tantas justiças, até querer enforcá-la, que a sufocavam, que foi ventura não a matar. Deus que a queria para mais, lhe deu a vida. Ela me diz que já no fim quase nada sentia, porque se lembrava do que tinha padecido Santa Inês, que o Senhor lhe trouxe à memória, e que se folgava de padecer algo por Ele, e não fazia senão oferecer-lhe isso. Pensaram que morreria, que três meses esteve na cama que não se podia menear.

9. Parece coisa muito para notar uma donzela que não saía de perto de sua mãe, com um pai bastante recatado, segundo eu soube, como podiam pensar dela tanto mal; porque sempre foi santa e honesta e tão esmoleira, que quanto ela podia conseguir era para dar de esmola. A quem nosso Senhor quer fazer mercês de que padeça, tem muitos meios, ainda que há alguns anos lhes foi descobrindo a virtude de sua filha, de maneira que quanto queria dar de esmola lhe davam, e as perseguições se tornaram em regalos; ainda que com o desejo que ela tinha de ser monja, tudo lhe era trabalhoso, e assim andava bastante desabrida e penada, segundo me contava.

10. Aconteceu treze ou quatorze anos antes que o Padre Gracián fosse a Sevilha (que não havia memória de descalços carmelitas), estando ela com seu pai e com sua mãe e outras duas vizinhas, entrou um frade de nossa ordem vestido de saial, como agora andam, descalço. Dizem que tinha um rosto fresco e venerável, ainda que tão velho que parecia a barba como fios de prata, e era longa, e pôs-se junto dela e começou a falar com ela um pouco em língua que nem ela nem ninguém entendeu; e acabado de falar, benzeu-a três vezes, dizendo-lhe: "Beatriz, Deus te faça forte", e foi embora. Todos não se meneavam enquanto esteve ali, senão como espantados. O pai perguntou a ela quem era. Ela pensou que ele o conhe-

---

12. *Recado* (esp. *recaudo*) tem aqui a acepção popular vaga: tinha feito uma coisa, uma ação má.

cia. Levantaram-se muito de pressa para buscá-lo e não apareceu mais. Ela ficou muito consolada, e todos espantados, que viram que era coisa de Deus, e assim já a tinham em muito, como está dito. Passaram todos estes anos que creio que foram catorze, depois disto, servindo ela sempre a nosso Senhor, pedindo-lhe que fosse cumprido o seu desejo.

11. Estava bastante fatigada, quando foi lá o padre mestre frei Jerônimo Gracián. Indo um dia ouvir um sermão numa igreja de Triana, aonde seu pai vivia, sem saber ela quem pregava, que era o padre mestre Gracián, viu-o sair para tomar a bênção. Quando ela viu o hábito dele, e descalço, logo lhe foi representado o que ela tinha visto, que era assim o hábito, ainda que o rosto e idade fosse diferente, que não tinha o padre Gracián ainda trinta anos.[13] Diz-me ela que, de grandíssimo contento, ficou como desmaiada; que ainda que tivesse ouvido que tinham ali feito mosteiro em Triana, não entendia que era deles. Desde aquele dia foi logo procurar confessar-se com o padre Gracián, e ainda isto quis Deus que lhe custasse muito, que foi mais, ou pelo menos tantas, doze vezes, que nunca a quis confessar.[14] Como era moça e de bom parecer, que não devia ter então vinte e seis anos, ele apartava-se de comunicar com pessoas semelhantes, que era muito recatado.

12. Um dia, estando ela chorando na igreja, que também era muito tímida, disse-lhe uma mulher, que o que havia. Ela lhe disse que havia tanto que procurava falar com aquele padre e que não tinha remédio, que estava na ocasião confessando. Ela a levou lá e rogou-lhe que ouvisse aquela donzela, e assim se veio a confessar geralmente com ele. Ele, como visse alma tão rica, consolou-se muito e consolou-a dizendo-lhe que poderia ser que fosse monja descalça, e que ele faria que a tomassem logo. E assim foi, que a primeira coisa que me mandou foi que fosse ela a primeira que recebesse, porque ele estava satisfeito com a sua alma, e assim foi dito a ela quando íamos. Pôs muito que seus pais não o soubessem, porque não teria

---

13. Gracián teria 29 anos (nasceu em 1545; fundou em Sevilha em 1574). Muito mais equivocada está a Santa com a idade da boa Beatriz, que não tinha então os 27 que a Santa lhe dá, mas 36 completados (nascida em 1538). O convento de Carmelitas Descalços de Triana, intitulado dos Remédios, tinha sido fundado em 06/01/1574.

14. Hipérbato: *que foi mais* de *doze vezes ou pelo menos tantas*, sem que a quisesse confessar.

remédio de entrar. E assim, no mesmo dia da Santíssima Trindade[15] deixa umas mulheres que iam com ela (que para confessar-se não ia sua mãe, que era longe o mosteiro dos descalços, aonde sempre se confessava e fazia muita esmola e seus pais por ela); tinha combinado com uma muito serva de Deus que a levasse e diz às mulheres que iam com ela (que era muito conhecida aquela mulher por serva de Deus em Sevilha, que faz grandes obras), que logo viria; e assim a deixaram. Toma seu hábito e manto de tecido grosso, que eu não sei como se pôde menear, senão com o contento que levava tudo era pouco para ela. Só temia se a haviam de estorvar e conhecer porque ia carregada, que era muito fora de como ela andava. O que faz o amor de Deus! Como já nem tinha honra, nem se lembrava senão de que impedissem o seu desejo! Logo lhe abrimos a porta. Eu mandei dizer à sua mãe. Ela veio como fora de si; mas disse que já via a mercê que Deus fazia à sua filha; e, ainda que com fadiga, o passou, não com extremos de não falar com ela como outras fazem, antes em um ser[16] nos fazia grandes esmolas.

13. Começou a gozar de seu contento tão desejado a esposa de Jesus Cristo, tão humilde e amiga de fazer quanto havia, que tínhamos farto que fazer para tirar dela a vassoura. Estando em sua casa tão regalada, todo o seu descanso era trabalhar. Com o contento grande, foi muito o que logo engordou. Isto foi para seus pais de maneira que já se folgavam de vê-la ali.

14. No tempo em que houve de professar,[17] dois ou três meses antes, para que não gozasse tanto bem sem padecer, teve grandíssimas tentações; não porque ela se determinasse a não fazê-la, mas parecia-lhe coisa muito rija. Esquecidos todos os anos que tinha padecido pelo bem que tinha, a trazia o demônio tão atormentada, que não se podia valer. Contudo, fazendo-se grandíssima força, o venceu, de maneira que na metade dos tormentos decidiu a sua profissão. Nosso Senhor, que não devia aguardar para provar mais a sua fortaleza, três dias antes da profissão a visitou e consolou muito particularmente e fez fugir o demônio. Ficou tão consolada,

---

15. Dia 29 de maio de 1575, no mesmo dia em que se tinha dito a primeira missa (cf. c. 24, n. 18).
16. *Em um ser*: continuamente.
17. Professou em 29 de setembro de 1576. Cf. a carta da Santa a Maria de São José de 17 de junho do mesmo ano.

que parecia aqueles três dias que estava fora de si de contente, e com muita razão, porque a mercê tinha sido grande.

15. Poucos dias depois que entrou no mosteiro, morreu seu pai, e sua mãe tomou o hábito no mesmo mosteiro,[18] e lhe deu tudo o que tinha em esmola, e está com grandíssimo contento mãe e filha, e edificação de todas as monjas, servindo a quem tão grande mercê fez a elas.

16. Não se passou um ano quando veio outra donzela bastante sem vontade de seus pais, e assim vai o Senhor povoando esta sua casa de almas tão desejosas de servi-lo, que nenhum rigor se põe diante delas, nem encerramento. Seja para sempre jamais bendito, e louvado para sempre jamais, amém.

---

18. Professou como Irmã de véu branco em 10/11/1577 com o nome de Juana de la Cruz.

Capítulo 27

Em que trata da fundação da vila de Caravaca. – Pôs-se o Santíssimo Sacramento, no dia de ano novo do mesmo ano de 1576. É a vocação do glorioso São José.[1]

1. Estando em São José de Ávila para partir para a fundação que fica dita de Beas, que não faltava senão organizar como havíamos de ir, chega um mensageiro próprio, que uma senhora dali, chamada dona Catarina, enviava, porque tinham ido à sua casa – desde um sermão que ouviram de um padre da Companhia de Jesus – três donzelas com determinação de não sair até que se fundasse um mosteiro no mesmo lugar.[2] Devia ser coisa que tinham tratada com esta senhora, que é a que as ajudou para a fundação. Eram dos mais principais cavalheiros daquela vila. Uma tinha pai, chamado Rodrigo de Moya, muito grande servo de Deus e de muita prudência.[3] Entre todas tinham bem para pretender semelhante obra. Tinham notícia desta que tem feito nosso Senhor em fundar estes mosteiros, que tinha sido dado pela Companhia de Jesus, que sempre favoreceu e ajudou a ela.

2. Eu, como visse o desejo e fervor daquelas almas, e que tão longe fossem buscar a ordem de nossa Senhora, fez-me grande devoção e pôs em mim o desejo de ajudar a sua boa intenção. Informada que era perto de Beas, levei mais companhia de monjas do que levava – porque, segundo

---

1. Desta vez a Santa errou ao numerar o capítulo; tinha escrito 21, corrigindo logo depois. – A *vocação* equivale – como já dissemos – ao titular ou *advocação*, ou *invocação*, ou seja, o santo ao qual o mosteiro foi consagrado (cf. prol. n. 6; c. 24, n. 12).

2. *Mensageiro próprio*: era o correio privado que se despachava para mensagens urgentes ou despachos de importância. – *Uma senhora dali*: de Caravaca. – Depois de *Catarina* deixou, no original, um espaço em branco para escrever o sobrenome, Otálora, que no momento não recordava. – O jesuíta ao qual faz alusão em seguida é o padre Leiva. – *As três donzelas* eram Francisca de Saojosa, Francisca de Cuéllar e Francisca de Tauste; a primeira delas se retirou do grupo pouco antes da fundação, na qual entrou mais tarde (1578); fizera parte do grupo uma quarta, que o abandonou logo (cf. Julián de Ávila, *Vida de Santa Teresa*, P. 2, c. 8, p. 279-280).

3. Rodrigo de Moya, pai de Francisca de Cuéllar. *Entre todas tinham bem*: tinham suficientemente, ou o bastante para...

as cartas, me pareceu que não se deixaria de chegar a um acordo –, com a intenção de, tendo acabado a fundação de Beas, ir lá. Mas como o Senhor tivesse determinado outra coisa, aproveitaram pouco meus planos, como fica dito na fundação de Sevilha; que trouxeram a licença do Conselho das Ordens de maneira que, ainda que já estivesse determinada a ir, se deixou.[4]

3. É verdade que, como eu me informasse em Beas de onde ficava e vi ser tão afastado e dali para lá tão mau caminho, que haviam de passar trabalho os que fossem visitar as monjas, e que não seria do gosto dos prelados, tinha bem pouco desejo de ir fundá-lo. Mas porque tinha dado boas esperanças, pedi ao padre Julián de Ávila e a Antônio Gaytán que fossem lá para ver que coisa era, e se lhes parecesse, o desfizessem. Acharam o negócio muito tíbio, não de parte das que haviam de ser monjas, senão da dona Catarina, que era o todo do negócio, e as tinha num quarto para si, já como coisa de recolhimento.

4. As monjas estavam tão firmes, especialmente as duas, digo as que haviam de ser, que souberam tão bem granjear o padre Julián de Ávila e Antônio Gaytán, que antes que voltassem deixaram feitas as escrituras,[5] e voltaram deixando-as muito contentes; e eles chegaram tão satisfeitos com elas e com a terra, que não acabavam de dizê-lo, também como do mau caminho. Eu, como o visse já concertado e que a licença tardava, tornei a enviar para lá o bom Antônio Gaytán, que por amor de mim passava todo o trabalho de bom grado, e eles[6] tinham afeição a que a fundação fosse feita. Porque, na verdade, esta fundação pode ser agradecida a eles, porque se não tivessem ido lá e o concertassem, eu teria posto pouco nela.

---

4. Para compreender mais facilmente esta passagem teresiana tenha-se presente que: (1) ao vir para a fundação de Beas, trouxe consigo o dobro de monjas, o suficiente para duas fundações (cf. c. 24, n. 4); (2) pertencendo Caravaca à encomenda da Ordem de Santiago, ao conceder o Conselho de Ordens a licença para a fundação, pôs como condição que se submetesse à Obediência do dito Conselho, coisa inadmissível para a Reformadora (cf. c. 23, n.1; c. 24, n. 3); (3) que por este e outros motivos, as monjas destinadas a Caravaca foram levadas para a fundação de Sevilha (cf. c. 22–26).

5. Assinaram as escrituras em 10 de março de 1575.

6. *Eles*: Julián de Ávila e A. Gaitán.

5. Disse-lhe que fosse para que pusesse torno e redes,[7] aonde se havia de tomar a posse e estar as monjas até buscar casa a propósito. Assim esteve lá muitos dias, na de Rodrigo de Moya, que – como tenho dito[8] – era pai de uma destas donzelas, lhes deu parte de sua casa de muito bom grado. Esteve lá muitos dias fazendo isto.

6. Quando trouxeram a licença e eu estava já para partir para lá, soube que vinha nela que a casa fosse sujeita aos Comendadores e as monjas lhes dessem a obediência, o que eu não podia fazer, por ser a ordem de nossa Senhora do Carmo. E assim tornaram de novo a pedir a licença, que nesta e na de Beas não teria havido remédio.[9] Mas o Rei me fez tanta mercê, que ao escrever-lhe eu, mandou que se desse, que é no presente Dom Filipe, tão amigo de favorecer os religiosos que entendem que guardam sua profissão, que, como tivesse sabido a maneira do proceder destes mosteiros, e ser da primeira Regra, em tudo nos tem favorecido. E assim, filhas, vos rogo eu muito, que sempre se faça particular oração por Sua Majestade, como agora fazemos.

7. Pois como se houve de voltar para a licença, parti eu para Sevilha, por mandato do padre Provincial, que era então e é agora o mestre frei Jerônimo Gracián de la Madre de Dios – como fica dito[10] – e estiveram as pobres donzelas encerradas até o dia de ano novo adiante; e quando elas enviaram a Ávila era por fevereiro. A licença logo foi trazida com brevidade. Mas como eu estava tão longe e com tantos trabalhos, não podia

---

7. *Disse-lhe* (*dile* [que pode ser passado do verbo *dar* e imperativo do verbo *decir*]) é leitura duvidosa. É mais provável que a Santa tenha escrito *pedile* [pedi a ele]. *Que pusesse torno e redes*: que colocasse roda e grades, como nos mosteiros de clausura.

8. No n. 1.

9. *Que nesta e na de Beas não teria havido remédio*: como as duas povoações pertenciam à Encomenda de Santiago, se o Conselho de Ordens não tivesse concordado com as condições postas pela M. Teresa, "não teria havido remédio", quer dizer, não se teria fundado. – A carta da Santa a Filipe II se perdeu; no entanto, conserva-se o despacho régio (cf. B.M.C., t. 6, p. 257-262) datado de 9 de junho de 1575. Conserva-se também a resposta agradecida da Santa ao rei (19/07/1575).

10. No c. 14, n. 4. – *Dia de ano novo adiante*: 1 de janeiro do ano "seguinte" (1576). *Quando enviaram a Ávila*: não foi em fevereiro, mas provavelmente em janeiro de 1575; levavam, aproximadamente, um ano de retiro e espera. – *A licença foi trazida* no dia 9 de junho de 1575, quando a Santa *estava longe*, em Sevilha.

remediá-las, e tinha bastante lástima por elas, porque me escreviam muitas vezes com muita pena, e assim já não se sofria detê-las mais.

8. Como ir eu era impossível, assim por estar tão longe, como por não estar acabada aquela fundação,[11] concordou o padre mestre frei Jerônimo Gracián, que era Visitador Apostólico – como está dito – que fossem as monjas que ali haviam de fundar, ainda que eu não fosse, que tinham ficado em São José de Malagón. Procurei que fosse priora uma em que eu confiava que o faria muito bem, porque é bastante melhor que eu.[12] E levando o necessário, partiram com dois padres descalços dos nossos, pois o padre Julián de Ávila e Antônio Gaytán fazia dias que tinham voltado a suas terras; e por ser tão longe não quis que viessem, e tão mau tempo, que era no final de dezembro.

9. Tendo elas chegado lá, foram recebidas com grande contento do povo, em especial das que estavam encerradas. Fundaram o mosteiro, pondo o Santíssimo Sacramento no dia do Nome de Jesus, ano de 1576.[13] Logo as duas tomaram hábito. A outra tinha muito humor de melancolia, e devia de fazer-lhe mal estar encerrada, quanto mais tanta estreitura e penitência. Concordou em tornar à sua casa com uma irmã sua.

10. Mirai, minhas filhas, os juízos de Deus e a obrigação que temos de servi-lo as que nos deixou perseverar até fazer profissão e ficar para sempre na casa de Deus e como filhas da Virgem, que Sua Majestade se aproveitou da vontade desta donzela e de sua fazenda para fazer este mosteiro, e no tempo que havia de gozar do que tanto tinha desejado, faltou-lhe a fortaleza e a sujeitou o humor, a quem muitas vezes, filhas, lançamos a culpa de nossas imperfeições e mudanças.

11. Praza a Sua Majestade que nos dê abundantemente a sua graça, que com isto não haverá coisa que nos atalhe os passos para ir sempre adiante no seu serviço, e que todas nos ampare e favoreça para que não se perca por nossa fraqueza um tão grande princípio como tem sido servido

---

11. *Aquela fundação*: a de Sevilha. Do Visitador falou no c. 23, n. 13.
12. Como priora enviou Ana de Santo Alberto, que chegou a ser discípula adiantada de São João da Cruz (cf. *Epistolário* do Santo). *Levando o necessário*: em espanhol, "llevando todo recaudo". – *Os dois Padres Descalços* foram Ambrósio de São Pedro e Miguel da Coluna, o segundo um leigo tristemente famoso.
13. Chegaram no dia 18/12/1575. Puseram o Santíssimo em 01/01/1576 (cf. n. 1).

de começar numas mulheres tão miseráveis como nós. Em seu nome vos peço, irmãs e filhas minhas, que sempre o peçais a nosso Senhor, e que cada uma faça conta das que vierem[14] que nela torna a começar esta primeira Regra da ordem da Virgem nossa Senhora, e de maneira alguma se consinta em nada relaxação. Mirai que de muitas poucas coisas se abre porta para muito grandes, e que sem senti-lo irá entrando em vós o mundo. Lembrai-vos da pobreza e trabalho com que se fez o que vós gozais com descanso; e se bem o advertirdes, vereis que estas casas em parte não as fundaram homens a maioria delas, senão a mão poderosa de Deus, e que Sua Majestade é muito amigo de levar adiante as obras que Ele faz, se não atrapalharmos.[15] De onde pensais que teria poder uma mulherzinha como eu para tão grandes obras, sujeita, sem um só maravedi, nem quem me favorecesse com nada? Que este meu irmão, que ajudou na fundação de Sevilha,[16] que tinha algo e ânimo e boa alma para ajudar algo, estava nas Índias.

12. Mirai, mirai, minhas filhas, a mão de Deus. Pois não seria por ser de sangue ilustre que me faziam honra. De todas as maneiras que o quiserdes mirar, entendereis ser obra sua. Não é justo que nós a diminuamos em nada, ainda que nos custasse a vida e a honra e o descanso; quanto mais que temos tudo isso aqui junto. Porque vida é viver de maneira que não se tema a morte nem todos os sucessos da vida, e estar com esta ordinária alegria que agora todas trazeis e esta prosperidade, que não pode ser maior do que não temer a pobreza, antes desejá-la. Pois a que se pode comparar a paz interior e exterior com que sempre andais? Em vossa mão está viver e morrer com ela, como vedes que morrem as que temos visto morrer nestas casas. Porque, se sempre pedis a Deus que o leve adiante e não confiais nada em vós, não vos negará sua misericórdia; se tendes confiança nele e ânimos animosos – que é muito amigo Sua Majestade disto –, não tenhais medo que vos falte nada. Nunca deixeis de receber as que vierem a querer ser monjas (como vos contentem seus desejos e talentos, e que não seja só para remediar-se, senão para servir a Deus com mais perfeição), porque

---

14. Posto em ordem: *que cada uma das que vierem faça conta...* "Fazer conta" tem o sentido de "imaginar", "considerar como suposto". O sentido português de "fazer de conta".
15. N.T.: *Se não atrapalharmos*: tradução livre de "si no queda por nosotras".
16. Lorenzo de Cepeda (cf. c. 25, n. 3).

não tenha bens de fortuna, se os tem de virtudes; que por outro lado Deus remediará o que por esta vos havíeis de remediar, com o dobro.[17]

13. Grande experiência tenho disso. Bem sabe Sua Majestade que – pelo que posso me lembrar – jamais deixei de receber nenhuma por esta falta, pois o demais me contentava. Testemunhas são as muitas que estão recebidas somente por Deus, como vós sabeis. E posso vos certificar que não me dava tão grande contento quando recebia a que trazia muito, como as que tomava só por Deus; antes as temia, e as pobres me dilatavam o espírito e dava um gozo tão grande, que me fazia chorar de alegria. Isto é verdade.

14. Pois se quando estavam as casas por comprar e por fazer nos tem ido tão bem com isto, depois de ter aonde viver, por que não se há de fazer? Crede-me filhas, que por onde pensais acrescentar, perdereis. Quando a que vem o tiver, não tendo outras obrigações, como o há de dar a outros que porventura não têm mister dele, é bom que vo-lo dê em esmola a vós; que eu confesso que me pareceria desamor se não fizessem isto. Mas tende sempre diante que a que entrar faça do que tiver conforme o que aconselharem letrados, que é mais serviço de Deus; porque bastante mau seria que pretendêssemos bem de nenhuma que entra, senão indo por este fim. Muito mais ganhamos ao fazer ela o que deve a Deus – digo, com mais perfeição –, do que em quanto pode trazer, pois não pretendemos todas outra coisa, nem Deus nos dê tal lugar, senão que seja Sua Majestade servido em tudo e por tudo.

15. E ainda que eu seja miserável e ruim, para honra e glória sua digo isso, e para que vos folgueis de como foram fundadas estas casas suas. Que nunca em negócio delas, nem em coisa que me fosse oferecido para isto, se pensasse não sair com nenhuma não me desviando em nada neste intento, de maneira alguma teria feito coisa, nem a tenho feito – digo nestas fundações – que eu entendesse que se desviasse um ponto da vontade do Senhor, conforme o que me aconselhavam meus confessores (que sempre foram, depois que ando nisto, grandes letrados e servos de Deus, como sabeis), nem – que me lembre – jamais chegou a meu pensamento outra coisa.

---

17. *O dobro*: em espanhol está "doblo", em vez de "doble" ou "duplo".

16. Talvez me engane e tenha feito muitas que não entenda, e imperfeições serão sem conta. Isto sabe nosso Senhor, que é verdadeiro juiz – pelo que eu pude entender de mim, digo – e também vejo muito bem que não vinha isto de mim, senão de querer Deus que se fizesse esta obra, e como coisa sua me favorecia e fazia esta mercê. Que para este propósito o digo, filhas minhas, de que entendais estar mais obrigadas e saibais que não foram feitas agravando ninguém até agora. Bendito seja o que tudo fez, e despertou a caridade das pessoas que nos ajudaram. Praza à Sua Majestade que sempre nos ampare e dê graça, para que não sejamos ingratas a tantas mercês, amém.

17. Já tendes visto, filhas, que se têm passado alguns trabalhos, ainda que creia serem os menores aqueles que escrevi; porque se se houvesse de dizer por miúdo, era grande cansaço, assim dos caminhos, com águas e neves e perdendo-os e, sobretudo, muitas vezes, com tão pouca saúde, que alguma me aconteceu – não sei se o tenho dito[18] – que era na primeira jornada que saímos de Malagón para Beas, que ia com calentura e tantos males juntos, que me aconteceu, mirando o que tinha por andar e vendo-me assim, lembrar-me de nosso Pai Elias, quando ia fugindo de Jezabel[19] e dizer: "Senhor, como tenho eu de poder sofrer isto: Olhai-o Vós"! É verdade que, como Sua Majestade me viu tão fraca, repentinamente me tirou a calentura e o mal; tanto, que até depois que caí nisso,[20] pensei que era porque tinha entrado ali um servo de Deus, um clérigo, e talvez fosse isso; pelo menos foi repentinamente tirar-me o mal exterior e interior. E tendo saúde, com alegria passava os trabalhos corporais.

18. Pois em levar condições[21] de muitas pessoas, que era mister em cada povoado, não se trabalhava pouco. E em deixar as filhas e irmãs minhas quando ia de uma parte a outra, eu vos digo que, como eu as amo tanto, que não tem sido a menor cruz, em especial quando pensava que não as havia de tornar a ver e via o seu grande sentimento e as lágrimas. Que ainda que estejam de outras coisas desapegadas, esta Deus não lhes

---

18. Omitiu isso ao relatar a fundação (cf. c. 22).
19. 1Reis 19,3.
20. Depois que caí na *conta* disso. – O *clérigo* era Gregório Martínez, chamado na Reforma Gregório Nazianzeno.
21. N.T.: *Levar condições*: suportar a índole, o modo e ser.

As fundações

deu, porventura para que fosse para mim mais tormento, que tampouco o estou delas, ainda que me esforçasse tudo o que podia para não o mostrar e as repreendesse; mas pouco me aproveitava, que é grande o amor que me têm e bem se vê em muitas coisas ser verdadeiro.

19. Também tendes ouvido como era, não só com licença de nosso Reverendíssimo Padre Geral, senão dada debaixo de preceito um mandamento depois;[22] e não só isto, senão que cada casa que era fundada me escrevia receber grandíssimo contento, tendo fundado as ditas; que, certamente, o maior alívio que eu tinha nos trabalhos era ver o contento que lhe dava por parecer-me que ao ser-lhe dado servia a nosso Senhor, por ser meu prelado, e, deixado isso, eu o amo muito.

Ou é que Sua Majestade foi servido de dar-me já algum descanso, ou que pesou ao demônio porque eram feitas tantas casas aonde se servia nosso Senhor (está bem entendido que não foi por vontade de nosso Padre Geral, porque me tinha escrito – suplicando-lhe eu que não me mandasse fundar mais casas – que não o faria, porque desejava que fossem fundadas tantas como tenho cabelos na cabeça, e isto não fazia muitos anos), antes que eu viesse de Sevilha, de um Capítulo Geral que se fez, aonde parece que se havia de ter em serviço o que se tinha acrescentado a Ordem, trazem-me um mandamento dado em Definitório, não só para que não fundasse mais, senão para que de forma alguma saísse da casa que escolhesse para estar, que é como maneira de cárcere;[23] porque não há monja que para coisas necessárias ao bem da ordem o Provincial não a possa mandar ir de uma parte a outra, digo de um mosteiro a outro. E o pior era nosso Padre Geral estar desgostoso comigo, que era o que a mim dava pena, bastante sem causa, senão com informações de pessoas apaixonadas. Com isto me

---

22. Cf. c. 21, n. 2. Alude provavelmente à patente de 6 de abril de 1571. Cf., além disso, c. 22, n. 2 e c. 24, n. 20, nota 22.

23. Refere-se ao capítulo Geral de Plasencia, celebrado sob a presidência do P. Rubeo em maio-junho de 1575. O Definitório do Capítulo impôs à Santa o "mandamento" de recolher-se definitivamente a um convento de Castela, sem sair para fazer novas fundações. A Madre quis executar imediatamente esta ordem, mas o P. Gracián, que na qualidade de Visitador Apostólico tinha autoridade independente da do Superior Geral, impediu (cf. c. 25, n. 2). Nas Atas do Capítulo não consta este "mandamento" dado à Santa. – O sentido deste longo parágrafo depende da disjuntiva inicial: "Ou é que Deus dispôs que eu descansasse, ou pesou ao diabo que fizesse tantas fundações: o caso é que o Definitório deu ordem de que não fundasse mais"...

disseram juntamente outras duas coisas de testemunhos bem graves que levantavam contra mim.

20. Eu vos digo, irmãs, para que vejais a misericórdia de nosso Senhor e como Sua Majestade não desampara a quem deseja servi-lo, que não só não me deu pena, senão um gozo tão acidental[24] que não cabia em mim, de maneira que não me espanto do que fazia o rei Davi quando ia diante da arca do Senhor, porque não quisera eu então fazer outra, segundo o gozo, que não sabia como encobri-lo. Não sei a causa, porque em outras grandes murmurações e contradições em que me tenho visto não me aconteceu tal. Mas ao menos uma coisa destas que me disseram, era gravíssima. Quanto a isto de não fundar, se não era pelo desgosto do Reverendíssimo Geral era grande descanso para mim, e coisa que eu desejava muitas vezes: acabar a vida em sossego; ainda que não pensassem isto os que o procuravam, senão que me faziam o maior pesar do mundo, e outras boas intenções teriam talvez.

21. Também algumas vezes me davam contento as grandes contradições e ditos que houve neste andar a fundar, com boa intenção uns, outros para outros fins. Mas não me lembro, por trabalho que me venha, de ter sentido tão grande alegria como a que senti disto. Confesso que, em outro tempo, qualquer coisa das três que me vieram juntas, teria sido farto trabalho para mim. Creio que meu gozo principal foi parecer-me que, pois as criaturas me pagavam assim, que o Criador tinha contento. Porque tenho entendido que o que o tomar por coisas da terra ou ditos de louvores dos homens, está muito enganado; deixado de lado o pouco lucro que há nisto, uma coisa parece a eles hoje, outra amanhã; do que uma vez dizem bem, depressa tornam a dizer mal. Bendito sejais Vós, Deus e Senhor meu, que

---

24. *Um gozo tão acidental*: a Santa usa este último termo em sua acepção teológica (o gozo acidental dos bem-aventurados é o que não provém diretamente da visão facial), mas com uma aplicação muito original: ela possuía, efetivamente, outro gozo muito mais profundo, do qual desfrutava permanentemente. – Alude em seguida ao episódio de Davi referido em *Vida*, 16, 3. – Desta singular alegria teresiana possuímos testemunhos interessantíssimos. Eis o do P. Gracián: "Pois um só consolo que me ficava, que era acudir à mesma Madre para consolar-me com ela, era para mim maior tormento; porque, quando lhe dizia os males que dela se diziam, era tão grande o seu contento e esfregava uma palma contra a outra em sinal de alegria, como a quem aconteceu um saboroso sucesso, que para mim era incrível pesar".

sois imutável para sempre jamais, amém. Quem vos servir até o fim, viverá sem fim, em vossa eternidade.

22. Comecei a escrever estas fundações por mandato do padre mestre Ripalda, da Companhia de Jesus – como disse no princípio[25] –, que era então reitor do Colégio de Salamanca, com quem eu então me confessava. Estando no mosteiro do glorioso São José, que está ali, no ano de 1573, escrevi algumas delas, e com as muitas ocupações as tinha deixado, e não queria passar adiante, por não me confessar já com o dito por causa de estar em diferentes partes, e também pelo grande trabalho e trabalhos que me custa o que tenho escrito, ainda que, como tem sempre sido mandado por obediência, eu os dou por bem empregados. Estando muito determinada a isto,[26] mandou-me o padre comissário apostólico (que é agora o mestre frei Jerônimo Gracián de la Madre de Dios) que as acabasse. Dizendo-lhe eu o pouco lugar que tinha e outras coisas que me eram oferecidas – que como ruim obediente lhe disse, porque também me davam grande cansaço, sobre outros que tinha – contudo, me mandou, pouco a pouco ou como pudesse acabá-las.

23. Assim tenho feito, sujeitando-me em tudo a que tirem os que entendem o que é mal dito: que o tirem, que porventura o que a mim me parece melhor, irá mal.

Acabou-se hoje, véspera de Santo Eugênio, aos catorze dias do mês de novembro, ano de 1576 no Mosteiro de São José de Toledo, aonde agora estou por mandado do padre comissário apostólico, o mestre frei Jerônimo Gracián de la Madre de Dios, a quem agora descalços e descalças da primitiva Regra temos por Prelado, sendo também Visitador dos da Mitigada da Andaluzia, para glória e honra de nosso Senhor Jesus Cristo, que reina e reinará para sempre. Amém.

24. Por amor de nosso Senhor peço às irmãs e irmãos que isto lerem que me encomendem a nosso Senhor para que tenha misericórdia de mim e me livre das penas do purgatório e me deixe gozar de si, se tiver merecido estar nele. Pois enquanto for viva não o haveis de ver, seja-me algum lucro

---

25. No Prólogo, n. 2.
26. *Determinada a isto*, quer dizer, a "não passar adiante" na composição do livro.

para depois de morta o que me tem cansado ao escrever isto e o grande desejo com que o tenho escrito de acertar a dizer algo que vos dê consolo, se tiverem por bem lê-lo.

JHS
[Capítulo 28]

A fundação de Villanueva de la Jara.[1]

1. Acabada a fundação de Sevilha, cessaram as fundações por mais de quatro anos.[2] A causa foi que começaram grandes perseguições muito bruscamente aos descalços e descalças, que ainda que tenha havido fartas, não em tanto extremo, que esteve a ponto de acabar-se tudo. Mostrou-se bem quanto o demônio sentia este santo princípio que nosso Senhor tinha começado e ser obra sua, pois foi adiante. Os descalços padeceram muito, em especial as cabeças, de graves testemunhos e contradição de quase todos os padres calçados.[3]

2. Estes informaram ao nosso reverendíssimo padre Geral[4] de maneira que, sendo muito santo e o que tinha dado a licença para que se fundassem todos os mosteiros (fora de São José de Ávila, que foi o primeiro, que este foi feito com licença do Papa), o puseram de sorte que punha muito para que os descalços não fossem adiante, que com os mosteiros de monjas sempre esteve bem. E porque eu não ajudava nisto, o puseram desabrido comigo, que foi o maior trabalho que tenho passado nestas fundações, ainda que tenha passado fartos. Porque deixar de ajudar a que fosse adiante obra aonde eu claramente via nosso Senhor ser servido e nossa ordem crescer, não mo consentiam muito grandes letrados com quem me

---

1. Ao retomar o livro, omitiu a numeração do capítulo, começando diretamente com o título. – Recordamos o leitor que por ocasião da interrupção redacional das *Fundações*, entre o capítulo anterior e este, a Autora inseriu os "quatro avisos aos Padres Descalços". Nós os omitimos aqui, por serem alheios à presente obra. Mas eles estão todos na *Relação 67*.

2. A fundação de Sevilha foi feita pela Santa em 1575 e 1576. Quase ao mesmo tempo Ana de Santo Alberto levava a cabo a fundação de Caravaca. A presente fundação de Villanueva de la Jara data de 1580: *mais de quatro anos* de intervalo.

3. *As cabeças*, os que estavam à frente da Ordem: antes de tudo, São João da Cruz e o Padre Gracián (cf. n. 4). – Na frase seguinte, o *quase* foi acrescentado entre linhas pela Santa, após riscá-lo depois de *todos*.

4. Juan Bautista Rubeo (cf. c. 2).

confessava e aconselhava, e ir contra o que via que meu prelado queria, era para mim uma morte. Porque, além da obrigação que tinha com ele por ser meu prelado, amava-o muito ternamente e era uma obrigação razoável. É verdade que ainda que eu quisesse dar-lhe contento nisto, não podia, por haver Visitadores Apostólicos a quem forçosamente tinha de obedecer.[5]

3. Morreu um Núncio santo que favorecia muito a virtude, e assim estimava os descalços.[6] Veio outro que parecia que Deus o tinha enviado para exercitar-nos em padecer. Era algo parente do Papa, e deve ser servo de Deus, senão que começou a tomar muito a peito em favorecer os calçados; e conforme a informação que lhe faziam de nós, inteirou-se[7] muito em que era bom que não fossem adiante estes princípios, e assim começou a pô--lo por obra com grandíssimo rigor, condenando os que lhe pareceu que podiam resistir a ele, encarcerando-os, desterrando-os.

4. Os que mais padeceram foi o padre frei Antônio de Jesus, que é o que começou o primeiro mosteiro de descalços, e o padre frei Jerônimo Gracián, a quem o Núncio passado fizera Visitador Apostólico dos do pano,[8] com o qual foi grande o desgosto que teve, e com o padre Mariano de São Bento. Destes padres já disse quem são nas fundações passadas; outros dos mais graves penitenciou, ainda que nem tanto. A estes punha muitas censuras, que não tratassem de nenhum negócio.

5. Bem se entendia vir tudo de Deus e que Sua Majestade o permitia para maior bem e para que fosse mais entendida a virtude destes Padres, como tem sido. Pôs prelado do pano, para que visitasse nossos mosteiros

---

5. Refere-se aos padres dominicanos Pedro Fernández e Francisco Vargas, nomeados Visitadores do Carmo por São Pio V em 1569, e ao padre Gracián, delegado por este último (1573) e confirmado na função pelo Núncio Ormaneto (1574).

6. Era Nicolás Ormaneto, que morreu em Madri aos 18 de junho de 1577. Sucedeu-o no cargo Filipe Sega, que chegou a Madri aos 30 de agosto de 1577, mal predisposto contra a Santa (a quem chamou de "mulher inquieta e andarilha") e sua Reforma, por causa dos informes recebidos em Roma antes de sua partida. Era parente do cardeal Filipe Buoncompagni, Protetor dos Carmelitas, e sobrinho do papa Gregório XIII. Por isso a Santa diz em seguida que Sega "era algo parente do papa".

7. *Inteirou-se*: na acepção de estar inteiro, manter-se firme.

8. Em 3 de agosto de 1575. – *Os do pano*: Carmelitas Calçados. – *Mariano de San Benito*: cf. c. 17, n. 6-16.

de monjas e dos frades;[9] que, havendo o que ele pensava, teria sido bastante trabalho. E assim se passou grandíssimo, como será escrito por quem o saiba dizer melhor; que eu não faço senão tocar nisso, para que as monjas que vierem entendam quão obrigadas estão a levar adiante a perfeição, pois acham plano o que tanto tem custado às de agora; que algumas[10] delas padeceram mui muito nestes tempos de grandes testemunhos, que me lastimava a mim mui muito mais do que o que eu passava, que isto antes era para mim grande gosto. Parecia-me ser eu a causa de toda esta tormenta, e que se me lançassem ao mar, como a Jonas, cessaria a tempestade.

6. Louvado seja Deus, que favorece a verdade. E assim sucedeu nisto que, como nosso católico rei Dom Felipe soube o que se passava e estava informado da vida e religião dos descalços, tomou a mão[11] para favorecer-nos, de maneira que não quis que só o Núncio julgasse nossa causa, mas deu-lhe quatro acompanhantes,[12] pessoas graves e três delas religiosos, para que olhassem bem nossa justiça. Um deles era o padre mestre frei Pedro Fernández, pessoa de vida muito santa e grandes letras e entendimento. Tinha sido comissário apostólico e Visitador dos do pano da província de Castela, a quem os descalços estivemos também sujeitos, e sabia bem a verdade de como viviam uns e os outros; que não desejávamos todos outra coisa, senão que se entendesse isto. E assim, vendo eu que o Rei o tinha nomeado, dei o negócio por acabado, como pela misericórdia de Deus está. Praza a Sua Majestade seja para honra e glória sua.

Ainda que fossem muitos os senhores do reino e bispos que se apressavam a informar a verdade ao núncio, tudo teria aproveitado pouco, se Deus não tomasse o Rei como meio.

---

9. Sega submeteu os Descalços à autoridade dos Provinciais Calçados de Castela e Andaluzia, com Breve de 18 de outubro de 1578.
10. *A algumas*: escreveu a Santa. — *Testemunho*: termo frequentemente usado na acepção de "falso testemunho".
11. *Tomou a mão*: adiantou-se, tomou a iniciativa.
12. *Acompanhantes* (esp. *acompañados*) equivale a consultores, conselheiros. Foram eles D. Luis Manrique, capelão e esmoleiro-mor do Rei, frei Lorenzo de Villavicencio, agostiniano, e os dominicanos Hernando de Castillo e Pedro Fernández. Em 1 de abril de 1579 anularam a autoridade dos Provinciais sobre os Reformados e nomearam em seu lugar o padre Angel de Salazar.

7. Estamos todas, irmãs, muito obrigadas a sempre em nossas orações encomendá-lo a nosso Senhor, e os que favoreceram a sua causa e da Virgem nossa Senhora, e assim vo-lo encomendo muito.

Já vereis, irmãs, o lugar que havia para fundar![13] Todas nos ocupávamos em orações e penitências sem cessar, para que Deus levasse adiante o que fora fundado, se havia de servir-se disso.

8. No princípio destes grandes trabalhos (que ditos tão brevemente vos parecerão pouco, e padecido tanto tempo foi mui muito), estando eu em Toledo, pois vinha da fundação de Sevilha, no ano de 1576, um clérigo da Villanueva de la Jara me levou cartas da municipalidade deste lugar, que ia negociar comigo que admitisse para mosteiro nove mulheres que tinham entrado juntas numa ermida da gloriosa Santa Ana, que havia naquele povoado, com uma casa pequena perto dela, fazia alguns anos, e viviam com tanto recolhimento e santidade, que convidava todo o povo a procurar cumprir seus desejos, que eram ser monjas. Escreveu-me também um doutor, que é cura deste lugar, chamado Agustín de Ervías, homem douto e de muita virtude.[14] Esta o fazia ajudar quanto podia a esta santa obra.

9. A mim me pareceu coisa que de nenhuma maneira convinha admitir por estas razões: a primeira, por serem tantas, e parecia-me coisa muito difícil, pela maneira que mostravam viver, acomodar-se à nossa. A segunda, porque não tinham quase nada para poderem sustentar-se, e o lugar tem menos de mil vizinhos, que para viver de esmola é pouca ajuda; ainda que a municipalidade se oferecesse para sustentá-las, não me parecia coisa durável. A terceira, que não tinham casa. A quarta, longe destes outros mosteiros. Quinta,[15] e que ainda que me dissessem que eram muito boas, como não as tinha visto não podia entender se tinham os talentos que pretendemos nestes mosteiros; e assim me determinei a despedi-lo de todo.

10. Para isto quis primeiro falar ao meu confessor, que era o Doutor Velázquez, cônego e catedrático de Toledo, homem muito letrado e virtuoso,

---

13. O sentido da frase é: já podeis imaginar a oportunidade que havia para dedicar-se a fundações!
14. Foi cônego de Cuenca e depois pároco da vila de San Juan de Rojas.
15. *Quinta* foi escrito entre linhas pela Santa; a isso se deve a incorreção da frase.

As fundações

que agora é bispo de Osma;[16] porque sempre tenho por costume não fazer coisa por meu parecer, senão de pessoas semelhantes. Tendo visto as cartas e entendido o negócio, disse-me que não o despedisse, senão que respondesse bem; porque quando Deus juntava tantos corações numa casa, entendia-se que havia de servir-se dela. Eu fiz assim, que não admiti totalmente nem o despedi. Em importunar por isso e procurar pessoas para quem eu o fizesse, passou até este ano de 80, parecendo-me sempre que era desatino admiti-lo. Quando respondia, nunca podia responder totalmente mal.

11. Acertou de vir cumprir o seu desterro[17] o padre frei Antônio de Jesus no mosteiro de nossa Senhora do Socorro, que fica três léguas deste lugar de Villanueva, e vindo pregar ele e o prior deste mosteiro, que atualmente é o padre frei Gabriel da Assunção,[18] pessoa muito avisada e servo de Deus, vinha também muito ao mesmo lugar, pois eram amigos do doutor Ervías, e começaram a tratar com estas santas irmãs. E afeiçoados pela virtude delas e persuadidos pelo povo e pelo doutor, tomaram este negócio por próprio e começaram a persuadir-me com muita força com cartas. E estando eu em São José de Malagón, que fica 26 léguas e mais de Villanueva, foi o mesmo padre pior falar-me sobre isso, dando-me conta do que se podia fazer e como depois de feito daria o doutor Ervías trezentos ducados de renda, da que ele tem de seu benefício; que se procurasse de Roma.

12. Para mim isto ficou muito incerto, parecendo-me que haveria frouxidão depois de feito; que com o pouco que elas tinham, era bastante. E assim disse muitas razões ao Padre Prior para que visse que não convinha ser feito e, ao meu parecer, bastantes, e disse que o olhassem muito ele e o padre frei Antônio, que eu o deixava em sua consciência, parecendo-me que com o que eu lhes dizia bastava para não ser feito.

---

16. Alonso Velázquez foi confessor e conselheiro da Santa em Toledo (1577), Bispo de Osma em 1578 e Arcebispo de Compostela em 1583. A ele está dirigida a *Relação* VI. Cf. *Fundações*, c. 30.

17. *Seu desterro*: alude ao castigo imposto por Sega (cf. n. 4).

18. *Gabriel da Assunção* (1544-1584) foi prior da Roda de 1576 a 1580 (?). Foi também diretor espiritual de Catarina de Cardona (cf. n. 21 e segs.). A Santa faz o seu elogio no n. 34. – Segundo este texto, o presente capítulo parece que foi escrito no mesmo ano da fundação de Villanueva.

13. Depois de ido, considerei quão afeiçoado estava a isso e que havia de persuadir o prelado que agora temos, que é o Mestre frei Angel de Salazar, para que o admitisse; e apressei-me a escrever-lhe, dizendo-lhe as causas; e segundo depois me escreveu, não a tinha querido dar se não parecesse bem a mim.

14. Passou cerca de mês e meio, não sei se algo mais. Quando já pensei que o tinha estorvado, enviam-me um mensageiro com cartas da municipalidade, aonde se obrigam que não lhes faltaria o que houvesse mister, e o doutor Ervías ao que tenho dito,[19] e cartas destes dois reverendos padres com muito encarecimento. Era tanto o meu temor em admitir tantas irmãs, parecendo-me que havia de haver algum bando contra as que fossem, como costuma acontecer, e também em não ver coisa segura para sua manutenção, porque o que ofereciam não era coisa que fazia força, que me vi em farta confusão. Depois entendi que era o demônio, pois tendo o Senhor me dado ânimo, me tinha com tanta pusilanimidade então, que não parece que confiava nada em Deus. Mas as orações daquelas benditas almas, enfim, puderam mais.

15. Acabando um dia de comungar e estando encomendando-o a Deus, como fazia muitas vezes, porque o que me fazia responder negativamente a eles era temer que estorvasse algum aproveitamento de algumas almas (que sempre meu desejo é ser algum meio para que se louvasse nosso Senhor e houvesse mais quem o servisse), Sua Majestade me fez uma grande repreensão, dizendo-me que com que tesouros se tinha feito o que estava feito até aqui; que não duvidasse de admitir esta casa, que seria para muito serviço seu e aproveitamento das almas.

16. Como são tão poderosas estas palavras de Deus, que o entendimento não só as entende, senão que o ilumina para entender a verdade, e dispõe a vontade para querer pôr em obra, assim aconteceu comigo; que não só gostei de admiti-lo, senão que me pareceu que tinha sido culpa deter-me tanto e estar tão apegada a razões humanas, pois tão além da razão tenho visto o que Sua Majestade realizou por esta sagrada Religião.

---

19. *Obrigava-se ao dito* no n. 11.

17. Determinada em admitir esta fundação, me pareceu que seria necessário ir eu com as monjas que nela haviam de ficar, por muitas coisas que me vieram à mente, ainda que o natural sentisse muito por ter vindo bem mal até Malagón[20] e andar sempre mal. Mas parecendo-me que nosso Senhor se serviria, escrevi ao prelado para que me mandasse o que melhor lhe parecesse, o qual enviou a licença para a fundação e preceito de que me achasse presente e levasse as monjas que me parecesse, que me pôs em farto cuidado, por ter de estar com as que lá estavam. Encomendando-o muito a nosso Senhor, tirei duas do mosteiro de São José de Toledo, uma para priora; e duas do de Malagón, e uma para subpriora.[21] E como tanto se tinha pedido a Sua Majestade, acertou-se muito bem, que não considerei pouco; porque nas fundações que só nós começamos, todas se acomodam bem.

18. Vieram ao nosso encontro o padre frei Antônio de Jesus e o padre prior frei Gabriel da Assunção.[22] Dada toda a arrecadação do povoado, partimos de Malagón no sábado antes da Quaresma, aos treze dias de fevereiro, ano de 1580. Foi Deus servido de fazer tão bom tempo e dar-me tanta saúde, que parecia nunca ter tido mal; que eu me espantava e considerava o muito que importa não mirar nossa fraca disposição quando entendemos que se serve o Senhor, por contradição que seja posta diante de nós, pois é poderoso para fazer dos fracos fortes e dos enfermos sãos. E quando isto não fizer, o melhor para nossa alma será padecer, e postos os olhos em sua honra e glória, esquecermo-nos de nós. Para que é a vida e a saúde senão para perdê-la por tão grande Rei e Senhor? Crede-me, irmãs, que jamais vos irá mal indo por aqui.

19. Confesso que minha ruindade e fraqueza muitas vezes me tem feito temer e duvidar; mas não me lembro de nenhuma, depois que o Senhor me deu hábito de descalça, nem alguns anos antes, que não me fizesse mercê, por sua misericórdia, de vencer estas tentações e lançar-me ao que entendia que era maior serviço seu, por difícil que fosse. Bem claro entendo que era pouco o que fazia de minha parte, mas Deus não quer mais

---

20. Chegou a Malagón no dia 25/11/1579.
21. De Toledo, Maria de los Mártires (para priora) e Constanza de la Cruz; de Malagón, Elvira de San Angelo (para subpriora) e Ana de San Agustín.
22. *Gabriel de la Asunción*, acrescentado entre linhas pela Santa. – *Arrecadação* (esp. *recaudo*) equivale a provisão.

desta determinação para fazer tudo com a sua. Seja para sempre bendito e louvado, amém.

20. Tínhamos de ir ao mosteiro de nossa Senhora do Socorro, que já fica dito[23] que está três léguas de Villanueva, e determo-nos ali para avisar que íamos, como tinham assim combinado, e era justo que eu obedecesse a estes padres, com quem íamos, em tudo. Esta casa fica num deserto e solidão bastante saborosa; e ao chegarmos perto, os frades saíram para receber o seu prior com muito concerto. Como iam descalços e com suas capas pobres de saial, fizeram devoção a nós todas, e a mim me enterneceu muito parecendo-me estar naquele tempo florido de nossos santos Pais. Naquele campo apareciam umas flores brancas cheirosas, e assim creio que são para Deus, porque, ao meu parecer, é ali servido muito deveras. Entraram na igreja com um *Te Deum* e vozes muito mortificadas. A entrada dela é debaixo da terra, como por uma gruta, que representava a de nosso Pai Elias.[24] Certamente, eu ia com tanto gozo interior, que teria dado por muito bem empregado caminho mais longo; ainda que me fizesse bastante lástima ser já morta a santa por quem nosso Senhor fundou esta casa, a quem não mereci ver, ainda que o desejasse muito.[25]

21. Parece-me que não será coisa ociosa tratar aqui de sua vida e da região em que nosso Senhor quis que se fundasse este mosteiro, que tanto proveito tem sido para muitas almas dos lugares em redor, segundo sou informada; e para que vendo a penitência desta santa, vejais, minhas irmãs, quão atrás ficamos nós, e vos esforceis para de novo servir a nosso Senhor; pois não há por que sejamos para menos, pois não viemos de gente tão delicada e nobre; que ainda que isto não importe, digo-o porque tinha tido vida regalada, conforme quem era, que vinha dos Duques de Cardona, e assim se chamava ela dona Catarina de Cardona.[26] Depois de algumas vezes que me escreveu, só assinava "a Pecadora".

---

23. Cf. n. 11.
24. 1Reis 19,9.
25. O convento da Roda (Albacete) foi fundado em abril de 1572 por Catarina de Cardona, que morreu em 11 de maio de 1577.
26. Os dados da Santa não são muito seguros: Catarina de Cardona (1519-1577) tinha sido aia de Dom João de Áustria, filho de Carlos V, e de Dom Carlos, filho de Filipe II. Em 1563 retirou-se para a solidão da Roda, e em 1571 tomou o hábito de carmelita em Pastrana, com o capuz de frade.

22. De sua vida, antes que o Senhor lhe fizesse tão grandes mercês, dirão os que escreverem a sua vida, e mais particularmente o muito que há a dizer dela. Se acaso não chegar à vossa notícia, direi aqui o que me disseram algumas pessoas que trataram com ela, dignas de crer.

23. Estando esta santa entre pessoas e senhores de muita qualidade, sempre tinha muita conta com sua alma e fazia penitência. Cresceu tanto o desejo dela e de ir aonde só pudesse gozar de Deus e empregar-se em fazer penitência, sem que ninguém a estorvasse. Isto tratava com seus confessores e não lho permitiam, que, como o mundo já está tão posto em discrição e quase esquecidas as grandes mercês que Deus fez aos santos e santas que nos desertos o serviram, não me espanto que lhes parecesse desatino. Mas como Sua Majestade não deixa de favorecer os verdadeiros desejos para que sejam postos em obra, ordenou que fosse confessar-se com um padre franciscano, que chamam frei Francisco de Torres, a quem conheço muito bem e o tenho por santo, e com grande fervor de penitência e oração faz muitos anos que vive e com fartas perseguições. Deve bem saber a mercê que Deus faz aos que se esforçam por recebê-las, e assim lhe disse que não se detivesse, senão que seguisse o chamamento que Sua Majestade lhe fazia. Eu não sei se foram estas as palavras, mas entende-se, pois logo o pôs por obra.

24. Ela revelou a um ermitão que estava em Alcalá,[27] e rogou-lhe que fosse com ela, sem nunca o dizer a nenhuma pessoa. E aportaram[28] aonde está este mosteiro, aonde achou uma covazinha, em que apenas cabia. Aqui a deixou. Mas que amor devia levar, pois nem tinha cuidado do que havia de comer, nem dos perigos que lhe podiam suceder, nem da infâmia que podia ter quando não aparecesse! Quão embriagada devia de ir esta santa alma, embebida em que ninguém a estorvasse de gozar de seu Esposo, e quão determinada a não querer mais mundo, pois assim fugia de todos os seus contentos!

25. Consideremos isto bem, irmãs, e miremos como de um golpe venceu tudo. Porque ainda que não seja menos o que vós fazeis ao entrar nesta sagrada Religião e oferecer a Deus vossa vontade e professar tão contínuo encerramento, não sei se estes fervores do princípio são passados

---

27. P. Piña, sacerdote ermitão no monte da Vera Cruz (Alcalá).
28. *Aportaram*: arribaram, chegaram ao porto.

a algumas, e tornamos a sujeitar-nos em algumas coisas de nosso amor próprio. Praza à divina Majestade que não seja assim, senão que, já que arremedamos a esta santa em querer fugir do mundo, estejamos em tudo muito fora dele no interior.

26. Muitas coisas ouvi da grande aspereza de sua vida, e deve-se saber o menos. Porque em tantos anos como esteve naquela solidão com tão grandes desejos de fazê-la, não havendo quem a eles lhe fosse à mão, terrivelmente devia tratar o seu corpo.[29] Direi o que dela mesma ouviram algumas pessoas e as monjas de São José de Toledo, aonde ela foi para vê--las, e como com irmãs falava com lhaneza, e assim o fazia com outras pessoas, porque era grande a sua simplicidade e grande devia ser a humildade. E como quem tinha entendido que não tinha nenhuma coisa de si, estava muito longe da vanglória, e alegrava-se em dizer as mercês que Deus lhe fazia para que por elas fosse louvado e glorificado o seu nome: coisa perigosa para os que não chegaram a este estado, que, pelo menos, lhes parece louvor próprio; ainda que a lhaneza e santa simplicidade a devesse livrar disto, porque nunca ouvi pôr esta falta a ela.

27. Disse que tinha estado oito[30] anos naquela cova, e muitos dias passando com as ervas do campo e raízes; porque, como tinham se acabado os três pães que lhe deixou o que foi com ela, não o tinha até que foi por ali um pastorzinho.[31] Este a provia depois de pão e farinha, que era o que ela comia: umas bolachas cozidas no fogo, e não outra coisa; isto, no terceiro dia,[32] e é muito certo, que ainda os frades que estão ali são testemunhas, e era já depois que ela estava muito fraca. Algumas vezes a faziam comer uma sardinha, ou outras coisas,[33] quando ela foi procurar como fazer o mosteiro, e antes sentia dano que proveito. Nunca bebeu vinho, que eu tenha sabido. As disciplinas eram com uma grande corrente, e duravam muitas vezes duas horas, e hora e meia. Os cilícios tão aspérrimos, que me disse uma pessoa, mulher,[34] que vindo de romaria tinha ficado para dormir com

---

29. O sentido é: ... *com tão grandes desejos de viver* vida áspera, *não tendo quem neles* a retivesse...
30. Tinha escrito *dez ou* e riscou.
31. Cujo nome era Benítez.
32. *No terceiro dia*: a cada três dias.
33. *Ou outras coisas*: acrescentado pela Santa entre linhas.
34. *Mulher*: acrescentado à margem pela Autora.

As fundações

ela uma noite, e fez de conta que dormia, e que a viu tirar os cilícios cheios de sangue e limpá-los. E mais era o que passava – segundo ela dizia a estas monjas que tenho dito[35] – com os demônios, que lhe apareciam como uns alanos grandes, e subiam nela pelos ombros, e outras como cobras. Ela não tinha nenhum medo deles.

28. Depois que fez o mosteiro, ainda ia, e ficava e dormia, à sua cova, se não era aos Ofícios Divinos. E antes de ser feito, ia à missa num mosteiro de mercedários,[36] que fica a um quarto de légua, e algumas vezes de joelhos. Seu vestido era burel e túnica de saial,[37] e feito de maneira que pensavam que era homem.

Depois destes anos que aqui esteve tão sozinha, quis o Senhor que se divulgasse, e começaram a ter tanta devoção com ela, que não podia proteger-se da gente. A todos falava com muita caridade e amor. Quanto mais passava o tempo, maior concurso de gente acudia; e quem podia falar com ela, não pensava que tinha pouco. Ela estava tão cansada disto, que dizia que a tinham morta. Acontecia estar quase todo o campo cheio de carros. Depois que estiveram ali os frades, não tinham outro remédio senão levantá-la no alto para que lançasse a eles a bênção, e com isso se retiravam.

Depois de oito anos que esteve na cova, que já era maior, porque a tinham feito os que iam ali, deu-lhe uma enfermidade muito grande, que pensou que ia morrer, e tudo passava naquela cova.

29. Começou a ter desejos de que houvesse ali um mosteiro de frades, e com este esteve algum tempo não sabendo de que ordem o faria; e estando uma vez rezando a um crucifixo que sempre trazia consigo, nosso Senhor mostrou-lhe uma capa branca, e entendeu que fosse dos descalços carmelitas, e nunca tinha vindo à sua notícia que havia deles no mundo. Então estavam feitos só dois mosteiros, o de Mancera e Pastrana. Teve depois disto de informar-se, e como soube que havia um em Pastrana e ela tinha muita amizade com a Princesa de Éboli, de tempos passados, mulher do príncipe Ruy Gómez, da qual era Pastrana, partiu para lá para procurar como fazer este mosteiro, que ela tanto desejava.

---

35. As carmelitas de Toledo, cf. n. 26. – *Alano* ou alão: espécie de cão.
36. A Santa escreveu *Mercenários*. Eram, porém, os Trinitários da Fuensanta.
37. *E túnica de saial*: acréscimo interlinear original.

30. Ali, no mosteiro de Pastrana, na igreja de São Pedro – que assim se chama – tomou o hábito de nossa Senhora;[38] ainda que não com intenção de ser monja nem professar, porque nunca se inclinou a ser monja, como o Senhor a levava por outro caminho; parecia-lhe que por obediência lhe tirariam suas intenções de aspereza e solidão. Estando presentes todos os frades, recebeu o hábito de nossa Senhora do Carmo.

31. Achou-se ali o padre Mariano – de quem já fiz menção nestas fundações[39] –, o qual me disse a mim mesma que lhe tinha dado uma suspensão ou arroubamento, que de tudo se alienou; e que estando assim, viu muitos frades e monjas mortos; uns descabeçados, outros cortadas as pernas e os braços, como se os martirizavam, que isto se dá a entender nesta visão. E não é homem que dirá senão o que vir, e tampouco seu espírito está acostumado a estas suspensões, que Deus não o leva por este caminho. Rogai a Deus, irmãs, que seja verdade e que em nossos tempos mereçamos ver tão grande bem e ser nós delas.

32. Daqui de Pastrana começou a santa Cardona a procurar com que fazer o seu mosteiro, e para isto tornou à Corte, de onde com tanta gana tinha saído, que não lhe era pequeno tormento, aonde não lhe faltaram fartas murmurações e trabalhos; porque quando saía de casa não podia valer-se de pessoas. Isto em todas as partes que foi. Uns falavam mal do seu hábito, outros da sua capa. Então foi a Toledo, aonde esteve com nossas monjas. Todas me afirmaram que era tão grande o odor que tinha de relíquias, que até o hábito e a cinta, depois que o deixou, porque lhe deram outro e o tiraram dela, era para louvar nosso Senhor o odor. E quanto mais dela se aproximavam, era maior, sendo os vestidos de sorte que com o calor, que fazia muito, deviam antes de ter mau odor. Sei que não dirão senão toda a verdade, e assim ficaram com muita devoção.

33. Na Corte e outras partes lhe deram para poder fazer o seu mosteiro e, levando licença, foi fundado. A igreja foi feita aonde era a sua cova, e para ela fizeram outra afastada, aonde tinha um sepulcro esculpido e ficava a maior parte do tempo de dia e de noite. Durou pouco, pois não viveu

---

38. Foi em 6 de maio de 1571. Tomou o hábito religioso. A princesa de Éboli foi a madrinha.
39. Cf. c. 17, n. 6-15.

senão cerca de cinco anos e meio depois que teve ali o mosteiro, que com a vida tão áspera que levava, ainda o que tinha vivido parecia sobrenatural. Sua morte foi no ano de 1577, pelo que agora me parece.[40] Fizeram-lhe as honras com grandíssima solenidade; porque um cavalheiro que chamam frei Juan de León[41] tinha grande devoção por ela, e pôs muito nisto. Está agora enterrada em depósito numa capela de nossa Senhora, de quem ela era extremamente devota, até fazer igreja maior do que a que têm, para pôr o seu bendito corpo como é razão.

34. É grande a devoção que têm neste mosteiro por sua causa, e assim parece que ficou nele e em toda aquela região, em especial olhando aquela solidão e cova aonde esteve. Antes que determinasse fazer o mosteiro, certificaram-me que estava tão cansada e aflita de ver a muita gente que a vinha ver, que quis ir para outra parte aonde ninguém soubesse dela; e mandou chamar o ermitão que a tinha trazido ali para que a levasse, e já estava morto. E nosso Senhor, que tinha determinado que se fizesse ali esta casa de nossa Senhora, não deixou que ela se fosse; porque – como tenho dito[42] – entendo que é muito servido ali. Têm grande aparelho, e vê-se bem neles que gostam de estar apartados da gente; em especial o prior,[43] a quem também Deus tirou, para tomar este hábito, de farto regalo, e assim lhe pagou bem fazendo-os espirituais.

35. Ali nos fez muita caridade. Deram-nos do que tinham na igreja, para a que íamos fundar, que, como esta santa era querida de tantas pessoas principais, estava bem provida de ornamentos. Eu me consolei mui muito enquanto ali estive, ainda que com farta confusão, e me dura; porque via que a que tinha feito ali a penitência tão áspera era mulher como eu, e mais delicada, por ser quem era e não tão grande pecadora como eu sou; que nisto, da uma à outra não se sofre comparação, e recebi muito maiores mercês de nosso Senhor de muitas maneiras, e não me ter já no inferno, segundo meus grandes pecados, é grandíssima. Só o desejo de imitá-la, se

---

40. Dia 11 de maio. Na frase seguinte, por aliteração, a Santa escreveu: *fizeram-lhes honras...*
41. Gracián riscou *frei* e escreveu *Dom*, e à margem anotou: "este não é frade, e creio que o há de ser, pois a Madre o chamou assim".
42. No n. 20.
43. Gabriel de la Asunción; cf. n. 11.

pudesse, me consolava, mas não muito; pois toda a minha vida se passou em desejos e as obras não faço. Valha-me a misericórdia de Deus, em quem tenho confiado sempre por seu Filho sacratíssimo e a Virgem nossa Senhora, cujo hábito pela bondade do Senhor trago.

36. Acabando de comungar um dia naquela santa igreja, me deu um recolhimento muito grande com uma suspensão que me alienou. Nela me foi representada esta santa mulher por visão intelectual, como corpo glorificado, e alguns anjos com ela. Disse-me que não me cansasse, senão que procurasse ir adiante nestas fundações. Entendo eu, ainda que não desse sinal, que ela me ajudava diante de Deus. Também me disse outra coisa que não há por que a escrever.[44] Eu fiquei bastante consolada e com desejo de trabalhar. E espero na bondade do Senhor, que com tão boa ajuda como estas orações, poderei servi-lo em algo.

Vedes aqui, irmãs minhas, como já acabaram estes trabalhos, e a glória que tem será sem fim. Esforcemo-nos agora, por amor de nosso Senhor, em seguir esta irmã nossa. Aborrecendo-nos a nós mesmas, como ela se aborreceu, acabaremos nossa jornada, pois se anda com tanta brevidade e se acaba tudo.

37. Chegamos no primeiro domingo da quaresma, que era véspera da Cátedra de São Pedro, dia de São Barbaceano,[45] no ano de 1580, a Villanueva de la Jara. Neste mesmo dia foi posto o Santíssimo Sacramento na igreja da gloriosa Santa Ana, na hora da missa maior. Saíram para nos receber toda a municipalidade e alguns outros com o doutor Ervías, e fomos apear na igreja do povoado, que ficava bem longe da de Santa Ana. Era tanta a alegria de todo o povo, que me fez farta consolação ver com o contento que recebiam a ordem da sacratíssima Virgem Senhora nossa. De longe ouvíamos o repicar dos sinos. Tendo entrado na igreja, começaram o *Te Deum*, um verso a capela de canto de órgão, e outro o órgão. Tendo acabado, tinham posto o Santíssimo Sacramento num andor e nossa Senhora noutro, com cruzes e pendões. A procissão ia com farta autoridade. Nós, com nossas capas brancas e véus diante do rosto, íamos na metade,

---

44. Provavelmente são as palavras registradas na *Relação* 23: "... Vês toda a penitência que faz? Em mais tenho a tua obediência".

45. Era o dia 21 de fevereiro de 1580.

ao lado do Santíssimo Sacramento, e junto a nós nossos frades descalços, que foram fartos do mosteiro, e os franciscanos (pois há mosteiro no lugar, de São Francisco) iam ali, e um frade dominicano, que se achou no lugar, ainda que estivesse só, me deu contento ver ali aquele hábito. Como era longe, havia muitos altares. Detinham-se algumas vezes dizendo letras de nossa ordem, que nos fazia farta devoção e ver que todos iam louvando o grande Deus que levávamos presente, e que por Ele se fazia tanto caso de sete pobrezinhas descalças que íamos ali. Com tudo isto que eu considerava, me fazia farta confusão, lembrando-me de que eu ia entre elas, e como, se se houvesse de fazer como eu merecia, seria voltar-se todos contra mim.

38. Dei-vos tão longa conta desta honra que se fez ao hábito da Virgem para que louveis nosso Senhor e lhe supliqueis se sirva desta fundação; porque com mais contento estou quando é com muita perseguição e trabalhos, e com mais gana vo-los conto. É verdade que estas irmãs que estavam aqui os passaram quase seis anos; ao menos mais de cinco e meio que faz que entraram nesta casa da gloriosa Santa Ana, além da muita pobreza e trabalho que tinham em ganhar de comer, porque nunca quiseram pedir esmola (a causa era para que não lhes parecesse que estavam ali para que lhes dessem de comer), e a grande penitência que faziam, assim em jejuar muito e comer pouco, más camas e mui pouquinha casa, que para tanto encerramento como sempre tiveram era farto trabalho.

39. O maior que me disseram que tinham tido era o grandíssimo desejo de ver-se com hábito, que este noite e dia as atormentava grandissimamente, parecendo-lhes que nunca o haviam de ver, e assim toda a sua oração era para que Deus lhes fizesse esta mercê, com lágrimas muito ordinárias. E vendo que havia algum desvio, afligiam-se extremamente e crescia a penitência. Do que ganhavam, deixavam de comer para pagar os mensageiros que iam a mim, e mostrar a graça que elas podiam com sua pobreza aos que as podiam ajudar em algo. Bem entendo eu, depois que tratei com elas e vi a sua santidade, que suas orações e lágrimas haviam negociado para que a ordem as admitisse. E assim tenho tido por muito maior tesouro que estejam nela tais almas, do que se tivessem muita renda, e espero irá a casa muito adiante.

40. Pois ao entrarmos na casa, estavam todas à porta do lado de dentro cada uma com sua veste; porque como entraram estavam, que nunca

quiseram tomar traje de beatas, esperando isto, ainda que o que tinha era bastante honesto; que bem parecia nele ter pouco cuidado de si, segundo estavam mal alinhadas, e quase todas tão fracas, que se mostrava ter tido vida de bastante penitência.

41. Receberam-nos com fartas lágrimas do grande contento, e pareceu não serem fingidas e sua muita virtude na alegria que têm e a humildade e obediência à priora; e a todas as que vieram para fundar não sabem prazeres que lhes fazer. Todo o seu medo era que fossem embora de volta, vendo a sua pobreza e pouca casa. Nenhuma havia mandado, senão, com grande irmandade, cada uma trabalhava o mais que podia. Duas, que eram de mais idade, negociavam quando havia mister; as outras nunca falavam com nenhuma pessoa, nem queriam. Nunca tiveram chave na porta, senão uma aldrava; nem nenhuma ousava chegar a ela, senão a mais velha respondia. Dormiam muito pouco, para ganhar de comer e para não perder a oração, que tinham fartas horas; nos dias de festa, o dia todo. Pelos livros de frei Luís de Granada e de frei Pedro de Alcântara se governavam.

42. Na maior parte do tempo rezavam o Ofício Divino, com um pouco que sabiam ler, que só uma lê bem, e não com breviários conformes.[46] Uns clérigos lhes tinham dado alguns do velho romano, pois não se aproveitavam deles; outros, como podiam. E como não sabiam ler, ficavam muitas horas. Não rezavam isto aonde de fora as ouvissem.[47] Deus tomaria sua intenção e trabalho, que poucas verdades deviam dizer. Como o padre frei Antônio de Jesus começasse a tratar com elas, fez com que não rezassem senão o ofício de nossa Senhora. Tinham seu forno no qual coziam o pão, e tudo com um concerto como se tivessem quem as mandasse.

43. A mim me fez louvar nosso Senhor, e quanto mais tratava com elas mais contento me dava ter vindo. Parece-me que por muitos trabalhos que tivesse de passar, não quereria ter deixado de consolar estas almas. E as minhas companheiras que ficaram me diziam que logo nos primeiros dias lhes fez alguma contradição, mas que, como as foram conhecendo e entendendo a sua virtude, estavam alegríssimas de ficar com elas e tinham muito amor pelas mesmas. Grande coisa pode a santidade e virtude. É verdade

---

46. Com breviários discrepantes. – A seguir: "velho *rito* romano".
47. *Ouvissem* (esp. *oyesen*): no original está *oyose*.

que eram tais que, ainda que achassem muitas dificuldades e trabalhos, os levariam bem com o favor do Senhor, porque desejam padecer em seu serviço. E a irmã que não sentir em si este desejo, não se tenha por verdadeira descalça, pois não hão de ser nossos desejos descansar, senão padecer para imitar em algo o nosso verdadeiro Esposo. Praza a Sua Majestade nos dar graça para isso, amém.

44. De onde começou esta ermida de Santa Ana, foi desta maneira: vivia aqui neste dito lugar de Villanueva de la Jara um clérigo natural de Zamora, que tinha sido frade de nossa Senhora do Carmo. Era devoto da gloriosa Santa Ana. Chamava-se Diego de Guadalajara, e assim fez ao lado de sua casa esta ermida, e tinha por onde ouvir missa; e com a grande devoção que tinha, foi a Roma e trouxe uma bula com muitos perdões para esta igreja ou ermida. Era homem virtuoso e recolhido. Quando morreu, mandou em seu testamento que esta casa e tudo o que tinha fosse para um mosteiro de monjas de nossa Senhora do Carmo; e se isto não fosse executado, que tivesse um capelão que dissesse algumas missas cada semana, e que quando fosse mosteiro, não se tivesse obrigação de dizer as missas.

45. Esteve assim com um capelão mais de vinte anos, que tinha a fazenda bem deteriorada, porque, ainda que estas donzelas entrassem na casa, só a casa tinham. O capelão estava em outra casa da mesma capelania, que deixará agora com o demais, que é bem pouco; mas a misericórdia de Deus é tão grande que não deixará de favorecer a casa de sua gloriosa avó. Praza a Sua Majestade que seja sempre servido nela, e o louvem todas as criaturas para sempre jamais, amém.

[Capítulo 29]

Trata-se da fundação de São José de nossa Senhora da Rua em Palência, que foi no ano de 1580, dia do Rei Davi.[1]

1. Tendo vindo da fundação de Villanueva de la Jara, mandou-me o prelado[2] ir a Valladolid a pedido do bispo de Palência, que é Dom Álvaro de Mendoza, que o primeiro mosteiro que foi São José de Ávila admitiu e favoreceu,[3] e sempre, em tudo o que toca a esta Ordem, favorece. E como tinha deixado o bispado de Ávila e passado para o de Palência, pôs-lhe nosso Senhor na vontade que ali fizesse outro desta sagrada Ordem.

Tendo chegado a Valladolid, deu-me uma enfermidade tão grande que pensaram que morreria. Fiquei tão enfastiada e tão fora de parecer que poderia fazer algo, ainda que a priora de nosso mosteiro de Valladolid,[4] que desejava muito esta fundação, me importunasse, não podia persuadir-me, nem achava princípio; porque o mosteiro havia de ser de pobreza, e diziam-me que não poderia sustentar-se, que era lugar muito pobre.

2. Fazia quase um ano que se tratava de fazê-lo junto com o de Burgos, e antes não estava eu tão fora disso. Mas então eram[5] muitos os inconvenientes que achava, não tendo vindo para outra coisa a Valladolid. Não sei se era o muito mal e fraqueza que me tinham ficado, ou o demônio que queria estorvar o bem que se fez depois.[6] É verdade que a mim

---

1. O título é precedido pelo anagrama *JHS*. Ela omitiu a numeração do capítulo. Primeiro escreveu: ... *São José de Palência*, riscando em seguida esta palavra, para dar o título patronal correto da fundação. Semelhante modo de combinar o patronato de São José com o da Virgem pode ser visto nas epígrafes dos capítulos 21 ("São José do Carmo"), 22 ("São José do Salvador"), 23 ("São José do Carmo"), e outra combinação no c. 31: "São José de Santa Ana".
2. O Prelado: *Angel de Salazar* (cf. c. 28, n. 6, nota).
3. Cf. *Vida* c. 36, n. 2.
4. Maria Bautista de Ocampo, a do famoso sarau da Encarnação (*Vida* c. 32, n. 10).
5. *Era*, escreveu a Santa.
6. No dia 20/03/1580 a Santa saiu de Villanueva de la Jara. Pelo dia 26 chegou a Toledo, onde caiu gravemente enferma poucos dias depois, vítima do chamado "catarro

me tem espantada[7] e lastimada, que fartas vezes me queixo a nosso Senhor do muito que participa a pobre alma da enfermidade do corpo; que não parece senão que tem de guardar suas leis, segundo as necessidades e coisas que lhe fazem parecer.

3. Um dos grandes trabalhos e misérias da vida me parece este, quando não há espírito grande que o sujeite, porque ter mal e padecer grandes dores, ainda que seja trabalho, se a alma está desperta, não o tenho em nada, porque está louvando a Deus, e considerando que vem de sua mão. Mas por um lado padecendo e por outro lado não atuando, é coisa terrível, em especial se é alma que se viu com grandes desejos de não descansar interior nem exteriormente, senão empregar-se toda no serviço de seu grande Deus. Nenhum outro remédio tem aqui senão paciência e conhecer a sua miséria e deixar-se na vontade de Deus, que se sirva dela no que quiser e como quiser. Desta maneira estava eu então, ainda que já em convalescença; mas a fraqueza era tanta, que até a confiança que Deus me costumava dar em ter de começar estas fundações tinha perdido. Tudo era impossível para mim, e se então acertasse com alguma pessoa que me animasse, far-me-ia muito proveito; mas uns me ajudavam a temer, outros, ainda que me dessem alguma esperança, não bastava para minha pusilanimidade.

4. Acertou de vir ali um padre da Companhia, chamado mestre Ripalda,[8] com quem eu me tinha confessado um tempo, grande servo de Deus. Eu lhe disse como estava e que queria tomá-lo no lugar de Deus, que me dissesse o que lhe parecia. Ele começou a me animar muito e disse-me que de velha tinha já essa covardia. Mas eu bem via que não era isso, que mais velha sou agora e não a tenho; e ele também o devia entender, senão para renhir comigo, que não pensasse que era de Deus. Andava então esta fundação de Palência e a de Burgos juntamente, e tanto para uma como para a outra eu não tinha nada; mas não era isto, que com menos costumo começar. Ele me disse que de nenhuma maneira o deixasse. O mesmo me

---

universal" que assolou a Espanha naquele ano. Pelo dia 7 de junho saiu de Toledo, por Madri e Segóvia, a caminho de Ávila, Medina e Valladolid, aonde chegou no dia 8 de agosto, tendo forte recaída na enfermidade de Toledo. Empreendeu a viagem a Palência em pleno inverno: 28/12/1580.

7. Por novo erro material, escreveu *espantado*.
8. O mesmo que interveio na redação desta obra (prólogo, n. 2).

tinha dito há pouco tempo, em Toledo, um provincial da Companhia, chamado Baltazar Alvarez,[9] mas então eu estava boa.

5. Aquilo não bastou para determinar-me, ainda que viesse bastante ao caso; não acabei totalmente de determinar-me porque, ou o demônio, ou – como tenho dito[10] – a enfermidade me tinha atada; mas fiquei muito melhor. A priora de Valladolid ajudava quanto podia, porque tinha grande desejo da fundação de Palência; mas, como me visse tão tíbia, também temia.

Agora venha o verdadeiro calor, pois não bastam as pessoas nem os servos de Deus; aonde se entenderá muitas vezes não ser eu quem faz nada nestas fundações, senão quem é poderoso para tudo.

[6]. Estando eu um dia, acabando de comungar, posta nestas dúvidas e não determinada a fazer nenhuma fundação, tinha suplicado a nosso Senhor que me desse luz para que em tudo fizesse eu a sua vontade; que a tibieza não era de sorte que jamais um ponto me faltasse neste desejo. Disse-me nosso Senhor com uma maneira de repreensão: *O que temes? Quando faltei a ti? O mesmo que tenho sido, sou agora; não deixes de fazer estas duas fundações.*

Ó grande Deus! E como são diferentes as vossas palavras das dos homens! Assim fiquei determinada e animada, que todo o mundo não bastaria para pôr-me contradição, e comecei logo a tratar disso, e começou nosso Senhor a dar-me meios.

7. Tomei duas monjas para comprar a casa.[11] Já, ainda que me dissessem que não era possível viver de esmola em Palência, era como se não mo dissessem; porque fazendo-a de renda, já via eu que então não podia ser; e pois Deus dizia que se fizesse, que Sua Majestade o proveria. E assim, ainda que não estivesse de todo tornada a mim,[12] determinei-me a ir, sendo o tempo duro; porque parti de Valladolid no dia dos inocentes, no ano que

---

9. Morreu pouco antes, em 25 de julho de 1580.
10. No n. 1.
11. Cf. n. 10.
12. *Não de todo tornada a mim*: recuperada, sarada.

tenho dito,[13] que para aquele ano que entrava, até São João, um cavalheiro nos tinha dado uma casa que ele tinha alugada, que tinha ido viver dali.

8. Eu escrevi a um cônego da mesma cidade, ainda que não o conhecesse;[14] mas um amigo seu me disse que era servo de Deus, e a mim ficou firme que nos havia de ajudar muito, porque o mesmo Senhor, como se viu nas demais fundações, toma em cada parte quem o ajude, que já vê Sua Majestade o pouco que eu posso fazer. Eu mandei suplicar a ele que o mais secretamente que pudesse me desembaraçasse a casa, porque estava ali um morador, e que não lhe dissesse para o que era; porque, ainda que algumas pessoas principais tivessem mostrado vontade e o Bispo a tivesse tão grande, eu via que o mais seguro era que não se soubesse.

9. O cônego Reinoso (que assim se chama a quem escrevi) o fez tão bem, que não só a desembaraçou, mas tínhamos camas e muitos regalos de maneira bastante completa; e tínhamos mister disso, porque o frio era muito e o dia de antes tinha sido trabalhoso, com um grande nevoeiro, que quase não nos víamos. Na verdade, pouco descansamos até ter acomodado aonde dizer missa no outro dia; porque antes que alguém soubesse, estávamos ali; que isto tenho achado ser o que convém nestas fundações, porque se começa a andar em pareceres, o demônio perturba tudo, ainda que ele não possa sair com nada, mas inquieta. Assim se fez, que logo de manhã, quase ao amanhecer, disse missa um clérigo que ia conosco, chamado Porras, bastante servo de Deus, e outro amigo das monjas de Valladolid, chamado Agustín de Victoria,[15] que me tinha emprestado dinheiro para acomodar a casa, e regalado bastante pelo caminho.

10. Íamos, comigo, cinco monjas e uma companheira que há dias que anda comigo, freira, mas tão grande serva de Deus e discreta, que me pode ajudar mais que outras que são do coro.[16] Naquela noite dormimos

---

13. No dia 28/12/1580. *Até São João* (24 de junho de 1581) o cônego Serrano lhes cedeu a casa. – *Tinha ido viver dali*: tinha se mudado.

14. Jerônimo Reinoso (1546-1600), depois amicíssimo da Madre.

15. O primeiro, Porras, confessor das Carmelitas de Valladolid; o segundo, insigne benfeitor do camelo de Valladolid, onde teve uma filha carmelita, Maria de Santo Agostinho. – De Valladolid a Palência também o padre Gracián acompanhou a Santa.

16. Esta leiga era a beata Ana de São Bartolomeu, enfermeira e, às vezes, secretária da Santa a partir da noite de Natal de 1577, quando Teresa machucou o braço esquerdo.

pouco, ainda que – como digo – houvesse sido trabalhoso o caminho, por causa das águas que houvera.

11. Eu gostei muito que se fundasse naquele dia, por ser rezado o ofício do rei Davi,[17] de quem sou devota. Logo nessa manhã mandei dizer ao ilustríssimo Bispo, que ainda não sabia se ia naquele dia. Ele foi logo lá com uma caridade grande, que sempre a tem tido conosco. Disse que nos daria todo o pão que fosse mister, e mandou o Provisor nos prover de muitas coisas. É tanto o que esta ordem deve a ele, que quem ler estas fundações está obrigado a encomendá-lo a nosso Senhor, vivo ou morto, e assim o peço por caridade. Foi tanto o contento que mostrou o povo e tão geral, que foi coisa muito particular, porque nenhuma pessoa houve que lhe parecesse mal. Muito ajudou saber que o Bispo o queria, por ser ali muito amado. Mas toda a gente é da melhor qualidade e nobreza que tenho visto, e assim cada dia me alegro mais por ter fundado ali.

12. Como a casa não era nossa, logo começamos a tratar de comprar outra, ainda que aquela fosse vendida, estava em muito mau posto, e com a ajuda que eu levava das monjas que haviam de ir, parece que podíamos falar com algo, ainda que fosse pouco, para ali era muito; se Deus não desse os bons amigos que nos deu, tudo não era nada; o bom cônego Reinoso trouxe outro amigo seu, chamado cônego Salinas,[18] de grande caridade e entendimento, e entre ambos tomaram o cuidado como se fosse para eles próprios, e ainda creio mais, e o tiveram sempre por aquela casa.

13. Há no povoado uma casa de muita devoção de nossa Senhora, como ermida, chamada nossa Senhora da Rua. Em toda a comarca e cidade é grande a devoção que se tem a ela e a gente que acode ali. Pareceu a Sua Senhoria e a todos, que estaríamos bem perto daquela igreja. Ela não tinha casa, mas havia duas juntas, que, comprando-as, eram suficientes para nós, junto com a igreja. Esta nos havia de dar o cabido e uns confrades dela, e assim se começou a procurar. O cabido logo nos fez mercê dela, e ainda que houvesse bastante em que entender com os confrades, também

---

As outras quatro foram: Inês de Jesus (Tapia, prima da Madre), Catarina do Espírito Santo, Maria de São Bernardo e Joana de São Francisco.
  17. Dia 30 de dezembro.
  18. Martín Alonso Salinas, grande amigo da Santa.

o fizeram bem; que, como tenho dito,[19] é gente virtuosa a daquele lugar, se eu a tenho visto em minha vida.

14. Como os donos das casas viram que as desejávamos, começaram a estimá-las mais, e com razão. Eu quis ir vê-las, e pareceram-me tão mal, que de maneira alguma as quereria, e as que iam conosco. Depois se viu claro que o demônio fez muito de sua parte, porque lhe pesava de que fôssemos ali. Aos dois cônegos, que andavam nisso, parecia-lhes longe da igreja maior, como está, mas aonde há mais gente na cidade. Enfim, nos determinamos todos de que não convinha aquela casa, que se buscasse outra. Isto começaram a fazer aqueles dois senhores cônegos com tanto cuidado e diligência, que me fazia louvar nosso Senhor, sem deixar coisa que lhes parecesse convir. Chegaram a contentar-se com uma, que era de um que chamam Tamayo. Estava com algumas partes muito aparelhadas para nos acomodarmos bem e perto da casa de um cavalheiro principal, chamado Suero de Vega,[20] que nos favorece muito e tinha grande desejo que fôssemos ali e outras pessoas do bairro.

15. Aquela casa não era bastante, mas davam-nos com ela outra, ainda que não estivesse de maneira que nos pudéssemos acomodar bem nas duas. Enfim, pelas novas que dela me davam eu desejava que fosse efetuado, mas não quiseram aqueles senhores senão que a visse primeiro. Eu sinto tanto sair pelo povoado, e confiava tanto neles, que não tinha remédio. Enfim, fui e também às de nossa Senhora, ainda que não com intenção de tomá-las, senão para que ao da outra não parecesse que não tínhamos remédio senão a sua, e pareceu-me tão mal como tenho dito.[21] E com aquilo fomos à outra já com determinação que não havia de ser outra; e ainda que achássemos fartas dificuldades, passávamos por elas, ainda que se pudessem bastante mal remediar, que para fazer a igreja, e ainda não boa, se tirava tudo o que havia de bom para viver.

16. Coisa estranha é ir já determinada a uma coisa: na verdade, deu-me a vida para confiar pouco em mim, ainda que então não fosse eu so-

---

19. No n. 11.
20. Suero de Vega, filho de Juan de Vega, que foi Vice-rei de Navarra e Sicília e presidente do Conselho Real. Um de seus filhos, Juan de la Madre de Dios, foi Carmelita Descalço.
21. No n. 14.

zinha a enganada. Enfim, fomos já determinadas de que não fosse outra e de dar o que tinha pedido, que era farto, e escrever-lhe, que não estava na cidade, mas perto.

17. Parecerá coisa impertinente ter-me detido tanto no comprar da casa, até que se veja o fim que devia levar o demônio para que não fôssemos à de nossa Senhora, que cada vez que me lembro disso me faz temer.

18. Idos todos determinados – como tenho dito[22] – a não tomar outra, no outro dia, na missa, começa-me um cuidado grande de se fazia bem, e com desassossego que quase não me deixou estar quieta em toda a missa. Fui receber o Santíssimo Sacramento, e logo ao tomá-lo ouvi estas palavras, de tal maneira que me fez determinar de todo a não tomar a que pensava, senão a de nossa Senhora: *Esta te convém*.

E comecei a parecer-me coisa dura em negócio tão tratado e que tanto queriam os que o miravam com tanto cuidado.

Respondeu-me o Senhor: *Eles não entendem o muito que sou ofendido ali, e isto será grande remédio.*

Passou-me pelo pensamento se não fosse engano, ainda que não para crer nele, que bem conhecia na operação que fez em mim, que era espírito de Deus. Disse-me logo: *Sou eu*.

19. Fiquei muito sossegada e tirada a perturbação que antes tinha, ainda que não soubesse como remediar o que estava feito e o muito mal que tinha dito daquela casa, e a minhas irmãs, que lhes tinha encarecido, quão má era e que não quisera que tivéssemos ido ali sem vê-la, por nada; ainda que com isto não me preocupasse tanto, que já sabia que teriam[23] por bom o que eu fizesse, senão dos demais que o desejavam: parecia-me que me teriam por vã e movível, pois tão depressa mudava, coisa que eu aborreço muito. Não eram todos estes pensamentos para que me movessem pouco nem muito em deixar de ir à casa de nossa Senhora, nem me lembrava já que não era boa; porque, a troco de estorvar as monjas um pecado venial, era coisa de pouco momento todo o demais, e qualquer delas que souber o que eu, estaria nisto mesmo, a meu parecer.

---

22. Nos n. 15-16.
23. *Tendría*, escreveu a Santa em lugar de *tendrían*.

20. Tomei este remédio: eu me confessava com o cônego Reinoso, que era um destes dois que me ajudavam, ainda que não lhe tivesse dado parte de coisas de espírito desta sorte, porque não se tinha oferecido ocasião aonde houvesse sido mister; e como sempre costumei nestas coisas fazer o que o confessor me aconselhar, por ir caminho mais seguro, determinei dizer-lho debaixo de muito segredo, ainda que não me achasse determinada em deixar de fazer o que tinha ouvido sem dar-me farto pesadume. Mas, enfim, o faria, eu confiava em nosso Senhor o que outras vezes tenho visto, que Sua Majestade muda o confessor, ainda que seja de outra opinião, para que faça o que Ele quer.

21. Disse-lhe primeiro as muitas vezes que nosso Senhor costumava ensinar-me assim e que até então tinham sido vistas muitas coisas em que se entendia ser espírito seu, e contei-lhe o que se passava; mas que eu faria o que a ele lhe parecesse, ainda que fosse pena para mim. Ele é muito cordato e santo e de bom conselho em qualquer coisa, ainda que seja moço;[24] e ainda que visse que havia de ser nota, não se determinou a que se deixasse de fazer o que fora ouvido. E lhe disse que esperássemos o mensageiro,[25] e assim pareceu a ele; que eu confiava em Deus que Ele o remediaria. E assim foi, tendo lhe dado tudo o que queria e tinha pedido, tornou a pedir[26] mais trezentos ducados, o que parecia desatino, porque lhe era pago demasiado. Com isto vimos que Deus agia, porque para ele era muito bem vender, e estando concertado, pedir mais não era viável.

22. Com isto se remediou bastante, pois dissemos que nunca conseguiríamos, mas não totalmente; porque estava claro que por trezentos ducados não se havia de deixar casa que parecia convir a um mosteiro. Eu disse a meu confessor que de meu crédito não se lhe desse nada,[27] pois a ele parecia que se fizesse; senão que dissesse a seu companheiro que eu estava determinada a que cara ou barata, ruim ou boa, se comprasse a de nossa Senhora. Ele tem um engenho em extremo vivo, e ainda que não lhe tenha

---

24. Reinoso (1546-1600) estava na época com 35 anos.
25. *Que esperássemos o mensageiro*, enviado ao dono para cuidar do contrato (cf. n. 16).
26. O dono *voltou a pedir*.
27. Ou seja: que não se importasse nada com a minha reputação ou bom nome. – *Que dissesse a seu companheiro*: o cônego Salinas (cf. n. 12-13).

sido dito nada, de ver mudança tão depressa, creio que o imaginou, e assim não me apertou mais nisso.

23. Todos depois vimos bem o grande erro que fazíamos em comprar a outra, porque agora nos espantamos de ver as grandes vantagens que faz, deixado o principal, que se vê bem que nosso Senhor e sua gloriosa Mãe são servidos ali e que são tiradas fartas ocasiões. Porque eram muitas as vigílias de noite, aonde, como não era senão apenas ermida, podiam fazer muitas coisas que pesava ao demônio que fossem tiradas, e nós nos alegramos de poder servir em algo a nossa Mãe e Senhora Padroeira. E era bastante mal feito não o ter feito antes, porque não tínhamos de mirar mais. Vê-se claro que o demônio punha em muita cegueira, porque há ali muitas comodidades que não se acham em outra parte e grandíssimo contento de todo o povo, que o desejavam, e até os que queriam que fôssemos à outra, lhes parecia depois muito bem.

24. Bendito seja o que me deu luz nisto, para sempre jamais; e assim ma dá em se alguma coisa acerto para fazer bem, que cada dia me espanta mais o pouco talento que tenho em tudo. E não se entenda que isto é humildade, senão que cada dia o vou vendo mais: que parece quer nosso Senhor conheça eu e todos que só é Sua Majestade o que faz estas obras, e que, como deu vista ao cego com lodo, quer que a coisa tão cega como eu faça coisa que não o seja. Por certo, nesta havia coisas – como tenho dito[28] – de bastante cegueira, e cada vez que me lembro, quereria louvar nosso Senhor de novo por isso; senão que ainda para isto não sou, nem sei como me sofre. Bendita seja a sua misericórdia, amém.

25. Pois logo se apressaram estes santos amigos da Virgem a chegar a um acordo sobre as casas e, a meu parecer, as deram baratas. Trabalharam bastante, que em cada uma quer Deus haja o que merecer nestas fundações os que nos ajudam, e eu sou a que não faço nada, como outras vezes tenho dito, e nunca o quisera deixar de dizer, porque é verdade. Pois o que eles trabalharam em acomodar a casa e dando também dinheiro para isso, porque eu não tinha mais, foi mui muito, junto com fiá-la; porque em outras partes, primeiro que acho fiador, não de quantia tão alta, me vejo aflita; e têm razão, porque se não confiassem em nosso Senhor, eu não tenho bran-

---

28. No n. 23, e n. 14-15.

ca. Mas Sua Majestade sempre me fez tanta mercê, que nunca por fazê-la a mim perderam nada, nem se deixou de pagar muito bem, que a tenho por grandíssima.

26. Como os da casa não se contentaram com os dois para fiadores, foram buscar o Provisor, que tinha nome de Prudêncio, e ainda não sei se me lembro bem; assim me dizem agora, que, como o chamávamos provisor, não sabia.[29] É de tanta caridade conosco, que era muito o que lhe devíamos e lhe devemos. Perguntou-lhes aonde iam; disse-lhes que o buscavam para que assinasse aquela fiança. Ele riu. Disse: "pois para fiança de tanto dinheiro me dizeis dessa maneira?" E logo, da mula, a assinou, que para os tempos de agora é de ponderar.[30]

27. Eu não queria deixar de dizer muitos louvores da caridade que achei em Palência, em particular e geral. É verdade que me parecia coisa da primitiva igreja, pelo menos não muito usada agora no mundo, ver que não levávamos renda e que nos haviam de dar de comer, e não só não defendê-lo,[31] senão dizer que Deus lhes fazia mercê grandíssima. E se se mirasse com luz, diziam a verdade; porque, ainda que não seja senão ter outra igreja onde está o Santíssimo Sacramento mais, é muito.[32]

28. Seja para sempre bendito, amém! Que bem se vai entendendo que foi servido de que esteja ali e que devia fazer algumas coisas de impertinências que agora não se fazem; porque, como muita gente velava ali e a ermida estava só, nem todos iam por devoção. Isso vai se remediando. A imagem de nossa senhora estava posta muito indecentemente. O próprio bispo Dom Álvaro de Mendoza fez capela para ela, e pouco a pouco vão sendo feitas coisas em honra e glória desta gloriosa Virgem e seu Filho. Seja para sempre louvado, amém, amém!

29. Pois acabado de adereçar a casa para o tempo de as monjas passarem para lá, quis o bispo que fosse com grande solenidade. E assim foi num dia da oitava do Santíssimo Sacramento,[33] que ele mesmo veio de

---

29. *O Provisor* do Bispo era D. Prudêncio Armentia (cf. n. 11).
30. *É de ponderar* foi acrescentado pela Autora entre linhas.
31. *Defendê-lo*: impedi-lo.
32. Em boa ordem: *ainda que não seja senão ter mais outra igreja aonde esteja o SS. Sacramento, é muito.*
33. No dia 26 de maio de 1581.

Valladolid, e juntou-se ao cabido com as ordens, e quase todo o lugar. Muita música. Fomos, desde a casa aonde estávamos todas, em procissão, com nossas capas brancas e véus diante do rosto, a uma paróquia que ficava perto da casa de nossa Senhora, que a mesma imagem veio também para nós, e dali tomamos o Santíssimo Sacramento e foi posto na igreja com muita solenidade e concerto. Fez farta devoção. Iam mais monjas, que tinham vindo ali para a fundação de Sória, e com velas nas mãos. E creio que foi o Senhor bastante louvado aquele dia naquele lugar. Praza a Ele para sempre o seja de todas as criaturas, amém, amém.

30. Estando em Palência, foi Deus servido que se fizesse o apartamento[34] dos descalços e calçados, fazendo província para si, que era tudo o que desejávamos para nossa paz e sossego. Foi trazido, por petição de nosso católico rei Dom Filipe, de Roma, um Breve muito copioso para isto,[35] e Sua Majestade nos favoreceu muito neste fim, como tinha começado. Fez-se capítulo em Alcalá[36] por mão de um reverendo padre, chamado frei Juan de las Cuevas, que era então prior de Talavera. É da Ordem de São Domingos, que veio assinalado de Roma, nomeado por Sua Majestade, pessoa muito santa e cordata, como era mister para coisa semelhante. Ali o Rei bancou os custos e por seu mandato toda a universidade os favoreceu. Realizou-se no colégio de descalços que há ali nosso, de São Cirilo, com muita paz e concórdia. Elegeram para provincial o padre mestre frei Jerónimo Gracián de la Madre de Dios.

31. Porque isto escreverão estes Padres em outra parte como se passou, não havia porque tratar eu disso. Eu o tenho dito porque estando nesta fundação, acabou nosso Senhor coisa tão importante para a honra e glória de sua gloriosa Mãe, pois é de sua ordem, como Senhora e Patrona que é nossa; E a mim me deu grandes gozos e contentos que podia receber nesta vida, que fazia mais de 25 anos que os trabalhos e perseguições e aflições que tinha passado, seria longo contar e só nosso Senhor o pode entender. E vê-lo já acabado, se não é quem sabe os trabalhos que se padeceram, não pode entender o gozo que veio ao meu coração e o desejo que

---

34. *Apartamento*: separação.
35. O Breve "Pia consideratione", de Gregório XIII, de 22 de junho de 1580.
36. A partir de 03/03/1581. No dia 4, Gracián foi eleito provincial, e São João da Cruz, definidor.

tinha que todo o mundo louvasse nosso Senhor e lhe oferecêssemos[37] este nosso santo rei dom Filipe, por cujo meio Deus o tinha trazido a tão bom fim. Que o demônio tinha usado tal artimanha, que já ia tudo para o chão, se não fosse por ele.

32. Agora estamos todos em paz, calçados e descalços. Ninguém nos estorva em servir a nosso Senhor. Por isso, irmãos e irmãs minhas, pois tão bem tem ouvido suas orações, tenhamos pressa em servir a Sua Majestade. Mirem os presentes, que são testemunhas de vista, as mercês que nos tem feito e dos trabalhos e desassossegos que nos livrou; e os que estão por vir, pois acham tudo plano, não deixem cair nenhuma coisa de perfeição, por amor de nosso Senhor. Não se diga para eles o que se diz de algumas ordens, que louvam seus princípios. Agora começamos e procurem ir começando sempre de bem em melhor. Mirem que por muitas pequenas coisas vai o demônio fazendo furos por onde entrem as muito grandes. Não lhes aconteça dizer: "Nisto não vai nada, que são extremos". Ó filhas minhas, que em tudo vai muito, como não será ir adiante!

33. Por amor de nosso Senhor lhes peço que se lembrem quão depressa se acaba tudo e a mercê que nosso Senhor nos fez de trazer-nos a esta ordem, e a grande pena que terá quem começar alguma relaxação. Senão que ponham sempre os olhos na casta de onde viemos, daqueles santos Profetas. Quantos santos temos no céu que trouxeram este hábito! Tomemos uma santa presunção, com o favor de Deus, de ser nós como eles. Pouco durará a batalha, irmãs minhas, e o fim é eterno. Deixemos estas coisas que em si não são, se não é as que nos aproxima deste fim que não tem fim, para mais amá-lo e servi-lo, pois há de viver para sempre jamais, amém, amém.

A Deus sejam dadas graças.

---

37. *Oferecêssemos*: encomendássemos.

JHS
[Capítulo 30]

Começa a fundação do mosteiro da Santíssima Trindade na cidade de Sória. Fundou-se no ano de 1581. A primeira missa foi dita no dia de nosso pai Santo Eliseu.[1]

1. Estando eu em Palência, na fundação que fica dita dali, me trouxeram uma carta do bispo de Osma, chamado Doutor Velázquez, a quem, sendo o cônego e catedrático na igreja maior de Toledo e andando eu ainda com alguns temores, procurei tratar, porque sabia que era muito grande letrado e servo de Deus;[2] e assim o importunei muito tomasse conta de minha alma e me confessasse. Sendo muito ocupado, como lhe pedi por amor de nosso Senhor e viu a minha necessidade, o fez de tão bom grado, que eu me espantei, e me confessou e tratou todo o tempo em que estive em Toledo, que foi bastante. Eu tratei com ele com toda lhaneza de minha alma, como tenho por costume. Fez-me tão grandíssimo proveito, que desde então comecei a andar sem tantos temores.[3] É verdade que houve outra ocasião, que não é para aqui. Mas, com efeito, me fez grande proveito, porque me assegurava com coisas da Sagrada Escritura, que é o que mais a mim me faz ao caso, quando tenho a certeza de que sabe bem disso, que a tinha dele, junto com sua boa vida.

2. Esta carta me escrevia desde Sória, aonde estava no presente. Dizia-me como uma senhora que ali confessava tinha tratado com ele de uma fundação de mosteiro de monjas nossas que lhe parecia bem; que ele tinha dito que conseguiria de mim que fosse lá fundá-la; que não o deixasse em falta, e que, como me parecesse outra coisa que convinha, o fizesse saber, que ele me mandaria buscar. Eu me folguei bastante, porque, além de ser boa a fundação, tinha desejo de comunicar com ele algumas coisas de mi-

---

1. Também este capítulo começa com o anagrama *JHS* e sem numeração. – Dia de Santo Eliseu: 14 de junho de 1581.
2. Cf. c. 28, n. 10. Dirigiu espiritualmente a Santa em Toledo, em 1576-1577.
3. *Comecei andar*, elide a Santa.

nha alma, e de vê-lo; que, do grande proveito que fez a ela, tinha cobrado por ele muito amor.

3. Chama-se esta senhora fundadora Dona Beatriz de Beamonte y Navarra, porque vem dos reis de Navarra, filha de Dom Francês de Beamonte, de clara linhagem e muito principal. Foi casada alguns anos e não teve filhos e ficou-lhe muita fazenda e havia muito que tinha para si fazer um mosteiro de monjas.[4] Como o tratasse com o bispo e ele lhe deu notícia desta ordem de nossa Senhora de descalças, quadrou-lhe tanto, que deu grande pressa para que se levasse a efeito.

4. É uma pessoa de branda condição, generosa, penitente; enfim, muito serva de Deus. Tinha em Sória uma casa boa, forte, em posto bastante bom; e disse que nos daria aquela com tudo o que fosse mister para fundar, e esta deu com quinhentos ducados de juros a 25 o milhar. O bispo se ofereceu a dar uma igreja bastante boa, toda de abóbada, que era de uma paróquia que ficava perto,[5] que com um passadiço nos pôde aproveitar. E pôde fazê-lo bem, porque era pobre, e ali há muitas igrejas, e assim a passou para outra parte. De tudo isto me deu relação em sua carta. Eu tratei disso com o padre Provincial, que foi então ali;[6] e ele e todos os amigos foram da opinião que escrevesse de próprio punho que viessem buscar-me; porque já estava a fundação de Palência acabada, e eu me alegrei bastante com isso, pelo dito.

5. Eu comecei a trazer as monjas que havia de levar para lá comigo, que foram sete, porque aquela senhora antes quisera mais que menos, e uma freira, e minha companheira e eu.[7] Veio buscar-nos pessoa bem a

---

4. Dona Beatriz de Beamonte contribuiu também esplendidamente para a fundação do Carmelo de Pamplona, 1583, onde se fez carmelita no mesmo ano com o nome de Beatriz de Cristo, e morreu em 1600.

5. Era a paróquia de nossa Senhora das Vilas, que por vontade da Fundadora mudou de nome, passando a ser da Santíssima Trindade.

6. Gracián, que se achava em Palência.

7. As *sete* foram: Catarina de Cristo (eleita Priora no dia seguinte da fundação: 15 de junho), Beatriz de Jesus, Maria de Cristo, Juana Batista, Maria de Jesus, Maria de São José e Catarina do Espírito Santo. A freira [monja que não é do coro] chamava-se Maria Batista. A *companheira* era a enfermeira da Santa, Ana de São Bartolomeu. Os acompanhantes do grupo foram o P. Nicolás Doria e o Irmão Eliseo de la Madre de Dios; da parte de Dom Álvaro, o racioneiro da catedral, Pedro de Ribera (de quem falará depois, n. 12-13); da parte do Bispo de Osma, um de seus capelães de nome Chacón e um aguazil

propósito, em diligência, porque eu lhe disse que havia de levar dois padres comigo, descalços; e assim levei o padre Nicolás de Jesus Maria, homem de muita perfeição e discrição, natural de Gênova. Tomou o hábito já com mais de quarenta anos,[8] a meu parecer (pelo menos os tem agora e há poucos anos o tomou), mas tem aproveitado tanto em pouco tempo, que bem parece que nosso Senhor o escolheu para que nestes tão trabalhosos de perseguições ajudasse a ordem, que tem feito muito; porque os demais que podiam ajudar, uns estavam desterrados, outros encarcerados. Dele, como não tinha ofício, que fazia pouco – como digo – que estava na Ordem, não faziam tanto caso, ou o fez Deus para que me ficasse tal ajuda.

6. É tão discreto, que ficava em Madri no mosteiro dos calçados, como se tratasse de outros negócios, com tanta dissimulação, que nunca entenderam que tratava destes, e assim o deixavam estar. Escrevíamo-nos amiúde, que estava eu no mosteiro de São José de Ávila, e tratávamos o que convinha, que isto lhe dava consolo. Aqui se verá a necessidade em que estava a ordem, pois de mim se fazia tanto caso, por falta, como dizem, de homens bons.[9] Em todos estes tempos experimentei a sua perfeição e discrição; e assim é dos que eu amo muito no Senhor e tenho em muito, desta ordem.[10] Pois ele e um companheiro leigo foram conosco.

7. Teve pouco trabalho neste caminho; porque o que o Bispo enviou nos levava com bastante regalo e ajudou a poder dar boas pousadas, pois ao entrar no bispado de Osma queriam tanto ao Bispo, que, ao dizer que era coisa sua, no-las davam boas. O tempo era bom. As jornadas não eram grandes. Assim pouco trabalho se passou neste caminho, senão contento; porque ao ouvir eu os bens que diziam da santidade do Bispo, me dava grandíssimo. Chegamos ao Burgo na quarta-feira antes do dia oitavo do

---

para segurança da viagem; por fim, da parte de Dona Beatriz, seu capelão Francisco de Cetina.
    8. Pequeno erro: tinha pouco mais de 38 anos. Nascido em Gênova em 1539, tornou-se carmelita em Sevilha (1577), professando no ano seguinte, e morreu quando era Vigário-Geral da Reforma em 1594.
    9. Alude ao refrão: "a falta de hombres buenos, a mi marido hicieron alcaide".
    10. Em ordem: *é um dos Padres desta Ordem que amo muito no Senhor e tenho em muito.*

Santíssimo Sacramento.[11] Comungamos ali na quinta-feira, que era a oitava. No outro dia, como chegamos e comemos ali, porque não se podia chegar a Sória no outro dia, naquela noite tivemos numa igreja, que não houve outra pousada, e não nos fez mal. No outro dia ouvimos ali missa e chegamos a Sória pelas cinco da tarde. Estava o santo Bispo a uma janela de sua casa, que passamos por ali, de onde nos lançou a sua bênção, que não me consolou pouco, porque de prelado e santo, é tido em muito.[12]

8. Estava aquela senhora, nossa fundadora esperando-nos à porta de sua casa, que era aonde se havia de fundar o mosteiro. Não vimos a hora de entrar nela, porque era muita a gente. Isto não era coisa nova, que em cada parte que vamos, como o mundo é tão amigo de novidades, há tanto, que não levando véus diante do rosto, seria trabalho grande; com isto se pode sofrer. Tinha aquela Senhora adereçada uma sala muito grande e muito bem, aonde se havia de dizer a missa, porque se havia de fazer passadiço[13] para a que o Bispo nos dava, e logo no outro dia, que era de nosso Pai Santo Eliseu, se disse.[14]

9. Tudo aquilo de que tínhamos mister aquela senhora tinha feito muito cabalmente, e deixou-nos naquele quarto, aonde ficamos recolhidas, até que se fez o passadiço, que durou até a Transfiguração.[15] Naquele dia se disse a primeira missa na igreja com bastante solenidade e gente. Pregou um Padre da Companhia,[16] pois o Bispo já tinha ido para o Burgo, porque não perde dia nem hora sem trabalhar, ainda que não estivesse bom, pois lhe tinha faltado a vista de um olho; que esta pena teve ali, que me fazia grande lástima que vista que tanto aproveitava no serviço de nosso Senhor se perdesse. São juízos seus. Devia ser para dar mais a ganhar a seu servo, porque ele não deixava de trabalhar como antes, e para provar a confor-

---

11. Dia 26 de maio, grande festa da fundação de Palência (c. 29, n. 29); no dia 29 partia de Palência para Sória; tendo chegado a Burgo de Osma no dia 31; no dia 1 de junho de novo em marcha, "tivemos a noite numa igreja", e no dia 2, às cinco da tarde, chegava a Sória. – Toda esta passagem está um pouco obscura.
12. Não só "lançou sua bênção" a eles, mas imitando o gesto do arcebispo de Sevilha, pouco depois fez com que a Madre desse a bênção a ele.
13. Para comunicar a casa com a igreja. A própria Santa dirigiu as obras.
14. Missa celebrada em 14 de junho de 1581.
15. 6 de agosto.
16. Francisco de la Carrera.

midade que tinha com sua vontade. Dizia-me que não lhe dava mais pena que seu vizinho o tivesse, que algumas vezes pensava que não lhe parecia que lhe pesaria se perdesse a vista do outro; porque ficaria numa ermida servindo a Deus, sem mais obrigação. Seu chamamento foi sempre este antes que fosse bispo, e mo dizia algumas vezes, e esteve quase determinado a deixar tudo e ir-se.

10. Eu não o podia levar, por parecer-me que seria de grande proveito na Igreja de Deus, e assim desejava o que agora tem, ainda que no dia que lhe deram o bispado, como me mandasse dizer logo, me deu um alvoroço muito grande, parecendo-me que o via com uma grandíssima carga e não me podia valer nem sossegar, e fui ao coro encomendá-lo a nosso Senhor. Sua Majestade me sossegou logo, pois me disse que seria muito em serviço seu, e vai parecendo bem. Com o mal do olho que tem e outros alguns bem penosos, e o trabalho que é ordinário, jejua quatro dias na semana, e outras penitências. Seu comer é de bem pouco regalo. Quando anda a visitar, é a pé, que seus criados não o podem levar, e se queixavam a mim. Estes hão de ser virtuosos, ou não ficar em sua casa. Confia pouco que negócios graves passem por provisores, e até penso todos, senão que passe por sua mão. Teve dois anos ali, no princípio, as mais bravas perseguições de testemunhos, que eu me espantava; porque em caso de fazer justiça, é inteiro e reto. Estas já iam cessando; ainda que tenham ido à corte e aonde pensavam que lhe podiam fazer mal. Mas como já se vai entendendo o bem em todo o bispado, têm pouca força, e ele tem levado tudo com tanta perfeição, que os tem confundido, fazendo bem aos que sabia que lhe faziam mal. Por muito que tenha que fazer, não deixa de procurar tempo para ter oração.

11. Parece que me vou embebendo em dizer bem deste santo, e tenho dito pouco. Mas para que se entenda quem é o princípio da fundação da Santíssima Trindade de Sória e se consolem as que houver de haver nele, não se perdeu nada, que as de agora bem entendido não têm. Ainda que ele não tenha dado a renda, deu a igreja, e foi – como digo – quem pôs esta senhora nisso, a quem, como tenho dito,[17] não lhe falta muita cristandade e virtude e penitência.[18]

---

17. No n. 2.
18. Segue, no autógrafo, um *y* e um amplo espaço em branco, como para acrescentar algo.

12. Pois tendo acabado de passarmos para a igreja e de adereçar o que era mister para a clausura, havia necessidade que eu fosse ao mosteiro de São José de Ávila, e assim parti logo com farto grande calor.[19] E o caminho que havia era muito mau para carro. Foi comigo um racioneiro de Palência, chamado Ribera,[20] que foi em extremo o que me ajudou no labor do passadiço e em tudo, porque o padre Nicolás de Jesus Maria se foi logo depois de feitas as escrituras da fundação, que era muito mister em outra parte. Este Ribera tinha certo negócio em Sória quando fomos, e foi conosco. Dali Deus lhe deu tanta vontade de fazer-nos bem, que pode ser encomendado a Sua Majestade com os benfeitores da ordem.

13. Eu não quis que viesse outro com minha companheira[21] e comigo, porque é tão cuidadoso que me bastava, e quanto menos ruído, melhor me acho pelos caminhos. Neste paguei o bem que tinha ido na ida. Porque, ainda que quem fosse conosco soubesse o caminho até Segóvia, não o caminho de carro. E assim nos levava este moço por lugares que chegávamos a apear muitas vezes, e levavam o carro quase no ar por despenhadeiros grandes. Se tomávamos guias, levavam-nos até aonde sabiam que havia bom caminho, e um pouco antes que viesse o mau, deixavam-nos, pois diziam que tinham o que fazer. Primeiro que chegássemos a uma pousada, como não havia certeza, tínhamos passado muito sol e aventura de virar o carro muitas vezes. Eu tinha pena pelo que ia conosco, porque já que nos tinham dito que íamos bem, era preciso tornar a desandar o andado. Mas ele tinha a virtude tão de raiz, que nunca me parece tê-lo visto aborrecido, o que me fez espantar muito e louvar nosso Senhor; que aonde há virtude de raiz, as ocasiões fazem pouco. Eu o louvo de como foi servido de nos tirar daquele caminho.

14. Chegamos a São José de Segóvia na véspera de São Bartolomeu,[22] aonde estavam nossas monjas penadas pelo que tardava, que, como o caminho era tal, foi muito. Ali nos regalaram, pois nunca Deus me dá trabalho que não o pague logo, e descansei oito e mais dias. Mas esta fundação foi tão sem nenhum trabalho, que deste não há que fazer caso, porque não

---

19. No dia 16 de agosto.
20. Pedro de Ribera (cf. n. 5, nota).
21. Ana de São Bartolomeu.
22. Dia 23 de agosto.

é nada. Vim contente por parecer-me terra aonde espero na misericórdia de Deus que há de ser servido de estar ali, como já se vai vendo. Seja para sempre bendito e louvado por todos os séculos dos séculos, amém. *Deo gracias*.[23]

---

23. N.T.: A expressão, latina, é: *Deo gratias*.

[Capítulo 31][1]

Começa-se a tratar neste capítulo da fundação do glorioso São José de Santa Ana na cidade de Burgos. Foi dita a primeira missa aos 8 dias do mês de abril, oitava da Páscoa da Ressurreição, ano de 1582.

1. Fazia mais de seis anos que algumas pessoas de muita religião da Companhia de Jesus, antigas e de letras e espírito, me diziam que nosso Senhor seria muito servido se houvesse uma casa desta sagrada Religião em Burgos, dando-me algumas razões para isso que me moviam a desejá-lo. Com os muitos trabalhos da Ordem e outras fundações, não tinha tido lugar para procurá-lo.

2. No ano de 1580, estando eu em Valladolid, passou por ali o Arcebispo de Burgos,[2] que tinham lhe dado então o bispado, que o era antes de Canária e vinha então. Supliquei ao bispo de Palência, dom Álvaro de Mendoza (de quem já mencionei o muito que favorece esta ordem, porque foi o primeiro que admitiu o mosteiro de São José de Ávila, sendo ali bispo, e sempre depois nos tem feito muita mercê e toma as coisas desta ordem como próprias, em especial as que eu lhe suplico), e muito de bom grado disse que a pediria;[3] porque como lhe parece se serve nosso Senhor nestas casas, gosta muito quando se funda alguma.

3. O Arcebispo não quis entrar em Valladolid, senão pousou no mosteiro de São Jerônimo, aonde o bispo de Palência lhe fez muita festa, e foi comer com ele e dar-lhe um cinto ou não sei que cerimônia, que o havia de fazer Bispo.[4] Ali lhe pediu a licença para que eu fundasse o mosteiro.

---

1. Sem numeração no original.
2. Dom Cristóbal Vela, avilês, filho de Blasco Núñez de Vela, Vice-Rei do Peru, sob cujas ordens lutaram contra Pizarro os irmãos da Santa (batalha de Iñaquito, 1546, em que morreu o Vice-Rei e o irmão de Teresa, Antônio de Ahumada). Francisco Núñez Vela, irmão do Vice-Rei, foi padrinho da Santa. – Dom Cristóbal foi bispo de Canárias desde 1575, e de Burgos desde 1580 até 1599, ano de sua morte.
3. Por culpa do longo parênteses, a frase fica incompleta: *Supliquei a D. Álvaro que lhe pedisse licença*, e *disse que a pediria muito de bom grado*.
4. A imposição do pálio.

Ele disse que a daria de muito bom grado; porque até quisera em Canária e desejara procurar ter um mosteiro destes, porque ele conhecia o que se servia neles nosso Senhor, porque era de onde havia um deles e a mim me conhecia muito. Assim me disse o bispo que não deixasse de fazer por causa da licença, que ele se tinha folgado muito com isso; e como o Concílio não trata que se dê por escrito senão que seja com sua vontade isto, podia-se ter por dada.[5]

4. Na fundação passada de Palência deixo dito a grande contradição que tinha de fundar por este tempo, por ter estado com uma grande enfermidade, que pensaram que não viveria, e ainda não estava convalescida;[6] ainda que isto não costume me cair tanto no que vejo que é serviço de Deus, e assim não entendo a causa de tanto fastio, como eu então tinha. Porque se é por pouca possibilidade, menos tinha tido em outras fundações. A mim parece-me era o demônio, depois que tenho visto o que tem sucedido, e assim tem sido ordinário que cada vez que há de haver trabalho em alguma fundação, como nosso Senhor me conhece tão miserável, sempre me ajuda com palavras e com obras. Tenho pensado algumas vezes como em algumas fundações em que não ocorreram, Sua Majestade não me adverte de nada. Assim tem sido nisto; que, como sabia o que havia de ocorrer, desde logo me começou a dar alento. Seja por tudo louvado. Assim foi aqui, como deixo já dito na fundação de Palência, que juntamente se tratava,[7] que com uma maneira de repreensão me disse que de que tinha medo, que quando me tinha faltado. *Sou o mesmo; não deixes de fazer estas duas fundações.* Porque fica dito na passada o ânimo com que me deixaram estas palavras, não há para que tornar a dizê-lo aqui, porque logo me foi tirada toda a preguiça. Por onde parece que não era a causa a enfermidade nem a velhice. Assim comecei a tratar de um e do outro, como fica dito.

5. Pareceu que era melhor fazer primeiro o de Palência, como estava mais perto e por ser o tempo tão rijo e Burgos tão frio, e para dar contento

---

5. Alude ao Concílio de Trento, sessão 25, capítulo 3: "De reformatione regularium".

6. Cf. c. 29, n. 1. Alude à enfermidade contraída em Toledo com recaída em Valladolid. – Na frase seguinte, *cair* em sentido de *decair* ou *fazer decair*.

7. Cf. c. 29, n. 6. O sentido da frase é: *que juntamente* (ao mesmo tempo) *tratava* das duas fundações.

ao bom bispo de Palência. E assim se fez como fica dito. E como estando ali se ofereceu a fundação de Sória, pareceu, pois ali estava tudo feito, que era melhor ir primeiro e desde ali a Sória.

Pareceu ao bispo de Palência, e eu o supliquei a ele, que era bom dar conta ao Arcebispo do que se passava, e enviou dali, depois de eu ter ido a Sória, um cônego ao Arcebispo, não a outra coisa, chamado Juan Alonso. E escreveu a mim o que desejava minha ida com muito amor e tratou com o cônego, e escreveu a Sua Senhoria, remetendo-se a ele, e que o que fazia era porque conhecia Burgos, que era mister entrar com o seu consentimento.

6. Enfim, a resolução que eu fosse lá e se tratasse primeiro com a cidade, e que se não dessem licença, que não podiam impedir que ele ma desse, e que ele se achara no primeiro mosteiro de Ávila, que se lembrava do grande alvoroço e contradição que houvera; e que assim queria prevenir cá, que não convinha fazer-se mosteiro se não fosse de renda ou com consentimento da cidade, que não ficava bem para mim, que isto dizia.

7. O bispo teve-o por fato, e com razão, em dizer que eu fosse lá, e mandou dizer a mim que fosse. Mas a mim me pareceu entender alguma falta de ânimo no Arcebispo, e escrevi-lhe agradecendo a mercê que me fazia; mas que me parecia ser pior não o querendo a cidade, que isso sem dizer a ele,[8] e pôr Sua Senhoria em mais contenda (parece que adivinhei o pouco que teria nele se houvesse alguma contradição), que eu a procuraria; e ainda o tive por difícil pelas opiniões contrárias que costuma haver em coisas semelhantes; e escrevi ao bispo de Palência, suplicando-lhe que, pois já tinha tão pouco de verão e minhas enfermidades eram tantas para estar em terra tão fria, que se ficasse por enquanto. Não pus dúvida em coisa do Arcebispo, porque ele já estava desabrido de que punha inconvenientes, tendo-lhe mostrado tanta vontade, e para não pôr alguma discórdia, que são amigos; e assim fui de Sória a Ávila, bem descuidada por enquanto de vir tão depressa, e foi bastante necessária a minha ida àquela[9] casa de São José de Ávila para algumas coisas.

---

8. Em espanhol: *que ello sin decírselo*: leitura duvidosa. Talvez quisesse escrever: *que el hacerlo sin decírselo* [que fazer isso sem dizer a ele].

9. *Ida aquela*, escreveu por elisão. – A ida a São José de Ávila teve a finalidade de remediar pequenos abusos. Quando Maria de Cristo renunciou ao seu priorado, a Santa foi eleita priora de São José.

8. Havia nesta cidade de Burgos uma santa viúva, chamada Catarina de Tolosa, natural de Vizcaya, que dizendo as suas virtudes poderia alongar-me muito, assim de penitência como de oração, de grandes esmolas e caridade, de muito bom entendimento e valor. Tinha metido duas filhas monjas no mosteiro de nossa ordem da Conceição, que está em Valladolid, creio fazia quatro anos, e em Palência meteu outras duas, que esteve aguardando que fosse fundado, e antes que eu me fosse daquela fundação as levou.[10]

9. Todas as quatro saíram como sendo criadas por tal mãe, pois não parecem senão anjos. Dava-lhes bons dotes e todas as coisas muito perfeitas, porque ela era muito generosa. Tudo o que faz, muito cabal, e pode fazê-lo, porque é rica. Quando foi a Palência, tínhamos por tão certa a licença do Arcebispo, que não parecia haver em que reparar. E assim roguei a ela que buscasse para mim uma casa alugada para tomar a posse e fizesse umas redes[11] e tornos e o pusesse na minha conta, não passando por meu pensamento que ela gastasse nada, senão que mo emprestasse. Ela o desejava tanto, que sentiu de grande maneira que se ficasse por enquanto. E assim, depois de minha ida a Ávila – como tenho dito[12] – bem descuidada de tratar disso por enquanto, ela não ficou descuidada, senão parecendo-lhe que não estava em mais que ter licença da cidade, sem dizer-me nada, começou a procurá-la.

10. Tinha ela duas vizinhas, pessoas principais e muito servas de Deus, que o desejavam muito, mãe e filha. A mãe se chamava dona Maria Manrique. Tinha um filho regedor, chamado dom Alonso de Santo Domingo Manrique.[13] A filha se chamava dona Catarina. Ambas o trataram com ele para que o pedisse na municipalidade, o qual falou a Catarina de

---

10. Dona Catarina era viúva de Sebastián Muncharaz. As suas duas filhas do Carmelo de Valladolid eram Catarina da Assunção e Cassilda de Santo Ângelo. As duas de Palência eram Maria de São José e Isabel da Santíssima Trindade. No Carmelo de Burgos entrou a mais nova, Helena de Jesus. Mais tarde (1587) Dona Catarina tomou o hábito no Carmelo de Palência, onde morreu (1608). Foram carmelitas também seus dois filhos: João Crisóstomo e Sebastião de Jesus.

11. *Redes* grades; *torno*: roda.

12. No n. 7.

13. A petição está datada de 07/11/1581. Já no dia 4 do mesmo mês, dom Álvaro, na qualidade de Procurador-Mor, tinha intervindo a favor da causa (*Libro de actas del Ayuntamiento de Burgos*, folhas 288-289).

Tolosa dizendo que qual fundamento diria que tínhamos, porque não a dariam sem algum. Ela disse que se obrigaria, e assim o fez, de dar-nos casa se nos faltasse, e de comer; e com isto deu uma petição firmada com o seu nome. Dom Alonso teve tanta astúcia que a conseguiu de todos os regedores e do Arcebispo, e levou-lhe a licença por escrito. Logo depois de começado a tratar, ela me escreveu que o andava negociando. Eu o tive[14] por coisa de burla, porque sei quão mal admitem mosteiros pobres, e como não sabia nem me passava pelo pensamento que ela se obrigava ao que fez, pareceu-me que era muito mais mister.

11. Contudo, estando um dia da oitava de São Martinho[15] encomendando-o a nosso Senhor, pensei que, se pudesse fazer que ela fosse dada. Porque ir eu a Burgos com tantas enfermidades, pois os frios lhe são muito contrários, sendo tão frio, pareceu-me que não se sofria, que era temeridade andar caminho tão longo, tendo quase acabado de vir de tão áspero – como tenho dito[16] – na vinda de Sória, nem o padre Provincial me deixaria. Considerava que iria bem a Priora de Palência,[17] que estando tudo aplanado, não havia já o que fazer.

Estando pensando isto e muito determinada a não ir, disse-me o Senhor estas palavras, por onde vi que já estava dada a licença: *Não faças caso desses frios, que Eu sou o verdadeiro calor. O demônio põe todas as suas forças para impedir aquela fundação. Põe-nas tu de minha parte para que se faça, e não deixes de ir em pessoa, que se fará grande proveito.*[18]

12. Com isto tornei a mudar de parecer, ainda que o natural em coisas de trabalho algumas vezes repugne, mas não a determinação de padecer

---

14. Por erro de escrita, a Santa escreveu *yo lo tuvo*, e pouco mais adiante *pobre* em lugar de *pobres*. Todo o capítulo está salpicado de semelhantes "lapsus calami", que delatam fraqueza ou cansaço da infatigável escritora. Assim: *palabra*, por *palabras* (n. 11), *flaza* por *flaqueza* (n. 12), *po* em lugar de *poca* (n. 12), *ga* por *gana* (n. 48), *crocifijofijo* (n. 18), *tray* por *traya* (n. 18), *mar* por *mal* (n. 20), *engardado* por *encargados* (n. 31), *tuve* por *tuvo* (n. 31) etc. E numerosos deslizes de outro gênero: *pasilios* por *basilios* (n. 13), *vavorecía* por *favorecía* (n. 13), *enverma* por *enferma* (n. 16), *profincial* por *provincial* (n. 22), *pendito* por *bendito* (n. 39), *provesar* por *profesar* (n. 39).

15. Meados de novembro.
16. No c. 30, n. 13-14. O Provincial era Gracián.
17. Inês de Jesus.
18. As palavras do Senhor estão enquadradas com vários traços de pluma que dão destaque a elas no autógrafo.

por este grande Deus. E assim digo que não faça caso destes sentimentos de minha fraqueza para mandar-me o que for servido, que, com seu favor, não o deixarei de fazer.

Fazia então neves e frios. O que me acovarda mais é a pouca saúde, que, tendo-a, tudo não me parece que seria nada. Esta me tem fatigado nesta fundação muito ordinariamente. O frio tem sido tão pouco, pelo menos o que eu tenho sentido, que na verdade me parece que sentia tanto quando estava em Toledo. Bem cumpriu o Senhor a sua palavra do que nisto disse.

13. Poucos dias tardaram em trazer-me a licença com cartas de Catarina de Tolosa e sua amiga dona Catarina,[19] dando grande pressa, porque temiam que houvesse algum desmando, porque na ocasião tinham vindo ali fundar a Ordem dos vitorinos,[20] e a dos calçados do Carmo fazia muito que estavam ali procurando fundar; depois vieram os basílios; o que era farto impedimento, e coisa para considerar ter-nos juntado tantos num tempo, e também para louvar nosso Senhor a grande caridade deste lugar, que lhes deu licença a cidade muito de bom grado, não estando com a prosperidade que costumavam. Eu sempre tinha ouvido louvar a caridade desta cidade, mas não pensei chegasse a tanto. Uns favoreciam a uns, outros a outros. Mas o Arcebispo mirava por todos os inconvenientes que podia haver e o defendia,[21] parecendo-lhe que era fazer agravo às ordens de pobreza, que não poderiam manter-se; e talvez acudissem a ela os mesmos, ou o demônio o inventava para tirar o grande bem que Deus faz aonde traz muitos mosteiros, porque poderoso é para manter os muitos como os poucos.

14. Pois, com esta ocasião, era tanta a pressa que me davam estas santas mulheres, que, a meu querer, logo partiria, se não tivesse negócios que fazer. Porque olhava eu quão mais obrigada estava a que não se perdesse conjuntura por mim, do que as que via pôr tanta diligência.

---

19. *Y su amiga doña Catalina Manrique* (cf. n. 10). Carta e licença foram recebidas pela Santa em Ávila no dia 20 de novembro.

20. *Vitorinos*: Mínimos de São Francisco de Paula.

21. *Defendia*: impedia.

As fundações

Nas palavras que tinha ouvido, davam a entender muita contradição. Eu não podia saber de quem nem por onde; porque já Catarina de Tolosa me tinha escrito que tinha certa a casa em que vivia para tomar a posse; a cidade concordava; o Arcebispo também. Não podia entender de quem havia de ser esta contradição que os demônios haviam de pôr; porque não duvidava de que eram de Deus as palavras que tinha ouvido.

15. Enfim, Sua Majestade dá aos prelados mais luz; que como escrevi ao padre Provincial que fosse pelo que tinha entendido, não me estorvou; mas perguntou se tinha licença por escrito do Arcebispo.[22] Por isso escrevi a Burgos. Disseram-me que com ele se tinha tratado como se pedia à cidade, e o tinha tido por bem; isto e todas as palavras que tinha dito no caso; parece que não havia o que duvidar.

16. Quis o Padre Provincial[23] ir conosco a esta fundação. Em parte devia ser estar então desocupado, pois já tinha pregado o advento e tinha de ir visitar Sória, que depois que se fundou não a tinha visto e era pouco rodeio; e em parte para mirar por minha saúde nos caminhos, por ser o tempo tão rijo e eu tão velha e enferma, e parece-lhes que minha vida lhes importa algo. E foi, certamente, ordenação de Deus, porque os caminhos estavam tais, que eram as águas muitas, que foi bem necessário ir ele e seus companheiros para mirar por onde se ia, e ajudar a tirar os carros dos atoleiros. Em especial desde Palência a Burgos, que foi bastante atrevimento sair dali quando saímos. É verdade que nosso Senhor me disse que bem podíamos ir, que não temesse, que Ele estaria conosco; ainda que eu não dissesse isto ao padre Provincial então, mas consolava-me nos grandes trabalhos e perigos em que nos vimos, em especial um passo que há perto de Burgos, que chamam pontões, e a água tinha sido tanta, e eram muitos os momentos que passava tanto por cima destes pontões, que nem apareciam nem se via por onde ir, senão tudo água, e de um lado e do outro está muito fundo. Enfim, é grande temeridade passar por ali, em especial com carros, que, a transtornar um pouco, vai tudo perdido, e assim um deles se viu em perigo.[24]

---

22. Já no ano anterior o P. Gracián tinha estendido a licença de fundação em Alcalá a 9 de abril de 1581.
23. P. Jerônimo Gracián.
24. O carro que correu perigo era exatamente o da Santa.

17. Tomamos um guia numa venda que fica antes, que conhecia aquele passo; mas, certamente, ele é bem perigoso. Pois as pousadas, como não se podiam andar jornadas por causa dos maus caminhos, que era muito ordinário atolarem-se os carros na lama, tinham de passar uns animais ao outro para tirá-los. Grande coisa passaram os padres que iam ali, porque acertamos de levar uns carreteiros moços e de pouco cuidado. Ir com o padre Provincial aliviava muito, porque aguentava tudo, e tinha uma condição tão pacífica, que não parece que tem trabalho com nada; e assim, o que era muito facilitava que parecia pouco, ainda que não os pontões, que não se deixou de temer bastante. Porque ver-se entrar num mundo de água, sem caminho nem barco, por mais que nosso Senhor me tivesse dado forças, ainda assim não deixei de ter medo: o que fariam minhas companheiras? Íamos oito: duas que hão de voltar comigo, e cinco que hão de ficar em Burgos: quatro de coro e uma freira.[25] Creio que ainda não disse como se chama o padre Provincial.[26] É frei Jerônimo Gracián de la Madre de Dios, de quem já outras vezes fiz menção. Eu ia com um mal de garganta bem apertado que me deu caminho[27] ao chegar a Valladolid, e sem que a calentura me deixasse. Comer, era a dor bastante grande. Isto me fez não gozar tanto do gosto dos sucessos deste caminho. Este mal durou-me até agora, que é no final de junho, ainda que não tão apertado, com muito, mas bastante penoso. Todas vinham contentes, porque tendo passado o perigo, era recreação falar nele. É grande coisa padecer por obediência, para quem tão ordinariamente a têm como estas monjas.

18. Com este mau caminho chegamos a Burgos por farta água que há antes de entrar nele. Quis nosso padre que fôssemos primeiro ver o santo Crucifixo,[28] para encomendar-lhe o negócio e porque anoitecia, pois era cedo quando chegamos, que era uma sexta-feira, um dia depois da conver-

---

25. Eram Tomasina Bautista (Priora), Inês da Cruz, Catarina de Jesus, Catarina da Assunção (filha de Catarina de Tolosa) e Maria Bautista, de véu branco. As duas que haviam de voltar com a Madre eram Ana de São Bartolomeu e sua sobrinha Teresita, a quitenha. – A Santa escreve estas páginas em Burgos "no final de junho", como dirá em seguida.
26. Já o disse no c. 29, n. 30.
27. *Que me deu* no *caminho*.
28. O Santo Cristo de Burgos, que então era venerado na igreja dos padres agostinianos e agora na Catedral.

são de São Paulo, 26 dias de janeiro. Trazia-se determinado de fundar logo, e eu trazia muitas cartas do cônego Salinas (o que fica dito na fundação de Palência, que não menos lhe custa esta; é daqui, e de pessoas principais) para que seus parentes favorecessem este negócio e para outros amigos, muito encarecidamente.

19. E assim o fizeram, que logo no outro dia vieram todos me ver e em cidade,[29] que eles não estavam arrependidos do que tinham dito, senão que se folgavam que eu tivesse vindo, que visse em que me podiam fazer mercê. Como, se algum medo trazíamos, era da cidade, tivemos tudo por acertado. Mesmo sem ninguém o saber, para não chegar com uma água grandíssima à casa da boa Catarina de Tolosa, pensamos fazer o Arcebispo saber, para dizer a primeira missa logo, como faço em quase todos os outros lugares; mas ficou por isso.

20. Descansamos naquela noite com muito regalo que nos fez esta santa mulher, ainda que me custasse trabalho; porque tinha grande fogo para enxugar a água, e ainda que houvesse chaminé,[30] me fez tanto mal, que no outro dia não podia levantar a cabeça, e deitada falava aos que vinham, por uma janela de grade, na qual pusemos um véu; que por ser dia que por força tinha de negociar, fez-se para mim muito penoso.

21. Logo de manhã o padre Provincial foi pedir a bênção ao Ilustríssimo, pois não pensamos que havia mais que fazer. Achou-o tão alterado e irritado porque eu tinha vindo sem a sua licença, como se ele não me tivesse mandado nem tratado coisa no negócio, e assim falou ao padre Provincial irritadíssimo comigo. Já que concedeu que ele tinha mandado que eu viesse, disse que eu sozinha para negociá-lo; mas vir com tantas monjas... Deus nos livre da pena que lhe deu! Dizer-lhe que negociado já com a cidade, como ele pediu, que não havia que negociar mais senão fundar, e que o bispo de Palência me tinha dito (que eu lhe tinha perguntado se seria bom que viesse)[31] que não havia para que, que ele já dizia o que desejava, aproveitava pouco. Isso se passara assim, e foi querer Deus se fundasse a

---

29. *Em cidade*: em cabido ou em comissão.
30. N.T.: Chaminé no sentido de lareira.
31. *Se seria bom que viesse* "sem fazê-lo saber a Sua Senhoria", acrescentou Gracián na edição príncipe para completar o sentido.

casa, e ele mesmo o disse depois; porque, para fazê-lo saber francamente, teria dito que não viéssemos. Com o que despediu o padre Provincial, é que se não tinha renda e casa própria que de nenhuma maneira daria a licença, que bem podíamos voltar. Pois os caminhos estavam bonitos e o tempo bom!

22. Ó Senhor meu, quão certo é, a quem vos faz algum serviço, pagar logo com um grande trabalho! E que preço tão precioso para os que deveras vos amam, se logo nos fosse dado a entender o seu valor! Mas então não queríamos este lucro, porque parece que impossibilitava tudo. Pois dizia mais: que se havia de ter renda e comprar a casa, que não havia de ser do que as monjas trouxessem. Pois aonde não se trazia pensamento disto nos tempos de agora, bem se dava a entender não havia de haver remédio; ainda que não para mim, que sempre estive certa de que era tudo para melhor e enredos que punha o demônio para que não se fizesse, e que Deus havia de sair com sua obra. Veio com isto o padre Provincial muito alegre, que então não se perturbou. Deus o proveu, e para que não se irritasse comigo porque não havia tido a licença por escrito, como ele dizia.

23. Tinham estado aí comigo alguns dos amigos que tinha escrito o cônego Salinas – como tenho dito[32] –, e alguns deles vieram logo e seus parentes. Pareceu-lhes se pedisse licença ao Arcebispo para que nos dissessem missa em casa, para não ir pelas ruas. Havia muita lama e descalças parecia inconveniente, e na casa havia uma peça decente, que tinha sido igreja da Companhia de Jesus logo que chegaram a Burgos, aonde estiveram mais de dez anos; e com isto nos parecia que não havia inconveniente de tomar ali a posse até ter casa. Nunca se pôde acabar com[33] ele que nos deixasse ouvir missa nela, ainda que fossem dois cônegos a suplicá-lo. O que se acabou com ele é que, obtida a renda, se fundasse ali até comprar casa; e que para isto déssemos fiadores de que se compraria e que sairíamos dali. Estes achamos logo, que os amigos do cônego Salinas se ofereceram para isso e Catarina de Tolosa a dar renda para que se fundasse.

24. Em quanto e como e de onde devem ter passado mais de três semanas, e nós não ouvindo missa senão nas festas muito de manhã, e eu

---
32. Nos n. 18-19.
33. N.T.: *Acabar com*: conseguir de.

com calentura e bastante mal. Mas Catarina de Tolosa o fez tão bem, pois era tão regalada[34] e com tanta vontade nos deu a todas de comer um mês, como se fosse mãe de cada uma, num quarto em que estávamos apartadas. O padre Provincial e seus companheiros pousavam em casa de um amigo dele, pois tinham sido colegiais juntos, chamado doutor Manso, que era cônego de púlpito,[35] na igreja maior, muito aflito de ver que se detinha tanto ali, e não sabia como nos deixar.

25. Pois concertados fiadores e a renda, disse o Arcebispo que se desse ao Provisor, que logo se despacharia. O demônio não devia deixar de acudir a ele. Depois de muito mirado, que já não pensamos que havia em que se deter e passado quase um mês em acabar com o Arcebispo se contentasse com o que se fazia, envia-me o Provisor uma memória e diz que a licença não será dada até que tenhamos casa própria, que já não queria o Arcebispo fundássemos na que estávamos, porque era úmida, e que havia muito ruído naquela rua; e para a segurança da fazenda não sei que enredos, e outras coisas, como se então se começasse o negócio, e que nisto não havia mais que falar, e que a casa havia de ser a contento do arcebispo.

26. Muita foi a alteração do padre Provincial quando viu isto, e de todas. Porque para comprar sítio para um mosteiro, já se vê o que é preciso de tempo, e ele andava desfeito de ver-nos sair para a missa; que ainda que a igreja[36] não ficasse longe e a ouvíssemos numa capela sem ninguém nos ver, para Sua Reverência e nós era grandíssima pena o que tinha ficado. Já então, creio, esteve em que voltássemos. Eu não o podia aceitar, quando me lembrava que o Senhor me tinha dito que eu o procurasse de sua parte, e tinha-o por tão certo que havia de ser feito, que quase nenhuma coisa me dava pena. Só a tinha do padre Provincial, e me pesava bastante de que tivesse vindo conosco, não sabendo o que seus amigos nos haviam de aproveitar, como depois direi. Estando nesta aflição, e minhas companheiras a tinham muita (mas disto nada se me dava, senão do Provincial), sem estar

---

34. *Tão regalada*: tão amiga de regalar ou acolher.
35. *O Dr. Manso*: era Magistral [cônego encarregado da pregação] da Catedral. Tinha sido colega de Gracián na Universidade de Alcalá. Foi confessor da Madre quando Gracián se ausentou de Burgos e, mais tarde (1594), bispo de Calahorra, onde fundou um convento de monjas (1598) e outro de Padres Carmelitas (1603).
36. Paróquia de São Gil.

em oração, me disse nosso Senhor estas palavras: *Agora, Teresa, sê forte*.[37] Com isto procurei com mais ânimo com o padre Provincial (e Sua Majestade devia tê-lo posto a ele) que se fosse e nos deixasse. Porque era já perto da quaresma e era obrigado a ir pregar.[38]

27. Ele e os amigos deram ordem que nos dessem umas peças do hospital da Conceição, que tinha Santíssimo Sacramento ali e missa cada dia. Com isto lhe deu algum contento. Mas não se passou pouco em dá-lo a nós; porque um aposento bom que havia, uma viúva daqui o tinha alugado e ela não só não no-lo quis emprestar (sendo que só ia morar nele dentro de meio ano), mas pesou-lhe de que nos dessem umas peças na parte mais alta, a telha vã, e uma passava a seu quarto; e não se contentou que tivesse chave pelo lado de fora, senão pregasse pelo lado de dentro. Além disto, os confrades pensaram que havíamos de nos apoderar do hospital, coisa bem inviável, senão que Deus queria merecêssemos mais. Fazem-nos, ao padre Provincial e eu, prometer diante de um escrivão que, ao dizer-nos que saíssemos dali, logo o havíamos de fazer.

28. Isto foi o mais difícil para mim, porque temia a viúva, que era rica e tinha parentes, que, quando lhe desse o antojo, nos havia de fazer ir. Mas o padre Provincial, sendo mais avisado, quis que se fizesse o que queria, para que fôssemos logo. Não nos davam senão duas peças[39] e uma cozinha; mas tinha cargo do hospital um grande servo de Deus, chamado Hernando de Matanza, que nos deu outras duas para locutório e nos fazia muita caridade, e ele a tem com todos, que faz muito pelos pobres.[40] Também no-la fazia Francisco de Cuevas, que tinha muita conta com este hospital, que é correio-mor daqui. Ele tem feito sempre por nós enquanto se tem oferecido.

29. Nomeei os benfeitores destes princípios porque é justo que as monjas de agora e as por vir se lembrem disso em suas orações. Isto se deve mais aos fundadores; e ainda que a primeira intenção minha não tenha

---

37. N.T.: Em espanhol: *Ahora, Teresa, ten fuerte*.
38. Em Valladolid (cf. n. 31).
39. *Uma peça*, tinha escrito, e logo se corrigiu.
40. *Hernando* era regedor da cidade e irmão do alcaide-mor, Jerônimo de Matanza. – *Francisco de Cuevas*, outrora membro da corte de Carlos V, estava casado com a escritora toledana Luísa Sigea de Velasco.

sido que fosse Catarina de Tolosa a fundadora, nem me passou pelo pensamento, mereceu-o a sua boa vida com nosso Senhor, que ordenou as coisas de sorte que não se pode negar que não o seja.[41] Porque, tendo deixado de pagar a casa, pois não tínhamos remédio, não se pode dizer o que todos estes desvios do arcebispo lhe custavam; porque ao pensar se não se havia de fazer, a sua aflição era grandíssima e jamais se cansava de fazer-nos bem.

30. Estava este hospital muito longe de sua casa. Quase cada dia nos via com grande vontade enviando tudo aquilo de que precisávamos, sendo que nunca deixavam de dizer-lhe coisas; que, se não tivesse o ânimo que tem, bastavam para deixar tudo. Ver o que ela passava me dava bastante pena. Porque, ainda que na maioria das vezes o encobrisse, outras não o podia dissimular, em especial quando tocavam na sua consciência, porque ela a tem tão boa, que por grandes ocasiões que algumas pessoas lhe deram, nunca ouvi palavra sua que fosse ofensa a Deus. Diziam-lhe que ia para o inferno, pois como podia fazer o que fazia tendo filhos. Ela fazia tudo com parecer de letrados; porque, ainda que ela quisesse outra coisa, por nenhuma da terra eu consentiria que fizesse coisa que não pudesse, ainda que se deixasse de fazer mil mosteiros, quanto mais um. Mas como o meio que se tratava era segredo, não me espanto se pensasse; mas ela respondia com uma cordura, que a tem muita, e o levava, que bem parecia que Deus a ensinava a ter indústria para contentar uns e sofrer outros, e lhe davam ânimo para levar tudo. Quanto mais o têm para grandes coisas os servos de Deus, do que os de grandes linhagens, se lhes falta isto! Ainda que a ela não falte muita limpeza na sua, que é muito filha de algo.[42]

31. Pois tornando ao que tratava, como o padre Provincial nos manteve aonde ouvíamos missa e com clausura, teve coração para ir a Valladolid, aonde havia de pregar, ainda que com bastante pena de não ver no arcebispo coisa para ter esperança de que havia de dar a licença; ainda que eu sempre a pusesse a ele, não podia crer. E, certamente, havia grandes ocasiões para pensar isso, que não há para que dizê-las. E se ele tinha pouca, os amigos tinham menos e lhe punham pior coração.

---

41. É redundante o último *não*: *Não se pode negar que o seja*.
42. *Limpeza na sua* linhagem: como "ter sangue puro", descender de antepassados nobres, sem nota de infâmia. – *Muito filha de algo*: muito fidalga (cf. c. 20, n. 2).

Eu fiquei mais aliviada ao vê-lo ir, porque – como tenho dito[43] – a maior pena que tinha era a sua. Deixou-nos mandando que se procurasse casa, para que se tivesse própria, o que era bem difícil, porque até então nenhuma fora achada que se pudesse comprar. Ficaram os amigos mais encarregados de nós, em especial os dois do padre Provincial,[44] e concertados todos de não falar palavra ao Arcebispo até que tivéssemos casa. O qual sempre dizia que desejava esta fundação mais que ninguém, e o creio, porque é tão bom cristão que não diria senão verdade. Nas obras não parecia, porque pedia coisas aparentemente impossíveis para o que nós podíamos. Este era o plano que trazia o demônio para que não se fizesse. Mas, ó Senhor, como se vê que sois poderoso! Pois do mesmo que ele buscava para estorvar isso, Vós tirastes como fazer melhor. Sejais para sempre bendito.

32. Ficamos desde a véspera de São Matias, quando entramos no hospital, até a véspera de São José, tratando de umas e de outras casas.[45] Havia tantos inconvenientes que nenhuma das que queriam vender era para ser comprada. Tinham-me falado de uma de um cavalheiro; esta fazia dias que fora posta à venda, e andando tantas ordens buscando casa, foi Deus servido que não lhes parecesse bem, que agora se espantam todos e até estão bem arrependidos alguns. A mim tinham dito dela umas duas pessoas; mas eram tantas as que diziam mal, que já, como coisa que não convinha, estava descuidada dela.

33. Estando um dia com o licenciado Aguiar, que tenho dito era amigo de nosso pai,[46] que andava buscando casa para nós com grande cuidado, dizendo como tinha visto algumas e que não se achava em todo o lugar nem parecia possível achar-se, pelo que me diziam, me lembrei desta que digo que tínhamos já deixado, e pensei: ainda que seja tão má como dizem, socorramo-nos nesta necessidade, depois se pode vender; e disse-o ao licenciado Aguiar, que se queria fazer-me mercê de vê-la.

34. A ele não pareceu mau plano. Ele não tinha visto a casa e, fazendo um dia bem tempestuoso e áspero, quis logo ir lá. Estava um morador

---

43. No n. 26.
44. O Dr. Manso (cf. n. 24) e o licenciado Aguiar (n. 33s).
45. Desde 23/02 até 18/03/1582.
46. D. Antônio Aguiar, médico, colega de Gracián em Alcalá. A Santa ainda não o tinha mencionado (cf. n. 23 e 25).

As Fundações

nela, que tinha pouco desejo de que fosse vendida e não quis mostrá-la; mas a localização e o que pôde ver contentou-o muito, e assim nos determinamos a tratar de comprá-la. O cavalheiro de quem era a casa não estava aqui, mas tinha dado poder para vendê-la a um clérigo servo de Deus, a quem Sua Majestade pôs desejo de vendê-la a nós e tratar com muita lhaneza conosco.[47]

35. Concertou-se que eu fosse vê-la. Contentou-me em tanto extremo, que se pedissem duas vezes mais do que entendia que no-la dariam, considerá-la-ia barata; e não fazia muito, porque dois anos antes o davam ao seu dono e não a quis dar. Logo no outro dia veio ali o clérigo e o licenciado,[48] o qual, ao ver com o que se contentava, quisera se atasse logo. Eu tinha dado parte a uns amigos e tinham-me dito que se o dava que dava quinhentos ducados mais. Disse a ele, e a ele pareceu que era barata, ainda que dessem o que pedia, e a mim o mesmo, que eu não me deteria, visto que me parecia de graça; mas como era dinheiro da ordem, dava-me escrúpulo. Esta reunião foi na véspera do glorioso pai São José, antes da missa. Eu disse a eles que depois da missa nos tornássemos a juntar e se determinaria.

36. O licenciado é de muito bom entendimento, e via claro que se se começasse a divulgar, que nos havia de custar muito mais, ou não comprá-la; e assim pôs muita diligência e tomou a palavra ao clérigo que voltasse ali depois da missa. Nós fomos encomendá-lo a Deus, o qual me disse: *Em dinheiro te deténs?*, dando a entender que estava bem para nós. As irmãs tinham pedido muito a São José para que no seu dia tivessem casa, e não tendo pensamento de que a teria tão depressa, foi cumprido. Todos me importunaram que se concluísse. E assim se fez, que o licenciado se achou com um escrivão à porta,[49] que pareceu ordenação do Senhor, e veio com ele, e me disse que convinha ser concluído, e trouxe testemunha; e fechada a porta da sala, para que não se soubesse[50] (que este era seu medo), foi con-

---
47. D. Manuel Franco era o dono. Os clérigos com poder para vender a casa eram dois: Diego Ruiz de Ayala e Martín Pérez de Rozas.
48. Ou seja, um dos que tinham poder de vendê-la e Aguiar.
49. Juan Ortega de la Torre y Frías.
50. Por lapso omitiu a partícula "se". – A venda *foi concluída* em 16/03/1582. Precedera o "concerto" no dia 12. As monjas se mudaram na véspera de São José, dia 18.

cluída a venda com toda firmeza, véspera – como tenho dito – do glorioso São José, pela boa diligência e entendimento deste bom amigo.

37. Ninguém pensou que fosse dada tão barata, e assim, ao começar a se tornar público, começaram a sair compradores e dizer que o clérigo que acertara a sua venda a tinha queimado, e a dizer que se desfizesse a venda porque era grande o engano. Bastante passou o bom clérigo. Avisaram logo aos senhores da casa, que – como tenho dito[51] – era um cavalheiro principal, e sua mulher o mesmo, e folgaram-se tanto que sua casa se fizesse mosteiro, que por isto o deram por bom, ainda que não pudessem fazer outra coisa. Logo no outro dia foram feitas as escrituras e se pagou o terço da casa, tudo como o clérigo pediu, que em algumas coisas nos agravavam[52] do acertado, e por ele passávamos por tudo.

38. Parece coisa impertinente deter-me tanto em contar a compra desta casa, e verdadeiramente para os que olhavam as coisas por miúdo não lhes parecia menos que milagre, assim no preço tão barato, como em se terem cegado todas as pessoas de religião que a tinham olhado para não a tomar; e como se não tivesse estado em Burgos, espantavam-se os que a viam, e os culpavam e chamavam de desatinados. E um mosteiro de monjas que andava buscando casa, e até dois deles (um fazia pouco que fora feito, o outro vindo de fora daqui, pois a sua casa tinha se queimado) e outra pessoa rica que andava para fazer um mosteiro e fazia pouco que a tinha mirado, e a deixou: todos estão bastante arrependidos.

39. Era o rumor da cidade de maneira que vimos claro a grande razão que tinha tido o bom licenciado de que fosse segredo e da diligência que pôs; que com verdade podemos dizer que, depois de Deus, ele nos deu a casa. Grande coisa faz um bom entendimento para tudo. Como ele o tem tão grande e Deus pôs nele vontade, acabou com ele esta obra. Esteve mais de um mês ajudando e traçando planos para que se acomodasse bem e com pouco custo. Bem parecia que nosso Senhor a tinha guardado para si, que quase tudo parecia achar-se feito. É verdade que logo que a vi, e tudo como se tivesse sido feito para nós, que me parecia coisa de sonho vê-lo

---

51. Nos n. 32 e 34.
52. *Agravavam*: a Santa escreveu *agraviaban* por *agravaban*: oneravam as cláusulas do contrato.

tão depressa feito. Bem nos pagou nosso Senhor o que se tinha passado ao trazer-nos a um deleite, porque de horta e vistas e água não parece outra coisa. Seja para sempre bendito, amém.

40. O arcebispo logo soube disso e folgou-se muito de ter sido acertado tão bem, parecendo-lhe que sua porfia tinha sido a causa, e tinha grande razão. Eu lhe escrevi que me tinha alegrado que tivesse se contentado, eu me apressaria em acomodá-la, para que me fizesse totalmente mercê. Com isto que lhe disse, apressei-me em mudar-me, porque me avisaram que até acabar não sei que escrituras nos queriam manter ali. E assim, ainda que não tivesse saído um morador que estava na casa,[53] que também se passou algo em tirá-lo dali, fomos a um quarto. Logo me disseram que estava muito agastado com isso.[54] Aplaquei-o quanto pude, pois como é bom, ainda que se irrite, passa depressa. Também se agastou ao saber que tínhamos grades e roda, que lhe parecia que o queria fazer absolutamente. Eu escrevi para ele que não queria isso, que em casa de pessoas recolhidas havia isto, que até uma cruz não ousara pôr para que não parecesse isto, e assim era verdade. Com toda a boa vontade que mostrava, não havia remédio de querer dar licença.

41. Veio ver a casa e contentou-o muito e mostrou-nos muita graça, mas não para dar-nos a licença, ainda que desse mais esperança: é que se haviam de fazer não sei que escrituras com Catarina de Tolosa. Bastante medo tinham que não a havia de dar. Mas o doutor Manso, que é o outro amigo que tenho dito do padre Provincial, era muito seu para aguardar os tempos para lembrá-lo e importuná-lo, que lhe custava muita pena ver-nos andar como andávamos; que mesmo nesta casa, tendo ela capela, que não servia senão para dizer missa aos senhores dela, nunca quis que no-la dissessem em casa, senão que saíssemos nos dias de festa e domingos para ouvi-la numa igreja,[55] que foi bastante bom tê-la perto, ainda que depois de nos termos mudado para ela, até que se fundou, passou um mês, pouco mais ou menos. Todos os letrados diziam que havia causa suficiente. O Arcebispo o é bastante, que o via também, e assim não parece que era outra a

---

53. Jerónimo del Pino e sua mulher Magdalena Solórzano.
54. O Arcebispo.
55. Igreja e hospital de São Lucas, a poucos metros das casas compradas pela Madre.

causa, senão querer nosso Senhor que padecêssemos, ainda que eu melhor o levasse. Mas havia monja que, ao ver-se na rua, tremia da pena que tinha.

42. Para fazer as escrituras não se passou pouco, porque ora se contentavam com fiadores, ora queriam o dinheiro, e outras muitas importunidades. Nisto não tinha tanta culpa o arcebispo, senão um provisor que nos fez bastante guerra, que se na época Deus não o levasse dali, que foi a outro lugar, nunca parece teria se acabado.[56] Oh, não se pode dizer o que Catarina de Tolosa passou nisso! Levava tudo com uma paciência que me espantava, e não se cansava de prover-nos. Deu-nos toda a mobília de que tivemos mister para assentar casa, de camas e outras muitas coisas – pois ela tinha casa provida – e de tudo o que tínhamos mister: não parecia que, ainda que faltasse na sua, nos havia de faltar nada. Outras das que têm fundado mosteiros nossos, muita mais fazenda deram; mas que lhes custe de dez partes uma de trabalho, nenhuma. E, não tendo filhos, dera tudo o que pudera. E desejava tanto vê-lo acabado, que lhe parecia tudo pouco o que fazia para este fim.

43. Eu, vendo tanta tardança, escrevi ao bispo de Palência suplicando-lhe tornasse a escrever ao arcebispo, que estava muito desabrido com ele; porque tudo o que fazia conosco, tomava por coisa própria; e o que nos espantava, que nunca pareceu ao arcebispo que fazia agravo em nada. Eu supliquei a ele que tornasse a escrever, dizendo-lhe que, pois tínhamos casa e se fazia o que ele queria, que acabasse. Enviou-me uma carta aberta para ele de tal maneira que, se a déssemos, teríamos deitado tudo a perder; e assim o doutor Manso, com quem eu me confessava e aconselhava, não quis que ela fosse dada; porque ainda que viesse muito comedida, dizia algumas verdades que para a condição do arcebispo bastava para desabri-lo; que ele já o estava de algumas coisas que tinha mandado dizer a ele, e eram muito amigos. E dizia a mim que como pela morte de nosso Senhor se tinham feito amigos os que não eram, que por mim os tinha feito ambos inimigos. Eu lhe disse que aí veria o que eu era. Tinha eu andado com particular cuidado, a meu parecer, para que não se desabrissem.

---

56. Cf. n. 25. Frase obscura (em esp. *que si a la sazón no le llevara Dios un camino, que quedó en otro, nunca parece se acabara*). Parece dizer que se o provisor não tivesse que ter empreendido uma viagem, de sorte que seu cargo fosse ocupado por outro, nunca se teria obtido a licença.

As fundações

44. Tornei a suplicar ao bispo, pelas melhores razões que pude, que escrevesse a ele outra com muita amizade, pondo diante dele o serviço que era de Deus. Ele fez o que lhe pedi, que não foi pouco; mas como visse que era serviço de Deus e fazer mercê, que tanto num ser as tem feito sempre a mim, enfim, se forçou e me escreveu que tudo o que tinha feito pela ordem não era nada em comparação com esta carta. Enfim, ela veio de sorte, junto com a diligência do doutor Manso, que no-la deu, e enviou com ela o bom Hernando de Matanza, que não vinha pouco alegre. Neste dia estavam as irmãs bastante mais fatigadas do que nunca tinham estado, e a boa Catarina de Tolosa de maneira que não a podia consolar; parece quis o Senhor, no tempo em que nos havia de dar o contento, apertar mais; que eu, que não tinha estado desconfiada, o estive na noite antes. Seja para sem fim bendito o seu nome e louvado para sempre jamais, amém.[57]

45. Deu licença ao doutor Manso para que dissesse no outro dia a missa e pusesse o Santíssimo Sacramento. Disse a primeira, e o padre prior de São Paulo[58] (que é dos dominicanos, a quem sempre esta ordem tem devido muito, e aos da Companhia também)..., ele disse missa maior – o padre prior – com muita solenidade de músicos,[59] que vieram sem serem chamados.

Todos os amigos estavam muito contentes, e quase toda a cidade estava contente, pois tinham muita lástima de nos ver andar assim; e parecia-lhes tão mau o que o arcebispo fazia, que algumas vezes eu sentia mais o que ouvia dele do que o que eu passava. A alegria da boa Catarina de Tolosa e das irmãs era tão grande, que a mim fazia devoção, e dizia a Deus: "Senhor, o que pretendem estas vossas servas além de servir-vos e verem-se encerradas por Vós aonde nunca hão de sair?"

46. Se não é por quem passa, não se crerá o contento que se recebe nestas fundações quando nos vemos já com clausura, aonde não pode entrar pessoa secular; que, por muito que as queiramos, não basta para deixar de ter este grande consolo de ver-nos a sós. Parece-me que é como quando numa rede se tiram muitos peixes do rio, que não podem viver se não os tornam à água; assim são as almas acostumadas a estar nas correntes das

---

57. A licença do Arcebispo está datada de 18 de abril de 1582. Está conservada no *Libro de elecciones y profesiones* do Carmelo de Burgos.
58. Foi no dia 19 de abril. O Prior dos dominicanos era frei Juan de Arcediano.
59. *Músicos* (em esp. *ministriles*): eram músicos de sopro e corda que tocavam nas igrejas.

águas de seu Esposo, que tiradas dali ao ver as redes das coisas do mundo, verdadeiramente não se vive até tornar-se a ver ali. Isto vejo em todas estas irmãs sempre. Isto entendo de experiência. As monjas que virem em si desejo de sair fora entre seculares ou de tratar muito com eles, temam que não toparam com a água viva que o Senhor disse à Samaritana,[60] e que o Esposo se escondeu delas, e com razão, pois elas não se contentam em ficar com Ele. Tenho medo que isso nasça de duas coisas: ou que elas não tomaram este estado só por Ele, ou que depois de tomado não conhecem a grande mercê que Deus lhes tem feito em escolhê-las para Si e livrá-las de estar sujeitas a um homem, que muitas vezes lhes acaba a vida, e praza a Deus não seja também a alma.

47. Ó verdadeiro Homem e Deus, Esposo meu! Em pouco se deve ter esta mercê? Louvemo-lo, irmãs minhas, porque no-la tem feito e não nos cansemos de louvar tão grande Rei e Senhor, que nos tem aparelhado um reino que não tem fim por uns trabalhinhos envoltos em mil contentos, que se acabarão amanhã. Seja para sempre bendito, amém, amém.

48. Uns dias depois que se fundou a casa, pareceu ao padre Provincial[61] e a mim que na renda que Catarina de Tolosa tinha mandado a esta casa havia certos inconvenientes em que pudesse haver algum pleito, e a ela vir algum desassossego, e quisemos mais confiar em Deus do que ficar com ocasião de dar-lhe pena em alguma coisa. E por isto e outras algumas razões, demos por nenhumas, diante de escrivão, todas com licença do padre Provincial, a fazenda que nos tinha dado, e lhe devolvemos todas as escrituras. Fez-se isto com muito segredo, para que o arcebispo não o soubesse, que o teria por agravo,[62] ainda que o seja para esta casa. Porque quando se sabe que é de pobreza, não há que temer, que todos ajudam; mas tendo-a por de renda, parece ser perigo, e que se há de ficar sem ter o que comer por um momento. Pois para depois dos dias de Catarina de Tolosa fez um remédio, que duas filhas suas, que naquele ano haviam de professar em nosso mosteiro de Palência,[63] que tinham renunciado nela quando pro-

---

60. João 4,7-15.
61. O P. Gracián tinha regressado de Valladolid.
62. Jogo de palavras com o duplo sentido do termo *agravo* no léxico da Santa: o Arcebispo o teria por *agravo*, e para a casa era *gravame*.
63. Maria de São José e Isabel de Jesus, que professaram em 22 de abril de 1582, e *que tinham renunciado nela*, quer dizer, que tinham feito renúncia de seus bens a favor

fessaram, as fez dar por nenhum aquilo e renunciar nesta casa. E outra filha que tinha, que quis tomar hábito aqui,[64] a deixa sua legítima de seu pai e dela, que é tanto como a renda que dava, senão que é o inconveniente que não o gozam logo. Mas eu sempre tenho mantido que não lhes há de faltar, porque o Senhor, que faz em outros mosteiros que são de esmola que seja dada a elas, despertará que o façam aqui ou dará meios com que se mantenham. Ainda que, como não foi feito nenhum desta maneira, algumas vezes lhe suplicava, pois tinha querido que se fizesse, desse ordem como se remediasse e tivessem o necessário, e não me dava gana de ir daqui até ver se entrava alguma monja.

49. E estando pensando nisto uma vez depois de comungar, me disse o Senhor: *Em que duvidas? Que isto já está acabado; podes bem ir;* dando-me a entender que não lhes faltaria o necessário; porque foi de maneira que, como se deixasse a elas boa renda, nunca mais me deu cuidado. E logo tratei de minha partida, porque me parecia que já não fazia nada aqui além de folgar-me nesta casa, que é muito a meu propósito, e em outras partes, ainda que com mais trabalho, podia aproveitar mais.

O arcebispo e bispo de Palência ficaram muito amigos; porque logo o arcebispo nos mostrou muita graça e deu o hábito à filha de Catarina de Tolosa[65] e a outra monja que entrou logo depois aqui,[66] e até agora algumas pessoas não nos deixam de regalar, nem deixará nosso Senhor suas esposas padecerem, se elas o servirem como estão obrigadas. Para isto lhes dê Sua Majestade graça por sua grande misericórdia e bondade.

---

de dona Catarina.

64. Helena de Jesus, que por causa da idade não professou até 5 de junho de 1586, e que em 1607 seria eleita pela primeira vez priora da comunidade, sendo a eleição presidida por seu irmão, o padre Sebastião, na ocasião Provincial de Castela.

65. Helena de Jesus (cf. n. 48) tomou o hábito no dia 20 de abril, dia seguinte da inauguração. Dom Cristóbal não só presidiu a cerimônia, mas também pregou... "e em público, no dito sermão e com muitas lágrimas, culpou-se de não ter dado licença antes a esta santa... e pedindo perdão pelo que tinha feito padecer a Santa Madre Teresa de Jesus e suas monjas" (depoimento de Teresita de Jesus – Cepeda – nos processos de Ávila de 1610: B.M.C., t. II, p. 328).

66. Beatriz de Arceo y Cuevasrubias (Beatriz de Jesus), viúva de Hernando de Venero e irmã de um dos regedores da cidade. Obteve a licença do P. Gracián no dia 6 de maio e tomou o hábito no dia 24 do mesmo mês.

JHS

1. Tem parecido a mim pôr aqui como as monjas de São José de Ávila, que foi o primeiro mosteiro que se fundou – cuja fundação está em outra parte escrita[1] e não neste livro –, sendo fundado para a obediência do Ordinário, passou para a da Ordem.

2. Quando ele foi fundado, era bispo dom Álvaro de Mendoza, que o é agora de Palência, e tudo o que esteve em Ávila foram em extremo favorecidas as monjas. E quando lhe foi dada a obediência, entendi eu de nosso Senhor que convinha que fosse dada a ele, e ficou bem claro depois; porque, em todas as diferenças da ordem tivemos grande favor nele e outras muitas coisas que se ofereceram aonde se viu claro, e nunca ele consentiu que fossem visitadas por clérigo nem fazia naquele mosteiro mais do que eu lhe suplicava. Desta maneira passaram-se dezessete anos, pouco mais ou menos,[2] que não me lembro, nem eu pretendia que se mudasse a obediência.

3. Passados estes, deu-se o bispado de Palência ao bispo de Ávila.[3] Neste tempo eu estava no mosteiro de Toledo, e disse-me nosso Senhor que convinha que as monjas de São José dessem a obediência à ordem, que o procurasse, porque, não fazendo isto, depressa veria o relaxamento daquela casa.[4] Eu, como entendera que era bom dá-la ao Ordinário, parecia que se contradizia. Eu não sabia o que fazer.[5] Disse-o a meu confessor, que era o que é agora bispo de Osma,[6] muito grande letrado. Disse-me que isso não vinha ao caso, que para então devia ser preciso aquilo, e para agora

---

1. Em *Vida*, capítulos 32-36.
2. Na realidade, apenas 15: 1562-1577.
3. Ele foi nomeado Bispo de Palência em 28 de junho de 1577. Antes da metade de julho, a Santa já tinha saído de Toledo para Ávila. No dia 20 do mesmo mês, duas "primitivas" de São José, residentes no Carmelo de Valladolid (Maria Bautista e Maria da Cruz), davam seu voto favorável para a mudança de jurisdição. No dia 27 de julho fazia o mesmo a "fundadora oficial", Dona Guiomar, e em 2 de agosto Dom Álvaro legalizava a passagem de jurisdição.
4. *En relajamiento*, escreveu a Santa.
5. Cf. *Vida*, c. 33, n. 16.
6. Alonso Velázquez (cf. c. 28, n. 10 e nota 16).

isto outro, e viu-se bem claro ser assim verdade em mui muitas coisas, e que ele via que estaria melhor aquele mosteiro junto com estes outros, não sozinho.

4. Fez-me ir a Ávila para tratar disso. Achei o bispo de parecer bem diferente, que de maneira alguma estava nisso. Mas como lhe disse algumas razões do dano que podia vir a elas, e ele as queria mui muito e foi pensando nelas, e como tem muito bom entendimento e Deus que ajudou, pensou outras razões mais pesadas do que eu lhe tinha dito e resolveu-se a fazê-lo. Ainda que alguns clérigos lhe fossem dizer que não convinha, não aproveitou.

5. Eram necessários os votos das monjas. Para algumas era muito grave. Mas como me queriam bem, aceitaram as razões que lhes dizia, em especial ver que, faltando o bispo, a quem a ordem devia tanto e eu queria, que não me haviam de ter mais consigo.[7] Isto lhes fez muita força, e assim se concluiu coisa tão importante, que todas e todos viram claro quão perdida ficava a casa em fazer o contrário.

Bendito seja o Senhor, que com tanto cuidado mira o que toca às suas servas! Seja para sempre bendito, amém.

---

7. Pela razão já indicada (cf. c. 31, n. 10), a Santa continua incorrendo em numerosos "lapsus calami": *llegáronse las razones*; *a qui la Orden*; e no n. anterior: *a tratar de ello*.

AS RELAÇÕES

Introdução

A série de escritos reunidos sob a epígrafe de "Relações e Mercês" não constitui um livro com unidade interna, mas um florilégio de peças heterogêneas: relatos autobiográficos de vivências interiores, consultas espirituais marcadas de segredo, apontamentos soltos a modo de instantâneos para uso estritamente pessoal, formulação e motivações do voto de obediência ao diretor espiritual, avisos proféticos aos frades carmelitas descalços...

Na série se destacam as seis primeiras peças, que na edição crítica do P. Silvério levam o título de *Relações*. As 61 restantes, de formato menor e redação menos cuidada, foram intituladas pelo mesmo autor como *Mercês*.

Conteúdo. – Os 67 fragmentos têm uma fibra comum: o dado místico, às vezes matizado em sentido autobiográfico, outras vezes concentrado num intenso esforço para descrever e ordenar as experiências próprias. Há relatos interessados unicamente em destacar a origem mística de um fato interior. Algumas mercês, brevíssimas, tentam apenas fixar sobre o papel a "palavra" de Deus que constituiu o núcleo da experiência. Às vezes ao dado místico, simplíssimo, se acrescenta uma sóbria referência de reflexão pessoal. Neste sentido a *Relação 5*, com um percurso dos graus de oração, constitui uma exceção: escrita em data pouco anterior às *Moradas*, é um roteiro esquemático, que servirá de armação para a escala dos graus do *Castelo interior*.

Datação. – A composição deste florilégio místico se estende por um período de 21 anos, que cobrem quase todo o período literário da Santa: a primeira relação data de 1560; a sexta, última que escreveu, de 1581. Apesar de ignorar a data exata de grande parte das experiências místicas relatadas, e a data redacional de várias mercês, podemos ordená-las cronologicamente em quatro grupos:

1. Anos da fundação de São José de Ávila, 1560-1563, em que escreve as três primeiras *Relações*, aparentadas com o livro da *Vida*, e dirigidas aos primeiros confessores dominicanos, Pedro Ibáñez e Garcia de Toledo.

2. Anos de ingresso nas moradas sétimas; supremas graças místicas; em grande parte sob a direção espiritual de São João da Cruz: 1569-1573. Mercês 7-36. (A série da Encarnação começa com a mercê 25.)
3. Anos de crises e conflitos: acusações à Inquisição (em Sevilha, ela e sua comunidade; em Madri, o livro de sua *Vida*); a Santa passa para a direção espiritual do padre Gracián: 1575-1577. Destacam-se três grupos: voto de obediência a Gracián, mercês 39-40; duas relações destinadas ao P. Rodrigo Alvarez, motivadas – pelo menos a primeira delas – pela intervenção da Inquisição de Sevilha: Relações quarta e quinta; mercês referentes à pessoa de Gracián e novas graças místicas: 42-46.
4. Anos finais: 1579-1581. Duas peças de primeira qualidade: quatro avisos a "estes padres descalços", que contêm a mensagem definitiva da Santa aos responsáveis por sua Reforma (mercê 67); e última apresentação de sua alma ao diretor Alonso Velásquez, 1581: *Relação* 6.

Apesar da insegurança de certas datações, essa ordem cronológica permite seguir o crescendo da vida interior da Autora, desde a experiência de sua própria alma iluminada pela graça até a imersão no mistério trinitário.

O texto. – Infelizmente nos restam poucos autógrafos destes 67 escritos teresianos. Nem sequer possuímos uma edição crítica medianamente atendível do conjunto. No entanto, feita a exclusão de uma mercê – a 38 –, o leitor pode ter a segurança de possuir textos substancialmente genuínos.

Os principais originais autógrafos que chegaram até nós são os seguintes:

- Relação 4: ao P. Rodrigo, conservada em autógrafo duplo: um completo nos carmelitas de Caprarola (Itália), e outro incompleto na igreja do Oratório (padres filipenses) de San Miguel de Allende, México.
- Relação 6: dois fragmentos do texto enviado ao Dr. Velásquez, conservados nas carmelitas de Santa Ana de Madri.
- Mercê 7: cifra de sua morte, conservada nas carmelitas descalças de Medina del Campo.

- Mercê 8: Fragmento conservado nos carmelitas descalços de Lucena (Córdoba).
- Mercê 15: dois fragmentos que referem o êxtase de Salamanca, conservados nas carmelitas descalças de Locarno (Suíça).
- Mercê 39: esboço do voto de obediência a Gracián: carmelitas descalços de Puebla (México).
- Mercê 40: duplo original do voto de obediência a Gracián; conserva-se um exemplar nas carmelitas descalças de Consuegra (Espanha) e o outro nas carmelitas descalças de Chichester (Inglaterra).
- Mercê 67: avisos a estes padres descalços, originais no códice das *Fundações* (Biblioteca de El Escorial), fólio 100v.

Para as peças restantes, por falta de originais, possuímos fontes de qualidade: a) o códice das carmelitas descalças de Ávila; b) códice das carmelitas descalças de Toledo; c) cópia de Teresita, sobrinha da Santa, nas carmelitas descalças de Salamanca; d) cópia do padre Francisco de Ribera, na Biblioteca da Real Academia de la Historia (11/05/132); e) cópia de D. de Yepes, conservada nas Carmelitas de Santa Ana de Tarazona; f) fragmentos seletos publicados por frei Luís de León na edição príncipe das obras da Santa (Salamanca 1588), t. 1, p. 545-560; g) fragmentos seletos incluídos por Francisco de Ribera em sua biografia da Madre Teresa (Salamanca 1591); h) várias transcrições das mercês alusivas ao padre Gracián.

Em nota ao pé de cada Relação ou Mercê indicamos a fonte da qual tomamos o texto. Na escolha seguimos os seguintes critérios: preferência absoluta pelos textos originais da santa; nas mercês referentes a Gracián (não autógrafas), seguimos a cópia notarial de Juan Vázquez del Mármol (Padres Carmelitas Descalços de Ávila); damos a preferência ao texto editado por Ribera, quando o mesmo assegura que o toma do original teresiano. Nos casos restantes seguimos o texto do códice de Ávila, cotejado com o de Toledo e a cópia de Ribera.

JHS

1¹

1. A maneira de proceder na oração que agora tenho é a presente; poucas vezes são as que estando em oração posso ter discurso de entendimento, porque logo começa a recolher-se a alma e estar em quietude e arroubamento, de tal maneira que nenhuma coisa posso usar dos sentidos, tanto que, se não é ouvir – e isso não para entender –, outra coisa não aproveita.

2. Acontece-me muitas vezes (sem querer pensar em coisas de Deus, senão tratando de outras coisas, e parecendo-me que, ainda que muito procurasse ter oração, não o poderia fazer por estar com grande secura, ajudando para isto as dores corporais) dar-me tão depressa este recolhimento e levantamento de espírito, que não posso valer-me, e num ponto, deixar-se com os efeitos e aproveitamentos que depois traz. E isto sem ter tido visão, nem entendido coisa, nem sabendo aonde estou, senão que, parecendo-me que a alma se perde, a vejo com lucros, que ainda que num ano quisesse eu ganhá-los, me parece não teria sido possível segundo fico com lucros.

3. Outras vezes me dão uns ímpetos muito grandes, com um desfazimento por Deus que não me posso valer. Parece que me vai acabar a vida e assim me faz gritar e chamar por Deus, e isto com grande furor me

---

1. Data provável, 1560, em Ávila, sendo ainda monja na Encarnação. O destinatário é o P. Pedro Ibáñez, dominicano. Esta *Relação* e as duas seguintes, escritas no triênio 1560-63, embora em diferentes datas, foram reunidas pela Santa numa espécie de pequeno tratado único, não muito diferente da primeira redação do *Livro da Vida*. Destinada a primeira delas ao P. Ibáñez, ele mesmo a transcreveu literalmente para enviá-la a outros teólogos e confessores da Autora (cf. *Rel.* 3, n. 13), remetendo-a depois a esta, que se limitou a acrescentar uma anotação marginal (n. 13) e logo escrever a segunda e terceira *Relação*. No final desta acrescentou, a modo de epílogo, uma nota conclusiva, cujo teor dá a entender que foi escrita depois de morto o P. Ibáñez, portanto, por volta do último terço do ano de 1565. Era o tempo em que a Santa revisava e redigia novamente o *Livro da Vida*. – O texto destas três relações foi tomado do P. Ribera (*Vida de la Santa*, edição príncipe, Salamanca, 1590, p. 493-511).

dá. Algumas vezes não posso estar sentada segundo me dão as vascas, e esta pena me vem sem procurá-la, e é tal, que a alma nunca quereria sair dela enquanto vivesse, e são as ânsias que tenho por não viver e parecer que se vive, sem se poder remediar, pois o remédio para ver a Deus é a morte, e esta não posso tomar. E com isto parece à minha alma que todos estão consoladíssimos menos ela, e que todos acham remédio para seus trabalhos menos ela. É tanto o que isto aperta que, se o Senhor não o remediasse com algum arroubamento, aonde tudo se aplaca e a alma fica com grande quietude e satisfeita – algumas vezes vendo algo do que deseja, outras entendendo outras coisas –, sem nada disto era impossível sair daquela pena.

4. Outras vezes me vêm uns desejos de servir a Deus com uns ímpetos tão grandes, que não o sei encarecer, e com uma pena de ver de quão pouco proveito sou. Parece-me então que nenhum trabalho nem coisa seria posto diante de mim, nem morte nem martírio, que não os passasse com facilidade. Isto é também sem consideração, senão em um ponto, que me revolve toda, e não sei [de] aonde me vem tanto esforço. Parece-me que quereria gritar e dar a entender a todos o que lhes importa em não se contentar com coisas poucas e quanto bem há que nos dará Deus quando nós nos dispomos. Digo que são estes desejos de maneira que me desfaço dentro de mim; que quero o que não posso. Parece-me que este corpo me tem atada, por não ser para servir a Deus em nada, e o estado; porque se não o tivesse, faria coisas muito assinaladas no que minhas forças podem; assim, de ver-me sem nenhum poder para servir a Deus, sinto de maneira esta pena, que não o posso encarecer. Acabo com regalo e recolhimento e consolos de Deus.

5. Outras vezes me tem acontecido, quando me dão estas ânsias para servi-lo, querer fazer penitências; mas não posso. Isto me aliviaria muito e alivia e alegra, ainda que não sejam quase nada, por fraqueza de meu corpo; ainda que se eu ficasse com estes desejos, creio que faria demais.

6. Algumas vezes me dá grande pena ter de tratar com alguém, e me aflige tanto, que me faz chorar bastante, porque toda a minha ânsia é por estar sozinha, e ainda que algumas vezes não reze nem leia, a solidão me consola; e a conversação, especialmente de parentes me parece pesada e estou como que vendida, salvo com os que trato de coisas de oração e de alma, que com estes me consolo e alegro, ainda que algumas vezes fique

farta deles e quisera não vê-los, senão ir aonde estivesse sozinha, ainda que isto poucas vezes; especialmente com os que trato minha consciência, sempre me consolam.

7. Outras vezes me dão grande pena ter de comer e dormir, e ver que eu, mais do que ninguém, não o posso deixar; faço-o para servir a Deus, e assim o ofereço a ele. Todo o tempo me parece breve e que me falta para rezar, porque de estar só nunca me cansaria. Sempre tenho desejo de ter tempo para ler, porque a isto tenho sido muito afeiçoada. Leio muito pouco, porque ao tomar o livro me recolho contentando-me, e assim se vai a lição em oração, e é pouco, porque tenho muitas ocupações e, ainda que boas, não me dão o contento que me daria isto e assim ando sempre desejando tempo, e isto faz ser para mim totalmente desabrido, segundo creio, ver que não se faz o que quero e desejo.

8. Todos estes desejos e mais de virtude nosso Senhor me tem dado depois que me deu esta oração quieta com estes arroubamentos, e acho-me tão melhorada, que me parece era antes uma perdição. Deixam-me estes arroubamentos e visões com os lucros que aqui direi, e digo que se algum bem tenho, daqui me tem vindo.

9. Tem-me vindo uma determinação muito grande de não ofender a Deus nem venialmente, que antes morreria mil mortes que tal fizesse, entendendo que o faço. Determinação de que nenhuma coisa que eu pensasse ser mais perfeição e que faria mais serviço a nosso Senhor, dizendo-o quem de mim tem cuidado e me dirige, que não fizesse, sentisse qualquer coisa, que por nenhum tesouro o deixaria de fazer. E se fizesse o contrário, me parece que não teria cara para pedir nada a Deus nosso Senhor, nem para ter oração, ainda que em tudo isto faça muitas faltas e imperfeições.

Obediência a quem me confessa, ainda que com imperfeição; mas entendendo eu que quer uma coisa ou me manda, segundo entendo, não a deixaria de fazer, e se a deixasse pensaria andar muito enganada.

Desejo de pobreza, ainda que com imperfeição; mas parece-me que ainda que tivesse muitos tesouros, não teria renda particular, nem dinheiro para mim só, nem se me dá nada; só quereria ter o necessário. Contudo, sinto que tenho bastante falta nesta virtude; porque ainda que para mim não o deseje, o quereria ter para dar, ainda que não deseje renda nem coisa para mim.

10. Quase com todas as visões que tenho tido tenho ficado com aproveitamento, se não é engano do demônio. Nisto remeto-me aos meus confessores.

11. Quando vejo alguma coisa formosa, rica, como água, campos, flores, odores, músicas etc., parece-me não o quereria ver nem ouvir; tanta é a diferença disso ao que eu costumo ver; e assim me é tirado o desejo delas. E daqui me tem vindo eu dar tão pouca importância por estas coisas, que a não ser o primeiro movimento, outra coisa não me ficou disso, e isto me parece lixo.

12. Se falo ou trato com algumas pessoas profanas porque não pode deixar de ser, e ainda que seja de coisas de oração, se trato muito, ainda que seja por passatempo se não é necessária, estou me forçando, porque me dá grande pena. Coisas de regozijo, de que costumava ser amiga, e de coisas do mundo, tudo me aborrece e não o posso ver.

13. Estes desejos de amar e servir a Deus e vê-lo, que tenho dito que tenho, não são ajudados com consideração, como tinha antes quando me parecia que estava muito devota e com muitas lágrimas; mas com uma inflamação e fervor tão excessivo, que torno a dizer que se Deus não me remediasse com algum arroubo, aonde me parece que fica a alma satisfeita, me parece que seria para acabar depressa a vida.

14. Amo muito aos que vejo mais aproveitados e com estas determinações, e desapegados e animosos, e com tais quereria eu tratar, e parece que me ajudam. As pessoas que vejo tímidas, que a mim parece que vão atentando nas coisas que conforme a razão cá se podem fazer, parece que me angustiam e me fazem clamar a Deus e aos santos que estas tais coisas, que agora nos espantam, acometeram; não porque eu seja inútil, mas porque me parece que Deus ajuda os que por Ele se põem em muito, e que nunca falta a quem só nele confia, e quereria achar quem me ajudasse a crer assim, e não ter cuidado com o que hei de comer e vestir, senão deixá-lo para Deus. *Não se entende que este deixar a Deus aquilo de que tenho mister é de maneira que não o procure, mas não com cuidado que me dê cuidado,*

digo.² E depois que me deu esta liberdade, vou bem com isto e procuro esquecer-me de mim quanto posso. Não me parece que fará um ano que nosso Senhor me deu isto.

15. Vangloria, glória a Deus, que eu entenda, não há por que a ter; porque vejo claro nestas coisas que Deus dá, não pôr nada de mim, antes Deus me dá sentir minhas misérias, que por quanto eu pudesse pensar, não poderia ver tantas verdades como num instante conheço.

16. Quando falo destas coisas, de poucos dias para cá, parece-me que são de outra pessoa. Antes me parecia algumas vezes que era afronta que as soubessem de mim, mas agora me parece que não sou por isto melhor, mas pior, pois tão pouco me aproveito com tantas mercês. E, certamente, por todas as partes me parece que não tem havido outra pior no mundo do que eu, e assim as virtudes dos outros me parecem de bastante mais merecimento, e que eu não faço senão receber mercês e que aos outros Deus há de dar por junto o que aqui quer dar a mim, e suplico-lhe que não me queira pagar nesta vida, e assim creio que de fraca e ruim Deus me tem levado por este caminho.

17. Estando em oração e até quase sempre que eu possa considerar um pouco, ainda que eu o procurasse, não posso pedir descansos, nem desejá-los de Deus, porque vejo que Ele não viveu senão com trabalhos, e estes suplico que me dê dando-me primeiro graça para sofrê-los.

18. Todas as coisas desta sorte e de muita subida perfeição parece que são impressas em mim na oração, tanto que me espanto de ver tantas verdades e tão claras, que me parecem desatino as coisas do mundo, e assim preciso de cuidado para pensar como me havia antes nas coisas do mundo, que me parece que sentir as mortes e trabalhos dele é desatino, pelo menos que dure muito a dor ou o amor dos parentes, amigos etc.; digo que ando com cuidado considerando a que eu era e o que costumava sentir.

19. Se vejo em algumas pessoas algumas coisas que claramente parecem pecados, não posso determinar-me que aqueles tenham ofendido

---

2. O texto em itálico foi acrescentado pela Santa à cópia feita por seu confessor e usada por Ribera, que anota: "aqui estavam acrescentas com a letra da Madre estas palavras" (p. 498).

a Deus, e se algo me detenho nisso – que é pouco ou nada – nunca me determinava, ainda que visse claro; e parecia-me que o cuidado que trago em servir a Deus, todos trazem. E nisto me tem feito grande mercê, que nunca me detenho em coisa má, que me lembre depois, e se me lembro, sempre vejo outra virtude na tal pessoa; assim que nunca me fatigam estas coisas, se não é o comum, e as heresias, que muitas vezes me afligem, e quase sempre que penso nelas me parece que só este trabalho é de sentir. E também sinto se vejo alguns que tratavam em oração e tornam atrás; isto me dá pena, mas não muita, porque procuro não deter-me.

20. Também me acho melhorada em curiosidades que costumava ter, ainda que não de todo, pois não me vejo estar nisto sempre mortificada, ainda que algumas vezes sim.

21. Isto tudo que disse é o ordinário que passa em minha alma, segundo posso entender, e muito contínuo ter o pensamento em Deus, e ainda que trate de outras coisas, sem eu querer – como digo – não entendo quem me desperta, e isto nem sempre, senão quando trato algumas coisas de importância; e isto, glória a Deus, é às vezes pensar nisso, e não me ocupa sempre.

22. Vem-me alguns dias – ainda que não sejam muitas vezes, e dura três ou quatro ou cinco dias – que me parece que todas as coisas boas e fervores e visões me são tiradas, e até da memória, que ainda que queira não sei que coisa boa tenha havido em mim; tudo me parece sonho, pelo menos não posso me lembrar de nada. Apertam-me os males corporais todos juntos; o meu entendimento fica perturbado, que nenhuma coisa de Deus posso pensar, nem sei em que lei vivo. Se leio, não o entendo; parece-me que estou cheia de faltas, sem nenhum ânimo para a virtude, e o grande ânimo que costumo ter fica nisto, que me parece à menor tentação e murmuração do mundo que não poderia resistir. Então se oferece a mim que não sou para nada, que quem me mete em mais que no comum; tenho tristeza; parece-me que mantenho enganados todos os que têm algum crédito de mim; quereria me esconder aonde ninguém me visse, não desejo então solidão para virtude, senão de pusilanimidade; parece-me, quereria renhir com todos os que me contradissessem. Trago esta bateria, salvo que Deus me faz esta mercê que não o ofendo mais do que costumo nem lhe peço que me tire isto, mas que se é sua vontade que assim esteja sempre,

que me tenha em sua mão para que não o ofenda, e conforme-me com Ele de todo o coração, e creio que não me manter sempre assim é mercê grandíssima que me faz.

23. Uma coisa me espanta, que estando desta maneira, uma só palavra das que costumo ouvir, ou uma visão, ou um pouco de recolhimento, que dure uma Ave-Maria, ou aproximando-me para comungar, fica a alma e o corpo tão quieto, tão são e tão claro o entendimento, com toda a fortaleza e desejos que costumo. E tenho experiência disto, que são muitas vezes, pelo menos quando comungo, faz mais de meio ano que notavelmente sinto clara saúde corporal, e com os arroubos algumas vezes, e dura-me mais de três horas algumas vezes e outras todo o dia estou com grande melhora, e a meu parecer não é antojo, porque o tenho observado e tenho tido conta disso. Assim que, quando tenho este recolhimento, não tenho medo de nenhuma enfermidade. É verdade que quando tenho a oração como costumava antes, não tenho esta melhoria.

24. Todas estas coisas que tenho dito me fazem crer que estas coisas são de Deus; porque como conheço quem eu era, que ia pelo caminho de perder-me, e em pouco tempo com estas coisas, é certo que minha alma se espantava, sem entender por onde me vinham estas virtudes; não me conhecia, e via ser coisa dada e não ganha por trabalho. Entendo com toda verdade e clareza, e sei que não me engano, que não só tem sido meio para trazer-me Deus ao seu serviço, mas para tirar-me do inferno, o qual sabem meus confessores a quem me tenho confessado geralmente.

25. Também quando vejo alguma pessoa que sabe alguma coisa de mim, quereria dar-lhe a entender minha vida; porque me parece ser honra minha que nosso Senhor seja louvado, e nenhuma coisa se me dá pelo demais. Isto Ele sabe bem, ou eu estou muito cega, que nem honra, nem vida, nem glória, nem bem nenhum no corpo nem alma há que me detenha nem queira nem deseje meu proveito, senão a sua glória. Não posso eu crer que o demônio tenha buscado tantos bens para ganhar minha alma para depois perdê-la, que não o tenho por tão néscio; nem posso crer de Deus que, já que por meus pecados merecesse andar enganada, tenha deixado tantas orações de tão bons como dois anos há que se fazem – que eu não faço outra coisa senão rogá-lo a todos – para que o Senhor me dê a conhecer se isto é sua glória, ou me leve por outro caminho. Não creio

que sua divina Majestade permitiria que sempre fosse adiante estas coisas se não fossem suas.

26. Estas coisas e razões de tantos santos me esforçam quando trago estes temores sobre se não é de Deus, sendo eu tão ruim. Mas quando estou em oração, e nos dias que ando quieta e o pensamento em Deus, ainda que se juntem quantos letrados e santos que há no mundo e me dessem todos os tormentos imagináveis e eu quisesse crer nisso, não me poderiam fazer crer que isto é do demônio, porque não posso. E quando me quisessem levar a crer nisso, temia vendo quem o dizia, e pensava que eles deviam de dizer a verdade, e que eu, sendo a que era, devia de estar enganada; mas à primeira palavra ou recolhimento ou visão era desfeito tudo o que me tinham dito; eu não podia mais e acreditava que era de Deus.

27. Ainda que possa pensar que poderia misturar-se alguma vez demônio – e isto é assim, como o tenho dito e visto –, mas traz diferentes efeitos, e quem tem experiência não o enganará, a meu parecer. Com tudo isto digo que ainda que creia que seja Deus certamente, eu não faria coisa alguma, se não parecesse a quem tem encargo de mim que é mais serviço de nosso Senhor, por nenhuma coisa; e nunca tenho entendido senão que obedeça e que não cale nada, que isto me convém.

28. Sou muito ordinariamente repreendida por minhas faltas – e de maneira que chega às entranhas – e avisos quando há ou pode haver algum perigo em coisa que trato, que me têm feito bastante proveito, trazendo-me os pecados passados à memória muitas vezes, o que me lastima bastante.

29. Muito me tenho alongado, mas é assim, certamente, que nos bens que me vejo quando saio de oração me parece que fico curta; depois, com muitas imperfeições e sem proveito e bastante ruim. E porventura não entendo as coisas boas, mas que me engano; porém a diferença de minha vida é notória, e me faz pensar nisso. Em tudo o que foi dito digo o que me parece que é verdade ter sentido.

Estas são as perfeições que sinto ter o Senhor obrado em mim tão ruim e imperfeita. Remeto tudo ao juízo de vossa mercê, pois sabe toda a minha alma.[3]

---

3. Entre esta Relação e a seguinte, Ribera adverte: "Esta Relação estava escrita por mão alheia, embora depois, como veremos, a própria Madre diga que está como ela a escreveu. – O que se segue tudo estava escrito por sua própria mão, e diz assim" (p. 504).

2[4]

1. Parece-me que faz mais de um ano que escrevi isto que está aqui. Deus me teve por sua mão em todo ele, pois não tenho andado pior, antes vejo muita melhoria no que direi. Seja louvado por tudo.

2. As visões e revelações não têm cessado, mas são muito mais subidas. O Senhor me ensinou um modo de oração, que me acho nele mais aproveitada, e com muito maior desapego das coisas desta vida, e com mais ânimo e liberdade. Os arroubamentos cresceram, porque às vezes é com um ímpeto e de sorte que, sem poder me valer exteriormente, se conhece, e mesmo estando em companhia, porque é de maneira que não se pode dissimular, a não ser dando a entender – como sou enferma do coração – que é algum desmaio. Ainda que traga grande cuidado de resistir no princípio, algumas vezes não posso.

3. No da pobreza, me parece que Deus me fez muita mercê, porque mesmo o necessário não quereria ter, se não fosse de esmola, e assim desejo em extremo estar aonde não se coma de outra coisa.

Parece-me que estar aonde estou certa de que não me há de faltar de comer e de vestir, que não se cumpre com tanta perfeição o voto nem o conselho de Cristo como onde não há renda, que alguma vez faltará, e os bens que com a verdadeira pobreza se ganham parecem-me muitos e não os quisera perder. Acho-me com uma fé tão grande muitas vezes em parecer-me que Deus não pode faltar a quem o serve, e não tendo nenhuma dúvida que há nem há de haver nenhum tempo em que faltem suas palavras, que não posso persuadir-me de outra coisa, nem posso temer, e assim sinto muito quando me aconselham ter renda, e me volto para Deus.

4. Parece-me que tenho muito mais piedade dos pobres do que costumava. Entendo eu uma lástima grande e desejo de remediá-los, que, se olhasse para minha vontade, lhes daria o que trago vestido. Nenhum asco tenho deles, ainda que trate com eles e os toque com as mãos. E agora vejo

---

4. Foi escrita em 1562. É duvidoso o lugar. Talvez na Encarnação de Ávila (julho-agosto de 1562). Mas é muito mais provável que tenha sido escrita em Toledo, no palácio de dona Luísa de la Cerda. Por isso a relação (n. 3) recolhe os últimos ecos da polêmica sobre a pobreza (abril-maio de 1562), e pode lamentar-se: "a honra que me fazem é muita..." (n. 7). – Está dirigida, provavelmente, ao P. Ibáñez.

que isto é dom dado por Deus, que ainda que por amor a Ele desse esmola, não tinha a piedade natural. Bem conhecida melhoria sinto nisto.

5. Em coisas que dizem de mim de murmuração, que são fartas e em meu prejuízo, e fartos, também me sinto melhorada; não parece, me faz quase impressão mais que a um bobo, e parece-me algumas vezes que têm razão, e quase sempre. Eu o sinto tão pouco que nem me parece que tenho que oferecer a Deus, como tenho experiência que minha alma ganha muito, antes me parece que me fazem bem, e assim nenhuma inimizade me fica com eles ao me achegar pela primeira vez à oração; pois logo que o ouço, um pouco de contradição me faz, não com inquietação nem alteração; antes, como vejo que algumas outras pessoas têm lástima de mim, é assim que me rio comigo mesma, porque todos os agravos parecem de tão pouco tomo, os desta vida, que não há que sentir; porque me figuro andar num sonho, e vejo que ao despertar tudo não será nada.

6. Deus me dá mais vivos desejos, mais gana de solidão, muito maior desapego – como tenho dito – com visões, pois me fez entender o que é tudo, ainda que deixe quantos amigos e amigas e parentes, que isto é o de menos, antes parentes me cansam muito; se for por um tantinho de servir mais a Deus, deixo-os com toda liberdade e contento, e assim em cada parte acho paz.

7. Algumas coisas que em oração tenho sido aconselhada, me têm saído muito verdadeiras; assim que de parte de fazer-me Deus mercê, acho-me muito mais melhorada; de servi-lo eu de minha parte, bastante pior; porque o regalo tenho tido mais – que me foi oferecido – ainda que fartas vezes me dá farta pena; a penitência, pouca; a honra que me fazem, muita, bem contra minha vontade fartas vezes.[5]

---

5. Ribera observa: "Aqui estava feita uma risca como esta [linha horizontal em toda a largura da página], e logo diz" (p. 507). Segue a *Relação 3*.

3[6]

1. Isto que está aqui com minha letra faz nove meses, pouco mais ou menos, que escrevi. Depois para cá, não tornando atrás das mercês que Deus me tem feito, me parece que recebi de novo, pelo que entendo, liberdade muito maior. Até agora me parecia que havia mister de outros e tinha mais confiança em ajudas do mundo; agora entendo claro que todos são uns palitos de alecrim seco, e que apegando-se a eles não há segurança, que em havendo algum peso de contradições ou murmurações se quebram. E assim tenho experiência que o verdadeiro remédio para não cair é agarrar-nos à cruz e confiar naquele que foi posto nela. Acho-o amigo verdadeiro, e com isto acho-me com um senhorio que me parece que poderia resistir a todo o mundo que fosse contra mim, Deus não me faltando.

2. Entendendo esta verdade tão clara, costumava ser muito amiga de que me quisessem bem; já não me importa nada, antes me parece em parte que me cansa, salvo com os que trato minha alma ou eu penso aproveitar, que uns para que me sofram e os outros para que com mais afeição creiam no que lhes digo da vaidade que tudo é, quereria que a tivessem por mim.

3. Em muito grandes trabalhos e perseguições e contradições que tenho tido nestes meses Deus me deu grande ânimo;[7] e quando maiores maior, sem cansar-me de padecer, e com as pessoas que diziam mal de mim, não só não estava mal com elas, senão que me parece que cobrava de novo amor por elas. Não sei como era isto, bem dado pela mão do Senhor.

4. De meu natural costumo, quando desejo uma coisa, ser impetuosa em desejá-la. Agora vão meus desejos com tanta quietude, que quando os vejo cumpridos, ainda não entendo se me folgo. Que pesar e prazer, se não é em coisas de oração, tudo vai temperado, que pareço boba e como tal ando alguns dias.

5. Os ímpetos que me dão algumas vezes e têm dado de fazer penitência são grandes, e se faço alguma, sinto-a tão pouco com aquele grande

---

6. Escrita nove meses depois da precedente (n. 1), quer dizer, em 1563, foi destinada muito provavelmente ao padre Garcia de Toledo.
7. Alusão à fundação de São José de Ávila.

desejo, que alguma vez me parece – e quase sempre – que é regalo particular, ainda que faça pouca, por ser muito enferma.

6. É grandíssima [pena] para mim muitas vezes, e agora mais excessiva, ter de comer, em especial se estou em oração. Deve ser grande, porque me faz chorar muito e dizer palavras de aflição quase sem perceber, o que eu não costumo fazer. Por grandíssimos trabalhos que eu tenha tido nesta vida, não me lembro de tê-los dito, que não sou nada mulher nestas coisas, pois tenho coração rijo.

7. Desejo grandíssimo, mais que costumo, sinto em mim, que Deus tenha pessoas que com todo desprendimento o sirvam e que em nada do de cá se detenham – como vejo que é tudo burla –, em especial letrados; porque, como vejo as grandes necessidades da Igreja, que estas me afligem tanto, que me parece coisa de burla ter por outra coisa pena, e assim não faço senão encomendá-los a Deus; porque vejo que faria mais proveito uma pessoa totalmente perfeita, com fervor verdadeiro de amor de Deus, do que muitas com tibieza.

8. Em coisas da fé me acho, a meu parecer, com muito maior fortaleza. Parece-me que contra todos os luteranos me poria eu só a fazê-los entender o seu erro. Sinto muito a perdição de tantas almas. Vejo muitas aproveitadas, que conheço claro que Deus quis que seja por meus meios, e conheço que por sua bondade a minha alma vai crescendo em amá-lo cada dia mais.

9. Parece-me que, ainda que com estudo quisesse ter vanglória, que não poderia, nem vejo como poderia pensar que nenhuma destas virtudes é minha; porque há pouco que me vi sem nenhuma muitos anos, e agora de minha parte não faço mais que receber mercês, sem servir, senão como a coisa mais sem proveito do mundo. E é assim que considero algumas vezes como todos aproveitam exceto eu, que para nenhuma coisa valho. Isto não é, certamente, humildade, senão verdade, e conhecer-me tão sem proveito me traz com temores algumas vezes de pensar que esteja enganada. Assim que vejo claro que destas revelações e arroubamentos – que eu nenhuma parte sou, nem faço para eles mais que uma tábua – me vêm estes lucros. Isto me faz assegurar e trazer mais sossego, e ponho-me nos braços de

Deus, e confio em meus desejos, que estes, certamente, entendo que são morrer por Ele e perder todo o descanso, e venha o que vier.

10. Vêm-me dias em que me lembro infinitas vezes do que diz São Paulo[8] – ainda que certamente não seja assim em mim –, que nem me parece que eu vivo, nem falo, nem tenho querer, senão que está em mim quem me governa e dá força, e ando como quase fora de mim, e assim a vida é grandíssima pena para mim. E a maior coisa que ofereço a Deus por grande serviço e como sendo para mim tão penoso estar apartada dele, por seu amor quero viver. Isto quisera eu que fosse com grandes trabalhos e perseguições; já que eu não sou para aproveitar, quisera ser para sofrer, e quantos há no mundo passaria por um tantinho de mais mérito, digo em cumprir mais a sua vontade.

11. Nenhuma coisa tenho tido na oração, ainda que seja de fartos anos antes, que não tenha visto cumprida. São tantas as que vejo, e o que entendo das grandezas de Deus, e como as tem guiado, que quase nenhuma vez começo a pensar nisso que não me falte o entendimento, como quem vê coisas que vão muito adiante do que pode entender, e fico em recolhimento.

12. Guarda-me tanto de ofendê-lo que, certamente, algumas vezes me espanto, que me parece que vejo o grande cuidado que traz de mim, sem pôr eu nisso quase nada, sendo um pélago de pecados e de maldades antes destas coisas, e sem parecer-me que era senhora de mim para deixá--las de fazer. E para o que eu quereria que se soubesse, é para que se entenda o grande poder de Deus. Seja louvado para sempre jamais, amém.[9]

---

8. Gálatas 2,20.
9. O n. 13, que segue, serve de epílogo às 3 Relações. Ribera adverte: "Acabado isto, começa pondo primeiro *Jesus* como ela o fazia sempre que escrevia, desta maneira, J H S" (p. 510). Data provável: final de 1565.

JHS

13. Esta relação, que não é de minha letra, que vai no princípio, é a que dei ao meu confessor, e ele sem tirar nem pôr coisa, a copiou com a sua. Era muito espiritual e teólogo – com quem tratava todas as coisas de minha alma –, e ele as tratou com outros letrados, e entre eles foi o Padre Mancio.[1] Nenhuma têm achado que não seja conforme à Sagrada Escritura. Isto me faz estar já muito sossegada, ainda que entenda que tenha mister, enquanto Deus me levar por este caminho, não confiar nada em mim, e assim o tenho feito sempre, ainda que sinta muito.

Mire vossa mercê que tudo isto vai sob confissão, como o supliquei a vossa mercê.

---

1. Mancio del Corpus Christi, dominicano, famoso professor de Alcalá e Salamanca (1497-1566).

JHS

4 a)[1]

1. Esta monja faz quarenta anos que tomou o hábito e desde o primeiro começou a pensar na Paixão de nosso Senhor pelos mistérios e em seus pecados, sem nunca pensar em coisa que fosse sobrenatural, senão nas criaturas ou coisas de que se sacava quão depressa se acaba tudo, e nisto gastava alguns momentos do dia sem passar por seu pensamento desejar mais, porque se tinha por tal que até pensar em Deus via que não merecia.

2. Nisto passou uns vinte e dois anos com grandes securas, lendo também em bons livros. Fará uns dezoito, quando se começou a tratar do primeiro mosteiro que fundou em Ávila de Descalças (uns três anos antes), que começou a parecer-lhe que lhe falavam interiormente algumas vezes e a ver algumas visões e ter revelações.[2] Isto jamais viu nada nem o tem visto com os olhos corporais, senão uma representação como um relâmpago, mas ficava tão impresso e com tantos efeitos como se o visse com os olhos corporais, e mais.

3. Ela era temerosíssima, que até algumas vezes de dia não ousava estar só; e como ainda que mais fizesse não podia escusar isto, andava aflitíssima, temendo que fosse engano do demônio; e começou a tratar com pessoas espirituais da Companhia de Jesus, entre os quais foi o Padre Araoz, que acertou de ir ali, que era Comissário da Companhia, e o Padre Francisco – que foi duque de Gandía[3] – tratou duas vezes, e com um provincial da Companhia – que está agora em Roma, dos quatro –, chamado

---

1. Em Sevilha, no final de 1575 (cf. Ribera IV, c. 7, p. 368), ou talvez em princípios de 1576. O plano de cima (em redondo) contém o texto de Caprarola (autógrafo). O debaixo (em itálico), o texto de Ribera (IV, c. 7, p. 369-375) e de manuscritos de Ávila e Toledo.

2. Escreve entre 1575 e 1576. "Faz 40 anos que tomou o hábito": 1535-1536. – "Passou uns 22 anos com grandes securas": 1535-1556 (?). – "Fará uns 18 quando se começou a tratar do primeiro mosteiro..., uns 3 anos antes...": 1557-1560.

3. *De Buendía*, escreveu primeiro a Santa.

Gil González, e ainda com o que agora o é em Castela, ainda que a este não tanto; com Baltasar Alvarez, que é agora Reitor de Salamanca: confessou-a seis anos; com o Reitor de Cuenca,[4] chamado Salazar, e com o de Segóvia, chamado Santander, este não tanto tempo; com o Reitor de Burgos, que chamam Ripalda, e até estava bastante mal com ela até que tratou com ela; com o doutor Pablo Hernández em Toledo, que era Consultor da Inquisição; e outro Ordóñez, que era Reitor em Ávila. Como estava nos lugares, assim procurava os que deles eram mais estimados.

4. Com frei Pedro de Alcântara tratou muito, e foi o que muito pôs por ela.

5. Estiveram mais de seis anos neste tempo fazendo fartas provas, e ela com fartas lágrimas e aflição, e quanto mais provas se faziam, mais tinha, e suspensões fartas vezes na oração *e ainda fora dela*.[5] Faziam-se fartas orações e diziam-se missas para que Deus a levasse por outro caminho, porque seu temor era grandíssimo quando não estava na oração, ainda que em todas as coisas que tocavam ao serviço de Deus se entendia clara melhoria e nenhuma vanglória nem soberba, antes se corria dos que o sabiam, e sentia mais tratá-lo do que se fossem pecados, porque lhe parecia que se ririam dela e que eram coisas de mulherzinhas.

6. Fará treze anos, pouco mais ou menos, que foi ali o Bispo de Salamanca, que era Inquisidor creio em Toledo, e o tinha sido aqui; ela procurou falar com ele para assegurar-se mais e deu-lhe conta de tudo.[6] Ele lhe disse que tudo isto não era coisa que tocava a seu ofício, porque tudo o que via e entendia sempre a afirmava mais na fé católica, que ela sempre esteve e está firme e com grandíssimos desejos da honra de Deus e bem das almas, que por uma se deixaria matar muitas vezes. Disse-lhe, como a visse tão fatigada, que escrevesse ao Mestre Ávila, que era vivo, uma longa relação de tudo, que era homem que entendia muito de oração, e que com o que escrevesse a ela, se sossegasse. Ela o fez assim; e ele lhe escreveu assegurando-a muito.[7] Foi de sorte esta relação, que todos os letrados que a viram – que

---
4. *De Sigüenza*, escreveu primeiro.
5. As palavras em itálico foram acrescentadas entre linhas pela Autora.
6. Francisco de Soto y Salazar (cf. *Vida* 40, 16).
7. Alusão à *Vida* e às cartas de S. João de Ávila de abril e setembro de 1568 (cf. B.M.C., t. II, p. 207-210).

eram seus confessores –, diziam que era de grande proveito para aviso de coisas espirituais, e mandaram que ela o trasladasse e fizesse outro livrinho para suas filhas, que era priora, aonde desse a elas alguns avisos.

7. Com tudo isto, às vezes não lhe faltavam temores, e pareceu-lhe que as pessoas espirituais também podiam estar enganadas como ela, que queria tratar com grandes letrados, ainda que não fossem muito dados à oração, porque ela não queria senão saber se eram conforme à Sagrada Escritura tudo o que tinha. E algumas vezes se consolava parecendo-lhe que, ainda que por seus pecados merecesse ser enganada, que a tantos bons como desejavam dar-lhe luz, que Deus não permitiria que se enganassem.

8. Com esta intenção começou a tratar com padres de São Domingos destas coisas, que antes que as tivesse muitas vezes se confessava com eles. Aqueles com que ela tratou são: frei Vicente Barrón confessou-a um ano e meio em Toledo, quando foi fundar ali, que era consultor da Inquisição e grande letrado; este assegurou-a muito. E todos lhe diziam que se não ofendia a Deus e se conhecia por ruim, de que tinha medo? Com o Mestre frei Domingos Báñez – que é consultor do Santo Ofício agora em Valladolid –, me confessei seis anos, e sempre trata com ele por cartas, quando algo de novo se lhe ofereceu. Com o Mestre Chaves. Com o segundo foi frei Pedro Ibáñez, que era então leitor em Ávila e grandíssimo letrado, e com outro dominicano que chamam frei Garcia de Toledo. Com o P. Mestre frei Bartolomé de Medina, catedrático de Salamanca, e sabia que estava muito mal com ela, porque tinha ouvido destas coisas; e pareceu-lhe que este lhe diria melhor do que ninguém se estava enganada (isto há pouco mais de dois anos), e procurou se confessar com ele, e deu-lhe longa relação de tudo, no tempo que esteve ali, e procurou que visse o que tinha escrito para que entendesse melhor a sua vida. E assegurou-a tanto e mais que todos, e ficou muito seu amigo. Também se confessou algum tempo com o Padre Mestre *Frei Filipe de*[8] Meneses quando esteve em Valladolid para fundar, e era o Prior ou Reitor daquele Colégio de São Gregório, e tendo ouvido estas coisas, tinha ido falar com ela em Ávila com bastante caridade, querendo saber se estava enganada, e se havia razão para que murmurassem tanto; e se satisfez muito. Também tratou particularmente com um Provin-

---

8. O grifado foi escrito entre linhas pela Santa.

cial de São Domingos, chamado Salinas, homem muito espiritual e grande servo de Deus; e com outro leitor que está agora em Segóvia, chamado frei Diego de Yanguas, de engenho bastante agudo.

9. Alguns outros, que em tantos anos e com temor tem havido lugar para isso, em especial como andasse em tantas partes a fundar, foram feitas fartas provas, porque todos desejavam acertar em dar-lhe luz, por onde a têm assegurado e se têm assegurado.

10. Ela sempre estava sujeita e está a tudo o que tem a santa fé católica, e toda sua oração e das casas que tem fundado, é para que vá em aumento. Dizia ela que, quando uma coisa destas a induzisse contra o que é fé católica e a lei de Deus, que não haveria mister de andar a buscar provas, que logo veria que era demônio.

11. Jamais fez coisa pelo que entendia na oração, antes, se seus confessores lhe diziam o contrário, o fazia logo, e sempre dava parte de tudo. Nunca acreditou tão determinadamente que era Deus – conquanto lhe dissessem que sim –, que o juraria, ainda que pelos efeitos e pelas grandes mercês que lhe tem feito em algumas coisas, lhe parecesse bom espírito; mas sempre desejava virtudes, e nisto tem posto suas monjas, dizendo que a mais humilde e mortificada seria a mais espiritual.

12. Isto que tem escrito[9] deu ao Padre Mestre frei Domingos Báñez, que está em Valladolid, que é com quem mais tem tratado e trata. Pensa que os terá apresentado ao Santo Ofício em Madri.[10] Em tudo isso se sujeita à correção da fé católica e da Igreja. Ninguém pôs culpa nela, porque estas são coisas que não estão na mão de ninguém, e nosso Senhor não pede o impossível.

13. Como se deu conta a tantos pelo grande temor que trazia, estas coisas foram muito divulgadas, que foi para ela farto grandíssimo tormento e cruz; diz ela que não por humildade, senão porque sempre aborrecia estas coisas que diziam de mulheres. Extremava-se a não se sujeitar a quem lhe parecia que acreditava que tudo era de Deus, porque logo temia que

---

9. O livro da *Vida*.
10. De fato, o livro estava já em poder do Santo Ofício de Madri. Báñez firmara a sua censura em 7/7/1575.

o demônio houvesse de enganar a ambos. Como quem via temeroso, tratava a sua alma de melhor grado; ainda que também lhe desse pena com os que totalmente desprezavam estas coisas – *era para prová-la*[11] – porque lhe pareciam algumas muito de Deus, e não queria que, porque não viam causa as condenassem determinadamente, tampouco como que cressem que tudo era de Deus, porque entendia ela muito bem que podia haver engano, e por isto jamais lhe pareceu assegurar-se de todo no que podia haver perigo. Procurava o mais que podia em nenhuma coisa ofender a Deus e sempre obedecer; e com estas duas coisas pensava livrar-se, ainda que fosse demônio.

14. Desde que teve coisas sobrenaturais, o seu espírito sempre se inclinava a buscar o mais perfeito, e quase ordinariamente trazia grandes desejos de padecer; e nas perseguições – que teve fartas –, se achava consolada e com amor particular a quem a perseguia. Grande desejo de pobreza e solidão, e de sair deste desterro para ver Deus. Por estes efeitos e outros semelhantes começou a sossegar-se, parecendo-lhe que espírito que a desejava com estas virtudes não seria mau, e assim o diziam aqueles com quem o tratava, ainda que para deixar de temer não, senão para não andar tão fatigada. Seu espírito jamais a persuadia a encobrir nada, senão a obedecer sempre.

15. Nunca com os olhos do corpo[12] viu nada, como está dito, senão com uma delicadeza e coisa tão intelectual, que algumas vezes pensava no princípio que se tinha antojado, outras não podia pensar isso. Tampouco ouviu jamais com os ouvidos corporais, a não ser duas vezes, e estas não entendeu coisa das que diziam, nem sabia quem.

16. Estas coisas não eram contínuas, senão em alguma necessidade algumas vezes, como foi uma que tinha estado alguns dias com uns tormentos interiores incomportáveis e um desassossego interior de temor se a trazia enganada o demônio, como mais amplamente está naquela *Relação*,[13] e também estão os seus pecados, que assim têm sido públicos, como estoutras coisas, porque o medo que trazia a fez esquecer o seu crédito; e estando assim com aflição que não se pode dizer, só ouvindo esta

---

11. Acrescentou entre linhas.
12. Do *espírito*, tinha escrito, e o borrou.
13. Na *Vida*.

palavra no interior: "Sou eu, não tenhas medo", ficava a alma tão quieta e animosa e confiada, que não podia entender de onde lhe tinha vindo tão grande bem; pois não tinha bastado confessor, nem bastaram muitos letrados com muitas palavras para pôr nela aquela paz e quietude que com uma lhe tinha sido posto, e assim outras vezes que com alguma visão ficava fortalecida; porque a não ser isto, não poderia ter passado tão grandes trabalhos e contradições e enfermidades – que foram sem conta –, e passa, que jamais anda sem algum gênero de padecer. Há mais e menos, mas o ordinário é sempre dores com outras fartas enfermidades, ainda que depois que é monja a têm apertado mais.

17. Se em algo serve ao Senhor e as mercês que lhe faz, passa depressa por sua memória, ainda que das mercês muitas vezes se lembre, mas não pode deter-se muito ali, como nos pecados, que sempre a estão atormentando como um lodo malcheiroso. Ter tido tantos pecados e servido tão pouco a Deus deve ser causa de não ser tentada de vanglória.

18. Jamais com coisa de seu espírito teve persuasão, nem coisa senão de toda limpeza e castidade, e sobretudo um grande temor de não ofender a Deus nosso Senhor e de fazer em tudo a sua vontade. Isto lhe suplica sempre, e a seu parecer está tão determinada a não sair dela, que não lhe diriam coisa em que pensasse servir mais a Deus os que tratam com ela – confessores e prelados – que a deixasse de pôr por obra, confiada em que o Senhor ajuda aos que se determinam por seu serviço e glória.

19. Não se lembra mais de si, nem de seu proveito – em comparação com isto –, que se não fosse, à medida que ela pode entender de si e entendem os seus confessores. É tudo grande verdade o que vai neste papel, e o pode provar com eles vossa mercê, se quiser, e com todas as pessoas que trataram com ela de vinte anos a esta parte. Muito ordinariamente o seu espírito a move a louvores de Deus, e quereria que todo o mundo se ocupasse com isto, ainda que a ela custasse mui muito. Daqui lhe vem o desejo do bem das almas; e de ver quanta imundície são as coisas exteriores deste mundo e quão preciosas as interiores – que não têm comparação –, veio a ter em pouco as coisas dele.

20. A maneira de visão que vossa mercê me perguntou é que não se vê coisa nem interior nem exteriormente, porque não é imaginária; mas

sem se ver nada, a alma entende quem é, e para onde lhe é representado, mais claramente do que se o visse, salvo que não lhe é representado coisa particular, senão como se uma pessoa sentisse que a outra está junto a ela, e porque estivesse às escuras não a vê, mas certamente entende que está ali, salvo que esta comparação não é bastante; porque o que está às escuras, de algum modo, ou ouvindo ruído, ou tendo visto antes a pessoa, entende que está ali ou a conhece de antes. Cá não há nada disso, senão que sem palavra exterior nem interior entende a alma clarissimamente quem é, e para que parte está, e às vezes o que quer significar. Por onde ou como, não o sabe; mas isso se passa assim, e o que dura não pode ignorar; e quando se afasta, ainda que mais queira imaginá-lo como antes, não aproveita, porque se vê que é imaginação e não presença, que esta não está em sua mão; e assim são todas as coisas sobrenaturais. E daqui vem não se ter em nada aquele a quem Deus faz esta mercê, porque vê que é coisa dada e que ela ali não pode tirar nem pôr; e isto faz ficar com muito mais humildade e amor de servir sempre a este Senhor tão poderoso, que pode fazer o que cá não podemos nem entender; pois ainda que mais letras tenham, há coisas que não se alcançam.

Seja bendito aquele que o dá, amém, para sempre jamais.

4 b)
Jesus

1. Esta monja faz quarenta anos que tomou o hábito e desde o primeiro começou a pensar na Paixão de nosso Senhor pelos mistérios alguns momentos do dia, e em seus pecados, sem nunca pensar em coisa que fosse sobrenatural, senão nas criaturas ou coisas de que sacava quão depressa se acaba tudo; em mirar pelas criaturas a grandeza de Deus e o amor que nos tem; isto lhe dava muito mais gana de servi-lo (que por temor nunca foi nem lhe vinha ao caso); sempre com grande desejo de que fosse louvado e sua Igreja aumentada; para isto era tudo o que rezava, sem fazer nada para si, que lhe parecia que ia pouco em que padecesse no purgatório a troco de que esta se acrescentasse, ainda que fosse muito pouquinho.

2. Nisto passou uns vinte e dois anos com grandes securas, que jamais lhe passou pelo pensamento desejar mais, porque se tinha por tal que

até pensar em Deus lhe parecia que não merecia, senão que Sua Majestade lhe fazia muita mercê em deixá-la estar diante dele rezando, lendo também em bons livros.

Fará uns dezoito anos, quando se começou a tratar do primeiro mosteiro que fundou de descalças, que foi em Ávila (três anos ou dois antes, creio que são três), que começou a parecer-lhe que lhe falavam interiormente algumas vezes e ver algumas visões e revelações interiormente com os olhos da alma, que jamais viu coisa com os olhos corporais nem a ouviu. Duas vezes lhe parece que ouviu falar, mas não entendeu nenhuma coisa. Era uma representação, quando estas coisas via interiormente, que não durava senão como um relâmpago o mais ordinário, mas ficava tão impresso nela e com tanto efeito como se o visse com os olhos corporais, e mais.

3. Ela era então tão temerosíssima de seu natural, que até de dia não ousava estar só algumas vezes; e como ainda que mais o procurasse não podia escusar isto, andava aflita mui muito, temendo que fosse engano do demônio, e começou a tratar disso com pessoas espirituais da Companhia de Jesus, entre os quais foram: o padre Araoz – que era comissário da Companhia – que acertou de ir ali; com o padre Francisco, que foi o duque de Gandía, tratou duas vezes; e com um provincial, que está agora em Roma, que é um dos quatro assistentes, chamado Gil González; e ainda com o que agora o é em Castela, ainda que com este não tratasse tanto; com o padre Baltasar Alvarez, que é agora reitor em Salamanca e a confessou seis anos neste tempo; e com o reitor que é agora de Cuenca, chamado Salazar; e com o de Segóvia, chamado Santander; com o reitor de Burgos, que se chama Ripalda, e até estava mal com ela por ter ouvido estas coisas até depois que tratou com ela; com o doutor Pablo Hernández em Toledo, que era consultor da Inquisição; com o reitor que era de Salamanca quando falou com ele, o doutor Gutiérrez; e com alguns outros padres da Companhia, que se entendia ser espirituais, que como estava nos lugares que ia fundar os procurava.

4. E com o padre frei Pedro de Alcântara, que era um santo varão dos descalços de São Francisco, tratou muito e foi o que muito pôs para que se entendesse que era bom espírito.

5. Estiveram mais de seis anos fazendo fartas provas – como longamente tem escrito e adiante se dirá – e ela com fartas lágrimas e aflições: quanto mais provas se faziam, mais tinha, e suspensões ou arroubamentos fartas vezes, ainda que não sem sentido.

Faziam-se fartas orações e diziam-se missas para que o Senhor a levasse por outro caminho, porque seu temor era grandíssimo quando não estava na oração; ainda que em todas as coisas que tocavam a estar sua alma muito mais aproveitada se via grande diferença e nenhuma vanglória nem tentação dela nem de soberba, antes enfrentava muito e corria de ver que se entendia, e se não fosse com confessores e pessoas que lhe haviam de dar luz jamais tratava nada – e sentia mais dizê-lo a estes do que se fossem grandes pecados –, porque lhe parecia que ririam dela e que eram coisas de mulherzinhas, que sempre as tinha aborrecido ouvir.

6. Fará treze anos, pouco mais ou menos, depois de fundado São José de Ávila – aonde ela já se transferira do outro mosteiro – pois foi ali o bispo que é agora de Salamanca, que era inquisidor (não sei se em Toledo ou em Madri, e o tinha sido em Sevilha) que se chama Soto; ela procurou falar com ele para assegurar-se mais e deu-lhe conta de tudo, e ele disse que não era tudo coisa que tocava a seu ofício, porque tudo o que ela via e entendia, sempre a afirmava mais na fé católica, que sempre esteve e está firme e com grandíssimos desejos da honra de Deus e bem das almas, que por uma se deixaria matar muitas vezes. E disse-lhe também, como a viu tão fatigada, que escrevesse tudo e toda a sua vida, sem deixar nada, ao mestre Ávila, que era homem que entendia muito de oração, e que com o que escrevesse a ela, se sossegasse. E ela o fez assim e escreveu os seus pecados e vida. Ele escreveu a ela e consolou assegurando-a muito. Foi de sorte esta relação, que todos os letrados que a viram – que eram seus confessores – diziam que era de grande proveito para aviso de coisas espirituais, e mandaram que ela a trasladasse e fizesse outro livrinho para suas filhas (que era priora) aonde lhes desse alguns avisos.

7. Com tudo isto, às vezes não lhe faltavam temores, e parecendo-lhe que pessoas espirituais também podiam estar enganadas como ela, disse a seu confessor que se queria que tratasse com alguns letrados, ainda que não fossem muito dados à oração; porque ela não queria saber senão se era conforme a Sagrada Escritura tudo o que tinha.

As relações

Algumas vezes se consolava parecendo-lhe que, ainda que por seus pecados merecesse ser enganada, que tantos bons como desejavam dar-lhe luz, o Senhor não permitiria que fossem enganados.

8. Com esta intenção começou a tratar com padres da Ordem do glorioso São Domingos, com quem antes destas coisas tinha se confessado, e nesta Ordem são estes com os quais ela depois tratou: o padre frei Vicente Barrón a confessou ano e meio em Toledo, – que era confessor então do Santo Ofício – e antes destas coisas se tinha comunicado com ele mui muitos anos e era grande letrado. Este a assegurou muito, e também os da Companhia: todos lhe diziam que se não ofendia a Deu, se se conhecia por ruim, de que tinha medo. Com o padre apresentado Domingos Báñez – que agora está em Valladolid como regente do Colégio de São Gregório – que a confessou seis anos e sempre tratava com ele por cartas quando se oferecia algo; com o Mestre Chaves; com o padre mestre frei Bartolomé de Medina, catedrático de prima de Salamanca, o qual sabia que estava muito mal com ela pelo que disto tinha ouvido, e pareceu-lhe que este lhe diria melhor se estava enganada, por ter tão pouco crédito, e isto há pouco mais de dois anos; procurou se confessar com ele e dando-lhe de tudo grande relação em todo o tempo que ali esteve, e viu o que tinha escrito, para que melhor o entendesse, e ele a assegurou tanto e mais que todos os demais e ficou muito seu amigo. Também se confessava com frei Filipe Meneses algum tempo, quando fundou em Valladolid e era o Reitor daquele Colégio de São Gregório, e antes tinha ido a Ávila, tendo ouvido estas coisas, para falar-lhe com bastante caridade, querendo ver se estava enganada, para dar-lhe luz, e se não para ficar do lado dela quando ouvisse murmurar; e se satisfez muito. Particularmente com um Provincial de São Domingos que se chamava Salinas, homem muito espiritual; e com outro apresentado chamado Lunar, que era prior em Santo Tomás de Ávila; e outro em Segóvia, chamado frei Diego de Yanguas, leitor, também tratou com ela. E entre estes padres de São Domingos alguns não deixavam de ter bastante oração, e até talvez todos.

9. E alguns outros, que em tantos anos tem havido lugar para isso; em especial, como andasse em tantas partes a fundar, foram feitas fartas provas, porque todos desejavam acertar em dar-lhe luz, por onde a têm assegurado e se têm assegurado.

10. Sempre desejava estar sujeita ao que lhe mandavam, e assim se afligia quando nestas coisas sobrenaturais não podia obedecer. E sua oração e a das monjas que tem fundado sempre é com grande cuidado pelo aumento da santa fé católica, e por isto começou o primeiro mosteiro, junto com o bem de sua Ordem. Dizia ela que, quando algumas coisas destas a induzissem contra o que é fé católica e lei de Deus, que não haveria mister de andar a buscar letrados nem fazer provas, porque logo veria que era demônio.

11. Jamais fez coisa pelo que entendia na oração; antes, quando seus confessores lhe diziam que fizesse o contrário, o fazia sem nenhum pesadume, e sempre lhes dava parte de tudo. Nunca acreditou tão determinadamente que era Deus — com tudo quanto lhe dissessem que sim — que o juraria, ainda que pelos efeitos e pelas grandes mercês que lhe tem feito em algumas coisas lhe parecesse bom espírito: mas sempre desejava virtudes mais do que nada, e nisto tem posto suas monjas, dizendo-lhes que a mais humilde e mortificada aquela será a mais espiritual.

12. Tudo o que está dito e está escrito deu ao padre frei Domingos Báñez que é o que está em Valladolid, que é com que mais tempo tem tratado. Ele os apresentou ao Santo Ofício em Madri. Em tudo o que se tem dito, se sujeita à fé católica e Igreja romana. Ninguém pôs culpa nela, porque estas coisas não estão em mãos de ninguém e nosso Senhor não pede o impossível.

13. A causa de ter-se divulgado tanto é que, como andava com temor e o tem comunicado a tantos, uns o diziam a outros; e também um desmando que aconteceu com isto que tinha escrito; foi para ela tão grandíssimo tormento e cruz e lhe custa muitas lágrimas; diz ela que não por humildade senão pelo que fica dito; e parecia permissão de Deus para atormentá-la, porque enquanto um mais mal dizia do que os outros tinham dito, daí a pouco ele dizia mais. Extremava-se em não se sujeitar a quem lhe parecia que acreditava que tudo era de Deus, porque depois temia que o demônio havia de enganar a ambos; e com quem via temeroso tratava a sua alma de melhor grado, ainda que também lhe desse pena quando, para prová-la, de todo desprezavam estas coisas, porque lhe pareciam algumas muito de Deus e não queria que, pois não via causa, as condenassem tão determinadamente, como tampouco que cressem que tudo era Deus, por-

que ela entendia muito bem que podia haver engano. Jamais podia assegurar-se de todo no que podia haver perigo. Procurava o mais que podia em nenhuma coisa ofender a Deus e sempre obedecer, e com estas duas coisas pensava livrar-se com o favor divino, ainda que fosse demônio.

14. Desde que teve coisas sobrenaturais seu espírito sempre se inclinava a buscar o mais perfeito, e quase ordinariamente tinha grande desejo de padecer; e nas tribulações que tem tido, que são muitas, se achava consolada e com amor particular a quem a perseguia. Grande desejo de pobreza e solidão e de sair deste desterro para ver Deus. Por estes efeitos e outros semelhantes começou a sossegar-se, parecendo-lhe que espírito que a deixava com estas virtudes, que não seria mau, e assim o diziam aqueles que tratavam com ela, ainda que para deixar de temer não, senão para não andar tão fatigada como estava. Jamais seu espírito a persuadia a encobrir coisa alguma, senão a obedecer sempre.

15. Nunca com os olhos do corpo viu nada, como já está dito, senão com uma delicadeza e coisa tão intelectual, que algumas vezes pensava no princípio que o tinha antojado: outras não podia pensar isso.

16. E estas coisas não eram contínuas, senão pela maior parte de alguma necessidade, como foi uma vez que tinha estado uns dias com uns tormentos interiores intoleráveis e um desassossego na alma de temor se o demônio a trazia enganada, como muito longamente está escrito naquela relação, que tão públicos têm sido seus pecados; porque estão ali como o demais, porque o medo que trazia a fez esquecer o seu crédito. Estando assim com esta aflição, tal que não se pode encarecer, só ouvindo esta palavra no interior: "Sou eu, não tenhas medo", ficava a alma tão quieta, animosa e confiada, que não podia entender de onde lhe tinha vindo tão grande bem, pois não havia bastado confessores, nem bastavam muitos letrados com muitas palavras para pôr nela aquela paz e quietude que com uma lhe tinha sido posto; e assim outras vezes lhe acontecia que com alguma visão ficava fortalecida, porque a não ser isto não poderia ter passado tão grandes trabalhos e contradições e enfermidades (que foram sem conta) e passa, ainda que nem tantas, porque jamais anda sem algum gênero de padecer. Há mais e menos; o ordinário é sempre dores com outras fartas enfermidades, ainda que depois que é monja a apertaram mais.

17. Se em algo serve ao Senhor, e as mercês que faz a ela passam depressa por sua memória, ainda que das mercês muitas vezes se lembre, mas não pode deter-se muito ali como nos pecados, que sempre a estão atormentando o mais ordinário como um lodo malcheiroso. Ter tido tantos pecados deve ser causa de não ser tentada de vanglória.

18. Jamais com coisa de seu espírito teve alguma que não fosse toda limpa e casta, nem lhe parece, se é bom espírito e tem coisa sobrenatural, se poderia ter, porque fica todo descuido de seu corpo nem há memória dele, que todo se emprega em Deus. Também tem um grande temor de ofender a Deus nosso Senhor e deseja fazer em tudo a sua vontade. Isto lhe suplica sempre, e a seu parecer está tão determinada a não sair dela, que jamais lhe diriam coisa os confessores que tratam com ela de que se pensasse mais servir a Deus, que não a fizesse com o favor de Deus e confiada em que Sua Majestade ajuda aos que se determinam para seu serviço e para glória sua.

19. Não se lembra mais de si nem de seu proveito, em comparação com isto, que se não fosse, enquanto pode entender de si e entendem os seus confessores. É tudo grande verdade o que vai neste papel e se pode provar com eles e com todas as pessoas que tratam com ela de vinte anos a esta parte. Muito ordinariamente o seu espírito a move a louvores de Deus, e quereria que todo o mundo se ocupasse com isto, ainda que a ela custasse muito. Daqui lhe nasce o desejo do bem das almas; e vendo quanta imundície são as coisas deste mundo e quão preciosas as interiores, que não têm comparação, veio a ter em pouco as coisas dele.

20. A maneira de visão que vossa mercê quer saber é que não se vê nenhuma coisa exterior nem interiormente, porque não é imaginária; mas sem se ver nada, a alma entende o que é e para onde lhe é representada, mais clarissimamente do que se o visse, salvo que não lhe é representada coisa particular, senão como se uma pessoa – suponhamos – que sentisse que outra pessoa está junto a ela e porque está às escuras não a vê, mas certamente entende que está ali, salvo que esta comparação não é bastante; porque o que está às escuras, por alguma via, ouvindo ruído o tendo-a visto antes, entende que está ali, ou a conhece de antes; mas cá não há nada disso, senão que sem palavra interior nem exterior a alma entende clarissimamente quem é e para que parte está, e às vezes o que quer significar.

Por onde ou como ela o entende não sabemos. Isso se passa assim, e o que dura não pode ignorar; e quando se afasta, ainda que mais queira imaginá-lo como antes, não aproveita, porque se vê que é imaginação e não representação, que esta não está em sua mão, e assim são todas as coisas sobrenaturais. E daqui vem não se ter em nada aquele a quem Deus faz estas mercês, senão mui muito maior humildade que antes, porque vê que é coisa dada e que ela ali não pode tirar nem pôr, e fica mais amor e desejo de servir a Senhor tão poderoso que pode o que cá não podemos entender; assim como, ainda que mais letras tenham, há coisas que não se alcançam.

Seja bendito aquele que o dá, amém, para sempre.

5[14]

1. São tão difíceis de dizer, e mais de maneira que se possam entender, estas coisas interiores do espírito quanto mais com brevidade passam, que se a obediência não o faz, será acaso atinar, especialmente em coisas tão difíceis. Mas pouco vai em que desatine, pois vai a mãos de quem terá ouvido outros maiores de mim.

Em tudo o que disser, suplico a vossa mercê que entenda que não é meu intento pensar que é acertado, que eu poderei não entendê-lo; mas o que posso certificar é que não direi coisa que não tenha experimentado algumas e muitas vezes. Se é bem ou mal, vossa mercê o verá e me avisará disso.

2. Parece-me será dar a vossa mercê gosto começar a tratar desde o princípio de coisas sobrenaturais, que em devoção e ternura e lágrimas e meditações que cá podemos adquirir com ajuda do Senhor, entendidas estão.

3. A primeira oração que senti, a meu parecer, sobrenatural (que eu chamo o que com minha indústria nem diligência não se pode adquirir ainda que muito se procure, ainda que disponha para isso sim e deve vir muito ao caso), é um *recolhimento interior*[15] que se sente na alma, que parece que ela tem lá outros sentidos, como cá os exteriores, que ela em si

---

14. Em Sevilha, 1576, destinada provavelmente ao mesmo P. Rodrigo Alvarez. – Revisamos o texto de acordo com Ribera (IV, c. 3, p. 336-345), que o editou em parte.

15. Ver, no entanto, no n. 25 um grau anterior ao recolhimento.

parece querer apartar-se dos bulícios exteriores; e assim, algumas vezes os leva atrás de si, que lhe dá desejo de fechar os olhos e não ouvir nem ver nem entender senão aquilo com que a alma então se ocupa, que é poder tratar com Deus sozinha. Aqui não se perde nenhum sentido nem potência, que tudo está inteiro, mas o está para empregar-se em Deus. E isto, a quem nosso Senhor o tiver dado, será fácil de entender; e a quem não, pelo menos será mister muitas palavras e comparações.

4. Deste recolhimento vem algumas vezes uma *quietude* e *paz interior* muito regalada, que a alma está que não lhe parece faltar nada, que até o falar a cansa, digo o rezar e o meditar; não quereria senão amar. Dura um momento e até momentos.

5. Desta oração costuma proceder um *sono* que chamam *das potências*, que nem estão absortas nem tão suspensas que se possa chamar arroubamento. Ainda que não seja de todo união, alguma vez e até muitas, a alma entende que só a vontade está unida, e se entende muito claro; digo claro, ao que parece. Está empregada toda em Deus, e que a alma vê a falta de poder estar ou obrar em outra coisa; e as outras duas potências estão livres para negócios e obras do serviço de Deus. Enfim, Marta e Maria andam juntas. Eu perguntei ao Padre Francisco[16] se isto seria engano, porque me trazia boba, e me disse que muitas vezes acontecia.

6. Quando é união de todas as potências, é muito diferente, porque nenhuma coisa pode obrar; porque o entendimento está como espantado; a vontade ama mais que entende, mas nem entende se ama, nem o que faz, de maneira que o possa dizer; a memória, a meu parecer, que não há nenhuma, nem pensamento, nem sequer então os sentidos estão despertos, senão como quem os perdeu para mais empregar a alma no que goza, a meu parecer, que por aquele breve espaço se perdem. Passa rápido. Na riqueza que fica na alma de humildade e outras virtudes e desejos se entende o grande bem que lhe veio daquela mercê; mas não se pode dizer o que é, porque ainda que a alma se dê a entender, não sabe como o entende, nem dizê-lo. A meu parecer, se esta é verdadeira, é a maior mercê que nosso Senhor faz neste caminho espiritual, ao menos das grandes.

---

16. São Francisco de Borja. Ver *Vida* 24, 3.

7. *Arroubamentos* e *suspensão*, a meu parecer, tudo é um, senão que eu costumo dizer suspensão, para não dizer arroubamento, que espanta; e, verdadeiramente, também se pode chamar suspensão esta união que fica dita. A diferença que há do arroubamento para ela é esta: que dura mais e sente-se isto mais no exterior, porque o fôlego vai se encurtando de maneira que não se pode falar, nem abrir os olhos. Ainda que isto mesmo se faça na união, é cá com maior força, porque o calor natural vai não sei aonde; que quando é grande o arroubamento, que em todas estas maneiras de oração há mais e menos, quando é grande, como digo, as mãos ficam geladas, e algumas vezes estendidas como paus; e o corpo, se está em pé, assim fica, ou de joelhos. E é tanto o que se emprega no gozo do que o Senhor lhe representa, que parece que se esquece de animar o corpo e o deixa desamparado, e se dura, ficam os nervos com sentimento.

8. Parece-me que quer aqui o Senhor que a alma entenda mais do que goza que na união, e assim lhe são descobertas algumas coisas de Sua Majestade no rapto muito ordinariamente; e os efeitos com que fica a alma são grandes e o esquecer a si por querer que seja conhecido e louvado tão grande Deus e Senhor. A meu parecer, se é de Deus, que não pode ficar sem um grande conhecimento de que ela ali não pôde nada e de sua miséria e ingratidão de não ter servido a quem só por sua bondade lhe faz tão grande mercê. Porque o sentimento e suavidade é tão excessivo, que tudo o que cá se pode comparar, que se aquela memória não lhe passasse, sempre teria asco dos contentos de cá, e assim vem a ter todas as coisas do mundo em pouco.

9. A diferença que há de *arroubamentos* e *arrebatamentos* é que o arroubamento vai pouco a pouco morrendo para estas coisas exteriores e perdendo os sentidos e vivendo para Deus. O arrebatamento vem com uma só notícia que Sua Majestade dá no muito íntimo da alma, com uma velocidade que parece que a arrebata ao superior dela, que, a seu parecer, se vai do seu corpo; e assim é preciso ânimo no princípio para entregar-se nos braços do Senhor, leve-a aonde quiser. Porque, até que Sua Majestade a põe em paz aonde quer levá-la (digo levá-la, que entenda coisas altas), certamente é mister no princípio estar bem determinada a morrer por Ele; porque a pobre alma não sabe o que há de ser aquilo, digo no princípio.

10. Ficam as virtudes, a meu parecer, com isto mais fortes, porque deseja-se mais e dá-se mais a entender o poder deste grande Deus para temê-lo e amá-lo, pois assim, sem estar mais em nossa mão, arrebata a alma, bem como Senhor dela. Fica grande arrependimento de tê-lo ofendido, e espanto de como ousou ofender tão grande Majestade e grandíssima ânsia para que não haja quem o ofenda, senão que todos o louvem. Penso que devem vir daqui estes desejos tão grandíssimos de que se salvem as almas e de ser alguma parte para isso e para que este Deus seja louvado como merece.

11. O *voo do espírito* é um não sei como chamá-lo, que sobe do mais íntimo da alma. Lembro-me só desta comparação, que pus aonde vossa mercê sabe que estão longamente declaradas estas maneiras de oração e outras, e é tal a minha memória, que logo me esqueço.[17] Parece-me que a alma e o espírito devem ser uma coisa, senão que, como um fogo, que se é grande e esteve dispondo-se para arder, assim a alma, da disposição que tem com Deus, como o fogo, já que depressa arde, lança uma chama que chega ao alto, ainda que tão fogo seja como o outro que está embaixo, e não porque esta chama suba deixa de ficar o fogo. Assim cá na alma, parece que produz de si uma coisa tão depressa e tão delicada, que sobe à parte superior e vai aonde o Senhor quer; que não se pode declarar mais, e parece voo, que eu não sei outra coisa a que compará-lo. Sei que se entende muito claro e que não se pode estorvar.

12. Parece que aquela avezinha do espírito escapou da miséria desta carne e cárcere deste corpo, e assim pode mais empregar-se no que o Senhor lhe dá. É coisa tão delicada e tão preciosa, pelo que a alma entende, que não parece que há nisso ilusão, nem mesmo em nenhuma coisa destas, quando passam. Depois eram os temores, por ser tão ruim quem o recebe, que tudo lhe parecia que tinha razão de temer, ainda que no interior da alma fique uma certeza e segurança com que se podia viver, mas não para deixar de pôr diligências para não ser enganada.

13. *Ímpetos* chamo eu a um desejo que dá à alma algumas vezes, sem ter precedido antes oração, e é o mais contínuo; senão uma memória que vem de repente de que está ausente de Deus, ou de alguma palavra que

---

17. *Vida* 18, 2.

ouve, que leva a isto. Esta memória é tão poderosa e de tanta força algumas vezes que num instante parece que desatina; como quando se dá uma nova de repente muito penosa que não sabia, ou um grande sobressalto, que parece que tira o discurso do pensamento para consolar-se, senão que fica como absorta. Assim é cá, salvo que a pena é por tal causa que fica à alma um conhecer que é bem empregado morrer por ela.

14. O que parece é que tudo o que a alma entende então é para mais pena, e que o Senhor não quer que todo o seu ser aproveite de outra coisa, nem de lembrar-se de que sua vontade é que viva; senão parece-lhe que está numa tão grande solidão e desamparo de tudo, que não se pode escrever. Porque todo o mundo e suas coisas lhe dão pena e que nenhuma coisa criada lhe faz companhia, nem quer a alma senão o Criador, e isto vê que é impossível se não morrer. E como ela não se há de matar, morre por morrer, de tal maneira que verdadeiramente é perigo de morte, e se vê como pendurada entre céu e terra, que não sabe o que fazer de si. E pouco a pouco Deus dá uma notícia de si para que veja o que perde, de uma maneira tão estranha que não se pode dizer; porque nenhuma há na terra, pelo menos de quantas eu tenho passado, que iguale a ela. Basta que dure meia hora, deixa tão desconjuntado o corpo e tão abertos os pulsos que nem sequer restam as mãos para poder escrever, e com grandíssimas dores.

15. Disto nenhuma coisa sente até que passa aquele ímpeto. Bastante tem que fazer para sentir o interior, nem creio que sentiria graves tormentos, e está com todos os seus sentidos e pode falar e até mirar; andar não, que o grande golpe do amor a derruba. Isto, ainda que morra para tê-lo, a não ser quando Deus o dá, não aproveita. Deixa grandíssimos efeitos e lucro na alma. Uns letrados dizem que é uma coisa; outros, outra; ninguém o condena. O Mestre Ávila me escreveu que era bom,[18] e assim dizem todos. A alma bem entende que é grande mercê do Senhor. Se fosse muito amiúde, pouco duraria a vida.

16. O ordinário ímpeto é que vem este desejo de servir a Deus com uma grande ternura e lágrimas para sair deste desterro; mas como há liberdade para a alma considerar que é a vontade do Senhor que viva, com isso

---

18. Cf. carta de 12 de setembro de 1568 (B.M.C., t. 2, p. 208-210).

se consola, e lhe oferece o viver, suplicando-lhe que não seja senão para a sua glória. Com isto passa.

17. Outra maneira bastante ordinária de oração é uma maneira de *ferida*, que parece à alma como se uma seta lhe metessem pelo coração, ou por ela mesma. Assim causa uma dor grande que faz queixar-se, e tão saborosa, que nunca quereria que lhe faltasse. Esta dor não é no sentido, nem tampouco é chaga material, mas no interior da alma, sem que pareça dor corporal; senão que, como não se pode dar a entender senão por comparações, põem-se estas grosseiras, que para o que isso é o são, mas não sei eu dizê-lo de outra sorte. Por isso, não são estas coisas para escrever nem dizer, porque é impossível entendê-lo senão quem o tem experimentado. Digo aonde chega esta pena, porque as penas do espírito são diferentíssimas das de cá. Por aqui deduzo eu como padecem mais as almas no inferno e purgatório do que cá se pode entender por estas penas corporais.

18. Outras vezes parece que esta *ferida do amor* sai do íntimo da alma. Os efeitos são grandes, e quando o Senhor não o dá, não há remédio ainda que mais se procure, nem tampouco deixá-lo de ter quando Ele é servido de dá-lo. São como uns desejos de Deus, tão vivos e tão delgados, que não se podem dizer; e como a alma se vê atada para não gozar como quereria de Deus, dá-lhe um aborrecimento grande com o corpo, e parece-lhe como uma grande parede que a estorva para que a sua alma não goze do que entende então, a seu parecer, que goza em si, sem embaraço do corpo. Então vê o grande mal que nos veio pelo pecado de Adão em tirar esta liberdade.

19. Teve-se esta oração antes dos arroubamentos e dos ímpetos grandes que tenho dito. Esqueci-me de dizer que quase sempre não se tiram aqueles ímpetos grandes a não ser com um arroubamento e regalo grande do Senhor, aonde consola a alma e a anima para viver para Ele.

20. Tudo isto que está dito não pode ser antojo, por algumas causas que seria longo dizer. Se é bom ou não, o Senhor o sabe. Os efeitos e como deixa aproveitada a alma não se pode deixar de entender, a todo meu parecer.

21. As Pessoas vejo claro serem distintas, como o via ontem, quando falava vossa mercê com o Provincial,[19] salvo que não vejo nada, nem ouço,

---

19. Rodrigo Alvarez e Diego de Acosta, S.J.

como já tenho dito a vossa mercê; mas é com uma certeza estranha, ainda que não vejam os olhos da alma, e, em faltando aquela presença, se vê que falta. O como, eu não sei, mas muito bem sei que não é imaginação; porque, ainda que depois me desfaça para tornar a representá-lo, não posso ainda que o tenha provado; e assim é tudo o que aqui vai, pelo que eu posso entender. Que como faz tantos anos, tem-se podido ver para dizê-lo com esta determinação.

22. Verdade é, e advirta vossa mercê isto, que a Pessoa que fala sempre, bem posso afirmar qual me parece que é; as demais não poderia assim afirmá-lo. Uma bem sei que nunca tem sido. A causa jamais entendi, nem me ocupo mais em pedir do que Deus quer; porque logo me parece que havia de me enganar o demônio, e tampouco o pedirei agora, que teria temor disso.

23. A principal parece-me que alguma vez; mas como agora não me lembro bem, nem o que era, não o ousarei afirmar. Tudo está escrito aonde vossa mercê sabe,[20] e isto muito mais longamente que aqui vai, ainda que não saiba se com estas palavras. Ainda que estas Pessoas distintas se deem a entender por uma maneira estranha, a alma entende ser um só Deus. Não me lembro de ter-me parecido que fala nosso Senhor, a não ser a Humanidade, e já digo, isto posso afirmar que não é antojo.

24. Eu não sei o que vossa mercê diz da água, tampouco entendi aonde está o paraíso terrestre. Já tenho dito o que o Senhor me dá a entender, que eu não posso escusar, entendo-o porque não posso mais. Mas pedir eu a Sua Majestade que me dê a entender alguma coisa, jamais o tenho feito, que logo me pareceria que eu o imaginava e que me havia de enganar o demônio; e jamais, glória a Deus, fui curiosa em desejar saber coisas, nem se me dá nada de saber mais. Isto me tem custado bastante trabalho, que sem querer, como digo, entendi, ainda que pense que tenha sido meio que o Senhor tomou para minha salvação, como me visse tão ruim, que os bons não hão mister de tanto para servir a Sua Majestade.

25. Lembro-me de outra oração, que é anterior à primeira que disse, que é uma *presença de Deus* que não é visão de nenhuma maneira, senão

---

20. Livro da *Vida*.

parece que, cada e quando (ao menos quando não há securas) uma pessoa se quer encomendar a Sua Majestade, ainda que seja rezar vocalmente, o acha.

Praza a Ele que não perca eu tantas mercês por minha culpa e que tenha misericórdia de mim.

6[21]

1. Oh, quem pudera dar a entender bem a vossa senhoria a quietude e sossego com que se acha a minha alma! Porque tem já tanta certeza de que há de gozar de Deus que lhe parece que a alma goza porque já lhe foi dada a posse, ainda que não o gozo; como se um tivesse dado uma grande renda a outro com escrituras muito firmes para que gozasse dela daqui a certo tempo e levasse os frutos; mas até então não goza senão da posse que já lhe deram de que gozará desta renda. E com o agradecimento que lhe fica, nem quereria gozar dela, porque lhe parece que não mereceu senão servir, ainda que seja padecendo muito, e ainda algumas vezes que daqui ao fim do mundo fosse pouco para servir a quem lhe deu esta posse. Porque, na verdade, já em parte não está sujeita às misérias do mundo como costumava; porque ainda que passe mais, não parece senão que é como na roupa, que a alma está como num castelo com senhorio, e assim não perde a paz, ainda que esta segurança não tire um grande temor de não ofender a Deus e tirar tudo o que o pode impedir a não o servir, antes ainda com mais cuidado, mas ainda tão esquecida de seu próprio proveito, que lhe parece que perdeu em parte o ser, segundo anda esquecida de si. Nisto tudo vai para a honra de Deus e como fazer mais a sua vontade e ser glorificado.

2. Então isto é assim, no tocante à sua saúde e corpo me parece que se traz mais cuidado e menos mortificação em comer, e em fazer penitência não os desejos que tinha, mas ao que parece tudo vai a fim de poder mais servir a Deus em outras coisas, que muitas vezes se oferece a Ele como um

---

21. Palência, 1581. Dirigida ao Bispo de Osma, Dr. Velázquez, o qual escreveu acima da primeira linha do autógrafo: "Parte de uma relação que a Madre me enviou consultando seu espírito e maneira de proceder". – O autógrafo está conservado nas Carmelitas Descalças de Santa Ana de Madri (Aranaz).

grande sacrifício o cuidado do corpo, e cansa bastante, e algumas se prova em algo; mas por todo o seu parecer não o pode fazer sem dano de sua saúde, e é posto diante dela o que os prelados lhe mandam. Nisto e no desejo que tem de sua saúde, também deve intrometer-se bastante amor próprio. Mas a meu parecer, entendo que me daria muito mais gosto, e me dava, quando podia fazer muita penitência, porque sequer parecia que fazia algo e dava bom exemplo e andava sem este trabalho que dá o não servir a Deus em nada. Vossa senhoria mire o que nisto será melhor fazer.

3. O que toca às visões imaginárias cessou; mas parece que sempre vem esta visão intelectual destas três Pessoas e da Humanidade, que é, a meu parecer, coisa muito mais subida. E agora entendo, a meu parecer, que eram de Deus as que tenho tido, porque dispunham a alma para o estado em que agora está, senão como tão miserável e de pouca fortaleza Deus a ia levando como via que era mister; mas, a meu parecer, são de apreciar quando são de Deus, muito.

4. As falas interiores não cessaram, pois quando é mister, nosso Senhor me dá alguns avisos, e ainda agora em Palência teria sido feita uma imperfeição, ainda que não de pecado, se não fosse por isto.[22]

5. Os atos e desejos não parece que levam a força que costumavam, pois ainda que sejam grandes, é tão maior a que tem o[23] que se faça a vontade de Deus e o que seja mais sua glória, que como a alma tem bem entendido que Sua Majestade sabe o que para isto convém e está tão apartada de interesse próprio, acabam-se depressa estes desejos e atos, e a meu parecer não levam força. Daqui procede o medo que trago algumas vezes, ainda que não com inquietação e pena como costumava, de que está a alma embevecida, e eu sem fazer nada, porque penitência não posso. Atos de padecer e martírio e de ver Deus não levam força, e o mais ordinariamente não posso. Parece que vivo só para comer e dormir e não ter pena de nada, e ainda esta não me é dada, senão que algumas vezes, como digo, temo que seja engano; mas não posso crer nisso, porque a todo meu parecer não reina em mim com força apego a nenhuma criatura nem de toda a glória do

---

22. Ver as *Fundações* c. 29, n. 18s.
23. N.T.: "O" está em lugar de desejo (e ato), em ambas as vezes.

céu, senão amar a este Deus, que isto não se deduz, antes, a meu parecer, cresce e o desejar que todos o sirvam.

6. Mas com isto uma coisa me espanta, que aqueles sentimentos tão excessivos e interiores que me costumavam atormentar de ver perder as almas e de pensar se fazia alguma ofensa a Deus, tampouco o posso sentir agora assim, ainda que, a meu parecer, não seja menor o desejo de que não seja ofendido.

7. Vossa senhoria há de advertir que em tudo isto nem no que agora tenha, nem no passado, posso poder mais nem está em minha mão; servir mais poderia sim se não fosse ruim; mas digo que se agora com grande cuidado procurasse desejar morrer, não poderia, nem fazer os atos como costumava, nem ter as penas pelas ofensas de Deus, nem tampouco os temores tão grandes que trouxe tantos anos, que me parecia que andava enganada, e assim já não preciso andar com letrados nem dizer nada a ninguém, apenas satisfazer-me se vou bem agora e posso fazer algo. E isto tenho tratado com alguns com quem tinha tratado o demais, que é frei Domingos e o Mestre Medina e uns da Companhia. Com o que vossa senhoria agora me disser acabarei, pelo grande crédito que tenho dele. Mire isso muito por amor de Deus.

Tampouco me foi tirado entender que estão no céu algumas almas que morrem, das que tocam a mim; outras, não.[24]

8. A solidão que faz pensar que não se pode dar aquele sentido a "o que mama nos peitos de minha mãe".[25] A ida do Egito...

9. A paz interior e a pouca força que têm contentos nem descontentos para tirá-la de maneira que dure... Esta presença tão sem poder-se duvidar das três Pessoas, que parece claro que se experimento o que São João diz, "que faria morada com a alma",[26] isto não só por graça, senão porque quer dar a sentir esta presença, e traz tantos bens que não se podem dizer,

---

24. Este trecho foi todo ele acrescentado à margem pela Santa.
25. Palavras de Ct 8,1, com que ela alude veladamente a alguma graça ou tema conhecido pelo destinatário, mas enigmático para nós. Segue apontando outros temas sem desenvolvê-los.
26. João 14,23.

em especial que não é mister ir buscar considerações para conhecer que ali está Deus.

Isto é quase ordinariamente, a não ser quando a muita enfermidade aperta; que algumas vezes parece que Deus quer que se padeça sem consolo interior, mas nunca, nem por primeiro movimento, torce a vontade para que se faça nela a de Deus.

Tem tanta força este render-se a ela que não se quer nem a morte nem a vida, a não ser por pouco tempo quando deseja ver Deus; mas logo lhe é representado com tanta força estarem presentes estas três Pessoas, que com isto se tem remediado a pena desta ausência e fica o desejo de viver, se Ele quer, para servi-lo mais; e se pudesse, ser parte para sequer uma alma o amasse mais e louvasse por minha intercessão, que ainda que fosse por pouco tempo, lhe parece importar mais do que estar na glória.

Teresa de Jesus

7[27]

Aos dezessete dias de novembro, oitava de São Martinho, ano de 1569, vi para o que eu sei ter passado 12 anos. Para 33, que é o que viveu o Senhor, faltam 21.

É em Toledo, no mosteiro do glorioso São José do Carmo.

Eu por ti e tu por mim.

Vida 33.[28]

Doze por mim e não por minha vontade foram vividos.

---

27. Toledo, 18 de novembro de 1569. Contém a "cifra da morte" da Santa. Para nós, porém, é indecifrável (cf. B.M.C., tomo II, p. 43, nota). Seu original está conservado nas Carmelitas de Medina del Campo. Transcrevemos a cifra reproduzindo o fraseado do texto cifrado.

28. Leitura duvidosa. No original, o termo *vida* não pertence à proposição anterior e está seguido de uma cifra ou número que parece ser 33. – O P. Ribera informa: "Numa carta sua achei estas palavras: *Hoje é dia de São Martinho, de quem sou devota, porque nesta oitava tenho recebido algumas vezes fartas mercês do Senhor; não sei o que faz isso* (IV, 13, p. 427). Uma destas mercês pode ser vista na *Relação* 35.

8²⁹

Estando no mosteiro de Toledo e aconselhando-me alguns que não desse o enterro nele a quem não fosse cavalheiro, disse-me o Senhor: "Muito te desatinará, filha, se miras as leis do mundo. Põe os olhos em mim, pobre e desprezado por ele. Porventura serão os grandes do mundo grandes diante de mim? Ou tendes vós de ser estimadas por linhagens ou por virtudes"?

(Isto era sobre que me aconselhavam que não desse o enterro em Toledo, a quem não fosse cavalheiro.)³⁰

9³¹

Acabando de comungar, no segundo dia da quaresma em São José de Malagón, representou-se-me nosso Senhor Jesus Cristo em visão imaginária como de costume, e estando eu olhando-o, vi que na cabeça, em lugar de coroa de espinhos, em toda ela – que devia ser aonde fizeram chaga – tinha uma coroa de grande resplendor.

Como eu sou devota deste passo, consolei-me muito e comecei a pensar que grande tormento deveria ser, pois tinha feito tantas feridas, e a dar-me pena. Disse-me o Senhor que não tivesse lástima dele por aquelas feridas, senão pelas muitas que agora lhe davam. E eu lhe disse o que podia fazer para remédio disto, que determinada estava a tudo. Disse-me que não era agora tempo de descansar, senão que me desse pressa em fazer estas casas, que com as almas delas tinha ele descanso; que tomasse quantas me dessem, porque havia muitas que por não ter aonde não o serviam, e que as que fizesse em lugares pequenos fossem como esta, que tanto podiam

---

29. Toledo 1569-1570. – A metade do texto (só as palavras do Senhor) tem o original conservado nas Carmelitas Descalças de Lucena. O período que a precede foi publicado por frei Luís (p. 559). O final, por Ribera (II, 14, p. 194). – Alude ao referido em *Fundações*, c. 15.

30. O período entre parênteses era o sobrescrito, hoje perdido (cf. Ribera II, 14, p. 194).

31. Data provável: 9 de fevereiro de 1570, em Malagón. – Texto do manuscrito de Ávila (f. 1v), corrigido por Ribera (II,11, p. 180), que teve em seu poder o autógrafo. Cf. frei Luís, p. 552.

merecer com desejo de fazer o que nas outras, e procurasse que estivessem todas debaixo de um governo de prelado, e que pusesse muito que por coisa de mantimento corporal não se perdesse a paz interior, que Ele nos ajudaria para que nunca faltasse; em especial tivessem conta com as enfermas, que a prelada que não provesse e regalasse as enfermas era como os amigos de Jó, que Ele dava o açoite para o bem de suas almas, e elas punham em risco a paciência; que escrevesse a fundação destas casas.[32] Eu pensava como na de Medina nunca tinha ouvido nada para escrever sua fundação. Disse-me que o que mais queria ver era que sua fundação tinha sido milagrosa. Quis dizer que fazendo-o só Ele, parecendo ir sem nenhum caminho, e determinar-me eu a pô-lo por obra.[33]

10

Estando eu pensando como num aviso que me tinha dado o Senhor que desse, não entendia eu nada, ainda que lhe suplicasse e pensasse que devia ser demônio, disse-me que não era, que Ele me avisaria quando fosse tempo.[34]

11

Estando pensando uma vez com quanta mais limpeza se vive estando apartada de negócios, e como quando eu ando neles devo ir mal e com muitas faltas, ouvi: "Não pode ser menos, filha; procura em tudo reta intenção e desapego, e olhar para mim, para que vá o que fizeres conforme o que eu fiz".[35]

---

32. Ordem de escrever o *Livro das Fundações*.
33. Frei Luís de León oferece um texto mais correto: "... eu me determinei a pô-lo por obra" (p. 554).
34. Data incerta. Talvez aluda ao fato referido em *Vida* 34, 10 acerca de Garcia de Toledo. – Texto do códice de Ávila, f. 2v.
35. Data incerta (1570?). – Texto de Ribera (II, 18, p. 216). Cf. frei Luís, p. 549.

12

Estando pensando qual seria a causa de não ter agora quase nunca arroubamentos em público, entendi: "Não convém agora; bastante crédito tens para o que Eu pretendo; vamos mirando a fraqueza dos maliciosos".[36]

13

Estando um dia muito penalizada pelo remédio da Ordem, me disse o Senhor: "Faze o que está em ti e deixa-me tu a Mim e não te inquietes por nada; goza do bem que te foi dado, que é muito grande; meu Pai se deleita contigo e o Espírito Santo te ama".[37]

14

Um dia me disse o Senhor:[38] "Sempre desejas os trabalhos e, por outro lado, os recusas: Eu disponho as coisas conforme o que sei de tua vontade e não conforme a tua sensualidade e fraqueza. Esforça-te, pois vês o que te ajudo. Quis que tu ganhes esta coroa. Em teus dias, verás muito adiantada a Ordem da Virgem".

Isto entendi do Senhor em meados de fevereiro, ano de 1571.

15[39]

1. Todo o dia de ontem me achei com grande solidão, que, a não ser quando comunguei, não fez em mim nenhuma operação ser dia da Ressurreição. À noite estando com todas disseram uma cantiga de como

---

36. Data incerta (1570?). – Texto do códice de Ávila, f. 2v. Cf. frei Luís, p. 549.
37. Data provável (1570-1571). – Textos dos manuscritos de Ávila (f. 6r) e Toledo (f. 143v). Este último une as mercês 13 e 14, datando-as de fevereiro de 1571.
38. Este cabeçalho falta nos códices (Ávila f. 6v e Toledo 143v). Nós o tomamos de frei Luís (p. 559). – Data: fevereiro de 1571, em Salamanca ou em Alba.
39. O original, quase inteiro, mas dividido em fragmentos, está conservado atualmente nas Carmelitas Descalças de Locarno. Destinatário provável da Relação foi o P. Martín Gutiérrez: Salamanca, 15-16 de abril de 1571. O último fragmento (n. 6) talvez não faça parte da presente Relação (cf. frei Luís, p. 551).

era duro de sofrer viver sem Deus.[40] Como estava já com pena, foi tanta a operação que me fez, que as minhas mãos começaram a se entorpecer, e não bastou resistência, senão que como saio de mim pelos arroubamentos de contentamento, da mesma maneira se suspende a alma com a grandíssima pena, que fica alienada, e até hoje não entendi; antes, de uns dias para cá, me parecia não ter tão grandes ímpetos como costumava, e agora me parece que a causa é isto que tenho dito, não sei se pode ser, que antes não chegava a pena a sair de mim, e como é tão intolerável, e eu ficava em meus sentidos, fazia-me dar gritos grandes sem o poder escusar; agora, como cresceu, chegou a termos deste traspassamento e entendendo mais o que nossa Senhora teve, que até hoje – como digo – não entendi o que é traspassamento. Ficou tão quebrantado o corpo que escrevo isto ainda hoje com bastante pena, que ficam como desconjuntas as mãos e com dor.

2. Vossa mercê me dirá, quando me vir, se esta alienação pode ser de pena, e se a sinto como é ou me engano.

3. Até esta manhã estava com esta pena, que estando em oração tive um grande arroubamento e parecia-me que nosso Senhor me tinha levado o espírito para junto de seu Pai e ele lhe disse: "Esta que me deste te dou", e parecia-me que me achegava a si. Isto não é coisa imaginária, senão com certeza grande e uma delicadeza tão espiritual que não se sabe dizer tudo. Disse-me algumas palavras, que não sei se me lembro delas; de fazer-me mercê eram algumas. Durou algum espaço ter-me junto a si.

4. Como vossa mercê se foi ontem tão depressa e eu vejo as muitas ocupações que tem para poder-me eu consolar com ele ainda o necessário, porque vejo que são mais necessárias as ocupações de vossa mercê, fiquei um momento com pena e tristeza. Como eu tinha a solidão que tenho dito, ajudava; e como me parece que criatura da terra não me tem apegada, deu-me algum escrúpulo, temendo que começasse a perder esta liberdade. Isto era à noite. E hoje nosso Senhor me respondeu a isso e disse-me que não me maravilhasse, que assim como os mortais desejam companhia para

---

40. A cantora da "cantiga" [esp. "cantarcillo"] foi Isabel de Jesus, então noviça. Ver o seu testemunho nos processos da Santa (B.M.C., tomo 2, p. 48, e Ribera IV, c. 10, p. 399); cf. *Moradas* VI, 11, 8, e *Conceitos* 7, 2. O poema começava: "Véante mis ojos, dulce Jesús bueno...". [Vejam-te meus olhos, doce Jesus bom.]

comunicar os seus contentos sensuais, assim a alma a deseja – quando houver quem a entenda – comunicar seus gozos e penas e se entristece não ter com quem. Disse-me: "Ele agora vai bem e me agradam as suas obras".

5. Como estivesse algum espaço comigo, lembrei-me de que eu dissera a vossa mercê que estas visões passavam depressa. Disse-me que havia diferença entre isto e as imaginárias e que não podia haver regra certa nas mercês que nos fazia ter, porque umas vezes convinha de uma maneira e outras de outra.

6. Um dia, depois de comungar, me parece clarissimamente que nosso Senhor se sentou junto a mim e começou a me consolar com grandes regalos, e disse-me entre outras coisas: "Vês-me aqui, filha, pois sou eu; mostra as tuas mãos", e parecia que tomava as minhas e achegava ao seu lado, e disse: "Mira minhas chagas. Não estás sem mim. Passa a brevidade da vida".

Em algumas coisas que me disse entendi que depois que subiu aos céus, nunca mais desceu à terra, a não ser no Santíssimo Sacramento, para comunicar-se com alguém.

Disse-me que ao ressuscitar tinha visto nossa Senhora, porque estava já com grande necessidade, pois a pena a tinha tão absorta e traspassada, que não tornava logo a si para gozar daquele gozo (por aqui entendi essoutro meu traspassamento, bem diferente; mas qual devia ser o da Virgem!); e que tinha estado muito com ela; porque tinha sido preciso até consolá-la.

16[41]

1. Na terça-feira depois da Ascensão, tendo estado um tempo em oração depois de comungar com pena, porque me divertia de maneira que não podia estar numa coisa, queixava-me ao Senhor de nosso miserável natural. Começou a inflamar-se a minha alma, parecendo-me que claramente entendia ter presente toda a Santíssima Trindade em visão intelectual, aon-

---

41. Em 29 de maio de 1571, em Ávila. Data da graça. O relato será de data pouco posterior. – Textos dos manuscritos de Ávila (f.3r) e Toledo (f. 141v). Cf. frei Luís, p. 554. Cf. *Moradas* VII, 1, 6.

de minha alma entendeu por certa maneira de representação, como figura da verdade, para que a minha torpeza pudesse entender como Deus é trino e uno; e assim me parecia que todas as três Pessoas falavam comigo, e que se representavam dentro de minha alma distintamente, dizendo-me que desde este dia veria melhoria em mim em três coisas, que cada uma destas Pessoas me faziam mercê: uma na caridade e em padecer com contento, em sentir esta caridade com acendimento na alma. Entendi aquelas palavras que o Senhor diz: que estarão com a alma que está em graça as três divinas Pessoas,[42] porque as via dentro de mim pela maneira dita.

2. Estando eu depois agradecendo ao Senhor tão grande mercê, achando-me indigna dela, dizia à Sua Majestade com bastante sentimento, que, pois me havia de fazer semelhantes mercês, que por que me tinha deixado de sua mão para que fosse tão ruim, porque no dia antes tinha tido grande pena por meus pecados, tendo-os presentes. Via claramente o muito que o Senhor tinha posto de sua parte, desde que era muito menina, para achegar-me a si com meios bastante eficazes e como todos não me aproveitaram. Por onde claramente me foi representado o excessivo amor que Deus tem por nós em perdoar tudo isto, quando nos queremos tornar a Ele, e mais comigo que com ninguém, por muitas causas.

Parece que ficaram em minha alma tão impressas aquelas três Pessoas que vi, sendo um só Deus, que a durar assim impossível seria deixar de estar recolhida com tão divina companhia.

Algumas outras coisas e palavras que aqui se passaram não há para que escrever.

---

42. João 14,23. – Para a situação desta graça no matrimônio místico, ver *Moradas* VII, 1, 6.

17

Uma vez pouco antes disto,[43] indo comungar, estando a Forma[44] no relicário – pois ainda não me fora dada –, vi uma maneira de pomba que meneava as asas com ruído. Perturbou-me tanto e suspendeu-me, que com farta força tomei a forma. Isto tudo era em São José de Ávila. Dava-me o Santíssimo Sacramento o Padre Francisco de Salcedo.

Outro dia, ouvindo sua missa, vi o Senhor glorificado na Hóstia. Disse-me que lhe era aceitável o seu sacrifício.

18[45]

Esta presença das três Pessoas que disse no princípio[46] tenho trazido até hoje – que é dia da Comemoração de São Paulo – presentes em minha alma muito ordinariamente, e como eu estava habituada a trazer só Jesus Cristo sempre, parece que me fazia algum impedimento ver três Pessoas, ainda que entenda que seja um só Deus, e disse-me hoje o Senhor, pensando nisto: que errava em imaginar as coisas da alma com a representação das do corpo; que entendesse que eram muito diferentes, e que a alma era capaz de gozar muito. Pareceu-me que se representou a mim como quando numa esponja se incorpora e embebe a água; assim me parecia minha alma que se enchia daquela divindade e de certa maneira gozava em si e tinha as três Pessoas.

Também entendi: "Não trabalhes tu de ter a Mim encerrado em ti, senão de encerrar-te tu em Mim". Parecia-me que de dentro de minha alma – que estavam e via eu estas três Pessoas – se comunicavam a todo o criado, não fazendo falta nem faltando de estar comigo.

---

43. Ávila, maio de 1571, data da graça. O escrito data provavelmente de poucos dias depois. Cf. frei Luís de León (p. 555) que une esta relação com a Relação 22. – Sobre Salcedo, cf. *Vida* 23,6. – Texto do códice de Ávila (f. 4r).

44. N.T.: *Forma*, em espanhol, tem também sentido de "pão ázimo": neste caso, a hóstia, a Espécie.

45. Data: 30 de junho de 1571, em Ávila. – Texto do ms. de Ávila, f. 4r.

46. Alusão à *Relação* 16.

19[47]

Estando, poucos dias depois disto que digo,[48] pensando se tinham razão aqueles a quem lhes parecia mal que eu saísse a fundar, e que estaria eu melhor me empregando sempre em oração, entendi: "Enquanto se vive, não está o lucro em procurar gozar de mim, senão em fazer a minha vontade".

Parecia-me a mim que, pois São Paulo diz do encerramento das mulheres[49] – que me disseram há pouco e já antes o tinha ouvido – que esta seria a vontade de Deus. Disse-me: "Dize-lhes que não sigam só uma parte da Escritura, que olhem outras, que assim poderão porventura atar-me as mãos".

20[50]

Estando, eu um dia depois da oitava da Visitação encomendando a Deus um irmão meu numa ermida do Monte Carmelo, disse ao Senhor, não sei se em meu pensamento: "Por que está este meu irmão aonde tem perigo a sua salvação? Se eu visse, Senhor, um irmão vosso neste perigo, o que faria para remediar?" Parecia a mim que não ficara coisa que pudesse, por fazer.

Disse-me o Senhor: "Ó filha, filha! Irmãs são minhas estas da encarnação,[51] e te deténs? Pois tem ânimo; mira o que quero Eu, e não é tão difícil como te parece, e por onde pensais que estoutras casas perderão, ganhará um e o outro; não resistas, que é grande o meu poder".

---

47. Data da graça: cerca de julho de 1571, em Ávila. – Texto do ms. de Ávila, f. 4v. Cf. Ribera II, 18, p. 217, e frei Luís, p. 556.
48. No ms. de Ávila precedem imediatamente as *Mercês* 16, 17, 22 e 18.
49. Tito 2,5; 1Cor 14,34.
50. Ávila, 10 de julho de 1571. – O irmão a quem faz alusão é Agustín de Ahumada, residente no Chile (cf. frei Luís, p. 556). – Texto do manuscrito de Ávila, f. 5r.
51. Tinha sido nomeada priora da Encarnação de Ávila pelo P. Pedro Hernández.

21

O desejo e ímpetos tão grandes de morrer me foram tirados, em especial desde o dia da Madalena, que determinei viver de bom grado para servir muito a Deus, a não ser algumas vezes que, não obstante o desejo de vê-lo, ainda que mais o rejeite, não posso.[52]

22

Uma vez entendi: "Tempo virá que nesta igreja se farão muitos milagres; chamá-la-ão a igreja santa". É em São José de Ávila, ano de 1571.[53]

23

Estando pensando uma vez na grande penitência que fazia dona Catarina de Cardona[54] e como eu poderia ter feito mais, segundo os desejos que algumas vezes o Senhor me dá de fazer, se não fosse para obedecer aos confessores, se seria melhor não obedecê-los daqui em diante nisso, me disse: "Isso não, filha; bom caminho levas e seguro. Vês toda a penitência que faz? Em mais tenho a tua obediência".

24[55]

Uma vez estando em oração, me mostrou o Senhor por uma estranha maneira de visão intelectual como estava a alma que está em graça, em cuja companhia vi a Santíssima Trindade por visão intelectual, de cuja companhia vinha à alma um poder que senhoreava toda a terra. Deram-

---

52. Ribera (IV, c. 10, p. 399) relaciona esta *Mercê* com a 15 (Salamanca, abril--maio de 1571). – Texto tomado de Ribera.
53. Ribera (IV, c. 5, p. 360) teve diante de si o autógrafo.
54. Sobre Catarina de Cardona, ver nas *Fundações* c. 28. – Ribera (IV, c. 18, p. 458) transcreveu-a do autógrafo (cf. frei Luís, p. 557). – Data incerta.
55. Data incerta, provavelmente 1571. – Texto tomado do ms. de Ávila (f. 5v) e corrigido por frei Luís (p.557). – Sobre esta graça cf. *Moradas* I, 2, 2 e VII, 1, 3-4.

As relações

-me a entender aquelas palavras dos *Cânticos* que diz: *Veniat dilectus meus in hortum suum et comedat*.[56]

Mostrou-me também como está a alma que está em pecado, sem nenhum poder, senão como uma pessoa que estivesse totalmente atada e ligada e tapados os olhos, que ainda que quisesse ver, não pode, nem andar, nem ouvir e em grande escuridão. Fizeram-me tanta lástima as almas que estão assim que qualquer trabalho me parece ligeiro para livrar uma. Pareceu-me que entendendo isto como eu o vi – pois mal se pode dizer –, que não era possível ninguém querer perder tanto bem nem estar em tanto mal.

25[57]

1. Na véspera de São Sebastião, no primeiro ano que vim a ser Priora na Encarnação, começando a Salve, vi na cadeira prioral, aonde está posta nossa Senhora, baixar com grande multidão de anjos a Mãe de Deus e pôr-se ali. A meu parecer, não vi a imagem então, senão esta Senhora que digo. Pareceu-me que se parecia algo com a imagem que a Condessa me deu,[58] ainda que tenha sido depressa podê-la determinar, por suspender-me logo muito. Parecia-me em cima das comas[59] das cadeiras e sobre os parapeitos, anjos, ainda que não com forma corporal, que era visão intelectual.

Esteve assim toda a Salve, e disse-me: "Bem acertaste em pôr-me aqui; eu estarei presente aos louvores que fizerem a meu Filho, e os apresentarei a eles".

2. Depois disto fiquei eu na oração que trago de estar a alma com a Santíssima Trindade, e parecia-me que a pessoa do Pai me achegava a Si e dizia palavras muito agradáveis. Entre elas me disse, mostrando-me o que

---

56. Ct 5,1. – A grafia latina no ms. de Ávila: *veni dilectus meus in hortum meo et comeded*. Grafia de frei Luís: *Dilectus meus descendit in hortum suum* (p. 557).
57. Data da graça: 19 de janeiro de 1572, na Encarnação de Ávila. – Texto do códice de Ávila, corrigido por Ribera (III, 1, p. 228) e frei Luís (p. 550). Ver *Relação* 31, nota 75.
58. Refere-se a um belo quadro recebido de presente da Condessa de Osorno e conservado atualmente em São José de Ávila.
59. *Comas*: Ribera lê: *coronas de las sillas* (coroas das cadeiras, p. 228). É geralmente traduzido por "cornija".

queria: "Eu te dei meu Filho e o Espírito Santo e esta Virgem. O que podes tu dar a mim?"

26[60]

1. No dia de Ramos, acabando de comungar, fiquei com grande suspensão, de maneira que nem podia passar a Forma e, tendo-a na boca verdadeiramente me pareceu, quando tornei um pouco a mim, que toda a minha boca se tinha enchido de sangue; e parecia-me estar também o rosto e toda eu coberta dele, como se então o Senhor o acabasse de derramar. Parece-me que estava quente, e era excessiva a suavidade que então sentia, e disse-me o Senhor: "Filha, eu quero que o meu sangue te aproveite, e não tenhas medo que te falte minha misericórdia; Eu o derramei com muitas dores, e tu gozas dele com tão grande deleite como vês; bem te pago o convite que me fazias neste dia".

Ele disse isto porque há mais de trinta anos que eu comungava neste dia, se podia, e procurava aparelhar a minha alma para hospedar o Senhor; porque me parecia muita a crueldade que fizeram os judeus, depois de tão grande recepção, deixá-lo ir comer tão longe, e eu fazia conta de que ficasse comigo, e bastante em má pousada, segundo agora vejo; e assim fazia umas considerações bobas e o Senhor as devia admitir; porque esta é das visões que eu tenho por muito certas, e assim para a comunhão me ficou aproveitamento.

2. Antes disto tinha estado, creio três dias, com aquela grande pena que trago mais umas vezes que outras, de que estou ausente de Deus, e nestes dias tinha sido bem grande, que parecia que não o podia sofrer; e tendo estado assim bastante fatigada, vi que era tarde para fazer colação e não podia e, por causa dos vômitos, me faz muita fraqueza não a fazer um momento antes, e assim com bastante força pus o pão diante de mim para me forçar a comê-lo, e logo Cristo me foi representado ali, e parecia-me que me partia o pão e o ia pôr na minha boca, e disse-me: "Come, filha, e passa como puderes; pesa-me o que padeces, mas isto te convém agora".

---

60. Data incerta: 8 de abril de 1571 em Salamanca ou 30 de março de 1572 em Ávila. – Texto do códice de Ávila (f. 12r), corrigido por frei Luís (p. 547).

As relações

Fiquei livre daquela pena e consolada, porque verdadeiramente me pareceu que ficava comigo, e todo o outro dia, e com isto se satisfaz o desejo por então.

O fato de dizer "pesa-me" me fez reparar, porque não me parece que possa ter pena de nada.

27

"Com que te afliges, pecadorzinha? Eu não sou o teu Deus? Não vês quão mal ali sou tratado? Se me amas, por que não te condóis de mim?"[61]

28

Sobre o temor de pensar se não estão em graça:[62] "Filha, muito diferente é a luz das trevas. Eu sou fiel. Ninguém se perderá sem entendê-lo. Enganar-se-á quem se assegurar por regalos espirituais. A verdadeira segurança é o testemunho da boa consciência; mas ninguém pense que por si pode estar em luz, assim como não poderia fazer que não viesse a noite, porque depende de mim a graça. O melhor remédio que pode haver para deter a luz é entender que não pode nada e que vem de mim; porque ainda que esteja nela, num ponto que eu me aparte, virá a noite. Esta é a verdadeira humildade, conhecer o que pode e o que eu posso.

Não deixes de escrever os avisos que te dou, para não os esqueceres; pois queres por escrito os dos homens, por que pensas que perdes tempo em escrever os que te dou? Tempo virá em que precisarás de todos eles".

---

61. Data incerta. Tomado do códice de Ávila, f. 13r.
62. Data incerta. Segundo Silvério, "na Encarnação, ano de 1572". – Texto do códice de Ávila, f. 13v. No título coincide com o ms. de Toledo, f. 147v; talvez devesse ser lido: *sobre o temor de pensar se não "estava" em graça*. Frei Luís transcreveu: *Estando com temor um dia de se estava em graça ou não, me disse* (p. 549).

29[63]

Sobre dar-me a entender o que é união:

1. "Não penses, filha, que é união estar muito junta comigo, porque também o estão os que me ofendem, ainda que não queiram; nem os regalos e gostos da oração, ainda que seja em muito subido grau, ainda que sejam meus, meios são para ganhar as almas muitas vezes, ainda que não estejam em graça". Estava eu quando isto entendia em grande maneira levantado o espírito. Deu-me a entender o Senhor que era espírito e como estava a alma então e como se entendem as palavras do Magnificat: *Exultavit spiritus meus*.[64] Não o saberei dizer; parece-me que me foi dado a entender que o espírito era o superior da vontade.

2. Tornando à união, entendi que era este espírito limpo e levantado de todas as coisas da terra, não ficar coisa dele que queira sair da vontade de Deus, senão que de tal maneira esteja um espírito e uma vontade conforme com a sua, e um desapego de tudo, empregado em Deus, que não tenha memória de amor a si nem a nenhuma coisa criada.

3. Tenho eu pensado: se isto é união, logo uma alma que sempre está nesta determinação, sempre podemos dizer que está em oração de união; e é verdade que esta não pode durar senão muito pouco. Ofereceu-se a mim que quanto a andar justamente e merecendo e ganhando, fará sim; mas não se pode dizer que anda unida a alma como na contemplação. Parece-me que entendi, ainda que não por palavras, que é tanto o pó de nossa miséria e faltas e estorvos em que nos tornamos a esconder, que não seria possível estar com a limpeza que está o espírito quando se junta com o de Deus, que vai já fora e levantando de nossa miserável miséria. E parece-me que, se esta for união, estar tão feita uma nossa vontade e espírito com o de Deus, que não é possível tê-la quem não estiver em estado de graça, que me tinham dito que sim. Assim me parece que será bem difícil entender quando é união, senão por particular graça de Deus, pois não se pode entender quando estamos nela.

---

63. Data incerta. Tomo o texto do códice de Ávila (f. 14r; cf. Ribera IV, 20, p. 470).
64. Lucas 1,47. – A grafia do ms. de Ávila é: *Exultavid espiritus meus*.

4. Escreva-me vossa mercê o seu parecer e no que desatino, e torne a me enviar este papel.[65]

30[66]

Tinha lido num livro que era imperfeição ter imagens curiosas, e assim queria não ter na cela uma que tinha, e também antes que lesse isto me parecia pobreza ter alguma que não fosse de papel; e como depois um dia destes li isto, já não as tivera de outra coisa. E entendi isto estando descuidada disso: que não era boa mortificação, que qual era melhor: a pobreza ou a caridade; porque o amor era o melhor, que tudo o que me despertasse para ele, não o deixasse, nem o tirasse de minhas monjas; que as muitas molduras e coisas curiosas nas imagens, dizia o livro, que não a imagem; que o que o demônio fazia nos luteranos era tirar deles todos os meios para mais despertar, e assim iam perdidos. "Meus cristãos, filha, hão de fazer, agora mais do que nunca, o contrário do que eles fazem".

Entendi que tinha muita obrigação de servir a nossa Senhora e a são José; porque muitas vezes indo perdida de todo, por seus rogos me tornava Deus a dar saúde.

31

Oitava do Espírito Santo me fez o Senhor uma mercê e me deu esperança de que esta casa iria melhorando: digo as almas dela.[67]

---

65. Alude provavelmente ao padre Martín Gutiérrez, Reitor do Colégio da Companhia em Salamanca (cf. Ribera IV, 4, p. 349, e *Rel.* 15, nota 1).
66. Data e lugar incertos. Segundo Silvério, "na Encarnação, 1572". – Texto do códice de Ávila, f. 15r. Cf. frei Luís (p. 548).
67. Data provável: 1 de junho de 1572, na Encarnação de Ávila. Segundo Ribera (III, 1, p. 228), no original da Santa esta Relação seguia a 25, ambas alusivas às monjas da Encarnação. – Texto do códice de Ávila e Ribera.

32

No dia da Madalena, o Senhor tornou a me confirmar uma mercê que me tinha feito em Toledo, elegendo-me na ausência de certa pessoa em seu lugar.[68]

33

1. Um dia depois de São Mateus,[69] estando como costume depois que vi a visão da Santíssima Trindade e como está com a alma que está em graça, me foi dado a entender muito claramente, de maneira que por certas maneiras e comparações por visão imaginária o vi. E ainda que outras vezes me tenha sido dado a entender por visão intelectual a Santíssima Trindade, não me ficou depois de alguns dias a verdade, como agora, digo para podê-lo pensar e consolar-me com isto. E agora vejo que da mesma maneira que o ouvi de letrados, e não o tenho entendido como agora, ainda que sempre sem detenção o creia, porque não tenho tido tentações da fé.

2. Às pessoas ignorantes parece-nos que todas as três Pessoas da Santíssima Trindade estão – como vemos pintado – numa Pessoa, à maneira de quando se pinta num corpo três rostos; e assim nos espanta tanto que parece coisa impossível e que não há quem ouse pensar nisso, porque o entendimento se embaraça e teme ficar duvidoso desta verdade e evitar um grande lucro.

3. O que se representou a mim, são três Pessoas distintas, que cada uma pode mirar e falar por si. E depois tenho pensado que só o Filho tomou carne humana, por onde se vê esta verdade. Estas Pessoas se amam e comunicam e se conhecem. Pois se cada uma é por si, como dizemos que todas as três são uma essência, e o cremos, e é muito grande verdade e por

---

68. Data, segundo Silvério, de 22 de julho de 1572, na Encarnação de Ávila. Talvez se possa esclarecer a discreta reticência da Santa com este texto de Yepes: "Como num dia da Madalena estivesse a Madre com uma inveja santa do muito que o Senhor a tinha amado, disse-lhe ele: 'A esta tive por amiga enquanto estive na terra, e a ti te tenho agora que estou no céu'. E o Senhor confirmou depois esta mercê por alguns anos no mesmo dia da Madalena" (*Vida* 1, 19). – Texto do códice de Ávila, f. 7r.

69. Data incerta. Segundo Silvério, "é de 22 de setembro de 1572". – Texto do códice de Ávila, f. 15v.

ela morreria eu mil mortes? Em todas as três Pessoas não há mais de um querer e um poder e um senhorio, de maneira que nenhuma coisa pode uma sem a outra, senão que de quantas criaturas há é só um Criador. Poderia o Filho criar uma formiga sem o Pai? Não, pois é tudo um poder, e o mesmo o Espírito Santo; assim que é um só Deus todo-poderoso, e todas as três Pessoas uma Majestade. Poderia um amar o Pai sem querer o Filho e o Espírito Santo? Não, senão quem contentar uma destas três Pessoas divinas, contenta todas as três, e quem a ofender, o mesmo. Poderá o Pai estar sem o Filho e sem o Espírito Santo? Não, porque é uma essência, e aonde está um estão todas as três, que não podem ser divididas. Pois como vemos que estão divisos três pessoas, e como tomou carne humana o Filho e não o Pai nem o Espírito Santo?

Isto eu não entendi; os teólogos o sabem. Bem sei eu que naquela obra tão maravilhosa que estavam todas as três, e não me ocupo em pensar muito isto. Logo se conclui meu pensamento vendo que é Deus todo-poderoso, e como o quis o pôde, e assim poderá tudo o que quiser; e quanto menos o entender, mais o creio e me faz maior devoção. Seja para sempre bendito. Amém.

34[70]

Se nosso Senhor não me tivesse feito as mercês que me tem feito, não me parece que teria ânimo para as obras que foram feitas nem forças para os trabalhos padecidos e contradições e juízos. E assim, depois que se começaram as fundações, me foram tirados os temores que antes trazia de pensar ser enganada, e me foi posto certeza que era Deus, e com isto me lançava a coisas difíceis, ainda que sempre com conselho e obediência. Por onde entendo que, como quis nosso Senhor despertar o princípio desta ordem e por sua misericórdia me tomou por meio, havia Sua Majestade de pôr o que me faltava, que era tudo, para que tivesse efeito e se mostrasse melhor a sua grandeza em coisa tão ruim.

---

70. Data incerta. – Tomo o texto do códice de Ávila (f. 21v), corrigido pelas antigas edições do *Epistolário* feitas sobre o autógrafo (t. IV, Madri, 1771, p. 497).

35

Estando na Encarnação no segundo ano que tinha o priorado, na oitava de São Martinho,[71] estando comungando, partiu a Forma o Padre frei João da Cruz, que me dava o Santíssimo Sacramento, para outra irmã. Eu pensei que não era falta de Forma, senão que me queria mortificar, porque eu lhe tinha dito que gostava muito quando eram grandes as Formas (não porque não entendesse que não importava para deixar de estar o Senhor inteiro, ainda que fosse muito pequeno pedacinho). Disse-me Sua Majestade: "Não tenhas medo, filha, que ninguém seja parte para afastar-te de Mim"; dando-me a entender que não importava. Então Ele me foi representado por visão imaginária, como outras vezes, muito no interior, e deu-me a sua mão direita, e disse-me: "Mira este cravo, que é sinal que serás minha esposa desde hoje. Até agora não o tinhas merecido; daqui em diante, não só como Criador e como Rei e teu Deus olharás a minha honra, senão como verdadeira esposa minha; minha honra já é tua e a tua minha". Fez-me tanta operação esta mercê, que não podia caber em mim, e fiquei como desatinada, e disse ao Senhor que ou aumentasse minha baixeza ou não me fizesse tanta mercê; porque, certamente, não me parecia que o natural o podia sofrer. Estive assim todo o dia muito embebida. Senti depois grande proveito, e maior confusão e afligimento de ver que não sirvo em nada tão grandes mercês.

36[72]

1. Isto me disse o Senhor outro dia: "Pensas, filha, que está o merecer em gozar? Não está senão em obrar e em padecer e em amar. Não terás ouvido que São Paulo estivesse gozando dos gozos celestiais mais de uma vez, e muitas que padeceu, e vês minha vida toda cheia de padecer e só no monte Tabor terás ouvido o meu gozo. Não penses, quando vês minha Mãe que me tem nos braços, que gozava daqueles contentos sem grave tormento. Desde que lhe disse Simeão aquelas palavras, meu Pai deu a ela

---

71. Por volta de 18 de novembro de 1572. – Texto do códice de Ávila (f. 7v; cf. Ribera IV, 10, p. 406). Cf. *Rel.* 7.

72. Data incerta; talvez em Ávila em 1572. – Texto do códice de Ávila, f. 8r; cf. frei Luís, p. 545.

clara luz para que visse o que Eu havia de padecer. Os grandes santos que viveram nos desertos, como eram guiados por Deus, assim faziam graves penitências, e sem isto tinham grandes batalhas com o demônio e consigo mesmos; passavam muito tempo sem nenhuma consolação espiritual. Crê, filha, que a quem meu Pai mais ama, dá maiores trabalhos, e a estes responde o amor. Em que te posso mais mostrá-lo do que querer para ti o que quis para Mim? Olha estas chagas, que nunca chegaram aqui as tuas dores. Este é o caminho da verdade. Assim me ajudarás a chorar a perdição que trazem os do mundo, entendendo tu isto, que todos os seus desejos e cuidados e pensamentos são empregados em como ter o contrário".

2. Quando comecei a ter oração, estava com tão grande mal de cabeça, que me parecia quase impossível poder tê-la. Disse-me o Senhor: "Por aqui verás o prêmio do padecer, que como não estavas tu com saúde para falar comigo, Eu tenho falado contigo e te regalado". E é assim certo, que seria como hora e meia, pouco menos, o tempo que estive recolhida. Nele me disse as palavras ditas e tudo o demais. Nem eu me divertia, nem sei aonde estava, e com tão grande contento que não sei dizê-lo, e ficou boa a minha cabeça – que me espantou – e bastante desejo de padecer.

É verdade que pelo menos eu não tenho ouvido que o Senhor tivesse outro gozo na vida senão essa vez, nem São Paulo. Também me disse que trouxesse muito na memória as palavras que o Senhor disse aos seus Apóstolos, "que não havia de ser mais o servo do que o Senhor".[73]

37[74]

Vi uma grande tempestade de trabalhos, e que como os egípcios perseguiam os filhos de Israel, assim havíamos de ser perseguidos; mas que Deus nos passaria a pé enxuto e os inimigos seriam envoltos nas ondas.

---

73. João 13,16.
74. Data provável: 1572-1573 (cf. Ribera IV, 5, p. 359; Maria de S. José, *Libro de recreaciones*, Burgos, 1913, p. 95; carta da Santa a Gracián, 5 de outubro de 1576).

38[75]

Estando um dia no convento de Beas, nosso Senhor me disse, que já que era sua esposa, que lhe pedisse, que me prometia que tudo me concederia quanto eu lhe pedisse. E como sinal me deu um anel formoso, com uma pedra a modo de ametista, mas com um resplendor muito diferente de cá, e o pôs no meu dedo. Isto escrevo para minha confusão vendo a bondade de Deus e minha ruim vida, que merecia estar nos infernos. Mas ai, filhas, encomendem-me a Deus e sejam devotas de São José, que pode muito. Esta bobice escrevo...[76]

---

75. Conservamos esta graça no lugar que o P. Silvério lhe concedeu em sua edição crítica, apesar de considerá-la seguramente espúria. – Tomamos o texto do manuscrito incompleto conservado nas Carmelitas Descalças de Zaragoza. – A Santa esteve em Beas entre fevereiro e maio de 1575.

76. Seguem algumas palavras ilegíveis.

JHS

39 (= 41)[1]

1. Uma pessoa, no dia de Páscoa do Espírito Santo,[2] estando em Ecija, lembrando-se de uma mercê grande que tinha recebido de nosso Senhor numa véspera desta festa, desejando fazer uma coisa muito particular por seu serviço, pareceu-lhe que seria bom prometer não encobrir nenhuma coisa de falta ou pecado que fizesse em toda a sua vida desde aquele ponto, tendo-o em lugar de Deus, porque esta obrigação não se tem aos prelados; ainda que esta pessoa já tivesse feito voto de obediência, parecia que isto era mais, e também fazer tudo o que lhe dissesse, que não fosse contra a obediência que tinha prometido, em coisas graves se entende. E ainda que tenha sido áspero no princípio, o prometeu.

2. A primeira coisa que a fez determinar foi entender que fazia algum serviço ao Espírito Santo; a segunda, ter por tão grande servo de Deus e letrado a pessoa que escolho, que daria luz à sua alma e a ajudaria a mais servir a nosso Senhor.

---

1. N.E.: As três *Relações* que seguem contêm três redações diferentes do "voto de obediência" feito pela Santa ao seu superior e diretor Padre Jerónimo Gracián. A primeira é uma espécie de rascunho, escrito de forma impessoal. As outras duas são provavelmente a redação definitiva, destinada uma delas a Gracián, e a outra reservada para a Autora. – Os fatos referidos ocorrem em Beas e Ecija, entre fevereiro e maio de 1575, apesar da datação da terceira redação (1574). Os textos datam provavelmente dos anos 1576-1577. – Nós as editamos pelos autógrafos conservados: *o primeiro* nos Carmelitas Descalços de Puebla (México); *o segundo*, nas Carmelitas Descalças de Consuegra; *o terceiro*, nas Carmelitas Descalças de Chichester (Inglaterra). – Invertemos a ordem numérica das três redações, conservando entre parênteses o número de ordem da edição crítica do Padre Silvério. – Outros dados podem ser vistos em *Ephemerides Carmeliticae* (Roma), 15 (1964), p. 154-176.

2. Provavelmente "*segundo* dia de Páscoa...", como afirma nas outras duas redações (cf. 40, n. 1): era o dia 23 de maio de 1575. Ver o relato de *Fund*. c. 24.

Disto não soube nada a mesma pessoa até depois de alguns dias que estava feita a promessa. É esta pessoa o Padre frei Jerónimo Gracián de la Madre de Dios.[3]

São coisas de consciência.

40 (= 39-40)

É coisa de minha alma e consciência. Ninguém a leia ainda que eu morra, mas seja dada ao Padre Mestre Gracián.[4]

---

3. Esta última frase esclarecedora foi escrita pela Santa em data posterior ao texto que precede. A seguir o P. Gracián acrescentou: "Este voto de obediência que a Madre diz aqui, e escreveu isto para consultá-lo, está escrito, com todas as particularidades que ocorreram, num papel que a Madre deixou que me fosse dado depois de sua morte". Gracián faz alusão a um dos relatos que se seguem.

4. O texto em itálico é o sobrescrito; falta atualmente no original; tomou-o da cópia notarial de J. Vázquez de Mármol (Arquivo dos Padres Carmelitas de Ávila).

JHS

1. Ano de 1575, no mês de abril, estando eu na fundação de Beas, acertou de vir ali o Mestre frei Jerónimo de la Madre de Dios Gracián,[1] e tendo eu me confessado com ele algumas vezes, ainda que não o tendo no lugar em que outros confessores tinha tido para de todo governar-me por ele, estando um dia comendo sem nenhum recolhimento interior, começou minha alma a suspender e recolher de sorte que pensei que me queria vir algum arroubamento, e me foi representada esta visão com a brevidade ordinária, que é como um relâmpago.

2. Pareceu-me que estava junto a mim nosso Senhor Jesus Cristo da forma que Sua Majestade costuma representar-se a mim, e do lado direito estava o mesmo mestre Gracián e eu ao esquerdo. Tomou-nos o Senhor as mãos direitas e juntou-as e disse-me que queria que tomasse este em seu lugar enquanto vivesse, e que ambos nos conformássemos em tudo, porque convinha assim.

3. Fiquei com uma segurança tão grande de que era de Deus, que ainda que fossem postos diante de mim dois confessores que tinha tido muito tempo e a quem tinha seguido e devido muito, que me faziam bastante resistência (em especial um[2] me fazia resistência muito grande, parecendo-me que lhe fazia agravo; era o grande respeito e amor que lhe tinha), a segurança com que daqui fiquei de que me convinha aquilo e o alívio de parecer que tinha já acabado de andar a cada lugar que ia com diferentes pareceres e alguns que me faziam padecer bastante por não me entenderem, ainda que jamais deixasse nenhum parecendo-me que a falta estava em mim, até que ele se ia ou eu me ia. O Senhor tornou a me dizer, com diferentes palavras, outras duas vezes que não temesse pois ele me dava. E assim me determinei a não fazer outra coisa, e propus em mim levá-lo adiante enquanto vivesse, seguindo em tudo o seu parecer se este não fosse

---

1. Tinha escrito 1574 nos dois textos, e corrigiu só no primeiro. – Gracián chegou a Beas no final de fevereiro de 1575.
2. Provavelmente Báñez. – O período que está entre parênteses foi anotado pela Santa à margem deste original.

notavelmente contra Deus, do que estou bem certa que não será, porque o mesmo propósito que eu tenho de seguir em tudo o mais perfeito, creio que tem, segundo por algumas coisas que tenho entendido.

4. Fiquei com uma paz e alívio tão grande que me tem espantado e certificado o que quer o Senhor, porque esta paz tão grande da alma e consolo não me parece que poderia pô-la o demônio. Parece-me que fiquei sem mim, de uma maneira que não sei dizer, senão que cada vez que me lembro louvo de novo a nosso Senhor, e me lembro daquele verso que diz: "Qui posuit fines suos in pace",[3] e quereria me desfazer em louvores de Deus.

Parece-me que há de ser para glória sua, e assim torno a propor agora não fazer jamais mudança.[4]

5. No segundo dia de Páscoa do Espírito Santo,[5] depois desta minha determinação, vindo eu a Sevilha, ouvimos missa numa ermida em Ecija, e nela ficamos na sesta; estando minhas companheiras na ermida e eu sozinha numa sacristia que ali havia, comecei a pensar na grande mercê que me tinha feito o Espírito Santo numa véspera desta Páscoa,[6] e deram-me grandes desejos de fazer-lhe um serviço assinalado; e não achava coisa que não estivesse feita. E lembrei-me que, posto que o voto da obediência tinha feito, não na maneira que se podia fazer de perfeição, e me foi representado que lhe seria agradável prometer o que já tinha proposto com o Padre frei Jerônimo: e por um lado me parecia que não fazia nisso nada, por outro era para mim uma coisa muito dura, considerando que com os prelados não se descobre o interior, e que enfim se mudam e vem outro se com um não se acham bem, e que era ficar sem nenhuma liberdade interior e exteriormente toda a vida.[7] E apertou-me um pouco e até bastante para não o fazer.

6. Esta mesma resistência que fez à minha vontade me causou afronta e parecer-me que já havia algo que não fazia por Deus sendo a mim oferecido, do que eu tenho fugido sempre. O caso é que apertou de tal

---

3. O salmo 147 diz: *Qui posuit fines tuos pacem*.
4. Todo este período foi acrescentado pela Autora em data posterior. Com ele concluía o relato.
5. 23 de maior de 1575. Ermida de Santa Ana.
6. Ver *Vida* 38, 9 e a mercê 67, 1.
7. Ver a carta a Gracián de 09/01/77, último número.

maneira a dificuldade que não me parece que tenho coisa em minha vida, nem fazer profissão, que me fizesse mais resistência, fora de quando saí da casa de meu pai para ser monja. E a causa foi que não era posto diante de mim quanto o quero, antes então como a estranho o considerava, nem as partes que tem, senão só se seria bom fazer aquilo pelo Espírito Santo. Nas dúvidas que se representavam a mim se seria serviço de Deus ou não, creio que estava o deter-me.

7. Ao cabo de um momento de batalha, deu-me o Senhor uma grande confiança, parecendo-me que eu fazia aquela promessa pelo Espírito Santo, que obrigado ficava a dar luz para que ma desse, junto com lembrar-me que me tinha dado Jesus Cristo nosso Senhor; e com isto me finquei de joelhos e prometi fazer tudo quanto me dissesse por toda a minha vida, como não fosse contra Deus nem os prelados a quem tinha obrigação. Adverti que não fosse senão em coisas graves, para tirar escrúpulos, como se importunando-o numa coisa me dissesse que não lhe falasse nisso mais ou algumas de meu regalo ou do seu, que são criancices, que não se quer deixar de obedecer, e que de todas as minhas faltas e pecados não lhe encobriria coisa a sabendas, que também isto é mais do que o que se faz com os prelados; enfim, tê-lo em lugar de Deus interior e exteriormente.

8. Nem sei se mereci, mas grande coisa me parecia que tinha feito pelo Espírito Santo, pelo menos por tudo que eu soube, e assim fiquei com grande satisfação e alegria, e o tenho estado desde então; e pensando ficar apertada, com maior liberdade e muito confiada lhe há de fazer nosso Senhor novas mercês por este serviço que eu lhe tenho feito para que me alcance parte e em tudo me dê luz.

Bendito seja o que criou pessoa que me satisfizesse de maneira que eu me atrevesse a fazer isto.

JHS

 1. Ano de 1575, no mês de abril, estando eu na fundação de Beas, acertou de vir ali o Mestre frei Jerónimo de la Madre de Dios Gracián. Comecei a me confessar com ele algumas vezes, ainda que não o tendo no lugar em que outros confessores tinham tido para de todo governar-me por ele. Estando um dia comendo, sem nenhum recolhimento interior, minha alma começou a se suspender e recolher de sorte que pensei que me queria vir algum arroubamento, e me foi representada esta visão com a brevidade ordinária, que é como um relâmpago:

 2. Pareceu-me ver junto a mim nosso Senhor Jesus Cristo da forma que Sua Majestade costuma representar-se a mim, e do seu lado direito estava o mesmo mestre Gracián: tomou o Senhor a sua mão direita e a minha e juntou-as e disse-me que queria que tomasse este em seu lugar toda a minha vida e que ambos nos conformássemos em tudo, porque convinha assim.

 3. Fiquei com uma segurança tão grande de que era Deus, que ainda que fossem postos diante de mim dois confessores que tinha às vezes tido muito tempo e seguido e a quem tenho devido muito (em especial um, a quem tenho grande vontade, me fazia terrível resistência), contudo, não podendo me persuadir de que esta visão era engano porque fez em mim grande operação e força, [4] além de dizer-me outras duas vezes que não temesse, que ele queria isto, por diferentes palavras, que no fim me determinei a fazê-lo, entendendo que era vontade do Senhor, e seguir aquele parecer tudo o que vivesse, o que jamais tinha feito com ninguém, tendo tratado com fartas pessoas de grandes letras e santidade e que miravam por minha alma com grande cuidado. Mas tampouco tinha eu entendido coisa semelhante para que não fizesse mudança, que ao tomá-los por confessores, de alguns tinha entendido que me convinha e a eles também.

 4. Determinada a isso, fiquei com uma paz e alívio tão grande que me tem espantado e certificado o que o Senhor quer; porque esta paz e consolo tão grande da alma não me parece que o demônio pode pôr. E assim quando me lembro louvo o Senhor e se representa a mim aquele

verso: "qui posuit fines suos in pace", e quereria me desfazer em louvores de Deus.

5. Devia ser como um mês depois desta minha determinação, segundo dia de Páscoa do Espírito Santo, vindo eu à fundação de Sevilha, ouvimos missa numa ermida em Ecija, e ali ficamos na sesta. Estando minhas companheiras na ermida, eu fiquei sozinha numa sacristia que havia nela; comecei a pensar numa grande mercê que me tinha feito o Espírito Santo numa véspera desta festa, e veio-me grande desejo de fazer-lhe um serviço muito assinalado; e não achava coisa que não a tivesse feita, pelo menos determinada, que feito tudo deve ser falho. E lembrei-me que, posto que tinha feito o voto de obediência, que podia ser feito com mais perfeição, e me foi representado que lhe seria agradável prometer o que já tinha proposto de obedecer ao padre mestre frei Jerônimo: e por um lado me parecia que não fazia nisso nada, porque já estava determinada a fazê-lo. Por outro, era para mim uma coisa duríssima, considerando que com os prelados que se faz voto não se descobre o interior, e mudam-se e, se com um não se acha bem, vem outro, e que era ficar sem nenhuma liberdade exterior e interiormente toda a vida. E apertou-me isto bastante para não o fazer.

6. Esta mesma resistência que fez minha vontade me causou afronta e parecer-me que já se oferecia algo que fazer por Deus que não o fazia, que era coisa dura para a determinação que tenho em servi-lo. O caso é que apertou de tal maneira a dificuldade que não me parece que tenho feito coisa em minha vida, nem fazer profissão, que se fizesse tão grave para mim, salvo quando saí da casa de meu pai para ser monja. E a causa foi que me esqueci de quanto o quero e das partes que tem para meu propósito, antes então como a estranho o considerava, que me tem espantado; senão um grande temor se não era serviço de Deus, e o natural que é amigo de liberdade devia fazer o seu ofício, ainda que eu há anos que não gosto de tê-la, mas outra coisa me parecia que era por voto, como na verdade é.

7. Ao cabo de um momento de batalha, deu-me o Senhor uma grande confiança, parecendo-me que era melhor quanto mais sentia, e já que eu fazia aquela promessa para o Espírito Santo, que obrigado ficava a dar luz para que ma desse, junto com lembrar-me que me tinha dado nosso Senhor; e com isto me finquei de joelhos e prometi fazer tudo quanto me dissesse toda a minha vida, para fazer este serviço ao Espírito Santo, como

não fosse contra Deus e contra os prelados que tenho mais obrigação. Adverti que não me obrigasse a coisas de pouco momento, como é se eu o importuno numa coisa e me diz que o deixe, e me descuido e torno, e em coisas de meu regalo; enfim, que não sejam ninharias que se fazem sem advertência, e que de todas as minhas faltas e pecados e interior não lhe encobriria coisa a sabendas, que isto também é mais do que o que se faz com os prelados; enfim tê-lo em lugar de Deus exterior e interiormente.

8. Não sei se é assim, mas grande coisa me parecia ter feito pelo Espírito Sato, ao menos por tudo o que soube, e bem pouco para o que lhe devo. Louvo a Deus que criou pessoa em quem caiba, que disto fiquei confiadíssima que lhe há de fazer sua Majestade mercês novas; e eu tão alegre e contente que de todo ponto me parece que tinha ficado livre de mim; e pensando ficar apertada com a sujeição, tenho ficado com muito maior liberdade. Seja o Senhor por tudo louvado.

42

Estando num dia da Madalena[1] considerando a amizade que estou obrigada a ter a nosso Senhor conforme as palavras que me tem dito sobre esta Santa, e tendo grandes desejos de imitá-la, e me fez o Senhor uma grande mercê e me disse: que daqui em diante me esforçasse, que lhe havia de servir mais que até aqui. Deu-me desejo de não morrer tão depressa, para que houvesse tempo para empregar-me nisto, e fiquei com grande determinação de padecer.

43

Estava um dia muito recolhida encomendando a Deus Eliseu.[2] Entendi: "É meu verdadeiro filho, não deixarei de ajudá-lo", ou uma palavra desta sorte, que não me lembro bem.

---

1. Dia 22 de julho, ano incerto. Para a compreensão desta *mercê*, ver a nota à *Relação* 32. – Texto do ms. de Ávila.
2. *Eliseu*: pseudônimo do P. Gracián. Tomamos esta *graça* e as outras referentes ao P. Gracián (44, 55, 58, 59 e 60) da cópia notarial de Juan Vázquez de Mármol (Arquivo de Padres Carmelitas de Ávila), que manuseou os autógrafos da Santa.

44

1. Acabando na véspera de São Lourenço[3] de comungar, estava o engenho tão distraído e divertido, que não me podia valer, e comecei a ter inveja dos que estão nos desertos, parecendo-me que, como não ouvissem nem vissem nada, estavam livres deste divertimento. Entendi: "Muito te enganas, filha, antes ali têm mais fortes tentações dos demônios; tem paciência, que enquanto se vive não se escusa".

2. Estando nisto, subitamente me veio um recolhimento com uma luz tão grande interior que me parece que estava em outro mundo, e achou-se o espírito dentro de si numa floresta e horto muito deleitoso tanto, que me fez lembrar do que se diz nos Cânticos:[4] *Veniat dilectus meus in hortum suum*. Vi ali o meu Eliseu,[5] certamente nonada negro, senão com uma formosura estranha; em cima da cabeça tinha como uma grinalda de grande pedraria, e muitas donzelas que andavam ali diante dele com ramos nas mãos, todas cantando cânticos de louvores de Deus. Eu não fazia senão abrir os olhos para me distrair, e não bastava para tirar esta atenção, senão que me parecia que havia uma música de passarinhos e anjos, de que a alma gozava, ainda que não a ouvisse, mas ela estava naquele deleite. Eu mirava como não havia ali nenhum outro homem. Disseram-me: "Este mereceu estar entre vós, e toda esta festa que vês haverá no dia em que estabelecer em louvores de minha Mãe, e te apresses se queres chegar aonde ele está".

3. Isto durou mais de hora e meia – que não me podia divertir –, com grande deleite, coisa diferente de outras visões; e o que daqui tirei foi amor a Eliseu e tê-lo mais presente naquela formosura. Tenho tido medo se foi tentação, que imaginação não foi possível.

---

3. Data provável: 9 de agosto de 1575, em Sevilha. – Texto tomado de J. V. Mármol.
4. Ct 5,1.
5. *Eliseu*: o P. Gracián.

45

Uma vez entendi como estava o Senhor em todas as coisas e como na alma, e pôs-se a mim comparação de uma esponja que embebe a água em si.[6]

46[7]

Como vieram meus irmãos e eu devo a um tanto,[8] não deixei de estar com ele e tratar do que convém à sua alma e assentamento, e tudo me dava cansaço e pena; e estando oferecendo-o ao Senhor e parecendo-me que fazia por estar obrigada, lembrei-me de que está nas nossas Constituições que nos dizem que nos desviemos de parentes, e estando pensando se estava obrigada, me disse o Senhor: "Não, filha, que vossos institutos não são de ir senão conforme a minha Lei". É verdade que a intenção das Constituições são para que não se apeguem a eles; e isto de tratar com eles, a meu parecer, antes me cansa e desfaz mais.

47

Tendo acabado de comungar no dia de Santo Agostinho[9] – eu não saberei dizer como –, foi-me dado a entender, e quase a ver (senão que foi coisa intelectual e que passou depressa) como as Três Pessoas da Santíssima Trindade que eu trago em minha alma esculpidas, são uma coisa. Por uma pintura tão estranha foi-me dado a entender e por uma luz tão clara, que tem feito bem diferente operação que de só tê-lo por fé. Daqui fiquei não poder pensar nenhuma das Três Pessoas divinas, sem entender que são todas três, de maneira que estava eu hoje considerando como sendo tão

---

6. Data incerta. Cf. *Relação* 18. – Texto do ms. de Ávila (f. 27r).
7. A data provável é o segundo semestre de 1575, em Sevilha. – Texto do códice de Ávila (f. 27r; cf. Ribera IV, 10, p. 402).
8. Na primeira quinzena de agosto de 1575 tinham regressado da América D. Pedro de Ahumada e D. Lorenzo de Cepeda com seus filhos. A Santa se refere em particular a este último. Cf. *Fundações* c. 25.
9. Data provável: 28 de agosto de 1575. – Texto tomado do códice de Ávila (f. 27v), corrigido pelo códice de Toledo (f. 152v) e Ribera (IV, 4, p. 350).

uma coisa, tinha tomado carne humana só o Filho, e deu-me o Senhor a entender como sendo uma coisa eram divididas. São umas grandezas que de novo a alma deseja sair deste embaraço que o corpo faz para não gozar delas, que ainda que pareça que não sejam para nossa baixeza entender algo delas, fica um lucro na alma – passando num ponto –, sem comparação maior que com muitos anos de meditação e sem saber entender como.

48

No dia de nossa Senhora da Natividade[10] tenho particular alegria. Quando este dia vem, parecia-me que seria bom renovar os votos. E querendo fazê-lo, a Virgem Senhora nossa se representou a mim por visão iluminativa e pareceu-me que os fazia em suas mãos e que lhe eram agradáveis. Ficou-me esta visão por alguns dias, como se estivesse junto comigo, do lado esquerdo.

49

Um dia, acabando de comungar, me pareceu verdadeiramente que a minha alma se fazia uma coisa com aquele corpo sacratíssimo do Senhor, cuja presença se representou a mim e fez-me grande operação e aproveitamento.[11]

50

Estava uma vez pensando se me haviam de mandar ir reformar certo mosteiro,[12] e dava-me pena. Entendi: "De que temeis? O que podeis perder senão as vidas que tantas vezes me tendes oferecido? Eu vos ajudarei". Foi numa ocasião de sorte que me satisfez a alma muito.

---

10. Data provável: 8 de setembro de 1575, em Sevilha. – Texto do códice de Ávila.
11. Segundo Silvério, "provavelmente em Sevilha, ano de 1575".
12. "Acredita-se que fala das Carmelitas Calçadas de Paterna, que pela reforma passaram de fato a Descalças de Sevilha", anota Manuel de S. Maria no manuscrito de Ávila (f. 28v), de onde tomamos o texto. Data: segundo semestre de 1575, em Sevilha.

51[13]

Tendo um dia falado a uma pessoa que tinha muito deixado por Deus e lembrando-me de como nunca eu deixei nada por Ele, nem em coisa lhe tenho servido como estou obrigada, e olhando as muitas mercês que tem feito à minha alma, comecei a me fatigar muito, e disse-me o Senhor: "Já sabes o desposório que há entre ti e Mim, e havendo isto, o que Eu tenho é teu, e assim te dou todos os trabalhos e dores que passei, e com isto podes pedir a meu Pai como coisa própria". Ainda que eu tenha ouvido dizer que somos participantes disto, agora foi tão de outra maneira, que pareceu que tinha ficado com grande senhorio, porque a amizade com que me foi feita esta mercê não pode ser dita aqui. Pareceu-me que o Pai o admitia, e desde então miro muito de outra sorte o que o Senhor padeceu, como coisa própria, e dá-me grande alívio.

52[14]

Estando eu uma vez desejando fazer algo em serviço de nosso Senhor, pensei quão apoucadamente podia eu servi-lo, e disse para comigo: "Para que, Senhor, quereis Vós minhas obras?" Disse-me: "Para ver a tua vontade, filha".

53[15]

Deu-me uma vez o Senhor uma luz numa coisa que eu gostei de entendê-la, e esqueci-me logo depois, que não tenho podido mais tornar a cair no que era. E estando eu procurando me lembrar, entendi isto: "Já sabes que te falo algumas vezes; não deixes de escrevê-lo; porque, ainda que a ti não aproveite, poderá aproveitar a outros". Eu estava pensando se por meus pecados havia de aproveitar a outros e perder-me eu. Disse-me: "Não tenhas medo".

---

    13. Data: segunda metade de 1575, em Sevilha (cf. Ribera IV, 10, p. 406). – Texto do códice de Ávila, f. 25r. Cf. *Moradas* VI, 5, 6.

    14. Data provável: 1575, em Sevilha. – Texto do códice de Ávila, f. 29r.

    15. Data incerta; talvez no ano de 1575, em Sevilha. – Texto do manuscrito de Ávila (fl. 29r).

54[16]

Estava uma vez recolhida com esta companhia que trago sempre na alma e pareceu-me estar Deus de maneira nela, que me lembrei de quando São Pedro disse: "Tu és Cristo, filho de Deus vivo";[17] porque assim estava Deus vivo em minha alma. Isto não é como outras visões, porque leva força com a fé; de maneira que não se pode duvidar que está a Trindade por presença e por potência e essência em nossas almas. É coisa de grandíssimo proveito entender esta verdade. E como estava espantada de ver tanta majestade em coisa tão baixa como minha alma, entendi: "Não és baixa, filha, pois está feita à minha imagem". Também entendi algumas coisas da causa por que Deus se deleita com as almas mais do que com outras criaturas, tão delicadas que, ainda que o entendimento as entendesse, depressa não as saberei dizer.

55

Tendo estado com tanta pena do mal de nosso Pai,[18] que não sossegava, e suplicando ao Senhor um dia acabando de comungar muito encarecidamente que, já que Ele mo havia dado, não me visse eu sem ele, me disse: "Não tenhas medo".

56[19]

Estando uma vez com esta presença das três Pessoas que trago na alma, era com tanta luz que não se pode duvidar de estar ali Deus vivo e verdadeiro, e ali me eram dadas coisas a entender que eu não as saberei dizer depois. Entre elas era como tinha a Pessoa do Filho tomado carne humana e não as demais. Não saberei, como digo, dizer coisa disto, que passam algumas tão em segredo da alma, que parece que o entendimento entende como uma pessoa que, dormindo ou meio dormida, lhe parece que entende o que se

---

16. Data provável: 1575, em Sevilha. – Texto do códice de Ávila (f. 29v), corrigido pelo ms. de Toledo (f. 153v).
17. Mateus 16,16.
18. Padre Gracián. Data provável: 1575-1576. – Texto de J. V. del Mármol.
19. Em Sevilha, 1575. – Texto do códice de Ávila (f. 30r; cf. Ribera IV, 4, p. 350).

fala. Eu estava pensando quão duro era o viver que nos privava de não estar assim sempre naquela admirável companhia, e disse para comigo: Senhor, dai-me algum meio para que eu possa levar esta vida. Disse-me: "Pensa, filha, como depois de acabada não me podes servir no que agora, e come por Mim e dorme por Mim, e tudo o que fizeres seja por Mim, como se já não vivesses tu, senão Eu, que isto é o que dizia São Paulo".[20]

57[21]

Uma vez acabando de comungar, foi-me dado a entender como este santíssimo Corpo de Cristo seu Pai o recebe dentro de nossa alma, como eu entendo e tenho visto que estão estas divinas Pessoas, e quão agradável lhe é esta oferenda de seu Filho porque se deleita e goza com Ele – digamos – cá na terra; porque sua Humanidade não está conosco na alma, senão a Divindade, e assim lhe é tão aceito e agradável e nos faz tão grandes mercês; entendi que também recebe este sacrifício ainda que esteja em pecado o sacerdote, salvo que não se comunicam as mercês à sua alma como aos que estão em graça: e não porque estas influências deixem de estar em sua força, que procedem desta comunicação com que o Pai recebe este sacrifício, senão por falta de quem o há de receber; como não é por falta do sol não resplandecer quando dá num pedaço de pez, como num de cristal. Se eu o dissesse agora, me faria entender melhor. Importa saber como é isto, porque há grandes segredos no interior quando se comunga. É uma lástima que estes corpos não nos deixem gozar disso.

58[22]

1. Na oitava de Todos os Santos, tive dois ou três dias muito trabalhosos com a memória de meus grandes pecados, e uns temores de perseguições que não se fundavam senão em que me haviam de levantar falsos

---

20. Alusão a 1Cor 10,31.
21. Data provável: 1575, em Sevilha. – Texto do códice de Ávila, f. 30v.
22. "Foi em Sevilha, ano de 1575", anota o P. Manuel no ms. de Ávila, f. 31v. Portanto, em 8 de novembro. A graça está relacionada com as acusações da Santa à Inquisição. Tomo o texto da cópia de J. V. del Mármol.

testemunhos, e todo o ânimo que costumo ter para padecer me faltava. Ainda que eu me quisesse animar e fizesse atos e visse que seria grande lucro para minha alma, aproveitava-me pouco, pois não se afastava o temor e era uma guerra desabrida. Topei com uma letra aonde diz meu bom Pai[23] que diz São Paulo que Deus não permite que sejamos tentados mais do que podemos sofrer. Aquilo me aliviou farto, mas não bastava, antes no outro dia me deu uma aflição grande de ver-me sem ele, como não tinha a quem acudir com esta tribulação, que me parecia viver em grande solidão, e ajudava ver que não achava já quem me desse alívio senão ele, e que o mais havia de estar ausente, que me foi bastante grande tormento.

2. Na outra noite depois, lendo num livro outro dito de São Paulo que começou a me consolar, estava pensando quão presente tinha trazido de antes nosso Senhor, que tão verdadeiramente me parecia ser Deus vivo. Pensando nisto, me disse e pareceu-me muito dentro de mim, como no lado do coração, por visão intelectual: "Aqui estou, mas quero que vejas o pouco que podes sem Mim".

3. Logo me assegurei e todos os medos se retiraram, e estando na mesma noite em matinas, o mesmo Senhor, por visão intelectual, tão grande que quase parecia imaginária, se pôs nos meus braços à maneira de como se pinta a "Quinta angústia". Esta visão me fez bastante temor, porque era muito patente e tão junta a mim, que me fez pensar se era ilusão. Disse-me: "Não te espantes com isto, que com maior união, sem comparação, está meu Pai com tua alma".

Tem ficado em mim esta visão assim representada até agora. O que nosso Senhor disse, durou-me mais de um mês. Já me foi tirado.

59

1. Estando uma noite com bastante pena porque havia muito que não sabia de meu Pai,[24] e ainda não estava bom quando me escreveu da última vez, ainda que não fosse como a primeira pena de seu mal, que era

---

23. O Padre Gracián. – 1Cor 10,13.
24. O Padre Gracián. – "Era isto em Sevilha", anota o P. Manuel (ms. de Ávila, f. 32r); por volta de novembro de 1575. – Texto de J. V. del Mármol.

confiada e daquela maneira nunca a tive depois, mas o cuidado impedia a oração; pareceu-me depressa, e foi assim que não pôde ser imaginação, que no interior representou-se a mim uma luz, e vi que vinha pelo caminho alegre e de rosto branco, ainda que da luz que vi deva ter feito o rosto branco, que assim me parece que estão todos no céu, e tenho pensado se do resplendor e luz que sai de nosso Senhor os faz estar brancos. Entendi: "Dize-lhe que sem temor comece logo, que sua é a vitória".[25]

2. Um dia depois que veio,[26] estando eu à noite louvando nosso Senhor por tantas mercês como me tinha feito, me disse: "O que me pedes tu que não faça eu, filha minha?"

60

1. No dia que se apresentou o Breve,[27] como eu estivesse com grandíssima atenção,[28] que me tinha toda perturbada, que nem rezar podia, porque me tinham vindo dizer que nosso Pai estava em grande aperto, porque não o deixavam sair e havia grande ruído, entendi estas palavras: "Ó mulher de pouca fé! Sossega-te, que muito bem se vai fazendo".

2. Era dia da Apresentação de nossa Senhora, ano de mil e quinhentos e setenta e cinco. Propus em mim se a Virgem acabava com seu Filho que víssemos nosso Pai livre destes frades, e nós, pedir que ordenasse que em cada lugar se celebrasse com solenidade esta festa em nossos mosteiros de Descalças.

3. Quando isto propus não me lembrava do que ouvi, que havia o Pai de estabelecer festa, da visão que vi.[29] Agora, tornando a ler este caderninho, tenho pensado se há de ser esta a festa.

---

25. "Isto era no tempo em que eu tinha obtido o Breve do Núncio Ormaneto com cartas do Rei para a Visita dos Calçados de Andaluzia e vinha a Sevilha apresentar-lhe, que tinha tido uma enfermidade, ainda que não muito grave" (Gracián, *Peregr. de Anastasio*, diálogo 16).

26. O mesmo P. Gracián.

27. Ver a *Rel.* 59, nota 119. – 21 de novembro de 1575.

28. *Atenção* [*atención*]: no códice de Consuegra se lê *alteración* [alteração].

29. Provavelmente se refere à *Mercê* 44.

61

Estando um dia em oração, senti estar a alma tão dentro de Deus, que não me parecia que havia mundo, senão embebida nele foi-me dado aqui entender aquele verso do Magnificat: "Et exultavit spiritus", de maneira que não posso me esquecer.[30]

62

Estava uma vez pensando sobre o querer desfazer este mosteiro de Descalças,[31] se era a intenção pouco a pouco ir acabando todas elas. Entendi: "Isso pretendem, mas não o verão, senão muito pelo contrário".

63

Tendo começado a confessar-me com uma pessoa[32] numa cidade em que no presente estou, e ela tendo tido por mim muita vontade e tendo-a depois que admitiu o governo de minha alma, se apartava de vir cá. Estando eu em oração uma noite, pensando na falta que me fazia, entendi que Deus o detinha para que não viesse, porque me convinha tratar minha alma com uma pessoa do mesmo lugar. A mim pesou por ter de conhecer condição nova, que podia ser que não me entendesse e inquietasse e por ter amor a quem me fazia esta caridade – se bem que sempre que via ou ouvia esta pessoa pregar me fazia contento espiritual – e por esta pessoa ter também muitas ocupações, me parecia inconveniente. Disse-me o Senhor: "Eu farei que te ouça e te entenda. Declara-te com ele, que algum remédio será para os teus trabalhos". Isto último foi, segundo penso, porque estava eu então fatigadíssima de estar ausente de Deus. Também me disse então

---

30. Em Sevilha, 1575 ou 1576. Cf. a *mercê* 29, 1, e Ribera IV, 4, p. 439. – Texto do códice de Ávila, f. 25r.

31. Provavelmente o de Sevilha; na primavera de 1576 (cf. Ribera III, 8, p. 264). – Texto do ms. de Ávila, f. 25r.

32. Data: agosto-setembro de 1576, em Toledo. O confessor cessante é frei Diego de Yepes, futuro bispo de Tarazona. O novo diretor, o cônego Alonso Velázquez, mais tarde bispo de Osma. Para entender esta Mercê, ver a carta da Santa a Gracián, de 5 de setembro de 1576. – Texto tomado do códice de Ávila, f. 22v.

Sua Majestade que via bem o trabalho que tinha, mas que não podia ser menos enquanto vivesse neste desterro, que tudo era para mais bem meu, e me consolou muito.

Assim me tem acontecido, que folga em ouvir-me, e busca tempo e me tem entendido e dado grande alívio. É muito letrado e santo.

64

Estando num dia da Apresentação encomendando muito a Deus uma pessoa,[33] e parecia-me que ainda era inconveniente ter renda e liberdade para a grande santidade que eu lhe desejava; pôs-se diante de mim a sua pouca saúde e a muita luz que dava às almas, e entendi: "Muito me serve, mas grande coisa é seguir-me desnudo de tudo como eu me pus na cruz. Dize-lhe que confie em Mim". Isto último foi porque me lembrei de que não poderia com pouca saúde levar tanta perfeição.

65

Estando uma vez pensando na pena que me dava comer carne e não fazer penitência, entendi que algumas vezes era mais amor próprio do que desejo dela.[34]

66

Estando uma vez com muita pena de ter ofendido a Deus, me disse: "Todos os teus pecados são diante de mim como se não fossem; no porvir te esforça, que não são acabados os teus trabalhos".[35]

---

33. Provavelmente em Toledo, 1576-1577. Talvez se refira ao cônego Velázquez. – Texto do manuscrito de Ávila, f. 23v.

34. Data provável, primeiros meses de 1577, em Toledo. – Texto de Ribera IV, 18, p. 458. Cf. ms. de Ávila, f. 23v.

35. Provavelmente, da mesma data que a *graça* 65. – Texto do códice de Ávila, f. 24r.

67

Estando em São José de Ávila, véspera de Páscoa do Espírito Santo,[36] na ermida de Nazaré, considerando uma grandíssima mercê que nosso Senhor me tinha feito num dia como este, fazia vinte anos,[37] pouco mais ou menos, começou em mim um ímpeto e fervor grande de espírito, que me fez suspender. Neste grande recolhimento entendi de nosso Senhor o que agora direi:

Que dissesse a estes Padres Descalços de sua parte que procurassem guardar essas quatro coisas, e que enquanto as guardassem sempre iria em mais crescimento esta religião, e quando nelas faltassem entendessem que iam menoscabando o seu princípio. A primeira, que as cabeças estivessem conformes. A segunda, que ainda que tivessem muitas casas, em cada uma houvesse poucos frades. A terceira, que tratassem pouco com seculares, e isto para bem de suas almas. A quarta, que ensinassem mais com obras do que com palavras.

Isto foi no ano de 1579. E porque é grande verdade, o firmo com o meu nome.

Teresa de Jesus

---

36. Por erro repetiu e riscou: *en esta casa de San José de Ávila*. – Data: 6 de junho de 1579. – Autógrafo no códice das *Fundações*, f. 100r.
37. Cf. *Vida* c. 38, n. 9.

CONCEITOS DO AMOR DE DEUS

Introdução

É uma glosa livre, a modo de elevação meditativa, de versículos escolhidos do livro bíblico do "Cântico dos Cânticos".

Escrito breve que chegou até nós em cópias discordantes. Sem autógrafo. A datação é incerta, mas anterior ao Castelo Interior. Não foi incluído por frei Luís de León na edição príncipe das Obras da Santa. Foi publicado pela primeira vez pelo Padre Gracián, em Bruxelas, em 1611, com o título "Conceitos do amor de Deus escritos pela Beata Madre Teresa de Jesus sobre algumas palavras dos Cânticos de Salomão".

Foi composto pela Santa para dar livre curso aos sentimentos que nela produziam as palavras do "Cântico dos Cânticos" (prol. 2) e "para consolação das Irmãs", convencida da força singular que a palavra bíblica possui (c. 1) e especialmente o Cântico dos Cânticos (1, 3), pela experiência pessoal que disso tem (1, 6).

Infelizmente, essas suas meditações sobre o Cântico dos Cânticos, apenas escritas, foram lançadas ao fogo por indicação do teólogo Diego de Yanguas,[1] a quem pareceu "coisa nova e perigosa que mulher escrevesse sobre o Cântico dos Cânticos".[2] Sucedeu assim apesar de a própria Santa ter prevenido o leitor: "as mulheres não havemos de ficar tão fora de gozar das riquezas do Senhor" no texto sagrado (1, 8).

Não há certeza de que o texto do livrinho, na forma que chegou até nós, esteja completo ou isento de graves mutilações, embora pareça indicar-se o contrário na maneira de terminá-lo (c. 7, 9). O primeiro biógrafo da Santa, Francisco de Ribera, garante que "escreveu muito depois", quer dizer, depois dessa espécie de conclusão do capítulo sétimo.[3]

---

1. No processo de Beatificação da Santa, Maria de São José presta depoimento. Gracián: "O P. frei Diego de Yanguas disse a esta testemunha que a dita Madre tinha escrito um livro sobre o Cântico dos Cânticos, e a ele pareceu que não era justo que mulher escrevesse sobre a Escritura, e o disse a ela, e ela foi tão pronta na obediência e parecer de seu confessor, que o queimou na hora" (BMC 18, p. 320).
2. Assim o testifica Gracián no prólogo à edição príncipe (p. 3).
3. F. Ribera, *Vida de la Madre Teresa de Jesús*, IV, 6.

Em seu estado atual, o livrinho comenta só uns poucos versículos do Cântico dos Cânticos "Beije-me com beijo de sua boca" (Ct 1,1); "dão de si fragrância e bons odores" (1,2); "sentei-me à sombra do que desejava, e o seu fruto é doce para minha garganta" (2,3); "meteu-me o rei na adega do vinho e ordenou em mim a caridade" (2,4); "sustentai-me com flores e acompanhai-me com maçãs, porque desfaleço de mal de amores" (2,5). São os textos que servem de lema a cada capítulo, mas que não são comentados, e sim meditados livremente. Com vários outros, intercalados no corpo da meditação (Ct 1,15; 2,3-4; 4,7; 6,2; 6,9; 8,5).

O livrinho tem interesse por incorporar ao ideário teresiano o simbolismo nupcial, pouco presente em seus primeiros escritos. Ela não dá interpretação cristológico-eclesial a esse símbolo, mas pessoal – a alma e Cristo –, e ao mesmo tempo mariana (6, 7-8). Interessa também por dispor engenhosamente em seus sete capítulos o que pouco depois se converterá no plano das sete moradas do *Castelo Interior*.

Na presente edição, conservamos o título dado por Gracián na edição príncipe. O texto é o da cópia de Alba de Tormes, completado com o de Baeza. Em nota assinalamos as variantes das cópias de Consuegra e do Desierto de las Nieves.[4]

---

[4]. Da edição príncipe dos Conceitos (Bruxelas, 1611) existem duas reproduções em fac-símile. A primeira, por Tomás Alvarez, na coleção "Primeras ediciones Teresianas", n. 3 (Burgos, Edit. Monte Carmelo, 1979). A segunda em Madri, 1981, por Pedro Sainz Rogríguez (Edit. Espasa Calpe).

# Prólogo

1. Vendo eu as misericórdias que nosso Senhor faz com as almas que trazia a estes mosteiros que Sua Majestade tem sido servido que se fundem da primeira Regra de nossa Senhora do Monte Carmelo, que a algumas em particular são tantas as mercês que nosso Senhor faz, que só às almas que entenderem as necessidades que têm de quem lhes declare algumas coisas do que se passa entre a alma e nosso Senhor, poderão ver o trabalho que se padece em não ter clareza, tendo o Senhor, de alguns anos para cá, dado a mim um regalo grande cada vez que ouço ou leio algumas palavras dos Cânticos de Salomão, em tanto extremo que sem entender a clareza do latim em romance, me recolhia mais e movia minha alma que os livros muito devotos que entendo; e isto é quase ordinário, e ainda que me declarassem em romance, tampouco entendia mais... que sem entendê-lo minha... apartar alma de si.[1]

2. Faz como dois anos, pouco mais ou menos, que me parece que o Senhor me dá para meu propósito a entender algo do sentido de algumas palavras; e parece-me que serão para consolação das irmãs que nosso Senhor leva para este caminho, e ainda para a minha, que algumas vezes dá o Senhor tanto a entender, que eu desejava não esquecer, mas não ousava pôr coisa por escrito.

3. Agora, com parecer de pessoas a quem eu estou obrigada a obedecer, escreverei alguma coisa do que o Senhor me dá a entender que se encerram em palavras de que minha alma gosta para este caminho da oração, por onde, como tenho dito, o Senhor leva estas irmãs destes mosteiros e filhas minhas.[2] Se for para que o vejais, tomareis este pobre donzinho de quem vos deseja todos os do Espírito Santo como para si mesma, em cujo nome eu começo. Se algo acertar, não será de mim. Praza à divina Majestade que acerte...[3]

---

1. À margem o P. Báñez escreveu: "Esta é uma consideração de Teresa de Jesus. Não tenho achado nela coisa que me ofenda. – *Fr. Domingo Báñez*" (cf. c. 7, n. 10, nota 8). – As reticências indicam lacunas do texto nas cópias manuscritas.
2. *E filhas minhas*: emendamos a leitura errada do manuscrito (*e as minhas*); restauramos o texto por seu paralelismo com os *subtítulos* de *Caminho* e *Moradas*.
3. Nova lacuna do manuscrito.

Capítulo 1

Trata da veneração com que devem ser lidas as Sagradas Escrituras e da dificuldade de compreendê-las as mulheres, principalmente o "Cântico dos Cânticos".

> *Beije-me o Senhor com o beijo de sua boca, porque mais valem teus peitos que o vinho etc. (Ct 1,1).*

1. Tenho notado muito que parece que a alma está, pelo que aqui dá a entender, falando com uma pessoa, e pede a paz de outra; porque diz: *Beije-me com o beijo de sua boca*. E logo parece que está dizendo àquela com quem está: *Melhores são os teus peitos*.

Isto não entendo como é, e não entendê-lo me faz grande regalo; porque verdadeiramente, filhas, a alma não há de mirar tanto, nem a fazem mirar tanto, nem a fazem ter respeito pelo seu Deus as coisas que cá parece que podemos alcançar com nossos entendimentos tão baixos, como as que de nenhuma maneira se podem entender. E assim vos encomendo muito que, quando lerdes algum livro e ouvirdes sermão ou pensardes nos mistérios de nossa sagrada fé, que o que boamente não puderdes entender não vos canseis nem gasteis o pensamento em decifrá-lo; não é para mulheres nem mesmo para homens muitas coisas.

2. Quando o Senhor quer dá-lo a entender, Sua Majestade o faz sem trabalho nosso. A mulheres digo isto, e aos homens que não hão de sustentar com suas letras a verdade; que aos que o Senhor tem para declará-las a nós, já se entende que hão de trabalhar e o que nisso ganham. Mas nós com lhaneza tomar o que o Senhor nos der; e o que não, não nos cansar, senão alegrar-nos por considerar que tão grande Deus e Senhor temos que uma palavra sua terá em si mil mistérios, e assim seu princípio nós não entendemos. Assim, se estivesse em latim ou em hebraico ou em grego, não era maravilha; mas em nosso romance, quantas coisas há nos salmos do glorio-

Conceitos do amor de Deus

so rei Davi, que quando nos declaram o romance apenas, tão obscuro nos fica como o latim! Assim que sempre vos guardeis de gastar o pensamento com estas coisas nem cansar-vos, que mulheres não hão mister mais do que bastar para o seu entendimento. Com isto Deus lhes fará mercê. Quando Sua Majestade no-lo quiser dar, sem cuidado nem trabalho nosso o acharemos sabido; no demais, humilhar-nos e – como tenho dito – alegrar-nos de que tenhamos tal Senhor, que mesmo palavras suas, ditas em romance nosso não se podem entender.

3. Parecer-vos-á que há algumas nestes *Cânticos*[1] que se poderiam dizer por outro estilo. Segundo é a nossa torpeza, não me espantaria. Tenho ouvido algumas pessoas dizer que antes fugiam de ouvi-las. Oh, valha-me Deus, que grande miséria é a nossa! Que como as coisas peçonhentas, que quanto comem se torna peçonha, assim nos acontece, que de mercês tão grandes como aqui nos faz o Senhor em dar a entender o que tem a alma que o ama e animá-la para que possa falar e regalar-se com Sua Majestade, havemos de sacar medos e dar sentidos conforme o pouco sentido do amor de Deus que se tem.

4. Ó Senhor meu, que de todos os bens que nos fizestes, nos aproveitamos mal! Vossa Majestade buscando modos e maneiras e invenções para mostrar o amor que nos tendes; nós, como mal experimentados em amar-vos a Vós, o temos em tão pouco, que de mal exercitados nisto vão-se os pensamentos aonde estão sempre e deixam de pensar os grandes mistérios que esta linguagem encerra em si, dito pelo Espírito Santo. Que mais era mister para acender-nos no seu amor, e pensar que tomou este estilo, não sem grande causa?

5. Por certo que me lembro de ouvir de um religioso um sermão bastante admirável, e a maior parte dele foi declarando destes regalos que a Esposa tratava com Deus; e houve tanto riso e foi tão mal tomado o que disse, porque falava de amor (sendo sermão do Mandato,[2] que é para não tratar outra coisa), que eu estava espantada. E vejo claro que é o que eu tenho dito, exercitar-nos tão mal no amor de Deus, que não nos parece

---

1. *Cânticos*: o Cântico dos Cânticos.
2. *Sermão do Mandato*: o de quinta-feira santa sobre o preceito do amor: "mandatum novum" (João 13,34).

possível tratar uma alma assim com Deus. Mas algumas pessoas conheço eu, que assim como estas outras não sacavam bem – porque, certamente, não o entendiam, nem creio que pensavam senão ser dito da cabeça dele –, estas outras sacaram tão grande bem, tanto regalo, tão grande segurança de temores, que tinham que fazer particulares louvores a nosso Senhor muitas vezes, que deixou remédio saudável para as almas que com fervente amor o amam, que entendam e vejam que é possível Deus humilhar-se tanto; que não bastava a sua experiência para deixar de temer quando o Senhor lhes fazia grandes regalos. Veem aqui pintada a sua segurança.

6. E sei de uma que esteve fartos anos com muitos temores, e não houve coisa que a tenha assegurado, senão que foi o Senhor servido que ouvisse algumas coisas dos *Cânticos*, e nelas entendeu ir bem guiada a sua alma.[3] Porque, como tenho dito, conheceu que é possível passar a alma enamorada por seu esposo todos esses regalos e desmaios e mortes e aflições e deleites e gozos com Ele, depois que deixou todos os do mundo por seu amor e está de todo posta e deixada em suas mãos. Isto não de palavra – como acontece em alguns –, senão com toda verdade, confirmada por obras.

Ó filhas minhas, que Deus é muito bom pagador, e tendes um Senhor e um Esposo que nada lhe passa sem que o entenda e o veja! E assim, ainda que sejam coisas muito pequenas, não deixeis de fazer por seu amor o que puderdes. Sua Majestade as pagará; não olhará senão o amor com que as fizerdes.

7. Pois concluo nisto: que jamais em coisa que não entendais da Sagrada Escritura, nem dos mistérios de nossa fé, vos detenhais mais do que tenho dito, nem com palavras encarecidas que nela ouvirdes que passa Deus com a Alma, não vos espanteis. O amor que nos teve e tem me espanta mais e me desatina, sendo quem somos, que tendo-o, já entendo que não há encarecimento de palavras com que no-lo mostre, que não o tenha mostrado mais com obras; senão, quando chegardes aqui, por amor de mim vos rogo que vos detenhais um pouco pensando no que nos tem mostrado e o que tem feito por nós, vendo claro que amor tão poderoso e

---

3. Ela mesma. Segue uma bela confidência autobiográfica. – *Como tenho dito*: no n. 5.

forte que tanto o fez padecer, com que palavras se pode mostrar que nos espantem?

8. Pois tornando ao que comecei a dizer,[4] grandes coisas deve haver e mistérios nestas palavras, pois coisa de tanto valor, que letrados me disseram (rogando-lhes eu que me declarem o que o Espírito Santo quer dizer e o verdadeiro sentido deles), dizem que os doutores escreveram muitas exposições e que ainda não conseguem dá-lo.[5] Parecerá demasiada soberba a minha, sendo isto assim, querer-vos eu declarar algo; e não é minha intenção, por pouco humilde que seja, pensar que atinarei com a verdade. O que pretendo é, que assim como eu me regalo no que o Senhor me dá a entender quando ouço algo deles, que vo-lo dizer talvez vos console como a mim. E se não for a propósito do que quer dizer, eu o tomo a meu propósito; que não saindo do que tem a Igreja e os santos (que para isto, primeiro o examinarão bem letrados que o entendam, do que os vejais vós), licença nos dá o Senhor – pelo que penso –, como no-la dá para que pensando na sagrada Paixão, pensemos muitas coisas mais de fadigas e tormentos que ali o Senhor devia padecer, de que os evangelistas escrevem. E não indo com curiosidade, como disse no princípio, senão tomando o que Sua Majestade nos der a entender, tenho por certo que não lhe pesa que nos consolemos e deleitemos em suas palavras e obras, como se folgaria e gostaria o rei se amasse um pastorzinho e lhe caísse em graça e o visse embevecido mirando o brocado e pensando o que é aquilo e como foi feito. Que tampouco as mulheres havemos de ficar tão fora de gozar as riquezas do Senhor. De disputá-las e ensiná-las, parecendo-lhes que acertam, sem que o mostrem a letrados, isto sim. Assim que nem eu penso acertar no que escrevo (bem o sabe o Senhor), senão, como este pastorzinho que tenho dito, consola-me, como a filhas minhas, dizer-vos minhas meditações e serão com fartas bobices; e assim começo, com o favor deste divino Rei meu e com licença do que me confessa. Praza a Ele, que como quis eu atine em outras coisas que vos tenho dito[6] (ou Sua Majestade por mim talvez por ser para vós), atine nestas; e se não, dou por bem empregado o tempo que ocupar em

---

4. *O que comecei a dizer*: no n. 1.
5. *Não conseguem dar* o sentido genuíno.
6. Alusão ao *Caminho* e, talvez, à *Vida* e outros escritos seus.

escrever e tratar com meu pensamento tão divina matéria que não a merecia eu ouvir.

9. Parece-me, nisto que disse no princípio, fala com terceira pessoa, e é a mesma: que dá a entender que há em Cristo duas naturezas, uma divina e outra humana. Não me detenho nisto, porque minha intenção é falar no que me parece que podemos aproveitar-nos as que tratamos de oração; ainda que tudo aproveite para animar e admirar uma alma que com ardente desejo ama o Senhor. Bem sabe Sua Majestade que, ainda que algumas vezes tenha ouvido exposição de algumas palavras destas e pedindo eu me explicaram, são poucas, que não me lembro de pouco nem de muito, porque tenho memória muito má; e assim não poderei dizer senão o que o Senhor me ensinar, e for a meu propósito, e deste princípio jamais tenho ouvido coisa de que me lembre.

Beije-me com beijo da sua boca.

10. Ó Senhor meu e Deus meu, e que palavra esta, para que a diga um verme ao seu Criador! Bendito sejais Vós, Senhor, que por tantas maneiras nos tendes ensinado! Mas quem ousaria, Rei meu, dizer esta palavra, se não fosse com vossa licença? É coisa que espanta, e assim espantará dizer eu como ninguém dizê-la. Dirão que sou uma néscia, que não quer dizer isto, que tem muitas significações, que está claro que não havíamos de dizer esta palavra a Deus, que por isso é bom que estas coisas não as leiam gente simples. Eu o confesso, que tem muitos entendimentos;[7] mas a alma que está abrasada de amor, que a desatina, não quer nenhum, senão dizer estas palavras. Sim, que o Senhor não o impede.

Valha-me Deus! O que nos espanta? Não é de admirar mais a obra? Não nos achegamos ao Santíssimo Sacramento? E até pensava eu se a Esposa pedia esta mercê que Cristo depois nos fez. Também pensei se pedia aquela união tão grande, como foi Deus fazer-se homem, aquela amizade que fez com o gênero humano; porque está claro que o beijo é sinal de paz e amizade grande entre duas pessoas. Quantas maneiras há de paz, o Senhor ajude a que o entendamos.

---

7. *Tem muitos "entendimentos"*: sentidos.

11. Uma coisa quero dizer antes de ir adiante, e ao meu parecer, de notar, ainda que fosse melhor em outro tempo, mas para que não nos esqueçamos: que tenho por certo que haverá muitas pessoas que se achegam ao Santíssimo Sacramento (e praza ao Senhor que eu não minta) com pecados mortais graves; e se vissem uma alma morta por amor de seu Deus dizer estas palavras, se espantariam e o teriam por grande atrevimento. Pelo menos eu estou segura que não a dirão eles, porque estas palavras e outras semelhantes que estão nos *Cânticos*, o amor as diz; e como não o têm, bem podem ler os *Cânticos* cada dia e não se exercitar nelas, nem mesmo as ousarão tomar na boca; que verdadeiramente até ouvi-las faz temor, porque trazem grande majestade consigo. Farta trazeis Vós, Senhor meu, no Santíssimo Sacramento; senão, como não têm fé viva, senão morta, estes tais vos veem tão humilde sob espécies de pão, não lhes falais nada, porque eles não o merecem ouvir, e assim se atrevem tanto.

12. Assim que estas palavras verdadeiramente poriam temor em si se estivessem em si quem a diz, tomada apenas a letra; mas a quem vosso amor, Senhor, tirou de si, bem perdoareis que diga isso e mais, ainda que seja atrevimento. E, Senhor meu, se significa paz e amizade, por que não vos pediriam as almas que a tenhais com elas? Que melhor coisa podemos pedir que o que vos peço, Senhor meu, que me deis esta paz com beijo de vossa boca? Esta, filhas, é altíssima petição, como depois vos direi.[8]

---

8. No c. 2, n. 16.

Capítulo 2

Trata de nove maneiras de falsa paz que oferecem à alma o mundo, a carne e o demônio. Declara a santidade do estado religioso, que conduz à paz verdadeira, desejada pela esposa nos "Cânticos".[1]

1. Deus vos livre de muitas maneiras de paz que têm os mundanos; nunca Deus no-la deixe provar, que é para guerra perpétua. Quando um dos do mundo anda muito quieto, andando metido em grandes pecados e tão sossegado em seus vícios que em nada lhe remorde a consciência, esta paz já tendes lido que é sinal que o demônio e ele estão amigos; enquanto vivem, não lhes quer dar guerra, porque segundo são maus, para fugir dela e não por amor de Deus, se voltariam algo a Ele. Mas os que vão por aqui nunca duram em servi-lo. Logo, como o demônio o entende, torna a dar gosto ao prazer deles e voltam-se à sua amizade, até que os tem aonde lhes dá a entender quão falsa era a sua paz. Nestes não há porque falar; lá se hajam, que eu espero no Senhor que não se achará entre vós tanto mal; ainda que pudesse o demônio começar por outra paz em coisas poucas, e sempre, filhas, enquanto vivermos temos de temer.

2. Quando a religiosa começa a relaxar em algumas coisas que em si parece pouco, e perseverando nelas muito e não lhes remoendo a consciência, é má paz, e daqui pode o demônio trazê-la a mil males;[2] assim como é um quebrantamento de constituição, que em si não é pecado, ou não andar com cuidado no que manda o prelado, ainda que não com malícia; enfim, está em lugar de Deus, e é bom sempre – que para isso viemos – andar olhando o que quer; coisinhas muitas que se oferecem, que em si não parecem pecado e, enfim, há faltas e as há de haver, que somos miseráveis.[3] Não digo eu que não. O que digo é que sintam quando se fazem, e entendam que faltaram; porque se não – como digo – deste se pode o demônio alegrar, e pouco a pouco ir fazendo insensível a alma a estas coisinhas. Eu

---

1. Breve título marginal do códice de Alba: *Paz do mundo*.
2. *A mil males*: corrigido de *a muy malísima*.
3. Alusão a Jó 7,1.

vos digo, filhas, que quando isto chegar a alcançar, que não tenha pouco, porque temo que passará adiante. Por isso mirai-vos muito, por amor de Deus; guerra há de haver nesta vida, porque com tantos inimigos não é possível deixar-nos estar com mão sobre mão, senão que sempre há de haver cuidado e entregar-lhe sobre como andamos no interior e no exterior.

3. Eu vos digo que já que na oração vos faça o Senhor mercês e vos dê o que depois direi,[4] que saídas dali não vos faltem mil tropeçozinhos, mil ocasiõezinhas, infringir com descuido um, não fazer bem o outro, perturbações interiores e tentações. Não digo que há de ser isto sempre ou muito ordinário. É grandíssima mercê do Senhor: assim se adianta a alma. Não é possível ser aqui anjos, que não é nossa natureza. É assim que não me perturba a alma quando a vejo com grandíssimas tentações; que, se há amor e temor de nosso Senhor, há de sair com muito lucro. Eu sei disso. E se a vejo andar sempre quieta e sem nenhuma guerra (que tenho topado algumas), ainda que a veja não ofender o Senhor, sempre me trazem com medo, nunca acabo de me assegurar e prová-las e tentá-las eu, se posso, já que não o faz o demônio, para que vejam o que são. Poucas tenho topado; mas é possível já que o Senhor chega uma alma a muita contemplação.

4. São modos de proceder e ficam num contento ordinário e interior, ainda que tenha para mim que não se entendem e tendo apurado o vejo, que algumas vezes têm suas guerrinhas, senão que são poucas. Mas é assim que não tenho inveja destas almas e que o tenho mirado com aviso, e vejo que se adiantam muito mais as que andam com a dita guerra – sem ter tanta oração – nas coisas de perfeição, do que cá podemos entender. Deixemos almas que estão já tão aproveitadas e tão mortificadas, depois de terem passado por muitos anos esta guerra; como já mortas para o mundo, nosso Senhor dá a elas ordinariamente paz, mas não de maneira que não sintam a falta que cometem e lhes dê muita pena.

5. Assim que, filhas, por muitos caminhos leva o Senhor; mas sempre temei, como tenho dito,[5] quando não vos doer algo a falta que fizerdes;

---

4. Nos capítulos 4-7, nos quais a Santa falará das graças místicas.
5. No n. 2.

que de pecado, ainda que seja venial, já se entende que vos há de chegar[6] à alma, como – glória a Deus – creio e vejo que o sentis agora.

Notai uma coisa, e lembrai-vos disto por amor de mim: se uma pessoa está viva, por pouquinho que a toquem com um alfinete, não sente, ou um espinhozinho, por pequeno que seja? Pois se a alma não está morta, senão que tem vivo um amor de Deus, não é mercê grande sua que qualquer coisinha que se faça contra o que temos professado e estamos obrigadas, se sinta? Oh, o que é Sua Majestade fazer para Si a cama de rosas e flores na alma,[7] a quem dá este cuidado, e é impossível deixar de vir regalá-la, ainda que tarde! Valha-me Deus, o que fazemos os religiosos no mosteiro? Para que deixamos o mundo? Para que viemos? Em que melhor podemos empregar-nos do que fazer aposentos em nossas almas para nosso Esposo e chegar a tempo que lhe possamos dizer que *nos dê beijo com sua boca*? Venturosa será a que tal pedido fizer, e quando o Senhor vier, não ache sua lâmpada morta, e cansado de chamar, volte.[8] Ó filhas minhas, que temos grande estado, que não há quem nos impeça dizer esta palavra a nosso Esposo, pois o tomamos por tal quando fizemos profissão, senão nós mesmas!

6. Entendam-me as almas das que forem escrupulosas, que não falo por alguma falta alguma vez, ou faltas, que nem todas se podem entender, nem mesmo sentir sempre; senão com quem as faz muito frequentes, sem fazer caso, parecendo-lhe nonada, e não a remorde nem procura emendar-se. Desta torno a dizer que é perigosa paz e que estejais advertidas contra ela. Pois, o que será dos que a têm em muito relaxamento de sua Regra? Não praza a Deus que haja alguma. De muitas maneiras a deve dar o demônio, que Deus o permite por nossos pecados. Não há porque tratar disto; quis advertir este pouquinho. Vamos à amizade e paz que o Senhor começa a nos mostrar na oração, e direi o que Sua Majestade me der a entender.

7. Depois me pareceu que será bom dizer-vos um pouquinho da paz que o mundo dá e a nossa própria sensualidade nos dá; porque ainda que esteja em muitas partes melhor escrito do que eu direi, talvez não tenhais

---

6. N.T.: Subentende-se: o doer pelo pecado.
7. Alusão a Ct 1,15.
8. Alusão à parábola das virgens, Mt 25,1-13.

com que comparar os livros, porque sois pobres, nem quem vos faça esmola deles; e isto fica em casa e se vê aqui junto.

Poderiam enganar-se na paz que o mundo dá por muitas maneiras. De algumas que disser, sacareis as demais: [8] ou riquezas, que se têm bem o que hão mister e muito dinheiro na arca, como se guardam de fazer pecados graves, tudo lhes parece que está feito. Gozam-se com o que têm, dão esmola de vez em quando; não miram que aqueles bens não são seus, senão que o Senhor lhes deu como a mordomos seus, para que repartam com os pobres, e que deles hão de dar estreita conta do tempo que o têm sobrado na arca, suspenso e privado aos pobres, se eles estão padecendo. Isto não vem ao caso mais do que para que supliqueis ao Senhor que lhes dê luz para não ficarem neste embevecimento e lhes aconteça o que aconteceu ao rico avarento,[9] e para que louveis Sua Majestade que vos fez pobres e o tomeis por particular mercê sua.

9. Ó filhas minhas, que grande descanso não ter estas cargas, mesmo para descansar cá! Porque para o dia do fim, não o podeis imaginar. Eles são escravos, e vós, senhoras; também por isto o vereis. Quem tem mais descanso, um cavalheiro a quem põe na mesa quanto há de comer e lhe dão tudo o que há de vestir, ou seu mordomo, que lhe há de dar conta de um só maravedi? Estoutro gasta sem medida, como bens seus; o pobre mordomo é o que o passa, e quanto mais fazenda, mais, que há de estar desvelando-se quando há de dar conta dela; em especial se é de muitos anos e se descuidam um pouco, o saldo devedor é muito; não sei como se sossega.

Não passeis por isto, filhas, sem louvar muito a nosso Senhor, e sempre ir adiante no que agora fazeis em não possuir nada em particular nenhuma, que sem cuidado comemos o que nos envia o Senhor, e como Sua Majestade cuida que não nos falte nada, não temos de dar conta do que nos sobra. Sua Majestade toma conta, que não seja coisa que nos ponha de reparti-lo.[10]

10. O que é mister, filhas, é contentar-nos com pouco, que não havemos de querer tanto como os que dão estreita conta, como a há de

---

9. Alusão bíblica: Lucas 12,20.
10. *Que nos ponha* cuidado de....

dar qualquer rico, ainda que não a tenha ele cá, senão que a tenham seus mordomos. E quão estreita! Se entendesse isso, não comeria com tanto contento nem se daria a gastar o que tem em coisas impertinentes e de vaidade. Assim vós, filhas; mirai sempre com o mais pobre que puderdes passar, assim de vestidos como de manjares, porque se não, achar-vos-eis enganadas, que Deus não vo-lo dará, e estareis descontentes. Sempre procurai servir Sua Majestade de maneira que não comais o que é dos pobres, sem servi-lo; ainda que mal possa servir o sossego e descanso que vos dá o Senhor em não terdes de dar conta de riquezas. Bem sei que o entendeis, mas é mister que por eles deis a tempo graças particulares a Sua Majestade.

11. Da paz que o mundo dá em honras, não tenho por que vos dizer nada, que pobres nunca são muito honrados.[11] No que vos pode fazer dano grande, se não tiverdes atenção, nos louvores; que nunca acaba desde que começa, para depois abaixar-vos mais. É o mais comum dizendo que sois umas santas, com palavras tão encarecidas que o demônio os ensina. E assim deve ser às vezes, porque se o dissessem na ausência, passaria; mas na presença, que fruto pode trazer, senão dano, se não andardes com muito aviso?

12. Por amor de Deus vos peço, que nunca vos pacifiqueis nestas palavras, que pouco a pouco vos poderiam fazer dano e crer que dizem verdade, ou em pensar que já está tudo feito e que o tendes trabalhado. Vós nunca deixeis passar palavra sem mover guerra em vosso interior, que com facilidade se faz, se tendes costume. Lembrai-vos do que o mundo preparou para Cristo nosso Senhor, e quão exaltado o tivera o dia de Ramos. Mirai a estima que tinha por São João Batista, que queriam ter pelo messias e quão logo e por que o descabeçaram.

13. Jamais o mundo exalta senão para abaixar, se são filhos de Deus os exaltados. Eu tenho farta experiência disto. Costumava afligir-me muito de ver tanta cegueira nestes louvores e já me rio como se visse falar um louco. Lembrai-vos de vossos pecados, e posto que em alguma coisa vos digam verdade, adverti que não é vosso e que estais obrigados a servir mais. Despertai temor em vossa alma, para que não se sossegue nesse beijo de tão falsa paz que dá o mundo. Crede que é a de Judas; ainda que alguns não o digam com essa intenção, o demônio está mirando, pois poderá

---

11. Cf. *Caminho* 2, 6 e 13, 5, nota.

levar despojo, se não vos defendeis. Crede que é mister aqui estar com a espada na mão da consideração; ainda que vos pareça que não vos faz dano, não confieis nisso. Lembrai-vos de quantos estiveram no cume e estão no profundo. Não há segurança enquanto vivemos, senão que, por amor de Deus, irmãs, sempre saiais com guerra interior destes louvores; porque assim saireis com lucro de humildade, e o demônio que vos está à mira de vós, e o mundo, ficará corrido.

14. Da paz e dano que com ela nos pode fazer nossa própria carne, haveria muito que dizer. Advertir-vos-ei alguns pontos, e por aí, como tenho dito,[12] tirareis o demais. É muito amiga de regalo, já o vedes, e bastante perigoso pacificar-se com eles, se o entendêssemos. Eu penso nisso muitas vezes e não posso acabar de entender como há tanto sossego e paz nas pessoas muito regaladas. Porventura merece o corpo sacratíssimo de nosso modelo e luz menos regalo que os nossos? Tinha feito por que padecer tantos trabalhos? Temos lido de santos – que são os que já sabemos que estão no céu, certamente – terem vida regalada? De onde vem este sossego nela? Quem nos disse que é boa? O que é isto, que tão sossegadamente se passam os dias comendo bem e dormindo e buscando recreações e todos os descansos que podem algumas pessoas, que fico boba de mirá-lo? Não parece que há de haver outro mundo, e que naquilo haja o menor perigo dele.

15. Ó filhas, se soubésseis o grande mal que aqui está encerrado! O corpo engorda, a alma enfraquece; que se a víssemos, parece que já vai expirar. Em muitas partes vereis escrito o grande mal que há em pacificar-se nisto, que ainda se entendessem que é mau, teríamos esperança de remédio; mas temo que não lhes passa pelo pensamento. Como se usa tanto, não me espanto. Eu vos digo que ainda que nisto sua carne sossegue, que por mil partes terão a guerra se hão de salvar-se e lhes valia mais conhecer-se e tomar a penitência pouco a pouco, que lhes há de vir por junto. Isto tenho dito para que louveis muito a Deus, filhas, de estar aonde ainda que vossa carne queira pacificar-se nisto, não pode. Poderia danar-vos dissimuladamente, que é com calor de enfermidade, e haveis mister de trazer muito aviso nisto: que um dia vos fará mal tomar disciplina, e daqui a oito dias porventura não; e outra vez não trazer roupa de linho e, por alguns

---

12. No n. 7. – A frase seguinte: A carne *é muito amiga*...

dias, não o haveis de tomar continuamente; e outra comer peixe, e se se acostuma, o estômago se habitua a isso, e não lhe faz mal. Parecer-vos-á que tendes tanta fraqueza *que não podeis passar sem comer carne, e não jejuando algum dia basta para essa fraqueza.*[13] De tudo isto e muito mais tenho experiência, e não se entende que vá muito em fazer estas coisas, ainda que não haja muita necessidade delas. O que digo é que não nos sosseguemos no que é relaxar, senão que nos provemos algumas vezes; porque eu sei que esta carne é muito falsa e que é mister entendê-la. O Senhor nos dê luz para tudo por sua bondade. Grande coisa é a discrição e confiar nos superiores e não em nós.

16. Tornando ao propósito,[14] é sinal que, pois a Esposa assinala a paz que pede dizendo: Beije-me com beijo de sua boca, que outras maneiras de fazer pazes e mostrar amizade tem o Senhor. Agora quero dizer-vos algumas, para que vejais que pedido é este tão alto, e da diferença que há de uma coisa à outra.

Ó grande Deus e Senhor nosso, que sabedoria tão profunda! Bem poderia dizer a Esposa: *Beije-me*, e parece que concluía o seu pedido em menos palavras. Por que diz *com beijo de sua boca*? Pois seguramente não há letra demasiada. O porquê, eu não entendo, mas direi algo sobre isto. Pouco vai que não seja a este propósito, como tenho dito,[15] se disso nos aproveitamos. Assim que de muitas maneiras trata paz o Rei nosso e amizade com as almas, como vemos cada dia, assim na oração como fora dela; senão que nós a temos com Sua Majestade *de pelillo*, como dizem.[16] Mirareis, filhas, em que está o ponto para que possais pedir o mesmo da Esposa, se o Senhor vos chegar a ele; se não, não desanimeis, que com qualquer amizade que tenhais com Deus ficais bastante ricas, se não vos faltar. Mas é para lastimar e condoer-nos muito os que por nossa culpa não chegamos a esta tão excelente amizade e nos contentamos com pouco.

17. Ó Senhor, não nos lembraríamos que é muito o prêmio e sem fim, e que chegadas já a tanta amizade, cá nos dá o Senhor, e que muitos

---

13. O texto em itálico foi tomado do ms. de Baeza.
14. Retoma o tema do n. 6.
15. No c. 1.
16. *De pelillo*: superficial, por obrigação e cerimônia, formalmente.

que poderiam subir ao cume ficam ao pé do monte? Noutras coisinhas que vos tenho escrito,[17] vos tenho dito isto muitas vezes, e agora vos torno a dizer e rogar, que sempre vossos pensamentos sejam animosos, que daqui virá que o Senhor vos dê graça para que as obras o sejam. Crede que vai muito nisto, pois há umas pessoas que já alcançaram a amizade do Senhor, porque confessaram bem seus pecados e se arrependeram, mas não passam dois dias que voltam para eles. Certamente não é esta a amizade que a Esposa pede. Sempre, ó filhas, procurai não ir ao confessor cada vez a dizer uma falta.[18]

18. É verdade que não podemos estar sem elas; mas pelo menos se mudem, para que não deitem raízes, que serão piores de arrancar, e ainda poderão vir dela nascer outras muitas. Que se uma erva ou arbusto plantarmos e cada dia o regarmos, ele fica tão grande que para arrancá-los depois é mister pá e enxada. Assim me parece que é fazer cada dia uma falta, por pequena que seja, se não nos emendarmos dela; e se um dia ou dez são feitas, e se arranca logo, é fácil. Na oração o haveis de pedir ao Senhor, que de nós pouco podemos, antes acrescentaremos do que serão tiradas. Olhai que naquele espantoso julgamento da hora da morte não será pouco para nós, em especial para as que tomou por esposa o Juiz nesta vida.

19. Ó grande dignidade, digna de despertar-nos para andar com diligência e contentar este Senhor e Rei nosso! Mas quão mal pagam estas pessoas a amizade, pois tão depressa se tornam inimigos mortais! Por certo, que é grande a misericórdia de Deus: que amigo acharemos tão sofrido? E mesmo uma vez que aconteça isto entre dois amigos, nunca se tira da memória nem acabam de ter tão fiel amizade como antes. Pois, quantas vezes serão as que faltam na de nosso Senhor desta maneira e quantos anos nos espera desta sorte? Bendito sejais Vós, Senhor Deus meu, que com tanta piedade nos levais que parece que esqueceis vossa grandeza para não castigar, como seria justo, traição tão traidora como esta. Perigoso estado me parece, porque ainda que a misericórdia de Deus seja a que vemos, também vemos muitas vezes morrer nele sem confissão. Livre-nos Sua Majestade por quem Ele é, filhas, de estar em estado tão perigoso.

---

17. *Caminho* c. 18, n. 2; c. 32, n. 7; c. 41, n. 8; *Moradas* II, c. 1, n. 6; VI, c. 4 e c. 5, n. 1, 6, 12.
18. Ou seja, a mesma falta.

20. Há outra amizade bem maior que esta, de pessoas que se guardam de ofender ao Senhor mortalmente; bastante alcançaram os que chegaram aqui, segundo está o mundo. Estas pessoas, ainda que se guardem de não pecar mortalmente, não deixam de cair de quando em quando, pelo que creio; porque não se preocupam nada com pecados veniais, ainda que façam muitos por dia, e assim estão bem perto dos mortais. Dizem: "fazeis caso disto?"; muitos que tenho ouvido: "para isso há água benta, e os remédios que tem a Igreja, nossa mãe", coisa certamente para lastimar muito. Por amor de Deus, que tenhais nisto grande aviso de nunca vos descuidar e fazer pecado venial, por pequeno que seja, lembrando-vos que há este remédio, porque não é razoável que o bem nos seja ocasião de fazer mal. Lembrai-vos, depois de feito, deste remédio e procurai-o logo, isto sim.

21. É muito grande coisa trazer sempre a consciência tão limpa que nenhuma coisa vos estorve pedir a nosso Senhor a perfeita amizade que a Esposa pede. Pelo menos não é esta que fica dita; é amizade bem suspeita por muitas *razões*;[19] e chegada a regalos e aparelhada para muita tibieza, e nem bem saberão se é pecado venial ou mortal o que fazem. Deus vos livre dela; porque parecendo-lhes que não têm coisas de pecados grandes, como veem outros, parece que se asseguram e este não é estado de perfeita humildade julgá-los como muito ruins. Poderá ser que sejam muito melhores, porque choram seu pecado, e com grande arrependimento, e porventura melhor propósito que eles, que darão em nunca ofender a Deus, em pouco nem em muito. Estes outros, parecendo-lhes que não fazem nenhuma coisa daquelas, tomam mais largueza para seus contentos; estes pela maior parte terão suas orações vocais, não muito bem rezadas, porque não o levam tão estritamente.

22. Há outra maneira de amizade e paz, que nosso Senhor começa a dar a umas pessoas que totalmente não o queriam ofender em nada; ainda que não se apartem tanto das ocasiões, têm seus momentos de oração, nosso Senhor lhes dá ternuras e lágrimas, mas não gostariam elas de deixar os contentos desta vida, senão tê-la boa e concertada, pois parece que para viver cá com descanso aquilo está bem para elas. Esta vida traz consigo fartas mudanças. Bastante será se duram na virtude. Porque não se apartando dos

---

19. O itálico neste número indicam correções do texto tomadas do ms. de Baeza.

contentos e gostos do mundo, depressa tornarão a afrouxar no caminho do Senhor, que há grandes inimigos para no-lo impedir. Não é esta, filhas a amizade que tampouco a Esposa quer, nem vós a queirais. Apartai-vos sempre de qualquer ocasiãozinha, por pequena que seja, se quiserdes que vá crescendo a alma e viver com segurança.

23. Não sei para que vos estou dizendo estas coisas se não é para que entendais os perigos que há em não nos desviarmos com determinação de todas as coisas do mundo, porque nos pouparíamos de fartas culpas e de fartos trabalhos. São tantas as vias por onde nosso Senhor começa a tratar amizade com as almas que seria nunca acabar – me parece – as que eu tenho ouvido, sendo mulher. Que farão os confessores e pessoas que as tratam mais particularmente? E assim que algumas me desatinam, porque não parece que lhes falta nada para serem amigas de Deus. Em especial, vos contarei uma com quem há pouco tratei muito particularmente. Ela era amiga de comungar mui amiúde muito, e jamais dizia mal de ninguém, e ternura na oração e contínua solidão, porque estava em sua casa sozinha; de condição tão branda que nenhuma coisa que lhe era dita a fazia ter ira, que era farta perfeição, nem dizer palavra má. Nunca se tinha casado, e já não era de idade para casar-se, e tinha passado fartas contradições nesta paz; e ao ver isto, pareciam-me efeitos de alma muito avantajada e de grande oração e a apreciava muito no princípio, porque não via nela ofensa a Deus e sabia que se guardava dela.

24. Tratando com ela, comecei a perceber que tudo estava pacífico se não tocasse o interesse; mas tendo chegado aqui, não estava tão delgada a consciência, mas bem grossa. Entendi que sofrendo todas as coisas que lhe diziam desta sorte, tinha um ponto de honra que por sua culpa não perderia um tanto ou uma pontinha de sua honra ou estima; tão embebida nessa miséria que tinha, tão amiga de saber e entender uma coisa e outra, que eu me espantava como aquela pessoa podia estar uma hora sozinha, e bem amiga de seu regalo. Tudo isto fazia e o dourava, que o livrava de pecado; e segundo as razões que dava em algumas coisas, me parece que eu o faria, se a julgasse; que em outras coisas bem notório era, ainda que talvez por não se entender bem. Trazia-me desatinada, e quase todos a tinham por

santa. Posto que vi que das *perseguições*[20] que ela contava devia ter alguma culpa, e não tive inveja de seu modo e santidade; senão que ela ou outras duas almas que tenho visto nesta vida de que agora me lembro, santas em seu parecer, me fizeram mais temor que todas as pecadoras que tenho visto, depois de tratar com elas, e suplicar ao Senhor que nos dê luz.[21]

25. Louvai-o, filhas, muito porque vos trouxe a mosteiro aonde por muito que faça o demônio não pode tanto enganar como as que em suas casas estão; que há almas que parece não lhes faltar nada para voar ao céu, porque em tudo seguem a perfeição a seu parecer, mas não há quem as entenda; porque nos mosteiros jamais tenho visto deixar-se de entender, porque não hão de fazer o que querem senão o que lhes mandam. E cá, ainda que verdadeiramente elas se quisessem entender, porque desejam contentar o Senhor, não podem; porque, enfim, fazem o que fazem por sua vontade, e ainda que alguma vez a contradigam, não se exercitam tanto na mortificação. Deixemos algumas pessoas a quem por muitos anos nosso Senhor tem dado luz; porque estas procuram ter quem as entenda e a quem se sujeitar, e a grande humildade traz pouca confiança em si, ainda que mais letrados sejam.

26. Há outros que deixaram todas as coisas pelo Senhor, e não têm casa nem fazenda nem tampouco gostam de regalos, antes são penitentes, nem das coisas do mundo, porque o Senhor já lhes deu luz de quão miseráveis são, mas têm muita honra. Não gostariam de fazer coisa que não fosse tão bem aceita aos homens como ao Senhor; grande discrição e prudência. Estas duas coisas sempre podem combinar muito mal; e é o mal que quase, sem que eles entendam a sua imperfeição, sempre ganha mais o partido do mundo que o de Deus. Estas almas, em sua maioria, qualquer coisa que digam delas as machuca, e não abraçam a cruz, senão a levam arrastando, e assim as machuca e cansa e faz em pedaços; porque se é amada, e suave de levar. Isto é certo.

27. Não, tampouco esta é a amizade que a Esposa pede; por isso, filhas minhas, mirai muito (pois tendes feito o que aqui digo no princípio), não falteis nem vos detenhais no segundo. Tudo é cansaço para vós. Se

---

20. Assim se lê no ms. de Baeza. No ms. de Alba lê-se *perfecciones*.
21. Ver *Fundações*, c. 6, n. 18.

tendes deixado o mais, deixais o mundo, os regalos e contentos e riquezas dele, que, ainda que falsos, enfim, agradam, que temeis?[22] Olhai que não o entendeis, que para livrar-vos de um dissabor que vos pode dar, com um dito vos carregais de mil cuidados e obrigações. São tantas as que há, se queremos contentar os do mundo, que não se sofre dizê-las para não me alongar, nem sequer saberia.

28. Há outras almas – e com isto acabo, que por aqui, se ides advertindo, entendereis muitas vias por onde começam a aproveitar e ficam no caminho –, digo que há outras que tampouco se importam muito com os ditos dos homens nem com a honra; mas não estão exercitadas na mortificação e em negar a sua própria vontade, e assim não parece que sai o medo do seu corpo. Postos em sofrer, parece que tudo já está conseguido: mas em negócios graves da honra do Senhor, torna a reviver a sua e eles não entendem; não lhes parece que temem já o mundo, senão a Deus. Perigos sacam, o que pode acontecer,[23] para fazer que uma obra virtuosa seja tornada em muito mal, que parece que o demônio as ensina; mil anos antes profetizam o que pode vir, se for preciso.

29. Estas almas não são das que farão o que fez São Pedro, lançar-se no mar,[24] nem o que fizeram outros muitos santos. Em seu sossego achegarão almas ao Senhor, mas não se pondo em perigos; nem a *fé obra*[25] muito para suas determinações. Uma coisa tenho notado: que poucos vemos no mundo, fora de religião, confiar de Deus o seu mantimento; só duas pessoas conheço eu. Que na religião já sabem que não lhes há de faltar; ainda que quem entra deveras só por Deus, creio que não se lembrará disto. Mas quantos haverá, filhas, que não deixaram o que tinham se não fosse com a segurança! Porque em outras partes em que vos tenho dado aviso falei muito nestas almas pusilânimes e dito o dano que lhes faz e o grande bem ter grandes desejos, já que não podem as obras, não digo mais

---

22. No ms. de Baeza está mais claro: *Si lo habéis dejado, lo más dejáis: el mundo, los regalos... aplacen. ¿De qué teméis?* [Se o tendes deixado, o mais deixais: o mundo, os regalos... aprazem. De que tendes medo?]

23. No ms. de Baeza está mais claro: *Perigos sacam do que pode acontecer...; o demônio os ensina.*

24. Mt 14,29.

25. Manuscrito de Baeza.

destas, ainda que nunca me cansasse.[26] Pois as chega o Senhor a tão grande estado, sirvam-no com isso, e não se arrincoem;[27] que ainda que sejam religiosos, se não podem aproveitar aos próximos, em especial mulheres, com determinação grande e vivos desejos das almas, terá força sua oração, e até porventura quererá o Senhor que em vida ou em morte aproveitem, como faz agora o santo frei Diego,[28] que era leigo e não fazia mais que servir, e depois de tantos anos morto, ressuscita o Senhor a sua memória para que nos seja exemplo. Louvemos Sua Majestade.

30. Assim que, filhas minhas, se o Senhor vos trouxe a este estado, pouco vos falta para a amizade e a paz que pede a Esposa; não deixeis de pedi-la com lágrimas muito contínuas e desejos. Fazei o que puderdes de vossa parte para que vo-la dê; porque sabei que não é esta a paz e amizade que a Esposa pede; ainda que o Senhor faça farta mercê a quem chega a este estado, porque será tendo se ocupado em muita oração e penitência e humildade e outras muitas virtudes. Seja sempre louvado o Senhor que tudo dá, amém.

---

26. Cf. *Caminho* c. 42, n. 3-4; *Vida* c. 13, n. 3, 4, 6; *Moradas* I, c. 2, n. 10. – Ver o n. 17, nota 17.
27. N.T.: *Não se arricoem*: não se retirem do trato social.
28. S. Diego de Alcalá (m. 1463), então muito popular por causa da cura prodigiosa do príncipe Carlos, 1563.

Capítulo 3

Trata da verdadeira paz que Deus concede à alma, sua união com ela, e dos exemplos de caridade heroica de alguns servos de Deus.¹

Beije-me com beijo de tua boca
(Ct 1,1).

1. Ó santa Esposa! venhamos ao que pedis, que é aquela santa paz, que faz aventurar a alma a pôr-se em guerra com todos os do mundo, ficando ela com toda segurança e pacífica. Oh, que dita tão grande será alcançar esta mercê! Pois é juntar-se com a vontade de Deus, de maneira que não haja divisão entre Ele e ela, senão que seja uma mesma vontade; não por palavras, não só por desejos, senão posto por obra; de maneira que entendendo que serve mais a seu Esposo numa coisa, haja tanto amor e desejo de contentá-lo, que não escute as razões que lhe dará o entendimento, nem os temores que lhe porá, senão que deixe obrar a fé de maneira que não mire proveito nem descanso, mas acabe já de entender que nisto está todo o seu proveito.

2. Parecer-vos-á, filhas, que isso não vai bem, pois é tão louvável coisa fazer as coisas com discrição.² Tendes de mirar um ponto, que é entender que o Senhor (pelo que podeis entender, digo, que certo não se pode saber) ouvida a vossa petição, *de beijar-vos com beijo de sua boca*. Que se isto conheceis pelos efeitos, não há porque vos deter em nada, senão esquecer-vos de vós para contentar a este tão doce Esposo. Sua Majestade se dá a sentir aos que gozam desta mercê, com muitas mostras. Uma é menosprezar todas as coisas da terra, estimá-las em tão pouco como elas são, não querer bem seu porque já tem entendido a sua vaidade, não se alegrar senão com os que amam o seu Senhor; cansa-a a vida, tem na estima as

---

1. N.E.: Os manuscritos de Las Nieves e Consuegra dão este título: "Da verdadeira paz que pede a esposa, para se animarem os que pretendem perfeição".
2. Segue-se um breve parágrafo nos ms. de Las Nieves e Consuegra.

riquezas que elas merecem; outras coisas semelhantes a estas, que ensina o que as pôs em tal estado.

3. Chegada aqui a alma, não tem o que temer a não ser se não há de merecer que Deus queira servir-se dela ao dar-lhe trabalhos e ocasião para que possa servir, ainda que seja muito à sua custa. Assim que aqui, como tenho dito,[3] obra o amor e a fé e não se quer aproveitar a alma do que a ensina o entendimento, porque esta união que entre o Esposo e a esposa há, ensinou a ela outras coisas que ele não alcança e o traz debaixo dos pés.[4]

Ponhamos uma comparação para que o entendais. Está alguém cativo em terra de mouros. Este tem um pai pobre ou um grande amigo, e se este não o resgata, não tem remédio. Para resgatá-lo não bastou o que tem, senão que há de ir servir por ele. O grande amor que tem por ele pede que queira mais a liberdade de seu amigo que a sua; mas logo vem a discrição com muitas razões e diz que mais obrigado é a si, e poderá ser que tenha ele menos fortaleza que o outro e que o façam deixar a fé, que não é bom pôr-se neste perigo, e outras muitas coisas.

4. Ó amor forte de Deus! E como não parece que há de haver coisa impossível a quem ama! Ó ditosa alma que chegou a alcançar esta paz de seu Deus, que esteja senhoreada sobre todos os trabalhos e perigos do mundo, que a nenhum teme, em troca de servir a tão bom Esposo e Senhor, e com mais razão do que tem este parente e amigo que dissemos![5] Pois já tendes lido, filhas, de um Santo, e que não por filho, nem por amigo, senão porque devia bem ter chegado a esta ventura tão boa de que Deus lhe tivesse dado esta paz, e para contentar Sua Majestade e imitá-lo em algo do muito que fez por nós, foi trocar-se pelo filho de uma viúva, que veio a ele fatigada, a terra de mouros. Já tendes lido quão bem lhe sucedeu e o lucro com que veio.[6]

---

3. No n. 1.

4. *Que ele*, o entendimento, *não entende*.

5. Para dar sentido à frase acrescentamos o *mais*, de acordo com a anotação do P. Manuel de S. M. no ms. de Alba. Os manuscritos de Consuegra e Las Nieves modificam o texto, e na frase seguinte explicitam: "... *habéis leído, hijas, de S. Paulino Obispo*..." [tendes lido, filhas, de S. Paulino Bispo].

6. Os três números que se seguem (5-7) se encontram apenas nos ms. de Consuegra e Las Nieves. Nós os tomamos daquele, introduzindo alguma melhora do segundo. Advertimos outro tanto dos n. 10-12,

5. "Creria eu que o seu entendimento não deixaria de lhe apresentar mais algumas razões do que as que disse, porque era bispo e tinha de deixar suas ovelhas, e porventura teria temores. Mirai uma coisa que se me oferece agora e vem a propósito para os que por seu natural são pusilânimes e de ânimo fraco, que em sua maioria serão mulheres, e ainda que real e verdadeiramente sua alma tenha chegado a este estado, seu fraco natural teme. É preciso ter aviso, porque esta fraqueza natural nos fará perder uma grande coroa. Quando vos achardes com esta pusilanimidade, acudi à fé e humildade e não deixeis de acometer com fé, que Deus pode tudo, e assim pôde dar fortaleza a muitas meninas santas, e foi dada para passar tantos tormentos, como se determinaram a passar por Ele."

6. "Desta determinação quer fazê-lo senhor deste livre arbítrio, pois não tem mister Ele do nosso esforço para nada: antes gosta Sua Majestade de querer que resplandeçam suas obras em gente fraca, porque há mais lugar para seu poder obrar e para cumprir o desejo que tem de fazer-nos mercês. Para isto vos hão de aproveitar as virtudes que Deus vos tem dado, para fazer com determinação e dar de mão às razões do entendimento e à vossa fraqueza e para não dar lugar para que cresça pensando 'se será, se não será', 'talvez por meus pecados não mereça eu que me dê fortaleza como a outros tem dado'. Não é agora tempo de pensar em vossos pecados: deixai-os à parte, que não é agora tempo de pensar em vossos pecados, como tenho dito; que não é oportuna essa humildade; é em má conjuntura."

7. "Quando vos quiserem dar uma coisa muito honrosa, ou quando o demônio vos incitar a uma vida regalada, ou a outras semelhantes coisas, temei que por vossos pecados não o podereis levar com retidão; quando tiverdes de padecer algo por nosso Senhor ou pelo próximo, não tenhais medo de vossos pecados. Com tanta caridade poderíeis fazer uma obra destas, que perdoasse a todos vós, e disto o demônio tem medo, e por isto traz à vossa memória então. E tende por certo, que nunca deixará o Senhor os seus amadores, quando só por Ele se aventuram. Se levam outras intenções de interesse próprio, isso mirem, que eu não falo senão dos que pretendem contentar com a maior perfeição o Senhor."

8. E agora em nossos tempos, conheço uma pessoa – e vós a vistes, porque veio ver-me – que o Senhor a movia com tão grande caridade que lhe custou fartas lágrimas não poder ir trocar-se por um cativo. Ele tratou

disso comigo; era dos Descalços de frei Pedro de Alcântara;[7] e depois de muitas importunações, conseguiu licença do seu Geral, e estando quatro léguas de Argel, porque ia cumprir seu bom desejo, o Senhor o levou consigo. E seguramente levou bom prêmio! Pois quantos discretos havia que lhe diziam que era disparate! Aos que não chegamos a amar tanto o Senhor, assim nos parece. E quanto maior disparate é acabar-se este nosso sonho desta vida com tanto siso, que praza a Deus mereçamos entrar no céu, quanto mais ser destes que tanto se avantajaram em amar a Deus!

9. Eu já vejo que é mister grande ajuda sua para coisas semelhantes; e por isto vos aconselho, filhas, que sempre com a Esposa peçais esta paz tão regalada e que assim senhoreia todos estes temorzinhos do mundo, que com todo sossego e quietude lhe dá bateria. Não está claro que a quem Deus fizer tão grande mercê de juntar-se com uma alma em tanta amizade, que a deixará bem rica de bens seus? Porque, certamente, estas coisas não podem ser nossas. Pedir e desejar que nos faça esta mercê podemos, e ainda isto com sua ajuda; que o demais, que poder tem um verme, que o pecado o tem tão acovardado e miserável, que todas as virtudes imaginamos limitadamente como nosso baixo natural?

Pois que remédio, filhas? Pedir com a Esposa. Se uma lavradorazinha se casasse com o rei e tivesse filhos, já não ficariam de sangue real? Pois se a uma alma nosso Senhor faz tanta mercê que tão sem divisão se junte com ela, que desejos, que efeitos, que filhos de obras heroicas poderão nascer e ali se não for por sua culpa?[8]

10. "Por isso vos torno a dizer, que para coisas semelhantes, se o Senhor vos fizer mercê que se ofereçam ocasiões para fazê-las por Ele, que não façais caso de terdes sido pecadoras. É mister aqui que a fé senhoreie a nossa miséria, e não vos espanteis se no princípio de determinar-vos, e ainda depois, sentirdes temor e fraqueza; não façais caso disso, se não é para avivar-vos mais; deixai a carne fazer o seu ofício;[9] olhai o que diz o

---

7. A alusão é a frei Alonso de Cordobilla, natural do povoado com este nome (província de Badajoz). Embarcado em Cádiz, morreu em Gibraltar em 28 de outubro de 1566.
8. Os n. 10-12 são tomados do manuscrito de Consuegra.
9. O ms. de Consuegra diz: ... *avivar-vos mais a deixar...* Corrigimos pelo ms. de Las Nieves. – Segue uma citação de Marcos 14,38.

bom Jesus na oração do Horto: A carne é enferma, e lembrai-vos daquele tão admirável e lastimoso suor. Pois se aquela carne divina e sem pecado diz Sua Majestade que é enferma, como queremos a nossa tão forte que não sinta a perseguição que lhe pode vir e os trabalhos? E neles mesmos será como sujeita já a carne ao espírito. Com a sua vontade junto com a de Deus, não se queixa."

11. "Agora se oferece aqui como nosso bom Jesus mostra a fraqueza de sua humanidade antes dos trabalhos, e no bojo deles tão grande fortaleza que não só não se queixa, mas nem no semblante fez coisa por onde parecesse que padecia com fraqueza. Quando ia ao Horto, disse: *Minha alma está triste até a morte*;[10] e estando na cruz, que era já passando a morte, não se queixa. Quando, na oração do Horto, ia despertar seus Apóstolos; pois com mais razão se queixaria à sua Mãe e Senhora nossa quando estava ao pé da cruz e sem dormir, senão padecendo sua santíssima alma e morrendo dura morte, e sempre nos consola mais queixar-nos aos que sabemos que sentem nossos trabalhos e nos amam mais."

12. "Assim que não nos queixemos de temores nem nos desanime ver fraco nosso natural e esforço; senão procuremos fortalecer-nos de humildade, e entender claramente o pouco que podemos nós e que se Deus não nos favorece, não somos nada; e desconfiar totalmente de nossas forças e confiar em sua misericórdia, e que até já estar nisso é toda a nossa fraqueza. Que não sem muita causa nosso Senhor mostrou; que claro está que não a tinha, pois era a própria fortaleza, senão para consolo nosso e para que entendamos o que nos convém exercitar com obras nossos desejos, e miremos que no princípio de mortificar-se uma alma, tudo lhe parece penoso; se começa a deixar regalos, pena; e se há de deixar honra, tormento; e se há de sofrer uma palavra má, se lhe torna intolerável. Enfim, nunca lhe faltam tristezas até à morte. Quando conseguir determinar-se a morrer para o mundo, ver-se-á livre destas penas; e tudo ao contrário, não haverá medo que se queixe, tendo alcançado a paz que a Esposa pede."

13. Certamente penso que se nos achegássemos ao Santíssimo Sacramento com grande fé e amor, que de uma vez bastasse para deixar-nos ricas, quanto mais tantas! Mas não parece senão cerimônia chegarmos a Ele

---

10. Mateus 26,38.

e assim nos aproveita tão pouco. Ó miserável mundo, que assim tapaste os olhos dos que vivem em ti, que não vejam os tesouros com que poderiam granjear riquezas perpétuas!

14. Ó Senhor do céu e da terra! Que é possível mesmo estando nesta vida mortal se possa gozar de Vós com tão particular amizade! E que tão claramente o diga o Espírito Santo nestas palavras, e que ainda não o queiramos entender! Quais são os regalos com que tratais as almas nestes *Cânticos*! Que lisonjas, que suavidades, pois havia de bastar uma palavra destas para desfazer-nos em Vós. Sede bendito, Senhor, que de vossa parte não perderemos nada. Por que caminhos, por que maneiras, por que modos nos mostrais o amor! Com trabalhos, com morte tão áspera com tormentos, sofrendo cada dia injúrias e perdoando. E não só com isto, senão com algumas palavras tão ferinas para a alma que vos ama, que a dizeis nestes Cânticos e a ensinais que vos diga, que não sei eu como podem ser sofridas, se Vós não ajudais para que as sofra quem as sente, não como elas merecem, senão conforme a nossa fraqueza.

15. Pois, Senhor meu, não vos peço outra coisa nesta vida senão que me beijeis com beijo de vossa boca, e que seja de maneira que ainda que eu queira me apartar desta amizade e união, esteja sempre, Senhor de minha vida, sujeita minha vontade a não sair da vossa; que não haja coisa que me impeça de poder dizer, Deus meu e glória minha, de verdade, que *são melhores teus peitos e mais saborosos que o vinho*.[11]

---

11. Ct 1,1.

Capítulo 4

Fala da oração de quietude e de união e da suavidade e gostos que causam ao espírito, em comparação dos quais não são nada os deleites da terra. Mais valem teus peitos que o vinho, que dão de si fragrância de muito bons odores (Ct 1,1-2).

1. Ó filhas minhas, que segredos tão grandes há nestas palavras! Nosso Senhor no-lo dê a sentir, que bastante mal podem ser ditos.

Quando Sua Majestade quiser, por sua misericórdia, cumprir este pedido da Esposa, é uma amizade que começa a tratar com a alma, que só as que a experimentais a entendereis, como digo. Muito dela tenho escrito em dois livros[1] (que, se o Senhor é servido, vereis depois que eu morrer), e muito amiúde e longamente, porque vejo que havereis mister deles, e assim aqui não farei mais que tocar nisso. Não sei se acertarei com as mesmas palavras que ali quis o Senhor declará-lo.

2. Sente-se uma suavidade no interior da alma tão grande que se dá bem a sentir que está vizinho nosso Senhor dela. Não é isto só uma devoção que aí move a muitas lágrimas, e estas dão satisfação, ou pela Paixão do Senhor, ou por nosso pecado, ainda que nesta oração de que falo, que chamo eu de quietude pelo sossego que faz em todas as potências, que parece que a pessoa tem muito à sua vontade, ainda que algumas vezes se sinta de outro modo, quando não está a alma tão engolfada nesta suavidade, parece que conforta todo o homem interior e exterior, como se pusessem na medula uma unção suavíssima, à maneira de um grande odor, que se entrássemos numa parte de pressa aonde houvesse grande odor, não de uma coisa só, senão de muitas, nem sabemos o que é nem aonde está aquele odor, senão que nos penetra todos, [3] assim parece que é este amor suavíssimo de nosso Deus: entra na alma, e é com grande suavidade, e a contenta e satisfaz e não pode entender como nem por onde entra aquele bem. Quereria não

---

1. Alude às passagens de *Vida* (c. 14-15), *Caminho* (c. 30-31) em que trata da oração de quietude. Cf. também *Moradas* IV.

perdê-lo, quereria não menear-se, nem falar, nem sequer olhar, para que não se fosse. *E isto é o que diz aqui a esposa a meu propósito, que dão de si os peitos do Esposo odor mais que os unguentos muito bons.*[2]

Porque aonde tenho dito[3] digo o que a alma há de fazer aqui para nos aproveitar e isto não é senão para dar a entender algo do que vou tratando, não quero alongar-me mais de que nesta amizade (que já o Senhor mostra aqui a alma – que a quer tão particular com ela – que não haja coisa partida entre ambos), se lhe comunicam grandes verdades; porque esta luz que a deslumbra, por não entender ela o que é, a faz ver a vaidade do mundo. Não vê o bom Mestre que a ensina ainda que entenda que está com ela; mas fica tão bem ensinada e com tão grandes efeitos e fortaleza nas virtudes, que não se conhece depois nem quereria fazer outra coisa nem dizer, senão louvar o Senhor; e está, quando está neste gozo, tão embebida e absorta, que não parece que está em si, senão com uma maneira de embriaguez divina que não sabe o que quer, nem o que diz, nem o que pede. Enfim, não sabe de si; mas não está tão fora de si que não entenda algo do que se passa.

4. Mas quando este Esposo riquíssimo a quer enriquecer e regalar mais, converte-a tanto em Si, que como uma pessoa que desmaia com o grande prazer e contento, lhe parece que fica suspensa naqueles divinos braços e arrimada àquele sagrado lado e àqueles peitos divinos. Não sabe mais de[4] gozar, sustentada com aquele leite divino que lhe vai criando seu Esposo, e melhorando para poder regalá-la e que mereça cada dia mais.

Quando desperta daquele sono e daquela embriaguez celestial, fica como coisa espantada e embevecida e com um santo desatino, a mim parece que pode dizer estas palavras: *Melhores são teus peitos que o vinho.*

Porque quando estava naquela embriaguez, parecia-lhe que não podia subir mais; mas quando se viu no mais alto grau e toda empapada naquela inumerável grandeza de Deus, e se vê ficar tão sustentada, delicadamente o comparou; e assim diz: *Melhores são teus peitos que o vinho.*

---

2. O texto em itálico é tomado do ms. de Baeza.
3. No n. 1; cf. nota 1.
4. *Mais de*: mais que.

Porque assim como uma criança não entende como cresce nem sabe como mama, pois mesmo sem mamar nem fazer nada, muitas vezes lhe deitam o leite na boca, assim é aqui, que totalmente a alma não sabe de si nem faz nada, nem sabe como nem por onde (nem o pode entender) lhe veio aquele bem tão grande.[5] Sabe que é o maior que na vida se pode saborear, ainda que se juntem todos os deleites e gostos do mundo. Vê-se criada e melhorada sem saber quando o mereceu; ensinada em grandes verdades sem ver o Mestre que a ensina; fortalecida nas virtudes, regalada por quem tão bem o sabe e pode fazer. Não sabe a que o comparar, senão ao regalo da mãe que ama muito o filho e o cria e regala.[6]

5. "Porque é com propriedade esta comparação que assim está a alma elevada e tão sem aproveitar-se de seu entendimento, em parte, como uma criança recebe aquele regalo, e deleita-se nele, mas não tem entendimento para entender como lhe vem aquele bem: que no adormecimento passado da embriaguez não está a alma tão sem obrar, que algo entende e obra, porque entende estar perto de Deus; e assim com razão diz: *Melhores são teus peitos que o vinho*.

6. Grande é, Esposo meu, esta mercê, saboroso convite, precioso vinho me dais, que com uma só gota me faz esquecer de todo o criado e sair das criaturas e de mim, para não querer já os contentos e regalos que até aqui queria minha sensualidade. Grande é este; eu não o merecia.

Depois que Sua Majestade o fez maior e a chegou mais a si, com razão diz: *Melhores são teus peitos que o vinho*.

Grande mercê era a passada, Deus meu, mas muito maior é esta, porque faço eu menos nela; e assim é de todas as maneiras melhor. Grande gozo é e deleite da alma quando chega aqui."[7]

7. Ó filhas minhas! Dê-vos nosso Senhor a entender ou, para dizer melhor, a saborear (que de outra maneira não se pode entender) o que é o gozo da alma quando está assim. Lá se avenham os do mundo com seus

---

5. Sobre esta comparação, cf. *Caminho* c. 31, n. 9, e o correspondente c. 53, n. 5, da primeira redação. Ver também *Moradas* IV, c. 3, n. 10. A comparação é desenvolvida no número seguinte.
6. Os n. 5 e 6 seguintes são tomados do ms. de Las Nieves.
7. Prossegue uma longa variante no mesmo ms.

senhorios e com suas riquezas e com seus deleites e com suas honras e com seus manjares; porque se tudo pudessem gozar sem os trabalhos que trazem consigo (o que é impossível), não chegaria em mil anos ao contento que num momento tem uma alma a quem o Senhor chega aqui. São Paulo diz *que não são dignos todos os trabalhos do mundo da glória que esperamos*;[8] eu digo que não são dignos nem podem merecer uma hora desta satisfação que aqui Deus dá à alma, e gozo e deleite. Não tem comparação, a meu parecer, nem se pode merecer um regalo tão regalado de nosso Senhor, uma união tão unida, um amor tão dado a entender e a saborear, com as baixezas das coisas do mundo. Donosos são seus trabalhos para compará-los com isto! Porque, se não são passados por Deus, não valem nada; se o são, Sua Majestade os dá tão medidos com nossas forças, que de pusilânimes e miseráveis os temermos tanto.

8. Ó cristãos e filhas minhas! Despertemos já, por amor do Senhor, deste sonho, e olhemos que ainda não nos guarda para a outra vida o prêmio de amá-lo; nesta começa o pagamento. Ó Jesus meu, quem pudera dar a entender o lucro que há de nos lançarmos nos braços deste Senhor nosso e fazer um ajuste com Sua Majestade, *que eu mire o meu Amado e meu Amado a mim*; e que olhe Ele por minhas coisas, e eu pelas suas![9] Não nos queiramos tanto que nos saquemos os olhos, como dizem.

Torno a dizer, Deus meu, e a suplicar-vos, pelo sangue de vosso Filho, que me façais esta mercê; *beije-me com beijo de sua boca*, que sem Vós, o que sou eu, Senhor? Se não estou junto a vós, o que valho? Se me desvio um pouquinho de Vossa Majestade, aonde vou parar?

9. Ó Senhor meu e Misericórdia minha e Bem meu! E o que maior quero nesta vida que estar tão junto a Vós, que não haja divisão entre Vós e mim? Com esta companhia, o que se pode fazer difícil? O que não se pode empreender por Vós, tendo-vos tão junto? O que tem que me agradecer, Senhor? Que culpar-me, mui muito pelo que não vos sirvo. E assim vos suplico com Santo Agostinho, com toda determinação, que "me deis o que

---

8. Rm 8,18.
9. Alude a Ct 6,2 e 2,16. – Comparar com *Relação* 35, n. 2.

mandardes, e mandai-me o que quiserdes";[10] não voltarei as costas jamais, com vosso favor e ajuda.

10. "Já vejo, Esposo meu, que *Vós sois para mim*;[11] não o posso negar. Por mim viestes ao mundo, por mim passastes tão grandes trabalhos, por mim sofrestes tantos açoites, por mim vos quedastes no Santíssimo Sacramento e agora me fazeis tão grandíssimos regalos. Pois, Esposa Santa, como disse eu que Vós dizeis: o que posso fazer por meu Esposo?"

11. "Por certo, irmãs, que não sei como passo daqui. Em que serei para Vós, meu Deus? O que pode fazer por Vós quem se deu tão má manha para perder as mercês que me tendes feito? O que se poderá esperar de seus serviços? Mesmo que com vosso favor faça algo, olhai o que pode fazer um vermezinho; para que tem mister dele um poderoso Deus? Ó amor! que em muitas partes quereria dizer esta palavra, porque só ele é o que se pode atrever a dizer com a Esposa: *Eu a meu Amado*. Ele nos dá licença para que pensemos que Ele tem necessidade de nós, este verdadeiro Amador, Esposo e Bem meu.[12]"

12. "Porque nos dá licença, tornemos, filhas, a dizer: *Meu Amado a mim, e eu a meu Amado*. Vós a mim, Senhor? Pois se Vós vindes a mim, por que duvido que posso muito servir-vos? Pois daqui em diante, Senhor, quero me esquecer de mim e olhar só em que vos posso servir e não ter vontade senão a vossa. Mas meu querer não é poderoso; Vós sois o poderoso, Deus meu. Naquilo que posso, que é determinar-me, desde este ponto o faço para pô-lo por obra."

---

10. *Confissões*, L. 10, c. 29. – Os três números que seguem (10-12) são tomados do ms. de Consuegra.
11. Ct 2,16.
12. Corrijo o texto do presente n. pelo ms. de Las Nieves.

Capítulo 5

Prossegue na oração de união e diz as riquezas que adquire a alma nela por mediação do Espírito Santo, e o determinada que está a padecer trabalhos pelo Amado.[1]

> *Sentei-me à sombra do que desejava, e seu fruto é doce para minha garganta (Ct 2,3).*

1. Agora perguntemos à Esposa; saibamos desta bendita alma, achegada a esta boca divina e sustentada com estes peitos celestiais, para que saibamos, se o Senhor nos chega alguma vez a tão grande mercê, o que havemos de fazer ou como havemos de estar, o que havemos de dizer.

O que nos diz é: *Assentei-me à sombra daquele a quem tinha desejado e seu fruto é doce para minha garganta. Meteu-me o Rei na adega do vinho e ordenou em mim a caridade.*[2]

Diz: *Assentei-me na sombra do que tinha desejado.*

2. Valha-me Deus, quão metida está a alma e abrasada no próprio sol! Diz que se sentou à sombra do que tinha desejado. Aqui imagina apenas uma macieira, e diz que a sua fruta é *doce para minha garganta*. Ó almas que tendes oração, saboreai todas estas palavras! De que maneira podemos considerar nosso Deus! Que diferença de manjares podemos fazer d'Ele! É maná, que sabe conforme o que queremos que saiba.[3] Oh, que sombra esta tão celestial e quem saberia dizer o que disto dá a entender o Senhor! Lembro-me de quando o anjo disse à Virgem sacratíssima, Se-

---

1. N.E.: O ms. de Consuegra dá o título: "De alguns pontos dos *Cânticos*. Contém algumas coisas de perfeita contemplação". – O ms. de Las Nieves o reproduz com pequenas variantes.
2. Ct 2,3-4.
3. Alusão a Sb 16,20 ["saber", aqui, no sentido de "ter sabor"].

nhora nossa: *A virtude do muito alto vos fará sombra*.[4] Quão amparada se vê uma alma quando o Senhor a põe nesta grandeza! Com razão se pode assentar e assegurar.

3. Agora notai que, na maior parte e quase sempre (se não é alguma pessoa a quem nosso Senhor quer fazer um chamamento assinalado, como fez a São Paulo, a quem pôs logo no cume da contemplação e apareceu a ele e falou de maneira que ficou imediatamente engrandecido),[5] Deus dá estes regalos tão subidos e faz mercês tão grandes a pessoas que trabalharam muito em seu serviço e desejaram seu amor e procuraram dispor-se para que sejam agradáveis a Sua Majestade todas as suas coisas. Já cansadas de grandes anos de meditação e de ter buscado este Esposo, e cansadíssimas das coisas do mundo, assentam-se na verdade, não buscam noutra parte o seu consolo nem sossego nem descanso, senão aonde entendem que verdadeiramente o podem ter; põem-se debaixo do amparo do Senhor; não querem outro. E quão bem fazem por confiar em Sua Majestade, que assim como o desejaram o cumprem! E quão venturosa é a alma que merece estar debaixo desta sombra, até para coisas que cá se podem ver! Que para o que a alma sozinha pode entender, e outra coisa, segundo entendi muitas vezes.

4. Parece que estando a alma no deleite que fica dito, que se sente estar toda engolfada e amparada com uma sombra e maneira de nuvem da Divindade, de onde vêm influências à alma e orvalho tão deleitoso, que bem com razão tiram o cansaço que lhe deram as coisas do mundo. Uma maneira de descanso sente ali a alma, que até a cansa ter de respirar; e as potências tão sossegadas e quietas, que até pensamento, ainda que seja bom, não quereria então admitir a vontade nem admite por via de inquiri-lo nem procurá-lo. Não é preciso menear a mão, nem levantar-se, digo a consideração, para nada; porque cortado e guisado, e até comido, lhe dá o Senhor da fruta da macieira a que ela compara o seu amado, e assim diz, *que seu fruto é doce para a garganta*. Porque aqui tudo é saborear sem nenhum trabalho das potências, e nesta sombra da divindade (que bem diz sombra, porque com clareza não a podemos cá ver), senão

---

4. Lucas 1,35.
5. Atos 9,3-11. – Na frase seguinte: o ms. de Alba dá *súditos* em vez de *subidos*.

debaixo desta nuvem está aquele sol resplandecente e envia por meio do amor uma notícia de que está tão junto Sua Majestade que não se pode dizer nem é possível. Eu sei que quem tiver passado por isso entenderá quão verdadeiramente se pode dar aqui este sentido a estas palavras que a Esposa diz.[6]

5. Parece a mim que o Espírito Santo deve ser medianeiro entre a alma e Deus e o que a move com tão ardentes desejos, que a faz acender em fogo soberano, que tão perto está. Ó Senhor, o que são aqui as misericórdias que usais com a alma! Sejais bendito e louvado para sempre, que tão bom amador sois. Ó Deus meu e criador meu! É possível que haja alguém que não vos ame? Oh, triste de mim, e como sou eu a que muito tempo não vos amei, porque não mereci conhecer-vos! Como baixa seus ramos esta divina macieira para que umas vezes as colha a alma considerando suas grandezas e as multidões de suas misericórdias que tem usado com ela e que veja e goze do fruto que sacou Jesus Cristo Senhor nosso de sua Paixão, regando esta árvore com o seu sangue precioso com tão admirável amor!

Antes de agora, diz a alma que goza do alimento de seus peitos divinos; como principiante em receber estas mercês, o Esposo a sustentava. Agora está já mais crescida, e a vai habilitando para dar-lhe mais. *Mantém--na com maçãs*,[7] quer que vá entendendo o que está obrigada a servir e a padecer. E não se contenta com tudo isto. Coisa maravilhosa e de mirar muito, que o Senhor entende que uma alma é toda sua,[8] sem outro interesse nem outras coisas que a movam por ela só, senão por quem é seu Deus e pelo amor que tem, como nunca cessa de comunicar-se com ela, de tantas maneiras e modos como quem é a própria Sabedoria.

6. Parecia que não havia mais que dar na primeira paz, e é isto que fica dito muito mais subida mercê;[9] fica mal dito, porque não é senão

---

6. Corrigimos este número pelo ms. de Baeza.
7. Alusão a Ct 2,5.
8. O ms. de Alba repete: *sua, sua*.
9. Corrigimos este n. pelo ms. de Baeza.

apontá-lo. No livro que vos tenho dito, filhas, o achareis com muita clareza, se o Senhor é servido que saia à luz.[10]

Pois o que poderemos já desejar mais disto que agora se tem dito? Oh, valha-me Deus, e que nonada são nossos desejos para chegar a vossas grandezas, Senhor! Quão baixos ficaríamos se conforme o nosso pedir fosse o vosso dar!

Agora miremos o que disse diante disto a Esposa.

---

10. Alude provavelmente à *Vida*, ou talvez ao *Caminho*, aos que já remeteu no c. 4, n. 1. Cf. as várias outras alusões: c. 1, n. 8; c. 2, n. 17 e 29.

Capítulo 6

Trata de como os benefícios desta união amorosa sobrepujam todos os desejos da esposa. Fala da suspensão das potências e diz como algumas almas chegam em pouco tempo a esta oração tão subida.[1]

Meteu-me o Rei na adega do vinho e ordenou em mim a caridade
(Ct 2,4).

1. Pois estando já a Esposa descansada debaixo de sombra tão desejada, e com tanta razão, o que fica a desejar a uma alma que chega aqui, se não é que não lhe falte aquele bem para sempre? A ela não parece que há mais que desejar; mas a nosso Rei sacratíssimo falta muito por dar; nunca quereria fazer outra coisa, se achasse a quem. E, como tenho dito muitas vezes, desejo, filhas, que nunca vos esqueçais que o Senhor não se contenta com dar-nos tão pouco como são nossos desejos; eu o tenho visto cá. Em algumas coisas que começa um a pedir ao Senhor, lhe dá em que mereça e como padeça algo por Ele, não indo sua intenção mais do que lhe parece que suas forças alcançam. Como Sua Majestade as pode fazer crescer, em pagamento daquele pouquinho que se determinou por Ele, dá-lhe tantos trabalhos e perseguições e enfermidades, que o pobre homem não sabe de si.

2. A mim mesma aconteceu em plena mocidade e dizer algumas vezes: ó Senhor, que não quereria eu tanto! Mas dava Sua Majestade a força de maneira, e a paciência, que ainda agora me espanto como o poderia sofrer, e não trocaria aqueles trabalhos por todos os tesouros do mundo.

Diz a Esposa: *Meteu-me o Rei.* E quão bem incha este nome, Rei poderoso, que não tem superior, nem acabará seu reinar para sem fim! A

---

1. Cf. c. 5, n. 6 e c. 2, n. 17.

alma que está assim certamente que não lhe falta fé para conhecer muito da grandeza deste Rei, que tudo o que é, é impossível nesta vida mortal.[2]

3. Diz que *a meteu na adega do vinho; ordenou em mim a caridade*. Entendo eu daqui que é grande a grandeza desta mercê. Porque pode ser dar de beber mais ou menos e de um vinho bom e outro melhor, e embriagar e embebedar alguém mais ou menos. Assim é nas mercês do Senhor, que a um dá pouco vinho de devoção, a outro mais, a outro cresce de maneira que começa a sair de si, de sua sensualidade e de todas as coisas da terra; a outros, dá fervor grande em seu serviço; a outros, ímpetos; a outros, grande caridade com os próximos; de maneira que andam tão embevecidos que não sentem os trabalhos grandes que aqui passam. Mas o que diz a Esposa é muito junto. Mete-a na adega para que ali mais sem medida possa sair rica. Não parece que o Rei quer deixar-lhe nada por dar, senão que beba conforme o seu desejo e se embriague bem, bebendo de todos esses vinhos que há na despensa de Deus. Goze-se desses gozos; admire-se de suas grandezas; não tema perder a vida por beber tanto, que seja sobre a fraqueza de seu natural; morra nesse paraíso de deleites. Bem aventurada tal morte que assim faz viver! E verdadeiramente assim o faz; porque são tão grandes as maravilhas que a alma entende, sem entender como entende, que fica tão fora de si como ela mesma o diz dizendo: *Ordenou em mim a caridade*.

4. Ó palavras que nunca haviam de ser esquecidas pela alma a quem nosso Senhor regala! Ó soberana mercê, e quão sem poder ser merecida, se o Senhor não desse caudal para isso! Bem que até para amar não se achava desperta; mas bem aventurado sonho, ditosa embriaguez, que faz suprir ao Esposo o que a alma não pode, que é dar ordem tão maravilhosa, que estando todas as potências mortas ou adormecidas, fique o amor vivo; e que sem entender como obra, ordene o Senhor que obre tão maravilhosamente, que esteja feito uma coisa com o próprio Senhor do amor, que é Deus, com uma pureza grande; porque não há quem o estorve, nem sentidos, nem potências, digo entendimento e memória; tampouco a vontade se entende.

---

2. Corrigimos a frase final pelo ms. de Baeza.

5. Pensava eu agora se é coisa em que há alguma diferença a vontade e o amor. E parece-me que sim; não sei se é bobagem. O amor me parece uma seta que a vontade envia, que, se vai com toda a força que ela tem, livre de todas as coisas da terra, empregada só em Deus, muito deveras deve ferir Sua Majestade; de sorte que, metida no próprio Deus, que é amor, volta dali com grandíssimos lucros, como direi. E é assim que informado por algumas pessoas a quem nosso Senhor chegou a tão grande mercê na oração, que as chega a este embevecimento santo com uma suspensão, que mesmo no exterior se vê que não estão em si, perguntadas o que sentem, de maneira alguma o sabem dizer, nem souberam, nem puderam entender coisa de como obra ali o amor.

6. Entendem-se bem os grandíssimos lucros que saca uma alma dali pelos efeitos e pelas virtudes e pela viva fé que lhe fica e o desprezo do mundo. Mas como estes bens lhe foram dados e o que a alma goza aqui, nenhuma coisa se entende a não ser no princípio quando começa, que é grandíssima a suavidade. Assim que, está claro ser o que diz a Esposa, que a sabedoria de Deus supre aqui pela alma, e Ele ordena como ganhar tão grandíssimas mercês naquele tempo; porque estando tão fora de si e tão absorta que nenhuma coisa pode obrar com as potências, como havia de merecer? Pois, é possível que Deus faça mercê tão grande para que perca o tempo e não ganhe nada n'Ele? Não é de crer.

7. Ó segredos de Deus! Aqui não há mais que render nossos entendimentos e pensar que para entender as grandezas de Deus não valem nada. Aqui vem bem lembrar-nos de como o fez com a Virgem nossa Senhora com toda a sabedoria que teve, e como perguntou ao anjo: *Como será isto? Em lhe dizendo: O Espírito Santo sobrevirá em ti; a virtude do muito alto te fará sombra*,[3] não questionou mais. Como quem tinha tão grande fé e sabedoria, entendeu logo que, intervindo estas duas coisas, não tinha mais que saber nem duvidar. Não como alguns letrados (que não os leva o Senhor por este modo de oração nem têm princípio de espírito), que querem levar as coisas por tanta razão e tão medidas por seus entendimentos, que não parece senão que eles hão de compreender com suas letras todas as grandezas de Deus. Se aprendessem algo da humildade da Virgem sacratíssima!

---

3. Lucas 1,34-35.

8. Ó Senhora minha, quão cabalmente se pode entender por Vós o que passa Deus com a Esposa, conforme o que diz nos Cânticos! E assim o podeis ver, filhas, no Ofício que rezamos de nossa Senhora cada semana, o muito que está deles em antífonas e lições. Em outras almas poderão entender cada um como Deus quer dar a entender, que muito claro poderá ver se chegou a receber algo destas mercês, semelhantes a isto que diz a Esposa: *Ordenou em mim a caridade*; porque não sabem aonde estiveram, nem como em regalo tão subido contentaram o Senhor; o que se fizeram, pois não lhe davam graças por isso.

9. Ó alma amada de Deus! Não te fatigues, porque quando Sua Majestade te chega aqui e te fala regaladamente, como verás em muitas palavras que diz nos *Cânticos*[4] à Esposa, como *Toda és formosa, amiga minha*,[5] e outras – como digo – muitas em que mostra o contento que tem nela, é de crer que não consentirá que o descontente ao mesmo tempo, senão que a ajudará para o que ela não souber para contentar-se mais com ela. Vê-la perdida de si, alienada por amá-lo, e que a mesma força do amor lhe tirou o entendimento para podê-lo mais amar. Sim, que não há de sofrer, nem costuma nem pode Sua Majestade deixar de dar-se a quem se dá toda a Ele.

10. Parece-me que vai Sua Majestade esmaltando sobre este ouro que já tem aparelhado com seus dons e tocado, para ver de quantos quilates é o amor que lhe tem, por mil maneiras e modos que a alma que chega aqui poderá dizer. Esta alma, que é o ouro, fica neste tempo sem fazer mais movimento nem obrar mais por si do que estaria o próprio ouro; e a divina sabedoria, contente de vê-la assim (como há tão poucas que com esta força a amem) vai assentando neste ouro muitas pedras preciosas e esmaltes com mil lavores.

11. Pois esta alma, o que faz neste tempo? Isto é o que não se pode entender nem saber mais do que diz a Esposa: *Ordenou em mim a caridade*. Ela, ao menos se ama, não sabe como, nem entende o que é que ama; é grandíssimo amor que a ela tem o Rei que a trouxe a tão grande estado, deve ter juntado o amor desta alma a Si de maneira que o entendimento

---

4. O ms. de Baeza oferece esta variante: ... *nos Cânticos, que diz tantas e tantas palavras tão ternas...*
5. Ct 4,7.

não merece entender, senão estes dois amores se tornam um. E posto tão verdadeiramente e junto com o de Deus, como o entendimento o há de alcançar? Perde-o de vista naquele tempo, que nunca dura muito, senão com brevidade, e ali Deus a ordena de maneira que sabe bem contentar Sua Majestade então, e ainda depois, sem que o entendimento o entenda, como fica dito. Mas entendendo-o bem depois que vê esta alma tão esmaltada e composta de pedras e pérolas de virtudes, que o tem espantado e pode dizer: *Quem é esta que ficou como o sol?*[6]

Ó verdadeiro Rei, e que razão teve a Esposa de pôr-vos este nome! Pois num momento podeis dar riquezas e pô-las numa alma que se gozam para sempre. Quão ordenado deixa o amor nesta alma!

12. Eu poderei dar bons indícios disto, porque tenho visto algumas. De uma me lembro agora que em três dias lhe deu o Senhor bens, que se a experiência de ter já alguns anos e sempre melhorando não me fizeram crer nisso, não me parecia possível; e ainda a outra em três meses,[7] e ambas eram de pouca idade. Outras tenho visto que depois de muito tempo Deus lhes faz esta mercê. Tenho dito destas duas, e de algumas outras podia dizer, porque escrevi aqui que são poucas as almas que, sem terem passado muitos anos de trabalhos, nosso Senhor lhes faz estas mercês, para que se entenda que são algumas. Não se há de pôr medida a um Senhor tão grande e desejoso de fazer mercês. Acontece, e isto é coisa quase frequente, quando o Senhor chega a uma alma para fazer-lhe mercês. Digo que sejam mercês de Deus, não sejam ilusões ou melancolias ou ensaios que a própria natureza faz. Isto o tempo vem a descobrir, e ainda estoutro bem, porque ficam as virtudes tão fortes e o amor tão aceso, que não se encobre, porque sempre, mesmo sem querer, outras almas aproveitam.

13. *Ordenou em mim o Rei a caridade*, tão ordenada, que o amor que tinha ao mundo lhe é tirado; e o amor a si se torna desamor; e o amor a seus parentes fica de sorte que só os quer por Deus; e o amor aos próximos e o aos inimigos, não se poderá crer se não for provado; é muito crescido; o amor a Deus, tão sem medida, que a aperta algumas vezes mais do que

---

6. Ct 6,9.

7. *E outra em menos de quinze dias*: assim está no ms. de Consuegra, texto omitido no de Las Nieves, e truncado no de Baeza.

pode sofrer seu baixo natural. E como vê que já desfalece e vai morrer, diz: *Sustentai-me com flores, e acompanhai-me com maçãs, porque desfaleço de mal de amores.*[8]

---

8. Ct 2,5. – Corrigido pelo ms. de Baeza.

Capítulo 7

Declara os grandes desejos que tem a esposa de sofrer muito por Deus e pelo próximo e os frutos abundantes que dão na Igreja estas almas favorecidas pela união divina e desapegadas do interesse próprio.[1]

Sustentai-me com flores, e acompanhai-me com maçãs, porque desfaleço de mal de amores (Ct 2,5).

1. Oh, que linguagem tão divina esta para meu propósito! Como, Esposa santa, a suavidade vos mata?! Porque, segundo tenho sabido, algumas vezes parece que é tão excessiva, que desfaz a alma de maneira que não parece já que há alma para viver. E pedis flores? Que flores serão estas? Porque este não é remédio, salvo se o pedis para acabar já de morrer; pois, na verdade, a alma não deseja outra coisa quando chega aqui. Mas não vem bem, porque diz: *Sustentai-me com flores.* E o sustento não me parece que é pedir a morte, senão com a vida querer servir em algo a quem tanto vê que deve.

2. Não penseis, filhas, que é encarecimento dizer que morre, senão que, como vos tenho dito, passa real e verdadeiramente. Que o amor obra com tanta força algumas vezes, que se assenhoreia de tal maneira sobre todas as forças do sujeito natural, que sei de uma pessoa que estando em oração semelhante ouviu cantar uma bela voz, e certifica que, no seu parecer, se o canto não cessasse que a alma já ia sair, pelo grande deleite e suavidade que nosso Senhor lhe dava para saborear, e assim proveu Sua Majestade que deixasse o canto quem cantava, que a que estava nesta suspensão, bem podia morrer, mas não podia dizer que cessasse; porque todo o movimento exterior estava sem poder fazer operação nenhuma nem bulir-se, e este perigo em que se via, se entendia bem; mas de uma maneira, como quem

---

[1]. N.E.: O ms. de Consuegra dá como título: "Capítulo que declara outras palavras da Esposa, e diz outros efeitos que faz o bom espírito".

está num sonho profundo com coisa que queria sair dela e não pode falar, ainda que quisesse.[2]

3. Aqui a alma não quereria sair dali, nem lhe seria penoso, senão grande contentamento, que isso é o que deseja. E quão ditosa morte seria em mãos deste amor! Senão que algumas vezes Sua Majestade lhe dá luz de que é bom que viva, e ela vê que não poderá seu natural fraco sofrer, se aquele bem durar muito, e pede-lhe outro bem para sair daquele tão grandíssimo, e assim diz: *Sustentai-me com flores*.

De outro olor são essas flores do que as que cá cheiramos. Entendo eu aqui que pede fazer grandes obras ao serviço de nosso Senhor e do próximo, e por isto folga de perder aquele deleite e contento; pois ainda que seja vida mais ativa que contemplativa e pareça que perderá se conceder-lhe este pedido, quando a alma está neste estado, nunca deixam de obrar quase juntas Marta e Maria; porque no ativo e que parece exterior, obra o interior, e quando as obras ativas saem desta raiz, são admiráveis e olorosíssimas flores; porque procedem desta árvore de amor de Deus e só por Ele, sem nenhum interesse próprio, e estende-se o olor destas flores para aproveitar a muitos, e é olor que dura, não passa depressa, senão que faz grande operação.

4. Quero me declarar mais, para que o entendais. Alguém prega um sermão com intenção de aproveitar as almas; mas não está tão desapegado de proveitos humanos que não leve alguma pretensão de contentar, ou para ganhar honra ou crédito, ou que está disposto a levar alguma conezia por pregar bem. Assim são outras coisas que fazem em proveito dos próximos, muitas, e com boa intenção, mas com muito aviso de não perder por elas nem descontentar. Temem perseguição; querem ter gratos os reis e senhores e o povo; vão com a discrição que o mundo tanto honra. Esta é a amparadora de fartas imperfeições, porque põem nela o nome de discrição, e praza ao Senhor que o seja.

5. Estes servirão Sua Majestade e aproveitam muito; mas não são assim as obras que a Esposa pede, a meu parecer, e as flores, senão um

---

2. Refere-se ao êxtase de Salamanca (1571), que teve ao ouvir o canto "Vejam-te meus olhos". Cf. *Moradas* VI, c. 11, n. 8, e *Relação* 15.

mirar só a honra e glória de Deus em tudo. Que verdadeiramente as almas que o Senhor chega aqui, segundo entendi de algumas, creio que não se lembram mais de si a não ser para ver se perderão ou ganharão; só miram o servir e o contentar o Senhor. E porque sabem o amor que tem aos seus criados, gostam de deixar o seu sabor e bem, para contentá-lo em servi--las e dizer-lhe as verdades, para que suas almas se aproveitem, da melhor maneira que possam; nem se lembram, como digo, se eles perderão, têm presente o lucro de seus próximos, não mais. Para contentar mais a Deus, se esquecem de si por eles, e perdem as vidas³ na demanda, como fizeram muitos mártires, e envoltas suas palavras neste tão subido amor de Deus, embebedadas por aquele vinho celestial, não se lembram; e se se lembram, não se lhes dá nada descontentar os homens. Estes tais aproveitam muito.

6. Lembro-me agora do que muitas vezes tenho pensado naquela santa Samaritana, quão ferida devia de estar desta erva, e quão bem tinham rendido em seu coração as palavras do Senhor, pois deixa o próprio Senhor para que ganhem e se aproveitem os do seu povo, que dá bem a entender isto que estou dizendo; e em pagamento desta tão grande caridade, mereceu ser crida, e ver o grande bem que nosso Senhor fez naquele povo.⁴

Parece-me que deve ser um dos grandíssimos consolos que há na terra ver alguém almas aproveitadas por seu meio. Então me parece que se come o fruto gostosíssimo destas flores. Ditosos aqueles a quem o Senhor faz estas mercês; bem obrigados estão a servi-lo. Ia esta santa mulher com aquela embriaguez divina dando gritos pelas ruas.

O que me espanta é ver como creram nela, uma mulher, e não devia ser de muita sorte,⁵ pois ia em busca de água; de muita humildade, sim, pois quando o Senhor lhe diz as suas faltas, não se ofendeu (como faz agora o mundo, que as verdades são más de sofrer), senão disse-lhe que devia ser profeta. Enfim, lhe deram crédito, e só pelo que ela disse muita gente saiu da cidade ao encontro do Senhor.

7. Assim digo que aproveitam muito os que, depois de estar falando com Sua Majestade alguns anos, já que recebem regalos e deleites seus, não

---

3. N.T.: Os textos em espanhol usados têm "idas" em vez de "vidas".
4. Cf. João 4.
5. *De mucha suerte*: ou seja, de *fortuna* ou categoria.

querem deixar de servir nas coisas penosas, ainda que sejam estorvados estes deleites e contentos. Digo que estas flores e obras saídas e produzidas por árvore de tão fervente amor, dura seu olor muito mais, e aproveita mais uma alma destas com suas palavras e obras do que muitas que as façam com o pó de nossa sensualidade e com algum interesse próprio.

8. Desta produz a fruta;[6] estas são as maçãs que diz logo a Esposa: *Acompanhai-me com maçãs*. Dai-me, Senhor, trabalhos, dai-me perseguições e verdadeiramente o deseja, e ainda sai bem deles; porque, como já não olha seu contento senão o contentar a Deus, seu gosto está em imitar em algo a vida trabalhosíssima que Cristo viveu.

Entendo por macieira a árvore da Cruz, porque disse em outro lugar nos Cânticos: *Debaixo da árvore macieira te ressuscitei*;[7] e uma alma que está rodeada de cruzes, de trabalhos e perseguições, grande remédio é para não estar tão ordinariamente no deleite da contemplação. Tem-no grande em padecer, mas não a consome e gasta a virtude, como o deve fazer, se é muito ordinário, esta suspensão das potências na contemplação. E também tem razão de pedir isto, que não há de ser sempre gozar sem servir e trabalhar em algo. Eu o olho com advertência em algumas pessoas (que muitas não há por nossos pecados), que quanto mais adiante estão nesta oração e regalos de nosso Senhor, mais acodem às necessidades dos próximos, em especial às das almas que para tirar uma de pecado mortal, parece que dariam muitas vidas, como disse no princípio.

9. Quem fará crer isto aquelas a quem começa nosso Senhor a dar regalos? Senão que talvez lhes parecerá que estoutros trazem a vida mal aproveitada e que ficar em seu rincão gozando disto é o que vem ao caso. É providência do Senhor, a meu parecer, não entenderem estes aonde chegam estoutras almas porque com o fervor dos princípios quereriam logo dar salto até ali, e não lhes convém; porque ainda não estão criadas, senão que é preciso que se sustentem mais dias com o leite que disse no princípio.[8] Fiquem junto àqueles divinos peitos, que o Senhor terá cuidado, quando

---

6. Gracián editou: *Destas procede a força.* – Na frase seguinte (assim como no c. 6, n. 13) o ms. de Alba copia *manzanos* (macieiras).
7. Ct 8,5. [Na Vulgata está *suscitavi te*, ou seja, te despertei.]
8. Ver o c. 4, n. 4-5.

estiverem já com forças, de sacá-las a mais, porque não fariam o proveito que pensam, antes danariam a si mesmas. E porque no livro que vos tenho dito[9] achareis quando há uma alma de desejar sair a aproveitar a outros e o perigo que é sair antes do tempo muito amiúde, não o quero dizer aqui, nem alongar-me mais nisto; pois minha intenção foi, quando comecei, dar-vos a entender como podeis regalar-vos, quando ouvirdes algumas palavras dos *Cânticos*, e pensar, ainda que no vosso entender sejam obscuras, nos grandes mistérios que há nelas, e alongar-me mais seria atrevimento.

10. Praza ao Senhor não o tenha sido o que tenho dito, ainda que tenha sido para obedecer a quem me mandou. Sirva-se Sua Majestade de tudo, que se algo bom vai aqui, bem crereis que não é meu; pois as irmãs que estão comigo veem com que pressa o tenho escrito, pelas muitas ocupações. Suplicai a Sua Majestade que eu o entenda por experiência. Aquela a quem parecer que tem algo disto, louve nosso Senhor e peça-lhe isto último, para que não seja para si o lucro.

Praza a nosso Senhor que nos mantenha em sua mão, e ensine sempre a cumprir a sua vontade, amém.[10]

---

9. Alude provavelmente a *Vida* c. 13, n. 8-10. – Cf. c. 5, n. 6, nota 9.
10. No manuscrito de Alba, Padre Báñez escreveu a sua censura favorável: "Vi com atenção estes quatro caderninhos, que entre todos têm oito folhas e meia, e não tenho achado coisa que seja má doutrina, senão antes boa e proveitosa. – No Colégio de São Gregório de Valladolid, 10 de junho de 1575. *Frei Domingos Báñez*. – Por essa época, o mesmo P. Báñez examinava o *Livro da Vida*, por ordem da Inquisição, e dava a sua aprovação em Valladolid em 7 de julho de 1575.

EXCLAMAÇÕES DA ALMA A DEUS

Introdução

Na edição príncipe deste escrito teresiano (Salamanca 1588), frei Luís de León lhe deu o título *Exclamações ou meditações da alma a seu Deus, escritas pela Madre Teresa de Jesus em diferentes dias, conforme o espírito que lhe comunicava nosso Senhor depois de ter comungado: ano de 1569*.

Esta epígrafe contém praticamente tudo o que sabemos do livro, ainda que, infelizmente, nem todos os dados registrados por frei Luís sejam seguros: nem a data de composição, nem sua relação com as comunhões eucarísticas da Autora. De fato, ao longo das 17 Exclamações não aflorará alusão alguma ao Sacramento do Altar.

As "exclamações" pertencem ao gênero literário dos solilóquios. Santa Teresa conhecia especialmente os atribuídos a Santo Agostinho, os altissonantes solilóquios de Jó no livro bíblico e nos *Morales* de São Gregório, os incandescentes solilóquios inseridos nas *Confissões* do Santo de Hipona, as deliciosas orações monologais da *Vida de Cristo* do Cartuxo Landulfo da Saxônia, e tantos outros solilóquios espirituais.

Os escritos da Santa não respondem a um plano orgânico. Refletem antes a espontaneidade e o ardor de sua alma em momentos de alta incandescência. Sob o impulso dessa espontaneidade, é normal que as dezessete exclamações deem vazão aos temas espirituais mais intensamente sentidos por ela: seu profundo sentido da vida (*Ó vida, vida...!*) e sua expectativa da morte. Seu sentido da ausência de Deus, de sua magnificência e misericórdia. Seu amor pela Humanidade de Cristo (*Ó fontes vivas das chagas de meu Deus...!*). Seu sentido abismal do pecado e do inferno. Seu anseio por participar da glória dos bem-aventurados (*Ó almas que já gozais...!*).

Já no *Livro da Vida* a autora confessara o forte anelo que com frequência a assaltava de ir às praças e ruas para clamar e gritar. Igual desejo de fazer isso a si mesma. Aqui dá curso a essa necessidade interior de clamar como um profeta.

No conjunto, as suas "exclamações" formam um pequeno livro de orações ou uma espécie de saltério teresiano. Não apenas estão impregnadas de lirismo, como têm, às vezes, cadência e ritmo interno, à maneira dos salmos bíblicos.

Nenhum original deste escrito da Santa está conservado. Os pretensos autógrafos do mesmo são puros arranjos, elaborados com base em trechos recortados de outros autógrafos seus. O texto que segue reproduz o editado por frei Luís de León a modo de apêndice do *Castelo interior* (Salamanca, 1588, p. 269-304).

I

1. Ó vida, vida! Como podes sustentar-te estando ausente de tua Vida? Em tanta solidão, em que te empregas? Que fazes, pois todas as tuas obras são imperfeitas e falhas? Que te consola, ó alma minha, neste tempestuoso mar? Tenho lástima de mim e maior do tempo em que não vivi lastimada. Ó Senhor, quão suaves são os vossos caminhos! Mas quem caminhará sem temor? Tenho medo de ficar sem servir-vos, e quando vou servir-vos não acho coisa que me satisfaça para pagar algo do que devo. Parece que quereria empregar-me toda nisto, e quando considero bem a minha miséria, vejo que não posso fazer nada que seja bom, se Vós não o dais a mim.

2. Ó Deus meu e misericórdia minha! Que farei para que não desfaça eu as grandezas que Vós fazeis comigo? Vossas obras são santas, são justas, são de inestimável valor e com grande sabedoria, pois a mesma sois Vós, Senhor. Se dela se ocupa o meu entendimento, a vontade se queixa, porque quereria que ninguém a estorvasse em amar-vos, pois não pode o entendimento em tão grandes grandezas alcançar quem é seu Deus, e o deseja gozar e não vê como, posta em cárcere tão penoso como esta mortalidade. Tudo a estorva, ainda que primeiro fosse ajudada na consideração de vossas grandezas, aonde se acham melhor as inumeráveis baixezas minhas.

3. Para que tenho dito isto, meu Deus? A quem me queixo? Quem me ouve senão Vós, Pai e Criador meu? Pois para entender Vós a minha pena, que necessidade tenho de falar, pois tão claramente vejo que estais dentro de mim? Este é meu desatino. Mas, ai Deus meu! Como poderei eu saber com certeza que não estou apartada de Vós? Ó vida minha, que hás de viver com tão pouca segurança de coisa tão importante! Quem te desejará, pois o lucro que de ti se pode sacar ou esperar, que é contentar em tudo a Deus, está tão incerto e cheio de perigos?

II

1. Muitas vezes, Senhor meu, considero que se com algo se pode sustentar o viver sem Vós, é na solidão, porque descansa a alma com seu descanso, posto que, como não se goza com inteira liberdade, muitas vezes se dobra o tormento; mas o que dá ter de tratar com as criaturas e deixar de entender a alma sozinha com seu Criador, faz tê-lo por deleite. Mas, o que é isto, meu Deus, que o descanso cansa a alma que só pretende contentar-vos? Ó amor poderoso de Deus, quão diferentes são teus efeitos do amor do mundo! Este não quer companhia por parecer-lhe que lhe hão de tirar do que possui; o do meu Deus, quanto mais amadores entende que tem, mais cresce, e assim seus gozos se suavizam[1] vendo que nem todos gozam daquele bem. Ó Bem meu, que isto faz que nos maiores regalos e contentos que se têm convosco, lastima a memória dos muitos que há que não querem estes contentos, e dos que para sempre os hão de perder! E assim a alma busca meios para buscar companhia, e de bom grado deixa seu gozo quando pensa que será alguma parte para que outros o procurem gozar.

2. Mas, Pai celestial meu, não valeria mais deixar estes desejos para quando a alma estiver com menos regalos vossos e agora empregar-se toda em gozar-vos? Ó Jesus meu! Quão grande é o amor que tendes aos filhos dos homens, que o maior serviço que se vos pode fazer é deixar a Vós por seu amor e lucro e então sois possuído mais inteiramente; porque ainda que não se satisfaça tanto em gozar a vontade, a alma se alegra de que contenta a Vós e vê que os gozos da terra são incertos, ainda que pareçam dados por Vós, enquanto vivemos nesta mortalidade, se não vão acompanhados com o amor do próximo. Quem não o amar, não vos ama, Senhor meu; pois com tanto sangue vemos mostrado o amor tão grande que tendes aos filhos de Adão.

---

1. *Suavizam*, em esp. *templan*. Na Ed. príncipe (p. 272) e nos ms. está *tiemplan*.

III

1. Considerando a glória que tendes, Deus meu, aparelhada aos que perseveram em fazer vossa vontade, e com quantos trabalhos e dores a ganhou vosso Filho, e quão mal o tínhamos merecido, e o muito que merece que não se desagradeça a grandeza de amor que tão custosamente nos tem ensinado a amar, se tem afligido minha alma de grande maneira. Como é possível, Senhor, que se esqueça de tudo isto e que tão esquecidos estejam os mortais de Vós quando vos ofendem? Ó Redentor meu, e quão esquecidos se esquecem de si, e que seja tão grande vossa bondade, que então vos lembreis de nós, e que tendo caído por vos ferir de golpe mortal, esquecido disto nos torneis a dar a mão e desperteis de frenesi tão incurável, para que procuremos e vos peçamos saúde! Bendito seja tal Senhor, bendita tão grande misericórdia, e louvado seja para sempre por tão piedosa piedade.

2. Ó alma minha! Bendize para sempre tão grande Deus. Como se pode tornar contra Ele? Oh, que aos que são desagradecidos a grandeza da mercê os dana! Remediai-o Vós, meu Deus. Ó filhos dos homens! Até quando sereis duros de coração[1] e o tereis para ser contra este mansíssimo Jesus? Que é isto? Porventura permanecerá nossa maldade contra Ele? Não, que se acaba a vida do homem como a flor do feno e há de vir o Filho da Virgem para dar aquela terrível sentença.[2] Ó poderoso Deus meu! Pois ainda que não queiramos nos haveis de julgar, por que não olhamos o que nos importa manter-vos contente para aquela hora? Mas quem, quem não quererá Juiz tão justo? Bem-aventurados os que naquele temeroso ponto se alegrarem convosco, ó Deus e Senhor meu! Aquele que Vós tendes levantado, e ele conheceu quão miseramente se perdeu para ganhar um muito breve contento e está determinado a contentar-vos sempre, e ajudando-o vosso favor (pois não faltais, bem meu de minha alma, aos que vos querem nem deixais de responder a quem vos chama), que remédio, Senhor, para poder depois viver, que não seja morrendo com a memória de ter perdido tanto bem como teria estando na inocência que ficou do batismo? A me-

---
1. Salmo 4,3.
2. Salmo 102,15; Mateus 16,27.

lhor vida que pode ter é morrer sempre com este sentimento. Mas a alma que ternamente vos ama, como o há de poder sofrer?

3. Mas que desatino vos pergunto, Senhor meu! Parece que tenho esquecidas vossas grandezas e misericórdias e como viestes ao mundo pelos pecadores, e nos comprastes por tão grande preço,[3] e pagastes nossos falsos contentos sofrendo tão cruéis tormentos e açoites. Remediastes a minha cegueira tapando vossos divinos olhos, e minha vaidade com tão cruel coroa de espinhos.

Ó Senhor, Senhor! Tudo isto lastima mais a quem vos ama. Consola apenas porque será louvada para sempre vossa misericórdia quando se souber da minha maldade; e, contudo, não sei se tirarão esta fadiga até que vendo a Vós, sejam tiradas todas as misérias desta mortalidade.

---

3. Salmo 88,50; Mateus 9,13; 1Pd 1,19.

IV

1. Parece, Senhor meu, que minha alma descansa considerando o gozo que terá, se por vossa misericórdia lhe for concedido gozar de Vós. Mas quereria primeiro servir-vos, pois há de gozar do que Vós, servindo a ela, ganhastes para ela. Que farei, Senhor meu? Que farei, meu Deus? Oh, quão tarde se acenderam os meus desejos e quão cedo andáveis Vós,[1] Senhor, granjeando e chamando para que toda me empregasse em Vós! Porventura, Senhor, desamparastes o miserável ou apartastes do pobre mendigo quando se quer achegar a Vós? Porventura, Senhor, têm término vossas grandezas ou vossas magníficas obras? Ó Deus meu e misericórdia minha, e como as podereis mostrar agora em vossa serva! Poderoso sois, grande Deus. Agora se poderá entender se minha alma entende a si mirando o tempo que perdeu e como num ponto podeis Vós, Senhor, que o torne a ganhar. Parece-me que desatino, pois o tempo perdido costumam dizer que não se pode tornar a cobrar. Bendito seja meu Deus!

2. Ó Senhor! Confesso vosso grande poder. Se sois poderoso, como sois, o que há de impossível ao que tudo pode? Querei Vós, Senhor meu, querei, que ainda que seja miserável, firmemente creio que podeis o que quereis, e quanto maiores maravilhas ouço vossas e considero que podeis fazer mais, mais se fortalece a minha fé e com maior determinação creio que o fareis Vós. E que há que maravilhar do que faz o Todo-poderoso? Bem sabeis Vós, meu Deus, que entre todas as minhas misérias nunca deixei de conhecer vosso grande poder e misericórdia. Valha-me, Senhor, isto em que não vos tenho ofendido.

Recuperai, Deus meu, o tempo perdido dando-me graça no presente e porvir, para que apareça diante de Vós com vestes de bodas, pois se quereis podeis.[2]

---

1. Reminiscências de Santo Agostinho, *Confissões* L. 10, c. 27, PL 32, 795, ou dos *Solilóquios* pseudo-agostinianos, c. 31, n. 4, 13.
2. Mateus 22,11.

V

1. Ó Senhor meu! Como vos ousa pedir mercês quem tão mal vos tem servido e tem sabido guardar o que lhe tendes dado? O que se pode confiar de quem muitas vezes tem sido traidor? Pois, que farei, consolo dos desconsolados e remédio de quem se quer remediar de Vós? Porventura será melhor calar com minhas necessidades, esperando que Vós as remedieis? Não, certamente; que Vós, Senhor meu e deleite meu, sabendo as muitas que haviam de ser e o alívio que é para nós contá-las para Vós, dizeis que vos peçamos e que não deixareis de dar.[1]

2. Lembro-me algumas vezes da queixa daquela santa mulher, Marta, que não só se queixava de sua irmã,[2] antes tenho por certo que seu maior sentimento era parecer-lhe que Vós não vos condoíeis, Senhor, do trabalho que ela passava, nem se vos dava nada que ela estivesse convosco. Porventura lhe pareceu que não era tanto o amor que lhe tínheis como à sua irmã; que isto lhe devia fazer maior sentimento que servir a quem ela tinha tão grande amor, que este faz ter por descanso o trabalho. E vê-se em não dizer nada à sua irmã, antes com toda sua queixa foi a Vós, Senhor, que o amor a fez atrever a dizer que como não tínheis cuidado. E ainda na resposta parece ser e proceder a demanda do que digo; que só amor é o que dá valor a todas as coisas; e que seja tão grande que nenhuma o estorve a amar, é o mais necessário. Mas como o poderemos ter, Deus meu, conforme o que merece o amado, se o que Vós me tendes não o junta consigo? Queixar-me-ei com esta santa mulher? Oh, que não tenho nenhuma razão, porque sempre tenho visto em meu Deus bastante maiores e mais crescidas mostras de amor do que tenho sabido pedir nem desejar! Se não me queixo do muito que vossa benignidade me tem sofrido, não tenho de quê.

Pois o que poderá pedir uma coisa tão miserável como eu? Que me deis, Deus meu, o que vos dê com Santo Agostinho[3] para pagar algo do muito que vos devo; que vos lembreis de que sou vossa feitura e que conheça eu quem é meu Criador para que o ame.

---

1. Mateus 7,7.
2. Lucas 10,40.
3. *Confissões*, L. 10, c. 29, PL 32, 809.

VI

1. Ó deleite meu, Senhor de toda a criação e Deus meu! Que remédio dais a quem tão pouco tem na terra para ter algum descanso fora de Vós? Ó vida longa, ó vida penosa, ó vida que não se vive, oh que só solidão, que sem remédio! Pois quando, Senhor, quando? Até quando?[1] Que farei, Bem meu, que farei? Porventura desejarei não desejar-vos? Ó meu Deus e meu Criador, que chagais e não pondes a medicina; feris e não se vê a chaga; matais, deixando com mais vida! Enfim, Senhor meu, fazeis o que quereis como poderoso.

Pois um verme tão desprezado, meu Deus, quereis que sofra estas contrariedades? Seja assim, meu Deus, pois Vós o quereis, que eu não quero senão querer-vos.

2. Mas, ai, ai, Criador meu, que a dor grande faz queixar e dizer o que não tem remédio até que Vós queirais! E alma tão encarcerada deseja a sua liberdade, desejando não sair um ponto do que Vós quereis. Querei, glória minha, que cresça a sua pena, ou remediai-a de todo. Ó morte, morte, não sei quem te teme, pois está em ti a vida! Mas quem não temerá tendo gasto parte dela em não amar o seu Deus? Pois sou esta, que peço e que desejo? Porventura o castigo tão bem merecido de minhas culpas? Não o permitais Vós, bem meu, que vos custou muito o meu resgate.

3. Ó alma minha! Deixa fazer-se a vontade de teu Deus; isso te convém. Serve e espera em sua misericórdia, que remediará tua pena, quando a penitência de tuas culpas tiver ganho algum perdão delas; não queiras gozar sem padecer. Ó verdadeiro Senhor e Rei meu! Que mesmo para isto não sou, se não me favorecer a vossa soberana mão e grandeza, que com isto tudo poderei.

---

1. Reminiscência agostiniana, *Confissões*, L. 8, c. 12, PL 32, 762.

VII

1. Ó esperança minha e Pai meu e meu Criador e meu verdadeiro Senhor e Irmão! Quando considero o modo como dizeis que são *vossos deleites com os filhos dos homens*,[1] muito se alegra a minha alma. Ó Senhor do céu e da terra! E que palavras estas para nenhum pecador desconfiar! Falta-vos, Senhor, porventura, com quem vos deleitar, que buscais um vermezinho tão de mau olor como eu? Aquela voz que se ouviu por ocasião do Batismo diz que *vos deleitais com vosso Filho*.[2] Pois temos de ser todos iguais, Senhor? Oh, que grandíssima misericórdia, e que favor tão sem podê-lo nós merecer! E que tudo isto esquecemos os mortais! Lembrai-vos Vós, Deus meu, de tanta miséria, e olhai nossa fraqueza, pois de tudo sois sabedor.

2. Ó alma minha! Considera o grande deleite e grande amor que tem o Pai em conhecer o seu Filho, e o Filho em conhecer o seu Pai, e a inflamação com que o Espírito Santo se junta com eles, e como nenhuma se pode apartar deste amor e conhecimento, porque são uma mesma coisa. Estas soberanas Pessoas se conhecem, estas se amam e umas com outras se deleitam. Pois, para que é preciso o meu amor? Para que o quereis, Deus meu, ou que ganhais? Oh, bendito sejais Vós! Oh, bendito sejais Vós, Deus meu, para sempre! Louvem-vos todas as coisas, Senhor, sem fim, pois não pode haver fim em Vós.

3. Alegra-te, alma minha, que há quem ame o teu Deus como Ele merece. Alegra-te, que há quem conhece sua bondade e valor. Dá-lhe graças que nos deu na terra quem assim o conhece, como a seu único Filho. Debaixo deste amparo poderás chegar e suplicar-lhe que, pois Sua Majestade se deleita contigo, que todas as coisas da terra não sejam bastante para apartar-te e deleitar-te tu e alegrar-te na grandeza de teu Deus e em como merece ser amado e louvado e que te ajude para que tu sejas alguma partezinha para ser bendito o seu nome, e que possas dizer com toda verdade: *Engrandece e louva minha alma ao Senhor*.[3]

---

1. Provérbios 8,31.
2. Lucas 3,22.
3. Lucas 1,46.

VIII

1. Ó Senhor, Deus meu, e como tendes palavras de vida[1] aonde todos os mortais acharão o que desejam, se o quisermos buscar! Mas que maravilha, Deus meu, que esquecemos vossas palavras com a loucura e enfermidade que causam nossas más obras! Ó Deus meu, Deus, Deus fazedor de toda a criação! E o que é a criação, se Vós, Senhor, quiserdes criar mais? Sois todo-poderoso; são incompreensíveis as vossas obras.[2] Pois fazei, Senhor, que não se apartem de meu pensamento as vossas palavras.

2. Dizeis Vós: *Vinde a mim todos os que trabalhais e estais carregados, que eu vos consolarei.*[3] Que mais queremos, Senhor? O que pedimos? O que buscamos? Por que estão os do mundo perdidos, senão por buscar descanso? Valha-me Deus, oh, valha-me Deus! Que é isto, Senhor? Oh, que lástima! Oh, que grande cegueira, que o busquemos naquilo que é impossível achá-lo! Tende piedade, Criador, destas vossas criaturas. Mirai que não nos entendemos, nem sabemos o que desejamos, nem atinamos o que pedimos. Dai-nos, Senhor, luz; olhai que é mais preciso que ao cego que o era de seu nascimento, que este desejava ver a luz e não podia.[4] Agora, Senhor, não se quer ver. Oh, que mal tão incurável! Aqui, Deus meu, se há de mostrar vosso poder, aqui vossa misericórdia.

3. Oh, que dura coisa vos peço, verdadeiro Deus meu, que queirais a quem não vos quer, que abrais a quem não vos chama, que deis saúde a quem gosta de estar enfermo e anda procurando a enfermidade! Vós dizeis, Senhor meu, que vindes buscar os pecadores;[5] estes, Senhor, são os verdadeiros pecadores. Não mireis nossa cegueira, meu Deus, senão o muito sangue que vosso Filho derramou por nós. Resplandeça a vossa misericórdia em tão crescida maldade; mirai, Senhor, que somos feitura vossa. Valha-nos vossa bondade e misericórdia.

---

1. João 6,64.
2. Rm 11,33 e Jó 9,10.
3. Mateus 11,28.
4. João 9 e Lc 18,4.
5. Passagem cheia de reminiscências bíblicas: Pr 8,17; Mt 7,7; 9,13; Salmo 137,8.

IX

1. Ó piedoso e amoroso Senhor de minha alma! Também dizeis: *Vinde a mim todos os que tendes sede, que eu vos darei de beber.*[1] Pois como pode deixar de ter grande sede aquele que está ardendo em vivas chamas nas cobiças destas coisas miseráveis da terra? Há grandíssima necessidade de água para que nela não se acabe de consumir. Já sei eu, Senhor meu, de vossa vontade o dareis; Vós mesmos o dizeis; vossas palavras não podem falhar. Pois se estão acostumados a viver neste fogo e foram criados nele, já não o sentem nem atinam de desatinados a ver sua grande necessidade, que remédio, meu Deus? Vós viestes ao mundo para remediar tão grandes necessidades como estas. Começai, Senhor; nas coisas mais difíceis se há de mostrar vossa piedade. Mirai, Deus meu, que vão ganhando muito vossos inimigos. Tende piedade dos que não a têm de si; já que sua desventura os tem postos em estado que não querem vir a Vós, vinde Vós a eles, Deus meu. Eu vo-lo peço em seu nome, e sei que, ao se entenderem e tornarem a si, e começarem a gostar de Vós, ressuscitarão estes mortos.

2. Ó Vida, que a dais a todos! Não negueis a mim esta água dulcíssima que prometeis aos que a querem. Eu a quero, Senhor, e a peço, e venho a Vós. Não vos escondais, Senhor, de mim, pois sabeis da minha necessidade e que é verdadeira medicina da alma chagada por Vós. Ó Senhor, quantas maneiras de fogos há nesta vida! Oh, com quanta razão se há de viver com temor! Uns consomem a alma, outros a purificam para que viva para sempre gozando de Vós.

Ó fontes vivas das chagas de meu Deus, como manareis sempre com grande abundância para nosso mantimento e quão seguro irá pelos perigos desta miserável vida aquele que procurar sustentar-se com este divino licor.

---

1. Jo 7,37; Mt 11,28 (cf. *Caminho* 19, 15).

X

1. Ó Deus de minha alma, que pressa nos damos a ofender-vos e como Vós vo-la dais maior para perdoar-nos! Que causa há, Senhor, para tão desatinado atrevimento? Acaso é ter já entendido vossa grande misericórdia e esquecer-nos de que é justa a vossa justiça?

Cercaram-me as dores da morte.[1] Oh, oh, oh! Que grave coisa é o pecado, que bastou para matar a Deus com tantas dores! E quão cercado estais, meu Deus, deles! Aonde podeis ir que não vos atormentem? De todas as partes vos dão feridas os mortais.

2. Ó cristãos! É tempo de defender o vosso Rei e acompanhá-lo em tão grande solidão; que são muito poucos os vassalos que lhe restaram e muita a multidão que acompanha Lúcifer. E o pior é que se mostram amigos em público e o vendem em segredo; quase não acha em quem confiar. Ó amigo verdadeiro, quão mal vos paga o que vos é traidor! Ó cristãos verdadeiros! Ajudai vosso Deus a chorar, que não é só por Lázaro aquelas piedosas lágrimas,[2] senão pelos que não haviam de querer ressuscitar, ainda que Sua Majestade os chamasse aos brados. Ó bem meu, quão presentes tínheis as culpas que cometi contra Vós! Sejam já acabadas, Senhor, sejam acabadas, e as de todos. Ressuscitai estes mortos; sejam vossos brados, Senhor, tão poderosos que, ainda que não vos peçam a vida, ela seja dada para que depois, Deus meu, saiam da profundeza de seus deleites.

3. Lázaro não pediu que o ressuscitásseis. Por uma mulher pecadora o fizestes; vede-a aqui, Deus meu, e muito maior; resplandeça a vossa misericórdia. Eu, ainda que miserável, o peço pelas que não vo-lo querem pedir. Já sabeis, Rei meu, o que me atormenta vê-los tão esquecidos dos grandes tormentos que hão de padecer para sem fim, se não se tornam a Vós.

Oh, os que estais habituados a deleites e contentos e regalos e a fazer sempre vossa vontade, tende lástima de vós! Lembrai-vos de que haveis de estar sujeitos sempre, sempre, sem fim, às fúrias infernais. Mirai, mirai, que

---

1. Salmo 17,5-6.
2. João 11,35.43.

vos roga agora o Juiz que vos há de condenar, e que não tendes por um só momento segura a vida; por que não quereis viver para sempre? Ó dureza de corações humanos! Abrande-os a vossa imensa piedade, meu Deus.

XI

1. Oh, valha-me Deus! Oh, valha-me Deus! Que grande tormento é para mim, quando considero o que sentirá uma alma que sempre foi cá tida e querida e servida e estimada e regalada, quando, ao acabar de morrer, se veja já perdida para sempre, e entenda claro que não há de ter fim (que não lhe valerá querer não pensar nas coisas da fé, como cá tem feito), e se veja[1] apartar do que lhe parecerá que ainda não tinha começado a gozar (e com razão, porque tudo o que com a vida se acaba é um sopro), e rodeado daquela companhia disforme e sem piedade, com que sempre há de padecer, metida naquele lago hediondo cheio de serpentes, que a que mais puder lhe dará maior bocado; naquela miserável escuridão, aonde não verão senão o que lhe dará tormento e pena, sem ver luz senão de uma chama tenebrosa! Oh, quão pouco encarecido vai para o que é!

2. Ó Senhor! Quem pôs tanto lodo nos olhos desta alma, que não tenha visto isto até que se veja ali? Ó Senhor! Quem tapou os seus ouvidos para não ouvir as muitas vezes que lhe fora dito isto e a eternidade destes tormentos? Ó vida que não se acabará! Ó tormento sem fim! Ó tormento sem fim! Como não vos temem os que temem dormir numa cama dura para não dar pena ao seu corpo?

3. Ó Senhor, Deus meu! Choro o tempo que não o entendi; pois sabeis, meu Deus, o que me fatiga ver os mui muitos que há que não querem entendê-lo, sequer um, Senhor, sequer um que agora vos peço que alcance luz de Vós, que seria para tê-la muitos. Não por mim, Senhor, que não o mereço, senão pelos méritos de vosso Filho.

Olhai as suas chagas, Senhor, e porque Ele perdoou aos que as fizeram, perdoai-nos Vós a nós.

---

1. *E se veja* (esp. *y se vea*), repetido na ed. príncipe (p. 287).

XII

1. Ó meu Deus e minha verdadeira fortaleza! O que é isto Senhor, que para tudo somos covardes, a não ser para ir contra Vós? Aqui se empregam todas as forças dos filhos de Adão. E se a razão não estivesse tão cega, não bastariam as de todos juntos para atrever-se a tomar armas contra seu Criador e sustentar guerra contínua contra quem os pode afundar nos abismos num momento; senão, como está cega, ficam como loucos que buscam a morte, porque em sua imaginação lhes parece com ela ganhar a vida. Enfim, como gente sem razão, o que podemos fazer, Deus meu, aos que estão com esta enfermidade de loucura? Dizem que o próprio mal os faz ter grandes forças; assim é os que se apartam de meu Deus: gente enferma, que toda sua fúria é convosco, que lhes fazeis mais bem.

2. Ó Sabedoria que não se pode compreender! Como foi necessário todo o amor que tendes a vossas criaturas para poder sofrer tanto desatino e aguardar que saremos, e procurá-lo com mil maneiras de meios e remédios! É coisa que me espanta quando considero que falta o esforço para ir contra uma coisa muito leve, e que verdadeiramente se fazem entender a si mesmos que não podem, ainda que queiram, livrar-se de uma ocasião e apartar-se de um perigo aonde perdem a alma, e que tenhamos esforço e ânimo para acometer uma tão grande Majestade como sois Vós. O que é isto, bem meu, o que é isto? Quem dá estas forças? Porventura o capitão a quem seguem nesta batalha contra Vós não é vosso servo e posto no fogo eterno? Por que se levanta contra Vós? Como dá ânimo ao vencido? Como seguem quem é tão pobre, que o lançaram das riquezas celestiais? O que pode dar quem não tem nada para si, senão muita desventura? Que é isto, meu Deus? Que é isto, meu Criador? De onde vêm estas forças contra Vós e tanta covardia contra o demônio? Ainda se Vós, Príncipe meu, não favorecêsseis os vossos, ainda se devêssemos algo a este príncipe das trevas, não era possível pelo que para sempre nos tendes guardado e ver todos os seus gozos e prometimentos falsos e traidores. Que há de fazer conosco quem foi contra Vós?

3. Ó cegueira grande, Deus meu! Oh, que grande ingratidão, Rei meu! Oh, que incurável loucura, que sirvamos ao demônio com o que Vós nos dais, Deus meu! Que paguemos o grande amor que nos tendes, amando a quem assim vos aborrece e há de aborrecer para sempre! Que o sangue que derramastes por nós e os açoites e grandes dores que sofrestes, e os grandes tormentos que passastes, em lugar de vingar o vosso Pai Eterno (já que Vós não quereis vingança e o perdoastes de tão grande desacato como se usou com seu Filho), tomamos por companheiros e por amigos os que assim o trataram! Pois seguimos seu infernal capitão, claro está que havemos de ser todos uns e viver para sempre em sua companhia, se vossa piedade não nos remedia devolvendo o senso e perdoando o nosso passado.

4. Ó mortais, voltai, voltai a vós! Olhai o vosso Rei, que agora o achareis manso; acabe-se já tanta maldade; voltem-se vossas fúrias e forças contra quem vos faz a guerra e vos quer tirar vosso morgadio. Tornai, tornai a vós, abri os olhos, pedi com grandes clamores e lágrimas luz a quem a deu ao mundo. Entendei, por amor de Deus, que ides matar com todas as vossas forças a quem para dar-vos vida perdeu a sua; mirai que é quem vos defende de vossos inimigos. E se tudo isto não bastar, baste-vos conhecer que não podeis nada contra o seu poder e que tarde ou cedo haveis de pagar com fogo eterno tão grande desacato e atrevimento. É porque vedes esta Majestade atado e ligado com o amor que nos tem? Que mais faziam os que lhe deram a morte, senão depois de atado dar-lhe golpes e feridas?

5. Ó meu Deus, como padeceis por quem tão pouco se condói de vossas penas! Tempo virá, Senhor, em que se há de dar a entender vossa justiça e se é igual à misericórdia. Mirai, cristãos, consideremos bem isso, e jamais poderemos acabar de entender o que devemos a nosso Senhor Deus e as magnificências de suas misericórdias. Pois se é tão grande a sua justiça, ai dor, ai dor, que será dos que tenham merecido que se execute e resplandeça neles?

XIII

1. Ó almas que já gozais sem temor de vosso gozo e estais sempre embebidas em louvores de meu Deus! Venturosa foi a vossa sorte. Que grande razão tendes de ocupar-vos sempre nestes louvores e que inveja tem de vós a minha alma, que estais já livres da dor que dão as ofensas tão grandes que nestes desventurados tempos se fazem a meu Deus, e de ver tanta ingratidão, e de ver que não se quer ver esta multidão de almas que Satanás leva.

Ó bem-aventuradas almas celestiais! Ajudai nossa miséria e sede nossos intercessores diante da divina misericórdia, para que nos dê algo de vosso gozo e reparta conosco desse claro conhecimento que tendes.

2. Dai-nos, Deus meu, a entender o que é o que se dá aos que lutam varonilmente neste sonho desta miserável vida.

Alcançai-nos, ó almas amadoras, a entender o gozo que vos dá ver a eternidade de vossos gozos, e como é coisa tão deleitosa ver certo que não se hão de acabar. Ó Senhor meu, desventurados de nós que bem o sabemos e cremos; senão que com o costume tão grande de não considerar estas verdades, são tão estranhas já das almas, que nem as conhecem nem as querem conhecer.

Ó gente interesseira, cobiçosa de seus gostos e deleites, que por não esperar um breve tempo para gozá-los em tanta abundância, por não esperar um ano, por não esperar um dia, por não esperar uma hora, e porventura não será mais que um momento, perdem tudo para gozar daquela miséria que veem presente!

3. Oh, oh, oh! Quão pouco confiamos em Vós, Senhor! Quantas maiores riquezas e tesouros Vós confiastes a nós, pois trinta e três anos de grandes trabalhos, e depois morte tão intolerável e lastimosa, nos destes e[1] a vosso Filho, e tantos anos antes de nosso nascimento! E ainda sabendo que não vo-lo havíamos de pagar, não quisestes deixar de nos confiar tão

---

1. Os manuscritos de Salamanca e Granada omitem o *e*.

inestimável tesouro, para que não se realizasse por vossa causa, o que nós granjeando com Ele podemos ganhar convosco, Pai piedoso.

4. Ó almas bem-aventuradas, que tão bem vos soubestes aproveitar e comprar herdade tão deleitosa e duradoura com este precioso preço! Dizei--nos: como granjeáveis com ele bem tão sem fim? Ajudai-nos, pois estais tão perto da fonte; colhei água para os que cá perecemos de sede.

XIV

1. Ó Senhor e verdadeiro Deus meu! Quem não vos conhece, não vos ama. Oh, que grande verdade é esta! Mas ai dor, ai dor, Senhor, dos que não vos querem conhecer! Temerosa coisa é a hora da morte. Mas, ai, ai, Criador meu, quão espantoso será o dia aonde se tenha de executar a vossa justiça! Eu considero muitas vezes, Cristo meu, quão saborosos e quão deleitosos se mostram vossos olhos a quem vos ama e Vós, bem meu, quereis olhar com amor. Parece-me que só uma vez deste olhar tão suave às almas que tendes por vossas basta por prêmio de muitos anos de serviço. Oh, valha-me Deus, que mal se pode dar isto a entender, senão aos que já entenderam *quão suave é o Senhor*![1]

2. Ó cristãos, cristãos! Mirai a irmandade que tendes com este grande Deus; Conhecei-o e não o menosprezeis, que assim como este mirar é agradável para seus amadores, é terrível com espantosa fúria para seus perseguidores. Oh, que não entendemos que o pecado é uma guerra campal contra Deus de todos os nossos sentidos e potências da alma! O que mais pode, mais traições inventa contra o seu Rei. Já sabeis, Senhor meu, que muitas vezes me fazia mais temor lembrar-me se havia de ver vosso divino rosto irado contra mim neste espantoso dia do juízo final do que todas as penas e fúrias do inferno que me eram representadas; e vos suplicava que me valesse vossa misericórdia de coisa tão lastimosa para mim, e assim vo-lo suplico agora, Senhor. Que me pode vir na terra que chegue a isto? Tudo junto quero, meu Deus, e livrai-me[2] de tão grande aflição. Não deixe eu, meu Deus, não deixe de gozar de tanta formosura em paz. Vosso Pai nos deu a Vós, não perca eu, Senhor meu, joia tão preciosa. Confesso, Pai Eterno, que a tenho guardado mal; mas ainda há remédio, Senhor, remédio há, enquanto vivemos neste desterro.

3. Ó irmãos, ó irmãos e filhos deste Deus! Esforcemo-nos, esforcemo-nos, pois sabeis que Sua Majestade diz que sentindo pesar de tê-lo

---

1. Salmo 33,9.
2. Frei Luís editou: *libra me* (p. 295).

ofendido não se lembrará de nossas culpas e maldades.[3] Ó piedade tão sem medida! Que mais queremos? Porventura há quem não tivesse vergonha de pedir tanto? Agora é tempo de tomar o que nos dá este Senhor piedoso e Deus nosso. Pois quer amizades. Quem as negará a quem não negou derramar todo o seu sangue e perder a vida por nós? Olhai que não é nada o que pede, que para nosso proveito está bem para nós fazê-lo.

4. Oh, valha-me Deus, Senhor! Oh, que dureza! Oh, que desatino e cegueira! Que se se perde uma coisa, uma agulha ou um gavião, que não aproveita além de dar um gostinho à vista vê-lo voar pelo ar, nos dá pena, e que não a tenhamos de perder esta águia caudalosa da majestade de Deus e um reino que não há de ter fim gozá-lo! Que é isto? Que é isto? Eu não o entendo. Remediai, Deus meu, tão grande desatino e cegueira.

---

3. Ez 18,22.

XV

1. Ai de mim, ai de mim, Senhor, que é muito longo este desterro e se passa com grandes penalidades do desejo de meu Deus! Senhor, que fará uma alma metida neste cárcere? Ó Jesus, quão longa é a vida do homem, ainda que se diga que é breve! Breve é, meu Deus, para ganhar com ela vida que não se pode acabar; mas muito longa para a alma que se deseja ver na presença de seu Deus. Que remédio dais a este padecer? Não o há, senão quando se padece por Vós.

2. Ó meu suave descanso dos amadores de meu Deus! Não falteis a quem vos ama, pois por Vós há de crescer e mitigar-se o tormento que o Amado causa à alma que o deseja. Desejo eu, Senhor, contentar-vos; mas bem sei que meu contento não está em nenhum dos mortais. Sendo isto assim, não culpareis o meu desejo. Aqui me vedes, Senhor; se é necessário viver para fazer-vos algum serviço, não recuso todos quantos trabalhos na terra me possam vir, como dizia vosso amador São Martinho.[1]

3. Mas ai dor, ai dor de mim, Senhor meu, que ele tinha obras, e eu tenho apenas palavras, que não valho para mais! Valham meus desejos, Deus meu, diante de vosso divino acatamento, e não mireis o meu pouco merecer. Mereçamos todos amar-vos, Senhor; já que se há de viver, viva-se para Vós, acabem-se já os desejos e interesses vossos. Que maior coisa se pode ganhar do que contentar a Vós? Ó contento meu e Deus meu! Que farei eu para contentar-vos? Miseráveis são os meus serviços, ainda que fizesse muitos a meu Deus. Pois para que tenho de estar nesta miserável miséria? Para que se faça a vontade do Senhor. Que maior lucro, alma minha? Espera, espera, *que não sabes quando virá o dia nem a hora*.[2] Vela com cuidado, que tudo se passa com brevidade, ainda que teu desejo faça o certo duvidoso, e o tempo breve longo. Olha que quanto mais pelejares, mais mostrarás o amor que tens a teu Deus e mais prazer terás com teu Amado com gozo e deleite que não pode ter fim.

---

1. Cf. *Moradas* VI, c. 6, n. 6.
2. Mateus 25,13.

XVI

1. Ó verdadeiro Deus e Senhor meu! Grande consolo é para a alma que a solidão fatiga de estar ausente de Vós, ver que estais em todos os lugares. Mas quando a força do amor e dos grandes ímpetos desta pena cresce, que aproveita, Deus meu? Porque o entendimento se turba e a razão se esconde para conhecer esta verdade, de maneira que não pode entender nem conhecer. Sabe apenas que está apartada de Vós, e nenhum remédio admite; porque o coração que muito ama não admite conselho nem consolo, senão do mesmo que o chagou; porque daí espera que há de ser remediada a sua pena. Quando Vós quereis, Senhor, depressa sarais a ferida que tendes dado; antes não há que esperar saúde nem gozo, senão o que se tira de padecer tão bem empregado.

2. Ó verdadeiro Amador, com quanta piedade, com quanta suavidade, com quanto deleite, com quanto regalo e com que grandíssimas mostras de amor curais estas chagas, que com as setas do mesmo amor tendes feito! Ó Deus meu e descanso de todas as penas, quão desatinada estou! Como podia haver meios humanos que curassem os que o fogo divino enfermou? Quem há de saber até onde chega esta ferida, nem de que procedeu nem como se pode aplacar tão penoso e deleitoso tormento? Sem razão seria tão precioso mal poder aplacar-se por coisa tão baixa como são os meios que podem tomar os mortais. Com quanta razão diz a Esposa nos "Cânticos": *Meu amado a mim, e eu a meu Amado e meu Amado a mim*,[1] porque semelhante amor não é possível começar de coisa tão baixa como o meu.

3. Pois se é baixo, Esposo meu, por que não para em coisa criada até chegar a seu Criador? Ó meu Deus! Por que *eu a meu Amado*? Vós, meu verdadeiro Amador, começais esta guerra de amor, que não parece outra coisa senão um desassossego e desamparo de todas as potências e sentidos, que saem pelas praças e pelos bairros conjurando as filhas de Jerusalém

---

1. Ct 2,16. [É tradução literal da Vulgata: "Dilectus meus mihi, et ego illi". As traduções dizem: "Meu amado é meu e eu dele".]

para que lhe digam de seu Deus.² Porque, Senhor, começada esta batalha, a quem hão de ir combater senão a quem se fez senhor desta fortaleza aonde moravam, que é o mais superior da alma e lançando-as para fora para que tornem a conquistar o seu conquistador? E já cansadas de se terem visto sem Ele, depressa se dão por vencidas e se empregam perdendo todas as suas forças e pelejam melhor; e, em se dando por vencidas, vencem o seu vencedor.

4. Ó alma minha, que batalha tão admirável tens tido nesta pena, e quão ao pé da letra se passa assim! Pois *meu Amado a mim, e eu a meu Amado*: quem será que se põe a despartir e a matar dois fogos tão acesos? Será trabalhar em vão, porque já se tornaram um.

---

2. Ct 3,2.

XVII

1. Ó Deus meu e minha sabedoria infinita, sem medida e sem comparação e sobre todos os entendimentos angélicos e humanos! Ó Amor, que me amas mais do que eu posso me amar, nem entendo! Para que quero, Senhor, desejar mais do que Vós quiserdes dar-me? Para que me quero cansar pedindo-vos coisa ordenada por meu desejo, pois tudo o que meu entendimento pode concertar e meu desejo desejar, tendes Vós já entendido seus fins, e eu não entendo como me aproveitar? Nisto que minha alma pensa sair com lucro, porventura estará minha perda? Porque, se vos peço que me livreis de um trabalho e nele está o fim de minha mortificação, que é o que peço, Deus meu? Se vos suplico que mo deis, não convém porventura à minha paciência, que ainda está fraca e não pode sofrer tão grande golpe; e se com ela o passo e não estou forte na humildade, poderá ser que pense que tenho feito algo, e Vós fazeis tudo, meu Deus. Se quiser padecer, mas não quereria em coisas em que parece que não convém para vosso serviço perder o crédito, já que por mim não entenda em mim sentimento de honra, e poderá ser que pela mesma causa que penso que se há de perder se ganhe mais para o que pretendo, que é servir-vos.

2. Muitas coisas mais poderia dizer nisto, Senhor, para dar-me a entender que não me entendo; mas como sei que as entendeis, para que falo? Para que, quando vejo desperta a minha miséria, Deus meu, e cega a minha razão, possa ver se a acho aqui neste escrito de minha mão. Que muitas vezes me vejo, meu Deus, tão miserável e fraca e pusilânime, que ando a buscar a que se fez vossa serva, a que lhe parecia que tinha recebido mercês de Vós para pelejar contra as tempestades deste mundo. Mas não, meu Deus, não; não mais confiança em coisa que eu possa querer para mim. Querei Vós de mim o que quiserdes querer, que isso quero, pois está todo o meu bem em contentar-vos. E se Vós, Deus meu, quiserdes contentar a mim, cumprindo tudo o que meu desejo pede, vejo que iria perdida.

3. Que miserável é a sabedoria dos mortais e incerta a sua providência![1] Provede Vós pela vossa os meios necessários para que minha alma vos sirva mais a vosso gosto que ao seu. Não me castigueis dando-me o que eu quero ou desejo, se vosso amor (que em mim viva sempre) não o desejar. Morra já este eu, e viva em mim outro que é mais do que eu e para mim melhor do que eu, para que eu o possa servir. Ele viva e me dê vida; Ele reine, e seja eu cativa, que não quer minha alma outra liberdade. Como será livre aquele que do Sumo estiver alheio? Que maior nem mais miserável cativeiro que estar a alma solta da mão de seu Criador? Ditosos os que com fortes grilhões e cadeias dos benefícios da misericórdia de Deus se virem presos e inabilitados para ser poderosos para soltarem-se. *Forte é como a morte o amor, e duro como o inferno*.[2]

Oh, que se visse já morto de suas mãos e arrojado neste divino inferno, de onde já não se esperasse poder sair, ou, para dizer melhor, não se temesse ver-se fora!Mas, ai de mim, Senhor, que enquanto durar esta vida mortal, sempre corre perigo a eterna!

4. Ó vida, inimiga de meu bem, e quem tivesse licença de acabar-te! Sofro-te, porque Deus te sofre; mantenho-te porque és dele; não me sejas traidora nem desagradecida.

Com tudo isto, ai de mim, Senhor, que meu desterro é longo![3] Breve é todo tempo para dá-lo por vossa eternidade; muito longo é um só dia e uma hora para quem não sabe e teme se vos há de ofender. Ó livre arbítrio, tão escravo de tua liberdade, se não vives encravado com o temor e amor de quem te criou! Oh, quando será aquele ditoso dia em que te hás de ver afogado naquele mar infinito da suma Verdade, onde já não serás livre para pecar nem o quererás ser, porque estarás seguro de toda miséria, naturalizado com a vida de teu Deus!

5. Ele é bem-aventurado, porque se conhece e ama e goza de si mesmo, sem ser possível outra coisa; não tem nem pode ter, nem seria perfeição de Deus poder ter liberdade para esquecer-se de si e deixar de se amar. Então, alma minha, entrarás em teu descanso quando te entranhares com

---

1. Sabedoria 9,14.
2. Ct 8,6.
3. Salmo 119,5.

este sumo bem, e entenderes o que entende, e amares o que ama, e gozares do que goza. Já que vires perdida tua mutável vontade, já já não mais mudança; porque a graça de Deus pôde tanto que te fez partícipe de sua divina natureza[4] com tanta perfeição que já não possas nem desejes poder esquecer-te do sumo bem nem deixar de gozá-lo junto com seu amor.

6. Bem aventurados os que estão escritos no livro desta vida.[5] Mas tu, alma minha, se o és, por que estás triste e me conturbas? Espera em Deus, que ainda agora confessarei a Ele os meus pecados e suas misericórdias,[6] e de tudo junto farei cântico de louvor com suspiros perpétuos ao Salvador meu e Deus meu. Poderá ser que venha um dia em que lhe cante a minha glória,[7] e não seja compungida a minha consciência, onde já cessarão todos os suspiros e medos; mas entretanto, em esperança e silêncio será minha fortaleza.[8] Mais quero viver e morrer em pretender e esperar a vida eterna, que possuir todas as criaturas e todos os seus bens, que hão de se acabar. Não me desampares, Senhor, porque em Ti espero, não seja confundida a minha esperança.[9] Sirva-te eu sempre e faze de mim o que quiseres.

---

4. 2Pd 1,4.
5. Ap 19,9; 21,27.
6. Salmo 41,6.9.
7. Cf. Salmo 41,3 e 29,13.
8. Is 30,15.
9. Salmo 30,2.

CONSTITUIÇÕES

Introdução

Uma história aproximada e indicativa da evolução desta obra teresiana e dos que tiveram parte nela é a que o P. Gracián esboça na dedicatória da edição príncipe, Salamanca, 1581. Estas constituições "foram extraídas das Constituições antigas da Ordem e dadas pelo Reverendíssimo Padre nosso, o mestre frei Juan Bautista Rubeo de Rávena, prior geral. Depois o mui reverendo Padre frei Pedro Fernández, visitador apostólico desta Ordem por nosso mui santo Padre Pio V, acrescentou algumas atas e declarava algumas das Constituições; e também eu acrescente algo visitando com comissão apostólica esta congregação dos carmelitas descalços...".[1]

Em virtude do Breve pontifício de 2 de fevereiro de 1562 a Santa não só põe em marcha a sua tarefa fundacional, mas também fica autorizada a determinar o estilo de vida religiosa da nova comunidade. Difunde rapidamente uns estatutos, brevíssimos, mas bem pensados. Eles são o primeiro núcleo das Constituições de seus carmelos, redigidas em Ávila antes de 1567, ano em que as submete à aprovação do Geral da Ordem. Serão essas páginas que no ano seguinte (1568) servirão de base a frei João da Cruz e a seus companheiros para pôr em marcha a vida reformada em Duruelo.

A evolução deste texto primitivo – hoje perdido – é muito acidentada. Por um lado, o desenvolvimento da Ordem e a crescente experiência da Santa aconselhavam mudanças e acréscimos.[2] Por outro lado, os Visitadores dos carmelos teresianos, especialmente os padres Pedro Fernández, Gracián e Roca, foram introduzindo "atas" e modificações, nem sempre do agrado da Autora.[3] Como remate, não faltaram alegres arbitrariedades de alguma "priorazinha",[4] "que sem pensar fazer nada, tira e põe... o que lhe parece" quando transcreve as cópias remetidas pela Santa, com a triste

---

1. BMC, VI, Burgos, 1919, p. 412.
2. María de San José, *Ramillete de Mirra*, Ed. "Archivo Silveriano", Burgos, 1966, p. 423.
3. Carta de 21/02/1581, n. 5.
4. Carta de 07/05/1576.

consequência de que os textos "andam diferentes",[5] levando os diversos carmelos à tentação de inquietação e desconcerto.[6]

Tudo isso implicava para o texto primigênio da Reformadora um sério perigo, que ela procura remediar por todos os meios, urgindo a elaboração de uma redação definitiva: "que ponham um grande preceito que ninguém possa tirar nem pôr nelas".[7] Pode-se seguir esse angustioso anelo teresiano através da intensa correspondência mantida com Gracián nos primeiros meses do ano 1581: "não quero entender-me com ninguém neste caso senão com vossa Reverência".[8] Em março desse ano conseguirá, finalmente, que o Capítulo de Alcalá dê a última mão ao seu texto constitucional, e que quanto antes Gracián o publique em letra de forma.

Na presente edição publicamos apenas o texto teresiano anterior aos retoques dos capitulares de Alcalá. Na falta do autógrafo, seguimos o texto preferido pelo padre Silvério de Santa Teresa em sua edição crítica, que por sua vez procede de uma cópia oficial conservada até a desamortização do século XIX no arquivo dos carmelitas descalços de Madri (Casa generalícia de santo Hermenegildo).[9] Modificamos a numeração do texto, seguindo o modelo das Constituições de Alcalá de 1581.[10]

Por fim, recordamos que os capítulos finais "de culpas e penas" (capítulos XIII-XVII) não são escritos pela Santa nem pertenceram ao texto primitivo de suas Constituições, mas foram tomados literalmente de textos constitucionais anteriores e incorporados ao da Santa, provavelmente por iniciativa de algum dos Visitadores Apostólicos dos camelos teresianos.

---

5. Carta de 21/02/1581, n. 8.
6. Carta de 27/02/1581, n. 7.
7. Carta de 21/02/1581.
8. Carta de 17/02/1581, n. 6.
9. Uma exposição mais detalhada da origem e evolução das Constituições teresianas, bem como sua dupla forma reacional (primitiva e definitiva), pode ser vista em nossa edição de 1966, no número 14 da coleção "Archivo Silveriano".
10. As Constituições de Alcalá, 1581, foram publicadas nesse mesmo ano por Gracián em Salamanca. Nós as reproduzimos na edição fac-símile no Editorial Monte Carmelo, Burgos, 1978 e, pela segunda vez, em 1985.

CONSTITUIÇÕES DE 1567

I. Da ordem que se há de ter nas coisas espirituais

1. As Matinas sejam ditas depois das nove, e não antes; nem tão depois que não possam, depois que tiverem acabado, estar um quarto de hora fazendo exame no que gastaram aquele dia.

2. Para este exame se tangerá. E a quem a madre priora mandar, leia um pouco em romance do mistério em que se há de pensar no outro dia. O tempo que nisto se gastar, seja de maneira que às onze em ponto façam sinal com a campainha e se recolham para dormir. Este tempo de exame e oração tenham todas juntas no coro. E nenhuma irmã saia do coro sem licença depois de começados os ofícios.

3. No verão, se levantem as cinco e estejam até as sete em oração; no inverno, se levantem as seis e estejam até as sete em oração. Acabada a oração, sejam ditas as horas até à noa, salvo se for dia solene, ou [um] santo a quem as irmãs tenham particular devoção, que deixarão a noa para cantar antes da missa.

4. Nos domingos e dias de festa se cante a missa e vésperas e matinas. Nos primeiros dias de Páscoa [e] nos outros dias de solenidade poderão cantar laudes, em especial no dia do glorioso São José.

5. Jamais seja o canto por ponto, senão em tom, as vozes iguais. O ordinário seja todo rezado e também a missa; que o Senhor se servirá que fique algum tempo para ganhar o necessário.

6. Procure não faltar nenhuma do coro por causa leviana. Acabadas as horas, vão aos seus ofícios. A as oito no verão e a as nove no inverno seja dita missa. As que comungarem fiquem um pouco no coro.

II. Em que dias se há de receber o Senhor

1. A comunhão será cada domingo e dias de festa e dias de Nosso Senhor e Nossa Senhora e de nosso pai santo Alberto, de são José e nos demais dias que ao confessor parecer, conforme a devoção e espírito das irmãs, com licença da madre priora. Também se comungará no dia da dedicação da casa.

2. Um pouco antes de comer se tangerá para exame do que fizeram até aquela hora. E a maior falta que virem em si, proponham emendar-se dela e dizer um *Pater Noster*, para que Deus lhes dê graça para isso. Cada uma onde estiver,[1] fique de joelhos e faça o seu exame com brevidade.

3. Ao dar as duas se digam vésperas; exceto no tempo da quaresma, quando se dirão às onze. Ao acabar as vésperas, no tempo em que são ditas a as duas, tenha-se uma hora de leitura; e a hora de leitura na quaresma se tenha ao dar as duas (entende-se que ao dar as duas se tanja para as vésperas). Esta hora [de leitura] das vésperas das festas se tenha depois das completas.

4. As completas sejam ditas no verão a as seis e no inverno a as cinco.

5. Ao dar as oito, no inverno e no verão, se tanja para silêncio e se guarde até o outro dia tendo saído da prima. Isto se guarde com muito cuidado. Em todo o resto do tempo uma irmã não pode falar com outra sem licença, a não ser as que têm os ofícios em coisas necessárias. A madre priora dê esta licença quando, para mais avivar o amor que têm ao esposo, uma irmã com outra quiser falar dele, ou consolar-se, se tem alguma necessidade ou tentação. Isto não se entende para uma pergunta ou resposta ou poucas palavras, que isto sem licença poderão fazer.

6. Uma hora antes de dizerem as matinas se tanja para a oração. Nesta hora de oração se poderá ter leitura, se na hora que se tem depois das vésperas se acharem com espírito de oração para tê-la. Isto façam conforme o que mais virem que as ajuda a se recolher.

---

1. *Estiver*: no original está *se tuviere*, mas provavelmente é *estuviere*.

7. A priora cuide que haja bons livros, em especial *Cartuxos, Flos Sanctorum, Contemptus Mundi, Oratório dos religiosos*, os de frei Luís de Granada e do padre frei Pedro de Alcântara;[2] porque é em parte tão necessário este mantimento para a alma como a comida para o corpo.

8. Em todo o tempo que não estiverem com a comunidade ou em ofícios dela, cada uma esteja por si, nas celas ou ermidas que a priora lhes indicar; enfim, no lugar de seu recolhimento, fazendo algo nos dias que não forem de festa; chegando-nos a este apartamento ao qual manda a Regra, de que esteja cada uma por si.

9. Nenhuma irmã pode entrar em cela de outra sem licença da priora, sob pena de culpa grave. Nunca haja casa de lavor.

---

2. Os livros recomendados pela Santa são: os *Cartuxos*, quer dizer, os quatro volumes da *Vita Christi* de Landulfo de Saxônia, cartuxo, traduzidos para o castelhano por Ambrósio de Montesinos (Alcalá, 1502-1503); *Flos Sanctorum*, os santorais e legendários daquele tempo (um dos últimos foi impresso em Zaragoza em 1566; ou o de frei Martín de Lilio, impresso em Alcalá em 1566); o *Contemptus mundi*, a "Imitação de Cristo" atribuída a T. de Kempis; o *Oratório dos religiosos* de Antônio de Guevara (Valladolid, 1554 e edições posteriores); os livros do Padre Granada mais provavelmente aludidos são o *Livro da oração e meditação* (Salamanca, 1554), o *Guia de pecadores* (Lisboa, 1556) e, talvez, o *Memorial da vida cristã* (Lisboa, 1561); os livros do Padre frei Pedro de Alcântara são provavelmente o discutido *Tratado da oração e meditação* (Lisboa, 1556-57) e os opúsculos espirituais aos quais a Santa já aludiu em *Vida* 30, 2.

III. Do temporal

1. Há de se viver de esmola sempre, sem nenhuma renda. E enquanto se puder sofrer, não haja pedido; seja muita a necessidade para fazê-las pedir esmola; mas ajudem-se com o labor de suas mãos, como fazia são Paulo, que o Senhor as proverá do necessário. Não querendo mais e se contentando sem regalo, não lhes faltará para poder sustentar a vida. Se com todas as suas forças procurarem contentar o Senhor, Sua Majestade terá cuidado de que não lhes falte o seu lucro.

2. Não seja curiosa no lavor, senão fiar ou coser, ou em coisas que não sejam tão primorosas, que ocupem o pensamento para não tê-lo em Nosso Senhor. Não coisas de ouro nem prata. Nem se porfie pelo que hão de dar por ele, senão que boamente tomem o que lhes for dado; e se veem que não lhes convém, não façam aquele lavor.

3. De maneira alguma possuam as irmãs coisa em particular, nem se lhes consinta, nem para comer, nem para vestir, nem tenham arca, nem arquinha, nem caixotes, nem armário, a não ser as que têm os ofícios da Comunidade, nem nenhuma coisa em particular, senão que tudo seja em comum. Isto importa muito, porque em poucas coisas[1] pode ir o demônio relaxando a perfeição da pobreza. E por isto tenha muito cuidado a priora em que, quando vir alguma irmã afeiçoada a alguma coisa, seja livro ou cela ou qualquer outra coisa, lhe seja tirado.

---

1. *Poucas coisas*: coisas pequenas: expressão frequente na Santa (cf. *Caminho* 5, 7; *Modo de visitar* n. 5, 6, 21; *Moradas* V, 3, 6; e 4, 8).

IV. Dos jejuns [e vestidos]

1. Há de se jejuar desde a Exaltação da Cruz, que é em Setembro, desde o mesmo dia, até Páscoa da Ressurreição, exceto aos domingos. Não se há de comer carne perpetuamente, se não for com necessidade, quando o manda a Regra.

2. O vestido seja de xerga ou saial negro. E use-se o menos saial possível para ser hábito; a manga estreita, não mais na boca que no princípio, sem pregas, redondo, não mais longo atrás que na frente e que chegue até os pés. E o escapulário do mesmo, quatro dedos mais alto que o hábito. A capa de coro da mesma xerga branca, igual ao escapulário, e que leve o menos xerga possível, atento sempre ao necessário e não supérfluo. Tragam o escapulário sempre sobre as toucas. Sejam as toucas de estopa fina e sem pregas. Túnicas e lençóis, de estamenha. O calçado, alpargatas; e por honestidade, meias de saial ou de estopa. Travesseiros de estopa fina e, em caso de necessidade, poderão usar roupa de linho.

3. As camas sem nenhum colchão, senão com enxergão de palha. Pois está provado por pessoas fracas e não sadias que se pode passar. Nada pendurado, a não ser por necessidade alguma esteira de esparto ou cortinado de cobertor ou saial ou coisa semelhante, que seja pobre.

4. Cada uma tenha a sua cama. Jamais haja tapete, a não ser para a igreja, nem almofada de estrado. Isto tudo é de Religião, que há de ser assim; e nomeia-se, porque com o relaxamento se esquece o que é de Religião e de obrigação algumas vezes.

5. Na veste e na cama jamais haja coisa de cor, ainda que seja coisa tão pouca como uma faixa. Nunca há de haver samarras. E se houver alguma enferma, pode trazer algum roupão de saial.

6. Hão de ter o cabelo cortado, para não gastar tempo em penteá-lo. Jamais há de haver espelho, nem coisa curiosa, senão todo descuido de si.

V. Da clausura

1. A ninguém se veja sem véu, a não ser pai ou mãe ou irmãos; salvo no caso que parecer tão justo como aos ditos, para algum fim; e isto com pessoas que antes edifiquem e ajudem os nossos exercícios de oração e consolação espiritual, e não para recreação; sempre com uma terceira, quando não for com quem se trate negócios de alma.

2. A priora tenha a chave da rede e da portaria. Quando entrar médico ou barbeiro ou as demais pessoas necessárias e confessor, sempre levem duas terceiras. E quando se confessar alguma enferma, esteja sempre uma terceira afastada, de modo que possa ver o confessor; com o qual não fale senão a própria enferma, a não ser alguma palavra.

3. Nas casas que houver coro para ter o Santíssimo Sacramento dentro, e capelães, ou comodidade para ornamentar a igreja, não haja porta para a igreja. Aonde não houver isto, e se é forçoso haver porta, a priora tenha a chave; e não se abra sem ir duas irmãs juntas e quando não se pode escusar. E havendo comodidade para o dito, ainda que tenha havido porta, se feche.

4. As noviças não deixem de visitar, como as professas; porque se tiverem algum descontentamento, se entenda; que não se pretende senão que estejam muito de sua vontade e dar-lhes lugar que a manifestem se não a tiverem de ficar.

5. De negócios do mundo não cuidem nem tratem deles, a não ser coisas que possam dar remédio ou remediar aos que falam com elas, e pô-los na verdade ou consolá-los em algum trabalho. E se não se pretende tirar fruto, concluam depressa, como fica dito; porque importa muito que vão com algum lucro quem nos visitar e não com perda do tempo, e que fique para nós. Tenha muito cuidado a terceira para que se guarde isto; que esteja obrigada a avisar a priora se não se guardar. E quando não o fizer, caia na mesma pena da que a infringiu. Esta seja, tendo-a avisado duas

vezes,[1] na terceira esteja nove dias no cárcere e no terceiro dia dos nove, uma disciplina no refeitório; porque é coisa que importa muito à Religião.

6. De tratar muito com parentes se afastem o mais que puderem; porque além de suas coisas ganharem muito apego, será difícil deixar de tratar com eles algumas do século.

7. Tenha-se muito cuidado em falar com os de fora, ainda que sejam parentes muito próximos. E se não são pessoas que se hão de folgar de tratar coisas de Deus, vejam-nos muito poucas vezes e estas concluam depressa.

---

1. Outra leitura do mesmo texto: "... tendo-a avisado duas vezes a terceira, esteja...".

VI. Da aceitação das noviças

1. Mire-se muito que as que tiverem de receber sejam pessoas de oração e que pretendam toda perfeição e menosprezo do mundo; e que não sejam menores de dezessete anos. Porque se não vêm desapegadas dele, mal poderão sofrer o que aqui se leva; e vale mais mirar-se antes do que despedi-las depois. E que tenham saúde e entendimento e que tenham habilidade para rezar o ofício divino e ajudar no coro. E não se dê profissão, se não se entender no ano do noviciado ter condição e as demais coisas que é preciso para o que aqui se há de guardar. Se alguma destas coisas lhe faltar, não se aceite. A não ser que for pessoa tão serva do Senhor e útil para a casa que se entenda que por ela não havia de haver inquietação alguma, e que se servia Nosso Senhor em condescender a seus santos desejos. Se estes não forem grandes, que se entenda que o Senhor a chama a este estado, de nenhuma maneira se receba.

2. Contentes com a pessoa, se não tem nenhuma esmola para dar à casa, nem por isso se deixe de receber, como até aqui se faz. Se a quiser dar à casa, tendo para isso, e depois por alguma causa não se der, não se peça por pleito nem por esta causa deixem de dar a profissão.

3. Tenha-se grande aviso de que não vão por interesse; porque pouco a pouco poderia entrar a cobiça, de maneira que olhem mais para a esmola que para a bondade e qualidade da pessoa. E isto não se faça de nenhuma maneira, que seria grande mal. Sempre tenham diante a pobreza que professam, para dar em tudo olor dela. E mirem que não é isto que as há de sustentar, senão a fé e perfeição e confiar só em Deus. Esta constituição se olhe muito e se cumpra, que convém, e se leia para as irmãs.

4. Quando se admitir alguma, seja sempre com parecer da maioria do convento; e quando fizerem profissão, o mesmo.

5. As freiras que houverem de ser recebidas sejam fortes e pessoas que se entenda que querem servir ao Senhor. Fiquem um ano sem hábito, para que vejam se são para o que são recebidas e elas vejam se o poderão levar. Não tragam véu diante do rosto, nem se lhes dê véu preto. Senão fa-

çam profissão depois de dois anos que tiverem o hábito, salvo se sua grande virtude merecer que lhe seja dada antes. Sejam tratadas com toda caridade e irmandade, e provejam-nas de comer e vestir como a todas.

VII. Dos ofícios humildes

1. A tabela de varrer comece desde a madre priora, para que em tudo dê bom exemplo. Tenha-se muito cuidado com que as que tiverem ofícios de roupeira e provisora provejam as irmãs com caridade, assim no mantimento como em todo o demais. Não se faça mais com a priora e antigas do que com as demais, como manda a Regra, senão atentas às necessidades e às idades, e mais à necessidade; porque algumas vezes haverá mais idade e terão menos necessidade. Sendo isto geral, haja muita consideração, porque convém por muitas coisas.

2. Nenhuma irmã fale em se se dá muito ou pouco de comer, bem ou mal guisado. Tenha a priora e provisora cuidado de que se dê, conforme o que o Senhor tiver dado, bem preparado, de maneira que possam passar com aquilo que ali se lhes dá, pois não possuem outra coisa.

3. As irmãs sejam obrigadas a dizer à madre priora a necessidade que tiverem, e as noviças à sua mestra, assim em coisas de vestir como de comer e se precisam de mais do que o ordinário, ainda que não seja muito grande a necessidade, encomendando-o a Nosso Senhor primeiro. Porque muitas vezes nosso natural pede mais do que precisa e às vezes o demônio ajuda, para causar temor na penitência e jejum.

VIII. Das enfermas

1. As enfermidades sejam curadas com todo amor e regalo e piedade, conforme a nossa pobreza. E louvem a Deus Nosso Senhor quando o prover bem; e se lhes faltar o que os ricos têm de recreação nas enfermidades, que não se desconsolem, que a isso hão de vir determinadas; isto é ser pobres, faltar porventura no tempo de maior necessidade. Nisto ponha muito cuidado a madre priora, que antes falte o necessário às sãs, do que algumas piedades às enfermas. Sejam visitadas e consoladas pelas irmãs.

2. Ponha-se enfermeira que tenha para este ofício habilidade e caridade. As enfermas procurem então mostrar a perfeição que adquiriram na saúde, tendo paciência e dando a menor importunação que possa[m], quando o mal não for muito; e esteja obediente à enfermeira, para que ela aproveite e saia com lucro da enfermidade, e edifique as irmãs. E tenham roupa de linho e boas camas, digo colchões, e sejam tratadas com muita limpeza e caridade.

IX. [Da comida, recreação e humildade]

1. Nunca se dê tarefa[1] às irmãs. Cada uma procure trabalhar para que as demais comam. Tenha-se muito cuidado com o que manda a Regra "que quem quiser comer, que há de trabalhar" e com o que fazia são Paulo.[2] E se alguma vez por sua vontade quiser tomar lavor determinado para acabá-lo cada dia, que o possa fazer, mas não se lhes dê penitência ainda que não o acabem.

2. Cada dia depois da ceia ou colação, quando as irmãs se juntarem, a rodeira diga o que tiverem dado de esmola naquele dia, nomeando as pessoas que o enviaram, para que todas tenham cuidado de suplicar a Deus que lhes seja pago.

3. A hora de comer não pode ser marcada, que é conforme como o Senhor dá. Quando houver, no inverno às onze e meia quando for jejum da Igreja, quando for da Ordem, às onze, no verão, às dez se tangerá para comer.

4. Se o Senhor der espírito a alguma irmã para fazer alguma mortificação, peça licença; e não se perca esta boa devoção, pois se tiram alguns proveitos. Seja com brevidade, para que não impeça a leitura.

5. Fora de comer e cear, nenhuma irmã coma nem beba sem licença.

6. Saídas de comer, poderá a madre priora dispensar que todas juntas possam falar no que mais gosto lhes der, desde que não sejam coisas fora do trato que há de ter a boa religiosa; e tenham todas ali suas rocas.

7. De maneira alguma se permita jogo, pois o Senhor dará graça a umas para que deem recreação a outras. Fundadas nisto, tudo é tempo bem gasto. Procurem não ser irritantes umas às outras, senão que as chacotas e palavras sejam com discrição. Acabada esta hora de estar juntas, no verão durmam uma hora; e quem não quiser dormir, mantenha silêncio.

---

1. *Tarefa* (esp. *tarea*): trabalho a realizar em tempo limitado.
2. 2Ts 3,10, citado na Regra.

8. Depois das completas e oração, como acima está dito,[3] no inverno e no verão possa a madre dispensar que falem juntas as irmãs, tendo seus lavores, como fica dito; e o tempo seja como parecer à madre priora.

9. Nenhuma irmã abrace a outra, nem a toque no rosto nem nas mãos, nem tenham amizades em particular, senão todas se amem em geral, como manda Cristo a seus apóstolos muitas vezes.[4] Pois [sendo] tão poucas, será fácil de fazer; procurem imitar o seu Esposo, que deu a vida por nós. Este amar-se umas a outras em geral e não em particular importa muito.

10. Nenhuma repreenda à outra as faltas que a vir fazer. Se forem grandes, a sós lhe avise com caridade; e se não se emendar depois de três vezes, diga-o à madre priora e não a outra irmã nenhuma. Pois há zeladoras para olhar as faltas, descuidem-se e deem [de] passagem às que virem, e tenham cuidado com as suas. Nem se intrometam se fazem falta nos ofícios, a não ser coisa grave a que estão obrigadas a avisar, como fica dito. Tenham grande cuidado em não se desculpar, se não for em coisa que é mister, pois acharão muito aproveitamento nisto.

11. As zeladoras tenham grande cuidado de olhar as faltas; e por mandado da priora, algumas vezes as repreendam em público, ainda que seja de menores a maiores, para que se exercitem na humildade. E assim nenhuma coisa respondam, ainda que se achem sem culpa.

12. Nenhuma irmã possa dar nem receber nada, nem pedir, ainda que seja a seus pais, sem licença da priora; à qual mostrará tudo o que trouxerem em esmola.

13. Nunca jamais a priora nem nenhuma das irmãs possa chamar-se "dom".[5]

14. O castigo das culpas ou faltas que se fizerem no que está dito, pois quase tudo vai ordenado conforme a nossa Regra, sejam as penas que estão assinaladas no fim destas Constituições, de maior e menor culpa. Em todo o sobredito possa dispensar a madre priora, conforme o que for justo,

---

3. Cf. acima: II, 4-5.
4. João 15,12.
5. *Dom* (*Don*) ou *Dona* (*Doña*): título de nobreza.

com discrição e caridade; e que não obrigue a guardá-lo sob pecado, mas sob pena corporal.

15. A casa jamais seja lavrada, a não ser a igreja, nem haja coisa curiosa, senão tosca a madeira. E seja a casa pequena e as peças baixas: coisa que cumpra à necessidade e não supérflua. Forte o mais que puderem; e a cerca alta; o campo para fazer ermidas, para que se possam apartar para oração, conforme o que faziam nossos Pais Santos.

X. Das defuntas

1. Hão de se administrar os sacramentos como o manda no Ordinário. Que façam pelas defuntas suas honras e enterro com uma vigília e missa cantada; e ao cabo de um ano também com sua vigília e missa cantada. E se houver possibilidade para isso, digam as missas de São Gregório; e se não, como puderem. Reze todo o convento um ofício de defuntos. E isto pelas monjas do mesmo convento.

2. E pelas demais um ofício de defuntos, e se houver [possibilidade] uma missa cantada. E isto por todas as monjas da primeira Regra; e pelas outras da mitigada, um ofício de finados.

XI. Do que está obrigada a fazer cada uma em seu ofício

1. O ofício da Madre Priora é ter grande cuidado com que em tudo se guarde a Regra e Constituições, e zelar muito pela honestidade e encerramento das casas, e olhar como se fazem todos os ofícios e também que se provejam as necessidades, assim no espiritual como no temporal, com o amor de mãe. Procure ser amada, para que seja obedecida.

2. Ponha a priora, [para] porteira e sacristã, pessoas em quem se possa confiar; e que possa tirá-las quando lhe parecer, para que não se dê lugar a que haja nenhum apego ao ofício. E todos os demais também proveja; salvo a superiora, que se faça por votos, e as clavárias: estas saibam escrever e contar, pelo menos as duas.

3. O ofício da Madre Subpriora é ter cuidado com o coro, para que a reza e o canto vá bem, com pausa. Isto se olhe muito.

4. Há de presidir quando faltar a prelada em seu lugar e andar com a comunidade sempre; repreendendo as faltas que se fizerem no coro e refeitório, não estando a prelada presente.

5. As Clavárias hão de tomar [prestação de] conta, de mês a mês, da receptora, estando a priora presente; [a qual] há de tomar parecer delas em coisas graves.

6. E ter uma arca de três chaves para as escrituras e depósito do convento. Há de ter uma chave a prelada e as outras duas as clavárias mais antigas.

7. O ofício da Sacristã é ter cuidado com todas as coisas da igreja, e mirar que se sirva ali o Senhor com muito acatamento e limpeza.

8. E se encarregará de que as confissões vão em ordem, e não deixar chegar ao confessionário sem licença, sob pena de grave culpa, se não for para confessar com quem está assinalado.

9. O ofício da Receptora e Porteira maior, que há de ser tudo uma, é que tenha cuidado de prover em tudo o que se houver de comprar na casa, se o Senhor der de quê, com tempo.

10. Falar baixo[1] na roda e com edificação, e olhar com caridade as necessidades das irmãs.

11. E ter cuidado em escrever o gasto e recebido. Quando comprar alguma coisa, não porfiar nem regatear; senão [depois] de duas vezes que o diga, deixa-o ou toma-o.

12. Não deixe nenhuma irmã chegar à roda sem licença; chamar logo a terceira, se for à grade.

13. Não dar conta a ninguém de coisa que ali se passar, a não ser à prelada.

14. Nem dar carta, a não ser a ela para lê-la primeiro; nem dar nenhum recado a nenhuma sem dá-lo primeiro à prelada, nem dá-lo para fora, sob pena de grave culpa.

15. As Zeladoras tenham grande cuidado de olhar as faltas que virem, que é ofício importante; e diga[m]-na à prelada, como fica dito.

16. A Mestra de Noviças seja de muita prudência e oração e espírito, e tenha muito cuidado de ler as Constituições para as noviças, e ensinar a elas tudo o que hão de fazer, assim de cerimônias como de mortificação. E ponha mais no interior que no exterior, avaliando-as cada dia como aproveitam na oração e como se comportam no mistério que hão de meditar e que proveito tiram; e ensinar a elas como hão de comportar-se nisto e em tempo de securas e ir elas mesmas quebrando a sua vontade, mesmo em coisas miúdas. Olhe a que tem este ofício que não se descuide em nada, porque é criar almas para que more o Senhor. Trate-as com piedade e amor, não se maravilhando de suas culpas, porque hão de ir pouco a pouco; e mortificando cada uma segundo o que vir que pode sofrer o seu espírito. Faça mais caso de que não haja falta nas virtudes do que no rigor da penitência. Mande a priora que a ajudem a ensiná-las a ler.

17. Deem todas as irmãs à priora cada mês uma vez conta da maneira que se aproveitaram na oração [e] como as leva Nosso Senhor: que Sua Majestade lhe dará luz, que se não vão bem, as guie; e é humildade e mortificação fazer isto e para muito aproveitamento.

---

1. *Falar baixo*: em esp. *hablar paso*.

18. Quando a priora vir que não tem pessoa que seja bastante para mestra de noviças, que ela o seja e tome este trabalho, por [ser] coisa tão importante, e mande a alguma que a ajude.

19. Quando as que têm os ofícios perderem alguma hora das que se tem oração, tome outra hora mais desocupada para si; entende-se quando em toda a hora, ou a maior parte, não tiverem podido ter oração.

XII. Do capítulo de culpas graves

1. O capítulo de culpas graves se faça uma vez na semana, aonde, segundo a Regra, as culpas das irmãs sejam corrigidas com caridade. E sempre se celebre em jejum.

2. Assim que, tocado o sinal e todas reunidas no capítulo, ao sinal da prelada ou presidente a irmã que tem o ofício de leitora leia estas Constituições e a Regra. E a que há de ler diga: "iube Domine benedicere"; e a presidenta responda: "Regularibus disciplinis nos instruere dignetur Magister caelestis". Responderão: "Amen".

Então, se parecer à madre priora dizer algumas coisas brevemente, conforme a leitura ou correção das irmãs, antes que o diga, diga "benedicite"; e as irmãs respondam "Dominus", prostrando-se até que sejam mandadas levantar. Levantadas, tornem a sentar-se.

[E acabada a prática, feito o sinal pela prelada, se levantem para dizer as suas culpas], começando pelas noviças e freiras e depois venham das mais antigas. E venham ao meio do capítulo de duas em duas, e digam suas culpas e negligências manifestas à presidente. Primeiro sejam despedidas as freiras e as noviças e as que não têm lugar nem voz no capítulo.

3. Não falem as irmãs, salvo por duas coisas, no capítulo: dizendo as suas culpas e as das irmãs simplesmente, e respondendo à presidente ao que lhe for perguntado. E guarde-se a que for acusada que não acuse a outra só por suspeita que tenha dela. Se alguém fizer isso, levará a mesma pena do crime que acusou. E o mesmo se faça com a que acusa a culpa que já foi satisfeita. Mas para que não se encubram os vícios ou defeitos, poderá a irmã dizer à madre priora ou ao visitador o que viu ou ouviu.

4. Seja também castigada aquela que disser alguma coisa falsamente de outra; e seja também obrigada a restituir a fama da infamada na medida em que puder. E a que é acusada não responda, se não for mandada; e então humildemente diga "benedicite". E se impacientemente responder, então seja mais gravemente castigada, segundo a discrição da presidente. Seja o castigo depois da paixão aplacada.

5. E guardem-se as irmãs de divulgar e publicar, de qualquer modo que seja, as deliberações feitas e os segredos de qualquer capítulo.

6. De todas aquelas coisas que a madre castigar ou deixar definidas em capítulo, nenhuma irmã as renove fora dele à maneira de murmuração; porque daqui se seguem discórdias e se tira a paz de um convento e se constituem seitas e usurpam o ofício dos maiores.

7. A madre priora ou presidente, com zelo de caridade e amor de justiça e sem dissimulação, corrija as culpas legitimamente, as que claramente são achadas ou que confessarem, conforme o que aqui fica declarado.

8. Poderá a madre mitigar ou abreviar a pena devida pela culpa, não por malícia cometida, ao menos na primeira ou segunda ou terceira vez. Mas aquelas que acharem ser travessas por arte maliciosa ou costume vicioso, deve agravar-lhes as penas estabelecidas, e não as deixar nem relaxar sem autoridade do visitador.

9. E as que tiverem o costume de cometer culpa leve, seja-lhes dada a penitência de maior culpa. Também das outras sejam igualmente agravadas as penas estabelecidas, se tiverem o costume.

10. Ouvidas as culpas ou corrigidas, digam o salmo "Miserere mei" e "Deus misereatur", como manda o Ordinário. E acabado o capítulo, a presidente diga: "Sit nomen Domini benedictum". O convento responda: "Ex hoc nunc et usque in saecula".

XIII. Da culpa leve

1. Culpa leve é se alguma com [a] devida celeridade ou pressa, logo que for feito o sinal, demorar em se preparar para vir ao coro ordenada e compostamente, quando deveria.

2. Se alguma, começado já o ofício, entrar ou mal ler ou cantar ou se ofender, e não se humilhar logo diante de todas.

3. Se alguma não preparar a leitura no tempo estatuído.

4. Se a alguma, por negligência, faltar o livro em que há de rezar.

5. Se alguma rir no coro ou fizer as outras rirem.

6. Se alguma nas coisas divinas ou ao trabalho chegarem tarde.

7. Se alguma menosprezar e não observar devidamente as prostrações ou inclinações ou as outras cerimônias.

8. Se alguma no coro, ou no dormitório, ou nas celas fizer alguma inquietação ou ruído.

9. Se alguma chegar tarde na hora devida ao capítulo ou ao refeitório ou ao trabalho.

10. Se alguma ociosa falar, ou ociosamente fizer, ou com estas coisas se ocupar. Se ruído dissolutamente fizer.

11. Se alguns livros, vestidos ou as outras coisas do mosteiro negligentemente tratar ou quebrar, ou perder algumas coisas das que [se] usam no serviço das casas.

12. Se alguma comer ou beber sem licença.

13. Às acusadas, ou que se acusam, destas e semelhantes coisas seja imposto e dado [em] penitência oração ou orações, segundo a qualidade das culpas, ou também alguma obra humilde, ou silêncio especial por ter quebrado o silêncio da Ordem, ou abstinência de algum manjar em alguma refeição ou comida.

XIV. Da culpa média

1. Culpa média é se alguma não vier ao coro, dito o primeiro salmo; e quando entrarem tarde hão de se prostrar até que a madre priora mande que se levantem.

2. Se alguma presumir cantar ou ler de outra maneira do que a que se usa.

3. Se alguma, não sendo atenta ao ofício divino com os olhos baixos, demonstrar a leviandade da mente.

4. Se alguma sem reverência tratar os paramentos do altar.

5. Se alguma não vier ao capítulo ou trabalho ou sermão, ou não estiver presente à refeição comum.

6. Se alguma cientemente deixar o mandado comum.

7. Se alguma no ofício a ela designado for achada negligente.

8. Se alguma falar no capítulo sem licença.

9. Se alguma acusada fizer ruído em sua acusação.

10. Se alguma se presumir de acusar a outra de alguma coisa, da qual for acusada no mesmo dia, e assim vingando-se.

11. Se alguma em gesto ou em hábito se comportar desordenadamente.

12. Se alguma jurar ou falar desordenadamente, ou [o] que [é] mais grave, o tiver por uso.

13. Se alguma com outra discutir ou disser alguma coisa de onde as irmãs sejam ofendidas.

14. Se alguma negar o perdão àquela que a ofendeu, se ela o pedir.

15. Se alguma entrar nas oficinas do mosteiro sem licença.

16. Das sobreditas e semelhantes culpas faça-se em capítulo correção por uma disciplina; a qual faça a presidente ou aquela a quem ela mandar.

17. A que acusou a culpada não lhe dê a penitência, nem as moças às mais antigas.

XV. Da culpa grave

1. Culpa grave é se alguma entender[1] desonestamente com alguma outra.

2. Se alguma for achada injuriando e dizendo maldições ou palavras desordenadas e não religiosas. Ter se irado contra outra alguma.

3. Se alguma jurar ou disser, injuriando, a culpa passada a alguma irmã, pela qual satisfez, [ou] pelos defeitos naturais ou outros de seus pais.

4. Se alguma defender sua culpa ou a de outra.

5. Se alguma for achada ter dito mentiras por sua indústria, falsamente.

6. Se alguma tem por costume não manter silêncio.

7. Se no trabalho, ou em outra parte, for acostumada a contar novidades do século.

8. Se alguma transgredir os jejuns da Ordem, ou especialmente os estatuídos pela Igreja, sem causa e sem licença.

9. Se alguma coisa tomar de alguma ou da comunidade.

10. Se alguma cela ou veste para seu uso concedida mudar ou com outra trocar.

11. Se alguma no tempo de dormir, ou em outro tempo, entrar na cela de outra sem licença ou sem evidente necessidade.

12. Se alguma se achar à roda, ou locutório, ou aonde as pessoas de fora estão, sem especial licença da madre priora.

13. Se a irmã ameaçar ou a irmã na pessoa, com ânimo irado.

14. Se levantar a mão, ou outra coisa, para feri-la, a pena de culpa grave lhe seja dobrada.

---

1. *Entender*: mais provavelmente *contender*.

15. Às que pedem perdão pelas culpas desta maneira, ou que não são acusadas,[2] seja[m]-lhes dada[s] em capítulo duas correções; e jejuem dois dias a pão e água, e comam no último lugar das mesas, diante do convento sem mesa nem aparelho dela. Mas às acusadas seja acrescentada uma correção e um dia de pão e água.

---

2. N.T.: Ou seja, sem serem acusadas, ou antes de serem acusadas.

XVI. Da culpa mais grave

1. Mais grave é se alguma for ousada a contender, travessa, e disser descortesmente alguma coisa à madre priora ou à presidente.

2. Se alguma maliciosamente ferir a irmã: a tal, pelo mesmo fato, incorra em sentença de excomunhão e por todas deve ser evitada.

3. Se alguma for achada semeando discórdia entre as irmãs, ou estar acostumada a dizer ou maldizer ocultamente.

4. Se alguma, sem licença da madre priora, ou sem companheira que seja testemunha e a ouça claramente, se presumir de falar com os de fora.

5. Se a acusada de semelhantes culpas como estas for convencida, logo se prostre, pedindo piedosamente perdão e desnudas as espáduas, para que receba sentença digna de seus méritos com uma disciplina, quanto parecer à madre priora. E mandada levantar, vá à cela designada para ela pela madre priora; e nenhuma seja ousada a juntar-se a ela, nem falar com ela, nem enviar-lhe nada; para que conheça assim estar apartada do convento[1] e ser privada da companhia dos anjos. E enquanto estiver em penitência não comungue, nem seja designada para nenhum ofício, nem lhe seja imposta nenhuma obediência, nem lhe mandem nada. Antes, seja privada do ofício que tinha, nem tenha voz nem lugar no capítulo, salvo em sua acusação; seja a última de todas, até a satisfação plena e completa. No refeitório, não se sente com as outras; mas no meio do refeitório, vestida com o manto, se sente; e no chão desnudo coma pão e água, salvo se por misericórdia alguma coisa lhe seja dado por mandado da madre Priora. Ela aja piedosamente com ela e lhe envie alguma irmã para consolo. Se nela houver humildade de coração, ajudem a sua intenção, às quais também deem favor e ajuda todo o convento. E a madre priora não contradiga fazer misericórdia, cedo ou tarde, mais ou menos, conforme o delito requer.

6. Se alguma manifestamente se levantar contra a madre priora ou contra seus superiores ou se contra eles alguma coisa não lícita ou não ho-

---

1. N.T.: *Convento* tem o sentido de "comunidade" ou "grupo reunido".

nesta imaginar ou tiver, façam penitência sobre o mesmo acima dito por quarenta dias; e sejam privadas de voz e lugar no capítulo e de qualquer ofício que tiverem.

E se por conspiração desta maneira ou maliciosa concórdia, pessoas seculares por qualquer via se metessem dentro, em confusão, infâmia ou dano das irmãs [ou] do mosteiro, sejam postas no cárcere; e segundo a gravidade do escândalo que se segue, sejam detidas. E se por causa disto no mosteiro se seguirem partes ou divisões, assim as que o fazem como as que dão favor, pelo mesmo incorram em sentença de excomunhão e sejam encarceradas.

7. Se alguma quiser impedir a quietação ou a correção dos excessos, alegando que os superiores agiram por ódio ou por favor ou coisas semelhantes a estas, sejam punidas[2] com a sobredita pena que às que conspiram contra a madre priora.

8. E se alguma ousar receber, ou dar, algumas cartas e lê-las sem licença da madre priora, ou qualquer coisa enviar para fora, ou o que lhe deram retiver para si; aquela [irmã] também, pelos excessos da qual irmã for alguém no século [escandalizado],[3] além das penas ditas pelas Constituições, nas horas canônicas e nas graças depois de comer estará prostrada diante da porta da igreja para as irmãs que passarem.

---

2. *Punidas*: castigadas, latinismo que repete no n. XVII, 10.
3. Nas chamadas *Constituições da Encarnação* se lia: "aquela por cujo delito o convento das irmãs no século tenha sido infamado" (BMC, 9, p. 514).

XVII. Da culpa gravíssima

1. Culpa gravíssima é a incorrigibilidade daquela que não teme cometer as culpas e recusa sofrer a penitência.

2. Se alguma apostata[r] ou sair fora dos limites do convento; e por isto incorra em sentença de excomunhão.

3. E gravíssima culpa é se alguma for desobediente, ou por manifesta rebelião não obedecer ao mandamento do prelado ou superior, que a ela em particular ou a todas em geral for mandado.

4. Gravíssima culpa é se alguma (Deus não o permita, pois está na fortaleza dos que n'Ele esperam) cair no pecado da sensualidade e daquilo for convicta, se entende gravemente suspeita.

5. Se alguma for proprietária, ou o confessar ser; e achando-se nisso ao morrer, não lhe seja dada sepultura eclesiástica.

6. Se alguma puser mãos violentas na madre priora ou em outra qualquer irmã; ou de qualquer maneira descobrisse algum crime de alguma irmã ou do convento ou dos outros ou segredos do convento a pessoas seculares descobrir ou [a] estranhas, de onde a irmã ou o convento possa ser infamada.

7. Se alguma por si ou por outras procurar alguma coisa de ambição ou ofícios, ou for contra as Constituições da Religião.

Estas tais irmãs sejam postas no cárcere, ou no mesmo lugar, com jejum e abstinência, mais ou menos, segundo a quantidade e qualidade do delito e segundo a discrição da madre superiora ou do visitador. As irmãs a qualquer destas irmãs logo, sob pena de rebelião, as levem ao cárcere, como mandar a madre superiora. Nenhuma irmã fale com a que está encarcerada, exceto as que a guardarem, nem lhe enviem alguma coisa, sob pena da mesma pena. E se a encarcerada sair do cárcere, a irmã que estiver cuidando dela ou aquela por cuja causa sair, sendo disto convencida, fique no mesmo cárcere e segundo os delitos da encarcerada seja ela castigada.

8. Haja cárcere designado onde estas tais fiquem. E não poderão ser libertadas por estas causas escandalosas senão pelo visitador.

9. A apóstata fique perpetuamente no cárcere e a que cair no pecado da carne e a que cometer caso que no século merecer pena de morte, e as que não querem ser humildes e não conhecer a sua culpa; salvo se neste tempo tanto foi provada a sua paciência e emenda que com conselho de todas, que por ela rogarem, mereça, com o consentimento da madre priora e pelo visitador, ser libertadas do cárcere. E qualquer uma que neste cárcere estiver, conhecerá ter perdido a voz, assim ativa como passiva, e lugar pelo semelhante; e será privada de todo ato legítimo e de todo ofício. [De] onde, ainda que seja libertada do cárcere, nem por isso se restitui[em] as coisas sobreditas, salvo se explicitamente este benefício lhe seja dado. E ainda que lhes seja restituído o lugar, nem por isso lhes seja restituída a voz no capítulo; e se voz ativa, nem por isso passiva; se, como é dito, expressamente não lhes seja isto concedido. Mas se houver caído nestes casos ditos, não pode ser relevada para que possa ser eleita a qualquer ofício, nem acompanhe as irmãs na roda, nem a outra parte. Se houver caído no pecado da sensualidade, ainda que se condoendo de si mesma, se humilhe pedindo misericórdia e perdão, de maneira alguma seja recebida, salvo intervindo causa razoável, com conselho do visitador, como se deva receber.[1]

10. Se alguma for convicta diante da priora de ter levantado falso testemunho, ou for acostumada a infamar, faça a sua penitência desta maneira: que na hora de comer, sem manto, vestindo um escapulário, sobre o qual haverá duas línguas de pano vermelho e branco na frente e atrás cosidas de modo variado, no meio do refeitório coma pão e água no chão, como sinal de que pelo grande vício de sua língua desta maneira seja punida. E daí seja posta no cárcere. E se em algum tempo for libertada do cárcere, não tenha voz nem lugar.

11. E se a priora, o que nunca Deus permita, cair em alguma falta das ditas, logo seja deposta, para que gravissimamente seja castigada.

---

1. As *Constituições da Encarnação* diziam: "A apóstata ou que fugir, se se ouvir dela provável suspeita de ter caído no pecado da carne, se... voltar pedindo misericórdia e perdão, de nenhuma maneira seja recebida" (ibid., p. 515).

XVIII. [Outras ordenações]

1. Tenham em cada convento uma destas Constituições na arca de três chaves, e outras para que sejam lidas uma vez na semana a todas as irmãs juntas, no tempo que a madre priora ordenar; e cada uma das irmãs as tenha muito na memória, pois é isto que as há de fazer ir muito aproveitadas, com o favor de Nosso Senhor. Procurem lê-las algumas vezes; e para isto haja mais das ditas no convento, para que cada uma, quando quiser, as possa levar à sua cela.

2. A esmola que o Senhor der em dinheiro se ponha sempre na arca das três chaves logo; salvo se for abaixo de nove ou dez ducados, que se darão à clavária conforme à priora parecer, e ela dê à procuradora o que a priora disser que gaste. E cada noite, antes que tanjam o silêncio, preste conta à priora ou à dita clavária por miúdo. E feita a conta, ponha-se por junto no livro que tenha no convento, para dar conta ao visitador cada ano. *Deo gracias.*

3. As disciplinas que se hão de tomar, manda o Ordinário algumas, que são: quando se reza féria, e na Quaresma e Advento, cada dia que se rezar féria e no outro tempo, segunda, terça, quarta e sexta feira, quando nestes dias se rezar féria. Mas se tome cada sexta-feira do ano pelo aumento da fé e pelos benfeitores e pelas almas do purgatório e pelos cativos, e pelos que estão em pecado mortal um "Miserere", e orações pela Igreja e pelas coisas ditas. Estas sejam dadas a cada uma por si, também no coro depois das matinas. As outras com vimes, como manda o Ordinário. Nenhuma tome mais sem licença, nem faça coisa de penitência sem ela.

MODO DE VISITAR OS CONVENTOS

Introdução

O presente opúsculo foi escrito em Toledo no verão de 1576 por ordem do P. Gracián. "Escreveu à minha instância – refere Gracián – uns avisos que há de guardar o prelado que quiser fazer fruto nas monjas descalças com suas visitas, por onde eu me guiei todo o tempo que me durou o ofício."[1]

Começado pela Autora com a costumeira repugnância (n. 1), foi logo de seu pleno agrado.[2] O destinatário o acolheu com veneração, leu-o e pôs em prática, e inclusive o retocou e anotou moderadamente,[3] mas sem chegar a editá-lo. Coube esta sorte a um de seus mais ilustres adversários. Em 3 de outubro de 1612 a Consulta, órgão supremo da Reforma teresiana, decretava a sua edição. Entretanto, o autógrafo tinha sido discretamente requisitado por Filipe II para sua Biblioteca do Escorial, graças aos serviços do P. Dória. Em junho de 1592, escrevia este uma interessante carta ao Dr. Sobrino, professor da Universidade de Valladolid: "Sua Majestade deseja pôr em São Lourenço Real os livros originais da boa Madre Teresa de Jesus, e nossa religião ficou muito alegre com isso. E porque vossa mercê tem dois deles [*Fundações* e *Modo de visitar*], mandaram-me escrever a vossa mercê que seja servido de mandá-los entregar à pessoa que o mui R. P. frei Diego de Yepes, prior de São Lourenço, indicar, para que se consiga o intento de Sua Majestade e estejam os livros guardados onde tão bem e com tanta honra da boa Madre se guardarão. Pelo bem que vossa mercê quis a ela e quer entendo que isto lhe será de muito contento... De Madri, 3 de junho de 1592".[4]

---

1. Refere isto nas "Scholias y adiciones" à vida da Santa (ver nota 6), mas a passagem se achava num fólio final mutilado (ff. 228-229) e nos foi transmitido pelo P. Jerônimo de S. José na *Historia del Carmen Descalzo*, L. 5, c. 12, p. 876.
2. Na carta de 05/10/1576, a Santa escrevia a Gracián: "Também escrevi essas bobices que aí verá", alusão duvidosa à nossa obra. – Num bilhete escrito para o mesmo Gracián em final de agosto de 1576, dizia a ele: "A maneira de visitar as Descalças está como ensinada por Deus". Mas não parece aludir ao nosso livrinho, mas à maneira como Gracián realizava de fato as visitas.
3. Ver as notas aos números 10, 16, 18, 20, 42, 43.
4. Antônio de S. Joaquín, *Año Teresiano*, t. VII (Madrid, 1758), p. 145.

Pouco depois, em 18 de agosto do mesmo ano, os dois autógrafos eram entregues oficialmente à Biblioteca Régia. Ali nosso livrinho foi "descoberto" pelo mais famoso discípulo de Dória, Alonso de Jesus Maria: "Tive por muito conveniente – diz na carta prólogo da edição príncipe – mandar imprimir este breve tratado das visitas, que achei no Escorial entre os originais que ali tem o Rei nosso Senhor guardados, da mão de nossa Santa Madre". Em 1613 saía à luz impresso por Alonso Martín de Madri um pequeno tomo (10x7cm) de 43 folhas, com flamante introdução do Padre Alonso. Gracián ainda era vivo. Mas não só o seu nome foi evitado, como foram habilmente manipuladas as alusões à sua pessoa (n. 45 e 49) e supressa a carta epílogo a ele dirigida (n. 54-55). Apesar da presença do autógrafo, todo o texto foi submetido a uma estudada revisão de matizes (n. 20, 27...). Só em meados do século seguinte os críticos tentaram fazer justiça a Gracián e à Santa. Mas a depuração do texto só se realizou completamente na edição crítica do P. Silvério (Burgos 1919, tomo VI da Biblioteca Mística Carmelitana). Em 1883, F. Herrero Bayona tinha publicado em Valladolid a reprodução fotolitográfica do autógrafo, junto com a primeira redação do *Caminho de Perfeição*.

Como de costume, a Autora não deu título algum ao seu escrito. "Uns avisos" – chamou-os simplesmente Gracián. Uma mão tardia escreveu na guarda anterior do autógrafo: "Modo de visitar os conventos de religiosas escrito pela Santa Madre Teresa de Jesus, por mandato de seu superior provincial, frei Gerónimo Gracián de la Madre de Dios". Título que coincide quase materialmente com o da edição príncipe,[5] e que foi mantido comumente pelos editores.

O conteúdo do livro é uma série de sugestões, brindadas com fragrante singeleza e apurada finura aos Visitadores dos Carmelos. Páginas de nítida transparência e soberana eficácia. Nada de voejos místicos nem tresnoitado embelezamento monjal. Espontaneidade franca e puro senso

---

5. O título da edição príncipe era: *Tratado do modo de visitar os Conventos de Religiosas Descalças de nossa Senhora do Carmo. Composto pela Santa Madre Teresa de Jesus, sua Fundadora. Com privilégio. Impresso em Madri por Alonso Martín. Ano de 1613.* Dois anos depois o P. Tomás de Jesus o publicava de novo junto com o *Compêndio dos graus de oração* e o *Tratado da Oração mental* (ff. 231-266), reproduzindo o texto do P. Alonso. O P. Tomás tinha ultimado os preparativos desta edição em janeiro-março de 1615 em Bruxelas, onde uns meses antes morrera o P. Gracián (21 de setembro de 1614).

comum; penetração psicológica e potente realismo. A santa Fundadora quer mão firme no mando, um superior que seja "cabeça" de suas súditas, que não "afrouxe", mas compreensivo, com visão certeira e critério na medida exata. Estes são os valores substanciais desta pequena obra. Gracián já sentenciou: "Desta maneira de proceder escreveu divinamente a Madre no tratado que digo".[6]

Do ponto de vista carmelitano vale a pena destacar outro valor: estas poucas páginas revelam melhor que qualquer outro escrito teresiano a concepção unitária que a Santa teve dos dois ramos de sua Reforma e o que ela esperava – ou exigia – dos Superiores Descalços para os Carmelos de suas monjas.

A presente edição reproduz diretamente o texto autógrafo com os complementos normais de pontuação, numeração de parágrafos e modernização ortográfica.[7]

---

6. *Scholias y adiciones al libro de la vida de la Madre Teresa de Jesús*, editadas pelo P. Carmelo de la Cruz em *El Monte Carmelo* 68 (1960), p. 86-156; ver a p. 156.

7. Em 1979 o Editorial Monte Carmelo publicou a reprodução fac-símile da edição príncipe deste livrinho na coleção "Primeras Ediciones Teresianas", n. 2.

JHS

1. Confesso, por primeiro, a imperfeição que tenho tido em começar isto no que toca à obediência, que desejando eu mais que qualquer coisa ter esta virtude, me tem sido grandíssima mortificação e feito grande repugnância.

Praza a nosso Senhor que eu acerte em dizer algo, porque só confio em sua misericórdia e na humildade de quem mo mandou escrever, que por ela fará Deus, que é poderoso, e não mirará para mim.

2. Ainda que pareça coisa não conveniente começar pelo temporal, pareceu-me que para que o espiritual ande sempre em aumento é importantíssimo, ainda que em mosteiros de pobreza não o pareça; mas em todas as partes é preciso haver concerto e ter cuidado com o governo e concerto de tudo.

3. Pressuposto, primeiro, que convém grandissimamente ao prelado comportar-se de tal maneira com as súditas que ainda que por um lado seja afável e lhes mostre amor, por outro dê a entender que nas coisas substanciais há de ser rigoroso e de maneira alguma afrouxar, não creio que haja coisa no mundo que tanto dano cause a um prelado como não ser temido e que pensem os súditos que podem tratar com ele como com igual, em especial para mulheres; que se uma vez entendem que há no prelado tanta brandura que há de passar por suas faltas e mudar de opinião para não desconsolar, será bem difícil governá-las.

4. É muito mister que entendam que há cabeça, e não piedosa para coisa que seja menoscabo da Religião, e que o juiz seja tão reto na justiça, que as mantenha persuadidas de que não há de torcer no que for mais serviço de Deus e mais perfeição, ainda que se afunde o mundo; e que lhes há de ser tão afável e amoroso, enquanto não entender que há falta nisto. Porque assim como também é mister mostrar-se piedoso e que as ama como pai, e isto vem muito ao caso para seu consolo e para que não se estranhem com ele, é mister istoutro que tenho dito. E quando em alguma destas coisas faltar é sem comparação melhor que falte na última do que na primeira.

5. Porque como as visitas não são mais de uma vez no ano, para com amor poder corrigir e tirar faltas pouco a pouco, se as monjas não entendem que ao cabo deste ano hão de ser remediadas e castigadas as que fizerem, passa-se um ano e outro e vem a relaxar-se a Religião de maneira que quando se quer remediar não se pode; porque, ainda que a falta seja da priora, habituadas as próprias monjas à relaxação, ainda que depois ponham outra, é terrível coisa o costume em nosso natural, e pouco a pouco e em poucas coisas se vêm a fazer agravos irremediáveis à Ordem, e dará terrível conta a Deus o prelado que não o remediar a tempo.

6. A mim me parece que faço[1] a estes mosteiros da Virgem nossa Senhora tratar coisas semelhantes, pois, pela bondade do Senhor, eles estão muito longe de ter mister deste rigor; mas temerosa do que o tempo costuma relaxar nos mosteiros por não se mirar estes princípios, me faz dizer isto, e também ver que cada dia, pela bondade de Deus, vão mais adiante; e em alguém porventura teria havido alguma quebra se os prelados não tivessem[2] feito o que aqui digo de ir com este rigor em remediar coisinhas poucas e tirar as preladas que entendiam não ser para isso.

7. Nisto particularmente é mister não ter nenhuma piedade, porque muitas serão muito santas e não para preladas, e é preciso remediá-lo depressa, que aonde se trata tanta mortificação e exercícios de humildade, não o terá por agravo; e se o tiver, vê-se claro que não é para o ofício, porque não há de governar as almas que tanto tratam de perfeição a que tiver tão pouca que queira ser prelada.

8. É mister que o visitador tenha Deus muito presente e a mercê que faz a estas casas, para que por ele não diminua, e lance de si algumas piedades, que o mais ordinário as deve pôr o demônio para grande mal, e é a maior crueldade que pode ter com suas súditas.

9. Não é possível que todas as que elegerem para preladas hão de ter talentos para isso, e quando isto se entender, de maneira alguma passe do primeiro ano sem tirá-la; porque num não pode fazer muito dano, e se passam três poderá destruir o mosteiro fazendo-se de imperfeições costume. E

---

1. *A mim me parece que faço* agravo...
2. *Tivessem*: esp. *Hubieran*; a Santa escreveu *vieran*.

é tão extremamente importante e que ainda que se desfaça o prelado, por parecer-lhe que aquela é santa e que não erra a intenção, se force a não a deixar com o ofício. Peço só isto, por amor de nosso Senhor, e que quando vir que as que hão de eleger vão com alguma pretendência ou paixão, o que Deus não queira, casse[3] a eleição e nomeie priora de outros mosteiros destes para que elejam; porque da eleição feita desta sorte jamais poderá haver bom sucesso.

10. Não sei se isto é o temporal, que dito, ou espiritual. O que quis começar a dizer[4] é que se olhe com muito cuidado e advertência os livros de gastos, não se passe ligeiramente por isto.

Em especial, nas casas de renda convém mui muito que se ordene o gasto conforme a renda, ainda que se passem como puderem; pois, glória a Deus, todas as de renda têm bastante para, se for gasto com concerto, passar muito bem; e se não, pouco a pouco, começam a se endividar, sairão perdendo; porque, havendo muita necessidade, parecerá desumanidade aos prelados não lhes dar seus lavores e que a cada uma provejam seus parentes e coisas semelhantes, que agora se usam;[5] que eu preferiria ver desfeito o mosteiro, sem comparação, a que chegue a este estado. Por isso disse[6] que do temporal costumam vir grandes danos ao espiritual, e assim é importantíssimo isto.

11. Nos de pobreza, mirar e avisar muito para que não façam dívidas, porque se há fé e servem a Deus, não lhes há de faltar, não gastando demais.

Saber nuns e noutros[7] mui particularmente a ração que se dá às monjas e como são tratadas, e as enfermas, e olhar que se dê suficientemente o necessário; que para isto o Senhor nunca deixa de dar, havendo ânimo na prelada e diligência; já se vê por experiência.

---

3. *Pretendência*: pretensão. *Cassar a eleição* (esp. *casar la elección*): anulá-la.
4. Cf. n. 2.
5. Nos conventos de monjas, não precisamente em seus Carmelos. Para evitar o equívoco, Gracián emendou o autógrafo: "não" *se usam*; e a edição príncipe: "*agora se usam* em outros lugares" (f. 8).
6. No n. 2.
7. Nos conventos de renda (n. 10) e nos de pobreza (n. 11).

12. Observar nuns e noutros o lavor que se faz, e ainda contar o que ganharam de suas mãos; aproveita para duas coisas: primeiro, para animá--las e agradecer às que fizerem muito; segundo, para que nos lugares em que não há tanto cuidado de fazer lavor, porque não terão tanta necessidade, lhes seja dito o que ganham em outros lugares; que esta atenção com o lavor, deixado o proveito temporal, para tudo aproveita muito. E lhes é consolo quando trabalham saber que o há de ver o prelado; ainda que isto não seja coisa importante, se encarregarão de mulheres tão encerradas e que todo o seu consolo está em contentar o prelado, às vezes condescendendo com nossas fraquezas.

13. Informar-se se há cumprimentos[8] demasiados; isto é mais preciso em especial nas casas aonde há renda, que poderão fazer mais, e costumam chegar a destruir os mosteiros com isto que parece de pouca importância. Se as preladas acertam a ser gastadoras, poderiam deixar as monjas sem comer, como se vê em alguns lugares, para dá-lo; e por isto é mister mirar o que se pode fazer conforme a renda e a esmola que se pode dar, e pôr medida e razão em tudo.

14. Não consentir demasia em ser grandes as casas, e que para construir ou aumentar nelas, se não for por grande necessidade, não se endividem. E para isto seria mister mandar não se lavrar nada sem dar aviso ao prelado e conta de onde se há de fazer, para que, conforme o que vir, ou dê licença ou não. Isto não se entende para coisa pouca que não pode fazer muito dano, senão porque é melhor que se passe trabalho de casa não muito boa do que andar desassossegadas e dar má edificação com dívidas ou faltar-lhes de comer.

15. Importa muito que sempre se olhe toda a casa para ver o recolhimento com que está; porque é bom tirar as ocasiões e não confiar na santidade que vir, por muita que seja, porque não se sabe o porvir; e assim é mister pensar todo o mal que poderia suceder, para, como digo, afastar a ocasião; em especial os locutórios, que haja duas grades, uma na parte de fora, e outra na de dentro, e que por nenhuma possa caber mão. Isto importa muito, e mirar os confessionários e que estejam com os véus pregados, e a janelinha de comungar que seja pequena; a portaria que tenha dois

---

8. N.T.: *Cumprimento*: obséquio, lembrança, cortesia, presente.

ferrolhos, e duas chaves a da claustra, como mandam as Atas,[9] e uma tenha a porteira e a outra a priora. Vejo que já se faz assim, mas para que não se esqueça o ponho aqui, que são coisas todas estas que sempre é preciso que se olhem e vejam as monjas que se olha, para que não haja descuido nelas.

16. Importa muito informar-se do capelão[10] e daquele com quem se confessam, e que não haja muita comunicação, senão o necessário, e informar-se muito particularmente disto, das monjas e do recolhimento da casa. E se alguma tiver sido tentada, ouvi-la muito bem, que, ainda que fartas vezes lhe parecerá o que não é e o encarecerá, pode-se tomar aviso para saber a verdade das outras, pondo a elas preceito, e repreendê-lo depois com rigor, para que fiquem assustadas para não o fazer mais.

17. E quando sem culpa da priora andar alguma olhando minudências, ou disser as coisas encarecidas, é preciso rigor com elas e dar-lhes a entender a sua cegueira para que não andem inquietas, pois, como veem que não lhes há de aproveitar, mas que são entendidas, sossegarão. Porque, não sendo coisas graves, sempre se hão de favorecer as preladas, ainda que as faltas se remedeiem; porque para a quietude das súditas seria grande coisa a simplicidade da perfeita obediência, porque poderia tentar algumas o demônio parecendo-lhes que o entende melhor que a prelada e andar sempre olhando coisas que importam pouco, e a si mesma[11] fará muito dano. Isto entenderá a discrição do prelado para deixá-las aproveitadas, ainda que não sejam melancólicas haverá bastante que fazer. A estas é mister não mostrar brandura, porque se com algo pensam sair, jamais cessarão de inquietar nem se sossegarão; senão que entendam sempre que hão de ser castigadas e que para isto se há de favorecer a prelada.

18. Se porventura tratar alguma[12] de que a mudem para outro mosteiro, é mister responder-lhe, que ela, nem nenhuma, perpetuamente entendam que é coisa impossível. Porque ninguém pode entender senão quem

---

9. Alude provavelmente às *Actas* ou disposições estabelecidas nos Carmelos pelos Visitadores Apostólicos (cf. cartas). – A frase seguinte (e uma... priora) foi acrescentada à margem pela Santa.
10. À margem Gracián anotou *Cape[llán]*, e poucas linhas depois fez uma chamada indecifrável. [A informação é acerca das pessoas e não com as pessoas ditas.]
11. Para clareza acrescentou entre linhas: *mesma*.
12. À margem Gracián anotou: [mu]*dar*.

tem visto os grandíssimos inconvenientes que há e a porta que se abre ao demônio para tentações, se pensam que pode ser possível sair de sua casa, por grandes ocasiões que para isso queiram dar. E ainda que se houvesse de fazer, não o hão de entender, nem entender que foi por querê-lo, senão trazer outros rodeios; porque aquela nunca assentará em nenhum lugar, e se fará muito dano às outras; senão que entendam que a monja que pretender sair de sua casa, que nunca a prelada terá crédito nela para coisa alguma, e que ainda que tivesse de tirar, pelo mesmo caso não o faria; digo tirar para alguma necessidade ou fundação; e até é bom fazê-lo assim, porque jamais dão estas tentações senão a melancólicas, ou de tal condição que não são para coisa de muito proveito. E até talvez fosse bom, antes que alguma o tratasse, conversar a respeito em alguma prática quão mau é e o mal que se sentiria de quem esta tentação tivesse e dizer as causas e como já não pode nenhuma sair, que até aqui havia ocasiões de ter delas necessidade.[13]

19. Informar-se se a priora tem amizade particular com alguma fazendo mais por ela que pelas outras, porque no demais não há que fazer caso, se não fosse coisa muito demasiada; porque sempre as prioras têm mister e tratar mais com as que entendem melhor e são mais discretas. E como nosso natural não nos deixa ter-nos pelo que somos, cada uma pensa que é para tanto, e assim poderá o demônio pôr esta tentação em algumas; que aonde não há coisas graves de ocasiões de fora, anda pelas minudências de dentro, para que sempre haja guerra e mérito em resistir; e assim lhes parecerá que aquela ou aquelas a governam. É preciso procurar que se modere, se há alguma demasia, porque é muita tentação para as fracas; mas não que seja tirado, que, como digo, poderão ser pessoas tais que seja necessário; mas sempre é bom pôr muito em que não haja muita particularidade com nenhuma. Logo se entenderá da maneira que vai.

20. Há algumas tão demasiado perfeitas,[14] ao seu parecer, que tudo o que vê lhe parece falho, e sempre estas são as que mais faltas têm, e em si não as veem, e toda a culpa lançam na pobre priora e em outras; e assim poderiam desatinar um prelado de querer remediar o que é bom fazer-se. Por onde é mister não crer numa só, como tenho dito,[15] para ter algum

---

13. Por ocasião da instauração da Reforma.
14. Gracián anotou à margem: *C.2*; nota que repetirá no princípio dos n. 42 e 43.
15. No n. 16.

remédio, senão informar-se das demais; porque aonde há tanto rigor, seria coisa insuportável se cada prelado, ou a cada visita, fizesse mandatos. Isto importa muito[16] e assim, se não for em coisas graves e, como digo, informando-se bem da mesma priora e das demais do que quer remediar, e de por que, ou como se faz, não se havia de deixar mandatos;[17] porque tanto se pode carregar que, não o podendo levar, se deixa o importante da Regra.

21. No que muito há de pôr o prelado é em que se guardem as Constituições; e aonde houver priora que tenha tanta liberdade que as quebrante por pequena causa, ou o tenha por costume, parecendo-lhe que vai pouco nisto e pouco naquilo, tenha-se por entendido que há de fazer grande dano à casa, e o tempo o dirá, já que não aparece logo. Esta é a causa por que estão os mosteiros e até as Religiões tão perdidas em algumas partes, fazendo pouco caso até das poucas coisas[18] e daqui vem que caiam nas muito grandes. Avisar muito a todas em público que o digam quando houver falta nisto no mosteiro; porque se o vem a saber, se castigará muito bem a que não tiver avisado. Com isto temerão as prioras e andarão com cuidado.

22. É mister não andar contemporizando[19] com elas se sentem pesadume ou não, senão que entendam que há de se passar assim sempre; e que o principal para que lhe dão o ofício é para que faça guardar Regra e Constituições e não para que tire e ponha de sua cabeça, e que há de haver quem o olhe e quem o avise ao prelado. A priora que fizer coisa nenhuma de que lhe pese que o prelado veja, tenho por impossível fazer bem o seu ofício; porque é sinal de que não vai muito reto no serviço de Deus o que eu quero que não saiba o que está em seu lugar. E assim há de advertir o prelado se há lhaneza e verdade nas coisas que se tratam com ele, e se não a houver, repreenda-o com grande rigor e procure que haja, pondo meios na priora ou nas oficiais ou fazer outras diligências; porque, ainda que não diga mentiras, algumas coisas podem ser encobertas, e não é razão que,

---

16. *Isto importa muito* foi acrescentado à margem pela Santa. Omitido na ed. príncipe (f. 17).

17. *Deixar mandatos*: novas prescrições.

18. *Poucas coisas*: coisas pequenas (cf. *Constit.* n. 10). Assim o emendou a ed. príncipe (fl. 19).

19. Nova anotação marginal de Gracián, de leitura duvidosa: *C. 3* (?).

sendo a cabeça por cujo governo se há de viver deixe de saber de tudo – porque mal poderá fazer coisa o corpo boa sem cabeça, que não é menos – encobrindo o que há de remediar.

23. Concluo nisto com que, guardando as Constituições, andará tudo bem. E se nisto não há grande aviso e na guarda da Regra, pouco aproveitarão visitas; porque hão de ser para este fim, se não for mudando prioras, e até as próprias monjas, se nisto já tivessem costume, o que Deus não queira, e fundar com outras que estejam inteiras na guarda da Religião, nem mais nem menos que se fizesse de novo e pôr cada uma por si num mosteiro, repartindo-as, que uma ou duas poderão fazer pouco dano no que estiver bem concertado.

24. Há de se advertir que poderá haver algumas prioras que peçam alguma liberdade para algumas coisas que sejam contra a Constituição, e dará porventura ocasiões bastantes, a seu parecer; porque ela não entenderá talvez mais, ou quererá fazer o prelado entender que convém. E ainda que não sejam contra a Constituição, podem ser de maneira que faça dano aceitá-las; porque, como não está presente, não sabe os que pode haver, e sabemos encarecer o que queremos. Por isto, é melhor não abrir a porta para coisa nenhuma, se não é conforme a como agora vão as coisas, pois se vê que vão bem e se tem por experiência. Mais vale o certo que o duvidoso. Nestes casos é preciso que o prelado seja íntegro e não se lhe dar nada dizer ou não; senão com esta liberdade que disse no princípio[20] e senhorio santo de não se lhe dar mais contentar que descontentar as prioras nem monjas, no que pudesse, andando os tempos, ter algum inconveniente, e basta ser novidade para se começar.

25. Em dar as licenças para receber as monjas, coisa importantíssima, que não a dê o prelado sem que lhe seja feita grande relação, e se estiver em lugar que possa, informar-se ele mesmo; porque pode haver prioras tão amigas de aceitar monjas, que se satisfazem com pouco. E como ela o quer e diz que está informada,[21] as súditas quase sempre acodem ao que ela quer, e poderia ser, ou por amizade, ou parentesco, ou outros motivos, afeiçoar-se a priora e pensar que acerta, no entanto erra.

---

20. Cf. n. 3-4.
21. *Informadas*, escreveu a Santa por erro.

26. Ao recebê-las, poderá remediar melhor; mas para professá-las é mister grandíssima diligência e que no tempo das visitas se informasse o prelado, se há noviças, da maneira que são, para que esteja avisado no tempo de dar a licença para a profissão, se não convém; porque seria possível a priora estar bem com a monja, ou ser coisa sua, e não ousarem as súditas dizer o seu parecer, e ao prelado o dirão. E assim, se for possível, seria acertado que se aguardasse a profissão, se fosse perto, até que o prelado fosse à visita; e ainda se lhe parecesse, dizer que lhe enviassem os votos secretos, como de eleição. Importa tanto não ficar em casa coisa que a elas dê trabalho e inquietação a vida toda, que qualquer diligência será bem empregada.

27. Na admissão das freiras,[22] é preciso advertir muito, porque quase todas as prioras são muito amigas de muitas freiras, e carregam-se as casas, e às vezes com as que podem trabalhar pouco. E assim é muito preciso não condescender[23] logo com elas se não se vir notável necessidade; informar-se das que estão, que como não há número das que hão de ser, se não vai com cautela, pode-se fazer bastante dano.[24]

28. Sempre se havia de procurar em cada casa que não se preenchesse o número das monjas, senão que ficassem algumas vagas, porque pode ocorrer que fique bem para a casa aceitar uma monja e não ter como; porque passar do número, de nenhuma maneira se há de consentir, que é abrir porta e não importa menos que a destruição dos mosteiros. Por isso vale mais que se tire o proveito de um do que a todos fazer dano. Poder-se-ia fazer, se em algum não está completo, passar para lá uma monja para que entrasse outra; e se trouxe algum dote ou esmola a que leva, seja dado, pois se vai para sempre, e assim se remediaria. Mas se não houver isto, perca-se o que se perder, e não se comece coisa tão daninha para todas. E é preciso que o prelado se informe, quando lhe pedirem a licença, do número delas para ver o que convém, porque em coisa tão importante não há razão para confiar nas prioras.

---

22. *Freiras* (esp. *freilas*): irmãs de véu brando, não coristas.
23. *Condecir*, escreveu a Santa; entre linhas corrigiu (provavelmente outra mão) "condecendir".
24. Sobre o número de monjas admissíveis em cada Carmelo, cf. *Vida* 32, 13, nota 24.

29. É mister informar-se se as prioras acrescentam mais do que estão obrigadas, assim em oração como em penitência; porque poderia ser acrescentar cada uma a seu gosto coisas particulares e ser tão pesadas nisso que, muito carregadas as monjas, se acabe a sua saúde e não possam fazer aquilo a que estão obrigadas. Não se entende isto quando se oferecer alguma necessidade por algum dia; mas podem ser algumas tão indiscretas que quase o tomem por costume, como sói acontecer, e as monjas não ousar falar, parecendo-lhes pouca devoção sua, nem razoável que falem senão com o prelado.

30. Olhar o que se diz no coro, assim cantado como rezado, e informar-se se vai com pausa, e o cantado que seja em voz baixa conforme a nossa profissão, que edifique; porque em voz alta, há dois danos: um, que parece mal se não vai por ponto;[25] o outro, que se perde a modéstia e espírito de nossa maneira de viver. E se nisto não se põe muito, haverá excessos e tira a devoção dos que ouvem; senão que vão as vozes mais com mortificação do que dando a entender que visam parecer bem aos que as ouvem, que isto é quase em geral, e parece já que não há de ter meio[26] segundo está o costume, e assim é mister cuidar muito disso.

31. As coisas importantes que o prelado mandar, faria muito mandar sob obediência, diante da priora, sob obediência, que escreva quando não for feito e a priora entenda que não pode deixar de fazê-lo. Seria isto como estar o prelado presente, em parte; porque andarão com mais cuidado e aviso em não exceder em nada.

32. Fará ao caso tratar, antes que se comece a visita, encarecidamente, quão mal é que as prioras tomem dessabor[27] com as irmãs que disserem ao prelado as faltas que ocorrem nelas. Mesmo que não estejam de acordo com o seu parecer, estão obrigadas a isto em consciência; e aonde se trata de mortificação, se isto que há de dar contento à prelada porque a ajuda a fazer melhor o seu ofício e servir a nosso Senhor, é parte para que se desabra com as monjas, sinal certo é que não é para governá-las; porque na

---

25. Música de ponto ou canto por ponto.
26. *Meio*: equivale a *remédio*.
27. A Santa escreveu *dessabor*, sendo que em espanhol é *desabor* e significa *desabrimiento* [desabrimento, rudeza no trato].

outra vez não ousarão falar parecendo-lhes que o prelado vai embora e elas ficam com trabalho, e se poderá ir relaxando tudo. E para prevenir isto, por muita santidade que haja nas preladas, não há que confiar; pois este nosso natural é de sorte, e o inimigo, quando não tem outras coisas em que reparar, carregará aqui a mão, que porventura ganha o que por outras partes perde.

33. Convém muito grande segredo no prelado em tudo e que não possa entender a prelada quem avisa a ele, porque, como tenho dito, ainda estão na terra; e quando não houver mais, é escusar alguma tentação, ainda mais que pode fazer muito dano.

34. Se as coisas que dizem das prioras não são de importância, com algum rodeio pode ser avisada, sem que entenda que as monjas o disseram; pois quanto mais se puder dar a entender a ela que não dizem nada, é o que mais convém; mas quando são coisas de importância, vai mais em que se remedeiem do que dar gosto a ela.

35. Informar-se se entra algum dinheiro em poder da prelada, sem que as clavárias o vejam, que importa muito, que sem advertir o podem fazer, nem que ela o possua jamais, senão como manda a Constituição. Nas casas de pobreza, também é preciso isto. Parece-me que o tenho dito noutra vez,[28] assim serão outras coisas; senão, como os dias passam, esqueço-me, e por não me ocupar em tornar a ler.

36. Bastante trabalho é para o prelado ocupar-se com estas minudências como vão aqui, mas maior lhe será ver o desaproveitamento, se isto não se fizer; pois, como tenho dito, por santas que sejam, é preciso. E o principal de tudo, como disse no princípio,[29] para governo de mulheres é mister que entendam que têm cabeça que não se há de mover por coisa da terra, senão que há de guardar e fazer cumprir tudo o que for religião e castigar o contrário e ver que haja particular cuidado disto em cada casa, e que não só há de visitar cada ano, senão saber o que fazem cada dia. Com isto, antes irá aumentando a perfeição do que diminuindo, porque as mulheres, em sua maioria, são honrosas e temerosas.

---

28. Cf. n. 10 e seguintes.
29. Números 3-4.

37. E importa muito o dito para não se descuidar, e que alguma vez, quando for mister, não só seja dito, senão feito, que com uma escarmentarão todas. E se por piedade se faz o contrário, ou por outros motivos, no princípio, quando haverá poucas coisas, será forçado a fazê-lo depois com mais rigor, e serão estas piedades grandíssima crueldade e terá que dar grande conta a Deus nosso Senhor.

38. Há algumas com tanta simplicidade que lhes parecerá muita falta sua dizer as das prioras em coisas que se hão de remediar, e ainda que o tenham por baixeza, é preciso adverti-las no que hão de fazer, e também em que com humildade advirtam à priora antes, quando virem que falta na Constituição ou em algumas coisas que importe, que pode ser que caiam nelas; e ainda que as mesmas o digam que o faça, e depois, se estão desgostosas com elas, a acusem. Há muita ignorância em saber o que hão de fazer nestas visitas, e assim é preciso que o prelado, com discrição, as vá advertindo e ensinando.

39. É muito preciso informar-se do que se faz com o confessor,[30] e não de uma nem de duas, mas de todas, e a mão que se lhe dá; porque, pois não é vigário, nem o há de ser, e se tira isto para que não a tenha, é mister que não haja comunicação com ele, senão muito moderadamente; e quanto menos, é melhor. E em regalos e cumprimentos, se não for muito pouco, se tenha grande aviso, ainda que alguma vez não se poderá escusar alguma coisa; antes lhe paguem mais do que é a capelania do que ter este cuidado, que há muitos inconvenientes.

40. Também é preciso avisar às prioras que não sejam muito generosas e atenciosas, senão que tragam diante que estão obrigadas a olhar como gastam, pois são não mais do que um mordomo, e não hão de gastar como coisa própria sua, senão como for razoável, com muito aviso que não seja coisa demasiada. Deixado de lado para não dar má edificação, em consciência está obrigada a fazer isto e à guarda do temporal e a não ter ela coisa particular mais que todas, se não for alguma chave de escrivaninha ou escritório para guardar papéis, digo cartas que – em especial se são alguns avisos do prelado – é razão que não se vejam, ou coisas semelhantes.

---

30. *Capelão*, começou a escrever.

41. Olhar o vestido e toucado se vai conforme a Constituição. E se houver alguma coisa – o que Deus não queira – em algum tempo que pareça curiosa ou não de tanta edificação, fazê-la queimar diante de si; porque de fazer uma coisa como esta fica-lhes espanto, e emenda-se então e lembra-se para as que estão por vir.

42. Também mirar na maneira de falar, que vá com simplicidade e lhaneza e religião, que leve mais estilo de ermitãos e gente retirada do que ir tomando vocábulos de novidades e melindres, creio que os chamam, que se usam no mundo, onde sempre há novidades. Apreciem-se mais as rústicas que as curiosas nestes casos.

43. O mais que for possível, escusar que tenham pleitos, se não se puder evitar, porque o Senhor lhes dará por outro lado o que perderem por este, chegadas[31] sempre a que guardem o mais perfeito; e mandar que nenhum pleito se ponha nem sustente sem avisar o prelado e sem particular mandato seu.

44. E assim, nas que receberem, as vá admoestando que tenham em mais os talentos das pessoas do que o que trouxerem, e por nenhum interesse recebam senão conforme o que mandam as Constituições, em especial se é com alguma falta na condição.

45. É mister levar adiante o que agora faz o prelado que o Senhor nos tem dado,[32] os que vierem, de quem eu tenho tomado bastante do que aqui tenho dito vendo suas visitas, em especial neste ponto; que com nenhuma irmã tenha mais particularidade do que com todas para estar com ela a sós, nem escrever-lhe, senão a todas juntas mostrar o amor como verdadeiro pai. Porque no dia em que em algum mosteiro tomar particular amizade, ainda que seja como de São Jerônimo e Santa Paula, não se livrará de murmuração como eles não se livraram; e não só fará dano naquela casa, mas em todas, que logo o faz saber o demônio para ganhar algo, e por nossos pecados está o mundo tão perdido nisto, que se seguirão muitos inconvenientes, como agora se vê.

---

31. *Chegadas* (esp. *llegadas*). Talvez seja *llegarlas* (*chegá-las*); na ed. príncipe: *allegarlas* (*achegá-las, aproximá-las*) (f. 55).

32. O padre Jerônimo Gracián, destinatário do livro.

46. Pelo mesmo caso, se tem em menos o prelado e se tira o amor geral que todas terão sempre por ele, se é o que deve, como agora lhe têm, parecendo-lhes que ele tem o seu só numa parte, e faz grande proveito ser muito amado por todas. Não se entende isto por algumas vezes que se oferecerão ocasiões necessárias, senão por coisas notáveis e demasiadas.

47. Advirta, quando entrar em casa, digo nos mosteiros, para visitar a clausura (que é razão que sempre o faça e que olhe muito toda a casa, como já está dito),[33] que vá com seu companheiro sempre junto e com a priora e algumas outras; e de nenhuma maneira, ainda que seja pela manhã, fique para comer no mosteiro, ainda que o importunassem; senão que mire para o que vai, e se torne logo a ir, que para falar, está melhor à grade. Porque, ainda que se pudesse fazer com toda bondade e lhaneza, é começar para que porventura andando os tempos virá algum que não convenha dar-lhe tanta liberdade, e ainda que se queira tomar mais. Praza ao Senhor que não o permita, senão que se façam sempre estas coisas de edificação e tudo o demais como agora se faz, amém, amém.

48. Não consinta o Visitador demasias nas comidas que lhe derem nos dias que estiver visitando, senão o que é conveniente, e se outra coisa vir, repreenda-o muito; porque nem para a profissão dos prelados, que é de ser pobre, convém, nem para a das monjas, nem aproveita de nada, que eles não comem senão o que lhes basta e não se dá a edificação que convém às monjas.

49. Nisto, por agora, ainda que fosse demasia, creio que haverá pouco remédio, porque o prelado que temos não adverte se dão pouco ou muito, ou mau ou bom, nem se o percebe, se não levar muito particular cuidado.

Tem-no muito grande ser só o que faz o escrutínio sem o companheiro;[34] porque não quer, se há alguma falta nas monjas, que a entenda. É coisa admirável para que as ninharias das monjas não sejam sabidas, ainda que houvesse alguma, que agora, glória a Deus, pouco dano faria; porque o prelado o olha como pai e o guarda como tal, e Deus lhe

---

33. No n. 15.
34. Quer dizer: *ser ele só quem faz...*

descobre a gravidade do negócio, porque está em seu lugar. A quem não está, porventura o que não é nada lhe parecerá muito; e como não lhe vai tanto, olha pouco em não dizê-lo, e se vem a perder crédito do mosteiro sem causa. Praza a nosso Senhor que os prelados olhem estas para fazê-lo sempre assim.

50. Não convém, ao que o é, mostrar que quer muito à priora nem que está muito bem com ela, pelo menos diante de todas, porque lhes porá covardia para que não ousem dizer-lhes suas faltas. E advirta muito que é mister que elas entendam que não a desculpa e que as remedia, se tem de remediar. Porque não há desconsolo que chegue a uma alma zelosa de Deus e da Ordem, quando está fatigada de ver que vai decaindo, e espera o prelado para que o remedeie e vê que fica assim; volta-se para Deus e determina calar daqui em diante, ainda que tudo se afunde, vendo o pouco que lhe aproveita.

51. Como as pobres não são ouvidas mais de uma vez, quando as chama ao escrutínio, e as prioras têm bastante tempo para desculpar faltas e dar[35] razões e moderar as vezes e talvez fazer a pobre que o diz, apaixonada (que pouco mais ou menos, ainda que não lhe seja dito, ela entende o que é) e o prelado não há de ser testemunha e são ditas as coisas de sorte que parece que não as pode deixar de crer, fica tudo como estava; pois se pudesse ser testemunha, dentro de muitos dias entenderia a verdade; e as prioras não pensam que não a dizem, senão que este nosso amor próprio é de sorte que por maravilha nos pomos a culpa nem nos conhecemos.

52. Isto me tem acontecido fartas vezes, e com prioras farto servas de Deus, a quem eu dava tanto crédito que me parecia impossível não dá-lo; e estando alguns dias na casa, ficava espantada de ver tão contrário do que me tinha dito, e em alguma coisa importante, que me fazia entender que era paixão, e era quase a metade do convento, e era ela a que não se entendia, como depois se veio a entender. Eu penso que o demônio, como não há muitas ocasiões em que tentar estas irmãs, tenta as prioras, para que tenham opiniões em algumas coisas com elas; e ver como sofrem tudo, é para louvar nosso Senhor. Assim, tenho já para mim não crer em nenhuma até[36] me informar bem, para fazer a que está enganada entender como está,

---

35. *Dar*, acrescentado entre linhas por ela mesma.
36. *Até*: esp. *Hasta*; por erro, escreveu *a esta*.

que se não é desta maneira, remedia-se o mal. Não é tudo isto em coisas graves, mas destas pode chegar a mais, se não vai com aviso.

53. Eu me espanto de ver a sutileza do demônio e como faz parecer a cada uma que diz a maior verdade do mundo; por isto tenho dito que nem se dê inteiro crédito à priora nem a uma monja particular, senão que se informe de mais quando for coisa que importe, para que se proveja acertadamente o remédio. Que nosso Senhor nos dê sempre o prelado avisado e santo, que tendo isto, Sua Majestade lhe dará luz para que em tudo acerte e nos conheça, que com isto irá tudo muito bem governado e crescendo em perfeição as almas para honra e glória de Deus.[37]

54. Suplico a Vossa Paternidade, em pagamento da mortificação que me tem sido fazer isto, que ma faça de escrever alguns avisos para os visitadores. Se aqui se acertou em algo, se pode ordenar melhor, e ajudará; porque já agora começarei a acabar as *Fundações*,[38] e se poderá pôr ali, que aproveitaria muito. Ainda que tenha medo que não haverá outro tão humilde como quem mo mandou escrever que queira aproveitar-se disso; mas se Deus quiser, não poderá menos. Porque se estas casas forem visitadas como é costume na Ordem,[39] se fará pouco fruto e poderia ser mais dano que proveito. Porque se precisa de mais coisas ainda do que estas que tenho dito; porque eu não as entendo, nem me lembro agora delas, e só no princípio será mister o maior cuidado, que como entendem que há de ser desta sorte, se dará pouco trabalho no governo.

55. Faça Vossa Paternidade o que está em si em deixar estes avisos que tenho dito,[40] da maneira que Vossa Paternidade agora procede nestas Visitas, que nosso Senhor proverá no demais por sua misericórdia e pelos méritos destas irmãs, pois seu intento é em tudo acertar em seu serviço e ser para isto ensinadas.

---

37. Aqui conclui a série de avisos ou sugestões. Segue uma espécie de carta-epílogo ao P. Gracián, destinatário do Escrito.
38. Alude ao *Livro das Fundações*. Por ordem do mesmo P. Gracián retomou a sua redação no verão deste ano de 1576. Em 31 de outubro escrevia ao dito padre: "As *Fundações* estão chegando ao fim... é coisa saborosa".
39. Refere-se às Visitas canônicas na Ordem do Carmo fora da Reforma.
40. Provavelmente faz alusão ao pedido que fez a Gracián (n. 54) de escrever aos visitadores que o sucederem no cargo.

POESIAS

POESIAS

Introdução

Embora a própria Santa confesse não ser poeta, sabe por experiência que há uma presença de Deus "que desatina e embriaga" e desencadeia a torrente milagrosa dos versos: "Sei de pessoa – ela mesma – que, não sendo poeta, lhe acontecia fazer de pronto coplas muito sentidas declarando sua pena bem, não feitas de seu entendimento".[1] Mas os seus contemporâneos e seus íntimos atestam que é poetisa, não somente quando o transe misterioso desencadeia esses ímpetos, mas também como uma qualidade bem caracterizada de sua riquíssima personalidade, aberta e fácil ao estímulo de mil situações em que percebe o fulgor da beleza.

As irmãs de seus conventos, ou os que a acompanham em suas viagens, atestam esta qualidade da Santa. Seu fiel capelão, João de Ávila, confessa isso admirado: "... compunha coplas, e muito boas, porque sabia bem fazê-lo...".[2] E a Madre Maria de São José, "letreira" e poetisa, afirma que a Santa gostava "estranhamente" dos romances e coplas provocados por "todos os sucessos que nos aconteciam".[3]

Do mesmo modo que, quando escreve em prosa, Teresa não tem preocupações acadêmicas. Escreve com simplicidade e espontaneidade, na melhor linha da lírica popular, cuja temática conhece, e que ela orienta para o divino. Os temas de suas poesias são muito variados: místicos, humorísticos, cantigas de natal, dedicatórias familiares... e formam um *corpus* poético muito limitado, que sem dúvida foi muito mais amplo e copioso.

O caráter ocasional dessas composições e sua destinação para as celebrações caseiras da comunidade fizeram com que os originais poéticos da Santa não chegassem até nós. Só recentemente conseguimos recuperar nos carmelos italianos restos originais de cinco poemas.[4]

---

1. *Vida*, 16, 4.
2. *Vida de Santa Teresa de Jesús*, Madrid, 1881.
3. *Libro de recreaciones*, ed. Archivo Silveriano (Burgos, p. 314).
4. Publicamos a fotocópia deles em *Nuevos autógrafos teresianos* e *Nuevos autógrafos poéticos de Santa Teresa*, em *Ephemerides Carmeliticae*, n. 21 (1970), p. 410-424 e n. 24 (1973), p. 414-427. Cf. *Estudios teresianos*, n. 2, p. 13-38.

Tampouco possuímos uma edição segura da produção poética teresiana. O cruzamento de seus poemas com os de São João da Cruz (por exemplo, o poema "Vivo sem viver em mim") e com outros das poetisas da primeira geração teresiana, continua exigindo um sério trabalho crítico, para deslindar atribuições de paternidade e depurar os textos. O padre Angel Custódio Vega enfrentou a tarefa em sua obra *La poesía de Santa Teresa*,[5] mas a sua foi uma preparação superficial do terreno.

As edições modernas continuam baseando-se na cópia realizada no século XVIII pelo padre Andrés de la Encarnación, e conservada atualmente no manuscrito 1400 da Biblioteca Nacional de Madri.

Em nossa edição mantemos a ordem numérica estabelecida pelo P. Silvério de Santa Teresa em sua edição crítica. A série de composições poéticas forma três grupos:

- os poemas 1-9 celebram a íntima festa mística e pessoal da autora;
- um segundo grupo – poemas 11-23 – celebra os diversos momentos festivos da liturgia carmelitana: Natal, circuncisão, Epifania, Exaltação da Cruz e alguns santos;
- um terceiro grupo – poemas 24-30 – está dedicado à festa pessoal das jovens que ingressam no Carmelo: profissão e velação; (A este grupo seria preciso acrescentar o poema n. 10.)
- o último de todos é um singular poema humorístico, que completa os poemas do grupo 3.

---

5. Ed. BAC, Madrid, 1972.

1. Vivo sin vivir en mí

Vivo sin vivir en mí, y tan alta vida espero, que muero porque no muero.

Vivo ya fuera de mí, después que muero de amor; porque vivo en el Señor, que me quiso para sí: cuando el corazón le di puso en él este letrero, *que muero porque no muero.*

Esta divina prisión, del amor en que yo vivo, ha hecho a Dios mi cautivo, y libre mi corazón; y causa en mí tal pasión ver a Dios mi prisionero, *que muero porque no muero.*

¡Ay, qué larga es esta vida! ¡Qué duros estos destierros, esta cárcel, estos hierros en que el alma está metida! Sólo esperar la salida me causa dolor tan fiero, *que muero porque no muero.*

¡Ay, qué vida tan amarga do no se goza el Señor! Porque si es dulce el amor, no lo es la esperanza larga: quíteme Dios esta carga, más pesada que el acero, *que muero porque no muero.*

1. Vivo sem viver em mim[1]

Vivo sem viver em mim, E tão alta vida espero, Que morro de não morrer.

Vivo já fora de mim, depois que morro de amor; porque vivo no Senhor, que me quis para si: quando o coração lhe rendi, e nele quis escrever, *que morro de não morrer.*

Esta divina prisão de amor, em que sempre vivo, faz Deus ser meu cativo, e livre meu coração; e causa em mim tal paixão Deus prisioneiro em mim ver, *que morro de não morrer.*

Ai! como é larga esta vida e duros estes desterros! Este cárcere, estes ferros em que a alma vive metida! Só de esperar a saída me faz tanto padecer, *que morro de não morrer.*

Ai, que vida tão amarga sem o gozo do Senhor! Porque se é doce o amor, não o é a espera tão larga: tire-me Deus esta carga tão pesada de sofrer, *que morro de não morrer.*

---

1. N.E.: Poema composto sobre a base de uma composição profana dedicada ao divino. As estrofes glosam vários pensamentos ou sentimentos "paulinos", que a Autora vive intensamente como próprios. O poema é, provavelmente, coetâneo do que São João da Cruz compôs inspirado na mesma composição (em 1572).

Sólo con la confianza vivo de que he de morir, porque muriendo el vivir me asegura mi esperanza; muerte do el vivir se alcanza, no te tardes, que te espero, *que muero porque no muero.*	Só vivo pela confiança de que um dia hei de morrer; morrendo, o eterno viver tem, por seguro, a esperança. Ó morte que a vida alcança, não tardes em me atender, *que morro de não morrer.*
Mira que el amor es fuerte; vida, no me seas molesta, mira que sólo me resta, para ganarte perderte. Venga ya la dulce muerte, el morir venga ligero *que muero porque no muero.*	Olha que o amor é bem forte; vida, não sejas molesta; vê: para ganhar-te resta só perder-te: feliz sorte! Venha já tão doce morte; venha sem mais se deter, *que morro de não morrer.*
Aquella vida de arriba, que es la vida verdadera, hasta que esta vida muera, no se goza estando viva: muerte, no me seas esquiva; viva muriendo primero, *que muero porque no muero.*	Lá no Céu, definitiva, é que a vida é verdadeira; durante esta, passageira, não a goza a alma cativa. Morte, não sejas esquiva; mata-me, para eu viver, *que morro de não morrer.*
Vida, ¿qué puedo yo darle a mi Dios que vive en mí, si no es el perderte a ti, para merecer ganarle? Quiero muriendo alcanzarle, pues tanto a mi Amado quiero, *que muero porque no muero.*	Ó vida, que posso eu dar a meu Deus, que vive em mim, a não ser perder-te, a fim de o poder melhor gozar? Morrendo o quero alcançar, e não tenho outro querer; *que morro de não morrer.*

2. Vuestra soy, para Vos nací

Vuestra soy, para Vos nací, ¿qué mandáis hacer de mí?

Soberana Majestad, eterna sabiduría, bondad buena al alma mía; Dios alteza, un ser, bondad, la gran vileza mirad que hoy os canta amor así: *¿qué mandáis hacer de mí?*

Vuestra soy, pues me criastes, vuestra, pues me redimistes, vuestra, pues que me sufristes, vuestra pues que me llamastes, vuestra porque me esperastes, vuestra, pues no me perdí: *¿qué mandáis hacer de mí?*

¿Qué mandáis, pues, buen Señor, que haga tan vil criado? ¿Cuál oficio le habéis dado a este esclavo pecador? Veisme aquí, mi dulce Amor, amor dulce, veisme aquí: *¿qué mandáis hacer de mí?*

Veis aquí mi corazón, yo le pongo en vuestra palma, mi cuerpo, mi vida y alma, mis entrañas y afición; dulce Esposo y redención, pues por vuestra me ofrecí: *¿qué mandáis hacer de mí?*

2. Sou vossa, sois o meu Fim[2]

Sou vossa, sois o meu Fim: que mandais fazer de mim?

Soberana Majestade e Sabedoria Eterna, caridade a mim tão terna, Deus uno, suma Bondade, olhai que a minha ruindade, toda amor, vos canta assim: *que mandais fazer de mim?*

Vossa sou, pois me criastes, vossa, porque me remistes, vossa, porque me atraístes vossa porque me chamastes; vossa, porque me esperastes e me salvastes, por fim: *que mandais fazer de mim?*

Que mandais, pois, bom Senhor, que faça tão vil criado? Qual o ofício que haveis dado a este escravo pecador? Amor doce, doce Amor, vede-me aqui, fraca e ruim: *que mandais fazer de mim?*

Eis aqui meu coração: deponho-o na vossa palma; minhas entranhas, minha alma, meu corpo, vida e afeição. Doce Esposo e redenção, a vós entregar-me vim, *que mandais fazer de mim?*

---

2. N.E.: Como o poema anterior, também este tem amplas ressonâncias paulinas. Está inspirado na palavra e no gesto de São Paulo no caminho de Damasco: "Senhor, que quereis que eu faça?". Já em *Vida* a Santa expressara reiteradamente esse sentimento: "Sou vossa, disponde de mim..." (V. 21, 5).

Dadme muerte, dadme vida: dad salud o enfermedad, honra o deshonra me dad, dadme guerra o paz crecida, flaqueza o fuerza cumplida, que a todo digo que sí: *¿qué mandáis hacer de mí?*

Dadme riqueza o pobreza, dad consuelo o desconsuelo, dadme alegría o tristeza, dadme infierno o dadme cielo, vida dulce, sol sin velo, pues del todo me rendí: *¿qué mandáis hacer de mí?*

Si queréis, dadme oración, si no, dadme sequedad, si abundancia y devoción, y si no esterilidad. Soberana Majestad, sólo hallo paz aquí: *¿qué mandáis hacer de mí?*

Dadme, pues, sabiduría, o por amor, ignorancia; dadme años de abundancia, o de hambre y carestía; dad tiniebla o claro día, revolvedme aquí o allí: *¿qué mandáis hacer de mí?*

Si queréis que esté holgando, quiero por amor holgar. Si me mandáis trabajar, morir quiero trabajando. Decid, ¿dónde, cómo y cuándo? Decid, dulce Amor, decid: *¿qué mandáis hacer de mí?*

Morte dai-me, dai-me vida; saúde ou moléstia dai-me; honra ou desonra mandai-me; dai-me paz ou guerra e lida. Seja eu fraca ou destemida, a tudo direi que sim: *que mandais fazer de mim?*

Dai-me riqueza ou pobreza, exaltação ou labéu; dai-me alegria ou tristeza, dai-me inferno ou dai-me céu; doce vida, sol sem véu, pois me rendi toda, enfim: *que mandais fazer de mim?*

Se quereis, dai-me oração; se não, dai-me soledade; abundância e devoção, ou míngua e esterilidade. Soberana Majestade, a paz só encontro assim: *que mandais fazer de mim?*

Dai-me, pois, sabedoria, ou, por amor, ignorância; anos dai-me de abundância, ou de fome e carestia; dai-me treva ou claro dia, vicissitudes sem fim: *que mandais fazer de mim?*

Se me quereis descansando, por amor o quero estar; se me mandais trabalhar, morrer quero trabalhando. Dizei: onde? como? e quando? Dizei, doce Amor, por fim: *que mandais fazer de mim?*

Dadme Calvario o Tabor, desierto o tierra abundosa; sea Job en el dolor, o Juan que al pecho reposa; sea viña fructuosa o estéril, si cumple así: *¿qué mandáis hacer de mí?*

Sea José puesto en cadenas, o de Egipto adelantado, o David sufriendo penas, o ya David encumbrado; sea Jonás anegado, o libertado de allí: *¿qué mandáis hacer de mí?*

Esté callando o hablando, haga fruto o no le haga, muéstreme la ley mi llaga, goce de Evangelio blando; esté penando o gozando, sólo vos en mí vivid: *¿qué mandáis hacer de mí?*

Vuestra soy, para vos nací, ¿qué mandáis hacer de mí?

Dai-me Calvário ou Tabor; deserto ou terra abundante; seja eu como Jó na dor, ou João sobre o peito amante; seja vinha luxuriante ou, se quereis, vinha ruim: *que mandais fazer de mim?*

Ou José encarcerado, ou José Senhor do Egito; ou Davi sofrendo, aflito, ou Davi já sublimado; ou Jonas ao mar lançado, ou Jonas salvo, por fim: *que mandais fazer de mim?*

Já calada, já falando, traga frutos ou não traga, veja eu na lei minha chaga, ou goze Evangelho brando; quer fruindo, quer penando, sede a minha vida enfim, *que mandais fazer de mim?*

Pois sou vossa, e Vós meu fim, que mandais fazer de mim?

3. Sobre aquellas palabras "dilectus meus mihi"

Ya toda me entregué y di, y de tal suerte he trocado, que es mi Amado para mí, y yo soy para mi Amado.

Cuando el dulce Cazador me tiró y dejó rendida, en los brazos del amor mi alma quedó caída, y cobrando nueva vida de tal manera he trocado, *que es mi Amado para mí, y yo soy para mi Amado.*

Hirióme con una flecha enherbolada de amor, y mi alma quedó hecha una con su Criador; ya yo no quiero otro amor, pues a mi Dios me he entregado, *y mi Amado es para mí, y yo soy para mi amado.*

3. Sobre aquelas palavras "dilectus meus mihi"[3]

Entreguei-me toda, e assim os corações se hão trocado: meu Amado é para mim, e eu sou para meu Amado.

Quando o doce Caçador me atingiu com sua seta, nos meigos braços do Amor minh'alma aninhou-se, quieta, e a vida em outra, seleta, totalmente se há trocado: *Meu Amado é para mim, e eu sou para meu Amado.*

Era aquela seta eleita ervada em sucos de amor, e minha alma ficou feita uma com o seu Criador; já não quero eu outro amor, que a Deus me tenho entregado: *meu Amado é para mim, e eu para meu Amado.*

---

3. N.E.: Poema inspirado no verso de Cântico dos Cânticos: "Eu sou do meu amado, e o meu amado é todo meu" (Ct 2,16; 6,2).

4. Coloquio amoroso

Si el amor que me tenéis, Dios mío, es como el que os tengo, Decidme: ¿en qué me detengo? O Vos, ¿en qué os detenéis?

— Alma, ¿qué quieres de mí? – Dios mío, no más que verte. – Y ¿qué temes más de ti? – Lo que más temo es perderte.
Un alma en Dios escondida ¿qué tiene que desear, sino amar y más amar, y en amor toda escondida tornarte de nuevo a amar?

Un amor que ocupe os pido, Dios mío, mi alma os tenga, para hacer un dulce nido adonde más la convenga.

4. Colóquio amoroso[4]

Deus meu, se o amor que me tendes é como o amor que vos tenho, dizei: por que me detenho? Ou Vós, por que vos detendes?

— Alma, que queres de mim? – Deus meu, não mais do que ver-vos. – E tu temes? Como assim? – O que mais temo é perder-vos.
Uma alma em Deus escondida, que mais tem que desejar? Senão sempre amar e amar, e, no amor toda escondida, tornar-vos de novo a amar?
Oh, dai-me, Deus meu, carinho! Oh! dai-me amor abrasado, e eu farei um doce ninho onde for de vosso agrado.

---

[4]. N.E.: Desenvolve o tema da "igualdade de amor" entre Deus e a alma, motivo místico que será glosado por São João da Cruz (*Cântico* 28,1; 38,3).

5. Dichoso el corazón enamorado

Dichoso el corazón enamorado que en solo Dios ha puesto el pensamiento; por él renuncia todo lo criado, y en él halla su gloria e su contento. Aun de sí mismo vive descuidado, porque en su Dios está todo su intento, y así alegre pasa y muy gozoso las ondas de este mar tempestuoso.

5. Ditoso o coração enamorado[5]

Ditoso o coração enamorado que só em Deus coloca o pensamento; por ele renuncia a todo o criado, nele acha glória, paz, contentamento. Vive até de si mesmo descuidado, pois no seu Deus traz todo o seu intento. E assim transpõe sereno e jubiloso as ondas deste mar tempestuoso.

---

5. N.E.: Única composição em oitava real entre os poemas da Santa. Por este motivo a sua autoria teresiana foi posta em dúvida.

6. ¡Oh hermosura que excedeis!

¡Oh hermosura que excedéis a todas las hermosuras! Sin herir dolor hacéis, y sin dolor deshacéis, el amor de las criaturas.

Oh ñudo que así juntáis dos cosas tan desiguales, no sé por qué os desatáis, pues atado fuerza dais a tener por bien los males.

Juntáis quien no tiene ser con el Ser que no se acaba; sin acabar acabáis, sin tener que amar amáis, engrandecéis nuestra nada.

6. Formosura que excedeis![6]

Formosura que excedeis a todas as formosuras, sem ferir, que dor fazeis! E sem magoar desfazeis o amor pelas criaturas

Ó laço que assim juntais dois seres tão diferentes, por que é que vos desatais se, atado, em gozos trocais as dores as mais pungentes?

Ao que não tem ser, juntais com quem é Ser por essência; sem acabar, acabais; sem ter o que amar, amais; e nos ergueis da indigência.

---

6. N.E.: É um dos primeiros poemas compostos pela Santa. Sobre a sua origem, ver as cartas de Teresa a seu irmão Lorenzo: 02/01/1577 e 17/01/1577, nas quais a autora faz constar a origem mística do poema.

7. Ayes del destierro

¡Cuán triste es, Dios mío, la vida sin ti! Ansiosa de verte, deseo morir.

Carrera muy larga es la de este suelo, morada penosa, muy duro destierro. ¡Oh sueño adorado! sácame de aquí! *Ansiosa de verte, deseo morir.*

Lúgubre es la vida, amarga en extremo; que no vive el alma que está de ti lejos. ¡Oh dulce bien mío, que soy infeliz! *Ansiosa de verte, deseo morir.*

¡Oh muerte benigna, socorre mis penas! Tus golpes son dulces, que el alma libertan. ¡Qué dicha, oh mi Amado, estar junto a Ti! *Ansiosa de verte, deseo morir.*

El amor mundano apega a esta vida; el amor divino por la otra suspira. Sin ti, Dios eterno, ¿quién puede vivir? *Ansiosa de verte, deseo morir.*

La vida terrena es continuo duelo: vida verdadera la hay sólo en el cielo. Permite, Dios mío, que viva yo allí. *Ansiosa de verte, deseo morir.*

7. Ais do desterro[7]

Sem ti como é triste, meu Deus o viver! Com ânsias de ver-te, desejo morrer!

Ai, como na terra longa é a nossa estrada! É duro desterro, penosa morada; leva-me daqui, Senhor de meu ser! *Com ânsias de ver-te, desejo morrer!*

Ai, mundo tão triste em que me perdi! Pois a alma não vive, se longe de ti. Meu doce tesouro, que amargo sofrer! *Com ânsias de ver-te, desejo morrer!*

Ó morte benigna, põe termo a meus males! Só tu, com teus golpes tão doces nos vales. Que ventura, ó amado, contigo viver! *Com ânsias de ver-te, desejo morrer!*

O amor que é mundano se apega a esta vida; mas o amor divino à outra nos convida. Sem ti, Deus eterno, quem pode viver? *Com ânsias de ver-te, desejo morrer!*

A vida terrena é engano bem triste; vida verdadeira só no Céu existe. Deus meu, lá, contigo, oh, dá-me viver! *Com ânsias de ver-te, desejo morrer!*

---

7. N.E.: Poema composto com o mesmo metro estrófico que a cantiga "Véante mis ojos / Dulce Jesús Bueno, / véante mis ojos, / muérame yo luego" (cf. *Relação* 15, n. 1). Provavelmente estava destinado a ser cantado em recreação como o "Véante mis ojos".

¿Quién es el que teme la muerte
del cuerpo, si con ella logra
un placer inmenso? ¡Oh! sí, el
de amarte, Dios mío, sin fin.
Ansiosa de verte, deseo morir.

Mi alma afligida gime y
desfallece. ¡Ay! ¿quién de su
amado puede estar ausente?
Acabe ya, acabe aqueste sufrir.
Ansiosa de verte, deseo morir.

El barbo cogido en doloso
anzuelo encuentra en la muerte
el fin del tormento. ¡Ay!,
también yo sufro, bien mío, sin
ti, *Ansiosa de verte, deseo morir.*

En vano mi alma te busca oh
mi dueño; Tú, siempre invisible,
no alivias su anhelo. ¡Ay! esto
la inflama, hasta prorrumpir:
Ansiosa de verte, deseo morir.

¡Ay!, cuando te dignas Entrar en
mi pecho, Dios mío, al instante
el perderte temo. Tal pena me
aflige y me hace decir: *Ansiosa de
verte, deseo morir.*

Haz, Señor, que acabe tan larga
agonía; socorre a tu sierva que
por ti suspira. Rompe aquestos
hierros y sea feliz. *Ansiosa de
verte, deseo morir.*

Quem é que ante a morte, Deus
meu, teme, aflito, se alcança por
ela um gozo infinito? Oh sim, o
de amar-te sem mais te perder!
*Com ânsias de ver-te, desejo
morrer!*

Ai, minha alma geme
tristíssimamente! Quem de seu
Amado pode estar ausente?
Acabe depressa tão duro sofrer!
*Com ânsias de ver-te, desejo
morrer!*

O peixe colhido no anzol
fraudulento encontra na morte
o fim do tormento. Ai, gemo
e definho, Bem meu, sem te
ver, *Com ânsias de ver-te, desejo
morrer!*

Em vão te procuro, pois nunca
te vejo; jamais alivias, Senhor,
meu desejo. Ah, isto me inflama
e obriga a gemer: *Com ânsias de
ver-te, desejo morrer!'*

Ai, quando a meu peito vens na
Eucaristia, Deus meu, logo temo
perder-te algum dia! Tal pena
me aflige e impele a dizer: *Com
ânsias de ver-te, desejo morrer!*

Põe termo a estas penas, Senhor,
e retira do exílio esta serva que
por ti suspira. Quebrados meus
ferros, feliz irei ser. *Com ânsias de
ver-te, desejo morrer!*

Mas no, dueño amado, que es justo padezca; que expíe mis yerros, mis culpas inmensas. ¡Ay!, logren mis lágrimas te dignes oír: *Ansiosa de verte, deseo morir.*

Mas justo é que eu sofra por tantas ofensas, e expie meus erros e culpas imensas. Ai, logre meu pranto fazer-te entender *que em ânsias de ver-te, desejo morrer!*

8. Alma, buscarte has en Mí

Alma, buscarte has en Mí, y a Mí buscarme has en ti.

De tal suerte pudo amor, alma, en mí te retratar, que ningún sabio pintor supiera con tal primor tal imagen estampar. Fuiste por amor criada hermosa, bella, y así en mis entrañas pintada, si te perdieres, mi amada, *Alma, buscarte has en Mí.*

Que yo sé que te hallarás en mi pecho retratada, y tan al vivo sacada, que si te ves te holgarás, viéndote tan bien pintada.

Y si acaso no supieres dónde me hallarás a Mí, No andes de aquí para allí, sino, si hallarme quisieres, *a Mí buscarme has en ti.* Porque tú eres mi aposento, eres mi casa y morada, y así llamo en cualquier tiempo, si hallo en tu pensamiento estar la puerta cerrada. Fuera de ti no hay buscarme, porque para hallarme a Mí, bastará sólo llamarme, que a ti iré sin tardarme *y a Mí buscarme has en ti.*

8. Alma, buscar-te-ás em Mim[8]

Alma, buscar-te-ás em Mim, e a Mim buscar-me-ás em ti.

De tal sorte pôde o amor, alma, em mim te retratar, que nenhum sábio pintor soubera com tal primor tua imagem estampar. Foste por amor criada, bonita e formosa, e assim em meu coração pintada, se te perderes, amada, *Alma, buscar-te-ás em Mim.*

Porque sei que te acharás em meu peito retratada, tão ao vivo debuxada, que, em te olhando, folgarás vendo-te tão bem pintada.

E se acaso não souberes em que lugar me escondi, não busques aqui e ali, mas, se me encontrar quiseres, *a Mim buscar-me-ás em ti.* Sim, porque és meu aposento, és minha casa e morada; e assim chamo, no momento em que de teu pensamento encontro a porta cerrada. Busca-me em ti, não por fora... para me achares ali, chama-me, que, a qualquer hora, a ti virei sem demora, *e a Mim buscar-me-ás em ti.*

---

8. N.E.: O poema glosa o lema "busca-te em Mim", que no Natal de 1576 motivou o "Certame", no qual participou também São João da Cruz.

9. Nada te turbe

Nada te turbe, nada te espante,
todo se pasa, Dios no se muda,
la paciencia todo lo alcanza.
Quien a Dios tiene nada le falta.
Sólo Dios basta.

9. Nada te turbe[9]

Nada te turbe, nada te espante, pois tudo passa só Deus não muda. Toda a paciência por fim alcança. Quem a Deus tenha, nada lhe falta, pois só Deus basta.

---

9. N.E.: Pequeno poema que a Santa levava consigo em seu breviário, ao morrer em Alba de Tormes (1582. Existe uma extensa glosa poética dessa composição, mas não há indícios de que também essa glosa seja da Santa).

10. Hacia la Patria

Caminemos para el cielo, monjas del Carmelo.

Vamos muy mortificadas, humildes y despreciadas dejando la honra en el suelo, *monjas del Carmelo.*

Al voto de obediencia vamos, no haya resistencia que es nuestro blanco y consuelo *monjas del Carmelo.*

La pobreza es el camino, el mismo por donde vino nuestro Emperador del cielo, *monjas del Carmelo.*

No deja de nos amar nuestro Dios, y nos llamar sigámosle sin recelo, *monjas del Carmelo.*

En amor se está abrasando aquel que nació temblando envuelto en humano velo, *monjas del Carmelo.*

Vámonos a enriquecer a donde nunca ha de haber pobreza ni desconsuelo *monjas del Carmelo.*

A el padre Elías siguiendo nos vamos contradiciendo con su fortaleza y celo, *monjas del Carmelo.*

10. Para a Pátria[10]

Vamos para o Céu tão belo, monjas do Carmelo.

Vamos mui mortificadas, humildes e desprezadas, sem no gozo pôr o anelo, *monjas do Carmelo.*

Eia! ao voto de obediência, jamais haja resistência, que é nosso fim, nosso anelo, *monjas do Carmelo.*

A pobreza é a estrada real que o Imperador celestial trilhou com todo o desvelo, *monjas do Carmelo.*

Nunca nos deixa de amar nosso Deus, nem de chamar. Sigamos o seu apelo, *monjas do Carmelo.*

De amor está se abrasando o que nasceu tiritando, Homem e Deus num só elo, *monjas do Carmelo.*

Vamo-nos enriquecer onde jamais há de haver pobreza ou qualquer flagelo, *monjas do Carmelo.*

Do Pai Elias no bando, vamo-nos contrariando, com sua força e seu zelo, *monjas do Carmelo.*

---

10. N.E.: Composição para celebrar uma festa comunitária, provavelmente uma preparação para a festa da Exaltação da Cruz, ou para uma renovação de votos na comunidade.

Nuestro querer renunciado, procuremos el doblado espíritu de Eliseo, *monjas del Carmelo*.	Duplo espírito busquemos como Eliseu, e neguemos nosso querer, com desvelo, *monjas do Carmelo*.

11. Pastores que veláis

¡Ah, pastores que veláis, por guardar vuestro rebaño, mirad que os nace un Cordero, Hijo de Dios Soberano!

Viene pobre y despreciado, comenzadle ya a guardar, que el lobo os le ha de llevar, sin que le hayamos gozado. – Gil, dame acá aquel cayado que no me saldrá de mano, no nos lleven al Cordero: *¿no ves que es Dios Soberano?*

— ¡Sonzas!, que estoy aturdido de gozo y de penas junto. – ¿Si es Dios el que hoy ha nacido, cómo puede ser difunto? – ¡Oh, que es hombre también junto! La vida estará en su mano; mirad, que es este el Cordero, *Hijo de Dios Soberano.*

— No sé para qué le piden, pues le dan después tal guerra. – Mía fe, Gil, mejor será que se nos torne a su tierra. – Si el pecado nos destierra, y está el bien todo en su mano, ya que ha venido, padezca *este Dios tan Soberano.*

11. Pastores que velais[11]

Ó pastores que velais a guardar vosso rebanho, eis que vos nasce um cordeiro, Filho de Deus soberano.

Vem pobre, vem desprezado, tratai logo de o guardar, porque o lobo o há de levar sem que o tenhamos gozado. – Gil, dá-me aquele cajado, vou tê-lo nas mãos todo o ano, não se nos leve o Cordeiro: *Não vês que é Deus Soberano?*

Sinto-me todo aturdido de gozo e pena. E pergunto: – Se é Deus o que hoje é nascido, como pode ser defunto? É que é homem e Deus, junto; governa o destino humano; olha que o nosso Cordeiro *Filho é de Deus Soberano.*

— Não sei para que é que o pedem, pois lhe dão depois tal guerra. – Olha, Gil, melhor será que se torne à sua terra... – Mas se todo o bem encerra, e apaga o pecado humano, já que é nascido, padeça *este Deus tão soberano.*

---

11. N.E.: Vilancico natalino. Diálogo entre pastores. O original das duas últimas estrofes está conservado no Carmelo de Florença (Itália).

Poco te duele su pena; ¡oh, cómo es cierto del hombre, cuando nos viene provecho, el mal ajeno se esconde! – ¿No ves que gana renombre de pastor de gran rebaño? – Con todo, es cosa muy fuerte *que muera Dios Soberano.*

— Pouco te dói sua pena; tanto é certo que esquecemos o que os outros por nós sofrem, se proveito recebemos! – Não vês que um dia o teremos de pastor do gênero humano? – Contudo é coisa tremenda *que morra Deus Soberano.*

12. Al Nacimiento de Jesús

Hoy nos viene a redimir un Zagal, nuestro pariente, Gil, que es Dios omnipotente.

— Por eso nos ha sacado de prisión a Satanás; mas es pariente de Bras, y de Menga, y de Llorente. ¡Oh, que es Dios omnipotente!

— Pues si es Dios, ¿cómo es vendido y muere crucificado? – ¿No ves que mató el pecado, padeciendo el inocente? *Gil, que es dios omnipotente.*

— Mi fe, yo lo vi nacido de una muy linda Zagala. – Pues si es Dios ¿cómo ha querido estar con tan pobre gente? – *¿No ves, que es omnipotente?*

— Déjate de esas preguntas, muramos por le servir, y pues El viene a morir muramos con El, Llorente, *pues es Dios omnipotente.*

12. Ao Nascimento de Jesus[12]

Hoje nos vem redimir um Zagal, nosso parente, Gil, que é Deus Onipotente.

— Por isso nos há tirado da prisão de Satanás; mas é parente de Brás e de Menga e de Vicente: *porque é Deus Onipotente!*

— Pois se é Deus, como é vendido e morre crucificado? – Não vês que mata o pecado, padecendo, Ele, inocente? *Gil, é Deus onipotente!*

— Palavra! que o vi nascido; e a mãe é linda Zagala. – Pois se é Deus, como há querido estar com tão pobre gente? – *Não vês que Ele é Onipotente?*

— Deixa-te dessas perguntas, tratemos já de o servir, e pois à morte que ir, morramos também, Vicente, *pois é Deus onipotente.*

---

12. N.E.: Vilancico pastoril natalino, como o anterior. Os nomes dos pastores (Gil, Blas [Brás], Menga, Llorente [Vicente]) são os tradicionais na poesia pastoril. Todo o poema está conservado no original: os primeiros onze versos, no carmelo de Florença; os restantes, no carmelo de Savona (Itália).

13. Para Navidad

Pues el amor nos ha dado Dios, ya no hay que temer, muramos los dos.

Danos el Padre a su único Hijo: hoy viene al mundo en pobre cortijo. ¡Oh gran regocijo, que ya el hombre es Dios! *no hay que temer, muramos los dos.*

— Mira, Llorente qué fuerte amorío, viene el inocente a padecer frío; deja un señorío en fin, como Dios, *ya no hay que temer, muramos los dos.*

— Pues ¿cómo, Pascual, hizo esa franqueza, que toma un sayal dejando riqueza? Mas quiere pobreza, sigámosle nos; pues ya viene hombre, *muramos los dos.*

— Pues ¿qué le darán por esta grandeza? – Grandes azotes con mucha crudeza. – Oh, qué gran tristeza será para nos: si esto es verdad *muramos los dos.*

— Pues ¿cómo se atreven siendo Omnipotente? ¿Ha de ser muerto de una mala gente? – Pues si eso es, Llorente, hurtémosle nos. – ¿No ves que El lo quiere? *Muramos los dos.*

13. Para a Natividade[13]

Já Deus nos há dado o amor: assim, pois, não há que temer, morramos os dois.

Seu único Filho o Pai nos envia: nasce hoje na lapa, da Virgem Maria. O homem – que alegria! é Deus: assim pois, *Não há que temer, morramos os dois.*

— Olha bem, Vicente: que amor! e que brio! vem Deus, inocente, a padecer frio; deixa o senhorio que tem; assim, pois, *não há que temer, morramos os dois.*

— Mas como, Pascoal, tem tanta franqueza, que veste saial, deixando riqueza? Mais quer à pobreza! Sigamo-lo pois: Se já vem feito homem, *morramos os dois.*

— Mas qual sua paga por tanta grandeza? – Só grandes açoites com tanta crueza. – Que imensa tristeza teremos depois: ah, se isto é verdade, *morramos os dois.*

— Mas como se atrevem, sendo Onipotente? Será morto um dia por perversa gente. – Se assim é, Vicente, furtemo-lo, pois: – não vês que o deseja? *morramos os dois.*

---

13. N.E.: Vilancico natalino. Composto calcando a toada e o metro da cantiga "Véante mis ojos". Provavelmente para ser cantado nas festas de Natal.

14. Ya viene el alba

Mi gallejo, mira quién llama. – Angeles son, que ya viene el alba.

Hame dado un gran zumbido, Que parece cantillana. Mira, Bras, que ya es de día, Vamos a ver la Zagala. *Mi gallejo, mira quién llama. – Angeles son, que ya viene el alba.*

¿Es pariente del alcalde, U quién es esta doncella? – Ella es hija de Dios Padre, Relumbra como una estrella. – *Mi gallejo, mira quién llama. – Angeles son, que ya viene el alba.*

14. À luz da aurora[14]

Galego, quem chama aí fora? – São anjos, à luz da aurora.

Grande rumor ouço ao longe que parece cantilena, vamos ver, Brás, que amanhece, a zagala tão serena. *Galego, quem chama aí fora? – São anjos, à luz da aurora.*

Será do alcaide parenta? Ou quem é esta donzela? – É filha do Eterno Padre e reluz como uma estrela.
— *Galego, quem chama aí fora? – São anjos, à luz da aurora.*

---

14. N.E.: Vilancico natalino. No diálogo de pastores, "Mi gallejo" ou "Miguelejo" [Galego], tem leituras variantes nos manuscritos.

15. A la circuncisión

Vertiendo está sangre,
¡Dominguillo, eh! Yo no sé por qué.

¿Por qué, te pregunto, hacen dél justicia, pues es inocente y no tiene malicia? Tuvo gran codicia, yo no sé por qué, de mucho amarme, *¡Dominguillo, eh!*

¿Pues luego en naciendo, le han de atormentar? – Sí, que está muriendo por quitar el mal. ¡Oh, qué gran Zagal será, por mi fe! ¡Dominguillo, eh!

¿Tú no lo has mirado, que es niño inocente? – Ya me lo han contado Brasillo y Llorente. Gran inconveniente será no amarlé, ¡Dominguillo, eh!

15. À circuncisão[15]

Ele está sangrando,
Dominguinhos, eh! E eu não sei por quê...

Por que – te pergunto – deram tal castigo a Deus inocente, se é tão nosso amigo? Quis ter-me consigo, eu não sei por quê... Quis amar-me muito, *Dominguinhos, eh!*

Mas logo em nascendo tem suplício tal? – Sim, que está morrendo por dar fim ao mal. Que grande Zagal será ele! crê! *Dominguinhos, eh!*

Não vês que o coitado é infante inocente? – Assim mo hão contado Brasinho e Vicente. Não amá-lo a gente é vileza até, *Dominguinhos eh!*

---

15. N.E.: Este poema e o seguinte pertencem também ao ciclo natalino. A festa da Circuncisão é celebrada no primeiro dia do ano.

16. Outra a la circuncisión

Este niño viene llorando; Mira, Gil, que te está llamando

Vino del cielo a la tierra Para quitar nuestra guerra; Ya comienza la pelea, Su sangre está derramando. *Mira, Gil, te está llamando.*

Fue tan grande el amorío, Que no es mucho estar llorando, Que comienza a tener brío Habiendo de estar mandado. *Mira, Gil, que te está llamando.*

Caro nos ha de costar, Pues comienza tan temprano A su sangre derramar, Habremos de estar llorando. *Mira, Gil, te está llamando.*

No viniera El a morir, Pudiera estarse en su nido; ¿No ves, Gil, que si ha venido Es como león bramando? *Mira, Gil, que te está llamando.*

Dime, Pascual, ¿qué me quieres, Que tantos gritos me das? – Que le ames, pues te quiere Y por ti está tiritando. *Mira, Gil, que te está llamando.*

16. Outra à circuncisão

Este infante vem chorando; olha-o, Gil, que está chamando.

Veio do Céu a esta terra para acabar nossa guerra; já deu começo à peleja, seu sangue está derramando; *olha-o, Gil, que está chamando.*

Pois tem amor tão ardente, não é muito estar chorando. Já tem brio, que é valente, pois um dia há de ter mando; *olha-o, Gil, que está chamando.*

Caro nos há de custar, pois cedo está começando a seu sangue derramar; justo é ficarmos chorando; *olha-o, Gil, que está chamando.*

Antes não tivesse vindo, ficasse do Pai no seio! Mas não vês, Gil, que, se veio, é como leão bramando? *Olha-o, Gil, que está chamando.*

Pascoal, que queres comigo, que tanto grito estás dando? – Que ames a esse teu amigo que por ti vês tiritando. *Olha-o, Gil, que está chamando.*

17. En la festividad de los Santos Reyes

Pues la estrella es ya llegada, vaya con los Reyes la mi manada.

Vamos todas juntas a ver el Mesías, pues vemos cumplidas ya las profecías. Pues en nuestros días, es ya llegada, *vaya con los Reyes la mi manada.*

Llevémosle dones de grande valor, pues vienen los Reyes, con tan gran hervor. Alégrese hoy nuestra gran Zagala, *vaya con los Reyes la mi manada.*

No cures, Llorente, de buscar razón, para ver que es Dios aqueste garzón. Dale el corazón, y yo esté empeñada: vaya con los Reyes la mi manada.

17. Na festividade dos Santos Reis[16]

Pois a nova estrela é já chegada, aos Santos Reis siga minha manada.

Vamos, todas juntas ver nosso Messias, que vemos cumpridas, hoje, as profecias; pois, em nossos dias, a estrela é chegada, *aos Santos Reis siga minha manada.*

Levemos presentes de grande valor, pois chegam os Magos com tanto fervor. Exulte de amor nossa grande Amada, *aos Santos Reis siga minha manada.*

Para ver que é Deus este infante, não procures, Vicente, nenhuma razão. Dá-lhe o coração, e a alma enamorada: *aos Santos Reis siga minha manada.*

---

16. N.E.: Pertence também ao ciclo natalino. A festa dos Santos Reis (Epifania) é celebrada em 6 de janeiro. Os doze primeiros versos estão conservados autógrafos no carmelo de Savona (Itália)

18. Cruz, descanso sabroso...

Cruz, descanso sabroso de mi vida vos seáis la bienvenida.

Oh bandera, en cuyo amparo el más flaco será fuerte, oh vida de nuestra muerte, qué bien la has resucitado; al león has amansado, Pues por ti perdió la vida: *vos seáis la bienvenida.*

Quien no os ama está cautivo y ajeno de libertad; quien a vos quiere allegar no tendrá en nada desvío. Oh dichoso poderío, donde el mal no halla cabida, *vos seáis la bienvenida.*

Vos fuisteis la libertad de nuestro gran cautiverio; por vos se reparó mi mal con tan costoso remedio; para con Dios fuiste medio de alegría conseguida: *vos seáis la bienvenida.*

18. Cruz, descanso saboroso...[17]

Gostosa quietação da minha vida, sê bem-vinda, cruz querida.

Ó bandeira que amparaste o fraco e o fizeste forte, ó vida da nossa morte, quão bem a ressuscitaste; o Leão de Judá domaste, pois por ti perdeu a vida, *sê bem-vinda, cruz querida.*

Quem não te ama vive atado e da liberdade alheio; quem te abraça sem receio não toma caminho errado. Oh, ditoso o teu reinado, onde o mal não tem cabida! *Sê bem-vinda, cruz querida.*

Do cativeiro do inferno, ó cruz, foste a liberdade; aos males da humanidade deste o remédio mais terno. Deu-nos, por ti, Deus eterno alegria sem medida. *Sê bem-vinda, cruz querida.*

---

17. N.E.: Este e os seguintes dois poemas à Cruz do Senhor foram compostos para celebrar a festa da Exaltação da Cruz (14 de setembro), que no Carmelo tinha destaque especial. Nela começava o período penitencial carmelitano segundo a Regra da Ordem.

19. En la Cruz está la vida

En la cruz está la vida y el consuelo, y ella sola es el camino para el cielo.

En la cruz está "el Señor de cielo y tierra", y el gozar de mucha paz, aunque haya guerra. Todos los males destierra en este suelo, *y ella sola es el camino para el cielo.*

De la cruz dice la Esposa a su Querido que es una "palma preciosa" donde ha subido, y su fruto le ha sabido a Dios del cielo, *y ella sola es el camino para el cielo.*

Es una "oliva preciosa" la santa cruz, que con su aceite nos unta y nos da luz. Alma mía, toma la cruz con gran consuelo, *que ella sola es el camino para el cielo.*

Es la cruz el "árbol verde y deseado" de la Esposa, que a su sombra se ha sentado para gozar de su Amado, el Rey del cielo, *y ella sola es el camino para el cielo.*

El alma que a Dios está toda rendida, y muy de veras del mundo desasida, la cruz le es "árbol de vida" y de consuelo, *y un camino deleitoso para el cielo.*

19. Na Cruz está a vida

O consolo está, e a vida, só na cruz. E ao céu é a única senda que conduz.

Está na cruz o Senhor de céus e terra, e o gozar de muita paz em plena guerra. Todos os males desterra do mundo a cruz. *E ao céu é a única senda que conduz.*

Da cruz é que diz a Esposa ao seu Querido, que é a palmeira preciosa aonde há subido; cujo fruto lhe há sabido ao de Jesus. *E ao céu é a única senda que conduz.*

A santa Cruz é oliveira mui preciosa, seu óleo nos unge e inunda de luz radiosa; ó minh'alma pressurosa, abraça a cruz, *pois ao céu é a única senda que conduz.*

É o madeiro verdejante e desejado da Esposa, que à sua sombra se há sentado, a gozar de seu Amado, o Rei Jesus. *Pois ao céu é a única senda que conduz.*

A alma que a Deus totalmente está rendida, bem deveras deste mundo já desprendida, árvore de gozo e vida é a santa Cruz, *e ao céu é a única senda que conduz.*

Después que se puso en cruz el Salvador, en la cruz está "la gloria y el honor", y en el padecer dolor vida y consuelo, *y el camino más seguro para el cielo.*

Desde que na cruz foi posto o Salvador, só na cruz se encontra glória, honra e louvor; vida e consolo na dor dá-nos a cruz, *e ao céu é a única senda que conduz.*

20. Abrazadas a la cruz

Caminemos para el cielo, monjas del Carmelo.

Abracemos bien la cruz y sigamos a Jesús, que es nuestro camino y luz, lleno de todo consuelo, *monjas* del *Carmelo*.

Si guardáis más que los ojos la profesión de tres votos, libraros de mil enojos, de tristeza y desconsuelo, *monjas del Carmelo*.

Al voto de la obediencia, Aunque es de muy alta ciencia, jamás se le hace ofensa sino cuando hay resistencia: de ésta os libre Dios del cielo, *monjas del Carmelo*.

El voto de castidad con gran cuidado guardad: a solo Dios desead, y en El mismo os encerrad, sin mirar cosas del suelo, *monjas del Carmelo*.

El que llaman de pobreza, si se guarda con pureza, está lleno de riqueza y abre las puertas del cielo, *monjas del Carmelo*.

Y si bien así lo hacemos, los contrarios venceremos y a la fin descansaremos con el que hizo tierra y cielo, *monjas, del Carmelo*.

20. Abraçadas à cruz

Vamos para o Céu tão belo, monjas do Carmelo.

Abracemos bem a Cruz e sigamos a Jesus, que é nosso caminho e luz, fartura do nosso anelo, *monjas do Carmelo*.

Sereis livres de cuidados, desconsolo e mil enfados, se os três votos professados observardes com desvelo, *monjas do Carmelo*.

Ao voto da obediência, ainda que de alta ciência, jamais se lhe faz ofensa, só o quebra a resistência: aparte Deus tal flagelo, *monjas do Carmelo*.

O voto de castidade com grão cuidado guardai, e só a Deus desejai; e nele vos encerrai, sem do mundo ouvir o apelo, *monjas do Carmelo*.

Nosso voto de pobreza, se guardado com pureza, está cheio de riqueza e nos abre o céu tão belo, *monjas do Carmelo*.

Fazendo assim, venceremos tudo, e enfim descansaremos no Criador, que, em seus extremos, fez a terra e o céu tão belo, *monjas do Carmelo*.

21. A San Andrés

Si el padecer con amor puede dar tan gran deleite, ¡qué gozo nos dará el verte!

¿Qué será cuando veamos a la inmensa y suma luz, pues de ver Andrés la cruz se pudo tanto alegrar? ¡Oh, que no puede faltar en el padecer deleite! *¡Qué gozo nos dará el verte!*

El amor cuando es crecido no puede estar sin obrar, ni el fuerte sin pelear, por amor de su querido. Con esto le habrá vencido, y querrá que en todo acierte. *¡Qué gozo nos dará el verte!*

Pues todos temen la muerte, ¿cómo te es dulce el morir? ¡Oh, que voy para vivir en más encumbrada suerte! ¡Oh mi Dios, que con tu muerte al más flaco hiciste fuerte! *¡Qué gozo nos dará el verte!*

¡Oh cruz, madero precioso, lleno de gran majestad! Pues siendo de despreciar, tomaste a Dios por esposo, a ti vengo muy gozoso, sin merecer el quererte. *Esme muy gran gozo el verte.*

21. A Santo André[18]

Se quem ama sofre alegre, e acha tal gozo na dor, que será ver-te, Senhor!

Que será quando nós virmos a suprema Majestade, se André a cruz avistando sente tal felicidade? Oh, que não pode em verdade faltar deleite na dor! *que será ver-te, Senhor!*

O amor, quando já crescido, não pode ocioso ficar; nem o forte sem lutar; por amor de seu Querido. Deus, de seu amor vencido, sempre o fará vencedor. *Que será ver-te, Senhor!*

Se todos temem a morte, Como te é doce o morrer? É que vou para viver de outra mais subida sorte. Morrendo, ó meu Deus, tão forte ao fraco deste vigor. *Que será ver-te, Senhor!*

Ó cruz, madeiro precioso, de sublime majestade, pois jazendo na humildade, tomaste a Deus por esposo. Sem merecer tanto gozo, venho a ti, cheio de amor *Ao ver-te, ó Cruz do Senhor!*

---

18. N.E.: A festa litúrgica de Santo André (apóstolo, irmão de Pedro) é celebrada no começo do Advento, em 30 de novembro. Na liturgia do dia se exaltava o amor do Santo à Cruz de Jesus.

22. A San Hilarión

Hoy ha vencido un guerrero Al mundo y sus valedores, – Vuelta, vuelta, pecadores, Sigamos este sendero.

Sigamos la soledad Y no queramos morir, Hasta ganar el vivir En tan subida pobreza. ¡Oh, qué grande es la destreza De aqueste nuestro guerrero! – *Vuelta, vuelta, pecadores, Sigamos este sendero.*

Con armas de penitencia Ha vencido a Lucifer, Combate con la paciencia, Ya no tiene que temer. Todos podemos valer Siguiendo este caballero. – *Vuelta, vuelta, pecadores, Sigamos este sendero.*

No han tenido valedores, Abrazóse con la cruz: Siempre en ella hallamos luz, Pues la dio a los pecadores. ¡Oh, qué dichosos amores Tuvo este nuestro guerrero! – *Vuelta, vuelta, pecadores, Sigamos este sendero.*

Ya ha ganado la corona Y se acabó el padecer, Gozando ya el merecer Con muy encumbrada gloria Oh venturosa victoria De nuestro fuerte guerrero! – *Vuelta, vuelta, pecadores, sigamos este sendero.*

22. A São Hilarião[19]

Venceu hoje um cavaleiro ao mundo e seus valedores. – Voltai, voltai, pecadores! Sigamos este guerreiro.

Busquemos a soledade, e não queiramos morrer até ganhar o viver. Em t]ao subida pobreza. Oh, como é grande a destreza do nosso audaz cavaleiro!
— *Voltai, voltai, pecadores! Sigamos este guerreiro.*

Com armas de penitência soube a Lúcifer vencer; combateu pela paciência e já não tem que temer. Todos podemos vencer, seguindo este cavaleiro. – *Voltai, voltai, pecadores! Sigamos este guerreiro.*

Não encontrou protetores, abraçou-se à santa Cruz. Sempre nela achamos luz, pois foi dada aos pecadores. Oh, que ditosos amores teve o nosso cavaleiro! – *Voltai, voltai, pecadores! Sigamos este guerreiro.*

Coroa e eterna memória, gozo sem fim mereceu. Acabou-se o que sofreu, já reina em sublime glória. Oh, venturosa a vitória de nosso forte guerreiro! – *Voltai, voltai, pecadores! Sigamos este guerreiro.*

---

19. N.E.: A liturgia carmelitana celebrava a festa de São Hilarião – soldado que se fez monge e que se acreditava que pertencia ao santoral do Carmelo – no dia 21 de outubro.

23. A Santa Catalina Mártir

¡Oh gran amadora del Eterno Dios; estrella luciente, amparadnos vos!

Desde tierna edad tomastes Esposo; fue tanto el amor, que no os dio reposo. Quien es temeroso, no se llegue a vos, si estima la vida y el morir por vos.

Mirad los cobardes aquesta doncella, que no estima el oro ni verse tan bella: metida en la guerra de persecución, para padecer con gran corazón.

Más pena le da vivir sin su Esposo, y así en los tormentos hallaba reposo: todo le es gozoso, querría ya morir, pues que con la vida no puede vivir.

Las que pretendemos gozar de su gozo, nunca nos cansemos, por hallar reposo. ¡Oh engaño engañoso, y qué sin amor, es querer sanar, viviendo el dolor!

23. A Santa Catarina Mártir[20]

Ó grande amadora do Eterno Senhor; dai-nos, cara estrela, amparo e fervor.

Desde tenra idade tomaste Esposo. Vosso amor tamanho não vos deu repouso. A vós não se chegue o que em vez da Cruz, ama a vida e teme morrer por Jesus.

Olhai, ó covardes, a santa donzela: não faz caso do ouro, nem de ser tão bela. Na luta vê-se ela da perseguição; mas nas dores mostra grande coração.

Mais pena lhe dava viver sem o Esposo, e, assim, nos tormentos achava repouso. Tudo lhe era gozo, quisera morrer; pois já nesta vida não pode viver.

Nós que pretendemos gozar de seu gozo, nunca nos cansaremos a buscar repouso. Oh, engano enganoso, que falta de amor! Querer só regalos sem pena e sem dor!

---

20. N.E.: Santa Catarina de Alexandria, mártir do século IV, era venerada por sua coragem heroica no martírio e por sua singular sabedoria feminina. Na liturgia carmelitana a sua festa é celebrada no dia 25 de novembro.

24. A la vestición de la Hermana Jerónima de la Encarnación

¿Quién os trajo acá doncella Del valle de la tristura? – Dios y mi buena ventura.

24. À vestição da Irmã Jerónima da Encarnação[21]

Quem cá vos trouxe, donzela, do vale da amargura? – Meu Deus e minha ventura.

---

21. N.E.: Poema composto em 1575 para celebrar a tomada de hábito de Jerónima Villarroel y Quiroga, sobrinha do cardeal Quiroga, que entrou no Carmelo de Medina, onde recebeu o hábito das mãos da Santa. É provável que os três versos do poema fossem seguidos por outras estrofes, que não possuímos.

25. Al velo de la Hermana Isabel de los Angeles

Hermana, por que veléis os han dado hoy este velo, y no os va menos que el cielo; por eso, no os descuidéis.

Aqueste velo gracioso os dice que estéis en vela, guardando la centinela hasta que venga el esposo, que como ladrón famoso vendrá cuando no penséis; *por eso, no os descuidéis.*

No sabe nadie a cuál hora, si en la vigila primera o en la segunda o tercera, todo cristiano lo ignora. Pues velad, velad, hermana, no os roben lo que tenéis; *por eso, no os descuidéis.*

En vuestra mano encendida tened siempre una candela, y estad con el velo en vela, las renes muy bien ceñidas. No estéis siempre amodorrida, catad que peligraréis; p*or eso, no os descuidéis.*

Tened olio en la aceitera de obras y merecer, para poder proveer la lámpara, no se muera. Porque quedaréis de fuera si entonces no lo tenéis; *por eso, no os descuidéis.*

25. À tomada de véu da Irmã Isabel dos Anjos[22]

Irmã, para que veleis sois velada, e nesse véu em jogo está vosso Céu: assim não vos descuideis.

Diz este véu tão gracioso que estejais sempre de vela, vigilante sentinela, aguardando vosso Esposo, que, como ladrão famoso, virá quando não penseis: *assim, não vos descuideis.*

Vem, mas ninguém sabe a que hora, se na vigília primeira, na segunda ou na terceira, todo cristão isto ignora. Velai, irmã, desde agora, não roubem o que trazeis; *assim, não vos descuideis.*

Vossa candeia empunhando, bem acesa e espevitada, velai, pois estais velada, os rins cingindo e apertando, não vos fiqueis dormitando, porque muito arriscareis; *assim, não vos descuideis.*

Tende óleo na almotolia, trabalhando e merecendo, para a lâmpada ir provendo, que não morra de vazia. Se nisto fordes vadia, às bodas não entrareis: *assim, não vos descuideis.*

---

22. N.E.: Poema composto em 1569 por ocasião da tomada de véu de Isabel Ruiz (Isabel de los Angeles), sobrinha do famoso assentista de Medina, Simón Ruiz.

Nadie os le dará prestado; y si lo vais a comprar podríaseos tardar y el Esposo haber entrado. Y desque una vez cerrado, no hay entrar aunque llaméis; *por eso, no os descuidéis.*

Tened continuo cuidado de cumplir con alma fuerte hasta el día de la muerte lo que habéis hoy profesado. Porque habiendo así velado, con el Esposo entraréis; *por eso, no os descuidéis.*

Não tereis óleo emprestado, e se o fordes a comprar, poder-vos-eis retardar; e uma vez o Esposo entrado, havendo a porta cerrado, não abre, embora clameis: *assim, não vos descuideis.*

Tende contínuo cuidado de cumprir, com alma forte, até o instante da morte, o que haveis professado; porque, tendo assim velado, com vosso Esposo entrareis: *assim, não vos descuideis.*

26. A la profesión de Isabel de los Angeles

Sea mi gozo en el llanto, sobresalto mi reposo, mi sosiego doloroso, y mi bonanza el quebranto.

Entre borrascas mi amor, y mi regalo en la herida, esté en la muerte mi vida, y en desprecios mi favor.

Mis tesoros en pobreza, y mi triunfo en pelear, mi descanso en trabajar, y mi contento en tristeza.

En la oscuridad mi luz, mi grandeza en puesto bajo. De mi camino el atajo y mi gloria sea la cruz.

Mi honra el abatimiento, y mi palma padecer, en las menguas mi crecer, y en menoscabo mi aumento.

En el hambre mi hartura, mi esperanza en el temor, mis regalos en pavor, mis gustos en amargura.

En olvido mi memoria, mi alteza en humillación, en bajeza mi opinión, en afrenta mi victoria.

26. À profissão de Isabel dos Anjos[23]

Seja meu gozo no pranto; sobressalto, meu repouso; meu sossego, doloroso: minha ventura, quebranto.

Nas borrascas, meu amor; meu regalo, o ser ferida; na norte encontre eu a vida: nos desprezos, meu favor.

Meus tesouros, na pobreza; meu triunfo, em pelejar; meu descanso, em trabalhar; meu consolo, na tristeza.

Na escuridão, minha luz; meu trono, em posto mesquinho; o atalho de meu caminho, minha glória seja a cruz.

Seja-me honra o abatimento; minha palma, o padecer; nas mínguas, o meu crescer; nas perdas, o meu aumento.

Na fome, a minha fartura; a esperança, no temor; meus regalos, no pavor; e meus gostos, na amargura.

No olvido, minha memória; meu trono na humilhação; no opróbrio, minha opinião; na afronta, minha vitória.

---

23. N.E.: Poema composto em 1571. Dedicado à mesma jovem do poema anterior, que, para livrar-se de enredos familiares, teve de se mudar de Medina para Salamanca, onde professou em 21 de outubro de 1571.

Mi lauro esté en el desprecio, en las penas mi afición, mi dignidad sea el rincón, y la soledad mi aprecio.

En Cristo mi confianza, y de Él solo mi asimiento, en sus cansancios mi aliento, y en su imitación mi holganza.

Aquí estriba mi firmeza, aquí mi seguridad, la prueba de mi verdad, la muestra de mi firmeza.

Minha coroa, a humildade; as penas, minha afeição; um cantinho, meu quinhão; meu apreço, a soledade.

Em Cristo, a mina confiança, e dele só meu sustento; seu langor seja-me alento; gozo, sua semelhança.

Nisto encontro fortaleza, encontro tranquilidade; prova de minha verdade, penhor de minha firmeza.

27. A una profesa

¡Oh!, dichosa tal zagala que hoy se ha dado a un tal Zagal que reina y ha de reinar.

Venturosa fue su suerte pues mereció tal Esposo: ya yo, Gil, estoy medroso, no la osaré más mirar, pues ha tomado marido *que reina y ha de reinar.*

— Pregúntale qué le ha dado para que lleve a su aldea. – El corazón le ha entregado muy de buena voluntad. – Mi fe, poco le ha pagado que es muy hermoso el Zagal, *que reina y ha de reinar.*

— Si más tuviera más diera. – ¿Por qué le avisas, carillo? Tomemos el cobanillo, sírvanos, deja sacar, pues ha tomado marido, *que reina y ha de reinar.*

— Pues vemos lo que dio ella, ¿qué le ha de dar el Zagal? – Con su sangre la ha comprado. ¡Oh qué precioso caudal, y dichosa tal zagala, *que contentó a este Zagal!*

27. A uma professa[24]

Oh, que zagala ditosa de hoje um zagal desposar que reina e há de reinar!

Venturosa a sua sorte, pois mereceu tal Esposo! Eu, Gil, me sinto medroso, nem a ousarei mais olhar! Pois tal Esposo há tomado, *que reina e há de reinar!*

— Que lhe deu ela por dote, para viver a seu lado? – Um coração abrasado muito de boa vontade. – Só isso? É pouco pagar: que é Zagal muito formoso, *que reina e há de reinar!*

— Mais daria se tivera… – Rapaz, não sejas mesquinho! Dá-lhe o nosso cabazinho para o seu gosto tirar, porque hoje há tomado Esposo *que reina e há de reinar!*

— Já vimos o que deu a ela, e o Zagal como a prendou? – Com seu sangue a resgatou; que precioso cabedal! E que zagala ditosa, *que contenta a este Zagal!*

---

24. N.E.: Poema composto para a festa caseira de uma profissão religiosa. Dele se conserva um fragmento original no carmelo de Savona (Itália): o verso "Oh qué precioso caudal" e os dois seguintes.

— Mucho le debía de amar, pues le dio tan gran tesoro. – ¿No ves que se lo da todo, hasta el vestir y calzar? Mira que es ya su marido, *que reina y ha de reinar.*

— Bien será que la tomemos, para este nuestro rebaño, y que la regocijemos para ganar su amistad, pues ha tomado marido, *que reina y ha de reinar.*

— Pois deu tão grande tesouro, muito a deve ter amado… – Não vês que roupa e calçado e tudo mais lhe há de dar? Olha que é já seu Esposo, *que reina e há de reinar!*

— Para este nosso rebanho bem será que hoje a tomemos, e, alegres, a festejemos para seu amor ganhar, pois tomou tão grande Esposo, *que reina e há de reinar!*

28. En una profesión

¡Oh, qué bien tan sin segundo!
¡Oh casamiento sagrado! Que el
rey de la Majestad, haya sido el
desposado.

¡Oh, qué venturosa suerte os estaba aparejada, que os quiere dios por amada, y haos ganado con su muerte! en servirle estad muy fuerte, pues que lo habéis profesado, *que el rey de la majestad, es ya vuestro desposado.*

Ricas joyas os dará este esposo, rey del cielo, daros ha mucho consuelo, que nadie os lo quitará, y sobre todo os dará un espíritu humillado. Es Rey y bien lo podrá, *pues quiere hoy ser desposado.*

Mas os dará este Señor, un amor tan santo y puro, que podréis, yo os lo aseguro, perder al mundo el temor, y al demonio muy mejor porque hoy queda maniatado; *que el rey de la majestad, ha sido hoy el desposado.*

28. Numa profissão[25]

Oh, que bem tão sem segundo! Oh, casamento sagrado! O Rei dos Céus e da terra quis ser hoje desposado!

Oh, que venturosa sorte vos estava aparelhada! Deus que vos quis por amada vos ganhou com sua morte! Em servi-lo sede forte, porquanto o haveis professado. *Sim, que o Rei dos Céus e da terra é já vosso desposado.*

Ricas joias vos dará o Rei do Céu, vosso Esposo, e também consolo e gozo que ninguém vos tirará. Em vossa alma infundirá um espírito humilhado. *É Rei, bem o poderá, pois quer ser hoje o desposado.*

Dar-vos-á este Senhor um amor tão santo e puro, que podereis, asseguro, perder ao mundo o temor; e ainda mais ao tentador, porque ficou maniatado; *que o Rei do Céu e da terra hoje foi o desposado.*

---

25. N.E.: Poema composto para celebrar uma profissão no Carmelo. Do mesmo modo que fez no poema 25, a Santa desenvolve o motivo simbólico da parábola das "virgens prudentes" do Evangelho. A profissão religiosa é festa de bodas na comunidade.

29. Para una profesión

Todos los que militáis debajo desta bandera, ya no durmáis, no durmáis, pues que no hay paz en la tierra.

Si como capitán fuerte quiso nuestro dios morir, comencémosle a seguir, pues que le dimos la muerte, ¡oh, qué venturosa suerte se le siguió desta guerra! *Ya no durmáis, no durmáis, pues Dios falta de la tierra.*

Con grande contentamiento se ofrece a morir en cruz por darnos a todos luz con su grande sufrimiento. ¡Oh, glorioso vencimiento! ¡Oh, dichosa aquesta guerra! *Ya no durmáis, no durmáis, pues Dios falta de la tierra.*

No haya ningún cobarde, aventuremos la vida, pues no hay quien mejor la guarde que el que la da por perdida. Pues Jesús es nuestra guía y el premio de aquesta guerra, *ya no durmáis, no durmáis, porque no hay paz en la tierra*

29. Para uma profissão[26]

Vós todas que militais sob este pendão de guerra, ah, não durmais, ah, não durmais, porquanto não há paz na terra!

Nosso Deus, capitão forte, por nós se quis imolar. Comecemo-lo a imitar, pois lhe demos nós a morte. Oh, que venturosa sorte se lhe seguiu desta guerra! *Ah, não durmais, ah, não durmais, pois vai faltando Deus na terra!*

Com grande contentamento prestou-se a morrer na cruz, para dar a todos luz com seu atroz sofrimento. Oh, glorioso vencimento! Afortunada esta guerra! *Ah, não durmais, ah, não durmais, pois vai faltando Deus na terra!*

Não haja, entre vós, cobarde, aventuremos a vida, não há quem melhor a guarde que o que a deu por já perdida. Jesus comanda a investida, e prêmio será da guerra; *ah, não durmais, ah, não durmais, porquanto não há paz na terra!*

---

26. N.E.: Poema composto para celebrar uma profissão no Carmelo. No lugar do "motivo nupcial" de outros poemas semelhantes, desenvolve o simbolismo do combate. A profissão religiosa é militância debaixo da bandeira de Cristo. Provavelmente inspirado na Regra do Carmelo, que reporta por extenso o simbolismo militante das cartas de São Paulo. – Três versos deste poema estão conservados no original no carmelo de Savona (Itália): "por darnos a todos luz" e os dois versos seguintes.

Ofrezcámonos de veras a morir por Cristo todas, y en la celestiales bodas estaremos placenteras; sigamos estas banderas, pues Cristo va en delantera; *no hay que temer, no durmáis, pues que no hay paz en la tierra.*	Correi, corramos ligeiras a morrer por Cristo, todas, e nas celestiais bodas estaremos prazenteiras. Sigamos estas bandeiras, Cristo vai na frente à guerra! *Longe o temor! Ah! não durmais porquanto não há paz na terra.*

30. A la gala gala de la Religión

Pues que nuestro Esposo nos quiere en prisión, a la gala gala de la Religión.

¡Oh, qué ricas bodas ordenó Jesús! Quiérenos a todas y danos la luz; sigamos la cruz con gran perfección: *a la gala gala de la Religión.*

Este es el estado de Dios escogido, con que del pecado nos ha defendido; hanos prometido la consolación, si nos alegramos en esta prisión.

Darnos ha grandezas en la eterna gloria, si por sus riquezas dejamos la escoria que hay en este mundo y su perdición, *a la gala gala de la Religión.*

¡Oh, qué cautiverio de gran libertad! venturosa vida para eternidad; no quiero librar ya mi corazón, *a la gala gala de la Religión.*

30. A bela vida da Religião[27]

Pois que nosso Esposo nos quer em prisão, oh, que bela vida a da Religião.

Oh, que ricas bodas ordenou Jesus! Quer-nos a nós todas, e dá-nos a luz. Sigamos a Cruz, e com perfeição: *oh, que bela vida a da Religião.*

Este é nosso estado por Deus escolhido, com que do pecado nos há defendido; tem-nos prometido dar consolação, se nos alegrarmos em nossa prisão.

Na suprema glória dar-nos-á grandezas; e eternas riquezas, em troca da escória mundana e ilusória, que é só perdição; *oh, que bela vida a da Religião.*

Grande liberdade este cativeiro, viver prazenteiro para a eternidade! Dou-lhes de verdade todo o coração, *oh, que bela vida a da Religião.*

---

27. N.E.: Poema festivo para a profissão de uma jovem carmelita, que, ao professar, abraça a clausura perpétua. A clausura é prisão de amor.

31. Pues nos dais vestido nuevo

Pues nos dais vestido nuevo, Rey celestial, librad de la mala gente este sayal.

La Santa: Hijas, Pues tomáis la cruz, tened valor, y a Jesús, que es vuestra luz, pedid favor. El os será defensor en trance tal. *Todas: Librad de la mala gente este sayal.*

La Santa: Inquieta este mal ganado en la oración, el ánimo mal fundado en devoción; mas en Dios el corazón tened igual. *Todas: Librad de la mala gente este sayal.*

La Santa: Pues vinisteis a morir, no desmayéis, y de gente tan cevil no temeréis. Remedio en Dios hallaréis en tanto mal. *Todas: Pues nos dais vestido nuevo, Rey celestial, librad de la mala gente este sayal.*

31. Pois nos dais vestido novo[28]

Pois nos dais vestido novo, Rei celestial, livrai da praga importuna este saial.

A Santa: Filhas, pois tomais a Cruz, tende valor, e a Jesus que é vossa luz pedi favor. Será vosso defensor em transe tal. *Todas: Livrai da praga importuna este saial.*

A Santa: Inquieta este mal, durante nossa oração, ao ânimo vacilante na devoção. Mas em Deus o coração mantende igual. *Todas: Livrai da praga importuna este saial.*

A Santa: Pois por Deus morrer viestes, não desmaieis; e tal praga em vossas vestes não temereis. Remédio em Deus achareis a tanto mal. *Todas: Pois nos dais vestido novo Rei celestial, livrai da praga importuna este saial.*

---

28. N.E.: Poema jocoso, composto em 1563/1565, para ser cantado em dois coros, processionalmente. A Santa o escreveu ao adotar a vestidura dos pobres de então ("*jerga o sayal preto*" [burel ou saial preto]) para o hábito das monjas no carmelo recentemente fundado de São José. "*La mala gente*" é a possível e temível praga de parasitas que poderia hospedar-se no saial.

CERTAME
SOBRE AS PALAVRAS "BUSCA-TE EM MIM" E RESPOSTA A UM DESAFIO

Introdução

A própria Santa Teresa conta a história desta saborosa página sua: "Aí vão essas respostas, que enviei a meu irmão ao perguntar essa pergunta, e se reuniram para responder em São José [de Ávila] (e que lá o julgassem as monjas) os que aí vão. E o bispo achou-se presente, e mandou que o enviassem para que eu o julgasse, quando até para lê-lo não tinha cabeça", escreve a Maria de São José em 2 de março de 1577.

Na oração, ela ouvira as palavras "busca-te em mim", que remeteu a seu irmão Lorenzo de Cepeda para que as ruminasse. Ele o levou tão a sério que, sentindo-se incapaz de penetrar o seu sentido, recorreu ao conselho de seus amigos, promovendo uma séria e solene consulta, celebrada no locutório de São José, da qual participaram Julián de Ávila, Francisco de Salcedo, São João da Cruz e as monjas do convento. As respostas escritas foram enviadas à M. Teresa, que se encontrava em Toledo. Não se conserva nenhuma delas, exceto a de Lorenzo de Cepeda, mas se conserva o julgamento da Santa. Este escrito, no jargão literário de seu tempo, é intitulado "*vejamen*", traduzido por "certame".

A Santa formula ironicamente o seu juízo, tomando como base um critério original: "não tenho intenção de dizer melhor acerca do assunto do que foi dito" (resposta a Salcedo). Sua graça e ironia folgazã se desdobram em cada palavra. Antecede uma breve introdução e segue, em ordem, o ditado da sentença contra os quatro: Salcedo, Julián de Ávila, João da Cruz e Lorenzo de Cepeda.

Com exceção da resposta a Lorenzo (números 8-9), chegou até nós o texto autógrafo da Santa, conservado nas Carmelitas Descalças de Guadalajara. Sobre ele se baseia a nossa edição. Os últimos números (8-9) foram tomados da primeira edição do *Vejamen*, feita por Palafox no primeiro tomo das cartas da Santa (Zaragoza, 1658, p. 54-59), corrigida pelo manuscrito 12.674 da Biblioteca Nacional de Madri.

JHS

1. Se a obediência não me forçasse, certamente eu não responderia, nem admitiria a judicatura por algumas razões, ainda que não pela que dizem as irmãs de cá, que é meu irmão entrar entre os opositores que parece que a afeição há de fazer torcer a justiça: porque quero muito a todos, como quem me ajudou a levar meus trabalhos, que meu irmão chegou ao fim de beber o cálice, ainda que tenha alcançado alguma parte, e alcançará mais, com o favor do Senhor. Ele me dê graça para que não diga algo que mereça denúncia na Inquisição, segundo está a cabeça pelas muitas cartas e negócios que tenho escrito desde ontem à noite para cá. Mas a obediência tudo pode, e assim farei o que V. S. manda, bem ou mal. Desejo tenho tido de folgar-me um momento com os papéis, e não tem havido remédio.

De Francisco de Salcedo

2. Ao que parece, o mote é do Esposo de nossas almas, que diz: *Busca-te em Mim*. Pois é sinal de que erra o senhor Francisco de Salcedo em pôr tanto que Deus está em todas as coisas, que Ele sabedor é que está em todas as coisas.

3. Também diz muito de entendimento e de união. Já se sabe que na união o entendimento não obra: pois se não obra, como há de buscar? Aquilo que diz Davi: *Ouvirei o que Deus fala em mim*, contentou-me muito, porque isto de paz nas potências é muito de estimar, que entendo pelo povo. Mas não tenho intenção de dizer bem de coisa de que já falaram; e assim digo que não está bem, porque a letra não diz *ouçamos*, mas *busquemos*.

4. E o pior de tudo é que, se não se desdiz, terei de denunciá-lo à Inquisição, que está perto. Porque depois de vir todo o papel dizendo: isto é dito de São Paulo e do Espírito Santo, diz que assinou necedades. Venha logo a emenda; se não, verá o que acontece.

Certame sobre as palavras "Busca-te em mim" e resposta a um desafio

Do padre Julián de Ávila

5. Começou bem e acabou mal; e assim não se lhe há de dar a glória. Porque aqui não lhe pedem que fale como se juntam a luz incriada e criada, mas que nos busquemos em Deus. Nem lhe perguntamos o que sente uma alma quando está tão junta com seu Criador; e se está unida com Ele, como tem parecer de se diferenciar ou não? Pois não há ali entendimento para essas disputas, penso eu, porque, se houvesse, bem se poderia entender a diferença que há entre o Criador e a criatura. Também diz: "Quando está apurada". Creio eu que não bastam aqui virtudes nem apuração; porque é coisa sobrenatural e dada por Deus a quem quer; e se algo dispõe, é o amor. Mas eu lhe perdoo seus erros, porque não foi tão longo como meu Padre frei João da Cruz.

Do padre João da Cruz

6. Farto boa doutrina diz em sua resposta para quem quiser fazer os exercícios que fazem na Companhia de Jesus, mas não para nosso propósito. Caro custaria se não pudéssemos buscar a Deus senão quando estivéssemos mortos para o mundo. Não o estavam a Madalena, nem a Samaritana, nem a Cananeia, quando o acharam. Também trata muito de fazer-se uma mesma coisa com Deus em união; e quando isto vem a ser, e Deus faz esta mercê à alma, não dirá que o busquem, pois já o têm achado.

7. Deus me livre de gente tão espiritual, que de tudo quer fazer contemplação perfeita, dê no que der. Contudo, agradecemos por nos ter dado a entender tão bem o que não perguntamos. Por isso, é bom falar sempre de Deus, que de onde não pensamos nos vem o proveito.

Do Sr. Lorenzo de Cepeda, seu irmão

8. Tendo sido do senhor Lorenzo de Cepeda, a quem agradecemos muito suas *coplas* e resposta. Porque se disse mais do que entende, pela recreação que nos tem dado com elas, lhe perdoamos a pouca humildade em meter-se em coisas tão subidas, como diz em sua resposta; e pelo bom conselho que dá, de que tenham quieta oração (como se estivesse em sua

mão) sem lhe ser pedido; já sabe a pena a que se obriga quem isto faz. Praza a Deus que lhe pegue algo de estar junto ao mel, que farto consolo me dá, ainda que veja que teve farta razão de ter corrido. Aqui não se pode julgar melhoria, pois em tudo há falta sem fazer injustiça.

9. Mande V. S. que se emendem; que eu me emendarei, não parecendo a meu irmão pouco humilde. Todos esses senhores são tão divinos que perderam por carta demais; porque, como tenho dito, quem alcançar essa mercê de ter a alma unida consigo, não lhe dirá que o busque, pois já o possui. Beijo as mãos de V. S. muitas vezes pela mercê que me fez com sua carta. Para não cansar mais a V. S. com estes desatinos, não escrevo agora.

Indigna serva e súdita de V. S.

Teresa de Jesus

Introdução ao desafio

Trata-se de um brevíssimo escrito, espécie de versão literária para o campo divino, dos antigos torneios ou justas de cavalaria, muito em voga nos primeiros momentos da Reforma, e se tornou uma tradição prolongada, com variantes distintas, até nossos dias.

Um cavaleiro não fácil de identificar (talvez o padre Gracián, jovem noviço de Pastrana),[1] secundado por outros "cavaleiros e filhas da Virgem", envia um "cartel"[2] de desafio às monjas da Encarnação. Estas aceitam o desafio e respondem dispostas a entrar na liça, com algumas condições; entre elas, uma mudança tática de "armas" e que o "mantenedor"[3] não vire as costas, mas que desça à mesma arena em que elas estão.

Desconhecemos o texto do "cartel", mas sem dúvida incluía arrogantes e esforçadas penitências, alheias à discrição e ao estilo pedagógico teresiano. As respostas se situam em outra linha menos espetacular, mas mais autênticas. São 24: 22 delas correspondem a outras tantas monjas da Encarnação; a última, a mais humorística da série, é a resposta da madre priora, Teresa de Jesus; precede-a, alguns números antes (n. 25), um "aventureiro", que se dirige ao "mestre do campo", e com toda probabilidade oculta a figura de frei João da Cruz, então confessor do mosteiro. O escrito data, provavelmente, de final de 1572 ou princípios de 1573, quando ainda existem em Pastrana as duas comunidades de carmelitas.

Até o século XVIII o autógrafo da *Resposta* esteve conservado, em fragmentos, nos conventos de carmelitas descalças de Burgos e de Guadalajara. Perdido em data e circunstâncias desconhecidas, conserva-se uma cópia na Biblioteca Nacional de Madri, ms. 6615, feita do original já incompleto, como indica a mesma cópia no final da resposta de Maria de Tamayo: "Aqui termina a folha 2 do original e passa para a folha 8, onde se

---
1. Cf. José Vicente de la a Eucaristía em *Ephemerides Carmeliticae*, n. 14 (1963), p. 224. – Cf. também: Tomás Alvarez, "Una instantánea de dinámica comunitaria bajo la dirección de Santa Teresa y San Juan de la Cruz", *Monte Carmelo*, n. 97 (1989), p. 61-88.
2. Carta que se envia para desafiar alguém. (N.T.)
3. Diz-se do cavaleiro principal em torneios de justa. (N.T.)

vê o muito número de senhoras daquele religioso mosteiro, que, a exemplo de sua prelada Santa Teresa, entraram neste desafio espiritual".

    Só essa fração do texto original chegou até nós. Nós o publicamos segundo o mencionado manuscrito da Biblioteca Nacional de Madri.

Resposta a um desafio

1. Tendo visto o Cartel, pareceu que nossas forças não chegariam a poder entrar em campo com tão valorosos e esforçados cavaleiros, porque teriam certa a vitória, e nos deixaram totalmente despojadas de nossos bens; e até, porventura, acovardadas, para não fazer esse pouco que podemos. Visto isto, nenhuma assinou, e Teresa de Jesus menos que todas. Isto é grande verdade, sem ficção.

2. Acordamos em fazer onde nossas forças chegassem, e exercitadas alguns dias nessas gentilezas, poderia ser que com favor e ajuda dos que quisessem parte delas, daqui a alguns dias possamos firmar o Cartel.

3. Há de ser sob condição que o mantenedor não vire as costas, ficando metido nessas covas, senão que saia ao campo deste mundo onde estamos. Poderá ser que, vendo-se sempre em guerra, onde há mister não separar-se das armas, nem descuidar-se, nem ter um tempo para descansar com segurança, não esteja tão furioso; porque vai muito de um ao outro, e do falar ao obrar, que um pouco entendemos da diferença que há nisto.

4. Saia, saia dessa deleitosa vida ele e seus companheiros: poderá ser que tão depressa estejam tropeçando e caindo, que seja preciso ajudá-los a levantar; porque terrível coisa é estar sempre em perigo, e carregados de armas, e sem comer. Porque o mantenedor proveu tão abundantemente disto, com brevidade envie o mantimento que promete; porque ganhando-nos por fome, ganhará pouca honra e proveito.

5. Qualquer cavaleiro ou filhas da Virgem, que cada dia rogarem ao Senhor, que tenha em sua graça a irmã Beatriz Juárez, e a dê a ela para que não fale sem advertência, e encaminhado para sua glória, lhe dá dois anos dos que mereceu curando enfermas bastante trabalhosas.

6. A irmã Ana de Vergas diz que, se os ditos cavaleiros e irmãos pediram ao Senhor que tire dela uma contradição que tem, e lhe dê humildade, que lhes dará todo o mérito que disso ganhar, se o Senhor lhe der.

7. A madre superiora diz que peçam ao Senhor os ditos lhe tirem sua vontade própria, e lhes dará o que tiver merecido em dois anos: chama-se Isabel de la Cruz.

8. A irmã Sebastiana Gómez diz que qualquer dos ditos que olhar o crucifixo três vezes ao dia pelas três horas que o Senhor esteve na cruz, e lhe alcançar que possa vencer uma grande paixão que lhe atormenta a alma, aplica a eles o mérito que ganhar (se o Senhor lho concede) do vencimento dela.

9. A madre Maria de Tamayo dará a qualquer dos ditos que rezar cada dia um Pai-Nosso e Ave-Maria, para que o Senhor lhe dê paciência e conformidade para sofrer a enfermidade, e dará a terça parte que nela padece no dia em que o rezarem; e é gravíssima, que não pode falar há mais de um ano.

10. A irmã Ana de la Miseria dará a quem dos cavaleiros e filhas da Virgem que, considerando a pobreza em que Jesus Cristo nasceu e morreu, lhe pedir que espiritualmente lhe dê a que prometeu a Sua Majestade, diz que lhe dará todo o mérito que tiver diante do Senhor, pesando-lhe das faltas que faz em seu serviço.

11. A irmã Isabel de Santángelo, a quem dos cavaleiros e filhas da Virgem acompanhar o Senhor nas três horas em que esteve vivo na cruz e lhe alcançar de Sua Majestade que lhe dê graça de guardar os três votos com perfeição, dá parte dos trabalhos de alma que tem tido.

12. A irmã Beatriz Remón diz que dá a qualquer irmã ou filha da Virgem um ano do que merecer, se cada dia pedir para ela humildade e obediência.

13. A irmã Maria de la Cueva dá a qualquer cavaleiro ou filha de Nossa Senhora três anos do que tem merecido (eu sei que é farto, porque passa grandes trabalhos interiores) a quem pedir por ela em fé e luz, cada dia, e graça.

14. A irmã Maria de São José diz, dará um ano do que tem merecido a qualquer dos ditos que pedir para ela ao Senhor humildade e obediência.

15. A irmã Catalina Alvarez diz que dá a quem pedir ao Senhor para ela conhecimento próprio, um ano dos que tem padecido, que é farto.

Certame sobre as palavras "Busca-te em mim" e resposta a um desafio

16. A irmã Leonor de Contreras diz que a qualquer cavaleiro ou irmã que pedir a Nossa Senhora que lhe alcance graça de seu Filho para que o sirva e persevere, que rezará por ele três Salves cada dia enquanto viver, e assim hão de pedir por ela cada dia.

17. A irmã Ana Sánchez diz que a qualquer cavaleiro ou filha da Virgem, que pedir cada dia ao Senhor que lhe dê seu amor, rezará por ele cada dia três ave-marias à pureza de Nossa Senhora.

18. A irmã Maria Gutiérrez diz que dará a qualquer dos ditos parte de tudo o que merecer diante do Senhor, a quem lhe pedir amor de Deus perfeito, e que persevere.

19. A irmã Maria Cimbrón diz que tenham parte no que padecer os ditos, para que cada dia peçam bom fim para ela; e está há muito sem poder se mexer da cama, e bastante no fim.

20. A irmã Inés Díaz diz que dará a qualquer dos ditos que pedirem para ela parte do sentimento que a Virgem teve ao pé da Cruz, que rezará cada dia cinco pais-nossos e ave-marias, se cada dia o pedirem.

21. A irmã Joana de Jesus diz que a qualquer dos cavaleiros e irmãs ditas que pedir ao Senhor cada dia contrição de seus pecados, lhes dá parte dos muitos trabalhos e afrontas que por eles tem padecido, que certamente são fartos.

22. A irmã Ana de Torres diz que dará aos ditos o que merecer neste ano, para que lhe peçam cada dia, que pelo tormento que padeceu quando o encravaram, dê a ela graça para que acerte a servi-lo, e obediência.

23. A irmã Catalina de Velasco diz que a qualquer dos ditos que pedir ao Senhor, pela dor que passou quando o encravaram na cruz, que lhe dê graça com que não o ofenda, e que nossa Ordem vá aumentando, lhe dá dos momentos que está com Nossa Senhora cada dia: são certamente fartos.

24. A irmã Jerónima de la Cruz diz que a qualquer dos ditos que pedir para ela humildade e paciência, e luz para servir ao Senhor, rezará por eles três credos cada dia, e um ano dos trabalhos que tem padecido. Pode ser pedido cada dia.

25. Um aventureiro diz que, se o mestre de Campo lhe alcançar do Senhor a graça de que tem mister para que perfeitamente o sirva em tudo o que a obediência lhe mandar, diz que lhe dará todo o mérito que neste ano ganhar servindo-o nela.

26. A irmã Estefanía Samaniego diz que qualquer cavaleiro e filhas da Virgem que pedir a nosso Senhor que o sirva, e não o ofenda, e lhe dê fé viva e mansidão, que rezará por ele cada dia a oração do nome de Jesus e os méritos de um ano das enfermidades e tentações que tem passado.

27. A irmã Antônia de Aguila diz que qualquer cavaleiro e filhas da Virgem, que cada dia se lembrar de suas angústias, cada dia um tempo, e lhe pedir remédio para uma necessidade grande que tem em sua alma, e a vida de nossa madre priora Teresa de Jesus, para aumento de nossa Ordem, lhe dá a terça parte de seus trabalhos e enfermidades por toda a sua vida.

28. Teresa de Jesus diz que dá a qualquer cavaleiro da Virgem, que fizer só um ato cada dia, determinado a sofrer toda a sua vida um prelado muito néscio e vicioso e comilão e mal acondicionado, no dia em que fizer, lhe dá a metade do que merecer naquele dia, assim na comunhão como em fartas dores que traz: enfim em tudo, que será farto pouco. Há de considerar a humildade com que esteve o Senhor diante dos juízes, e como foi obediente até a morte de cruz. Este contrato é por um mês e meio.

PENSAMENTOS, APONTAMENTOS, MEMORIAIS

Introdução

Reunimos nesta seção uma série de escritos menores da Santa: apontamentos ocasionais, cartas de pagamento ou de poder, memoriais, escritos oficiais. São poucos os que chegaram autógrafos até nós, mas todos oferecem garantias de autenticidade. Ao pé da página correspondente indicamos a fonte da qual tomamos o texto. Não seguimos uma ordem especial, temática ou cronológica. Precedem, em geral, os apontamentos pessoais e seguem os escritos de caráter mais oficial.

1. A caridade, verdadeiro martírio[1]

Aprendei de mim, que sou manso e humilde.

S. Crisóstomo: O martírio é perfeito não só quando se derrama sangue, mas o martírio consiste também na verdadeira abstinência dos pecados e no exercício e guarda dos mandamentos de Deus. Também faz mártir a verdadeira paciência nas adversidades.

O que dá valor à nossa vontade é juntá-la com a de Deus, de maneira que não queira outra coisa senão o que Sua Majestade quiser.

Glória é ter esta caridade em perfeição.

---

1. Está conservado em Medina del Campo. Escrito numa folha em branco do Breviário que a Santa usava.

2. Comunhão no dia da profissão e tomada de hábito[1]

No dia da profissão e hábito, é constituição das antigas que as irmãs que o tiverem recebido comunguem.

---

1. Autógrafo nas Carmelitas de Salamanca.

3. Remédio para perseguições e injúrias[1]

Considerar que primeiro a fazem a Deus que a mim; porque quando chega a mim o golpe, já está dado a esta Majestade pelo pecado.

E também, que o verdadeiro amador já há de ter feito concerto com seu Esposo de ser totalmente seu, e não querer nada de si, pois se Ele o sofre, por que não o sofremos nós? O sentimento havia de ser pela ofensa de Sua Majestade, pois a nós não nos toca na alma, senão nesta terra deste corpo, que tão merecido tem o padecer.

Morrer e padecer hão de ser nossos desejos.

Ninguém é tentado mais do que o pode sofrer.

Não se faz coisa sem a vontade de Deus. Pai meu, carro sois de Israel e guia dele, disse Eliseu a Elias.

---

1. Ms. 12.763 da Biblioteca Nacional de Madri.

4. A confissão[1]

Antíoco trazia tão mau odor dos pecados muitos que tinha, que nem ele podia sofrer a si, nem os que iam com ele a ele.

A confissão é para dizer culpas e pecados e não virtudes, nem coisas semelhantes de oração, se não for com quem se entenda que se pode tratar, e isto veja a priora, e a monja lhe diga a necessidade, para que veja o que convém; porque diz Cassiano que o que não sabe é como o que não viu nem soube que os homens nadam, que pensará, se os vê lançar no rio, que todos hão de se afogar.

Que quis nosso Senhor que José dissesse a visão a seus irmãos, e se soubesse, ainda assim custaria tão caro a José como lhe custou.

Como o temor que a alma sente quando Deus lhe quer fazer uma grande mercê, se entende que é reverência que o espírito faz, como os vinte e quatro velhos que diz a Escritura.

Como não há pecados se não se entendem, que assim não deixou pecar com a mulher de Abraão aquele rei, Nosso Senhor, porque pensava que era irmã e não mulher.

---

1. *Cartas de Santa Teresa de Jesús*, Edición de Antonio de San José, t. IV, Madrid, 1771, p. 498.

5. Os anjos e as inspirações[1]

Como se pode entender quando as potências estão suspensas que se representam à alma algumas coisas para encomendá-las a Deus, que as representa algum anjo, pois se diz na Escritura que estava incensando e oferecendo as orações.

---

1. Cópias em Toledo e Ávila, na lista das *Mercedes de Dios*.

6. Suas devoções particulares[1]

Nosso pai Santo Alberto, São Cirilo, todos os santos de nossa Ordem, os anjos, e o de minha guarda, os patriarcas, São José, Santa Maria Madalena, os dez mil mártires, São João Batista, São João Evangelista, São Pedro e São Paulo, Santo Agostinho, São Domingos, São Jerônimo, o Rei Davi, São Francisco, Santo André, São Bartolomeu, o Santo Jó, São Gregório, Santa Clara, Santa Maria Egipcíaca, Santa Catarina de Sena, Santa Catarina mártir, Santo Estevão, São Hilarião, São Sebastião, Santa Úrsula, Santa Ana, Santa Isabel de Hungria, o santo da sorte, Santo Ângelo.

---

1. O P. Ribera transcreve a cópia dos santos de especial devoção da Santa, segundo a lista *original* "que ela trazia escrita" (*Vida de la Madre Teresa de Jesús*, Salamanca, 1590, p. 425). É duvidoso se o primeiro da lista é São José ou Santo Alberto.

7. Carta de pagamento outorgada por dona Teresa de Ahumada a favor de Alonso Rodriguez (22.11.1561)[1]

Saibam quantos esta carta de pagamento virem como eu, dona Teresa de Ahumada, monja professa no mosteiro de nossa Senhora da Encarnação, extramuros da mui nobre cidade de Ávila, outorgo e conheço por esta presente carta que recebo de vós, Alonso Rodríguez, vizinho da cidade de Trujillo destes reinos de Espanha, cem pesos de ouro, de vinte e dois quilates e dois gramas, que Lorenzo de Cepeda, meu irmão, vizinho da cidade de Quito, que fica nas províncias do Peru, vos deu para que me désseis. Dos quais me dou por contente e paga e entregue ante vossa mercê, porque os recebi realmente, com efeito, em dinheiro contado. De tudo o que me dou e outorgo por bem contente, paga e entregue de toda a minha vontade. Sobre o qual renuncio e aparto de meu favor a lei de *innumerata pecunia*, de não ter visto, contado nem presenciado o erro da conta e todo dolo e mau engano e as demais leis do direito que neste caso falam, uma em que diz que o escrivão e testemunhas da carta devem ver fazer o pagamento em dinheiro, ouro ou prata, ou coisa que valha, e a outra lei em que diz que todo homem seja tido e obrigado a provar o pagamento que fizer, até dois anos, salvo se o que recebe o pagamento renunciar a ele. E assim renuncio a elas, e nomeadamente prometo delas aqui renúncia... e não vos serão pedidos nem demandados por mim nem por outro de maneira alguma, sob pena de vo-los devolver com o cobro e custas, e assim a o ter, guardar, cumprir, manter e ter por firme, segundo o direito. E obrigo minha pessoa e bens, de qualquer qualidade que os haja ou tenha, e dou poder completo a todas as justiças e juízes destes reinos, e a cada um deles, à jurisdição das quais me submeto, renunciando, como renuncio, a meu próprio foro, jurisdição, domicílio e privilégio da lei *si convenerit, de jurisdictione omnium judicum*, que assim mo façam cumprir por todo o rigor e prêmio de direito, que assim e tão completamente como se o levasse por

---

1. Alonso Rodriguez é um dos amigos de Lorenzo de Cepeda em Quito. Trouxe à Santa dinheiro da parte deste último. Na carta de 23.12.1561 ela escrevia a Lorenzo: "Rodríguez también vino acá y lo hizo harto bien". – O original está conservado nas Carmelitas Descalças de Yepes (Toledo): cf. BMC, t. 7, p. 417-418.

sentença definitiva de juiz competente, passada em autoridade de coisa julgada, de que não houvesse lugar, apelação nem súplica, nem outro remédio algum. Sobre o qual renuncio e aparto de meu favor todas e quaisquer leis, foros, direitos, ordenamentos reais e municipais e do reino, feitos e por fazer; e a lei e direito em que diz que renúncia de leis em geral não vale. Em testemunho e firmeza do que, eu outorgarei o conteúdo, da maneira que está dito, ante Pedro de Villaquirán, escrivão público de número de Ávila, e das testemunhas abaixo escritas. Que foi feita e outorgada na dita cidade de Ávila aos vinte e dois dias do mês de novembro de mil e quinhentos e sessenta e um ano, estando presentes como testemunhas os senhores Juan de Ovalle e Juan de Tobar, vizinhos de Ávila; Alonso Revollo, vizinho de Trujillo, estantes[2] nesta dita cidade de Ávila.

E para maior firmeza, a dita outorgante, à qual dou fé eu, Pedro de Villaquirán, diante de quem esta carta passou, conheço e que a firmou com seu nome.

Dona Teresa de Ahumada

Passou diante de mim, Pedro de Villaquirán, escrivão público.

---

2. N.T.: *Estantes*: residentes.

JHS
8. Petição aos senhores do concelho (Ávila 05.12.1563)[1]

1. Mui ilustres senhores: Como nos informamos, não causavam nenhum dano ao edifício da água estas ermidas que aqui foram feitas, e a necessidade era muito grande, nunca pensamos (visto vossas senhorias a obra que está feita, que só serve de louvor do Senhor e ter nós algum lugar apartado para oração) que desse pena a vossas senhorias; pois ali particularmente pedimos a nosso Senhor a conservação desta cidade no seu serviço.

2. Visto que vossas senhorias o tomam com desgosto (do que todas estamos penadas), suplicamos a vossas senhorias que o vejam; e estamos aparelhadas a todas as escrituras e fianças e censo que os letrados de vossas senhorias ordenarem, para segurança de que em nenhum tempo virá dano, e a isto sempre estivemos determinadas.

3. Se com tudo isto vossas senhorias não se satisfazerem, que muito de boa hora se retire, vendo vossas senhorias primeiro o proveito e não o dano que faz; pois preferimos que vossas senhorias não estejam descontentes, que todo o consolo que ali se tem, ainda que seja espiritual, nos dará pena carecer dele.

4. Nosso Senhor guarde e conserve sempre em seu serviço as mui ilustres pessoas de vossas senhorias, amém.

Indignas servas, que as mãos de vossas senhorias beijam,

As pobres Irmãs de São José

---

1. O original está conservado nas Carmelitas Descalças de Medina del Campo.

JHS
9. Carta de pagamento a Juan de San Cristobal
(Ávila 09.04.1564)[1]

Hoje, domingo de Quasimodo deste ano de 1564, se concertou entre Juan de San Cristóbal e Teresa de Jesus a venda desta cerca do pombal em cem ducados livres de décima e alcavala. Ser-lhe á dado desta maneira: os dez mil maravedis logo, e os dez mil para a páscoa do Espírito Santo; o demais para São João deste presente ano.

Porque é verdade o firmo.

Teresa de Jesus

---

1. O autógrafo está nos Padres Carmelitas de Ávila.

10. Poder para tramitar a fundação de Toledo
(Valladolid, 7.12.1568)[1]

1. Digo eu, Teresa de Jesus, priora de São José de Ávila, que, porquanto o reverendíssimo geral, o mestre frei Juan Bautista Rubeo, me deixou muito bastantes patentes para fundar e admitir mosteiros desta primeira e sagrada Ordem de nossa Senhora do Monte Carmelo, sendo eu informada como nessa cidade de Toledo, movidos pela graça do Senhor e ajudados pela sagrada Virgem Patrona nossa, querem fazer uma esmola de uma casa da dita Ordem, com igreja e quatro capelães e tudo o demais que for mister para o serviço da igreja e entendendo eu que há de ser nosso Senhor servido e louvado nisto: por esta, firmada por meu nome, digo que a admito como obra de tanta caridade e esmola.

2. E, caso haja mister de tratar algumas coisas para este concerto, como costuma acontecer, digo que, se o padre prepósito e o padre Pablo Hernández quiserem fazer-me esta caridade de se ocuparem nisto, desde agora me obrigo a cumprir tudo o que suas mercês concertarem; e, se não quiserem, a quem eles nomearem, para que não se deixe de ocupar no negócio enquanto o Senhor for servido que eu vá a essa terra.

3. E porque isto é minha vontade, por esta, firmada com meu nome, digo que o cumprirei.

Data em Valladolid, aos 7 dias do mês de dezembro de 1568.

Teresa de Jesus Priora de São José de Ávila, Carmelita

---

1. Poder dado pela Santa aos padres Prepósito (Luis de Gusmán) e Pablo Hernández, para tramitar e aceitar a fundação de Carmelitas Descalças em Toledo, que ela mesma realizará no ano seguinte. Tomamos o texto da BMC, t. 5, p. 411.

11. Promessa de Escritura (Toledo, 11.08.1570)[1]

Digo eu, Teresa de Jesus, carmelita, que porquanto o padre dom Luís, prepósito da Companhia de Jesus, concertou com o senhor Diego de San Pedro de Palma o que havia de dar em esmola a esta casa, por razão de terem entrado aqui para monjas suas filhas, que por esta, firmada com meu nome, outorgarei, eu e as monjas desta casa, as escrituras necessárias a contento de seu letrado, para a renúncia tocante às legítimas de suas filhas do Senhor Diego de San Pedro.

Data em São José de Toledo, aos onze dias do mês de agosto, ano de 1570.

Teresa de Jesus, Carmelita

---

1. Dom Luís é o padre Luis de Guzmán, presente no documento anterior. As duas filhas de Diego de san Pedro de Palma são Juana del Espírito Santo e Inés de la Palma, que entraram no Carmelo de Toledo em julho de 1570. Cf. BMC, t. 5, p. 449.

JHS
12. Renúncia à Regra mitigada e patente de conventualidade (julho-outubro de 1571)[1]

Digo eu, Teresa de Jesus, monja de nossa Senhora do Carmo, professa na Encarnação de Ávila e agora estou presente em São José de Ávila, aonde se guarda a primeira regra, e até agora eu a tenho guardado aqui com licença de nosso reverendíssimo padre geral frei João Batista, e também ma deu para que, ainda que me mandassem os prelados tornar à Encarnação, ali a guardasse, é minha vontade guardá-la toda a minha vida, e assim o prometo, e renuncio a todos os breves que tenham dado os Pontífices para a mitigação da dita primeira regra, que com o favor de nosso Senhor penso e prometo guardá-la até à morte.

E porque é verdade firmo com o meu nome.

Data aos 13 dias do mês de julho, ano de 1571.

Teresa de Jesus Carmelita

Presens fui: O mestre Daza.

Fr. Marianus de Sto. Benedicto, presens fui.

Presens fui: Francisco de Salcedo.

Achei-me presente: frei Joan de la miséria.

Presens fui: Julián Dávila.

Eu, frei Pedro Fernández, comissário apostólico na província de Castela da Ordem do Carmo, aceito a dita renúncia a pedido da dita madre, como prelado dela, e a retiro da conventualidade da Encarnação e faço conventual dos conventos da primeira regra, e agora a assinalo e faço conventual do mosteiro de descalças de Salamanca, e por qualquer via que acabe o ofício de priora da Encarnação que no presente tem, a revogo do dito mosteiro e a faço moradora do dito mosteiro de Salamanca, e durante

---
1. O autógrafo nas Carmelitas Descalças de Calahorra.

o dito ofício também quero que, quanto à conventualidade, pertença ao dito mosteiro de Salamanca, ainda que por isto não lhe retiro o ofício de priora da Encarnação, que bem pode ser pertencendo a sua conventualidade a Salamanca. E se acaso a Ordem do Carmo tenha lei em contrário, para esta vez eu a revogo e por minha autoridade faço o dito.

Data em Medina, aos 6 de outubro de 1571 anos.

Frei Pedro Fernández, Comissário Apostólico

13. Carta de poder à Madre Ana de Santo Alberto e a frei Ambrósio de São Pedro, para admitir a fundação do mosteiro de Caravaca (Sevilha, 24.11.1575)[1]

Saibam quantos esta carta virem como eu, sor Teresa de Jesus, monja professa da Ordem de nossa Senhora do Carmo desta cidade de Sevilha, fundadora dos mosteiros de monjas descalças da dita Ordem na Andaluzia e Castela, em nome e em bendição e por virtude do poder que dele tenho, do reverendíssimo padre frei João Batista Rubeo de Rávena, geral da dita Ordem, residente na corte romana, outorgo e conheço que dou todo o meu poder completo, quão bastante de direito se requer, a sor Ana de Santo Alberto, monja professa da dita Ordem, residente neste mosteiro de S. José de Sevilha da dita Ordem, e ao reverendo padre frei Ambrósio de S. Pedro, vigário do mosteiro de nossa Senhora do Carmo de Almodóvar do Campo, e a ambos os dois juntamente e a cada um deles por si *in solidum*, especialmente, para que por mim e em meu nome como tal fundadora possam admitir um mosteiro da dita Ordem de nossa Senhora do Carmo das ditas monjas descalças, da invocação de São José, na vila de Caravaca. E sobre razão do sobredito e para o dito efeito, podem admitir a renda ou rendas que para o dito mosteiro está dado e se der por dita escritura, e sobre isso e cada coisa disso possa fazer e outorgar diante de qualquer escrivão as escrituras que em razão disso convenham e lhes forem pedidos e demandados, nas forças e firmezas necessárias, as quais façam e outorguem conforme uma instrução e memória que para o dito efeito levam assinatura de meu nome, e não cedendo nada nela contido. E tudo valha como se eu o fizesse e outorgasse e estivesse presente à sua outorga, que para isso e o insedente a isso lhes dou tão pleno poder como eu tenho e por direito se requer, com insedências e dependências, anexidades e conexidades, com livre e geral administração, e os recebo segundo direito e prometo cumpri-lo; e para firmeza disso obrigo os bens e rendas deste dito mosteiro havido ou por haver, e se for necessário, renuncio às leis dos imperadores Justiniano e

---

1. O original no Ajuntamento de Caravaca.

Beliano, e Leis de Toro,[2] que são em favor das mulheres, que não me valham nesta razão, porquanto o escrivão abaixo escrito me apercebeu delas, em especial e por carta.

Em Sevilha, no locutório do dito mosteiro de São José, quinta-feira, vinte e quatro dias do mês de novembro de mil e quinhentos e setenta e cinco anos. E a dita outorgante o firmou com seu nome, e foram testemunhas que disseram que a conheciam e sabem que é a própria outorgante desta dita escritura e que se chama assim como acima foi nomeado Juan de Ovalle, vizinho da vila de Alba, estante nesta dita cidade, e um homem que se disse chamar pelo nome de Hernán Rodrigues, vizinho que disse ser da dita vila de Alba, presentes, que o juraram na forma do direito.

Testemunhas: Diego de Scobar e Sebastián de Acevedo, escrivães de Sevilha.

Juan de Lunera del Pazo, escrivão público de Sevilha, a fiz escrever e fiz aqui meu sinal. [Rubrica]

---

2. N.T.: São o resultado das atividades legislativas dos reis católicos nas *Cortes* reunidas na cidade de Toro, em 1505.

14. Carta da irmandade das descalças às jerônimas de Toledo (17.08.1576)[1]

In Dei nomine, amen.

Nós, Teresa de Jesus, madre fundadora do mosteiro de são José de Toledo, da primeira regra de nossa Senhora do Carmo, e Ana de los Angeles, priora do dito mosteiro, e todo o convento e religiosas dele, de comum consentimento. Lembrando-nos da muita devoção e amor espiritual que a mui magnífica e reverenda madre priora e monjas do mosteiro do glorioso são Paulo de Toledo, da Ordem do bem-aventurado senhor são Jerônimo, e a senhora Costanza de la Madre de Dios tiveram e têm a esta nossa casa e às religiosas dela, acordamos que era bom, para que este amor e caridade fosse aumentado, que entre os ditos dois mosteiros se fizesse irmandade espiritual. E assim pela presente dizemos que fazemos irmandade com o dito mosteiro do glorioso são Paulo, e lhes comunicamos participação em todos os bens espirituais, a saber: orações, Vigílias, jejuns, abstinências, disciplinas, trabalhos, asperezas e quaisquer outros bens e exercícios espirituais e corporais que o dador de todos os bens, Jesus Cristo nosso Senhor, der a todas as religiosas deste dito mosteiro para fazer. E além disto queremos e é nossa vontade que cada vez e quando for notificado a este dito mosteiro o falecimento de qualquer religiosa professa do dito mosteiro de são Paulo, que cada uma de nós e das que depois de nós forem, para sempre jamais, diremos e rezaremos por sua alma, uma vez, os sete salmos penitenciais com sua ladainha. E elas sejam obrigadas a fazer o mesmo por nós. E para que isto tenha perpétua memória, queremos que esta carta, firmada com nossos nomes, seja enviada ao dito mosteiro do senhor são Paulo, do qual recebemos outra sua. Data aos dezessete dias do mês de agosto, ano do nascimento de nosso Salvador Jesus Cristo, de mil e quinhentos e setenta e seis anos.

Ana de los Angeles, Priora – Teresa de Jesús – María de San Angelo, Carmelita – Ana de la Madre de Dios – Petronila de San Andrés – María del Nacimiento – María de los Mártires – Guiomar de Jesús, Carmelita – Francisca de San Alberto – Juana del Espíritu Santo

---

1. O original nas Carmelitas Descalças de Cuerva (Toledo).

15. Licença para que professem três descalças de Caravaca
(Ávila, 30.4.1579)[1]

Pelo poder que tenho do padre Visitador Apostólico, o mestre frei Jerónimo Gracián de la Madre de Dios, dou licença à madre priora de São José de Caravaca, Ana de San Alberto, para que dê a profissão às irmãs Florencia de los Angeles e Inés de san Alberto e Francisca de la Madre de Dios; e a elas, para que a façam.

Praza ao Senhor que seja para a sua glória e honra, e as faça tais quais convém para ser filhas da Virgem, Senhora e Patrona nossa, amém.

Data em São José de Ávila, aos 30 dias de abril, ano de 1578.

Teresa de Jesus Carmelita

---

1. Autógrafo nos Carmelitas Descalços de Veneza.

16. Memória sobre a fundação de São José de Ávila (janeiro-fevereiro de 1581)[1]

Fundou-se esta casa de São José de Ávila, ano de 1562, no dia de São Bartolomeu. É a primeira que a madre Teresa de Jesus fundou, com ajuda de dona Aldonza de Guzmán e dona Guiomar de Ulloa, sua filha, em cujo nome se trouxe o Breve da fundação; ainda que elas gastassem pouco, pois não o tinham. Foi mister ser em seu nome; para que não se entendesse que o fazia a Madre Teresa de Jesus no mosteiro aonde estava; e porque a Ordem não o admitia, sujeitou-se ao Ordinário. Era então o reverendíssimo senhor dom Álvaro de Mendoza, e quando esteve em Ávila, favoreceu muito e dava sempre pão e medicamentos e outras muitas esmolas. Quando quis sair de Ávila para ser bispo de Palencia, ele mesmo procurou que déssemos obediência à Ordem, porque lhe pareceu ser mais serviço de Deus, e todos o quisemos. Está bem feito; fará quase três anos e oito meses. Tem-se vivido de pobreza até agora com a ajuda que sua senhoria fazia, e Francisco de Salcedo, que tenha glória, Lorenzo de Cepeda, que esteja em glória, e outras muitas pessoas da cidade, e fez-se igreja e casa, e comprou-se sítio.

---

1. Foi enviada pela Santa ao Capítulo de Alcalá (março de 1581), no qual devia ser erigida a sua reforma em província à parte, e havia de ser fixado o texto das Constituições. – Tomamos o documento da antiga edição das *Cartas* da Santa, t. IV (Madri, 1771), p. 495-496).

17. Instrução da madre Teresa de Jesus para a madre priora de Sória (Sória, agosto, 1581) [1]

O que se há de fazer nesta casa de coisas obrigatórias.

1. Para o locutório faça um marco, com suas portas, para cravar os véus à maneira de encerados, como está em outras partes. Este marco há de ter umas varetas de lança delgada, ou outra coisa semelhante, tão miúdas que nenhuma mão caiba entre elas. Este encerado há de ter chave, que a madre priora tenha, e jamais abri-la, se não for com as pessoas que diz a Constituição, pais e mães e irmãos, e isto se guarde com todo rigor; e há de estar apartado da de ferro pouco menos de meia vara.

2. No coro alto se ponham outros marcos com seus véus e chave; varetas não, salvo no coro baixo, que as ponham como no locutório. As grades, como tenho dito, cada uma como a metade das que estão postas, e se ponha outra na metade, e por causa do altar tenho por melhor que se acrescentem.

3. O coro alto e baixo seja entijolado, e se faça a escada como tenho concertado com Vergara.

4. Nas janelas que ficam na sala grande, aonde diziam missa, e as demais daquele quarto, ponham seus marcos com vidraça, que importa muito, e – se possível – uma grade no coro alto; porque embora esteja alta, para um mosteiro não se sofre estar sem grade. Na debaixo, se eu puder deixá-la posta (já estão feitas as varetas), hão de ser seis.

5. A roda, de maneira alguma se ponha no lado em que está a janela de comungar, por causa do altar, senão no outro canto.

6. Façam o confessionário aonde melhor lhes parecer, com ralo de ferro e véu cravado.

7. Já se sabe que a madre priora há de ter a chavezinha do comungatório; e, se houver roda, encarrego a consciência da madre priora que para nenhuma coisa se abra senão para comungar.

---

1. Autógrafo na "Biblioteca de Catañuña" (Barcelona), ms. 3363.

8. Na janela que há de ficar na frente do coro, no corredor, se colocará grade, e seja estreita e comprida.

9. As chaves das janelas que são para falar com a senhora dona Beatriz, a madre priora sempre tenha, e ponham-se uns véus, porque, se alguma de suas criadas acertar a vir, a possam admitir.

10. Pelas patentes que tenho de nosso padre provincial, ponho todas as penas e censuras que posso para que a nenhuma pessoa se fale por ali, se não for à sua mercê e à senhora dona Leonor e, alguma vez, à senhora dona Elvira, mulher do senhor dom Francês. Sejam poucas, porque seu traje não pode agora ser senão como de recém-casada, que a senhora dona Leonor antes se edificará, como o fez até aqui.

11. Em tudo o que se puder servir à senhora dona Beatriz e dar-lhe contento, é muita razão que se faça, que sua mercê antes ajudará a religião, que quererá que se quebrante. Sempre que se tomar alguma monja, seja com seu parecer; porque desta sorte não errarão, e em qualquer negócio que se tenha de tratar com os de fora, que seja de importância.

12. Nas janelas que dão para a horta se ponham grades que não possam passar a cabeça; enquanto não puderem de ferro, de pau, o mais depressa que puderem.

13. Procure com diligência que se façam celas como as temos traçado, pois a senhora dona Beatriz gosta disso e nos faz esta mercê. Não haja descuido, pois importa tanto à religião, que até estarem feitas não pode haver muito concerto, como vossa reverência sabe, e não durmam nem estejam nelas até que estejam muito secas, de maneira alguma; nem nos coros quando forem entijolados, ainda que o alto esteja bom, e há inconvenientes de estar assim, em especial o do fogo.

14. Não se descuide de trazer a fonte, pois já está tratado, e o faz de bom grado.

15. Sempre, depois que saírem das matinas, se acenda uma lamparina que chegue até de manhã; porque é muito perigo ficar sem luz, por muitas coisas que podem acontecer, que uma candeia com pavio fino é de muito pouco custo, e muito o trabalho que, se uma irmã se acidenta, será

encontrar-se às escuras. Isto peço muito à madre priora que não se deixe de fazer.

16. Guarde-se este papel para mostrá-lo quando o padre provincial vier para a visita, para que sua paternidade veja se foi cumprido.

Teresa de Jesus

18. Rejeita uma capelania[1]

1. Porque se torce a vontade do senhor Francisco de Salcedo de tudo em tudo, porque eu sei bem que todo o seu intento era dar autoridade a essa igreja, e que jamais deixasse de ir muito adiante, e, para que São Paulo fosse honrado, pospôs o lucro que para sua alma havia de vir das missas, que em rendimento e santidade tinha para fazê-la dizer se quisesse.

2. Que havendo pouca fábrica, se com o tempo vier a cair a igreja, que costuma acontecer com as de abóbada, não há com que repará-la.

3. Meter o Ordinário no que não está metido e que se dê subsídio, que era o que ele defenderia se fosse vivo.

4. Tira-se a meu parecer muito da autoridade que São Paulo pode ter; porque com boa fábrica a tem, e com uma capelania nem faz nem desfaz, pois de qualquer maneira dirão ali muitas missas.

5. Que não é inconveniente fazer conjuntos de paramentos muito ricos, pois pode ser que hão de fazer festas, não é razão que ande cada vez a buscar emprestado, e fazendo-se isto não sobrará muito dinheiro, e se sobrar se cumpriria melhor a sua vontade fazendo maior a igreja, e de abóboda, porque aqui não a há de São Paulo neste lugar, seria bom que fosse grande para celebrar as suas festas.

---

1. Refere-se à capela dedicada a São Paulo em São José de Ávila. Tinha sido fundada por Francisco de Salcedo (22.4.1579) com a aprovação do provincial, Angel de Salazar (07.06.1579). A respectiva documentação pode ser vista na BMC, t. 2, p. 223-228. Depois da morte de Salcedo, alguém quer trocar seu legado convertendo-o em capelania estável. A Santa se opõe e alega suas razões.

AVISOS

Introdução aos "Avisos"

Reproduzimos aqui, a título meramente documental, os "Avisos" que durante vários séculos foram atribuídos à Santa Teresa. Hoje são com certeza considerados "pseudoteresianos".

Trata-se de um ramalhete de conselhos espirituais, procedentes dos mestres de noviços jesuítas, um dos quais – provavelmente o P. Baltasar Alvarez – os oferecia à Santa.

Editados pela primeira vez ao lado do *Caminho de Perfeição* (1583) em seu teor original (avisos no masculino, para religiosos varões), foram posteriormente adaptados ao feminino para justificar a sua atribuição à Santa Teresa e dar suas monjas por destinatárias.

Em vários estudos monográficos demonstrei que esse monte de avisos é cronologicamente anterior à Santa. E que, apesar de sua simplicidade e beleza, não se devem à pluma teresiana.

Com estas indispensáveis advertências prévias, oferecemos ao leitor o texto da edição príncipe desses "Avisos" (Évora 1583). Para maior informação remetemos a nossa obra "Estudios Teresianos II. Estudio de los textos" (Burgos 1996), p. 361-471, no qual publicamos a edição crítica deste pequeno florilégio, com ulterior bibliografia a respeito.

Na edição príncipe, os "Avisos" chegavam a 68 (por deixar sem numerar o primeiro da série) e levavam o título "Avisos da Madre Teresa de Jesus". Frei Luís de León os intitulou: "Avisos de la Madre Teresa de Jesús para sus Monjas" (Salamanca 1588). Frei Luís omitiu a numeração.

Avisos

A terra que não é lavrada produzirá abrolhos e espinhos, ainda que seja fértil, assim o entendimento do homem.

1. De todas as coisas espirituais dizer bem, como de religiosos, sacerdotes e ermitãos.

2. Entre muitos sempre falar pouco.

3. Ser modesto em todas as coisas que fizer e tratar.

4. Nunca porfiar muito, em especial em coisas de pouca importância.

5. Falar a todos com alegria moderada.

6. Não fazer burla de nada.

7. Nunca repreender ninguém sem discrição e humildade e confusão própria de si mesmo.

8. Acomodar-se à compleição daquele com quem trata, no alegre, alegre, e com o triste, triste; enfim, fazer-se tudo para todos a fim de ganhar a todos.

9. Nunca falar sem pensar bem e encomendá-lo muito a nosso Senhor, para que não fale coisa que desagrade.

10. Jamais escusar-se senão em causa muito provável.

11. Nunca dizer coisa sua digna de louvor, como de sua ciência, virtudes, linhagem, se não tem esperança de que fará proveito e então seja com humildade, e com consideração que aqueles são dons da mão de Deus.

12. Nunca encarecer muito as coisas, senão com moderação dizer o que sente.

13. Em todas as práticas e conversações sempre misture algumas coisas espirituais, e com isto se evitarão palavras ociosas e murmurações.

14. Nunca afirme coisa sem sabê-la primeiro.

Avisos

15. Nunca se intrometa a dar o seu parecer em todas as coisas, se não lhe for pedido, ou a caridade o demandar.

16. Quando alguém falar coisas espirituais, ouça-as com humildade e como discípulo, e tome para si o que disser de bom.

17. A teu superior e confessor descobre todas as tuas tentações e imperfeições e repugnâncias para que te dê conselho e remédio para vencê-las.

18. Não ficar fora da cela, nem sair sem causa, e à saída pedir favor a Deus para não o ofender.

19. Não comer nem beber senão nas horas costumeiras, e então dar muitas graças a Deus.

20. Fazer todas as coisas como se realmente estivesse vendo sua Majestade, e por esta via ganha muito uma alma.

21. Jamais de ninguém ouças nem digas mal, senão de ti mesmo, e quando folgares disto, vais bem aproveitando.

22. Cada obra que fizeres dirige-a a Deus oferecendo-a a ele, e pede-lhe que seja para sua honra e glória.

23. Quando estiveres alegre não seja com risos demasiados, mas com alegria humilde, modesta, afável e edificativa.

24. Sempre te imagina servo de todos e em todos considera a Cristo nosso Senhor, e assim terás respeito e reverência.

25. Está sempre aparelhado para o cumprimento da obediência como se Jesus Cristo o mandasse a ti em teu prior ou prelado.

26. Em qualquer obra e hora examina a tua consciência e, vistas as tuas faltas, procura a emenda com divino favor, e por este caminho alcançarás a perfeição.

27. Não penses nas faltas alheias senão nas virtudes, e nas tuas próprias faltas.

28. Andar sempre com grandes desejos de padecer por Cristo em cada coisa e ocasião.

29. Faça cada dia cinquenta oferecimentos de si a Deus e isto faça com grande fervor e desejos de Deus.

30. O que medita pela manhã traga presente todo o dia e nisto ponha muita diligência, porque tem grande proveito.

31. Guarde muito os sentimentos que o Senhor comunicar, e ponha por obra os desejos que ali na oração lhe derem.

32. Fuja sempre da singularidade quanto for possível, que é mal grande para a comunidade.

33. As ordenanças e regra de sua religião leia muitas vezes e guarde-as deveras.

34. Em todas as coisas criadas mire a providência de Deus e sabedoria, e em todas o louve.

35. Desapegue o coração de todas as coisas e busque e achará a Deus.

36. Nunca mostre devoção por fora que não tenha dentro, mas bem poderá encobrir a devoção.

37. Não mostre a devoção interior senão com grande necessidade; meu segredo para mim diz São Francisco, e São Bernardo.

38. Da comida se está bem ou mal guisada não se queixe, lembrando-se do fel e vinagre de Jesus Cristo.

39. Na mesa não fale com ninguém nem levante os olhos para mirar o outro.

40. Considerar a mesa do céu, e o manjar dela que é Deus e os convidados, que são os anjos: alce os olhos àquela mesa desejando ver-se nela.

41. Diante do seu superior (no qual deve mirar a Jesus Cristo), nunca fale senão o necessário, e com grande reverência.

42. Jamais faças coisa que não possas fazer diante de todos.

43. Não faças comparação de um com o outro porque é coisa odiosa.

44. Quando algo te repreenderem, recebe-o com humildade interior e exterior, e roga a Deus por quem te repreendeu.

45. Quando um superior manda uma coisa, não digas que o contrário manda outro, senão pensa que todos têm santos fins, e obedece ao que te manda.

Avisos

46. Em coisas sem importância, não seja curioso em falá-las ou perguntá-las.

47. Tenha presente a vida passada, para chorá-la, e a tibieza presente, e o que te falta por andar daqui ao céu para viver com temor, que é causa de grandes bens.

48. O que dizem os de casa faça sempre se não é contra a obediência, e responda a eles com humildade e brandura.

49. Coisa particular de comida ou roupa não peça senão com grande necessidade.

50. Jamais deixe de humilhar-se e mortificar-se até a morte em todas as coisas.

51. Use sempre fazer muitos atos de amor, porque acendem e enternecem a alma.

52. Faça atos de todas as demais virtudes.

53. Ofereça todas as coisas ao Pai eterno, juntamente com os méritos de seu Filho Jesus Cristo.

54. Com todos seja manso e consigo, rigoroso.

55. Nas festas dos santos pense nas virtudes deles e peça ao Senhor que lhas dê.

56. Com o exame de cada noite tenha grande cuidado.

57. No dia em que comungar, a oração seja de ver que sendo tão miserável recebeu Deus, e a oração da noite, de que o recebeu.

58. Nunca sendo superior repreenda ninguém com ira senão quando tenha passado, e assim aproveitará a repreensão.

59. Procura muito a perfeição e devoção e com elas fazer todas as coisas.

60. Exercitar-se muito no temor do Senhor, que traz a alma compungida e humilhada.

61. Olhar bem quão depressa mudam as pessoas e quão pouco se há de confiar nelas, e assim apegar-se a Deus que não muda.

62. As coisas de sua alma procure tratar com seu confessor espiritual e douto, a quem as comunique e siga em tudo.

63. Cada vez que comungar, peça a Deus algum dom pela grande misericórdia com que veio à sua pobre alma.

64. Ainda que tenha muitos santos por advogados, seja em particular São José, que alcança muito de Deus.

65. Em tempo de tristeza e turbação não deixes as boas obras que costumavas fazer, de oração e penitência, porque o demônio procura inquietar-te para que as deixes: antes tenhas mais que costumavas, e verás quão depressa o Senhor te favorece.

66. Tuas tentações e imperfeições não comuniques com os demais desaproveitados de casa, que farás dano a ti e aos outros, senão com os mais perfeitos.

67. Lembra-te de que não tens mais de uma alma, não hás de morrer mais de uma vez, nem tens mais de uma vida breve e uma que é particular, nem há mais de uma glória, e esta eterna, e deixarás de lado muitas coisas.

68. Teu desejo seja de ver Deus. Teu temor se o hás de perder. Tua dor que não o gozas. E teu gozo de que te pode levar lá, e viverás com grande paz.

ÍNDICE GERAL

Sumário das obras 7
Introdução geral 11
Cronologia teresiana 17
Nossa tradução 35

Livro da vida

Introdução 45
JHS 48
Capítulo 1 – Em que trata como começou o Senhor a despertar esta alma em sua infância para coisas virtuosas, e a ajuda que é para isto o fato de os pais serem virtuosos. 50
Capítulo 2 – Trata como foi perdendo estas virtudes e que é importante na infância tratar com pessoas virtuosas. 54
Capítulo 3 – Em que trata como foi parte a boa companhia para tornar a despertar seus desejos, e por que maneira começou o Senhor a dar-lhe alguma luz sobre o engano que tinha trazido. 59
Capítulo 4 – Diz como a ajudou o Senhor para forçar-se a si mesma para tomar hábito, e as muitas enfermidades que Sua Majestade começou a dar-lhe. 63
Capítulo 5 – Prossegue nas grandes enfermidades que teve e a paciência que o Senhor lhe deu nelas, e como dos males saca bens, segundo se verá numa coisa que lhe aconteceu neste lugar em que foi para curar-se. 70
Capítulo 6 – Trata do muito que deveu ao Senhor em dar-lhe conformidade com tão grandes trabalhos, e como tomou por medianeiro e advogado o glorioso São José, e o muito que lhe aproveitou. 78
Capítulo 7 – Trata de que modo foi perdendo as mercês que o Senhor lhe havia feito, e quão perdida vida começou a ter. – Diz os danos que há em não serem muito encerrados os mosteiros de monjas. 85
Capítulo 8 – Trata do grande bem que lhe fez não se apartar totalmente da oração para não perder a alma, e quão excelente remédio é para ganhar o perdido. – Persuade a que todos a tenham. – Diz como é tão grande ganho e que, ainda que a tornem a deixar, é grande bem usar algum tempo de tão grande bem. 99
Capítulo 9 – Trata por que meios começou o Senhor a despertar a sua alma e dar-lhe luz em tão grandes trevas e a fortalecer suas virtudes para não o ofender. 106
Capítulo 10 – Começa a declarar as mercês que o Senhor lhe fazia na oração, e no que nós podemos nos ajudar, e o muito que importa que entendamos as mercês que o Senhor nos faz. – Pede a quem isto envia que daqui por diante seja segredo o que escrever, pois a mandam que diga tão particularmente as mercês que lhe faz o Senhor. 111
Capítulo 11 – Diz em que está a falta de não amar a Deus com perfeição em breve tempo. – Começa a declarar, por uma comparação que põe, quatro graus de oração. – Vai tratando aqui do primeiro. – É muito proveitoso para os que começam e para os que não têm gostos na oração. 118

Capítulo 12 – Prossegue neste primeiro estado. – Diz até onde podemos chegar com o favor de Deus por nós mesmos, e o dano que é querer, até que o Senhor o faça, subir o espírito a coisas sobrenaturais. 128

Capítulo 13 – Prossegue neste primeiro estado e põe avisos para algumas tentações que o demônio costuma pôr algumas vezes. – Dá avisos para elas. – É muito proveitoso. 134

Capítulo 14 – Começa a declarar o segundo grau de oração, que é já dar o Senhor à alma sentir gostos mais particulares. – Declara-o para dar a entender como são já sobrenaturais. – É bastante de notar. 145

Capítulo 15 – Prossegue na mesma matéria e dá alguns avisos de como hão de proceder nesta oração de quietude. – Trata de como há muitas almas que chegam a ter esta oração e poucas que passam adiante. – São muito necessárias e proveitosas as coisas que aqui se tocam. 152

Capítulo 16 – Trata do terceiro grau de oração, e vai declarando coisas muito subidas, e o que pode a alma que chega aqui, e os efeitos que fazem estas mercês tão grandes do Senhor. – É muito para levantar o espírito em louvores a Deus e para grande consolo de quem chegar aqui. 162

Capítulo 17 – Prossegue na mesma matéria de declarar este terceiro grau de oração. – Acaba de declarar os efeitos que faz. – Diz o dano que aqui faz a imaginação e memória. 169

Capítulo 18 – Em que trata do quarto grau de oração. – Começa a declarar por excelente maneira a grande dignidade em que o Senhor põe a alma que está neste estado. – É para animar muito os que tratam oração, para que se esforcem para chegar a tão alto estado, pois se pode alcançar na terra, ainda que não por merecê-lo, senão pela bondade do Senhor. – Leia-se com advertência, porque se declara por muito delicado modo e tem coisas muito de notar. 176

Capítulo 19 – Prossegue na mesma matéria. – Começa a declarar os efeitos que faz na alma este grau de oração. – Persuade muito a que não tornem atrás, ainda que depois desta mercê tornem a cair, nem deixem a oração. – Diz os danos que virão de não fazer isto. – É muito de notar e de grande consolação para os fracos e pecadores. 185

Capítulo 20 – Em que trata da diferença que há entre união e arroubamento. – Declara que coisa é arroubamento, e diz algo do bem que tem a alma que o Senhor por sua bondade chega a ele. – Diz os efeitos que faz. – É de muita admiração. 195

Capítulo 21 – Prossegue e acaba este último grau de oração. – Diz o que sente a alma que está nele ao tornar a viver no mundo, e da luz que lhe dá o Senhor sobre os enganos dele. – Tem boa doutrina. 210

Capítulo 22 – Em que trata quão seguro caminho é para os contemplativos não levantar o espírito a coisas altas se o Senhor não o levanta, e como há de ser o meio para a mais subida contemplação a Humanidade de Cristo. – Diz de um engano em que ela esteve um tempo. – É muito proveitoso este capítulo. 217

Capítulo 23 – Em que torna a tratar do discurso de sua vida, e como começou a tratar de mais perfeição, e por que meios. – É proveitoso para as pessoas que tratam de governar almas que têm oração saber como se hão de comportar nos princípios, e o proveito que lhes faz saber levá-la. 229

Capítulo 24 – Prossegue no começado, e diz como foi aproveitando-se sua alma depois que começou a obedecer, e o pouco que lhe aproveitava resistir às mercês de Deus, e como Sua Majestade as ia dando mais completas. 239

Capítulo 25 – Em que trata o modo e maneira como se entendem estas falas que faz Deus à alma sem se ouvir, e de alguns enganos que pode haver nisso, e em que se conhecerá quando o é. – É de muito proveito para quem se vir neste grau de oração, porque se declara muito bem, e de farta doutrina. 244

Capítulo 26 – Prossegue na mesma matéria. – Vai declarando e dizendo coisas que lhe têm acontecido, que a faziam perder o temor e afirmar que era bom espírito o que lhe falava. 257

Capítulo 27 – Em que trata outro modo com que o Senhor ensina a alma e sem falar a ela lhe dá a entender a sua vontade de uma maneira admirável. – Trata também de declarar uma visão e grande mercê que lhe fez o Senhor não imaginária. – É muito de notar este capítulo. 261

Capítulo 28 – Em que trata as grandes mercês que lhe fez o Senhor e como lhe apareceu pela primeira vez. – Declara o que é visão imaginária. – Diz os grandes efeitos e sinais que deixa quando é de Deus. – É muito proveitoso capítulo e muito de notar. 273

Capítulo 29 – Prossegue no começado e diz algumas mercês grandes que lhe fez o Senhor e as coisas que Sua Majestade lhe dizia para tranquilizá-la e para que respondesse aos que a contradiziam. 283

Capítulo 30 – Torna a contar o discurso de sua vida e como remediou o Senhor muito de seus trabalhos trazendo ao lugar aonde estava o santo Frei Pedro de Alcântara, da ordem do glorioso São Francisco. – Trata de grandes tentações e trabalhos interiores que passava algumas vezes. 292

Capítulo 31 – Trata de algumas tentações exteriores e representações que o demônio lhe fazia e tormentos que lhe dava. – Trata também de algumas coisas bastante boas para aviso de pessoas que vão ao caminho de perfeição. 305

Capítulo 32 – Em que trata como quis o Senhor pô-la em espírito num lugar do inferno que tinha por seus pecados merecido. – Conta uma cifra do que ali se lhe representou para o que foi. – Começa a tratar a maneira e modo como foi fundado o mosteiro, aonde agora está, de São José. 319

Capítulo 33 – Procede na mesma matéria da fundação do glorioso São José. – Diz como lhe mandaram que não entendesse nela e o tempo que o deixou e alguns trabalhos que teve, e como a consolava neles o Senhor. 330

Capítulo 34 – Trata como neste tempo foi conveniente que se ausentasse deste lugar. – Diz a causa e como a mandou ir seu prelado para consolo de uma senhora muito principal que estava muito aflita. – Começa a tratar o que lá lhe sucedeu e a grande mercê que o Senhor lhe fez de ser meio para que Sua Majestade despertasse uma pessoa muito principal para servi-lo muito deveras, e que ela tivesse favor e amparo depois nele. – É muito de notar. 341

Capítulo 35 – Prossegue na mesma matéria da fundação desta casa de nosso glorioso Pai São José. – Diz pelos termos que ordenou o Senhor que viesse a ser guardada nela a santa pobreza, e a causa por que veio de com aquela senhora que estava, e algumas outras coisas que lhe sucederam. 353

Capítulo 36 – Prossegue na matéria começada e diz como se acabou de concluir e se fundou este mosteiro do glorioso São José e as grandes contradições e perseguições que depois de tomar hábito as religiosas teve, e os grandes trabalhos e tentações que ela passou, e como de tudo a tirou o Senhor com vitória e em glória e louvor seu. 361

Capítulo 37 – Trata dos efeitos que lhe ficavam quando o Senhor lhe tinha feito alguma mercê. – Junta com isto bastante boa doutrina. – Diz como se há de procurar e ter e muito ganhar algum grau mais de glória, e que por nenhum trabalho deixemos bens que são perpétuos. 377

Capítulo 38 – Em que trata de algumas grandes mercês que o Senhor lhe fez, assim em mostrar-lhe alguns segredos do céu, como outras grandes visões e revelações que Sua Majestade teve por bem que visse. – Diz os efeitos com que a deixavam e o grande aproveitamento que ficava em sua alma. 384

Capítulo 39 – Prossegue na mesma matéria de dizer as grandes mercês que lhe tem feito o Senhor. – Trata de como lhe prometeu fazer pelas pessoas que ela lhe pedisse. – Diz algumas coisas assinaladas em que lhe tem feito Sua Majestade este favor. 398

Capítulo 40 – Prossegue na mesma matéria de dizer as grandes mercês que o Senhor lhe tem feito. – De algumas se pode tomar bastante boa doutrina, que este tem sido, segundo tem dito, o seu principal intento, depois de obedecer: pôr as que são para proveito das almas. – Com este capítulo se acaba o discurso de sua vida que escreveu. – Seja para glória do Senhor, amém. 411

JHS [Carta de envio] 423

Caminho de perfeição

Introdução 427
JHS 431
JHS – Prólogo 432
Capítulo 1 – Da causa que me moveu a fazer com tanta estreiteza este mosteiro. 434
Capítulo 2 – Que trata como se hão de descuidar das necessidades corporais, e do bem que há na pobreza. 437
Capítulo 3 – Prossegue o que no primeiro comecei a tratar e persuade as irmãs para se ocuparem sempre em suplicar a Deus para que favoreça os que trabalham pela Igreja. – Acaba com uma exclamação. 441
Capítulo 4 – Em que persuade a guarda da regra, e de três coisas importantes para a vida espiritual. Declara a primeira destas três coisas, que é o amor do próximo, e o dano que causam amizades particulares. 446
Capítulo 5 – Prossegue nos confessores. Diz o que importa serem letrados. 453
Capítulo 6 – Torna à matéria que começou do amor perfeito. 457
Capítulo 7 – Em que trata da mesma matéria do amor espiritual, e dá alguns avisos para ganhá-lo. 461
Capítulo 8 – Trata do grande bem que é desapegar-se de todo o criado interior e exteriormente. 466
Capítulo 9 – Que trata do grande bem que há em fugir dos parentes os que deixaram o mundo, e quão mais verdadeiros amigos acham. 468
Capítulo 10 – Trata como não basta desapegar-se do que foi dito, se não nos desapegarmos de nós mesmas, e como estão juntas esta virtude e a humildade. 471
Capítulo 11 – Prossegue na mortificação, e diz a que se há de adquirir nas enfermidades 475
Capítulo 12 – Trata de como há de ter em pouco a vida o verdadeiro amador de Deus, e a honra. 477
Capítulo 13 – Prossegue na mortificação, e como há de fugir dos pontos e razões do mundo para chegar-se à verdadeira razão. 481
Capítulo 14 – Em que trata o muito que importa não dar profissão a nenhuma cujo espírito seja contrário às coisas que ficam ditas. 485
Capítulo 15 – Que trata do grande bem que há em não desculpar-se, ainda que se vejam condenar sem culpa. 487
Capítulo 16 – Da diferença que há de haver entre a perfeição da vida dos contemplativos e os que se contentam com oração mental, e como é possível algumas vezes subir Deus uma alma distraída à perfeita contemplação e a causa disso. – É muito de notar este capítulo e o que vem junto a ele. 490

Capítulo 17 – De como nem todas as almas são para contemplação, e como algumas chegam a ela tarde, e que o verdadeiro humilde há de ir contente pelo caminho que o levar o Senhor. 496

Capítulo 18 – Que prossegue na mesma matéria e diz quanto maiores são os trabalhos dos contemplativos que dos ativos. – É de muita consolação para eles. 500

Capítulo 19 – Que começa a tratar da oração. – Fala com almas que não podem discorrer com o entendimento. 504

Capítulo 20 – Trata como por diferentes vias nunca falta consolação no caminho da oração, e aconselha as irmãs a disto serem suas práticas sempre. 512

Capítulo 21 – Que diz o muito que importa começar com grande determinação a ter oração, e não fazer caso dos inconvenientes que o demônio põe. 516

Capítulo 22 – Em que declara o que é oração mental. 520

Capítulo 23 – Trata do que importa não tornar atrás quem tem começado caminho de oração, e torna a falar do muito que vai em que seja com determinação. 524

Capítulo 24 – Trata como se há de rezar oração vocal com perfeição, e quão junta anda com ela a mental. 527

Capítulo 25 – Em que diz o muito que ganha uma alma que reza com perfeição vocalmente, e como acontece levantá-la Deus dali a coisas sobrenaturais. 530

Capítulo 26 – Em que vai declarando o modo para recolher o pensamento. – Põe meios para isso. – É capítulo muito proveitoso para os que começam oração. 532

Capítulo 27 – Em que trata o grande amor que nos mostrou o Senhor nas primeiras palavras do Pai-Nosso, e o muito que importa não fazer caso nenhum da linhagem as que de veras querem ser filhas de Deus. 536

Capítulo 28 – Em que declara o que é oração de recolhimento, e põem-se alguns meios para acostumar-se a ela. 539

Capítulo 29 – Prossegue em dar meios para procurar esta oração de recolhimento. – Diz o pouco que se nos há de dar de ser favorecidas dos prelados. 545

Capítulo 30 – Diz o que importa entender o que se pede na oração. – Trata destas palavras do Pai-Nosso: "Santificetur nomen tuum, adveniat regnum tuum". – Aplica-as à oração de quietude e começa a declará-la. 549

Capítulo 31 – Que prossegue na mesma matéria. – Declara o que é oração de quietude. – Põe alguns avisos para os que a têm. – É muito de notar. 553

Capítulo 32 – Que trata destas palavras do Pai-Nosso: "Fiat voluntas tua sicut in coelo et in terra", e o muito que faz quem diz estas palavras com toda determinação, e quão bem o paga o Senhor. 560

Capítulo 33 – Em que trata a grande necessidade que temos de que o Senhor nos dê o que pedimos nestas palavras do Pai-Nosso: "Panem nostrum quotidianum da nobis hodie". 566

Capítulo 34 – Prossegue na mesma matéria. – É muito bom para depois de ter recebido o Santíssimo Sacramento. 570

Capítulo 35 – Acaba a matéria começada com uma exclamação ao Pai Eterno. 577

Capítulo 36 – Trata destas palavras do Pai-Nosso: "Dimitte nobis debita nostra". 580

Capítulo 37 – Diz a excelência desta oração do Pai-Nosso, e como acharemos de muitas maneiras consolação nela. 586

Capítulo 38 – Que trata da grande necessidade que temos de suplicar ao Pai eterno nos conceda o que pedimos nestas palavras: "Et ne nos inducas in tentationem, sed libera nos a malo", e declara algumas tentações. – É de notar. 589

Capítulo 39 – Prossegue a mesma matéria, e dá avisos de tentações algumas de diferentes maneiras, e põe os remédios para que se possam livrar delas. 594

Capítulo 40 – Diz como procurando sempre andar em amor e temor de Deus, iremos seguras entre tantas tentações. 597

Capítulo 41 – Que fala do temor de Deus, e como nos havemos de guardar de pecados veniais. 601

Capítulo 42 – Em que trata destas últimas palavras do Pai-Nosso: "Sed libera nos a malo. Amen". Mas livra-nos do mal. Amém. 606

Castelo interior

Introdução – Este tratado, chamado Castelo Interior, escreveu Teresa de Jesus, monja de nossa Senhora do Carmo, a suas irmãs e filhas, as monjas Carmelitas Descalças. 613

JHS – [Prólogo] 626

Moradas primeiras – Há nelas dois capítulos 629

Capítulo 1 – Em que trata da formosura e dignidade de nossas almas. – Põe uma comparação para entender-se, e diz o lucro que é entendê-la e saber as mercês que recebemos de Deus, e como a porta deste castelo é a oração. 630

Capítulo 2 – Trata de quão feia coisa é uma alma que está em pecado mortal e como quis Deus dar a entender algo disto a uma pessoa. – Trata também algo sobre o conhecimento próprio. – É de proveito, porque há alguns pontos de notar. – Diz como se hão de entender estas moradas. 635

Moradas segundas – Há nelas um só capítulo 645

Capítulo único – Que trata do muito que importa a perseverança para chegar às últimas moradas, e a grande guerra que dá o demônio, e quanto convém não errar o caminho no princípio. Para acertar, dá um meio que tem provado ser muito eficaz. 646

Moradas terceiras – Contém dois capítulos 653

Capítulo 1 – Trata da pouca segurança que podemos ter enquanto se vive neste desterro, ainda que o estado seja subido, e como convém andar com temor. – Há alguns bons pontos. 654

Capítulo 2 – Prossegue no mesmo e trata das securas na oração e do que poderia suceder a seu parecer, e como é preciso provar-nos, e que o Senhor prova os que estão nestas moradas. 660

Moradas quartas – Contém três capítulos 667

Capítulo 1 – Trata da diferença que há de contentos e ternura na oração e de gostos, e diz o contento que lhe deu entender que é coisa diferente o pensamento e o entendimento. – É de proveito para quem se diverte muito na oração. 668

Capítulo 2 – Prossegue no mesmo e declara por uma comparação o que é gostos e como se hão de alcançar não os procurando. 676

Capítulo 3 – Em que trata o que é oração de recolhimento, que pela maior parte a dá o Senhor antes da dita. – Diz seus efeitos e os que ficam da passada que tratou, dos gostos que o Senhor dá. 681

Moradas quintas – Contém quatro capítulos 689

Capítulo 1 – Começa a tratar como na oração a alma se une com Deus. – Diz em que se conhecerá não ser engano. 690

Capítulo 2 – Prossegue no mesmo. – Declara a oração de união por uma comparação delicada. – Diz os efeitos com que fica a alma. – É muito de notar....................697

Capítulo 3 – Continua a mesma matéria. – Diz de outra maneira de união que pode alcançar a alma com o favor de Deus, e o que importa para isto o amor do próximo. – É de muito proveito. 704

Capítulo 4 – Prossegue no mesmo, declarando mais esta maneira de oração. – Diz o muito que importa andar com aviso, porque o demônio o traz grande para fazer tornar atrás do começado. 710

Moradas sextas – Há nelas onze capítulos 717

Capítulo 1 – Trata como em começando o Senhor a fazer maiores mercês há trabalhos maiores. – Diz alguns e como se comportam neles os que já estão nesta morada. – É bom para quem os passa interiores. 718

Capítulo 2 – Trata de algumas maneiras com que desperta a alma nosso Senhor, que parece que não há nelas o que temer, ainda que seja coisa muito subida....................725

Capítulo 3 – Trata da mesma matéria e diz da maneira que Deus fala à alma quando é servido, e avisa como se hão de haver nisso e não seguir-se por seu parecer. – Põe alguns sinais para que se conheça quando não é engano e quando é. – É de farto proveito....................729

Capítulo 4 – Trata de quando Deus suspende a alma na oração com arroubamento ou êxtase ou rapto, que tudo é um ao meu parecer, e como é mister grande ânimo para receber tão grandes mercês de Sua Majestade....................737

Capítulo 5 – Prossegue no mesmo, e põe uma maneira de quando Deus levanta a alma com um voo do espírito de maneira diferente do que fica dito. – Diz alguma causa por que é mister ânimo. – Declara algo desta mercê que o Senhor faz, por saborosa maneira. – É farto proveitoso. 745

Capítulo 6 – Em que diz um efeito da oração que está dita no capítulo passado. E em que se entenderá que é verdadeira e não engano. – Trata de outra mercê que o Senhor faz à alma para empregá-la em seus louvores. 750

Capítulo 7 – Trata da maneira que é a pena que sentem de seus pecados as almas a quem Deus faz as mercês ditas. – Diz quão grande erro é não exercitar-se, por muito espirituais que sejam, em trazer presente a Humanidade de nosso Senhor e Salvador Jesus Cristo, e sua sacratíssima Paixão e vida, e sua gloriosa Mãe e santos. – É de muito proveito. 756

Capítulo 8 – Trata de como Deus se comunica à alma por visão intelectual, e dá alguns avisos, e diz os efeitos que faz quando é verdadeira. – Recomenda o segredo dessas mercês. .763

Capítulo 9 – Trata de como se comunica o Senhor à alma por visão imaginária, e avisa muito se guardem de desejar ir por este caminho. – Dá para isso razões. – É de muito proveito. 768

Capítulo 10 – Diz de outras mercês que faz Deus à alma por diferente maneira que as ditas, e do grande proveito que fica delas....................775

Capítulo 11 – Trata de uns desejos tão grandes e impetuosos que Deus dá à alma para gozar dele, que põem em perigo de perder a vida, e com o proveito que fica desta mercê que o Senhor faz. 779

Moradas sétimas – Contém quatro capítulos 785

Capítulo 1 – Trata de mercês grandes que faz Deus às almas que chegaram a entrar nas sétimas moradas. – Diz como, a seu parecer, há alguma diferença entre alma e espírito, ainda que seja tudo um. – Há coisas de notar....................786

Capítulo 2 – Procede no mesmo. – Diz a diferença que há entre união espiritual e matrimônio espiritual. – Declara-o por delicadas comparações, em que dá a entender como morre aqui a borboletinha que tenho dito na quinta morada. 792

Capítulo 3 – Trata os grandes efeitos que causa esta oração dita. – É mister ir com atenção e acordo dos que fazem as coisas passadas, que é coisa admirável a diferença que há. 798

Capítulo 4 – Com que acaba, dando a entender o que lhe parece que pretende nosso Senhor em fazer tão grandes mercês à alma, e como é necessário que andem juntas Marta e Maria. – É muito proveitoso. 804

JHS 811

As fundações

Introdução 815

JHS 820

Começa a fundação de São José do Carmelo de Medina del Campo 823

Capítulo 1 – Dos meios por onde se começou a tratar desta fundação e das demais. 824

Capítulo 2 – Como nosso Padre Geral veio a Ávila e o que de sua vinda sucedeu. 829

Capítulo 3 – Por quais meios se começou a tratar de fazer o mosteiro de São José em Medina del Campo. 833

Capítulo 4 – Em que trata de algumas mercês que o Senhor faz às monjas destes mosteiros, e dá-se aviso às prioras de como se há de haver com elas. 841

Capítulo 5 – Em que se dizem alguns avisos para coisas de oração e revelações. É muito proveitoso para os que andam em coisas ativas. 845

Capítulo 6 – Avisa os danos que pode causar a gente espiritual não entender quando há de resistir ao espírito. Trata dos desejos que tem a alma de comungar. O engano que pode haver nisto. Há coisas importantes para as que governam nestas casas. 852

Capítulo 7 – De como se hão de haver com as que têm melancolia. É necessário para as preladas. 862

Capítulo 8 – Trata de alguns avisos para revelações e visões. 868

Capítulo 9 – Trata de como saiu de Medina del Campo para a fundação de San José de Malagón. 872

Capítulo 10 – Em que trata da fundação da casa de Valladolid. Chama-se este mosteiro Conceição de Nossa Senhora do Carmo. 874

Capítulo 11 – Prossegue na matéria começada da ordem que teve dona Casilda de Padilla para conseguir seus santos desejos de entrar em religião. 881

Capítulo 12 – Em que trata da vida e morte de uma religiosa que trouxe nosso Senhor a esta mesma casa, chamada Beatriz de la Encarnación, que foi em sua vida de tanta perfeição, e sua morte tal, que é justo se faça dela memória. 886

Capítulo 13 – Em que trata como se começou a primeira casa da Regra primitiva, e por quem, dos descalços carmelitas. Ano de 1568. 890

Capítulo 14 – Prossegue na fundação da primeira casa dos descalços carmelitas. Diz algo da vida que ali faziam, e do proveito que começou a fazer nosso Senhor naqueles lugares, para honra e glória de Deus. 894

Capítulo 15 – Em que se trata da fundação do mosteiro do glorioso São José na cidade de Toledo, que foi no ano de 1569. 899

Capítulo 16 – Em que se tratam algumas coisas sucedidas neste convento de São José de Toledo, para honra e glória de Deus. 907

Capítulo 17 – Que trata da fundação dos mosteiros de Pastrana, assim de frades como de monjas. Foi no mesmo ano de 1570, digo 1569. 911

Capítulo 18 – Trata da fundação do mosteiro de São José de Salamanca, que foi no ano de 1570. Trata de alguns avisos para as prioras, importantes. 919

Capítulo 19 – Prossegue na fundação do mosteiro de São José da cidade de Salamanca. 926

Capítulo 20 – Em que trata a fundação do mosteiro de Nossa Senhora da Anunciação, que está em Alba de Tormes. Foi no ano de 1571. 931
Capítulo 21 – Em que trata a fundação do glorioso São Jose do Carmelo de Segóvia. Foi fundado no mesmo dia de São José, ano de 1574. 938
Capítulo 22 – Em que trata da fundação do glorioso São José do Salvador, no lugar de Beas, ano de 1575, dia de São Matias. 943
Capítulo 23 – Em que trata da fundação do mosteiro do glorioso São José do Carmo na cidade de Sevilha. Celebrou-se a primeira missa no dia da Santíssima Trindade, no ano de 1575. 953
Capítulo 24 – Prossegue na fundação de São José do Carmo na cidade de Sevilha. 959
Capítulo 25 – Prossegue na fundação do glorioso São José de Sevilha, e o que se passou em ter casa própria. 967
Capítulo 26 – Prossegue na mesma fundação do mosteiro de São José da cidade de Sevilha. Trata algumas coisas da primeira monja que entrou nele, que são bastante de notar. 973
Capítulo 27 – Em que trata da fundação da vila de Caravaca. – Pôs-se o Santíssimo Sacramento, no dia de ano novo do mesmo ano de 1576. É a vocação do glorioso São José. 980
JHS [Capítulo 28] – A fundação de Villanueva de la Jara. 991
[Capítulo 29] – Trata-se da fundação de São José de nossa Senhora da Rua em Palência, que foi no ano de 1580, dia do Rei Davi. 1008
JHS [Capítulo 30] – Começa a fundação do mosteiro da Santíssima Trindade na cidade de Sória. Fundou-se no ano de 1581. A primeira missa foi dita no dia de nosso pai Santo Eliseu. 1020
[Capítulo 31] – Começa-se a tratar neste capítulo da fundação do glorioso São José de Santa Ana na cidade de Burgos. Foi dita a primeira missa aos 8 dias do mês de abril, oitava da Páscoa da Ressurreição, ano de 1582. 1027
JHS 1048

As relações

Introdução 1053
Texto 1056

Conceitos do amor de Deus

Introdução 1135
Prólogo..1137
Capítulo 1 – Trata da veneração com que devem ser lidas as Sagradas Escrituras e da dificuldade de compreendê-las as mulheres, principalmente o "Cântico dos Cânticos". 1138
Capítulo 2 – Trata de nove maneiras de falsa paz que oferecem à alma o mundo, a carne e o demônio. Declara a santidade do estado religioso, que conduz à paz verdadeira, desejada pela esposa nos "Cânticos"...1144
Capítulo 3 – Trata da verdadeira paz que Deus concede à alma, sua união com ela, e dos exemplos de caridade heroica de alguns servos de Deus..1157
Capítulo 4 – Fala da oração de quietude e de união e da suavidade e gostos que causam ao espírito, em comparação dos quais não são nada os deleites da terra. Mais valem teus peitos que o vinho, que dão de si fragrância de muito bons odores (Ct 1,1-2)....................1163
Capítulo 5 – Prossegue na oração de união e diz as riquezas que adquire a alma nela por mediação do Espírito Santo, e o determinada que está a padecer trabalhos pelo Amado.....1168
Capítulo 6 – Trata de como os benefícios desta união amorosa sobrepujam todos os desejos da esposa. Fala da suspensão das potências e diz como algumas almas chegam em pouco tempo a esta oração tão subida..1172

Capítulo 7 – Declara os grandes desejos que tem a esposa de sofrer muito por Deus e pelo próximo e os frutos abundantes que dão na Igreja estas almas favorecidas pela união divina e desapegadas do interesse próprio..................1178

Exclamações da alma a Deus

Introdução 1185
I 1187
II 1188
III 1189
IV 1191
V 1192
VI 1193
VII 1194
VIII 1195
IX 1196
X 1197
XI 1199
XII 1200
XIII 1202
XIV 1204
XV 1206
XVI 1207
XVII 1209

Constituições

Introdução 1215
Constituições de 1567 1217
I. Da ordem que se há de ter nas coisas espirituais 1218
II. Em que dias se há de receber o Senhor 1219
III. Do temporal 1221
IV. Dos jejuns [e vestidos] 1222
V. Da clausura 1223
VI. Da aceitação das noviças 1225
VII. Dos ofícios humildes 1227
VIII. Das enfermas 1228
IX. [Da comida, recreação e humildade] 1229
X. Das defuntas 1232
XI. Do que está obrigada a fazer cada uma em seu ofício 1233
XII. Do capítulo de culpas graves 1236
XIII. Da culpa leve 1238
XIV. Da culpa média 1239
XV. Da culpa grave 1240
XVI. Da culpa mais grave 1242
XVII. Da culpa gravíssima 1244
XVIII. [Outras ordenações] 1246

Modo de visitar os conventos

Introdução 1249
JHS 1252

Poesias

Introdução 1271
1. Vivo sem viver em mim 1273
2. Sou vossa, sois o meu Fim 1275
3. Sobre aquelas palavras "dilectus meus mihi" 1278
4. Coloquio amoroso 1279
5. Ditoso o coração enamorado 1280
6. Formosura que excedeis! 1281
7. Ais do desterro 1282
8. Alma, buscar-te-ás em Mim 1285
9. Nada te turbe 1286
10. Para a Pátria 1287
11. Pastores que velais 1289
12. Ao Nascimento de Jesus 1291
13. Para a Natividade 1292
14. À luz da aurora 1293
15. À circuncisão 1294
16. Outra à circuncisão 1295
17. Na festividade dos Santos Reis 1296
18. Cruz, descanso saboroso... 1297
19. Na Cruz está a vida 1298
20. Abraçadas à cruz 1300
21. A Santo André 1301
22. A São Hilarião 1302
23. A Santa Catarina Mártir 1303
24. À vestição da Irmã Jerônima da Encarnação 1304
25. À tomada de véu da Irmã Isabel dos Anjos 1305
26. À profissão de Isabel dos Anjos 1307
27. A uma professa 1309
28. Numa profissão 1311
29. Para uma profissão 1312
30. A bela vida da Religião 1314
31. Pois nos dais vestido novo 1315

Certame sobre as palavras "Busca-te em, mim" e Resposta a um desafio

Introdução 1319
JHS 1320
Introdução ao desafio 1323
Resposta a um desafio 1325

Pensamentos, apontamentos, memoriais

Introdução 1331
1. A caridade, verdadeiro martírio 1332
2. Comunhão no dia da profissão e tomada de hábito 1333
3. Remédio para perseguições e injúrias 1334
4. A confissão 1335
5. Os anjos e as inspirações 1336
6. Suas devoções particulares 1337
7. Carta de pagamento outorgada por dona Teresa de Ahumada a favor
   de Alonso Rodriguez (22.11.1561) 1338
JHS 8. Petição aos senhores do concelho (Ávila 05.12.1563) 1340
JHS 9. Carta de pagamento a Juan de San Cristobal (Ávila 09.04.1564) ...1341
10. Poder para tramitar a fundação de Toledo (Valladolid, 7.12.1568) 1342
11. Promessa de Escritura (Toledo, 11.08.1570) 1343
JHS 12. Renúncia à Regra mitigada e patente de conventualidade
   (julho-outubro de 1571) 1344
13. Carta de poder à Madre Ana de Santo Alberto e a frei Ambrósio de São Pedro,
   para admitir a fundação do mosteiro de Caravaca (Sevilha, 24.11.1575) 1346
14. Carta da irmandade das descalças às jerônimas de Toledo (17.08.1576) 1348
15. Licença para que professem três descalças de Caravaca (Ávila, 30.4.1579) 1349
16. Memória sobre a fundação de São José de Ávila (janeiro-fevereiro de 1581) 1350
17. Instrução da madre Teresa de Jesus para a madre priora de Sória (Sória, agosto, 1581) 1351
18. Rejeita uma capelania 1354

Avisos

Introdução aos "Avisos" 1357
Avisos 1358